石林年鉴

SHILIN YEARBOOK

2010（总第12卷）

石林彝族自治县人民政府 主办

◆汇集区域信息

◆关注国计民生

◆聚焦科学发展

■石林彝族自治县史志办公室 编

云南民族出版社

石林彝族自治县地方志编纂委员会

顾　问：纳　麒（云南省社会科学院院长）
张淑静（云南省年鉴研究会常务副会长）
杨福泉（云南省社会科学院副院长）
李一是（云南省地方志编纂委员会办公室主任）
赵德光（昆明市副市长、民族学博士）
严宏纲（昆明市地方志编纂委员会办公室副主任）
罗朝峰（中共石林彝族自治县委书记）

主　任：毕春华（县委副书记、县人民政府县长）
副主任：李正平（县委常委、石林管理局局长）
蔡志岳（县委常委、县委宣传部部长）
朱玉和（县人大常委会副主任）
黄　杰（县人民政府副县长）
周兴荣（县政协副主席）
委　员：苏云波（县政协副主席、县财政局局长）
周林春（县委办公室主任）
蒋开彦（县人民政府办公室主任）
李宏伟（县委办公室副主任）
苏健康（县人民政府办公室副主任）
董建平（县委党史研究室主任）
陈永宁（县发改局局长）
毕卫华（县民宗局局长）
张树忠（县旅游文化广播电视体育局局长）
李建民（县统计局局长）
刘世生（县史志办公室主任）
李　学（县国家保密局局长）
张雪刚（县外宣办副主任）
高凤玉（县档案局局长）

《石林年鉴》编辑部

主　　编：刘世生
副 主 编：毕晓冬
编　　辑：刘世生　毕晓冬　鲁建宏　蒋云明
图片摄影：刘世生　杨新民　李兰英　王丽梅　许　华　薛春华　张雪刚　韩福云
陈文玲　张继平　李俊英　部分图片由有关单位提供
封面摄影：李雄春
图片编辑：刘世生
英文翻译：毕晓红

编辑说明

一、《石林年鉴》创刊于1999年，是石林彝族自治县人民政府主办的综合性地方年鉴，是系统反映石林县情的大型年刊，是集知识、信息、资料为一体的具有公报性、资料性、权威性的工具书。

二、《石林年鉴》的编辑出版，旨在逐年全面系统地记载石林县社会主义现代化建设的历史进程，为海内外了解石林、建设石林提供信息，也为编纂与续修地方志书积累资料。

三、本年鉴全面系统地反映了2009年石林彝族自治县广大干部群众进一步解放思想、深化改革、扩大开放的历史足迹，国民经济和社会发展各项事业的主要成绩，以及其他方面的情况。

四、全书设27个部类：特载、大事记、概况、中共石林彝族自治县委员会、石林彝族自治县人大常委会、石林彝族自治县人民政府、政协石林彝族自治县委员会、群团组织、军事、法制、经济管理、农业、烟草业、工商企业、旅游业、会展业、财税审计、金融、交通邮电、城乡建设、科教卫生、文化体育、社会生活、政策法规、文选、人物、附录。

五、本年鉴采用分类编辑法，以条目为主体，分一、二、三级目。一级目为部类，如特载、军事等，二级目排在一级目与条目之间，三级目为撰写单元（条目），用黑体字加【 】号作标题。

六、因篇幅及表述的需要，本年鉴部分部类出现了一些简写和第一人称写法，“石林县”、“我县”等同于“石林彝族自治县”。

七、“文选”部类中出现的对县域各事物特性的描述，具有一定的文学色彩和作者的主观意志，如有引用，请与县志及相关权威部门（专家）的表述核对后使用。

八、本年鉴采用的稿件均由县属各乡镇、各有关单位专人撰写，并经各单位主管领导审核。所用数据以县统计局公布的为准，未列入国家统计的数据使用部门统计资料。

九、本年鉴的编纂得到各级领导和社会各界的大力支持，在此谨表谢忱。

《石林年鉴》编辑部

新石林新旅游：石林老景区扩容改造简介

扩容改造展现新石林

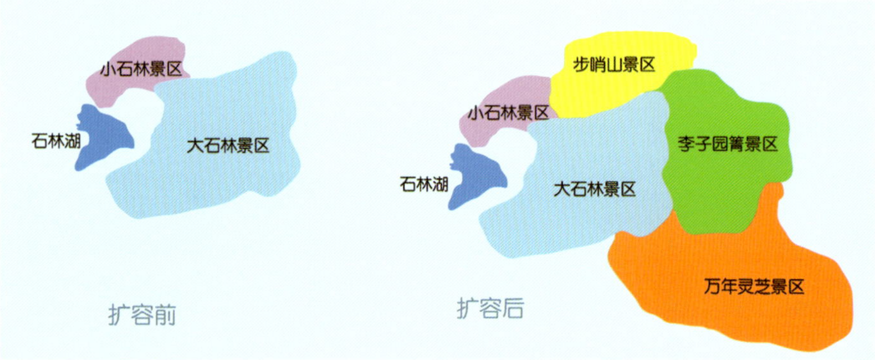

石林风景名胜区八大景区中以石林景区最为著名，其主要游览区域为大小石林，游览范围4.12平方千米，设有三条导游导览线路，游览时间1.5~3小时。自列入世界自然遗产名录和世界地质公园以来，石林声名远扬，八方宾客接踵而来，原有游览区不能满足游客需要，急需开发新景点、新线路，全面展示石林世界自然遗产的科学美学价值。2005年，石林县委、县政府提出“12345”旅游国际化发展战略，石林景区提升扩容改造工程开始规划。

经过三年努力，万年灵芝、李子园箐、步哨山新景点开发项目全面完工，已具备旅游接待功能，并正式向社会各界隆重推出。新游览区加上大小石林，游览面积扩大到12平方千米，游览时间延长至3.5～5小时，基本能满足游客的各种游览需要。景区涵括各种剑状喀斯特形态，展现典型的亚热带高原喀斯特生态系统，全新展示，精彩纷呈。

扩容改造后的石林景区景点分布图

● 李子园箐景区

李子园箐位于大石林之南，以景区环林南路相隔，呈东西向长方形，为典型的石林洼地。洼地中心为剑状峰林，外围多为孤立石柱、石芽原野，边缘出露2.5亿年前的玄武岩及5 000万年前的红色碎屑沉积岩，展示石林发育演变过程中多次被掩埋又出露的传奇。区内植被繁茂，石峰间绿树成荫，小径旁蕨草丛生，有高山栲林、滇青冈林等滇东喀斯特高原的代表性植被，有1 700年前彝族先民留下的古崖画神秘粗犷，孤立的石峰石芽拟人象形，如望夫石、苏武牧羊、母子携游、漫步从容，等等。

步哨山

步哨山位于大石林之东、小石林之南，以景区环林东路为界，呈南北向带状展布，地貌上属大石林溶蚀洼地东部斜坡平台。因清末石林彝民义军首领赵发曾在此山驻防，设步哨巡山而得名。山顶海拔1 796.7米，高出大石林望峰亭近50米，为石林景区海拔最高处。登高远望，林海松涛，柱石参差；漫步山间，石林峥嵘，刀光剑影。区内多柱状石林，有“步哨五石门”、“步哨松涛”等独特景观。景点中有巨型腹足类化石、珊瑚化石等海洋生物化石，记录着2.7亿年前石林地区生机勃发的海底世界。

万年灵芝

万年灵芝位于大石林以南，北距环林路约800米，处在石林溶蚀洼地南边缘高地斜坡上，为典型的蕈状石林（蘑菇状石林）和塔状石林分布区。边缘有东西两个溶蚀湖，双亭景点以北20米处出露火山喷溢玄武岩残盖，是石林在2.5亿年前曾被炽热熔岩掩埋的见证。该区地势开阔，草木稀少低矮，高大的灰色蘑菇状和塔状石峰仿佛洪荒时代走来的参天巨人，连片分布，蔚为壮观。

世界自然遗产展示地——乃古石林建成开园

乃古石林景区位于石林彝族自治县石林景区北部，1985年命名并开发建设，1986年建成对外开放，面积约30平方千米，游览范围10平方千米。2006年2月，景区因申报世界自然遗产封园进行环境整治。2008年，乃古石林按世界自然遗产展示地的标准进行景区和景前区建设改造；2009年11月完成建设；2010年4月1日正式向游客开放。

“乃古”，彝语是“黑色”之意，景区岩石主要为2.7亿年前的白云质灰岩，形态和色彩与石林景区大不同，整体呈灰黑色，其石柱高大密集，古朴粗犷，远望似高墙古堡，雄伟壮观，多呈城堡状、塔状、蘑菇状，乱石成阵，浩瀚如林，以苍莽的风格闻名。景区包容了奇峰、溶洞、湖泊、瀑布等喀斯特地貌奇观，其景点上百处，梁祝相会、飞仙幽谷、云湖、白云洞、古战场、滴水瀑布等众多景点共同构成了一幅“峰上望、地上转、地下钻”的生态立体景观，展示着远古的原始风貌和独特的自然美。从地质形成的角度来看，乃古石林是由抗溶蚀能力强的纯白云质灰岩和硅质灰岩组成，因而形成了在世界上极少的完美独特的石林地貌。

乃古石林在保护、开发过程中，注重原生态、乡土文化特色，突出遗产科普教育与乡野休闲特色，与石林其他景区功能互补。因此，乃古石林定位以遗产展示观光、遗产教育为核心，以拓展康体和乡野休闲为两翼，以多维观赏、整体展示及多样化的休闲游憩活动为内容的原野游憩区。

乃古石林风光

乃古石林建成开园

世界自然遗产展示地
World Natural Heritage Site
乃古石林导游图
Tourist Map of Naigu Stone Forest
团结水库
(云湖)
Solidarity reservoir
(Yun Lake)
曲靖 陆良方向
To Qujing Luliang
昆明 宜良方向
To Kunming Yiliang
游客中心
Visitor Center
景区停车场
Parking Lot
卫生间
古林瑶池
Gulinyaochi Pool
Scenic Spot 景点
Toilet 卫生间
Break Site 休息点
Police Booth 警务亭
SOS
Prime Line 经典线路
N
资讯 Info
● 石林风景区门票价格175元/人次（含大石林、小石林、万年灵芝、李子园箐、步哨山及乃古石林景区），优惠票130元/人次，全程通票。学生及军人分别凭学生证、军人证购买优惠票；对残疾人、70岁以上老人及离休干部、身高1.3米以下的儿童给予免票。
The full price ticket of the Stone Forest Scenic Area (including the Major Stone Forest, the Minor Stone Forest, Wan-Nian-Lin-Zhi, Li-Zi-Yuan-Jing, Bushao Hill and Naigu Stone Forest) is 175 Yun RMB/per person-time, and the preferential ticket is 130 Yun RMB/per person-time. Students and soldiers on service enjoy the preferential ticket with valid student ID card or military certificate; The disabled, the elderly over 70 years old, the retired cadre (with valid certificate) and children under 130cm high enjoy free entrance.
● 石林距云南省省会昆明市78公里，可乘坐昆明东部客运站石林旅游巴士沿"昆石"高速公路直达，车程约1.5小时。此外，每天均有从昆明、广州、南宁、湛江、上海等地发出途经石林火车站的列车。
The Stone Forest Scenic Area is 78km from Kunming, capital city of Yunnan Province. It takes about 1.5 hours to get to the Stone Forest from Kunming by tourist bus departing from the East Passenger Transportation, via the Kunming-Shilin Expressway. Also, everyday regular trains from Kunming, Guangzhou, Nanning, Zhanjiang and Shanghai stop at the Shilin Railway Station which is 5km from the Naigu Stone Forest.
● 石林的特色美食有品种繁多的野生菌、乳饼、卤腐、骨头参、荞粑粑蘸蜂蜜、石林汤锅等。
There are various local featured cuisines at Stone Forest such as: edible wild mushrooms, salted Doufu, Bone gen-seng, honey-dipped buckwheat cake, Stone Forest hot pot, and so on.
● 颇具当地民族特色的各种纪念品值得购买留念：鲜艳夺目的撒尼刺绣、袋装野生菌、石林纪念邮票、明信片、画册等。
Various local ethnic featured souvenirs are worthy of collection, there are colorful Sani embroidery, bag-packaged edible wild mushrooms, and Stone Forest commemorative stamps, post cards and albums of painting etc.
● 多个宾馆酒店可供住宿
More hotels for accommodation
石林大酒店 0871-7798888
Stone Forest Hotel
石林天奇阿诗玛大酒店 0871-7719988
Shilin Tianqi Ashima Hotel
兴亚风情园 0871-7710599
Xingya Guest House
石林宾馆 0871-7711405
Stone Forest Guest House
避暑园宾馆 0871-7711888
Summer Resort Hotel
石林精舍宾馆 0871-7710888
Jingshe Hotel
● 旅游服务电话
Tourist Service Telephone
石林风景名胜区旅游咨询 0871-7719006
Travel Info
石林旅游会员卡办理 0871-7710316
Membership Card
旅游投诉 0871-7711719
Complaint
医疗急救 0871-7710120
First Aid
石林风景名胜区旅游网站
Website of Stone Forest Scenic Spot Area
hup://www.chinesionetoresi.com
hup://www.中国石林.cn

乃古石林地图

自然景观

游客中心

停车场与游客中心内部设施

刚柔并济

乃古石林

峰上望

梁祝相会

野 趣

国家园林县城剪影

创建国家园林县城是石林各族人民的共同梦想，也是石林县委政府工作的重要目标。从2003年4月建设巴江带状公园算起经过七年努力，从2007年12月获得云南省园林县城算起经过两年的连续奋斗，石林终于实现了这一个梦想和目标。2010年5月28日，在国际风景园林师联合会(IFLA)第47届世界大会在苏州开幕的当天下午，国家住建部举行2009年国家园林城市、县城和城镇授牌仪式，我县捧回了“国家园林县城”的桂冠，成为云南省首批国家园林县城、昆明市首个国家园林县城。我们在“文选”部类选录了申报主体材料，并在此选登部分图片，编为“国家园林县城剪影”专辑，向团结奋斗在石林县各行各业的建设者们表示敬意，对石林获得这一荣誉表示祝贺。

石林县城（局部）

石林会议中心前绿化广场

昆河公路立交桥以北绿化广场

东城路

阿诗玛东路（上）西路（下）

阿诗玛南路（上）、阿诗玛北路（下）

石林南路

环城东路（上）、环城西路（下）

巴江带状公园双龙坝上段

巴江带状公园大河桥下段

巴江带状公园双龙公园后门

莲花池小游园片区

石林县文化馆（武庙）

石林一中（文庙）

县民族体育运动场

天奇医院

原石林县委大院

原县政府大院

居住小区

单位小区

街头小景

立体绿化

别墅区绿化

石林中路景观大道

阿诗玛生态文化园

石林岔口绿化广场

石林民族摔跤斗牛场

乡村景观绿化

园林与乡土树种相融

园林与民居风貌相融

园林与喀斯特景观相融

园林与石文化相融

园林与文物保护单位相融

第十六届国际人类学与民族学大会
糯黑考察点活动

第十六届国际人类学与民族学大会在昆明召开期间，作为大会田野考察点之一的石林县圭山镇大糯黑村，成为与会专家学者的焦点。7月27日，糯黑村迎来了第一批130余名中外专家。到7月31日下午考察点活动圆满结束,共有4批来自世界各国的专家学者共400余人到大糯黑村开展学术考察活动。7月30日，国际人类学与民族学联合会第十六届大会执行主席瓦格斯、秘书长纳斯也专程到糯黑村进行学术考察。

走进糯黑石头寨

各家访点参观者络绎不绝

学术交流会场播放纪录片《糯黑石头寨》

中外专家互动交流

大会执行主席瓦格斯（左）向翻译了解撒尼文化

参观民族文化博物馆

观看撒尼纺织工艺

石林风光系列之一《鸟瞰石林》

石林风光系列之二《雪中阿诗玛》

石林风光系列之三《母子携游》

石林风光系列之四《虹桥相会》——乃古石林梁祝相会

石林风光系列之五《石林晚霞》

石林风光系列之六《叠水彩虹》

石林民俗系列之一《长湖洗麻》

石林民俗系列之二《传承》

梅里雪山

珠穆朗玛峰

阿诗玛文化联展：张志斌木雕作品选

张志斌简历

张志斌，男，彝族撒尼人，1962年10月10日生，石林县圭山镇海宜村人，昆明市非物质文化遗产传承人。现任石林县文联副主席、石林县地税局党总支书记、石林县民间工艺协会主席。由于受父亲的熏陶，他从小喜爱绘画、雕刻艺术。作品有小三弦和特色大三弦等撒尼乐器、木雕、石雕、根雕等作品。其木雕作品取材于撒尼人的生产生活，采用圆雕、镂空雕、浮雕等手法，做工精细，惟妙惟肖，生动传神，多次参加国内各类文化会展活动，深受各方好评。

阿黑与阿诗玛

绩 麻

纺麻线

三弦舞

乐 魂

牛铃声声

送祝米

洗 麻

撒尼人家

斗 牛

织麻布

摔跤

知音

狩猎

阿诗玛文化联展：画乡人物黄云峰

● 黄云峰简历

黄云峰，男，汉族，1970年10月15日生，云南石林人，祖籍云南思茅，1989年毕业于昆明大学工艺美术专业，现为石林县文化馆美术辅导干部、昆明市美术家协会会员。作品多次参加全国和省市美展。1996年版画《高原之歌》、《节日》获中国农民画作品展优秀奖，2002年版画《农家》获全国美术书法精品大赛金奖。另有两件作品在云南省“彩云奖”展览中获优秀奖。他的作品以版画、油画、重彩画为主，形式多变，充分表达作者热爱彝乡、热爱阿诗玛文化的炽烈情感。

古风（油套木刻，1995）

节日（油套木刻，1996）

高原之歌（油套木刻，1996）

玉米地（油套木刻，1998）

阿诗玛（水印木刻，1998）

火之祭（油套木刻，1998）

山果果（纸版油印，1999）

流转的四季（纸印版画，2000）

丰年（油套木刻，2002）

农家（水印木刻，2002）

晚风（油套木刻，2004）

静静的村庄（木刻，2005）

撒尼阿囡（油画，2005）

石林系列之一（2008）

狮舞图（速写，2010）

壁立千仞（彩墨画，2010）

斗牛图（重彩画，2010）

斗牛系列之一（版画，2010）

斗牛系列之二（油套木刻，2010）

斗牛系列之三（油套木刻，2010）

斗牛系列之四（油套木刻，2010）

斗牛系列之五（油画，2010）

中外嘉宾在石林

1月4日，联合国教科文组织世界地质公园专家盖伊·马提尼考察评估石林时题词

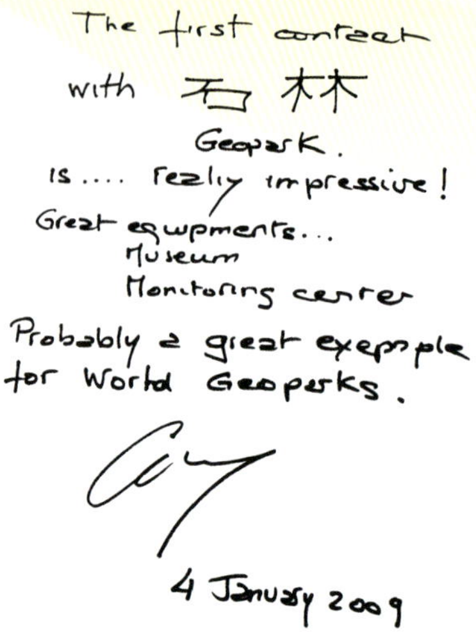

盖伊·马提尼石林题词

2月15日，昆明市副市长李喜到石林检查护林防火工作

2月16日，孟加拉国PKSF（农村就业支持基金会）机构考察团一行13人到石林考察农村小额信贷运作及农业发展情况

2月17日，云南省烟草公司副总经理杨经建检查天合公司安全示范工作

2月20日，哈佛大学设计学博士、杭州天夏科技集团董事长夏建统一行6人到石林考察调研城市建设、信息化建设等情况

2月23日，苏宁环球集团董事长、总裁张桂平（左三）到石林作投资考察

2月26日，昆明市政协副主席傅汝林带领部分政协委员、专家顾问到石林县调研农村土地承包经营权流转工作

3月4日，台湾中天电视台节目主持人林逸欣（左三）一行5人到我县拍摄石林旅游宣传片

3月5日，云南省林业厅厅长陈玉侯到石林检查林业工作

3月10日，玉溪市峨山彝族自治县到石林考察

3月21～22日，联合国教科文组织保护和管理中国世界遗产地项目专家到石林考察

3月23日，江苏综艺集团董事长昝圣达、南京新百副总经理朱爱华、工商银行南通分行行长王军一行到石林县作投资考察

3月24日，中国烟叶公司副总经理张玉征到石林检查现代烟草农业基础设施建设

3月29日，苏宁环球集团董事长张桂平带领江苏省工商联房地产商会下属16家企业负责人到石林作投资考察

3月31日，云南省委组织部副部长崔茂虎、市委组织部副部长曾令衡一行深入石林县调研

4月2日，昆明市委副书记、市长张祖林到石林检查农业农村工作

4月2日，禄劝县县长毕昆闽率领禄劝县政府考察团一行10人，到石林县考察城市规划、建设和管理工作

4月8～10日，马来西亚世界地质公园访问团到石林考察

4月8日，台湾蔬果花卉产业科技发展协会秘书长谢武雄一行6人对石林台湾农民创业园规划及招商引资项目进行考察

4月16日，原内蒙古自治区党委书记王群在石林

4月18日，《新华日报》副总编辑缪小星在石林

4月18日，江苏围棋院院长邵震中在石林

4月19～20日，意大利知名摄影家莫尼卡·席尔瓦受中国国家旅游局邀请，到石林风景名胜区采风

8月26日，云南省委宣传部常务副部长、省文产办主任尹欣一行到石林县实地查看中国彝族第一村斗牛城等文产项目进展情况

9月7日，云南省委常委、副省长李江到石林县调研

9月13日，中非共和国总统弗朗索瓦·博齐泽·杨古达翁率中非共和国代表团一行18人，在云南省副省长顾朝曦、云南省外事办副主任甘雪春陪同下，到石林考察农业和旅游工作

9月14日，前来参加中华人民共和国成立60周年“全国网络媒体云南行”采访活动的100余名记者到石林采访

9月14日，云南省住房和城乡建设厅厅长罗应光率领规划、景区管理等部门领导，专程到石林调研景区保护与开发工作

9月15日，由江苏省常熟市市委书记王翔，市委副书记、市长惠建林带队的常熟市党政代表团一行14人，到石林考察旅游管理和旅游发展工作

9月16日，全国政协委员、中华慈善总会名誉会长、新世纪成功集团董事长李玉玲到石林考察文产项目

10月13日，以昆明市人大常委会副主任田翎为组长的市人大视察组一行9人，对石林县2009年第三季度政府工作目标任务落实情况进行专项视察

10月14日，云南省政协副主席罗黎辉、王学智一行到石林县调研石锁高速公路建设情况

10月15日，国家农业部副部长张桃林一行在云南省委常委、昆明市委书记仇和的陪同下，到云南昆明石林台湾农民创业园考察园区开发建设情况

10月15日，河北省委常委、统战部部长刘永瑞率河北省党外人士代表团一行22人，到石林考察旅游发展情况

10月20日，前来昆明参加全国省会（首府）及部分城市党委秘书长、办公厅（室）主任第40次座谈会的200余名代表参观游览石林

10月21日，台湾中南部记者采访团一行53人，考察采访云南昆明石林台湾农民创业园

11月3日，贵州省赤水市党政领导考察团一行，在市委书记穆嵘坤率领下到石林考察旅游发展工作

11月3日，云南农大党委书记张海翔一行到石林调研“十里香”茶及石林茶叶产业化发展情况。该校张芳赐教授研究和引种成功的“十里香”茶，现已在石林建立生产示范基地，每年可育苗10万株

11月7日，越南共产党西北地区指导委员会代表团一行7人，到石林考察少数民族地区扶贫开发工作

11月13日，云南省高级人民法院院长许前飞（中）到石林县法院调研并走访石林人民法庭

11月18日，昆明市政协常务副主席张建伟、副主席林怡平一行到石林县督查市委政协工作会议精神贯彻落实情况

11月19日，甘肃省委常委、副省长刘永富带队的甘肃省旅游交易会代表团赴石林考察

12月2日，由云南省人民政府副秘书长王俊强带队的全省城镇污水生活垃圾处理设施建设现场会参会人员，到石林县观摩污水处理及配套管网工程建设

12月4日，孟加拉国人盟代表团一行5人及孟加拉国驻华大使孟什·法亚兹·阿哈迈德到石林县考察新农村建设工作

12月17日，参加“嬗变中的昆明”网络专家博客笔会的全国网络媒体嘉宾一行45人，到石林参观考察旅游发展和民族文化

2009年大事图录

1月3~5日，联合国教科文组织世界地质公园专家盖伊·马提尼对石林世界地质公园进行中期考察评估

1月6日上午，立于板桥镇青山村委会白石岭的石林古脊椎动物化石保护碑正式揭幕

1月7日，石林县22家单位在县城双龙广场开展文化、法律、卫生、科技“四下乡”活动

1月7日，石林县组织400余名副科以上领导干部集中收听收看昆明市委九届五次全体（扩大）会议现场实况

1月8日，石林县农村信用联社办公大楼迁至位于石林景观大道的新址

1月8日，中共石林县委召开十届五次全体（扩大）会议，强势推进“543”倍增计划

1月8日，中国人民政治协商会议石林彝族自治县第八届委员会第二次会议开幕

1月9日，石林彝族自治县第十五届人民代表大会第二次会议正式开幕

1月12日，石林县首批191名村级党组织书记、副书记和部分民兵营长齐聚县委党校，接受为期3天的培训

1月14日，石林县8个乡镇成立进城务工人员工会联合委员会分会

1月16日，位于石林大跤场东北部、计划总投资9 000万元的石林遗产地停车场搬迁安置项目正式开工

1月16日，云南省政府金融办通过公开招标优选出来的10家农村金融小额贷款试点企业之一、石林县首家小额贷款公司——石林万家欢瑞邦达小额贷款有限公司正式挂牌成立并开门营业

1月19日，石林县召开2009年老干部春节团拜会，通报石林经济社会发展情况及今年工作思路，并向老有所为先进个人颁发奖状

1月20日，石林县召开2009年四级干部大会，动员全县各族人民抢抓机遇，奋力拼搏2009年

1月21日下午，石林县法院向150余名群众兑现220余万元积案款

1月26日（大年初一），石林首届酒歌大赛在县城双龙广场拉开帷幕，14支代表队参加比赛

1月27日（大年初二），石林优秀民族民间歌舞展演在县城双龙广场举行。图为黑石头组合演唱《山里人》

2月8日，昆明市第二届全国城市青少年足球邀请赛在石林民族体育场开幕

2月10日，中国共产党石林彝族自治县第十届纪律检查委员会召开第四次全体（扩大）会议

2月11日，石林县邀请云南省水利水电勘测设计院国家级设计大师、教授级高工李作洪为组长的省、市水利专家组一行5人，对石林县拟建的鱼龙水库、石林地下水库两个项目建议书进行论证

2月13日，由省市县乡（镇）四级选派的8支工作队、91名新农村指导员正式进驻石林农村

2月16日，石林财富中心、职教中心、中国彝族第一村斗牛城、石林旅游度假区交通工程等4个项目正式开工

2月16日，石林县湖北、湖南招商分局举行招商引资项目推介会，石林县招商引资百日竞赛活动正式启动

2月20日，石林县医保服务系统举行了“石林春来早，健康伴我行”百人自行车健身活动，倡导健康文明的生活方式

2月24日，石林牛王“擎天柱”战胜贵州牛王“钩腮王”，获得贵州省贵阳市花溪民族斗牛大赛“牛王”称号

3月6日，石林县委、县人民政府召开全县实职副科以上干部大会，向全县干部职工发出开展“行政效能提升年”和“干部作风改进年”活动动员令

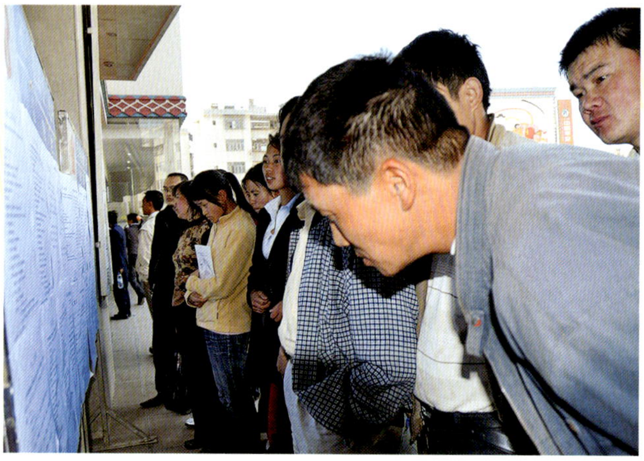

2月21日，提供500多个就业岗位的“春风行动”在石林县拉开帷幕，全县131名农民工与用工单位当场达成意向性就业协议

2月24日上午，云南省人民政府省长秦光荣（左）为石林绿汀公司总经理梅为云（右）颁发第一届云南青年创业省长奖

3月8日，石林县东城商贸中心开工建设

3月10日，省林改检查验收组对石林县集体林权制度主体改革工作进行检查验收

3月10日，石林县广播电视“村村通”直播卫星覆盖工程在长湖镇小团山全面开工

3月11～13日，云南省民族传统文化保护区建设工作经验交流会在石林召开

3月13日上午，中国儿童艺术剧院“文化下乡”到石林慰问并举行首场演出

3月14日，石林县公安局鹿阜派出所将18辆破案追回的被盗摩托车发还给失主

5月20日，石林县交通局地方公路管理段揭牌成立，乡镇公路管理站也同时授牌成立

5月20日，石林县政府召开家电下乡工作推进会，要求各部门扎实推进，切实把这项惠民利民好事办好

5月30日上午，石林首届“万城杯·美丽家园”少儿墙体绘画大赛在石林万城阿诗玛旅游小镇项目水景广场举行

6月1日，武警云南省森林总队“春蕾图书室”在石林小学挂牌

6月5～7日，2009年昆明市中小学生国际式摔跤比赛在石林民族体育场举行

6月8日，石林县召开创建国家园林县城攻坚暨迎接考评动员会，动员全县上下迅速行动起来,全力攻坚冲刺创建国家园林县城

6月10日，石林县召开党政机关厉行节约工作会

6月12日，经云南省住房和城乡建设厅考评，同意石林申报全省首个国家园林县城

6月13日，2009年“中国石林·长湖”暨昆明市职工“全民健身月”自然水域游泳比赛在长湖举行

6月13日，石林县在县城双龙广场举行非物质文化宣传活动，市县领导为各级非物质文化遗产传承人颁发奖金

6月16日，云南昆明石林台湾农民创业园、乃古石林景前区服务设施、巴江截污廊道、鹿阜旧城大兴片区改造、石林现代生态牧场等五个项目开工

6月16日上午，昆明市第一届园林绿化博览会在石林园林绿化博览园隆重开园

6月23日，石林台创园规划区内50名失地农民到云南省第十四冶金技校进行挖机培训

6月25日，2009年昆明市农民体育健身工程点（村委会）农民篮球赛在石林鸣笛开赛

6月25日晚，石林县“红色革命歌曲”歌咏比赛在石林民族中学礼堂举行

6月26日，石林县青年歌手大奖赛决赛和颁奖晚会在县城双龙广场举行

6月26日，石林县召开城乡园林绿化暨创园工作大会，强化创建国家级园林县城各项工作，并对2008年城乡绿化先进单位进行表彰

6月27日，云南师范大学与石林幼教集团签署协议，正式将石林幼教集团列为云南师范大学教育科学与管理学院学前教育实习基地

6月29日，石林县召开村级会计委托代理服务工作会，全县农村集体资产财务规范化管理进入全面实施阶段

6月30日晚，石林县召开全县党员干部大会并举行文艺晚会，隆重纪念中国共产党成立88周年

7月8日，石林、弥勒两县政协第七次联谊会议在弥勒县举行

7月8日，石林县第十一届“园丁杯”篮球运动会在县一中运动场开幕，来自全县的32支中小学男、女教师代表队参加比赛

7月8日，石林县召开工作会，奋力推进供销合作社“二次创业”

7月8日，总投资100多万元，拥有8个乡镇服务站点的石林县文化信息资源共享工程网站正式开通

7月17日，石林县新选聘的88名大学生村官（含2008年选派的14名）接受岗前培训

7月21日，石林县召开地下水库可行性研究阶段中间成果汇报会，邀请云南省5位知名水利专家对项目的可行性进行咨询审查

7月21日，由石林县委宣传部主办的“红土地之歌”演讲比赛在县科协报告厅举行

7月22日，石林县第十五届人民政府召开第三次全体会议暨廉政工作会

7月23日，云南精品旅游线景区战略联盟第三次会议在石林召开

7月24日，石林县召开2009年商标战略推进暨著名知名商标表彰大会，获得省市著名商标的6家企业受到奖励

7月24日，在四川成都召开的第五届中国国际会展文化节上，中国石林火把节获2008～2009中国十大创新节庆活动“金海豚奖”

7月25日，由石林县文体局主办，企业赞助的石林县首届“胜利煤业杯”足球邀请赛正式开赛，有县内外8支球队参赛

7月30日，石林县举行云南昆明石林台湾农民创业园失地农民技能培训开学典礼，2009年完成培训1 003人，转移就业667人

8月3日，石林县举行鼓励创业“贷免扶补”小额贷款发放仪式，向249人发放贷款1 105万元

8月8日上午，在中国第一个“全民健身日”到来之际，石林县举办广场体育游园活动，正式启动全民健身日活动

8月11日，上海恒联新天地花园在石林正式开工建设，并向石林县希望工程捐赠人民币100万元

8月13日，中国南方喀斯特世界遗产地与美国猛犸洞国家公园建立“姊妹公园”签字仪式在石林举行

8月14日，在中国石林国际火把狂欢节招商引资项目推介暨项目签约仪式上，石林县签下13个投资总额为17.265亿元的招商引资项目

8月14日晚，作为2009石林火把节活动之一，大型原生态歌舞晚会“阿诗玛秘地”在石林火把广场震撼上演

8月14日下午，有153头斗牛参赛的2009年中国石林国际火把狂欢节斗牛比赛在石林风景区斗牛场举行

8月15日上午，由云南省文化厅和石林县人民政府联合主办、石林美邑石文化开发有限公司承办的2009中国石林国际火把狂欢节石文化企业家研讨会在石林会议中心举行

8月16日，2009年中国石林国际火把节长湖分会场，举行大三弦舞比赛和传统的摔跤比赛

8月16日，经过省、市专家组实地考评，石林国家5A级旅游景区品牌顺利通过复核

8月18日，陆良、石林两县政协在陆良圣邦大酒店举行2009年联谊会

8月19日，石林县委、县人民政府举行仪式，接受中央民族大学李德君教授捐赠的《彝族撒尼人民间文学作品采集实录（1963～1964）》（1～24集）

8月21日，石林县召开县政府驻地镇行政区划调整工作会，撤销路美邑镇，成建制并入鹿阜镇，行政区划由7镇1乡变为6镇1乡

8月22日，石林县党政考察团一行50余人赴官渡区、西山区考察项目建设情况

8月24日，在县城双龙广场举行2009年"爱心助你上大学"活动助学金发放仪式

9月6日，石林县召开工业经济保增长工作会，强势推进全县经济增长

9月8日，云南迎国庆唱经典颂和平红歌合唱大赛决赛在石林举行

9月9日，石林县召开“三普”教育培训工作动员会，为期一年的“三普”教育培训工作全面启动

9月10日，石林县隆重庆祝第25个教师节，100名优秀教师、先进教师、先进教育工作者受表彰

9月10日，石林县四班子领导走访慰问建国以来为石林发展作出杰出贡献的24名功臣代表

9月14日，石林县召开第二批学习实践科学发展观活动总结暨第三批学习实践活动动员大会

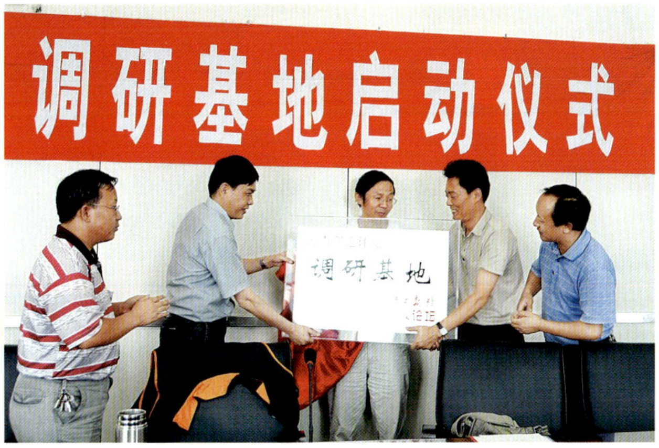

9月15日，云南日报报业集团《社会主义论坛》与石林县携手共建为期1年的云南理论评论调研基地

9月16日，石林县工商联合会川渝商会、福建商会、浙江商会、粤桂商会第一次代表大会隆重召开，选举产生了各商会会长、副会长等商会负责人

11月
4天的第

9月19日，2009昆明国际花卉展暨第五届昆明国际农业博览会在昆明国际会展中心开幕，石林县的16家企业参展

9月22日，石林县召开工程建设领域突出问题专项治理工作会

11月
大会，坚

9月23日，石林县举行2009年高校毕业生就业招聘会，97名高校毕业生现场与用人单位达成意向性就业协议

9月27日，经过5次研究和修改的《石林彝族自治县"十二五"文化产业发展规划》通过省、市、县专家评审

12月16日，总投资5 100万元，日供水9 000立方米，全部采用自动化控制运行的石林风景区供水工程，正式通过验收并交付使用

12月17~18日，石林县小箐、糯黑两村创建国家级生态村通过云南省环保厅组织的评审

12月19日，昆明市林业局、水利局、农业局、扶贫办、新农办等部门领导到石林开展森林防火、农村饮水及新农村建设调研

United Nations Educational, Scientific and Cultural Organization

World Heritage Convention

CONVENTION CONCERNING THE PROTECTION OF THE WORLD CULTURAL AND NATURAL HERITAGE

The World Heritage Committee has inscribed

South China Karst

on the World Heritage List

Inscription on this List confirms the outstanding universal value of a cultural or natural property which requires protection for the benefit of all humanity

DATE OF INSCRIPTION 2 July 2007

DIRECTOR-GENERAL OF UNESCO

石林世界自然遗产证书

12月23日，石林领到了世界自然遗产证书

总 目

1. 为方便阅读检索，根据年鉴内容编排顺序，编制此总目，作为全书的辅助性目录。
2. 本总目只列部类标题名称，以及本年鉴其他重要组成部分名目。
3. 标题后第一个括号内的数字为本标题内容所在目录页的位置，第二个括号内的数字为所在正文起始页号。

目　　录
CONTENTS

特　载
Special　Carriers

大事记
Major Events

概　况
An Overview

县域概况
General Information about the County

鹿阜镇
Lufu Town

石林镇
Shilin Town

板桥镇
Banqiao Town

长湖镇
Changhu Town

圭山镇
Guishan Town

主要工作
Chief Work

石林彝族自治县人民政府
The People's Government of Shilin Yi Autonomous County

领导成员
Leading Members

重要会议
Important Sessions

重要文件目录
A list of Significant Documents

县人民政府办公室
The General Office of the People's Government of Shilin County

人事劳动工作
Personnel and Labor

机构编制工作
Establishment of Organizations

民政工作
Civil Affairs

农 业
Agriculture

气 象
Meteorology

水 利
Water Conservancy

农 牧
Agriculture and Animal Husbandry

现代农业
Modern Agriculture

林 业
Forestry

新农村建设
Construction of New Socialist Countryside

烟草业
Tobacco

烟草管理
Administration of Tobacco

烤烟种植
Planting of Tobacco

烟叶收购
Purchase

烟叶复烤
Re-Curing of the Tobacco Leaves

烟草专卖
Monopoly

工商企业
Industry, Commerce and Enterprises

国有企业改革
Reform of State-owned Enterprises

旅游业
Tourism

政策法规
Policies and Regulations

文　选
The Selections of Documents

创卫文献
Documents for Building A National Hygienic County Town

创园文献
Documents for Building A National Garden County Town

台创园文献
Documents for Venture Parks by Taiwanese

名人笔下的石林
Shilin in Works by Celebrities

廉政文萃
Works for Building A Clean and Honest Government

文　学
Literature

图　书
Books

音　像
Audiovisual Products

人　物
Personages

新任县级领导简介
Profiles of Newly -Appointed County Leaders

县委常委

县人民政府领导

其他县级领导

乡土艺人
Folk Artists

人物表
A List of People with Superior Titles

附 录
Appendix

索 引
Index

特　载

全力攻坚2010 科学谋划“十二五” 为全面建设小康社会而努力奋斗

——在县委十届六次全体（扩大）会议上的报告

（2010年1月8日）

县委书记 罗朝峰

同志们：

现在，我代表县委常委会向全会报告工作，请予审议。

这次全会的主要任务是：深入贯彻落实党的十七大、十七届四中全会、中央经济工作会议、省委八届八次全会和市委九届六次全会精神，以科学发展观为指导，回顾总结2009年工作，研究部署2010年工作，组织动员全县各族人民，迅速行动，全力攻坚2010，全面完成“十一五”，科学谋划“十二五”，为全面建设小康社会而努力奋斗。

一、拼搏2009，全县发展迈出新步伐

2009年是拼搏之年。一年来，在市委、市政府的正确领导下，县委按照“争先进位、富民强县”的总要求，团结带领全县各族人民，以项目突破强势推进“543”倍增计划，千方百计增投资、保增长、保民生、保稳定，较好地完成了各项目标任务。

（一）经济实力稳步提升

县委始终坚持发展这一第一要务，切实加强对经济工作的领导，大力推进“5+1”工程，加快县域经济发展。预计全年实现地区生产总值31.95亿元，同比增14%；地方财政总收入3.87亿元，同比增21%；地方一般预算收入2.59亿元，同比增29.2%；全社会固定资产投资27亿元，同比增70%；社会消费品零售总额15.3亿元，同比增30%。农民人均纯收入4789元，实际增长13.6%；城镇居民人均可支配收入15600元，实际增长13%。三次产业结构调整为29.7：28.4：41.9。烤烟产值2.56亿元，粮食产量1.23亿千克，畜牧产值5.7亿元，果蔬产值2.7亿元，花卉园艺产值8600万元。工业增加值6.8亿元，同比增14%。大小石林景区接待游客286万人次，同比增20.7%；旅游直接收入3.65亿元，同比增22.9%；全县接待游客330万人次，同比增10%；旅游综合收入14亿元，同比增16.7%。文化产业增加值2.8亿元，占地区生产总值的9%。

（二）项目建设扎实推进

县委把2009年作为“项目落实年”，以招商引资为主抓手，以园区建设为主战场，以投资拉动经济快速增长。全年引进项目137个，经市考核办认定实际到位国内市外资金17.62亿元，同比增25%；实际利用外资1399.73万美元，同比增118%。紧紧抓住国家扩大内需的有利时机，全力推进5所农村中小学标准化建设、第二批廉租住房、乡镇文化站和卫生院等29个扩大内需中央投资项目，完成投资1.2亿元。列入县级重点推进项目68个，其中38个政府性投资项目全部开工，已完工17个，完成投资7.73亿元；30个企业投资项目已开工26个，完成投资13.71亿元。石林狂欢之都“四中心两店”、彝族第一村、云林度假酒店、万城阿诗玛旅游小镇、昆明石林166兆瓦太阳能光伏并网发电实验示范、石林锦苑花卉、石林温氏饲料加工及养殖等一批重点项目开工建

设，发展后劲进一步增强。

（三）城乡基础设施明显改善

坚持城乡统筹发展，推进城乡一体化进程。西城区、乡镇集镇、巴江沿岸、西石路重点路段、调整后的生态工业集中区规划编制完成。加强城乡规划建设管理，集中整治违法加层和无序建房。顺利完成县政府驻地镇行政区划调整。鹿阜旧城大兴商场、粮食局片区等改造项目启动实施，石林财富中心项目进展顺利。狮山路一期、阿诗玛东路延长线大屯段、滨河路改造等工程完工投入使用，石锁高速公路石林段、环城路、第一条工业大道开工建设，巴江截污廊道、石林大道电缆入地工程、巨鹏燃气站、石林园博园、昌乐生态公园项目竣工，城市道路、给排水、污水处理、供电供气等市政基础设施明显改善。城市规模不断扩大，县城建成区面积由7.46平方千米扩大到8.1平方千米。县财政投入1000万元资金启动了乡镇集镇建设。改造、硬化县乡公路220千米，建成行政村简易客运站30个，公交覆盖率达96.73%，公交出行分担率达32%。实施团结水库加固扩建、月湖水库除险加固工程，完成石林地下水库可行性研究。加强农田水利设施建设，新增有效灌溉面积0.32万亩，改善灌溉面积2.3万亩，中低产田地改造5.02万亩。110千伏石林输变电、35千伏长湖变电站工程完工，城乡基础设施进一步改善。“四创两争一巩固”活动深入开展，国家园林县城和4个全国环境优美乡镇及2个国家级生态示范村创建工作通过省级考评。全县植树458.4万株，荒山绿化2.74万亩，县城建成区绿地率达40.51%，绿化覆盖率达45.3%，全县森林覆盖率达40.94%。深入开展“四全”工作，实行“河库长”负责制，对全县6条河流、20个水库实施全面监测。加大土地、矿产、森林、水资源保护管理力度，生态环境明显改善。

（四）各项改革不断深化

完成6家国有企业改革任务。加大供销合作社改革力度，实施供销社“二次创业”。“国退民进”步伐加快，非公经济进一步发展，预计实现增加值11亿元，同比增15%。积极推进投融资体制改革，新增政府性贷款8.07亿元。积极探索农村土地承包经营权流转，深化集体林权制度配套改革，加快农村改革发展步伐。积极开展扩权强县试点工作，主动承接省、市下放的经济社会管理权限。深入推进体制机制创新，制定出台了203个创新性制度。深化行政审批制度改革，行政审批事项由68项精简为35项，投资软环境进一步优化。

（五）社会事业协调发展

进一步加强思想宣传工作，不断巩固精神文明创建成果。全民科学素质行动计划深入实施，科普阵地建设有序推进。“科普惠农兴村计划”得到落实，科技富民强县示范工程、科技进村入户示范工程全面实施。城乡教育资源进一步优化，各类教育稳步发展。加强就业再就业工作，完成“两后双百”培训560人，农村劳动力培训13847人、转移就业11587人，新增城镇就业1016人，城镇登记失业率控制在2.1%以内。文化建设稳步推进，群众性文体活动蓬勃开展。县人民医院搬迁新建项目启动，乡镇、村两级卫生医疗条件得到改善，公共医疗卫生服务体系不断完善，新型农村合作医疗参合率达98.69%。社会保障覆盖面不断扩大，城镇基本医疗保险参保率达96%，城镇失业保险参保率达85%，被征地人员养老保险参保率达15.6%。人口和计划生育工作扎实开展，人口自然增长率控制在4.83‰。积极推进殡葬改革，推行火葬，倡导文明出殡。财税、审计、统计、工商、环保等工作力度加大，民族、宗教、史志、档案、民政和老龄等各项社会事业全面推进。

（六）社会保持和谐稳定

重视人大、政协工作，人大督政、政协议政工作富有成效，有力促进了全县改革、发展、稳定和民族团结。统战、工商联、工青妇、科协、残联等职能作用充分发挥。普法与依法治县进一步深化，基层民主法制建设继续巩固。深入开展国防教育，国防后备力量建设明显加强。高度重视安全生产，强化安全隐患排查和治理。认真开展矛盾纠纷排查调处、执行积案、信访积案化解、重大事项社会稳定风险评估化解工作和“县委书记大接访”、领导干部大下访、民情恳谈活动，信访维稳工作成效显著。坚持“严打”方针，深入开展打黑除恶专项斗争。认真落实社会治安综合治理责任制，扎实开展综治维稳工作，深入推进省级先进平安县创建活动，打防控体系进一步完善，社会和谐稳定。

（七）党的建设全面加强

认真贯彻党的十七大、十七届四中全会精神，全面落实“个人形象一面旗、工作热情一团火、谋事布局一盘棋”的要求，第二批深入学习实践科学发展观活动顺利结束，第三批活动正有序推进。以提高执政能力为主题，加强常委会自身建设，常委班子抓发展、抓稳定、抓民生、抓党建的能力进一步提高。四班子团结一心干事业，齐心协力抓发展的氛围更加浓厚。巩固深化“科学规范和有效监督县委书记用人行为”试点县成果，扎实开展全省“深入整治用人上不正之风示范县”创建工作，推行自荐与连续公开差额推荐领导干部候选人、常委会差额票决、领导干部跟踪问效等制度，选人用人的公信度和群众满意度进一步提高。农村党员干部现代远程教育率先实现全覆盖。整顿软弱涣散的基层党组织，积极开展“村书记论坛”、“村务面对面”活动，选聘了77名大学生“村官”，农村基层组织建设得到加强。扎实开展“行政效能提升年”和“干部作风改进年”活动，干部作风有了明显转变。对31名不作为、乱作为、慢作为的干部进行了问责。全面落实党风廉政建设责任制，扎实推进以教育、制度、监督并重的惩治和预防腐败体系建设。严格执行领导干部重大事项申报制度，勤政廉政公示工作稳步推进。

上述成绩的取得，是市委、市政府正确领导的结果，是县四班子和衷共济的结果，是各级各部门奋力拼搏的结果，是广大干部群众辛勤工作的结果。在此，我代表县委，向所有为全县改革发展稳定作出贡献的各级党组织、全体共产党员、社会各界人士和广大干部群众表示衷心的感谢，并致以崇高的敬意！

二、科学分析形势，超前谋划“十二五”

正确分析和判断形势，历来是我们谋划发展、推进工作的前提和基础。“十二五”期间，我们面临十分难得的发展机遇。从外部环境来看，随着世界各主要国家经济刺激计划的实施，世界经济衰退的势头已得到遏制；国家继续实施积极的财政政策和适度宽松的货币政策，中央扩大内需新增投资，国内经济形势显现出积极的变化；省委、省政府高度重视昆明市的发展，现代新昆明建设快速推进，为石林发展提供了良好的环境。从自身来看，石林城乡基础设施日趋完善，投资环境逐步优化，经济实力稳步提升，全县上下干事创业的氛围正在形成，随着石蒙高速公路、云桂高速铁路等重大基础设施建设项目的启动，石林的交通区位优势更加明显，石林正成为投资的热土，将迎来新一轮的大发展。

同时，我们也面临着十分严峻的挑战。从全面建设小康社会的进程来看，到 2015 年，我县人均 GDP 要达到 37045 元，城镇居民人均可支配收入要达到 20654 元，农民人均纯收入要达到 8000 元。2009 年，我县人均 GDP 为 12700 元，实现程度为 34%；城镇居民人均可支配收入为 15600 元，实现程度为 75.5%；农民人均纯收入为 4789 元，实现程度为 59.9%。对照标准，我们的差距还很大，发展任务艰巨。一是工业基础薄弱。2009 年，我县 GDP 绝对值在全市排第 11 位，经济总量偏小，原因在于我县的工业化程度低，规模小，对经济发展的支撑作用不强，工业化率为 22.1%，远低于全市平均水平。二是 GDP 倍增难度大。按照“543”倍增计划，GDP 到 2011 年要达到 44.5 亿元，年均增幅必须保持在 18.95%以上，需要我们付出艰苦的努力。三是城乡一体化任务艰巨。2009 年，我县城镇化率为 30%，远低于昆明市 61%的水平。农民增收渠道单一，缩小城乡收入差距，统筹城乡发展，实现城乡共同繁荣任重道远。四是部分干部的危机感、紧迫感不强，干部队伍结构不合理，城市规划、投融资、工业方面的人才紧缺，人员素质与加快发展的要求不相适应。五是缺乏大投资拉动、大项目带动、产业类项目偏少，财政增收后劲乏力。六是在市委、市政府加快建设品质春城的城市空间结构中，石林远离“一城四区”的城市多功能集中区、“一湖四片”的大都市核心区、“一主四辅”的大都市拓展区，如果我们不加快发展，将面临被边缘化的危险。

“十二五”将是石林全面建设小康社会的决战期、发展方式的转型期、城乡一体化的加速期和综合实力的提升期。1 月 7 日结束的市委九届六次全体（扩大）会议明确提出，超前谋划“十二五”，要牢牢把握跨越式发展主动权，必须立志跨越发展，必须抓住历史机遇，必须明确昆明市的目标定位，必须把握工作重点，必须科学编制规划。市委要求第二板块要快马加鞭，竞相发展，突破县域经济，繁荣乡镇经济。面对蕴涵机遇、充满挑战的新形势，面对百舸争流、竞相发展的新态势，面对不进则退、慢进也是退的新竞争，我们只能迎难而上，化危为机，把发展的目标定得更高，把发展的步子迈得更快，在新一轮竞争中抢占先机，在新一轮较量中赢得主动，在新一轮发展中实现大跨越，确保到 2015 年与昆明市同步实现全面建设小康社会的奋斗目标。

当前和今后一个时期全县工作的总体要求是：高举中国特色社会主义伟大旗帜，以邓小平理论和“三个代表”重要思想为指导，深入实践科学发展观，以“跨越发展、富民强县”为总要求，更加注重统筹城乡发展、推进城乡一体化，更加注重做大经济总量、优化经济结构，更加注重投资拉动、项目带动，更加注重改善民生、构建和谐，深入实施“33553”发展战略，按期实现“543”倍增计划，强力推进旅游产业提升、工业发展突破、城镇建设加速、现代农业发展、文化产业培育和社会事业加强，全力维护社会稳定，全面加强党的建设，努力把石林打造成国际旅游胜地，国家现代农业示范区，中国阿诗玛特色文化产业基地，昆明市新能源应用示范基地、城乡一体化示范区，成为滇东南区域性中心城市之一。

超前谋划“十二五”，当务之急是要进一步明确“十二五”发展的新思路、新目标、新任务，尽快修改完善规划文本，使“十二五”规划更具有前瞻性、指导性和可操作性。特别是要抓住我县被列为全省扩权强县试点县的机遇，加强与中央和省、市的对接，把“十二五”规划项目做深、做细，力争更多项目挤进国家和省、市的规划“本子”、项目“笼子”、资金“盘子”。对列入“十二五”规划的重大项目，只要条件基本具备，可以先行启动实施，确保年内提前开工建设一批。

三、攻坚 2010，打牢“十二五”发展基础

2010 年是承上启下的一年，既是全面完成“十一五”规划的决战之年，也是为“十二五”发展打基础的关键之年。做好 2010 年工作，全面完成“十一五”规划，意义十分重大。县委决定，把 2010 年作为“项目开工年”，强化项目对县域经济发展的支撑作用。2010 年经济社会发展的主要目标建议为：地区生产总值确保增长 16%以上，力争 18%；地方一般预算收入增长 12%以上；全社会固定资产投资增长 40%以上；社会消费品零售总额增长 20%以上；规模以上工业企业万元增加值能耗下降 7%以上；城镇登记失业率控制在 3.5%以内；人口自然增长率控制在 6.5‰以内；城镇居民人均可支配收入和农民人均纯收入分别增长 8%以上。

要实现上述目标，必须重点抓好以下工作：

（一）加快产业发展，壮大县域经济实力

石林的优势在旅游，难点在工业，基础在农业，特色在文化。我们要围绕旅游产业提升、工业发展突破、现代农业发展、文化产业培育和商贸物流繁荣，提升传统产业，培育新型产业，调整优化产业结构，促进一、二、三产业协调发展。

1. 加速旅游转型升级。石林旅游发展潜力巨大，我们必须立志做大做强。要以打造国际旅游胜地为目标，全面实施

"12345"旅游国际化发展战略，在做大观光型旅游的同时，以项目为依托，实现单一观光型旅游向观光、康体、休闲、商务、会展等复合型旅游转变。2010年发展目标是：大小石林和乃古石林景区接待游客290万人次，旅游直接收入4.6亿元；全县接待游客350万人次，旅游综合收入18亿元。

加快旅游景区改造步伐。按照世界自然遗产保护公约的要求，完成有碍遗产保护的村庄、宾馆的搬迁，并进行生态修复，实现游览区与服务区分离。整合游览线路，实现大小石林与乃古石林景区游客合理分流。完善乃古石林景前区管理服务设施，确保于今年4月1日对外开放。实施地质遗迹生态保护工程，推进核心区退耕还林。招商引资启动长湖、大叠水景区的开发。

加速旅游度假区建设。完成度假区路网建设，优化大小石林景区游览路线。千方百计加快石林狂欢之都"四中心两店"、石林生态民族体育运动场、云林度假酒店建设。完成彝族第一村建设，实现五棵树村整体搬迁。开工建设奇石植物博物馆、苏宁环球石林综合旅游项目。

延伸旅游产业链。丰富旅游产品，围绕"吃、住、行、游、购、娱"，加快旅游重点项目建设。尽快完成石林风景名胜区规划的修编及审批备案工作，为旅游转型创造条件。加快旅游与文化的融合，开发推出一批民族节庆、服饰、歌舞、餐饮、手工艺品等旅游项目、旅游活动和旅游产品。完成乡村旅游发展总体规划，坚持以旅哺农、以农促旅，以台创园为平台，推进旅游与农业的融合，大力发展观光农业和乡村旅游。

加大旅游宣传力度，推进旅游管理机制创新。整合旅游宣传资源，创新营销模式，加大宣传力度，把世界地质公园、世界自然遗产的品牌优势转化为经济优势，进一步提高石林在国内外的知名度和知晓率。在石林管理局推行实体化管理，创新人事和分配机制，增强发展活力。

2．强力推进工业突破。工业发展是税源培植、财政增收、促进创业、扩大就业的主渠道。石林发展的难点在工业，突破也在工业。工业兴，则全县兴；工业活，则全盘活。我们必须坚定不移走新型工业化发展道路，尽快改善生态工业集中区的招商环境，引企入园，努力实现工业突破。2010年的发展目标是：全县工业总产值增长15%，工业增加值增长20%，规模以上工业增加值增长22%，工业固定资产投资增长20%，规模以上工业企业达32户以上。

聚力工业园区建设。抓紧园区土地收储工作，加快"五通一平"建设，配套完善园区基础设施。完成核心区第一条工业大道路面工程、第二条工业大道路基工程和西片区排污截污工程建设；适时启动巴江俪岛小区至小昌乐村河道治理、西街口工业园区道路建设。园区招商引资要有新突破，旅游商品加工、农特产品深加工、生物制药及先进制造业要向生态工业集中区核心区集聚，建材、冶金及传统制造业向西街口工业片区集聚，新能源应用及相关配套产业向北大村工业片区集聚，烟草加工和家具、灯具制造向大屯工业片区集聚，煤焦及配套产业向圭山工业片区集聚，加快形成产业集群。2010年新增收储土地500亩，完成"五通一平"1000亩，新增入园项目不少于6个，开工3个以上；工业固定资产投资、规模以上工业增加值、利税总额分别达2.35亿元、2亿元、4000万元。

改造提升传统工业。推动卤腐、面条、白酒、乳饼等生产企业通过技术创新、引进合作伙伴等方式扩大产量，提升品质；鼓励烟叶复烤、建筑建材、电力、电缆桥架、煤炭等企业推进技术创新、管理创新，提高产品科技含量和附加值；鼓励现有企业通过兼并、收购、联合等方式打造一批具有自主知识产权、地方特色和较强市场竞争力的名牌产品。年内培育规模以上工业企业不少于6户。

着力培育新型工业。加大招商引资力度，引进旅游商品加工、农特产品深加工、生物制药和太阳能、风能、生物质能等新能源产业。加快推进中国种子集团云南种业加工中心、石林温氏饲料加工项目建设。加强协调、服务，全力推动昆明石林166兆瓦太阳能光伏并网发电实验示范项目建设。年内，至少引进2个亿元以上工业项目进入园区。

大力发展非公经济。认真落实加快非公经济发展的优惠政策，在市场准入、金融支持、税费征收、土地使用、投融资、技术改造等方面大力扶持非公经济发展，增加非公企业数量，扩大非公经济总量。非公经济增加值要达到13.2亿元，增长20%。积极探索政府、银行、担保机构、中小企业四位一体的融资模式，大力扶持科技创新型、资源节约型、优势成长型、劳动密集型中小企业发展。

3．推进现代农业发展。坚持以市场需求为导向，以结构调整为核心，以科技为支撑，以台创园为主平台，加快农业产业化进程，推进传统农业向现代农业转变，促进农业稳定增效，农民持续增收。年内，实现农业增加值增长12%。

加大台创园基础设施投入力度。按照整体规划、分步实施、滚动发展的原则，加快园区道路、给排水、供电、通信、绿化等基础设施建设，完善配套功能，提升园区的承载力和吸引力。启动石林地下水库建设，实施核心区交通工程、绿化工程、给水工程，完成3万亩中低产田改造、13千米环路、36千米生产道路建设。创新园区管理模式，建立高效统一的管理协调机制。多渠道筹集资金投入基础设施建设，实现园区基础设施两年突破。

大力调整农业产业结构。围绕市委、市政府"4210"都市农业发展思路，发展粮烟畜果菜花林七大产业。粮食播种面积稳定在44.8万亩，调整种植结构，提高复种指数，确保粮食产量达1.2亿千克。全力推进滇东现代烟草农业综合示范区和云烟印象科技园项目建设，提高烟叶种植整体水平，巩固烤烟支柱产业地位。全年完成烤烟种植10.93万亩、收购烟叶1640万千克的任务。全力推进石林现代生态牧场和温氏饲料加工及养殖等项目投产达效，确保畜牧业产值达6.5亿元。引进企业，发展特色优质无公害蔬菜、外销型花卉生产。完善集体林权制度主体改革，加快配套改革，重视发展林业产业，鼓励发展特色经济林种植、野生动物驯养殖、苗木基地建设、林下产业和森林旅游业，增加农民收入，使林业产业成为农民增收的新渠道。

全力推进农业产业化。以“公司+农户”模式为主，推进农业产业化。围绕粮烟畜果菜花林，重点引进一批实力强、产业链长、辐射面广的龙头企业；扶持一批产业基础好、有竞争优势、带动力强的本地龙头企业。鼓励工商企业投资农业，发展农产品加工、贮藏、运销，不断扩大龙头企业规模。2010年，要努力使我县市级农业龙头企业达15户以上，畜果菜花林五个产业要各引进1户省级以上农业龙头企业。在稳定和完善农村基本经营制度的前提下，按照依法、自愿、有偿原则，鼓励和支持农民以转包、出租、互换、转让、股份合作等形式流转土地承包经营权，促进土地向种养能手、专业大户和龙头企业集中，实现规模化经营、专业化生产。新增农村经济合作组织5个，培育农产品经纪人，健全农业服务体系，提高农民组织化程度。

4. 着力培育文化产业。要加快阿诗玛文化品牌优势向经济优势转化，在文化产业发展上取得实质性进展。加快斗牛城的配套设施建设，政府推动，企业运作，实现斗牛产业化。挖掘、充实、丰富阿诗玛文化内涵，努力推出一批以阿诗玛文化为题材的电影、电视、歌舞、动漫产品。策划、包装和推介以火把节为代表的民族节庆，构建体验民族文化的平台。重视和加强民族民间文化的保护。落实扶持文化产业发展的配套政策，采取奖励、资助和贴息等扶持方式，用好、用活1000万元文化产业发展专项资金，重点扶持发展文化旅游、民族工艺、歌舞演艺、娱乐休闲、节庆会展、影视拍摄、康体健身等项目。年内，引进3000万元以上的文化产业项目3～4个，确保文化产业增加值占地区生产总值的10%以上。

5. 积极发展商贸物流业。以县城中心商业区为集散地、重点集镇商业街为辐射点、一般乡镇商业街为纽带、村级综合服务社和社区商业网点为基础，科学合理布局一批批发市场、专业市场、集贸市场、零售市场，打造以石林县城和石林旅游度假区为主的商业增长极。沿昆河公路和石锁高速公路，规划发展商贸物流业。启动台创园、生态工业集中区、旅游度假区商贸物流中心的规划论证及招商引资工作。确保石林财富中心、大兴商场、东城大型商贸中心年内建成并投入使用。启动粮食仓储中心库建设。推进农业生产资料市场和标准化市场建设，加快农资科技培训中心和农资交易市场及配送中心项目建设。结合小集镇建设，加大集镇商业街建设力度，新建西街口、长湖、大可集镇商业街，完善石林、板桥、圭山集镇商业街功能，完成海邑供销社农产品交易市场、石林彝嘉醇酒厂改扩建、再生资源分拣中心、西街口和维则供销社便民超市等项目建设。依托公交客运村村通工程，以交通运输带动商贸物流的发展。继续推进“万村千乡市场工程”，培育和开拓农村市场，大力发展农村专业合作社，积极发展农民营销组织、专业购销队伍、农村经纪人队伍。扩大城镇各类投资创业、经商务工、购房居住的主体，提高农民进城创业就业、外来人员投资兴业的比重，增加有效消费群体。深入开展“家电下乡”活动，有效扩大农村消费。

（二）加快城镇建设步伐，加速城乡一体化进程

围绕打造城乡一体化示范区，按照县城—重点镇—次级镇—重点村四级城镇体系，以城带乡，以点带面，加快城乡一体化进程。2010年的发展目标是：新增县城建成区城镇常住人口5000人以上，城镇化率达31%以上，县城建成区面积扩大到9.41平方千米以上。

1. 严格落实“三高”要求，实现城乡规划全覆盖。统筹城乡一体化发展，强化城乡发展规划的有机衔接，全面推进城乡规划、产业发展、基础设施、生态建设、就业和社会保障、社会事业、政策措施一体化。实行城乡建设规划、土地利用规划、经济社会发展规划、环境保护规划“四规合一”。完善县城、旅游度假区、生态工业集中区、石林大道、巴江河（西纳村至下赵公庄段）、西石路段和大型建筑的城市设计，严格城乡规划管理，做到“动土必有规划，出土必有设计，覆土必有绿化”。完善各集镇规划范围内的详规，2月底前完成中心村建设规划，3月底前完成集镇农民集中居住区建设规划，6月底前完成自然村建设规划、生态工业集中区4.52平方千米的城市景观设计。

2. 严格落实“三化”要求，加速县城建设。坚持新区开发与旧城改造并举，功能完善与品位提升并重。坚持基础设施先行，适度超前建设。推进狮山路二期工程、环城东路、阿诗玛东路延长线至污水处理厂市政道路和巴江商贸城、石林南路片区市政道路等建设，新增市政道路8.5千米。聚焦石林大道城市经济带和巴江生态休闲经济带，加大西城区、旅游度假区、生态工业集中区开发建设力度，启动白龙潭湿地公园和桃园水乡建设，推进县人民医院搬迁新建，推动上海新天地、交通客运中心、中核旅游度假区等项目加快建设，建成县委党校、职教中心。加速推进鹿阜旧城粮食局、武庙、大兴商场片区建设，启动小古城片区改造。

3. 严格落实“三精”要求，提升城市管理水平。深入开展“四创两争一巩固”工作，全面推进绿化、美化、亮化、净化、透化、畅化工程，提高城市品位。高度重视公共配套设施建设，规范县城交通秩序，加强对建设工地的管理。坚持建管并重，持久开展道路交通、城乡环境、市场秩序、违章建筑、社会治安等“五大整治工程”，整治摊位乱摆、车辆乱停、垃圾乱扔、广告乱贴等“四乱现象”。年内完成阿诗玛东路延长线、西石公路、昆河公路路美邑集镇段的景观整治。

4. 坚持因地制宜，加快集镇和重点村建设步伐。大力实施小集镇“1+4”工程，做到总体规划、道路硬化、植树绿化、水体净化、路灯亮化、环境美化、特色文化，加快乡镇集镇建设，使乡镇集镇成为繁荣乡镇经济的龙头。结合新农村建设，坚持“四个集中”，让先富裕起来的农民进中心村、进中心集镇、进县城。按照“政府引导、市场运作、多元投资、共同开发”的思路，充分发挥1000万元集镇建设专项资金的杠杆作用，通过土地经营收益融资、社会资本筹资、盘活存量资产融资、招商引资、争取上级资金等方式，拓宽集镇建设融资渠道。

（三）千方百计扩大投资，拉动经济快速增长

投资是经济发展的加速器。今天的投资强度就是明天的发展速度，今天的投资结构就是明天的产业结构。要多管齐下、多措并举，加大有效投入力度，始终保持固定资产投资增幅超过GDP增幅两倍以上。

1．集中力量推进基础设施建设。加大园区基础设施投入力度，提升台创园、生态工业集中区、旅游度假区的承载能力。抓住列为全国农业综合开发县的机遇，积极争取上级资金，加大对农业基础设施建设的投入。完成团结水库加固扩建、维则供水管网复线工程，实施黑龙潭水库中型灌区节水配套建设。加强水土保持、人畜饮水、节水灌溉、“五小”水利建设，改造中低产田地11.7万亩，新增灌溉面积0.41万亩，改善灌溉面积3.47万亩。加快环城路建设，积极配合石锁高速公路、云桂高速铁路石林段建设，开展云桂高速铁路石林站至县城道路的前期准备工作。实施城乡公路路面硬化和路基改造工程，完成建制村公路路面硬化66.6千米、路基改造85千米。加快电力设施建设，力争实施35千伏路美邑变电站、35千伏月湖双回输电线路工程，新建工业集中区10千伏输电线路，实施圭山、板桥、石林35千伏变电站主变增容和2万户农网表计改造，着力改善城乡电网结构。

2．强力推进招商引资工作。坚持把招商引资作为第一要事，继续实施“一把手”工程。将原来的21个招商分局整合为7个产业招商分局。突出产业招商，注重引进一批产业关联度高、上下游配套能力强的产业项目。突出园区招商，引导项目和资金向园区集中，加速园区产业集聚和滚动发展。坚持产业向园区集中，凡不进园区的项目，必须严格控制并经县政府批准。突出以商招商，充分调动已落户企业的积极性，让他们吸引更多的企业到石林投资。注重招商选商，重点引进投资规模大、产值高、用工多、占用土地少、对税收贡献大的项目。突出招大引强，“走出去，请进来”，主动联系，上门招商，争取每个主导产业引进一家实力较强的企业。主动加强与省市招商分局的联系和对接，借力开展招商引资活动。注重项目的包装和策划，做好招商的基础工作，增强招商针对性和实效性，提高洽谈成功率、合同签约率和实际履约率。认真落实招商引资优惠政策，对新投资的旅游、工业、农业、城乡基础设施、文化产业及公益性项目，在用地、财政扶持、税收等方面给予优惠。年内确保实际引进国内市外资金20亿元以上，实际利用外资750万美元以上。

3．强势推进项目建设。项目是投入的载体，是经济的支撑，牵动发展全局。要把项目建设作为第一抓手，结合“十二五”规划的编制，科学规划，超前谋划，精心策划，精选一批符合产业发展导向的项目。做好项目可研论证，建立结构合理、数量充足、论证科学、包装到位的项目库。实行项目责任制和结果倒逼制，推行“一个项目、一个领导、一条龙服务、一竿子插到底”的包保机制，每一个项目由一名县级领导全程跟踪，全权负责推进，确保项目无障碍进入和无障碍实施。今年，重大投资项目要不少于70个，其中政府投资项目不少于40个，企业投资项目不少于30个，总投资不低于20亿元。

4．多渠道筹集建设资金。抓住关键时机、关键项目、关键措施、关键人物，最大限度地争取中央、省、市支持，多渠道筹措项目建设资金。去年我县争取上级资金2.9亿多元，超过我县地方财政一般预算收入，今年要把对上争取项目和资金纳入县对乡镇、县对各部门的综合考核。开展银政、银企、银建、银农、银社、银文合作，争取银行信贷资金投入。整合工投、城投、教投、农水投、旅游集团有限公司等融资平台，增强融资能力和发展能力。把调动民间投资作为扩大投资的主渠道，千方百计撬动民间投资。建立基础设施建设项目投资绩效评价机制，加快项目资金周转，提高资金使用效率，绝不允许部门沉淀建设资金。

（四）多措并举，优化发展软环境

在加快城乡基础设施建设步伐，改善投资硬环境的同时，要采取有效措施，持续不断地开展软环境建设。

1．推进效能建设，强力提升行政效率。围绕建设服务型政府、效能型政府，推行电子政务，优化工作流程，简化办事程序，提高工作效率，提供主动、高效、廉洁服务。严格落实行政审批“两集中”、“两到位”，全面推行“三公开一监督”，履行高效行政承诺。认真落实首问负责制，严格执行限时办结制，严厉实行责任追究制，以铁的制度、铁的纪律、铁的手腕，推动行政效能明显提升。

2．建设法治石林，提高依法治县水平。坚持依法行政，严格执法、公正执法、文明执法，努力建设法治政府。规范执法行为，建立有权必有责、用权受监督、违法要追究的权力运行监督机制。加强人大、政协对政府及政府部门的法律监督、工作监督和民主监督，做到长年监督、季度督办、月度检查，推动各项工作按进度落实到位。坚持有法必依、执法必严、违法必究，支持司法机关依法独立公正行使权力。深入开展普法宣传教育，增强针对性和实效性，引导群众依法维护自身权利，自觉履行社会义务。贯彻党的民族宗教政策，全面落实自治条例。加强基层民主政治建设，深化政务、村务、厂务公开，拓宽人民群众参与管理经济和社会事务的渠道。

3．打造平安石林，维护社会和谐稳定。把维护稳定作为第一责任，严格落实维护社会稳定和平安建设责任制，强化社会治安综合治理，完善多警联动、专群结合、齐抓共管的社会治安防控体系。突出打黑除恶，深入开展严打专项斗争，始终保持对各种严重违法犯罪行为的高压态势，切实增强人民群众的安全感。高度重视信访维稳工作，健全领导接访、干部下访、民情恳谈长效机制，畅通群众利益诉求渠道，密切党和政府与人民群众的联系。健全大调解、大稳定工作体系，完善热点难点问题排查、社会矛盾纠纷调处、重大信访包案、信息收集和预警、突发公共事件应急机制，对社会稳定隐患做到早发现、早控制、早化解。强化安全生产和食品药品监管，最大限度地预防和减少安全事故发生，确保人民群众生命财产安全。深入推进新一轮平安建设活动，争创省级先进平安县。坚持党管武装，加强国防后备力量建设，做好“双拥”工作，促进军政、军民团结。

4．打造诚信石林，营造良好的信用环境。建立政府信用责任制和行政失信行为追究制，完善政务公开，实施“阳光政府”四项制度，推行重大决策听证、重要事项公示、重点工作通报、政府信息查询制度，打造“诚信政府”。加强企业信用管理，建立企业信用档案，推行失信企业公示，引导企业以诚信立业，不断提高企业信用度。从特许行业从业人员、企业法人代表和个体工商业者入手，建立个人信用档案，规范个人行为。加大诚信宣传力度，倡导重信用、守承诺的价值取向和社会氛围。

（五）坚持可持续发展，推进生态美县建设

良好的生态环境是可持续发展的重要支撑。要围绕创建国家生态县目标，加快生态美县建设，努力使石林天更蓝、水更清、地更绿。

1．持续开展城乡园林绿化。牢固树立“绿化和生态是城市第一形象、第一环境、第一基础设施、第一景观要素”理念，继续开展城乡园林绿化及生态建设。全面实施城市规划区绿地系统建设和县域环境生态系统建设三年达标工程，县城建成区绿地率保持在40%以上、绿化覆盖率保持在45%以上、人均绿地面积保持在19.52平方米以上，全县森林覆盖率达42%以上。动员全县广大群众积极参与城乡园林绿化，以景区、面山、道路、道口和水库、河流流域为重点，开展造绿增绿补绿，增加绿化总量。重视管护工作，巩固城乡园林绿化成果。结合新农村建设和集体林权制度改革，加强林业生态建设，切实发挥林业的生态修复和经济产业功能。年内，治理石漠化15平方千米、完成“五采区”植被恢复100亩、城镇面山绿化300亩、交通沿线面山绿化500亩、水保林种植300亩。大力开展封山育林、植树造林，加强森林防火和病虫害防治。

2．加强城乡环境综合整治。以“六清六建”为抓手，全面开展生态村、环境优美乡镇和国家生态县创建活动。推进农村生活垃圾集中收运处置工作，建立城乡垃圾无害化收运处置管理体制。开展城市环境综合整治，做到全面覆盖、长效管理、不留死角、永久保洁。强化工业、生活、农村面源污染防治，城镇生活污水集中处理率达70%以上。探索建立绿色信贷、绿色保险制度，建立健全企业环保信用和评价体系，引导企业自觉进行污染治理。建立“排污者付费、治污者受益”生态补偿机制，试行排污权有偿使用。加大环保执法力度，严查重处违法排污行为。

3．加强资源保护和节约。加强森林、土地、石资源、水资源、矿产资源的保护和合理开发，严厉打击私挖乱采、乱砍滥伐和毁林开荒等破坏生态行为，取缔县城面山挖沙、采石、采矿、取土。倡导节约、环保、文明的生活方式，大力推广“一池三改”等节约、替代、循环利用先进适用技术，推进节能、节水、节材、节地。严格执行环境准入制度，全面落实节能减排目标责任制，实现节能降耗和主要污染物减排目标。落实“河库长”责任制，加强巴江、黑龙潭水库、团结水库等河流和水源地生态保护和建设。加大生态环境保护的监管力度，防止开发建设过程中的环境污染和生态破坏。

（六）高度重视民生，加快推进和谐社会建设

坚持以人为本，把改善民生作为第一职责，着力解决人民群众关心的就业、就学、就医、饮水、行路、社会保障等方面的问题，让人民群众得到实惠，让科学发展成果惠及人民。

1．抓好科教文卫工作，大力发展社会事业。实施科教兴县战略，不断提高科技成果转化率和科技贡献率。全面实施素质教育，均衡发展义务教育，重视学前教育，突破性发展民办教育和职业教育。完成巴江中学建设并正式招生，实施长湖镇、圭山镇、大可乡中心学校和堡子小学、宜奈小学标准化建设，完成校舍安全工程2.2万平方米。2010年，民办学前教育要达到90%以上，民办高中教育要达到40%以上，县城就读学生增加3000人，普职比达1∶1。实施“名师、名校、名校长”工程，努力提高教育质量和教学水平。大力发展文化事业，加强基层文化体育设施建设，广泛开展群众性文化活动和全民健身运动。加快广播电视“村村通”、村文化室建设，推进有线电视数字化整体转换工作。加快县人民医院搬迁新建步伐。鼓励扶持民营医院发展，确保民营医院资产增长8%。继续完善公共卫生服务体系，提高公共卫生服务水平，增强疾病预防控制、妇幼保健、卫生执法监督和公共卫生事件应急处置能力。深入开展爱国卫生运动，巩固提升国家卫生县城创建成果。加强人口和计划生育工作，提高人口素质。加快经营性公墓、农村公益性公墓及相关配套设施建设，积极推进殡葬改革。抓好气象、史志、档案、民政、老龄等各项工作。

2．千方百计扩大就业，完善社会保障体系。继续实施“两后双百”工程，做好“零就业家庭”、大中专毕业生、农民工就业、特殊困难群体就业工作。加强就业技能培训、创业培训，促进自谋职业、自主创业。年内完成2624人的职业技能培训，实现城镇新增就业700人，转移就业9000人，城镇登记失业率控制在3.5%以内。完善城镇基本养老保险、医疗保险、最低生活保障制度，推行农村失地农民社会保障。城镇养老保险参保率达56%以上，城镇失业保险参保率达85%以上，城镇基本医疗保险参保率达99%以上，新型农村合作医疗参保率保持在98%以上，农村养老保险参保率达17.3%以上，其中被征地农民养老保险参保率达20.87%以上。

3．不断改善民生，让人民共享发展成果。加大助学帮困力度，全面落实“两免一补”政策。完成城乡调度服务客运站建设，实施“车头向下、服务农村”工程，加快城乡公交一体化进程，行政村公路硬化率达80%以上，行政村公交覆盖率达100%，公交出行分担率达35%以上。加强饮用水监测和管理，全面取缔肥水养鱼。今年旱情严重，要加大投入，解决群众生产、生活用水困难问题；实施农村饮水安全项目，不断提高城乡安全饮用水覆盖率，解决和改善1万人、4300头大牲畜的饮水安全问题。深入实施“三就三百”工程，解决城乡困难群体的生产生活问题。加快廉租住房建设，建立健全城镇低收入家庭住房保障体系。健全优抚保障机制和社会救助体系，支持社会慈善、社会捐赠、群众互助等社会救助活动。加大县级部门对口支援、领导挂钩指导、党员领导干部结对帮扶力度，动员社会各界力量开展扶贫。2010年，抓好20个扶贫村整村推进项目，减少贫困人口5000人。

（七）加强和改进新形势下党的建设，为全面建设小康社会提供强有力的保障

全面建设小康社会，关键在党、关键在人。要认真贯彻落实党的十七届四中全会精神，以改革创新精神全面推进新形势下党的建设。

1．加强思想政治建设。继续把深入学习实践科学发展观作为加强各级党组织思想政治建设的首要任务，巩固和深化科学发展观学习实践活动成果，把科学发展观真正转化为谋划发展的正确思路、促进发展的政策措施、领导发展的实际能力。本着缺什么补什么、干什么学什么、什么管用就教什么的原则，积极推进学习型党组织、学习型机关、学习型社会建设。完善和落实学习制度，健全党委（党组）中心组学习制度。以“领导干部培训日”活动为平台，以党校为主阵地，开展新一轮大规模干部培训。建立健全学习考核激励机制，把理论素养、学习能力作为干部选拔任用的重要依据。

2．加强领导班子和干部队伍建设。加强学习型领导班子建设，用科学理论武装党员干部。坚持和健全民主集中制，积极推进党内民主建设。坚持理论与实践相结合，不断提高各级领导班子科学决策、领导发展、依法执政、狠抓落实、服务群众的能力。坚持集体领导与分工负责相结合，加强班子成员的协调配合，促进团结互助。巩固、深化和拓展全省“深入整治用人上不正之风示范县”和“改进干部选拔任用工作监督检查办法”试点县工作成果，建立健全主体清晰、程序科学、责任明确的干部选拔任用提名制度，拓宽党政干部选拔渠道，推进干部选拔任用责任追究制度，形成充满活力的选人用人机制。采取下派锻炼、上挂见习、交流轮岗等方式，多岗位锻炼干部，着力提高广大干部开拓创新、破解难题、推进发展的本领，努力建设一支政治强、懂经济、精专业、会协调、能吃苦、执行力强的干部队伍。注重培养、选拔和使用优秀年轻干部、少数民族干部、妇女干部和党外干部，合理使用各年龄段的干部。建立党政正职干部定期交流制度，完善党政机关中层干部竞争上岗机制。

3．加强基层组织建设和党员队伍建设。创新党组织设置方式，探索完善“支部＋合作社”、“支部＋协会”等基层党组织设置模式，真正做到哪里有群众哪里就有党的工作、哪里有党员哪里就有党组织、哪里有党组织哪里就有健全的组织生活和党组织作用的充分发挥，不断扩大党组织覆盖面。以深化“三级联创”活动为载体，突出为民服务中心抓手，整顿后进薄弱基层党组织，推行党员责任区、党员先锋岗、党员示范户、无职党员设岗定责和党员志愿者服务等制度。拓展“村书记论坛”、“村务面对面”活动。继续实施“素质提升”工程，提高基层干部队伍素质。努力使党员真正成为发展致富的领路人、维护稳定的带头人、民族团结的维护人，把基层组织建设成为推动发展、服务群众、凝聚人心、促进和谐的坚强战斗堡垒。拓宽选人视野，探索和改进村党组织书记和村民小组长选任方式，完成村“两委”换届选举工作，加强新一届村“两委”班子的教育培训和管理。按照省委的要求，从今年起，每年由县财政为每个村级党组织安排2万元的工作经费。推行以党支部会提议、“两委”会商议、党员大会审议、村民代表会议或村民会议决议，决议公开和实施结果公开为内容的村级组织“四议两公开”制度，完善党领导下的村级民主自治机制。以落实“三有一化”为重点，全面加强社区党组织建设，做到有人管事，有钱办事，有场所议事，构建区域化党建工作新格局。

4．加强作风建设。大兴密切联系群众之风、艰苦奋斗之风、批评和自我批评之风、狠抓落实之风，以优良的党风促政风、带民风、树新风。继续开展“行政效能提升年”、“干部作风改进年”活动，大力践行“五办”作风、“一线工作法”。实施严格的目标倒逼、交办跟进、现场会办、观摩激励和监督检查，促使干部把全部心思放在干实事上，全部精力放在抓落实上。领导干部要敢于坚持原则，敢抓敢管，敢于承担责任，善于协调，努力提高执行力。

5．加强反腐倡廉建设。认真落实党风廉政建设责任制，加强反腐倡廉宣传教育，健全完善教育、制度、监督并重的惩治和预防腐败体系。深入实施廉政教育“十个一”工程，推进廉政文化建设。完善领导干部勤政廉政公示制度，坚持党员领导干部个人重大事项报告制度，加强对领导干部特别是“一把手”的监督。建立党风廉政民意调查、反腐倡廉建设绩效评估制度，制定领导干部任前廉政法规考试管理办法。加强党内监督、巡视监督、审计监督，推进权力运行程序化和公开透明。查处慢作为、不作为、乱作为，推进工作落实，提高执行力。坚决纠正损害群众利益的不正之风，坚决查处违法违纪案件，深入开展工程建设领域突出问题专项整治工作，以反腐倡廉的实际成果取信于民。

同志们，2010年是攻坚之年。新的目标鼓舞着我们，严峻的挑战考验着我们，光荣的使命激励着我们。让我们在市委、市政府的坚强领导下，团结和带领全县各族人民，以必胜的信心、昂扬的斗志、攻坚的毅力，为早日实现全面建设小康社会而努力奋斗！

注释：

1．“543”倍增计划：以2007年为基数，县城建成区城镇常住人口5年倍增；地区生产总值4年倍增；地方财政一般预算收入3年倍增。

2．“5+1”工程：即旅游产业提升、工业发展突破、城镇建设加速、现代农业发展、文化产业培育和社会事业加强。

3．“四中心两店”：四中心指餐饮中心、购物中心、会展中心、游客接待中心，二店指度假酒店、商务酒店。

4．“四创两争一巩固”：即创建国家园林县城、国家生态县、全国文明县城、省级先进平安县，配合全市争创国家环保模范城市、联合国人居奖，巩固国家卫生县城创建成果。

5．“四全”：对“一湖两江”，即滇池、长江、珠江流域昆明境内水环境进行治理，全面截污、全面禁养、全面绿化、全面整治。

6．“两后双百”：指对未能升学的初中、高中毕业生毕业后有培训和就业愿望的本县户籍学生进行100％的职业技能培训；100％推荐就业。

7．“五通一平”：即通水、通电、通路、通气、通讯和平整土地。

8．“4210”都市农业：即通过5年努力，把昆明初步打造成全省、辐射西南、沟通全国、面向东南亚和南亚的农产品信息流通中心、农产品精深加工中心、农业博览会展中心、农业科技研发推广中心“四大中心”，构建城乡一体化发展平台、最适宜“三农”发展的体制机制平台“两个平台”。围绕以上目标，实施农业信息物流工程、农业园区工程、城乡一体化推进工程、农业生态工程、农业产业招商工程、农民素质提升工程、农业投融资系统工程、农村社会化服务系统建设工程、农业科技研发转化工程、“三农”干部思想解放工程等“十大工程”。

9．“万村千乡市场工程”：指2005年开始实施的农村现代流通网络建设工程。国家通过安排财政资金，以补助或贴息的方式，引导城市连锁店和超市等流通企业向农村延伸发展“农家店”，逐步形成以城区店为龙头、乡镇店为骨干、村级店为基础的农村现代流通网络，以改善农村消费环境，满足农民生产生活需求。

10．“三高”：即规划高起点、高标准、高品位。

11．“三化”：即建设施工标准化、规范化、工艺化。

12．“三精”：即管理精心、精细、精品。

13．“1+4”工程：即一张规划图纸加一个新型市场、一个商业街区、一个新型住宅小区、一个产业集中区。

14．“两集中”：即将部门的审批服务职能向一个处室集中，成立集中行使审批服务职能的行政服务处室；行政服务处室向政务服务中心集中，整建制进入中心运作。

15．“两到位”：即所有审批服务项目进中心到位，中心窗口成为部门实施行政审批的唯一窗口；审批权限到位，对窗口首席代表充分授权，使“接待型窗口”成为“审批服务窗口”。

16．“三公开一监督”：即公开审批程序、公开审批时间、公开审批结果，自觉接受监督。

17．“阳光政府”四项制度（P31）：即重大决策听证、重要事项公示、重点工作通报、政府信息查询制度。

18．“五采区”：指进行采石、采沙、采矿、采土和有砖瓦窑地的区域。

19．“六清六建”：即一清垃圾，建立固体废弃物管理制度；二清粪便，建立生活污水管理制度；三清秸秆，建立秸秆综合利用制度；四清河道，建立水面管护制度；五清工业污染源，建立长期稳定达标制度；六清违法建设，建立村容村貌管理制度。

20．“一池三改”：指农户沼气池建设和改厕、改厩、改厨。

21．“两免一补”：即免课本费、免杂费，补助寄宿生生活费。

22．“三就三百”：指对城郊和农村失地、失居的贫困农民，百分之百地提供大病就医帮助，对其子女百分之百地提供义务教育帮助，对适龄劳动力百分之百地提供就业培训和就业帮助。

23．“五办”作风：对基层、企业、群众亟待解决的问题“立即办”，对老大难问题“主动办”，对带普遍性的问题“上门办”，对条件暂不具备、一时难以解决的问题“跟踪办”，对涉及面广、政策性强的问题“公开办”。

24．“一线工作法”：即做到决策在一线落实、问题在一线解决、创新在一线体现、成效在一线检验。

25．廉政教育“十个一”工程：即一首廉政歌曲、一本廉政漫画、一堂廉政教育课、一部廉政教育片、一条廉政短信和一封廉政公开信、一个廉政文化主题广场、一个廉政文化示范点、一次倡廉签名活动、一次廉政公开承诺、一次党员群众廉政文化座谈日。

石林彝族自治县人民代表大会常务委员会工作报告

——在石林彝族自治县第十五届人民代表大会第三次会议上

（2010 年 1 月 10 日）

县人大常委会主任　李绍增

各位代表：

我受县人大常委会的委托，向大会报告常委会 2009 年的主要工作和 2010 年的工作意见。请予审议。

一、2009 年工作回顾

2009 年，是新中国 60 华诞和地方人大设立常委会 30 周年的隆重庆典之年，也是石林跨越发展的拼搏之年，县人大常委会在中共石林彝族自治县委的领导下，坚持以邓小平理论和“三个代表”重要思想为指导，深入学习实践科学发展观，全面贯彻党的十七大、十七届三中、四中全会精神和县委十届五次全会精神，紧紧围绕“跨越发展、富民强县”两大目标，解放思想，开拓创新，认真行使宪法和法律赋予的各项职权，突出监督重点，注重工作的针对性和实效性，为保障和促进石林县的政治建设、经济建设、文化建设、社会建设和生态文明建设作出了应有的贡献。

（一）坚持党的领导，确保正确的政治方向

坚持正确的政治方向是做好人大工作的根本保证。一年来，县人大常委会始终坚持在县委的领导下，依法履行职权，积极开展工作，做到重大事项及时请示；围绕县委的中心工作，始终把县委作出的重大决策和部署及时贯彻到人大工作中，确保县委各项决议的贯彻落实。

（二）决定重大事项，助推跨越发展

讨论和决定本行政区域内的重大事项，是人大及其常委会行使国家权力的重要内容，也是人民管理国家事务、当家作主的重要途径，是实现决策民主化、科学化的重要形式。一年来，共召开常委会会议 13 次，主任会议 30 次。一是听取和初审政府工作报告、国民经济和社会发展计划、地方财政预算以及县人大、法检两院工作报告，并将这些报告提交县第十五届人大二次会议审查。二是专题听取“一府两院”上半年工作报告，提出审议意见 13 条。三是审议通过了县人民政府提请的关于团结水库加固扩建、工业园区建设、台湾农民创业园建设、职中搬迁新建等 10 项议案，促进了经济社会的全面协调快速发展。四是注重把预算监督与审计监督结合起来，对审计报告中提出的问题，督促政府认真整改，增强了监督实效，提高了监督工作的权威性，保证了人代会批准的计划任务圆满完成。

（三）加大督政力度，推进依法行政

县人大常委会深入贯彻落实科学发展观，紧扣发展主题，把推动县委重大决策部署的贯彻落实作为人大监督工作的重点，督促“一府两院”改进工作作风，提升行政效能，落实好人代会通过的工作报告和作出的决议，着力解决好人民群众最关心、最直接、最现实的利益问题，推动经济社会健康发展，保障和改善民生、维护社会和谐稳定，使人大工作更具活力、更有实效性。

一年来，县人大常委会紧紧围绕县委关注、人民群众关心的民生问题，组织开展执法检查、视察、调研，着力在工作的针对性和实效性上下功夫。一是常委会把保障国家法律法规的贯彻实施，推进法治石林建设作为一项重要工作。组织执法检查组，对石林县财政国库管理制度改革方案实施情况、贯彻实施《中华人民共和国食品安全法》、《中华人民共和国安全生产法》情况进行了执法检查。常委会听取和审议了执法检查组的报告，对执法工作中存在的突出问题和薄弱环节，向“一府两院”提出了改进工作的意见和建议。通过执法检查，相关部门规范了执法工作，加大了抓落实的力度，各项工作得到了加强和改进。二是对我县新农村建设整村推进情况，工业发展项目落实情况、招商引资工作情况，县人民法院集中清理执行积案情况，创建国家园林县城情况，石林狂欢之都“四中心两店”建设情况，10件实事落实情况、重点工程建设情况，台湾农民创业园建设情况，小城镇建设工作情况，实施文化活县工作情况进行了视察；对县人民政府办理县第十五届人大二次会议议案、建议情况进行了检查，着力提高议案、建议办理质量。县第十五届人民代表大会第二次会议期间，代表们提出议案3件，建议238件，共241件。截至10月15日，3件议案、238件建议已在规定时限内办复完毕，并书面答复了提出议案、建议的代表。所提问题已经解决或部分解决的有147件，占61%；所提问题已纳入部门工作计划逐步解决的有61件，占25.3%；所提问题因条件限制或其他原因不能解决或暂不能解决，但已向代表作出解释说明的有33件，占13.7%。每次视察检查，注重在突出实效上下功夫，如针对在重点项目建设、招商引资视察中发现的问题，以“当前值得注意的几个问题”专题反映给县委、政府领导，实事求是地指出石林温氏集团发展中存在的“三个不到位、一个延长”即鸡苗供应不到位、饲料供应不到位、技术指导服务不到位，收购时间延长的问题。该信息引起县委政府领导的高度重视，及时作出批示，要求职能部门深入调查研究，提出整改措施并认真进行整改。县农牧局及时调查研究，提出整改措施并狠抓整改落实，保护了养殖户的利益，促进了养殖业的健康发展。

积极配合市人大常委会对我县2008年招商引资项目落实情况进行检查。按照县委的要求，对2009年度在建重点工程项目进行了专项督查，督查结束后专题向县委报告督查情况。通过检查督查，促进了招商引资项目的落实和重点工程建设进度。

（四）坚持依法任命干部，搞好任后监督

县人大常委会坚持党管干部与人大常委会依法任免国家机关工作人员相统一的原则，进一步完善了人事任免工作，加强了对被任命人员的任后监督。常委会在坚持被任命人员任前法律知识考试和被任命人员与常委会组成人员见面、颁发任命书等制度的同时，先后完善了《石林彝族自治县人大常委会人事任命法律知识考试办法》、《石林彝族自治县人大常委会人事任免办法》。该办法明确规定：“凡拟任命人员法律知识考试不合格不上会，程序不合法不上会”，法律知识考试合格后，拟任命人员必须进行“任职表态发言”，进一步增强了被任命人员的法律意识和责任感、使命感。一年来，常委会先后任命县人大常委会机关和“一府两院”工作人员53人，为促进石林实现跨越发展提供了坚强的组织保障。

为促进国家机关工作人员依法行政、勤政廉政，加大对干部的任后监督，制定出台了《石林彝族自治县人大常委会评议工作暂行办法》，并认真组织实施。按照县委的要求，对县发改局、县建设局、县国土资源局进行了重点评议。评议前，在县直各部委办局、各乡镇、驻石企业中广泛征求对三个部门的意见。12月4日，成立三个评议组分别到三个部门召开全体干部职工参加的评议工作会议，评议组组长作动员讲话、被评议部门领导作述职报告、在参会人员中进行民主测评，召开小型座谈和个别走访再次征求意见等，各评议组分别形成评议报告提交主任会议审议。12月8日，组织部分全国、省、市、县四级人大代表、驻石企业家代表、群众代表，对法检两院、政府职能部门（含垂直管理单位）的工作进行了评议。会上，35个部门的领导分别作了述职报告，71名参会人员对35个部门进行了民主测评，并将评议报告和评议结果报送县委。

（五）创新代表工作，发挥代表作用

县人大常委会始终把代表工作放在重要位置，认真贯彻落实代表法，努力创新代表工作方式，提高代表活动实效。一是着力搭建代表联系群众的平台。常委会高度重视县人代会闭会期间的代表活动，努力搭建代表依法履职、密切联系群众的平台，为代表执行职务创造条件。二是推动和指导各乡镇人大开展创建“人大代表之家”活动。到目前为止，全县各乡镇都已建立“人大代表之家”并开展了活动。在代表小组活动和各项视察检查中，代表们对相关事项提出了有针对性的意见建议，促进了“一府两院”相关工作的进一步落实。三是开展“五个一”活动。按照年初既定的目标任务，制定实施了在县级人大代表中开展“五个一”活动，即知情知政献一计、协调各方办一事、联系选民帮一户、服务企业支一招、招商引资搭一桥。通过“五个一”活动，既增强了代表履职的责任感，又密切了代表与选民的联系，畅通了民意渠道，真正起到了桥梁和纽带的作用。四是人代会前夕，召开各乡镇人大主席、县政府职能部门主要领导参加的工作调研会，引导代表围绕工作重点、重点项目，深入实际，调查研究，提好议案、建议，为提高议案、建议解决率奠定基础。

（六）加大宣传力度，扩大社会影响

县人大常委会认真贯彻落实全国、省、市人大常委会召开的人大新闻宣传工作会议精神，不断拓展人大新闻宣传工作的深度和广度，人大工作的社会影响力进一步增强。协助市人大常委会研究室、昆明电视台拍摄反映我县人大工作、代表风采的专题片4期，在《光明日报》、《中国人大》、《中国审判》、《人民法院报》、《检察日报》、《人民代表报》、《中国国土资源报》、《云南日报》、《云南人大》、《审判与法治》、《云南政协报》、《昆明日报》、《昆明人大》等报刊上发表文章50篇。宣传工作连续6年受到了市人大常委会表彰，县人大常委会今年还首次被省人大常委会评为人大信息工作先进集体。在今年市委召开的人大工作会议上，我县人大常委会在十四县（市）区人大常委会中唯一一家交流了如何做好人大工作的经验。

为推进人大工作的创新步伐，县人大常委会还创办了《石林人大信息（内刊）》，为畅通社情民意搭建平台。同时，责成各委室紧紧围绕县委中心工作，深入基层调查研究，广泛听取人大代表和人民群众的意见，集中广大人民群众的智慧，向党委政府提供真正体现民意、符合实际，有利于全县改革、发展和稳定的建设性意见建议，进一步推进了我县经济社会的和谐发展。

（七）做好信访工作，构建和谐社会

县人大常委会把来信来访作为联系人民群众的桥梁和纽带，把信访工作作为了解民意、倾听民声、反映民意的重要渠道，及时处理、转办、交办群众来信来访件，督促有关部门及时调查核实，依法按政策秉公处理，有效化解社会矛盾。全年共接待来信来访23件47人次。对群众反映属实的重大信访件由主任会议专题研究，限期办理，做到了件件有着落，事事有交代。

转变作风深入基层，变上访为下访。常委会领导班子主任、副主任分别深入到6镇1乡，与基层人大代表零距离接触，及时了解到最基层人民群众的所思所想、所盼所求。对人大代表提出的意见建议，能当面答复的当面答复；对于群众反映强烈的热点难点问题，及时做好解释、疏导工作，努力把上访的苗头平息在基层；对需转县人民政府办理的，按程序汇总转县人民政府办理，同时还将大下访情况综合梳理后报送县委供决策参考。

（八）加强自身建设，树立良好形象

县人大常委会不断强化自身建设，组成人员和机关工作人员的政治意识、大局意识、责任意识、服务意识有了新的提高。

注重学习活动，抓好思想建设。认真组织开展“行政效能提升年”和“干部作风改进年”活动，切实解决全机关党员干部在思想作风、学风、工作作风、领导作风、生活作风等方面存在的突出问题，用良好的作风推进县人大各项工作顺利开展。为切实发挥县人大机关党员干部的示范带头作用，推动县人大学习实践科学发展观活动的深入开展，根据中央和省、市、县委的统一部署和要求，结合县人大实际，自2009年3月25日至8月底，认真组织开展了学习实践活动。在三个阶段的学习实践活动中，每个阶段都召开动员会，制定工作计划，突出实践、突出特色，认真进行总结，学习实践活动达到了预期的效果。

改进工作作风，增强服务观念。常委会发扬深入基层、联系群众的优良传统，围绕人民群众和社会普遍关心的热点难点问题，深入开展专题调研，机关各委室撰写了不少于一篇的调研报告。深化软环境建设，机关工作人员的服务意识、工作作风、办事效率都有了新的提高，有力地保障了人代会、常委会、主任会各项议题的顺利完成，保障了常委会组织的视察、检查、调研等重大活动以及代表活动的顺利进行，保障了县委对人大工作各项要求的落实。通过多渠道积极向上级争取补助资金90万元，其中争取到省人大协调补助办公楼建设资金30万元，市人大协调配套资金30万元，协调争取到省财政补助资金30万元。

各位代表，过去的一年，是解放思想、勇于创新、求实务实、成效显著的一年。我们取得的每一项成绩，都是市人大指导帮助、县委正确领导和全体人大代表共同努力、常委会机关全体工作人员辛勤劳动的结果；同时也是全县各族人民、各级干部、社会各界大力支持的结果。在此，我谨代表县人大常委会表示衷心的感谢！

各位代表，常委会在2009年的工作中虽然取得了一定的成绩，但仍然存在不足和差距，主要是：深入基层、深入实际对“三农”问题和园区建设调查研究的深度和广度还不够；对县人大常委会任命的“一府两院”及其职能部门干部的监督力度还需强化；机关自身建设有待进一步加强。这些问题，常委会将在新的一年里认真加以整改。

二、2010年工作意见

2010年，是实现“十一五”规划目标任务的攻坚之年，是实现石林跨越发展的关键之年，做好今年的各项工作，对全面完成“十一五”规划，实现跨越发展至关重要。县人大常委会工作总的指导思想是：高举中国特色社会主义伟大旗帜，以邓小平理论、“三个代表”重要思想和科学发展观为指导，认真贯彻党的十七大和十七届四中全会精神，在中共石林县委的领导下，按照县委十届六次全会的部署，紧扣跨越发展主题，进一步解放思想，开拓创新，认真行使宪法和法律赋予的各项职权，突出监督重点，充分发挥人大代表的作用，高度关注民生，全力推进石林的政治、经济、文化、社会建设和生态文明建设，努力实现石林的科学发展、和谐发展、跨越发展。

（一）坚持党的领导，确保人大工作正确的政治方向上有新认识

坚持正确的政治方向是做好人大工作的根本。人大工作坚持正确的政治方向，最根本的就是坚持党的领导、人民当家作主、依法治国的有机统一。在这个重大原则问题上，我们头脑要十分清醒，立场要十分坚定，旗帜要十分鲜明，认识要十分到位。县、乡镇人大要从党和人民的根本利益出发，认真贯彻执行党的路线方针政策和重大决策部署，在思想上、政治上、行动上同党委保持高度一致。坚持重大事项向同级党委请示报告制度，充分体现人大工作自觉接受党的领导，人大工作对党负责和对人民负责的统一。坚持在党委的正确领导下，真正形成人大督政、政府行政、群众评政的生动局面。

（二）强化监督工作的针对性，促进监督工作取得新成效

县人大常委会将认真贯彻监督法，按照突出监督重点、加大监督力度、创新监督方式、增强监督实效的总体要求，围绕法律法规和国家大政方针以及县委重大决策部署在全县的贯彻落实、围绕加快石林跨越发展中心工作的顺利实施、围绕人民群众普遍关注的热点难点问题开展监督工作。坚持党的领导、依法集体行使职权、接受代表大会监督和监督工作公开的原则，把全过程、连续性的监督，把视察、检查和听取专项工作报告、提出审议意见、跟踪审议意见落实等有机地结合起来，把全面监督与重点监督、事后监督问效与事前事中监督促落实结合起来，综合运用各种监督方式，增强监督工作的实效。整合监督力量，实现监督效果最大化。在执法检查、工作视察和专题调研中，坚持深入基层、深入一线，掌握第一手材料，对检查中发现的问题和审议中提出的问题，本着有利于促进和谐发展的原则，提出整改意见建议，并坚持跟踪问效，更加注重问题的解决。常委会将组织开展对我县贯彻执行《中华人民共和国义务教育法》情况、《农村土地承包法》的执法情况、贯彻执行《云南省中小企业促进条例》情况进行执法检查；对县人民政府办理县第十五届人大第三次会议代表议案、建议、批评和意见工作情况进行检查，对工业园区、旅游度假区、台湾农民创业园以及文化产业发展情况进行检查；对滇东现代烟草农业综合示范区建设情况、殡葬改革工作情况、全县村镇道路建设情况、县人民检察院人民监督员工作情况、农村用电管理情况、办理10件实事和招商引资工作情况进行视察；对代表所提涉及农业、水务、林业、民政、民族宗教的重点议案、意见、建议抽取3件进行跟踪检查；对科技项目的实施给农民带来实惠的情况进行调研。

（三）加强代表工作，在发挥代表作用上有新举措

一是深化“代表之家”建设，达到“七有”、“六上墙”、“五项制度”标准。“七有”即有固定场所、有标志、有办公桌椅、有制度、有学习资料、有档案、有电脑。“六上墙”即代表照片、职责、计划、制度、提议案建议情况、参加公益活动情况上墙。“五项制度”即学习制度、考勤制度、联系制度、帮扶制度、归档制度。通过深化“代表之家”建设，规范代表行为，增强代表参加各项活动的自觉性，使“代表之家”成为代表履职培训中心、学习交流中心、研讨中心和信息中心。二是创新代表工作机制，提升代表履职效能。加强代表小组规范化建设，建立健全代表活动组织体系；建立健全激励机制，激发代表履职热情；完善代表活动方式，增强代表活动实效；健全建议办理机制，切实提高办理质量；试行背靠背反馈机制，不断增强办理实效；创新代表工作保障机制，提高代表履职水平。三是深入开展“五个一”活动，切实起好桥梁和纽带作用。

（四）加强自身建设，在履职能力和服务水平上有新提高

县人大常委会将按照党的十七届四中全会和县委十届六次全会精神的要求，把加强自身建设、提高履职能力和服务水平放在突出位置，加强常委会和机关政治理论及业务知识的学习，进一步增强以科学发展观统领人大工作的坚定性和自觉性；加强制度建设，建立健全各项规章制度，进一步促进人大工作的制度化、法制化、规范化。加强作风建设，进一步增强调查研究的深度、广度和力度，提高调研的质量和成效。加强常委会机关建设，进一步提高县人大机关各委室在执法检查、视察中的综合协调和服务保障能力。强化大局意识、服务意识、责任意识、廉政勤政意识，不断加强机关行政效能和作风建设，围绕县委和全县中心工作依法履职，做到思想同心、目标同向、工作同步，努力实现机关组织程度最大化、各委室积极性最大化、干部职工工作主动性最大化，形成整体合力，为石林的改革与发展作出应有贡献。

（五）认真谋划，启动人大志续编工作

盛世修志，志载盛世，是中华民族的优良传统。我县自1950年召开各界人民代表会议以来，全县各族人民通过代表大会开始行使当家作主的民主权利。“文革”期间，人民代表会议被迫中断14年。1980年9月5日，路南县第八届人民代表大会第一次会议隆重举行，会议选举产生了路南县人民代表大会常务委员会，谱写了一篇篇彝乡改革开放、经济社会发展、民族团结进步、民主法制建设的壮丽华章。曾在1987年时，第十届人大常委会组织编纂了第一本人大志，时间界限为1950年各界人民代表大会至1990年2月第十届满。为传承修志的优良传统，忠实记录历届人大常委会依法履职的光辉业绩，人大志的续编已势在必行。因此，从2010年起，县人大常委会将启动人大志续编工作，争取用两年时间完成县人大志续编的出版发行工作。

各位代表，今年是石林跨越发展的攻坚之年，我们既面临着严峻的挑战，也面临着良好的发展机遇，我们肩负的使命更加光荣，任务更加艰巨。让我们紧密团结在以胡锦涛同志为总书记的党中央周围，高举中国特色社会主义伟大旗帜，以邓小平理论、“三个代表”重要思想和科学发展观为指导，在中共石林彝族自治县委的领导下，紧紧围绕全县的工作目标，进一步增强人大工作的责任感和使命感，开拓创新、攻坚克难、扎实工作，为全面完成本次人代会通过的各项任务作出应有的贡献，为实现石林跨越式发展谱写人大工作新的篇章！

政府工作报告

——在石林彝族自治县第十五届人民代表大会第三次会议上

（2010年1月9日）

代理县长　毕春华

各位代表：

我代表县人民政府，向大会报告政府工作，请予审议，并请县政协委员和列席人员提出意见。

一、回顾2009，奋力拼搏显成效

2009年是全县奋力拼搏、进位争先、跨越发展的关键之年。一年来，在市委、市人民政府和县委的坚强领导下，全县上下负重加压，大干快上，较好地完成了各项目标任务。全年实现地区生产总值31亿元，增14.1%。其中，第一产业9.3亿元，增11.9%；第二产业8.3亿元，增13.2%；第三产业13.4亿元，增16.1%。三次产业结构比为30：26.9：43.1。地方财政总收入3.87亿元，增21%；地方一般预算收入2.59亿元，增29.2%。全社会固定资产投资27.68亿元，增75.6%。社会消费品零售总额15.3亿元，增30.25%。农民人均纯收入4789.54元，增13.6%；城镇居民人均可支配收入15600元，增13%。年末各项存款余额43.4亿元，金融机构贷款余额37.7亿元，存贷比87%。

（一）旅游发展成果喜人

石林景区扩容改造成效显著，大小石林景区游览面积扩大到12平方千米。完成乃古石林景前区及配套设施建设；彝族第一村、石林狂欢之都“四中心两店”、云林度假酒店、石林生态民族体育运动场等项目顺利推进。大小石林景区接待游客286万人次，旅游直接收入3.65亿元；全年接待游客330万人次，旅游综合收入14亿元；被评为全国文明风景旅游区，石林中国南方喀斯特世界自然遗产授牌。

（二）工业基础不断完善

完成工业园区“一园五片”规划修编；园区协议收储土地2423亩，新增“五通一平”1500亩；昆明石林太阳能光伏并网发电66兆瓦科普区、100兆瓦示范区项目顺利推进，实现3兆瓦并网发电；石林巨鹏燃气站建成投入使用，在全市首家实现县城管道供燃气；工业园区第一条工业大道、园区截污廊道、万城阿诗玛旅游小镇、云南官房水泥有限公司技改、石林温氏畜牧养殖一体化等项目顺利推进。全县工业固定资产投资5亿元，增45.99%；工业增加值6.3亿元，增14.1%；规模以上工业增加值3.76亿元，增19.46%。规模以上工业万元增加值能耗下降7%。

（三）农业特色更加明显

全年粮食产量1.23亿千克，人均有粮500千克。收购烟叶1640万千克，均价15.19元，产值2.56亿元。畜牧产值5.7亿元，果蔬产值2.7亿元，花卉园艺产值8777万元。获第五届农博会金奖2个、银奖3个、优质产品奖3个；石林甜柿获云南省首个农产品地理标志登记保护。云南昆明石林台湾农民创业园完成园区总体规划和给排水、产业布局等专项规划，流转土地1.2万亩，“五通一平”基础设施建设全面启动，引进项目11个，开工项目4个，完成投资1.55亿元。

（四）改革开放更具活力

招商引资快速增长，引进内资项目133个，外资项目4个，全年实际到位国内市外资金17.62亿元，实际利用外资1399.73万美元。新增政府性项目银行贷款8.07亿元。各项改革稳步推进，全面推行村级会计委托代理服务和乡镇财政预算管理改革，将乡镇和项目建设、政府采购资金纳入财政直接支付，累计集中支付资金7.5亿元；对24个重点项目进行财政投资评审。完成国有企业改革工作，集体林权制度完成主体改革，启动配套改革。实施供销社“二次创业”，启动再生资源回收利用体系建设。安排非公有制经济暨中小企业发展专项扶持资金200万元，绿汀甜柿、石林景区、大理石板获昆明市名牌产品称号，非公经济增加值11.8亿元，增24.7%。

（五）项目建设亮点纷呈

38个政府投资、30个企业投资重点项目累计完成投资21亿元。5所农村中小学标准化学校、县一中、县民中新建教学楼、县职中搬迁新建工程完工。巴江截污廊道、石林园博园、昌乐生态公园、县级党政机关办公用房等建成投入使用。阿诗玛东路延长线大屯段、滨河路等市政道路，110千伏石林输变电、35千伏长湖变电站等电力工程和团结水库加固扩建、月湖水库除险加固主体工程等项目完成，建成农田水利工程1118件，新增和改善灌溉面积2.62万亩，治理水土流失面积45平方千米。

（六）城乡统筹协调发展

县城建成区面积扩大到8.1平方千米，常住人口增加到5.34万人。完成县政府驻地镇行政区划调整，实施小集镇建设项目17个，完成投资4580万元，城镇化率达30%。海当公路、板塘公路改造完工投入使用，改造、硬化县乡公路220千米，县乡公路好路率达80%；完成30个行政村简易客运站（点）建设，行政村公交覆盖率达96.73%，公交出行分担率达32%。完成“一池三改”3373户、农村沼气服务网点59个。完成35个省、市扶贫重点村和1个易地扶贫开发村建设，减少贫困人口7500人。建成文化站3个、文化活动室17个，挂牌博物馆2个。完成112个自然村广播电视直播卫星覆盖工程，受益群众1.3万人。实施“乡村流通工程”47个、“万村千乡市场工程”10个。全面开展城乡园林绿化及生态建设，启动139个自然村村庄绿化，县城建成区绿地率达40.51%，绿化覆盖率达45.3%，全县森林覆盖率达40.94%。国家园林县城创建工作通过省级考评，住房和城乡建设部已组织评审；国家生态县创建工作全面启动；4个全国环境优美乡镇和2个国家级生态示范村创建工作稳步推进，圭山镇创建为省级卫生镇。

（七）社会事业全面进步

科技对经济增长的贡献率达46.3%，连续5次通过全国县（市）科技进步考核，被列为全市知识产权强县培育工程县。各类教育协调发展，“两基”巩固率保持在98%以上；高中阶段适龄人口入学率达83%，高考上线率达91.15%；幼儿学前教育入园入班率达87.4%。人口自然增长率4.83‰。完成第三次全国文物普查。体育竞技水平不断提高，获市第九届民运会金牌10枚。石林狮山生态陵园建设进展顺利，殡仪馆主体工程完工，建成农村公益性公墓12个。拥军优属、基层政权建设和老龄事业健康发展；荣获全国“村务公开民主管理示范县”、“婚姻登记规范化单位”称号。圆满完成第16届国际人类学与民族学联合会糯黑学术考察点任务。统计、审计、人武、人防、外事、史志、档案、信息产业、防震减灾等工作得到加强，金融、保险、邮政、通信等各部门参与地方经济建设的积极性充分发挥，各项社会事业全面协调发展。

（八）民生保障完善有力

城镇居民基本医疗保险参保率96%，被征地人员养老保险参保率15.6%，失业保险参保率85%。城乡低保对象11612人，发放保障金1493.57万元；救济临时困难群众2.15万人次。新农合参合率98.69%，补偿资金2347.41万元，启动33个村级门诊现场补偿报销点。落实惠及1815人次的残疾人康复、培训、扶助项目资金96万元，落实义务教育保障经费2845万元。建成廉租住房300套；完成民居地震安全工程1280户。解决了1.14万人的饮水困难问题。收集开发就业岗位1289个，新增城镇就业人员1016人；542名大中专毕业生、14名退役士兵实现就业；城镇登记失业率控制在2.1%以内。完成农村劳动力转移就业11587人，被列为省级劳务输出示范县。孕产妇死亡率35.89/10万，婴儿死亡率9.69‰。落实粮食直补、农机具购置补贴、家电下乡、汽车摩托车下乡等一系列惠农政策，兑现各种补贴4586万元，受益19.83万人次。

（九）社会更加和谐稳定

深入实施普法与依法治县，全民法律素质和法制意识不断提高。深入开展书记县长接访和干部大下访、约访活动，加强矛盾纠纷排查调处工作，社会热点难点问题得到有效化解。推行安全生产“一岗双责”，煤矿、非煤矿山、工商企业安全生产无死亡责任事故。产品质量、食品药品安全监管有力。应急体系进一步健全，消防安全、地质灾害、洪涝干旱、森林防火等监测预警扎实有效。平安创建深入开展，社会治安综合治理不断加强，依法严厉打击各类犯罪，人民群众安全感测评居全市第一。

（十）政府建设切实加强

全面推行依法行政，自觉接受县人大、县政协和社会各界的法律监督、民主监督和舆论监督，按时办结人大代表议案3件、建议237件，政协委员建议案1件、提案131件。全面推行“阳光政府”四项制度，实施重大决策听证11项、重要事项公示256项、重点工作通报486项、接听解答“96128”政务服务电话450个。县级行政审批项目由68项精简为35项；被列为云南省扩权强县试点县，积极做好省、市下放经济社会管理权限承接工作。大力推行“五办”作风和一线工作法、成果倒逼法，干部作风明显改进，行政效能显著提升，经济社会发展软环境和政府自身建设得到加强，2009年10件民生实事办理取得实效。

各位代表，一个目标一串汗水，一分耕耘一分收获。一年来，工作极不平凡，成绩来之不易，这是市委、市人民政府和县委正确领导的结果，是县人大、县政协和社会各界监督、帮助和支持的结果，是全县人民不甘落后、团结协作、顽强拼搏、务实苦干的结果。在此，我代表县人民政府，向为全县经济社会发展付出艰辛努力的广大干部群众、驻石单位，向给予政府工作有效监督和大力支持的人大代表、政协委员、离退休老同志和社会各界人士，向所有关心支持石林建设与发展的海内外朋友，表示衷心的感谢并致以崇高的敬意！

在充分肯定成绩的同时，我们也清醒地看到，在经济社会发展中，还存在一些不容忽视的困难和问题：一是经济增长后劲不足。经济总量小、财源结构单一、工业化发展水平低、农业产业化程度低、旅游综合带动性不强。二是农民增收渠道不宽。农民生产性、工资性收入较少。三是城镇化发展水平不高。城乡一体化进程缓慢，城镇化率仅为全市的50%，县城建成区规模相对较小，承载能力不强，带动作用不大。四是招商引资项目落地困难。开工率、资金到位率不高；有的单位和部门主动服务企业、协同配合工作的意识不强，经济社会发展软环境建设有待进一步加强。五是抗旱防灾任务艰巨。库塘蓄水严重不足，城乡生产生活用水形势严峻，森林防火任务繁重，防灾减灾压力巨大。这些问题，县人民政府将高度重视，认真研究，采取有效措施切实加以解决。

二、攻坚2010，蓄势冲刺“十二五”

2010年是“十一五”规划的盘点之年，是“543”倍增计划的达效之年，是“十二五”规划的基础之年。做好2010年各项工作意义深远，责任重大。当前，国际经济形势持续好转；中央继续采取积极的财政政策、适度宽松的货币政策，大力实施十大产业振兴规划，优化产业布局，提振全国经济；云南省建设绿色经济强省，民族文化强省和面向西南开放的桥头堡；昆明市围绕打造与世界名城相媲美的“品质春城”，深入实施旅游“二次创业”，加快建设旅游经济强市，建设“中国一流，世界知名”的旅游目的地；石林被列为全省扩权强县试点，石蒙高速公路、云桂高速铁路等重大基础设施建设的启动，云南昆明石林台湾农民创业园、生态工业集中区、旅游度假区及石林大道经济带建设的全面展开，为石林快速发展、科学发展创造了难得的机遇、奠定了坚实的基础。我们必须抓住机遇，乘势而上，强基础、增投入，抓项目、促开工，扩内需、保增长，全力攻坚2010，蓄势冲刺“十二五”。

2010年政府工作的总体要求是：高举中国特色社会主义伟大旗帜，以邓小平理论和“三个代表”重要思想为指导，以科学发展观为统领，全面贯彻落实市委九届六次全会和县委十届六次全会精神，紧紧围绕“跨越发展、富民强县”主题，深入实施“33553”发展战略，更加注重统筹城乡发展、推进城乡一体化，更加注重做大经济总量、优化经济结构，更加注重大投资拉动、大项目带动，更加注重经济社会发展软环境和政府自身建设；强力推进旅游产业提升、工业发展突破、城镇建设加速、现代农业发展、文化产业培育和社会事业加强，全面开创经济社会更好更快发展新局面。

2010年经济社会发展的主要攻坚目标建议为：地区生产总值增16%以上；地方一般预算收入增12%以上；全社会固定资产投资增40%以上；社会消费品零售总额增20%以上；规模以上工业万元增加值能耗下降7%以上；城镇登记失业率控制在3.5%以内；人口自然增长率控制在6.5‰以内；农民人均纯收入增8%以上；城镇居民人均可支配收入增8%以上。

实现上述目标，必须紧紧围绕保持经济社会平稳较快发展这个首要任务，着重抓好以下四个方面的工作：

（一）以园区建设为平台，全力推进产业结构调整

石林的优势在旅游，突破在工业，基础在粮烟，特色在文化。我们必须坚定不移地走旅游产业提升、工业发展突破、现代农业发展、文化产业培育的产业发展之路，优化经济结构，壮大经济实力。

1. 以旅游度假区开发建设为载体，在推进旅游转型提升上实现新跨越。牢固树立抓旅游就是抓经济发展、产业带动、财政增收、就业服务、城乡建设的理念，紧扣“创建世界一流景区、打造国际旅游胜地”目标，做精自然观光旅游，做强休闲度假旅游，做大乡村生态旅游，推进石林旅游转型提升。实现石林景区接待游客290万人次，全县接待游客350万人次；旅游直接收入4.6亿元，综合收入18亿元。

一要加快推进旅游重点项目建设。建成彝族第一村，实现五棵树村整体搬迁和旧村生态恢复；完成石林生态民族体育运动场主体项目建设并投入运营；石林狂欢之都餐饮中心、购物中心建成投入使用，展示中心、演艺中心完成主体工程，开工建设度假酒店和商务酒店；游客中心交通网络停车场、散客中心建成投入使用；完成云林度假酒店主体；加快推进苏宁环球石林综合旅游项目，开工建设环球五星级度假酒店和旅游商贸城。

二要加强景区保护建设管理。完成景区石林管理局办公区、宿舍区、工商分局、云林宾馆、精舍宾馆搬迁拆除和旧址生态恢复；启动景区综合商场和停车场、石林宾馆、避暑园宾馆搬迁。加快实施长湖休闲旅游度假项目和大叠水景区改造提升，增加旅游新亮点。加强旅游景区及周边环境综合整治，加大资源保护执法力度。强化培训，提高景区管理人员综合素质。

三要创新旅游宣传营销模式。整合石林旅游资源，重点推介乃古石林、大叠水景区，着力打造“乃古石林世界遗产展示地—飞龙瀑布大叠水景区—大小石林精典展示区”喀斯特精品旅游线，变大小石林“单点旅游”为各景区“多点旅游”，变石林“一日游”为“多日游”。强化精品旅游景区宣传营销战略合作机制，抓住上海世博会契机，加大国际宣传营销力度，着力拓展国外旅游市场。加强旅游“吃、住、行、游、购、娱”项目的规划建设，变“旅游门票经济”为“复合旅游经济”。加大以旅哺农力度，完成乡村旅游发展总体规划并分步实施，延伸旅游产业链。

四要深化旅游管理体制改革。实行用人制度、分配制度、社会保障制度等配套改革，建立政、事、企职责分离，法人地位明确、企业自主经营、政府依法监管的新型旅游管理体制和机制，激发石林旅游品牌产业发展活力。

2. 以工业园区开发建设为载体，在加快生态工业发展上实现新突破。深入实施“11237”工业突破战略，培育经济实体，努力提高工业经济在国民经济总量中的比重。全县工业总产值增15%以上，增加值增20%以上，固定资产投资增20%以上。规模以上工业企业增加值增22%以上，主营业务收入增20%以上，万元增加值能耗下降7%以上；规模以上工业企业达32户以上。

一要加快园区基础建设。安排工业园区发展专项扶持资金2000万元，加大土地收储力度，协议收储土地500亩；积极争取用地指标，盘活园区土地，增强园区自我发展、滚动发展能力。完成核心区工业大道第一条路面、第二条路基和西片区排污、截污工程；实施园区10千伏输电线路新建和110千伏线路搬迁；启动巴江三角洲路网，适时启动巴江俪岛至小昌乐村河道改造及景观绿化、西街口工业园区道路等配套基础设施建设，完成“五通一平”1000亩以上。新增入园项目6个以上，其中亿元项目2个以上，园区开工项目3个以上；工业固定资产投资2.35亿元，规模以上工业增加值2亿元，上缴税金1200万元以上。

二要全力推进项目实施。改造提升传统工业，巩固烟叶复烤、建筑建材、电缆桥架、电力、煤炭等骨干企业；整合壮大白酒、卤腐、面条、乳饼等传统企业；加快推进洗煤厂等项目建设，确保云南官房水泥有限公司技改项目投产达效。培育发展新型工业，大力发展旅游商品加工、农产品深加工、生物制药和太阳能、风能等新能源产业；加快推进中国种子集团云南种业加工中心、石林温氏饲料厂等项目建设，力争昆明石林166兆瓦太阳能光伏并网发电试验示范项目投产10兆瓦。

三要扶持培育非公经济。安排非公经济暨中小企业发展专项扶持资金500万元，放开放活、放手放胆，引导非公经济向规模化、集约化、品牌化、外向型发展，使非公企业成为优化经济结构、促进劳动就业、提速县域经济发展的主体。非公经济增加值增20%以上。

3．以台湾农民创业园建设为载体，在推进现代农业发展上迈出新步伐。以园区为平台、以市场为导向、以科技为支撑，强基础、稳粮烟、调结构，培育以“农”为基础的科技研发、生物制药、生物防治等产业类型，大力发展设施农业、观光农业、生态农业、品牌农业，加快农业产业化进程，促进农业稳步发展、农民持续增收。农业增加值增12%以上。

一要加快园区开发建设。全面推进园区基础设施建设“两年突破”工程，完成3万亩中低产田地改造、13千米环路和36千米生产道路建设，流转土地8000亩；启动现代农业创业服务中心、创业孵化中心、观光旅游服务中心和畜禽产业区、仓储物流区、农产品加工区项目。新增入园项目10个以上，完成投资1亿元以上。

二要巩固提升烤烟品牌。围绕“一基四化”，扎实推进国家级烟叶标准化生产示范区建设；聚焦项目、整合资金，推进以天生关核心区为重点的滇东现代烟草农业综合示范区建设，整治土地5510亩，实施水利配套项目6件，建成育苗工场30亩、机耕路34.3千米、密集式烤房1853座和受益面积4.33万亩的烟水工程。全县种植烤烟10.93万亩，收购1640万千克，均价15.19元以上。

三要夯实农业发展基础。完成威黑—团结水库灌区3万亩、月湖项目区2万亩、农开项目1.14万亩、土地平整9200亩、石漠化地形3000亩等中低产田地改造，实施西街口新木凹土地开发整理3720亩；全面完成团结水库加固扩建、维则供水管网复线及犀牛塘水库除险加固工程，实施石林地下水库建设；建成54件农田水利项目，新增和改善灌溉面积3.9万亩。

四要推进现代农业发展。抓住滇池流域种植业梯度转移机遇，加快实施国家级基层农技推广体系改革与建设示范县项目，推广应用测土配方施肥、粮食作物高产创建等科技措施，实现粮食总产1.2亿千克。大力推进蔬菜、花卉、中药材生产基地建设，推广无公害蔬菜4.2万亩。强化甜柿标准化管理，改造提升水果基地2万亩。建成农作物品种区域试验站、农业有害生物预警与控制区域站和粮食仓储中心库。完成中央财政现代农业发展生猪、蔬菜产业项目；扶持温氏养鸡模式，发展养殖户1200户以上，加快推进石林现代生态牧场、万赢DLY优质仔猪、野生动物驯养等重点项目，辐射带动以猪、鸡、羊、牛为主的养殖业，实现畜牧产值6.5亿元。

五要提高生产组织化程度。扶持发展农业龙头企业省级2户、市级15户、农村专业合作经济组织5个以上。加大绿色、无公害、有机农产品认证和地理标志申报保护工作，积极开展商标注册，提升产品市场竞争力。

（二）以项目建设为支撑，全力推进城乡统筹发展

牢固树立“新兴小集镇就是小城市，新型农村居住区就是小集镇”理念，坚定不移地推进土地向规模经营集中、工业向园区集中、商铺向市场集中、人口向城镇集中、居住向小区集中。实施投资拉动、项目带动，实行工作项目化、项目责任化、责任到岗位，严格问效问责、强化推进落实，以项目建设促进工作开展，拉动经济增长，推进城乡一体化发展。

1．突出规划龙头。按照高起点、高标准、高品位规划编制总体要求，完成“十二五”规划，做深、做透“十二五”项目，积极申报一批、提前开工建设一批重点项目；进一步完善产业发展规划、土地利用总体规划、县城总体规划、环境保护规划，实现“四规合一”。完成城市设计概念性规划、城镇体系规划、城市规划、集镇规划和村庄规划编制工作，规划覆盖率达100%；按照规模适度、合理集聚、梯度缩并、利于生产生活的原则，完成农村居民点“迁村并点”和县域村庄布点规划，调整村庄布局，撤并小型村、拆除空心村、缩减自然村，形成梯次合理的农村居住点新格局，“迁村并点”规划覆盖率达100%。严格城乡规划管理，坚决执行城市规划“六线”制度，做到“动土必有规划、出土必有设计、覆土必有绿化”，切实维护规划的统一性和权威性。

2．提速城镇建设。按照标准化、规范化、工艺化城市建设总体要求，深入实施“1313”城市发展战略，优化城市布局，扩大城市规模，提升城市品位，突出城市特色。县城建成区面积新增1.31平方千米，扩大到9.41平方千米；城市人口新增5000人以上，达到5.8万人以上；城镇化率达31%。一要突出项目推动。完成狮山路二期、巴江中学外围、巴江商贸城片区市政道路，加快推进环城东路、阿诗玛东路延长线至污水处理厂道路建设；完成县委党校搬迁建设、森林公安“三基”工程、财富中心、天赐良缘和石林上海新天地、中核旅游度假区一期等项目，启动桃园水乡建设；加快推进鹿阜旧城粮食局、武庙、大兴商场片区建设，启动小古城片区改造。实施县城雨污分流管网建设，扩大石林巨鹏燃气站管网覆盖面；推进农资和再生资源集散交易市场建设。二要加快集镇发展。坚持“统一规划、合理布局、因地制宜、配套建设”，深入实施小集镇“1+4”发展战略。投入1000万元小集镇建设引导性专项资金，完善集镇基础，提高公共服务和社会管理能力，辐射带动村庄经济全面发展，促进城乡互动、优势互补、协调发展。

3. 夯实农村基础。按照“土地集约利用、产业集聚发展、农民集中居住、管理规范有序”的要求，完成全县村庄规划，规范农村建设管理，提升农村发展水平。继续实施农村公路养护工程，启动海普公路改扩建等项目，县乡公路好路率保持在80%以上。改善城乡电网结构，力争实施35千伏路美邑变电站、35千伏月湖、石林、法块双回线建设，圭山、板桥、石林35千伏变电站主变增容和2万户农网表计改造。充分发挥农民的主体作用，调动各方积极性，整合各类资源，投入4000万元，实施7个村委会新农村建设整村推进项目。扩大数字电视整体转换范围，有线电视覆盖率达100%。

4. 强化城乡管理。坚持建管并重，加强城市执法管理，县城建成区实现“数字城管”全覆盖；健全联动机制，持续加强拆临拆违、户外广告、店招店牌、占道经营、乱停乱放等综合治理；加强市政设施管护，确保完好率保持在98%以上；强化县城环境卫生监督管理，提高清扫保洁质量，全面改善人居环境，着力打造“生态石林、宜居石林”生态旅游城市品牌。全面整治违法加层和农村无序建房，大力推进县城周边村庄改造建设多层、高层安置房，推行异地集中建设物业用房。积极推进农村土地承包经营权流转，流转率达20%以上；清理农村废弃地，通过转让、租赁或入股、合作、置换、抵押、整理复垦等形式，盘活农村集体建设用地，提高土地利用率，促进土地集约利用。农村集体土地所有权和使用权确权登记发证率达50%以上。

（三）以招商引资为抓手，着力提升要素保障能力

继续把财源建设、招商引资、银行融资、向上争资作为经济工作的重中之重，强化用地、政策、服务保障，引进大项目，培育大企业，构建大产业，增强县域经济发展活力。

1. 继续把招商引资作为经济工作的重要工程。创新招商理念，整合招商资源。以园区为平台，以项目为载体，重点围绕旅游配套产业、生态工业、现代农业、特色文化产业，争取每个主导产业引进一个影响力较强的企业。突出专业招商、产业招商、园区招商、以商招商，围绕粮烟畜果菜花，注重引进产业关联度高、上下游配套能力强的产业项目；着力引进基地型、龙头型、科技型企业，提高产业聚集度，打造具有竞争力的产业板块，形成“办好一个、引进一串、开发一片”的产业发展新格局。优化招商环境，实行招商引资项目全程代理、跟踪推进、终身服务，提高办事效率和服务水平。大力推进全民创业，加大政策扶持力度，鼓励和引导外出务工人员返乡创业、农村能人离土创业、下岗职工自主创业、民营企业家勇创大业，激发全民投资创业的潜能。引进国内市外到位资金20亿元，实际利用外资750万美元以上。

2. 继续把增收节支作为财税工作的根本目标。全面提升生财、聚财、用财、理财水平，保持财政收入持续快速增长。一要进一步加强财源建设，充分发挥财政资金的撬动作用，积极引导、聚集非公资本和民间资金参与园区开发和社会建设，扶持一批生财型骨干企业，培育一批增财型实体经济，努力做大财政“蛋糕”，实现“543”财政3年倍增目标。二要进一步强化收入征管，坚持依法治税，加强对重点企业、重点行业、重点工程的税收服务和征管，强化非税收入管理，堵塞征管漏洞，做到应收尽收。三要进一步加大投融资平台建设，利用社会力量扩大筹资渠道；充分发挥投融资公司平台作用，加强银政、银企合作，新增政府性融资9亿元。四要进一步鼓励向上争资，做实、做深、做细项目前期工作，积极向上争取项目和资金支持。五要实行全面预算管理，严格预算执行，优化支出结构，集中财力办大事，提高财政资金使用效率。加大对民生社会事业的支持保障力度，增大对“三农”、科技、教育、卫生、文化、社会保障、节能环保、中小企业、居民消费的支持力度，切实做到发展为了人民、发展依靠人民、发展成果人民共享。

（四）以人民幸福为标准，着力发展民生社会事业

加大民生领域投入力度，提高公共服务能力和水平，不断增强群众幸福感和安全感，促进社会和谐进步。

1. 深入实施科教兴县战略。提高科技进步对经济社会发展的支撑力和贡献率。实施知识产权强县工程，积极申报国家级知识产权保护试点县。坚持均衡发展义务教育，放开放活学前教育、高中教育、职业教育，科学推进“集靠收”，调整优化中小学布局，整合壮大优质教育资源，县城新增就读学生3000人。全力支持民办教育，落实奖励优惠政策，促进民办教育健康快速发展，民办幼儿学前教育占90%以上，民办高中在校生占40%以上。实现中等职业学校与普通高中在校生规模大体相当，职普比达1∶1。加强教育信息化建设，城区和乡镇政府所在地学校实现教育信息“校校通”。实施高中教育振兴计划和中小学教师培训计划，全面提高教育教学质量，高考一本上线人数增10%以上。

2. *加快推进文化产业培育*

坚持一手抓公益性文化事业，一手抓经营性文化产业，实现文化事业繁荣、文化产业发展。进一步夯实基层文体设施，新建乡镇文化站2个、村文化室14个、农民健身工程5个，建成专题博物馆1个，引导群众性文体活动健康蓬勃发展。深入实施文化产业“4321”工程，重点推进阿诗玛文化创意，推出大型歌舞剧《阿诗玛秘地》。加大民族传统文化保护力度，建成非物质文化遗产项目展示传习中心，筹建阿诗玛文化民俗博物馆，启动彝族撒尼语口传叙事长诗《阿诗玛》申报世界非物质文化遗产工作。推进文化体制改革，建立政府引导，企业主体，市场运作，充满活力的文化管理体制。鼓励文艺创作，充分挖掘民族民间文化潜力，激活民间文艺团体，促进民间文化向产业转移，打造阿诗玛文化国际品牌。

办好一批以火把节为代表的重大节庆活动，着力提升“中国石林国际火把狂欢节”品牌影响力。重点扶持发展文化旅游、民族工艺、歌舞演艺、娱乐休闲、节庆会展、影视拍摄、康体健身等项目，引进3000万元以上文化产业项目3个以上。文化产业增加值占地区生产总值的10%以上。

3．提高卫生计生服务能力。加强医疗卫生服务体系建设，缓解群众“看病难、看病贵”问题。优化布局，整合优质医疗卫生资源。加强疾病预防控制体系建设，打好甲型H1N1流感防控攻坚战，认真抓好艾滋病、结核病等重大疾病预防控制。深入开展爱国卫生运动。重视妇幼卫生保健工作，有效控制“两个死亡率”。促进基本公共卫生服务逐步均等化，为30%的农村居民、50%的城镇居民建立健康档案。新农合参合率达98%以上。落实扶持民营医院发展政策，引进社会力量发展专科、特色医院，支持民营医院与公立医院平等竞争，良性发展，民营医疗资产增8%以上。继续加强人口计生工作，统筹解决人口问题，落实奖扶政策，扩展计生优质服务领域，提高出生人口素质，人口自然增长率控制在6.5‰以内。

4．完善社会保障体系建设。进一步完善城乡低保制度，不断提高保障水平。继续推进社会保险扩面工作，城镇基本医疗保险参保率99%以上，城镇基本养老保险、农村养老保险、失业保险、被征地人员养老保险参保人数分别达7300人、1.4万人、1.2万人、4900人以上，参保率分别达56%、17.3%、85%、20.87%以上。深入推进“两后双百”和“三就三百”工程，完成农村劳动力转移培训1.1万人、转移就业9000人以上；收集开发就业岗位1010个，城镇新增就业700人以上，城镇登记失业率控制在3.5%以内。扎实开展救灾救济，切实解决好困难群众和中低收入家庭的生活困难问题，确保弱势群体基本生活得到有效保障。认真做好国防教育、双拥优抚、修志、档案、外事等工作，积极支持工会、共青团、妇联等群团工作，切实保障妇女、儿童、老年人、残疾人合法权益，充分鼓励邮政、通信、金融、保险各系统积极支持和服务地方经济社会发展。

5．推进城乡生态文明建设。深入实施“生态美县”战略，继续加快城乡园林绿化及生态建设，大力推进竹子、芦苇、柳树、经济林果、村庄植树绿化五大工程，发展核桃2万亩、枇杷1200亩，完成“五采区”植被恢复100亩、城镇面山绿化300亩、交通沿线面山绿化500亩、苗木基地2000亩，新增绿地18万平方米，建成区绿地率保持在40%以上；深化林改配套改革，强化林权管理综合服务；加快推进中低产林改造，实施昆明市低效林改造试点项目，扩大地方公益林生态效益补偿面积。森林覆盖率提高到42%以上。加强对重点领域、重点企业节能降耗监测，淘汰落后产能，强化节能减排，新增清洁生产企业6户以上，单位GDP能耗同比下降4.5%。坚定不移推进殡葬改革，加大殡葬管理执法力度，巩固“三沿五区”坟山墓地整治成果，杜绝出现新的乱埋乱葬，确保年度火化率达60%以上。深入开展“四全”工作，落实主要河流水库河长库长责任制，划定集中式饮用水源地保护范围，完成水保林种植300亩；实施2500座农村无害化卫生户厕改造；健全完善城乡垃圾无害化收运处置管理体系，加快推进集镇生活污水处理工程建设，城镇生活污水集中处理率达70%以上；巩固禁养工作，规划建设一批养殖小区。进一步巩固提升国家卫生县城创建成果，建成省级卫生村3个以上；争取进入国家园林县城行列；以鹿阜、板桥、圭山、西街口镇创建全国环境优美乡镇和小箐、糯黑村创建国家级生态村为基础，推进国家生态县创建工作。

6．科学应对恶劣气象灾害。牢固树立抗大旱、救大灾的思想，超前谋划、积极应对，全面调动各方力量，大干农田水利建设；加强应急物资储备和资金保障，做好设施设备建设管护，科学计划供水，不断提高供水能力和水资源利用效率。加大水质监测和净化处理力度，全面取缔肥水养鱼，不断提高城乡安全饮用水覆盖率。因地制宜调整种植结构，扩大抗旱节水节肥模式化栽培覆盖面。全力抗旱保苗，巩固城乡园林绿化及生态建设成果。科学调度城乡用电，保证人民群众生产生活正常运转。积极组织发动群众，清淤清障、开源节流，统筹做好防汛蓄水工作，加强灾前防范。严格火源管理，严防森林火灾，确保人民群众生命财产安全。

7．全力维护社会和谐稳定。深入开展民主法制创建活动，全面提高全民法律素质和法制意识。认真贯彻民族宗教政策，强化民族宗教事务管理。进一步完善大调解工作体系，健全大接访工作机制，下大力解决群众反映强烈的热点、难点问题。认真落实安全生产两个主体责任，深化重点行业领域隐患排查和各类专项整治，建立健全安全生产长效机制，遏制一般性事故，杜绝重特大事故。加强产品质量、食品药品安全监管。强化社会治安综合治理，深入开展严打专项整治，依法严厉打击各种刑事犯罪，切实提高人民群众安全感；积极开展法律援助、社区矫正和安置帮教工作，进一步巩固省级无毒县、平安县创建成果。健全和完善社会预警机制、突发事件应急机制和社会动员机制，提高公共安全保障能力。加强基层政权建设，平稳完成村级组织换届选举工作，努力营造和谐稳定的社会环境。

三、强化宗旨意识，全力建设责任政府

富民强县，人人有责。责任是忠于职守、责在人先、利在人后的可贵品质，是仁人志士薪火相传的思想标杆，是华夏子孙生生不息的精神源泉，是石林人民奋发有为的不竭动力。

权力就是责任，责任重于泰山。人民政府行使好人民赋予的权力责无旁贷。责任政府就是对人民高度负责的政府，就是始终坚持把人民的利益放在第一位、全心全意为人民服务的政府。2010年建设责任政府就是要做到“四个坚持”、建立“五个机制”、用活“五个千万”、办好“十件实事”。

（一）规范政府行为，做到“四个坚持”

一是坚持依法行政。严格依照法定权限和程序，做到“合法行政、合理行政，权责统一、高效便民”，构建法制政府。牢固树立政府所有部门都是服务部门、所有工作人员都

是服务员的理念，继续深化行政审批制度改革，提高办事效率，改进工作作风，优化投资环境，打造诚信石林。二是坚持科学行政。大兴学习之风，努力提高领导班子和领导干部科学判断形势、驾驭市场经济、应对复杂局面、依法执政、总揽全局五个方面的能力。用好、用足、用活扩权强县试点政策，冲破妨碍发展的思想观念、改变束缚发展的陈规陋习、革除影响发展的体制弊端，以创新的观念谋划工作、以创新的精神推动实践、以创新的思路破解难题、以创新的举措促进工作落实，增强发展活力。三是坚持民主行政。实施重大决策听证、重要事项公示、重点工作通报和政务信息查询，问政于民、问需于民、问计于民、问策于民，集思广益、务求实效，努力打造“阳光政府”。四是坚持勤廉行政。强化政府执行力、落实力，努力培养当断则断、勇于担当的魄力，保持强烈的事业心和高度的责任感，事前周密计划、事中精心实施、事后严格检查，言必信、行必果，雷厉风行、善始善终，切实做到勤政为民、干事干净。全面落实党风廉政建设责任制，严格执行“八个百分之百”工程建设管理规定，强化纪检监察和审计监督，树立正确的价值观、权力观、利益观，保持平常之心、平淡之欲、平实之风，一身正气，以清正廉洁的态度开展工作、履行职责，切实做到廉洁奉公、干净干事。坚决反对铺张浪费，切实降低行政成本，把有限的资金用在改善民生民享上，用在谋事创业上，用在加快发展上，建设风清气正、干事创业的廉洁政府、高效政府。

（二）完善管理体系，建立“五个机制”

一是建立责任无缝机制。按照精简、统一、效能的原则和决策、执行、监督的要求，推进政府机构改革，将工作职责、目标任务科学明确地分解落实到机构、岗位及人员，建立主体明确、层级清晰、量化具体的岗位责任制，形成无缝责任链条和责任体系。二是建立责任落实机制。加大督查、督办力度，以“一个问题、一个领导、一套班子、一个口径、一抓到底”的办法，加快重大工程和重点工作推进，确保政令畅通、落实到位。三是建立责任监督机制。整合监督资源，建立督查、监察、财政、审计、人事、法制六位一体的行政监督体系。切实加强行政监督部门与党内监督、人大监督、政协监督、司法监督、群众监督、新闻舆论监督的密切配合，确保监督有效，执行有力。四是建立责任追究机制。把履职和问责相结合，权责一致、以问促责，切实做到有权必有责、用权受监督、侵权必追究，通过刚性问责确保决策条条算数、任务件件落实、承诺项项兑现。五是建立责任激励机制。进一步完善工作实绩考评体系，加大行政机关民主测评力度，公示测评结果，用好考核结果，树立激励先进、鞭策后进、奖优惩劣的鲜明导向，充分激发全县上下拼搏奋进的斗志和加快发展的干劲。

（三）推进协调发展，用活“五个千万”

每年投入政府资金1000万元用于新农村建设、1000万元用于旅游保护区农村基础和产业发展建设、1000万元用于城乡一体化建设、1000万元用于生态美县建设、1000万元用于文化产业发展，扩大政府投资的乘数效应，撬动社会投资5亿元以上，着力打造昆明市城乡一体化发展示范县。

（四）高度关注民生，办好“十件实事”

重视民生民享，着力实施民生工程，重点办好10件民生实事：

1. 投资1.2亿元实施县人民医院搬迁新建；新增30个村级新农合门诊补偿报销点。

2. 投资3563万元完成农村中小学标准化建设5所。

3. 投资4180万元实施2.2万平方米校舍安全工程。

4. 投资5515万元完成建制村公路路面硬化66.6千米、路基改造85千米。

5. 投资1842万元实施黑龙潭水库中型灌区节水配套工程。

6. 投资860万元实施农村饮水安全项目，解决和改善1万人、4300头大牲畜的饮水安全问题。

7. 投资1040万元建设“一池三改”2000户、农村沼气服务网点8个。

8. 投资1100万元新建廉租住房100套5040平方米，投资510万元完成农村民居地震安全工程1100户。

9. 投资1200万元完成10个行政村和110个自然村农村有线电视光缆联网。

10. 投资1100万元完成扶贫整村推进项目20个，减少贫困人口5000人。

各位代表，跨越发展、富民强县是时代赋予我们的光荣使命，建设富裕、文明、和谐、开放石林是全县各族人民的殷切希望。信念凝聚力量，拼搏铸就未来。让我们在市委、市人民政府和县委的坚强领导下，在县人大、县政协的监督支持下，同心同德、顽强拼搏，全力攻坚、奋勇前进，让石林在和谐的环境中快速发展，让人民在发展的成果中幸福安康！

团结人心 凝聚合力 履职为民
为跨越发展富民强县贡献力量

——在政协石林彝族自治县第八届委员会第三次会议上的报告

(2010年1月8日)

县政协主席 者培仙

各位委员:

我受政协石林彝族自治县第八届委员会常务委员会的委托，向大会报告工作，请予审议，并请列席会议的同志提出意见。

2009年工作回顾

县政协八届二次会议以来，在市政协的指导和中共石林县委的领导下，政协石林彝族自治县第八届委员会常务委员会高举中国特色社会主义伟大旗帜，以邓小平理论和“三个代表”重要思想为指导，深入学习实践科学发展观，围绕县委、县人民政府的中心工作，突出团结、民主两大主题，认真履行政治协商、民主监督、参政议政职能，各项工作迈出了新的步伐，为推进“33553”发展战略和“543”倍增计划的实施作出了积极贡献。

一、加强学习，立足创新，自身建设再上台阶

一年来，县政协常委会坚持把加强思想理论建设、提高履职能力摆在政协各项工作的突出位置，按照县政协八届二次全会提出的树立“六破六立”思想、建设“四型”机关的要求，通过常委会议、党组会议、主席会议、集中学习等形式，机关和委员的团队精神、战斗力、凝聚力得到增强，为引领和推动政协工作奠定扎实的基础。一是加强学习，坚定政治方向。按照县委的统一部署，深入开展学习实践科学发展观活动，组织专题学习、进行案例分析、开展自检自查、召开专题民主生活会、举办“政协主席谈招商”论坛，引导机关干部和广大政协委员发扬人民政协热爱学习、善于学习的优良传统，加强对党的基本理论、基本路线、方针政策和政协知识、统战知识及中共中央《关于加强和改进人民政协工作的意见》的学习。采取参加形势报告会、理论专题培训会等多种形式为委员搭建了学习提高、知情明政的平台。深入开展政协常委“五个一”、委员“四个一”活动，营造了浓厚的学习氛围，提高了委员参政议政意识和水平。给169名政协委员每人订阅一份《云南政协报》，为每个政协工作联系小组和县政协常委发送《石林政协》和《石林政协社情民意反映》，为委员提供了学习的便利条件，把委员的思想统一到政协工作的安排部署上来，统一到科学发展观上来，统一到全县的经济社会发展大局上来，增强了委员履行职能的责任感和自觉性。二是强化管理，机关形象不断提升。以责任制和制度建设为抓手，加强机关建设，在重点课题调研、重大活动开展、重要社情民意反映上，注重上下联动、团结协作、相互支持，形成了机关工作“一盘棋”的格局，为推进政协“三化”建设提供了有力保障。在县委的重视下，增设了民族宗教法制委，提拔使用干部1名，调入3名机关工作人员，增补了3名政协委员，机关干部队伍建设进一步加强；常委

的履职经费得到解决，委员活动经费由每年400元提高到800元，为常委和委员履职创造了良好条件。加强机关内部管理，强化人、车、会、接待等重点环节管理，完善办文、办会、办事程序，明确后勤接待、车辆管理、驾驶员管理、公务接待等规定，节约了资金，提高了效率。加强老干部工作，经常开展学习教育活动，积极引导支持好县委、县人民政府工作。县政协机关再创市级文明单位顺利通过验收。三是扶贫济困，营造和谐友爱社会。做好支农联系工作，加大对水塘铺村委会第三批学习实践科学发展观活动的指导和新农村建设的支持力度，从政协工作经费中挤出资金帮助搞好春耕生产和烤烟收购工作；配合协调联系项目资金250万余元，完成烟水工程、村内道路硬化、村科技文化室等基础设施建设；指导开展农民科技培训四期400多人次，经过协调，今年将实施农业科技示范项目——高产玉米套种马铃薯500亩，每亩补助450元，村民的科技意识和致富能力得到提高。以实际行动帮民脱困、为民解难，积极组织干部职工参加帮助贫困群体、见义勇为基金、园林绿化、工会互助、贫困党员救助等捐款活动；通过牵线搭桥，广东嘉宝莉公司与县一中30名少数民族贫困学生结成长期帮扶对子；上海新天地为我县捐献教育资金100万元；深圳市德缘投资管理公司李肇文先生为圭山镇尾乍黑村希望小学捐款30万元。

二、围绕中心，服务大局，政协职能充分发挥

围绕中心、服务大局，是人民政协履行职能必须遵循的重要原则。县政协大力发挥党组的核心作用、常委会的领导作用、委员的主体作用、专委会的基础作用和政协小组的支撑作用，紧紧围绕县委、县人民政府工作的重点，抓住经济社会发展中的难点、群众反映强烈的热点，把认真履行职能、促进科学发展作为政治协商、民主监督、参政议政的第一要务，充分运用专题协商、政协提案、调研、视察、社情民意等履行职能的主要载体，集中力量，集思广益，为党政科学民主决策提供有益的参考。

（一）汇聚力量，建言献策，提案工作不断规范

政协建议案、提案，是政协参政议政的重要途径，是委员建言献策的重要载体。一是强化提案意识，提升提案质量。采取先培训、后开会，先调研、后提案等形式，强化委员的责任意识和监督意识，提案质量有较大提高。二是创新提案形式，建议案得到落实。县委高度重视和政府大力支持，确保提案办理工作取得明显成效。对于县政协八届一次全会上《对石林世界自然遗产地核心区制定以旅哺农政策，逐年从旅游收入中安排资金扶持当地居民改善生产生活条件》的建议案，县委决定，从今年开始每年拨出1000万元专款进行落实。对于八届二次全会关于《加大对石林温氏畜牧有限公司养殖户的扶持，把养鸡建成我县农民增收致富的重要产业》的建议案，县人民政府答复将继续按照石林县《推广温氏农业产业化模式加快发展肉鸡规模化生产实施方案》，进一步加大扶持力度，力争2010年发展养殖户达1200户，年出栏肉鸡达2000万只，真正把温氏养鸡培育成农民增收致富、农村经济繁荣的新亮点。三是加强重点督办，确保提案实效。坚持从强化领导、规范程序、跟踪督查、狠抓落实上着力，对政协主席会议确定的7件重点提案进行重点跟踪督办。按照“三个不面商”（领导不参与不面商、情况不清楚不面商、主办单位没有与协办单位协调不面商）的要求，严格督办标准、规范办理程序，确保了政协提案件件有着落、事事有回音。今年共办理提案144件，面商率、答复率均为100%，满意率99.31%。四是表彰奖励形成制度。在每年的政协全会上对优秀提案、提案承办工作先进单位、先进政协委员等进行表彰奖励，激发了委员和提案承办单位的工作积极性。

（二）拓宽渠道，聚焦民生，社情民意提供决策

收集和反映社情民意是政协的一项重要工作任务。县政协把了解和反映社情民意作为关注民生、履职为民、加强监督的重要职责。在政协八届二次全会期间创新式地举办了委员专题议政发言，八名政协委员就招商引资、社会稳定等议题进行了协商议政。结合“县委书记、县长大接访”和干部下访活动的开展，2009年把政协主席约谈接待日活动进一步改进为“收集社情民意，促进民主决策”主席专题约谈接待，主动向决策部门和领导反映全县各行各业的社情民意。年初确定的四个专题是：“加强招商引资和软环境建设的意见建议”、“温氏养殖发展推进情况及农村土地经营权流转的意见建议”、“加快农村集体资产管理、加速农村金融市场培育、重点提案办理落实情况的意见建议”、“加快城乡一体化和新农村建设的意见建议”，已全部按时完成。对于收集到的社情民意，以《石林政协社情民意反映》的形式提供给县委常委和人大、政府、政协领导及政府有关部门的领导作为参考，为委员反映社情民意、建言献策、参政议政搭建了良好平台。全年共刊出八期，登载各种社情民意200多条，形成了由政协主席、副主席牵头负责，委室综合协调、搞好服务，政协委员建言献策、知无不言的社情民意反映新机制。

（三）深入实际，调查研究，调研视察注重实效

注重在监督中参与、在参与中监督、在监督中建言。一年来共完成调研视察任务12项，提出意见建议70多条。按照政协常委“五个一”活动的要求，县政协常委撰写各类调研报告40余篇。先后完成了重点提案跟踪督办调研、培育发展民族文化产业调研、温氏养鸡模式推进农民增收情况调研、“543”倍增计划落实情况视察、重点招商项目落地建设情况视察等工作任务。按照县委、县人民政府的安排，完成了“四创两争一巩固”落实情况视察、石林彝族酒文化调研、石林园博园门口浮雕设计方案修改、农村土地经营权流转情况调查、劳动力转移输出情况调查等。每次调研视察后，都及时写出报告，提出了很多有价值的意见建议，供县委、县人民政府参考。

（四）一线工作，招商引资，服务中心发挥优势

按照“领导班子不分一线二线，不分前台后台，一个中心决策，多套班子落实，齐心协力抓好发展”及“党委执政、

人大督政、政府行政、政协参政”的要求，主动把政协工作放到经济社会发展的大环境中去思考，充分发挥政协智力密集、人才荟萃、联系广泛、位置超脱、企业家委员多的优势和以商招商的便捷渠道，积极参与招商引资工作。按照县委、县人民政府安排，县政协主席、副主席作为五个招商分局的政委，牵头联系承担了2.5亿元的招商引资任务，经考核已全面超额完成。从促进全县经济社会发展的大局出发，主动对广东温氏养殖、上海新天地、万城阿诗玛旅游小镇、桃源水乡等一批政协委员所在企业进行跟踪联系服务，做了大量理顺情绪、化解矛盾、牵线搭桥工作，当好“支点”，为推进我县招商引资工作发挥了独特的作用。

（五）厚文重史，广征博采，文史工作取得突破

以纪念人民政协成立60周年“风雨同舟，共铸辉煌”系列活动为契机，组织开展了书法、绘画、摄影和征文活动，政协委员和各族各界人士积极参与了此项活动。参与的人员有县委常委、政协领导、县直单位领导、乡镇党委书记、乡镇长，还有普通政协委员、人民教师、中学生和70多岁的农村老同志。共征集到摄影作品61件，绘画作品48件，书法作品53件，诗歌、散文、论文等96篇，评出优秀作品24件（篇）并给予了表彰奖励。庆祝中华人民共和国暨人民政协成立60周年文艺演出活动取得圆满成功。成立了编委会，组织精干人员进行《石林政协志》编纂工作，材料时间跨度达60年，编写难度大、质量要求高。目前已基本完成材料收集、整理等工作，形成初稿60余万字，今年上半年将完成编纂工作。《石林政协志》的编纂，将为政协文史工作“存史，资政，团结，育人”功能作用的发挥提供最全面生动的范例。

三、突出主题，团结民主，和谐氛围更为彰显

团结、民主是政协工作的两大主题。县政协始终坚持把团结和民主贯穿于履职的全过程，发挥独特优势，调动各方积极性，不断扩大团结面，减少不和谐因素，努力营造平等协调、合作共进的氛围，政协工作的整体合力得到进一步彰显。

（一）加强交往，注重实效，政协联谊日益广泛

坚持“走出去、请进来”的学习交流方式，加强与部分先进发达地区政协的走访交流。参与了“三省（区）十七县（市、区）政协工作联谊研讨会”、陆良石林联谊会、弥勒石林联谊会，昆明十四县（市、区）政协联谊会等，增强了交流合作，拓展了团结领域，推进了政协工作发展。利用交流机会，加大石林宣传力度，到石林学习、考察、观光、旅游的政协方面客人比往年明显增多。建立政协领导与政协小组、专委会与政协委员、机关与县直各部门的工作联系机制，加强对基层政协工作的指导联系，进一步畅通了建言献策渠道。注重与外地政协的联系与沟通，强化对口联系，学习借鉴外地政协的好经验、好做法，为更好地履行职能创造条件。

（二）理顺情绪，化解矛盾，社会秩序更加稳固

积极参与平安创建巩固工作，及时向有关部门反映政协委员和基层群众的利益诉求，协助信访和维稳部门做好理顺情绪、化解矛盾工作。充分利用政协联谊会牵线搭桥、协调关系、凝聚人心、共促和谐的平台，重点加强了与陆良、弥勒等接边地区政协的联系交往合作，形成了求同存异、共谋发展的良好局面。在联谊会的示范带动和辐射作用下，接边乡镇、村委会、村民小组和相关单位加强了相互走访往来，彼此尊重，取长补短，遇事互相通气、友好协商、互谅互让，解决了很多经济、社会活动中产生的困难和问题，关系日益融洽，矛盾纠纷隐患逐步减少。联谊活动由当初单纯的维护边界稳定向更深层次的学习交流合作推进，在新农村建设、科技推广应用、农民生产生活技能提高、经济社会发展等方面相互学习、相互借鉴，积累了丰富的经验，为接边地区的社会稳定、经济发展和人民群众生产生活水平的提高奠定了坚实的基础。

各位委员，过去的一年，县政协常委会工作所取得的成绩，是市政协的指导和县委加强领导的结果，是县人民政府和有关部门、社会各界大力支持的结果，是政协组织、各参加单位和广大政协委员团结奋斗的结果。在此，我代表县政协常委会向关心和支持人民政协事业的各位领导、同志们、朋友们表示衷心的感谢！

在成绩面前，我们也要清醒地看到，与社会各界和人民群众的期盼相比，还存在一定的差距。主要有：一是在建立完善的政治协商机制和规范的协商程序方面还有差距；二是在拓宽民主监督渠道，特别是在规范建议案、提案、调研视察报告等履职成果的转化机制方面还有差距；三是在充分发挥委员、专委会和界别作用方面还有差距。这些问题，我们将在今后的工作中认真研究，切实加以改进。

2010年工作部署

2010年是完成“十一五”规划目标任务的决战之年，也是为“十二五”打基础的关键之年。今年工作的总体要求是：全面贯彻党的十七大、十七届四中全会和省委八届八次、市委九届六次全会精神，紧紧围绕县委十届六次全会提出的工作目标和要求，高举中国特色社会主义伟大旗帜，以邓小平理论和“三个代表”重要思想为指导，践行落实科学发展观，切实贯彻《中共中央关于加强人民政协工作的意见》，以跨越发展、富民强县为总要求，加快实施“33553”发展战略和“543”倍增计划，解放思想同声音，建言献策出主意，参政议政推落实，参与一线助发展，团结各界促和谐，认真履行政治协商、民主监督、参政议政职能，为全面建设小康社会、加快推进发展步伐作出积极贡献。

一、坚持解放思想，着力营造良好工作格局

解放思想、科学发展是永恒的主题。要按照县委对政协工作提出的“围绕一个目标，实现四个突破”（围绕县委、

政府的中心工作目标，在反映社情民意上有突破、增强发展合力上有突破、为县委政府提供科学决策上有突破、挖掘民族文化和招商引资上有突破）的要求，树立“科学务实，履职为民”的工作理念，围绕党政最关心、群众最需要、基层反映最强烈的突出问题，认真履行工作职能，推动政协工作创新发展。

要加强理论学习，提高委员素质。要按照树立“六破六立”思想，建设“四型”机关（即破除二线观念、树立一线理念，破除休闲观念、树立有为理念，破除守旧观念、树立创新理念，破除到站观念、树立奋斗理念，破除畏难观念、树立攻坚理念，破除看门观念、树立服务理念，建设学习型、研究型、服务型、和谐型机关）的要求，强化时时学习、处处学习、终身学习的思想，善于把握学习重点，认真学习、宣传和贯彻党的路线、方针和政策。要不断丰富学习方法和内容，发挥政协全会、常委会、主席会、专委会、小组会以及研讨会、联谊会的示范带动作用，以常委“五个一”和委员“四个一”活动为载体，提高学习效果。

要明确工作定位，坚定政治方向。坚持党的领导是人民政协保持正确的政治方向的前提。要强化政治意识，自觉接受党的领导，争取每年向县委专题汇报政协工作不少于两次，并逐步形成制度，始终保持与县委政治上同心、目标上同向、工作上同步，切实维护县委的权威。要突出大局意识，把政协工作放在全县的工作大局中，重大问题及时向县委汇报，在宏观决策中搞好协商，在贯彻执行中搞好协调，在具体工作中搞好协助，做到“补位补漏、补台补缺”。要充分发挥党组的领导核心作用，坚持“知实情、讲实话、出实招、求实效”，切实把县委、政府的重大决策和安排部署贯彻落实到政协的各项工作中，以良好的成效赢得县委的重视和政府的支持。

要加强沟通协作，理顺工作机制。要通过一系列的有效措施，进一步加强与县委政府及有关部门的联系与协作，重点抓好知情、沟通、反馈三个环节的工作，使之成为县委、政府、政协和社会各方共同遵守的准则。要进一步畅通各界代表人士通过政协向党政领导部门反映意见建议的途径，完善对政协建议案、提案和意见建议的办理、督查和反馈机制，做到“件件有回音，事事有落实”，为县政协正确行使好职能创造良好的环境，不断提高政协的社会地位和社会影响力。

二、坚持工作创新，着力推动经济平稳较快发展

仇和书记指出：“人民政协只有围绕发展的大目标，立足现代新昆明建设的大格局，才能有所作为、有大作为。”开拓无息时，创新无止境。要准确把握围绕中心、服务大局的工作方向和重点，选准工作的最佳结合点，着力推进思想创新、理论创新、制度创新、机制创新。要创新工作思维方式，工作重点要从完成具体事务向善于抓大事、谋全局、当好参谋助手转变，发挥好智囊团作用；工作姿态要从满足于做好一般工作向超前谋划、主动服务转变，体现一线工作责任；工作方式要从被动应付向自觉思考、创造性开展工作转变，强调创新精神。

政治协商要有新举措。要发挥位置超脱、视野开阔优势，努力形成政协全委会议对大政方针集中协商，常委会议对阶段工作和重点工作专题协商，主席会议对时效性较强的问题及时协商，使各方面的意见和建议有畅通的渠道充分表达出来，使各种要求和愿望有合适的场所充分反映出来，推动决策的科学化、民主化、规范化。要紧扣改革发展主题，积极探索专题协商、重点协商的有效机制，在决策参谋、咨询论证、招商引资、软环境建设、重大项目监督、重点工作落实等方面发挥积极的作用。

民主监督要有新途径。要发挥联系广泛、渠道畅通优势，扩大对外交往，吸收众家所长，出金点子、想好办法，拓宽民主监督的领域和方式、方法。按照县政协《关于对政府部门实行民主监督推动工作落实的意见》的要求，坚持民主监督同委员调研视察、提案建议的督办落实相结合，有效反映舆情，聚议纳谏，加强跟踪落实，健全反馈机制，提高监督实效。进一步加强与人大、纪委、新闻媒体和职能部门的合作，抓好对难点热点问题的立体监督；认真做好调研、视察、提案工作，抓好对具体事项的专项监督；继续做好行风监督和干部作风监督工作，积极引导委员掌握民情，配合搞好民意监督。

参政议政要有新发展。要发挥人才荟萃、智力密集优势，以促进石林经济建设为着力点，立足大局，创新载体，围绕中心抓好大事，进一步拓宽参政领域，整合有效资源，高起点谋划，高站位选题，高质量调研，完善议政内容，积极咨政建言。围绕全县发展大局和中心工作，深入群众，深入实际，抓好调查研究，做到文章出精品、建议有用处。重点围绕招商引资落实、工业经济突破、经济结构调整、文化产业发展、农村土地流转、发展环境优化、社会就业保障等方面的重要问题和现实问题建言献策。

提案工作要有新突破。政协提案是政协履职的基本途径，在促进经济建设和社会发展中发挥着重要作用。要健全和完善提案工作机制，促进“两个转变”，即提案从数量型向质量型的转变，提案办理由答复型向落实型转变，务求体现独特性、把握规律性、增强时代性、富于创造性。今年要抓好以下七个方面的创新：一是要争取县委、政府重视，把重点提案列入县委、县人民政府的目标督查范围；二是要加强案前调研，使提案有质量、办理有条件；三是落实“三个不面商”的办理机制，探索试行提案办理“局长领办制”；四是实行重点提案和提案办理结果公示制；五是提案督办实行“二次回访”，确保办理实效；六是创建电子信息平台，运用现代信息技术，试行提案网上征集、审查、交办、统计、反馈；七是建立和完善提案工作与委员履职考评、奖励激励相结合的机制。

调研视察要有新提高。视察调研是人民政协的一项基础性工作，是人民政协履行职能、建言立论的基本形式。今年的“三项调研，两项视察”任务是：培育文化产业项目情况（宗教文化与旅游）调研、招商引资项目“回头看”情况调

研、高中教育情况调研，台湾农民创业园建设情况视察、城乡一体化建设推进情况视察。要围绕“四个注重，四个突出”和“三项调研，两项视察”开展工作。一是要注重科学选题，突出一个“精”字。坚持以“务实求效、突出重点、量力而行”为原则，完善和创新委室研究报题、主席会议审议定题的选题机制，采取委室独立调研、与相关职能部门联合调研等形式，提出有见解有分量的意见和建议，力争调研出精品，视察出实效。二是要注重精心组织，突出一个“全”字。要根据分工和要求，制定出翔实的调研视察方案，认真做好调研视察前的准备工作，做到全面、周密、细致。对参与调研视察的人员，要求提前掌握相关情况，对调研视察涉及到的相关单位，提前通知，确保相关单位准备充分，真正使调研视察活动全面真实地掌握情况。三是要注重着眼大局，突出一个“深”字。要围绕中心，着眼大局，注重实效，充分调动委员的积极性，鼓励、支持政协委员结合本职工作或本单位的实际，从不同岗位、不同角度深入实际，调查研究，建言献策，推动调研视察成果的转化运用。四是注重求真务实，突出一个“效”字。要注重在调研视察成果的转化上下功夫、做文章，继续以“函”的形式把调研视察报告报送各有关部门，按时限要求回复落实情况，确保调研视察产生实效。

反映民意要有新渠道。关注民生，以人为本，履职为民，是人民政协适应时代新要求的重要举措和人民群众新期待的现实需要。要充分发挥政协渠道畅通、联系广泛的优势，坚持深入实际、深入基层、深入群众，真诚倾听群众的呼声，真实反映群众的愿望，真情关心群众的疾苦，有针对性做好社情民意工作。通过主席专题约谈接待、开展调研视察等形式，围绕“三农”、城市建设、环境保护、教育、医疗、就业、社会保障、企业发展等群众最关心、最直接、最现实的利益问题，以“河长”、“库长”、领导干部包村、招商引资、第三批深入学习实践科学发展观活动等为平台，向县委、县人民政府直接反映全县各行各业的真实情况，为促进党政决策，更好地解决好民生问题发挥积极作用。

要认真搞好文史资料征编工作，力争在今年上半年完成《石林政协志》基础材料的收集、编纂工作，今年内完成定稿、出版工作，推动政协文史工作再上新台阶。

三、坚持团结民主，着力促进社会和谐稳定

围绕大目标、实现大团结、促进大和谐，是人民政协工作的主题。要发挥政协统一战线优势，用服务凝聚人心，用协调争取支持，用联谊增进团结，真正在“党政所急”上有大作为，在“群众所需”上下真功夫，在“政协所能”上创新特色，努力开创政协工作新局面。

加强团结民主，凝聚社会力量。事成于和睦，力生于团结。能搞好团结是能力，能发展民主是智慧。要发挥政协包容性强、联系广泛的特点和优势，坚持发扬民主、平等协商、求同存异、体谅包容的原则，积极促进民族关系、宗教关系、阶层关系和海内外同胞关系的团结和谐，不断巩固构建和谐社会的政治基础。关注社会新阶层的需求，化消极因素为积极因素，为他们更好地履行职责、开展工作创造条件，把各方面的力量和智慧引导到服务县委决策、贴近政府工作、提高工作效率上来。

发挥政协优势，推动招商引资。牢固树立一线工作观念，发挥政协人才荟萃、位置超脱、朋友广泛和企业家委员多的优势，利用大团结、大联合的有效平台，采取感情招商、环境招商、以商招商、以商引资、以商引智等多种形式，积极协助县委、县人民政府开展好招商引资工作。县政协委员中聚集着一批能人、强人，他们是石林经济社会发展中一支不可缺少的生力军。要加大与委员所在企业的沟通联系和跟踪服务力度，想企业之所想、急企业之所需，主动为企业出谋划策、理顺情绪、化解矛盾，把政协招商引资的优势转化为全县经济社会发展的成果，让他们在扩大投资、做大企业、服务社会等方面建功立业、奋发作为。

拓展工作范围，维护社会稳定。高度关注社会稳定问题，主动参与平安建设工作，加强与弥勒、陆良等接边地区的联谊交往，尽最大努力协调关系、化解矛盾，增加和谐因素、维护稳定，为我县经济社会发展凝聚人心、增添合力。引导社会关注困难和弱势群体，多方筹集社会资金，成立县政协扶贫帮困基金会，为缓解社会问题和保持社会稳定尽绵薄之力。

四、坚持强化服务，着力开创政协工作新局面

要继续按照“六破六立”、建“四型”机关的要求，以进一步提高履职的能力和水平为目标，以充分发挥委员的主体作用、界别的纽带作用和机关的服务作用为重点的“三位一体”建设，不断推进政协工作规范化、制度化、程序化，提高自身的发展能力和服务水平。

充分发挥委员的主体作用。要认真组织委员学习培训，对委员进行政协理论、统战政策、国情省情县情和时事政治教育，不断增强政治敏锐性和坚定性，提高主体意识和履行职能的自觉性。要不断丰富委员学习内容，积极参加政协组织的会议和活动，使委员对国家大政方针、全县的重大决策有比较全面的了解和清醒的认识，提高委员整体素质和知情议政能力。要加强对机关各委室、政协工作联系小组的指导，密切与委员的联系，关心委员的生产、工作和生活，增强委员的亲和力。要精心搭建委员活动平台，为委员知情明政提供帮助，通过组织委员参加调研、视察、咨询、小组活动等多种形式，鼓励委员讲真话，报实情，引导委员高度关注民生，深入体察民情，及时反映民意，激发委员参政议政的积极性。要研究制定委员管理办法，建立委员履职档案，对不能认真履行职责的委员，要提出批评或进行调整。

充分发挥界别的纽带作用。从统一战线的高度出发，加强与各族各界、社会团体、民主党派、港澳台侨胞（属）的沟通与联系，根据界别的特点和要求开展活动，积极探索发

挥界别作用的方法和途径。政协班子、委室和机关要为界别开展活动创造条件，提供保障，搞好服务。建立健全发挥界别作用的工作机制，积极开展多种形式的界别活动，并从组织领导、参与形式、活动内容、保障服务等方面逐步加以规范，努力使政协的各界别活动更加经常、规范、有效。要加大对企业界委员的沟通服务力度，成立“委员之家”，把政协机关建设成为政府招商引资的“沙龙”、企业吐露心声的“娘家”和协调关系的“纽带”，成为交朋友、谋发展、创和谐的重要组织。

充分发挥机关的服务作用。要加强机关干部的政治理论和业务知识学习，进一步提高全局观念、服务意识和政策水平，使机关干部思想更解放，视野更开阔，学识更丰富。要加强制度建设，进一步完善各项工作制度，提高机关工作水平和效率。要加强作风建设，定期开展整治活动，及时解决存在问题，努力增强机关干部的全局意识、责任意识、服务意识。要加强干部队伍建设，抓好“三普”培训，加大年轻干部、非党干部的培养、推荐、交流力度，努力造就一支政治坚定、作风优良、学识丰富、业务熟练的高素质政协干部队伍，营造一种风清气正、优胜劣汰、宽严相济、能进能出的用人氛围。要加强信息网络建设，提高机关工作效能，使政协各种活动组织严密、井然有序、富有成效。要加强工作交流与协作，加强对周边省市县政协的学习考察，学习借鉴外地的先进经验，推动机关建设不断迈上新的台阶。

各位委员、同志们，旧岁已随勋业往，新年正展宏图来。我们正处在一个非常特殊的历史时期，时代赋予了我们光荣的使命，人民群众期盼着我们积极作为。让我们在中共石林县委的领导下，高举中国特色社会主义伟大旗帜，深入学习实践科学发展观，同心同德，群策群力，开拓创新，积极进取，为实现政协工作的新发展、加快我县经济社会的新跨越作出更大的贡献！

加强监督制约　狠抓制度落实 以铁的纪律推动全县经济社会又好又快发展

——在中共石林彝族自治县第十届纪律检查委员会第五次全体会议上的工作报告

（2010年2月3日）

县纪委书记　周美英

同志们：

我代表县纪委常委会向全会报告工作，请予审议。

这次全会的主要任务是：深入贯彻落实党的十七届四中全会精神，按照十七届中央纪委五次全会、省纪委八届五次全会、市纪委九届五次全会和县委十届六次全会的要求，总结2009年全县党风廉政建设和反腐败工作，部署2010年工作任务。县委对这次全会十分重视，县委常委会专题听取中央纪委五次全会、省纪委八届五次全会、市纪委九届五次全会精神汇报，研究了我县的贯彻意见和2010年反腐倡廉工作。县委书记罗朝峰同志将作重要讲话，我们一定要认真学习、深刻领会、坚决贯彻落实。

一、2009年主要工作回顾

在县委、县人民政府和市纪委、市监察局的领导下，全县各级党委、政府和纪检监察机关深入学习实践科学发展观，认真落实党风廉政建设责任制，全面推进惩治和预防腐败体系建设，按照十七届中央纪委三次、四次全会，省、市、县纪委四次全会和国务院、省、市、县人民政府廉政工作会议的部署，紧紧围绕“跨越发展、富民强县”目标，以改革创新精神深入开展党风廉政建设和反腐败工作，为强力推进“543”倍增计划，促进石林经济社会发展提供了坚强的政治和纪律保证。

（一）抓监督检查，推动跨越发展

加强和改进党风巡查工作，组织县级党风巡查员对领导干部作风和农村基层党风廉政建设情况进行巡查；配合中央、省、市检查组对全县4批29个扩大内需中央投资项目开展监督检查；联合有关部门，对全县38个政府投资、30个企业投资重点项目实施情况，221项重点工作任务进展情况进行了跟踪督查；对落实“八个百分之百”要求、执行园林绿化“3331”政策、整治违法加层无序建房、巴江截污、“四创两争一巩固”、招商引资等工作情况进行了专项督查；加强对节能减排、环境保护、矿产资源开发、土地利用等政策落实情况，以及住房公积金和国债、扶贫、救灾、社保专项资金管理使用情况的监督检查；加大对政务服务中心、公车管理、厉行节约、工作纪律的明察暗访力度；受理市、县督查督办件193件，县纪委监察局自立39件，有力推进了各项目标的实现。

（二）抓作风转变，优化发展环境

在全县组织开展了“行政效能提升年”、“干部作风改进年”活动及“加强作风建设、促进科学发展”主题实践活动，组织47名具有行政审批和管理服务项目的单位主要负责人在石林电视台向社会作出公开承诺；全县3000余名在职党员干部撰写了心得体会；全县90个单位共查找行政效能、干部作风等方面的问题169项并制定了整改措施。制定软环境建设“四项制度”，按季度开展驻地企业评议部门工作，回访驻地企业81家，征求意见建议并督促有关单位进行答复和整改。强力实施行政问责，严肃查处各种不作为、慢作为、乱作为行为，启动问责16项，问责干部31人次，并对部分案例进行通报，促进了各级各部门工作作风的转变和行政效能的提升。

（三）抓廉政教育，促进廉洁自律

更新县廉政文化暨警示教育园地内容，坚持向科级领导干部发送廉政短信、每季度发一封廉政公开信，印发领导干部勤政廉政教育读本3份5300余册，开展工程建设领域警示教育55次，组织庭审旁听警示教育2次，请市纪委领导为全县科级以上领导干部作勤政廉政专题讲座，对3000余名党员干部进行了党纪政纪条规知识测试。积极推进廉政文化"六进"工作，组织纪检监察干部参加国庆60周年文艺汇演，建立廉政文化示范点10个。全县38名县级领导、350余名科级干部和1380余名中层干部、站所长、村组干部进行了勤政廉政公示和述职述廉；认真落实党内监督条例，科级以上领导干部按要求进行了收入申报和重大事项报告，开展任前廉政谈话113人次（不含任改非等）、集体廉政谈话810人次。采取有力措施抓好厉行节约工作，各项指标得到有效控制；深入开展治理"小金库"回头看活动，公务用车管理各项规定得到严格执行。通过严格教育、严格监督，全县各级领导干部廉洁自律意识明显增强，对礼品礼金主动拒收、主动向组织报告、主动清退，上缴现金共计1.7万元。

（四）抓纠风治乱，维护群众利益

深入治理教育乱收费，并对有关问题严肃处理，健全教育收费和管理监督制度。加强医德医风建设，切实纠正医药购销和医疗服务中的不正之风。继续做好减轻农民负担监督检查工作，规范"一事一议"筹资筹劳管理，全县各种涉农补贴资金共4586万元全部通过惠农补贴"一折通"发放到农民手中。继续纠正征收征用土地、城镇房屋拆迁、企业重组改制中损害群众利益以及拖欠工程建设款和农民工工资等问题，进一步巩固治理公路"三乱"成果。全面清理和规范评比达标表彰活动，认真开展治理商业贿赂"回头看"工作，落实涉企检查备案制，审核涉企检查事项68项。开展工程建设领域突出问题专项治理工作，对苗头性问题进行剖析并认真研究对策。做好59个部门和行业的民主评议机关和行业作风工作，督促整改落实评议意见建议20条。加强对"阳光政府"四项制度落实情况的督促检查，确保民意畅通。对安全生产、烤烟收购、征兵、就业安置、招录招生等工作进行了有效监督。

（五）抓查办案件，严惩违纪违法行为

按照"两个必须、三个提高"的要求，调整充实县委案件查处协调领导小组、县委反腐败工作协调领导小组，严肃查处各种违法违纪案件。全县纪检监察系统共受理群众来信来访、电话举报61件，办结61件，办结率达100%；初步核实案件线索21件，立案查处违纪违法案件7件，取消预备党员资格1人，处分10人（其中乡科级干部3人）。通过办案，挽回直接经济损失25万余元。开展受处分人员回访教育8人，按期恢复党员权利2人，解除行政警告处分1人。坚持惩处与保护并重，为14名被反映人和9个被反映单位澄清了举报失实的问题，保护了广大党员干部干事创业的积极性。

（六）抓制度创新，推进源头治理

深入推进制度创新，全年共创新制度204项，其中以县委、县人民政府文件出台30项。继续深化干部人事制度改革，强化干部选拔任用工作监督，提高选人用人公信度。深化行政审批制度改革，36个进驻政务服务中心的县直部门和各乡镇行政主要领导签订行政审批工作承诺书并在政府信息公开网上公布，审批项目由68项精简为35项，行政事业性收费进一步精简。深化财政管理制度改革，进一步完善和规范国库集中支付制度，把乡镇纳入国库集中支付范围，加强财政性资金和社会公共资金管理，完善项目资金管理和财政专项资金报账制，开展财政投资项目评审24个，审减资金3173万元。全面落实政府投资建设项目"八个百分之百"，进一步完善工程建设项目招投标、土地征收和使用权出让、产权交易、政府采购等制度，监督经营性用地依法实行招拍挂21宗，实施政府采购4025万元，节约资金456万元，节约率为10.2%。

（七）抓责任制落实，提升廉政水平

层层签订党风廉政建设目标责任书，进一步完善责任制考核办法，把党风廉政建设纳入县对乡（镇）、县直单位综合考核内容，做到与经济工作一起部署、一起落实、一起检查、一起考核兑现，督促各级党政领导干部认真履行"一岗双责"。加强审计监督，开展领导干部任期经济责任审计16项。在全县实行党风廉政建设"五书"制度，组织开展"村（居）务面对面"活动，推行农村"三重一大"事项"四议两公开"决策，规范集体投资建设工程管理，切实保障干部群众的民主权利。建立纪检监察干部定点联系村级组织党风廉政建设工作机制，出台村（居）组干部问责办法，问责村组干部19人。强化对农村集体资金、资产、资源监管，全县472个村（居）民小组共564个独立核算单位资金实行了会计委托代理，对资产、资源进行了造册登记，清理了债权债务，进一步规范集体资金管理和资产资源处置。

（八）抓队伍建设，提高履职能力

在全县纪检监察机关深入开展"做党的忠诚卫士，当群众的贴心人"主题实践活动，切实解决思想、组织和作风方面存在的突出问题。认真贯彻执行中央、省、市纪委关于加强县级纪检监察机关建设的意见，制定了《石林彝族自治县关于加强纪检监察机关建设的实施方案》，增设宣传教育室和效能监察室（暨县问责办）两个内设机构，新增人员编制6名，选调5名干部充实了队伍，配齐基层纪委委员。在中央、省、市补助装备经费的同时，县委、县人民政府高度重视并安排100万元专项经费，用于改善纪工委和乡镇纪委办公办案装备。出台了纪检监察干部问责办法，对纪检监察干部严格要求、严格教育、严格管理、严格监督。下大力气抓教育培训，先后选派39名纪检监察干部参加中央、省、市纪委组织的业务培训，组织全县111名纪检监察干部在县委党校开展了为期2天的业务培训，切实提高纪检监察干部的执纪能力和水平。

回顾一年来的工作，我们深深体会到，反腐倡廉建设要紧贴、融入、服务党和政府的中心工作，必须以最严格的监督检查保证县委、县人民政府决策部署的贯彻落实；必须实施最严厉的问责制促进工作作风转变和行政效能提升；必须围绕群众反映强烈的突出问题加大专项整治力度；必须盯住重点领域和关键环节坚决查处腐败案件；必须加强反腐倡廉制度创新推进从源头上治理腐败工作；必须努力提升纪检监察队伍综合素质和业务能力等。这些做法和体会，我们要在今后的工作实践中不断总结和深化，积极探索与石林科学发展要求相适应的反腐倡廉建设新路子。

在充分肯定成绩的同时，我们也清醒地看到工作中还存在一些不容忽视的问题和薄弱环节：个别单位和部门的领导干部对反腐倡廉建设的重要性认识不够，党风廉政建设责任制落实不到位；一些重点领域和关键环节以权谋私、贪污受贿案件时有发生；一些群众反映强烈的突出问题还没有从根本上得到解决；农村基层党风廉政建设各项措施落实力度有待进一步加大；少数党员干部作风不实、执行力不强的问题依然存在；纪检监察干部的思想观念、履职能力和工作水平还不能完全适应当前形势和任务的要求等。对此，我们将高度重视，采取更加有力的措施认真加以解决，全力推进我县反腐倡廉建设。

二、2010年主要工作任务

2010年是县委确定的“项目开工年”，是全面完成“十一五”目标任务、蓄势冲刺“十二五”、加快实现石林科学发展新跨越的关键之年，也是深入贯彻十七届四中全会精神，加强和改进我县党的建设的重要一年，做好党风廉政建设和反腐败工作责任重大、任务艰巨。全县各级党组织和广大党员要高举中国特色社会主义伟大旗帜，以邓小平理论和“三个代表”重要思想为指导，深入学习实践科学发展观，全面贯彻落实党的十七届四中全会精神，按照十七届中央纪委五次全会、省纪委八届五次全会、市纪委九届五次全会和县委十届六次全会的部署和要求，严格执行党风廉政建设责任制，坚持标本兼治、综合治理、惩防并举、注重预防的方针，加强以保持党同人民群众血肉联系为重点的作风建设，加强以完善惩治和预防腐败体系建设为重点的反腐倡廉建设，着力推进制度创新，着力解决反腐倡廉建设中人民群众反映强烈的突出问题，围绕县委、县人民政府的中心工作和重大决策部署落实情况开展监督检查，狠抓各项任务落实，不断取得党风廉政建设和反腐败斗争新成效，为全县经济社会又好又快发展提供有力保证。

（一）加强监督检查，确保政令畅通

全县纪检监察机关要把保证中央、省、市、县委重大决策部署的落实作为一项重要职责。严明党的四大纪律特别是政治纪律，教育引导党员干部在政治上、思想上、行动上同党中央和县委保持高度一致，不折不扣完成各项目标任务。

今年，重点抓好以下工作：(1)加强对中央和省委、市委关于扩大内需、调整结构、自主创新、“三农”工作、保障和改善民生、节能减排和环境保护、规范和节约用地、维护民族团结和社会稳定等政策措施落实情况的监督检查，确保政令畅通；(2)紧紧围绕“跨越发展、富民强县”目标，以责任落实、责任监督、责任追究为重点，对县委、县人民政府确定的261项主要工作任务进行立项督查，及时发现问题、督促整改，坚决纠正有令不行、有禁不止现象，严肃查处违纪违规行为，强力推进各项工作任务的落实；(3)加强对投融资体制改革各项重点工作和制度建设任务的监督检查，对拖着不办、顶着不干、落实不力的严厉问责并公开曝光；(4)积极配合有关部门，进一步整顿土地市场秩序，深入开展清理县城规划区内违法用地、闲置土地等工作，特别是对房地产类项目，严禁“毛地”出让、严禁挂牌交易、严禁房地产商拆迁等；(5)加强对招商引资项目落地以及项目开工、建设进度的监督检查，重点对今年政府新投入和续建的40个、投资1000万元以上的20个重点工程项目完成情况进行跟踪督查，对服务不到位、措施不得力、影响项目推进的严厉进行问责，确保年内新建项目全部开工，在建项目按时限要求全面竣工；(6)对重点基础设施建设项目落实“八个百分之百”情况进行专项检查，盯住不落实的事，追究不落实的人，严肃查办权钱交易和商业贿赂行为，确保每个项目成为优质、高效、安全、廉洁工程。

（二）切实改进作风，创优发展环境

在全县继续开展“行政效能提升年”和“干部作风改进年”活动，深化政务公开，继续推进“阳光政府”四项制度规范化建设。(1)推行电子政务，完善信息公开，优化行政审批工作流程，对“两集中两到位”、“四进中心”、电子监察等工作开展“回头看”；(2)建立行政绩效管理、行政能力提升、行政成本控制、行政行为监督四项制度；(3)加大党风巡查、执法监察、效能监察、廉政监察、机关行业作风明察暗访等工作力度；(4)充分发挥软环境监测点、驻地企业季度评议部门的作用，更加严厉地问责违反规定乱作为、消极怠工不作为、推诿扯皮慢作为等行为，促进各级机关和干部进一步转变工作作风、提高行政效能。

严肃整治党政机关和领导干部作风方面存在的突出问题，把党性党风党纪分析作为民主生活会的主要内容，并认真整改。坚持领导干部定期接访、定期下访，及时办理群众来信、来访、来电，对群众反映的问题限时办结、及时反馈。继续大力整治文风会风，着力抓好反对铺张浪费、惩治奢靡之风工作：(1)继续严格控制出国（境）团组数、人数和经费支出，深入开展制止公款出国（境）旅游专项工作；(2)加强公务用车使用管理，积极稳妥地推进公务用车管理制度改革，严禁违反规定配置、使用公车；(3)进一步规范公务接待工作，不得以参加会议、学习、培训、联谊活动等名义用公款请客送礼；(4)一律不准新建楼堂馆所，严禁违反规定购建、装修办公用房；(5)严格控制和规范检查考核评比达标表彰活动，坚决查处、严肃问责顶风违纪行为。

深入推行“五办作风”、“一线工作法”、“工作成果倒逼法”，按照“一个问题、一个领导、一套班子、一个口径、一抓到底”的要求，实施严格的目标倒逼、交办跟进、现场会办、观摩激励和监督检查五大机制，确保决策条条算数、任务件件落实、承诺项项兑现。

（三）维护群众利益，增进社会和谐

深入开展纠风专项治理工作。配合有关部门，重点抓好以下工作：（1）加强对征地拆迁行为的监管，督促落实被征地农民补偿费用和安置措施，完善相关社会保障机制；（2）严格落实食品药品安全责任，严厉打击制售假药劣药行为，确保人民群众饮食用药安全；（3）集中整治危害群众健康的环境问题，严肃查处环境保护违纪违法行为，全面取缔肥水养鱼；（4）加强对安全生产法律法规和安全生产责任制落实情况的监督检查，加大责任事故调查处理力度；（5）加强对社保基金、住房公积金、扶贫和救灾救济资金以及政府专项资金管理使用情况的监督检查，加强对大额资金的实时监控，确保专项资金安全；（6）继续治理教育乱收费、医药购销及医疗服务中的不正之风，加大治理公路“三乱”工作力度；（7）规范行业协会、市场中介组织、公共服务行业的服务和收费行为，治理各种加重企业负担的问题。

继续开展工程建设领域突出问题专项治理工作。认真落实《石林彝族自治县工程建设领域突出问题专项治理工作实施方案》，督促有关责任单位切实完成八个方面56项工作任务，落实建设工程廉政自律若干规定，坚决查办和纠正领导干部违规插手工程建设、在工程建设招投标中规避招标、围标串标，房地产开发中违规变更规划、调整容积率，以及将房地产和经营性资产用地搞捆绑项目等违法违规行为。

（四）依纪依法办案，严肃党纪政纪

查办违纪违法案件是党章和行政监察法赋予纪检监察机关的一项重要职责，是惩治腐败最有力、最有效的措施，是评判纪检监察工作成效的一个重要标准。查办案件工作任何时候只能加强不能削弱，只能抓紧不能放松：（1）严肃查办发生在领导机关和领导干部中滥用职权、贪污贿赂、腐化堕落、失职渎职的案件，重点查办影响我县软环境建设、招商引资、项目落地、重点工程建设的违纪违法行为；（2）严肃查办村级组织换届中的违纪违法行为和严重侵害群众利益的案件；（3）严肃查办群体性事件和重大责任事故涉及的腐败案件，对造成人民群众生命财产重大损失的地方和单位要严肃追究有关人员的责任，对其背后的腐败行为要深入排查、严厉惩治；（4）严肃查办工程建设、房地产开发、土地管理和矿产资源开发等腐败现象易发多发领域的案件；（5）严肃查办严重违反政治纪律和组织人事纪律的案件，坚决查处诬告陷害行为，及时为受到错告、诬告的党员干部澄清事实，保护党员干部的合法权益。

进一步发挥党委反腐败协调工作领导小组的作用，坚持执纪执法机关及有关行业和监督机构之间的案件移送通报制度，完善查办大案要案组织协调机制。健全纪检监察机关办案工作内部监督制约机制，严格依纪依法、安全文明办案，切实保障被调查人的合法权益、保护举报人和证人。强化办案队伍和办案装备建设，在配齐办案人员的同时，上半年实现办案笔录电子化和谈话全程录音录像。加强对基层纪委办案工作的领导，对于长期没有自办案件的基层纪委，属于工作原因的，要加强督促指导，帮助改进工作；属有案不查、瞒案不报的，要坚决予以纠正，直至追究责任。

（五）严格教育监督，规范权力行使

把反腐倡廉教育纳入全县宣传教育总体部署，完善反腐倡廉宣传教育工作格局，以各级领导干部为重点，以发生在我县的典型案例深入开展党性党风党纪教育，重点实施廉政教育“十个一”工程，推动廉政文化在内容、形式和教育手段上的创新。

认真执行《中国共产党党员领导干部廉洁从政若干准则》等规定：（1）严禁违反规定为配偶、子女及其他特定关系人在就业、投资入股、经商办企业等方面提供便利谋取不正当利益；（2）严禁违反规定私自从事营利性活动；（3）严禁违反规定收送现金、有价证券、支付凭证；（4）严禁大操大办婚丧喜庆事宜或借机敛财；（5）严禁用公款或接受与其行使职权有关系的单位和个人邀请进行高消费娱乐活动，严肃查处领导干部利用职务便利为本人或特定关系人谋取不正当利益等问题。

加强对权力行使的监督：（1）严格执行领导干部述职述廉、勤廉公示、诫勉谈话、函询、质询、罢免或撤换等制度；（2）认真落实党员领导干部报告个人有关事项制度，把住房、投资、配偶子女从业等情况列入报告内容，对隐瞒不报、弄虚作假等行为要严肃处理；（3）坚持“三重一大”领导班子集体决策制度，加强和改进党风巡查工作，强化对党政主要领导干部的监督；（4）继续加强领导干部经济责任审计，加强对财政资金和重大投资项目的审计（评审）；（5）加快推进基层党组织党务公开，进一步深化政务、厂务、村务和公用事业单位办事公开。坚持党内监督与党外监督、专门机关监督与群众和新闻舆论监督相结合，形成监督合力，提高监督效果。

（六）推进制度创新，深化源头治理

深入落实市委《关于加强和改进新形势下党的建设的实施意见》和我县惩防体系建设2008～2012年工作规划具体办法，结合实际制定党风廉政民意调查、反腐倡廉建设绩效评估和领导干部任前廉政法规考试等制度。加强对制度执行情况的监督检查，严肃处理违反制度的行为，维护制度权威性。

配合有关部门深化行政审批制度改革，进一步规范行政审批行为；深化干部人事制度改革，进一步规范干部初始提名权，建立健全干部选拔任用监督机制，完善违规用人问题责任追究制度；积极推进司法公开和公正廉洁执法，健全执法过错、违纪违法责任追究制度；深化财政管理体制改革，加强政府非税收入管理，落实部门行政首长财经责任制；深化投融资体制改革，建立“投融建”、“借用还”一体化的有效运行机制。进一步规范政府采购行为，继续做好规范公务员津贴补贴工作。

（七）落实“一岗双责”，推进反腐倡廉

各级党委、政府特别是主要负责同志，要认真执行党风廉政建设责任制，高度重视并自觉承担起推进反腐倡廉建设的政治责任和领导责任，做到工作职责和掌握的权力管到哪里，党风廉政建设的职责就延伸到哪里。要加强组织领导，健全工作机构，完善配套制度，推动工作落实；定期召开专题工作会议，及时掌握和全面分析管辖范围内的党风廉政建设情况，切实解决存在的突出问题；坚持将执行责任制情况定期向上级党委、纪委报告。各级各部门要紧密结合业务工作，认真抓好本部门、本系统、本行业的党风廉政建设工作，落实所承担的牵头任务和配合任务，共同推进反腐倡廉建设。

全县纪检监察机关要进一步增强反腐倡廉工作责任感和紧迫感，充分发挥好党委、政府的参谋助手作用，强化组织协调，紧紧围绕责任分解、责任考核、责任追究三个关键环节，细化工作责任和目标要求，把责任制考核与惩防体系建设检查、领导班子和干部年度考核结合起来，强化考核结果运用，严肃责任追究，进一步推动反腐倡廉各项制度的落实，确保今年反腐倡廉各项目标任务的完成。

扎实推进基层党风廉政建设。深入贯彻《昆明市深化农村基层党风廉政建设实施意见》和我县实施方案，加强农村党风廉政建设：（1）继续在全县开展“村（居）务面对面”活动，坚持纪检监察干部定点联系村级组织党风廉政建设工作制度；（2）强化农村党员干部的监督管理，严格执行党风廉政建设“五书”制度和村组干部问责办法，切实解决虚报浮夸、与民争利、作风不实、办事不公等突出问题；（3）加强对农村集体资金、资产、资源的管理，进一步规范村级会计委托代理服务和“三资”监管服务；（4）督促做好村级组织换届选举后手续移交工作，加强对换届后“两委”成员和小组干部的勤政廉政教育、政策法规培训，提高履职能力。

（八）强化队伍建设，适应发展要求

近年来，纪检监察机关工作领域不断拓展，工作任务不断加重，既承担着反腐倡廉的重要职责，又承担着大量的督查督办和问责任务，干部自身素质高低，工作做得好坏，直接关系到人民群众的根本利益，关系到党和政府的形象。

今年重点做好三项工作：（1）按照中央、省、市纪委的要求，从思想、组织、作风、能力等方面加强纪检监察队伍建设，努力适应发展要求。一是建立干部资格准入制度，把好干部入口关，逐步配齐空缺岗位人员，加大转岗、交流力度，使干部在多岗位得到锻炼和提高；二是加强对干部的教育培训，积极选派干部参加中央、省、市纪委举办的各类培训；三是建立情况通报制度，加强与县纪委委员的经常性联系，督促县纪委委员认真履行职责、积极开展工作；四是积极争取县委、县人民政府支持，逐步落实按县纪委监察局机关乡科级领导职数50%的比例配备正、副科级纪律检查员、监察员，加强队伍建设；五是认真落实县级纪检监察机关经费和装备设施保障制度，改善办公办案条件和装备，按要求配齐乡镇纪委装备。（2）继续深入开展“做党的忠诚卫士、当群众的贴心人”主题实践活动，努力建设一支党性坚强、业务精湛、作风过硬的纪检监察队伍。（3）进一步加强对派出纪工委监察分局的领导和管理。建立健全纪工委监察分局管理制度，积极争取县委、县人民政府支持，逐步配齐配强纪工委监察分局干部。

同志们，反腐倡廉建设使命光荣、责任重大。让我们高举中国特色社会主义伟大旗帜，深入贯彻落实科学发展观，更加紧密地团结在以胡锦涛同志为总书记的党中央周围，在县委的坚强领导下，坚定信心、振奋精神、埋头苦干，奋力开创我县党风廉政建设和反腐败工作新局面，以铁的纪律推动全县经济社会又好又快发展！

大 事 记

2009年大事记

1月

1日，本日起，石林县提高城镇居民、新型农村合作医疗保险补助标准。

3日，石林县被国家文化部公示为“中国民间文化艺术之乡——歌舞之乡”。

3~5日，联合国教科文组织世界地质公园专家盖伊·马提尼对石林世界地质公园进行中期考察评估。

5日，参加昆明市委九届五次全会的400多名代表，在云南省委常委、昆明市委书记仇和的带领下，到石林县观摩。

6日，位于板桥镇青山村委会白石岭的石林古脊椎动物化石保护碑正式揭牌，这是石林县对珍贵的古脊椎动物化石依法进行保护的重要举措。

7日，云南省人民政府卫生工作目标考核组对石林县2008年度卫生工作目标执行情况进行检查考核。

同日，石林县22家单位在县城双龙广场开展文化、科技、卫生、法律“四下乡”活动。

8日，政协石林县第八届委员会第二次会议开幕。

同日，石林县农村信用联社乔迁新址。

9日，石林县第十五届人民代表大会第二次会议开幕。

10日，石林县政协组织全体委员参加了由云南省政协文史委主任傅仕敏主讲的委员素质提升培训。

14日，石林县8个乡镇进城务工人员工会联合委员会分会相继成立，标志着石林进城务工人员有了自己的“娘家”。

16日，云南省政府金融办通过公开招标优选出来的10家农村金融小额贷款试点企业之一、石林县首家小额贷款公司——昆明石林万家欢瑞邦达小额贷款有限公司挂牌成立并开门营业。

同日，占地257亩、可容纳1300多个车位、计划总投资9000万元的石林遗产地停车场搬迁安置项目开工。

17日，预计总投资2亿元，集商贸、会议、餐饮、娱乐、旅游、休闲度假等设施于一体的云林五星级度假酒店在石林旅游度假区北区开工建设。

20日，石林县召开2009年四级干部大会。

22日，昆明市委常委、组织部部长郭红波和市人大常委会副主任田翎一行，到石林县走访慰问老党员、老村干部、重灾户、优抚对象、低保对象、五保户等特殊人群。

同日，石林县第三批58户双困家庭入住廉租房。

26日（大年初一），石林县委、县政府邀请石林籍返乡过春节的领导、企业家和知名人士举行座谈会，昆明市委常委、组织部部长郭红波，昆明市人大常委会副主任田翎参加了座谈会。当天，在县城双龙广场举行了石林县首届酒歌大赛。

27日（大年初二），石林县在双龙广场举行优秀民族民间歌舞展演。

2月

1日，春节收假第一天，石林县召开千人干部大会。

6日，石林县召开中国彝族第一村建设暨五棵树村搬迁工作动员会，安排部署搬迁工作。

8日，为期6天的昆明市第二届全国城市青少年足球邀请赛在石林县民族体育场拉开帷幕，来自省内外的22支代表队、250余名小运动员参加了比赛。

10日，中共石林县纪委十届四次全体（扩大）会议召开。

同日，石林县被全国村务公开协调小组命名为“全国村务公开民主管理示范县”。

11日，石林县邀请云南省水利水电勘测设计院国家级设计大师、教授级高级工程师李作洪为组长的省、市水利专家组一行5人，对石林县拟建的鱼龙水库、石林地下水库两个项目建议书进行论证。

同日，富滇银行总行监事长叶一彬、总行副行长王岚，就富滇银行参与石林重点项目建设的可行性和合作领域、合作方式等问题，专程到石林县进行调研。

13日，石林县农村民居地震安全工程通过昆明市建设局、市防震减灾局、市财政局、市审计局等单位的检查验收。

14日，圭山镇革腻村举行阿诗玛塑像落成典礼。

15日，昆明市副市长李喜到石林县检查护林防火工作。

同日，石林县公安局启动为期一个月的“暖春行动”，进一步深化“公安民警大走访”爱民实践活动。

16日，石林财富中心、石林职教中心、石林斗牛城和石林旅游度假区交通工程等四项目开工，云南省委常委、昆明市委书记仇和，昆明市人大常委会主任李培山等领导出席了开工奠基仪式。

同日，孟加拉国PKSF（农村就业支持基金会）机构考察团一行13人到石林考察农村小额信贷运作及农业发展情况。

17日，云南省烟草公司副总经理童荣昆一行到石林检查指导烤烟春备耕、基础设施建设和现代烟草农业等工作。

18日，宜良县考察团到石林县考察巴江综合治理等环境改造工作。

20日，杭州天夏科技集团董事长、哈佛大学设计学博士夏建统一行6人到石林考察调研城市建设、信息化等情况。

22日，石林管理局邀请昆明风光国际旅游有限公司、昆明樱花假期旅行社、云南广大海天旅行社有限公司、昆明风情国际旅行社有限公司、云南九洲旅行社等20余家重点合作旅行社参加旅行社营销座谈会。

22～24日，在贵州省贵阳市花溪民族斗牛大赛上，代表云南省出征此次大赛的6条石林斗牛不负众望，一举夺得A组第一、B组第二、第三和C组第一四个奖项。2008年中国石林国际火把节牛王争霸赛上战绩卓著的斗牛“擎天柱”，在这次大赛中勇夺A组“牛王”称号。

23日，苏宁环球集团董事长、总裁张桂平和世界杰出华商协会金融投资中心主任程安静一行到石林县考察。

26日，昆明市政协副主席傅汝林带领部分政协委员、专家顾问到石林县调研农村土地承包经营权流转工作。

27日，1400名来自石林、大理、文山、禄劝、嵩明等地的“绣娘”在石林县长湖镇阿着底村，以精湛的技艺庆祝县民族刺绣产品开发协会成立4周年。

28日，深圳德缘投资管理公司和深圳鹏元资信评估公司负责人到圭山镇尾乍黑小学参观考察，深圳德缘投资管理公司董事长李肇文当天签下捐资30万元建设德缘圭山希望小学的协议。8月28日，德缘圭山希望小学教学楼在尾乍黑小学开工建设。

3月

1日，石林县“12380”干部选拔任用监督举报电话开通。

4～5日，云南省发改委副调研员赵荣强一行对石林县就开展扩权强县试点县的基本情况进行调研。

6日，石林县委、县人民政府召开全县实职副科以上干部大会，向全县干部职工发出开展“行政效能提升年”和“干部作风改进年”活动动员令。

8日，石林县东城商贸中心举行开工典礼。

9～11日，中央电视台到圭山镇糯黑小学拍摄具有彝族民间特色的游戏，小朋友为摄制组展演了踩高跷、石子棋、扔草飞盘、打陀螺等多种撒尼儿童常见的游戏。

10日，玉溪市峨山县县委书记叶本功、县长方正春率五班子和全县10余个部门负责人，到石林县考察城市规划设计、建设与管理工作。

同日，石林县惠及广大农民群众的广播电视“村村通”直播卫星覆盖工程在长湖镇小团山开工。

11日，云南省民族传统文化保护区建设工作经验交流会在石林召开，150余名来自全省各州市的民族文化保护专家及工作者齐聚一堂，交流工作经验，探讨民族传统文化的传承与发展。13日，云南省民族传统文化保护区建设工作经验交流会在石林圆满落幕，省人大教科文卫委副主任邱瑜、省政协教科文体委副主任贺光曙、省文化厅副厅长熊正益到会指导；13日还举行了首届“石林论坛”。

13～14日，中国儿童艺术剧院在石林县进行了6场文艺慰问演出，近7000名中小学生观看了演出。

14日，昆明市副市长李喜率农林水、烟草、土地、财政等部门领导深入石林县，调研现代烟草农业、中低产田改造、农村人饮、抗旱等农业农村工作。

16日，云南昆明石林台湾农民创业园管委会与云南兴农创业投资有限公司签订石林云台青年创业园项目框架协议，这是石林台创园成立以来引进的首个招商引资项目。

同日，石林县行政审批电子监察系统竣工验收，并正式投入使用。

18日，石林县组团赴呈贡新区考察。

20日，鹿阜镇三板桥村委会卫生所等32家第一批2009年度全县新型农村合作医疗村级定点医疗机构开始实行门诊现场减免。

23日，江苏综艺集团董事长昝圣达和南京新百有限公司副总经理朱爱华、工商银行南通分行行长王军一行到石林县作投资考察。

24日，中央文明办、国家住房和城乡建设部、国家旅游局联合表彰第二批全国文明风景旅游区和全国创建文明风景旅游区工作先进单位，石林风景名胜区荣获“全国文明风景旅游区”称号。

同日，石林县召开第二批深入学习实践科学发展观活动动员会。

27日，圭山镇举行集镇建设竣工庆典。

31日，石林风景区万年灵芝、李子园箐、步哨山3个新景点正式向中外游客开放。景区游览面积由过去的4.1平方千米增加到现在的12平方千米，游览时间从过去的1.5～3小时延长至3.5～5小时。

同日，省委组织部副部长崔茂虎、昆明市委组织部副部长曾令衡一行到石林调研深入学习实践科学发展观活动及基层组织建设情况。

4月

1日，云南省经济联合会副会长、昆明市机电科技协会理事长许仲麟带领省经济联合会、市机电科技协会领导及部分会员企业老总，到石林考察工业发展情况。

同日，昆明日报社记者到圭山镇采访农村粮食直补情况。

2日，昆明市委副书记、市长张祖林，副市长李喜一行到石林县检查农业农村工作。

同日，由禄劝县人民政府县长毕昆闽、副县长朱淑芬带领的禄劝县政府考察团一行10人，专程到石林县考察城市规划、建设和管理工作。

4日，石林县启动殡葬制度改革，按照积极稳妥、分步实施的原则，改革土葬，推行火葬。

7日，昆明市第一个烟农合作社——石林县鹿阜镇上赵公庄烤烟种植专业合作社成立。

8日，台湾蔬果花卉产业科技发展协会秘书长谢武雄一行6人在省市台办、市农业局、市农科院等相关部门领导陪同下，对石林台湾农民创业园规划及招商引资项目进行考察。

同日，圭山镇人民政府职工王德清因病医治无效去世，遗体进行了火化，成为4月4日石林县殡葬改革以来遗体火化第一人。

9日，云南省红十字会向板桥派出所捐赠一辆价值17万元的帕拉丁越野警车。

9~10日，昆明市财政社会保障工作会在石林召开。

10日，昆明市2009年烤烟整地理墒现场会在石林县召开。

10~14日，在楚雄召开的云南省第24届青少年科技创新大赛上，石林县圭山镇中心学校选送的作品《彝族撒尼人民间儿童游戏调查》荣获一等奖和科学技术协会主席奖。

11日，云南省“巧施肥促增产”春季培训行动在石林县长湖镇宜政村委会启动。

13日，昆明市消防安全检查组到石林县检查工作。

15日，昆明市伊斯兰教协会向小圭山村委会捐赠1万元扶贫资金。

17日，由昆明市政府目督办主任郑剑秋任组长的市委、市政府招商引资工作第二督查组到石林检查招商引资落实情况。

20日，全国县级农广校评估验收组到石林县检查验收农广校办学水平。

同日，以云南省粮食局局长苏全忠为组长，部分省人大代表、省政协委员及粮食部门相关专业人员为成员的省级巡查组到石林巡查粮食清仓查库工作。

22日，云南省教育厅副厅长邹平到石林县调研农村中小学标准化建设。

23日，云南省文化厅厅长黄俊带领省文化厅、省农行、省图书馆、云大文化产业研究所有关领导及云大、云师大部分研究生一行12人，到石林县调研文化惠民示范村工作。

24日，云南省烟草公司副总经理童荣昆一行到石林县天生关现代烟草农业烟水工程配套项目建设现场等地检查指导工作。

25日，国家住房和城乡建设部专家组一行5人，对石林国家级风景区太阳能光伏发电项目选址进行论证。

同日，石林县第二批廉租房开工建设。

同日，中国致公党昆明市委、北京市仁爱教育研究所分别向石林县板桥镇、西街口镇捐赠图书阅览桌各两套。

26日，由宿迁市常务副市长徐惠民带领的宿迁市部分区（县）领导、宿迁市苏州商会部分企业家一行19人到石林县参观考察。

同日，昆明理工大学与石林县联合设立教学实习基地。

27日，台盟中央联络部副部长王学军及云南省台盟领导一行6人，对云南昆明石林台湾农民创业园进行考察。

同日，石林县教育投资开发有限公司挂牌成立。

同日，石林县举行屋顶光伏工程项目培训会。

28日，人民网、新华网、央视新闻网、红网、荆楚网、四川新闻网、北方网、大河网、谷歌、百度、腾讯、新浪、凤凰网、搜狐、天涯社区、网易等16家全国主流网络媒体的30余名记者到石林县采风。

29日，云南省委副秘书长、省委政研室主任李森到石林县调研农村文化活动情况。

本月，石林县被省委组织部确定为全省30个创建“深入整治用人上不正之风示范县”之一。

本月，石林县被列入云南省开展深化干部人事制度改革综合试点工作的2个州市、5个县市区之一，深入开展“改进干部选拔任用工作监督检查办法”试点工作。

5月

3日，由共青团石林县委、老首家具连锁石林店联合主办的“老首家具杯”2009年石林青年民族舞蹈大赛圆满落幕，长湖民族民间艺术团捧走“老首家具杯”一等奖。

5日，石林县委书记罗朝峰、县长李忠德到县人民医院调研全县卫生工作，作出搬迁新建县人民医院的重大决策。

7日，昆明市人大常委会副主任董利华带领部分市人大代表，对石林县城乡建设及环境保护工作进行视察。

8日，武警云南总队到石林森警中队考核基层建设工作。

8~9日，云南省革命老区建设发展促进会副会长兼秘书长黄仁跃、省老科技工作者协会常务副会长赵世坤一行到石林县调研革命老区建设情况。

11日，石林县召开国民经济和社会发展“十二五”规划编制工作会议，安排部署“十二五”规划编制工作。

同日，昆明市人大常委会副主任夏静一行对石林县贯彻落实《中华人民共和国台湾同胞投资保护法》情况进行执法检查。

13日，云南省委组织部组织二处副处长、调研员、省委学习实践办联络组副组长何明华率省委学习实践办第四调研组一行，到石林县调研开展学习实践科学发展观活动情况。

同日，云南省农村劳动力资源开发促进会秘书长晏国珧一行到石林县调研2009年返乡农民工创业及农村劳动力转移培训就业工作。

14日，昆明市副市长、昆明呈贡新城管委会主任、呈贡县委书记赵德光带领呈贡新区（县）党政考察团一行50多人，专程到石林考察园林绿化及城市生态建设。

同日，云南省人大常委会研究室副主任马之德及研究室宣传处一行3人，对石林县乡镇人大工作及进一步做好人大宣传工作进行调研。

15日，楚雄州大姚县党政考察团一行30多人到石林县考察招商引资和城镇开发建设等工作。

16日，昆明市委常委、统战部部长金志伟，昆明市副市长李喜率昆明市台湾农民创业园领导小组成员单位到石林现场办公，助推云南昆明石林台湾农民创业园的基础设施建设。

18日，由美国加州圣峪中华文化协会健华社捐资建设的中国第119个健华图书馆在石林县西街口镇开馆，美籍华人金志成先生及夫人陈丽香女士向西街口健华图书馆捐赠6000美元购买图书。

19日，由昆明市第十一纪工委副书记、监察分局局长谢世金率领的昆明市纪委督查组一行，对石林县2008年以来两级城市、三级园区建设等重点项目工程进行督查。

20日，昆明市委常委、市纪委书记应永生到石林县督查狮子山公墓、雪兰奶牛养殖场、锦苑花卉产业园等在建项目推进情况。

同日，根据云南省委常委、昆明市委书记仇和对《石林县2009年1~4月经济运行情况报告》的批示精神，昆明市委宣传部组织省、市新闻媒体对石林经济社会发展情况进行重点报道和典型宣传、规模宣传。

同日，昆明市林业局组织科技人员到石林宣传林业生产、生态保护、利用林地增收致富等科技知识。

同日，石林县交通局地方公路管理段揭牌成立，乡镇公路管理站也同时授牌成立。

20~21日，昆明市督查组一行对石林县政府性投资项目建设工程"八个百分之百"落实情况进行督查。

22日，昆明市西山区旅游局相关领导到石林县考察乡村旅游。

23日，云南省文明办专家组一行6人，从文明小城镇创建的硬件、软件条件等方面对石林镇的创建工作进行检查考评。

24日，国家文化部全国文化信息资源建设管理中心主任崔建飞视察石林县民族图书馆资源共享工程建设工作。

28日，昆明日报社党委副书记钱丽雯率昆明日报社摄影部记者到石林县长湖镇豆黑小学，提前为小朋友们送上节日问候。

30日，石林县首届"万城杯·美丽家园"少儿墙体绘画大赛在石林万城阿诗玛旅游小镇水景广场举行。240名小学生利用手中的画笔，在水景广场260米长的墙壁上尽情抒发对家乡的美好祝愿，以此庆祝"六一"儿童节的到来。

本月，石林县史志办与云南大学西南古籍研究所共同整理编纂的《云南石林旧志集成》由云南民族出版社出版发行。《云南石林旧志集成》收录了康熙《路南旧志》、乾隆《路南旧志》、民国《路南旧志》等6部旧志。

本月底，石林县完成"96128"政务信息网络查询系统平台建设。

6月

1日，本日起，石林县实行环境空气质量状况日报制度，将每天的环境空气质量状况通过手机短信向全县科级以上领导发送，发送内容包括污染指数、质量级别、质量状况等。

同日，由武警云南省森林总队捐赠设立的"春蕾图书室"在石林小学挂牌。

3日，昆明市政府副秘书长李云周一行到石林县督查农村中小学标准化建设工作。

4日，由云南省延安精神研究会会长、云南省人大常委会原副主任吴光范，云南省延安精神研究会第一常务副会长马汉儒等带领的云南省延安精神研究会参观团一行80余人，到石林参观考察。

5~7日，2009年昆明市中小学生国际式摔跤比赛在石林县民族体育场举行。

8日，云南省人民政府决定在石林等8个县（区）开展扩权强县试点工作。

同日，由新加坡国际企业发展局、新加坡农粮局、新加坡物流署组成的联合考察团一行12人，到石林考察农业产业、农产品出口及石林农业企业情况。

同日，云南省政协调研组到石林县深入了解石材产业发展情况。

9日，云南省委第一指导检查组组长杨祖龙一行对石林县开展深入学习实践科学发展观活动情况进行调研。

10~12日，云南省住房和城乡建设厅组织有关领导和专家组成考评组，对石林县创建国家园林县城工作进行全方位考评。通过检查考核，考评组一致同意石林县申报国家园林县城。

11日，中国南方电网公司副总经理肖鹏一行到石林县调研太阳能光伏示范电站项目。

同日，石林县狮山生态陵园开工建设。

13日，在全国第四个文化遗产保护日之际，昆明市政协副主席、市文联主席汪叶菊参加了石林的活动。

同日，2009年昆明市职工全民健身月自然水域游泳比赛在长湖举行。

16日，昆明市第一届园林绿化博览会石林园博园开园。云南省委常委、昆明市委书记仇和，昆明市人大常委会主任李培山，昆明市政协主席田云翔等领导参加开园仪式。

同日，云南昆明石林台湾农民创业园、乃古石林景前区服务设施、巴江截污廊道、鹿阜旧城大兴片区改造、石林现代生态牧场等5个项目隆重开工。云南省委常委、昆明市委书记仇和，昆明市人大常委会主任李培山，昆明市政协主席田云翔等领导参加典礼。

同日，云南石林与四川兴文两个世界地质公园签订《缔结姊妹公园协议书》。

17日，由云南省水利厅副厅长、云南省水政监察总队总队长陈坚带领的省水政执法调研组，到石林调研水政执法工作。

18日，天津市委副书记、市长黄兴国率天津市党政考察团一行80余人，到石林县考察旅游发展、民族民间文化传承和生态建设。云南省副省长和段琪陪同考察。

19日，石林县领导干部培训日专题知识讲座（第五讲）开讲，复旦大学新闻学院院长助理、传播学博士张志安就如何理性认识媒体、善待危机传播、善于运用媒体等内容，为领导干部上了一堂媒体交往课。

24日，昆明市原五班子老领导到石林参观考察农业标准化示范区建设、招商引资亮点工程、工业园区建设等情况，为石林县经济社会发展献计献策。

25日，2009年昆明市农民体育健身工程点（村委会）农民篮球赛在石林县民族体育场开赛。

同日，石林县农牧局向国家农业部申请登记的"石林甜

柿”地理标志获审核批准。

同日，石林县举行“红色革命歌曲”歌咏比赛。

27日，云南师范大学与石林幼教集团签署协议，正式将石林幼教集团列为云南师范大学教育科学与管理学院学前教育实习基地。

30日，石林县纪念中国共产党建党88周年大会在石林县民族中学举行。

7月

1日，国家民委党组书记、副主任、国际人类学与民族学联合会第十六届世界大会筹委会主席杨传堂一行到石林县检查验收考察点筹备情况。云南省副省长刘平、昆明市副市长杜敏等领导陪同检查。

同日，昆明市副市长杜敏参加石林县公安局组织的“警察林”义务植树活动。

同日，昆明市副市长李喜带领云南昆明石林台湾农民创业园昆明市领导小组成员单位领导，到石林台湾农民创业园建设工地现场办公，解决台创园基础设施建设中遇到的困难和问题。

7日，参加昆明——迪庆、怒江合作培训第一期公务员培训班的90多名学员，专程到石林县考察学习经济社会发展情况。

8日，石林县召开2009年选聘高校毕业生到村（社区）任职动员会暨分配大会，77名经笔试、考察、体检、公示合格的高校毕业生被分配到各村（居）委会任职。

同日，为期3天的石林县第十一届“园丁杯”篮球运动会在县一中运动场拉开帷幕，来自全县32支中小学男、女教师代表队参加比赛。

同日，石林、弥勒两县政协第七次联谊会议在弥勒县举行。

同日，石林县文化信息资源共享工程网站开通。该网站投资100多万元，拥有8个乡镇服务站点，配备电脑75台，可免费查阅和下载所需的图书和影视资料。

9日，云南省人大代表昆明市第三代表小组就云南昆明石林台湾农民创业园建设和石林社会经济发展情况进行视察调研。

13日，由国家煤矿安全监察局副局长彭建勋带队的国务院安全生产委员会办公室隐患排查治理组到石林督查调研安全生产工作。

14日，云南省卫生厅及云南医院协会领导到石林县全国百姓放心示范医院——石林县人民医院考核第二期动态管理工作。

17日，昆明市人大常委会对石林县2009年度工作目标中部分重点工作落实情况进行视察。视察涉及农村中学校标准化建设、农村文化站室建设、自然村广播电视“村村通”工程、乡镇卫生院国债项目建设、计生服务所建设等内容。

同日，石林园博园开园。

同日，石林县对88名大学生村官（含2008年选派的14名）进行岗前培训。

同日，昆明市教育公益事业促进会与石林县教育局签订“帮困助学”协议，为板桥镇冒水洞小学食堂维修和矣马伴小学寄宿制校点购床、餐桌拨付帮困助学款4.5万元。

20日，石林县农牧局、石林县民族高级职业中学联合举办的乡村兽医培训班开班。

21日，石林县召开地下水库可行性研究阶段中间成果汇报会，邀请云南省5位知名水利专家对石林地下水库建设项目的可行性进行咨询审查。

22日，石林县举行2009年失业人员小额担保贷款发放仪式，为80名创业者发放贷款400万元。

24日，石林县召开2009年商标战略推进暨著名知名商标表彰大会，对获得云南省著名商标的海邑供销社石林彝嘉醇酿酒厂“阿黑”品牌和石林县酱菜厂“石林”品牌分别给予10万元奖励，对被认定为昆明市知名商标的石林旅游集团有限公司、石林绿汀甜柿产品开发有限公司、海邑供销社石林彝嘉醇酿酒厂、石林县酱菜厂4家企业分别给予2万元奖励。

同日，石林工业产业招商引资分局邀请昆明的30多家企业到石林作投资考察，以座谈方式向企业家介绍石林发展工业产业的优势和优惠政策，诚邀企业到石林县投资发展。

25日，云南省唯一选送的节目《彝山童趣》（石林县民族小学编排），在中国文联、团中央、全国妇联联合主办，中国舞蹈家协会承办的“向祖国汇报”全国新农村少儿舞蹈展演中获金奖。

同日，石林县在双龙广场举行宣判大会，县法院对13名被告人进行了公开宣判。

同日，石林县首届“胜利煤业杯”足球邀请赛开赛。

28～31日，国际人类学与民族学联合会第十六届世界大会与会的领导、专家学者、新闻媒体记者等424人（其中国外专家学者144人）到大糯黑村进行学术考察活动。

29日，圭山镇中心学校学生滕云龙赴杭州参加由中央民族大学、中国国际华人文化学会、中国民族声乐协会、世界文化交流中心等部门组织的“建国60周年青少年艺术盛典”音乐舞蹈大赛，独舞《小伙·四弦·马樱花》获金奖。

同日，石林县举行鹿阜旧城改造武庙片区水石坊文化旅游项目建设签约仪式。

30日，阿诗玛东路延长线大屯段路面改造工程完工通车。该工程起于石林大酒店、止于大屯村昆河路西跨线桥，全长1180米，于2008年12月26日开工。

31日，昆明市2009年农村中小学标准化建设项目——巴江中学新建、鹿阜小学搬迁新建项目开工。

8月

1日，当晚县法院和县电视台联合首次推出本县法制宣传节目——《以案说法》栏目开播，第1期节目为《拼接的门票》。

3日，以云南省总工会副主席李晋云为组长的省政府督查组一行，对石林农民工工作进行专项督查。

4日，石林县五班子领导和各乡镇、县直各部委办局、人民团体、企事业单位、驻石部队主要领导130余人进行国防“军事日”拉练活动。

5日，国家烟草专卖局、中国烟叶公司组织相关领导及专家组成考评组，对石林县2009年实施国家级烟叶标准化生产示范区建设项目进行年度考评。

同日，晋宁县党政考察团到石林县考察锦苑花卉产业园、园博园、万城阿诗玛旅游小镇等项目建设情况。

6日，由美国北卡罗莱纳州农务厅厅长史蒂·查克斯勒和州参议院参议员鲍勃·阿特沃特率领的美国北卡罗莱纳州农业代表团一行24人，到石林考察烤烟等农业生产。

同日，昆明市政协组织部分政协委员和专家顾问，到石林视察病险水库除险加固工作。

同日，来自全县各中小学的268名教师参加石林县教育系统2009年公开选聘教职工笔试考试，角逐135个教师调动评优岗位。

7日，禄劝县党政考察团到石林县考察阿诗玛生态园、锦苑花卉产业园、园博园、万城阿诗玛旅游小镇、巴江河带状公园等城乡园林绿化和重点工程项目建设情况。

8日，在中国第一个“全民健身日”到来之际，石林县启动全民健身日活动，全县各部委办局、人民团体、企事业单位及省、市驻石单位全体干部职工参加启动仪式并参与了广场体育游园活动。

同日，石林县2009年烤烟收购工作在石林镇乃古、天生关、山头上、北大村4个点拉开帷幕。

11日，上海恒联新天地花园开工建设。

同日，石林县举办领导干部培训日专题讲座第九讲，云南省委宣讲团成员、省社科院研究员向翔作题为《认真学习社会主义核心价值体系，做践行“三个一”要求的模范》的专题讲座。

14日，石林县举行2009年中国石林国际火把狂欢节斗牛比赛。本次比赛按照民间传统的斗牛比赛方式，由牛主自愿报名参赛，比赛设本地黄牛甲组、本地黄牛乙组、杂交黄牛组和水牛甲组、水牛乙组、杂交水牛组共6个组别。

15日，由云南省文化厅和石林县人民政府联合主办、石林美邑石文化开发有限公司承办的2009年中国石林国际火把狂欢节石文化企业家研讨会在石林会议中心举行。

同日，长湖镇维则村摔跤场举行民族传统摔跤活动和大三弦舞比赛。

16日，经省、市专家组考评，石林国家5A级旅游景区品牌通过复核。

17日，石林县教育系统公开选聘教职工笔试过关的254名教师参加在县民族小学举行的面试。

18日，陆良、石林两县政协在陆良圣邦大酒店举行2009年联谊会。

19日，石林县启动第六次人口普查工作。

20日，由昆明市司法局局长刘婉秋任组长的昆明市民主法治村创建暨法治昆明建设检查组，到石林检查法治村（社区）创建和法治昆明建设工作。

同日，石林县委、县人民政府举行仪式，接受中央民族大学李德君教授捐赠的《彝族撒尼人民间文学作品采集实录(1963～1964)》（1～24集）。

21日，石林县召开县政府驻地镇行政区划调整工作会，标志着石林县路美邑镇撤销，县政府驻地鹿阜镇由原鹿阜镇与路美邑镇“合二为一”。

同日，石林县邀请省、市有关农业专家对《石林彝族自治县农业产业发展规划》进行评审。

同日，石林县聘请15名人员担任干部选拔任用工作监督员。

22日，石林县四班子领导和各乡镇、相关部委办局主要领导一行50余人赴官渡区、西山区考察项目建设情况。

25日，泸西县政府考察团到石林考察天然气管网建设管理工作。

26日，云南省委宣传部常务副部长、省文产办主任尹欣一行到石林县调研大型原生态歌舞剧《阿诗玛》项目进展情况。

同日，石林大道首条10千伏电缆入地工程通过验收。

同日，石林县首场“村（居）务面对面”活动在石林镇小箐村举行。至12月底，全县共举办“村（居）务面对面”343场（次），参加人数达15000余人，化解积怨60多起，解决问题120多个，收集意见建议636条。

27日，由中国移动云南公司石林分公司开展的利用现代通信技术，改变农村信息闭塞、缩小城乡信息鸿沟、助推新农村建设的农村“136移动信息富民工程”在石林启动。

28日，石林县“打击传销、规范直销”宣传月活动在县城双龙广场正式启动。

28～29日，受国家农业综合开发办公室委托，省财政厅、省审计厅、省林业厅、省农开办等相关部门组成检查组，对石林县首个国家级农业综合开发项目——石林镇团结水库灌区中低产田改造项目进行检查验收，并同意通过验收。

29日，石林县党政考察团一行60余人赴寻甸县、嵩明县、晋宁县和呈贡县考察项目建设情况。

30日，石林县政府驻地镇行政区划调整资产移交签字仪式在鹿阜镇举行，涉及撤并的原路美邑镇镇长和鹿阜镇镇长分别在协议上签字，标志着石林县政府驻地镇行政区划调整资产移交工作全面完成。

同日，小屯村口至仙花寺长2180米的道路硬化工程完工正式通车。

31日，石林县举行石林门票听证会，全国、省人大代表，市、县政协委员，市物价局领导，旅游专家学者，驻滇商会代表，昆明部分旅行社老总及石林景区工作人员共20名代表参加听证会，95%的代表支持石林门票价格上调。

9月

1日，国家工商总局消费者权益保护局局长孙文序到石林县视察消费者权益保护工作。

2日，昆明市委常委、市纪委书记应永生为全县400余名领导干部作勤政廉政专题讲座。

同日，石林县科学技术协会第三次代表大会开幕。

4日，石林县召开河（库）长工作会议。按照属地管理原则，石林县对6条主要河流实施河（段）长负责制，分段监控、分段管理、分段考核、分段问责；对20座主要水库（湖泊）实行库长负责制，县管水库（湖泊）由管理部门领导为责任人，其他水库（湖泊）由所属乡镇主要领导为责任人。

7日，云南省委常委、副省长李江到石林县调研太阳能并网光伏发电、台创园核心区、锦苑花卉产业园、万家欢生态农业有限公司、游客接待中心和“五中心两店”等项目建设情况。

9日，石林县召开“三普”教育培训工作动员会。

同日，云南延丰农资连锁有限公司挂牌成立。

10日，由昆明市人大常委会副主任张显忠任组长的昆明市人大检查组一行14人，到石林检查制度创新文件贯彻落实情况。

同日，石林县四班子领导走访慰问建国以来为石林发展作出杰出贡献的老党员、老干部、伤残军人、烈属、劳模、教育工作者、科技工作者、农民工等24名功臣代表。

同日，石林县质量技术监督局在垃圾处理场集中销毁了一批货值近10万元的假冒伪劣产品。

12日，由中宣部、文化部、总政治部等十部委共同发起的“爱国歌曲大家唱”活动“云南迎国庆唱经典颂和平红歌合唱大赛决赛”在石林县举行。

13日，中非共和国总统弗朗索瓦·博齐泽·杨古达翁率中非共和国代表团一行18人，到石林县考察农业和旅游工作。云南省副省长顾朝曦、云南省外事办副主任甘雪春等领导陪同考察。

同日，石林县惠及112个偏远山村、3190户农户的广播电视直播卫星覆盖工程通过省级验收。

同日，长湖镇维则青联希望小学代表队在由共青团云南省委主办，云南省青少年发展基金会承办，深圳鄂尔多斯服装有限公司赞助，以“快乐歌唱，祝福祖国；快乐成长，感恩社会”为主题的“鄂尔多斯杯”云南希望工程快乐音乐歌会比赛中获一等奖。

14日，前来参加中华人民共和国成立60周年“全国网络媒体云南行”采访活动的100余名记者到石林县采风。

同日，云南省纪委党风室主任柯顺昌一行到石林县调研农村基层党风廉政建设情况。

同日，石林县召开第二批学习实践科学发展观活动总结暨第三批学习实践活动动员大会。

15日，由江苏省常熟市市委书记王翔，市委副书记、市长惠建林带队的常熟市党政代表团一行14人，到石林县考察旅游管理和旅游发展工作。

同日，云南日报报业集团《社会主义论坛》与石林县携手共建为期1年的云南理论评论调研基地，此举将促进石林政治、经济、文化、旅游等方面的理论评论宣传，展示石林县经济发展、社会进步、和谐稳定、欣欣向荣的良好形象。

同日，泰国曼谷青年代表团一行30余人访问鹿阜中学。

16日，石林县启动“全国科普日”活动。

同日，石林县工商联合会川渝商会、福建商会、浙江商会、粤桂商会第一次代表大会隆重召开。4个商会的300余名代表讨论通过了内部管理办法，选举产生了各商会会长、副会长。

17日，云南省委组织部干部监督处处长纳云德一行到石林县专题调研创建“深入整治用人上不正之风示范县”工作。

同日，石林县质量技术监督局举行新建办公楼落成典礼。

18日，在云南省首届和谐乡镇高峰论坛暨云南和谐乡镇颁奖典礼上，石林县长湖镇获“云南省首届和谐乡镇”荣誉称号，为本届18个获奖乡镇之一。

21日，石林县政协举行座谈会庆祝人民政协成立60周年。座谈会上，对纪念人民政协成立60周年书画摄影征文活动获奖的30名作者进行了表彰。

同日，由云南省青少年发展基金会、云南信息报社、希望工程新浪乐居爱心之旅工作组和共青团石林县委共同发起的“2009年希望工程牵手乡村教师中秋圆梦行动”在圭山镇中心学校举行。

22日，石林县召开工程建设领域突出问题专项治理工作会。

23日，石林县举行“迎中秋、庆华诞、建和谐、促发展”中秋茶话会。

27日，经过5次研究和修改的《石林彝族自治县“十二五”文化产业发展规划》通过省、市、县专家评审。

28日，石林县广播电视网络有限责任公司揭牌成立。

29日，上午九时，石林县在县民族体育场举行升国旗仪式，隆重纪念中华人民共和国成立60周年，1000余名干部群众参加仪式。晚上，在县民族中学礼堂举行了庆祝祖国60华诞暨人民政协成立60周年文艺晚会。

同日，石林县图书馆和各乡镇文化站通过昆明市图书馆、昆明市文化馆组织的市级定级评估。

10月

10日，昆明市委常委、统战部部长金志伟和昆明市副市长李喜带领市农业局、市水利局、市台办领导到石林县现场办公，助推云南昆明石林台湾农民创业园园区基础设施建设和中低产田改造。

11日，路美邑镇卫生院更名为鹿阜镇卫生院，鹿阜镇社区卫生服务中心从县中医医院剥离，归并鹿阜镇卫生院，县中医医院承担县级中医医院职能。

12～17日，石林县文明委组织相关人员对全县申报、创建2009～2011年文明单位（村)的98个市、县级文明单位（村）进行考评验收。

13日，石林县召开第三季度招商引资项目观摩会。

同日，由市级统筹的“昆明市2009年‘素质提升’工程暨‘两后双百’工程·石林创业带头人培训班”在石林县开班。

同日，以昆明市人大常委会副主任田翎为组长的市人大视察组一行9人，对石林县2009年第三季度政府工作目标任务落实情况进行专项视察。

14日，云南省政协副主席罗黎辉、王学智一行到石林县调研石锁高速公路建设情况。

15日，国家农业部副部长张桃林一行到云南昆明石林台湾农民创业园考察园区开发建设情况。云南省委常委、昆明市委书记仇和，昆明市副市长李喜等领导陪同考察。

同日，河北省委常委、统战部部长刘永瑞率河北省党外人士代表团一行22人，到石林风景名胜区考察旅游发展情况。

同日，昆明市2009年农村卫生工作会议在石林召开。

16日，石林县邀请省委党校教授李卫宁到石林开设讲座，为全县副科以上领导干部作党的十七届四中全会精神专题辅导。

18日，石林县纪委出台《石林县村（居）组干部问责办法（试行）》。

同日，石林县民族职业高级中学高级教师、昆明市首届中等职业学校畜牧兽医专业学科带头人张聪代表云南省中等职业学校畜牧兽医专业教师参加全国“高教社杯”全国农村类专业说课比赛，荣获一等奖。

20日，前来昆明参加全国省会（首府）及部分城市党委秘书长、办公厅（室）主任第40次座谈会的200余名代表参观游览了石林风景名胜区。

21日，由台湾台南市新闻记者工会理事长、胜利之声广播公司总经理李明威为团长，台湾时报记者傅建峰为副团长的台湾中南部记者采访团一行53人，到云南昆明石林台湾农民创业园进行采访。

同日，日本“向日葵”就学支教集团访问阿怒山小学。

22日，由中国农技服务中心、中国财经报组成的“科普惠农兴村专题”采访组莅临石林，对石林的茶叶产业和甜柿产业发展进行专题采访。

24日，石林县文学艺术界联合会第五次代表大会召开，会议选举产生了县文联第五届委员会主席、副主席、秘书长、委员等人选。

25日，云南微藻光生物反应器示范基地建设项目动工建设，这是云南昆明石林台湾农民创业园内动工建设的第一家企业。

29日，石林县召开第23届敬老节庆祝大会。

30日，石林县总投资3.6亿元的环城东路建设工程开工。该路起于阿诗玛东路延长线（老326国道）、止于石林大道大坡厂，途经4个村委会，全长5.63千米。

同日，江苏省宿迁市委统战部考察团一行9人在宿迁市政协副主席、市委统战部部长徐振喜带领下，到石林县参观考察。

同日，石林县举办领导干部培训日专题知识讲座，昆明市行政审批服务中心副主任李岗作了《深化行政审批方式改革，加强政务服务中心建设》的专题讲座。

同日，《石林县公文传输及用户终端安全设计方案》通过县政府审批。

11月

1日，石林县重点招商引资项目——石林巨鹏天然气项目一期工程建成试运行点火，实现首批用户供气。

本日起，石林县集中开展违规养犬专项清理整治行动。

3日，贵州省赤水市党政领导考察团一行在市委书记穆嵘坤率领下，到石林考察旅游工作。

4日，昆明市纪委第三督查组一行3人，对石林县集体林权制度主体改革整改工作及配套改革情况进行督查。

6日，云南省创建文明风景旅游区工作现场会在石林召开，来自全省16个州市文明办、建设局、旅游局及20个风景区的负责人参加会议。

同日，石林县召开整治违法加层和无序建房动员大会，全面启动整治工作。

7日，昆明市纪委第一督查组一行5人，对石林县2009年政府投资园林绿化建设工程项目执行“3331”付款方式情况开展专项督查。

10日，石林县对流通环节食品经营实行许可制度。

同日，碧叠公路大修改造工程完工通车。碧叠公路起于碧落甸、止于小屯，全长4.14千米，路面宽6米（过村路段路基宽3.5米），于10月11日开工建设。

11日，石林县“十二五”旅游发展规划通过专家评审。规划提出，在“十二五”期间，石林县将围绕“一心三带四片一环”的总体布局，投资66.25亿元打造16个旅游项目，实现年接待游客646万人次、旅游综合收入42亿元的目标。

同日，石林县小箐村老年学校挂牌成立，昆明市老年大学校长何光炽参加授牌典礼。

12日，由云南省审计厅投资审计处处长张慧带领的云南省审计组一行5人，到石林对中小学校舍安全工程进行为期13天的全面审计检查。

同日，石林县第20届中小学生田径运动会开幕。

同日，石林县村（社区）书记、主任学习贯彻党的十七届四中全会精神专题培训班开班。

13日，云南省高级人民法院院长许前飞到石林县调研派出法庭工作。

14日，昆明市名牌战略推进委员会公布2009年昆明名牌产品名单，石林县3个注册商标获昆明名牌产品称号，实现了石林县名牌产品零的突破。

同日，经县人民政府同意，西街口镇采取拍卖的方式对以西街口镇人民政府为采矿权人的紫处、威黑、雨布宜、寨黑四个大理石采矿权进行处置，并分别以1660万元、305万元、210万元、391万元成功拍卖。

17日，经云南省爱卫办组织专家实地考评，圭山镇被命名为云南省卫生镇，成为全县第一个省级卫生镇；圭山镇糯黑村同时被命名为云南省卫生村，成为全县第六个省级卫生村。

同日，中化中国种子集团有限公司云南（石林）种子加工中心签订投资合同，落户石林县生态工业集中区。

同日，石林镇高石哨村村民朱小四去世后，遗体及时火化，并按照公益性公墓的管理要求和墓位标准，被安葬在石林镇赵家坟山公墓，这是石林县农村公益性公墓建成后首位死亡人员入葬。

18日，昆明市政协常务副主席张建伟、林怡平一行到石林县督查市委政协工作会议精神贯彻落实情况。

同日，石林县残联对2009年考上大中专院校的31名残疾学生和残疾人家庭进行资助，资助标准为10名本科生人均3000元、11名专科生人均2000元、10名中专生人均1000元。

本日起，多年来只在昆明周边地区过冬的西伯利亚红嘴鸥成批来到石林巴江俪岛，数量达几十只。

19～20日，昆明市人大工作联系会第五十二次会议在石林隆重召开，来自全市14个县（市）区的200余名人大工作者参加会议。

20日，嘉宝莉爱心助学活动在石林县一中启动。从2009年起，县一中30名家庭贫困的高一年级学生将获得由广东嘉宝莉化工有限公司提供的每人每年1000元的助学金，直至高中毕业。

24日，石林县全面完成村级会计委托代理工作，提前完成市政府考核任务。

25日，石林县召开村庄规划编制工作会。

同日，石林县10个“万村千乡市场工程”通过县级验收。

26日，石林县大山沟至县城巴江俪岛截污廊道工程通过县相关部门的初步验收。该工程全长8400米，总投资评估预算2361.99万元（其中2000万元为国债资金）。

27日，国家文化部全国文化信息资源共享工程项目督导组及公共图书馆第四次评估定级专家组莅临石林县图书馆检查指导工作。

同日，鹿阜镇、石林镇签订行政区域界线管理协议，标志着调整后新成立的鹿阜镇行政区划正式生效。

28日，由云南省体育局、云南省模型运动协会主办，石林县文体局、石林县万家欢农业生态发展有限公司承办的“2009年云南省模型爱好者联谊会”在石林县万家欢农业生态园举行，共有来自昆明、红河、玉溪、楚雄、曲靖等州市的300余名运动员参会。

30日，石林县人民医院整体搬迁工程开工建设。

12月

1日，云南石林风景区与安徽黄山风景区在石林签约，正式缔结为“友好景区”。

同日，石林县经过检审的1250辆手扶拖拉机、低速载运货车和下田耕种的农机，贴上夜间反光条，确保夜间运行安全。

2日，由云南省人民政府副秘书长王俊强带队的全省城镇污水生活垃圾处理设施建设现场会参会人员，到石林县观摩污水处理及配套管网工程建设。

同日，由石林县科技局组织实施的2009年光亮工程在圭山镇海邑村和长湖镇维则村竣工点亮，结束了两个彝族集镇没有路灯的历史。

3日，昆明市人民政府在石林县召开昆明滇东现代烟草农业综合示范区建设工作协调会。

同日，石林县2000余名干部对西石公路石林段阿诗玛文化生态园至天生关段来回8千米的路段周边环境卫生开展集中整治活动。

同日，石林县工商局举行培育路南腐乳著名商标、促进产业发展听证会，广泛听取政府相关部门及腐乳生产企业的意见和建议。县直相关部门及13家腐乳生产企业（个体户）、消费者代表参加了听证会。

同日，据当日《科技日报》报道，石林县通过2007～2008年度全国县（市）科技进步考核。

4日，孟加拉国人盟代表团到石林县考察新农村建设工作。

同日，昆明市党外知识分子联谊会暨代表会在石林县召开。

5日，石林县组织开展第四季度招商引资项目观摩会。

同日，石林县“科技之光照基层·彝乡文艺焕新篇”文化活动在长湖风景区举行。

7日，由新天食品昆明有限公司（台资企业）投资建设的新天真辰生态农场项目在云南昆明石林台湾农民创业园开工建设。

同日，云南昆明石林台湾农民创业园园区主干道路面工程完工并通车。

11日，石林县企业联合会、企业家协会成立，并选举产生首届会长。

同日，石林县语委开展公共场所规范用字整治行动。

12日，石林县启动保护巴江母亲河行动，2000余名干部群众、中小学生齐聚巴江河畔，以集中清除巴江两岸垃圾的方式保护母亲河。

13日，昆明市计生协会会长戴文忠一行到圭山镇开展元旦、春节期间生育关怀行动。

14日，石林县举行有线数字电视整体转换启动仪式。

15日，云南省工商行政管理局法制处处长王一丁、昆明市工商行政管理局局长湛江一行到石林县调研。

16日，总投资5149.65万元、日均供水9000立方米、全部采用自动化控制运行的石林风景区供水工程竣工验收并交付使用。

17日，参加“嬗变中的昆明”网络专家博客笔会的全国网络媒体嘉宾一行45人到石林参观考察旅游发展和民族文化。

17～18日，云南省环境保护厅组织专家组对小箐村、糯黑村申报国家级生态村工作进行考评。

19日，昆明市林业局、水利局、农业局、扶贫办、新农办等部门领导到石林县开展森林防火、农村饮水及新农村建设调研。

20日，本日起，石林县财政局启用云南省财政厅统一印制的“云南省农村集体经济专用收款收据”，新财政票据涉及全县7个乡镇91个村（居）委会。

12月22日，石林民间美术博物馆成立。石林民间美术博物馆位于武庙后殿，是利用文物古建筑武庙后殿建设而成的小型专题博物馆。该博物馆展厅面积约110平方米，展柜25个，现有展品116件，其中民间工艺品87件，民间绘画29幅，展览内容由民族民间刺绣、民族服饰、木雕、石雕、民族民间乐器、狮子面具等民间工艺美术品和石林民间绘画两大部分组成。

22～24日，石林县组织代表队代表昆明市，参加经省政府批准，由省文化厅、省民委、省商务厅、省旅游局、中共怒江州委、怒江州人民政府主办的“首届云南少数民族酒歌大赛”，石林彝族酒歌《大碗酒》荣获大赛最高奖项——最佳歌曲奖。

23日，在云南省第八届年鉴系列评奖颁奖会上，《石林年鉴（2007）》、《石林年鉴（2008）》分获综合二等奖、综合一等奖。

24～26日，石林县教师进修学校创建“云南省示范性教师进修学校”通过省教育厅专家评估组验收。

29日，石林县创建“昆明市文明县城”工作通过市考评验收组的考评验收。

概　况

县域概况

【行政区划与人口】 石林彝族自治县位于昆明市东南部，属昆明市所辖的远郊县。自治县东部和南部与红河哈尼族彝族自治州泸西县、弥勒县接壤，北部与曲靖市陆良县相邻，西部和西北部与昆明市宜良县毗连。2009年底，全县辖6镇1乡，88个村委会和4个社区居委会，459个村民小组和50个居民小组。县域面积1725平方千米。县城鹿阜镇距昆明78千米，县城海拔1679.8米。2009年年均气温17.5℃，年降雨量569.7毫米，年日照时数2374.1小时。全县年末户籍人口241625人、总户数80144户，其中：男性121551人，女性120074人；非农业人口28006人，占总人口的11.59%；少数民族人口84654人，占总人口的35.04%；彝族人口82249人，占少数民族人口的97.16%。全县人口出生率为10.08‰，死亡率为5.25‰，自然增长率为4.83‰。

【经济综述】 2009年全县实现地区生产总值310047万元，比上年增长14.1%。其中：第一产业实现增加值93040万元，增长11.9%；第二产业实现增加值83304万元，增长13.2%；第三产业实现增加值133703万元，增长16.0%。一、二、三产业的结构为30.0∶26.9∶43.1。全县人均GDP达到12743元。

【旅游业】 2009年完成步哨山、李子园箐、万年灵芝景区改造扩容并对外开放，使大小石林景区游览面积扩大到12平方千米。完成乃古石林景前区及配套设施建设；彝族第一村、石林狂欢之都“四中心两店”、云林度假酒店、石林生态民族体育运动场等项目顺利推进。通过世界地质公园中期评估、国家5A级旅游区复核检查和数字石林景区（试点）验收，被命名为全国文明风景旅游区。全年石林景区接待游客269.45万人次，旅游直接收入3.69亿元；全县接待游客330万人次，旅游综合收入14亿元。实现文化产业增加值2.666亿元，占地区生产总值的8.6%。

【工　业】 完成工业园区“一园五片”规划修编；园区新增“五通一平”面积1500亩，完成协议收储土地2423亩。昆明石林光伏并网发电100兆瓦示范区、66兆瓦实验区项目顺利推进，实现3兆瓦并网发电。石林巨鹏燃气站建成投入使用，在全市首家实现县城管道供气。工业园区第一条工业大道、园区截污廊道、万城阿诗玛旅游小镇、云南官房水泥有限公司技改、石林温氏畜牧养殖一体化等项目顺利推进。全年实现工业总产值26.86亿元，同比增长15.6%。规模以上工业实现增加值3.76亿元，同比增长19.5%。全县非公经济实现增加值9.67亿元，同比增长28.7%。全县单位地区生产总值能耗同比下降4.5%以上。

【招商引资工作】 开展招商引资“百日竞赛”、“季度观摩”活动。做好落地项目的协调服务工作，加强对“四中心两店”、石林锦苑花卉产业园、石林现代生态牧场等大项目的跟踪服务。全年引进项目137个，实际到位国内市外资金17.62亿元，同比增长25%；实际利用外资1399.73万美元，同比增长118%；外贸进出口总额8万美元，同比增长166.7%。

【农　业】 全年完成水利建设工程1118件，总投资1.55亿元，新增和改善灌溉面积2.62万亩，治理水土流失面积45平方千米，解决11400人的生活用水问题。全县实现农林牧渔业总产值16.76亿元，比上年增长15.2%。

粮烟生产实现了丰产丰收，粮食总产量达1.23亿千克，人均有粮500千克。种植优质烟10.93万亩，收购烟叶1640万千克，均价15.19元，产值2.56亿元，烟农户均收入10613元。

全年生猪出栏23.1万头，大牲畜出栏1.24万头（匹），羊出栏9.3万只；年末，生猪存栏17.5万头，大牲畜存栏7.3万头，羊存栏18.35万只。实现畜牧业产值5.77亿元，同比增长14.0%。

全年蔬菜产量10808万千克，水果产量2726万千克，鲜切花产量901.2万枝。发展省级农业龙头企业2户，市级农业龙头企业19户。

【财政金融】 2009年全县实现地方财政一般预算收入25953万元，同比增长29.2%；地方财政一般预算支出71161万元，同比增长27.7%。

2009年末，全县各项存款余额43.4亿元，同比增长30.4%；各项贷款余额37.7亿元，同比增长44.5%。

【生态建设】 继续加大城乡园林绿化及生态建设，完成巴江三期带状公园及12条街道的行道树绿化，县城新增绿地面积22.2万平方米，超过1000平方米的公共绿地达到11块。加强农村生态环境保护，完成珠江防护林工程人工造林2万亩，特色经济林核桃产业基地建设2万亩，巩固退耕还林封山育林1万亩。完成“五采区”植被恢复156亩、城市面山绿化300亩、交通沿线面山绿化500亩。人均公共绿化面积达19.32平方米，县城建成区绿地率达40.51%，绿化覆盖率达45.3%，全县森林覆盖率达40.94%。国家园林县城创建工作通过省级考评，国家住房和城乡建设部已组织评审；国家生态县创建工作全面启动；4个全国环境优美乡镇和2个国家级生态示范村创建工作稳步推进，圭山镇创建为省级卫生镇。

【交通邮电】 2009年全县班线车、公交车旅客运送量4399524人次。石林火车站（客运站）旅客发送75079人次，旅客到达148726人次；火车旅客周转量39458550人千米；石林南站（货运站）发送货物374366吨，装车5750车，卸车2763车，运输收入2568万元。2009年石林县公路里程分类为：省道73.267千米，县道193.706千米，乡道499.096千米，村道174.258千米，专用公路26.745千米。

2009年电信完成业务收入2277.86万元，同比增长29.83%。固定电话新增2422部，在网用户达18092部；小灵通新增 80 部，在网用户达 1700 部；ADSL 业务（包含 LAN）新增 2261 部，在网用户达 6011 部；发展 CDMA（包含 189 号段）手机 4991 部，在网累计达 10770 部；新增“3G 无线上网卡”596 张，在网累计达 743 张；新增“致富通”（无线座机）229 户，在网用户达 3601 户；新增第三期“平安石林”视频监控长湖镇 10 个，一、二、三期累计达 111 个；新建“平安石林数字城管视频监控”51 个点。

2009 年邮政完成业务收入 383.82 万元，同比增长 30.18%。

2009 年中国移动石林分公司完成业务收入 6500 万元，年内净增用户 34000 户，使在网用户达到 130000 户。中国联通石林分公司完成业务收入 1202 万元，年内净增用户 1603 户，使在网用户达到 17603 户。

【人民生活】 2009 年全县在岗职工年平均工资 25721 元，同比增长 26.4%。城镇居民人均可支配收入 15600 元，同比增长 13.0%。农民人均纯收入 4789.54 元，同比增长 13.6%。社会消费品零售总额 153145 万元，同比增长 30.3%。

【社会事业】 2009 年科技对经济增长的贡献率达 46.3%，连续 5 次通过全国县（市）科技进步考核，被列为全市知识产权强县培育工程县。完成第三次全国文物普查。在昆明市第九届民运会上获金牌 10 枚。石林狮山生态陵园殡仪馆主体工程完工，建成农村公益性公墓 12 个。荣获全国“村务公开民主管理示范县”、“婚姻登记规范化单位”称号。圆满完成国际人类学与民族学联合会第十六届世界大会糯黑学术考察点任务。收录康熙《路南州志》、乾隆《路南州志》、民国《路南县志》等 6 部旧志的《云南石林旧志集成》由云南民族出版社出版发行。

各类教育协调发展，“两基”巩固率保持在 98% 以上；高中阶段适龄人口入学率达 83%，高考上线率达 91.15%；幼儿学前教育入园入班率达 87.4%。城镇居民基本医疗保险参保率 96%，被征地人员养老保险参保率 15.6%，失业保险参保率 85%。城乡低保对象 11612 人，发放保障金 1493.57 万元；救济临时困难群众 2.15 万人次。新农合参合率 98.69%，补偿资金 2347.41 万元，启动 33 个村级门诊现场补偿报销点。落实惠及 1815 人次的残疾人康复、培训、扶助项目资金 96 万元，落实义务教育保障经费 2845 万元。建成廉租住房 300 套；完成民居地震安全工程 1280 户。解决了 1.14 万人的饮水困难问题。收集开发就业岗位 1289 个，新增城镇就业人员 1016 人；542 名大中专毕业生、14 名退役士兵实现就业；城镇登记失业率控制在 2.10% 以内。完成农村劳动力转移就业 11587 人，被列为省级劳务输出示范县。孕产妇死亡率 35.89 / 10 万，婴儿死亡率 9.69‰。落实粮食直补、农机具购置补贴、家电下乡、汽车摩托车下乡等一系列惠农政策，兑现各种补贴 4586 万元，受益 19.83 万人次。

积极开展群众性精神文明创建活动。至 2009 年底，全县共有国家级文明风景区 1 个，创建全国文明村镇先进村 1 个；省级文明单位 12 个，省级文明村 5 个，省级文明小城镇 1 个；市级文明单位 53 个，市级文明小城镇 2 个，市级文明社区 1 个，市级文明村 21 个；县级文明单位 137 个，县级文明小城镇 2 个，县级文明社区 2 个，县级文明村 58 个。

鹿 阜 镇

【机构设置】 2009 年鹿阜镇内设党政综合办公室、农林水综合服务中心、村镇规划建设服务中心、文化广播电视服务中心、畜牧兽医服务中心、为民服务中心。2009 年 8 月 21 日，完成了县政府驻地镇行政区划调整工作，原路美邑镇整建制并入鹿阜镇。年末有职工 127 人，其中：公务员 39 人，事业人员 81 人，工勤人员 7 人。

【行政区划】 鹿阜镇位于县城西北部，镇政府所在地路美邑村委会距县城 6 千米。全镇辖龙泉、西北、东门、南门 4 个社区和阿乌、山冲、宏图、铺兵、新宅、大屯、三板桥、大乐台旧、小乐台旧、上蒲草、清水塘、东海子、大哨、小河、歹卜所、阿怒山、路美邑、北山、麦地庄、堡子、鱼龙坝 21 个村民委员会，98 个自然村，145 个村民小组，50 个居民小组。

【自然状况】 全镇土地面积 323.81 平方千米，耕地面积 39856.5 亩。境内森林覆盖率 31%，最高海拔 2076.4 米，最低海拔 1666 米。平均气温 16.5℃，全年日照数 1754 小时，属亚热带低纬高原山地季风气候，年温差小而日温差大，干湿分明。

【鹿阜镇招商分局】 鹿阜镇招商分局由鹿阜镇人民政府牵头，县科技局、县法制办协作组成。行政区划调整前，路美邑招商分局由原路美邑镇人民政府牵头，县粮食局、县财政局协作组成，机构合并后，原路美邑招商分局自然消失，招商成果并入鹿阜镇计算。全年洽谈项目 5 个，引进签约、续建、新建项目 20 个，其中：续建项目 4 个，签约项目 1 个，新建项目 15 个，实际到位资金 28733.28 万元，考核认定资金 16697.14 万元，完成任务数 7500 万元的 222.62%。

【人口与计划生育】 2009 年末全镇有 34114 户 91312 人。其中：农业人口 70062 人，非农业人口 21250 人；男性 45235 人，女性 46077 人；汉族 74278 人，彝族 15882 人，其他民族（白族、哈尼族、壮族、傣族、苗族、回族、拉祜族、佤族、纳西族、瑶族、藏族、独龙族、水族、布依族、基诺族、满族、蒙古族、傈僳族等）1152 人。全年出生 877 人，死亡 249 人，人口自然增长率 4.01‰。全年新办农业人口《独生子女父母光荣证》47 户，完成任务数的 120.5%，累计办证 1962 户。计划生育率达 99.8%，综合节育率 84.5%，“奖优免补”兑现率达 100%。

【经济综述】 2009 年全镇完成农村经济总收入 9.358 亿元，比上年增13.4%，

工业总产值75930万元，农业总产值42870万元。地方财政一般预算收入4496.4万元，比上年增22.8%。农民人均纯收入4681元，比上年增15%。

【农　业】　2009年全镇粮食总产量3306.8万千克，产值7353万元。以梨、葡萄、板栗、甜柿、优质核桃为主的林果面积达9141.5亩；水果总产量664.5万千克，产值2006万元；蔬菜总产量4550.23万千克，产值5671万元。

烟叶标准化生产示范基地建设不断加快，全镇种植烤烟21750亩，收购烟叶335.63万千克，总产值5051.23万元，均价15.05元。

畜牧规模化养殖迅速发展，重大动物疫病防治得到加强，全年大牲畜出栏2770头（匹），生猪出栏78500头，山羊出栏10755只，禽类出栏169万只；年末大牲畜存栏11951头（匹），生猪存栏48420头，山羊存栏20801只，禽类存栏55万只；鲜奶产量1981万千克，蛋产量488万千克。粮、畜、果、蔬总产值完成31109万元。加强疫病防治，完成禽类高致病性禽流感强制免疫1430140只，完成牲畜口蹄疫强制免疫900117头（只）、完成高致病性猪蓝耳病强制免疫41081头，全镇未发生重大动物疫情。

2009年全镇结合“三沿五区”视野可见坟墓遮盖开展义务植树，共计植树334640株，完成镇级绿化样板林100亩；新建苗木基地1530.7亩，实施机耕路绿化11.31千米，配合县林业局完成城市面山绿化200亩和交通沿线面山绿化200亩；指导创建绿色家庭20个，绿色庭院20个，绿色社区2个，绿色学校5个；完成大乐台旧、山冲、三板桥、铺兵、堡子、路美邑、鱼龙坝等7个行政村绿地系统建设任务。配合县水务局在巴江、西河阿乌、三板桥段完成11千米的柳树工程。

【乡镇企业】　2009年全镇完成工业总产值75930万元，增28%，工业增加值14340万元，增19.9%；非公经济增加值42500万元，增28%，税收总额4040万元，增30.7%；从业人员17810人，增10.5%；乡镇企业增加值43100万元，增25%，实交税金4080万元，增29.2%。规模以上工业万元增加值能耗下降7%。

【新农村建设】　围绕基础设施、产业发展、生态工程、社会事业等，在东海子村委会实施新农村建设整村推进，投入资金253.75万元，项目包括村内道路硬化11.94千米、新建文化活动室450平方米、综合服务楼986平方米、公厕2座、垃圾房2座及污水塘改造工程；完成了堡子村委会整村推进“四大工程”（基础设施建设工程、产业发展项目、生态建设工程和社会事业发展工程）建设项目，新建公厕2座，投资80万元安装太阳能路灯100盏，投资169万元完成堡子村人饮管网改造工程；投资740万元的大哨、歩卜所、路美邑、鱼龙坝烟水工程建设竣工投入使用；投资290万元完成了歩卜所小流域治理水土保持工程建设；投资84万元实施了路美邑、北山、麦地庄、小鱼龙坝村土地治理工程。完成2008年总投资为382万元的农村公益事业一事一议财政奖补项目11件，极大地改善了群众的生产生活条件。

【科教文卫】　完成科普站栏建设5个，科技培训118期12891人次，实用技术培训154期25322人。投资2091万元对路美邑镇中学、中心完小实施标准化学校建设，竣工并投入使用。做好防辍保学工作，切实落实“两免一补”政策。“两基”质量和水平得到巩固和提高，教育教学水平在全县名列前茅。全年有教职工448人，学生7164人（含学龄前幼儿2231人）。

完成了镇多媒体共享工程建设，组织开展文体活动350余场次，参加活动31000人，组织文艺队伍参加县级以上节庆活动12场次。

农村医疗预防初级卫生保健工作进一步加强，全年住院449人次，门诊37260人次。新型农村合作医疗顺利开展，2010年的参合人数达65313人，占任务数的98.46%。开展城镇居民基本医疗保险工作，巩固国家卫生县城创建成果，建立国家卫生县城管理长效机制，村级标准化卫生室建设实现全面覆盖。加强食品安全监管，全镇无重大食品安全事故发生。

【民政扶贫】　做好优扶救济、救灾济困和农村低保工作，对秧草凹、山冲村道路进行改善，解决了清水塘村人饮解困工程。扶贫政策全面落实，全年发放小额信贷90万元扶持180户农户发展种植、养殖和餐饮业，取得了较好的经济效益和社会效益。全镇共审核上报失地农民养老保险560人，实际缴费560人；办理家电下乡3620户4085件，兑现金额832196.04元，其中：汽车963辆、摩托车2926辆，其他家电196台。

认真贯彻执行遗体火化和丧事简办等相关殡葬改革政策，发放宣传材料7250份，受教育人数38500人次。新建营盘山、松香坡、仙人洞、大石棚4个农村公益性公墓，开展了“三沿五区”范围内坟墓治理工作，完成坟山墓地植树63870株，完成坟墓搬迁775家，平毁“活人墓”40家。

【精神文明及民主法制建设】　2009年创建省级文明村1个，市级文明单位（村）4个，县级文明单位（村）15个；届期内共有文明单位（村）31个，进一步拓展农村“十星级文明户”创建活动的深度和广度。开展“捐献一月党费·关心贫困党员”和“送温暖·献爱心”活动，共捐款11637元。

全年立刑事案件40件，破26件；立治安行政案件45件，查处43件。调解民间纠纷494起，调解成功474件；受理群众来信来访115件，办结78件，其余37件正在调处中。实施法律援助咨询295人次。在全镇25个村（居）委会开展创安工作，责任书签订率达100%，创安群众知晓率达90%以上，全年安全生产死亡率为零。

【领导名录】

书　　记：汪明涛（8月起）
副 书 记：张　奕
　　　　　赵子华

纪委书记：李红珍（女，彝族）
镇　　长：张　奕
副 镇 长：赵晓梅（女）
　　　　　秦卫强（8月止）
　　　　　雷振涛（8月止）
　　　　　毕绍军（8月起）
　　　　　李国兵（8月起）
人大主席：张春学（彝族）

村（居）委会

【山冲村委会】　山冲村委会驻唐家村，海拔1684米，土地面积7.27平方千米，辖8个村民小组、7个自然村，即：杨家村、唐家村、符家村、董家村、山冲村、大路兴、毕家院。2009年末有858户3165人，其中：汉族3032人，彝族112人，白族4人，哈尼族6人，壮族4人，傣族2人，苗族3人，蒙古族2人。耕地面积2325亩，其中：水田1866亩，旱地459亩。经济总收入3311.6万元，农民人均纯收入4951元，粮食总产量1650.3吨。全年大牲畜出栏89头（匹），肥猪出栏3460头，羊出栏423只；年末大牲畜存栏465头（匹），生猪存栏2100头，羊存栏993只。

书　记：符宴林
主　任：杨立红
副主任：毕林生
办公室电话：7796336

【宏图村委会】　宏图村委会驻红土坡村，海拔1702米，土地面积4.04平方千米，辖7个村民小组、3个自然村，即：老门洞、红土坡、上峰。2009年末有593户2080人，其中：汉族1819人，彝族258人，哈尼族3人。耕地面积1321.5亩，其中：水田990亩，旱地331.5亩。经济总收入1998万元，农民人均纯收入4111元，粮食总产量1570吨。全年大牲畜出栏30头（匹），肥猪出栏3180头，羊出栏162只；年末大牲畜存栏357头（匹），生猪存栏2568头，羊存栏320只。

书　记：杨凤楼
主　任：赵红芬（女）
副主任：李永福
办公室电话：7796341

【铺兵村委会】　铺兵村委会驻铺兵村，海拔1735米，土地面积8.59平方千米，辖6个村民小组、5个自然村，即：秧草凹、小西村、三家村、铺兵、大石桥。2009年末有323户1109人，其中：汉族741人，彝族353人，回族10人，布依族5人。耕地面积874.5亩，其中：水田403.5亩，旱地471亩。经济总收入552万元，农民人均纯收入1162元，粮食总产量1307吨，烤烟产量74000千克。全年大牲畜出栏66头（匹），肥猪出栏2400头，羊出栏510只；年末大牲畜存栏424头（匹），生猪存栏1500头，羊存栏1745只。

书记、主任：高福安
副 书 记：普树生
副 主 任：张金才
办公室电话：7784606

【三板桥村委会】　三板桥村委会驻雨中堂村，海拔1680米，土地面积7.35平方千米，辖5个村民小组、5个自然村，即：平地、老昔街、白水井、雨中堂、三板桥。2009年末有1145户3698人，其中：汉族3524人，彝族149人，白族5人，哈尼族3人，壮族10人，傣族3人，苗族1人，回族3人。耕地面积2527.5亩，其中：水田1879.5亩，旱地648亩。经济总收入4717.6万元，农民人均纯收入4887元，粮食总产量1783.4吨，烤烟产量247500千克。全年大牲畜出栏135头（匹），肥猪出栏4747头，羊出栏115只；年末大牲畜存栏975头（匹），生猪存栏3288头，羊存栏419只。

书记、主任：张丽萍（女）
副 书 记：王天祥
副 主 任：万张海
办公室电话：7796854

【阿乌村委会】　阿乌村委会驻阿乌村，海拔1670米，土地面积8.28平方千米，辖7个村民小组、6个自然村，即：阿乌、老长坡、下赵公庄、上赵公庄、大黑塘、干山冲。2009年末有952户3558人，其中：汉族3463人，彝族79人，白族1人，哈尼族2人，壮族6人，苗族2人，回族2人，满族1人，其他族2人。耕地面积3351亩，其中：水田2271亩，旱地1080亩。经济总收入4584.1万元，农民人均纯收入5039元，粮食总产量1637.8吨，烤烟产量511400千克。全年大牲畜出栏40头（匹），肥猪出栏4010头，羊出栏92只；年末大牲畜存栏527头（匹），生猪存栏2079头，羊存栏517只。

书记、主任：杨金富
副 书 记：杨竹秀（女）
副 主 任：李　伦
办公室电话：7780469

【新宅村委会】　新宅村委会驻上新宅村，海拔1711米，土地面积15.87平方千米，辖6个村民小组、6个自然村。即：上新宅、中新宅、下新宅、清水沟、大新冲、小新冲。2009年末有822户3032人。其中：汉族1682人，彝族1341人，哈尼族2人，壮族4人，回族3人。耕地面积2494.5亩，其中：水田1360.5亩，旱地1134亩。经济总收入1332.1万元，农民人均纯收入2613元，粮食总产2515吨，烤烟总产量165200千克。全年大牲畜出栏80头（匹），肥猪出栏4500头，羊出栏950只；年末大牲畜存栏1022头（匹），生猪存栏2730头，羊存栏1082只。

书记、主任：李玉贵（彝族）
副 书 记：彭　云
副 主 任：张国华（彝族）
办公室电话：7783666

【大屯村委会】　大屯村委会驻大屯村，海拔1687米，土地面积4.07平方千米，辖4个村民小组、1个自然村，即大屯。2009年末有610户2144人，其中：汉族2059人，彝族79人，回族6人。耕地面积405亩，其中：水田304.5亩，旱地100.5亩。经济总收入2519.4万元，农民人均纯收入5248元，粮食总产量1413.4吨，烤烟产量16300千克。全年大牲畜出栏132头（匹），肥猪出栏2810头，羊出栏40只；年末大牲畜存栏216头（匹），生猪存栏721头，羊存栏158只。

书　记：许正友
主　任：韩林华
副主任：韩国云
办公室电话：7796942

【上蒲草村委会】　上蒲草村委会驻上蒲草村，海拔1780米，土地面积18.24平方千米，辖5个村民小组、2个自然村，即：上蒲草、过街路。2009年末有385户1379人，其中：汉族28人，彝族1350人，哈尼族1人。耕地面积1630.5亩，其中：水田444亩，旱地1186.5亩。经济总收入1295.5万元，农民人均纯收入4321元，粮食总产量1293.8吨，烤烟产量6000千克。全年大牲畜出栏53头（匹），肥猪出栏1010头，羊出栏652只；年末大牲畜存栏683头（匹），生猪存栏476头，羊存栏727只。

书　记：高有华（彝族）
主　任：毕志学（彝族）
副主任：高正学（彝族）
办公室电话：7780316

【东海子村委会】　东海子村委会驻街子上村，海拔1700米，土地面积6.37平方千米，辖8个村民小组、5个自然村，即：下蒲草、东海子、街子上、老寨子、小新村。2009年末有661户2073人，其中：汉族1546人，彝族512人，白族1人，壮族3人，傣族7人，拉祜族2人，纳西族2人。耕地面积1156.5亩，其中：水田685.5亩，旱地471亩。经济总收2504.4万元，农民人均纯收入4492元，粮食总产量1164.7吨。全年大牲畜出栏50头（匹），肥猪出栏2600头，羊出栏110只；年末大牲畜存栏302头（匹），生猪存栏1295头，羊存栏260只。

书　记：李秀云
主　任：陶正林
副主任：王云春
办公室电话：7796337

【大乐台旧村委会】　大乐台旧村委会驻砂地村，海拔1685米，土地面积7.80平方千米，辖3个村民小组、3个自然村，即：大乐台旧、大昌乐村、砂地村。2009年末有1109户3844人，其中：汉族3603人，彝族223人，壮族4人，傣族1人，苗族1人，回族5人，佤族2人，纳西族2人，满族1人，布依族2人。耕地面积1575亩，其中：水田1027.5亩，旱地547.5亩。经济总收入3651.1万元，农民人均纯收入4869元，粮食总产量1123吨，烤烟产量5400千克。全年大牲畜出栏125头（匹），肥猪出栏3050头，羊出栏220只；年末大牲畜存栏570头（匹），生猪存栏2000头，羊存栏600只。

书记、主任：陶家林
副　书　记：马　林
副　主　任：洪正荣
办公室电话：7796332

【小乐台旧村委会】　小乐台旧村委会驻小乐台旧村，海拔1682米，土地面积4.53平方千米，辖9个村民小组、5个自然村，即：东山、桃园、大坝、小乐台旧、小昌乐。2009年有1590户4551人，其中：汉族4309人，彝族213人，白族2人，哈尼族5人，壮族11人，傣族3人，傈僳族1人，回族2人，蒙古族4人，其他民族1人。经济总收入5470.6万元，农民人均纯收入5264元，粮食总产量240吨。全年大牲畜出栏47头（匹），肥猪出栏2750头，羊出栏100只；年末大牲畜存栏96头（匹），生猪存栏541头，羊存栏345只。

书　记：李建云
副主任：杨云春（女）
办公室电话：7793003

【清水塘村委会】　清水塘村委会驻清水塘村，海拔1800米，土地面积35.75平方千米，辖7个村民小组、3个自然村，即：尾博邑、清水塘、马石坎。2009年末有508户1885人，其中：汉族122人，彝族1763人。耕地面积2830.5亩，其中：水田180亩，旱地2650.5亩，经济总收入1381.9万元，农民人均纯收入3567元，粮食总产量1360.9吨，烤烟总产量260000千克。全年大牲畜出栏100头（匹），肥猪出栏1400头，羊出栏1000只；年末大牲畜存栏1112头（匹），生猪存栏1220头，羊存栏2498只。

书　记：毕建刚（彝族）
主　任：毕世明（彝族）
副主任：张红星（彝族）
办公室电话：7795340

【大哨村委会】　大哨村委会驻大哨村，海拔1870米，土地面积14.61平方千米，辖5个村民小组、4个自然村，即：大哨、小新村、小糯衣、秦家寨。2009年末有464户1585人，其中：汉族1085人，彝族491人，其他民族9人。耕地面积1647亩，经济总收入764万元，农民人均纯收入2450元。粮食总产量944吨，烤烟总产量247500千克。全年大牲畜出栏25头（匹），肥猪出栏3200头，羊出栏820只；年末大牲畜存栏400头（匹），生猪存栏1500头，羊存栏1400只。

书记、主任：杨海生
副　书　记：秦　辉
副　主　任：李云峰
办公室电话：7718308

【小河村委会】　小河村委会驻张家庄村，海拔1780米，土地面积15.68平方千米，辖7个村民小组、6个自然村，即：董家庄、小河、张家庄、小尖山、干龙潭、王家庄。2009年末有548户1955人，其中：汉族1283人，彝族670人，其他民族2人。耕地面积1620亩，经济总收入956.3万元，农民人均纯收入2799元，粮食总产量1050吨，烤烟总产量538500千克。全年大牲畜出栏73头（匹），肥猪出栏3400头，羊出栏1100只；年末大牲畜存栏700头（匹），生猪存栏1700头，羊存栏2600只。

书记、主任：王家林
副　书　记：李永生
副　主　任：袁绍才
办公室电话：7704798

【萝卜所村委会】　萝卜所村委会驻大萝卜所村，海拔1758米，土地面积11.68平方千米，辖3个村民小组、3个自然村，即：大萝卜所、小萝卜所、松树凹。2009年末有510户1619人，其中：汉族1027人，彝族580人，其他民族12人。耕地面积900亩，经济总收入1359.9万元，农民人均纯收入2515元。粮食总产量690吨，烤烟总产量240000千克。全年大牲畜出栏71头（匹），肥猪出栏2900头，羊出栏550只；年末大牲畜存栏335头（匹），生猪存栏1200头，羊存栏800只。

书记、主任：杜绍春
副　书　记：毕绍林（彝族）
副　主　任：徐时和
办公室电话：7718336

【阿怒山村委会】　阿怒山村委会驻阿怒山村，海拔1705米，土地面积17.61平方千米，辖12个村民小组、8个自然村，即：青龙凹、阿怒山、打野山、大地梁子、小新村、四家村、南山甲、喃喃石箐。2009年末有1007户3135人，其中：汉族2881人，彝族238人，其他民族16人。耕地面积2798.5亩，经济总收入2748.1万元，农民人均纯收入3622元。粮食总产量1798吨，烤烟总产量300000千克。全年大牲畜出栏354头（匹），肥猪出栏3800头，羊出栏1600只；年末大牲畜存栏1088头（匹），生猪存栏2000头，羊存栏2900只。

书记、主任：张文平
副　书　记：何跃平
副　主　任：杨福寿
办公室电话：7795315

【路美邑村委会】　路美邑村委会驻路美邑村，海拔1698米，土地面积4.74平方千米。辖8个村民小组、1个自然村。2009年末有958户3082人，其中：汉族1318人，彝族1744人，其他民族20人。耕地面积1956亩，经济总收入5609.5万元，农民人均纯收入3612元。粮食总产量1747.1吨，烤烟总产量255000千克。全年大牲畜出栏260头（匹），肥猪出栏3400头，羊出栏700只；年末大牲畜存栏424头（匹），生猪存栏2000头，羊存栏1500只。

书记、主任：杨永喜（彝族）
副　主　任：毕文林（彝族）
办公室电话：7795331

【北山村委会】　北山村委会驻北山村，海拔1687米，土地面积6.15平方千米，辖6个村民小组、2个自然村，即：大北山、小北山。2009年末有938户3212人，其中：汉族3073人，彝族124人，其他民族15人。耕地面积2185.5亩，经济总收入3565.3万元，农民人均纯收入3890元。粮食总产量1914吨，烤烟总产量105000千克。全年大牲畜出栏201头（匹），肥猪出栏3800头，羊出栏300只；年末大牲畜存栏476头（匹），生猪存栏3474头，羊存栏500只。

书　记：吉有清
主　任：吉保兵
副主任：李　伟
办公室电话：7713196

【麦地庄村委会】　麦地庄村委会驻小麦地庄村，海拔1686米，土地面积4.29平方千米，辖9个村民小组、4个自然村，即：大麦地庄、小麦地庄、北吉村、小滑坡。2009年末有1159户3514人，其中：汉族3082人，彝族177人，其他民族255人。耕地面积1524亩，经济总收入6564.45万元，农民人均纯收入5047元。粮食总产量1594吨，烤烟总产量67800千克。全年大牲畜出栏47头（匹），肥猪出栏3600头，羊出栏300只；年末大牲畜存栏427头（匹），生猪存栏1918头，羊存栏526只。

书　记：杨学云
主　任：董云祥
副主任：谢合云
办公室电话：7712794

【堡子村委会】　堡子村委会驻堡子村，海拔1692米，土地面积12.20平方千米，辖13个村民小组、5个自然村，即：堡子、大坡厂、白龙潭、大山沟、小山沟。2009年末有1813户6076人，其中：汉族5370人，彝族655人，其他民族51人。耕地面积3291亩，经济总收入7696.8万元，农民人均纯收入4052元。粮食总产量2883吨，烤烟总产量315000千克。全年大牲畜出栏346头（匹），肥猪出栏4609头，羊出栏700只；年末大牲畜存栏1373头（匹），生猪存栏3633头，羊存栏900只。

书　记：石　亮
主　任：徐志勇
副主任：沈家彬
办公室电话：7795341

【鱼龙坝村委会】　鱼龙坝村委会驻西纳村，海拔1690米，土地面积8.28平方千米，辖8个村民小组、5个自然村，即：大鱼龙坝、小鱼龙坝、小坡头、西纳村、大冲村。2009年末有1103户3768人，其中：汉族3650人，彝族74人，其他民族44人。耕地面积1969.5亩，经济总收入4075.8万元，农民人均纯收入3795元。粮食总产量2085吨，烤烟总产量255000千克。全年大牲畜出栏528头（匹），肥猪出栏3500头，羊出栏440只；年末大牲畜存栏1665头（匹），生猪存栏2800头，羊存栏700只。

书记、主任：李正宏
副　书　记：汪丽翠（女）
副　主　任：陈保华
办公室电话：7795346

【南门社区居委会】　南门社区居委会驻南苑居民小组，海拔1673米，土地面积2.26平方千米，辖17个居民小组，即：横街、马家巷、大街兴、石街路、水阁、三元宫、槐树、龙泉、龙树、南正街、小围、紫玉、大兴、双龙、石苑、农苑、南苑居民小组。2009年末有716户2371人（不包括驻社区单位人口），其中：汉族2222人，彝族91人，白族2人，哈尼族3人，壮族23人，傣族6人，苗族2人，回族21人，满族1人。耕地面积1128亩，其中：水田973.5亩，旱地154.5亩。经济总收入5422万元，农民人均纯收入6209.3元，粮食总产量779吨。全年大牲畜出栏22头（匹），肥猪出栏3760头，羊出栏21只；年末大牲畜存栏42头（匹），生猪存栏1085头。

书　记：李春荣
主　任：李祝喜

副主任：毕志辉（彝族）

办公室电话：7786432

【东门社区居委会】　东门社区居委会驻东门居民小组，海拔1674米，土地面积1.29平方千米，辖12个居民小组，即：学地山、小村子、古城、小东门、民康巷、古楼、卖马巷、东门、巴江、麻地兴、新桥、环城居民小组。2009年末有518户1285人（不包括驻社区单位人口），其中：汉族1234人，彝族41人，哈尼族3人，傣族2人，苗族2人，其他民族3人。耕地面积25.5亩，经济总收入2271.5万元，农民人均纯收入4848.1元，粮食总产量10.6吨。全年肥猪出栏2250头，羊存栏45只。

书记、主任：李自红

副　书　记：李崇明（7月起）

副　主　任：王翠芳（女，彝族）

办公室电话：7796528

【西北社区居委会】　西北社区居委会驻西北居民小组，海拔1674米，土地面积1.67平方千米，辖8个居民小组、1个自然村，即：西北、北门、西环、镇觉寺、西门、古楼、红桥、鹿阜山居民小组。2009年末有765户2466人（不包括驻社区单位人口），其中：汉族2385人，彝族68人，哈尼族2人，壮族4人，傣族1人，回族6人。耕地面积737.6亩，其中：水田619.1亩，旱地118.5亩。经济总收入2645万元，农民人均纯收入4868元，粮食总产量为540.6吨。全年大牲畜出栏10头（匹），肥猪出栏3760头；年末大牲畜存栏76头（匹），生猪存栏2155头。

书记、主任：李朝元（彝族）

副　书　记：赵其之

副　主　任：官利华（女）

办公室电话：7796464

【龙泉社区居委会】　龙泉社区居委会驻竹庄居民小组，海拔1688米，土地面积1.63平方千米，辖13个居民小组，即：双龙山、双龙桥、竹庄、科兴、双龙街、双龙南巷、双龙中巷、石林中路、龙泉路、蚊子口、天合、天桥、东城区居民小组。2009年末有3690户19401人（包括石林县城驻社区单位人口），其中：汉族15063人，彝族3940人，白族76人，哈尼族28人，壮族71人，傣族24人，苗族23人，傈僳族1人，回族88人，拉祜族4人，佤族4人，纳西族13人，瑶族10人，藏族10人，独龙族1人，蒙古族2人，水族14人，满族7人，布依族3人，其他民族19人。

书记、主任：魏丕林

副　书　记：李水生

副　主　任：李彦芬（女）

办公室电话：7796411

（撰稿人：鹿阜镇人民政府 张建国）

石　林　镇

【机构设置】　2009年石林镇内设党政综合办公室、人口和计划生育办公室、文化广播电视服务中心、便民服务中心、农林水综合服务中心、畜牧兽医服务中心、村镇规划服务中心。年末有职工75人，其中：公务员26人，工勤人员4人，专业技术及事业管理人员38人，事业单位工人7人。年内，石林镇被省委、省人民政府评为“云南省文明小城镇”，小箐村委会被国家环保部评为“全国生态村”，镇中心学校被昆明市人民政府授予“昆明市园林单位”；李湖被省委评为“云南省学习实践‘三个一’活动先进个人”，刘志生被省委评为云南省优秀村（社区）党组织书记，武春丽被省科协、省农村致富技术函授大学评为“农函大先进工作者”，杨艳芳被云南省第二次全国农业普查领导小组办公室授予“云南省第二次全国农业普查先进个人”称号。

【行政区划】　石林镇位于县境东北部，镇政府所在地北大村距县城14千米，距石林火车站7千米。全镇辖北大村、天生关、林口铺、螺蛳塘、长跨、松子园、小密枝、小村、月湖、老挖、水塘铺、小箐、乐尔村、和摩站、站屯15个村委会，41个自然村，64个村小组。

【自然状况】　2009年全镇土地面积298.74平方千米，有耕地41662.5亩，其中：水田12135.45亩，旱地29527.05亩。境内森林覆盖率27.8%，最高海拔2096米（小密枝村委会山神庙峰），最低海拔1645米（螺蛳塘村委会双包凹），年平均气温16.5℃，年降雨量为947.9毫米。辖区为典型喀斯特地貌，大小石林、乃古石林均在镇境内。

【石林镇招商分局】　石林镇招商分局由石林镇人民政府牵头，县广电局、县司法局协作组成。2009年县下达招商引资任务为7500万元，实际引进签约落户项目12个，到位资金17570.22万元，完成任务数的234.2%。其中：昆明旺园生态农业科技有限公司辣椒种植及深加工项目到位资金513.84万元；石林现代生态牧场项目到位资金3187.67万元；石林花木大世界开发园项目到位资金1020.35万元；石林温氏畜牧有限公司种鸡孵化场项目到位资金1511.68万元；石林锦苑康乃馨花卉产业园项目到位资金2323.85万元；石林太阳能光伏发电项目示范区建设到位资金4672.51万元；石峰寺恢复重建项目到位资金1000万元；石林龙晖野生动物科研中心项目到位资金140万元；石林生态民族运动场建设项目到位资金3200.32万元。

【人口与计划生育】　2009年末全镇有12276户38941人，其中：男性19557人，女性19384人；农业人口36195人，非农业人口2746人；汉族20800人，彝族17844人，其他民族（白族、哈尼族、壮族、傣族、苗族、傈僳族、回族、拉祜族、佤族、藏族、瑶族、水族）296人。全年出生363人，死亡115人，人口自然增长率为4.10‰，计划生育率达100%；新办理农业人口《独生子女父母光荣证》5户，累计办证879户，享受“奖优免补”41户。

【经济综述】　2009年全镇工农业总产值完成78655万元，其中：工业总产值43345万元，农业总产值35310万元。农村经济总收入25785万元，实现镇级财政收入 1775.2 万元。农民人均纯收入 3874.3 元。全年税费收入 2565 万元，其中：非公经济实缴税金 1928 万元，烟叶农业税收 637 万元。

【农　业】 2009 年全镇种植粮食81306 亩，产量 19006.29 吨，农民人均占有粮食 550 千克。其中：小春粮食产量 3026.29 吨，大春粮食产量 15980 吨；水稻种植面积 10999.5 亩，产量 4990 吨；玉米种植面积 18498 亩，产量 8935 吨；薯类 9802.5 亩，产量 1196.8 吨；豆类 10801.5 亩，产量 1302.2 吨。实现粮食总产值 4715.5 万元。种植烤烟 12530 亩，收购烟叶 191.629 万千克，总产值 2899.7 万元，均价 15.13 元，实现烟叶农业税 637 万元。

全年大牲畜出栏 2372 头（匹），肥猪出栏 42372 头，羊出栏 15038 只，家禽出栏 901030 只；年末大牲畜存栏 13308 头（匹），生猪存栏 33859 头，羊存栏 33248 只，家禽存栏 477790 只；鲜奶产量 2199 吨，蛋产量 510 吨。实现畜牧总产值 9168 万元。

完成蔬菜种植面积 9690 亩，产量 17373.3 吨，产值 2763.9 万元；水果面积 9618 亩，产量 5368.7 吨，产值 1440.82 万元；茶叶面积 1755 亩，产量 14.5 吨；花卉面积 2284.5 亩，产量 439.5 万枝（株）。完成 3844 亩泡核桃基地建设，种植台湾尖椒 2000 余亩，试验种植百合 45 亩，发展种桑养蚕户 800 多户，示范种植蓝莓 200 余亩。

水利工程总投资 2005.98 万元，完成工程 15 件，受益面积 11300 亩，包括：路星村、螺蛳塘、阿玉林、高石哨、石板哨、三家村人饮解困工程；松子园灌渠支砌工程；小密枝村委会退耕还林基本口粮田建设工程；团结水库灌区农业综合开发项目；水塘铺、北大村、起堵渣、天生关、林口铺、老挖烟水工程。

全镇共兑现农民补贴资金 779.8 万元，其中：种粮农民农资综合补贴资金 380 万元，涉及农户 8842 户；退耕还林补贴资金 276.3 万元，涉及农户 927 户；落实家电下乡补贴 102.1 万元，受益群众 136 户；兑现能繁母猪补助款 21.4 万元。

全镇共征地 5198.6 亩、租地 15898 亩，搬迁坟墓 1981 冢。其中：完成了华能太阳能建设项目租地 3201 亩、征地 449 亩；云电投太阳能项目建设完成征地 1794 亩；锦苑花卉康乃馨产业园租地 3082 亩；石林现代生态牧场建设项目征地 246.19 亩；团结水库改扩建项目征地 179.1 亩，拆迁地上附属设施 2570 平方米；昆明石林台湾农民创业园租地（农户承包地）7560 亩，搬迁坟墓 1297 冢；民族生态运动场项目征地 1134 亩，搬迁坟墓 684 冢；石林中小学标准化建设征地 63.93 亩；110 千伏变电站建设征地 15.83 亩；石锁高速公路征地 118 亩；滇中水泥厂改扩建项目征地 64.516 亩；乃古石林景前区建设项目征地 1134 亩；赵家坟山公墓和林峰公墓租用土地 827 亩，建设墓穴 1450 个；犀牛养殖项目租地 854.21 亩；大润养兔租地 373.74 亩，全面启动滇东现代烟草农业综合示范区建设。

2009 年新建苗木基地 1500 亩，完成义务植树 580 亩 12.6 万株，完成机耕路绿化 5.3 千米，植树 5000 株。

【乡镇企业】 2009 年全镇共有个体工商户、私营企业、有限责任公司 668 个；完成农村劳动力转移培训 2380 人，劳动力转移 2134 人，其中：省外 84 人，省内县外 334 人，县内 1716 人。

【新农村建设】 共投入建设资金 2497.08 万元，先后完成了螺蛳塘、阿玉林、高石哨等 12 个自然村的人饮解困工程，小密枝村委会退耕还林基本口粮田建设工程，受益人口 6035 人；新建卧式密集型烤棚 13 座，受益村组 2 个。完成了团结水库灌区中低产田改造，受益村组 5 个，改善 12000 亩土地的灌溉条件，受益人口 3837 人；完成月湖村村内道路硬化，天生关至大塘子道路硬化即将竣工。

投入资金 1154.28 万元，完成 3 个村委会 8 个自然村 38 个建设项目。完成松子园、小沙邑、下打磨箐村、站屯村、小箐村委会村内道路硬化工程，站屯村机耕道路建设、小箐村委会为民服务站综合楼建设、小箐民族刺绣展示厅建设、下打磨箐村整体搬迁扫尾，全面启动高石哨新农村建设项目，成功申报了落水洞整村搬迁项目。

组建 32 人的镇级专业扑火队伍、15 支村级义务扑火队。切实加强对现有森林的管护，查处私开乱挖林地 12 起。全面开展土地和矿产资源的保护工作，查处违法违规用地 79 宗，违法采矿行为 3 起。开展拆临拆违工作，拆除违法建筑 8170 平方米。高度重视以沼气为主的农村新型能源推广，设立沼气建设服务网点 16 个，新建沼气池 428 口，全镇累计推广沼气池 5235 口，覆盖率达 59.2%。

完成老挖、月湖、北小村、螺蛳塘、林口铺 5 个行政村的绿地系统建设工程，创建绿色家庭 15 户、绿色庭院 15 户，配合林业局完成城市面山绿化 100 亩，小箐村申报国家级生态村通过省级专家组验收。

【集镇建设】 深入贯彻城乡规划法，全面推行“一书两证”规划许可制度，完成石林镇集镇控制性详细规划，率先成立乡镇集镇管理办公室和环卫管理队伍，配备 1 辆垃圾清运车，定期整治集镇卫生。完成供销社片区拆迁工作，全面开展西石公路至九石阿旅游专线 600 米联络道建设，新增公共绿地 1000 平方米。扩建大寨农贸市场，新型住宅小区和新型畜禽交易市场征地基本结束。完成农村民居地震安全工程加固改造 130 户，拆除重建 55 户，共兑现补助资金 83 万元。

【科教文卫】 全镇共举办各类专项技术培训 112 期 12878 人次，开展农民科技文化、实用技术培训 77 期 11349 人，“两后双百”培训 80 人；组织农村妇女实用技术培训 25 期 6680 人；组织参加省农函大培训 7 期 285 人；举办农函大 2 期，培训学员 156 人。“三下乡”活动出各类宣传栏 124 期。

巩固“九年一贯制”教育改革成果，推进教育人事制度改革，加大教育经费投入，投资 3000 多万元的中小学标准化建设工程正在紧张施工，教育教学质量年年攀升。办好教育发展促进会，多渠道筹集教育资金，筹集爱心捐款32万余元。通过“爱心助你上大学”活动，提供12500元爱心助学款资助5名贫困大学生。2009年全镇在职教职工367人，中小学生1872人。

全年共组织文艺演出活动48场，演出节目520个；组织斗牛运动会4次、摔跤运动会1次、篮球运动会6次，观众近10万人次；女子摔跤队在石林县2009年火把节比赛中荣获全县第一名，并连续五年蝉联冠军。修缮和新建水塘铺、下打磨箐村、天生桥村3个村级文化室，和摩站、小箐、小密枝、螺蛳塘村文化室农家书屋通过验收。

卫生事业全面发展，医疗服务质量不断提高，全镇共有农村卫生室10个；全年住院3044人次，补偿受益349.08万元，参合人数为33883人，参合率达98.4%。积极开展防治艾滋病入户宣传活动，发放入户宣传手册7445册，入户率达100%。落实城镇职工基本医疗保险578人，完成666人的被征地人员养老保险缴交工作。

【精神文明及民主法制建设】 大力倡导社会主义核心价值体系，践行社会主义荣辱观，全面提高全镇人民群众的科学文化素质和思想道德素质，扎实开展群众性精神文明创建活动。2009年，新申报的3个市级文明单位、8个县级文明单位(村)顺利通过市、县文明委的考评验收，全镇累计有各级文明单位（村）34个。石林镇创建省级文明小城镇已通过验收、公示，小箐步入创建全国文明村先进村行列，全镇共有15个村民委员会的8651户农户参与了“十星级文明户”的评选活动，参评率为92.4%。

全面推行“阳光政务”，严格执行《石林镇农村集体资产管理办法》，定期组织开展农村财务公开检查，管好集体资源、资金、资产；抓好禁毒、反邪防邪、铁路护路、道路交通、生产安全、森林、水库、学校、地质、矿山、食品、防疫等生产生活安全；认真做好信访和矛盾纠纷调处工作，及时化解各类社会矛盾，全年无重大群体性死伤事件发生，确保社会大局稳定。

【交通邮电】 2009年完成农村公路养护共31条，总里程91.07千米，涉及15个村委会，34个村民小组。全镇95%的村委会开通乡村公交车，切实解决了广大群众行路难的问题。电信业发展迅速，年内新装电话用户693户，年末全镇有6145部固定电话；安装宽带79户，设专线4条。

【民政扶贫】 2009年共发放救灾救济粮16100千克，发放社会临时救济款8600元；发放148.2万元的低保金，发放烈属遗属、伤残军人、老复员军人、带病回乡退伍军人生活定期定量补助432人50.2万元，为36位老人办理了高龄保健补助手续，为2户残疾人争取了6000元危房补助金，完成农村民居地震安全拆除重建工程45户。进一步落实城镇居民最低生活保障制度，完成失业保险211人，新增被征地农民养老保险81人。

【领导名录】

书　　记：李　湖
副 书 记：刘琴龙
　　　　　艾世武（3月止）
　　　　　王斌宁（3月起）
纪委书记：虎志兰（女，彝族）
镇　　长：刘琴龙
副 镇 长：槐树波
　　　　　毕志锋（彝族）
　　　　　岭红芝（女，彝族）
人大主席：赵恒谦（彝族）

村委会

【北大村村委会】 北大村村委会驻北大村小寨，土地面积19.67平方千米，辖5个村民小组、5个自然村，即：海子、大寨、小寨、后首田、普豆村。2009年末有884户3176人，其中：汉族2033人，彝族1129人，其他民族14人。耕地1506亩，实现经济总收入985万元，粮食总产量1729.5吨，烤烟总产量205.1吨、产值310.4万元。全年大牲畜出栏195头（匹），肥猪出栏4898头，羊出栏2198只，家禽出栏362930只；年末大牲畜存栏1101头（匹），生猪存栏4520头，羊存栏4122只，家禽存栏46100只，蛋产量150吨。

书　记：赵良勇
主　任：刘志聪
副主任：李存红

【天生关村委会】 天生关村委会驻天生关村，土地面积18.20平方千米，辖

6个村民小组、1个自然村，即天生关。2009年末有826户2988人，其中：汉族2941人，彝族38人，其他民族9人。耕地3022.5亩，实现经济总收入1524万元，粮食总产量1376.5吨，烤烟总产量229.5吨、产值347.3万元。全年大牲畜出栏163头（匹），肥猪出栏2428头，羊出栏875只，家禽出栏23520只；年末大牲畜存栏813头（匹），生猪存栏2120头，羊存栏1396只，家禽存栏14500只，蛋产量12吨。

书　记：周卫东

主　任：徐建堂

副主任：洪平华

办公室电话：7702366

【林口铺村委会】　林口铺村委会驻大林口铺村，土地面积32.25平方千米，辖4个村民小组、4个自然村，即：大林口铺、小林口铺、老木哨、和摩村。2009年末有698户2567人，其中：汉族1000人，彝族1560人，其他民族7人。耕地5301亩，实现经济总收入1280.4万元，粮食总产量1550吨，烤烟总产量303吨、产值458.4万元。全年大牲畜出栏191头（匹），肥猪出栏3357头，羊出栏1112只，家禽出栏19390只；年末大牲畜存栏1037头（匹），生猪存栏2824头，羊存栏2722只，家禽存栏43500只，蛋产量53吨。

书记、主任：李志德（彝族）

副　书　记：毕绍兴（彝族）

副　主　任：冯桂林

【螺蛳塘村委会】　螺蛳塘村委会驻螺蛳塘村，土地面积40.76平方千米，辖5个村民小组、5个自然村，即：螺蛳塘、路星村、起堵渣、响水箐、大塘子。2009年末有839户3110人，其中：汉族1489人，彝族1516人，其他民族105人。耕地5301亩，实现经济总收入1451.66万元，粮食总产量1681.2吨，烤烟总产量180.6吨、产值273.2万元。全年大牲畜出栏237头（匹），肥猪出栏3872头，羊出栏1652只，家禽出栏71010只；年末大牲畜存栏1162头（匹），生猪存栏3450头，羊存栏2698只，家禽存栏26540只，蛋产量27吨。

书　记：桂正林（回族）

主　任：谢永华

副主任：昂玉才（彝族）

办公室电话：7702936

【松子园村委会】　松子园村委会驻松子园村，土地面积22.12平方千米，辖4个村民小组、4个自然村，即：松子园、小沙邑、上打磨箐、下打磨箐。2009年末有522户1945人，其中：汉族945人，彝族981人，其他民族19人。耕地2862亩，实现经济总收入847.46万元，粮食总产量994.5吨，烤烟总产量91.8吨、产值138.9万元。全年大牲畜出栏192头（匹），肥猪出栏1996头，羊出栏574只，家禽出栏42700只；大牲畜存栏930头（匹），生猪存栏1560头，羊存栏2144只，家禽存栏55600只，蛋产量23吨。

书记、主任：王志才（11月止）

副　书　记：段建华

副　主　任：李春燕（女）

【小密枝村委会】　小密枝村委会驻小密枝村，土地面积18.15平方千米，辖3个村民小组、3个自然村，即：小密枝、山头上、爱买龙。2009年末有608户2336人，其中：汉族904人，彝族1432人。耕地3393亩，实现经济总收入965.96万元，粮食总产量1436吨，烤烟总产量191.3吨、产值289.4万元。全年大牲畜出栏136头（匹），肥猪出栏1975头，羊出栏796只，家禽出栏25510只；年末大牲畜存栏1090头（匹），生猪存栏1280头，羊存栏2036只，家禽存栏18520只，蛋产量13吨。

书记、主任：虎志德（彝族）

副　书　记：武正兴（彝族）

副　主　任：张树华

【长跨村委会】　长跨村委会驻大长跨村，土地面积8.52平方千米，辖4个村民小组、4个自然村，即：大长跨、小长跨、大田、落水洞。2009年末有298户1108人，其中：汉族468人，彝族635人，其他民族5人。耕地2383.5亩，实现经济总收入577.53万元，粮食总产量997.9吨，烤烟总产量67.4吨、产值110万元。全年大牲畜出栏138头（匹），肥猪出栏2141头，羊出栏892只，家禽出栏37650只；年末大牲畜存栏562头（匹），生猪存栏1485头，羊存栏1761只，家禽存栏31200只，蛋产量24吨。

书　记：刘忠祥（彝族）

主　任：王学志（彝族）

副主任：赵忠祥（彝族）

办公室电话：7715006

【北小村村委会】　北小村村委会驻北小村，土地面积14.60平方千米，辖4个村民小组、1个自然村，即北小村。2009年末有482户1886人，其中：汉族779人，彝族1107人。耕地2128.5亩，实现经济总收入833.18万元，粮食总产量957吨，烤烟总产量61.2吨、产值92.6万元。全年大牲畜出栏117头（匹），肥猪出栏2310头，羊出栏955只，家禽出栏49070只；年末大牲畜存栏699头（匹），生猪存栏1780头，羊存栏2122只，家禽存栏96420只，蛋产量59吨。

书　记：袁天才

主　任：张志彪（彝族）

副主任：张雄林

办公室电话：7701690

【月湖村委会】　月湖村委会驻月湖村，土地面积15.16平方千米，辖6个村民小组、1个自然村，即月湖。2009年末有496户2096人，其中：汉族914人，彝族1173人，其他民族9人。耕地3427.5亩，实现经济总收入903.3万元，粮食总产量990吨，烤烟总产量30.4吨、产值45.6万元。全年大牲畜出栏103头（匹），肥猪出栏2246头，羊出栏867只，家禽出栏36300只；年末大牲畜存栏614头（匹），生猪存栏1550头，羊存栏1912只，家禽存栏2840只，蛋产量31吨。

书　记：张　宏（彝族）

主　任：普剑彪（彝族）

副主任：张云恩（彝族）

【老挖村委会】　老挖村委会驻大老挖

村，土地面积30.43平方千米，辖6个村民小组、2个自然村，即：大老挖、小老挖。2009年末有571户2359人，其中：汉族946人，彝族1413人。耕地3237亩，实现经济总收入1347.36万元，粮食总产量1430吨，烤烟总产量91.2吨、产值138万元。全年大牲畜出栏151头（匹），肥猪出栏2156头，羊出栏897只，家禽出栏26510只；年末大牲畜存栏768头（匹），生猪存栏1890头，羊存栏2236只，家禽存栏5630只，蛋产量12吨。

书记、主任：赵文明（彝族）

副 书 记：毕跃光（彝族）

副 主 任：高玉祥（彝族）

【水塘铺村委会】 水塘铺村委会驻水塘铺村，土地面积17.41平方千米，辖4个村民小组、1个自然村，即水塘铺。2009年末有304户1236人，其中：汉族603人，彝族626人，其他民族7人。耕地1738.5亩，实现经济总收入698.9万元，粮食总产量899吨，烤烟总产量137.7吨、产值208.4万元。全年大牲畜出栏164头（匹），肥猪出栏1623头，羊出栏824只，家禽出栏11500只；年末大牲畜存栏682头（匹），生猪存栏1160头，羊存栏1278只，家禽存栏2680只，蛋产量11吨。

书 记：王 平（彝族）

主 任：昂文义（彝族）

副主任：毕劲锋（彝族）

【小箐村委会】 小箐村委会驻小箐村，土地面积21.71平方千米，辖3个村民小组、3个自然村，即：小箐、阿玉林、三家村。2009年末有625户2479人，其中：汉族631人，彝族1783人，其他民族65人。耕地801亩，实现经济总收入2004.34万元，粮食总产量1115吨，烤烟总产量24.5吨、产值37.1万元。全年大牲畜出栏127头（匹），肥猪出栏3692头，羊出栏857只，家禽出栏53010只；年末大牲畜存栏821头（匹），生猪存栏3120头，羊存栏2129只，家禽存栏45680只，蛋产量22吨。

书记、主任：年德富（彝族）

副 书 记：赵有兰（女）

副 主 任：年志刚（彝族）

办公室电话：7711468

【乐尔村村委会】 乐尔村村委会驻小箐村，土地面积9.54平方千米，辖4个村民小组、2个自然村，即：乐尔村、天生桥。2009年末有997户3253人，其中：汉族2789人，彝族464人。耕地1746亩，实现经济总收入2133.12万元，粮食总产量1295吨，烤烟总产量15.3吨、产值23.2万元。全年大牲畜出栏140头（匹），肥猪出栏4372头，羊出栏610只，家禽出栏63410只；年末大牲畜存栏945头（匹），生猪存栏3400头，羊存栏1465只，家禽存栏66850只，蛋产量26吨。

书记、主任：李明红

副 书 记：张树平（彝族）

副 主 任：毕红萍（女）

办公室电话：7710968

【和摩站村委会】 和摩站村委会驻和摩站村，土地面积19.35平方千米，辖4个村民小组、4个自然村，即：寺背后、和摩站、高石哨、石板哨。2009年末有770户2747人，其中：汉族2232人，彝族507人，其他民族8人。耕地3599亩，实现经济总收入1486.21万元，粮食总产量1225.5吨，烤烟总产量283.1吨、产值428.4万元。全年大牲畜出栏166头（匹），肥猪出栏3648头，羊出栏1265只，家禽出栏46510只；年末大牲畜存栏1232头（匹），生猪存栏2610头，羊存栏3685只，家禽存栏18520只，蛋产量24吨。

书记、主任：刘志生

副 书 记：彭季存

副 主 任：高自林

【站屯村委会】 站屯村委会驻站屯村，土地面积6.08平方千米，辖2个村民小组、1个自然村，即站屯。2009年末有443户1678人，其中：汉族1650人，彝族25人，其他民族3人。耕地1272亩，实现经济总收入1028.69万元，粮食总产量1329吨，烤烟总产量168.3吨、产值254.7万元。全年大牲畜出栏152头（匹），肥猪出栏1658头，羊出栏664只，家禽出栏32010只；年末大牲畜存栏852头（匹），生猪存栏1110头，羊存栏1542只，家禽存栏3210只，蛋产量23吨。

书记、主任：张建寿

副 书 记：郭祝先

副 主 任：王小启

（撰稿人：石林镇人民政府 杨俊涛）

板 桥 镇

【机构设置】 2009年板桥镇内设党政综合办公室、农林水综合服务中心、畜牧兽医服务中心、村镇规划建设服务中心和文化广播电视服务中心。年末有职工57人，其中：公务员22人，事业人员32人，工勤人员3人。

【行政区划】 板桥镇地处石林县城东南方，镇政府所在地板桥村委会马街距县城9千米。全镇辖板桥、黄家庄、矣马伴、龙溪、叠水、大叠水、青山、冒水洞、小戈丈、者乌龙、小屯、龙潭12个村委会，60个自然村，78个村民小组。

【自然状况】 全镇国土面积132.24平方千米，耕地面积24088.5亩，其中：水田14779.5亩，旱地9309亩。境内海拔在1500～2204米之间，年平均降雨量在600.3毫米。辖区内有享有“珠江第一瀑”美誉，落差96米，宽54米的大叠水瀑布。

【板桥镇招商分局】 2009年板桥镇招商分局由板桥镇人民政府牵头，县外宣办、县总工会协作组成。县下达招商任务数为2500万元，实际到位资金4238.62万元，实绩考核认定数为4760.02万元，完成任务数的190.4%。引进项目8个，即：石林县上冒水洞大团山采石厂到位资金479.98万元，石林红光采石场到位资金393.3万元，石林县杨老大农产品开发到位资金652.5万元，石林云昊养殖到位资金600.88万元，石林犇牛养殖园到位资金120.4

万元，石林金恒园艺绿化苗木基地到位资金57.39万元，板桥镇西瓜连片种植到位资金984.77万元，石林县昌利养殖场到位资金151.4万元；续建项目1个，即石林山河投资有限公司，新增注册资本金798万元。

【人口与计划生育】 2009年末全镇有10481户32828人，其中：农业人口31652人，非农业人口1176人；男性16475人，女性16353人；汉族27880人，彝族4735人，其他民族（白族、哈尼族、佤族、壮族、回族、傣族、苗族、傈僳族、拉祜族、纳西族、景颇族、瑶族、藏族、布朗族、阿昌族、怒族、普米族、德昂族、基诺族、蒙古族、水族、布依族）213人。全年出生271人，死亡43人，人口自然增长率5.18‰。全年新办农业人口《独生子女父母光荣证》21户，累计办证864户。计划生育率99.5%，综合节育率85.04%，“奖优免补”兑现率达100%。

【经济综述】 2009年全镇工农业总产值完成28192万元，其中：农业产值19188万元，工业产值9004万元。农村经济总收入完成19409.75万元，实现镇级财政收入883万元。农民人均纯收入4797.28元。

【农　业】 2009年以实施新型农民科技培训工程为重点，全面提升农民科技素质，提高农业综合生产能力，促进农村经济又好又快发展。全年组织开展水稻简化育秧、免耕栽培、多样性混栽、蜂巢式栽培、包谷“模式化”栽培和朝鲜蓟种植等培训78期（次），受训人员达8700余人次，发放科技宣传材料10000余份。根据各时期农事实际情况，及时组织种子、农药、农膜等物资供应，其中，水稻、包谷等良种3万余千克，水稻育苗盘2万盘，农药2000余千克。完成水稻种植11304亩，小麦10941亩，玉米9000亩，豆类13660.5亩，薯类3004.5亩，其他谷物6301.5亩。年末粮食总产量17162.5吨，人均有粮568.14千克，同比增长7.72%；蔬菜总产量18931.3吨，同比增长13.97%；水果总产量16887吨。圆满完成烟叶收购任务220万千克，均价15.17元，实现收购总产值3337.8万元。

年内种植核桃6024.5亩，甜柿512亩，西瓜2500亩；种植洋蓟2000亩，青菜和莲花白200亩，折耳根100亩，生姜100亩。

畜牧规模化养殖迅速发展，全镇有温氏养鸡82户，2009年畜牧业产值6432万元。全年大牲畜出栏1073头（匹），肥猪出栏27550头，山羊出栏8038只；年末大牲畜存栏10444头（匹），生猪存栏22628头，山羊存栏13549只。

农业基础设施得到进一步夯实，全年完成4个电排更新改造工程，实施小戈丈农开项目农田水利建设工程2件，开展清淤清障工作107件，投入120万元新建和修缮黑泥塘、初为村两个村小组的人饮改造工程和矣马伴片区小矣马伴供水管道工程。

2009年继续加强对林改工作的领导，积极配合上级做好配套改革工作，巩固林改成果，建立健全林改台账等资料，完善立卷归档工作，进一步强化对森林资源的保护和管理，严禁乱砍滥伐等破坏森林资源的违法行为。全年完成义务植树106850株，荒山造林400亩，样板林57亩，新建苗木基地516亩。

【乡镇企业】 2009年全镇有各类经营主体571户，其中：个体户494户，私营企业44户，内资企业27户，合作社6户。重点行业中有餐饮49户，食品经营类102户，食品生产类10户，种植养殖类30户，农药经营28户，种子经营23户，化肥经营19户。企业从业人员2215人，实现乡镇企业增加值3684万元。全年农村劳动力引导培训1314人，完成转移就业1197人，其中国外输出6人，实现国外输出零的突破。

【新农村建设】 2009年投资1826万元完成20.7千米的道路硬化和3.5千米的路基改造；投入809.79万元全面启动小屯村委会新农村建设整村推进项目、龙溪村委会重点扶贫村等项目建设；实施村庄亮化、美化、绿化工程，新建科技文化活动室2个；发展温氏养鸡73户，建盖养殖小区1200平方米；投入633.02万元（新农村建设资金200万元，群众自筹资金62.42万元，整合资金153.9万元，群众投工投劳、投料折资216.7万元）修建公厕1座、垃圾池2个、沼气池160口；投入42.3万元实施农业扶贫综合开发项目。

【集镇建设】 2009年投入40万元征地7.3亩新建集镇污水处理净化设施。投入350万元征地13.012亩完成集镇道路30米大街延长线建设。投入近1万元修缮5个集镇垃圾收集池和新建3个集镇垃圾收集池。拆除集镇沿街的临时商棚50户，拆除集镇规划区内违规建筑和无序建房36户901.37平方米。成立镇环卫站，投入35.5万元购买集镇垃圾清理车。板桥村委会马街3900米54盏路灯亮化工程全面完成。

【交通邮电】 全镇60个自然村已通公路，路面状况不断改善，12个村委会已开通乡村公交车，切实解决了人民群众行路难的问题。全年新装电话156部，年末镇内有固定电话1942部，安装宽带96户。年内全面实施有线电视“村村通”工程，完成了直播9号卫星236台的安装任务。

【科教文卫】 2009年举办各级各类培训班110期，培训人数达11000人次，发放烤烟栽培技术手册、防治艾滋病知识手册、《云南科技报》等8000余份。充分发挥养猪协会、食用菌协会、洋蓟协会和油桃协会的作用，带动全镇人民科学管理、科学养殖种植。

大力实施标准化建设，促进义务教育均衡发展。全镇共有教师312名，中小学生4136名。全年共投资2841.28万元用于镇中小学校标准化建设，其中建成教学用房7604.5平方米、生活用房8877.6平方米，极大地改善了全镇的办学条件，为全镇实施“集、靠、收”战略奠定了坚实基础。全镇五、六年级已集中到中学部就读，7个村小校点已撤并集中到村委会所在地的学校就读，实现了优质教育资源的整合与共享。

文化阵地建设明显加强，群众文化活动丰富多彩，投资12万元建成3个村级文化活动室。卫生体制改革得到深化，切实开展甲型H1N1流感防控工作，360人接种了甲型H1N1流感疫苗。开展爱国卫生运动，投入25.622万元购买集镇绿化水车。新型农村合作医疗工作有序开展，参合率达98.2%。

【民政残联】 2009年完成民居地震安全工程255户，其中：加固改造200户，拆除重建55户。发放救灾救济粮6325千克，各类定补、慰问、社会救灾救济款1202052元，衣服239套，棉被44床，毛毯3床。按时发放各种抚恤事业款613813元，各种社会福利救济款587470元，城乡困难群众一次性生活补贴款45220元。办理新型农村养老保险及“四全”普查共30072人。失业参保人数142人。全力推进殡葬改革工作，完成2个农村公益性公墓建设，开展“三沿五区”整治和辖区内“活人墓”平毁工作，平毁“活人墓”13家，种植藏柏9000株。广泛深入宣传殡葬改革政策，发放宣传材料3000余份、书籍1400册。

【精神文明及民主法制建设】 全年共创建文明单位14个，其中：省级文明单位（村）2个，市级文明单位（村）5个，县级文明单位（村）7个。镇、村两级通过文艺演出形式宣传法律法规知识10次，图片展出200余幅，发放宣传材料4万余份，进行广播宣传685次，播放创安、维稳宣传光碟83次。调处治安、民间纠纷和排查社会矛盾纠纷等256起，调解成功率达98%。年内全镇无邪教组织，未新增吸毒人员，安全生产事故为零，平安创建工作得到进一步巩固，保持了社会的和谐稳定。

【领导名录】

书　　记：毕少学（彝族）
副 书 记：殷　瑕（女）
　　　　　李　勇
镇　　长：殷　瑕（女）
副 镇 长：秦卫强（8月起）
　　　　　毕学林（彝族）
　　　　　余平波
人大主席：陈宇杰

村委会

【板桥村委会】 板桥村委会驻板桥集镇，海拔1661米，土地面积6.95平方千米，辖11个村民小组、6个自然村，即：邓家山、碧落甸、板桥马街、虎街、桃溪、新发。2009年末有1263户4097人，其中：汉族3808人，彝族275人，其他民族14人。耕地面积2806.5亩，全年经济总收入2978.35万元，农民人均纯收入4500元，粮食总产量1745吨，烤烟总产量30.8万千克。全年大牲畜出栏184头（匹），肥猪出栏2748头，羊出栏543只；年末大牲畜存栏1781头（匹），生猪存栏2061头，羊存栏1303只。

书　记：李炳兴
主　任：潘元林
副主任：张洪流
办公室电话：7742376

【小屯村委会】 小屯村委会驻小屯村，海拔1682米，土地面积15.43平方千米，辖12个村民小组、7个自然村，即：小屯、石哑口、大官庄、龙井沟、太平田、山田、张家坝塘。2009年末有1600户5266人，其中：汉族4679人，彝族550人，其他民族37人。耕地面积4187亩，全年经济总收入3383万元，农民人均纯收入4200元，粮食总产量2481.3吨，烤烟总产量33.1万千克。全年大牲畜出栏295头（匹），肥猪出栏3106头，羊出栏791只；年末大牲畜存栏829头（匹），生猪存栏3833头，羊存栏1282只。

书记、主任：谢有兴
副　书　记：严桂兰
副　主　任：雷从富
办公室电话：7743397

【龙潭村委会】 龙潭村委会驻小官庄村，海拔1707米，土地面积17.49平方千米，辖6个村民小组、6个自然村，即：初为村、小龙潭、慈门村、小官庄、黑泥塘、保家哨。2009年末有958户3127人，其中：汉族2895人，彝族213人，其他民族19人。耕地面积2114亩，全年经济总收入1639万元，农民人均纯收入4100元，粮食总产量1407吨，烤烟总产量16.3万千克。全年大牲畜出栏104头（匹），肥猪出栏2748头，羊出栏739只；年末大牲畜存栏805头（匹），生猪存栏2209头，羊存栏1390只。

书记、主任：陈跃平
副　书　记：王　汉
副　主　任：胡增云
办公室电话：7743305

【黄家庄村委会】 黄家庄村委会驻黄家庄村，海拔1660米，土地面积7.08平方千米，辖6个村民小组、4个自然村，即：黄家庄、段家坝、陈家田、安仁村。2009年末有农户755户2546人，其中：汉族2432人，彝族98人，其他民族16人。耕地面积2280亩，全年经济总收入1183.6万元，农民人均纯收入4200元，粮食总产量1663.7吨，烤烟总产量22.6万千克。全年大牲畜出栏135头（匹），肥猪出栏2315头，羊出栏525只；年末大牲畜存栏1031头（匹），生猪存栏2159头，羊存栏833只。

书记、主任：黄家礼
副　书　记：韩树仙（女）
副　主　任：段　华
办公室电话：7742445

【龙溪村委会】 龙溪村委会驻大龙溪村，海拔1645米，土地面积3.86平方千米，辖4个村民小组、4个自然村，即：大龙溪、小龙溪、板田、龙潭河。2009年末有535户1848人，其中：汉族1785人，彝族55人，其他民族8人。耕地面积1350亩，全年经济总收入1026万元，农民人均纯收入3950元，粮食总产量1008.5吨，烤烟总产量15.3万千克。全年大牲畜出栏24头（匹），肥猪出栏1917头，羊出栏664只；年末大牲畜存栏733头（匹），生猪存栏1459头，羊存栏1127只。

书记、主任：吴永红

副　书　记：李奉成
副　主　任：陆光林
办公室电话：7743588

【叠水村委会】　叠水村委会驻中村，海拔1657米，土地面积8.47平方千米，辖5个村民小组、5个自然村，即：小叠水、中村、洗洒海、秧田冲、大麦地。2009年末有348户1106人，其中：汉族1068人，彝族30人，其他民族8人。耕地面积772亩，全年经济总收入730万元，农民人均纯收入3950元，粮食总产量794.3吨，烤烟总产量12万千克。全年大牲畜出栏37头（匹），肥猪出栏1832头，羊出栏651只；年末大牲畜存栏612头（匹），生猪存栏1122头，羊存栏1168只。
书记、主任：吴荣慧
副　书　记：陆忠福
副　主　任：范家喻
办公室电话：7742390

【矣马伴村委会】　矣马伴村委会驻大矣马伴村，海拔1650米，土地面积13.98平方千米，辖7个村民小组、7个自然村，即：大矣马伴、小波落黑、西林村、大马鞍山、小马鞍山、小矣马伴、海巴地。2009年末有1042户3364人，其中：汉族3005人，彝族324人，其他民族35人。耕地面积2720亩，全年经济总收入2078万元，农民人均纯收入4100元，粮食总产量1851吨，烤烟总产量20.7万千克。全年大牲畜出栏125头（匹），肥猪出栏2511头，羊出栏684只；年末大牲畜存栏986头（匹），生猪存栏1940头，羊存栏1134只。
书　记：李树有
主　任：董贵金
副主任：杨云红
办公室电话：7743386

【青山村委会】　青山村委会驻青山口村，海拔1705米，土地面积7.92平方千米，辖10个村民小组、7个自然村，即：三家村、小色多、杨福村、青山口、周家村、段家村、吴家村。2009年末有1059户3456人，其中：汉族2642人，彝族789人，其他民族25人。耕地面积2391亩，全年经济总收入1995万元，农民人均纯收入4300元，粮食总产量1882.2吨，烤烟总产量28.1万千克。全年大牲畜出栏111头（匹），肥猪出栏3012头，羊出栏708只；年末大牲畜存栏904头（匹），生猪存栏2507头，羊存栏1316只。
书记、主任：李　雄
副　书　记：郑立学
副　主　任：周福章
办公室电话：7742394

【小戈丈村委会】　小戈丈村委会驻小戈丈村，海拔1705米，土地面积3.74平方千米，辖3个村民小组、1个自然村，即小戈丈村。2009年末有551户1836人，其中：汉族1624人，彝族200人，其他民族12人。耕地面积1307.5亩，全年经济总收入1224万元，农民人均纯收入4200元，粮食总产量1334.3吨，烤烟总产量11.1万千克。全年大牲畜出栏112头（匹），肥猪出栏2104头，羊出栏427只；年末大牲畜存栏839头（匹），生猪存栏1573头，羊存栏725只。
书记、主任：杨汉辉
副　书　记：罗进明
副　主　任：鲁有仙（女）
办公室电话：7742391

【冒水洞村委会】　冒水洞村委会驻上冒水洞村，海拔1730米，土地面积29.75平方千米，辖5个村民小组、3个自然村，即：上冒水洞、下冒水洞、大湾箐。2009年末有623户2155人，其中：汉族401人，彝族1736人，其他民族18人。耕地面积2228亩，全年经济总收入1481万元，农民人均纯收入3950元，粮食总产量1383吨，烤烟总产量8.4万千克。全年大牲畜出栏11头（匹），肥猪出栏1982头，羊出栏1282只；年末大牲畜存栏900头（匹），生猪存栏1457头，羊存栏1997只。
书记、主任：罗家祥
副　书　记：李松峰（彝族）
副　主　任：方　宏（彝族）
办公室电话：7742392

【者乌龙村委会】　者乌龙村委会驻大者乌龙村，海拔1674米，土地面积4.68平方千米，辖5个村民小组、3个自然村，即：大者乌龙、小者乌龙、山咀。2009年末有644户2209人，其中：汉族1977人，彝族223人，其他民族9人。耕地面积1696亩，全年经济总收入1388万元，农民人均纯收入4500元，粮食总产量1283.5吨，烤烟总产量20.9万千克。全年大牲畜出栏4头（匹），肥猪出栏2315头，羊出栏536只；年末大牲畜存栏669头（匹），生猪存栏1628头，羊存栏662只。
书记、主任：姚树祥
副　书　记：唐文云
副　主　任：韩永云
办公室电话：7742209

【大叠水村委会】　大叠水村委会驻陷塘村，海拔1657米，土地面积7.79平方千米，辖4个村民小组，4个自然村，即：大叠水、陷塘、小狗黑地、小团山。2009年末有181户659人，其中：汉族606人，彝族48人，其他民族5人。耕地面积242亩，全年经济总收入303万元，农民人均纯收入3995元，粮食总产量328.7吨，烤烟总产量0.7万千克。全年大牲畜出栏4头（匹），肥猪出栏1134头，羊出栏488只；年末大牲畜存栏355头（匹），生猪存栏680头，羊存栏612只。
书　记：沈家才
主　任：李树生
副主任：普家兴
（撰稿人：板桥镇人民政府 代新林）

长　湖　镇

【机构设置】　2009年长湖镇内设党政综合办公室、农林水综合服务中心、文化广播电视服务中心、村镇规划建设服务中心和畜牧兽医服务中心。全镇有职工69人，其中：公务员26人（含财政所5人，其中：借调1人），工勤人员2人，事业人员29人（借调2人），事业工人12人。年内，长湖镇荣获云南省和谐乡镇评选组委会、云南经济日报社评选的“云南省首届和谐乡镇”荣誉，被昆明市人民政府命名为“2009年烤烟生产收购表扬乡镇”，被昆明市人民政府第二次全国农业普查领导小组命名为“昆明市第二次全国农业普查先进集体”；唐文才被省人力资源与社会保障厅、省教育厅命名为“云南省优秀教师”，杨志英家庭被云南省总工会、昆明市总工会表彰为省、市“和谐家庭”。

【行政区划】 长湖镇地处石林县境中部，镇政府所在地维则村距县城17.5千米。全镇辖雨胜、祖莫、维则、所各邑、豆黑、舍色、宜政、蓑衣山、海宜、乍龙10个村委会，40个村民小组，31个自然村。

【自然状况】 全镇土地面积299.01平方千米，其中有耕地82216亩、林地233916亩，森林覆盖率49.59%。2009年年平均气温17.9℃，降雨量653.7毫米，降雨85天。境内海拔最高点窝子山2071米，海拔最低点塘上1880米。地处石林县岩溶发育的中心部位，全镇皆为典型的喀斯特地貌，多为一些宽缓的垄岗、山丘和洼地，岗顶石灰岩裸露，洼地漏斗溶隙较多，其间有长湖、圆湖等溶蚀潜流性盆地。

【长湖镇招商分局】 2009年长湖镇招商分局由长湖镇人民政府牵头，县民政局、县残联协作组成。全年引进项目6个，引资4970万元，其中：狮山生态陵园1627.5万元，长湖35千伏变电站项目1147.2万元，云南神农育种有限公司圆湖PIC种猪场续建项目519万元，石林县电信网络建设项目523.5万元等，完成情况占目标任务数2500万元的198.8%。

【人口与计划生育】 2009年末全镇有人口4768户16969人，其中：农业人口16424人，非农业人口545人；男性8505人，女性8464人；彝族15907人，占总人口的93.74%，汉族1052人，其他民族（白族、苗族、哈尼族、壮族、傣族、回族）10人。全年出生93人，死亡23人；人口自然增长率0.94‰；全年新办《独生子女父母光荣证》10户，累计办证527户。

【经济综述】 2009年全镇工农业总产值完成15861万元，其中：工业总产值991万元，农业总产值14870万元。农村经济总收入完成13273.01万元，农民人均纯收入2794元。全年财政收入1032.08万元，其中：工商税收入157.49万元，烟叶税收入874.59万元。

【农　业】 2009年完成粮食种植面积59871亩，产量13350吨、产值2700万元。测土配方取土、送检及录入169个点；承办国家农业部玉米“百千万”工程样板1701亩，亩产量807.6千克，总产量137.37万千克、产值240.4万元；承办云南省“马铃薯免耕高产栽培”样板309亩，亩产量1077.76千克，总产量33.3万千克。

种植烤烟16670亩，收购烟叶255.521万千克，均价15.56元（含出口备货），实现烤烟生产总值3975.90万元，比上年增4.3%，户均收入9599元，人均烤烟收入2351元。

全年大牲畜出栏1669头（匹），肥猪出栏19243头，山羊出栏16530只；年末大牲畜存栏7876头（匹），生猪存栏19462头，山羊存栏32352只；鲜奶产量1560吨，发展肉鸡温氏联合养殖50户，云南神农圆湖PIC种猪场进一步发展壮大，实现畜牧业产值4886.5万元。

水果投产5881.8亩，产量175.4万吨、产值461.93万元（含雪莲果、人参果）；种植疏菜2852亩，产量325.49万千克、产值372.67万元。

完成集体林权制度改革后续工作，确权236771.09亩，其中：公益林205075.5亩，商品林31695.59亩。防护林工程3001亩，义务植树9.6万株。在豆黑、所各邑、舍色及乍龙4个村委会种植核桃3032.97亩，落实长期护林人员58人，临时护林员4153人，清理查处各类违法案件28件，罚金29206元。

投入各类资金514.89万元，加大农业、农村工作的基础建设，其中：配套物资93.48万元，完成“一池三改”沼气建设544户；实施项目补助19.9万元，建成乡村沼气服务网点7个，镇级沼气服务网点1个；投资122.51万元完成生产水窖126个，家庭水窖21个，人饮抽水站改造、老水池处漏、人饮管道改造等6项工程；争取中央、市、县三级项目资金280万元，承办国家级品种区域试验“云南省昆明市农作物品种区域试验站”项目建设100亩，涉及农户76户。

【乡镇企业】 全镇有290户个体私营经济，其中：农业经济1个，工业企业3个，交通运输业96个，批发零售159个，餐饮业24个，其他7个。2009年，

企业从业人员985人，实现乡镇企业增加值1207万元，工业总产值991万元，实交税金119万元，完成营业收入2258万元。输出农村富余劳动力641名，镇社会保障事务所标准化建设验收达标。

【新农村建设】 2009年共投资874.85万元，完成集镇建设、地震民居安全工程、扶贫村项目建设工程及城乡园林绿化工程。其中：投资537.29万元，完成集镇相关建设；投资108.8万元，完成地震民居安居工程拆除重建60户、残疾人危房拆除重建8户、加固200户；投资52.5135万元，完成祖莫扶贫村项目建设；投资168.4万元完成城乡园林绿化任务，植树850亩96000株，完成机耕路绿化3000米，实施行政村绿地系统建设工程3个，完成“五采区”关停与绿化1个，植被恢复1个，创建绿色庭院10个，绿色家庭16户。

【科教文卫】 2009年举办绿证培训6期180人，农函大专业技术培训1期110人，实用技术培训90期11000人次。实施玉米品种区域示范区76亩，亩产810千克；玉米套种马铃薯309亩，产值25万元；杂交（早实）核桃良种选育及区域试验示范100亩；推广“云麻一号”100亩，试种“云麻二号”、“云麻四号”、“YM39”号、“YM102—B”各10亩。

长湖镇中心学校共设1个初中部，1个完小校点，9个村委会校点。共有在职教职工168人，学生2424人。2009年，初中毕业班升学成绩创历年最高，47名学生升入普通高中，普高升学率为44.34%，小学毕业考试排名全县乡（镇）第一；投资10.2万元完成所各邑小学师生宿舍并投入使用。

文化事业进一步发展，成功承办中国石林国际火把节长湖分会场活动；投资45万元新建镇文化广播电视服务中心；投资69.637万元，完成祖莫、窝子山科技文化活动室建设；建文化信息“资源共享”工程1个，“农家书屋”工程2个，“农民健身”工程4个，在全镇5个村委会16个村460户实施“农村广播电视村村通”工程。

投资160万元1181平方米的卫生院业务用房竣工并投入使用，乡村卫生所覆盖全镇各村；参加农村医疗保险16106人，参合率达98.06%，住院补偿报销1656人，补偿金额1539156.06元；门诊补偿8569人，补偿金额75156.16元；启动宜政、海宜和蓑衣山3个村级卫生室新农合补偿报销点。

【精神文明及民主法制建设】 2009年继续在全镇范围开展“十星级文明户”和文明单位（村）创建活动，全镇3906户参与创建活动，占总户数的94.03%。年内，创建县级文明单位5个，文明村2个；届期内有省级文明村1个，市级文明单位1个，文明村1个；县级文明单位7个，县级文明村4个。办结县、镇人大代表议案、建议21件，满意率达100%。全年排查调处社会矛盾和民事纠纷14件，查破刑事案件9件，打处15人，治安案件71件。

【民政残联】 2009年投资64.85万元，完成小燕山公墓规划面积150亩，完成土地平整及相关配套工程24亩，可安置墓穴3500个；投资54000元，重建倒塌损坏民房18户；发放救灾粮17000千克，救济灾民343户1378人；发放救济款6000元，救助困难群众75户182人；救灾款6000元，救助灾民77户385人；发放低保金711440元，低保388户1032人；发放棉被80床，棉大衣85件，上棉衣120件，单衣250套；发放救助金8000元，实施残疾人危房改造8户。

【交通邮电】 昆河公路、九石阿旅游专线、昆泸公路及新建的石锁公路穿越境内，与各乡村公路相连接，形成四通八达、纵横交错的交通网络。固定电话用户1336户，新增移动电话用户400户。

【领导名录】

书　　记：黄玉林（彝族）
副 书 记：宗家富
副书记兼纪委书记：赵相平
镇　　长：宗家富
人大主席：王谷明（6月止）
　　　　　刘春泉（7月起）
副 镇 长：张　灿（彝族）
　　　　　曾跃祥（4月止）
　　　　　杨志华（彝族，4月起）
　　　　　刘云芬（女）

村委会

【雨胜村委会】 雨胜村委会驻雨胜村，海拔1985米，土地面积42.25平方千米，辖2个村民小组、2个自然村，即：雨胜村、宜普勒村。2009年末有541户2117人，其中：彝族2109人，汉族8人。有耕地面积5668.5亩，经济总收入1764.7148万元，粮食产量1652.2吨，烤烟产量24.9431万千克、产值384.6226万元。全年大牲畜出栏178头（匹），肥猪出栏2082头，山羊出栏1993只；年末大牲畜存栏955头（匹），生猪存栏1695头，山羊存栏3902只。

书记、主任：金　成（彝族）
副 书 记：普绍祥（彝族）
副 主 任：高玉辉（彝族）
办公室电话：7734059

【祖莫村委会】 祖莫村委会驻祖莫老四社，海拔1930米，土地面积33.35平方千米，辖8个村民小组、7个自然村，即：窝子山、关阳洞、的玛尼、山脚、祖莫村、小团山、松园口。2009年末有450户1654人，其中：彝族1309人，汉族343人，其他民族2人。有耕地面积3826.5亩，经济总收入1184.0262万元，粮食产量1317.5吨，烤烟产量24.9431万千克、产值383.3754万元。全年大牲畜出栏169头（匹），肥猪出栏1906头，山羊出栏2351只；年末大牲畜存栏857头（匹），生猪存栏1623头，山羊存栏4608只。

书　记：高文华（彝族）
主　任：高兴文（彝族）
副主任：毕　磊（彝族）
办公室电话：7734043

【维则村委会】 维则村委会驻维则村，海拔1900米，土地面积26.27平方千米，辖5个村民小组、1个自然村，即：维则村。2009年末有352户1269人，其中：彝族1221人，汉族48人。有耕地面积4738.5亩，经济总收入1013.5802万元，粮食产量1088.8吨，烤烟产量22.6727万千克、产值351.2001万元。全年大牲畜出栏233头（匹），肥猪出栏1856头，山羊出栏798只；年末大牲畜存栏567头（匹），生猪存栏3300头，山羊存栏1556只。

书　记：杨　洪（彝族）
主　任：杨　忠（彝族）
副主任：毕继华（彝族）
办公室电话：7734063

【所各邑村委会】　所各邑村委会驻所各邑村，海拔1890米，土地面积23.91平方千米，辖3个村民小组、3个自然村，即：老寨、新寨、大平地。2009年末有315户1220人，其中：彝族1212人，汉族8人。有耕地面积3037.5亩，经济总收入1386.5839万元，粮食产量1059.5吨，烤烟产量20.4024万千克、产值314.1969万元。全年大牲畜出栏129头（匹），肥猪出栏1368头，山羊出栏1252只；年末大牲畜存栏729头（匹），生猪存栏1372头，山羊存栏2456只。

书记、主任：毕正学（彝族）
副　书　记：毕正明（彝族）
副　主　任：黄绍光（彝族）
办公室电话：7734047

【豆黑村委会】　豆黑村委会驻豆黑村，海拔1875米，土地面积22.38平方千米，辖5个村民小组、2个自然村，即：豆黑村、戈衣黑村。2009年末有384户1549人，其中：彝族1538人，汉族9人，其他民族2人。有耕地面积3094.5亩，经济总收入1520.4477万元，粮食产量1132.6吨，烤烟产量19.0691万千克、产值295.3803万元。全年大牲畜出栏140头（匹），肥猪出栏1902头，山羊出栏1258只；年末大牲畜存栏766头（匹），生猪存栏1836头，山羊存栏2458只。

书记、主任：黄志成（彝族）
副　书　记：毕永明（彝族）
副　主　任：黄万祥（彝族）
办公室电话：7735352

【舍色村委会】　舍色村委会驻舍色村，海拔1887米，土地面积31.73平方千米，辖6个村民小组、2个自然村，即：舍色村、宜邑村。2009年末有490户1899人，其中：彝族1844人，汉族54人，其他民族1人。有耕地面积6703.5亩，经济总收入1753.9712万元，粮食产量1668.2吨，烤烟产量28.7781万千克、产值449.5139万元。全年大牲畜出栏191头（匹），肥猪出栏2056头，山羊出栏2073只；年末大牲畜存栏833头（匹），生猪存栏2036头，山羊存栏4053只。

书记、主任：张建学（彝族）
副　书　记：普志光（彝族）
副　主　任：李建才（彝族）
办公室电话：7735351

【宜政村委会】　宜政村委会驻大海子，海拔1992米，土地面积36.24平方千米，辖3个村民小组、3个自然村，即：老寨、大海子、阿着底，2009年末有528户1975人，其中：彝族1667人，汉族305人，其他民族3人。有耕地面积7108.5亩，经济总收入1746.7583万元，粮食产量1560.2吨，烤烟产量18.1474万千克、产值285.2771万元。全年大牲畜出栏169头（匹），肥猪出栏1978头，山羊出栏1306只；年末大牲畜存栏834头（匹），生猪存栏1835头，山羊存栏2553只。

书记、主任：王同明（彝族）
副　书　记：李华明
副　主　任：毕绍生（彝族）
办公室电话：7735155

【蓑衣山村委会】　蓑衣山村委会驻新寨，海拔1918米，土地面积24.48平方千米，辖3个村民小组、3个自然村，即：老寨、新寨、塘上。2009年末有429户1674人，其中：彝族1583人，汉族91人。有耕地面积1681.9亩，经济总收入1566.8843万元，粮食产量1199.8吨，烤烟产量26.6231万千克、产值416.1190万元。全年大牲畜出栏174头（匹），肥猪出栏1936头，山羊出栏2026只；年末大牲畜存栏812头（匹），生猪存栏1987头，山羊存栏3958只。

书　记：李绍成（彝族）
主　任：李文宏
副主任：赵永红（彝族）
办公室电话：7735305

【海宜村委会】　海宜村委会驻老海宜，海拔2000米，土地面积40.32平方千米，辖3个村民小组、5个自然村，即：老海宜、新海宜、三台山、畜牧场、瓦窑，2009年末有544户1902人，其中：彝族1830人，汉族72人。有耕地面积5876.4亩，经济总收入737.3433万元，粮食产量1562.1吨，烤烟产量34.9710万千克、产值540.3019万元。全年大牲畜出栏161头（匹），肥猪出栏2356头，山羊出栏1687只；年末大牲畜存栏926头（匹），生猪存栏2046头，山羊存栏3305只。

书记、主任：张霖祥（彝族）
副　书　记：何永德（彝族）
副　主　任：黄德光（彝族）

【乍龙村委会】　乍龙村委会驻大乍龙，海拔1967米，土地面积18.08平方千米，辖2个村民小组、3个自然村，即：大乍龙、小乍龙、金子寨。2009年末有323户1207人，其中：彝族1200人，汉族6人，其他民族1人。有耕地面积2832亩，经济总收入598.7005万元，粮食产量1109.1吨，烤烟产量34.9710万千克、产值555.3394万元。全年大牲畜出栏125头（匹），肥猪出栏1803头，山羊出栏1786只；年末大牲畜存栏597头（匹），生猪存栏1732头，山羊存栏3503只。

书记、主任：毕光明（彝族）
副　书　记：赵卫学（彝族）
副　主　任：金和祥（彝族）
（撰稿人：长湖镇人民政府 万秀芬）

圭山镇

【机构设置】　2009年圭山镇内设党政综合办公室、农林水综合服务中心、文化广播电视服务中心、村镇规划建设服务中心、畜牧兽医服务中心、便民服务中心。年末全镇有干部职工 71 人，其中：公务员 23 人，事业单位专业技术人员 35 人，事业单位管理人员 2 人，事业单位工人 5 人，机关工人 6 人。2009 年圭山镇被省爱卫办授予“云南省卫生乡（镇）”，被昆明市政府授予“烤烟生产收购先进乡（镇）”，被昆明市委市政府授予“国际人类学与民族学联合会第十六届大会筹办工作昆明市先进集体”；糯黑村被省爱卫办授予“云南省卫生村”；圭山镇中心学校被市政府授予“2008 年度昆明市群众性精神文明创建活动先进单位”荣誉称号。

【行政区划】 圭山镇位于石林县境东南部，镇政府所在地海邑村距县城 36 千米。东部和南部分别与泸西县、弥勒县接壤，北部与陆良县、西街口镇接壤，西部与长湖镇相连。全镇辖海邑、蝴蝶、小板田、红路口、水补衣、矣维哨、法块、普拉河、和合、小圭山、尾乍黑、当甸、糯黑、额冲衣 14 个村民委员会，53 个村民小组，53 个自然村。

【自然状况】 2009 年全镇土地面积 320.43 平方千米，有耕地面积 40876.1 亩，农民人均占有耕地 1.74 亩，80% 的土壤为中性偏酸红土壤。森林覆盖率为 51.28%，最高海拔老圭山 2601.4 米，最低海拔小圭山 1236 米。年平均气温 13.2℃，最冷月（1 月）平均气温 5.9℃，最热月（7 月）平均气温为 19.5℃。年降雨量 900～1000 毫米。境内有煤、铁、铅、锌、硫等矿藏及海棠石、花岗岩、青石等石材，以煤、青石为最佳。

【圭山镇招商分局】 圭山镇招商分局由圭山镇人民政府牵头，县煤管办协作组成。2009 年县下达圭山镇招商引资任务 4000 万元，实际引进项目 6 个，到位资金 4207.17 万元。其中：海邑电煤中转站 900 万元，祥兴煤矿新增固定资产 1176.65 万元，发昌煤焦福利加工厂新增注册资金 360 万元，赫石工贸有限公司 280 万元，石林盛丰煤业有限公司新增固定资产 684.12 万元，蓝莓种球及百合种球繁育基地建设 806.4 万元。

【人口与计划生育】 2009 年末全镇有人口 7315 户 24811 人，其中：男性 12899 人，女性 11912 人；农业人口 23630 人，非农业人口 1181 人；汉族 10190 人，彝族 14093 人，其他民族（苗族、壮族、回族、傣族、白族、哈尼族、拉祜族、瑶族、布依族）528 人。全年出生 232 人，死亡 94 人，计划生育率达 100%，《生育证》发证合格率达 100%，人口自然增长率 6.52‰。全年新办农业人口《独生子女父母光荣证》5 户，累计办证 703 户。

【经济综述】 2009 年全镇工农业总产值完成 74286 万元，其中：工业总产值达 55476 万元，农业总产值 18810 万元。农村经济总收入 8998.27 万元。完成本级财政收入 1958.1 万元，增长 17.5%。乡镇企业实交税金 1054 万元。农民人均纯收入 2552 元。

【农　业】 圭山镇是一个以旱粮生产为主的典型山区农业大镇。2009 年粮食总产量 1618.8 万千克，产值 3292 万元；水果产量 405.4 万千克，产值 1184 万元；蔬菜产量 450.1 万千克，产值 616 万元。大春播种面积 48254 亩，产量 1463.4 万千克；晚秋作物 25334 亩，产量 155.4 万千克。加大绿色产业扶持力度，大力发展优势产品。推广百合花 296 亩、万寿菊 118 亩，三七 2060 亩、甜脆玉米 780 亩、优质马铃薯 5000 亩、玉米百千万工程 6100 亩。

农业机械化水平不断提高，全年共组织下乡农机技术人员 48 人次，共有 2950 台农业机械投入农田作业，获中央财政农业机械购置补贴配置资金 19 万元，实际完成补贴资金 19.01 万元。派遣农机安全生产宣传人员 131 人次，出动宣传车 29 车次，共签订 2496 份农机交通安全责任书。

全镇种植烤烟品种为云烟 $_{87}$，完成 16750 亩 256.77 万千克（其中出口备货烟叶 16 万千克）的种植收购任务，均价达 15.56 元，总产值 3996.55 万元，居全县第一。农民户均烤烟收入 11827.61 元，比上年增 1522.65 元。

全年大牲畜出栏 2246 头（匹），生猪出栏 26786 头，羊出栏 17962 只，家禽出栏 380210 只，鲜奶产量 185.1 万千克；年末大牲畜存栏 11510 头（匹），生猪存栏 24138 头，羊存栏 32433 只，家禽存栏 161126 只，禽蛋产量 78 吨。积极发展温氏养鸡，完成 49 户新建设任务。全镇 704 户 1219 头能繁母猪参与投保，参保金额 14628 元。

采取超常规措施深入整治煤矿山私挖滥采行为，共查处私挖滥采人员 43 人、非法拉煤车 23 辆、非法开采工具 108 余件，炸封非法采煤点 428 处、人工填封 87 处、拆除坑木 1100 根、没收非法开采煤炭 48 吨，私挖滥采现象得到有效遏制。拆临拆违 267.68 平方米。

完成义务植树 14.9 万株；完成核桃种植 276 亩，新建苗木基地 200 余亩；完成机耕路绿化 3 千米；完成攀缘植物种植 1 万株 45.4 亩，查处林政案件 29 起；创建绿色机关 2 个、绿色学校 2 个、绿色家庭 10 个、绿色庭院 10 个。

【新农村建设】 全年启动基础设施建设项目 66 个，累计投资 4441.39 万元。海当（海邑—当甸）公路硬化，实施人畜饮水工程 5 件，村级公益事业建设“一事一议”财政奖补项目 25 个，扶贫村项目 14 个，农村文化室建设 5 个，完成 3 个村简易客运点建设、200 户农村民居抗震房的加固改造和 50 户农村民居抗震房拆除重建，50 户农村危房改造项目顺利推进，完成“一池三改”533 户、农村沼气服务网(点)5 个。糯黑、海邑新农村建设整村推进项目圆满完成。顺利实施圭山镇兽医站、计划生育服务所、标准化文化站和农村沼气网点建设 4 个扩大内需中央投资项目。海邑新寨至下海子 30 米大街，供销社农产品交易市场及圭山汽修汽配，洋芋交易市场开工建设。彝嘉醇酒厂改扩建项目，圭山污水处理系统建设积极推进。圭山“全国环境优美乡镇”及糯黑“国家级生态示范村”通过国家环保部评审。

【乡镇企业】 2009 年有乡镇企业 751

个，从业人员6560人，实现乡镇企业增加值16403万元，非公经济增加值14900万元，工业生产总值55476万元，实交税金1270万元。全年农村富余劳动力转移输出1078人，其中：省外85人，省内县外186人，县内807人。

【科教文卫】 加大科普培训体系、农业科技推广体系、社会化服务体系建设，巩固和发展科普创建成果。年内共举办农村适用技术培训100期10050人次，农函大培训2期102人，“两后双百”培训2班101人，骨干培训42期4532人，村级培训58期5518人。加强科技宣传，共发放各种宣传资料10000份，现场咨询指导35人次，科普展板40块次，并对140户科技示范户、20户典型示范户进行跟踪服务。

全面普及九年义务教育，“两免一补”政策得到落实，“两基”成果进一步巩固。年底有教职工244人，其中专任教师222人，有学生2800人。

全年电影下乡放映168场次；监督、安装农村“卫星直播”电视网络1014户；组织开展综合大型文化体育活动7次，分别是：1月24日组织20人参加烟草杯文化比赛，获一等奖；1月27日组织28人参加县文艺表演，演出节目《四季忙丰收》、《党的政策扎扎呀》；7月21日组织24人到昆明参加全国老年人健身大会开幕式文艺演出；8月14日组织60人鼓号队参加2009年石林国际火把节入场仪式；8月15日组织9名运动员参加2009年中国石林国际火把节女子摔跤比赛，获第三名；9月10~11日，镇文广中心黄文英代表昆明市代表队参加云南省歌、舞、乐展演比赛，获铜奖；10月1日，组织40人文艺队参加石林县祖国60华诞庆典文艺演出。

镇内有卫生院1所、卫生室14所。加强新型农村合作医疗工作，全镇参合22135人，参合率达100%，补偿报销医疗费用253.25万元。全年门诊2.3万人次，住院1600例，业务总收入143万元。

【交通邮电】 九石阿旅游专线境内通过，完成豆金线改造、阿黑风情商贸街改扩建工程，并对集镇配套了排污、环卫、路灯、视频监控等设施；完成海当公路硬化；实行电信“村村通”工程，邮政业务完成汇款156853.8元，取款122963.2元，实现收入3800元。年内新增电话用户27户，年末电话用户达1663户。

【精神文明及民主法制建设】 2009年圭山集镇成功创建为市级文明小城镇，创建县级文明单位（村）5个；届期内有市级文明村1个，县级文明单位8个。全镇设人民调解委员会15个，调解领导小组15个，人民调解员128人。全年普法宣传16期，参学人数19964人，参学率达80%；法律咨询182次，接待来访56次。受理社会热点难点及各类民间纠纷178件，调解78件，调解率达100%；调解成功171件，未成功7件，成功率达96.1%。切实做好刑释解教人员的安置帮教工作，全镇共帮教35人，社区矫正23人。举行大规模巩固“平安圭山”知识宣传4次，发放各类宣传材料8000余份。

【民政残联】 全年办理城市低保15户，发放救灾救济、抚恤金41万元，救灾救济粮16625千克。残疾人技能培训108人次，完成15户残疾人贫困危房改造，为14个村委会设置了残疾人联络员。

【领导名录】

书　　记：李雄彬（彝族，7月起）
副 书 记：姬卫国（7月起）
副书记兼纪委书记：赵保祥（3月起）
代理镇长：姬卫国（7月起）
人大主席：王谷明（7月起）
副 镇 长：槐以东
毕晓红（女，彝族，3月起）

村委会

【海邑村委会】 海邑村委会驻新寨村，土地面积21.51平方千米，海拔1906米，海邑村委会辖4个村民小组、4个自然村，即：新寨、中寨、老寨、下海子。2009年末有503户2020人，其中：汉族1293人，彝族702人，其他民族25人。耕地面积2875.5亩，实现经济总收入802.3万元，粮食总产量达1933吨，烤烟总产量151.91吨，均价15.49元、产值235.31万元。全年大牲畜出栏456头（匹），肥猪出栏5395头，羊出栏1275只，家禽出栏105120只；年末大牲畜存栏1082头（匹），生猪存栏3385头，羊存栏2421只，家禽存栏32560只；实现禽蛋产量69吨，鲜奶产量139吨。

书记、主任：杨建能
副 书 记：王张福（彝族）
副 主 任：杨崇文

【蝴蝶村委会】 蝴蝴村委会驻蝴蝶村，土地面积18.61平方千米，海拔2115米，辖2个村民小组、2个自然村，即：蝴蝶村、铁厂。2009年末有301户1190人，其中：汉族9人，彝族1180人，其他民族1人。耕地面积4845.15亩，实现经济总收入481.5万元，粮食总产量1933吨，烤烟总产量113.184吨，均价15.33元、产值173.51万元。全年大牲畜出栏158头（匹），肥猪出栏1270头，羊出栏1161只，家禽出栏37693只；年末大牲畜存栏632头（匹），生猪存栏1420头，羊存栏2095只，家禽存栏16934只；禽蛋产量4.1吨，鲜奶产量143吨。

书记、主任：昂玉光（彝族）
副 书 记：昂仕彬（彝族）
副 主 任：毕　高（彝族）

【小板田村委会】 小板田村委会驻小板田中寨，土地面积17.81平方千米，海拔2008米，辖3个村民小组、3个自然村，即：店房、小板田中寨、小板田老寨。2009年末有298户1123人，其中：汉族679人，彝族436人，其他民族8人。耕地面积2799亩，实现经济总收入457.8万元，粮食总产量1127吨，烤烟总产量168.281吨，均价15.2元、产值255.8万元。全年大牲畜出栏115头（匹），肥猪出栏1620头，羊出栏 1100 只，家禽出栏 9640 只；年末大牲畜存栏 760 头（匹），生猪存栏 1450 头，羊存栏 1792 只，家禽存栏 13975 只；禽蛋产量 3.5 吨，鲜奶产量 113 吨。

书记、主任：虎剑祥（彝族）

副 书 记：冯光辉

副 主 任：黄志祥（彝族）

【红路口村委会】 红路口村委会驻红路口村，土地面积 29.49 平方千米，海拔 2125 米，辖 3 个村民小组、3 个自然村，即：红路口、口子上、双龙箐。2009 年末有 325 户 1296 人，其中：汉族 695 人，彝族 585 人，其他民族 16 人。耕地面积 3757.95 亩，实现经济总收入 383.1 万元，粮食总产量 1268 吨，烤烟总产量 114.608 吨，均价 15.17 元、产值 173.9 万元。全年大牲畜出栏 149 头（匹），肥猪出栏 1620 头，羊出栏 1136 只，家禽出栏 31466 只；年末大牲畜存栏 940 头（匹），生猪存栏 1596 头，羊存栏 1960 只，家禽存栏 14300 只；禽蛋产量 4.2 吨，鲜奶产量 118 吨。

书记、主任：窦兴荣（彝族）

副 书 记：普跃兰（女，彝族）

副 主 任：李国先（彝族）

【水补衣村委会】 水补衣村委会驻水补衣村，土地面积 12.81 平方千米，海拔 2150 米，辖 3 个村民小组、3 个自然村，即：水补衣、汪家河、洗洒衣。2009 年有 303 户 1154 人，其中：汉族 860 人，彝族 283 人，其他民族 11 人。耕地面积 1858.5 亩，实现经济总收入 380.5 万元，粮食总产量 1133 吨，烤烟总产量 215.121 吨，均价 15.8 元、产值 399.9 万元。全年大牲畜出栏 115 头（匹），肥猪出栏 1630 头，羊出栏 1100 只，家禽出栏 9640 只；年末大牲畜存栏 847 头（匹），生猪存栏 1865 头，羊存栏 2117 只，家禽存栏 15094 只；禽蛋产量 4.8 吨，鲜奶产量 119 吨。

书 记：汪 洪

主 任：岳增兴

副主任：陈建华

【矣维哨村委会】 矣维哨村委会驻矣维哨村，土地面积 29.68 平方千米，海拔 2095 米，辖 3 个村民小组、3 个自然村，即：矣维哨、立马村、前哨。2009 年末有 404 户 1623 人，其中：汉族 69 人，彝族 1552 人，其他民族 2 人。耕地面积 3210 亩，实现经济总收入 612.2 万元，粮食总产量 1667 吨，烤烟总产量 181.949 吨，均价 15.58 元、产值 283.48 万元。全年大牲畜出栏 89 头（匹），肥猪出栏 1529 头，羊出栏 1402 只，家禽出栏 39670 只；年末大牲畜存栏 645 头（匹），生猪存栏 1500 头，羊存栏 1970 只，家禽存栏 17028 只；禽蛋产量 5.4 吨，鲜奶产量 121 吨。

书记、主任：黄正开（彝族）

副 书 记：杨跃祥（彝族）

副 主 任：杨永明（彝族）

【法块村委会】 法块村委会驻法块村，土地面积 19.14 平方千米，海拔 1807 米，辖 5 个村民小组、5 个自然村，即：法块、拖弯、芋头得、老庄科、海纳。2009 年末有 686 户 2845 人，其中：汉族 2383 人，彝族 444 人，其他民族 18 人。耕地面积 1561.65 亩，实现经济总收入 971.27 元，粮食总产量 2748 吨，烤烟总产量 95.246 吨，均价 16.02 元、产值 143.06 万元。全年大牲畜出栏 109 头（匹），肥猪出栏 1744 头，羊出栏 1428 只，家禽出栏 11250 只；年末大牲畜存栏 682 头（匹），生猪存栏 1895 头，羊存栏 2052 只，家禽存栏 14225 只；禽蛋产量 5.2 吨，鲜奶产量 126 吨。

书记、主任：杨跃翔

副 书 记：毕光祥（彝族）

副 主 任：王晓礼

【普拉河村委会】 普拉河村委会驻河外村，土地面积 14.88 平方千米，海拔 1636 米，辖 6 个村民小组、6 个自然村，即：河外、中寨、上寨、新寨、下部龙、暮山。2009 年末有 789 户 2860 人，其中：汉族 2238 人，彝族 466 人，其他民族 156 人。耕地面积 1101.75 亩，实现经济总收入 979.9 万元，粮食总产量 1066 吨，烤烟总产量达 7 吨，均价 15.52 元、产值 10.86 万元。全年大牲畜出栏 128 头（匹），肥猪出栏 1960 头，羊出栏 1082 只，家禽出栏 8478 只；年末大牲畜存栏 835 头（匹），生猪存栏 1303 头，羊存栏 1693 只，家禽存栏 11264 只；禽蛋产量 4.4 吨，鲜奶产量 103 吨。

书记、主任：方建兴

副 书 记：王云国

副 主 任：毕兰仙（女，彝族）

【和合村委会】 和合村委会驻和合村，土地面积 22.90 平方千米，海拔 1960 米，辖 5 个村民小组、5 个自然村，即：和合、小团田、雨美堵、大圭山、石岩脚。2009 年末有 394 户 1503 人，其中：汉族 768 人，彝族 734 人，其他民族 1 人。耕地面积 3057 亩，实现经济总收入 575 万元，粮食总产量达 1467 吨，烤烟总产量达 200 吨，均价 15.52 元、产值 310.4 万元。全年大牲畜出栏 156 头（匹），肥猪出栏 1850 头，羊出栏 1192 只，家禽出栏 9866 只；年末大牲畜存栏 912 头（匹），生猪存栏 1620 头，羊存栏 1957 只，家禽存栏 12280 只；禽蛋产量 6.5 吨，鲜奶产量 130 吨。

书记、主任：毕 荣（彝族）

副 书 记：普正有（彝族）

副 主 任：赵吉宏

【尾乍黑村委会】 尾乍黑村委会驻尾乍黑村，土地面积 44.72 平方千米，海拔 1850 米，辖 6 个村民小组、6 个自然村，即：尾乍黑、林森村、敢布黑、左溪、戈厂、土瓜黑。2009 年末有 622 户 2300 人，其中：汉族 317 人，彝族 1974 人，其他民族 9 人。耕地面积 4767.3 亩，实现经济总收入 708.7 万元，粮食总产量达 2873.5 吨，烤烟总产量达 443.625 吨，均价 15.92 元、产值 706.25 万元。全年大牲畜出栏 151 头（匹），肥猪出栏 1880 头，羊出栏 1882 只，家禽出栏 9780 只；年末大牲畜存栏 927 头（匹），生猪存栏 1906 头；羊存栏 2822 只，家禽存栏 12160 只；禽蛋产量 6.1 吨，鲜奶产量 177 吨。

书 记：刘海彬

主 任：陈福军（彝族）

副主任：毕志武（彝族）

【当甸村委会】 当甸村委会驻当甸村，土地面积12.84平方千米，海拔2200米，辖5个村民小组、5个自然村，即：当甸上寨、当甸下寨、革腻、所西达、小板田。2009年末有342户1397人，其中：汉族429人，彝族958人，其他民族10人。耕地面积1912.95亩，实现经济总收入490万元，粮食总产量达1330吨，烤烟总产量达123.862吨，均价15.83元、产值187.28万元。全年大牲畜出栏130头（匹），肥猪出栏1645头，羊出栏1201只，家禽出栏8398只；年末大牲畜存栏738头（匹），生猪存栏1696头，羊存栏2312只，家禽存栏11675只；禽蛋产量5.4吨，鲜奶产量131吨。

书记、主任：毕德宏（彝族）

副 主 任：许国明

【小圭山村委会】 小圭山村委会驻小圭山村，土地面积12.28平方千米，海拔1236米，辖3个村民小组、3个自然村，即：小圭山、野核桃树、糯斗。2009年末有340户1367人，其中：汉族9人，彝族1127人，其他民族231人，耕地面积2059.5亩，实现经济总收入691万元，粮食总产量达1338吨，烤烟总产量达197.154吨，均价15.69元、产值309.32万元。全年大牲畜出栏131头（匹），肥猪出栏1500头，羊出栏1291只，家禽出栏8970只；年末大牲畜存栏871头（匹），生猪存栏1550头，羊存栏2373只，家禽存栏12292只；禽蛋产量4.5吨，鲜奶产量140吨。

书记、主任：毕志德（彝族）

副 书 记：明跃清（彝族）

副 主 任：杨云波（彝族）

【糯黑村委会】 糯黑村委会驻小糯黑村，土地面积30.42平方千米，海拔1985米，辖2个村民小组、2个自然村，即：大糯黑、小糯黑。2009年末有384户1507人，其中：汉族28人，彝族1476人，其他民族3人。耕地面积3763.8亩，实现经济总收入918.5万元，粮食总产量达1474吨，烤烟总产量达199.3吨，均价15.34元、产值305.8万元。全年大牲畜出栏456头（匹），肥猪出栏5395头，羊出栏1275只，家禽出栏105120只；年末大牲畜存栏1082头（匹），生猪存栏3385头，羊存栏2421只，家禽存栏32560只；禽蛋产量4.4吨，鲜奶产量139吨。

书 记：何文航（彝族）

主 任：何耀彪（彝族）

副主任：李 江（彝族）

【额冲衣村委会】 额冲衣村委会驻额冲衣村，土地面积28.34平方千米，海拔2010米，辖3个村民小组、3个自然村，即：额冲衣、新戈冲里、老戈冲里。2009年末有367户1444人，其中：汉族3人，彝族1441人。耕地面积3306亩，实现经济总收入546.5万元，粮食总产量达1605吨，烤烟总产量达173.691吨，均价14.92元、产值259.15万元。全年大牲畜出栏141头（匹），肥猪出栏1550头，羊出栏1421只，家禽出栏8468只；年末大牲畜存栏805头（匹），生猪存栏1500头，羊存栏2609只，家禽存栏11817只；禽蛋产量4.2吨，鲜奶产量161吨。

书记、主任：毕永光（彝族）

副 书 记：昂光宗（彝族）

副 主 任：黄云锋（彝族）

（撰稿人：圭山镇人民政府 李建华）

西街口镇

【机构设置】 2009年西街口镇内设党政综合办公室、农林水综合服务中心、文化广播电视服务中心、村镇规划建设服务中心、畜牧兽医服务中心。年末有干部职工55人，其中：公务员20人，事业及管理人员31人，工勤人员4人。

【行政区划】 西街口镇地处石林县东北部，镇政府所在地西街口村距县城33千米。辖雨布宜、绿水塘、西街口、紫处、威黑、芭茅、宜奈、新木凹、格渣、糯衣10个村民委员会，29个村民小组，31个自然村。

【自然状况】 2009年全镇土地面积291.47平方千米，海拔1900～2160米之间，最低在月湖大雨布宜，最高在宜奈坡顶。属典型的喀斯特地貌。耕地面积39613亩，其中：水田6000亩，旱地33613亩。主产烤烟、水稻、包谷、洋芋、荞等作物。疏林地较广，森林覆盖率35.44%，林木绿化率39.76%。地形呈条带状，地势东高西低，山梁起伏较低，丘陵、山梁多为石灰岩所覆盖。天然小湖泊和龙潭星罗棋布。气候特征属亚热带季风气候，日温差小，冬无严寒，夏无酷暑，年降雨集中在夏秋两季，年均降雨量为741.8毫米，年均气温15.2℃。

【西街口镇招商分局】 西街口镇招商分局由西街口镇人民政府牵头，县纪委监察局、县计生局协作组成。共引进落户项目9个（石林县越渝养殖场建设项目、回风炉生产销售项目、山葵种植项目、石林大林苗木种植园建设、石林瑞呈彩色透水砖厂建设、石英砂生产及加工、西街口集镇农贸市场建设、石林县建鑫矿渣综合利用有限公司生产线建设、中国电信石林CDMA1X无线网络基站建设），引进资金5228.04万元，完成县级下达任务2500万元的209.12%。

【经济综述】 2009年全镇工农业总产值完成23165万元，其中：工业总产值12254万元，农业总产值10911万元。农村经济总收入完成8848.22万元，实现地方财政收入926.8万元，与上年相比增3.9%，农民人均纯收入3408元。

【人口与计划生育】 2009年末全镇有5719户19646人，其中：农业人口19121人，非农业人口525人；男性10128人，女性9518人；汉族8414人，彝族11184人，其他民族（白族、哈尼族、壮族、傣族、苗族、回族、瑶族、拉祜族、纳西族）48人。全年出生188人，死亡31人，人口自然增长率4.24‰。全年新办农业人口《独生子女父母光荣证》10户，累计办证378户，计划生育率100%，综合节育率86.1%，“奖优免补”率达100%。

【农 业】 2009年完成粮食作物种植

46654.5亩，粮食总产量14037吨。其中：大春粮食作物种植31884亩，总产量11927.1吨；小春粮食作物13212亩，总产量1754.1吨。种植烤烟13100亩，收购烟叶199.45万千克，产值3032万元，均价15.2元。

全年大牲畜出栏7681头（匹），肥猪出栏20852头，山羊出栏18809只，禽类出栏319502只；年末大牲畜存栏7355头（匹），生猪存栏17906头，山羊存栏39487只；禽类存栏163618只，鲜奶产量2104.5吨，蛋产量49.7吨；全年完成温氏养鸡96户28800平方米。

1万亩珠防林、300亩石漠化造林、400亩一般造林圆满完成，新增核桃基地3317亩，行政村绿地系统建设、机耕路绿化、苗木基地建设等园林绿化及生态建设年度目标全面超额实现，创建全国环境优美乡镇工作扎实推进，林权改革主体工作通过验收，启动了配套改革，森林资源管护明显加强。

【新农村建设】 2009年投入900余万元完成西小公路路面硬化工程并通车，西威紫公路路面硬化工程开工建设，糯衣上寨、板田心等村内道路硬化完工，公路好路率进一步提高，通达效应开始显现。完成月湖水库防渗加固、茂舍祖小流域综合治理等工程，芭茅村、大雨布宜村人饮等工程完工，农村小型水利工程管理体制改革初步完成。

【科教文卫】 2009年举办各类培训130期10000余人次。西街口中学标准化建设主体工程完工投入使用，宜奈小学标准化建设正抓紧扫尾，西街口小学、雨布宜小学被评为县级绿色学校，西街口中学被评为昆明市卫生学校、无烟学校；糯衣海燕幼儿园建成开园；“集、靠、收”战略深入实施，教育资源得到进一步整合，教育教学质量稳步提高，全镇有教职工194人，学生3340人。

农村卫生预防保健、基本医疗、突发公共卫生事件防控体系建设不断加强，新农合参合率98.47%，群众性爱国卫生运动广泛深入开展。计划生育优质服务进一步巩固提升，“奖优免补”政策得到全面落实。威黑、大紫处、格渣、大小尾堵渣等农村文化室，威黑党员活动室，西街口、紫处农家书屋农村阅览室，格渣农村健身场所等顺利建成。5月18日金祖鑫健华图书馆开馆。

【邮 政】 有线电视通讯光缆和移动电话接收塔的建设步伐加快，广播电视信息网络等覆盖面不断扩大，全年完成10个自然村297户“村村通”工程建设。

【乡镇企业】 全镇有乡镇企业20个，从业人员1197人，其中：石材企业19个，冶金企业1个，完成劳动力转移输出1116人。

【民政残联】 加大社会保障投入，保险体系进一步完善，新增农村被征地人员养老保险参保5人；启动民房火灾保险，参保4300户，覆盖率90%；316户859人享受城乡最低生活保障。全年发放救灾粮食2.5万千克，各类补助38万元，衣被350件（套）。投资10.25万元完成残疾人危房改造12户1080平方米。

【精神文明及民主法制建设】 2009年创建1个市级文明单位，6个县级文明单位（村）；届期内有28个县级文明单位（村），4个市级文明单位。以巩固“平安西街口”工作为切入点，以“防”为主，狠抓“大宣传”、“大防控”、“大调解”体系的建设，深化领导带班夜间巡逻制度，进一步加强社会治安综合治理工作，有效遏制重特大安全事故发生。同时，深入推进平安创建、禁毒防艾、强化社会矛盾纠纷排查调处、严厉打击刑事犯罪，社会治安防控体系进一步完善，促进了社会和谐稳定。

【领导名录】

书　　记：毕丽英（女，彝族，3月止）
　　　　　喻永生（4月起）
副 书 记：王光学（4月起）
　　　　　灶兴明（彝族）
镇　　长：喻永生（4月止）
　　　　　王光学（4月起）
镇人大主席：刘春泉（7月止）
　　　　　吴智强（7月起）
副 镇 长：黄继斌（彝族，7月止）
　　　　　岁汉霖
　　　　　毕德辉（彝族）
　　　　　赵　丹（女，彝族，7月起）

村委会

【雨布宜村委会】 雨布宜村委会驻大雨布宜村，海拔1903米，土地面积33.62平方千米，辖4个村民小组、4个自然村，即：茂舍祖、大雨布宜、小雨布宜、板田心。2009年末有1082户3887人，其中：汉族2543人，彝族1336人，其他民族8人。耕地面积6887亩，经济总收入1688.34万元，粮食总产量2138.7吨，烤烟总产量359290千克、产值542.6213万元。全年大牲畜出栏127头（匹），肥猪出栏3443头，羊出栏2195只；年末大牲畜存栏1364头（匹），生猪存栏3057头，羊存栏385只。

书记、主任：王冲林
副 书 记：杨张贵
副 主 任：李冲华

【绿水塘村委会】 绿水塘村委会驻绿水塘村，海拔1919米，土地面积32.01平方千米，辖2个村民小组、2个自然村，即：绿水塘、寨海。2009年末有394户1431人，其中：汉族341人，彝族1083人，其他民族7人。耕地面积1931亩，经济总收入751.101万元，粮食总产量1006.8吨，烤烟总产量81790千克、产值123.4211万元。全年大牲畜出栏44头（匹），肥猪出栏1850头，羊出栏1133只；年末大牲畜存栏448头（匹），生猪存栏1850头，羊存栏1133只。

书　记：高志华（彝族）
主　任：毕绍生（彝族）
副主任：黄小兵

【西街口村委会】 西街口村委会驻西街口村，海拔1945米，土地面积41.62平方千米，辖3个村民小组、3个自然村，即：西街口、大尾堵渣、小尾堵渣。2009 年末有 595 户 2154 人，其中：汉族 709 人，彝族 1437 人，其他民族 8 人。耕地面积 3960 亩，经济总收入 860.4 万元，粮食总产量 1387.7 吨，烤烟总产量 286550 千克、产值 433.2636 万元。全年大牲畜出栏 71 头（匹），肥猪出栏 2265 头，羊出栏 3015 只；年末大牲畜存栏 719 头（匹），生猪存栏 1910 头，羊存栏 6194 只。

书记、主任：张雄雁（彝族）

副 书 记：毕奋强（彝族）

副 主 任：虎孝文（彝族）

【威黑村委会】 威黑村委会驻威黑小学，海拔 2050 米，土地面积 20.93 平方千米，辖 3 个村民小组、3 个自然村，即：威黑老寨、威黑中寨、清水塘。2009 年末有 416 户 1604 人，其中：汉族 464 人，彝族 1139 人，其他民族 1 人。耕地面积 3259 亩，经济总收入 675.96 万元，粮食总产量 1287.6 吨，烤烟总产量 87530 千克、产值 132.34536 万元。年末大牲畜出栏 62 头（匹），肥猪出栏 1689 头；羊出栏 2036 只；年末大牲畜存栏 683 头（匹），生猪存栏 1781 头，羊存栏 4052 只。

书记、主任：周春生

副 书 记：昂永红（彝族）

副 主 任：刘得喜（彝族）

【紫处村委会】 紫处村委会驻大紫处村，海拔 2037 米，土地面积 18.9 平方千米，辖 2 个村民小组、2 个自然村，即：大紫处、小紫处。2009 年末有 388 户 1275 人，其中：汉族 549 人，彝族 726 人。耕地面积 1956 亩，经济总收入 700.51 万元，粮食总产量 1356.2 吨，烤烟总产量 148430 千克、产值 224.42616 万元。全年大牲畜出栏 52 头（匹），肥猪出栏 1689 头，羊出栏 1585 只；年末大牲畜存栏 583 头（匹），生猪存栏 1470 头，羊存栏 3499 只。

书记、主任：刘跃光（彝族）

副 书 记：李贵明

副 主 任：虎志升（彝族）

【芭茅村委会】 芭茅村委会驻芭茅村，海拔 2017 米，土地面积 22.52 平方千米，辖 2 个村民小组、2 个自然村，即：芭茅、路花。2009 年末有 547 户 2040 人，其中：汉族 799 人，彝族 1241 人。耕地面积 4358 亩，经济总收入 845.3 万元，粮食总产量 1594.3 吨，烤烟总产量 201923 千克、产值 300.8664 万元。全年大牲畜出栏 54 头（匹），肥猪出栏 2105 头，羊出栏 1849 只；年末大牲畜存栏 615 头（匹），生猪存栏 1835 头，羊存栏 4056 只。

书记、主任：黄文林（彝族）

副 书 记：陈德志

副 主 任：李学成（彝族）

【宜奈村委会】 宜奈村委会驻宜奈火车站旁，海拔 2130 米，土地面积 16.26 平方千米，辖 2 个村民小组、2 个自然村，即：大宜奈、小宜奈。2009 年末有 539 户 1911 人，其中：汉族 1893 人，彝族 9 人，其他民族 9 人。耕地面积 2976 亩，经济总收入 813 万元，粮食总产量 813 吨，烤烟总产量 122480 千克、产值 185.952 万元。全年大牲畜出栏 51 头（匹），肥猪出栏 1742 头，羊出栏 1509 只；年末大牲畜存栏 522 头（匹），生猪存栏 1271 头，羊存栏 3397 只。

书 记：王书荣

主 任：冯小寿

副主任：虎吉祥（彝族）

【新木凹村委会】 新木凹村委会驻新木凹村，海拔 2085 米，土地面积 16.04 平方千米，辖 3 个村民小组、3 个自然村，即：新木凹、老木凹、沙坡。2009 年末有 348 户 1227 人，其中：汉族 232 人，彝族 992 人，其他民族 3 人。耕地面积 2243 亩，经济总收入 689.63 万元，粮食总产量 978.1 吨，烤烟总产量 115728 千克、产值 403.8121 万元。全年大牲畜出栏 51 头（匹），肥猪出栏 1340 头，羊出栏 1447 只；年末大牲畜存栏 533 头（匹），生猪存栏 1171 头，羊存栏 3198 只。

书记、主任：赵建生（彝族）

副 书 记：赵建光（彝族）

副 主 任：赵云峰（彝族）

【格渣村委会】 格渣村委会驻格渣新寨，海拔 2045 米，土地面积 42.88 平方千米，辖 4 个村民小组、6 个自然村，即：格渣新寨、格渣中寨、格渣老寨、石字场老寨、石字场中寨、箐门前。2009 年末有 416 户 1514 人，其中：汉族 216 人，彝族 1298 人。耕地面积 4959 亩，经济总收入 625.365 万元，粮食总产量 1579.3 吨，烤烟总产量 259020 千克、产值 403.8121 万元。全年大牲畜出栏 82 头（匹），肥猪出栏 2505 头，羊出栏 2032 只；年末大牲畜存栏 913 头（匹），生猪存栏 2191 头，羊存栏 4650 只。

书 记：毕映保（彝族，1 月止）

副书记：赵光祥（2 月起）

主 任：龙利生（彝族）

副主任：张文兴（彝族）

【糯衣村委会】 糯衣村委会驻糯衣上寨，海拔 2050 米，土地面积 46.69 平方千米，辖 4 个村民小组、4 个自然村，即：糯衣上寨、糯衣中寨、糯衣下寨、舍波。2009 年末有 566 户 2062 人，其中：汉族 505 人，彝族 1557 人。耕地面积 5970 亩，经济总收入 838.66 万元，粮食总产量 1687.7 吨，烤烟总产量 297000 千克、产值 442.84954 万元。全年大牲畜出栏 87 头（匹），肥猪出栏 1841 头，羊出栏 2008 只；年末大牲畜存栏 975 头（匹），生猪存栏 1615 头，羊存栏 4442 只。

书记、主任：毕贵兴（彝族）

副 书 记：黄文学（彝族）

副 主 任：许学友

（撰稿人：西街口镇人民政府 张绍云、雷永亮）

大可乡

【机构设置】 2009 年大可乡政府内设党政综合办公室、人口与计划生育办公室、农林水综合服务中心、畜牧兽医服务中心、文化广播电视服务中心、村镇规划建设服务中心、统计站、社会保障事务所。年末有职工 63 人，其中：公务员 19 人，工勤人员 3 人，事业单位工人 3 人，专业技术人员 38 人。年内，徐丽华荣获第二次全国农业普查国家级先进个人称号，槐建华、曾跃祥、槐庆红、岭云春4人荣获第二次全国农业普查省级先进个人称号。

【行政区划】 大可乡位于县境西南端，乡政府驻地大可村距县城20余千米。北与板桥镇毗邻，西与宜良县竹山乡接壤，东和南分别与弥勒县西一、西二、西三镇接界。全乡边界线长达67千米。辖大可、中龙、结胜、南大村、水尾、岩子脚6个村委会，48个村民小组，57个自然村。

【自然状况】 2009年大可乡土地面积104.98平方千米（包括阿慈林区5.40平方千米、乡办林区5.06平方千米、社办林区3.06平方千米），有耕地14145亩，其中：水田6315亩，旱地7830亩。有林地面积40627亩，森林覆盖率25.6%，国营禄丰村林场阿慈林区就在本乡境内。乡内最低海拔1655米（长麦地下村），最高海拔2067米（老黑山），属高原浅丘地貌，年平均气温16℃。巴江支流大可河自南向北纵贯全乡。

【大可乡招商分局】 大可乡招商分局由大可乡人民政府牵头，县科协、县扶贫办协作组成。2009年县下达招商任务2500万元，实际完成4900万元，完成目标任务数的196%，其中：石林闽滇绿化苗木有限公司到位资金800万元、石林福润达足浴保健项目到位资金404万元、石林兰都花卉种植基地到位资金325万元、石林佳源建材超市到位资金1141万元、石林大龙碎石厂到位资金1390万元、蓝莓种球及百合种球繁育基地项目到位资金840万元。

【人口与计划生育】 2009年末，全乡人口有5471户17118人，其中：农业人口16535人，非农业人口583人；男性8752人，女性8366人；汉族14357人，彝族2604人，其他民族（白族、哈尼族、壮族、傣族、苗族、回族、瑶族、水族）157人。全年出生138人，死亡30人，人口自然增长率4.86‰。全年新办农业人口《独生子女父母光荣证》7户，2008年有6户违反计划生育政策被取消《独生子女父母光荣证》，累计办证447户。计划生育率95.29%，综合节育率达84.59%，“奖优免补”政策兑现率100%。10月，投资40万元新建大可计划生育服务所。

【经济综述】 2009年全乡工农业总产值完成10156万元，其中：工业总产值2461万元，农业总产值7695万元。农村经济总收入6448万元，实现乡级财政收入750.5万元，超额完成38.5万元。农民人均纯收入2883元。

【农　业】 2009年全乡大春粮食种植面积20005.5亩，其中：水稻种植5002.5亩，玉米8500.5亩，大豆2001亩，薯类杂粮种植2013亩。完成小春粮食种植面积11911.5亩，其中：蚕豆3592.5亩，小麦5338.5亩，大麦286.5亩。实现粮食总产量10000.6吨（大春粮食7534.1吨、小春粮食2466.5吨），人均占有粮633千克。全年种植朝鲜蓟45亩、蔬菜6000亩，完成农业总产值7695万元。加大枇杷、核桃、甜脆包谷、特色蔬菜、花卉种植推广力度，完成枇杷种植1300亩、核桃251亩、特色蔬菜460亩、甜脆包谷1500亩、花卉60亩。落实农机购置补贴政策80台。财政涉农直补资金、退耕还林补助资金通过惠农“一折通”及时足额兑现，受益人口16045人。新增“一池三改”205户、节能灶526眼，建沼气服务网点6个。

种植烤烟1.39万亩，收购烟叶181万千克，产值3341.26万元（含补助），实现烟叶税575.9万元，均价14.46元。

全年大牲畜出栏1550头（匹），肥猪出栏16000头，羊出栏5900只，家禽出栏353449只；年末大牲畜存栏9174头（匹），生猪存栏13500头，羊存栏11601只，家禽存栏212737只。实现畜牧业产值4265万元。

全年累计投入资金24.72万元，种植苗木16.8万株，新建苗木基地505亩，全面完成了县委、县人民政府下达的考核任务，其中：绿化县乡道路25千米，绿化机耕道路3.5千米，创绿色家庭、绿色庭院各10个，农村义务植树8万株，在大可河沿岸和水库边种植竹子2万丛，完成中龙、岩子脚2个村委会行政村绿地系统建设，种植攀缘植物12000株，新增绿地1000平方米。

2009年新建水利工程129件，其中：烟水工程2件，人畜饮水工程1件，岁修工程126件。改善灌溉面积12100亩。

【新农村建设】 结胜村新农村建设整村推进项目于2008年10月启动，2009年5月份全面完成，该工程整合资金366.71万元，硬化道路5062.88米（17337.13平方米），墙面粉刷3210.43平方米，墙面绘画591.08平方米，改造村小组科技文化活动室1111.86平方米，建垃圾池12个，建沼气池161个，安装太阳能65户，改造人饮工程使189人受益，发展大棚蔬菜50亩，发展温氏养鸡42户，兑现农村民居地震安全工程补助资金90.5万元。新农村建设使示范村村容村貌明显改观，产业发展，生活改善，人民群众享受到了改革发展带来的实惠。

全年审批农村宅基地42户4698.96平方米，新建集体公益用房3宗用地523平方米，生产性用地294户8376.47平方米，集体生产性用地300平方米，拆旧翻新16户1734.52平方米。全年清查和制止违法用地107件次，开展巡查检查105次。加大整治违法加层和无序建房问题，对小月牙山河、岩子脚等村违章建筑强制拆除4户共102平方米，责令自行拆除2户，限期拆除1户。全乡共整治违法加层和无序建房31户676.22平方米。严格规范采矿及其他用地行为，依法查处了违法开采铜矿、铁矿、重晶石、砂等行为4起，使资源利用进一步规范。

【集镇建设】 2009年是大可集镇建设的启动年，也是实现零突破的一年。大可乡把加快集镇建设作为贯彻落实市、县两级重大战略部署的重点来抓，健全组织，加大投入，挖掘内力，吸引外力，全力实施“1+4”工程，编制完成了大可乡总体规划和大可集镇控制性详细规划，编制商业街区、新型住宅小区、市场的项目规划设计。投资50余万元完成大可集镇一期工程建设，整修大可村岔口至乡中学人行道，清理排水沟，铺筑大理石，栽植行道树112株。投资40余万元建设集镇二期工程，实施垃圾集中处理建设项目，建成垃圾房1座，安放垃圾箱6个、垃圾桶12个，太阳能路灯34盏，完成休闲广场建设，新增公共绿地面积5000平方米。完成集镇二期建设项目百米市政道路及河道绿化的规划设计。

2009年5月，大可乡篮球队代表石林县参加昆明市农民健身工程点（村委会）农民篮球比赛，荣获一等奖

【殡葬改革】 2009年4月，成立由乡长任组长的殡葬改革领导小组，设立殡改工作办公室，抽专人负责具体工作，并出台了乡级加强殡葬管理工作的相关文件。加强宣传教育，利用广播、会议、宣传手册、标语等形式，宣传殡改的目的、意义、法规、政策和做法。整合资金125.35万元，建立大可乡金瓦山农村公益性公墓，公墓占地303.44亩，可安置墓穴3000余个，于10月15日竣工并投入使用。为进一步加大政策宣传落实力度，推行火化，发放大可乡殡葬改革工作告知书1500份，并在机关干部、党员、离退休老干部中推行殡改承诺，承诺自愿宣传执行殡改政策法规，革除丧葬陋俗，文明节俭办丧事。

【乡镇企业】 2009年末全乡有企业404个，从业人员756人。全年乡镇企业增加值完成1600万元，工业总产值完成2461万元，营业收入完成4054万元，实交税金140万元。农村剩余劳动力培训转移就业共10期801人，转移输出713人，其中：省外41人，省内县外191人，县内481人。农村养老保险稳步推进，参保人员1189人，参保资金933.777万元，其中：被征地人员参保135人，参保资金123.873万元，已享受农村失地人员养老保险的有100人。灵活就业人员参加失业保险34人。高校毕业生39人，已就业36人，就业率达92%。

【科教文卫】 农村职业技术教育不断加强，全年共举办各类科技培训班110期，参训人数达9630人次，印发各种适用技术材料9660份。加强对全乡3个科普示范村和295户科技示范户的管理工作。加大科普法的实施力度，举办科普知识竞赛7期，参加人员达1200人；举办科普宣传6次，发放宣传材料6870份。组织中小学生开展科技创新活动，向县上推荐科普作品52幅；举办农函大1班、学员102人。成立农村专业合作社3个，有力地促进了大可乡农业产业向专业化发展的趋势。

教育始终坚持优先发展的战略，继续巩固“两基”成果，全面推进素质教育。年末有中小学生1696人、教师155人。2009年大可乡教师石贵云入选云南省先进教师名录（石林县仅3人入选）；结胜小学入围石林县唯一一所创建市级文明小学单位；大可中学被评为市级园林学校。在全市中学生拳击年度赛中，大可中学荣获团体第一名，在11个比赛项目中获得4个单项冠军。

全乡23支文艺队利用元旦、春节等节假日为群众演出文艺节目20场次。积极开展文体活动，举行篮球、拔河等体育活动50场次，山歌演唱比赛2次，观众达1.5万余人次。放映科教电影17场次，观众达6000人次；5月，组织乡篮球队代表石林县参加昆明市农民健身工程点农民篮球赛，荣获一等奖；6月，组队参加2009年火把节摔跤运动会荣获三等奖；完成广播电视“村村通”直播卫星接收机安装883台，惠及全乡6个村委会27个村小组32个自然村；完成文化信息资源共享工程乡镇基层服务点建设，极大地改善和丰富了农村业余文化生活。

全乡有卫生院1所、村卫生所6个，有4个村卫生所实施新农合门诊减免，乡村卫生所覆盖全乡。继续抓好农村医疗预防保健网络建设，加强传染疾病防治工作，做好艾滋病预防宣传、控制等健康教育工作，黑板报宣传12期。新型农村合作医疗工作成效明显，全年住院人数为328人次，门诊5346人次，费用总额775606.35元，补偿金额216443.70元。全乡参合15875人，参合率99.5%。

【精神文明及民主法制建设】 2009年创建市级文明单位2个、县级文明单位4个，创“十星级文明户”4180户。加大社会矛盾纠纷排查调处力度，及时化解调解民间纠纷，年内受理各类民间纠纷83起，调处成功80起。解决历史纠纷2件，立各类刑事案件15件、破12件，抓获犯罪嫌疑人21人，逮捕19人；立治安案件28件、查处28件，打击各类违法人员22人，乡内无涉黑涉恶案件发生。

【民政残联】 做好查灾、救灾、救济和拥军优属工作，2009年拨发民政经费49.798万元、救灾救济粮8800千克。做好全乡865人农村低保户的动态管理工作。积极开展拥军优属活动，全年召开军烈属座谈会7次371人参会，组织7个慰问组对军烈属、残废军人、现役军人家属、老复员军人及特困户进行走访慰问。2009年全乡有残疾人258名，筛选15名眼白内障病人进行了摘除术；贫困残疾人危房改造2户，每户给予补助11000元。老龄工作进一步加强，253名80岁以上老人享受到补助。民房火灾保险参保3700户，覆盖率81.5%。

【领导名录】
书　　记：蒋开彦（彝族，6月止）
　　　　　槐建华（8月起）
副 书 记：槐建华（8月止）
　　　　　李忠华（8月起）
副书记、纪委书记：李雪梅（女）
乡　　长：槐建华（8月止）
代理乡长：李忠华（8月起）
副 乡 长：李云湖
　　　　　孔德卿（3月止）
　　　　　毕晓红（女，彝族，3月止）
　　　　　赵志萍（女，3月起）
　　　　　曾跃祥（4月起）
人大主席：王余秋

村委会

【大可村委会】 大可村委会驻大可村，海拔1680米，土地面积15.44平方千米，辖5个村民小组、7个自然村，即：大可、小波溪、长麦地上村、长麦地中村、长麦地下村、小沙河、者衣冲。2009年末有1214户3830人，其中：汉族3501人，彝族305人，其他民族24人。有耕地2535亩，农村经济总收入1212.36万元，粮食总产量2301.4吨，烤烟总产量33.51万千克（含大户1.55万千克）。全年大牲畜出栏50头（匹），肥猪出栏3300头，羊出栏1050只，鸡出栏46978只；年末大牲畜存栏1509头（匹），生猪存栏2900头，羊存栏2300只，鸡存栏39100只。为壮大集体经济组织，村委会投资52万元新建一个养殖小区。
书记、主任：毕建业
副　书　记：赵燕芳（女）
办公室电话：7741007

【中龙村委会】 中龙村委会驻大月牙山河，海拔1664米，土地面积11.60平方千米，辖10个村民小组、11个自然村，即：大月牙山河（月牙山河）、小月牙山河、花园村（苟家村）、小干河、下海子、上龙潭、中龙潭、下龙潭、草子地、大波落黑、周家村。2009年末有584户1901人，其中：汉族1797人，彝族95人，其他民族9人。有耕地1795.7亩，农村经济总收入855.48万元，粮食总产量1267吨，烤烟总产量20.585万千克。全年大牲畜出栏215头（匹），肥猪出栏2000头，羊出栏620只，鸡出栏24752只；年末大牲畜存栏1363头（匹），生猪存栏1550头，羊存栏1301只，鸡存栏13507只。有1个枇杷种植合作社。
书记、主任：李　勇
副　书　记：李秀琼（女）
副　主　任：周大昌

【结胜村委会】 结胜村委会驻大密枝，海拔1687米，土地面积11.08平方千米，辖6个村民小组、6个自然村，即：结胜、大密枝、雨落甸、小河新村、石头寨、黑古塘。2009年末有886户2916人，其中：汉族2111人，彝族802人，其他民族3人。有耕地2349.8亩，农村经济总收入1188.2万元，粮食总产量2253.9吨，烤烟总产量39.195万千克。全年大牲畜出栏260头（匹），肥猪出栏2900头，羊出栏1100只，鸡出栏220739只；年末大牲畜存栏1634头（匹），生猪存栏2600头，羊存栏2350只，鸡存栏105900只。有2个养鸡专业合作社。
书记、主任：赵映伟
副　书　记：王绍永
副　主　任：李云莲（女，彝族）
办公室电话：7741003

【南大村村委会】 南大村村委会驻南大村，海拔1730米，土地面积13.14平方千米，辖7个村民小组、7个自然村，即：南大村、南小村、平田、山头上、西齐路、小河、大凹子。2009年末有879户2866人，其中：汉族2507人，彝族332人，其他民族27人。有耕地1870.1亩，农村经济总收入1044.64万元，粮食总产量1523.5吨，烤烟总产量28.445万千克。全年大牲畜出栏225头（匹），肥猪出栏2300头，羊出栏730只，鸡出栏17511只；年末大牲畜存栏1443头（匹），生猪存栏1750头，羊存栏1400只，鸡存栏18980只。
书记、主任：罗　云
副　书　记：武春佑
副　主　任：王金祥
办公室电话：13759525126

【水尾村委会】 水尾村委会驻水尾村，海拔1685米，土地面积12.92平方千米，辖10个村民小组、15个自然村，即：水尾、大平滩、小松棵、水豆田、老黑山、大龙村、老马地、大石岩、上堵泥、下堵泥、老普箐、大龙潭、大箐、小平子、小平地。2009年末有511户1799人，其中：汉族1685人，彝族91人，其他民族23人。有耕地1679亩，农村经济总收入436万元，粮食总产量939.1吨，烤烟总产量21.1万千克。全年大牲畜出栏482头（匹），肥猪出栏2200头，羊出栏950只，鸡出栏3681只；年末大牲畜存栏1506头（匹），生猪存栏1700头，羊存栏1800只，鸡存栏6120只。
书　记：张成岗
主　任：沈建才
副主任：严明彩

【岩子脚村委会】 岩子脚村委会驻岩子脚，海拔1800米，土地面积27.28平方千米（含社办林场3.0544平方千米），辖10个村民小组、11个自然村，即：岩子脚、石子凹、新村（阿慈新村）、大泥西、四角田、习克丈、高家村、阿慈、小高田、树密寨、密枝村。2009年末有952户3228人，其中：汉族2318人，彝族843人，其他民族67人。有耕地2627亩，农村经济总收入

1106.9万元，粮食总产量1715.7吨，烤烟总产量38.165万千克。全年大牲畜出栏278头（匹），肥猪出栏3300头，羊出栏1450只，鸡出栏39788只；年末大牲畜存栏1719头（匹），生猪存栏3000头，羊存栏2450只，鸡存栏29130只。

书记、主任：詹　伟（彝族）

副　书　记：黄文学（彝族）

副　主　任：杨光学

办公室电话：7741016

（撰稿人：大可乡人民政府 曲燕波）

中共石林彝族自治县委员会

领导成员

【县委领导名录】

县委书记：罗朝峰
县委副书记：李忠德（彝族，11月止）
毕春华（女，彝族，11月起）
专职副书记：裴演兵
县委常委：李正平
李兴国
段增华（12月止）
王昆
张忠贵（12月起）
李福军（彝族）
周美英（女，4月起）
张达
汪明涛（8月起）
李燕（女，彝族，6月起）
蔡志岳（7月起）
委员（按姓氏笔画排序）：马海荣（彝族）、周美英（4月起）、王昆、王彦平、毕丽英（女，彝族）、毕春华、刘明春、李正平、李兴国、李忠德（11月止）、李绍增、李福军（彝族）、李燕（女、彝族、6月起）、杨春宝、余春、张达、张忠贵、者培仙（女，彝族）、罗朝峰、周兴荣、段增华（12月止）、徐梅芬（女）、殷瑕（女）、黄玉林（彝族）、蒋开彦（彝族）、潘佳良、汪明涛（8月起）、蔡志岳（7月起）
候补委员：（按得票多少为序）徐永平（女）、周保能、李光正（彝族）、赵一民、吴剑平

【县纪委领导名录】

书记：周美英（女，4月起）
常务副书记：彭天寿
副书记：毕东红（彝族）
马雪娟（女）
常委：周美英（女，4月起）
彭天寿
毕东红（彝族）
马雪娟（女）
王家智
李海林
者云珍（女，彝族）
艾世武（3月起）
委员：周美英（女，4月起）、彭天寿、毕东红（彝族）、马雪娟（女）、王家智、李海林、者云珍（女，彝族）、艾世武（3月起）、王丽红（女）、王云龙（彝族）、王余秋、王斌宁、尹桂华（彝族）、李勇、李云柯、柏安云、李金明（彝族）、张培一、陈永宁、赵子华、赵良廷、赵保祥、钱琼珍（女）、黄宗祥（彝族）、罗建云（6月起）

重要会议

【县委十届五次全体（扩大）会议】 2009年1月8日，中共石林彝族自治县委召开十届五次全体（扩大）会议，全面总结2008年工作，部署当前和今后一个时期主要任务，动员全县各级党组织、广大党员和各族干部群众进一步解放思想、抢抓机遇、拼搏2009，以项目突破强势推进“543”倍增计划，为在2015年与全市同步实现全面建设小康目标而努力奋斗。会议由县委副书记、县长李忠德主持，县委委员24人、候补委员4人出席了会议。不是县委委员、候补委员的部分原县级老领导、县级领导、县纪委委员，各乡镇、县直各部委办局、人民团体、企事业单位、驻石单位副科以上领导干部和部分企业家代表列席了会议。会上，县委书记罗朝峰代表县委常委会作了题为《抢抓机遇，奋力拼搏，以项目突破推进“543”倍增计划》的报告。在报告中首先回顾了2008年工作。第一，县域经济实现快速增长，预计全县实现地区生产总值27亿元，增13.6%。第二，城乡建设步伐明显加快。第三，招商引资取得重大进展，全年引进项目84个，已开工34个，实现到位国内市外资金14.1亿元，同比增长120%，到位外资642万美元，同比增长155倍。第四，社会建设迈出新步伐。第五，人民生活有了较大改善，农民人均纯收入4216元，实际增长7.2%；城镇居民人均可支配收入13800元，实际增长8.8%；减少贫困人口7910人，解决了11000人的饮水困难问题。第六，党的建设进一步加强。第七，社会保持和谐稳定，民主法制建设继续加强，基层民主不断扩大。在分析当前形势时，县委书记罗朝峰指出，正确分析和判断形势，历来是谋划发展、推进工作的前提，要放眼全局看石林，跳出县域看石林。报告强调，要拼搏2009，强势推进“543”倍增计划的落实。第一，加快旅游转型升级，大力发展商贸服务业，做大做强观光型旅游，提速旅游业转型升级，充分发挥石林景区的辐射带动作用，积极发展商贸物流业。第二，强力推进园区建设，强势推进工业突破。推动工业项目建设和企业技术改造，全面优化工业发展环境。第三，统筹城乡，突出重点，有序推进，加速城镇建设。第四，走产业化发展道路，加快发展现代农业。第五，发挥阿诗玛品牌优势，着力培育文化产业。加快文化与旅游融合，大力挖掘民族文化，推动节庆娱乐业发展，放开文化市场，推进文化产业发展。第六，坚持环境优先，全面推进生态美县建设。第七，大力改善软环境，加大招商引资力度。第八，高度关注民生，让改革发展成果普惠于民。第九，以深化平安创建为抓手，加快和谐石林建设。第十，以改革创新的精神，全面推进党的建设。全会号召，全县各级党组织和共产党员要在市委、市政府的坚强领导下，全面贯彻落实科学发展观，振奋精神，抢抓机遇，奋力拼搏，强势推进“543”倍增计划，以优异的成绩向新中国成立60周年献礼。

【四级干部大会】 1月20日，石林县召开2009年四级干部大会，落实市、县会议精神，总结2008年工作，安排部署2009年工作，表彰先进、签订目标管理责任书，动员全县各族人民进一步统一思想，坚定信心，抢抓机遇，奋力拼搏2009，确保完成2009年的各项目标任务。县级领导，县直各部委办局、人民团体、企事业单位、省市驻石单位党政主要领导，各乡镇党政领导，各村、社区党总支（支部）书记，村民委员会、社区居委会主任，村民小组长、社区居民小组长新农村建设指导员，非公企业家代表等近千人参加了会议。县委书记罗朝峰在会上作重要讲话。罗朝峰要求全县各级各部门强化措施，狠抓落实，加快实施“543”倍增计划。一要围绕目标抓落实。二要围绕城市建设、旅游产业、工业突破、现代农业、文化产业、商贸物流等重点抓落实。三要围绕项目抓落实。四是围绕民生抓落实。五是围绕稳定抓落实。县委常委、县人民政府常务副县长段增华总结2008年工作，并就实现县委十届五次全会和县第十五届人大二次会议确定的2009年全县经济社会发展的主要奋斗目标，要求全县各级各部门要强化发展观念、项目观念、市场观念、实效观念、纪律观念，重点抓好九个方面的工作：一是抓转型，提升旅游。二是抓园区，突破工业。三是抓基础，巩固农业。四是抓创新，拓展文产。五是抓环境，提升城市。六是抓招商，扩大开放。七是抓基础，统筹城乡。八是抓民生，促进和谐。九是抓实事，示范带动。会上，表彰了2008年度的11名优秀科级干部、10名优秀公务员、10名优秀村干部、10名优秀村民小组长、12名优秀专业技术人员、十佳外出务工人员、十佳创业之星、18名“2008年度工作考核先进个人”、10家“优秀非公企业”；表彰了承担2008年重点工程、重点工作和县人民政府10件实事任务的18家单位；表彰了2008年度烤烟生产收购先进乡镇；表彰了被命名为第二十五批县级文明单位（村）的65家单位（村）；兑现了2008年度综合考核目标奖；签订了2009年度目标管理责任书。

【2009年招商引资工作会议】 1月22日，石林县召开2009年招商引资工作会，县级领导，县招商引资工作指挥部、县招商引资工作考核领导小组成员，各乡镇党委书记、乡镇长、分管领导及招商引资工作人员，各招商分局牵头单位及协助单位主要领导和招商引资工作人员，县委办、县政府办及两办目督办领导，县招商引资工作指挥部全体人员及县工管会、旅管会招商引资人员近200人参加会议。会议总结2008年全县招商引资工作，安排部署了2009年招商引资工作。县委书记罗朝峰在会上强调，在2009年的工作中，县委、县政府将实行严格的问责，以铁的纪律保证各项工作任务的完成。2009年各项工作目标、任务已经明确，现在的关键、重点就是抓好落实。作为领导，必须承担重大的责任，县直各部委办局、乡镇党政一把手，一定要摆正自己的位置，想方设法、无条件、不折不扣地完成县委、县政府安排的工作任务。对县委、县政府安排的工作任务推动不力、敷衍搪塞，或是执行不到位、顶着不干，将进行严厉问责。县五班子主要领导都要有明确的主抓和联系单位，为各部门、各乡镇开展工作做好协调、服务工作。县委办、县政府办及两办的目督办，要带头提高工作效率，加大督查力度，建立抓各项工作跟踪落实的长效机制，确保2009年的各项工作任务全面完成。

【中国彝族第一村建设暨五棵树村搬迁工作动员大会】 2月6日，石林县召开中国彝族第一村建设暨五棵树村搬迁工作动员会，县四班子领导，县直各部委办局、人民团体、企事业单位负责人，石林镇、路美邑镇副科以上干部，石林管理局中层以上干部，中国彝族第一村建设工程指挥部及五棵树搬迁工作组全体成员，石林农工商集团总公司班子成员和部分群众代表，中国彝族第一村建设工程施工方代表等参加动员会。会议安排部署搬迁工作，确保2009年底五棵树村314户村民整体迁入中国彝族第一村。会上，县委书记罗朝峰对搬迁工作提出五点要求：一是抓好宣传发动，营造良好氛围。二是抓好政策兑现，打消群众后顾之忧。《搬迁补偿安置办法》、《石林风景区农工商集团总公司关于老年人、未成年人和残疾人基本生活保障补助办法（试行）》和《石林风景区农工商集团总公司被征地人员基本养老保险补助办法（试行）》是搬迁工作的具体政策，要不折不扣地执行。要按照《搬迁补偿安置办法》标准，严格评估程序，统筹国家、集体、个人三者利益，公开、公平、公正地开展五棵树村的评估工作。在签订搬迁协调书后，要认真核算新村房屋费用和旧址房屋补偿费用，找补差价，及时组织搬迁，兑现搬迁政策。同时，要按照《石林风景区农工商集团总公司关于老年人、未成年人和残疾人基本生活保障补助办法（试行）》和《石林风景区农工商集团总公司被征地人员基本养老保险补助办法（试行）》，切实解决农工商集团总公司的老年人、未成年人和残疾人的实际困难，打消群众的后顾之忧。三是抓好新村建设，加快工程进度。四是正确处理好各种关系，稳定有序推进搬迁建设。五棵树村搬迁是石林县建县以来最大的搬迁项目，涉及面广，工作量大，时间紧、任务重，要坚持宣传引导、群众自愿、分组包干、依法搬迁的原则，正确处理好搬迁中的各种关系，稳定有序推进五棵树村整体搬迁。五是加强领导，精心组织，确保圆满完成各项任务。

【县纪委十届四次全体（扩大）会议】 2月10日，中国共产党石林彝族自治县第十届纪律检查委员会召开第四次全体（扩大）会议，21名县纪委委员出席会议。县级领导，各乡镇纪委书记、县直机关党委、基层党委纪委负责人和纪检组长，各纪工委书记、副书记，县级党风巡视员，全县副科以上领导干部300余人列席会议。会上签订了2009年全县党风廉政建设工作责任书。县纪委常务副书记彭天寿代表县纪委常委会作工作报告，总结2008年反腐倡廉工作，安排部署2009年和今后一个时期党风廉政建设和反腐败工作。县委书记罗朝峰作重要讲话，对县纪委2008年工作成绩给予充分肯定的同时，就认真贯彻中央和省、市纪委全会精神，深入推进反腐倡廉建设强调：一要认真学习，深刻领会，切实把加强党性修养、树立良好作风作为一项重要任务抓紧抓实。二要围绕大局，突出重点，深入推进反腐倡廉建设。做到强化监督检查，推动县委、县政府各项决策部署的贯彻落实；严明政治纪律，确保政令畅通；优化发展软环境，切实纠正损害群众利益的不正之风；加强教育和监督，保证权力正确行使；加大查办案件工作力度，严惩

违纪违法和执行不力行为。三要强化组织领导，认真贯彻落实党风廉政建设责任制。要切实履行“一岗双责”，严格考核奖惩、严格责任追究。

【全县政法工作会议】 2月10日，石林县召开2009年政法工作会议，县四班子主要领导到会指导。县直各部委办局、人民团体、企事业单位、省市驻石单位领导，县政法委全体委员，各乡镇党委书记、政法委书记、综治办主任，政法各部门中层以上干部200余人参加会议。县委常委、县政法委书记李兴国总结2008年工作，深入分析今年政法工作面临的形势和任务，研究部署当前和今后一个时期的政法工作，并代表县委、县政府与各部门、各乡镇签订2009年度综治维稳暨平安建设目标管理责任书。县委书记罗朝峰在讲话中指出，做好政法工作是应对当前国内外复杂局势，保持全县政治稳定、社会和谐的客观要求；是实现“543”倍增计划，推进全面建设小康社会的现实需要；是实现富民强县，维护人民群众根本利益的迫切需要。全县各级各部门和广大政法干警要认清形势，居安思危，切实担负起维护全县社会政治稳定的责任；履职尽责，服务大局，全力为石林改革发展保驾护航；牢记使命，强化保障，切实加强党对政法工作的领导。全县政法干警要创新工作理念，用新的执法思想指导政法工作；创新工作方法，用新的执法方式处理社会矛盾；突出工作重点，推动平安建设迈上新台阶；深化法制石林建设，积极构建公平正义的法治环境；强化政法队伍建设，充分发挥政法机关维护和谐稳定的主力军作用，为推进“543”倍增计划，全面建设小康创造更加安定和谐稳定的社会环境。

【招商引资2008年奖惩兑现暨2009年百日竞赛活动动员大会】 2月13日，石林县召开全县招商引资2008年奖惩兑现暨2009年百日竞赛活动动员大会。县级领导，各乡镇、县直各部委办局、人民团体、企事业单位党政主要领导，全县21个招商分局的分局长、副分局长，县招商引资工作指挥部、县招商引资工作考核办公室全体成员，县委目督办、县政府目督办、县纪委各纪工委、县招商促进局全体干部职工参加会议。会上在兑现2008年招商引资工作考核奖惩的同时，动员全县21个招商分局互相赶超、竞赛争优，积极开展招商引资百日竞赛活动。会议确定自3月1日至6月30日，全县21个招商分局要动员一切可以动员的力量、调动一切可以调动的资源投入到招商引资百日竞赛活动中来，力争签约一批、开工一批、推进一批、建成一批招商引资项目，实现招商引资时间与任务同步、统计数字与实际效果相符、投入与产出相称，以阶段目标任务的完成确保全年目标任务的完成。本次招商引资百日竞赛分六项内容，计分100分。其中项目策划和包装8分，要求项目包装必须达到相关要求；组织召开项目推介会6分，要求邀请参加的企业家（商会）不少于20家；参加各类招商项目洽谈会6分，要求上报具体参会情况；签订招商引资项目15分，要求至少签订3个正式合同或协议；项目开工20分，要求必须提交土地使用手续等相关行政审批资料，并保证至少2个项目开工；到位资金45分，到位资金的证明材料必须经过审核、认可。六项竞赛内容均明确规定具体完成时限。竞赛活动结束后将进行全县大排名，考核分90分以上的招商分局为一等奖，80～90分的为二等奖，70～80分的为三等奖。县委书记罗朝峰强调，要借鉴经验，吸取教训，把招商引资作为主抓手，推动石林经济快速持续发展，要围绕目标抓落实、采取措施抓落实、强化督查促落实；优化软硬环境，强力推进项目落地，打造好三个平台，突出产业招商，要熟悉县情和相关政策法规、加强领导形成合力促招商、挂图作战全力抓项目开工；精心组织，认真开展好招商引资百日竞赛活动；统筹兼顾，既要抓招商引资，也要抓本职工作。

【全县干部大会】 2月25日，石林县召开全县干部大会。县级领导，各乡镇、县直各部委办局、人民团体、企事业单位实职副科以上干部，省市驻石单位主要领导等300多人参加会议。会议传达省委、省政府昆明调研工作会议和全市加快新昆明建设动员会议精神；县委书记罗朝峰作了题为《拼速度抢进度抓机遇强势推进“543”倍增计划》的重要讲话，就如何贯彻会议精神和石林县承接、落实好省、市下放经济社会管理权限工作提出四点意见：一是深刻领会精神，增强加快发展的危机感和紧迫感。二是抢抓机遇，用活用足用好省下放权限的各项政策。省下放的经济社会管理权限一共12类40项，下放权限的力度大、数量多、范围广，直接涉及市发改、国资、财政、人事、环保、交通、建设、城管、市政公用、园林绿化、教育、卫生、文化、广电、科技、商务、旅游、林业、安监、公安、信息产业、机构编制、质监、国土资源、食品药品监管、工商、地税等部门。市委、市政府将抓住省下放经济社会管理权限和实施“扩权强县”试点工作的机遇，在承接和用好省下放权限的同时，进一步向县（市）区下放经济社会管理权限，将市级现有的部门行政审批事项、管理服务类事项和内部审批管理事项下放给县（市）区。凡国家和省没有明确规定必须经过市级政府审核、审批的管理事项，由县（市）区直接审核、审批；凡县（市）区政府有能力管理好，但法律法规规定由市级行使的管理权限，通过依法委托、授权和延伸机构等方式下放。这就意味着今后许多审批事项不必到省里，只需到市里就可以解决了，有的事项甚至可以在县上就能够自主解决。差距总是在丧失机遇中拉大，优势总是在抢抓机遇中形成。要紧紧抓住省下放权限和实施“扩权强县”试点工作的大好机遇，认真学习研究好政策，用活用足用好政策，激发县域经济活力，壮大县域经济实力。用活就是要正确处理下放权限和促进发展的关系，灵活地、创造性地运用这些权限和政策去解决改革发展中的问题；用足就是要最大限度地发挥政策的效能，有力地保障和促进石林经济社会发展；用好就是要恰到好处地运用权限和政策，科学统筹处理好经济社会发展过程中的各种问题、各种关系、各种利益。同时，加强监督检查，确保下放权限规范高效落实。三是振奋精神，强势推进各项工作的落实。一定要抓住这次省下放权限和实施“扩权强县”试点工作的机遇，振奋精神，不失时机，快马加鞭，由“快走”变“快跑”，推进各项工作的落实。四是苦干实干，确保完成年初制定的各项目标任务。

【全县组织工作会议】 2月25日，石林县召开全县组织工作会议。各乡镇党委书记、专职副书记、组织委员，县委各部委办、县级国家机关各办局党委（党组）、总支（支部），各企事业单位、人民团体党组织负责人，县委组织部全体干部140多人参加会议。会上，县委常委、县委组织部部长王昆作工作报告，总结了2008年的组织工作，并对2009年的工作作了安排部署。相关单位签订了2009年度永葆先进性·“云岭先锋”工程目标考核责任书。县委书记罗朝峰在会上作了题为《推进改革创新，促进工作落实，为全县经济社会发展提供坚强组织保证》的重要讲话。对全县的组织工作提出四点要求：一是准确把握形势，切实增强做好党的建设和组织工作的政治责任感和历史使命感。二是扎实开展深入学习实践科学发展观活动，确保取得学习成效。一要切实把思想和行动统一到中央的决策部署上来；二要切实发挥领导干部的示范带头作用，确保学习实践活动取得实效；三要切实提高学习实践活动的针对性和实效性，防止为了学习而学习，防止走形式、走过场，努力解决群众强烈反映的问题，解决影响和制约科学发展的问题，解决党员干部党性党风党纪方面存在的问题；四要切实加强对学习实践活动的领导和指导，切实做到认识到位、组织到位、措施到位、工作到位。三是加强干部队伍建设，培养高素质领导班子和干部队伍。一要强化教育培训，提高各级干部推动发展的能力；二要突出班子建设，提高各级班子领导发展的能力；三要抓好队伍建设，为跨越式发展选人聚才。四是深化干部人事制度改革，构建科学的选人用人机制。五是强化基础工作，发挥基层党组织的战斗堡垒作用和党员的先锋模范作用。六是创新党建工作体制机制，为全县经济社会发展服务。

【县委工青妇工作会议】 3月6日，石林县召开工青妇工作会议，深入学习贯彻党的十七大、全国总工会十五大、共青团十六大、中国妇女十大和省、市委工青妇工作会议精神，研究部署全县的工青妇工作，号召工青妇组织团结带领全县广大职工、青年和妇女，为加快实施“543”倍增计划，推进全面建设小康社会作出应有的贡献。县级领导罗朝峰、毕春华、朱玉和、周兴荣，各乡镇党委书记，分管工会、共青团、妇联工作的领导1人，各乡镇工会、共青团、妇联主要负责人，县委各部委办、县级国家机关各办局党委（党组）、总支（支部），各企事业单位、人民团体党组织各1位负责人，县总工会、团县委、县妇联全体干部职工共150多人参加会议。会上，县人大副主任、县总工会主席朱玉和，团县委书记普建勇，县妇联主席毕金兰分别作表态发言。县委书记罗朝峰就进一步加强新时期的工青妇工作作重要讲话，指出加强工青妇工作，是最大限度聚集各方力量，推动石林经济社会跨越式发展的需要；是维护社会稳定，构建和谐社会的需要；是密切联系群众，巩固党的执政基础的需要，各级党组织要认清形势，统一思想，深刻认识加强工青妇工作的重大意义。各级工青妇组织要按照“三个最大化”要求，紧紧围绕县委、县政府的决策部署，充分发挥“四个作用”，努力开创石林工青妇工作新局面。工青妇组织要在围绕中心、服务发展中创造新佳绩；在服务群众、维护权益中有新作为；在提升素质、培育新风中发挥新优势；在创新载体、提高水平中迈出新步伐。全县各级党组织要从增强党的执政基础、巩固党的执政地位和维护改革发展稳定的大局高度，切实加强对工青妇工作的领导，在政治原则上把关，在发挥作用上重视，在具体工作上放手，大力支持工青妇组织依靠法律和章程创造性地开展工作，为工青妇组织履行职责、发挥作用营造良好环境。

【“行政效能提升年”和“干部作风改进年”活动动员大会】 3月6日，石林县召开“行政效能提升年”和“干部作风改进年”活动动员大会，为强势推进项目落实、加快“543”倍增计划营造良好的发展环境。县级领导、全县各部委办局、企事业单位、人民团体实职副科以上的领导300多人参加会议。动员大会上，县委常委、县委组织部部长王昆通报了1～2月全县招商引资工作进展情况；鹿阜镇、石林镇、国土局、林业局负责人分别作了提高行政效能、改进干部作风公开承诺。县委书记罗朝峰作重要讲话。他在动员会上强调，要加强组织领导，结合各项重点工作展开活动，以服务体现作风、以项目检验成效，在解决问题上下功夫，在解决问题中推动工作、在推动工作中检验活动成效，让人民群众看到实实在在的变化。提高行政效能、改进干部作风，首先是要在优化发展环境、推进项目落实上出实效。要下大力气从投资者最不满意的事情改起、从投资者最困难的事情帮起、从投资者最需要的事情做起，真正做到思想真通、服务畅通、环境疏通、灵活变通，全力以赴推进项目落实，以项目落实来检验活动成效。其次是要在深化行政审批制度改革、提升行政效能上出实效。要进一步理顺部门之间和部门内部的职能、权限和分工，继续对行政审批项目进行清理、简化，全面落实“两集中、两到位”，全面推行“三公开、一监督”。再次是要在转变干部作风、提高干部素质上出实效。要坚持把提高干部队伍素质、转变干部作风放在首位，强化大局意识、服务意识、效率意识，要提高抓项目的能力、抓落实的能力、抓发展的能力。最后要在推进工作落实、促进跨越式发展上求实效。各责任部门要对照分解立项督办的221项主要工作目标任务，统筹工作力量，加大工作力度，加快工作节奏，确保按时完成既定的各项目标任务。

【2009年农业农村工作暨春耕生产动员会】 3月20日，石林县召开农业农村工作暨春耕生产动员会，全面落实促进农业稳定发展、农民持续增收的各项

措施，安排部署全年农业农村工作。县级领导，各乡镇党委书记、乡镇长、分管领导及烟叶站站长、农林水中心主任、分管副主任，新农村建设指导员，各村（居）委会书记、主任，县直各部委办局、人民团体、企事业单位主要领导，县委目督办、县政府目督办主任，县第四纪工委领导，县就业再就业及农村劳动力培训转移工作领导小组成员及办公室人员300多人参加了会议。会上签订了就业再就业及转移输出农村劳动力培训转移工作目标考核责任书。县委书记罗朝峰要求立足当前抓春耕，创新思路抓落实，千方百计促进农业稳定发展和农民持续增收；认真落实仇和书记提出的以“三化”化“三农”思路，即以工业化“化”农业、城镇化“化”农村、市场化“化”农民，走工业化提升农业、城镇化带动农村、市场化致富农民的道路，不断推进城乡一体化。在此基础上，加快云南昆明石林台湾农民创业园建设、大力发展现代农业、大力发展观光旅游农业、加强农业基础设施建设、加快推进农村富余劳动力转移就业、着力改善农村民生、加强农村基层党组织建设。

【深入学习实践科学发展观活动动员大会】 3月24日，石林县召开深入学习实践科学发展观活动动员会。按照中央和省、市委的部署，安排学习活动相关工作，此举标志着石林县全面拉开了深入学习实践科学发展观活动的大幕。按照中央和省、市委部署，石林县深入学习实践科学发展观活动属第二批和第三批。其中，第二批学习活动从3月开始，8月底结束，分学习调研、分析检查、整改落实三个阶段，各阶段又分三个环节进行，学习活动范围包括县直机关、人民团体、企事业单位（中、小学校除外），同时选择石林镇党委、和摩站村党总支、鹿阜中学党总支、易通电缆桥架有限公司党支部进行试点，共涉及全县220个单位（含4个试点单位）、各级党组织191个、党员2604名。第三批学习活动从9月开始，2010年2月底结束，范围包括乡镇、街道，村、社区等。县委书记罗朝峰作动员讲话，全面阐述开展学习实践科学发展观活动的重要意义，对全县开展学习实践活动作了具体安排并提出了明确要求。指出开展学习实践科学发展观活动，是进一步解放思想、转变观念的需要，是破解难题、推进跨越式发展的需要，是转变干部作风、提高干部能力的需要。各级党组织要充分认识开展学习实践活动的重大意义，把思想和行动统一到中央和省、市委的统一部署上来，增强推进石林跨越式发展的紧迫感和责任感，以学习实践活动的实际成效，加快推进“543”倍增计划，实现石林全面建设小康社会的奋斗目标。各级党组织要结合各自实际，按照县委制定下发的实施意见要求，认真安排部署，精心组织实施，切实抓好贯彻，确保整个活动不偏向、不走样，取得实实在在的成效。要明确高举一面旗帜（高举中国特色社会主义伟大旗帜）、突出一个主题（突出“跨越发展、富民强县”主题）、围绕一个总要求（围绕使党员干部受教育、科学发展上水平、人民群众得实惠这个总要求）、明确三个着力点（着力转变不适应不符合科学发展观要求的思想观念，着力解决影响和制约科学发展观的突出问题以及党员干部党性党纪方面群众反映强烈的突出问题，着力构建有利于科学发展的体制机制，不断提高领导科学发展、促进社会和谐的能力）的指导思想，确保实践活动的正确方向。要围绕提高思想认识、形成发展共识，解决突出问题、增强发展活力，创新体制机制、营造良好环境，转变作风、树立良好形象，增强发展能力、推进跨越发展的目标要求，确保实践活动取得实效。要把握坚持解放思想、突出实践特色、贯彻群众路线、坚持正面教育为主等主要原则，确保实践活动有序推进。要遵循方法步骤，确保实践活动扎实有效推进。各级党组织要按照中央和省、市委要求，紧扣“跨越发展、富民强县”主题，紧密联系思想、工作、发展实际，着力在加强理论武装、破除发展难题、干部队伍建设、创新体制机制、优化发展环境等方面下功夫、求突破、见成效。要把学习活动与当前开展的“行政效能提升年”、“干部作风改进年”、“项目落实年”等活动和当前的招商引资、工业突破、项目建设、产业发展、民生改善等重点工作结合起来，把“行政效能提升年”、“干部作风改进年”活动作为深入学习实践科学发展观活动的重要内容，把“招商引资百日竞赛活动”、“季度观摩”、“项目落实”、“破解新形势下群众工作难题”、“整顿后进薄弱组织”作为深入学习实践科学发展观活动的重要载体，不断提高领导干部的科学决策能力、沟通协调能力、改革创新能力、做好群众工作的能力、抓落实的能力和拒腐防变的能力，同时体现发展第一要义，着力解决在发展方面存在的问题；体现以人为本这一核心，着力解决民生方面存在的问题；体现全面协调可持续的基本要求，着力解决发展方式方面存在的问题；体现统筹兼顾的根本方法，着力解决改革发展稳定方面存在的问题，推动石林大发展、大跨越。

【全县宣传工作会议】 3月26日晚，石林县召开2009年宣传工作会，学习贯彻全国、全省宣传部长会议和全市宣传工作会议精神，安排部署2009年全县的宣传思想工作，进一步动员全县广大干部群众统一思想、坚定信心、凝心聚力，努力开创新时期宣传思想工作新局面，为石林跨越式发展提供坚强有力的思想保证、舆论支持、精神动力和文化条件。县四班子分管或联系领导，各乡镇党委书记、分管副书记和宣传委员（干事），县直各部委办局、人民团体、企事业单位主要领导，县文体局、县广播电视局中层以上干部，县委宣传部、县文明办、县外宣办全体干部职工，省市驻石单位主要领导等200多人参加会议。县委副书记裴演兵主持会议。会上，县委常委、县委宣传部部长李福军总结了2008年全县宣传思想文化工作取得的成绩，安排部署2009年工作。县委书记罗朝峰在会上作重要讲话，指出做好新形势下的宣传思想工作，是凝聚各方力量，推进石林经济社会跨越式发展的需要；是营造舆论环境，推进项目落实的需要；是维护社会稳定，促进社会和谐的需要，各级各部门必须站在政治的、全局的战略高度，统一思想，提高认识，高度重视新形势下的宣传思想工作。宣传思想工作要紧紧围绕县委、县政府的中心工作，服务全县改革发展稳定的大局，为贯彻落实科学发展观、推进石林跨越式发展打牢共同的思想基础、营造浓厚的舆论氛围、树立良好的外部形象、培育文明的社会风尚。要强化理论，着力在深入学习实践科学发展观、推进科学发展上下功夫；要加强舆论引导，着力在宣传发动、营造氛围上下功夫；要推进文化繁荣，着力在丰富群众文化生活、培育文化产业上下功夫；要深化文明创建，着力在提高公民文明素质、提升城乡文明程度上下功夫；要扩大对外宣传，着力在展示石林形象、提高石林影响力上下功夫。罗朝峰最后强调，加强和改善党的领导，是做好宣传思想工作的根本保证，各级各部门要按照中央和省、市委的要求，牢牢坚持党管宣传、党管意识形态、党管干部的原则，牢牢把握党在意识形态领域的主动权和主导权，坚持党对宣传思想工作的领导；切实加强意识形态领域的管理；大力创新宣传思想工作的方法方式；扎实抓好领导班子和人才队伍建设，不断提高做好意识形态工作和推进文化建设的能力和水平。

【县委常委（扩大）会议暨县级领导班子深入学习实践科学发展观中心组学习总结会】 4月21日，石林县召开县委常委（扩大）会议暨县级领导班子深入学习实践科学发展观中心组学习总结会。会上，县委副书记、县长李忠德，县委副书记裴演兵，县人大常委会主任李绍增，县政协主席者培仙分别代表县委、县人大、县政府、县政协四班子作交流发言；县委书记罗朝峰对本次活动进行小结，认为石林县县级领导班子深入学习实践科学发展观中心组专题学习准备充分、组织有序，学习认真、交流充分，认清了形势，形成了共识，分析了案例，总结了经验，查找了问题，明确了方向。体现出以下特点：准备充分，安排紧凑；结合实际，主题鲜明；学风扎实，效果明显。通过学习，县级领导班子进一步统一了思想、深化了认识，分析了形势、明确了任务，开阔了思路、增强了信心。主要收获为：创新了学习方法，提升了学习能力；深化了思想认识，强化了理论武装；剖析了突出问题，研究了解决措施；认清了当前形势，增强了发展信心。县委书记罗朝峰对下步学习实践活动提出要求：一是坚持领导带头，充分发挥表率作用；二是坚持问政于民，努力找准存在问题；三是紧扣跨越发展，狠抓整改措施落实；四是突出创新特色，搞好结合推动工作。在学习实践活动中，要与经济工作相结合、与招商引资相结合、与项目建设相结合、与园区建设相结合、与效能建设相结合、与生态建设相结合、与改善民生相结合、与强化组织保障相结合，既集中精力开展好活动，又全面抓好当前的各项工作，使开展活动的过程成为解决问题、推动工作、促进发展的有效实践，推动全县跨越式发展。

【纪念“五四”运动90周年大会】 4月30日，石林县隆重举行“五四”运动90周年纪念大会，1000余名青年工作者和青年朋友齐聚一堂，欢庆自己的节日。会上表彰了杨和平、黄云梅、范成科等10名全县“十佳青年”；表彰了李涤菲、朱丹琪、赵磊等10名全县“十佳少先队员”。县委书记罗朝峰回顾了“五四”运动的光辉历史，阐述了“五四”精神的深刻内涵，从全县加快改革、加快发展、加快开放、实现跨越发展的高度，对青年们一直以来作出的奉献给予充分肯定。希望全县共青团工作者和广大青年弘扬“五四”精神，争做理想远大、信念坚定的先锋；争做知识丰富、本领过硬的先锋；争做发展经济、建设家乡的先锋；争做弘扬新风、构建和谐的先锋。各级党委、政府要从社会事业长远发展的战略高度，正确引导青年、严格要求青年，一如既往地关心青年、爱护青年，为青年的健康成长搭建舞台、创造环境；大力培养青年人才，大胆使用青年人才，使青年人才不断脱颖而出；进一步加强和改善对共青团工作的领导，重视团的工作和团的建设，关心爱护团干部，不断开创共青团和青年工作的新局面。县委常委、县委宣传部部长李福军主持会议。县委常委、常务副县长段增华，县人大副主任朱玉和，县政协副主席周和祥等领导参加了纪念大会。

【全县办公室主任座谈会】 5月20日，石林县召开办公室主任会议，认真贯彻落实全市党委、政府办公厅（室）系统有关工作会议精神，针对当前各单位办公室工作存在的问题提出改进措施及要求，推动全县办公室工作上新台阶。县五班子办公室主任、副主任，各乡镇党政综合办主任，县直各部委办局、人民团体、企事业单位办公室主任，省市驻石单位办公室主任，县委办、县政府办中层以上干部、全体秘书人员和有关人员110多人参加座谈会。会上，县国家保密局局长李学传达市委保密委扩大会议精神，安排布置保密相关工作。县委办副主任、县委目督办主任周林春传达昆明市党委信息工作座谈会精神，针对当前信息上报工作中存在的问题，提出上报信息的相关要求：一是要坚持服务大局、求真务实、及时高效、精练简洁、全面客观“五条原则”；二是要把握站位要讲高度、选题要讲角度、加工要讲深度、上报要讲速度、篇幅要讲力度“五个度”；三是要建立全员抓信息、全县通报、定期交流、考核奖励、责任追究“五种制度”。县委办常务副主任王永乔传达全市党委、政府办公厅（室）系统专项业务培训会、全市办公厅（室）主任座谈会精神，针对办公室在接待、会务等工作中存在的不规范行为，对做好办公室在接待上级领导中的陪同、汇报、迎送、就餐、乘车、接待方案审批等一系列接待工作提出要求。县政府副县长、县政府办主任王彦平对各级各部门做好办公室工作提出强化职能、提高工作水平，加强学习、提高工作能力，转变作风、增强工作绩效，钻研业务、提高服务质量，严格规定、遵守工作纪律等要求。

【创建国家园林县城攻坚暨迎接考评动员会】 6月8日，石林县召开创建国家园林县城攻坚暨迎接考评动员会。县委、县人大、县政府、县政协主要领导

及分管联系领导，县直各部委办局、人民团体、企事业单位主要负责人，各乡镇党委书记、乡镇长，县创园指挥部及办公室全体成员，县建设局中层以上干部，鹿阜镇东门、南门、西北、龙泉社区书记、主任160多人参加会议。会上安排部署了石林县创建国家园林县城攻坚暨迎接考评相关工作。县委书记罗朝峰作了题为《全民动员合力攻坚确保实现国家园林县城创建目标》的重要讲话，对创园工作提出三点要求。一要深化认识，增强必胜的信心和决心。二要立即行动，查缺补漏，各司其职，密切配合，按照分配的任务，再分解、再安排、再细化、再落实，研究完善工作方案，切实履行职责，认真整改全力以赴做好迎接考评工作。三要巩固成果，建立创建长效机制。建立科学有效的管理机制，确保各项指标达标，真正建立起提升城市形象和市民素质的有效途径和长效机制，这是创建活动的长远目标。

【全县项目推进会】 5月22日，石林县召开项目推进会，通报2009年度政府投资项目和招商引资项目进展情况，要求各相关部门加大项目跟踪服务力度，加强督促检查，全力以赴推进项目建设。21个招商分局的政委、分局长、副分局长，各乡镇党委书记，县招商引资工作指挥部成员及办公室人员、县招商引资工作考核办公室成员共70多人参加会议。会上，县委常委、县纪委书记周美英通报了项目督查督办情况；县委常委、组织部部长王昆通报了招商引资项目推进情况；副县长王彦平通报了政府投资项目推进情况；县级分管领导就各自负责的项目作说明。县委书记罗朝峰要求各级各部门盯死项目建设，积极主动破解存在难题，加大政府投资项目、招商引资项目和10件实事的推进速度；加大筹资力度，下大决心突破融资瓶颈，主攻银行贷款；加大招商引资力度，完善工作机制，对项目进行动态管理，促进项目的实施；加快项目推进速度，排出时间进度表并严格执行；加大督促检查的频度，形成部门领导、分管县领导、两个目督办、纪工委、纪委五个层次的督查网络。

【抓落实暨提升行政效能动员大会】 6月25日，石林县召开抓落实暨提升行政效能动员大会，提出狠抓项目建设、招商引资、城市建设、生态建设、民生建设等工作的落实，再掀拼搏2009新高潮。县级领导，各乡镇、县直各部委办局、人民团体、企事业单位、省市驻石单位实职副科以上领导干部（公检法班子成员参加），五个纪工委监察分局全体成员，县党风巡查员，县党代表、人大代表、政协委员各10名，10家县外投资企业代表共400多人参加会议。县委副书记裴演兵主持会议并提出工作要求。县委常委、组织部部长王昆传达了昆明市被问责领导干部相应处理意见，通报全县重点项目督查情况。县委常委、县纪委书记周美英通报了市、县两级干部问责情况。县委书记罗朝峰作重要讲话。他指出，发展重任、发展形势、作风建设迫切需要我们加大抓落实的力度，每位干部必须认识到抓落实的重要性、必要性和迫切性，强化政治意识，担负起石林跨越式发展的重大责任。要完善抓落实的工作机制，强化绩效管理，实施更加严格的目标倒逼；强化责任追究，建立导向鲜明的奖惩机制；强化督促检查，营造紧张快干的干事氛围；强化会办协作，形成层级联动的工作格局。领导要带头抓落实，大力发扬“一竿子插到底”的精神；要突出项目抓落实，聚焦招商引资，抓年初计划实施的项目，做好项目前期准备工作；围绕年初目标抓落实，各项工作的责任领导、责任单位和协办单位，要采取切实有效措施狠抓落实，再掀拼搏2009新高潮。

【城乡园林绿化暨创园工作会议】 6月26日，石林县召开全县城乡园林绿化暨创园工作会议。县级领导，各乡镇党委书记、乡镇长、分管领导，各村（居）委会书记、主任，县直各部委办局、人民团体、企事业单位，省、市驻石单位、驻石部队主要领导，县林业局、县建设局、县环保局、县水务局、县交通局中层以上干部，县城乡园林绿化及生态建设指挥部办公室、县创建国家园林县城工作指挥部办公室全体人员，各房地产开发企业负责人，各苗木基地负责人共300多人参加了会议。会上，县建设局、鹿阜镇人民政府、石林房地产开发公司作了交流发言；县委、县政府对在2008年城乡绿化工作中涌现出的先进单位和集体进行了表彰；县委副书记、县长李忠德对2008年全县城乡园林绿化及生态建设工作作了总结，对2009年城乡绿化暨创园工作进行安排部署。县委书记罗朝峰作重要讲话，强调切实增强抓好城乡园林绿化及生态建设的责任感和紧迫感，通过扩量提质、全面提升全县城乡园林绿化水平，建管并重、巩固扩大城乡园林绿化建设成果，抢抓季节、再掀城乡园林绿化和生态美县建设新高潮等措施确保城乡园林绿化和生态美县建设取得实效。

【乡镇集镇建设工作现场会】 6月30日，石林县委、县人民政府在圭山镇召开全县乡镇集镇建设现场会，全面总结和回顾近年来全县乡镇集镇建设工作所取得的成绩和经验，安排部署今年和下一阶段乡镇集镇建设工作任务，动员全县各级各部门齐心协力，振奋精神，乘势而进，迎难而上，推动全县乡镇集镇建设事业再上新台阶。县四班子主要领导和分管领导，各乡镇党政领导和集镇所在地村委会干部，县直各部委办局和企事业单位领导200多人参加了会议。县委副书记、县长李忠德安排部署了具体工作。县委书记罗朝峰就全县今后一个时期的乡镇集镇建设作重要讲话。指出统筹城乡发展、实现城乡一体化，是深入学习实践科学发展观的重要举措。石林县委、县人民政府专门出台了《关于加快乡镇集镇建设的实施意见》，计划自2009年起，通过4年的努力，使各乡镇集镇建设实现“1+4工程”，即基本实现集镇建设发展一套规划图纸加一个新型市场、一个商业街区、一个新型住宅小区、一个产业集中区，使集镇基础设施建设完善，公共服务和社会管理能力进一步提高，成为乡镇区域内工业化、城镇化、市场化各类生产要素的集聚区，成为县城经济的有力补充，辐射和带动村庄经济全面发展，促进城乡互动、优势互补、协调发展。强调调动村组建设市场、积极争取上级支持、政企联动共同参与建设、盘活闲置资产等措施是圭山集镇建设取得成功的有力保障，为各乡镇集镇建设提供了可借鉴的样本，各级各部门要充分明确加快集镇建设是统筹城乡发展的重大举措，是落实省、市关于加快城乡建设工作要求的体现，是实施“543倍增计划”的重要途径。当天，与会人员现场观摩了长湖镇舍色村客运站、圭山镇集镇建设现场。会上，圭山镇作集镇建设经验介绍；石林镇、板桥镇和大可乡分别作了表态性发言；副县长张忠贵代表县人民政府与各乡镇和相关单位签订了乡镇集镇建设目标责任书。

【纪念建党88周年大会】 6月30日晚，石林县召开全县党员干部大会，隆重纪念中国共产党建党88周年。大会首先举行了新党员代表入党宣誓和党员重温入党誓词仪式，吴兆胜等32名新党员代表登上主席台，面对党旗庄严宣誓，参加会议的党员全体起立，面对党旗重温入党誓词。会议还举行了“捐出一月党费、关爱困难党员”捐助仪式，县直机关党委书记高云曦、鹿阜镇党委书记段正平、石林超鹰广告公司经理胡永红分别代表县直机关、乡镇、企事业单位党员干部，向县关爱党员资金专户捐助，县委常委、县委组织部部长王昆代表县关爱党员资金管理办公室接受捐助。县委书记罗朝峰在纪念大会上作重要讲话，回顾了中国共产党建立88周年来的光辉历程后，对全县党员干部提出三点要求。一要在推进科学发展上发挥作用。要以推进石林科学发展、跨越发展为己任，把共产党员的先进性体现到实现跨越发展上，多谋发展之策，多鼓发展之劲，多求发展之效。保持奋发有为的精神状态和敢为人先的气魄胆识，带着压力、带着动力、带着活力抓发展；要认清“33553”发展战略和“543”倍增计划锁定的奋斗目标，明确自己肩负的任务，扑下身子苦干实干，以自己的模范行动影响和带动群众，组织、凝聚全县人民的智慧和力量，积极投身全县经济社会跨越发展。二要在服务和改善民生上发挥作用。要倾听群众呼声，关心群众疾苦，了解群众意愿，集中群众智慧，解决好群众反映强烈的热点、难点问题，多做暖人心、得人心、稳人心的工作。要依靠群众、服务群众，做到发展为了人民、发展依靠人民、发展成效由人民检验、发展成果由人民共享。三要在维护社会稳定上发挥作用。广大党员要牢固树立“稳定压倒一切”的思想，切实担负起维护稳定的责任，带头把石林的稳定工作做好。要积极争取广大人民群众的支持，主动深入群众，带头做好矛盾纠纷排查调处工作，努力将不稳定因素消除在萌芽状态、解决在初始阶段。

【县委工作会议】 7月11日，石林县召开县委工作会，动员和组织全县上下认清经济形势，把握发展规律，强化投资拉动，突出项目带动，强力推进工业突破、园区建设、招商引资工作，强势推进“543”倍增计划，促进全县经济社会跨越式发展。县招商引资工作指挥部政委、指挥长、副指挥长、成员，各招商分局政委、分局长、副分局长，各乡镇党委书记，县招商引资工作指挥部办公室有关人员和县招商引资考核办成员共110多人参加会议。会上，县委副书记、县长李忠德通报了上半年经济运行情况；县委常委、组织部部长王昆通报了全县上半年招商引资完成情况；副县长王彦平通报了上半年市对县考核主要指标完成情况和全县政府性投资项目推进情况；相关单位负责人作表态发言。县委罗书记要求全县上下把抓投入、上项目作为全局工作的重中之重，采取强有力的措施，以项目促投资，以投资促发展，加速推进“543”倍增计划。一要突出旅游产业提升、工业发展突破、城镇建设加速、现代农业发展、文化产业培育和社会事业加强的“5+1”工程重点，优化投资结构。二要坚定不移抢抓招商引资，加大投资强度，突出产业招商、园区招商，突出跟进落实和后续项目的谋划和开发，抓好签约项目的跟踪推进。三要全力以赴推进园区建设，把台创园打造成农业现代化的示范基地，把生态工业集中区打造为工业突破主战场，把旅游度假区打造为旅游转型升级的主要平台。四要千方百计加速项目建设，强化投资支撑，做好项目前期工作，抓实招商引资项目，加快推进政府投资项目。五要加大体制机制创新力度，拓宽投资渠道，争资金、争项目、争信贷，启动民间投资，盘活资金存量，加大内培力度，加强项目资金管理。

【农业产业化调研座谈会】 2009年7月23日，石林县召开农业产业化调研座谈会。县领导罗朝峰、李忠德、裴演兵、者培仙、毕春华、李家云、周和祥与县内省、市、县三级农业龙头企业代表及乡镇、涉农、金融部门人员共60多人参加会议，共叙石林农业产业发展现状，聚焦农业产业发展存在问题，共谋做大做强农业产业化策略，为县委、县政府下步出台发展农业产业化实施意见和扶持政策做决策准备。县委书记罗朝峰明确座谈会四点任务：一是要了解全县农业产业发展现状，针对存在问题找出路，谋发展。二是要增强企业发展信心，通过农业龙头企业做大做强、发展壮大带动农民增收致富。三是要明确县委、县政府要为企业发展搭建平台，引导、支持、扶持企业发展。重点做好产业布局规划，加强基础设施建设，劳动力及人才培训，引导企业建立企业协会，实行行业自主管理，帮助企业做好上级扶持资金申请及融资，向企业提供市场信息，帮助企业创好品牌等方面的工作。四是要听取企业对县委、县政府及职能部门意见，不断转变职能和工作作风，提高办事效率，优化投资软环境，提供优质、良好服务，让企业放心、放胆干事。

【全县项目推进会】 7月24日，石林县召开项目推进会，再次明确项目投资建设对石林经济社会发展的至关重要性，要求全县上下全力推进下半年的项目建设工作。会上，县委、县政府分管领导分别通报了全县招商引资项目和政府性投资项目推进情况；未按计划推进项目的招商引资分局局长和政府性投资项目责任单位主要领导作了表态发言。

县委书记罗朝峰在讲话中指出，在拉动石林经济发展的“三驾马车”中，“消费”在二季度出现负增长，“出口”目前为零，只剩“投资”这辆马车。项目作为投资的载体，各级各部门要再次明确项目投资建设对石林经济发展的至关重要性，只有加快项目建设的进展，才能使石林在新一轮发展中立于不败之地。各级各部门要聚精会神抓项目，要把项目推进作为当前工作的重点，从县领导到部门领导都要把心思放在抓项目上；要合理组织，加快政府性投资项目建设进度；要全力协调，推进招商引资项目；要积极主动消除影响项目推进的各种障碍。

【县委常委（扩大）会议】 8月3日晚，中共石林县委召开常委（扩大）会议，贯彻落实市委工作会议精神，动员全县上下以胡锦涛总书记在云南考察工作时作出的重要指示精神为动力，快马加鞭突出招商引资、园区建设、工业突破主题，强势推进2009年后5个月的重点工作，冲刺攻坚，拼搏150天，全面超额完成各项目标任务。县委委员、候补委员，不是县委委员、候补委员的其他县级领导，县直各部委办局、人民团体、企事业单位、驻石单位党政主要领导，各乡镇领导班子成员，县公安局、县法院、县检察院班子成员，老干部代表、企业代表，县五办、发改局中层以上干部，县台创园管委会、工管会、旅管会、招商促进局全体干部职工共300多人参加会议。会上，县委副书记裴演兵传达了胡锦涛总书记在云南考察工作时作出的重要指示精神；县人民政府副县长王彦平传达了市委工作会议精神；县委副书记、县长李忠德主持会议，并对贯彻落实好胡锦涛总书记在云南考察工作时作出的重要指示精神、市委工作会议精神及县委常委（扩大）会议精神提出明确要求。县委书记罗朝峰作重要讲话，指出全县上下要认真贯彻落实好市委工作会议精神，以胡锦涛总书记在云南考察工作时作出的重要指示精神为动力，进一步认清形势，正视差距，增强紧迫感和责任感，加大工作力度，加快工作节奏，奋力拼搏150天，确保超额完成今年的各项目标任务，为加快县域经济又好又快发展奠定坚实的基础。重点要做好以下工作：一是强力推进招商引资。改进招商方式，突出产业导向，强力推进产业招商；争取有投资意向企业尽快到石林投资；实施项目推进责任制和结果倒逼制度，确保重大招商引资项目无障碍进入和实施；各招商分局要清理、分析签约基本情况，加快项目落地速度；县招商引资考核办、目督办，纪检监察等部门要加强联动，以督查推进项目建设，形成结果倒逼。二是强势推进项目建设。要抓住西部大开发、石林县被列入云南省扩权强县试点等机遇，抓好项目申报立项，实现“计划进本子，项目进笼子，资金进盘子”；紧紧围绕“543”倍增计划的落实和“5+1”工程的实施，策划、包装、做精一批大项目、好项目，储备和推出更多的重点招商引资项目和政府性投资项目；强化重点项目目标任务，加快建设进度；抓政府性投资项目，促开工、促进度、促竣工；聚焦招商引资项目，促签约、促履约、促落地。三是全面推进基础设施建设。要加快园区建设、加大城乡基础设施建设、创新投融资方式。四是大力发展非公经济。要放宽准入领域，促进公平竞争；鼓励全民创业，激发内在活力；支持企业做大做强；注重服务，为非公企业创造良好的政务环境、市场环境、融资环境和社会服务环境。

【县委中心学习组学习研讨会】 9月2日，中共石林县委召开中心学习组学习研讨扩大会议，贯彻落实市委工作会精神，动员全县干部群众苦战4个月，狠抓各项工作任务落实，确保2009年度市对县考核的47项主要工作目标超额完成。会上，县委常委、常务副县长段增华通报了2009年度市对县考核的47项主要工作目标完成情况及下步工作措施。各项目标任务的责任领导分别就具体工作发言。参会人员结合6县区考察感受和47项目标任务的落实进行了讨论。县委副书记裴演兵围绕目标、精神、落实、作风、合力、统计、信心等关键词提出工作要求。县人大主任李绍增、县政协主席者培仙立足6县区考察中看到的差距、学到的经验，从招商引资、项目建设、干部作风等方面提出建议。县委书记罗朝峰从纵向比和横向比两方面，对照了石林县与市级考核目标和各县区之间存在的差距，指出差距的主要原因，在于人的差距，即部分领导干部事业心不强，责任心不够；思想不解放，观念陈旧；老好人思想严重；工作作风不实，沉不下来；能力水平不高，畏难情绪严重；缺乏工作的主动性、预见性，被动应付工作；推诿扯皮，工作效率低下；为民服务的观念淡薄，行政审批周期长等。要求全县领导干部增强素质，转变作风，真抓实干，促进发展。要增强事业心、责任感；解放思想，更新观念；敢作敢为，敢担责任；转变作风，求真务实；强化学习培训，提高素质和能力；增强工作的主动性、预见性；加强协调配合，提高工作效率。

【河（库）长工作会议】 9月4日，石林县召开河（库）长工作会议，认真贯彻《石林县主要河流水库（湖泊）综合环境控制目标及河长库长责任制管理办法（试行）》，分析水域保护、水环境治理和水库管理工作面临的新形势，研究部署今后一个时期全县河流水库综合治理工作思路和工作重点。县级领导，各乡镇党委书记、乡镇长，县直相关部门负责人，县管水库负责人，各村委会书记、主任90多人参加会议。县委常委、常务副县长段增华全面总结了近年来石林县开展河库治理工作及取得的成绩，科学分析了当前河库综合治理面临的新形势，针对存在的问题和不足，对做好今后一个时期的河库治理和保护管理工作进行安排部署。县委书记罗朝峰对加强河库治理工作提出具体要求，指出此次会议的主要任务就是要对河库治理和保护管理工作建立长效机制，保护好全县的水源地，保护好全县的水库、河流，确保全县保持良好的生态环境。要求全县各级各部门要深化思想认识，切实担当好保护河流库湖生态环境的重任；明确目标任务和责任，全面落实河流库湖治理保护工作的措施；充分发挥作用，认真履行河流库湖治理保护工作的职责；强化组织领导，落实各项工作措施，举全县之力，切实抓好全县河库综合治理工作，共同保护石林的蓝天碧水。

【工程建设领域突出问题专项治理工作会议】 9月22日，石林县召开工程建设领域突出问题专项治理工作会，贯彻落实全国、省、市关于开展工程建设领域突出问题专项治理工作会议精神，对全县开展专项整治工作进行动员部署。会上，副县长张忠贵传达了昆明市工程建设领域突出问题专项治理工作会议精神；县委常委、县纪委书记周美英传达了《昆明市工程建设领域突出问题专项治理工作实施方案》；县建设局、县交通局及建筑诚信企业代表就做好专项整治工作发言。县委副书记、县长李忠德作动员讲话并提出四点要求：一要抓住关键，找准突出问题。重点要规范项目决策行为，着重解决未批先建、违规审批等问题，促进项目决策和审批依法实施、公开透明；规范招投标活动，着重解决规避招标、虚假招标、围标串标、评标不公正和未经批准邀请招标、非法指定招标代理、设置障碍排斥投标人等突出问题，促进公开、公平、公正；规范城乡规划管理，着重解决违反规定，擅自改变规划、土地用途，以及在房地产开发中违规调整容积率等突出问题，维护规划的严肃性，维护群众权益；规范土地使用权、矿业权审批和出让行为，着重解决非法批地、低价出让土地、擅自改变土地用途，违规征地、拆迁，以及违法违规审批和出让探矿权、采矿权等问题，解决被动土地供给等问题；加强工程质量和安全管理，着重解决建设项目监管薄弱、违法转包和分包、不认真履行施工监理责任、建设质量低劣和安全生产责任不落实等突出问题；规范政府采购和资金安排使用管理，着重解决工程建设项目采购监管、建设单位财务管理薄弱、政府性资金管理使用混乱、工程超概算等问题，促进政府性投资项目规范、健康、有序推进；加快项目信息公开和诚信体系建设，着重解决工程建设信息不公开、不规范、不透明、暗箱操作，以及工程建设领域信用缺失等突出问题，建立互联互通的工程建设领域诚信体系。二要加强监管，增强监管效果。着重加强对项目建设程序、招投标活动、工程质量与安全的监管。三要改革创新，抓好制度建设。重点要完善招标代理中介机构管理办法，规范招标代理行为，实行最低价中标制度。四要严肃法纪，做到源头防治。重点严查三类案件，做到"三个注重"。

【招商引资暨项目建设推进会】 9月23日，石林县召开招商引资暨项目建设推进会，全力冲刺最后3个月，确保圆满完成今年的招商引资工作任务。会上，县委副书记裴演兵通报了2009年以来全县的招商引资及政府投资项目推进情况。县委副书记、县长李忠德指出，要强化措施，强势推进招商引资项目落实和资金到位。要强化跟踪服务，全力推进项目落实，确立以项目为核心的工作机制，继续实施"一个项目、一套班子、一支队伍、一抓到底"的工作运行机制。一要着力解决项目用地难的问题；二要着力解决融资难的问题；三要着力解决考核材料认定不全的问题。李忠德县长最后强调，要举全县之力狠抓招商引资的最后冲刺。县委、县政府确定的目标任务、签订的目标责任书，是刚性目标、必达目标，必须不折不扣地确保完成，年底算总账。要认真对照目标，认真清理检查，进一步强化工作措施，抓好最后3个月工作的落实，确保目标任务的完成。要强化四种意识，一是强化责任意识，明确每一个项目、每一项工作的具体责任人、责任分工和工作目标，全力以赴抓项目；二要强化时间意识，时间已经过去四分之三，各招商分局必须切实负起责任，一把手要负全责，要亲自抓，要倒排时间表，制定阶段性工作目标，强化措施，强力推进；三要强化协作意识，牢固树立全县"一盘棋"思想，打破"条块"分割、部门界限，加强沟通，切实做好服务工作。要履行好承诺制和限时办结制，落实好首问负责制和责任追究制，对干扰、破坏项目建设，给项目建设出难题、设障碍的人和事，要从严、从快、从重处理；四要强化监督意识，要以督查促落实，以督查保质量，严格落实责任目标考核制度，对工作推进不快、行动迟缓、效果不明显、成绩不大、落实不到位的项目，由县纪委、监察局对相关责任部门、责任人进行查办、问责和处理，对项目推进好的单位及服务部门，要给予表扬，并在年终考核中给予加分。招商引资工作，事关石林经济社会的长远发展，各级各部门要以更加务实的精神，更加有效的措施，更加扎实的工作，迅速组织好、开展好、完成好招商引资和项目建设工作，确保圆满完成和超额完成工作目标任务。

【全县整治违法加层和无序建房动员大会】 11月6日，石林县召开整治违法加层和无序建房动员大会，要求全县上下采取有力措施，坚决遏制违法加层和无序建房歪风，着力营造规范有序的城乡规划管理环境。县级领导，各乡镇党政主要领导和分管领导，县属各部委办局、人民团体主要负责人，县纪委常委、监察局副局长、纪工委负责人，县建设局、县国土资源局、县工商局中层以上干部，村（社区）党总支（支部）书记、村（居）委会主任，县护路办、鹿阜镇、石林镇、西街口镇护路办负责人等310多人参加会议。副县长张忠贵就全面整治违法加层和无序建房作具体安排，并代表县人民政府与各乡镇签订目标责任书。按照计划，清理整顿的内容主要包括：全县未依法取得建设工程规划许可证的建（构）筑物及其他设施；未按规划许可证及其他要求建设的建（构）筑物及其他设施；超过批准期限未拆除的临时建（构）筑物及其他设施；其他如占压各种专用线道，存在严重安全隐患、待建用地或规划预留地上的"隔夜楼"、侵占公共绿地、影响市容景观、严重影响居民生活或群众反映强烈的各种违反城乡规划的建设。县委书记罗朝峰在会上指出，违法加层和无序建房违反了《城乡规划法》，损害了广大群众的根本利益，违背了科学发展观要求，各级各部门要坚定整治决心，充分认识违法加层和无序建房的危害；严格依法执法、全面彻底推进整治工

作，坚持依法行政、切实做到依法遵规履程，着眼长远、建立健全长效管理机制；加强组织领导，确保整治违法加层和无序建房工作取得成效。

【2009年度县级领导勤政廉政公示动员大会】 11月11日，石林县召开2009年度县级领导勤政廉政公示动员大会。县级领导，县纪委常委，各乡镇党委书记、乡镇长，县直各部委办局、人民团体、企事业单位负责人，部分县人大代表、政协委员和一般干部代表共150余人参加会议。会议由县委书记罗朝峰主持。会上，市勤政廉政公示第二指导组组长、市人大原副主任何光炽作动员讲话。何光炽指出，市委、市政府决定在全市领导干部中推行勤政廉政公示制度，并作为巩固和推进惩防体系建设的一项长效机制，其实质就是要通过这项制度的落实进一步转变领导干部作风，不断增强党的意识、宗旨意识、执政意识、大局意识、责任意识，做到为党分忧、为国尽责、为民奉献；依靠干部群众的支持和参与，形成党内监督与党外监督、专门机构监督与群众监督的合力，从源头上预防和治理腐败。为做好2009年度县级领导勤政廉政公示工作，何光炽要求各级各部门统一思想、提高认识，加强领导、务求实效，把握原则、不走过场。在具体工作中，各级领导干部要严格按照市委、市政府《关于推行领导干部勤政廉政公示制度的实施意见》的规定和要求，以高度负责的态度，按照实事求是、客观公正、公开透明、分级负责的原则，重点把握好征求意见、审核、公示三个关键环节。领导干部在撰写述职述廉报告时，除认真对照“勤政廉政13个方面”的内容外，还要按照《中共中央关于加强和改进新形势下党的建设若干重大问题的决定》的精神，执行党员领导干部报告个人有关事项制度方面，重点阐述住房、投资、配偶子女工作事业等情况，同时还要把向干部群众“点题”征求意见时反馈来的最关心、最想知道的内容说清楚、说明白、说透彻。述职述廉报告力求实事求是，内容必须详实、客观、全面，既要总结取得的成绩，又要找准找实存在的问题和不足，认真分析主客观原因，制定切实可行的整改措施。何光炽最后强调，领导干部勤政廉政公示是一项认真而严肃的工作，要求严、任务重、时间紧，一定要在各级党组织的正确领导下，精心组织、统筹安排，按照讲党性、重品行、作表率的要求扎实推动工作开展，努力为石林的跨越式发展营造一个风清气正、团结进取、务实创新的干事环境和氛围。动员会后，市勤政廉政公示第二指导组通过发放《领导干部勤政廉政公示“点题”征求意见表》及个别谈话等方式，对石林县38名县级领导2009年度勤政廉政情况广泛征求意见。

【县委林业工作会议】 11月26日，石林县召开县委林业工作会，贯彻落实中央和省、市林业工作相关会议精神，要求全县上下强化措施、完善政策、创新思路、深化林改，扎实抓好集体林权制度主体改革的收尾工作，全面加快推进集体林权制度配套改革，大力推进中低产林改造，确保农民群众分享林改成果。县四班子分管领导，林改工作相关部门领导，各乡镇党政领导和分管领导，各村（社）干部等200余人参加了会议。会上，县林业局局长吴剑平传达了省委林业工作会议精神；率先发展林产业的严华明、谢有兴、杨富云、张玉光等企业家和林农在会上作经验交流。县委书记罗朝峰在会上指出，加快林产业发展，一要引进和扶持龙头企业；二要加快经济林建设；三要积极发展森林旅游；四要发展野生动物驯养繁育相关产业；五要坚持市场化运作；六要积极发展林下经济。各级各部门要充分认识到加快林业改革发展对推进山区综合开发、促进农村经济繁荣、推动全县经济社会又好又快发展具有的重要作用，加强组织领导，强化职能作用，强力推进工作落实。副县长黄杰提出工作要求：多措并举，稳步推进集体林权制度改革改制；积极探索，大力发展林业产业；抢抓机遇，加大中低产林改造工作力度。

【2009年党风廉政建设和反腐倡廉建设情况通报会】 12月1日，县委、县政府邀请40名人大代表、40名政协委员及5名党外人士，召开2009年党风廉政建设和反腐倡廉建设情况通报会，通报2009年全县党风廉政建设和反腐倡廉建设情况。会议由县委常委、县纪委书记周美英主持。县人大主任李绍增，县政协主席者培仙，县委常委李燕，县政协副主席周和祥，县政协副主席、县委统战部部长周兴荣参加会议。会上，县委书记罗朝峰首先向与会的人大代表、政协委员和党外人士通报了全县党风廉政建设情况。罗朝峰书记从用人机制、软环境建设、厉行节约、党务村务政务管理、建筑领域突出问题的查处、健全完善县级领导接访制度、加强纠风工作切实保障农民群众切身利益等方面，通报了全县的党风廉政建设工作情况。县委常委、常务副县长段增华代表县人民政府向与会的人大代表、政协委员和党外人士通报了依法行政和反腐倡廉建设情况。县委常委、县纪委书记周美英在通报会总结中希望全县的人大代表、政协委员加强监督，为石林党风廉政建设和反腐倡廉建设建言献策，促进权力运行进一步规范，推进权力制约、反腐预警以及领导干部廉洁自律等各项制度的改革创新。同时希望各级各部门把党风廉政建设和反腐倡廉工作摆上重要议事日程，结合当前开展学习实践科学发展观和优化经济社会发展软环境建设活动，与行政效能提升年和干部作风改进年活动有机结合起来，抓住本部门党风、政风、行风方面存在的突出问题，找准解决问题的切入点和工作的着力点，努力营造风清气正的工作环境和昂扬向上的干事环境，为全县经济社会发展、社会稳定和构建和谐社会提供强有力的政治和纪律保证。

【石林县首届企业联合会、企业家协会成立大会】 12月11日，首届石林县企业联合会、企业家协会正式成立。云南省企业家协会常务副会长李若林，昆明市人大常委会副主任董利华，昆明市企业联合会、企业家协会会长彭文凯等省市领导和企业团体代表到会作指导，李绍增、者培仙、李燕、李兴国、王彦平等县领导参加会议。当天的成立大会审议通过了《石林彝族自治县企业联合会、石林彝族自治县企业家协会章程（草案）》，选举产生首届石林县企业联合会、企业家协会会长1名、常务副会长4名、副会长26名，秘书长1名，审议通过聘请顾问2人、名誉会长2人。会上，县委副书记裴演兵分析了石林县工商企业现状与未来，要求石林县企业联合会、企业家协会加强管理，增强凝聚力；加强沟通联系，发挥桥梁纽带作用；加强协调服务，提高企业市场竞争力；加强宣传教育，引导企业履行社会责任。新当选的企业联合会、企业家协会会长何中清表示将团结带领全体理事，践行协会章程，创新工作思路；适应发展需求，拓宽服务领域；表达企业意愿，当好参谋助手。

【县委常委扩大会议】 12月23日，石林县召开县委常委扩大会议，学习贯彻省委八届八次全会精神和全市干部大会精神，讨论并修改市委九届六次全会报告（征求意见稿）。会上，县委常委、组织部部长王昆传达了省委八届八次全会精神。县委副书记裴演兵传达了全市干部大会精神。全体与会人员认真学习了《市委九届六次全会报告（征求意见稿）》，并提出了修改意见。裴演兵要求全县各级各单位通过多种形式，迅速组织广大党员、干部、群众，认真学习贯彻好省委八届八次全会精神和全市干部大会精神。在学习中充分认识全省改革发展稳定呈现出的良好态势，坚定发展信心；深刻理解全会对当前形势和关系全省经济社会发展若干重大问题所作的科学分析；牢牢把握全会提出的各项工作总体思路和预期目标；正确理解全会提出的“处理好五个重大关系，抓好明年工作”要求；充分认识加快现代新昆明建设各个相关重大建设项目以及有关政策举措的重大意义；坚持以改革创新精神全面加强和改进新形势下党的建设等。会议要求，紧密联系全县广大党员干部群众的思想实际和工作实际，找准并破除制约石林科学发展、跨越式发展的思想障碍和体制机制障碍，抓住现代新昆明建设的重大机遇，结合县委全会、人代会、政协会的筹备，推进各项工作：一是要大干最后8天，圆满完成全年各项目标任务；二是要牢牢把握主动权，超前谋划“十二五”发展；三是要以经济结构调整为重点，深入实施“33553”发展战略，统筹城乡发展，强力推进旅游产业提升、工业发展突破、城镇建设加速、现代农业发展、文化产业培育和社会事业加强，着手安排2010年工作；四是要认真抓好当前抗旱、安全生产、春运、护林防火、春备耕、农田水利建设、甲流防控等工作，保障困难人群生活，解决好农民工工资等问题，为市委全会观摩和县“两会”顺利召开、让全县人民过好元旦春节营造安定和谐的社会环境。

【县委议军会议】 12月30日下午，中共石林县委召开议军会，党政军民面对面专题研究部署国防后备力量建设工作，解决国防后备力量建设中的困难和问题，推动石林国防后备力量建设科学发展。县委副书记裴演兵主持会议。县四班子主要领导及分管或联系武装工作的领导，县人武部党委成员，各乡镇书记、乡镇长、武装部部长及相关部门领导参加会议。会上，县人武部部长自成相汇报了全县2009年国防后备力量建设和民兵预备役工作情况，2010年国防后备力量建设和民兵预备役工作的打算和建议，提出了需要县委、县政府解决的困难和问题。县委副书记、代理县长毕春华就县人武部提出的信息化建设、基础设施建设出现的资金缺口及适当提高经费预算、形成自然增长机制等问题作明确答复。县委书记、县人武部党委第一书记罗朝峰肯定了县人武部2009年各项工作取得的成绩，就如何提升民兵队伍应急应战能力提出要求。一要提高思想认识，充分认清民兵队伍应急应战能力建设的极端重要性。大力提升民兵队伍应急应战能力，是新的安全、发展形势所迫，是国防后备力量建设关键所在，是国防后备力量履职所需。各级各部门要站在全局和战略的高度，切实搞清军事斗争准备的新趋势和石林经济社会发展的新要求，大力提升民兵队伍应急应战能力，有效履行国防后备力量肩负的职责使命。二要采取措施，切实强化民兵队伍应急应战能力建设。重点要加强骨干队伍建设、建强民兵多样化分队、强化民兵队伍训练。三要注重实践锻炼，通过主动作为提升民兵队伍应急应战能力。要广泛动员和组织民兵队伍参建参治，积极投身城乡园林绿化、创建平安石林、劳武结合等活动，在履行职责、完成任务中提高民兵队伍应急应战能力。国防后备力量建设事关党的事业兴衰和国家长治久安，大力提升民兵队伍应急应战能力是国防后备力量建设的关键所在，抓好此项工作是我们共同责任和义务，必须同心协力，齐抓共管，统筹兼顾，合力推进，以快速提高民兵队伍应急应战能力来带动国防后备力量建设又好又快发展。

重要文件目录

石发

中共石林彝族自治县委《印发县委十届四次全会报告及决议的通知》

石发〔2009〕1号

2009年1月10日

中共石林彝族自治县委、石林彝族自治县人民政府《关于命名表彰2008年度先进个人和优秀非公企业的决定》

石发〔2009〕2号

2009年1月19日

中共石林彝族自治县委、石林彝族自治县人民政府《关于对承担全县2008年重点工程重点工作和2008年县人民政府10件实事任务的单位进行奖励的决定》

石发〔2009〕3号

2009年1月20日

中共石林彝族自治县委、石林彝族自治县人民政府关于表彰奖励2008年度目标管理考核先进单位的通知

石发〔2009〕4号

2009年1月19日

中共石林彝族自治县委关于命名表彰第二十五批县级文明单位（村）的决定

石发〔2009〕5号
2009年1月19日

中共石林彝族自治县委、石林彝族自治县人民政府关于对2008年度工作考核先进个人进行表彰奖励的决定

石发〔2009〕6号
2009年1月19日

中共石林彝族自治县委、石林彝族自治县人民政府关于命名保留和撤销平安乡镇平安单位称号的决定

石发〔2009〕7号
2009年2月10日

中共石林彝族自治县委、石林彝族自治县人民政府关于表彰石林彝族自治县2008年度新农村建设优秀工作队长、优秀指导员和先进派出单位的决定

石发〔2009〕8号
2009年2月13日

中共石林彝族自治县委、石林彝族自治县人民政府关于调整县生态工业集中区管理委员会领导成员和党工委委员的通知

石发〔2009〕9号
2009年3月7日

中共石林彝族自治县委印发《石林彝族自治县开展第二批深入学习实践科学发展观活动实施方案》的通知

石发〔2009〕10号
2009年3月30日

中共石林彝族自治县委、石林彝族自治县人民政府关于表彰2008年城乡园林绿化及生态建设工作先进单位的决定

石发〔2009〕11号
2009年6月25日

中共石林彝族自治县委、石林彝族自治县人民政府关于加快乡镇集镇建设的实施意见

石发〔2009〕12号
2009年6月29日

中共石林彝族自治县委关于明确李燕等同志分工的通知

石发〔2009〕13号
2009年7月2日

中共石林彝族自治县委、石林彝族自治县人民政府关于进一步深化改革推进供销合作社“二次创业”的实施意见

石发〔2009〕14号
2009年5月20日

中共石林彝族自治县委关于表彰石林彝族自治县开展“三个一”主题实践活动优秀党组织负责人的决定

石发〔2009〕15号
2009年7月13日

中共石林彝族自治县委关于明确汪明涛等同志分工的通知

石发〔2009〕16号
2009年8月25日

中共石林彝族自治县委、石林彝族自治县人民政府关于表彰科技科普工作先进集体和先进个人的决定

石发〔2009〕17号
2009年9月1日

中共石林彝族自治县委、石林彝族自治县人民政府关于突破性发展民办教育的实施意见

石发〔2009〕18号
2009年10月9日

中共石林彝族自治县委印发《石林彝族自治县加强和改进党风巡查工作办法》的通知

石发〔2009〕19号
2009年12月1日

中共石林彝族自治县委关于进一步加强工会、共青团、妇联工作的意见

石发〔2009〕20号
2009年12月21日

中共石林彝族自治县委、石林彝族自治县人民政府关于突破性发展民办教育的实施意见

石发〔2009〕21号
2009年12月29日

中共石林彝族自治县委、石林彝族自治县人民政府关于进一步加快民营医院发展的实施意见

石发〔2009〕22号
2009年12月29日

石　通

中共石林彝族自治县委、石林彝族自治县人民政府、石林彝族自治县人民武装部关于组织发动民兵预备役人员参加城乡绿化建设的通知

石通〔2009〕1号
2009年1月15日

中共石林彝族自治县委、石林彝族自治县人民政府印发《石林彝族自治县“行政效能提升年”和“干部作风改进年”活动实施方案》的通知

石通〔2009〕2号
2009年3月5日

中共石林彝族自治县委、石林彝族自治县人民政府印发进一步做好促进就业和城乡劳动力就地就近转移就业工作两个意见的通知

石通〔2009〕3号
2009年3月5日

中共石林彝族自治县委、石林彝族自治县人民政府关于深入推进经济社会制度创新工作的实施意见

石通〔2009〕4号
2009年3月27日

中共石林彝族自治县委印发《中共石林彝族自治县委常委班子开展深入学习实践科学发展观活动实施方案》的通知

石通〔2009〕5号
2009年3月25日

中共石林彝族自治县委、石林彝族自治县人民政府关于开展向李昆朋同志学习活动的通知

石通〔2009〕6号

2009年4月17日

中共石林彝族自治县委关于建立解放思想长效机制的意见

石通〔2009〕7号

2009年4月13日

中共石林彝族自治县委关于调整县委书记、副书记和县委常委工作分工的通知

石通〔2009〕8号

2009年5月4日

中共石林彝族自治县委印发《中共石林彝族自治县委常委会议事决策实施细则（试行）》的通知

石通〔2009〕9号

2009年5月20日

中共石林彝族自治县委、石林彝族自治县人民政府关于成立石林彝族自治县主要河流水库（湖泊）径流区域综合环境目标控制指挥部的通知

石通〔2009〕10号

2009年6月11日

中共石林彝族自治县委、石林彝族自治县人民政府印发《石林彝族自治县政府驻地镇行政区划调整工作实施方案》的通知

石通〔2009〕11号

2009年8月20日

中共石林彝族自治县委印发《中共石林彝族自治县委常委班子深入学习实践科学发展观整改方案》的通知

石通〔2009〕12号

2009年8月4日

中共石林彝族自治县委、石林彝族自治县人民政府关于深化文化体制改革加快文化产业发展的意见

石通〔2009〕13号

2009年10月22日

中共石林彝族自治县委转发中共昆明市委关于在全市开展向杨竹芳同志学习活动文件的通知

石通〔2009〕14号

2009年11月18日

中共石林彝族自治县委转发中共昆明市委关于认真传达学习贯彻省委八届八次全会精神文件的通知

石通〔2009〕15号

2009年12月23日

中共石林彝族自治县委转发仇和在传达贯彻省委八届八次全会精神干部大会上的讲话的通知

石通〔2009〕16号

2009年12月24日

石办发

中共石林彝族自治县委办公室、石林彝族自治县人民政府办公室关于对2009年主要工作目标任务进行分解立项督查的通知

石办发〔2009〕1号

2009年1月16日

中共石林彝族自治县委办公室、石林彝族自治县人民政府办公室关于兑现2008年度县对乡镇目标管理考核以奖代补经费的通知

石办发〔2009〕2号

2009年1月19日

中共石林彝族自治县委办公室、石林彝族自治县人民政府办公室关于兑现2008年度县对乡镇领导班子目标管理考核奖的通知

石办发〔2009〕3号

2009年1月19日

中共石林彝族自治县委办公室、石林彝族自治县人民政府办公室关于2008年度县对县直机关单位目标管理考核结果的通知

石办发〔2009〕4号

2009年1月19日

中共石林彝族自治县委办公室、石林彝族自治县人民政府办公室印发石林彝族自治县2009年招商引资工作方案的通知

石办发〔2009〕5号

2009年2月2日

中共石林彝族自治县委办公室、石林彝族自治县人民政府办公室关于兑现2008年招商引资考核奖的通知

石办发〔2009〕6号

2009年2月9日

中共石林彝族自治县委办公室、石林彝族自治县人民政府办公室关于兑现乡镇招商分局2008年招商引资考核奖的通知

石办发〔2009〕7号

2009年2月9日

中共石林彝族自治县委办公室、石林彝族自治县人民政府办公室印发石林彝族自治县承办云南省民族传统文化保护区建设工作经验交流会议方案的通知

石办发〔2009〕8号

2009年3月5日

中共石林彝族自治县委办公室、石林彝族自治县人民政府办公室印发《石林彝族自治县创建全省“先进平安县”实施意见》的通知

石办发〔2009〕9号

2009年3月5日

中共石林彝族自治县委办公室、石林彝族自治县人民政府办公室印发《石林彝族自治县关于贯彻落实〈建立健全惩治和预防腐败体系2008～2012年工作规划〉的具体办法》分工方案的通知

石办发〔2009〕10号

2009年2月5日

中共石林彝族自治县委办公室、石林彝族自治县人民政府办公室关于印发署名投诉举报查实奖励、招商项目季度观摩、驻地企业季度评议部门、工作目标季度考核等四项制度的通知

石办发〔2009〕11号

2009年3月16日

中共石林彝族自治县委办公室、石林彝族自治县人民政府办公室印发《石林彝族自治县贯彻落实中办国办关于党政机关厉行节约若干问题和关于坚决制止公款出国（境）旅游两个文件精神的实施方案》的通知

石办发〔2009〕12号

2009年3月28日

中共石林彝族自治县委办公室、石林彝族自治县人民政府办公室印发《石林彝族自治县2009年一季度招商引资观摩工作实施方案》的通知

石办发〔2009〕13号

2009年4月2日

中共石林彝族自治县委办公室、石林彝族自治县人民政府办公室印发石林彝族自治县贯彻建设创新型云南行动计划实施方案的通知

石办发〔2009〕14号

2009年4月7日

中共石林彝族自治县委办公室、石林彝族自治县人民政府办公室印发石林彝族自治县2009年城乡园林绿化及生态建设工作方案的通知

石办发〔2009〕15号

2009年4月13日

中共石林彝族自治县委办公室、石林彝族自治县人民政府办公室关于成立石林彝族自治县石蒙高速公路石林段征地拆迁工作和建设协调领导小组的通知

石办发〔2009〕16号

2009年4月13日

中共石林彝族自治县委办公室、石林彝族自治县人民政府办公室印发《石林彝族自治县督查工作责任追究办法（试行）》的通知

石办发〔2009〕17号

2009年4月17日

中共石林彝族自治县委办公室、石林彝族自治县人民政府办公室印发石林彝族自治县县直机关公务员交流到乡镇工作实施方案的通知

石办发〔2009〕18号

2009年4月22日

中共石林彝族自治县委办公室、石林彝族自治县人民政府办公室关于进一步做好全县国有企业改革工作的通知

石办发〔2009〕19号

2009年5月13日

中共石林彝族自治县委办公室、石林彝族自治县人民政府办公室印发《石林彝族自治县2009年县对乡镇工作目标管理考核办法》的通知

石办发〔2009〕20号

2009年5月14日

中共石林彝族自治县委办公室、石林彝族自治县人民政府办公室印发《石林彝族自治县2009年县对县直机关单位工作目标管理考核办法》的通知

石办发〔2009〕21号

2009年5月14日

中共石林彝族自治县委办公室、石林彝族自治县人民政府办公室关于印发《石林县新闻监督事项督查实施办法（试行）》的通知

石办发〔2009〕22号

2009年5月18日

中共石林彝族自治县委办公室、石林彝族自治县人民政府办公室印发《石林彝族自治县创建云南省第八届双拥模范县实施方案》的通知

石办发〔2009〕23号

2009年5月22日

中共石林彝族自治县委办公室、石林彝族自治县人民政府办公室印发石林彝族自治县主要河流水库（湖泊）综合环境控制目标及河长库长责任制管理办法（试行）的通知

石办发〔2009〕24号

2009年6月9日

中共石林彝族自治县委办公室、石林彝族自治县人民政府办公室印发石林彝族自治县鼓励创业贷免扶补实施方案的通知

石办发〔2009〕25号

2009年6月18日

中共石林彝族自治县委办公室、石林彝族自治县人民政府办公室关于改进领导同志考察调研接待工作的规定(试行)

石办发〔2009〕26号

2009年6月24日

中共石林彝族自治县委办公室、石林彝族自治县人民政府办公室关于成立石林彝族自治县乡镇集镇规划建设管理工作协调领导小组的通知

石办发〔2009〕27号

2009年6月29日

中共石林彝族自治县委办公室、石林彝族自治县人民政府办公室印发石林彝族自治县2009年民主评议机关行业作风工作实施方案的通知

石办发〔2009〕28号

2009年6月30日

中共石林彝族自治县委办公室印发《石林彝族自治县创建“深入整治用人上不正之风示范县”工作方案》的通知

石办发〔2009〕29号

2009年5月20日

中共石林彝族自治县委办公室印发《石林彝族自治县改进干部选拔任用工作监督检查办法试点方案》的通知

石办发〔2009〕30号

2009年4月10日

中共石林彝族自治县委办公室、石林彝族自治县人民政府办公室印发推进依法治县建设法治石林工作规划（2009～2014年）的通知

石办发〔2009〕31号

2009年7月29日

中共石林彝族自治县委办公室、石林彝族自治县人民政府办公室印发彝族撒尼口传叙事长诗《阿诗玛》申报世界

非物质文化遗产工作及全民健身日活动两个方案的通知

石办发〔2009〕32号

2009年7月30日

中共石林彝族自治县委办公室、石林彝族自治县人民政府办公室关于举办2009年中国石林国际火把狂欢节活动的通知

石办发〔2009〕33号

2009年8月4日

中共石林彝族自治县委办公室、石林彝族自治县人民政府办公室关于印发石林彝族自治县国民经济和社会发展第十二个五年规划纲要编制工作方案的通知

石办发〔2009〕34号

2009年8月10日

中共石林彝族自治县委办公室、石林彝族自治县人民政府办公室关于进一步完善招商引资项目落地协调推进机制的通知

石办发〔2009〕35号

2009年8月10日

中共石林彝族自治县委办公室、石林彝族自治县人民政府办公室印发《石林彝族自治县重点项目推进办法（试行)》的通知

石办发〔2009〕36号

2009年8月31日

中共石林彝族自治县委办公室、石林彝族自治县人民政府办公室关于实行党风廉政建设“五书”制度的通知

石办发〔2009〕37号

2009年9月24日

中共石林彝族自治县委办公室、石林彝族自治县人民政府办公室印发《石林彝族自治县工程建设领域突出问题专项治理工作实施方案》的通知

石办发〔2009〕38号

2009年9月28日

中共石林彝族自治县委办公室关于认真学习贯彻党的十七届四中全会精神的通知

石办发〔2009〕39号

2009年10月15日

中共石林彝族自治县委办公室、石林彝族自治县人民政府办公室转发中共昆明市委昆明市人民政府关于加快中小企业发展的实施意见的文件的通知

石办发〔2009〕40号

2009年10月19日

中共石林彝族自治县委办公室、石林彝族自治县人民政府办公室关于进一步完善领导干部下访长效机制的通知

石办发〔2009〕41号

2009年10月19日

中共石林彝族自治县委办公室、石林彝族自治县人民政府办公室关于进一步规范督查工作的通知

石办发〔2009〕42号

2009年10月22日

中共石林彝族自治县委办公室、石林彝族自治县人民政府办公室关于全面加强基层“四创两争一巩固”工作的通知

石办发〔2009〕43号

2009年11月13日

中共石林彝族自治县委办公室、石林彝族自治县人民政府办公室印发石林彝族自治县整治违法加层和无序建房工作实施方案的通知

石办发〔2009〕44号

2009年11月14日

中共石林彝族自治县委办公室、石林彝族自治县人民政府办公室印发《石林彝族自治县“治庸计划”实施细则》的通知

石办发〔2009〕45号

2009年11月19日

中共石林彝族自治县委办公室、石林彝族自治县人民政府办公室印发石林彝族自治县公车使用审批和停放规定（试行）的通知

石办发〔2009〕46号

2009年12月9日

中共石林彝族自治县委办公室、石林彝族自治县人民政府办公室关于构建石林彝族自治县大调解工作体系的通知

石办发〔2009〕47号

2009年12月18日

中共石林彝族自治县委办公室、石林彝族自治县人民政府办公室关于进一步加强殡葬管理工作的通知

石办发〔2009〕48号

2009年12月21日

中共石林彝族自治县委办公室、石林彝族自治县人民政府办公室印发石林滇东现代烟草农业综合示范区2010年度建设工作实施方案的通知

石办发〔2009〕49号

2009年12月18日

中共石林彝族自治县委办公室、石林彝族自治县人民政府办公室转发石林彝族自治县关于加强纪检监察机关建设的实施方案的通知

石办发〔2009〕50号

2009年12月29日

中共石林彝族自治县委办公室印发《石林彝族自治县2009～2013年全县党员教育培训工作规划》的通知

石办发〔2009〕51号

2009年12月30日

中共石林彝族自治县委办公室印发《石林彝族自治县乡镇党政领导班子和领导干部综合考核评价实施办法（试行)》等四个办法的通知

石办发〔2009〕52号

2009年12月29日

中共石林彝族自治县委办公室印发关于进一步加强全县农村党员干部现代远程教育工作的意见的通知

石办发〔2009〕53号

2009年12月29日

石办通

中共石林彝族自治县委办公室、石林彝族自治县人民政府办公室关于石林彝族自治县2009年党风廉政建设和反腐败工作主要任务分解安排的通知
石办通〔2009〕1号
2009年4月9日

中共石林彝族自治县委办公室、石林彝族自治县人民政府办公室关于认真做好石林世界地质公园中评估接待及考察工作的通知
石办通〔2009〕2号
2009年1月3日

中共石林彝族自治县委办公室、石林彝族自治县人民政府办公室关于成立石林彝族自治县昆明石林台湾农民创业园开发建设工作小组的通知
石办通〔2009〕3号
2009年1月5日

中共石林彝族自治县委办公室、石林彝族自治县人民政府办公室关于对2008年度核桃产业基地建设工作任务立项督查的通知
石办通〔2009〕4号
2009年1月12日

中共石林彝族自治县委办公室、石林彝族自治县人民政府办公室关于成立县“打黑除恶”工作领导小组的通知
石办通〔2009〕5号
2009年1月13日

中共石林彝族自治县委办公室关于对县委主要领导近期安排的工作进行立项督查的通知
石办通〔2009〕6号
2009年1月13日

中共石林彝族自治县委办公室、石林彝族自治县人民政府办公室关于开展全县2009年春节“送温暖·献爱心”系列活动的通知
石办通〔2009〕7号
2009年1月15日

中共石林彝族自治县委办公室、石林彝族自治县人民政府办公室关于对石林生态民族体育运动场南区已补偿桉树等地上附着物清除工作进行立项督查的通知
石办通〔2009〕8号
2009年1月19日

中共石林彝族自治县委办公室、石林彝族自治县人民政府办公室关于2009年春节放假和加强值班及车辆管理工作的通知
石办通〔2009〕9号
2009年1月20日

中共石林彝族自治县委办公室、石林彝族自治县人民政府办公室关于拨付2009年四千会表彰经费的通知
石办通〔2009〕10号
2009年1月20日

中共石林彝族自治县委办公室、石林彝族自治县人民政府办公室关于开展2009年春节文化系列活动的通知
石办通〔2009〕11号
2009年1月21日

中共石林彝族自治县委办公室、石林彝族自治县人民政府办公室转发中共昆明市委办公厅、昆明市人民政府办公厅关于2009年春节期间开展回乡人士座谈等活动通知文件的通知
石办通〔2009〕12号
2009年1月21日

中共石林彝族自治县委办公室、石林彝族自治县人民政府办公室印发中国彝族第一村建设（五棵树村搬迁）工作实施方案的通知
石办通〔2009〕13号
2009年2月5日

中共石林彝族自治县委办公室、石林彝族自治县人民政府办公室关于抽调工作人员参加中国彝族第一村建设暨五棵树村搬迁工作的通知
石办通〔2009〕14号
2009年2月8日

中共石林彝族自治县委办公室印发《中共石林彝族自治县委常委会议决定事项督查落实工作机制》的通知
石办通〔2009〕15号
2009年2月9日

中共石林彝族自治县委办公室、石林彝族自治县人民政府办公室转发中共昆明市委办公厅、昆明市人民政府办公厅关于严格防范以市领导名义招摇撞骗行为通知文件的通知
石办通〔2009〕16号
2009年2月11日

中共石林彝族自治县委办公室、石林彝族自治县人民政府办公室关于成立石林彝族自治县社会治安综合治理维护稳定委员会的通知
石办通〔2009〕17号
2009年2月12日

中共石林彝族自治县委办公室、石林彝族自治县人民政府办公室关于下派2009年社会主义新农村建设工作队及指导员的通知
石办通〔2009〕18号
2009年1月12日

中共石林彝族自治县委办公室、石林彝族自治县人民政府办公室关于切实抓好抗旱保苗和森林防火工作的紧急通知
石办通〔2009〕19号
2009年2月17日

中共石林彝族自治县委办公室关于成立中共石林彝族自治县委深入学习实践科学发展观活动领导小组的通知
石办通〔2009〕20号
2009年2月23日

中共石林彝族自治县委办公室、石林彝族自治县人民政府办公室转发昆明市全面落实“八个百分之百”切实加强建设工程管理责任追究规定文件的通知

石办通〔2009〕21号
2009年2月25日

中共石林彝族自治县委办公室、石林彝族自治县人民政府办公室关于调整石林彝族自治县云南昆明石林台湾农民创业园开发建设工作小组办公室领导的通知
石办通〔2009〕22号
2009年2月26日

中共石林彝族自治县委办公室、石林彝族自治县人民政府办公室关于将“打黑除恶”工作纳入领导干部考核的通知
石办通〔2009〕23号
2009年3月2日

中共石林彝族自治县委办公室、石林彝族自治县人民政府办公室关于对全县2009年度重点工程项目实行按月推进结果倒逼的通知
石办通〔2009〕24号
2009年3月10日

中共石林彝族自治县委办公室、石林彝族自治县人民政府办公室印发国际人类学与民族学联合会第十六届世界大会糯黑村学术考察点工作方案的通知
石办通〔2009〕25号
2009年3月12日

中共石林彝族自治县委办公室、石林彝族自治县人民政府办公室关于对县级领导联系乡镇开展社会主义新农村建设工作进行调整的通知
石办通〔2009〕26号
2009年3月19日

中共石林彝族自治县委办公室关于做好2009年实职副科以上党员领导干部到基层上党课工作的通知
石办通〔2009〕27号
2009年3月27日

中共石林彝族自治县委办公室、石林彝族自治县人民政府办公室关于成立县社区矫正工作领导小组的通知
石办通〔2009〕28号
2009年3月23日

中共石林彝族自治县委办公室关于调整县委办公室领导同志工作分工的通知
石办通〔2009〕29号
2009年3月31日

中共石林彝族自治县委办公室、石林彝族自治县人民政府办公室关于开展2009年清明节扫墓活动的通知
石办通〔2009〕30号
2009年4月2日

中共石林彝族自治县委办公室、石林彝族自治县人民政府办公室印发石林彝族自治县2009年参加全国县（市）科技进步考核工作方案的通知
石办通〔2009〕31号
2009年4月7日

中共石林彝族自治县委办公室、石林彝族自治县人民政府办公室转发中共昆明市委办公厅、昆明市人民政府办公厅关于将2009年确定为我市党政机关事业单位购置公务用车“无车年”文件的通知
石办通〔2009〕32号
2009年4月9日

中共石林彝族自治县委办公室、石林彝族自治县人民政府办公室转发《云南省事业单位岗位设置管理实施意见》的通知
石办通〔2009〕33号
2009年4月9日

中共石林彝族自治县委办公室关于成立中共石林彝族自治县委领导班子深入学习实践科学发展观活动领导小组的通知
石办通〔2009〕34号
2009年4月20日

中共石林彝族自治县委办公室印发石林彝族自治县2009年“领导干部培训日”活动实施方案的通知
石办通〔2009〕35号
2009年4月23日

中共石林彝族自治县委办公室、石林彝族自治县人民政府办公室关于调整部分单位联系村委会开展社会主义新农村建设工作的通知
石办通〔2009〕36号
2009年4月23日

中共石林彝族自治县委办公室、石林彝族自治县人民政府办公室转发中共昆明市委办公厅、昆明市人民政府办公厅关于重申加强公车管理严禁公车私用若干规定文件的通知
石办通〔2009〕37号
2009年4月18日

中共石林彝族自治县委办公室、石林彝族自治县人民政府办公室转发《石林彝族自治县2009年法制宣传教育与依法治县工作计划》的通知
石办通〔2009〕38号
2009年4月27日

中共石林彝族自治县委办公室、石林彝族自治县人民政府办公室关于调整充实石林彝族自治县中低产田地改造工作领导小组的通知
石办通〔2009〕39号
2009年4月27日

中共石林彝族自治县委办公室、石林彝族自治县人民政府办公室关于调整县石林中路扩建工程指挥部成员的通知
石办通〔2009〕40号
2009年5月4日

中共石林彝族自治县委办公室、石林彝族自治县人民政府办公室关于对2009年度烤烟移栽工作进行巡回检查的通知
石办通〔2009〕41号
2009年5月4日

中共石林彝族自治县委办公室、石林彝族自治县人民政府办公室关于调整县工业突破园区建设招商引资工作指挥

部成员的通知

石办通〔2009〕42号

2009年5月12日

中共石林彝族自治县委办公室、石林彝族自治县人民政府办公室关于成立县人民医院搬迁新建项目工作协调领导小组的通知

石办通〔2009〕43号

2009年5月13日

中共石林彝族自治县委办公室关于对县级在职领导联系同级老干部工作进行调整的通知

石办通〔2009〕44号

2009年5月14日

中共石林彝族自治县委办公室、石林彝族自治县人民政府办公室关于成立石林彝族自治县"十二五"规划编制工作领导小组的通知

石办通〔2009〕45号

2009年5月20日

中共石林彝族自治县委办公室、石林彝族自治县人民政府办公室关于进一步做好社会稳定工作的通知

石办通〔2009〕46号

2009年5月25日

中共石林彝族自治县委办公室、石林彝族自治县人民政府办公室关于切实做好汛期灾害防治工作的紧急通知

石办通〔2009〕47号

2009年5月26日

中共石林彝族自治县委办公室、石林彝族自治县人民政府办公室关于进一步加强县级领导联系企业工作的通知

石办通〔2009〕48号

2009年4月27日

中共石林彝族自治县委办公室、石林彝族自治县人民政府办公室关于调整充实石林彝族自治县城乡规划委员会成员的通知

石办通〔2009〕49号

2009年6月1日

中共石林彝族自治县委办公室关于调整充实县委农村工作领导小组的通知

石办通〔2009〕50号

2009年6月4日

中共石林彝族自治县委办公室、石林彝族自治县人民政府办公室关于调整县工业突破园区建设招商引资工作指挥部成员的通知

石办通〔2009〕51号

2009年6月4日

中共石林彝族自治县委办公室、石林彝族自治县人民政府办公室印发《石林彝族自治县全面提升公民文明素质实施方案》的通知

石办通〔2009〕52号

2009年6月8日

中共石林彝族自治县委办公室、石林彝族自治县人民政府办公室关于对创建国家园林县城攻坚暨迎接考评动员会工作责任目标任务进行分解的通知

石办通〔2009〕53号

2009年6月9日

中共石林彝族自治县委办公室、石林彝族自治县人民政府办公室印发《石林彝族自治县进一步规范各种庆典节会、论坛等活动实施方案》的通知

石办通〔2009〕54号

2009年6月9日

中共石林彝族自治县委办公室印发《中共石林彝族自治县委办公室2009年工作要点》的通知

石办通〔2009〕55号

2009年5月20日

中共石林彝族自治县委办公室、石林彝族自治县人民政府办公室关于认真做好创建国家园林县城宣传工作的通知

石办通〔2009〕56号

2009年6月9日

中共石林彝族自治县委办公室、石林彝族自治县人民政府办公室关于成立石林彝族自治县石林天宴旅游开发项目建设协调领导小组的通知

石办通〔2009〕57号

2009年6月15日

中共石林彝族自治县委办公室印发《中共石林彝族自治县委学习实践科学发展观暨"行政效能提升年"和"干部作风改进年"常委民主生活会工作方案》的通知

石办通〔2009〕58号

2009年6月16日

中共石林彝族自治县委办公室转发中共昆明市委办公厅关于积极支持延安精神研究会做好学习、研究、宣传、弘扬延安精神工作文件的通知

石办通〔2009〕59号

2009年6月29日

中共石林彝族自治县委办公室、石林彝族自治县人民政府办公室印发《石林彝族自治县公务用车管理办法（试行）》的通知

石办通〔2009〕60号

2009年6月29日

中共石林彝族自治县委办公室、石林彝族自治县人民政府办公室转发《昆明市关于违反领导同志考察调研接待工作规定问责办法（试行）》的通知

石办通〔2009〕61号

2009年7月6日

中共石林彝族自治县委办公室、石林彝族自治县人民政府办公室关于成立石林彝族自治县科技强警工作领导小组的通知

石办通〔2009〕62号

2009年7月6日

中共石林彝族自治县委办公室、石林彝族自治县人民政府办公室印发石林彝族自治县2009年第二季度招商引资观摩工作实施方案的通知

石办通〔2009〕63号

2009年7月9日

中共石林彝族自治县委办公室、石

林彝族自治县人民政府办公室关于成立石林彝族自治县巴江流域保护管理工作领导小组的通知

石办通〔2009〕64号

2009年7月9日

中共石林彝族自治县委办公室、石林彝族自治县人民政府办公室关于调整县鹿阜旧城改造工程协调领导小组和指挥部成员的通知

石办通〔2009〕65号

2009年7月14日

中共石林彝族自治县委办公室、石林彝族自治县人民政府办公室关于认真做好2009年烤烟收购期间“两烟”专卖管理执法工作的通知

石办通〔2009〕66号

2009年7月18日

中共石林彝族自治县委办公室、石林彝族自治县人民政府办公室印发《石林彝族自治县市委工作会议现场观摩工作实施方案》的通知

石办通〔2009〕67号

2009年7月27日

中共石林彝族自治县委办公室、石林彝族自治县人民政府办公室关于成立石林彝族自治县政府驻地镇行政区划调整工作领导小组的通知

石办通〔2009〕68号

2009年7月27日

中共石林彝族自治县委办公室、石林彝族自治县人民政府办公室关于成立石林彝族自治县革命老区开发建设工作领导小组的通知

石办通〔2009〕69号

2009年7月29日

中共石林彝族自治县委办公室、石林彝族自治县人民政府办公室关于开展2009年度“军事日”活动的通知

石办通〔2009〕70号

2009年7月31日

中共石林彝族自治县委办公室、石林彝族自治县人民政府办公室关于成立苏宁环球集团项目协调工作小组的通知

石办通〔2009〕71号

2009年8月3日

中共石林彝族自治县委办公室、石林彝族自治县人民政府办公室关于调整充实石林彝族自治县东城新区开发建设协调领导小组成员的通知

石办通〔2009〕72号

2009年8月4日

中共石林彝族自治县委办公室、石林彝族自治县人民政府办公室关于调整充实石林彝族自治县政府驻地镇行政区划调整工作领导小组成员的通知

石办通〔2009〕73号

2009年8月10日

中共石林彝族自治县委办公室、石林彝族自治县人民政府办公室关于下拨2009年火把节活动有关经费的通知

石办通〔2009〕74号

2009年8月11日

中共石林彝族自治县委办公室、石林彝族自治县人民政府办公室关于2009年中国石林国际火把狂欢节活动管理规定的通知

石办通〔2009〕75号

2009年8月11日

中共石林彝族自治县委办公室、石林彝族自治县人民政府办公室印发《石林彝族自治县2009年中国石林国际火把狂欢节活动后勤接待工作方案》的通知

石办通〔2009〕76号

2009年8月12日

中共石林彝族自治县委办公室、石林彝族自治县人民政府办公室印发《2009年中国石林国际火把狂欢节活动安全管理若干规定》的通知

石办通〔2009〕77号

2009年8月12日

中共石林彝族自治县委办公室、石林彝族自治县人民政府办公室关于充实苏宁环球集团项目协调工作小组成员的通知

石办通〔2009〕78号

2009年8月18日

中共石林彝族自治县委办公室、石林彝族自治县人民政府办公室印发《石林彝族自治县公务员“三普”教育培训工作实施方案》的通知

石办通〔2009〕79号

2009年8月19日

中共石林彝族自治县委办公室、石林彝族自治县人民政府办公室关于成立石林彝族自治县大调解工作体系建设领导小组的通知

石办通〔2009〕80号

2009年8月20日

中共石林彝族自治县委办公室、石林彝族自治县人民政府办公室关于成立石林彝族自治县处置金座公司非法集资案件工作领导小组的通知

石办通〔2009〕81号

2009年9月4日

中共石林彝族自治县委办公室、石林彝族自治县人民政府办公室关于开展第25个教师节庆祝活动的通知

石办通〔2009〕82号

2009年9月8日

中共石林彝族自治县委办公室、石林彝族自治县人民政府办公室关于明确我县庆祝新中国成立60周年暨纪念人民政协成立60周年系列活动相关工作任务和要求的通知

石办通〔2009〕83号

2009年9月8日

中共石林彝族自治县委办公室、石林彝族自治县人民政府办公室关于认真做好2009年国庆中秋期间有关工作的通知

石办通〔2009〕84号

2009年9月14日

中共石林彝族自治县委办公室、石林彝族自治县人民政府办公室关于进一步做好领导干部下访工作的通知

石办通〔2009〕85号

2009年9月18日

中共石林彝族自治县委办公室、石林彝族自治县人民政府办公室印发《石林彝族自治县选聘到村（社区）任职高校毕业生管理办法（试行）》的通知

石办通〔2009〕86号

2009年9月21日

中共石林彝族自治县委办公室、石林彝族自治县人民政府办公室关于调整充实和规范各类议事协调机构的通知

石办通〔2009〕87号

2009年9月22日

中共石林彝族自治县委办公室、石林彝族自治县人民政府办公室印发石林彝族自治县2009年第三季度招商引资观摩工作实施方案的通知

石办通〔2009〕88号

2009年9月28日

中共石林彝族自治县委办公室、石林彝族自治县人民政府办公室关于进一步明确2009年财政增收和烤烟均价指标的通知

石办通〔2009〕89号

2009年9月28日

中共石林彝族自治县委办公室、石林彝族自治县人民政府办公室关于重申严禁公车私用严禁酒后驾车的通知

石办通〔2009〕90号

2009年9月30日

中共石林彝族自治县委办公室、石林彝族自治县人民政府办公室关于开展跨越式发展专题调研的通知

石办通〔2009〕91号

2009年10月19日

中共石林彝族自治县委办公室、石林彝族自治县人民政府办公室关于成立石林彝族自治县现代化城市评价指标体系拟定工作领导小组的通知

石办通〔2009〕92号

2009年10月20日

中共石林彝族自治县委办公室印发仇和书记在昆明市传达贯彻省委八届七次全会精神大会上的讲话的通知

石办通〔2009〕93号

2009年10月23日

中共石林彝族自治县委办公室关于认真做好2010年度党报党刊征订发行工作的通知

石办通〔2009〕94号

2009年10月27日

中共石林彝族自治县委办公室关于认真做好2010年度新华社系列内参刊物订阅工作的通知

石办通〔2009〕95号

2009年10月28日

中共石林彝族自治县委办公室、中共石林彝族自治县委组织部关于认真做好2010年《中共中央办公厅通讯》征订工作的通知

石办通〔2009〕96号

2009年10月29日

中共石林彝族自治县委办公室、石林彝族自治县人民政府办公室关于组织开展信访维稳工作专题学习培训活动的通知

石办通〔2009〕97号

2009年10月29日

中共石林彝族自治县委办公室、石林彝族自治县人民政府办公室印发石林苏宁环球五星级度假酒店及旅游商业街项目工作实施方案的通知

石办通〔2009〕98号

2009年11月3日

中共石林彝族自治县委办公室、石林彝族自治县人民政府办公室关于成立石林彝族自治县整治违法加层和无序建房工作领导小组的通知

石办通〔2009〕99号

2009年11月6日

中共石林彝族自治县委办公室关于成立石林彝族自治县村级组织活动场所建设领导小组的通知

石办通〔2009〕100号

2009年11月18日

中共石林彝族自治县委办公室、石林彝族自治县人民政府办公室转发昆明市关于拆临拆违拆迁零申报问责规定和工程建设领域突出问题专项治理责任追究办法两个文件的通知

石办通〔2009〕101号

2009年11月19日

中共石林彝族自治县委办公室、石林彝族自治县人民政府办公室关于成立石林彝族自治县村（社区）“两委”换届选举工作领导小组和工作机构的通知

石办通〔2009〕102号

2009年11月24日

中共石林彝族自治县委办公室、石林彝族自治县人民政府办公室关于禁止县级部门组织人员到基层检查考评的紧急通知

石办通〔2009〕103号

2009年11月26日

中共石林彝族自治县委办公室、石林彝族自治县人民政府办公室转发昆明市领导干部违反党风廉政建设责任制“一岗双责”规定问责办法文件的通知

石办通〔2009〕104号

2009年11月26日

中共石林彝族自治县委办公室、石林彝族自治县人民政府办公室转发昆明市严禁公车私用私驾实施细则（试行）文件的通知

石办通〔2009〕105号

2009年11月27日

中共石林彝族自治县委办公室、石林彝族自治县人民政府办公室关于切实做好“一抗三保一防”工作的紧急通知

石办通〔2009〕106 号
2009 年 12 月 1 日

中共石林彝族自治县委办公室、石林彝族自治县人民政府办公室印发石林彝族自治县法律援助网络体系联动机制工作方案的通知
石办通〔2009〕107 号
2009 年 12 月 1 日

中共石林彝族自治县委办公室、石林彝族自治县人民政府办公室印发石林彝族自治县 2009 年第四季度招商引资观摩工作实施方案的通知
石办通〔2009〕108 号
2009 年 12 月 1 日

中共石林彝族自治县委办公室、石林彝族自治县人民政府办公室关于成立石林滇东现代烟草农业综合示范区工作指挥部的通知
石办通〔2009〕109 号
2009 年 12 月 21 日

中共石林彝族自治县委办公室、石林彝族自治县人民政府办公室关于开展 2009 年"送温暖·献爱心"社会捐助活动的通知
石办通〔2009〕110 号
2009 年 12 月 4 日

中共石林彝族自治县委办公室、石林彝族自治县人民政府办公室关于严格外出请假报告制度和严肃会风会纪及加强文稿报送工作的通知
石办通〔2009〕111 号
2009 年 12 月 11 日

中共石林彝族自治县委办公室、石林彝族自治县人民政府办公室印发《石林彝族自治县 2009 年度县对乡镇、县直机关单位目标管理考核工作方案》的通知
石办通〔2009〕112 号
2009 年 12 月 14 日

中共石林彝族自治县委办公室、石林彝族自治县人民政府办公室关于进一步做好抗旱工作的紧急通知
石办通〔2009〕113 号
2009 年 12 月 17 日

中共石林彝族自治县委办公室、石林彝族自治县人民政府办公室印发《石林彝族自治县市委工作会议现场观摩工作实施方案》的通知
石办通〔2009〕114 号
2009 年 12 月 21 日

中共石林彝族自治县委办公室、石林彝族自治县人民政府办公室转发昆明市关于对强行劝酒逼酒酗酒行为进行问责的规定文件的通知
石办通〔2009〕115 号
2009 年 12 月 21 日

中共石林彝族自治县委办公室、石林彝族自治县人民政府办公室关于成立石林彝族自治县维护社会稳定工作办公室的通知
石办通〔2009〕116 号
2009 年 12 月 29 日

中共石林彝族自治县委办公室、石林彝族自治县人民政府办公室关于认真做好 2010 年元旦和春节期间有关工作的通知
石办通〔2009〕117 号
2009 年 12 月 31 日

中共石林彝族自治县委办公室、石林彝族自治县人民政府办公室关于进一步加强社会治安综合治理维护稳定基层基础建设的实施意见
石办通〔2009〕118 号
2009 年 12 月 31 日

中共石林彝族自治县委办公室、石林彝族自治县人民政府办公室转发中共石林彝族自治县委政法委员会关于深化司法体制和工作机制改革工作方案的通知
石办通〔2009〕119 号
2009 年 12 月 31 日

中共石林彝族自治县委办公室、石林彝族自治县人民政府办公室关于进一步加强和改进信访维稳工作体制机制制度建设的意见
石办通〔2009〕120 号
2009 年 12 月 31 日

中共石林彝族自治县委办公室印发《关于推进石林彝族自治县党的组织建设和干部队伍建设党务公开工作的实施方案（试行）》的通知
石办通〔2009〕121 号
2009 年 12 月 30 日

县委办公室

【县委办公室】 1964 年 2 月设办公室。1980 年 12 月，党、政分设办公室。2009 年，办公室下设综合科、秘书科、信息政研室、行政后勤科；县接待处归口县委办公室，县委目标督查管理办公室、县委县政府信访局、国家保密局、县委机要局由县委办公室管理，其中国家保密局、县委机要局实行两块牌子一套班子。办公地点在鹿阜镇环城东路 137 号县委机关大院内，县委政府信访窜单设在县政府值班室旁。至 2009 年底，县委办公室有在职干部职工 41 人。2009 年，为支农联系点鹿阜镇阿怒山村委会协调抗旱救灾资金 4000 元。积极参与各类捐资捐助活动，全年累计捐款 25000 余元。

主　　任：李正平
常务副主任：王永乔（12 月止）
书 记 助 理：文春燕（女，彝族）
副　主　任：毕卫东（3 月止）
周林春
陈德富
李宏伟
黄　丽（女，彝族，3 月起）

【办文办会工作】 严格按照《中国共产党机关公文工作条例》，规范办文程序，精简文件数量，增强文稿的权威性、针对性、指导性和可操作性。同时加强对各乡镇和县直各单位党办的办文业务指导，提高文稿综合质量和办文水

平。2009年共起草、修改、综合、办理、校核各类稿件590件，制发石字头公文212个（“石干”除外），其中：“石发”文件22个3300多份，“石通”文件16个，“石办发”文件53个8100多份，“石办通”文件121个。办理县委常委会决定事项办文单750份，承办、协办重要文稿、领导讲话96个。组织筹办、协办了中国石林国际火把狂欢节、县委全会、全县干部大会、四干会、县委中心组理论学习研讨会、县委常委会、领导干部时代前沿知识讲座、昆明市领导干部培训日专题讲座、石林县领导干部培训日专题讲座、季度招商引资观摩会、大型项目开工典礼、国庆60周年纪念活动等大型会议和节庆活动。科学合理安排县委领导公务活动，让领导有更多的时间和精力搞调研、谋全局、抓落实、促发展。高质量、高水平完成中央和省级、市级领导到石林视察、调研的接待服务工作。组织完成了2009年度县对乡镇、县对县直单位的目标管理考核工作，顺利通过了2009年度市委、市政府对县委、县政府的目标管理考核工作，名列14县（市）区第四名，被市委、市政府授予考核一等奖。

【信息政研工作】 充分发挥信息主渠道作用，进一步畅通报送渠道，增强信息的针对性，把握信息的全面性，确保信息的真实性，提高信息的时效性，及时、全面、准确地为市委、县委和基层提供信息服务。全年共形成调研报告18篇，其中《石林城市规划建设管理调研报告》在新昆明发展高层论坛交流特刊上发表，为县委、县政府科学决策提供了意见建议。把综合文稿作为以文辅政的重要内容，文稿的领导满意度、基层认同感和实践指导性显著提高。把信息报送作为以文辅政的重要渠道，紧贴党委工作关注点，抓住全县工作闪光点，培训各部门信息员5次240余人，收集各部门报送信息4500余篇，比上年同期增15%；编发《信息》80期，下发《政策动态》22期，编发《信息内刊》10期。上报中央和省委、市委信息1500余篇，其中市级采用159篇、省级采用28篇、中办采用6篇。把公文办理作为以文辅政的重要环节，办文质量和水平不断提高。

【督查工作】 围绕县委政府中心工作，进一步发挥督查职能，规范、创新督查机制，抓好决策落实，推动全县发展。牵头通过了2008年度市委、市政府对县委、县政府的目标管理考核工作，名列全市第五名，县区第一名；组织完成了2008年度县对乡镇、县对县直单位的目标管理考核工作，起草了2009年度县对乡镇、县对县直单位的目标管理考核办法和责任书，组织进行了四个季度目标管理考核；对市委2009年工作目标任务进行了责任分解，每月跟踪督查，掌握动态，及时向县委、县政府有关领导报告进展情况、主要问题和工作建议。2009年跟踪落实办理市委立项督办件242件1791项（办结171件1052项、正在办理8件110项、按时限办理53件629项）；跟踪落实办理市委书记仇和批交办件35件，办结30件，按时限正在办理5件；跟踪落实办理县委领导对上级文件的批示件84件和县委领导本级批交办件227件，其中县委领导对上级文件的批示件84件全部办结，县委领导本级批交办件已办结212件，正在办理15件；对石办发〔2009〕1号文件确定的221项重点工作每月跟踪督查1次，掌握动态，及时向县委、县政府有关领导报告进展情况、主要问题和工作建议；对石办通〔2009〕24号文件立项督查的68项重点工程项目、中央扩大内需28个项目每月督查1～2次，落实情况每月形成督查简报送相关领导和部门；对县委常委会及县委领导决定的103件921项督办事项进行跟踪督查，落实情况每月形成督查简报送相关领导和部门；全年印发督查专报21期、督查简报30期。对所有督查督办件、领导批示件做到事事有回音，件件有落实。

【保密机要和人民防线工作】 规范政务值班工作，准确、及时接听、报批领导公务电话90件，转办90件，落实领导重要批示50余次，及时报告各类突发事件100件次。按照“保密、优质、高效、无事故”的原则，准确、及时、高效办理各类紧急重要情况报告和县委领导重要指示，认真做好各类文电译传办工作，转办中央、省、市委机要文件1835份，收转办各类电子公文1815份。加强请示汇报和沟通协调，争取各方支持，投资97万余元、涉及6镇1乡87个县属部门160个终端的县乡计算机加密通信网络建设稳步推进。落实保密工作责任制，保密要害部门责任书和保密承诺书签订率达100%，保密工作齐抓共管格局全面形成。加大保密宣传教育力度，举办培训辅导38期次，播放警示教育片76场次，印发《致县处级领导干部的保密提醒信》、《致全县国家机关工作人员的保密提醒信》等宣传资料15800余份，征订《党政机关工作人员保密须知》331册，《“五五”保密普法宣传挂图》14套115幅、《保密杂志》140份，制作保密宣传展板38块，编办墙报63期，受教育干部职工达6000余人次。规范保密要害部门部位管理，完善人防、物防、技防措施。政府信息公开“保”“放”有序，审查招商引资对外提供图纸资料6件130页，指导并审查农业、信访、政法、水利、党建等上网信息600余条，跟踪审查各部门上网信息6200余条，上报外省市涉嫌泄密报告3起。圆满完成高考、中考、会考、自考和干部录用考试、会计资格考试、卫生资格考试、机关单位工作人员招考录用和选调、中层干部竞争上岗等各类考试工作70余次，试卷安全保密工作均做到万无一失。全面推行党政机关计算机分类标识管理和“户籍式”管理，实行一机一表登记备案制度，全县登记备案计算机2143台。加强保密依法行政和综合管理，开展专项检查、综合检查、抽查重点涉密单位覆盖率100%，开展涉密图纸资料使用管理专项检查1次；严格涉密载体清退、回收、销毁管理，集中回收、现场监督、定点化浆销毁各类文件资料7.78吨。全县未发生失泄密事件，有效确保了国家秘密安全。健全国家安全人民防线网络，开展社会政治稳定风险评估，加大维稳情况信息和辖区敌社情动态信息收集、整理报送力度，接报各类情况信息130余条，分析研判报送县委政府预警信息30余条，配合省、市国家安全机关开展专项工作14次，组织开展了冒用宗教名义进行邪教活动专题调研，开展了境外人员在石林县就业、租房、涉越、涉台婚姻登记，国际非政府组织活动情况，从事涉越小商品贸易人员，越侨越归难侨，辖区物业管理，涉及婚姻、留学中介组织等方面情况信息的收集报送工作。

【信访工作】 坚持把矛盾纠纷解决在基层，化解在萌芽状态的处置原则，加大《信访条例》宣传力度，认真接待和受理人民群众来信来访，积极组织协调处理好各类信访案件。一是加强领导，调整充实信访维稳、联席会议领导机构和人员，规范工作程序，信访部门和联席会议各专项工作组各司其职，各负其责，齐抓共管，全力推进信访案件解决。二是突出重点，加大信访案件督办力度，减少信访案件存量。以确保全县建国60周年社会稳定为重点，在各乡镇、部门开展拉网式矛盾纠纷和重信重访案件大排查活动，“乡镇不漏村、村不漏户、户不漏人”，明确包案责任人和办结时限，切实把潜在的倾向性、苗头性问题排查出来，把群众反映强烈的突出问题排查出来，把可能引发上访的问题排查出来，对重点情况、特殊情况和特殊人员做到底数清，增强工作的针对性和时效性，适时启动“零”报告制和值班巡查制，做到特事特报、急事快报、无事报平安，并对重点片区、地点实行值班巡查，确保国庆60周年庆祝和中秋节期间的信访维稳工作。三是创新机制，实行领导接待日制度、律师和人大代表参与信访接待工作制度及社会矛盾纠纷例会制度等，建立石林县处理社会矛盾基金，多角度、多层次抓好信访工作。2009年共救助6批49人次，共支付187441元。

四是坚持开展下乡巡回接访、领导干部下访和约访活动，推动信访案件解决，有效化解基层社会矛盾。五是实行县级领导包村联系制，进一步建立完善领导干部下访暨民情恳谈长效机制，春节和元旦“两节”期间走访了28个村委会（社区），向260名基层干部、党员、群众了解社情民意，维护了“两节”社会和谐稳定。2009年共受理群众来信152件，来访1387人次，其中集体访65批861人次。办结来信152件、来访288件，办结率分别为100%和89.2%。与上年同期相比，来信减少1件，来访减少216批，人次减少362人，其中集体访减少10批34人次。受理网上信访33件。到省、市集体上访30批773人次，其中：到省政府上访11批436人次，到市政府上访19批337人次。与上年同期相比，到省政府集体上访增加10批405人次，到市委、市政府集体上访增加11批213人次。进京上访3批6人次。办理市联办、市信访局交办信访事项督办件、重要信访件94件，办理94件，办结率100%；网上信访件交办33件，办结33件，办结率100%。书记、县长接待日共接待群众来访119批349人次，阅批群众来信109件。进一步畅通信访渠道，维护了群众利益。清理全县村务财务管理、历史遗留、家庭邻里纠纷、水土林权争议、优抚救济、涉法涉诉、征地拆迁补偿及征地款分配、计划生育、城市道路建设等各类信访积案77件，妥善处置70件，还有7件正在处理当中。市联办交由石林县办理的37件信访积案，全部办结。

【行政后勤工作】 严格履行财务核算和财务监督职能，认真做好县委机关部委办局、群团组织财政拨款和预算外资金的核算管理和服务、协调工作，管理好县委和县委办公室各项经费。搞好县委机关国有资产管理，防止国有资产流失。强化对干部职工的安全教育，提高防范意识，健全和完善各项规章制度，建立目标管理责任制，禁止参与吸毒、邪教和治安危害等违法犯罪活动。加强车辆管理，保障领导用车和单位业务用车，做到安全驾车无交通事故发生。加强安全防范，不定期开展安全检查，确保县委大院安全无事故。搞好县委机关房屋、水电及其他设施的建设和维护，办公、生活用房的管理及分配，供水、供电的管理和协调工作。加强县委大院绿化美化净化管理工作，让机关大院秩序井然。

【组织建设工作】 办公室始终把加强领导班子自身建设摆在重要位置，坚持民主集中制，自觉维护班子团结。坚持学习制度，提高干部职工的政治素质、理论水平和业务能力。通过干部轮岗锻炼、跟班学习、专题培训、外出考察等多种形式，大力提升全员素质。以围绕中心抓党建、抓好党建促发展为核心，切实加强办公室党的思想、组织、作风和制度建设。一是以开展解放思想大讨论、软环境建设、学习实践科学发展观教育活动为契机，拓宽教育形式，丰富教育内容，党员宗旨意识进一步增强。二是以落实机关党建、党风廉政建设目标责任制为重点，扎实开展党员党性分析、党员星级评定、党员政治生日谈话、廉政谈话和勤廉公示、专题组织生活会、班子民主生活会以及农村基层党组织互助帮扶等，党组织的凝聚力、战斗力和创新力不断提升。扎实开展行政效能提升年和干部作风改进年活动，全面加强县委办作风建设和机关效能建设，改进工作方法，转变工作作风，创新思维方式，增强服务实效。实施“一办法、三规定”，加大问责力度，提高服务标准。扎实开展好“无差错”活动，推行“失误登记问责制”、“首问首办责任制”和“限时办结制”，高标准推进工作、高效率搞好服务。深入开展“规范化建设年”活动，重点强化工作纪律，规范请示报告、办文、信息、督查、会务、文稿起草、机要值班、后勤保障等工作，规范党务政务事务服务方式和程序，着力提高办公室整体工作水平、办事效率和服务质量。大力推行“一线工作法”，大兴“五办”作风，开展机关作风整顿，切实做到“五个一”、“七不让”（说好每一句话，办好每一件事，接好每一个电话，待好每一位来客，干好每一项工作；不让领导安排的工作放在第二天去做、本周完成的任务不放到下周去完成，不让办理的文件事项在自己手里积压，不让各种差错在自己身上发生，不让来办事的同志在这里

受到冷落，不让县委和办公室的形象在自己这里受损害，不让石林发展机遇在我手中错失，不让各种不正之风在我身上出现）。通过开展机关作风建设，全体干部职工发展意识、大局意识、宗旨意识、责任意识、效率意识、纪律意识明显增强，精神面貌焕然一新。坚持抓好经常性的党风廉政教育，筑牢思想防线，把党风廉政建设融入到办公室自身建设中，进行党性、党风、党纪教育，增强干部职工的廉洁意识。严格遵守并组织落实领导干部廉洁自律各项规定、省政府“八条禁令”和县政府“三条禁令”，全年无违规、违纪、违法行为。加大精神文明创建力度，以建设和谐文明机关为核心，积极参与云南省文明县城创建活动。开展丰富多彩的创优争先活动，组织开展计算机操作技能、县情知识等系列竞赛活动，积极参与建国60周年系列纪念活动、义务植树和保护母亲河——巴江宣传活动等精神文明宣传活动。县委办争创市级文明单位顺利通过市级考评验收，进入命名表彰阶段。

（撰稿人：县委办公室　王先振）

组 织 工 作

【县委组织部】 1952年2月，成立县委组织部。2009年县委组织部内设办公室、干部科、组织科、干部监督科、人才科5个职能科室，县直机关党委、县委老干部局、县委党员电化教育中心归口县委组织部管理。2009年底有干部职工24人（含归口管理部门人员）。单位住址在县委大院内。

2009年，县委组织部获市委市政府表彰为“昆明市第三批新农村建设指导员先进派出单位”；王昆被市委市政府表彰为“昆明市2009年度招商引资工作先进个人”；李韬被省人民政府授予“云南省科学技术进步奖”；秦思被中共中央组织部表彰为优秀网评员，被云南省委组织部表彰为“十佳网宣员”，被省委、省政府表彰为“优秀新农村建设指导员”，被市委市政府表彰为“昆明市第三批新农村建设优秀指导员”，被市委深入学习实践科学发展观活动领导小组办公室表彰为“昆明市第三批学习实践科学发展观活动先进个人”。2009年县委组织部资助支农联系点石林镇和摩站村委会16000元生产经费。

部　　长：王　昆
常务副部长：王云龙（彝族，3月止）
　　　　　　毕丽英（女，彝族，3月起）
副 部 长：杨春宝（兼）
　　　　　高云曦（女，4月止）
　　　　　赵　蓉（女，兼）
　　　　　李　韬（4月起）

【干部队伍情况】 截至2009年底，全县共有县处级领导干部36人（包括挂职干部5人），其中：正县级干部5人，副县级干部31人；少数民族干部9人，妇女干部5人，非党干部5人；博士研究生2人，硕士研究生3人，党校研究生5人，大学学历22人，大专学历4人；30岁以下1人，30～35岁4人，36～45岁14人，46～52岁13人，53岁以上4人；平均年龄43.69岁。

县管乡科级领导干部共有359人，其中：正科级干部149人，副科级干部210人；少数民族干部124人，妇女干部72人，非党干部32人；党校研究生43人，大学本科244人，大学专科69人，中专（高中）3人；30岁以下3人，30～35岁63人，36～45岁182人，46～52岁111人；平均年龄40.46岁。

【党组织和党员概况】 石林县委下辖16个党委，其中：乡镇党委7个，县直机关企事业党委9个。全县建有党总支43个（农村党总支18个，机关企事业党总支25个），党支部365个（农村党支部184个，机关企事业党支部181个）。

全县共有88个建制村党支部（总支），87个村党支部（总支）书记（西街口镇格渣村党支部书记2009年病故），其中书记、主任“一肩挑”的58人，书记、主任“一肩挑”比例为65.91%。全县共有4个社区居委会，其中书记、主任“一肩挑”的3人，占75%；社区党支部（总支）委员24人，其中兼任社区居委会委员的17人。

截至2009年底，全县有党员10227人，比2008年净增248人。其中：2009年内增加586人（新发展240人，转入组织关系346人），减少305人（开除党籍7人，死亡115人，转出组织关系183人）。女党员2374人，占党员总数的23.21%；少数民族党员3333人，占党员总数的32.59%。在岗职工党员2920人，占党员总数的28.55%；非公有制经济单位党员84人，占党员总数的0.82%；农村党员7371人，占党员总数的72.07%；离退休党员1105人，占党员总数的10.80%；其他党员577人（包括新社会阶层、非公经济组织中从业人员、个体劳动者、自由职业者、未就业的毕业生及其他无业人员），占党员总数的5.64%。35岁以下党员2152人，36～45岁党员2573人；46～54岁党员1993人，55～59岁党员928人，60岁以上党员2581人。研究生学历的41人，大学本科学历的1336人，大专文化程度的党员1314人，中专学历的866人，高中中技学历的978人，初中及以下文化程度的党员5684人。建国前入党的41人，建国后至“文革”前入党的898名，“文革”期间入党的1312人，粉碎“四人帮”至党的十六大入党的5765人，党的十六大以来入党的2211人。全县共有农村困难老党员1092人，定期领取补助金的1092人。其中：建国前入党的农村老党员12人（2010年实行每人每月补助200元），市级补助、县级配套的农村困难党员663人（每人每月市补20元、县补10元，合计30元），县级补助的农村困难党员429人（每人每月补助30元）。

【学习实践科学发展观活动】 按照中央和省、市委的统一部署和要求，石林县分别于2009年3月24日和9月14日启动了第二批、第三批深入学习实践科学发展观活动，共涉及县级机关、县属事业单位、乡镇、村、社区、学校等单位237个、党组织389个、党员10063名。活动开展以来，全县各参学单位按照“党员干部受教育、科学发展上水平、人民群众得实惠”的总体要求，紧扣省委“一面旗、一团火、一盘棋”和县委“跨越发展、富民强县”主题，抓住领导班子和党员领导干部这个重点，做到规定动作上水平、自选动作创特色，确保学习实践活动取得实实在在的效果。在第二批学习实践活动中，创新开展了“三走近、三破解、九结合”主题实践活动，认真举办了“科学发展观引领下的信心石林”论坛、“我为石林科学发展献一策”、季度招商引资项目观摩等系列活动，全县第二批学习实践科学发展观活动群众满意率达98.26%。作为第三批学习实践活动市级试点单位的石林镇和摩站村，被市委表彰为先进基层党组织，村党总支书记刘志生被省委表彰为践行“三个一”先进个人。第三批学习实践活动启动以来，各参学单位充分借鉴试点工作经验，突出“五个更加注重”，把学习宣传贯彻党的十七届四中全会精神作为学习实践活动的重要内容，开展了百名乡镇干部“全员下基层，合力促增收”主题实践活动。至年底，采取有效措施解决关乎群众生产生活的突出问题215个，促进了全县经济社会各项事业步入科学发展的快车道。

【深化干部人事制度改革】 以创建全省“深入整治用人上不正之风示范县”和开展“改进干部选拔任用工作监督检查办法”试点县为契机，巩固、深化、拓展“科学规范和有效监督县（市）区委书记用人行为”工作成果，在县委的正确领导下，继续深化干部人事制度改革，着力提高选人用人的公信度和群众满意度。一是继续完善干部选拔任用提名制度。不断扩大群众在干部选拔任用工作中的知情权、参与权、选择权和监督权，在一些重要岗位的干部配备中，采取“一分析两推荐”（空缺职位分析、组织个人自荐和连续公开推荐）方式选拔任用干部，进一步完善了领导选优与群众公认相结合的干部提名机制，使想干事、群众公认的干部有舞台。2009年4月，采取此种方式顺利产生了县交通局局长、县民政局局长、县扶贫办主任和西街口镇党委书记等领导人选。二是继续完善干部培养锻炼交流制度。根据有关规定和工作需要，按照人岗相适的原则，加大干部交流调整力度，把招商引资、重点项目推进作为衡量干部能力和实绩的重要标准，选派78名优秀年轻干部到招商引资、园区建设、台创园、石锁高速公路建设、国家园林县城创建、中国彝族第一村建设等主战场，将新提拔的科级领导干部和无招商引资经历的机关年轻干部推到发展一线、招商引资一线实践锻炼，在招商引资第一线和重点项目推进中识别干部、培养干部、选拔干部、任免干部。2009年共任免干部148人，其中：提拔任用26人，平职交流87人，任改非9人，免职6人，程序性免职9人，兼职任免11人，差额考察后未任用5人。在新提拔的26名干部中，少数民族干部10人，妇女干部6人，非党干部9人，35岁以下的干部14人，进一步优化了全县干部队伍结构。三是继续完善干部教育管理监督制度。认真贯彻“教育为主、预防为主、事前监督为主”的原则，严格执行领导干部收入和重大事项申报制度，不断深化经济责任审计及任前公示等工作。将干部工作触角延伸至股所级中层干部，在各乡镇、各县直单位（部门）股所级中层干部配备中全部实行竞争上岗，切实加强对中层干部的教育、管理和监督。开通“12380”监督举报电话，由县人大、县政协、各乡镇党委推荐的部分人大代表、政协委员、党代表及部分群众代表共15名聘任为石林县干部选拔任用工作监督员，推行干部选拔任用工作信息“五公开”和全程记实，拓宽干部监督渠道。加大对提拔、交流和轮岗干部的教育、管理和监督力度，重点对交流调整履职满3个月的14个部门的16名党政正职进行跟踪问效，避免出现人岗不适，做到选拔与管理并重，形成有效的约束和监督机制。

【基层组织及党员队伍建设】 一是抓重点，加强农村基层组织建设。狠抓村级组织活动场所建设，市列5个建设任务中已全面完成4个，最后1个已进入内外装修阶段。精心组织，制定工作方案，采取有力措施，把年度考核排名末位、“五星”动态管理得“三星”以下、重大项目建设或上级安排工作推进不力等相对后进薄弱基层组织纳入整顿视野，对8个相对后进薄弱村级组织进行重点整顿。通过思想整顿、作风整顿、组织整顿，被框定的重点整顿对象各项工作有明显改进，为2010年村级组织换届选举打下了组织基础。二是抓队伍，夯实农村基层组织基础。健全城乡统筹互帮互助机制，继续开展百名机关党员“一对一”结对培养百名农村党员活动，催生新农村建设带头人。健全村组干部激励机制，在调研汇报的基础上，县委常委会专题研究解决了村级党支部下辖的未兼职的221名党小组长每人每月55元定期岗位补贴。健全农村党员干部教育培训机制，对农村党员干部进行宽领域、广覆盖、普及型培训，全年共举办城乡劳动力转移、“素质提升工程”、“两后双百”、台创园、失地农民等类型培训班70余期、培训人员6800余人次，组织30名优秀村书记赴华西村、8名优秀村书记赴华东地区、4名党员创业带头人赴上海展望学院进行异地培训。健全农村基层干部培养机制，把大学生“村官”作为优化村组干部队伍结构的重要举措来抓，认真做好2008年选聘的14名大学生“村官”管理服务工作，完成2009年77名“村官”选聘和岗前培训任务，“村官”跟踪培养工作得到强化。三是抓创新，激发农村基层组织活力。建立党建工作预警制，扩大党建信息来源，动态把握党建工作情况，对基层党建工作存在的问题，有针对性地实行预防警示，切实加强和改进基层党建工作。积极探索破解做好新形势下群众工作难题，继续举办“村书记论坛”，着力解决群众关心的热点、社会关注的焦点、组织工作的难点问题，全年共举办“村书记论坛”28期，参加人数750余人次，形成发展思路18条，收集意见建议95条。深化、拓展和巩固“村书记论坛”内涵、外延和成果，与县纪委、县民政局一起开展“村（居）务面对面”活动，推进基层民主政治建设，构建基层党建工作新体系。2009年全县共举办“村（居）务面对面”343场（次），参加人数达15000余人，化解积怨60多起，解决问题120多个，收集意见建议636条，切实解决了当前村（居）委会中存在的村（居）务活动透明度不高、群众参与率低、村（党、账）务公开不规范等突出问题。

2009年7月8日，石林县召开选聘到村任职高校毕业生动员暨分配大会，77名高校毕业生分赴各村委会任职

【干部教育及人才队伍建设】 一是加大干部人才培训统筹规划力度。统筹规划全县各类培训，制定《2009年度干部人才能力提升培训计划》，明确了2009年重点培训38类主体班次。通过加强干部人才教育培训工作的统筹协调和宏观管理，充分整合教育培训资源，切实解决了多头培训、重复培训和有的干部长期得不到培训的问题。二是加大干部人才教育培训力度。制定《石林县领导干部学习培训管理办法》，健全和完善科级领导干部学习培训管理机制。突出专题培训，注重培训效果，组织开展了215人参加的招商引资实务培训，40名中青年干部参加的中青班培训，203名干部参加的都市经济培训。全年共培训人员3264人次，培训内容涉及党的十七届三中和四中全会精神、综合法律知识、农村适用科技知识等。完成各级各类调训任务80人次。三是加大人才资源综合开发力度。积极营造“尊重劳动、尊重知识、尊重人才、尊重创造”的良好氛围，在全县四级干部大会上大张旗鼓表彰奖励71名各条战线的优秀人才。2009年3月，在石林县开设首届“石林论坛”，150余名全省非物质文化遗产专家、学者、基层工作者围绕民族传统文化保护与建设的论题，表观点、出高招、递点子，为石林县乃至云南省民族文化传承与保护献计献策。结合石林县实际，制定了《引进人才暂行办法》和《人才柔性流动管理办法（试行）》，着力打破人才引进、流动的壁垒，开启聚才引智的“绿色通道”。

【农村党员干部现代远程教育】 扎实推进农村党员干部现代远程教育工作，2009年将101个农村党员干部现代远程教育终端接收站点纳入建设，其中县委组织部远教办1个、乡镇8个、行政村88个、社区4个。通过强化各项措施，在全省率先完成了101个终端接收点建设任务，“电信模式”100%覆盖各乡镇、社区和行政村。强化站点规范管理，101个终端接收站点全部挂牌，建立健全各项管理制度，制定下发了《石林县农村党员干部现代远程教育工作管理办法（试行）》和《石林县农村党员干部现代远程教育终端接收站点管理制度》，制作《石林县党员干部现代远程教育工作记录簿》，建立督学机制和学习情况每月通报制度。坚持边建边用，全县组织各站点收看学习远程教育节目22505次，每个站点每月平均点击18次；收看时间3478小时，每个站点每月平均收看2.87小时；组织收看全国节目1305次，全省节目5348次。第三批学习实践科学发展观活动开展以来，各基层党组织组织集中学习先进经验、先进典型200余场、20余部，学习培训14390人次党员干部。

【招商引资考核】 强化招商引资目标管理，加强招商引资考核体系建设，实施“32110”目标责任管理，坚持动态全过程累加考核。开展招商引资百日竞赛活动，掀起大招商、大引资、大开工、大建设的招商引资热潮。全年举办4期季度招商引资项目观摩活动，为石林县21个招商分局搭建相互比拼、相互学习、相互促进的平台，激活招商激情和活力。实行招商引资项目双向考核，以考核倒逼全县招商引资工作任务的完成。2009年市下达石林县的招商引资目标任务为引进国内市外资金10亿元，实际利用外资600万美元。全年石林县实际到位国内市外资金17.62亿元，完成任务数的176.2%，同比增25%；实际利用外资1399.73万美元，完成任务数的233%，同比增118%。

【部门自身建设】 以构建“学习型组织工作团队、开放型组织工作系统、和谐型组织工作机关”为目标，扎实开展“石林组工论坛”。认真执行组工干部“十严禁”纪律要求，严格执行县委组织部16项内部管理制度，进一步增强广大组工干部做好工作的责任意识和纪律意识。带头践行“一线工作法”，开展“组工干部下基层”活动，由部长、副部长（兼职副部长除外）分别带队、各科室参与，积极破解组织工作难题，着力提高组织工作科学化水平。4月29日，县委组织部开展中层干部竞争上岗演讲答辩会，不断强化激励竞争机制。完善督促机制，继续推行一周一通报、一月一督查、一季一考核、半年一回头、年底算总账的快速落实机制，满负荷、超常规、快节奏、高效率地推动各项工作的落实。

（撰稿人：县委组织部　李健梅）

宣传工作

【县委宣传部】　1950年2月，成立县委宣传部。2009年，内设部办公室、宣传科、理论科、创建科、文产办5个科室，主管联系县文明办、县延安精神研究会、县广电台、县外宣办、县文联，年底实有干部职工15人（含县文明办4人，不含其他主管联系单位人数）。单位住址在县委大院内。2009年资助支农联系点长湖镇舍色村委会3000元生产经费。

部　　长：李福军（彝族）
常务副部长：万春林（彝族，2月止）
毕卫东（彝族，3月起）
副 部 长：唐纯武（12月止）
张鹏翔

【干部理论教育】　以全县党政机关和各级领导干部特别是副科以上领导干部为对象，以各级中心组学习为抓手，以学习实践科学发展观为重点，组织开展了形式多样的学习活动，不断增强学习的实效性和针对性。结合周末讲坛、云南省领导干部时代前沿知识讲座，深入开展石林县领导干部培训日学习活动，先后邀请了县人民政府副县长赵永康，市委宣传部部务委员房旭东，复旦大学新闻学院院长助理、传播学博士张志安，省文明办专职副主任陈德金，省委宣讲团成员、省社科院教授向翔，云南大学教授金子强，云南省委党校教授李卫宁等一批省内外专家学者和领导到石林进行专题知识讲座。讲授内容涉及十七届四中全会精神、经济金融、公务礼仪、社会主义核心价值体系建设、科学思维与科技创新、继承和弘扬延安精神、新闻宣传、人才与招商、知识产权保护等多个方面，全年举办石林县领导干部培训日专题讲座15讲，参加培训人数近5000人次，是历年来集中进行领导干部知识培训力度最大、覆盖面最广、内容最丰富的一年。组织开展了十七届三中、四中全会精神的学习宣传活动，继续开展解放思想大讨论活动，拟定并报县委出台了《中共石林县委关于建立解放思想长效机制的实施意见》，建立了解放思想长效机制，不断推动解放思想向思想实践、理论实践、政策实践、制度实践和法治实践的转变。通过努力，石林县被云南日报报业集团确定为云南理论评论调研基地，全年组织副县以上领导撰写了70余篇学习理论文章和学习心得体会。积极开展“三普”教育培训活动，组织完成了石林县2264名公职人员的普通话培训和测试工作。

【舆论引导工作】　围绕县委、县政府的中心工作，通过电视、广播、报刊、网络等载体，广泛宣传县委十届五次全会精神、“543”倍增计划、“33553”发展战略和县委、县政府作出的重大决策，广泛宣传全县贯彻落实科学发展观，推进石林跨越式发展中的新举措、新亮点和新成就。进一步整合宣传资源，组建成立了石林县广播电视网络有限责任公司。结合石林县招商引资、农业、旅游等重点特色工作做好深度报道、系列报道、专题报道策划，县电视台开设了“深入学习实践科学发展观”、“园林绿化”、“巾帼风采”、“身残志坚”、“重点工程建设”等电视系列报道，制作了5部石林申报非物质文化遗产专题片、7部省市著名商标专题展播节目，制作播出了《糯黑石头寨》、《投资石林》、《魅力石林》、《倡导移风易俗、推进殡葬改革》、《绿色致富路》等电视专题片，新开设了“以案说法”、“每周资讯”、“文明监督岗”三个栏目，全年共采访报道新闻1200余条，选送上级电视台播放223条。深入开展了“四创两争一巩固”、招商引资、城乡园林绿化、新农村建设、党风廉政建设、禁毒、防艾、创安、科普等专项宣传教育工作，办好县级政务公开宣传栏，做到每月一期。继续开展“三下乡”宣传活动。做好社情民意和网上舆情收集工作，主动与各级新闻媒体进行沟通和协调，拟定出台了《石林彝族自治县政务新闻发布工作实施办法》和《关于在市县属新闻媒体刊播重大政务公开信息的暂行规定》，规范了重大政务信息的发布程序。拟定并报县委办出台了《石林县新闻监督事项实施办法（试行）》，转发了《云南省新闻出版局关于进一步加强记者管理、规范新闻采访活动的通知》，做好突发事件和重大事件的新闻采访应对工作。

【对外宣传】　邀请省市新闻媒体对石林风景区万年灵芝、李子园箐、步哨山新点开放进行宣传推介；配合省、市委宣传部先后3次接待了全国主流网络媒体共计250余人次到石林进行考察推介和宣传活动。协助中央电视台、福建电视台、云南电视台等媒体到石林拍摄了建国60周年献礼片《情系民生》、《戏曲阿诗玛》、《寻找阿诗玛》、《云岭和声》等多部专题片。国庆节期间，石林县参与录制的国庆特别节目《盛世和谐赞》和石林风景名胜区的升国旗仪式在中央电视台进行了播出。邀请人民网、中国新闻网等20余家中央、省市主流媒体重点对2009年中国石林国际火把节进行集中报道，人民网对火把节当天的全部活动进行了全程网络直播。成功组织市委招商引资观摩、重大项目开工建设、城乡园林绿化、市级媒体各季度工作推进情况采访活动等30余次较大声势的采访宣传活动，大力展示石林县在推进跨越式发展进程中的新面貌。

2009年，在《云南日报》、《昆明日报》等主流媒体上刊登石林专题20个，在市级以上报纸、电视新闻媒体刊播宣传石林的各种新闻稿件400多篇（幅），在新华网、人民网等数十个知名网站刊发网络新闻800多条。中国石林网开设了“2009年专题”、“石林‘两会’系列报道”、“转变机关作风提升行政效能”、“学习实践科学发展观”、“全民创建国家园林县城”、“喜迎新中国六十华诞”等20余个栏目，并不断丰富网页内容，上载各种新闻稿件1100余篇、照片4800余幅，访问人数不断增加，网站开通2年来，访问人数已达280万人次。

【文化产业发展】 策划包装了阿诗玛演艺中心、阿诗玛月光城、阿诗玛主题公园、石林阿诗玛文化特色工艺品开发、中国石林国际民俗文化摔跤节、中国石林国际“牛王”争霸赛、大型原生态民族歌舞剧《梦幻阿诗玛》、万仙阁文物古迹旅游开发项目等文产项目，遴选了26个项目申报省市文化产业重点招商引资项目；确定了4个项目申报省市文化产业重点实施项目。参加了昆明市政府组织的赴温州招商、东盟华商会议、第十七届昆交会等招商洽谈会，采取走出去、引进来的方式主动招商，圆满完成2009年文产招商分局的招商引资任务。招商项目有石林阿诗玛书城改扩建（新建）、石林同策旅游文化产业投资有限公司（新建）、移动通信工程建设（新建）、恢复石峰山寺院项目（结转）和中国石林彝族第一村斗牛城项目（新建）等5个项目。

组织编制了石林县文化产业“十二五”规划，出台了《石林县关于深化文化体制改革加快文化产业发展的实施意见》。开展了石林县首届酒歌大赛、石林县民族民间歌舞展演、石林首届青年歌手大奖赛、石林县红色革命歌曲合唱比赛等丰富多彩的文化活动；民间歌舞《阿诗玛的故乡》荣获第五届“云南文化精品工程”入选作品奖；喃米喃地原生态组合在昆明市青年歌手电视大奖赛中，荣获原生态组二等奖，并参加了云南省民族民间歌舞展演。承办云南省民族传统文化保护区建设工作经验交流会，协助做好国际人类学民族学大糯黑考察点的考察工作。做好省、市级民族民间传统文化保护区的组织申报工作。中国石林国际火把节荣获“2008～2009年度中国十大创新节庆活动金海豚大奖”、“2009年中国节庆产业金手指奖·十大民俗类节庆”。

【文联换届工作】 10月24日，石林县文学艺术界联合会第五次代表大会在石林会议中心召开，共101名代表参加会议。会上，县委常委、县委宣传部部长李福军代表第四届委员会作工作报告，审议通过了《石林彝族自治县文学艺术界联合会章程》；选举产生了县文联第五届委员会委员共21人，分别为李福军、毕卫东、张鹏翔、万春林、赵一民、张树忠、徐跃高、张海斌、张志斌、徐燕琼、邱道华、黄树兴、李冬超、金仁祥、杨新民、昂继忠、昂锦红、昂美仙、王志、杨兆纯、岁宏，李福军担任文联主席，徐跃高担任常务副主席，赵一民、张志斌、徐燕琼担任副主席，徐跃高兼任秘书长。

（撰稿人：县委宣传部　赵振虹）

统战工作

【县委统战部】 1955年2月，成立县委统战部。2009年县委统战部内设办公室、台侨办公室和非公经济（民族宗教）领域办公室，年底有干部职工6人。办公地址在县委大院内。2009年资助支农联系点板桥镇黄家庄村委会3000元春耕生产经费。

部　长：周兴荣

副部长：李光正（彝族）

　　　　黄宏星（彝族）

【构建和谐政党关系】 2009年底全县有副县级党外领导干部5人、正科级3人、副科级30人，党外干部在领导层所占的比例有了很大提高。认真抓好党外后备干部队伍建设，做好党外人士建档工作，建立党外人士档案204份。加强同党外干部的合作共事，召开副科级以上党外干部座谈会，沟通思想，倾听意见，促进交流，排忧解难，进一步调动党内党外共同致力于民主政治建设的积极性。切实关心党外干部的成长，推荐2名副科级党外干部到昆明市社会主义学院进行培训，不断提高工作能力和水平。协助县政协开好一年一度的政协全会和做好其他相关工作。加强与省、市民主党派的联系，争取海外资金1.8万美元改善圭山镇、西街口镇、大可乡中学3个图书馆建设条件，使当地群众免费汲取知识的场所条件更加优越。

【巩固发展和谐民族关系】 石林县是一个多民族杂居的少数民族自治县，2009年少数民族人口占全县总人口的35.04%，其中彝族人口占少数民族总人口的97.16%。民族团结工作历来是石林县的一件大事，县委统战部高度重视，切实做好工作。一是认真宣传贯彻中央和省、市的民族工作方针、政策和《民族区域自治法》、《石林彝族自治县自治条例》等法律法规，进一步加强与民族事务部门的协作，大力弘扬“三个离不开”的思想，切实巩固平等、团结、互助、友爱、发展的民族关系。二是积极做好少数民族干部和少数民族代表人士工作，按照“政治上平等，经济上共享”的要求，支持少数民族地区的经济社会发展工作，推荐1名副县级少数民族干部到北京参加中央统战部举办的领导干部培训班进行学习，进一步提高政治修养和理论水平。三是坚决防范和打击敌对势力利用民族问题进行的各种分裂、破坏活动，妥善解决和处理民族问题，为少数民族代表人士办实事，切实维护稳定、发展的大局。四是认真调查、掌握少数民族代表人士情况，积极支持和鼓励他们发展事业。2009年，全县有国家级非物质文化遗产传承人3人，省、市级民族民间美术艺人18人，县级民族民间美术艺人31人，国际运动健将1人，农民画家2人，大世界基尼斯之最获得者1人。

【巩固发展和谐宗教关系】 坚决贯彻党的宗教信仰自由政策，充分尊重信教群众的信仰，认真开展《宗教事务条例》宣传活动，引导宗教健康发展。积极开展爱国主义和法制宣传教育活动，宣传党的宗教工作基本方针，教育引导宗教人士爱国爱教。加大对中青年教职人员的培养力度，先后两次组织有关人员10余人参加市委有关部门、市政府有关部门组织的宗教业务培训，进一步提高宗教业务工作能力。依法管理宗教事务，妥善处理宗教工作中的突出问题，抵御境外宗教渗透，依法打击利用宗教进行的各种违法犯罪活动。新疆“7·5”事件后，及时到宗教团体了解掌握情况，向宗教界讲清事件的性质，引导宗教界认清形势，依法依规开展活动；组织力量对“摩门教”、“法轮功”等进行专题调研、检查、排查和依法打击工作，有效化解和消除了宗教领域的隐患和突出问题。

【巩固发展和谐阶层关系】 坚持充分尊重、广泛联系、加强团结、热情帮助、积极引导的工作方针，加强以非公经济代表人士为重点的新的社会阶层人士的统战工作。加强与工商联工作的协调和配合，推动工商联全面加强自身建设，更好地发挥桥梁纽带和助手作用。大力发展驻石异地商会，成立了石林县工商业联合会川渝商会、福建商会、浙江商会、粤桂商会4家异地商会和企业家协会，密切与异地商会、非公企业的联系，采取多种形式帮助非公有制企业坚定信心、排忧解难。开展昆明市第三届优秀中国特色社会主义事业建设者评选表彰活动，推荐2家企业参加评选表彰活动，石林县2家企业获“昆明市第三届优秀中国特色社会主义事业建设者”荣誉称号。

【巩固发展海内外同胞关系】 认真贯彻对台和侨务工作方针政策，充分发挥阵地作用，深入台企拜访调研，帮助解决困难和问题2件。加强指导县台侨（联）工作领导小组积极开展工作，务求实效。做好为港澳台侨胞（属）服务工作，开展扶贫活动和“中华民族凝聚力工程”，努力发展壮大爱国统一战线队伍。利用接待海内外人士来石林旅游之机，大力推介石林、宣传石林，以吸引更多的人来石林旅游和投资。2009年全县有港澳台侨胞（属）904人，其中：台胞77人（1代40人〔含新生代5人〕、2代25人、3代12人），台属545人（其中：1代75人、2代220人、3代250人），国外侨胞21户85人（1代26人、2代35人、3代24人，含出嫁在国外的5人、出国留学定居的3人），国内归侨侨眷197人（1代46人、2代77人、3代74人）。另外，有起义投诚人员66人，黄埔同学及其后代258人。

【慰问困难统战成员】 2009年春节前夕，看望慰问起义投诚人员、港澳台侨（属）困难户25户、统战工作干部14名和黄埔同学及其后代14户，送去慰问钱物25000元。中秋节期间慰问港澳台侨属187户、起义投诚人员困难户8户。通过慰问活动，把县委政府的关怀送到了统战对象家中，让他们切实感受到党和政府的温暖。

（撰稿人：县委统战部　杨丽华）

党校教育

【县委党校、县行政学校】 1956年5月，成立县委党校。1994年10月，经省干教委考核批准为中专体制，核定为副县级单位。2009年内设办公室、教务处、教研室、总务处，年底有教职工19人，其中：公务员7人，专职教师9人，工人3人。单位住址在鹿阜朱家花园。2009年资助支农联系点长湖镇雨胜村委会6000元工作经费。

党　校　校　长：罗朝峰
行政学校校长：李忠德（彝族）
党校常务副校长：毕富兴（彝族）
党　校　副　校　长：李光亮
　　　　　　　　时月慧（女）

【村级干部“学习贯彻党的十七届三中全会精神”专题培训】 2009年1月11～18日，县委组织部和县委党校联合举办了2期石林县村级干部“学习贯彻党的十七届三中全会精神”专题培训班。培训对象为石林县各村委会（社区）党支部书记、副书记、主任、民兵营（连）长，2期共计培训396人。培训根据石林县农村改革发展的新目标、新要求开设了如何做好新形势下村务民主管理工作、当前农村社会稳定问题及对策、以招商引资为突破口实施“543”倍增计划推进城乡一体化进程、学习十七届三中全会精神规范农村土地管理、生态文明村镇的规划与设计、发展现代农业促进农业经济发展、以改革创新精神推进农村基层党的组织建设等课程，实地参观考察石林镇小箐村新农村、党建工作。

【招商引资实务培训】 3月18～19日、24～25日，县委组织部、县委党校、县招商引资指挥部联合在县委党校举办了1期招商引资实务培训班。培训针对部分人员在招商过程中政策不熟、程序不清等问题，设立招商引资产业布局及相关政策、林业政策及相关业务、土地政策及相关业务、工业产业政策及相关业务、环保政策及相关业务、水土保持政策及相关业务、项目登记注册政策及实务、城市建设总体规划及相关政策等课题，县招商引资指挥部办公室及21个招商分局的全体人员共118人参加了培训。通过培训，参训人员熟悉了相关政策、程序，对推进招商引资工作、促进项目落地建设起到了推动作用。

【城镇退役士兵安置培训】 5月8～28日，县民政局在县委党校对符合城镇安置条件的石林县退役士兵进行了为期20天的考前培训，培训人数18人。培训内容为邓小平理论、“三个代表”重要思想、国情、省情、语文知识、安置政策、法律常识、综合素质知识等。

【残疾人养殖技术培训】 6月11～20日，为进一步拓宽残疾人脱贫致富的路子，由“输血式”向“造血式”转变，按照“集中财力、找准对象、精选项目、支持一户、辐射周边、带动一片”的思路，县科协、县委党校、县残联从县残疾人养殖协会中精选50名懂养殖、会管理、带动力强的残疾人集中到县委党校进行为期10天的养殖技术培训。邀请了昆明希望饲料公司、昆明新长江职业技能培训站的教师就母猪的饲养管理、仔猪的饲养管理、公猪及商品猪的免疫程序、猪常见疾病的预防、猪舍管理、饲料原料和配合饲料等16个专题进行培训，并组织学员到昆明希望饲料公司及养猪场参观学习。

【中青年干部培训】 6月16日至7月15日，县委组织部、县委党校联合举办1期中青年干部培训班，培训中首次采用模块式、课题组式、拓展式、实战式“四合一”培训模式，实现中青班办学模式从传统型向现代型的转变。通过培训，全面提升了40名参训青年干部招商引资、调查研究、学习创新、科学决策、公共服务等能力。

【大学生村官培训】 为帮助石林县2009年选聘到村（社区）任职的高校毕业生尽快熟悉和适应基层工作，在岗位上履好职、尽好责，经县委组织部和县人事劳动和社会保障局研究，7月16～23日在县委党校举办了1期大学生村官培训，对2009年选聘的74名村官和2008年选聘且已任职的14名村官进行培训。培训课程主要安排党的十七届三中全会精神、社会主义新农村建设、社区建设及基层工作方法辅导。邀请了市委组织部、县委组织部及相关基层组织建设、农村和社区建设、新农村建设方面的专家及党校教师、优秀乡镇（村）干部担任教师。

【村委会报账员业务培训】 9月3～18日，县推行村级会计委托代理工作领导小组办公室和县委党校联合举办了村委会报账员业务培训，培训内容为报账员岗位职责、原始单据审核、报账程序及法律法规。全县各乡镇村委会报账员、乡镇村级会计委托代理服务中心负责人、出纳共116人参加培训。

【"云岭先锋·素质教育"工程市县统筹培训】 10月13～21日，昆明市2009年基层党员素质提升工程（农村创业带头人培训）在县委党校开班，来自寻甸、西山、东川、安宁、嵩明等县（区）市的104名学员参加了培训。培训开设法律基础知识、职业道德、市场营销、目标市场与推销策略、产品整体开发与产品生命周期等课程，培训由昆明新长江培训站培训师负责实施。

【农产品经纪人培训】 11月8～11日，由县供销社主办、县委党校协办，举办了农产品经纪人培训，来自全县各乡镇村委会干部、村民小组长、种养殖户、从事农产品经营的代表共100人参加了培训。

【村书记主任十七届四中全会精神培训】 11月11～15日，为认真学习贯彻党的十七届四中全会精神，更好地推进各项工作，县委组织部、县委党校联合举办了村书记主任十七届四中全会精神培训。培训开设了改进作风保持党同人民群众的血肉联系、执政党建设基本经验的全面总结与深刻启示、学习华西村经验建设社会主义新农村等专题，来自全县各村（社区）党总支（支部）书记、村（居）委会主任121人参加了培训。

【全国卫星远程大学培训】 2009年全国卫星远程企业大学在石林县开讲《实战营销》、《人力资源管理》、《财税规划》、《实战管理》等21个专题，有1698人次参加了学习培训。

【"三普"教育培训】 为进一步提高石林县干部职工整体素质和综合能力，树立良好的对外开放形象，按照市"三普"办时限要求，石林县于2009年9月14日启动此项工作。培训采取自主学习与集中辅导相结合、骨干培训与部门培训相结合、分类测评与统一测试相结合的方式进行，截至12月31日，完成普通话培训测试2264人、计算机培训测试584人。

【党校学历教育】 2009年县委党校有研究生、本科、大专共12个班级，在校学员520人（含当年毕业的78人）。2009年度共完成一村一名大学生园林绿化专业39人、西南科技大学成人网络教育本专科班17人、昆明医学院护理专业84人的招生任务。

【党校科研成果】 全年教职工共撰写科研论文或调查报告14篇，其中有6篇分别发表于国家、省、市公开刊物上，4个专题调研课题上报了县委办、县政府办。

【党校搬迁新建】 2008年8月30日，县委同意党校搬迁新建，新校区位于石林大道县职教中心旁，占地面积54.144亩。2009年9月，县委党校完成了项目建设的立项、规划、设计，办理了征地、招投标等前期工作，开始实施主体工程建设。工程计划2010年9月全面完工。

（撰稿人：县委党校　毕黄堡）

县直机关党委工作

【县直机关党委】 1984年4月成立县直机关党委，2005年增设县直机关纪律检查委员会。2009年底，县直机关党委有委员3名（4名因工作变动未补），其中：书记1名，专兼职委员各1名，人员编制为县委组织部机关公务员编制；县直机关纪律检查委员会有委员5名（2名因工作变动未补），其中：专职委员1名，兼职委员4名，书记暂缺。单位住址在县委大院内。

书　　记：王　昆（兼，4月止）
　　　　　高云曦（女，4月起）
常务副书记：马海荣（彝族，4月止）
副书记兼纪委书记：张培一（2月止）

【签订目标责任书】 2009年县直机关党委紧扣加强党的执政能力建设和先进性建设这条主线，突出抓好深入学习实践科学发展观活动这个重点，紧紧围绕保发展、保民生、保稳定、保县委决策部署的落实这一中心任务，积极创建"五个好"党组织，进一步健全和完善机关党建工作体系和工作机制，实行基层党组织负责人为第一责任人、有关部门齐抓共管、一级向一级负责、层层抓落实的机关党建工作格局。2月，制定下发了《中共石林彝族自治县县直机关委员会2009年度党建工作要点》，并与所属21个党总支、33个独立党支部签订了《石林彝族自治县县直机关2009年永保先进性"云岭先锋"工程目标考核责任书》和《石林彝族自治县县直机关2009年党风廉政建设目标考核责任书》，签订率100%。

【科学发展观学习实践活动】 3月24日开始，县直机关党委所属52个基层党组织参加了第二批深入学习实践科学发展观活动。在学习实践活动中，机关党委加强领导，精心组织，周密安排，分类指导，紧密结合各单位的实际，深入细致地学习调研，全面深刻分析检查，使每个学习实践活动各阶段、各环节的规定动作全面推进，自选活动各具特色，整改落实扎实有效，经组织有关群众测评，满意率为99.85%。

【捐一月党费活动】 5月20日，县直机关党委发出通知，号召县直机关各基层党组织在党员干部中开展“捐出一月党费，关爱困难党员”活动。21个党总支、33个独立党支部共1288名党员参与了此次活动，占党员总数的94.5%，共计捐款43442.30元，人均捐款33.73元。其中：捐100元以上的143人，最高的500元，最低的1元；实职副科级以上党员领导干部289人，捐款18258元，人均捐款63.27元。

【新党员培训】 按照中共中央办公厅《关于印发〈2009～2013年全国党员教育培训工作规划〉的通知》及省、市、县委的要求，8月26～28日在石林县信用联社新办公大楼6楼会议室举办了为期3天的新党员培训班，参加培训的新党员共计74名。培训的主要对象是2007年以来至2009年7月止，由县直机关党委审批为预备党员和其他地方党组织关系转入县直机关各基层党组织的预备党员（含这期间已经办理转正手续的正式党员）。培训班分为三部分，首先是《党章》和党的基本理论、党的历史、党纪党规、形势任务、先进性教育、科学发展观等的理论培训；其次是参观县廉政警示教育基地和县爱国主义教育基地的实践学习培训；再次是围绕新时期共产党员“现在做什么、将来为什么”为主题的座谈讨论。培训结束，经测试，全部取得了《合格证书》。

【入党积极分子培训】 为认真贯彻落实党的十七届四中全会精神，加强对入党积极分子的教育和培养，帮助入党积极分子端正入党动机，严把“入口”关，县直机关党委结合实际，分别于9月10～11日、11月10～13日举办了两期入党积极分子培训班。第一期是在盛丰煤业有限公司专门为新经济组织有入党愿望并列为积极分子的务工人员举办的，参加培训学习的有28人；第二期是在县教育局专门为县直机关各单位党组织列为入党积极分子举办的，参加培训学习的有90人。培训结束，经闭卷考试，最高分91.5分，最低分60分，平均75.1分，及格率100%。

【基层党组织建设】 按照县直机关有关部门的职能调整和机构设置的实际情况，2009年县直机关党委及时对有关单位党组织的设置进行了一次调研，并在调研的基础上征求单位意见，最后形成请示报县委组织部批准，撤销了中共石林县电影公司支部委员会、中共石林县工商联支部、中共石林县科技局支部，新组建了中共石林县科技局支部委员会、中共石林县森林公安局支部委员会、中共石林县种子技术服务协会支部，并按照有关规定和程序，选配了班子成员；对县文体局党总支、县科协党总支、县人大机关党总支的缺额班子成员进行了调整充实；对于到届需进行换届的县委办党总支、县房地产开发有限公司党支部按公推直选的方法督促指导按时进行了换届；对软弱涣散的县邮政局党支部进行了整顿，充实了支部班子成员，做到了支委分工负责、各司其职；为加强基层党组织的建设，便于做好党组织及党员的日常管理工作，3月10日县直机关党委按有关规定对新组建和原来没有印鉴的党组织统一刊刻了18枚印章下发使用。

严格按照发展党员“十六字方针”和“四制”的要求，做到成熟一个发展一个，全年共审批发展新党员16人，办理转为正式党员手续20人。找入党积极分子谈话17人次，审查发展、转正党员材料36人次，接转党员党组织关系83人次。深入基层党组织讲党课9次，参加基层党组织民主生活会37次。

【党费收缴】 2009年县直机关党委按照中组部收缴党费的新规定，再次认真清理审核每位党员的实际收入和上缴党费的比例，按时足额进行了收缴，全年所属54个基层党组织共收缴党费237540.30元（不含“捐出一月党费”）。

【评选先进】 在基层党组织中大力开展向全国优秀共产党员吴大观学习和“个人形象一面旗、工作热情一团火、谋事布局一盘棋”的“三个一”主题实践活动，对在学习活动中涌现出来的优秀党组织负责人推荐了2名报县委“七一”纪念大会上表彰，同时还组织35名县直机关预备党员进行了集体入党宣誓。

【党刊征订】 按照县委组织部下达征订2010年度云南《支部生活》杂志的计划要求，县直机关党委领导班子在取得共识的基础上，采取有效措施，将计划落实到各基层党组织。所属53个党组织完成征订任务（有1个党组织未订）936份，超额完成任务14份。

【查处违纪党员】 对原国土资源局局长、党支部书记鲁某某，原交通局副局长、党总支委员杨某某犯受贿罪，及时整理材料并按有关程序上报市纪委和县纪委给予开除党籍处分。

（撰稿人：县直机关党委　张培一）

老干部工作

【县委老干部局】 1987年9月，成立县委老干部局。2009年底有职工5人，其中：公务员3人，参公管理人员1人，工人1人。单位住址在县委大院。年内上报简讯38条、调研报告1篇、先进事迹4篇。资助支农联系点板桥镇者乌龙村委会春耕生产工作经费2000元，并积极从相关部门为联系点协调3000元工作经费。

组织部副部长、局长：赵蓉（女）

副局长：杨梅（女，彝族）

【离休干部情况】 至2009年底，石林县办理了离休手续的离休干部人数为304人，历年去世167人（其中2009年去世15人），关系转出1人，取消离休待遇1人。健在的135名离休干部中，属行政编制的74人、事业编制的41人、企业单位的20人；正县级及享

受正县级待遇的4人，副县级及享受副县级待遇的34人，其他待遇的97人。副县级实职以上退休干部25人，异地安置在石林县代管的离休干部6人。离休干部平均年龄81.08周岁，其中80周岁以上的74人。离休干部已进入高龄期、高自然减员期，135名离休干部均享受了高龄补贴（现统称护理费）。

【落实“两费”情况】 2009年与县委组织部、县财政局及县人事劳动和社会保障局协调，对146名离休干部的护理费按标准进行了提高，共支出经费164000元。根据老干部进入“双高期”的实际情况，对离休干部医疗费用管理办法进行了修改和完善，将离休老干部门诊费基数由原来的10元提高到20元，每年工龄1元提高到2元，定额奖励金额由2000元提高到3000元，协调解决了90人医药费适时报销问题。2009年实际支出离休干部医疗费2921659.78元（含奖励费170230.88元、门诊费123795元）；发放离休干部保健费43200元；发放就地休养补助费42360元；发放住院陪护费27人32060元；解决了10名离休干部因长期生病、生活完全不能自理的护理费33600元。坚持“生日走访慰问”、“遗属走访”和“住院看望”三个专题活动。年内生日走访慰问155人，看望生病住院老干部74人，遗属走访慰问92人，对长期患病及各种原因造成生活困难的63名老干部进行了帮扶解困，支出特困补助资金49200元。办理了16名已故离休干部的生平简介、一次抚恤金、安葬费、遗属补助等后续工作。年内组织150名离休干部和副县以上实职退休干部进行了体检。向每一位离休干部和实职副县级退休老领导赠阅一份《昆明日报》，用老干部公用费为每一位离休干部和实职副县级退休老领导订阅一份《老干部参考》。

【老干部政治待遇】 在落实老干部政治待遇中坚持按制度组织好每月20日下午的老干部政治学习日，坚持副县以上实职退休干部每季度集中学习一次，认真组织学习党的十七大和十七届三中、四中全会精神，省、市、县委全会精神，使广大老干部及时了解党中央、省、市、县委的重大方针政策。充分利用春节团拜会、县情通报会等有利时机，对全县经济社会发展情况及重点项目、重点工程进展情况进行通报。通过举办老干部读书班、专题讲座、组织外出考察、撰写调研报告、提意见和建议等多种形式，鼓励和引导老干部发挥余热。通过学习和培训，确保老干部政治坚定、理想永存、思想常新，增强了老干部对县委、县政府工作的支持力度。

离休干部党支部组织健全、活动正常。在全党开展深入学习实践科学发展观活动中，组织老干部局机关和离休干部党支部开展学习实践活动。结合老干部的实际，精心组织，开展“到老干部家送学”活动。全年离休干部党支部活动7次。老党员按规定缴纳党费，所缴纳党费按80%返回作为支部活动经费。

【老干部信访】 加强和重视老干部来信来访工作，对老干部来信来访按政策规定答复并做好解释和协调落实。年内接待办理了10件来信来访件，做到事事有人管，件件有回音、有落实，把矛盾化解在萌芽状态，确保社会稳定。

【发挥老干部整体作用】 积极鼓励和引导老干部发挥作用，根据量力、自愿的原则，注重引导他们加强学习、保持晚节，争做改革开放的动力，维护社会稳定的模范，关心教育下一代的引路人。2009年离休干部吉天民被省委组织部、省委老干部局评为“云南省离退休干部先进个人”，其先进事迹被拍摄成专题片在昆明电视台和石林电视台播放。

【老干部活动中心建设】 老干部活动中心坚持常年免费对全体老年人开放，并在提高管理水平、提升服务质量、增加健身器材、丰富活动内容上下功夫，管好用活老干部活动中心。年内协调配备了1名公益性岗位和1名劳务派遣人员，加强对活动中心的日常管理和服务工作。积极筹措资金购买了6820元的椭圆机、按摩垫，充实了健身器材。每季度组织开展适合老年人的麻将、扑克、乒乓球、歌咏等比赛活动，丰富了老年人的活动内容。积极推荐老干部参加市老干部活动中心举办的全市老干部乒乓球比赛，退休干部师水焕荣获第一名。老干部活动中心月接待活动人员3000余人次，已成为全县老年人老有所乐的活动场所。

【老年大学】 2009年第五届老年大学开办11个专业14个班，学员654名。年内把双龙公园内一幢面积888.86平方米的二层楼房无偿提供给老年大学作教学楼使用，并筹资23万余元对教学楼进行了修缮，购置了教学器材，改善了办学条件。老年大学在开设专业课的同时，开设公共课，举办了《法律知识》、《老年人保健科普知识》等讲座。年内组织开展了2009年春节“四下乡”活动；举办了祝贺石林县十五届人大二次会议、政协石林县八届二次会议召开文艺演出活动；到山头上村老年学校开展文艺下乡联欢活动；选派3个节目参加“庆祝建党88周年纪念大会”文艺演出。在抓好县老年大学工作的同时，拓展社区、村组兴办老年学校，至2009年底有老年学校12所、学员1940名。2009年县老年大学被云南省老年大学协会评为“2009年度老年教育先进单位”。

（撰稿人：县委老干部局　李丽梅）

党史研究

【县委党史研究室】 1983年3月，成立县委党史资料征集办公室。1994年机构改革，县委党史资料征集办公室与县政府县志办公室合并成立县史志办公室。1998年6月，县委决定把党史工作从县史志办中单列出来，成立县委党史研究室。2009年，县委党史研究室内设秘书科、征编科，年底有在职职工2人。办公地点在县委大院车库二楼。2009年，县委党史研究室资助了支农联系点石林镇天生关村委会2000元春耕生产经费。

主　任：董建平

副主任：李卫萍（女，彝族）

【编纂《中共石林地方史(第一卷)》】 2009年，由县委党史研究室组织编纂的《中共石林地方史（第一卷)》形成征求意见稿。全书七章、200万字，全面系统地反映了1927年石林县有党的活动以来至1950年，石林各族人民在中国共产党的领导下，经过艰苦卓绝的革命斗争所取得的伟大胜利。

【出版《石林县重要文件汇编（第一辑)》】 2009年初，由县委党史研究室与县委办、县纪委办、县档案局联合编纂的《石林县重要文件汇编（第一辑)》内部出版发行。该书收编了石林县有党的文件开始至2005年止的县委、县纪委重要文件，共收录文件115份，计134.3万字。

【大事记编研工作】 县委党史研究室坚持按季度编发，并指导各乡镇、各单位采集、编写上报大事记，编辑的质量不断提高。全年完成4期《石林县大事摘编》编辑工作。

【各类文稿撰写】 2009年，按照省、市委党史研究室的要求，县委党史研究室完成了《中共石林彝族自治县委2008年执政纪要》、《路南的整风和反右派斗争》、《雨花台英烈》、《石林彝乡撒尼魂》等专题资料的撰写上报工作。

【党史宣传教育】 一是2009年是边纵成立六十周年，县委党史研究室配合省委党史研究室、云南电视台，拍摄反映当年边纵在石林战斗过的遗址遗迹，以及亲历者等两辑电视专题片，并积极参与市委党史研究室开展的纪念活动；配合云南大学、云南电视台，做好《熊庆来》专题片中云大附中在路南时的相关资料的提供和现场遗址的拍摄工作。二是努力探索地方党史宣传教育工作新形式、新途径、新方法。在2008年开展地方党史进校园的基础上，2009年又开展了地方党史进机关、进农村的尝试。在县民政局、海宜村委会等进行了中共石林地方党史的宣讲活动8次，受到广大机关干部和基层群众的欢迎，取得了较好的宣讲效果。三是配合县旅游局进行红色旅游资源的调查和规划，努力探索红色文化与旅游相结合的途径。

（撰稿人：县委党史研究室 李卫萍）

纪检监察

【县纪委、县监察局】 1951年8月成立县委纪律检查委员会。1983年12月，县委纪律检查委员会由县委的工作机构升格为县级领导机构。1993年6月，县纪委、县监察局合署办公，实行“一套机构、两个机关名称”的体制，县纪委对县委和市纪委全面负责，县监察局属于县政府序列，受县政府的领导。

2009年，县纪委、县监察局下设9个室、5个派出纪工委监察分局，即：办公室、信访室、纪检监察室、案件审理室、党风廉政建设室、执法监察室（加挂纠风室牌子)、干部人事室、效能监察室（加挂县问责办公室牌子)、宣传教育室和第一至第五纪工委监察分局。年底实有职工33人，其中：公务员30人，工勤人员3人。机关办公地点在县委大院内，第一至第五纪工委监察分局办公地点在县城双龙小街县建设局原办公楼二楼。2009年补助支农联系点板桥镇叠水村委会和西街口镇格渣村委会工作经费4000元，购买化肥58包，协调有关部门为叠水村委会解决1万元机电排维修费。

【增强廉洁自律意识】 更新县廉政文化暨警示教育园地内容，坚持向科级领导干部发送廉政短信、每季度发一封廉政公开信，印发领导干部勤政廉政教育读本3份5300余册，开展工程建设领域警示教育55次，组织庭审旁听警示教育2次，请市纪委领导为全县科级以上领导干部作勤政廉政专题讲座，对3000余名党员干部进行了党纪政纪条规知识测试。积极推进廉政文化“六进”工作，组织纪检监察干部参加国庆60周年文艺汇演，建立廉政文化示范点10个。全县38名县级领导、350余名科级干部和1380余名中层干部、站所长、村组干部进行了勤政廉政公示和述职述廉；认真落实党内监督条例，科级以上领导干部按要求进行了收入申报和重大事项报告，开展任前廉政谈话113人次（不含任改非等)、集体廉政谈话810人次。采取有力措施抓好厉行节约工作，各项指标得到有效控制；深入开展治理“小金库”回头看活动，公务用车管理各项规定得到严格执行。通过严格教育、严格监督，全县各级领导干部廉洁自律意识明显增强，对礼品礼金主动拒收、主动向组织报告、主动清退，上缴现金共计1.7万元。

全县领导干部接受“行政效能提升年、干部作风改进年暨党纪政纪条规知识”测试

【落实党风廉政建设责任制】 层层签订党风廉政建设目标责任书，进一步完善责任制考核办法，把党风廉政建设纳入县对乡（镇）、县直单位综合考核内容，做到与经济工作一起部署、一起落实、一起检查、一起考核兑现，督促各级党政领导干部认真履行“一岗双责”。加强审计监督，开展领导干部任期经济责任审计16项。在全县实行党风廉政建设“五书”（廉政承诺书、党风廉政建设责任告知书、提醒谈话通知书、责成说明问题通知书、限期整改通知书）制度，组织开展“村（居）务面对面”活动，推行农村“三重一大”事项（重大事项决策、重要干部任免、重要项目安排、大额度资金的使用）“四议两公开”决策（四议，即党支部会提议、“两委”会商议、党员大会审议、村民代表大会决议；两公开，即决议公开、实施结果公开），规范集体投资建设工程管理，切实保障干部群众的民主权利。建立纪检监察干部定点联系村级组织党风廉政建设工作机制，出台村（居）组干部问责办法，问责村组干部19人。强化对农村集体资金、资产、资源监管，全县472个村（居）民小组共564个独立核算单位资金实行了会计委托代理，对资产、资源进行了造册登记，清理了债权债务，进一步规范集体资金管理和资产资源处置。

【加大查办案件工作力度】 按照“两个必须、三个提高”的要求，调整充实县委案件查处协调领导小组、县委反腐败工作协调领导小组，严肃查处各种违法违纪案件。全县纪检监察系统共受理群众来信来访、电话举报61件，办结61件，办结率达100%；初步核实案件线索21件，立案查处违纪违法案件7件，取消预备党员资格1人，处分10人（其中乡科级干部3人）。通过办案，挽回直接经济损失25万余元。开展受处分人员回访教育8人，按期恢复党员权利2人，解除行政警告处分1人。坚持惩处与保护并重，为14名被反映人和9个被反映单位澄清了举报失实的问题，保护了广大党员干部干事创业的积极性。

【推进纠风治乱工作】 深入治理教育乱收费，并对有关问题严肃处理，健全教育收费和管理监督制度。加强医德医风建设，切实纠正医药购销和医疗服务中的不正之风。继续做好减轻农民负担监督检查工作，规范“一事一议”筹资筹劳管理，全县各种涉农补贴资金共4586万元全部通过惠农补贴“一折通”发放到农民手中。继续纠正征收征用土地、城镇房屋拆迁、企业重组改制中损害群众利益以及拖欠工程建设款和农民工工资等问题，进一步巩固治理公路“三乱”成果。全面清理和规范评比达标表彰活动，认真开展治理商业贿赂“回头看”工作，落实涉企检查备案制，审核涉企检查事项68项。开展工程建设领域突出问题专项治理工作，对苗头性问题进行剖析并认真研究对策。做好59个部门和行业的民主评议机关和行业作风工作，督促整改落实评议意见建议20条。加强对“阳光政府”四项制度落实情况的督促检查，确保民意畅通。对安全生产、烤烟收购、征兵、就业安置、招录招生等工作进行了有效监督。

【拓展源头治理领域】 深入推进制度创新，全年共创新制度204项，其中以县委、县人民政府文件出台30项。继续深化干部人事制度改革，强化干部选拔任用工作监督，提高选人用人公信度。深化行政审批制度改革，36个进驻政务服务中心的县直部门和各乡镇行政主要领导签订行政审批工作承诺书并在政府信息公开网上公布，审批项目由68项精简为35项，行政事业性收费进一步精简。深化财政管理制度改革，进一步完善和规范国库集中支付制度，把乡镇纳入国库集中支付范围，加强财政性资金和社会公共资金管理，完善项目资金管理和财政专项资金报账制，开展财政投资项目评审24个，审减资金3173万元。全面落实政府投资建设项目“八个百分之百”，进一步完善工程建设项目招投标、土地征收和使用权出让、产权交易、政府采购等制度，监督经营性用地依法实行招拍挂21宗，实施政府采购4025万元，节约资金456万元，节约率为10.2%。

【强化监督检查】 加强和改进党风巡查工作，组织县级党风巡查员对领导干部作风和农村基层党风廉政建设情况进行巡查；配合中央、省、市检查组对全县4批29个扩大内需中央投资项目开展监督检查；联合有关部门，对全县38个政府投资、30个企业投资重点项目实施情况，221项重点工作任务进展情况进行了跟踪督查；对落实“八个百分之百”要求、执行园林绿化“3331”政策、整治违法加层无序建房、巴江截污、“四创两争一巩固”、招商引资等工作情况进行了专项督查；加强对节能减排、环境保护、矿产资源开发、土地利用等政策落实情况，以及住房公积金和国债、扶贫、救灾、社保专项资金管理使用情况的监督检查；加大对政务服务中心、公车管理、厉行节约、工作纪律的明察暗访力度；受理市、县督查督办件193件，县纪委监察局自立39件，有力推进了各项目标的实现。

【队伍建设】 在全县纪检监察机关深入开展“做党的忠诚卫士，当群众的贴心人”主题实践活动，切实解决思想、组织和作风方面存在的突出问题。认真贯彻执行中央、省、市纪委关于加强县级纪检监察机关建设的意见，制定了《石林彝族自治县关于加强纪检监察机关建设的实施方案》，增设宣传教育室和效能监察室（加挂县问责办牌子）两个内设机构，新增人员编制6名，选调5名干部充实了队伍，配齐基层纪委委员。在中央、省、市补助装备经费的同时，县委、县人民政府高度重视并安排100万元专项经费，用于改善纪工委和乡镇纪委办公办案装备。出台了纪检监察干部问责办法，对纪检监察干部严格要求、严格教育、严格管理、严格监督。下大力气抓教育培训，先后选派39名纪检监察干部参加中央、省、市纪委组织的业务培训，组织全县111名纪检监察干部在县委党校开展了为期2天的业务培训，切实提高纪检监察干部的执纪能力和水平。

【县纪委内设机构领导名录】

办公室主任：王家智（8月起）

信访室主任：艾世武（3月起）

纪检监察室主任：李海林

案件审理室主任：王家智（8月止）

李金明（彝族，12月起）

党风廉政建设室主任：王丽红（女）

执法监察室（加挂纠风室牌子）主任：罗建云（6月起）

干部人事室主任：者云珍（女，彝族）

效能监察室（加挂县问责办公室牌子）主任：（空缺）

宣传教育室主任：（空缺）

【县监察局领导名录】

局　长：毕东红（彝族）

副局长：李立宏（彝族）

【县纪委监察局派出机构领导名录】

第一纪工委书记：张永刚

第二纪工委书记：李昆华（女）

第三纪工委书记：马院华

第四纪工委副书记：张　彪

第四纪工委副书记：段鹏光(8月起)

第五纪工委书记：赵文平

第五纪工委副书记：毕连兴（彝族，6月起）

（撰稿人：县纪委　王家智）

软环境建设

【县经济社会发展软环境建设工作领导小组】　2008年2月15日，县委召开常委会专题研究软环境建设工作，成立石林县经济社会发展软环境建设工作领导小组，领导小组下设办公室在县纪委、县监察局。2009年，李永福、杨云丽、万勇、马卫平先后在县软建办工作，负责软建办日常事务。

【优化发展环境】　在全县组织开展了“行政效能提升年”和“干部作风改进年”活动及“加强作风建设、促进科学发展”主题实践活动，组织47名具有行政审批和管理服务项目的单位主要负责人在石林电视台向社会作出公开承诺；全县3000余名在职党员干部撰写了心得体会；全县90个单位共查找行政效能、干部作风等方面的问题169项并制定了整改措施。制定软环境建设“四项制度”，按季度开展驻地企业评议部门工作，回访驻地企业81家，征求意见建议并督促有关单位进行答复和整改。强力实施行政问责，严肃查处各种不作为、慢作为、乱作为行为，启动问责16项，问责干部31人次，并对部分案例进行通报，促进了各级各部门工作作风的转变和行政效能的提升。

（撰稿人：县纪委　王家智）

石林彝族自治县人大常委会

领导成员

【县第十五届人大常委会领导名录】

主　任：李绍增
副主任：朱玉和
　　　　李家云（彝族）
　　　　徐梅芬（女）
　　　　毕宏志（彝族）
常　委：王云龙（彝族）
　　　　王邦海
　　　　尹家福
　　　　付建生
　　　　刘老五
　　　　杨礼有（彝族）
　　　　张永刚
　　　　张劲涛
　　　　张明华
　　　　昂自华（彝族）
　　　　昂锦红（女，彝族）
　　　　赵恒谦（彝族）
　　　　赵磊明
　　　　岁永宁（4月止）
　　　　段维亚（4月止）
　　　　耿灿华（女）
　　　　徐丽琼（女）
　　　　姬卫国（6月止）

重要会议

【县第十五届人民代表大会第二次会议】　2009年1月8～11日，县第十五届人民代表大会第二次会议在石林会议中心举行，会期4天。会议应到会代表170名，实际到会代表169名。县委、县政府、县政协及法、检“两院”等有关人员列席了会议。

会议听取和审查了县人民政府县长李忠德作的《政府工作报告》；审查批准了石林县2008年国民经济和社会发展计划执行情况与2009年国民经济和社会发展计划、石林县2008年财政预算执行情况和2009年财政预算；听取和审查了县人大常委会主任李绍增作的《石林县人大常委会工作报告》，县人民法院院长刘珉语作的《石林县人民法院工作报告》，县人民检察院检察长柏安云作的《石林县人民检察院工作报告》。大会决定批准上述6个报告，并作出相应决议。

会议审议通过了议案审查委员会关于县第十五届人民代表大会第二次会议的议案审查报告。会议期间共收到代表向大会提交的议案19件，经过认真审查，将《关于建设白龙潭湿地公园，打造良好旅游环境》、《建立以旅哺农长效机制，切实保护旅游生态环境》、《关于扩建加固硬化海邑至当甸公路》列为大会议案，交县人民政府办理，其余16件转为建议办理。大会收到代表建议批评和意见222件，加上议案转为建议的16件，共有建议238件。以上议案、建议，交各有关单位研究办理，并要求2009年7月11日以前办理结束，答复代表。

【县第十五届人大常委会第十一次会议】　2月11日，县第十五届人大常委会第十一次会议在县人大常委会三楼会议室召开，会期半天。

县人大常委会副主任朱玉和主持了会议，主任李绍增，副主任李家云、徐梅芬、毕宏志，委员王云龙、王邦海、尹家福、付建生、刘老五、杨礼有、张永刚、张劲涛、张明华、昂自华、昂锦红、赵恒谦、赵磊明、岁永宁、段维亚、耿灿华、徐丽琼、姬卫国出席了会议。县人民法院院长刘珉语，县人民检察院检察长柏安云，县委办、县政府办、县纪委办领导，县人大常委会各委室主任、副主任，各乡（镇）人大主席列席了会议。

会议听取和审议通过了《石林彝族自治县人大常委会关于在县级人大代表中开展“五个一”活动工作方案》。

会议通过干部任免事项，根据县人大常委会主任李绍增提请，经审议并通过无记名投票表决，任命：窦兴亮为县人大常委会城乡建设环境保护工作委员会主任。因到龄，免去杨炳县人大常委会人事代表联络工作委员会副主任职务。

根据县人民政府县长李忠德提请，经审议并通过无记名投票表决，决定任命：赵永康为县人民政府副县长，万春林为县文体局局长。因工作变动，免去张海斌县文体局局长职务，免去窦兴亮县民政局局长职务。

【县第十五届人大常委会第十二次会议】　3月5日，县第十五届人大常委会第十二次会议在县人大三楼会议室召开，会期半天。

县人大常委会主任李绍增主持了会议，副主任朱玉和、李家云、毕宏志，委员王邦海、尹家福、付建生、张永刚、张明华、昂自华、杨礼有、昂锦红、赵恒谦、赵磊明、岁永宁、段维亚、徐丽琼出席了会议。

会议听取和审议通过了县人民政府《关于向富滇银行昆明石林支行贷款用于支付团结水库加固扩建工程征地拆迁费用的议案》、《关于向富滇银行昆明石林支行贷款用于县生态工业集中区土地收储的议案》。会议要求：县人民政府要加强对资金使用的监管，确保资金使用效益和安全，确保各项偿债安排计划实施。

【县第十五届人大常委会第十三次会议】　4月20日，县第十五届人大常委会第十三次会议在县人大三楼会议室召开，会期半天。

县人大常委会副主任朱玉和主持了会议，主任李绍增，副主任李家云、徐梅芬，委员王云龙、王邦海、尹家福、付建生、刘老五、杨礼有、张永刚、张劲涛、张明华、昂自华、昂锦红、赵恒谦、赵磊明、岁永宁、段维亚、耿灿华、徐丽琼、姬卫国出席了会议。

会议通过干部任免事项，根据县人大常委会主任李绍增提请，经审议并通过无记名投票表决，任命：赵景文为县人大常委会法制工作委员会主任。因工作变动，免去段维亚县人大常委会办公室主任职务，免去岁永宁县人大常委会法制工作委员会主任职务。

根据县人民政府县长李忠德提请，经审议并通过无记名投票表决，决定任命：毕福祥为县交通局局长，段维亚为县民政局局长，吴剑平为县林业局局长，张鹏飞为县环保局局长，冯正清为县建设局局长，李永华为县司法局局长，杨炳学为县科技局局长。因工作变动：免去吴剑平县建设局局长职务，免去张鹏飞县林业局局长职务，免去杨炳学县环保局局长职务，免去李韬县科技局局长职务，免去龙贵生县司法局局长职务。

根据县人民法院院长刘珉语提请，经审议并通过无记名投票表决，任命：昝永宁为县人民法院副院长、审判委员会委员、审判员。因到龄，免去苏志荣县人民法院民事审判一庭庭长、审判委员会委员职务。因工作变动，免去赵景文县人民法院副院长、审判委员会委员、审判员职务，免去李昆华县人民法院审判员职务。

【县第十五届人大常委会第十四次会议】 4月29日，县第十五届人大常委会第十四次会议在县人大常委会三楼会议室召开，会期半天。

县人大常委会主任李绍增主持了会议，副主任毕宏志，委员王云龙、尹家福、付建生、张明华、昂自华、赵磊明、刘老五、张永刚、耿灿华、徐丽琼、昂锦红、姬卫国出席了会议。县委办、县政府办、县纪委办、县农牧局、县财政局、县工管会、县招商局领导列席了会议。

会议听取和审议通过了县人民政府《关于将短期贷款置换为中长期贷款的议案》。会议认为：截至2009年3月，全县政府性贷款余额14.37亿元，其中共有31笔10.69亿元为一年期流动资金贷款，中长期贷款比重低，到期还款和新借次数多，占用资金量大，成本高。为积极改善贷款结构，扩大中长期贷款比重，规避国家信贷政策变动风险，形成持续稳定的良性资金筹措机制，提高全县建设资金保障能力，县人民政府提请将10.69亿元短期贷款按照5000万元至8000万元的不同规模分16次置换为中长期贷款的议案是适当的，置换项目、额度和贷款期限由县财政局、石林管理局具体与银行商议办理。会议要求：县人民政府要采取有力措施，推动全县经济社会快速、协调、科学发展，确保各项偿债安排计划实施。

会议听取县人大常委会办公室关于对工业发展项目落实情况和招商引资工作情况的视察报告、县人大常委会民工委关于对新农村建设整村推进情况的视察报告、县人大常委会财经委关于对《石林县财政国库管理制度改革方案》的检查报告。

【县第十五届人大常委会第十五次会议】 5月5日，县第十五届人大常委会第十五次会议在县人大常委会三楼会议室召开，会期半天。

县人大常委会副主任朱玉和主持了会议，主任李绍增，副主任李家云，委员王云龙、王邦海、付建生、刘老五、赵恒谦、昂自华、张永刚、张劲涛、张明华、昂锦红、赵磊明、耿灿华、徐丽琼、姬卫国出席了会议。县人民政府县长李忠德，县委组织部部长王昆，县人民法院院长刘珉语，县人民检察院检察长柏安云，县委办、县政府办、县纪委办领导，县人大常委会各委室主任、副主任，各乡(镇)人大主席列席了会议。

会议通过干部任免事项，根据县人民政府县长李忠德提请，经审议并通过无记名投票表决，决定任命：王彦平为县人民政府副县长。

【县第十五届人大常委会第十六次会议】 6月3日，县第十五届人大常委会第十六次会议在县人大常委会三楼会议室召开，会期半天。

县人大常委会主任李绍增主持了会议，副主任朱玉和、李家云、徐梅芬、毕宏志，委员王云龙、王邦海、尹家福、刘老五、杨礼有、张永刚、张劲涛、张明华、昂自华、昂锦红、赵恒谦、赵磊明、耿灿华、徐丽琼、姬卫国出席了会议。

会议听取和审议通过了县人民政府《关于向中国进出口银行成都分行贷款用于云南昆明石林台湾农民创业园开发建设的议案》。会议认为：县人民政府以石林农业水利开发投资有限公司作为贷款主体，向中国进出口银行成都分行贷款3亿元，用于云南昆明石林台湾农民创业园开发建设是适当的，贷款期限15年，贷款本金和利息由省、市补助资金和县级预算中安排。会议要求：县人民政府要加强对资金使用的监管，确保资金使用效益和安全，确保各项偿债安排计划实施。

【县第十五届人大常委会第十七次会议】 6月30日，县第十五届人大常委会第十七次会议在县总工会帮扶中心四楼会议室召开，会期半天。

县人大常委会副主任朱玉和主持了会议，主任李绍增，副主任李家云、徐梅芬、毕宏志，委员王云龙、王邦海、尹家福、付建生、刘老五、杨礼有、赵恒谦、昂自华、张永刚、张劲涛、张明华、昂锦红、赵磊明、耿灿华、徐丽琼、姬卫国出席了会议。县人民政府常务副县长段增华，县人民法院院长刘珉语，县人民检察院检察长柏安云，县政府组成部门领导，县人大常委会各委室主任、副主任，各乡（镇）人大主席列席了会议。

会议通过干部任免事项，根据县人民政府县长李忠德提请，经审议并通过无记名投票表决，决定任命：和加卫为县人民政府副县长，黄杰为县人民政府副县长，蒋开彦为县人民政府办公室主任。因工作变动，免去王彦平县人民政府办公室主任职务。根据县人民法院院长刘珉语提请，经审议并通过无记名投票表决，任命：李发文为县人民法院民事审判二庭庭长；陈金平为县人民法院立案庭庭长，不再担任县人民法院刑事审判庭庭长职务；李子文为县人民法院刑事审判庭庭长，不再担任县人民法院立案庭庭长职务；徐吉昆为县人民法院民事审判一庭庭长，不再担任县人民法院石林人民法庭庭长职务；李家议为县人民法院行政审判庭庭长，不再担任县人民法院民事审判二庭庭长职务；毕天星为县人民法院审判监督庭庭长，不再担任县人民法院板桥人民法庭庭长职务；昂志忠为县人民法院板桥人民法庭庭长，不再担任县人民法院圭山人民法庭庭长职务；高菊玲为县人民法院专职审判委员会委员，不再担任县人民法院审判监督庭庭长职务。因工作变动，免去赵泳全县人民法院行政审判庭庭长职务。因到龄，免去杨勤县人民法院刑事审判庭副庭长职务。根据本人辞呈，经审议并通过无记名投票表决，决定：接受姬卫国辞去县第十五届人大常委会委员职务。

会议听取和审议通过了县人民政府《关于向富滇银行昆明石林支行贷款用于教育基础设施项目建设的议案》、《关于向县信用联社贷款用于园博园征地费及周边土地收储的议案》。会议要求：县人民政府要加强对资金使用的监管，确保资金使用效益和安全，确保各项偿债安排计划实施。

会议听取县人大常委会办公室关于对2009年度在建重点工程项目的专项督查报告、县人大常委会教科文卫工委关于对石林县贯彻执行《中华人民共和国食品安全法》情况的检查报告、县人大常委会法工委关于对县人民法院集中清理执行积案工作情况的视察报告、县人大常委会城环委关于对石林县创建国家园林县城情况的视察报告、县人民政府办理县人大常委会办公室《关于对工业发展项目落实情况和招商引资工作情况的视察报告》的函中所提建议的情况报告、县人民政府办理县人大常委会办公室《关于对新农村建设整体推进情况的视察报告》的函中所提建议的情况报告、县人民政府办理县人大常委会办公室《关于对〈石林县财政国库管理制度改革方案〉的检查报告》的函中所提建议的情况报告。

【县第十五届人大常委会第十八次会议】 7月27日，县第十五届人大常委会第十八次会议在县人大常委会三楼会议室召开，会期半天。

县人大常委会主任李绍增主持了会议，副主任朱玉和、李家云、徐梅芬、毕宏志，委员王云龙、王邦海、尹家福、付建生、刘老五、杨礼有、赵恒谦、昂自华、张永刚、张劲涛、张明华、昂锦红、赵磊明、耿灿华、徐丽琼出席了会议。

会议听取和审议通过了县人民政府《关于基础设施建设项目资金向银行贷款的议案》、《关于向富滇银行昆明石林支行贷款用于中国彝族第一村建设暨五棵树搬迁工程的议案》、《关于向县信用联社贷款用于石林生态工业集中区2个定向开发项目400亩土地收储的议案》。会议认为：县人民政府为进一步抢抓发展机遇，加大投融资力度，筹集建设资金，加快推进项目建设，拟在2009年内向银行贷款融资10亿元，主要用于石林景区保护和基础设施、学校标准化、石林大道改扩建、生态工业集中区、中国彝族第一村、环城东路等25个重点工程项目建设是适当的，贷款按项目分期、分批实施，还本付息逐年列入县财政预算。会议要求：县人民政府要加强对资金使用和工程质量的监管，确保资金使用效益、安全和工程质量，确保各项偿债安排计划实施。

【县第十五届人大常委会第十九次会议】 8月26日，县第十五届人大常委会第十九次会议在县总工会帮扶中心四楼会议室召开，会期半天。

县人大常委会主任李绍增、副主任朱玉和分别主持了会议，副主任李家云、徐梅芬、毕宏志，委员王云龙、王邦海、尹家福、付建生、刘老五、杨礼有、赵恒谦、昂自华、张永刚、张劲涛、张明华、昂锦红、赵磊明、耿灿华、徐丽琼出席了会议。县人民政府常务副县长段增华，县人民法院院长刘珉语，县人民检察院检察长柏安云，县政府组成部门领导，县人大常委会各委室主任、副主任，各乡（镇）人大主席列席了会议。

会议通过干部任免事项，根据县人大常委会主任李绍增同志提请，经审议并通过无记名投票表决，任命：付建生为县人大常委会办公室主任。因到龄，免去杨永俊县人大常委会教科文卫委副主任职务。根据县人民法院院长刘珉语提请，经审议并通过无记名投票表决，任命：唐云龙为县人民法院圭山法庭庭长，袁敏生为县人民法院石林法庭庭长，徐燕林为县人民法院民二庭副庭长。谢大年、石亮、符锐冰、李凤华、赵兴祥、李雪梅、钱树芬、陈云、槐树波、杨丽花、杨明、金路、唐丽琼、毕有清、陶宏平为县人民法院人民陪审员。因工作变动，免去王明乾县人民法院民二庭副庭长职务。

会议听取和审议了县人民政府2009年上半年工作情况报告、县人民政府上半年财政预算和国民经济与社会发展计划执行情况的报告、县人民政府关于2008年度地方财政决算情况的报告、2008年度地方财政预算执行和其他财政收支的审计工作报告、县人民法院2009年上半年工作情况报告、县人民检察院2009年上半年工作情况报告，并作出了相应决议。

会议听取县人大常委会人事代表工委《关于征求代表对县人大常委会及“一府两院”上半年工作意见的情况报告》、县人大常委会办公室关于对2008年度招商引资项目落实情况的检查报告、县人大常委会办公室关于对10件实事落实情况的视察报告、县人大常委会民工委关于对云南昆明台湾农民创业园建设情况的视察报告、县人民政府办理县人大常委会办公室关于对石林县贯彻执行《中华人民共和国食品安全法》情况的检查报告的函中所提建议的情况报告、县人民法院办理县人大常委会办公室关于对县人民法院集中清理执行积案工作情况的视察报告的函中所提建议的情况报告、县人民政府办理县人大常委会办公室关于对石林县创建国家园林县城情况的视察报告的函中所提建议的情况报告。

【县第十五届人大常委会第二十次会议】 10月29日，县第十五届人大常委会第二十次会议在县总工会帮扶中心四楼会议室召开，会期半天。

县人大常委会主任李绍增主持了会议，副主任朱玉和、李家云、徐梅芬，委员王云龙、王邦海、付建生、杨礼有、张永刚、张劲涛、张明华、昂自华、昂锦红、赵磊明、耿灿华、徐丽琼出席了会议。县人民政府副县长黄杰，县人民法院院长刘珉语，县检察院副检察长李劲松，县委办、县政府办、县政协办、县纪委办、县政府组成部门领导，县人大常委会各委室主任、副主任，各乡（镇）人大主席列席了会议。

会议听取和审议通过了石林县人民代表大会常务委员会工作评议办法。

会议听取县人大常委会城环委关于

对石林县小城镇建设工作情况的视察报告、县人大常委会教科文卫工委关于对石林县实施“文化活县”目标工作情况的视察报告、县人大常委会法工委关于对石林县贯彻实施《中华人民共和国安全生产法》情况的检查报告、县人大常委会人事委关于对县第十五届人民代表大会第二次会议代表议案、建议办理情况的检查报告、县人民政府办理县人大常委会《关于对县人民政府2009年上半年工作报告的审议意见》的情况报告、县人民政府办理《县人大常委会办公室关于对2008年招商引资项目落实情况检查报告的函》中所提建议的情况报告、县人民政府办理《县人大常委会办公室关于对2009年十件实事落实情况视察报告的函》中所提建议的情况报告、县人民政府办理《县人大常委会办公室关于对云南昆明石林台湾农民创业园建设情况视察报告的函》中所提建议的情况报告、县人民法院办理县人大常委会《关于对县人民法院2009年上半年工作报告的审议意见》的情况报告、县人民检察院办理县人大常委会《关于对县人民检察院2009年上半年工作报告的审议意见》的情况报告。

【县第十五届人大常委会第二十一次会议】 11月12日，县第十五届人大常委会第二十一次会议在县人大三楼会议室召开，会期半天。

县人大常委会副主任朱玉和主持了会议，主任李绍增，副主任李家云、徐梅芬、毕宏志，委员王云龙、王邦海、尹家福、付建生、杨礼有、张永刚、张劲涛、张明华、昂自华、昂锦红、赵磊明、赵恒谦、徐丽琼出席了会议。

会议通过干部免职事项，根据县人大常委会主任李绍增提请，经审议并通过无记名投票表决，免去付建生县人大常委会办公室主任职务。

会议审议通过了县人民政府《关于向县信用联社贷款用于西城区土地收储的议案》，会议认为：县人民政府以县国土资源局为贷款主体，向县信用联社贷款5000万元用于西城区1042.98亩土地收储是适当的，贷款采用按季付息、分期还本方式进行偿还，用所收储土地出让金及收益归还贷款本息，并将还本付息所需资金列入2010、2011、2012年度县本级财政预算。会议要求：县人民政府要加强对资金使用的监管，确保资金使用效益和安全，确保各项偿债安排计划实施。

【县第十五届人大常委会第二十二次会议】 12月4日，县第十五届人大常委会第二十二次会议在县人大三楼会议室召开，会期半天。

县人大常委会副主任朱玉和主持了会议，主任李绍增，副主任李家云、徐梅芬、毕宏志，委员王云龙、王邦海、尹家福、付建生、杨礼有、张永刚、张劲涛、张明华、昂自华、昂锦红、赵磊明、赵恒谦、耿灿华、徐丽琼出席了会议。县委组织部部长王昆、县人民政府常务副县长段增华列席了会议。

会议通过干部任免事项，根据县人大常委会主任李绍增提请，经审议并通过无记名投票表决，决定任命：毕春华为县人民政府代理县长。因工作变动，免去李忠德县人民政府县长职务。

【县第十五届人大常委会第二十三次会议】 12月29日，县第十五届人大常委会第二十三次会议在县人大三楼会议室召开，会期半天。

县人大常委会副主任朱玉和主持了会议，主任李绍增，副主任李家云、徐梅芬、毕宏志，委员王云龙、王邦海、尹家福、刘老五、付建生、杨礼有、张永刚、张劲涛、张明华、昂自华、昂锦红、赵磊明、赵恒谦、耿灿华、徐丽琼出席了会议。县人民政府代理县长毕春华、县委组织部部长王昆列席了会议。

会议通过干部任免事项，根据县人大常委会主任李绍增提请，经审议并通过无记名投票表决，任命：王宗祥为县人大常委会办公室副主任。根据县人民政府代理县长毕春华提请，经审议并通过无记名投票表决，决定任命：李福军为县人民政府副县长，免去段增华县人民政府副县长职务，陈永宁为县发展和改革局局长，徐永平为县教育局局长，毕金兰为县人口和计划生育局局长。免去普光强县教育局局长职务，免去赵一民县发展和改革局局长职务，免去张睿高县人口和计划生育局局长职务，免去毕玉昌县民宗局局长职务，免去徐永平县统计局局长职务。根据县人大常委会主任李绍增提请以及柏安云辞呈，经审议并通过无记名投票表决，任命：王凯石为石林县人民检察院副检察长、代理检察长；免去柏安云县人民检察院检察长职务。

会议听取和初审县人民政府工作报告，2009年国民经济和社会发展计划执行情况、2010年国民经济和社会发展计划，2009年财政预算执行情况和2010年财政预算，石林县人大常委会工作报告，石林县人民法院工作报告，石林县人民检察院工作报告，并决定将这些报告提交县第十五届人大三次会议审查。

会议听取和审议通过了县人民政府关于2009年财政预算部分调整的报告，县人大常委会关于对法检两院、政府职能部门（含垂直管理单位）工作的评议报告，2009年度先进代表小组、优秀代表，议案建议办理工作先进集体、先进个人表彰决定（草案）。

会议听取县人大常委会财经委关于对石林狂欢之都“四中心两店”等旅游重点项目建设情况的视察报告、县人民政府办理县人大常委会办公室《关于对县人民政府办理县第十五届人大二次会议议案、建议、批评和意见情况检查报告的函中所提建议的情况报告》、县人民政府办理县人大常委会办公室《关于对我县实施“文化活县”目标工作情况视察报告的函中所提建议的情况报告》、县人民政府办理县人大常委会办公室《关于对小城镇建设工作进展情况视察报告的函中所提建议的情况报告》、县人民政府办理县人大常委会办公室《关于检查〈中华人民共和国安全生产法〉实施情况报告的函中所提建议的情况报告》。

主要工作

【县人大常委会】 1980年9月召开县第八届人民代表大会，开始设立常设的县人民代表大会常务委员会。2009年县人大常委会下设办公室、法制工作委员会、财政经济工作委员会、教科文卫工作委员会、民族工作委员会、人事代表联络工作委员会、城乡建设环境保护委员会7个正科级工委，年底在职职工共27人，其中：公务员21人、工勤人员6人。2009年，县人大常委会被云南省人大常委会办公厅授予人大信息工作先进集体，荣获昆明市人大常委会第十七届宣传人民代表大会制度组织奖。资助了支农联系点大可乡中龙村委会6000元生产经费。

办公室主任：段维亚（4月止）
付建生（8～11月）
办公室副主任：赵存仙
王宗祥（12月起）
财经工委主任：杨礼有（彝族）
副主任：李世雁
法制工作委员会主任：
岁永宁（4月止）
赵景文（4月起）
教科文卫工委主任：
昂自华（彝族）
副主任：杨永俊（8月止）
民族宗教工委主任：
赵磊明（彝族）
人事代表联络工委主任：张明华
副主任：杨炳（2月止）
城乡建设环境保护委员会主任：
窦兴亮（彝族，2月起）

【听取和审议工作报告】 2009年县人大常委会召开常委会议13次、主任会议30次。听取和初审政府工作报告、国民经济和社会发展计划、地方财政预算以及县人大、法检两院工作报告，并将这些报告提交县第十五届人大三次会议审查。专题听取“一府两院”上半年工作报告，提出审议意见13条。审议通过了县人民政府提请的关于团结水库加固扩建、工业园区建设、台湾农民创业园建设、职中搬迁新建等10项议案，并作出相关决议、决定，促进了经济社会的全面协调快速发展。

【依法任免干部】 县人大常委会坚持党管干部与人大常委会依法任免国家机关工作人员相统一的原则，进一步完善了人事任免工作，加强了对被任命人员的任后监督。常委会在坚持被任命人员任前法律知识考试和被任命人员与常委会组成人员见面、颁发任命书等制度的同时，先后完善了《石林县人大常委会人事任命法律知识考试办法》、《石林县人大常委会人事任免办法》。该办法明确规定：“凡拟任命人员法律知识考试不合格不上会，程序不合法不上会”，法律知识考试合格后，拟任命人员必须进行“任职表态发言”，进一步增强了被任命人员的法律意识和责任感、使命感。年内，常委会先后任命县人大常委会机关和“一府两院”工作人员53人，为促进石林实现跨越发展提供了坚强的组织保障。

【发挥代表作用】 县人大常委会始终把代表工作放在重要位置，认真贯彻落实代表法，努力创新代表工作方式，提高代表活动实效。一是着力搭建代表联系群众的平台。常委会高度重视县人代会闭会期间的代表活动，努力搭建代表依法履职、密切联系群众的平台，为代表执行职务创造条件。二是推动和指导各乡镇人大开展创建“人大代表之家”活动。全县各乡镇都已建立“人大代表之家”并开展了活动。在代表小组活动和各项视察检查中，代表们对相关事项提出了有针对性的意见建议，促进了“一府两院”相关工作的进一步落实。三是开展“五个一”活动。按照年初既定的目标任务，制定实施了在县级人大代表中开展“五个一”活动，即知情知政献一计、协调各方办一事、联系选民帮一户、服务企业支一招、招商引资搭一桥。通过“五个一”活动，既增强了代表履职的责任感，又密切了代表与选民的联系，畅通了民意渠道，真正起到了桥梁和纽带的作用。四是人代会前夕，召开各乡镇人大主席、县政府职能部门主要领导参加的工作调研会，引导代表围绕工作重点、重点项目，深入实际，调查研究，提好议案、建议，为提高议案、建议解决率奠定基础。

【信访】 全年共接待来信来访23件47人次。对群众反映属实的重大信访件由主任会议专题研究，限期办理，做到了件件有着落，事事有交代。

转变作风深入基层，变上访为下访。常委会领导班子主任、副主任分别深入到各乡镇，与基层人大代表零距离接触，及时了解到最基层人民群众的所思所想、所盼所求。对人大代表提出的意见建议，能当面答复的当面答复；对于群众反映强烈的热点难点问题，及时做好解释、疏导工作，努力把上访的苗头平息在基层；对需转县人民政府办理的，按程序汇总转县人民政府办理，同时还将大下访情况综合梳理后报送县委供决策参考。

【加大宣传力度】 县人大常委会认真贯彻落实全国、省、市人大常委会召开的人大新闻宣传工作会议精神，不断拓展人大新闻宣传工作的深度和广度，人大工作的社会影响力进一步增强。协助市人大常委会研究室、昆明电视台拍摄反映石林县人大工作、代表风采的专题片4期，在《光明日报》、《中国人大》、《中国审判》、《人民法院报》、《检察日报》、《人民代表报》、《中国国土资源报》、《云南日报》、《云南人大》、《审判与法治》、《云南政协报》、《昆明日报》、《昆明人大》等报刊上发表文章50篇。宣传工作连续6年受到了市人大常委会表彰，县人大常委会2009年首次被省人大常委会评为人大信息工作先进集体。在2009年市委召开的人大工作会议上，石林县人大常委会在14县（市）区人大常委会中唯一一家交流了如何做好人大工作的经验。

为推进人大工作的创新步伐，县人大常委会创办了《石林人大信息（内刊）》，为畅通社情民意搭建平台。同时，责成各委室紧紧围绕县委中心工作，深入基层调查研究，广泛听取人大代表和人民群众的意见，集中广大人民群众的智慧，向党委政府提供真正体现民意、符合实际，有利于全县改革、发展和稳定的建设性意见建议。

【制度建设】 为促进国家机关工作人员依法行政、勤政廉政，加大对干部的任后监督，制定出台了《石林彝族自治县人大常委会评议工作暂行办法》，并认真组织实施。按照县委的要求，对县发改局、县建设局、县国土资源局进行了重点评议。评议前，在县直各部委办局、各乡镇、驻石企业中广泛征求对三个部门的意见。12 月 4 日，成立三个评议组分别到三个部门召开全体干部职工参加的评议工作会议，评议组组长作动员讲话、被评议部门领导作述职报告、在参会人员中进行民主测评，召开小型座谈和个别走访再次征求意见等，各评议组分别形成评议报告提交主任会议审议。12 月 8 日，组织部分全国、省、市、县四级人大代表、驻石企业家代表、群众代表，对法检两院、政府职能部门（含垂直管理单位）的工作进行了评议。会上，35 个部门的领导分别作了述职报告，71 名参会人员对 35 个部门进行了民主测评，并将评议报告和评议结果报送县委。

【视察工业发展项目落实情况和招商引资工作情况】 4 月 21 日，县人大组织部分县人大代表和相关部门人员，对 2009 年工业发展项目落实情况和招商引资工作情况进行了视察。视察认为：2009 年，县人民政府采取有力措施，切实加强对工业发展和招商引资工作的领导，取得了较好的成绩，工业发展和园区建设顺利推进，招商引资工作开局良好。视察中发现：产业规划、城市建设总体规划、土地利用总体规划没有相互衔接，存在相互制约的问题；工业园区用地指标单列的有关政策和指标未明确，项目用地审批困难，土地利用总体规划调整进展缓慢；招商引资总体任务进度与时间不同步，各分局之间完成情况不平衡，部分分局完成情况不理想；招商引资难度大，在谈项目多，落地项目少，部分在建项目推进慢。针对存在问题提出了四点建议：一是尽快调整修编产业规划、城市建设总体规划、土地利用总体规划，切实解决好“三规不合一”的问题；二是加强与省、市相关部门的协调，积极争取工业园区用地指标单列，破解项目用地审批困难的问题；三是创新招商方式，全力招商，确保年初既定目标任务的圆满完成；四是加大招商力度，采取有力措施推进在建项目建设。

【视察新农村建设整村推进情况】 4 月 22 日，县人大组织部分县人大代表和相关部门人员，对新农村建设整村推进情况进行了视察。视察认为：2008 年，新农村建设整村推进工作在县委县人民政府的坚强领导下，按照“缺什么、补什么”的原则，迅速开展项目申报、项目规划、方案编制工作；采取自主选择、统筹规划、逐级评选、县级审定、市级备案的方式，确定每个村的实施项目，并以村为单位编制了整村推进实施方案；紧紧围绕基础设施建设、产业发展、生态建设、社会事业四大工程，扎实推进新农村建设；充分发挥村级党群、社团组织的作用，组织广大群众参与新农村建设，开展设施维护、道路保洁、治安巡防等公益性活动，提高了群众的参与率和建后管理的自觉性。视察中发现，在新农村建设整村推进工作中：投入不足，农村生产生活等基础设施较差，需要建设的项目较多，资金缺口较大；项目资金整合难度大，条块分割导致建设项目小，资金使用效益不明显；部分项目计划不尽合理，可操作性不强，致使项目落实难；产业发展项目比重偏少，新农村建设后劲不足。针对存在问题提出四点建议：第一，加大投入力度，强势推进新农村建设，要集中资金着重改善农村水、电、路等基础设施。第二，加大资金整合力度，政府要加强领导，组织、协调相关部门统筹规划，整合资金，努力提高项目落实率和资金使用效益。第三，加强对新农村建设项目的可行性论证，保证立项建设项目的顺利推进。对 2008 年度准备实施的 55 件项目，要切实加强领导，采取有力措施，加快推进建设。第四，加大产业发展项目比重，增强农村发展后劲。

【检查县财政国库管理制度改革方案实施情况】 3 月 17 日，县人大组织部分县人大代表和有关方面人员对《石林县财政国库管理制度改革方案》实施情况进行了检查。检查认为：县人民政府在实施《石林彝族自治县财政国库管理制度改革方案》的工作中，按照政府统一领导、财政全面负责、分步组织实施的原则，根据省市国库管理制度改革方案、管理办法及实施细则的要求，结合实际，初步建立了现代国库管理制度，提升了财政预算执行管理规范化、精细化水平，增强了财政保障能力，提高了公共服务水平。检查中发现：部分单位领导对国库管理制度改革工作的认识还有待加强，财务人员整体年龄偏大，部分人员业务能力还不适应改革工作的需要；预算编制还不够完整，预算追加情况突出；部分单位的一些账户还没有纳入集中支付统一管理；各行政单位与财政预算未联网，国库管理信息系统的优势和工作效率受到制约，各职能部门的沟通协调还有待加强。针对存在问题提出四点建议：一是加强领导，提高业务水平，为改革的顺利推进提供有力的组织保障和人才支持。在编制允许的情况下，应优先配置财务人员。二是加强县级财政预算编制的准确性和预算执行的严肃性，高效、合理地使用财政资金。三是加大单位银行账户的清理工作，建立健全统一、规范的现代国库管理制度。四是加强各部门的协调配合工作，建立高度自动化的财政国库管理信息系统，实现财政资金收付的高效快捷。

【视察县人民法院集中清理执行积案工作情况】 5 月 27 日，县人大组织部分全国、市、县人大代表和相关部门人员，对县人民法院集中清理执行积案工作情况进行了视察。视察组认为：2008 年 12 月 2 日全省集中清理执行积案活动电视电话会议后，县人民法院行动迅速，及时制定了符合本地实际的工作方案，在县委政法委的统一部署和有关部门的配合下，强化措施，攻坚克难，经过 5 个多月的努力，集中清理执行积案工作取得了明显成效。视察发现：因被执行人无财产可供执行等原因，涉案总标的为 4938.23 万元的 999 件案件办理了执行终结手续但实际尚未得到执行，这部分案件处于案结事未了的状态；现

有的案件流程管理机制尚未能更好地发挥监督作用，执行局内的分权运行、相互监督制约的机制还不够完善，在个别案件执行中仍然存在未严格按程序进行的行为；联动执行中，有的协助执行单位积极性不够高，个别单位联而不动；案多人少的情况突出。集中清理积案工作结束后，相关抽调人员将返回原单位、部门工作，现有的7名执行人员，难以适应终结执行案件的后续跟踪清理和明显增加的新收案件的执行工作要求；现有的执行救助方式，对因被执行人确无履行能力，导致案件执行不了的特殊困难申请执行人，难以给予及时、长效救助。针对存在问题建议：第一，建立终结执行案件的专门台账，并继续跟踪办理，加强对可供执行财产的查找，加强对和解协议履行的督促，最大限度提高执结率，实现当事人的胜诉权益。第二，尽快解决办公网络建设问题，提升案件流程管理的信息化水平。探索建立执行工作内部监督制约机制，研究制定集中清理执行积案工作结束后，不再产生新的积案的长效治本措施。第三，主动加强与联动执行相关部门的沟通、磋商，积极推动联动执行机制的长效正常运行。第四，继续加强执行队伍建设，培养执行干警亲民、守纪、严谨、勤勉的工作作风，进一步提高干警的执行能力。第五，加强与相关部门的协调，积极争取建立以政府为主导，由法院推动，社会各界广泛参与，与现有的社会保障相衔接的执行专项救助长效机制。

【视察创建国家园林县城工作进展情况】 6月5日，县人大组织部分县人大代表和有关方面人员对创建国家园林县城工作进展情况进行了视察。视察组认为，启动创建国家园林县城工作以来，县人民政府能结合全县城乡园林绿化及生态建设，不断加大城市绿化建设投入力度，先后实施了一系列绿化重点工程，各项绿地绿化指标增长较快，2007年通过省级考评，成为云南省第一家省级园林县城，并进一步巩固创建成果，全面加大工作力度，创园工作取得新突破。至2009年3月，城区绿化率40.51%，绿化覆盖率45.3%，人均公共绿地达19.32平方米，污水处理率达85%，生活垃圾无害化处理率达100%。各项主要指标达到了国家园林县城的标准。市园林局向省建设厅上报了《昆明市园林局关于推荐石林县人民政府申报国家园林县城的报告》，省建设厅已把石林县列为2009年创建国家园林县城的重点，县人民政府完成了创建国家园林县城各项申报材料的准备工作。视察中发现：创建国家园林县城的宣传氛围还不浓，广大市民知晓率不高，全民参与不够；损绿、毁绿现象还时有发生；城市面山绿化较差。针对存在问题建议：第一，加大创建国家园林县城工作的宣传力度，扩大居民的参与面，充分发挥公共户单位在创园工作中的支持推动作用。第二，加强爱绿护绿工作，严格绿化执法，杜绝损绿、毁绿现象的发生。第三，加大城市面山绿化力度。

【检查贯彻执行《中华人民共和国食品安全法》情况】 6月18～19日，县人大组织部分县人大代表和相关部门人员对石林县贯彻执行《中华人民共和国食品安全法》的情况进行了检查。检查组认为：在新的食品安全法出台前，县人民政府及其职能部门对全县人民的食品安全、健康十分重视，2005年就成立了以分管副县长为主任，食品药品监督管理、质监、卫生、农牧、工商、水务、发改、财政等部门负责人为成员的县食品安全委员会，各乡镇也相应成立了食品安全领导小组，各职能部门配备了相关的检验检测设备及检验检测技术人员。各职能部门依法履职，敬业工作，确保了全县人民在生产生活中的食品安全。新的《食品安全法》出台，并于2009年6月1日起实施，在较短的时间内，县人民政府及各职能部门认真组织了宣传、培训，为下步工作打下了较好的基础。检查中发现：新的《食品安全法》施行时间较短，贯彻学习、落实的深度不够；组织机构不健全，部门职责不明确，相互沟通不够；管理部门监管不到位，食品检验工作滞后，食品生产、加工、销售、餐饮消费、水产养殖等存在无证照经营或滥用添加剂（农药）情况。针对存在问题建议：第一，继续深入学习贯彻《中华人民共和国食品安全法》，努力提高全县企业、经营户、广大消费者学法、知法、守法的意识。第二，配齐县、乡镇食品安全委员会、领导小组成员，明确各职能部门的职责，加强领导，强化协调，认真履职。第三，加强对无证无照生产、加工、销售、餐饮消费以及水产养殖的管理和食品的检验检测，切实消除食品安全隐患，保障人民群众身体健康。

【督查2009年度在建重点工程项目】 6月22～23日，县人大组织部分县人大常委会组成人员对2009年度在建的64项重点工程项目进行了督查。督查组认为：2009年，在县委的坚强领导下，县人民政府及其职能部门采取强有力的措施，强势推进重点工程建设，取得了阶段性成果，为全面完成年初既定的目标任务奠定了基础。32个政府投资项目推进情况比较好。31个企业投资的重点在建项目中，因受各种因素的制约，部分项目停工或进展缓慢。针对存在问题建议：第一，强化项目责任领导和项目主管部门的责任意识。第二，强化项目的各种行政审批手续的办理工作。第三，强化资金筹措，确保政府投资项目的正常推进。第四，加快推进土地的征(租)用手续办理进度。第五，进一步营造和优化投资的软环境。第六，加强各方面的协调配合工作，确保2009年重点工程建设按质按量完成。

【检查2008年度招商引资项目落实情况】 按照《昆明市人大常委会办公厅关于对2008年招商引资项目落实情况进行检查的通知》，县人大常委会于2009年7月13～14日组织常委会组成人员，部分市、县人大代表对石林县2008年度招商引资项目落实情况进行了检查。检查组认为：全县完成了市下达2008年度招商引资的目标任务。检查中发现：投资软环境不理想，如石林禾泽蔬菜速冷加工厂反映，工厂所在地大岁卜所村小组人为地切断企业生产用水，严重影响企业的生产，企业每次用水都必须与村小组协商；石林锦苑康乃馨花卉产业园建设中存在的问题，虽然解决了一部分，但仍存在较大差距；昆明旺园生态农业科技有限公司特种养殖项目建设中，职工子女就学的问题未得到妥善解决，极少数村民人为破坏企业种植的辣椒，影响恶劣；“分商”现象突出，如石林大金市场建设、旺园等项目建设中，“分商”时单位和部门太积极，而落实项目中遇到困难和问题时，“分商”的单位和部门却不闻不问；项目的协调跟踪服务不到位，如秦氏养殖场的房产证、石林红泽古建青瓦厂的相关证照迟迟办不下来；石林印象大酒店消防问题一直未解决，企业正在无证照经营；圭山德记花卉园要求地方政府为企业协调供水供电问题，未得到很好解决。针对存在问题建议：第一，切实加强软环境建设，按照建设“三最四低”投资环境的要求，进一步改进投资审批程序，切实为投资者提供优质高效服务。第二，加强项目的协调跟踪服务，让引进的项目能尽快落地，尽快开工，尽快投产，正常经营，健康发展。

【视察县人民政府10件实事落实情况】 8月18~19日，县人大组织部分县人大代表和相关部门人员，对县人民政府2009年承诺要办的10件实事落实情况进行了视察。视察组认为：2009年，县人民政府真抓实干，所承办的10件实事与去年同期相比进展快、效果明显，呈现出以下特点：以民为本，关注民生。各承办部门措施落实、行动迅速，总体上实现了时间与任务同步的目标，部分项目已经完成或超额完成，成效明显，人民满意。视察中发现：部门之间协调配合的力度不够，影响工程进度；部分项目建成后，后续管理跟不上，技术指导服务不到位；部分项目省、市级补助和配套资金不到位，一定程度影响项目进度；乡村医生的业务素质有待进一步提高。针对存在问题建议：第一，加强部门之间的协调配合，加快工程进度，如环城路与石锁高速公路两处桥涵的建设，要尽快与上级部门协调修改设计方案，确保工程顺利实施。第二，加强建成项目的后续管理，加大“一池三改”受益农户的培训和沼气技术服务队伍的建设。第三，加大协调力度，积极争取省、市补助和配套资金尽快拨付到位；第四，加大对乡村医生的培训力度，提高业务素质，做到小病不出村，逐步扩大新农合医疗门诊费报销点的范围。

【视察云南昆明石林台湾农民创业园建设情况】 8月20日，县人大组织部分县人大代表和相关部门人员，对云南昆明石林台湾农民创业园的建设情况进行了视察。视察组认为：园区管委会克服了时间紧、资金短缺、任务繁重等困难，做了大量艰苦细致的工作，确保了园区建设稳步推进。一是按照园区规划建设的需要，顺利完成了园区1.2万亩土地的租用工作，为开展园区建设打下了基础。二是积极争取省、市各级的支持。三是已开工的建设项目进度快、质量好。四是招商引资工作进展顺利，已有6家企业落户园区，有4家正在商谈。五是积极开展融资工作，年底前可望融资2亿元。视察中发现：基础设施建设资金缺口大，融资困难。园区开发项目包装和推介不够，入园商家不多。园区永久性设施建设征地难度大。相关部门支持园区建设的力度不够。针对存在问题建议：第一，进一步加强与省、市的联系，并积极做好项目的立项包装和上报工作，争取国家、省、市更多的支持。第二，加强项目包装和推介，以吸引更多商家入园创业。第三，积极与国土资源管理部门协调，办理好永久性建设所需用地手续。第四，加强对相关部门的协调督促，更好地配合支持好园区的开发建设。

【视察小城镇建设工作进展情况】 9月15日，县人大组织部分县人大代表和有关方面人员对小城镇建设工作进展情况进行了视察。视察组认为，在加快集镇建设，推动城乡一体化建设过程中，县人民政府紧紧围绕“543”倍增计划加快小城镇“1+4工程”的实施步伐，明确了目标任务，坚持规划引领，集镇建设得到全面推进。完成了石林镇、圭山镇、西街口镇、板桥镇、长湖镇、大可乡集镇总体规划和1平方公里的测绘任务以及总体规划的报批工作，六个集镇建设进入全面实施中，集镇的管理工作也有了很大的改善。视察中发现：集镇建设发展不平衡，集镇建设业务指导工作有待加强，乡镇集镇建设资金压力大。针对存在问题建议：第一，进一步统一思想，提高认识，加大工作力度，确保完成任务。第二，严格建设基本程序，建立健全管理机制。主管部门要加强指导，加大培训力度。第三，加大资金的扶持力度，抓紧项目验收，兑现年初承诺。

【视察实施“文化活县”目标工作情况】 9月16~17日，县人大组织全国、省、市、县的部分人大代表和有关方面人员，对石林县实施“文化活县”目标工作情况进行视察。视察认为，在实施“文化活县”目标工作中，县人民政府做了大量的工作，在村村通工程，文物收藏、保护，乡（镇）文化站、村文化室建设，农民健身工程等硬件设施建设中，投入了大量的财力、物力和人力，为实施“文化活县”目标打下了较好的基础。同时举办了各种活动，丰富了广大人民群众的文化生活，激发了广大文学、艺术爱好者的兴趣，文化产业得到较好的发展，成为新的经济增长点，为建设和谐石林打下了坚实的基础。视察中发现：“文化活县”战略目标的提出，是建设和谐石林的较好选择，是经济增长的新亮点，但还没有一套完整的规划；旅游与文化的有机结合还不够；文化人才队伍建设滞后；文化事业改革任务艰巨；文艺专业人才青黄不接，文艺专业人员练功难，群众读书看报难，开展文化活动难等问题有待解决。针对存在问题建议：第一，尽快编制“文化活县”规划，使文化发展快速推进。第二，把旅游业与文化产业有机结合起来，促进旅游业与文化产业共同发展。第三，加强文化人才队伍建设，努力造就一批名编剧、名导演、名演员、名主持、名经纪人。第四，深化文化事业单位体制机制改革，妥善解决遗留问题。第五，设立“文化活县”目标建设专项资金，加大投入力度，推动文化事业和

文化产业蓬勃发展。

【检查《中华人民共和国安全生产法》实施情况】 9月29日，县人大组织部分县人大代表对石林县实施《中华人民共和国安全生产法》情况进行了执法检查。检查组认为，县人民政府重视安全生产监管工作。2002年11月1日安全生产法正式实施以来，县人民政府始终把贯彻落实安全生产法作为推动安全生产工作顺利开展的抓手，坚持“安全第一、预防为主、综合治理”的工作方针，以“构建和谐社会，创建平安石林”为目标，不断健全组织、加强监管，建章立制、落实责任，突出重点、强化措施，基本形成了覆盖全县各行业的安全生产责任保障体系和齐抓共管的安全生产格局。与此同时，安监执法人员的业务素质和执法能力有了提升，反应快速、运转协调的事故应急救援体系也基本建立，关注安全、关爱生命的氛围初步形成。从2002年至2009年，全县工矿商贸企业安全生产“四项指标”即事故起数、死亡人数、受伤人数和直接经济损失连年下降。总体上说，全县安全生产工作呈现了持续好转的态势，有效促进了全县经济社会的持续健康发展。检查中发现：少数生产经营单位负责人安全生产意识不强，存在重经济效益、轻安全生产的现象；一些从业人员缺乏基本的安全知识和自我保护意识，违规操作的现象时有发生。安全生产基础薄弱、投入不足及装备设施落后的问题仍然存在，不能满足日益严峻的安全生产形势的需要。安全生产运行机制尚不健全，部分生产经营单位的安全生产责任制和责任追究制尚未得到有效落实。履行综合监管职责的部门在指导、协调、督促相关职能部门切实履行专项监管职责方面的力度有待加强。针对存在问题建议：第一，继续深入宣传安全生产法，将其作为一项长期的重要任务常抓不懈，并不断延伸宣传触角，扩大宣传覆盖面，努力营造人人关心安全生产、人人遵守安全法规的社会氛围，增强全民安全意识。第二，加大安全生产投入，科学制定安全生产投入计划，提高装备水平，确保生产经营单位监管工作的机构、人员、经费、设施和装备落实到位。第三，认真落实安全生产责任制，进一步强化各职能部门和生产经营单位的安全责任，采取包括专户专管安全措施费和安全保证金在内的各种有效保障措施，切实把安全生产责任落到实处。第四，进一步整合安全生产监管资源，形成执法合力，完善安全生产监管体制和安全运行机制。

【检查县人民政府办理县第十五届人大第二次会议代表议案、建议情况】 10月15～16日，县人大组织部分县人大代表、相关单位领导及有关方面工作人员组成检查组，对县人民政府办理县第十五届人大第二次会议代表议案、建议情况进行了检查。检查组认为：2009年，县人民政府在办理代表议案建议工作中，从“切实提高认识、切实强化措施、切实注重实效、切实加强领导、切实加强督促检查”五个方面本着对代表负责、对人民负责的认识，着力在提高解决率上下功夫，办理工作成效明显。截至10月15日，3件议案、238件建议已在规定时限内办复完毕，并书面答复了提出议案、建议的代表。代表对办复工作表示满意。交由县人民政府办理的236件建议，面商率、答复率均为100%；满意的230件，满意率为97.46%；基本满意的3件，基本满意率为1.27%；不满意的3件，不满意率为1.27%；回访率为50%。办理结果是：所提问题已经解决或部分解决的有145件，占60.67%；所提问题已纳入规划或部门工作计划逐步解决的有61件，占25.53%；所提问题因条件限制或其他原因不能解决或暂不能解决，但已向代表作出解释说明的有33件，占13.8%。检查中发现：办复工作的分类标准有待细化，分类案例有待补充。办理工作的主动性有待加强，创新性有待突破。少部分单位办理作风不够扎实，满足于书面答复应付，不注重解决实际问题，“满意率”高而“解决率”低的情况仍较突出，“已纳入规划或部门工作计划逐步解决”的建议，缺乏办理解决的进程时限。第001号议案和第002号议案办理工作推进缓慢。针对存在问题建议：第一，细化分类标准，补充分类案例。“已经解决或部分解决”应明确归为两类；第三类即“不能解决或暂不能解决的”应分别有一个例子。第二，加强主动性，突破创新性。不断提高认识，狠抓办理作风，在注重满意率的同时，更要注重提高解决率。第三，对“纳入规划或部门工作计划的”，应研究办理工作进程，拟定解决计划并将计划明确纳入办复的文本之中，以便县人大代表跟踪督办。第四，对第001号议案和第002号议案，加快推进工作力度。

【视察石林狂欢之都“四中心两店”工作进展情况】 10月27日，县人大组织部分全国、省、市、县人大代表和有关方面人员对石林狂欢之都“四中心两店”工作进展情况进行了视察。视察组认为，在推进石林旅游二次创业的过程中，县人民政府积极创造条件，加大招商力度，石林狂欢之都“四中心两店”作为石林县重大招商引资项目及云南省2008年旅游产业重大建设项目的开工建设，标志着石林旅游二次创业进入实质阶段。县人民政府积极抓住这一良机，加快“四中心两店”项目的建设推进力度，1～10月完成投资1.8亿元。石林散客服务中心、石林民族生态运动场、云林五星级酒店、石林佳园等相关旅游重点项目也全部按计划进行施工。视察中发现：政府职能部门协调配合的力度有待加强。“四中心两店”项目由于施工单位管理不到位，工作进展慢。散客服务中心因地质原因，工程进度缓慢。停车场交通网络项目没有按时开工。针对存在问题建议：第一，政府要加大对水、电、路等基础设施建设的协调力度。第二，加强领导，统一思想，形成共识，抓紧时间按既定目标认真落实每一项工作。第三，加大协调力度，对建设中发现的问题，及时研究解决。第四，加大督促力度，推进“四中心两店”等项目建设，确保年内完成预定项目工程，全年完成计划投资目标。

（撰稿人：县人大常委会办公室 付建生）

石林彝族自治县人民政府

领导成员

【县人民政府领导名录】

县　　长：李忠德（彝族，12月止）
代理县长：毕春华（女，彝族，12月起）
副 县 长：段增华（12月止）
毕春华（女，彝族，12月止）
潘华光
张忠贵
戴　平
赵永康（白族，2月起）
王彦平（5月起）
和加卫（6月起）
黄　杰（6月起）

重要会议

【县第十五届人民政府第五次常务会议】 2009年5月11日，县第十五届人民政府第五次常务会议在石林会议中心召开。县人民政府常务会议组成人员（县长、副县长、县人武部部长、县政府办主任、县长助理、县财政局局长、县监察局局长）参加会议；县政府办副主任，县委目督办、县政府目督办、县政府法制办主任，县委组织部一位领导，县发改局（县招商促进局）、县卫生局、县医院的主要领导，县政府办秘书信息科工作人员列席会议；邀请县委、县人大、县政协各一位领导到会指导。会议讨论《石林彝族自治县2009年县对乡镇工作目标管理考核办法》、《石林彝族自治县2009年县对县直机关单位工作目标管理考核办法》、《石林彝族自治县县级财政预算管理暂行办法》、《石林彝族自治县乡村卫生服务一体化管理暂行办法》及县人民医院整体搬迁新建事项。

【县第十五届人民政府第三次全体会议暨廉政工作会议】 7月22日，县第十五届人民政府第三次全体会议暨廉政工作会议在石林会议中心召开。县人民政府组成人员参加会议；各乡镇人民政府乡镇长、纪委书记，不是县人民政府组成部门的县人民政府直属各委办局、企事业单位的主要领导、纪委书记（纪检组长），中央、省、市驻石各行政、事业、国企独立部门的主要负责人列席会议；邀请县委、县人大、县政协、县纪委各一位领导到会指导；邀请县法院、县检察院、县委办、县人大办、县政协办、县纪委办各一位领导，县纪工委书记、副书记参加会议。在会上县教育局、县卫生局、鹿阜镇人民政府作廉政工作交流发言；县委副书记裴演兵、县人民政府县长李忠德分别作了重要讲话。

【县第十五届人民政府第六次常务会议】 9月15日，县第十五届人民政府第六次常务会议在石林会议中心召开。县人民政府常务会议组成人员（县长、副县长、县政府办主任）参加会议；各乡镇人民政府乡镇长，县委办一位副主任，县政府办副主任，县委目督办、县政府目督办、县政府法制办主任，县财政局、县发改局、县监察局、县经济局（县工管会）、石林管理局、县农牧局、县水务局、县林业局、县国土资源局、县环保局、县建设局、县民政局、县公安局、县司法局、县文体局、县人事劳动和社会保障局、县科技局、县审计局、县统计局、县广电局、县工商局、县气象局、县文产办、县爱卫办、县台创委、县旅管会、县政务服务中心、县总工会、县妇联、团县委、县烟草公司、石林供电有限责任公司主要领导，县政府办秘书信息科工作人员列席会议；邀请县委、县人大、县政协、县人武部各一位领导到会指导。会议讨论《石林彝族自治县人民政府关于进一步完善县政府会议制度的通知》、《石林彝族自治县乡镇预算管理方式改革实施方案》、《石林彝族自治县乡镇财政预算管理方式改革实施细则》、《石林彝族自治县征占用土地林木评估补偿暂行办法》、《石林彝族自治县农村土地流转实施方案》、《石林彝族自治县巴江保护管理条例》、《石林彝族自治县加强巴江流域保护管理实施方案》、《石林彝族自治县进一步加强集中式饮用水源保护实施方案》、《石林彝族自治县关于加快推进殡葬改革工作的实施意见》、《石林彝族自治县以旅哺农实施意见》、《石林彝族自治县关于加快中小企业发展的实施意见》、《石林彝族自治县关于提升壮大石材产业发展的实施意见》、《石林彝族自治县被征地人员劳动就业和社会保障实施方案》、《石林彝族自治县文化产业发展实施意见》。

【县第十五届人民政府第四次全体会议】 12月26日，县第十五届人民政府第四次全体会议在石林会议中心召开。县人民政府组成人员参加会议；县委办、县人大办、县政协办、县纪委办各一位领导，各乡镇人民政府乡镇长，不是县人民政府组成部门的县人民政府所属各委办局、企事业单位和县总工会、县妇联、团县委、县工商联主要领导，中央、省、市驻石单位主要负责人列席会议；邀请县委、县人大、县政协、县纪委、县人武部、县检察院、县法院各一位领导到会指导。会议讨论了《2009年政府工作报告（讨论稿）》。

重要文件目录

石政发

石林彝族自治县人民政府关于认真抓好2009年农业工作的通知
石政发〔2009〕1号
2009年3月18日

石林彝族自治县人民政府关于认真抓好2009年国家级烟叶标准化生产示范区建设工作的通知
石政发〔2009〕3号
2009年2月10日

石林彝族自治县人民政府印发县第十五届人大二次会议县人民政府三个报告的通知
石政发〔2009〕5号
2009年2月17日

石林彝族自治县人民政府印发石林彝族自治县五棵树村整体搬迁补偿安置办法的通知

石政发〔2009〕6号

2009年2月5日

石林彝族自治县人民政府印发石林彝族自治县狮山生态陵园建设项目征地拆迁补偿办法的通知

石政发〔2009〕7号

2009年2月13日

石林彝族自治县人民政府印发石林彝族自治县财政专项资金报账制管理办法的通知

石政发〔2009〕8号

2009年3月26日

石林彝族自治县人民政府印发石林彝族自治县项目建设资金管理规定的通知

石政发〔2009〕9号

2009年3月31日

石林彝族自治县人民政府印发石林彝族自治县城乡困难群众临时生活救助实施细则的通知

石政发〔2009〕10号

2009年3月31日

石林彝族自治县人民政府印发石林彝族自治县巴江商贸城建设项目征地拆迁补偿办法的通知

石政发〔2009〕11号

2009年3月31日

石林彝族自治县人民政府印发石林彝族自治县桃园水乡建设项目征地拆迁补偿办法的通知

石政发〔2009〕12号

2009年3月25日

石林彝族自治县人民政府印发石林彝族自治县堡子农业产业示范区租地补偿办法的通知

石政发〔2009〕13号

2009年3月25日

石林彝族自治县人民政府印发推行重大决策听证等四项制度实施方案的通知

石政发〔2009〕14号

2009年4月12日

石林彝族自治县人民政府印发重大决策听证等四项制度实施办法的通知

石政发〔2009〕15号

2009年4月14日

石林彝族自治县人民政府关于推行安全生产"一岗双责"进一步强化安全生产责任制的决定

石政发〔2009〕16号

2009年4月18日

石林彝族自治县人民政府关于石林彝族自治县2009年度第一批城镇建设用地被征地人员社会保障工作的实施方案

石政发〔2009〕17号

2009年4月23日

石林彝族自治县人民政府印发石林彝族自治县云南昆明石林台湾农民创业园项目建设租地及拆迁补偿办法的通知

石政发〔2009〕18号

2009年4月23日

石林彝族自治县人民政府印发石林彝族自治县生态工业集中区旅游商品产业园征地拆迁补偿办法的通知

石政发〔2009〕19号

2009年5月21日

石林彝族自治县人民政府关于宜良公路管理段北大村治超站点项目用地被征地人员社会保障工作的实施方案

石政发〔2009〕20号

2009年4月24日

石林彝族自治县人民政府印发石林彝族自治县突发公共事件总体应急预案的通知

石政发〔2009〕21号

2009年4月28日

石林彝族自治县人民政府关于石林彝族自治县2009年度第二批城镇建设用地被征地人员社会保障工作的实施方案

石政发〔2009〕22号

2009年4月29日

石林彝族自治县人民政府关于石林彝族自治县2009年度第三批城镇建设用地被征地人员社会保障工作的实施方案

石政发〔2009〕23号

2009年5月5日

石林彝族自治县人民政府印发石林彝族自治县县级财政预算管理暂行办法的通知

石政发〔2009〕24号

2009年5月16日

石林彝族自治县人民政府关于昆明石林100MWP并网光伏实验示范电站(示范区)一期用地被征地人员社会保障工作的实施方案

石政发〔2009〕25号

2009年5月12日

石林彝族自治县人民政府关于石林狮山殡仪馆项目用地被征地人员社会保障工作的实施方案

石政发〔2009〕26号

2009年5月14日

石林彝族自治县人民政府印发石林彝族自治县石锁高速公路石林段征地拆迁补偿办法的通知

石政发〔2009〕27号

2009年5月17日

石林彝族自治县人民政府印发石林彝族自治县开展安全生产年活动工作方案的通知

石政发〔2009〕28号

2009年5月19日

石林彝族自治县人民政府关于石林县2009年第四批城镇建设用地被征地人员社会保障工作的实施方案

石政发〔2009〕29号

2009年5月25日

石林彝族自治县人民政府印发法治政府八项制度的通知
石政发〔2009〕30号
2009年6月28日

石林彝族自治县人民政府印发石林彝族自治县环城路建设项目征地拆迁补偿办法的通知
石政发〔2009〕31号
2009年6月27日

石林彝族自治县人民政府关于认真做好2009年纠风工作的通知
石政发〔2009〕32号
2009年7月3日

石林彝族自治县人民政府关于公布石林县城城市规划区内古树及后续资源名录的通知
石政发〔2009〕33号
2009年7月8日

石林彝族自治县人民政府转发云南省开展扩权强县试点实施意见等4个文件的通知
石政发〔2009〕34号
2009年7月16日

石林彝族自治县人民政府印发非公有制经济暨中小企业发展专项资金管理规定的通知
石政发〔2009〕36号
2009年7月21日

石林彝族自治县人民政府关于进一步落实安全生产监督管理责任和生产经营单位生产主体责任的通知
石政发〔2009〕37号
2009年8月4日

石林彝族自治县人民政府印发石林彝族自治县云南昆明石林台湾农民创业园项目土地租用实施办法的通知
石政发〔2009〕38号
2009年8月13日

石林彝族自治县人民政府关于开展第六次全国人口普查的通知
石政发〔2009〕39号
2009年8月19日

石林彝族自治县人民政府印发石林彝族自治县乡镇财政预算管理方式改革实施方案的通知
石政发〔2009〕40号
2009年9月10日

石林彝族自治县人民政府县城东山路延长线至狮子山城市道路二期工程建设项目用地被征地人员社会保障工作实施方案
石政发〔2009〕41号
2009年8月30日

石林彝族自治县人民政府关于表彰2009年度优秀教师、先进教师和先进教育工作者的决定
石政发〔2009〕42号
2009年9月10日

石林彝族自治县人民政府关于石林县人民医院搬迁新建项目用地被征地人员社会保障工作的实施方案
石政发〔2009〕43号
2009年5月16日

石林彝族自治县人民政府印发石林彝族自治县2009年争取上级专项资金考核奖励办法的通知
石政发〔2009〕44号
2009年9月6日

石林彝族自治县人民政府关于进一步完善县政府会议制度的通知
石政发〔2009〕45号
2009年9月27日

石林彝族自治县人民政府关于加快推进殡葬改革工作的实施意见
石政发〔2009〕46号
2009年10月15日

石林彝族自治县人民政府关于加强城市规划区房屋管理禁止违法建设的通告
石政发〔2009〕47号
2009年10月12日

石林彝族自治县人民政府关于表彰2009年度老龄工作先进集体和先进个人的通知
石政发〔2009〕49号
2009年10月28日

石林彝族自治县人民政府大小石林自然遗产地管理用房迁建建设项目用地被征地人员社会保障工作实施方案
石政发〔2009〕50号
2009年11月3日

石林彝族自治县人民政府乃古石林管理服务设施建设项目用地被征地人员社会保障工作实施方案
石政发〔2009〕51号
2009年11月3日

石林彝族自治县人民政府关于对石林世界自然遗产保护区内村组进行生产生活扶持的通知
石政发〔2009〕52号
2009年11月3日

石林彝族自治县人民政府印发石林彝族自治县机关事业单位编外用工管理暂行办法的通知
石政发〔2009〕53号
2009年11月16日

石林彝族自治县人民政府转发昆明市政府重大事项决策规定的通知
石政发〔2009〕54号
2009年11月16日

石林彝族自治县人民政府印发石林彝族自治县苏宁环球集团五星级度假酒店和商业街项目用地土地征收补偿办法的通知
石政发〔2009〕55号
2009年11月17日

石政办发

石林彝族自治县人民政府办公室转

发昆明市人民政府办公厅关于做好2009年元旦春节期间安全生产工作文件的紧急通知
石政办发〔2009〕1号
2009年1月1日

石林彝族自治县人民政府办公室转发石林彝族自治县开展打击违法添加非食用物质和滥用食品添加剂专项整治工作方案的通知
石政办发〔2009〕2号
2009年1月12日

石林彝族自治县人民政府办公室关于认真贯彻执行省、市招商引资质量综合考核评价及奖惩办法的通知
石政办发〔2009〕3号
2009年1月11日

石林彝族自治县人民政府办公室转发昆明市人民政府关于切实做好恶劣天气应对防范工作紧急通知文件的通知
石政办发〔2009〕4号
2009年1月13日

石林彝族自治县人民政府办公室关于兑现2008年烤烟生产收购考核经费及表彰先进的通知
石政办发〔2009〕5号
2009年1月16日

石林彝族自治县人民政府办公室转发石林彝族自治县2009年新型农村合作医疗实施方案的通知
石政办发〔2009〕6号
2009年1月12日

石林彝族自治县人民政府办公室转发石林彝族自治县2008年度农村沼气国债项目“一池三改”建设实施方案的通知
石政办发〔2009〕7号
2009年2月3日

石林彝族自治县人民政府办公室关于成立石林彝族自治县重点工程建设项目投融资工作领导小组的通知
石政办发〔2009〕8号
2009年2月6日

石林彝族自治县人民政府办公室转发石林彝族自治县进一步做好预防和解决企业工资拖欠工作实施方案的通知
石政办发〔2009〕9号
2009年2月10日

石林彝族自治县人民政府办公室关于调整充实县看守所搬迁新建工作领导小组成员的通知
石政办发〔2009〕10号
2009年2月12日

石林彝族自治县人民政府办公室关于2008年乡镇卫生工作目标管理责任考核结果的通报
石政办发〔2009〕11号
2009年2月13日

石林彝族自治县人民政府办公室关于成立石林彝族自治县云南昆明石林台湾农民创业园控制性详细规划编制招标工作领导小组的通知
石政办发〔2009〕12号
2009年2月14日

石林彝族自治县人民政府办公室关于认真抓好2009年政务信息工作的通知
石政办发〔2009〕13号
2009年2月13日

石林彝族自治县人民政府办公室关于扎实抓好森林防火工作的紧急通知
石政办发〔2009〕14号
2009年2月16日

石林彝族自治县人民政府办公室关于扎实抓好新植树木以浇水为重点的管护工作的紧急通知
石政办发〔2009〕15号
2009年2月16日

石林彝族自治县人民政府办公室关于认真做好2009年县人大代表议案、建议和县政协建议案、提案办理工作的通知
石政办发〔2009〕17号
2009年2月18日

石林彝族自治县人民政府办公室转发云南省人民政府关于进一步支持现代新昆明建设若干政策意见的通知
石政办发〔2009〕18号
2009年2月23日

石林彝族自治县人民政府办公室关于成立县西街口工业园区规划工作领导小组的通知
石政办发〔2009〕19号
2009年2月24日

石林彝族自治县人民政府办公室关于开展2008年度劳动保障执法年审工作的通知
石政办发〔2009〕20号
2009年2月24日

石林彝族自治县人民政府办公室转发石林彝族自治县公众聚集场所、高层和地下建筑消防安全专项整治工作方案的通知
石政办发〔2009〕21号
2009年2月24日

石林彝族自治县人民政府办公室转发石林彝族自治县2009年预防道路交通事故工作方案的通知
石政办发〔2009〕22号
2009年3月2日

石林彝族自治县人民政府办公室转发昆明市人民政府关于认真贯彻落实省人民政府进一步支持现代新昆明建设若干政策实施意见的通知
石政办发〔2009〕23号
2009年3月2日

石林彝族自治县人民政府办公室转发石林彝族自治县粮食清仓查库工作实施方案的通知
石政办发〔2009〕24号
2009年3月4日

石林彝族自治县人民政府办公室关于对2008年度国土资源管理目标责任

完成情况进行考核的通知
石政办发〔2009〕25号
2009年3月6日

石林彝族自治县人民政府办公室转发石林彝族自治县广播电视“村村通”直播卫星覆盖工程建设实施方案的通知
石政办发〔2009〕26号
2009年3月3日

石林彝族自治县人民政府办公室关于成立石林彝族自治县文化信息资源共享工程建设领导小组的通知
石政办发〔2009〕27号
2009年3月9日

石林彝族自治县人民政府办公室转发石林彝族自治县行政审批“四进中心”实施方案的通知
石政办发〔2009〕28号
2009年3月9日

石林彝族自治县人民政府办公室关于成立石林彝族自治县总部经济发展领导小组的通知
石政办发〔2009〕29号
2009年3月10日

石林彝族自治县人民政府办公室关于做好政务信息查询数据采集工作的紧急通知
石政办发〔2009〕30号
2009年3月13日

石林彝族自治县人民政府办公室关于成立石林彝族自治县中低产田地改造工作领导小组的通知
石政办发〔2009〕31号
2009年3月5日

石林彝族自治县人民政府办公室转发昆明市人民政府关于昆明地区“一湖两江”流域禁养范围规模畜禽养殖迁建扶持指导意见的通知
石政办发〔2009〕32号
2009年3月12日

石林彝族自治县人民政府办公室关于下达2009年工业及非公经济发展任务的通知
石政办发〔2009〕33号
2009年3月16日

石林彝族自治县人民政府办公室关于下达2009年就业再就业及农村劳动力培训转移工作目标任务的通知
石政办发〔2009〕34号
2009年3月12日

石林彝族自治县人民政府办公室关于成立石林彝族自治县非物质文化遗产项目评审委员会的通知
石政办发〔2009〕35号
2009年3月19日

石林彝族自治县人民政府办公室关于成立县整顿和规范“两烟”市场经济秩序工作领导小组的通知
石政办发〔2009〕36号
2009年3月23日

石林彝族自治县人民政府办公室关于创建省级文明单位的报告
石政办发〔2009〕37号
2009年1月6日

石林彝族自治县人民政府办公室关于2008年度国土资源管理目标责任完成情况考核结果的通知
石政办发〔2009〕38号
2009年3月25日

石林彝族自治县人民政府办公室关于成立石林彝族自治县农家书屋工程建设领导小组的通知
石政办发〔2009〕39号
2009年3月26日

石林彝族自治县人民政府办公室转发昆明市人民政府关于进一步下放经济社会管理权限促进县域经济发展实施意见的通知
石政办发〔2009〕41号
2009年3月26日

石林彝族自治县人民政府办公室关于成立县县级党政机关电子政务建设工作领导小组的通知
石政办发〔2009〕42号
2009年3月27日

石林彝族自治县人民政府办公室关于切实做好2009年人工防雹工作的通知
石政办发〔2009〕43号
2009年3月5日

石林彝族自治县人民政府办公室关于对县农牧局2008年新型农民科技培训和阳光工程项目进行审计的通知
石政办发〔2009〕44号
2009年3月31日

石林彝族自治县人民政府办公室关于认真做好灾害性天气应急工作的通知
石政办发〔2009〕45号
2009年3月31日

石林彝族自治县人民政府办公室关于成立石林彝族自治县金穗惠农卡发行工作协调领导小组的通知
石政办发〔2009〕46号
2009年3月31日

石林彝族自治县人民政府办公室关于认真做好农村公益性公墓建设和管理工作的通知
石政办发〔2009〕47号
2009年4月1日

石林彝族自治县人民政府办公室关于公布县人民政府行政执法种类依据及执法职责的通知
石政办发〔2009〕49号
2009年3月28日

石林彝族自治县人民政府办公室关于鹿阜中学标准化建设使用石林实验学校土地办理审批手续的通知
石政办发〔2009〕50号
2009年4月6日

石林彝族自治县人民政府办公室转发石林彝族自治县义务教育阶段防辍保学工作方案的通知

石政办发〔2009〕51号
2009年4月4日

石林彝族自治县人民政府办公室转发云南省人民政府关于第四轮取消和调整行政审批项目的决定的通知
石政办发〔2009〕52号
2009年4月8日

石林彝族自治县人民政府办公室关于开展饮用水水源地环境安全隐患排查工作的通知
石政办发〔2009〕53号
2009年3月25日

石林彝族自治县人民政府办公室关于成立石林彝族自治县名牌战略推进委员会的通知
石政办发〔2009〕54号
2009年4月14日

石林彝族自治县人民政府办公室转发石林彝族自治县2009年烟叶生产工作考核实施方案的通知
石政办发〔2009〕55号
2009年2月10日

石林彝族自治县人民政府办公室关于成立石林彝族自治县堡子农业产业示范区建设协调领导小组的通知
石政办发〔2009〕56号
2009年4月15日

石林彝族自治县人民政府办公室转发石林彝族自治县2009年度地质灾害防灾减灾方案的通知
石政办发〔2009〕57号
2009年4月15日

石林彝族自治县人民政府办公室关于切实做好近期灾害性天气应急工作的紧急通知
石政办发〔2009〕58号
2009年4月17日

石林彝族自治县人民政府办公室转发石林彝族自治县保险先进村建设实施方案的通知
石政办发〔2009〕59号
2009年4月23日

石林彝族自治县人民政府办公室转发云南省国土资源厅关于做好2009年度建设用地审查报批文件的通知
石政办发〔2009〕60号
2009年4月20日

石林彝族自治县人民政府办公室转发治理“三高”问题专题会议纪要文件的通知
石政办发〔2009〕61号
2009年4月20日

石林彝族自治县人民政府办公室转发昆明市建设工程行政监察办法文件的通知
石政办发〔2009〕62号
2009年4月23日

石林彝族自治县人民政府办公室关于认真做好组团参加第十七届中国昆明进出口商品交易会的通知
石政办发〔2009〕63号
2009年4月24日

石林彝族自治县人民政府办公室转发云南省人民政府关于搞活流通扩大消费的实施意见文件的通知
石政办发〔2009〕64号
2009年4月24日

石林彝族自治县人民政府办公室关于政务信息网络查询有关工作的紧急通知
石政办发〔2009〕66号
2009年4月29日

石林彝族自治县人民政府办公室转发昆明市人民政府办公厅关于进一步加强道路交通安全工作文件的紧急通知
石政办发〔2009〕67号
2009年4月30日

石林彝族自治县人民政府办公室关于切实加强甲型H1N1流感防控工作的通知
石政办发〔2009〕68号
2009年5月5日

石林彝族自治县人民政府办公室转发石林彝族自治县再生资源回收体系建设实施方案的通知
石政办发〔2009〕69号
2009年5月6日

石林彝族自治县人民政府办公室印发石林彝族自治县粮食应急预案的通知
石政办发〔2009〕71号
2009年5月5日

石林彝族自治县人民政府办公室关于做好“防灾减灾宣传周”活动相关工作的通知
石政办发〔2009〕72号
2009年5月8日

石林彝族自治县人民政府办公室关于抓好当前森林防火工作的紧急通知
石政办发〔2009〕73号
2009年5月12日

石林彝族自治县人民政府办公室关于切实抓好抗旱保苗工作的紧急通知
石政办发〔2009〕74号
2009年5月12日

石林彝族自治县人民政府办公室转发石林彝族自治县创建平安畅通县工作方案的通知
石政办发〔2009〕75号
2009年5月11日

石林彝族自治县人民政府办公室关于成立石林彝族自治县推进WCDMA移动通信网络建设工作领导小组的通知
石政办发〔2009〕76号
2009年5月10日

石林彝族自治县人民政府办公室关于对县扶贫办2008年度省市列扶贫重点村扶贫开发项目进行审计的通知
石政办发〔2009〕77号
2009年5月15日

石林彝族自治县人民政府办公室印发突发事件应对法石林县执法检查工作方案的通知

石政办发〔2009〕78号

2009年5月16日

石林彝族自治县人民政府办公室转发黑龙潭水库灌区代表会议决议的通知

石政办发〔2009〕79号

2009年4月25日

石林彝族自治县人民政府办公室关于认真做好全县家电下乡工作的通知

石政办发〔2009〕80号

2009年5月19日

石林彝族自治县人民政府办公室关于印发石林彝族自治县2009年度推行阳光政务推进依法行政工作计划的通知

石政办发〔2009〕81号

2009年3月15日

石林彝族自治县人民政府办公室关于成立县打击发票违法犯罪活动工作协调小组的通知

石政办发〔2009〕82号

2009年4月30日

石林彝族自治县人民政府办公室关于成立石林狮山生态陵园建设工作协调领导小组的通知

石政办发〔2009〕83号

2009年5月25日

石林彝族自治县人民政府办公室关于加强用水及汛期各类水利设施安全管理工作的紧急通知

石政办发〔2009〕84号

2009年5月26日

石林彝族自治县人民政府办公室转发昆明市城市园林绿化工程执行3331付款方式管理办法文件的通知

石政办发〔2009〕86号

2009年5月22日

石林彝族自治县人民政府办公室转发昆明市关于进一步加强市政基础设施勘察设计管理文件的通知

石政办发〔2009〕87号

2009年5月22日

石林彝族自治县人民政府办公室印发石林彝族自治县全面推行“村级会计委托代理”工作实施方案的通知

石政办发〔2009〕88号

2009年5月30日

石林彝族自治县人民政府办公室关于成立石林中药材繁育及加工基地和中医药工程学院项目协调领导小组的通知

石政办发〔2009〕89号

2009年6月2日

石林彝族自治县人民政府办公室转发关闭列入云南省2009年淘汰落后产能计划麒联冶金有限公司、益华冶金有限公司工作方案的通知

石政办发〔2009〕90号

2009年5月5日

石林彝族自治县人民政府办公室转发石林彝族自治县乡村卫生服务一体化管理办法（试行）的通知

石政办发〔2009〕91号

2009年6月5日

石林彝族自治县人民政府办公室关于切实做好当前农作物抗旱工作的紧急通知

石政办发〔2009〕92号

2009年6月8日

石林彝族自治县人民政府办公室关于成立石林彝族自治县推进第三代移动通信CDMA2000网络建设工作领导小组的通知

石政办发〔2009〕93号

2009年6月9日

石林彝族自治县人民政府办公室转发昆明市人民政府办公厅关于切实抓好当前防汛抗灾工作紧急通知文件的通知

石政办发〔2009〕94号

2009年6月10日

石林彝族自治县人民政府办公室转发昆明市建设工程安全责任事故追究办法的通知

石政办发〔2009〕95号

2009年6月10日

石林彝族自治县人民政府办公室关于成立石林彝族自治县第二轮行政区域界线联合检查工作领导小组的通知

石政办发〔2009〕96号

2009年6月11日

石林彝族自治县人民政府办公室关于成立石林彝族自治县推进TD-SCDMA第三代移动通信网络建设工作领导小组的通知

石政办发〔2009〕97号

2009年6月15日

石林彝族自治县人民政府办公室转发石林彝族自治县“三沿五区”范围内坟墓整治工作方案的通知

石政办发〔2009〕98号

2009年6月17日

石林彝族自治县人民政府办公室转发石林彝族自治县2009年整治违法排污企业保障群众健康环保专项行动实施方案的通知

石政办发〔2009〕99号

2009年6月17日

石林彝族自治县人民政府办公室印发石林彝族自治县2009年度降低孕产妇死亡率和消除新生儿破伤风项目实施方案及补助资金管理方案（试行）的通知

石政办发〔2009〕100号

2009年6月21日

石林彝族自治县人民政府办公室转发云南省公务用车管理领导小组办公室关于进一步加强公务用车管理工作文件的通知

石政办发〔2009〕101号

2009年6月22日

石林彝族自治县人民政府办公室转

发昆明市人民政府关于进一步健全市县乡三级联运便民服务体系实施意见文件的通知
石政办发〔2009〕102号
2009年6月22日

石林彝族自治县人民政府办公室关于调整县“两后双百”工程工作领导小组的通知
石政办发〔2009〕103号
2009年6月22日

石林彝族自治县人民政府办公室关于切实做好防汛减灾及中耕管理的紧急通知
石政办发〔2009〕104号
2009年6月26日

石林彝族自治县人民政府办公室转发昆明市人民政府关于昆明市行政审批告知承诺规定文件的通知
石政办发〔2009〕105号
2009年6月26日

石林彝族自治县人民政府办公室转发石林彝族自治县城市综合管理考核工作实施方案的通知
石政办发〔2009〕106号
2009年6月29日

石林彝族自治县人民政府办公室转发石林彝族自治县2009年农村民居地震安全工程建设实施方案的通知
石政办发〔2009〕107号
2009年7月1日

石林彝族自治县人民政府办公室转发昆明市防汛抗旱指挥部关于切实加强当前防汛救灾工作紧急通知文件的通知
石政办发〔2009〕108号
2009年7月1日

石林彝族自治县人民政府办公室转发石林彝族自治县煤炭资源整合工作方案的通知
石政办发〔2009〕109号
2009年7月1日

石林彝族自治县人民政府办公室关于成立县云桂铁路建设征地拆迁工作领导小组的通知
石政办发〔2009〕111号
2009年7月3日

石林彝族自治县人民政府办公室转发石林彝族自治县清理整治“活人墓”工作方案的通知
石政办发〔2009〕112号
2009年6月15日

石林彝族自治县人民政府办公室关于调整2009年烤烟生产收购计划的通知
石政办发〔2009〕113号
2009年5月10日

石林彝族自治县人民政府办公室关于调整充实县工伤认定委员会成员的通知
石政办发〔2009〕114号
2009年7月3日

石林彝族自治县人民政府办公室印发争创国家生态县2009年工作目标任务及昆明市创建国家环保模范城市下达我县任务分解的通知
石政办发〔2009〕115号
2009年7月1日

石林彝族自治县人民政府办公室关于成立石林彝族自治县政府机构节能工作领导小组的通知
石政办发〔2009〕116号
2009年7月1日

石林彝族自治县人民政府办公室转发石林彝族自治县价格服务进万家活动实施方案的通知
石政办发〔2009〕117号
2009年7月11日

石林彝族自治县人民政府办公室关于开展整治非法用工打击违法犯罪专项行动的通知
石政办发〔2009〕119号
2009年7月10日

石林彝族自治县人民政府办公室印发云南昆明石林台湾农民创业园规划区农村劳动力培训转移就业实施方案的通知
石政办发〔2009〕120号
2009年7月10日

石林彝族自治县人民政府办公室关于调整县“创绿”工作领导小组的通知
石政办发〔2009〕121号
2009年7月15日

石林彝族自治县人民政府办公室转发石林彝族自治县食品安全整顿工作实施方案的通知
石政办发〔2009〕122号
2009年7月13日

石林彝族自治县人民政府办公室印发石林彝族自治县汽车摩托车下乡实施方案的通知
石政办发〔2009〕130号
2009年7月16日

石林彝族自治县人民政府办公室关于成立石林彝族自治县事业单位实施绩效工资工作领导小组的通知
石政办发〔2009〕131号
2009年7月17日

石林彝族自治县人民政府办公室转发昆明市语言文字工作委员会关于加强昆明市语言文字工作的意见的通知
石政办发〔2009〕132号
2009年7月21日

石林彝族自治县人民政府办公室关于认真做好汛期灾害防治工作的紧急通知
石政办发〔2009〕133号
2009年7月25日

石林彝族自治县人民政府办公室关于认真抓好2009年国家级烟叶标准化生产示范区烤烟中后期管理及收购工作的通知
石政办发〔2009〕134号
2009年7月26日

石林彝族自治县人民政府办公室

石林彝族自治县人民政府办公室关

于加强县政务服务中心建设管理的通知
石政办发〔2009〕135号
2009年7月28日

石林彝族自治县人民政府办公室印发石林彝族自治县离休干部医疗保障管理实施意见的通知
石政办发〔2009〕136号
2009年7月29日

石林彝族自治县人民政府办公室转发云南省人民政府办公厅关于进一步加强审计整改工作意见文件的通知
石政办发〔2009〕137号
2009年7月30日

石林彝族自治县人民政府办公室转发昆明市政府投资项目代建管理（试行）办法的通知
石政办发〔2009〕138号
2009年7月30日

石林彝族自治县人民政府办公室印发石林彝族自治县保险服务“三农”活动实施方案的通知
石政办发〔2009〕139号
2009年7月30日

石林彝族自治县人民政府办公室关于成立石林彝族自治县石林锦苑花卉产业西街口基地建设工作领导小组的通知
石政办发〔2009〕140号
2009年8月6日

石林彝族自治县人民政府办公室转发石林彝族自治县城镇消防规划和公共消防设施建设检查工作方案的通知
石政办发〔2009〕141号
2009年5月5日

石林彝族自治县人民政府办公室转发昆明市重点建设项目管理暂行办法的通知
石政办发〔2009〕142号
2009年8月5日

石林彝族自治县人民政府办公室关于成立石林彝族自治县小煤矿瓦斯专项整治工作领导小组的通知
石政办发〔2009〕143号
2009年6月22日

石林彝族自治县人民政府办公室转发昆明市实现消除碘缺乏病目标县级考核评估技术实施方案的通知
石政办发〔2009〕144号
2009年8月10日

石林彝族自治县人民政府办公室关于成立石林鹿阜商业广场开发建设项目协调领导小组的通知
石政办发〔2009〕145号
2009年8月10日

石林彝族自治县人民政府办公室印发石林彝族自治县安全生产事故应急预案的通知
石政办发〔2009〕147号
2009年8月10日

石林彝族自治县人民政府办公室印发石林彝族自治县危险化学品事故应急预案的通知
石政办发〔2009〕149号
2009年8月21日

石林彝族自治县人民政府办公室转发石林彝族自治县农村地区可再生能源建筑应用实施方案的通知
石政办发〔2009〕150号
2009年8月24日

石林彝族自治县人民政府办公室关于成立石林彝族自治县“云南山泉生产基地”招商引资项目推进领导小组的通知
石政办发〔2009〕151号
2009年8月25日

石林彝族自治县人民政府办公室转发石林彝族自治县第五届昆明国际农业博览会参展工作方案的通知
石政办发〔2009〕152号
2009年7月25日

石林彝族自治县人民政府办公室印发石林彝族自治县2009年财政补贴高效照明产品推广实施方案的通知
石政办发〔2009〕153号
2009年8月25日

石林彝族自治县人民政府办公室转发石林彝族自治县2009年高校毕业生就业工作方案的通知
石政办发〔2009〕154号
2009年9月1日

石林彝族自治县人民政府办公室转发石林彝族自治县中小学校舍安全工程实施方案的通知
石政办发〔2009〕155号
2009年9月2日

石林彝族自治县人民政府办公室关于成立石林彝族自治县工业经济保增长工作领导小组的通知
石政办发〔2009〕156号
2009年8月27日

石林彝族自治县人民政府办公室转发石林彝族自治县规模以上工业企业帮扶活动实施方案的通知
石政办发〔2009〕157号
2009年8月27日

石林彝族自治县人民政府办公室关于建立农村气象信息员队伍的通知
石政办发〔2009〕158号
2009年9月3日

石林彝族自治县人民政府办公室印发石林彝族自治县道路交通事故应急预案的通知
石政办发〔2009〕159号
2009年9月7日

石林彝族自治县人民政府办公室关于进一步加强和改进突发事件信息报告工作的通知
石政办发〔2009〕160号
2009年9月7日

石林彝族自治县人民政府办公室印发石林彝族自治县城乡困难居民医疗救

助实施细则的通知
石政办发〔2009〕162号
2009年9月9日

石林彝族自治县人民政府办公室印发石林彝族自治县农村五保供养工作实施细则的通知
石政办发〔2009〕163号
2009年9月9日

石林彝族自治县人民政府办公室转发昆明市人民政府办公厅关于转发昆明市新型农村合作医疗筹资工作方案文件的通知
石政办发〔2009〕164号
2009年9月14日

石林彝族自治县人民政府办公室印发石林彝族自治县开展打击传销规范直销宣传月活动实施方案的通知
石政办发〔2009〕165号
2009年8月25日

石林彝族自治县人民政府办公室关于成立石林彝族自治县基层农技推广体系改革与建设示范县项目工作领导小组的通知
石政办发〔2009〕166号
2009年9月11日

石林彝族自治县人民政府办公室关于七彩云南石林保护行动2009年主要工作目标任务分解的通知
石政办发〔2009〕168号
2009年9月21日

石林彝族自治县人民政府办公室转发昆明市人民政府残疾人工作委员会关于加强基层残疾人组织规范化建设文件的通知
石政办发〔2009〕170号
2009年9月22日

石林彝族自治县人民政府办公室印发石林彝族自治县火灾事故应急预案的通知
石政办发〔2009〕171号
2009年9月22日

石林彝族自治县人民政府办公室印发昆明市进一步加强国有投资建设项目招标投标管理若干规定（试行）的通知
石政办发〔2009〕172号
2009年9月30日

石林彝族自治县人民政府办公室转发昆明市政府投资项目代建管理实施细则的通知
石政办发〔2009〕173号
2009年9月24日

石林彝族自治县人民政府办公室转发昆明市人民防空工程建设管理规定的通知
石政办发〔2009〕174号
2009年9月24日

石林彝族自治县人民政府办公室转发昆明市违反城乡规划行政责任追究制度的通知
石政办发〔2009〕175号
2009年9月24日

石林彝族自治县人民政府办公室关于执行昆明市市政基础设施工程管线建设保护管理规定（试行）的通知
石政办发〔2009〕176号
2009年9月24日

石林彝族自治县人民政府办公室关于印发石林彝族自治县偿债资金管理暂行办法的通知
石政办发〔2009〕178号
2009年10月12日

石林彝族自治县人民政府办公室关于成立县第二轮矿产资源规划编制工作领导小组的通知
石政办发〔2009〕179号
2009年9月30日

石林彝族自治县人民政府办公室转发昆明市人民政府办公厅关于停止利用广告牌对单位和部门进行宣传通知文件的通知
石政办发〔2009〕180号
2009年10月15日

石林彝族自治县人民政府办公室关于成立狮山路二期工程建设协调领导小组的通知
石政办发〔2009〕181号
2009年10月16日

石林彝族自治县人民政府办公室关于调整充实石林彝族自治县政府机关大院巩固“无毒县”工作领导小组成员的通知
石政办发〔2009〕182号
2009年10月19日

石林彝族自治县人民政府办公室印发石林彝族自治县食品安全事件应急预案的通知
石政办发〔2009〕183号
2009年10月17日

石林彝族自治县人民政府办公室关于成立石林彝族自治县农村小型水利工程管理体制改革工作领导小组的通知
石政办发〔2009〕184号
2009年10月14日

石林彝族自治县人民政府办公室转发石林彝族自治县重点项目审批快速通道实施细则的通知
石政办发〔2009〕185号
2009年10月20日

石林彝族自治县人民政府办公室关于成立县环城东路建设协调领导小组的通知
石政办发〔2009〕186号
2009年10月22日

石林彝族自治县人民政府办公室关于成立石林彝族自治县农业有害生物预警与控制区域站建设项目实施领导小组的通知
石政办发〔2009〕187号
2009年10月22日

石林彝族自治县人民政府办公室关于成立石林彝族自治县石林台湾农民创业园新农村建设指挥部的通知
石政办发〔2009〕188号

2009 年 10 月 22 日

石林彝族自治县人民政府办公室关于成立石林彝族自治县三角水库维则供水复线工程建设协调领导小组的通知
石政办发〔2009〕189 号
2009 年 10 月 22 日

石林彝族自治县人民政府办公室转发昆明市人民政府办公厅关于印发昆明市学生体质健康促进办法文件的通知
石政办发〔2009〕190 号
2009 年 10 月 26 日

石林彝族自治县人民政府办公室印发西街口镇人民政府处置所持大理石采矿权证工作实施方案的通知
石政办发〔2009〕191 号
2009 年 10 月 27 日

石林彝族自治县人民政府办公室转发石林彝族自治县农村土地承包经营权流转实施细则的通知
石政办发〔2009〕192 号
2009 年 10 月 27 日

石林彝族自治县人民政府办公室转发石林彝族自治县征占用土地林木果树补偿暂行办法的通知
石政办发〔2009〕193 号
2009 年 10 月 27 日

石林彝族自治县人民政府办公室转发石林彝族自治县集中式饮用水源保护实施方案的通知
石政办发〔2009〕194 号
2009 年 10 月 30 日

石林彝族自治县人民政府办公室转发昆明市人民政府办公厅关于在基础设施 BT 模式建设项目中推选工程总承包建设模式的通知
石政办发〔2009〕195 号
2009 年 10 月 30 日

石林彝族自治县人民政府办公室转发石林彝族自治县突发公共卫生事件应急预案的通知
石政办发〔2009〕196 号
2009 年 11 月 4 日

石林彝族自治县人民政府办公室转发石林彝族自治县自然灾害救助应急预案的通知
石政办发〔2009〕197 号
2009 年 11 月 9 日

石林彝族自治县人民政府办公室转发石林彝族自治县整合石材业发展实施方案的通知
石政办发〔2009〕198 号
2009 年 11 月 3 日

石林彝族自治县人民政府办公室关于印发石林彝族自治县实施“全国亿万农民健康促进行动”规划方案的通知
石政办发〔2009〕199 号
2009 年 11 月 16 日

石林彝族自治县人民政府办公室转发石林彝族自治县职业教育“十一五”攻坚方案的通知
石政办发〔2009〕200 号
2009 年 11 月 16 日

石林彝族自治县人民政府办公室转发石林彝族自治县农业重大有害生物灾害应急预案的通知
石政办发〔2009〕201 号
2009 年 11 月 17 日

石林彝族自治县人民政府办公室印发石林彝族自治县促进地方工业企业产品销售工作方案的通知
石政办发〔2009〕202 号
2009 年 11 月 19 日

石林彝族自治县人民政府办公室印发石林彝族自治县突发性地质灾害应急预案的通知
石政办发〔2009〕203 号
2009 年 11 月 20 日

石林彝族自治县人民政府办公室印发石林彝族自治县放射性污染事故应急预案的通知
石政办发〔2009〕204 号
2009 年 11 月 20 日

石林彝族自治县人民政府办公室印发石林彝族自治县地震应急预案的通知
石政办发〔2009〕205 号
2009 年 11 月 20 日

石林彝族自治县人民政府办公室关于转发昆明市人民政府坚决遏制和狠刹违法加层和无序建房风等文件的通知
石政办发〔2009〕206 号
2009 年 11 月 23 日

石林彝族自治县人民政府办公室转发石林彝族自治县医疗机构设置规划（2010～2015）的通知
石政办发〔2009〕207 号
2009 年 12 月 9 日

石林彝族自治县人民政府办公室转发突发事件应急演练指南的通知
石政办发〔2009〕208 号
2009 年 11 月 24 日

石林彝族自治县人民政府办公室转发石林彝族自治县农村小型水利工程管理体制改革实施方案的通知
石政办发〔2009〕209 号
2009 年 11 月 26 日

石林彝族自治县人民政府办公室关于成立石林彝族自治县农村土地承包经营权流转领导小组的通知
石政办发〔2009〕210 号
2009 年 11 月 30 日

石林彝族自治县人民政府办公室转发昆明市残疾人机动轮椅车管理规定的通知
石政办发〔2009〕211 号
2009 年 11 月 30 日

石林彝族自治县人民政府办公室关于开展西石公路石林段周边环境卫生集中整治活动的通知
石政办发〔2009〕212 号
2009 年 12 月 2 日

石林彝族自治县人民政府办公室关于成立石林彝族自治县中央财政现代农业生产发展项目工作领导小组的通知
石政办发〔2009〕213号
2009年12月2日

石林彝族自治县人民政府办公室转发石林彝族自治县气象灾害应急预案的通知
石政办发〔2009〕214号
2009年12月2日

石林彝族自治县人民政府办公室关于成立石林彝族自治县大可乡集镇人饮工程建设领导小组的通知
石政办发〔2009〕215号
2009年12月3日

石林彝族自治县人民政府办公室关于加强养犬免疫登记证办证工作的通知
石政办发〔2009〕217号
2009年12月4日

石林彝族自治县人民政府办公室转发石林彝族自治县有线电视数字化整体转换实施方案的通知
石政办发〔2009〕218号
2009年12月8日

石林彝族自治县人民政府办公室印发2009年深化经济体制改革工作意见的通知
石政办发〔2009〕219号
2009年9月9日

石林彝族自治县人民政府办公室印发石林彝族自治县成品油供应应急预案的通知
石政办发〔2009〕220号
2009年12月9日

石林彝族自治县人民政府办公室印发石林彝族自治县市场稳定应急预案的通知
石政办发〔2009〕221号
2009年12月9日

石林彝族自治县人民政府办公室关于切实做好石林麒联冶金有限公司、石林益华冶金有限公司落后产能淘汰关闭工作的紧急通知
石政办发〔2009〕222号
2009年11月12日

石林彝族自治县人民政府办公室转发石林彝族自治县城市公共供水突发事故应急预案的通知
石政办发〔2009〕223号
2009年12月14日

石林彝族自治县人民政府办公室转发石林彝族自治县突发重大动物疫情应急预案的通知
石政办发〔2009〕224号
2009年12月14日

石林彝族自治县人民政府办公室关于兑现2009年烤烟生产收购工作考核及表彰先进的通知
石政办发〔2009〕225号
2009年12月9日

石林彝族自治县人民政府办公室关于成立石林彝族自治县应急指挥中心建设工作领导小组的通知
石政办发〔2009〕226号
2009年12月12日

石林彝族自治县人民政府办公室关于认真做好石林国家级烟叶标准化生产示范区滇东现代烟草农业综合示范区2010年烤烟育苗工作的通知
石政办发〔2009〕227号
2009年12月22日

石林彝族自治县人民政府办公室关于开展农民工工资支付情况专项检查的通知
石政办发〔2009〕228号
2009年12月22日

石林彝族自治县人民政府办公室印发石林彝族自治县违法排污整治工作方案的通知
石政办发〔2009〕229号
2009年11月27日

石林彝族自治县人民政府办公室转发昆明市城镇居民大病补充医疗保险实施办法的通知
石政办发〔2009〕230号
2009年12月28日

石林彝族自治县人民政府办公室转发昆明市市级行政审批项目公告的通知
石政办发〔2009〕231号
2009年12月28日

石林彝族自治县人民政府办公室关于加强应急队伍建设的通知
石政办发〔2009〕233号
2009年12月28日

石林彝族自治县人民政府办公室印发石林彝族自治县优抚对象医疗保障实施细则（试行）的通知
石政办发〔2009〕234号
2009年11月9日

石林彝族自治县人民政府办公室转发石林彝族自治县解决劳动用工突发事件应急预案的通知
石政办发〔2009〕235号
2009年11月4日

石政办通

石林彝族自治县人民政府办公室关于开展审计执法检查暨审计行风评议的通知
石政办通〔2009〕3号
2009年5月11日

石林彝族自治县人民政府办公室关于成立石林彝族自治县厂务公开领导小组的通知
石政办通〔2009〕5号
2009年6月9日

石林彝族自治县人民政府办公室关于报送实施阳光政府四项制度等工作情况的通知
石政办通〔2009〕6号
2009年6月17日

石林彝族自治县人民政府办公室关

石林彝族自治县人民政府办公室关于成立县农民工工作联席领导小组的通知

石政办通〔2009〕7号

2009年5月10日

石林彝族自治县人民政府办公室关于做好石林彝族自治县征占用土地林木补偿办法（送审稿）听证的通知

石政办通〔2009〕8号

2009年6月24日

石林彝族自治县人民政府办公室关于进一步加强阳光政府四项制度网上发布工作的通知

石政办通〔2009〕9号

2009年7月9日

石林彝族自治县人民政府办公室关于加强报送“十二五”重大规划项目及有关工作的紧急通知

石政办通〔2009〕10号

2009年7月12日

石林彝族自治县人民政府办公室关于成立县农村移动信息富民工程领导小组的通知

石政办通〔2009〕11号

2009年8月25日

石林彝族自治县人民政府办公室关于撤销石林彝族自治县整顿和规范市场经济秩序工作领导小组及其办公室的通知

石政办通〔2009〕12号

2009年9月20日

石林彝族自治县人民政府办公室关于成立干部随军家属就业和子女就学协调领导小组的通知

石政办通〔2009〕13号

2009年9月26日

石林彝族自治县人民政府办公室关于编报2010年县级项目支出预算的通知

石政办通〔2009〕14号

2009年9月30日

石林彝族自治县人民政府办公室关于进一步做好向档案馆移送政府公开信息的通知

石政办通〔2009〕15号

2009年10月14日

石林彝族自治县人民政府办公室关于成立县乡镇财政预算管理方式改革工作领导小组的通知

石政办通〔2009〕16号

2009年8月12日

石林彝族自治县人民政府办公室关于配合做好2010年政府工作报告起草工作的通知

石政办通〔2009〕17号

2009年10月30日

石林彝族自治县人民政府办公室转发市政府办公厅关于铁路沿线拆临拆违和环境综合整治有关事项的紧急通知

石政办通〔2009〕18号

2009年11月6日

石林彝族自治县人民政府办公室关于加强基础设施项目储备积极争取中央2010年投资补助工作的通知

石政办通〔2009〕19号

2009年11月14日

石林彝族自治县人民政府办公室关于成立村庄规划编制工作领导小组的通知

石政办通〔2009〕21号

2009年12月14日

石林彝族自治县人民政府办公室关于成立石林彝族自治县小型农田水利重点县月湖灌区项目建设领导小组的通知

石政办通〔2009〕22号

2009年12月14日

石林彝族自治县人民政府办公室关于成立石林彝族自治县石林镇节水灌溉增效示范项目建设领导小组的通知

石政办通〔2009〕23号

2009年12月15日

石林彝族自治县人民政府办公室关于成立石林彝族自治县犀牛塘水库除险加固工程建设领导小组的通知

石政办通〔2009〕24号

2009年12月22日

石林彝族自治县人民政府办公室关于成立全县建筑废弃物综合利用领导小组的通知

石政办通〔2009〕25号

2009年12月22日

石林彝族自治县人民政府办公室关于成立石林彝族自治县中种云南种子加工中心建设项目协调领导小组的通知

石政办通〔2009〕26号

2009年12月16日

石林彝族自治县人民政府办公室关于成立云南昆明石林台湾农民创业园综合用地协调领导小组的通知

石政办通〔2009〕27号

2009年10月10日

石林彝族自治县人民政府办公室关于成立石林彝族自治县农村饮水安全等四个规划编制工作领导小组的通知

石政办通〔2009〕28号

2009年10月2日

县人民政府办公室

【县人民政府办公室】 1949年7月成立路南县临时人民政府后，设立秘书室。随后几经变动，1980年9月恢复县人民政府办公室。2009年，县人民政府办公室内设综合科、秘书信息科、行政后勤科、县政府目督办（县人民政府县长热线电话办公室）、县政府外事办、县政府法制办和县政府便民办，年底有在职职工41人（含县政府领导），其中：公务员28人，事业人员2人，工勤人员11人。单位住址在鹿阜镇双龙山18号。2009年，县政府办义务植树捐款4060元，资助支农联系点鹿阜镇大屯村委会2000元生产经费。

主　任：蒋开彦

副主任：王光学（4月止）
李玉华（彝族）
陈永宁（12月止）
普向梅（女，彝族，12月止）
李林青（女，彝族，7月止）
苏健康
李劲松
黄继斌（彝族，7月起）
赵俞智（8月起）
雷振涛（8月起）
李云梅（女，12月起）

【综合工作】 负责与上级党委、政府及县属各单位、各部门的协调、联系，协助县政府领导、县政府办领导处理日常事务、突发事件和对外事务，做好公文、传真的收发、转办及传送，2009年共收转办理请示、报告1200份，处理率达100%，办结率达98%；签收、办理省、市机要文件4000份，送发本级文件2万余份，处理领导批转件、信访件700余份，接待群众来访60余次。

【文秘信息工作】 负责联系与县政府工作有关的部门和单位，及时掌握各部门、单位的工作情况，做好文件、文稿的起草、修改、审核、校对，把好文件、文稿出口关。2009年共完成各类文件1100余份，起草讲话稿700余篇，收集、整理政务信息580余条，上报信息300余条，超额完成了市政府对县政府的信息考核任务。

【目督热线工作】 对涉及全县2009年经济社会发展的1197项重点工作、重点工程项目（含省、市级督查通知明确的重要工作和县委、县人民政府主要领导工作调研明确的重要工作）进行立项分解，每月定期不定期进行跟踪督查、督办，全年共组织各项督查107次。组织完成县人大代表议案3件、人大代表建议236件和县政协建议案、提案132件办理工作，面商率、答复率均为100%，满意率分别为97.48%、99.24%。县长热线工作接听群众来电68次，解释说明63次，受理、交办乡镇、政府职能单位办理5件，转办市长热线受理交办件71件，按规定时限办结，做到事事有回音，件件有着落。

【外事工作】 认真贯彻执行国家的对外方针、政策，做好石林县对外事务、对外友好交往、礼宾接待等工作，2009年共办理全县有关领导因公出国手续2件（次），参与协调外事接待8起。

【便民工作】 充分发挥政务服务中心窗口作用，不断提高服务质量和效率，严格推行“一站式”管理运行模式，38个服务窗口单位共受理各类办件226778件，其中：办理行政审批类24748件，管理服务类202030件，办结率100%。

【会务工作】 严格按照规范程序做好以县政府名义召开的各类会议的会务工作，2009年共承办县政府全会、县政府常务会议、县政府办公会议、县政府专题工作会议等100余次。

【法制工作】 认真推进依法行政，实施阳光政务、阳光政府工作，大力规范行政执法行为，完成了7个乡镇及47家县级执法部门的“阳光政务”公开事项审查工作；组织实施重大决策听证11项，网上发布重要事项公示247条，重点工作通报475条；6～12月共接听“96128”政府政务信息查询电话487次，转接成功率为94.52%，满意率98.3%。

（撰稿人：县政府办公室　苏健康、李贵平、李红仙、王云春、黄文云、汤学明、袁春霖、罗米佳、雷永亮、冯瑞锦）

人事劳动工作

【县人事劳动和社会保障局】 1983年12月10日，成立县人民政府劳动人事局。1995年2月26日，更名为县人事与劳动局。2002年6月，县人事与劳动局又更名为县人事劳动和社会保障局。2009年，局机关设办公室、人事科、工资福利科、劳动科、劳动监察科、劳动监察队，有职工23人（与县编办合署办公）；局直属单位5个，即：县社会保险局、县医疗保险分中心、县劳动就业服务局、县农村社会养老保险中心、劳动监察队，有职工34人。局机关地址在鹿阜镇双龙山18号县政府三楼。2009年县人事劳动和社会保障局被市委、市政府表彰为“全市军转安置先进单位”。2009年资助支农联系点鹿阜镇北山村委会6000元生产经费。

全年接待来访400余人次，办理、答复“12345”市长热线投诉督办件3件、县委督办件3件、信访接办件、转办件21件。2009年办理人大代表建议和政协委员提案13件，代表、委员满意度达100%。

总支书记、局长：杨春宝
副 局 长：黄　丽（女，彝族，3月止）
秦　梅（女，3月起）
周震波（12月起）
专职副书记：岳劲松（彝族，3月止）

【人事工作】 2009年完成县、乡镇机关公务员招录42名，定向考录乡镇公务员2名，公开招聘事业人员55名，招募“三支一扶”人员6名、大学生村官81名；办理人事调动30人（含18名工人），辞退公务员1人，解聘事业人员5人、辞退1人，确定（晋升）非领导职务33人；组织公开选调工作人员12人，完成全县机关事业单位工人技术等级考核晋升申报审核128人，其中：初级工3人，中级工31人，高级工83人，技师11人。

2009年底全县共有公务员1220人，其中：政府口非领导职务主任科员137人，副主任科员162人，科员234人。专业技术人员3805人，其中：取得高级职称273人，中级职称1783人，初级职称1701人，其他48人。

【人才服务工作】 按照“解放人才就是解放生产力，培养人才就是发展生产力”的工作思路，完成全县紧缺急需人才176人、海外高层次人才1人的统计申报工作。全面实施公务员能力培训工程，组织全县公务员（政府口）危机管理学习培训923名。完成专业技术人员计算机培训1期、145人。组织全县事业人员开展“突破极限、创新思维”培训3982人。

【工资福利】 审批事业单位工作人员增加薪级工资4624人，月增资合计106906元。做好全县义务教育学校3579人的绩效工资测算和执行工作。审批、规范、套改、变动工资1101人。办理退休112人，办理丧葬抚恤审批41人，办理遗属补助审批36人，认定工伤26人。

【规范和构建和谐劳动关系】 深入贯彻实施《劳动合同法》。全力推进劳动合同（集体合同）制度，认真开展农民工劳动合同签订“春暖行动”，完成劳动合同登记管理6691人（其中农民工4171人），劳动合同签订率达98.5%；办理集体合同备案13家，单位劳动用工登记17家。

强化劳动监察执法，完成劳动保障执法年审643户，涉及职工20104人；开展劳动执法检查167户，涉及劳动者6581人；依法查处拖欠、克扣农民工工资案件75件，涉及农民工623人，追讨民工工资190.08万元；依法受理并办结劳动争议仲裁案件67件，办理审定工龄32人；督促31户建筑企业依法缴纳农民工工资保障金1113.89万元。

【社保基金管理】 不断健全完善社保基金管理程序及内控制度，定期开展基金监督抽查及交叉检查，及时了解掌握各项社会保险基金的运行状况，确保基金安全、完整，按时足额发放退休人员养老金、失业职工救济金、参保人员养老金和保险金，确保参保人各项保险待遇得到落实。经审计部门审计，基金管理无不安全、不完整问题。

（撰稿人：县人事劳动和社会保障局 李 焰）

机构编制工作

【县机构编制委员会办公室】 2002年7月县乡党政群机构改革以前，县机构编制委员会办公室一直设在县人事与劳动局。机构改革后，单独设立了县机构编制委员会办公室，与县人事劳动和社会保障局合署办公。2003年10月29日，设立了县事业单位登记管理局，与县编办合并办公。2009年底，有公务员3人。单位住址在鹿阜镇双龙山18号县政府三楼。

主　　任：杨春宝

专职副主任：赵永宇

【启动政府机构改革】 2009年7月根据《中共云南省委　云南省人民政府关于州市县政府机构改革的实施意见》文件精神和全市统一安排部署，在认真调查研究的基础上，进一步摸清了全县机构运行情况，并邀请部分县人大代表、政协委员就政府机构改革进行了座谈，同时借鉴其他地方的机构改革设置模式，结合石林县实际，形成了《石林彝族自治县人民政府机构改革方案》。方案经县编委会议、县政府办公会议、县委常委会议讨论后，2009年8月向昆明市委、昆明市人民政府上报了《关于审定〈石林彝族自治县人民政府机构改革方案〉的请示》。

【县政府驻地区划调整机构设置】 按照省、市的统一部署，对批准实施区划调整的原鹿阜镇、路美邑镇的党政机关和事业单位进行深化改革。调整后的鹿阜镇机关设置党政综合办公室、经济发展办公室、社会事务办公室、人口和计划生育办公室4个内设机构，下设农林水综合服务中心、畜牧兽医服务中心、村镇规划建设服务中心、文化广播电视服务中心、便民服务中心5个事业单位。同时撤销了县级部门派驻路美邑镇的司法所、财政所、国土资源所、社会保障事务所、统计站；保留县公安局路美邑派出所，对卫生院、学校的名称作了变更。相关的人员编制和领导职数也作了相应的调整。

【事业单位分类改革】 按照明晰职能、分类推进、创新体制、完善监管、积极稳妥和“成熟一家改一家”的原则，积极稳妥地推进事业单位分类改革。一是在对县电影发行放映公司进行深入调研的基础上，提出了改革的意见，已撤销了机构、分流了人员。二是新组建了广播电视网络有限责任公司，将生产经营职能从事业单位县广播电视局（台）中剥离出来，并对人员进行了分流。

【机构编制管理】 根据改革和发展的需要，结合石林县实际，经上级编制部门批准，对部分机构和人员编制作了规范调整，2009年新成立机构13个，规范调整机构8个，整合机构4个、更名机构6个、撤并机构10个，新增政法专项编制24名，向市级部门上报请示事项9件、调研报告3个，向县委、县政府提出机构编制管理意见建议15件。

严格控制人员进口关，机关、事业单位新录用人员严格遵循“双控”和“凡进必考”的规定，申请调入单位人员满编或超编一律不予考虑，申请进入人数必须在空编范围内，全年共出具人员入编审核通知29份、人员编制情况书18份；配合组织人事部门，对申请招录公务员、事业人员单位进行编制审核，经审核有40个单位符合招考条件。通过严控，石林县财政供养人员得到了有效控制。

【事业单位登记管理】 认真做好2008年度事业单位年度检验和后期监督管理工作，本年度检验共涉及169个单位，其中6个单位免检、10个单位因其他原因暂不参加年检。受检的153个单位按照要求提供了相关材料。经审查，153个单位均为合格，合格率达100%；强化事业单位登记后期监督管理，对登记信息发生变化的单位进行了变更登记，变更登记25份、注销登记3份，依法设立登记7份；归档188份，其中年度检验材料153份、变更登记材料25份、撤销登记材料3份、设立登记材料7份，档案整理率达100%。

（撰稿人：县编办　徐　伟）

民政工作

【县民政局】 1973年1月，成立县民政局。2009年，县民政局内设办公室、救灾救济科、优抚安置科、社区与基层政权建设科、社会事务与民间组织管理科、低保科，下辖区划地名办、老龄委办公室、军队干休所。年底有在职职工26人（公务员12人、事业人员8人、工人6人），离退休人员19人。单位住址在鹿阜镇阿诗玛南路199号民政宾馆一、二楼。2009年资助支农联系点大可乡水尾村委会3000元生产经费。

书　记：王　宏（4月止）
副书记：段维亚（4月起）
局　长：窦兴亮（彝族，2月止）
　　　　段维亚（4月起）
副局长：毕金星（彝族）
　　　　施丽红（女）

【殡葬改革】 2009年完成殡仪馆和火化厂项目基础设施建设。完成12个农村公益性公墓进墓道路、停车场、公厕、看守房、焚烧室等设施及主墓区墓台、墓穴、墓位建设，县级投入经费800多万元。改革土葬，推行火葬，火化遗体175具。开展“三沿五区”坟墓整治，植树45706株，搬迁坟墓4125冢，平毁“活人墓”81冢。

按照石林县殡葬改革规定：自2009年4月4日起，各乡镇党委、政府，县直各部委办局、人民团体、企事业单位，中央、省、市驻石单位公职人员（包括离退休人员）、灵活就业和城镇个体工商户退休人员死亡后的遗体；在县内医院（含乡镇卫生院、村卫生所）医治无效死亡人员的遗体，患传染病死亡人员的遗体；在县内因道路交通安全事故和其他安全事故死亡人员的遗体；无主无名的遗体；农村五保人员的遗体；在本县死亡的一切外来人员的遗体，一律实行火葬。

【基层政权建设】 推进村级民主决策、民主管理、民主监督工作，建立健全村务公开和民主理财小组，加强民主法治村（社区）创建工作。2009年2月10日，石林县被全国村务公开协调小组命名为全国村务公开民主管理示范县。

2009年底，全县辖6镇1乡，88个村委会和4个社区居委会，459个村民小组和50个居民小组。

【拥军优属】 年内完成了石林县创建云南省第八届双拥模范县的材料上报工作。春节前夕，对烈属、因公牺牲军人家属、病故军人家属、一等残废军人、军队离退休干部、部分在乡老复员军人、带病回乡退伍军人等优抚对象150户进行慰问，共慰问52500元；对驻石部队县人民武装部、武警县中队、武警消防大队、武警森警中队、石安大队三中队进行慰问，共慰问82500元。在“八一”建军节期间，慰问县人民武装部、武警森警中队、武警消防大队、武警县中队、石安大队三中队，共慰问25000元。

【优待抚恤】 按时足额发放烈属、因公牺牲军人家属、病故军人家属、老复员军人、带病回乡退伍军人、“两参人员”、伤残军人、出国参战民兵民工、义务兵家属的抚恤、补助、优待。兑现优待金204户599240元，发放立功受奖人员92户11200元。解决“三难”户99户396人，发放现金109400元。

【安置工作】 2009年石林县共接收2008年冬季退役士兵60人，符合城镇安置政策的22人。对接收的60名退役士兵进行了SYB创业培训和计算机操作中级技术培训。对符合安置政策的22名退役士兵进行文化考试考前培训、考试考核和择优选岗工作，14名退役士兵选择了岗位，8名退役士兵选择了自谋职业。对8名选择自谋职业的退役士兵发放自谋职业一次性补偿金407400元。

【新社会组织登记管理】 指导民间组织对制定或修改章程、制定或修改会费标准、换届、会员（代表）大会的召开、财务管理、票据使用、设立分支机构、档案管理、四项制度（重大活动报告制度、定期联系制度、联络员制度、变更登记制度）进行规范管理，并进行年检。2009年全县登记在册的社会团体和民办非企业为48个。其中社会团体40个：石林县绿汀甜柿产品开发协会、石林县养殖协会、石林县花果山油桃产品开发协会、石林县绿遍葡萄产业技术协会、石林县畜兴猪业技术协会、石林县吉诚山羊技术协会、石林县大田园蔬菜产业技术协会、石林县果品产业技术协会、石林县达利豌豆技术协会、石林县鸿鑫生态茶叶产品开发协会、石林县洋蓟产业开发技术协会、石林县食用菌

“文明祭祀·平安清明”主题宣传活动

生产技术协会、石林县升农辣椒产业技术协会、石林县长湖生态土鸡养殖开发技术协会、石林县枇杷协会、石林县农机协会、石林县棋类协会、石林县钓鱼协会、石林县信鸽协会、石林县奇石协会、石林县教育事业发展促进会、石林县老龄事业发展促进会、石林县个体私营经济协会、石林县消费者协会、石林县延安精神研究会、石林县见义勇为协会、石林县警察协会、石林县食品药品安全管理协会、石林县烟花爆竹协会、石林县质量技术协会、石林风景名胜区餐饮协会、石林风景名胜区导游协会、石林县人参果协会、石林县残疾人养殖协会、石林县生猪协会、石林县种子协会、石林县苗木花卉协会、石林县农药协会、石林县体育总会、石林县农资流通协会；民办非企业8个：石林县青少年俱乐部、石林县小天鹅幼儿园、石林县民族幼儿园、石林县宏欣幼儿园、石林实验学校、石林县童星幼儿园、石林县幼儿园、石林县石金幼儿园。

【五保供养】 2009年全县纳入农村五保供养的有213户219人，其中：集中供养105户108人，分散供养108户111人。全年共发放供养资金574230元。

【老龄工作】 认真落实老年人各项优惠政策，为全县符合条件的3632名80岁以上的老年人发放高龄保健补贴495000元，为1650名老年人免费办理了优待证，对全县202位困难老人发放慰问金60900元。在敬老节期间，对在老龄工作中成绩突出的龙泉社区老年协会等16个先进集体和官丽华等25名先进个人进行表彰奖励，并举行了全县老年人红歌演唱比赛。

【行政区划与地名管理】 完成县城新建部分广场、小区、公园和路街巷地名命名31条。完成县政府驻地镇行政区划调整工作，路美邑镇整建制并入鹿阜镇。完成石林县与泸西、弥勒两县行政区域界线的联合检查工作。调处认定乡镇边界走向不清纠纷10起。

【婚姻登记】 对工作人员的照片、办公时间、办理时限、办公地点、办事依据、收费标准、咨询电话、监督电话等内容进行公开，接受社会监督。加强婚姻登记管理，严格婚姻登记标准。全年办理结婚登记2451对，离婚362对。

【儿童收养】 办理儿童收养登记19家，义务助养8家，协助联系收养3家，移交2名弃婴至昆明市儿童福利院寄养。

（撰稿人：县民政局　赵红文）

民族宗教工作

【县民族宗教事务局】 1983年12月成立民族事务委员会，1992年1月县民族事务委员会改称县民族宗教事务委员会，1994年10月17日正式定名为县民族宗教事务局。2009年设办公室、民族科、宗教科、民族文史研究室，年底有职工10人。单位住址在鹿阜镇双龙山18号政府大院三楼。2009年资助支农联系点圭山镇糯黑村委会春耕生产经费3万元。

局长、支部书记：毕玉昌（彝族，12月起不再担任局长职务）
副局长：毕卫华（彝族，12月起）
李毅飞

【民族宗教法规宣传】 2009年3月，县民宗局联合县创安办等部门在全县开展“创建平安石林”宣传活动；9月结合民族团结教育宣传活动，大力宣传党的民族、宗教政策和国家有关民族、宗教工作的法律、法规。在宣传活动中，县民宗局共发放《中华人民共和国民族区域自治法》、《石林彝族自治县自治条例》、《宗教事务条例》等宣传材料4000余份。9月18日，副县长戴平在石林电视台发表民族宗教政策宣传电视讲话，就如何学习好、开展好宣传教育活动提出要求，县政府办发出通知要求全县各乡镇、县直各部委办局、人民团体、企事业单位、全体干部职工收看。通过开展宣传教育活动，提高了全县各级各部门领导干部、广大人民群众正确执行和理解党和国家民族、宗教政策的水平。全年为群众提供咨询服务200余人次。

2009年县民宗局办理了3件人大代表建议和1件政协委员提案。承办的3件建议和1件提案，面商率达到100%，满意率达到100%，回访率达到50%。对云南民族学会蒙古族研究委员会提出的《关于请求零星恢复19岁以下杨姓蒙古族族籍的建议》，县民宗局经过认真研究，9月17日召集杨礼等3名有关人员，对有关政策进行详细的解释，并按政策作了书面答复，3名人员对县民宗局的答复表示满意。

【中小学民族团结教育工作】 加强民族团结教育，通过进学校、进教材、进课堂，使“三个离不开”的思想观念深深扎根于各族青少年心中。5月14日，由县教育局、县民宗局联合召开了石林县中小学民族团结教育工作现场会，总结推广石林县中小学开展民族团结教育的成功经验。会议期间全体参会人员观摩了县民族小学及长湖镇中心小学的民族团结教育课授课情况，授课教师通过视频播放、与学生互动等形式，使整个课堂充满快乐活泼的气氛，培养了学生爱家乡爱祖国的自信心和自豪感。

【民族宗教目标管理责任工作】 3月17日，石林县召开民族宗教会议，县民宗局与全县7个乡镇人民政府签订了民族宗教工作目标管理责任书，要求各乡镇在日常工作中，把加强民族团结、维护社会稳定的工作做到基层，坚持“团结、教育、疏导、化解”的方针，严格区分和正确处理两类不同性质的矛盾，把各种问题解决在基层，解决在萌芽状态。

【少数民族专项资金管理】 2009年县民宗局共向上级部门争取到资金512万元（其中：省级民族专项资金60万元，用于民族团结示范村建设；市级民族专项资金452万元，安排项目32个）；县级安排民族机动金44万元，安排项目19个。为充分发挥各级民族机动金的作用，局领导多次深入到边界少数民族村寨调查研究，及时了解人民群众的困难。项目涉及人畜饮水、乡村道路、调整产业结构、文化科技培训、民族团结宣传教育等方面。项目资金管理实行专项资金报账制，确保做到专款专用。

【民族团结稳定工作专项经费】 2009年县民宗局积极争取民族团结稳定工作专项费，县级民族机动金中安排4万元，市级民族专项资金安排18万元，两项合计22万元（圭山镇5万元、长湖镇6万元、西街口镇1万元、大可乡南大村村委会2万元、全县民族团结教育及热点难点处置经费8万元）。通过安排民族团结稳定工作专项经费，为民族团结工作的开展提供了经费保障。

【清真食品管理】 7月14日，根据昆明市人民政府办公厅《关于认真做好清真食品行业检查工作的通知》要求，由县民宗局牵头，联合县工商局、县发改局、县卫生局、县食品药品监督管理局等部门对石林县的清真食品进行全面的检查。经检查，石林县经营清真食品的19家餐饮店都能严格按照清真习俗进行屠宰，外出采购的也到持有清真标牌的地点购买，严格遵守少数民族的风俗习惯。通过检查，进一步规范了石林县清真食品生产经营活动，依法保护食用清真食品的少数民族群众的合法权益。

【彝族语言文字保护与开发】 石林彝文软件是由县民宗局与省民语委合作的文化开发项目，于2007年底完成。彝文软件的开发大大拓展了彝文的使用人群和使用范围，使得传统的彝族文化较好地融入到现代科技领域，适应了现代社会的发展需求。2009年县民宗局翻译的布标、单位门牌名称、公章、广告用语等各类彝文条目达100多条，服务对象涉及20余个单位及一些公司和个人。年内完成石林彝文普及读物丛书《石林撒尼口语900句》的初稿编译工作。继续与县电视台联合做好“跟我学彝文”栏目，全年播出144期。

【糯黑田野考察点筹备、接待工作】 7月28～31日，来自世界各国的专家、学者424人（其中外国专家、学者144人）参加了国际人类学与民族学联合会第十六届世界大会糯黑田野考察点活动。国际人类学与民族学联合会第十六届世界大会主席瓦格斯、前任主席桑德兰7月30日亲临糯黑学术考察点进行学术考察。与会领导、中外专家、学者充分体验了改革开放以来特别是进入新世纪以来石林彝族自治县贯彻落实党的民族政策对经济社会发展带来的重大变化，石林彝族人民文化、生态以及彝族撒尼人在历史的变迁中继承和发展民族文化的成果，对石林彝族人民源远流长的民族文化给予了充分的肯定。县民宗局为做好此次考察活动，投入了大量的人力和物力，共投入资金100多万元完善基础设施。通过各部门的共同努力，石林糯黑考察活动取得圆满成功，石林县的工作得到上级充分肯定，县政府受到国家民委、省政府的表彰，并授予“2009年国际人类学与民族学联合会第十六届世界大会筹办工作先进集体”称号，副县长戴平、县民宗局局长毕玉昌、圭山镇党委书记李雄彬被评为先进个人。

【组队参加昆明市第九届少数民族传统体育运动会】 10月14～21日，昆明市第九届少数民族传统体育运动会在寻甸县举行，县民宗局按照县委、县政府的要求，与文体局协作积极组队参赛。此次运动会上，石林县取得10块金牌、11块银牌、13块铜牌、团体总分第五名的成绩，达到了预期的目标，体现了石林县少数民族运动员的风采。县民宗局、县文体局、县教育局3家单位荣获少数民族传统体育先进集体称号，毕玉昌等5名同志荣获先进个人称号。

【宗教安全管理】 2月25日至3月2日，昆明市佛教协会和石林县狮子山妙光寺联合在石林县狮子山妙光寺举办传授居士菩萨戒法会。传授居士菩萨戒法会是石林县佛教界多年来的一件盛事，传戒法会时间为6天，有近1000名居士参加受戒，参加传戒的传戒团有来自昆明市各大寺院的方丈、住持等近60名高僧。活动期间正处于森林防火重要时期，为保证整个活动的顺利进行，避免森林火灾等突发事件的发生，县政府专门成立石林县传戒法会协调工作领导小组并制定安全保卫工作方案，由县民宗局协调县公安局、县林业局、鹿阜镇政府等相关单位负责安全工作。通过各相关单位的扎实工作，整个传戒活动比较顺利，并受到昆明市佛教协会的充分肯定。

【落实宗教房产政策】 一是协调维则村天主教堂管理小组与村委会达成落实房产协议书。5月18日，双方签字完毕，标志着维则村天主教堂落实房产问题有了一个圆满的结果。二是做好石峰寺等7个宗教活动场所办理土地使用证的协调工作。

【宗教活动场所开展爱国主义教育活动】 4月，石林县成立宗教场所爱国主义和法制宣传教育工作领导小组，并制定出台了《关于在全县宗教活动场所开展爱国主义和法制宣传教育的实施方案》。8月27日、9月2～5日，县民宗局联合县委宣传部、县委统战部、县司法局等相关单位用5天时间对全县7个宗教活动场所逐一进行面对面辅导。9月23日，县委统战部牵头举办了2009年度国庆节、中秋节座谈会，邀请石林县10位宗教界人士参加座谈会。会上昆明市委统战部副部长贾天鹏讲授了统战知识及台海形势，石林县委统战部部长周兴荣介绍了石林县发展形势。

【宗教普查工作】 5月对7个宗教活动场所和宗教教职人员进行了普查，摸清了底数，掌握了情况。按上级目标要求，石林县已完成第一阶段的各项工作，并将摸底情况上报到昆明市宗教事务局。摸底调研情况如下：石林县有7个宗教活动场所，有教职人员及管理人员50人，其中：教职人员11人（佛教比丘2人、比丘尼5人；天主教神甫1人由市两会派驻石林县；落实基督教长老1人、传道员1人、执事1人），宗教活动场所管理人员39人。

（撰稿人：县民宗局　王向方）

档案工作

【县档案局（馆）】 1981年12月10日，成立县档案馆。1988年9月19日，成立县档案局（二级局），隶属于县政府领导。2009年县档案局（馆）内设办公室、业务法规科、档案管理科，年底有职工8人、辅助用工1人。单位住址在石林县鹿阜镇环城东路137号（县委大院内）。年内实施“零障碍”、“零收费”服务，全年免收档案资料查阅费、保护费、复印费等共计10168元。

局（馆）长：高凤玉（彝族）

【档案法制化建设】 2009年，县档案局（馆）采取三条措施加快档案法制化进程，一是统一全体干部职工的思想认识，年初做出计划，计划完成后写出专项总结。二是开展档案法制宣传教育活动，制作2500套宣传画册和宣传资料在有集市的乡（镇）和社区散发，并现场解答群众问题。三是开展档案行政执法检查。10月，县档案局以一级立档单位为重点，采取自检自查和重点抽查相结合的方式，在全县开展了档案行政检查活动。检查结果表明，全县多数单位都能严格执行档案法律法规，并能按照《档案法》的相关要求，建立机构、健全制度、安排人员、落实责任、保证经费、完善设备，档案工作不断取得新进展，但也有少数单位领导仍然存在档案法制意识淡薄，忽视对档案工作的领导和管理，档案工作出现严重“滑坡”的现象。

【档案业务建设】 县档案局（馆）根据本单位工作实际，有针对性地开展档案业务建设。一是在各系统举办档案知识培训班3期，培训专兼职档案人员累计达121人次。二是派出业务骨干到相关单位开展业务指导。全年共派出业务骨干193人次，对县国税局、县国土局、县财政局、县气象局、县水务局、县妇联、县纪委办、县供销社、县经普办、县林改办、县委组织部、石林台创园、县交通局、县公安局等33个单位进行档案业务指导，帮助整理档案56867件。三是积极支持全县林改工作，抽调分管业务工作的副局长直接参与林改工作，深入各乡镇指导林改档案的立卷归档工作，确保了林改工作的顺利进行。四是抽调业务骨干对全县经济普查工作给予档案业务支持。

【实施档案工作“八项工程”】 2009年是实施云南省档案工作“八项工程”的最后一年，县档案局（馆）加大监督和业务指导力度，全年实现转、升星单位10个，其中五星级9个、三星级1个，建立家庭档案267户。

【档案信息化建设】 年内县档案局（馆）新增电脑2台、防磁柜1套，为10个单位安装“南天”档案管理软件10套；在县政府政务信息网站和市档案局政务信息网站上分别建立了县档案局的信息服务网页；加强专业技术人员的培养，选派干部参加市档案局组织的档案信息化知识培训；进一步加快馆藏档案数字化转化工作，完成文件级目录著录1.2万条，接收电子档案860件；把数字化档案馆作为“十二五”建设项目向县人民政府进行了申报。

【档案馆功能建设】 加大对重大事件、重点工程和珍贵历史文化资料的收集、征集力度，重点收集了中央民族大学李德君教授1963～1964年在石林县民族村寨采风时的实录（手稿）1～24集、县委宣传部制作的《县庆50年成就展》电子版资料、县委党史研究室主编的《中共石林县委重要文件材料汇编（1956～2005）》和《石林县大事记（2000～2004）》、县史志办主编的《石林彝族自治县志（1989～2000）》、市档案局主编的《昆明市档案志》、县政府办提供的国家副主席习近平到石林视察工作时的珍贵照片、县文化馆提供的《石林牛王争霸赛》专辑、县文管所窦光华捐赠的地方文献30余册，接收行政区划调整中撤并的路美邑镇文书档案334卷3279件（446盒）、印章档案113枚、照片档案2册133张、资料64册。配合县委办、县纪委办和县委党史研究室，收集整理了自1956年至2005年县委、县纪委重要文件材料，并于2009年2月正式编印出版。发挥馆藏档案资料的作用，主动做好查阅服务工作，全年共接待档案资料查阅利用者1251人次，提供档案资料1264卷（件、册），复印档案2620页；馆内爱国主义教育基地共接待参观者14批197人次。

【档案安全工作】 县档案局（馆）严格执行单位内部各项管理制度，把安全工作分解、包干到科室，责任到科室、岗位到个人，层层抓落实，人人重安全。定期开展档案安全检查，及时处理档案安全隐患，年内没有发生安全事故。

（撰稿人：县档案局　张云宏）

地方志工作

【县史志办公室】 1987年4月，成立县志办公室。1994年，县志办公室与县委党史研究室合并成立县史志办公室。1998年6月县委党史研究室单设，同时继续保留县史志办公室。2009年底，县史志办公室有参公管理人员3人、工人1人，办公地址在县政府大院。年内向支农联系点圭山镇和合村委会捐助2500元生产资金。

主　任：刘世生（彝族）

【编辑出版《石林年鉴（2009）》】 2009年2月1日，县史志办公室组织启动了《石林年鉴（2009）》的编写工作。《石林年鉴（2009）》从部类设置、内容选择、编纂方法等方面进行了改进和创新，单列了招商引资、重大项目介绍、软环境建设、铁路交通、爱国卫生运动等内容。12月，由云南美术出版社正式出版发行，这是石林县公开出版的第11部年鉴。全书设27个部类，总字数88万字，定价260元，全面系统客观地记述了2008年度石林县自然、政治、经济、文化、社会等方面的情况。

2009年11月，《石林年鉴（2008）》、《石林年鉴（2007）》被云南省新闻出版局、云南省年鉴研究会分别评为综合一等奖、综合二等奖。

【编写报送省市年鉴石林部分稿件】 2009年3月31日，县史志办公室完成编写《云南年鉴（2009）》石林部分的稿件，报送到省年鉴编辑部，总字数3200字，照片4幅，主要记述了2008年石林县人文地理、工农业生产、经济社会发展和旅游业发展情况。

3月31日，完成编写《云南小康年鉴（2009）》石林部分的稿件，报送到省志办，总字数3200字，照片3幅，设有概况、石林太阳能光伏并网电站试验示范项目开工、纪念改革开放30周年暨自治县更名10周年庆典活动、石林三项目入选国家级非物质文化遗产名录、中国彝族第一村建设（五棵树村搬迁）工程开工建设等条目内容，客观翔实地记述了石林县2008年全面建设小康社会取得的成果。

3月31日，完成编写《昆明年鉴（2009）》石林部分的稿件，报送到市志办，总字数6500余字，照片3幅，设有年内大事、行政区划及人口、经济综述、旅游业、工业、招商引资工作、软环境建设、农业、财政金融、固定资产投资、生态建设、交通邮电、人民生活、社会事业、领导名录等15个条目内容，客观翔实地记述了2008年石林县经济、政治、文化建设的基本情况。

【地方志服务】 2009年县史志办公室参加了石林县非物质文化遗产的申报评审工作，及时办理石林县入编《云南年鉴（2009）》石林宣传页的相关事宜，进行了园博园“石林彝族自治县‘七个一’简介”的文字审定和修改润色工作，参与了世界民族学人类学糯黑考察点的筹备和电视专题脚本的撰稿工作。全年向各级领导和社会各界人士赠送《石林年鉴（2009）》415册、《石林彝族自治县概况》9册、《路南彝族自治县志》和《石林彝族自治县志》24套、《汉夷杂区社会研究》175册、《云南石林旧志集成》118册、《甜蜜的地方》13册、《中国国情丛书——百县市经济社会调查路南县卷》7册、《阿诗玛论文集》4册，接待来访90多人，借阅图书72册。

（撰稿人：县史志办公室　鲁建宏）

政协石林彝族
自治县委员会

领导名录

【八届县政协领导名录】

主　席：者培仙（女，彝族）

副主席：周和祥
　　　　周兴荣
　　　　苏云波（兼）
　　　　严华明（兼）

常　委：何中清
　　　　李绍玉
　　　　槐可跃
　　　　罗有华
　　　　槐丽琼（女）
　　　　高云曦（女）
　　　　毕金兰（女，彝族）
　　　　李建民
　　　　储　平
　　　　李劲松（彝族）
　　　　桂　明
　　　　李云珍（女）
　　　　许岷春（女）
　　　　金　路（彝族）
　　　　杨光荣（彝族）
　　　　毕琼英（女，彝族）
　　　　韩丽英（女，彝族）
　　　　赵文良
　　　　陈　兴
　　　　韦　薇（女）
　　　　梅为云
　　　　代玉康

重要会议

【县政协八届二次会议】　2009年1月8～10日，政协石林县第八届委员会第二次会议举行。会议由大会主席团主持。市政协副主席陆玉珍莅临会议指导并作了讲话，县委副书记、县人民政府县长李忠德代表县委在闭幕式上作了重要讲话。县级领导及县政协部分退休老领导应邀参加了大会，全体政协委员出席了会议，不是县政协委员的市政协委员，中央、省市驻石单位、驻石部队，各乡（镇）及县直各部委办局、人民团体、企事业单位的主要领导列席了会议。全会期间，召开了县政协八届五次常委会议。

会议同意者培仙代表县政协八届常委会所作的工作报告和周和祥所作的提案工作报告；赞同县人民政府县长李忠德所作的《政府工作报告》；赞同《石林县2008年国民经济和社会发展计划执行情况及2009年国民经济和社会发展计划的报告》、《石林县2008年财政预算执行情况和2009年财政预算的报告》以及县人民法院、县人民检察院的《工作报告》。

委员们以高度的主人翁责任感，围绕县委、县人民政府决策部署的贯彻落实和事关全县经济社会发展大局的重大问题，积极建言献策，提出了建设性的意见和建议，会后转送县委、县人民政府供决策参考。会议期间举办的政协委员议政专题发言，是对政协委员履行政治协商、民主监督、参政议政职能的探索和创新，拓宽了建言献策的形式和渠道。

【县政协八届六次常委会议】　4月19日，召开县政协八届六次常委会议。会议由周和祥副主席主持。周兴荣、苏云波、严华明、何中清、李绍玉、槐可跃、罗有华、槐丽琼、高云曦、毕金兰、李建民、储平、李劲松、桂明、李云珍、许岷春、金路、杨光荣、毕琼英、韩丽英、赵文良、陈兴、韦薇、梅为云、代玉康出席了会议，各政协小组长，委室负责人列席了会议。

会议举行“深入学习实践科学发展观，收集社情民意，促进民主决策”主题实践活动启动仪式；讨论《石林温氏公司经营模式推动农民增收的调查报告》；通报政协主席专题约谈接待日活动安排；开展“政协主席谈招商”论坛；开展第一季度政协主席专题约谈接待日；通过人事安排，因到龄，罗有华不再担任经济建设城市建设环境保护委员会主任职务，王斌宁任石林镇政协工作联系组组长，赵保祥任圭山镇政协工作联系组组长；艾世武不再担任石林镇政协工作联系组组长。

【县政协八届七次常委会议】　9月25日，召开县政协八届七次常委会议。会议由者培仙主席主持。周和祥、周兴荣、苏云波、严华明、何中清、李绍玉、槐可跃、罗有华、槐丽琼、高云曦、毕金兰、李建民、储平、李劲松、桂明、李云珍、许岷春、金路、杨光荣、毕琼英、韩丽英、赵文良、陈兴、韦薇、梅为云、代玉康出席了会议，各政协小组长、委室负责人列席了会议。

会议通过人事安排，王松梅担任民族宗教法制委员会主任，张云涛担任经济建设城市建设环境保护委员会副主任，撤销杨国云第八届县政协委员资格，因机构合并，免去毕绍军路美邑镇政协工作联系组组长职务。会议听取了县纪委书记周美英通报县纪委工作情况，县人民政府副县长潘华光通报县人民政府工作情况，讨论并原则通过代县委起草的《关于加强和改进人民政协工作的意见》，原则通过《关于对政府部门实行民主监督，推动工作落实的意见》，原则通过《石林彝族酒文化调研报告》，原则通过《关于对我县农村土地承包经营权流转情况的调查报告》。

【县政协八届八次常委会议】　12月28日，召开县政协八届八次常委会议。会议由者培仙主席主持。周和祥、周兴荣、苏云波、严华明、何中清、李绍玉、槐可跃、罗有华、槐丽琼、高云曦、毕金兰、李建民、储平、李劲松、桂明、李云珍、许岷春、金路、杨光荣、毕琼英、韩丽英、赵文良、陈兴、韦薇、梅为云、代玉康出席了会议，各政协小组长、负责人列席了会议。

会议审议决定下列事项：李华、梁斌、张琳、杨国云不再担任第八届政协委员，增补王松梅、张云涛、赵保祥为第八届政协委员；召开政协第八届三次会议的时间、议程、日程、秘书长、副秘书长、执行主席分组、主席台就座人员、特邀领导和列席人员。审议通过政协常委会工作报告，政协提案工作情况报告，2009年度政协工作先进集体、个人和优秀提案，提案督办调研报告，“543”倍增情况视察报告，重点招商引资落实情况视察报告，培育发展文化产业情况的调查报告。

【县政协联谊会议】 2010年，县政协参与了三省（区）十七县（市、区）政协工作联谊研讨会、陆良石林联谊会、弥勒石林联谊会，昆明十四县（市、区）政协联谊会等，增强了交流合作，拓展了团结领域，推进了政协工作发展。

主 要 工 作

【政协石林县委员会】 1965年12月，成立政协石林县委员会。2009年政协机关设办公室、提案社会联络委员会、经济建设城环委员会、教文卫史委员会、民族宗教法制委员会，年底有干部职工21人，其中：公务员17人、工勤人员4人。

办公室主任：李绍玉

副　主　任：陈永能（彝族）

提案社会联络委员会主任：

槐可跃（11月止）

王松梅（女，12月起）

教文卫史委员会主任：

槐丽琼（女）

经济建设城市环境委员会主任：

罗有华（4月止）

副 主 任：张云涛（女，彝族，6月起）

民族宗教法制委员会主任：

王松梅（女，6～11月）

【参政议政】 2009年按照县委、县人民政府安排，县政协主席、副主席作为五个招商分局的政委，牵头联系承担了2.5亿元的招商引资任务。从促进全县经济社会发展的大局出发，主动对广东温氏养殖、上海新天地、万城阿诗玛旅游小镇、桃源水乡等一批政协委员所在企业进行跟踪联系服务，做了大量理顺情绪、化解矛盾、牵线搭桥工作，当好“支点”，推进石林县招商引资工作。

【政协提案】 2009年县政协共收到提案144件，立案144件。2009年采取先培训、后开会，先调研、后提案等形式，强化委员的责任意识和监督意识，提案质量有较大提高。对于县政协八届一次全会上《对石林世界自然遗产地核心区制定以旅哺农政策，逐年从旅游收入中安排资金扶持当地居民改善生产生活条件》的建议案，县委决定，从2009年开始每年拨出1000万元专款进行落实。对于八届二次全会关于《加大对石林温氏畜牧有限公司养殖户的扶持，把养鸡建成我县农民增收致富的重要产业》的建议案，县人民政府答复将继续按照石林县《推广温氏农业产业化模式加快发展肉鸡规模化生产实施方案》，进一步加大扶持力度，力争2010年发展养殖户达1200户，年出栏肉鸡达2000万只，真正把温氏养鸡培育成农民增收致富、农村经济繁荣的新亮点。坚持从强化领导、规范程序、跟踪督查、狠抓落实上着力，对政协主席会议确定的7件重点提案进行重点跟踪督办。按照“三个不面商”（领导不参与不面商、情况不清楚不面商、主办单位没有与协办单位协调不面商）的要求，严格督办标准、规范办理程序，确保了政协提案件件有着落、事事有回音。2009年共办理提案144件，面商率、答复率均为100%，满意率99.31%。

【调研视察】 2009年县政协共完成调研视察任务12项，提出意见建议70多条。按照政协常委“五个一”活动的要求，县政协常委撰写各类调研报告40余篇。先后完成了重点提案跟踪督办调研、培育发展民族文化产业调研、温氏养鸡模式推进农民增收情况调研，“543”倍增计划落实情况视察、重点招商项目落地建设情况视察等工作任务。按照县委、县人民政府的安排，完成了“四创两争一巩固”落实情况视察、石林彝族酒文化调研、石林园博园门口浮雕设计方案修改、农村土地经营权流转情况调查、劳动力转移输出情况调查等。调研视察后，都及时写出报告，提出了很多有价值的意见建议，供县委、县人民政府参考。

【扶贫济困】 县政协加大对水塘铺村委会第三批学习实践科学发展观活动的指导和新农村建设的支持力度，从政协工作经费中列支相应资金帮助搞好春耕生产和烤烟收购工作，配合协调联系项目资金250万余元，完成烟水工程、村内道路硬化、村科技文化室等基础设施建设，指导开展农民科技培训4期400多人次，经过协调，将实施农业科技示范项目——高产玉米套种马铃薯500亩，每亩补助450元。以实际行动帮民脱困、为民解难，积极组织干部职工参加帮助贫困群体、见义勇为基金、园林绿化、工会互助、贫困党员救助等捐款活动；通过牵线搭桥，广东嘉宝莉公司与县一中30名少数民族贫困学生结成长期帮扶对子；上海新天地为石林县捐献教育资金100万元；深圳市德缘投资管理公司李肇文为圭山镇尾乍黑村希望小学捐款30万元。

【纪念活动】 2009年以纪念人民政协成立60周年“风雨同舟，共铸辉煌”系列活动为契机，组织开展了书法、绘画、摄影和征文活动，政协委员和各族各界人士积极参与了此项活动。共征集到摄影作品61件，绘画作品48件，书法作品53件，诗歌、散文、论文等96篇，评出优秀作品24件（篇）并给予了表彰奖励。9月30日庆祝中华人民共和国暨人民政协成立60周年文艺演出活动取得圆满成功。

【视察劳动就业】 4月20日，县政协按照昆明市政协的安排对石林县的劳动就业工作进行了视察，共提出七个方面的意见和建议：第一，积极为招商引资企业提供一条龙服务。第二，贯彻落实就业再就业优惠政策。第三，千方百计扩大就业，围绕石林县“543”倍增计划，收集开发有效就业岗位；政府购买公益性岗位100个，安置困难人员在县、乡镇、村委三级社区劳动保障服务岗位上工作；结合招商引资工作采取走出去、引进来的方式与用工单位联系开发收集有效就业岗位。第四，大力实施两个工程，抓培训促就业。第五，创建充分就业社区，建立健全县、乡（镇）、社区（村）公共就业服务网络。第六，做好失业保险扩面工作。第七，切实做好高校毕业生和农民工的就业服务工作。

【调研民族宗教界政协委员培育使用情况】 5 月 21 日，县政协根据市政协办公厅《关于协助做好 2009 年度省委常委专题调研工作的通知》要求，对政协委员及常委中宗教界人士的任职情况、培养使用情况及如何发挥宗教人士在政协工作中的作用等进行了认真调研。通过听汇报、查阅材料、召开座谈会，共提出三个方面的意见和建议：第一，要高举爱国爱教旗帜，重视和发挥宗教界在促进民族团结、社会稳定和谐、祖国统一等方面的独特优势和作用，加强对现有宗教教职人员特别是政协委员、宗教场所管理人员等的思想政治培训、教育和管理。第二，加强自身建设，认真贯彻宗教事务条例，增强责任感和使命感，积极兴办慈善事业，做好服务社会的工作。第三，组织有关部门对宗教服务经济社会发展、维护社会稳定等问题进行认真专题调查研究，及时发现存在问题，切实加以引导和规范，不断总结经验在更大范围内进行推广，使之逐步走向制度化、规范化、人性化。

【视察城镇污水和生活垃圾处理设施建设情况】 8 月 12 日，县政协根据市政协昆协城发《关于转发省政协人口资源环境委员会〈关于开展全省城镇污水和生活垃圾处理设施建设情况视察活动的通知〉的通知函》要求，对城镇污水和生活垃圾处理设施建设情况进行了认真视察。通过听取汇报、实地察看、查阅材料、召开座谈会等方法，共提出三个方面的意见和建议：第一，石林县实施城镇污水处理配套管网设施建设，建议进一步加强雨污分离工程（特别是西城片区）的实施，提高雨污分离效果，以便提高进水浓度，更加有效地发挥污水处理厂的作用。第二，依照法律规定，为进一步规范监督管理职责，建议污水处理厂建设管理职责应移交给县建设局，县环保局依法按职责对污水处理厂出水水质和水量实施监督。第三，按照省、市有关要求，县建设局调查研究建垃圾焚烧处理场，希望市、县有关部门对此项工作给予关心和支持。

【调查农村土地承包经营权流转情况】 9 月 25 日，县政协组成专题调查组，调查组与县农牧局、鹿阜镇、石林镇、长湖镇、板桥镇、西街口镇、圭山镇等相关人员召开座谈会，深入分析、探讨石林县农村土地流转工作的现状、存在问题以及下一步如何开展此项工作的意见建议：第一，坚持正确引导，把握政策原则。第二，建立健全制度，规范土地流转。第三，制定相关政策措施，保障土地有序流转。通过制定积极的政策，继续加大劳务输出力度；建立健全土地流转社会保障政策；加大财政、金融等政策扶持力度，建立土地流转扶持资金政策；对招商引资项目要由有关部门审核，全面考虑项目是否对财政增收、农民增收有利，是否对全县的可持续发展有利，避免政府出钱搞土地流转，老百姓低价流转土地变成“失地农民”，形成“失业农民”，最终造成政府无税收或低税收，农民收入低无就业，老板把利润全部拿走的状况，要通过农村农民土地流转，达到老百姓和老板、出让方和受让方、政府三方共赢的目的；在制定农村土地承包经营权流转实施细则中要明确承包期限，原则上不超过二轮农村土地承包剩余期限，并指定相关单位为土地价评估机构，以便统一土地流转价，保护农民切身利益，维护社会和谐稳定；根据十七届三中全会作出的《关于推进农村改革发展若干重大问题的决定》和市、县委提出的“三化”化“三农”的要求和思路，促进农业产业结构调整，鼓励发展农民专业合作组织，充分发挥农民专业合作组织在资源整合、带动农户搞规模经营方面的积极作用，最终走现代农业的道路。

【视察重点招商引资项目落地建设情况】 11 月 24～25 日，县政协成立了由县政协主席者培仙为视察组组长，副主席周和祥、苏云波、严华明为副组长，部分县政协委员为成员的视察组，先后视察了太阳能光伏发电、现代生态牧场、温氏集团、秦氏养殖场、台创园、石峰寺、斗牛城、上海新天地、财富中心等项目。通过视察、集体调研、走访座谈，对招商引资项目落地建设情况提出七个方面的意见：第一，进一步提高认识，增强抓好招商引资和项目建设的紧迫感和责任感。第二，扎实做好项目前期工作，确保项目建设顺利进行。第三，完善园区功能，夯实项目承载平台。第四，拓宽融资渠道，着力破解项目建设资金难题。第五，加强项目规划管理。第六，全力抓好在建项目建设管理，加快项目建设进度。第七，搞好协调服务，不断优化投资环境。

【视察“543”倍增计划落实情况】 11 月 26 日，县政协成立了由县政协主席者培仙为视察组组长，副主席周和祥、苏云波、严华明为副组长，部分县政协委员为成员的视察组，通过与县建设局、县发改局、县财政局、县统计局、县公安局、县计生局等相关部门座谈，查阅材料，对石林县“543”倍增计划落实情况提出五个方面的建议：第一，加强经济普查工作，进一步摸清家底。第二，不断壮大经济总量，增加县域经济实力。第三，不断加强投融资工作，推进城乡一体化建设。第四，支持加大招商引资工作，着力培育新的经济增长点。第五，加快优势产业发展，优化产业发展结构。

【征求石林园博园入口浮雕标志图案设计意见】 3 月 24 日至 4 月 10 日，根据县人民政府《关于征求昆明市首届园林绿化博览会石林园博园入口浮雕标志图案设计意见的函》的要求，县政协及时成立了以周兴荣副主席为组长的调研工作领导小组。县文体局给予大力支持，县政协教文卫史委员会牵头，抽调部分政协委员参加，采取听汇报、召开座谈会、个别走访、观看设计图方式进行，听取县人民政府领导汇报，进行座谈发言，观看设计图纸；走访部分社会贤达，到石林园博园实地察看，召开政协主席会进行讨论。征求到的建议、意见如下：第一，建设昆明市首届园林绿化博览会石林园博园入口浮雕是继续营销石林的一种手段，是向世人再次进行一次无声的宣传，设计、建设主题要紧扣“一诗”、“一影”、“一歌”、“一舞”、“一节”、“一绣”、“一景”的“七个一”内容。第二，图案内容一定要纯朴、直观，要具石林民族浓郁特色，充分展示石林民族文化和奇秀自然景色；图案形式上要展示石林独特的环境（含自然、人文），每个细节既要符合实际又要注入艺术的元素，要反映出如以阿诗玛、阿黑为代表的石林彝族民风、民俗、文化与奇秀自然等；图案设计中应将“七个一”融合起来，做到天地合一、人景相融，使其具有层次感、艺术感和神灵感；浮雕设计使用的语言文字要规范，署名要慎重；图案设计征求意见范围要广，最好在全国范围内进行征集。第三，昆明市首届园林绿化博览会石林园博园入口浮雕的建设一定要高标准、严要求地进行，浮雕的材料要使用质地好、颜色较深，耐阳光曝晒、风吹、雨淋侵蚀的石料；浮雕建设施工单位一定是具一流水平的施工单位，对施工中的每个环节质量要监督到位，使石林园博园入口浮雕成为石林的一项永远显现阿诗玛文化的精品工程。第四，主题要有文化底蕴，要经得起历史的检验，让游客记住石林民族文化的精髓。建议以阿诗玛长诗故事梗概为主题。第五，县文化馆围绕以“七个一”内容为素材，以反映古朴的石林彝族民风民俗为基调，设计一幅石林园博园入口浮雕标志图案，提供县人民政府领导决策作参考。

【调查进一步提高提案质量】 10月，根据县政协八届二次全会安排，县政协者培仙主席、周和祥副主席几次分别组织部分县政协常委、委员对提案工作情况进行了调查，听取了提案承办单位的提案办理情况汇报及对提案工作的意见建议。第一，加强对县政协委员的学习和履职培训。第二，指导政协委员深入基层调查研究。第三，严把提案“入口”质量关，充分体现尊重提案者的民主权利和严格的立案标准的一致性。第四，吸收承办单位负责人参与提案审查。第五，县人民政府适当延长提案的办理时限，不仅能够促使提案承办单位把能办的提案办得更好，还能将部分“拟办”提案变成“已办”或“在办”提案，从而提高提案的办理落实率，让更多提案能够发挥其应有的作用。第六，切实提高提案质量，注重提案办理实效。第七，制定委员履职管理规定。一年内不履职的，给予书面提醒，两年不履职的，劝其辞去政协委员或予以撤销政协委员资格。第八，对上年的提案落实情况进行跟踪回访，对已办复的提案落实情况进行跟踪，开展办理效果评估，有效巩固和扩大提案办理成果，注重落实，把跟踪回访情况向政协委员和各委办局通报，体现提案的重要性。第九，增强提案办理结果的公开透明度，充分发挥提案在履行政协职能和石林社会经济建设中的重要作用。第十，把政协确定的建议案和重点提案的办理纳入县委、政府两个目督办的督查督办内容进行督办，对办理不力的单位和个人实行问责。

【调研石林彝族酒文化】 8月20~31日，县政协成立专题调研组，对石林县彝族酒文化进行了深入细致的调研。调研过程中，调研组召开座谈会7次，参加人员共130多人，参加座谈的领导、专家、学者、企业家对打造石林县具有彝族文化内涵的酒产业提出了许多好的意见和建议：第一，充分挖掘彝族酒文化内涵。第二，成立酒类行业管理协会。第三，加大引导具有彝族文化内涵酒产品的销售力度。第四，建立酒吧、酒城一条街。第五，把酒产业的发展纳入“十二五”规划。

【调研培育发展文化产业】 10月10~16日，县政协成立专题调研组，采取个别走访、召开座谈会的方式，对石林县培育发展文化产业进行了深入细致的调研，提出了几点意见和建议：第一，增加投资，强化宣传，全力营造文化产业发展氛围。第二，解放思想，科学发展，着力打造一批阿诗玛文化项目。第三，创新思路，寻求突破，大力挖掘发展民族酒文化产业。第四，以推进城乡一体化和新农村建设为契机，大力发展乡村文化旅游。

（撰稿人：县政协办　李国宏）

群团组织

县总工会

【县总工会】 1951年11月，成立县总工会。2009年底下辖石林县工人俱乐部、昆明市困难职工帮扶服务中心石林县分中心、昆明市农民工维权中心石林县分中心。职工有8人，其中：公务员4人、事业人员3人、工勤人员1人。单位住址在鹿阜镇东城区九号地。

主　　席：朱玉和
常务副主席：李静江
副 主 席：张海斌（彝族，2月起）
　　　　　段云梅（女，彝族）

【工会组织建设】 2009年全县新增工会组织45个，发展新会员3266人。为进一步健全工作机构，夯实基础，把广大农民工吸收到工会组织这个大家庭中来，县总工会指导并支持县进城务工人员工会联合会在各乡镇分别成立进城务工人员工会联合会乡镇分会。

【职工医疗互助工作】 2009年7月1日第六期职工医疗互助活动正式启动实施，参加人数达9231人，比上一期增加330人，增3.7%。全年为332名生病住院职工提供医疗互助补助，补助金额89342元，个人单次最高补助达3839元。

【送温暖工作】 2009年发放“寒窗助学”资金59500元，帮助24名困难职工子女圆大学梦；慰问困难职工96人次，支出慰问金20200元；帮扶救助患重特大疾病职工47人，发放帮扶救助金37200元；救助困难职工27人，支出慰问金23800元。慰问全县59位劳模，发放慰问金31000元；提供11位省市困难劳模帮扶资金24980元；办理了283名改制企业困难职工医保。

【再就业工作】 积极开展小额担保贷款及“贷、免、扶、补”工作，为13名下岗失业人员提供小额担保贷款65万元；为10名困难职工和农民工提供创业无息贷款50万元；联合劳动就业保障部门举办SIYB创业、果树园艺工、推销员、水电工培训共300人。帮助219名就业困难人员实现了就业。积极促进下岗失业人员再就业，提供有效就业岗位1280个，实现城镇新增就业1016人，其中对4户零就业家庭提供就业援助，零就业家庭的就业率达100%。

【创优争先】 认真开展“工人先锋号”评选上报和“节能减排”立功竞赛活动。在评比中，县水务局荣获昆明市五一劳动奖状；县农牧局王邦海、县水务局余春荣获昆明市五一劳动奖章；盛丰煤业有限公司采煤一队、县建设局房产管理所、天合公司生产管理部荣获昆明市“工人先锋号”称号；县妇幼保健院被评为昆明市职工建功立业标兵岗；县地税局段晓燕被评为昆明市女职工建功立业标兵。组织全县行政机关、企事业单位职工积极参与“时代领跑者”评选活动，县供电公司被评为昆明市第四届劳动关系和谐企业，石林风景名胜区管理局顺利通过市级劳动关系和谐企业的复核验收。2009年县总工会机关被评为县级“文明单位”，并荣获市总工会目标责任考核一等奖。

【共同约定行动】 2月28日上午，在石林兴隆交通旅游集团公司广场举行了“共同约定行动”启动仪式。昆明市总工会党组书记、常务副主席张光华，市总工会副主席赵春华，中共石林县委常委、宣传部部长李福军，县人大常委会副主任、县总工会主席朱玉和，县总工会常务副主席李静江，县总工会副主席张海斌、段云梅以及石林县各系统工会主席、企业代表、职工代表共300余人参加了启动仪式。“共同约定行动”活动是工会、企业、职工面对金融危机，促进经济发展、维护职工权益的一项积极措施，旨在鼓励广大企业和职工迎接挑战，共克时艰，和谐共赢。

【县总工会九届二次全委（扩大）会议】 2月9日上午，县总工会在县困难职工帮扶服务中心组织召开县总工会九届二次全委（扩大）会议。昆明市总工会副主席方越、组织部部长李光，中共石林县委常委、县委宣传部部长李福军，县人大常委会副主任、县总工会主席朱玉和，县政协副主席周兴荣等领导到会指导。县总工会第九届委员会委员、经费审查委员会委员，以及不是县总工会第九届委员的各系统工会主席、县进城务工人员工会联合委员会各乡镇分会主席等共70余人参加会议。县总工会常务副主席李静江代表县总工会第九届常委会作了题为《深入贯彻落实科学发展观为实现跨越发展富民强县目标作出工会组织应有的贡献》的工作报告；县总工会副主席段云梅代表县总工会第九届经费审查委员会作经费审查工作报告。参会人员审议通过了两个报告。

（撰稿人：县总工会　徐春林）

共青团石林县委

【共青团石林县委】 1949年10月，路南县青年工作委员会成立。1957年5月25日，共青团路南县委正式成立。2009年底单位有公务员3人、工勤人员1人，办公地点在县委大院内。年内向支农联系点鹿阜镇阿乌村委会支持生产资金2000元。

书　记：普建勇（彝族，5月起挂职锻炼）
副书记：朱加智（5月起主持工作）
　　　　陈雪梅（女，彝族）

【团组织建设】 2009年抓好非公企业、协会组织建团工作。开展“一团一品”团建示范点创建活动，扎实推进少先队工作等，努力使团组织覆盖全体青年。全县共有团委23个、团总支110个、团支部556个（含25个非公经济团支部），团员15984人。其中：女团员8039人，占团员总数的50.3%；少数民族团员5957人，占团员总数的37.3%。14周岁至28周岁青年60316人，团青比例25%。专职团干部95人，具有大专以上学历31人，26周岁至30周岁专职团干部74人；兼职团干部69人，具有大专以上学历56人，26周岁至30周岁兼职团干部40人。

全县有少先队总队11个、大队73个、中队601个，共有少先队员22911名，兼职少先队辅导员632名。

【中国少年先锋队石林县工作委员会成立】 11月11日，经中共石林县委、昆明市少工委同意并批复成立中国少年先锋队石林县工作委员会。主要工作职责是：负责召开全县少代会及少工委全体委员会议；根据少先队教育的总体目标及任务，做好具有石林县特色的少先队工作；建立石林县少先队的社会化工作网络，加强少先队组织的自身建设；深化思想品德教育，活跃石林县少先队活动；加强对流动少年儿童教育和管理，增强对少年儿童的服务能力；开展各类少先队交流合作活动。

成员单位由共青团石林县委、县教育局、县公安局、县司法局、县科协、县文体局、县妇联组成；主任由朱加智（共青团石林县委副书记）、张云涛（县教育局党委副书记、纪委书记）担任；副主任由陈雪梅（共青团石林县委副书记）、董金臣（县教育局教育科科长）担任；设委员7名（王林明、刘海琼、徐翠萍、杨美艳、泰林红、李云霏、毕兰珍）。

【"两新组织"建团工作】 2009年根据上级团委的工作部署，重点在新经济组织和新社会组织（"两新组织"）中设立团组织。共青团石林县委通过充分研究和努力，分别于4月4日和11月25日在石林绿汀甜柿协会和石林锦苑花卉公司大学生创业园成功组建了团支部。将团组织的组织管理、教育培训优势转化为企业的人力培养优势，使团建工作和企业发展有机结合，发挥共青团组织工作服务经济发展的重要作用。

【基层团建示范点创建活动】 2009年按照团的组织要覆盖全体青年，团的活动要影响全体青年的总要求，共青团石林县委结合实际在村级团组织中率先开展了基层团建示范点创建活动，力求以创建促团建、以团建促活动。年内共评定了8个基层团建示范点，即南门社区团建示范、鱼龙坝村奶牛养殖基地团建示范、老挖村石林锦苑花卉公司团建示范、绿水塘村人工菌种植基地团建示范、矣维哨村农村团建示范、维则村贷免扶补工作团建示范、龙潭村贷免扶补工作团建示范、中龙村花卉种植基地团建示范。

【青年志愿行动】 4月15日，开展第21个爱国卫生月宣传，组织150名青年志愿者走上街头、商场、农贸市场，向广大群众进行了卫生宣传和健康教育宣传。6月1日组织30名青年禁毒志愿者参加了在县城大兴街举行的《禁毒法》宣传活动，发放宣传材料2000余份。6月6~8日，共青团石林县委牵头组织，与县教育局、石林兴隆交通集团共同开展了石林县2009年"爱心送考"活动，组织了15辆公交车和60余辆出租车及10余辆社会车辆，免费为全县1158名考生提供了安全、快捷的送考服务。6月10日，为配合创建国家园林县城活动，组织60余名青年环保志愿者在县城主要街道、市场、广场、店铺、人员集中的公共场所进行了宣传，共发放宣传材料3000余份。"6·26"和"10·26"禁毒日，分别组织19支禁毒志愿者中队500余人，在全县各个乡（镇）开展了以"珍爱生命，远离毒品"为主题的禁毒和防治艾滋病宣传活动，共发放宣传材料10000余份。年内，成立了石林县巴江河保护志愿者工作队一支（20人）、石林县学生环保志愿者队一支（100人），并参与到巴江河生态环境保护、环保志愿宣传、卫生环境整治及植绿护绿等青年志愿者活动中。

【希望工程】 2009年共青团石林县委向上级共争取希望工程款150万余元，援建了石林镇中心小学，改善了圭山尾乍黑小学、圭山伦华希望小学、长湖国立希望小学的办学条件。

9月21日，由共青团石林县委联合云南省青少年发展基金会、云南信息报社、新浪网等多家单位共同在石林县圭山伦华希望小学举办了"乡村教师爱心圆梦行动"。"乡村教师爱心圆梦行动"是针对长期在乡村从事教育工作的教师，根据自己的工作生活实际，向活动组提出自己的愿望，活动组将教师的愿望向社会公布，由社会爱心企业提供资助，帮助教师实现愿望。这次活动中，由昆明楚天学校向圭山伦华希望小学捐赠了20台电脑。

10月27日，石林县未成年人网脉工程在石林县民族小学正式启动。共青团石林县委、县教育局等单位领导参加了启动仪式。仪式上通过社会各界的支持，为县民族小学开设了网脉教育并争取了价值30万元的网络教育资源，为石林县青少年学生网络教育开创了新局面。

【爱心助学活动】 7～8月，共青团石林县委开展2009年“爱心助你上大学”活动，在全县范围内的爱心企业和单位筹集爱心善款5．86万元。8月向谭小毛、毕春丽、周霞、娄方启、虎江峰、毕淑娟、尚毕花、李月林、董志勇、徐艳方、陈宏祥、杨蓉、郑雄13名贫困大学生每人一次性资助4000元的助学金，帮助他们渡过难关顺利走进大学校园。

【青年文明工程】 2009年全县有国家级“青年文明号”1个，省级“青年文明号”4个，市级“青年文明号”13个，县级“青年文明号”15个。共青团石林县委对“青年文明号”单位采取了强化管理、巩固成果的措施，顺利通过了上级团委的重新考核、命名和认定。

【贷免扶补工作】 2009年共青团石林县委根据团省市委的要求积极组织实施了云南青年创业就业行动计划和“贷免扶补”工作，重点以18～40周岁的青年为主要对象，引导其自主创业，扶持其创业发展。

6月中旬成立了石林县青年创业就业服务中心、乡镇青年创业就业服务站，对150余名创业青年进行了分类创业技能培训。通过创业培训、创业项目筛选、创业资格审查，最后共有70名创业青年（12名城镇创业青年、56名农村创业青年、2名往届大中专毕业创业学生）通过了评审组的评审。通过评审后每个创业项目将获得导师一对一的项目发展指导，获得2～5万元的无息、无抵押贷款。共计完成300万元的“贷免扶补”小额无息贷款发放。

【青少年主题活动】 4月30日上午，在石林县民族中学礼堂举行纪念“五四”运动90周年庆祝大会。全县各乡镇、机关、企事业单位、村（社区）分管领导和团组织负责人，部分志愿者和学生代表共1000余人参加大会。县委、县政府、县人大、县政协领导出席了大会，县委书记罗朝峰作重要讲话。大会表彰了杨和平、张利华、许文慧、杨金丽、黄涛、张金梅、马永平、郭云丽、孙自彦、杨宏梅、范成科、黄云梅12名“2008年度石林十佳青年”；李涤菲、毕成赟佳、昂小萌、邓爽、朱丹琪、罗英洁、朱树芳、赵龙娇、赵磊、徐姝慧、陈欣桐、艾芳12名“2008年度石林十佳少先队员”。

5月1日、5月3日，共青团石林县委联合石林老首家具成功举办了“老首家具杯”石林青年民族舞蹈大赛。大赛共有中青年33支参赛队共600余名团员青年和民间舞蹈爱好者参加比赛。5月4日，由共青团石林县委、县教育局主办的石林县中学学生“三独”比赛在县民族中学举行。7月28日至8月15日，联合石林县文体局举办了石林青年足球邀请赛。

（撰稿人：共青团石林县委　曹安平）

县　妇　联

【县妇联】 1950年11月，成立路南县民主妇女联合会。1956年12月，改称路南彝族自治县妇女联合会。2009年底，县妇联内设办公室、妇女儿童工作委员会办公室，实有在职干部职工4人，其中：公务员3人、工勤人员1人。单位办公地址在县委大院内。帮助支农联系点万卜所村委会解决春耕生产工作经费5000元。

主　席：毕金兰（女，彝族，12月止）
　　　　普向梅（女，彝族，12月起）
副主席：符锐冰（女，彝族）

【妇女发展工作】 2009年县妇联组织农村妇女参加素质教育培训16期，培训1396人次；配合县科协举办农函大培训班9期，培训妇女818人次；组织下岗失业失地妇女培训7期575人次；选派12名妇女参加了市妇联举办的“女科技致富带头人”培训班学习。培养“女科技致富带头人”20名，创建命名县级“巾帼科技致富示范村”8个，推荐上报市级“巾帼科技致富示范村”7个。组织实施农村小额扶贫贷款500万元，扶持1066户（其中温氏养鸡62户31万元）妇女发展种养殖业及其他产业。积极向省妇联争取到“大地之爱·母亲水窖”项目资金12万元，在石林镇普豆村村民小组组织建设。组织实施第六批下岗失业人员小额担保贷款400万元和“贷免扶补”100万元，帮助350名妇女创业和再就业。做好第二至第五批城市下岗失业人员小额担保贷款使用情况的督促指导工作，回收率达100%。

2009年，县妇联先后被市妇联授予“昆明市小额贷款工作先进集体”、“昆明市妇联组织先进集体”荣誉称号，被县委、县政府表彰为“石林县就业再就业及农村劳动力培训转移工作先进单位”；石林镇三家村村民小组被省妇联授予“云南省新农村建设巾帼示范村”称号。

2009年10月27日，省妇儿工委领导到石林督导工作

【巾帼建功活动】 2009 年县妇联命名县财政局国库科、县就业局服务大厅、县民族小学低年级办公室为第十二批县级“巾帼文明岗”。进一步推进岗村(社)联动活动，创建岗村(社)联动示范点 2 个，结联动对子 6 对，开展活动 18 次。

【文明创建工作】 “三八”妇女节期间，县妇联命名表彰了一批巾帼建功先进集体和个人，通过《石林新闻》宣传报道了赵瑞萍、李琼芬、杨红梅、保玲芬等 4 位农村种养殖女能手及女企业家的典型事迹；组织 200 余名妇女干部及巾帼志愿者在蒲草村核桃种植基地举行纪念“三八”国际劳动妇女节 99 周年暨抗旱保苗巾帼志愿者活动，浇灌核桃幼苗 200 亩 4400 余株。2009 年县妇联共创建云南省“百户学科技家庭”1 户、“百户创新绩家庭”2 户，昆明市“五好文明家庭”4 户、“五好文明家庭”标兵户 1 户。

【实施“春蕾计划”】 在各级妇联组织中开展为“昆明市春蕾少年儿童基金会”募捐的活动，共收到 92 个单位、6529 名干部职工募捐款 92482.8 元；向省、市妇联推荐了 14 名“春蕾女生”到昆明市女子中学和其他中等职业学校就读；开办石林县第一个“春蕾职业高中班”，录取 50 名贫困家庭的女生到该班就读；继续开展“双合格”教育实践活动，共举办家教培训 3 期，培训学生家长 1800 人次；征订《家庭教育文摘》10364 份。

6 月 1 日下午，由省儿童少年基金会和武警云南省森林总队共建、石林县首个春蕾图书室——“武警森林春蕾图书室”正式在石林小学挂牌。省妇联与武警云南省森林总队为石林小学送来了一台电脑和 2000 多册图书，解决了学校图书匮乏的难题。省妇联主席、省儿童少年基金会理事长胡有兰，武警云南省森林总队政委牛喜富，省教育厅副巡视员田德成，市妇联党组书记、常务副主席郭跃红，县委常委、县人民政府副县长毕春华，县委常委、县委宣传部部长李福军等领导参加了挂牌仪式。省家庭教育专家黄艾兰以“家长如何配合学校进行家庭教育”为主题，从孩子们喜欢什么、家长需要什么，为石林小学 150 多名家长作知识讲座。省、市、县领导实地考察了石林县“妇女之家”和巾帼科技示范基地。

【爱心帮扶活动】 2009 年县妇联共接待妇女来信来访 34 件，处理率达 100%。开展关爱女性健康公益活动，组织 850 名农村贫困妇女参加昆明市“女性健康帮扶”免费体检，组织机关妇委会女职工妇检 303 人次。春节、“六一”期间，继续开展了“送温暖·献爱心”活动，与有关部门联合，分别对 24 名农村贫困母亲、3 名老党员、145 名贫困贫残儿童进行了走访慰问，发放慰问金及慰问品 2.7 万余元；向石林小学、小天鹅幼儿园赠送价值 3000 余元的学习用品及文体用具。

【县妇联第十一届二次执委（扩大）会议】 2009 年 2 月 13 日，县妇联召开第十一届二次执委（扩大）会议。会议认真传达学习了市妇联第十三届五次执委会议和县委十届五次全会精神，县妇联主席毕金兰作了题为《认真践行科学发展观，团结带领全县妇女为加快推进石林跨越式发展再立新功》的工作报告，总结了过去一年的妇女工作，安排部署 2009 年各项工作任务。县人大常委会副主任徐梅芬到会指导并作了重要讲话，对做好 2009 年妇女工作提出了新的希望和要求。

【县妇联第十一届三次执委会议】 2009 年 12 月 25 日，县妇联召开第十一届三次执委会议。会议替补和选举普向梅为县妇联第十一届执行委员会委员、常委、主席。

（撰稿人：县妇联　毛丽芝）

县工商联(商会)

【县工商联（商会）】 1956 年 5 月成立县工商联（商会）。2009 年底有驻会干部 3 人（公务员身份），有会员 173 人（家）。单位办公地点在县委大院内。年内资助联系点板桥镇青山村委会 1500 元生产经费，帮助板桥镇青山村委会向省民政厅争取到农村基层政权建设资金 10 万元。

主　席（会　长）：何中清

副主席（副会长）：

严华明

李琼仙（女，白族）

赵文良

李建东

张云元

陈新龙

李双喜（女）

普连宏

郭跨存

陈　兴

【春节企业家座谈会】 2009 年 1 月 12 日，在石林大酒店组织召开 2009 年春节企业家座谈会，县委书记罗朝峰、县人民政府县长李忠德、县委副书记裴演兵等县四套班子主要领导和联系领导，县直有关委办局的领导，国有企业代表，金融系统代表，在石林县新投资的企业家代表，本县企业家代表，市工商联副主席何汝祥，云南省浙江商会、云南省江西商会等 10 家驻昆商会应邀参加了会议。会上，县委书记、县长分别作了重要讲话，云南省浙江商会秘书长刘志刚、昆明市泉州商会办公室主任陈艳红、石林县农村信用联社主任朱绍明、云南万家欢食品集团董事长杨树云、昆明石林兴隆交通旅游运输集团董事长杨树森、福建商会会长张银森等 6 位企业家代表分别发言，对石林发展提出很好的意见和建议。会议进一步增强了县委、县人民政府与企业之间的沟通、合作与交流。

【参观考察学习】 1 月 14 日，组织石林商联投资集团等 10 家企业参加市工商联组织的“当前国际金融和国内经济形势等问题的培训”。5 月 4～7 日，组织石林美邑石文化投资开发有限公司、石林绿汀甜柿产品开发有限公司等 3 名厂长（经理）参加“2009 年度昆明市非公经济代表人士培训班”的学习，学

习了现代新昆明建设、科学发展观与企业发展、金融危机对企业的影响及对策、企业法律维权等知识。9月10日，组织云南梦达尔集团等3名企业总经理参加昆明市工商联组织的《关于加快中小企业发展的实施意见》解读培训。9月19日，组织云南石丰种业有限公司、石林兴隆焦化厂等17家企业参加由县司法局、县工商联举办的“四走进、四服务”培训，切实推进司法工作为企业维权等服务。

【表彰优秀非公企业】 1月20日，在石林县四级干部大会上，石林万家欢农业科技开发有限公司、云南梦达尔集团、云南众友电缆桥架集团有限公司、石林电力工程发展有限公司、昆明石林兴隆交通旅游集团有限公司、云南石林兴亚实业集团、石林商联投资集团担保有限公司、石林房地产开发有限公司、石林万城旅游文化投资有限公司、石林幼儿教育集团等10家企业被县委、县人民政府评为“2008年度石林县优秀非公企业”。12月17日，昆明石林兴隆交通旅游集团有限公司董事长杨树森、石林万城阿诗玛旅游文化开发有限公司总经理韦薇被市委统战部、市工商联评为“昆明市第三届优秀中国特色社会主义建设者”。

【成立石林县企业联合会、企业家协会】 根据昆企协文件精神和县委书记罗朝峰的批示精神，县工商联通过学习调研，研究、制定了《石林县企业联合会、企业家协会组建方案》，并报县委常委会审批，经中共石林县委2009年10月23日常委会议研究，同意组建石林县企业联合会、企业家协会。经过县工商联的认真筹备，2009年12月11日在石林会议中心隆重召开了石林县企业联合会、企业家协会成立大会，云南省企业家协会常务副会长李若林、昆明市人大常委会副主任董利华、昆明市企业家协会会长彭文凯、云南省四川商会会长郑宇毅、中共石林县委副书记裴演兵、县人大常委会主任李绍增、县政协主席者培仙等领导到会祝贺。会议由县委常委蔡志岳主持，大会审议和通过了《石林县企业联合会、企业家协会章程》，选举产生了以何中清为会长，蔡志岳、王彦平、蓝桂华、民晓宁为常务副会长，严华明、赵一民等26人为副会长的第一届领导班子，聘请县委书记罗朝峰、县人民政府代理县长毕春华为名誉会长，昆明市副市长何波、昆明市企业家协会会长彭文凯为顾问。会上，云南省企业家协会常务副会长李若林和中共石林县委副书记裴演兵向石林县企业联合会、企业家协会授牌授印。新当选会长何中清作了表态发言。中共石林县委副书记裴演兵代表中共石林县委、县人大、县政府、县政协向企业联合会、企业家协会的成立，以及新当选的会长、常务副会长、副会长和全体理事表示热烈的祝贺，就进一步加强企业“两会”工作，充分发挥企业“两会”双向服务作用，推动石林经济社会跨越发展提出四点希望和要求：一要加强管理，增强凝聚力；二要加强沟通联系，发挥桥梁纽带作用；三要加强协调服务，提高企业的市场竞争力；四要加强宣传教育，引导企业履行社会责任。

【成立异地商会】 根据昆明市委常委会《关于加快发展商会的意见》和市工商联《关于2009年度县（市）区工商联发展异地商会的工作安排》的文件精神，县工商联积极做好摸底调查、走访调研、宣传动员、制定工作方案等基础性工作。2009年9月16日下午，在石林会议中心隆重召开石林县工商业联合会川渝商会、福建商会、浙江商会、粤桂商会成立大会。云南省工商联主席杨焱平，市人大原副主任、石林川渝商会名誉会长何光炽，云南省工信委产业处处长李先祥，市委统战部副部长吴军，市工商联副主席、市经委副主任魏恺，市扶贫办副主任廖平，县委书记罗朝峰、县人民政府县长李忠德、县委副书记裴演兵、县人大主任李绍增、县政协主席者培仙等四班子主要领导和分管联系领导，云南省福建商会会长林时营、云南省河南商会会长刘兴督等部分省、市级商会领导，石林县工商业联合会川渝商会、福建商会、浙江商会、粤桂商会会员代表共400余人参加成立大会。会议由县委副书记裴演兵主持，会议通过了选举办法、四个商会的章程、财务管理制度、会费管理办法，选举产生了以黄生祥为会长的石林县工商业联合会川渝商会的领导班子，以蒋志强为会长的石林县工商业联合会福建商会的领导班子，以吕红桂为会长的石林县工商业联合会浙江商会的领导班子，以陈火生为会长的石林县工商业联合会粤桂商会的领导班子。省工商联主席杨焱平、县委书记罗朝峰向四个商会授牌授印。四个商会的会长作了表态发言。县委书记罗朝峰向四个商会的成立表示热烈的祝贺，对商会今后的工作提出了四点要求：一是坚持正确政治方向，不断壮大商会会员队伍；二是坚持抓好经济发展，不断扩大石林经济总量；三是坚持发挥组织优势，不断增强商会桥梁作用；四是坚持加强自身建设，不断开创商会工作新局面。石林县首次成立了异地商会。

【参政议政】 深入石林大酒店、昆明石林兴隆交通旅游集团、石林温氏畜牧有限公司、石林锦苑花卉园、石林县农村信用联社等企业进行调研，广泛听取企业的意见建议，及时撰写《关于走访企业的调研报告》、《关于2009年发展异地商会的调研报告》、《加大旅游产品结构调整开发，把石林建成中国一流世界知名的旅游目的地》、《加强经济统战工作，促进石林非公经济健康快速发展》4篇调研报告上报县委，为县委、县人民政府决策发挥参谋助手作用。

（撰稿人：县工商联　杨　明）

县 科 协

【县科协】 1986年正式成立县科协。2009年内设办公室、科普部、综合部，年底有公务员5人、工勤人员1人、抽调2人。县科协被云南省科协和省农函大学评为先进集体。资助支农联系点长湖镇乍龙村委会3000元生产经费。

主　席：李建民（4月止）
　　　　陈永洪（4月起）
副主席：武经旭（9月止）
　　　　段圳宗（9月止）
　　　　高云峰（彝族，9月止）
　　　　高俊春（女，8月起）

【科协组织建设】 2009年石林县建有乡镇科协7个，科协工作人员由科技干事兼任；村（社区）级设立科普小组，由村支部书记兼任组长；各村（社区）设立专职或兼职科普宣传员。有农技协26个（其中在民政局登记的有22个），有会员6874人。

【科普宣传活动】 2009年县科协结合“三下乡”、“科技周”、“全国科普日”等活动，积极联合有关单位充分发动广大科技工作者、科普工作者和科普志愿者，紧密围绕活动主题，精心策划和组织了15项活动，其中县级活动7项、乡镇活动8项，内容涵盖健康卫生、科普展览、科技下乡、科普资源开放、科技创新、节能减排环保、防震减灾等方面。活动期间，共举办科普报告会1场、科普知识展览4场、科技知识竞赛25场、培训班46期，发放科普资料86805份、科普挂图7500张，设置科普展板37块，播放科普录像（电影）2场，参与活动单位20个、科普志愿者414人次、群众13.5万人次。

【青少年科普活动】 2009年县科协积极组织全县青少年参加第24届昆明市青少年科技创新大赛，荣获一等奖33项、二等奖85项、三等奖196项，4家单位荣获优秀组织奖。小学生科技论文《彝族撒尼人民间儿童游戏的调查》荣获第24届云南省青少年科技创新大赛一等奖和云南省科学技术协会主席奖两个奖项。举办石林县2009年科技创新教育工作培训会，全县100多名科技辅导教师参加了培训会；联合县教育局在科普中心举办第三届“国际数棋”科普学习竞赛活动；开展“壁挂式流动科技馆”巡展活动。长湖镇中心学校和圭山镇中心学校被中国科协确立为“英特尔求知计划”项目培训基地。

【服务农技协】 加强和规范农技协财务监督管理，分别由致富能人、企业主、科普示范基地牵头组成了残疾人养殖技术服务协会、种子技术服务协会、农药技术服务协会、苗木花卉产业协会等。举办了各乡镇科协工作人员，全县各农技协会长、副会长和秘书长共70多人参加的农村专业技术协会骨干培训会。

【科普惠农建设】 按照“抓重点、严标准、创特色、见成效”的工作思路，县科协在51个行政村设立科普宣传栏，基本做到“三有四统一”（每个试点有科普服务站、有科普宣传栏、有科普宣传员，统一科普宣传栏尺寸、统一牌子、站内科普书籍不少于200册、统一管理制度上墙）。争取上级科协立项支持5万元，配置“壁挂式流动科技馆”。配齐各村委会（社区）科普宣传员并出台了《石林县科普站栏员管理办法》，进一步规范站、栏、员管理。油桃协会会长吴志生被中国科协、财政部授予“全国科普惠农兴村”先进个人称号。《中国财经报》记者专题采访组对石林实施“全国科普惠农兴村”项目取得的经济效益和社会效益给予了充分肯定。围绕农业增产、农民增收，结合当地实际组织开展了养鸡、果树等10个专业的培训班27期，培训农民1788人。

【县科协第三次代表大会】 9月2～3日，召开石林县科协第三次代表大会。省科协党组成员、副主席赖永良，市科协党组书记、主席王月冲，县委书记罗朝峰，县人大主任李绍增，县政协主席者培仙，县委副书记裴演兵，县委常委、组织部部长王昆，县委常委、宣传部部长李福军，县人大副主任朱玉和，县政府副县长和加卫，县政协副主席周和祥，原科协主席李建民，各乡镇分管领导等应邀列席会议；代表各学科、各专业的179名科技工作者代表参加了会议；县委常委、县委宣传部部长李福军主持开幕式。

县科协主席陈永洪受县科协第二届委员会委托，向大会作题为《推动科学发展，促进社会和谐，在科教兴县的伟大实践中开创新时期科协工作新局面》的工作报告；大会选举产生了县科协第三届委员会委员，陈永洪当选为主席，高俊春当选为专职副主席，槐永强、蒋春平、毕卫华、黄文学当选为兼职副主席；会议通过了县科协第三次代表大会关于第二届委员会《工作报告》决议，通过了执行《中国科学技术协会章程》决议；出席大会的全体代表向全县科技工作者发出倡议书；会上表彰了基层科协工作、科学素质工作、科技工作和农民技术人员等80名先进个人，基层科协、科学素质工作和农村专业技术协会等25个先进集体。

（撰稿人：县科协　娄玉泉）

县残联

【县残联】 1999年6月，成立县残联。2009年内设办公室、综合科，直管5个专门协会。融残疾人康复指导、康复训练、就业服务、职业培训、残疾人特殊用品用具供应、残疾人文体活动为一体的石林县残疾人综合服务中心于12月底基本竣工，投入使用。中心占地5亩，建筑面积2124平方米，总投资350万元。年底县残联有公务员4人、工勤人员2人。2009年12月搬迁至石林县残疾人综合服务中心（县城东城区天合烟叶复烤公司后大门旁）办公。年内向支农联系点石林镇长跨村委会支持生产经费2000元。

理 事 长：徐丽琼（女）

副理事长：李宏鸣

【残联组织】 2009年石林县登记在册的六类残疾人共有7600人。在农村建有乡镇残联7个，乡镇残联工作人员由民政助理兼任，村级残疾人工作由村委会三职负责。设农村残疾人联络员71人，服务覆盖全县17万人口。开展按新评残标准核发全国第二代残疾人证工作，因新、老证残疾标准变化以及等级设置改变，对残疾人及残疾人亲属提出的疑问、责难按政策进行了解释。至12月底共核发新残疾人证3230本。

【康　复】 2009年县残联投入1.6万元，向贫困残疾人供应轮椅18辆、不锈钢腋下拐10对、手杖50支、盲杖10支、盲表4块。配合市残联为7名贫困残疾人免费安装大腿假肢2条、小腿假肢5条，价值3万元。向20户残疾家庭补助无障碍改造经费1万元。根据市残联的安排，开展残疾人康复需求调查，对换证残疾人统一填制康复需求调查表，完成调查表2100余份。残疾人综合服务中心建成后，向昆明市体育局争取到天梯、单双杆等一批室外体育健身器材充实中心训练设施。

【扶贫解困】 2009年对上一年度100户残疾人危房改造工作进行检查验收，85.5万元危改资金100%发放到残疾人手中，使之真正办成了民心工程、廉洁工程。配合县建设局组织实施农村民居地震安全工程，2009年任务数为40户残疾拆除重建户补助44万元，10户残疾加固户补助4.5万元，因对房屋建设要求较高，而残疾家庭相对困难，项目处于调整实施过程中。对生活较为贫困、无能力参加农村民居地震安全工程、房屋又因降雨山体滑坡火灾等重大灾害造成实际困难的10户残疾家庭，按每户3000元给予新建修缮补助，共补助3万元。利用春节、助残日、“七一”、国庆、中秋等节日对全县贫困残疾人、贫困残疾党员、村委会残疾人联络员、残联主席团委员、残工委成员、福利企业残疾职工进行走访慰问4次，慰问各类残疾及相关人员528人次，送去慰问金、慰问品折合人民币11.49万元。配合生龙生态公司落实市残联努比亚羊养殖扶贫项目，向10户残疾人养殖户发放饲养超重奖1.25万元，鼓励残疾家庭精养精饲，提高养殖水平。向42户2008年末未兑现饲料补助的残疾养猪家庭兑现养猪补助8800元。与县科技局一同向16户残疾家庭发放科技发展基金低息贷款16万元，扶持残疾人发展种养殖业或个体临时就业。向17户养殖示范户发放贷款贴息补助9800元。深入农村联系点，为残疾贫困户解决春耕缺肥实际困难，向22户残疾家庭发放尿素、复合肥88包，价值4000元。根据市残联安排，启动第一批重度残疾居家托养项目，对25名重度残疾人按每月100元实行居家托养，共发放托养金3万元。开展各类生产、生活、医疗临时救济，共救助34人，发放救助金7600元。

【劳动就业】 2009年县残联对达不到安排残疾人就业比例的用人单位，依法清欠、收缴政府性基金——残疾人就业保障金72万元，县直机关、事业单位的征收率达到98%。对南亚焦化厂关闭后失业残疾职工做好再就业推荐工作，推荐9名残疾职工到昆明就业。

【教育工作】 2009年残疾儿童的义务教育工作随班就读率达90%。县残联积极开展应届初中高中毕业残疾学生、残疾家庭子女学生调查，收集资料60人，按考取大学本科每人资助3000元、考取大专2000元、考取中专1000元，资助了2009年新入学本科学生10名、大专11名、中专10名，共发放一次性入学资助金6.2万元。根据2009年助残日主题——“关爱残疾孩子，发展特殊教育”，开展一系列扶残助学工作，向部分在读残疾中小学生人均资助200元，共资助30人，发放助学金6000元；对县属小学在读残疾学生及残疾家庭子女进行资助，共资助45人，发放助学金9000元；与县红十字会一同资助残疾学生10人，发放资助金1000元。

【白内障复明手术】 2009年，县残联、县医院、县新型农村合作医疗办在全县范围内组织实施“彭年光明行动”免费白内障手术项目，经过近2个月的筛查，全县共筛查出严重白内障患者189名。8月25～29日，由省残联、市残联共同组派的医疗队对适合手术对象的95名患者实施白内障复明手术，晶体植入率100%，手术费用9.5万元由“彭年光明行动”资助，对患者做到了全免费，另外由市县残联对实施手术的患者补助车旅费用4750元。以上共为石林县白内障患者减免检查、手术、药品等费用9.975万元。本次手术的对象多数为中老年人，通过手术，这部分白内障患者告别了黑暗，重见了光明。

（撰稿人：县残联　李宏鸣）

县延安精神研究会

【县延安精神研究会】 2004年12月27日，成立了县延安精神研究会。2009年底有理事25人（其中常务理事9人），专职工作人员3人，会员962人。会址设在县委大院内。

会　　长：李万全（彝族）

副 会 长：徐梅芬（女）

　　　　　赵淑珲（女）

秘 书 长：陈延选

副秘书长：高云曦（女）
董建平

【延安精神进校园联欢会】 2009 年 3 月 4 日晚，石林、陆良两县延研会艺术团和县一中文艺代表队在县一中举办了“延安精神在校园”文艺联欢会，各级领导、师生共 2400 余人参加了联欢。晚会紧扣弘延主题，有大合唱《解放区的天》，乐器合奏《地道战》主题歌、《延河歌魂》，小品《爷爷回延安》，舞蹈《十送红军》等节目参演。

【红歌会】 3 月 25 日，县延安精神研究会牵头，县总工会、县文体局配合，在县民族中学礼堂组织举办了一台红色革命歌曲竞赛。教育、卫生、水务、鹿阜、大可、西街口、长湖分会，石林管理局，武警石林森林中队，县延安精神艺术团等 10 个队参赛。通过评委现场打分：教育分会获特等奖，鹿阜分会、县延安精神艺术团获一等奖，其余分别获二、三等奖。

【第二届一次会员代表大会】 8 月 28 日，县延安精神研究会在县会议中心召开了第二届第一次会员代表大会，出席会议代表 120 余人。会议讨论通过了第一届会长黄有德所作的《传承和弘扬延安精神，为石林经济社会跨越发展作贡献》的工作报告；讨论通过了《石林县延安精神研究会章程》修改草案；表彰奖励了先进分会 3 个、先进会员小组 18 个、先进会员 50 名；选举产生了第二届理事 25 人。会议期间召开了第二届第一次理事会议，选举产生了常务理事 9 人、会长 1 人、副会长 2 人、秘书长 1 人、副秘书长 2 人；经理事会提议，大会表决通过了聘请县委书记罗朝峰、县长李忠德、县人大主任李绍增、县政协主席者培仙为县延安精神研究会顾问；聘请县委常委、宣传部部长李福军为名誉会长。

【延安精神进基层文艺创作会】 10 月 23 日，为解决延安精神进机关、学校、农村、社区、企业文艺创作人员及作品匮乏的问题，县延安精神研究会在县教育局大会议室召开了学习十七届四中全会精神暨弘扬延安精神文艺创作工作会，共有 50 余名文艺创作爱好者参加了会议。会议就四中全会精神、延安精神、有关创作业务事项作了交流发言，会长就创作目的、作品数量和质量、上报时限等提出了具体要求和希望。截至年底，共收到 30 余篇各类文艺作品。

【延安精神进农村宣讲活动】 2009 年，为贯彻省市延安精神研究会召开的延安精神进农村经验交流会议精神，县延安精神研究会组织了李万全、陈延选、唐保鹤、高树华、郎必辉、赵淑珲、黄有德、黄文学、陈学智、张荣敏等 10 位同志到 43 个村委会宣讲了题为《延安精神与党的建设》的党课。

【汇编出版《石林辉煌六十年征文选编》】 2005 年开始，县延安精神研究会就向社会各界人士征集关于石林辉煌建设的作品。2009 年 10 月，从征集到的 150 余篇作品中筛选了 52 篇汇编出版了《石林辉煌六十年征文选编》。此书 25 万余字、30 幅彩照，共印 800 册，以图文并茂的形式展现了石林六十年来的建设成就，具有一定的存史、资政、育人价值。

（撰稿人：县延安精神研究会　陈延选）

军　事

县人民武装部

【县人民武装部】 1951年12月成立县武装部。2009年，县人武部设军事科、政工科、后勤科，下辖7个乡镇和2个企事业武装部，机关有军队干部7名，职工10名（含1名临时工）。办公地点在鹿阜镇东城区。年内县人武部被省军区评为“全面建设达标单位”，被昆明警备区评为“全面建设先进单位”、“征兵工作先进单位”。全年资助支农联系点圭山镇当甸村委会生产经费5000元，为困难群众送棉被、油、肉食品等折合人民币3000多元。

部　　长：自成相（彝族）
政　　委：张　达
副部长兼军事科长：廖传文（9月起）
鹿阜镇人武部长：秦绍林
石林镇人武部长：张志强（彝族）
西街口镇人武部长：董贵林（彝族）
圭山镇人武部长：杨兴有（8月起）
长湖镇人武部长：（缺）
板桥镇人武部长：李春华
大可乡人武部长：朱树霖
天合公司人武部长：李德友
旅游局人武部长：（缺）

【思想政治工作】 2009年，人武部党委始终把思想政治建设放在首位，坚持按照“党委核心领导作用坚强、思想政治教育成效明显、党管武装制度落实、干部职工队伍素质过硬、经常性思想工作扎实”的要求，全面贯彻落实科学发展观。坚持以学习实践科学发展观为主线，认真抓好“重事业、强素质、树形象”专题教育和当代军人核心价值观主题教育。继续抓好抵制“黄、赌、毒和艾滋病”侵蚀；利用民兵军事训练、参加重大活动等时机，在民兵预备役人员中广泛开展党的路线方针政策、爱军习武、战斗精神教育。通过深入开展历史使命、理想信念、战斗精神、社会主义荣辱观、伟大的抗震救灾精神等教育，使理论武装得到切实落实，确保了干部职工和民兵预备役人员政治合格。

【战备工作】 根据警备区工作部署，在2008年战备工作试点建设的基础上，组织修订完善战备工作方案。在成立民兵多样化分队后，针对可能担负的任务，又制定了多个应急预案。9月，组织干部对重要目标应急预案和抢险救灾应急预案进行了计算机网上演练，有效提高了机关组织实施非战争军事行动的能力，战备工作有了明显的加强。在参加昆明市多样化民兵分队展演示暨竞赛活动中，取得了总分第三名，1个单项第一、1个单项第四、1个单项第五的成绩。

【基础建设】 根据2008年县委议军会安排部署，有效利用划拨资金，对人武部硬件设施和乡镇武装部进行了规范化建设。重点对县人武部武器弹药库、保密室消防安全设施进行了修建和完善，对食堂、厨房进行了改扩建，安装了监视系统，并与警备区监视系统进行联网。同时，对营门和警卫执勤进行了人员调整，采取双人双岗，配备了对讲机、警备防暴器材，确保重要目标的绝对安全；各乡（镇）按照A类标准建设已全部达标。通过硬件、软件的不断建设和完善，有力地促进了两级人武部正规化建设的全面、协调、可持续发展。在2009年省军区组织的全面建设先行达标活动中，县人武部顺利通过达标验收，成为昆明市4个先行达标单位之一。

【征兵工作与军事训练】 按照国务院、中央军委征兵命令和相关政策规定，县人武部认真贯彻市征兵工作会议精神，加强领导，周密计划，严格标准，密切协调，狠抓兵员质量关，圆满完成了2009年冬季新兵的征集任务。全年组织284名民兵进行年度军事训练，练出60人的多样化任务民兵分队。

【参建参治】 2009年出动民兵3070余人，在石黄牛植树造林10亩600余株，组织驻石部队为台湾创业园植树60余亩，在长湖景区植树挖塘626亩共70776个塘；春节期间组织50名民兵参加石林县“春节斗牛比赛”活动安保执勤；2月5～6日两天，每天组织46名民兵、7～8日每天组织民兵290人待命，参加县工业大道丈量工作；火把节出动民兵500余人参加安保执勤。

【国防教育】 国防教育始终以党政领导干部、青年学生和基层民兵预备役为重点，坚持以点带面，促进国防教育活动不断深化。积极组织各种类型的国防教育活动，不断提高群众的国防观念和军事技能。2009年组织全县正科以上领导干部进行抢险救灾专题知识培训，参观人武部战备建设成果，增强了领导干部的国防观念和忧患意识；组织全县正科以上领导干部过“国防军事日”，进行长途拉练和轻武器射击等军事科目，进一步提高各级领导干部的国防意识；为西街口镇4个村委会进行了国际国内形势专题讲座；完成为期4天的县中青年干部40人训练，并组织徒步拉练；组织驻军为两所高级中学训练新生700余人；利用民兵训练、整组、公务员训练等时机场合，通过新闻媒体、报刊等形式进行国防教育，全县人民受教育率达90%以上。通过扎实有效、形式多样的宣传教育，形成了全社会关心国防建设、支持国防建设、参与国防建设的良好氛围。

【双拥工作】 积极组织干部职工按照“同呼吸、共命运、心连心”的要求，开展拥政爱民活动，不断促进全县军政军民团结，构建和谐的军政军民关系。充分发挥纽带作用，积极协调驻石部队开展拥政爱民和军民共建活动，4支部队与地方4所学校（县民中、紫玉小学、石林镇中心学校、路美邑职中）、2个单位（县文化馆、县管理局）深入开展双拥共建；组织协调驻石部队进行拥政爱民座谈会和军政座谈会；组织民兵参与文明村寨、文明社区、文明公民创建活动，带头弘扬精神文明，参加社会公益事业建设；春节和“八一”期间，县主要领导和驻石部队首长带民政部门走访慰问了驻军和军烈属，进一步密切了军政军民关系，巩固和发展了军政军民团结的良好局面。

（撰稿人：县人武部　李章勇）

武警石林中队

【武警石林中队】　1983年12月，组建成立武警石林中队。2009年，中队指导员张锋被支队评为“优秀教员”，8名战士被武警昆明市支队评为优秀士兵，15名战士受支队通令嘉奖，2人荣立三等功。

中队长：刘　义

指导员：张　锋

【军事训练】　按照“执勤安全有保障、处突反恐有把握”的要求，以任务为牵引，以质量为核心，坚持按纲施训，依法治训，突出重点，深化改革，努力提高部队正规化训练水平和信息化条件下的执勤、处突和反恐能力。重点抓擒敌术、射击、战术、反恐和专勤专训。全年中队完成105个训练日，参训率95%，补训率100%，在支队举办的片区军事会操中，中队取得了第一名的优异成绩，在支队组织的军事比武中，3名战士参加，1名取得全能第二的好成绩，并被选送参加支队反恐集训。

【日常勤务】　按照能遂行作战、处突、反恐、执勤、抢险救灾等任务的要求，重点突出“三班四哨”，哨兵反袭击、一招制敌、应急棍、战术基础动作、班组战斗行动、夜间射击等训练。全年共出动执勤8次70余人次，圆满完成了石林国际旅游节、石林县公审公判大会、石林县火把节、国庆60周年的城市武装巡逻和武装押解等勤务。

【教育管理】　坚持依法从严治警方针，以条令条例为依据，以纪律建设为核心，以人枪管理为重点，治理“五个重点问题”。一是坚持从严治警，解决好“不尽心、不善管、形象差”的问题；二是认真抓好内部团结，密切官兵关系和警民关系；三是严格枪弹管理；四是加强车辆管理；五是加大治酒力度。在思想政治工作中，搞好“学习实践科学发展观，培育当代革命军人核心价值观，永远做党和人民忠诚卫士”主题教育，同时开展形势任务教育、执勤战备教育、安全教育、时事政治教育、“四反五防”教育、经常性思想教育、管装爱装教育、法纪法规教育等，确保官兵政治思想道德的纯洁。

【后勤保障】　2009年先后投入农副业生产资金3000余元，种植蔬菜18个品种，饲养生猪4头，出栏4头。开展节约一滴油、一滴水、一度电、一粒米活动，不断增强官兵的节约意识。并积极争取地方支持，努力改善中队官兵生活条件。

（撰稿人：武警石林中队　张　锋）

整装待发

武警石林消防大队

【武警石林消防大队】　1993年成立武警石林县消防大队。2009年大队被昆明市消防支队评为“三基”工程达标大队、先进基层党委和省级青年文明号、县级文明单位等；大队军政主官被评为“一对好主官”，1人荣立三等功，1人被评为优秀共产党员，1人被评为优秀党务工作者，3人评为优秀士兵，8人受总队、支队嘉奖。

大队长：李升福

教导员：杨晓明

【思想政治工作】　2009年大队党委始终把思想政治建设放在首位，坚持按照“党委核心领导作用坚强、思想政治教育成效明显、队伍素质过硬、经常性思想工作扎实”的要求，全面贯彻落实科学发展观。紧紧围绕培育当代军人核心价值观，继续抓好抵制“黄、赌、毒和艾滋病”侵蚀；积极开展党的路线方针政策、爱军习武、战斗精神教育。通过深入开展历史使命、理想信念、战斗精神、社会主义荣辱观、伟大的抗震救灾精神等教育，确保了官兵的政治合格。

【队伍建设】　按照消防“四进”和多种形式加强消防队伍建设的要求，2009年大队面向地方招收5名合同制消防员，同时购置一批24万元的个人特种防护装备，为全力打造消防铁军打下坚实的基础。2009年在原有50支农村志愿消防队的基础上，新增了16支农村志愿消防队，有效解决了公安消防警力不足的实际问题，增强了全县抗御火灾的能力。

【灭火救援】　2009年大队共扑救火灾21起，其中成灾21起、烧毁房屋1493平方米、直接财产损失356870元。参与抢险救援53次，参加社会执勤8次，出动警力751人次，出动消防车111台次，救援遇险人员11人，疏散被困人员550人，为群众抗旱送水1500余吨，为国家和人民挽回经济损失297.6万元。圆满完成了“两节两会”保卫、

"三月三"、"火把节"等大型活动消防安全保卫工作。

【执勤训练】 2009年大队按照"练为战"的指导思想，组织官兵对全县42家消防安全重点单位进行了熟悉，开展消防实地演练42次，修订完善灭火作战预案42份，建立消防水源档案89份，训练工作日达180天，熟悉演练达96个工作日。在市消防支队组织的三级战斗员考核中，全体官兵均通过考核验收，合格率达100%。在执勤岗位练兵中，石林消防大队、专职消防队、志愿消防队三支队伍参加支队大比武，均取得团体第一名。

【消防监督】 2009年大队官兵以创建平安石林为中心，认真贯彻《中华人民共和国消防法》、《云南省消防条例》、《机关、团体、企业、事业单位消防安全管理规定》，确保全县火灾形势的基本稳定。为有效推动消防工作社会化，提高全民的消防安全意识，大队建立了全天候对外消防宣传站，接待参观群众3600余人次。先后组织学校、公众聚集场所、人员密集场所和易燃易爆行业管理人员进行了消防安全知识培训，培训人员达3800余人次。开展平安宣传月、6月安全月、"119"消防宣传日、消防进家庭、进学校、进企业、进农村等宣传活动，并在各乡镇设置消防宣传点火灾隐患举报点、悬挂消防宣传布标等形式多样、内容丰富的宣传活动，营造了良好的消防安全宣传氛围，切实提高了人民群众的消防安全意识。全年悬挂标语40余处，组织消防重点单位培训演练7次，发放消防宣传传单3000余份。2009年大队在全县开展了冬季防火安全大检查、火灾隐患排查专项治理、加油站专项治理、网吧专项治理、公众聚集场所专项治理、"三抓三比"等专项治理，对全县450余个单位场所进行消防安全大检查。下发《消防安全检查意见书》37份、《责令限期整改通知书》7份（其中3份为《重大火灾隐患限期改正通知书》）、《复查意见书》7份、《当场处罚决定书》2份、《行政处罚决定书》3份，处罚金额10.2万元，发现火灾隐患292条，当场整改209条，派出"错时检查工作组"98个，整改隐患186条，促使隐患单位投入整改资金达270多万元。

（撰稿人：武警石林消防大队　茶印星）

武警石林森林中队

【武警石林森林中队】 2001年2月28日，武警石林森林中队进驻石林县。2002年9月3日，正式挂牌成立。2009年中队先后被武警云南森林总队评为"基层建设先进中队"，被武警森林指挥部评为"基层建设标兵中队"；3人荣立三等功，11人被支队评为优秀士兵，13人受支队嘉奖。

中队长：李　鹏

指导员：王文刚

【支部班子建设】 2009年中队成立了五人支委班子，大力加强自身建设。年内共发展党员4人，转正3人，选送8人学技术，3人考上军校、政法系统。大力加强共青团组织建设，中队团支部被武警森林总队评为先进团支部。

【军事训练】 严格按照森林部队新《军事训练与考核大纲》要求，2009年主要进行了擒敌拳、器械、常用灭火机具使用技术、分队灭火战术、火场紧急避险、紧急拉动、5000米跑、400米障碍、军事地形学、体能等科目训练。在总队组织的年度考核中，以总分969分的优异成绩取得了武警昆明森林支队第一名的好成绩。

【防期工作】 全年中队共出动灭火作战和各类执勤12次，出动兵力300人次、车辆20台次，圆满完成了石林县"2·22"、宜良县"2·25"等8次灭火作战任务和楚雄抗震救灾、石林国际火把节、"三月三"等4次执勤。

【管理工作】 在强化官兵安全意识、自觉落实安全制度确保安全教育上，主要采取集中授课进行正面引导和随机教育。在教育内容上，突出条令学习、安全警句七字诀、五个重点问题、灭火作战安全、安全防护常识等内容。在教育对象上，在抓好普遍教育的基础上，侧重于干部和战士的教育，特别是在加强司务长、给养员、出纳员、军械员的管理教育上，取得了良好的效果。

大力开展警民共建活动，全年共建单位为中队开展"两用人才"培训提供帮助，有16名战士退伍前拿到了计算机等级证书，军队为学校军训学生1300人。

【后勤工作】 中队坚持"一保生活、二保中心、三保应急"的原则，强化后勤管理力度，在开展农副业生产中，坚持走科学发展之路，坚持"宜农则农、宜牧则牧、宜林则林"的方针，因地制宜，科学规划，大大提高农副业的生产效益，全年农副业生产收入20040元。

（撰稿人：武警石林森林中队　王文刚）

法　制

政法工作

【县委政法委】 1980年3月，成立县委政法领导小组。1982年10月，成立县委政法委员会。2001年2月，成立县委“610”办公室。2002年7月，政法委机关、县委“610”办公室、县综治办合署办公，政法委机关下设办公室、政治处。2009年底有干部职工10人，其中：公务员9人、工勤人员1人。2月，杨培忠先后被市委、市政府评为“2008年度昆明市新农村建设优秀指导员”，被省委、省政府评为“云南省第二批新农村建设优秀指导员”；12月11日，县综治办被市委、市政府表彰为“国际人类学与民族学联合会第十六届大会筹办工作先进集体”。年内资助支农联系点石林镇站屯村委会生产经费4000元。

书　　记：李兴国
副 书 记：戴　平（兼）
常务副书记：李永华（4月止）
副 书 记：李何红
　　　　　龙贵生（5月起）

【平安建设工作】 2009年，县委、县政府把平安建设工作纳入全县“四创两争一巩固”工作范围，对综治和平安建设工作提出了进一步巩固和深化创建成果，力争创建为全省“先进平安县”的要求，采取“355”措施深化综治工作，推进平安和谐石林建设。根据人员变动情况及时调整充实了县平安创建工作领导小组，进一步完善了县委办、县人大办、县政府办、县政协办和县法院、县检察院、县公安局、县司法局联系指导乡镇平安建设和综治维稳信访工作制度。在2月10日召开的全县政法工作会议上，县委、县政府对综治和平安建设工作作了全面的安排和部署，各乡镇、县直各单位主要领导与县委、县政府签订了综治维稳暨平安建设工作目标管理责任书，明确了各乡镇、各单位一把手负总责，分管领导具体抓，各部门协调配合共同抓的综治维稳和平安建设工作责任制。各乡镇、各单位按照从上到下的原则，建立健全了目标管理责任制，细化了责任，量化了目标。县、乡、村、组四级责任书的签订率达100%。通过签订责任书，把综治维稳信访和平安建设工作任务逐项细化分解落实，做到一级抓一级，层层抓落实。3月1日，石林县启动综治维稳及创建先进平安县宣传月活动。3月5日，县委、县政府制定下发了《石林彝族自治县创建全省“先进平安县”实施意见》，县委、县政府目督办和县委政法委将综治维稳信访和平安建设重点工作分解、量化到全县各乡镇、各相关单位，进行立项督办，有力地推动和促进了全县综治维稳信访和平安建设工作广泛深入开展。全县7个乡镇均被县委、县政府评为“平安乡镇”，在已被县委、县政府评为“平安单位”的县直各单位中，县交通局、县国土局、县环保局被撤销“平安单位”称号。

【严打整治】 全县政法机关各司其职，密切配合，坚持以打击“两抢一盗”犯罪为重点，针对不同时期、不同地域的突出犯罪，适时开展专项斗争，集中警力进行攻坚战，下决心突破，下功夫深挖，下力气侦破，始终保持严打声威，全力维护治安稳定。按照市委、市政府在全市部署开展打黑除恶专项斗争的要求，石林县高度重视，成立了打黑除恶工作领导小组，制定了工作方案，1月13日石林县召开全县打黑除恶专项斗争再动员会议，对开展打黑除恶专项斗争作了全面动员和部署。2月19日，县委常委会专题听取了开展打黑除恶专项斗争的工作汇报，对全县的打黑除恶工作提出工作要求。3月1日，县委、县政府制定下发了《石林彝族自治县关于将打黑除恶工作纳入党政领导干部考核的意见》，进一步明确了各级各部门的领导责任，为深入开展打黑除恶工作从制度上提供了有力的组织保障。3月17日县打黑领导小组听取各乡镇、各部门开展打黑除恶专项斗争的情况汇报，以公布举报电话、发放宣传材料、手机短信宣传等方式，广泛发动群众举报涉黑涉恶情报线索，集中开展了涉黑涉恶违法犯罪线索大排查、打击市场黑恶势力违法犯罪等专项行动。7月25日召开打黑除恶公捕公判大会，对20名犯罪嫌疑人宣布了处理决定，对13名被告人依法进行了公开宣判，有力地震慑了各类刑事犯罪。全年共破获恶势力犯罪团伙7个、其他犯罪团伙48个，抓获团伙犯罪嫌疑人395人。

【维护社会稳定】 2009年“县委书记、县长接访日”共接访群众82批224人次，办结75件，办结率91.46%。按照社会稳定风险评估化解的要求，认真开展社会稳定风险评估化解工作，组织开展事前疏导和实施中的同步化解矛盾工作，从源头上预防和减少社会矛盾纠纷的发生。在工程项目实施中成立维稳工作组，组织开展维稳工作，有效防止了大的社会稳定问题的发生。先后确保了巴江中学、石锁高速公路、锦苑花卉、光伏太阳能发电等重点项目、重大工程的顺利推进。继续实施矛盾纠纷排查调处工作月例会制度，每月轮流在各乡镇召开例会，研究讨论重大疑难社会矛盾，分析安排下步社会矛盾排查化解工作，对排查出来的社会矛盾按照“六个一”的要求落实调处责任。全年共排查出各类社会矛盾149件，调处成功113件，调处成功率为75.84%，其中影响社会稳定的重大矛盾纠纷18件，已成功调处12件。各级调解委员会共受理各类纠纷3356起，调处3356起，调处成功3264起，调处率为100%，成功率为97.26%。通过采取矛盾纠纷排查、重点人员稳控包案、专项调研、开展民情恳谈、矛盾纠纷化解立项督办等措施，扎实做好重大活动和重要节庆期间的社会稳定工作，确保了火把节活动、市委全会观摩会、县委全会观摩会、国庆60周年等活动、节庆期间的社会稳定、治安秩序良好，全县没有发生影响社会稳定的重大案（事）件。认真落实重大紧急情报信息管理规定，完善了以党委政府为主和以公安机关为主的两个维稳工作情报信息网络，重大紧急情报信息的及时、准确收集、上报、研判，为党委政府和主管部门解决问题提供了可靠的信息支持。

【治安整治和防范】 通过开展保安派

驻、联防巡护、内部安全保卫、公安机关加大公秘结合的巡逻盘查力度、城市报警监控系统建设、安装固定目标报警器和变压器防盗锁等技防措施，石林县的治安防范水平得到较大提升。4月18日，在鹿阜镇建立了100名低保人员参加的治安志愿者队伍，各乡镇、村社也结合实际组织开展联户联防、农村党员干部包片包户防范、机关干部巡逻防范等群防群治工作，有效减少了部分可防性案件的发生，治安防范体系建设日趋完善。3月，石林县组织政法、综治部门和各乡镇，在全县范围内开展了以平安建设、综治维稳为主要内容的宣传月活动，集中到乡镇开展了5次大规模的宣传活动，利用报纸、广播、电视、网络等媒体宣传178次，通过展出展板、挂图、板报，出动宣传车，播放碟片、录音，发放宣传资料，解答法律咨询，悬挂宣传标语，向干部群众发送宣传手机短信等方式，受教育群众达10余万人。

【社会管理和服务】 以民主法治村创建工作为抓手，通过调整充实领导小组、制定下发实施意见、召开创建工作推进会、完善工作制度、加强检查考核等措施，全县的依法治县及法治石林建设工作取得了实效，得到了市检查组的好评。3月3日，调整充实了县安置帮教工作领导小组，加强对日常工作的检查指导，对年内接收的30名刑释解教人员全部纳入帮教，并落实了责任，做到了底数清、情况明，无重新犯罪人员。3月20日，成立了县社区矫正工作领导小组，完善了社区矫正的相关制度和工作规定，落实了工作经费，社区矫正工作得到了较大发展，全县累计接收社区矫正对象264人，建立了个人档案，开展了帮教工作，无重新违法犯罪人员。加强流动人口服务和管理工作，创新流动人口服务管理机制，进一步提高流动人口的服务和管理水平。继续贯彻落实好处置医患纠纷、学校周边治安秩序整治、打击传销、公共娱乐场所整治等工作，社会管理工作进一步改进和加强。

【防范邪教工作】 2009年石林县的“610”工作紧紧围绕深化和巩固“平安石林”建设这一中心，以“无邪教乡镇”巩固活动为载体，坚持教育转化攻坚与教育巩固并重，打击与防范并举，着力在加大打击和防范邪教组织的违法犯罪活动工作上下功夫，深入开展了宣传揭批活动，努力营造“崇尚科学，反对邪教”的社会氛围。全年石林县的防范和处理邪教问题工作取得了良好成效：教育转化、打击防范、宣传教育深入推进；反邪防邪意识增强，反邪氛围形成，社会总体态势平稳。确保了“两会”、火把节等重大节庆活动及“敏感日”的安全，实现了“三无”目标，全县7个“无邪教乡镇”巩固工作顺利通过市委“610”办的复核，为全县经济社会协调发展提供了良好的社会政治环境。

【铁路护路联防工作】 以保稳定、保平安、保铁路安全畅通为重点，坚持路地协作，齐抓共管，强化工作手段，狠抓措施落实，积极开展争创“平安铁路示范县”工作。通过加强铁路护路联防工作各项机制建设，层层建立和落实了工作目标责任制，进一步加强督促检查，严格落实考核奖惩机制。先后组织开展了爱路护路宣传教育、铁路沿线安全隐患专项整治、铁路沿线拆违拆临拆迁等专项工作，圆满完成了各项工作任务。全年没有发生涉路重大刑事案件，没有发生重大路外伤亡事故，没有发生因行人、车辆、牲畜挡道影响行车的事故，有效地维护了铁路安全畅通，保持了铁路沿线治安秩序的持续稳定。

（撰稿人：县委政法委　周向琨）

公　安

【县公安局】 1951年3月成立县公安局。2009年，内设政工监督室、指挥中心、警务保障室、网监大队、禁毒大队、国保大队、刑侦大队、法制室、治安大队、经侦大队、交警大队、看守所、拘留所、鹿阜派出所、石林风景区派出所、石林岔口派出所、路美邑派出所、北大村派出所、西街口派出所、板桥派出所、大可派出所、长湖派出所、圭山派出所、亩竹箐派出所等24个部门，年底有民警职工261人，其中：公务员246人，工勤人员15人。县公安局地址在鹿阜镇石林中路73号；年内获市级表彰的先进集体2个、先进个人10人。支农联系点为龙泉社区、北大村村委会、结胜村委会、所各邑村委会、雨布宜村委会、老挖村委会，春耕生产期间，向西街口镇雨布宜村委会茂舍祖村民小组提供3000元的生产经费。

局　长：戴　平
政　委：李云柯
副政委：刘子宏（6月起）
副局长：张永清
　　　　李红星
　　　　陈春云（彝族）
　　　　李　翔（9月止）
　　　　张屹杰（12月止）
　　　　娄张祥（6月起）

【维护社会稳定】 2008年11月21日至2009年11月20日，共收集和上报各类情报信息600余条，成功处置群体性事件和大规模集体上访事件30余件，排查矛盾纠纷294起，接待群众来信来访15件、非信访案件27件，办结率达100%。在辖区范围内对“藏独”、“疆独”、“法轮功”、“民运”等邪教组织和敌对势力活动情况进行全面排查。收缴“法轮功”反动宣传光盘2碟、宣传材料15份，实现了“三零”目标。

【严打刑事犯罪】 深入开展社会治安整治行动、打防“两抢一盗”、打击盗窃“三电”、打黑除恶、打击拐卖妇女儿童犯罪等一系列专项行动，破获了“7·10金利缘”抢劫杀人案、邓某等人“飞车”抢夺系列案等一大批影响恶劣的大要案件。打掉涉恶团伙6个、一般团伙31个，抓获涉恶团伙犯罪嫌疑人73人、一般团伙犯罪嫌疑人188人。打处犯罪嫌疑人414人，捕获逃犯85名。全年共立刑事案件603起破514起，破案率为85.24%；命案立7起破

8 起（破历年积案 1 起），破案率 114%，实现了命案全破；两抢案件立 26 起破 32 起，破案率 123.08%；盗窃案件立 446 起，破 359 起，破案率 80.49%；经济案件立 3 起破 3 起，破案率 100%。

【禁毒工作】 2009 年 3 月成立了县、乡、社区三级社区戒毒工作机构，招收了 15 名社区戒毒专干分配到各乡镇组织开展社区戒毒（康复）工作。2009 年 5 月底，积极参加省厅组织的南线扫毒行动，组织警力奔赴普洱市刀官寨收费站卡点开展毒品查缉工作，取得了显著成效，有效巩固了“无毒县”创建成果。全年共破获毒品案件 50 件，抓获犯罪嫌疑人 56 名，缴获各类毒品 12049 克（海洛因 2428 克、冰毒 9621 克），缴获涉案越野车 1 辆，假冒部队牌号别克车 1 辆，缴获毒资 15000 元，查获左轮手枪 1 支、子弹 10 发。

【打击经济犯罪】 积极参与烟草执法工作，查处非法经营烟叶案件 1 件，抓获犯罪嫌疑人 4 人，涉案金额 19.4 万余元。公开销毁 2008 年 11 月 20 日以来查获的假冒伪劣卷烟 4842 条。严打传销活动，共捣毁传销窝点 3 个，劝返河南籍、四川籍到石林伺机进行传销活动人员 15 人。及时查处石林颐养园非法集资案件，防止了事态扩大，避免发生影响恶劣的社会事件。

【行政案件查处】 受理行政案件 1066 起，查处 1013 起，查处率 95.03%，处罚违法人员 1036 人，与上年同比，受理数上升了 95 起，查处数上升 109 起，处罚违法人员数增加了 238 人。

【安全保卫】 通过精心组织、周密部署，圆满完成了“石林县纪念改革开放三十周年暨更名十周年庆典”、和狮子山、圭山“三月三”庙会等大型活动安全保卫工作 10 余次及各种级别的警卫活动 140 余起，有效维护了社会稳定。特别是国际人类学与民族学联合会第十六届大会糯黑考察点的安保工作中，全体参战民警以饱满的热情和良好的精神

状态，赢得了全体考察学者的广泛赞誉，得到了新闻媒体和社会各界的充分肯定。

【道路交通管理】 组织开展公路安全隐患排查治理工作，对西石公路 K25～26 路段进行防滑处理，对昆河公路上两座跨桥的开裂、沉陷、漏筋等隐患路面进行了整治。通过排查治理，西石公路 K25～26 路段自 2008 年 12 月以来仅发生交通事故 9 起（死亡 1 人，受伤 10 人，直接经济损失 26200 元），与上年同比，事故数下降 256%，死亡数下降了 300%，受伤人数下降了 10%，经济损失下降了 389%。开展查处酒后驾车、打击非法营运、整治校园周边交通秩序等专项行动，严厉查处超速行驶、酒后驾驶、疲劳驾驶、无证驾驶、非法客运、强行超车和低速载货汽车、拖拉机违法载人等严重交通违法行为。2008 年 11 月 21 日至 2009 年 11 月 20 日，共检查各类机动车 21.4 万辆，查处各类交通违法行为 20381 起；发生道路交通事故 824 起，造成 24 人死亡、316 人受伤，直接经济损失 91.57 万元，与上年同期相比，交通事故死亡数下降了 26.7%，实现了负增长，达到“压事故、保畅通、保安全”的总目标。2009 年 8 月，石林县被省政府授予“平安畅通县”荣誉称号。

截至 2009 年底，交警大队车辆管理所注册登记有 36613 辆机动车，当年新注册 891 辆。其中：汽车 12441 辆，当年新注册 417 辆；摩托车 24162 辆，当年新注册 474 辆；挂车 8 辆；其他类型 2 辆。

【行业场所管理】 强力推进网吧二代证刷卡上网工作，督促全县 16 家网吧安装了第二代身份证刷卡器。开展了“校园周边网吧整治”、“‘09’亮剑”及“打击网络淫秽色情”、打击整治利用电子游戏机赌博违法犯罪专项行动等 10 余项专项整治工作。收缴具有赌博功能的电子游戏机 36 台，并进行了集中销毁。同时，加强网上舆情监控，全年共发现并上报各类有害信息 400 余条。

【危爆物品管理】 深入开展治爆缉枪专项行动，加强民用爆炸物品管理，严防民用爆炸物品散落民间引发不安定因素。全年共收缴炸药 265 千克、导爆管 250 米、导火索 44 米、雷管 76 枚、各类枪支 18 支、各类枪弹 366 发、管制刀具 34 把，有效杜绝了涉爆案（事）件的发生。

【出租房和流动人口管理】 严格落实对流动人口、重点人口、出租房屋的各项管理措施，切实做到底数清、情况明，降低流动人口、重点人口违法犯罪率。2008 年 11 月 21 日至 2009 年

11月20日，共清查录入出租房1204间、流动人口5887人，受理、审核、审批办理各类户口2154户2243人，办理第二代居民身份证19373证、临时居民身份证1421证，受理出国(境)申请583人。

【犬只管理】 为严防狂犬病疫情发生，在县有关部门的配合下，县公安局积极向群众广泛宣传养犬条例，督促广大养犬群众办理《养犬证》，自觉做好家犬管理。同时采取必要手段捕杀流浪犬防止伤人事件的发生。全年共开展流浪犬捕杀专项行动20余次，捕杀流浪犬300余只，办理养犬免疫登记证46证。

【公安信息化建设】 2009年开通了双向视频会议系统，在全省第一家将视频会议系统安装到派出所；在部分单位、乡镇、居民小区等布建了187个摄像头，进一步织密了防范网络；在昆河公路石林收费站、石林大道会议中心路口共4个车道建设了机动车牌照路卡识别系统；对公安专网进行了扩容改造，县局到市局的网络传输速率由双34兆提升至双100兆，鹿阜派出所、交警大队和消防大队网络传输到县局的上网速率由2兆提升至1000兆，看守所和其余派出所到县局的上网速率由2兆提升至10兆；为全局263名民警配发了警务通；完成了全局275个数字证书的制作工作；采购警用电动自行车10辆、电脑32台、打印机21台、数码相机12台、数码摄像机5台、活体采集仪10台、扫描仪4台、对讲机20台、录音笔15支、紫外图像照相系统1套。通过硬件设施的改善，为全面开展公安信息化建设打下了坚实的基础。加强预警信息查处工作，提升警务工作效能，全年通过预警信息查获吸毒人员224名，抓获在逃人员85人，抓获其他涉案人员8人。通过城市报警监控系统抓获嫌疑人20余名，直接破获案件8起，带破各类案件30余起，信息化建设应用取得初步成效。

（撰稿人：县公安局　鲁贵红）

检　察

【县检察院】 1955年6月20日，成立县检察院。2009年设有院党组、检察委员会、机关党总支委员会（下设机关党支部、离退休党支部）、团支部、工会、妇委会、政治处、纪检组、办公室、反贪污贿赂局、反渎职侵权局、侦查监督检察科、公诉科、民事行政检察科、控告申诉检察科、监所检察科、预防职务犯罪科、人民监督工作办公室、法警大队，年底共有职工40人，其中：公务员34名，工勤人员6名。办公地点位于石林县龙泉路161号。年内帮助支农联系点鹿阜镇麦地庄村委会和三板桥村委会解决春耕生产、抗旱经费10000元。

检察长：柏安云（12月止）
　　　　王凯石（12月起）
副检察长：李劲松（彝族）
　　　　毕秀明
　　　　王　虹（女，彝族）

【刑事检察】 2009年县检察院共受理公安机关及本院自侦部门移送审查批捕的各类刑事案件156件328人，经审查批准（决定）逮捕152件303人，不捕4件25人，结案率为100%。共受理公安机关及本院自侦部门移送审查起诉的各类刑事案件240件509人，经审查向县法院提起公诉192件373人，报送昆明市检察院审查起诉41件105人，决定不起诉1件4人，公安机关撤案1件17人，结案率为98%。

【查处和预防职务犯罪】 县检察院把职务犯罪大案、工程建设领域案件、征地拆迁和侵害集体、群众利益的涉农案件作为查办重点，全年受理贪污、贿赂案件线索7件8人，开展初查7件8人，初查终结立案侦查5件6人；受理渎职侵权案件线索3件3人，开展初查3件3人，初查终结立案侦查2件2人。通过对职务犯罪案件的办理，不仅依法打击了犯罪，为国家和集体挽回经济损失50余万元，还通过调查，发现部分被举报的国家工作人员没有违法犯罪行为，不予立案2件2人，从而澄清了事实真相。

在查办职务犯罪的同时，进一步加强与县纪委的联系协调，形成党委统一领导下的预防职务犯罪新格局。把执法办案与预防职务犯罪有机结合起来，针对典型案件开展预防调查，对办案中发现的问题发出《检察建议》5份，要求发案单位对管理、规章制度上存在的漏洞进行完善和整改，突出职务犯罪预防的实效。通过深刻剖析职务犯罪的共性和规律，积极探索职务犯罪预防预警长效机制。结合办案开展法制宣传，把职务犯罪预防宣传延伸到发案单位、基层，扩大预防宣传教育覆盖面，做到“办理一案，教育一片，预防一方”。

【履行法律监督职能】 2009年县检察院共监督公安机关立案5件5人，其中3件3人被县法院作出有罪判决，其余2件2人公安机关办理；监督公安机关撤案1件1人；对应当移送审查起诉而没有移送的，依法追诉漏犯2人。

适时介入侦查，引导公安机关取证39次，向公安机关发出《提供刑事诉讼证据材料意见书》60份、书面纠正意见3份、口头纠正意见及口头建议17次。针对追逃率低，对涉案物品进行扣押、保管手续不规范的问题，建议公安机关加大对批捕在逃犯罪嫌疑人的追逃力度、规范对扣押款物及暂扣物品的登记保管手续，充分发挥《检察建议》的积极作用，促进公安机关进一步规范执法，在依法打击犯罪的同时，有效维护犯罪嫌疑人的合法权益。

加大刑事审判监督力度，结合全国检察机关开展的刑事审判法律监督专项检查活动，认真排查2008年以来刑事判决、裁定是否存在适用法律不当、审判活动是否合法、刑事审判监督机制是否健全等问题，通过自检自查、开门检查的方式，消除监督盲区，向昆明市中级人民法院提起抗诉2件，市中院改判1件。

积极开展民事行政诉讼监督工作。成功建议提请抗诉3件，办理非抗诉案件7件，在对错误判决依法提请抗诉的同时，对正确判决，做好申诉人的息诉服判工作，以维护判决的稳定和权威。

认真履行监所检察和驻所检察职能。严肃开展打击“牢头狱霸”专项活动，进行安全防范检查13次，针对看守所酿酒房、食堂管理存在的问题提出整改意见，切实消除隐患，确保监管场所安全；坚持“超期羁押预警催办”制度，向办案单位电话催办和提前告知280余人次，确保诉讼活动合法有效；坚持“检察官约见”制度，与在押人员谈话200余人次，发现犯罪线索5条；积极开展罪犯监外执行的监督检查，对石林县辖区内的监外执行罪犯的监管情况及社区矫正工作进行检查2次，对发现的监外执行罪犯脱管2名、漏管20名的问题及时向公安机关提出纠正意见，维护刑罚执行的严肃性。

【社会矛盾纠纷排查化解】 以化解社会矛盾为主线，认真开展控告申诉检察工作，2009年共接待群众来信来访、申诉、举报线索42件60人，所受理的来信来访均在首办环节作出处理，做到“案结事了、息诉罢访”，未出现重复信访的情况，信访办结率为100%。

（撰稿人：县检察院　毕继锋）

审　判

【县法院】 1951年1月1日，成立县法院。2009年内设办公室、政治处、纪检监察室、刑事审判庭、民事审判第一庭、民事审判第二庭、行政审判庭、立案庭、执行局、司法警察大队、审判监督庭，下设石林、板桥、圭山3个派出人民法庭，年底有职工53人，其中：公务员45人，工勤人员8人。办公地址在石林县城小东山小乐台旧村对面石林中路旁。春耕生产期间，向支农联系点石林镇月湖村委会捐资2000元生产经费。

院　长：刘珉语

副院长：赵景文（彝族，4月止）

张国忠（彝族）

岁永宁（4月起）

储　平

【案件受理】 2009年县法院共收各类案件2295件，结案2130件，结案率92.81%。昆明市除四区外，石林县收案数位居第一，呈现出案件数量增幅大、涉案标的大、群体性诉讼增多、案件审理难度大、社会影响大的特点。

【刑事审判】 2009年县法院共受理刑事案件265件431人，结案254件427人，结案率95.85%。其中判处10年以上有期徒刑36人，3年以上10年以下有期徒刑209人，3年以下有期徒刑及拘役148人，缓刑82人，免予刑事处罚25人，宣告无罪9人。

【民商事审判】 2009年，县法院共受理各类民商事案件1507件，占各类案件数的65.66%，结案1432件，结案率95.02%。全年调解、撤诉800件，调撤率55.87%。

【行政审判】 2009年，县法院共受理行政诉讼案件3件，审结3件，审结率为100%。按照合法性原则对60件非诉行政案件进行审查，审结60件。

【执行工作】 2009年县法院共收执行案件520件，同比上升17.91%，执结265件，执行标的1239.98万元，并对暂不具备执行条件的171件予以终结执行，实现债权率50.96%，结案率83.85%。对历年来的1624件执行积案进行全面清理执行，执结609件，执行标的2233.68万元，终结执行1015件。全年对59件72人给予了20.55万元的执行救助。

【法制宣传】 县法院10年前的一件案例“亲牛鉴定案”被中央电视台英语频道（CCTV9）选中作为新中国成立六十周年法治建设成就对外宣传的专题。与县电视台联合推出《以案说法》法制宣传专栏，第1期于2009年8月1日开始播出，播出后在全县引起热烈反响，2009年共播出5期。新设立《法院要情通报》内刊，向县委政府报送进入司法领域的重要信息、建议3件。在国家级刊物发表文章4篇、省级7篇、市级4篇；1篇论文获全市政法系统调研论文三等奖；共编发各类信息109期，市级采用59期。

（撰稿人：县法院　赵祥玺）

司法行政

【县司法局】 1981年3月，成立县司法科。1984年6月，改为县司法局。2009年内设办公室、法制宣传教育科、基层法律服务管理科和石林县法律援助中心，7个乡镇设有司法所，下辖1个国办律师事务所、1个普通合伙律师事务所（原合作制律师事务所）和1个公证处。县普法与依法治县办公室、刑释解教人员安置帮教办公室、社会矛盾调处中心、“148”法律服务指挥中心、法治石林建设领导小组办公室、社区矫正工作领导小组办公室、法律援助网络体系联动机制工作领导小组办公室、大调解工作体系领导小组办公室设于县司法局。年底有职工 38 人，其中：公务员 29 人，专业技术人员 8 人，工人 1 人。局机关单位住址在鹿阜镇阿诗玛东路 80 号。年内向支农联系点西街口镇西街口村委会和尾堵渣村老年协会、鹿阜镇小乐台旧小学捐资 8000 元，用于农业生产和党建工作。

局　长：龙贵生（彝族，4 月止）
　　　　李永华（4 月起）
副局长：苏晓松

【法制宣传教育】　2009 年县司法局先后深入到工业园区、中国彝族第一村、太阳能光伏发电试验项目、石林生态民族体育运动场、石锁高速公路、巴江中学等建设项目涉及的村社开展法制宣传教育。突出重点场所及特殊人群的法制宣传教育，针对宗教活动场所开展宗教法规专项宣传教育活动。不断创新工作方式，在全县范围组织了 17 支民间文艺队，以文艺为基础，以法制为元素，根据发生在群众身边的事例，采用群众喜闻乐见的民间文艺表演形式编演法制文艺节目进行广泛宣传。从政法机关和其他行政执法部门抽调 33 名普法骨干组建普法宣讲团，分别到大可、东海子、山冲等村委会多次开展法制宣讲活动。突出农村的法制宣传教育，从 3 月 6 日开始至 5 月 15 日结束，采用宣传车播放录音、现场解答群众法律咨询、发放宣传资料、展板宣传、悬挂宣传标语等方式，分三个阶段到 54 个村委会广泛深入开展农村法制宣传教育活动，共计发放 30 多种 15 万余份法律法规知识宣传材料和 6500 余本农村实用法律知识读本，接待解答群众法律咨询 37 起，展出展板 25 块 54 次。不断创新法制宣传教育活动的载体，开展司法行政工作“四走进、四服务、两促进”活动，即“司法行政工作走进学校，服务教育教学；走进企业，服务生产经营；走进村社，服务基层组织；走进家庭，服务人民群众；促进社会稳定，促进经济发展”。活动以开展法制宣传教育、法律咨询服务、人民调解和法律援助等为主要内容，全局共有 27 人联系了 21 所中小学及幼儿园、34 家企业和 15 个村委会（社区）。

【人民调解】　2009 年 12 月，县委办、县政府办印发了《关于构建石林彝族自治县大调解工作体系的通知》。全年乡镇、村两级 99 个调解委员会共受理各类民间纠纷 3180 件，调解 3180 件，调解率达 100%，调解成功 3105 件，调解成功率达 98%，履行 3046 件，履行率 98%。其中：婚姻家庭纠纷 585 件，邻里纠纷 675 件，合同纠纷 74 件，赔偿纠纷 115 件，劳动纠纷 27 件，村务管理纠纷 38 件，土地承包纠纷 314 件，征地拆迁纠纷 482 件，计划生育纠纷 20 件，房屋宅基地纠纷 461 件，施工扰民纠纷 9 件，其他纠纷 380 件。

【法律援助工作】　7 月 9 日，县司法局举行了法律援助扶弱济贫捐资仪式。捐资仪式上，对捐资活动中涌现出来的乐善好施、甘于奉献的先进单位和先进个人予以通报表彰，并授予 21 家捐资 10000 元以上的单位和个人“慷慨解囊、扶弱济贫”荣誉牌。全年县法律援助中心和各乡镇法律援助工作站共办理法律援助案件 281 件，其中：刑事法律援助案件 37 件，民事法律援助案件 244 件；诉讼案件 64 件，非诉讼 217 件。接听来电、接待来访等法律咨询 462 件。

【基层司法行政】　2009 年各乡镇司法所全年共宣讲法律知识 140 场次，受教育人数 180612 人，受理并调解疑难纠纷 327 件，开展各类矛盾纠纷排查 99 次，制止群体性上访 39 件、群体性械斗 20 件，参与严打整治及专项治理 149 人次，为乡镇党委、政府提出司法建议 83 条。

【基层法律服务】　2009 年全县 8 个法律服务所代理诉讼事务 41 件、非诉讼事务 56 件，调解各类纠纷 865 件，代写法律事务文书 140 件，解答法律咨询 1081 件。

【“148”法律服务】　全年“148”法律服务指挥中心接待群众来访 462 人次，接受电话咨询 298 次，委托办理法律事务 177 件，解决纠纷 594 件，与有关部门联动 121 次。

【联合接待调处】　全年 7 个治安纠纷、民间纠纷联合接待调处室共受理治安纠纷、民间纠纷 531 件，调解 531 件，调解率达 100%；调解成功 518 件，成功率达 98%。纠纷类型为：婚姻家庭纠纷 93 件，邻里纠纷 95 件，合同纠纷 29 件，赔偿纠纷 80 件，劳动纠纷 1 件，土地承包纠纷 54 件，征地拆迁纠纷 46 件，房屋宅基地纠纷 68 件，其他纠纷 65 件。

【律师公证工作】　2009 年律师事务所共办理案件 726 件，其中：刑事案件 197 件，民事案件 523 件，非诉讼案件 6 件；担任法律顾问 10 家；代写各类法律文书 434 件；解答法律咨询 1486 件。公证处共办理各类公证 2260 件，其中：民事类公证 513 件，经济类公证 1743 件，涉台公证 4 件。

【普法与依法治理】　4 月，县委办、县政府办颁发了《石林彝族自治县 2009 年法制宣传教育与依法治县工作计划》。7 月 9 ~ 10 日，开展了为期两天的 2009 年全县普法骨干培训班，共计 130 余名干部职工参加了培训。培训邀请市有关部门领导就《消防法》、《食品安全法》、《劳动争议调解仲裁法》、《政府信息公开条例》和《昆明市养犬管理条例》作了专题讲座，对参训人员进行了普法考试，考试成绩全部合格。10 月 15 ~ 16 日，全县 3337 名干部职工参加了全民普法考试，考试分两个层次：参考人数在 50 人以上的单位，统一时间、地点集中考试，由县普治办牵头，从政法各部门抽调人员组成 7 个巡考组进行巡考；人数在 50 人以下的，根据实际情况，自行组织考试，由巡考组进行抽查。此次考试及格

3337人，及格率达100%。其中包括县处级领导干部36人，实职副科以上领导干部360人。

【法治石林建设】 2009年初，县委组织部、县普法与依法治县办公室、县司法局、县民政局就进一步深化“民主法治村（社区）”创建工作联合制定了《关于进一步深化“民主法治村（社区）”创建工作的意见》。5月，根据人事变动的实际情况，对县法治石林建设工作领导小组进行了调整和充实。7月，县委办、县政府办印发了《推进依法治县建设法治石林工作规划（2009～2014）》。为推进“民主法治村（社区）”创建工作，8月4日上午领导小组召开了县“民主法治村（社区）”创建工作推进会，各乡（镇）党委政法委书记、综治办主任、司法所长、民政助理员和县有关单位领导参加会议，县人民政府副县长、县“民主法治村（社区）”创建工作领导小组副组长戴平到会作要求。8月20日，昆明市普法与依法治市办公室主任、市司法局局长刘婉秋为组长的检查组到石林县督促检查民主法治村（社区）创建暨法治石林建设工作。检查组在对工作给予了肯定的同时，也对下步工作提出了要求。10月22日，召开法治石林建设暨民主法治村（社区）创建工作推进会，领导小组办公室主任、县司法局局长李永华通报前期工作进展，对下步工作作安排，县人民政府办公室副主任李玉华受戴平副县长的委托作工作指示。2009年，上蒲草、路美邑、龙溪、结胜、红路口、和摩站、水塘铺、乐尔村、所各邑9个村委会及龙泉社区获市级“民主法治村（社区）”荣誉称号。

【安置帮教】 2009年全县共接收刑释解教人员27人，帮教27人，安置27人，帮教率达100%，签订帮教协议27份，签订帮教协议率达100%。做到对27名刑释人员底数清楚，情况明白，一人一档，建档率达100%，无一人脱管失控和重新违法犯罪。

【社区矫正】 3月，县司法局领导带队深入各乡镇对社区矫正工作进行调研，了解全县社区矫正工作现状，摸清社区矫正工作的基本情况和存在的问题。3月20日，成立了县社区矫正工作领导小组及办公室，制定了《石林彝族自治县社区矫正衔接工作若干规定》、《石林彝族自治县社区矫正对象管理工作规定》、《石林彝族自治县社区矫正对象计分考核规定》、《石林彝族自治县社区矫正对象考核奖惩办法》。全年累计接收社区矫正对象260人，在册社区矫正对象199人，每个矫正对象均建立了个人档案，定期组织开展集中及个别帮教，增强了帮教的实效性，年内未发现社区矫正对象重新违法犯罪。

（撰稿人：县司法局　赵红琼）

政府法制

【县政府法制办公室】 1992年设立县人民政府法制办公室（行政复议办公室）。2005年3月，县人民政府法制办公室正式成立。2009年底有公务员3人，办公地址在县政府大楼。

主　任：段顺波

【承接市级部门下放管理权限工作】 为加强县（市）区人民政府的经济社会管理和公共服务职能，积极探索创新管理方式，提高行政效率和服务水平，昆明市政府于2009年3月下发了《昆明市人民政府关于进一步下放经济社会管理权限促进县域经济发展的实施意见》，进一步下放市级经济社会管理权限，全部或部分下放了行政审批项目27项、管理服务项目10项、内部审批项目19项、垂直管理部门下放6项。石林县将市人民政府下放的这62项经济社会管理权限进行了归类，按照部门职责及权限交由相应的职能部门负责做好承接和办理工作。在县法制办的督促指导下，各相关部门及时进行了研究，并主动与上级主管部门进行沟通协调，对接收后的行政审批项目按照行政审批制度改革的要求进行精简、合并，将与原行政审批项目相同的下放项目并入原审批项目、与原管理服务项目相同的项目并入原管理服务项目，将部分下放的行政审批项目转为管理服务事项，将石林县不具备审批条件的项目取消。同时，对本次下放项目精简后保留的行政审批项目和管理服务项目，各部门均对这些项目进行了规范细化和对外公开，并将审批时限在法定时限内压缩至二分之一至三分之二。经承接后保留的行政审批事项已全部进驻县政务服务中心办理。

【精简调整行政审批事项】 为深化行政审批制度改革，提高行政审批效率，进一步优化石林县经济社会发展软环境，按照市软建办的要求，县法制办依照有关法律法规规定，经与相关部门协商，对县级68项行政审批项目、154项管理服务项目、27项内部行政审批项目和各个乡镇政府2项行政审批项目、13项管理服务项目作了精简、调整。县级行政审批项目精简为35项，管理服务项目精简为148项，内部行政审批项目不变；各个乡镇政府行政审批项目和管理服务项目不变。精简、调整后的行政审批事项、管理服务事项经县人民政府审定后公布实施。

【法律知识培训】 5月26～27日，县法制办在县委党校举办了第一期行政执法人员综合法律知识轮训班，共有40余家单位150余人参加培训。县法制办邀请了县政府法律顾问和市政府法制办的老师分别就《行政法》相关知识、行政执法实务、规范性文件的登记备案和部分新出台的法律法规规章进行了培训，培训人员均考试合格。4月、11月石林县组织了各行政执法部门80余人参加市政府法制办举办的新上岗行政执法人员综合法律知识学习培训。

【全面推行“阳光政府”四项制度】 为认真贯彻落实省、市关于实施“阳光政府”四项制度的要求，从2009年3月开始，石林县全面推行重大决策听证、重要事项公示、重点工作通报、政务信息查询四项制度。县人民政府成立了由县长任组长，分管副县长任副组长，县监察局、县便民办、县政府目督办、县政府法制办、县广电局、县政府信息产业办、县政府新闻办等部门领导为成员的县推进阳光政府四项制度实施工作领导小组，下设办公室在县法制办。4月12日、4月14日，石林县人民政府分别印发《推行重大决策听证重要事项公示重点工作通报政务信息查询四项制度实施方案的通知》和《重大决策听证等四项制度实施办法的通知》。各部门按要求精心组织，对涉及的重大决策、重要事项、重点工作等进行整理、上报、审核后适时公开，按照程序开展听证、公示、通报、查询等活动，并实行“阳光政府”四项制度月报制。各部门还设立了政务信息查询服务电话，指定专人负责，专人值守，确定了政务信息热线查询联络员，负责解答“96128”政务信息查询专线电话转接涉及的公众查询事项。

2009年全县共组织实施重大决策听证11项，网上发布重要事项公示281项；通报重点工作512项；接听“96128”政府政务信息查询电话487个，转接成功率为94.52%，满意率98.3%。

（撰稿人：县法制办　昂玉芳）

典型案例

【破获出租车驾驶员被抢劫案】 2009年1月1日23时52分，出租车驾驶员陈某某（女，43岁，大昌乐村人）在鹿阜镇北山村附近被一名乘车男子抢走60余元现金及一部价值600余元的手机。接报后，县公安局110指挥中心迅速指令路美邑派出所出警，同时将情况向局领导作了汇报。副局长张永清带领鹿阜派出所民警赶到现场组织开展工作。1月2日凌晨1时10分，民警娄学林、高鸿在学地山三岔口堵卡查获嫌疑人王某某（男，26岁，宜良县槽沟办事处大龙潭村人）。经审查，王某某交代了上述犯罪事实。

（县公安局提供）

【打掉一盗窃变压器团伙】 4月24日凌晨2时许，云南省巧家县药山镇塘上村男子朱某某（26岁）、朱某（22岁）、邓某（23岁）、陈某（21岁）、陈某某（情况不明）等5名嫌疑人驾车窜至石林中路国土资源局附近，盗窃破坏两台价值7万余元的变压器。嫌疑人朱某某在驾车逃离时被鹿阜派出所民警张建忠、董志敏等人抓获。在初审查明该团伙犯罪事实的基础上，及时对朱某等嫌疑人上网进行追逃。经过近一个月的连续作战，在官渡区凉亭十里铺村将嫌疑人朱某等5人抓获。经审查明，2009年4月以来，5人相互邀约先后窜至富民、楚雄、石林等地，破坏盗窃变压器7台，涉案价值10万余元的犯罪事实。

（县公安局提供）

【查获“5·13”飞车抢夺团伙】 2009年5月13日清晨6时许，赵某某、戴某某、陈某某三人在上班途中，分别在石林县城老首家具店、龙泉路杰仁美容院、东城区武装部附近等地，被两名戴头盔的男子驾摩托从身后抢走挎包（包内均装有手机、大量现金、银行卡等物）。“摩抢”案件在石林县近两年内属首发，社会影响十分恶劣。县公安局局长戴平指示：一是各派出所、交警立即在各卡口布控查缉，严防犯罪分子逃逸；二是由刑侦大队抽调警力，协助鹿阜派出所迅速组织开展案件侦破工作；三是充分利用城市报警监控系统，寻找案件线索，力争抓获现行，杜绝“摩抢”案件再次发生。张永清、陈春云、李翔副局长召集指挥中心、刑侦大队及派出所负责人召开案件分析会议，迅速研究部署查控措施。在各派出所、交警重兵把守、堵卡的同时，110指挥中心抽调2名具有丰富网上经验作战的民警，利用视频跟踪进行巡查。通过10个多小时反复回放查看，发现案发时段，有2名骑摩托车的男子先后在三个案发地点附近逗留过，值班员立即对2人的行踪锁定进行跟踪。经过大量的工作，民警发现嫌疑人在小古城一带出现过。14日上午6时许，鹿阜所民警在小古城莲花池旅社将4名嫌疑人抓获。当场缴获作案用摩托车两辆，缴获女式挎包2个、手机7台、银行卡8张等物。嫌疑人朱某某（男，汉族，24岁，贵州省贞丰县北盘江镇董畔村下董畔组人，现暂住会泽县）、梁某某（男，汉族，22岁，贵州省贞丰县北盘江镇猫猫寨村四组人，现暂住会泽县）、邓某（男，汉族，21岁，贵州省贞丰县北盘江镇新屯二组人，现暂住会泽县）、王某某（男，汉族，17岁，贵州省贞丰县者相镇平桥村坡林组人，现暂住会泽县）。查明，2009年5月12日，4人相互邀约从曲靖市骑摩托车至石林，租住在莲花池旅社，13日作案得手后，第二天准备再次作案时被抓获。

（县公安局提供）

【破获“7·10”特大抢劫杀人案】 2009年7月10日上午，石林县城“金利缘”理发店发现2具女尸。经勘验调查，死者为张某某（女，32岁，家住弥勒县弥东乡高宗保村，金利缘理发店服务员）、李某某（女，32岁，文山县人，户籍地为石林县鹿阜镇小乐台旧村，金利缘理发店老板），2人身上均有外伤，系他杀。案件发生后，市局党委和县委、政府领导高度重视，分别对案件侦破工作作了重要指示。县公安局局长戴平和副局长张永清、陈春云、娄张祥及副政委刘子宏等领导先后赶到现场组织开展案侦工作。市局杨劲松副局长和刑侦支队柳海涛支队长亲自带领刑侦支队民警赶到现场指导县公安局进行现场勘查，调查走访等工作。县公安局迅速成立了由戴平局长任组长，其他局领导任副组长，从刑侦、鹿阜派出所等部门抽调精兵强将组成的专案组全面组织、协调开展案侦工作。专案民警通过36个小时的连续奋战，在市局有关部门的支持下，于7月11日23时许在昆明市盘龙区大树营将犯罪嫌疑人吴某某（男，21岁，家住昭通盐津县牛寨乡碾子榜社43号）抓获，12日凌晨6时许在宜良县狗街镇高古马村抓获另一犯罪嫌疑人罗某某（男，28岁，家住弥勒县西三镇宝元厂村10号）。当场从2名嫌疑人身上查获被害人的手机、存折等物品。审查查明，2009年7月9日22时许，2名嫌疑人经事先预谋踩点后，到石林县“金利缘”美容店以洗脸、按摩为由，用随身携带的弹簧刀威逼李某某、张某某脱光衣服后，对2人实施捆绑、殴打，劫走现金500元、一本存折、一张银行卡等财物。为杀人灭口，用弹簧刀对2名受害人实施切割颈部、刺破眼睛和胸部等手段，凶残杀害后逃逸的犯罪事实。

（县公安局提供）

【“8·03”团伙抢劫案】 2009年8月3日22时许，石林县板桥镇虎街村前街120号的张某某驾驶一辆小货车行驶至石林县大可乡“白坡头”（地名）时，被一伙男青年以在公路上伪造交通事故堵截后殴打（至肋骨骨折），并强行抢走随身携带的3190元现金及相关证件。案件发生后，县公安局领导高度重视，娄张祥副局长及时安排刑侦大队会同大可派出所开展案件侦破工作，通过大量的调查走访和摸排工作，初步确定石林镇寺背后村赵某某（男，彝族，21岁，寺背后村108号）有重大作案嫌疑，8月17日，办案民警精心布控后在北大村将其抓获。经审讯，赵某某供述了伙同陈某某、李某某等11人抢劫张某某的犯罪事实。办案民警多次辗转宜良、弥勒、红河等地，经过大量艰苦细致的工作，先后将该团伙成员杨某（男，彝族，20岁，石林县南大村88号）、陈某某（男，汉族，19岁，石林县大平滩村27号）、李某某（男，汉族，17岁，石林县下龙潭村7号）、罗某某（男，彝族，20岁，石林县下龙潭村27号）、李某某（男，汉族，18岁，石林县下龙潭村45号）抓获。查明11人邀约殴打张某某并抢劫其财物的犯罪事实。

（县公安局提供）

【“9·21”杀人焚尸案】 2009年9月21日9时许，石林镇螺蛳塘村民发现住在螺蛳塘村小组办公楼内的该村村民李某某（男，57岁）失踪，房间内有大量血迹，停放在院内的一辆东风货车被盗。接报后，北大村所民警迅速赶赴现场，局领导组织刑侦大队民警到发案地开展现场勘验调查工作。经现场勘查，发现螺蛳塘村小组办公楼楼道和李某某房间内有大量血迹，李某某下落不明，该村村民桂某某停放在办公楼院内的一辆东风牌大型货车被盗。案发当日上午12时许，弥勒县公安局通报在弥勒新哨镇发现一具焚尸，经比对系石林县失踪人员李某某，确定该案件为抢劫杀人焚尸案。为消除影响，尽快侦破案件，县公安局局长戴平作了重要指示，要求迅速组织警力，全力侦破案件。娄张祥副局长组织刑侦大队和北大村所民警立即开展案件侦破工作。通过调查，于案发当晚23时许确定石林镇天生关村男子王某某（男，33岁）有重大作案嫌疑，并迅速开展布控抓捕，于22日凌晨3时许在石林县城金恒酒店将犯罪嫌疑人王某某抓获。王某某交代了另一在逃男子罗某某（男，25岁，石林县石林镇天生关村人）的线索后，办案民警继续发扬连续作战的精神，先后辗转于开远、弥勒等地，于23日晚在建水县城将嫌疑人罗某某抓获。查明2009年9月20日23时许，2名嫌疑人通过密谋，在螺蛳塘村村小组办公楼院内准备盗窃东风货车时，被住在二楼的李某某发现，为了杀人灭口，2人用板凳朝李某某的头部猛击数次，致李某某当场死亡，并从二楼把尸体丢入东风车运至弥勒新哨镇焚尸后，将车盗至开远销赃的犯罪事实。

（县公安局提供）

【摩托车被盗系列案】 2009年11月12日晚，北大村派出所民警在巡逻中，现行抓获嫌疑人杜某某（男，28岁，贵州盘县人）等2人，缴获一被盗摩托车。针对石林县境内发生的多起摩托车被盗案，县局立即从刑侦大队、北大村派出所、路美邑派出所等部门抽调警力，成立了专案组，对2人进行深审，并对同类案件进行串并分析。经审查，并顺线追踪，历时一个多月，先后辗转昆明、贵州等地，追踪千余里将团伙中的其余在逃嫌疑人罗某某、余某、黄某某等5人抓获。查明自2009年3月以来，嫌疑人章某某等7人先后结伙在石林、呈贡等地盗窃作案20次，盗得20余辆摩托车到昆明销赃挥霍的犯罪事实。

（县公安局提供）

【非法买卖爆炸物案】 2007年11月至2008年10月期间，被告人黄某某为在其经营的矿山上采石实施爆破，先后多次向被告人虎某某、陈某某、毕某甲、毕某乙非法购买硝铵炸药474千克、电雷管1225枚、火雷管1300枚、导火线190米。2009年4月13日，县检察院以被告人黄某某、虎某某、陈某某、毕某甲、毕某乙犯非法买卖、运输、储存爆炸物罪依法向县法院提起公诉。县法院经过审理于2009年6月15日依法作出判决：被告人黄某某犯非法买卖爆炸物罪，判处有期徒刑三年；被告人虎某某犯非法买卖爆炸物罪，判处有期徒刑三年；被告人毕某甲犯非法买卖、储存、运输爆炸物罪，判处有期徒刑三年，缓刑五年；陈某某犯非法买卖爆炸物罪，免予刑事处罚；被告人毕某乙犯非法买卖爆炸物罪，免予刑事处罚。

（县检察院提供）

【合同诈骗案】 2006年6月，被告人桑某某接受云南省足丰种业有限公司的委托，在2006年8月31日至2007年8月30日期间，桑某某在石林县范围内经销足丰牌不再分装的种子，负责指定范围内种子售后服务、技术服务和市场维权。2007年4月至2008年初，桑某某夸大委托权限，谎称可以提供“路单八号”玉米籽种，以云南省足丰种业有限公司委托代理人的名义，先后多次采取欺骗的手段与郑某某等人签订合同，以先履行小额合同为诱饵，骗取郑某某等人的货款624700元，所收货款被桑某某挥霍。2009年8月24日，县检察院以桑某某犯合同诈骗罪向县法院提起公诉。县法院经过审理于2009年9月29日依法作出判决：桑某某犯合同诈骗罪，判处有期徒刑十二年，并处罚金600000元。

（县检察院提供）

【行贿、挪用资金案】 本案由县检察院反贪污贿赂局立案侦查，经侦查查明：2000年以来，被告人李某某在没有施工资质或借用他人资质的情况下，多次找到石林县交通局局长王某、副局长杨某某等人，要求承建由县交通局主管的道路建设工程，石林县交通局未按规定进行招标，将工程交由李某某承建。从2000年至2008年春节期间，李某某先后10次给予石林县交通局副局长杨某某人民币146000元。先后6次给予石林县交通局人民币350000元。

2002年5月1日被告人李某某被石林县交通局聘任为石林县通达公路工程队负责人（隶属于石林县交通局），2007年2月15日，石林县交通局局长王某将县交通局与昆明公路管理总段公路机械工程总公司合办“雨胜碎石厂”的700000元利润由被告李某某收款和管理，在收款时被告人李某某扣除了私人欠款63000元，将收到的637000元存入私人账户，从2007年3月23日至2008年4月1日，被告人李某某先后支取210800元用于个人经营活动。2009年5月4日，县检察院以李某某涉嫌行贿、对单位行贿、挪用资金罪向县法院提起公诉，县法院经公开审理后于2009年7月29日以行贿、对单位行贿、挪用资金罪三项罪名判处李某某有期徒刑六年。

（县检察院提供）

【受贿案】 本案由县检察院反贪污贿赂局立案侦查，经侦查查明：2003年至2008年，被告人杨某某任石林县交通局副局长期间，先后抽调到石林县“九石阿”旅游专线公路工程建设指挥部任总工程师、石林中路改扩建工程建设指挥部任总工程师。在其任上述职务期间，利用职务之便，为他人谋取利益，先后收受工程承包方的27.6万元人民币。2009年6月25日，县检察院以杨某某涉嫌受贿罪向县法院提起公诉，县法院经公开审理后于2009年8月24日以受贿罪判处杨某某有期徒刑十二年。

（县检察院提供）

【玩忽职守案】 本案由石林县检察院反渎职侵权局立案侦查，经侦查查明：2007年11月至2008年10月，被告人雷某某担任民爆中队长期间，不认真履行工作职责，严重不负责任，擅自同意虎某某等人自行到中队临时炸药仓库领取炸材，造成297千克硝铵炸药、1525枚雷管、190米导火索流入社会，严重危害了国家和人民生命财产安全。2009年9月9日，县检察院以雷某某涉嫌玩忽职守罪向县人民法院提起公诉。县法院经公开审理后于2009年9月29日判处雷某某犯玩忽职守罪，免予刑事处罚。

（县检察院提供）

【妨害执行公务案】 2008年4月起石林县工管会、鹿阜镇政府开展石林县生态工业集中区土地收储工作。期间，小昌乐村部分村民多次阻扰土地丈量工作。

2009年2月6日，石林县工管会、鹿阜镇政府继续对小昌乐村土地进行丈量，为防止丈量过程中与村民发生冲突引发群体性事件，石林县公安局组织民警前去现场维持秩序。9时许，工作人员在平整土地过程中受到小昌乐村村民阻扰，石林县公安局民警依法将阻扰丈量、施工的村民带离现场。之后，被告人张某、杨某某等煽动村民携带锄头、镰刀等工具到“软枝磨”（地名）阻扰土地丈量工作以及强行讨要早上被公安机关带走的村民。

14时许，200余名携带锄头、镰刀等工具的村民来到“软枝磨”将正在施工的挖机驾驶员强行从驾驶室内拖出，导致丈量土地被迫中止。被告人张某同时煽动被告人郭某某、张某某等对现场组织丈量、施工的鹿阜镇党委书记段正平及维护现场秩序的多名民警围攻，段正平及民警不同程度受伤。民警王某对追打段正平的群众进行劝阻时被被告人郭某某、张某某等殴打致伤。15时许，被告人郭某某等人发现石林县电视台工作人员及一名民警在用摄像器材进行现场摄像，遂将该名民警使用的价值人民币1万余元的佳能相机砸毁并对县电视台工作人员进行追打欲抢夺摄像器材，鹿阜镇工作人员进行劝阻时被郭某某、张某某等殴打致伤。尔后，被告人张某煽动部分村民对另一民警等进行推搡围攻，张某等同时还编造、传播被告人罗某某之夫刘某某被打伤正在医院抢救的假消息，罗某某在被挑唆下用木棍乱打被围困民警，民警劝阻时被被告人郭某某、张某某等人围攻追打致伤。17时许，石林县公安局组织民警有序撤离时，村民尾随并向撤离民警投掷石块、土块等物，致使几名民警不同程度受伤，挖机、推土机不同程度损坏。

经法医鉴定一名民警此次伤情为轻伤，其他受伤人员15人为轻微伤。

被告人杨某某、罗某某、李某某作案后，主动到公安机关自首。案发后，被告人吴某某、郭某某、谢某某的家属各赔偿被损坏的相机3367元。

石林县检察院以被告人张某、杨某某等犯妨害公务罪，于2009年6月19日向石林县法院提起公诉。

县法院审理认为：被告人张某、杨某某等以暴力方式阻碍国家机关工作人员依法执行职务，其行为已构成妨害公务罪。公诉机关指控的犯罪事实清楚，证据确实充分，指控罪名成立。被告人张某、李某某、杨某某、赵某某组织、煽动其他村民殴打执行公务的国家工作人员，在共同犯罪中起主要作用，系主犯。

被告人杨某某、郭某某等在共同犯罪中起次要作用，系从犯，应当从轻或者减轻处罚。

被告人杨某家、李某某、罗某某案发后主动投案，如实交代，依法认定为自首，可以从轻或减轻处罚。

各被告人到案后认罪态度较好，有悔罪表现，可酌情考虑从轻处罚。

据此，县法院依法分别对18名被告人判处有期徒刑六个月缓刑一年至有期徒刑二年不等的刑罚。

（县法院提供）

【受贿案】 被告人杨某某，原石林县交通局副局长。被告人杨某某在担任石林县交通局副局长、“九石阿”旅游专线工程建设指挥部总工程师、石林中路改扩建工程指挥部总工程师期间，利用职务之便，为他人谋取利益，先后22次收受他人财物共计27.6万元。案发后，被告人杨某某的家属在侦查机关代杨某某退赃3万元。

被告人杨某某对起诉书指控的事实和证据无异议。但辩解自己如实交代了自己的犯罪事实，认罪态度好和过去为国家做过的贡献，请法庭给自己一次重新作人的机会。辩护人提出被告人杨某某有自首情节，可对其从轻或减轻处罚。

县法院审理认为：被告人杨某某利用职务上的便利，非法收受他人财物，数额巨大，为他人谋取利益，其行为已构成受贿罪。公诉机关指控被告人杨某某犯罪的事实清楚，证据确实充分，指控罪名成立，对其依法应予惩处。辩护人提出被告人杨某某具有自首情节，可对其从轻或减轻处罚的辩护观点。法院认为，被告人杨某某因涉嫌受贿而被立案侦查期间，主动交代了检察机关尚未掌握的其他受贿犯罪事实，与检察机关已掌握的罪行属同种罪行，不应以自首论，但可酌情对其从轻处罚。据此，为维护国家机关工作人员的廉洁性，根据被告人杨某某的犯罪事实、性质、情节和对社会的危害程度，县法院依法以受贿罪判处杨某某有期徒刑十二年。对受贿非法所得财物27.6万元予以追缴，上缴国库。

（县法院提供）

【滥伐林木案】 2009年5月22日至5月25日期间，某村小组负责人王某某在没有办理林木采伐许可证的情况下，将村集体所有的老坝埂及路边上的树卖给李某砍伐。经鉴定，现场被砍伐的林木53棵，为旱冬瓜、云南松、麻栎3个树种，其中：旱冬瓜树伐桩39个，立木蓄积为34.4278立方米；云南松伐桩12个，立木蓄积为4.6630立方米；麻栎伐桩2个，立木蓄积为1.209立方米。共计立木蓄积为40.2998立方米。

县法院审理认为：被告单位某村民小组、被告人王某某，未经批准并核发林木采伐许可证，任意采伐本单位所有的林木，数量达40.2998立方米，根据《最高人民法院〈关于审理破坏森林资源刑事案件应用法律若干问题的解释〉》第6条之规定，属滥伐林木数量较大，其行为已构成滥伐林木罪，公诉机关指控的事实清楚，证据确实充分，罪名成立。被告人王某某任村民小组负责人，属单位犯罪的主管人员和直接责任人，依法应承担相应的刑事责任。县法院依法判处被告单位某村民小组犯滥伐林木罪，判处罚金10000元。被告人某村民小组负责人王某某犯滥伐林木罪，判处有期徒刑二年，并处罚金5000元。

（县法院提供）

【施药毒死耕牛案】 2009年8月10日上午，某公路管理段的下属单位某公路管理所在管辖路段喷洒除草剂“绿绝”以清除公路两侧的杂草。中午11时左右，徐某之子徐某某赶着自家的三头水牛沿公路上山放牧，第二日，当徐某的家人像往常一样准备去放牛时，发现有两头牛睡倒爬不起来，经请村中的兽医诊断系中毒，随后诊治无效死亡。事后，徐某与该公路管理所协商赔偿事宜未果，遂以某公路管理段、某公路管理所为被告提起诉讼，要求判令被告赔偿因两头耕牛中毒死亡造成的经济损失16000元。

县法院审理认为：某公路管理所作为某公路管理段的下属单位，不能独立承担民事责任，其造成的法律后果，依法应由设立单位承担民事责任，因此口头裁定驳回原告对某公路管理所的起诉。公路管理部门喷施除草剂清除路侧的杂草系自己的工作职责，本无不当，但作为护路单位，应当对自己喷施有毒农药的行为可能造成的后果进行必要的防范，其喷施除草剂不仅可清除杂草，同时有可能导致周边村民放牧的牲畜因误食而中毒的损害后果。故公路管理段在喷施除草药剂之前应该履行对村民的告知义务或设立明显的警示标志。其疏于告知，造成原告的财产损失，应承担相应的民事责任。故县法院依法判令被告某公路管理段赔偿原告徐某耕牛中毒死亡的经济损失7000元。

（县法院提供）

【借车人无证驾驶肇事车主负连带责任案】 2007年6月27日20时30分，周某驾驶其本人的无号牌二轮摩托车载着同村村民王某甲前往县城。当车行驶至某路段时，金某驾驶的车主为王某乙的车牌号为云××的“新大洲”二轮摩托车超越前方同向行驶的车辆，与周某驾驶的二轮摩托车发生相撞，造成王某甲受伤、两车损坏的交通事故。该事故经石林县公安局交通警察大队认定，金某承担此次事故的主要责任，周某承担此次事故的次要责任，王某甲无责任。发生肇事的主要原因是无证和饮酒后驾驶摩托车。王某甲受伤后即到医院检查治疗，住院23天，支付住院医疗费10224.76元，伤情经鉴定为九级伤残，需择期行左膝关节置换术、对症支持治疗并定期复查，尚需后期治疗费40000元，支付鉴定费600元。王某甲以金某、王某乙、周某为共同被告提起诉讼。

县法院审理认为：车辆所有人将车辆借给他人是基于相互间的信任，而自主支配其车辆的使用权，在此情形下，车辆所有人、借用人都是车辆运行的支配者，因车辆发生交通事故，出借人、借用人应承担连带赔偿责任。本案中王某乙作为云××的“新大洲”二轮摩托车的所有人，负有对该摩托车依法驾驶和管理的责任，明知金某无驾驶证仍交由其驾驶造成交通事故，理应承担连带民事责任。石林法院依法判决原告王某甲的医疗费，残疾赔偿金等经济损失合计63887.76元，由被告金某承担60%，即38332.66元，被告王某乙承担连带责任；被告周某承担40%，即25555.10元。宣判后双方当事人均没有上诉。

（县法院提供）

【农业承包合同案】 2008年1月20日，原告王某与被告高某签订合同约定，王某将其享有承包经营权的位于本村的一块水田承包给高某使用，承包期至2028年12月31日，承包费为2500元；在承包期内，如遇国家或单位征用，土地征租费用由原告享有，地面附着物补偿归被告享有，原告应赔还被告未使用年限的土地租用费等。2009年6月25日，因云南昆明石林台湾农民创业园（以下简称“台创园”）项目建设用地需要，高某以其妻杨某之名将该块土地转租给台创园。现王某等起诉要求解除双方签订的合同，并赔偿给其造成的经济损失2032元。

县法院审理认为：王某与高某自愿协商签订的合同不违反法律、法规的强制性规定，属合法、有效的合同，受法律保护。根据合同约定内容，在合同履行过程中，因台创园建设项目用地需要，该块土地被租用，导致合同目的不能实现，双方约定解除合同的条件已成就，所以对王某等要求解除合同的请求，法院予以支持。合同解除后，王某等应按约定返还未使用年限的土地租用费给高某。对王某等要求高某赔偿损失的请求不予支持。鉴于双方在本案中均无违约行为，高某因合同不能履行所造成的损失，酌情考虑由王某等给予适当赔偿。故县法院依法判令解除双方签订的合同，并由王某等人赔偿高某损失4312.50元。

（县法院提供）

【不服县交警大队行政处罚案】 石林县城至陆良县西桥的西石高速公路，为国家一级高速公路，由于地形复杂、沿线村庄较多等因素，该路路况复杂，弯道多、出入口多，属交通事故多发区。在石林县管辖的20.68千米路段内，自2006年建成通车以来，县交警大队共处理交通事故636起，因事故共死亡65人，伤176人。县交警大队根据各级各部门的要求，依职权加大该路段交通违法行为的查处力度，目的是维护该路段良好的交通秩序，最大限度减少事故的发生，保护驾驶人员、乘车人员和广大人民群众的生命财产安全。

2009年2月24日，原告王某驾车在西石高速公路石林至西桥方向行驶过程中，经过K31+900M处时，被县交警大队西石中队民警拦截。县交警大队以王某驾车超速行驶为由，于当日作出处罚决定，给予向王某罚款1500元的行政处罚。王某不服该处罚决定，于2009年5月6日，向县法院提起行政诉讼，认为：被告县交警大队认定原告超速行驶所依据的现场所拍照片不正规，不能证明超速的事实，不能作为行政处罚的证据；该路段县交警大队设置的限速60公里标志与国家公路部门设置的限速80公里标志相悖。根据《道路交通安全违法行为处理程序规定》第二十一条的规定，“交通技术监控设备记录或者录入道路交通违法信息管理系统的违法行为信息，因交通信号指示不一致造成并经核实的，应当予以消除”，被告作出的行政处罚没有法律依据。故请求：撤销被告所作出的行政处罚决定，退还原告1500元罚款；行政赔偿1500元；承担本案复议、诉讼相关各种费用；向原告赔礼道歉。

县交警大队提出答辩认为：交警大队测速所使用的“LDR-5型雷达测速仪”是经省计量测试技术研究院检定合格的交通技术监控设备，能够准确侦测超速行驶的违法机动车；西石高速公路设置的交通限速禁令标志清晰、醒目、准确，原告驾车行驶至测速点时，实测值为90km/h，超过了规定时速60km的50%，违反了《道路交通安全法》的规定，交警大队作出的处罚决定完全符合法律规定。

县法院审理认为：首先，原告王某驾驶轿车在西石公路上行驶，属我国《道路交通安全法》所规定范围的道路交通参与人之一，其驾车行驶行为应当符合《道路交通安全法》及其相关规定的要求。其次，被告县交警队根据西石公里交通安全的具体情况依据职权设定雷达测速区，并不违反法律法规之规定。第三，被告县交警大队使用车载“LDR—5型雷达测速仪”侦测发现原告王某所驾轿车在雷达测速区行驶时，行驶速度实测值为90km/h，超过该路段限速60千米的50%，其驾驶机动车辆行驶行为已构成超速行驶行为。第四，被告县交警大队针对原告王某的超速行驶行为，依职权按照行政违法行为处理程序对原告王某的交通行政违法行为进行查处，并作出交通行政处罚决定，事实清楚，证据确实、充分；处罚决定适用的法律、法规正确；处理结果适当，且不违反法律、法规的规定；处罚程序合法。据此，县法院依法判决：一、驳回原告王某要求撤销被告县交警大队所作出的交通管理行政处罚决定的诉讼请求。二、驳回原告王某对被告县交警大队的其他诉讼请求。

原告王某不服一审判决，向昆明市中级人民法院提出上诉，昆明中院经审理终审判决驳回上诉，维持原判。

（县法院提供）

【拆违推进巴江中学项目建设执行案】 县国土资源局申请执行的王某甲、王某乙、韩某、毛某、刘某土地行政非诉五案，县人民法院于2007年9月17日受理，于2007年9月20日分别向五被执行人送达了执行通知书，并在该五户违法建筑物上及其所在村民小组公示栏内粘贴了执行公告，责令该五户于2007年9月26日自觉履行拆除非法占地范围内的建筑物，恢复土地原状的义务。后该五户以无房居住，请求考虑并帮助解决其实际困难为由，虽经石林县法院多次做工作，拒不拆除。

因刘某非法建盖的住宅系框架结构，前有养殖房，并围于葡萄园内，毛某非法建盖的住宅系框架结构，三周围有养殖房，后为葡萄园，人力难以拆除，机械设备不能进入；王某甲、王某乙非法建盖的住宅已搬入居住且为唯一住所，韩某非法建盖的住宅已搬入而老宅难以居住，强制拆除无房可搬。在这些执行障碍未克服前不具备执行条件，如强制拆除，不能兼顾社会效果，易带来社会隐患，县法院遂于2007年11月19日对该五案中止执行。

因巴江中学用地需要，现刘某非法建盖的住宅前的养殖房已拆除，围种的葡萄树已移走，毛某非法建盖的住宅右边的养殖房已拆除，后面的葡萄树已移走，对其违法建筑物已具备强制拆除条件。

2009年9月15日，石林县法院告知刘某、毛某两户，若再不自行拆除，将于9月18日对其违法建筑物予以强制拆除。

因刘某、毛某两户在2009年9月17日前未自行拆除违法建筑物，县法院依法组织力量于9月18日对该两户违法建筑物进行了强制拆除。

（县法院提供）

【民事赔偿执行案】 2005年7月5日，李某甲向县法院提起刑事附带民事自诉，要求追究李某乙的刑事责任并判令李某乙赔偿其经济损失27040.59元。

经审理，县人民法院作出刑事附带民事判决：一、被告人李某乙犯故意伤害罪，判处有期徒刑一年，缓刑一年；二、被告人李某乙赔偿李某甲经济损失 17694.31 元。

判决生效后，因李某乙未自觉履行赔偿义务，2006 年 4 月 12 日，李某甲向县法院申请执行。

县法院在执行过程中查明：李某乙生于 1986 年，因其经常在外惹是生非，其父母已与其分家分户，李某乙未分得财产，经常在社会上游荡，居无定所。几次申请人提供在街上见到李某乙，但等执行人员赶到时已查无踪影；几次申请人提供李某乙可能住在其父母承包的养鱼塘的看守房内，但无论执行人员在清晨还是夜晚搜查看守房均未找到，执行陷入了僵局，申请人对执行工作亦有不满。

在全国集中清理执行积案活动期间，根据联动执行的规定和李某乙经常在某地出现的情况，县法院向当地派出所发出协助执行函，请求派出所协助将李某乙强制扣留。一个月后，派出所发现了李某乙并将其强制扣留。在县法院对李某乙予以司法拘留过程中，李某乙的朋友代其履行了赔偿义务，这起跨时三年的执行案终于画上了圆满的句号。

（县法院提供）

经济管理

计划管理

【县发改局】 1957年9月，成立县计划委员会。1983年12月，县计委、经委合并成立县计划经济委员会。1994年10月，成立县计划与经济贸易局。2005年3月，县发展计划与经济贸易局更名为县发展和改革局。2007年3月，工业经济管理职能划归县乡企局（经济局）。2009年，县发改局内设局办公室、招商促进局（内设考核处、项目处、推进处）、企业科、政教科、计划投资科、物价科、物价检查所、价格认证中心，年底有在职职工32人（不含外单位抽调招商促进局8人）。办公地点在鹿阜镇阿诗玛西路80号。2009年拨给支农联系点板桥镇龙溪村委会春耕生产经费3000元。

局长、党委副书记：陈永宁（3月起任副局长、副书记，12月起任局长）

党委书记：赵一民（任局长至12月）

党委副书记、纪委书记：李贵祥（彝族）

副局长：熊有翼（3月止）

高云华（彝族）

杨若平（女）

【地区生产总值（GDP）】 2009年全县地区生产总值完成31亿元，完成计划的100%，同比增14.1%。其中：一产业完成9.3亿元，同比增11.9%；二产业完成8.3亿元，同比增13.2%；三产业完成13.4亿元，同比增16.1%。三次产业结构比为30∶26.9∶43.1。

【农村经济】 全县实现农业增加值93040万元，增11.9%；农民人均纯收入4789.54元，增13.6%。农业基础设施进一步改善，全年完成水利建设工程1118件，总投资1.44亿元，新增和改善灌溉面积2.62万亩，治理水土流失面积45平方千米，解决11400人的生活用水问题。

粮烟生产实现丰产丰收。粮食总产1.23亿千克，人均有粮500千克。种植优质烟10.93万亩，收购烟叶1640万千克，收购总值2.56亿元，均价15.19元，烟农户均收入10613元。山羊存栏18.05万只，同比增3.62%；出栏9.8万只，同比增27.27%。生猪存栏17.8万头，同比增4.09%；出栏23.2万头，同比增9.95%。大牲畜存栏7.3万头（匹），同比减0.6%；出栏1.17万头（匹），同比增13.59%。实现畜牧业产值5.7亿元，同比增1.6%。水果产量2720万千克，产值8500万元。蔬菜总产量10800万千克，实现产值1.82亿元，同比增54%。花卉园艺实现产值8777万元。发展省级农业龙头企业2户，市级农业龙头企业19户。

新农村建设进展顺利，11个村整村推进工作稳步推进，完成建设项目156件，投入资金5055.59万元。扶贫村整村推进完成35个省、市扶贫重点村和1个易地扶贫村，减少贫困人口7500人。改造和硬化乡村公路220千米，完成“一池三改”3373户、农村沼气服务网点59个。

【旅游经济】 2009年完成步哨山、李子园箐、万年灵芝景区改造扩容并对外开放，完成乃古石林景前区项目建设，启动石林管理局办公楼、石林工商分局、石林宾馆、云林宾馆等项目搬迁工作。旅游度假区重点项目顺利推进，旅游服务配套设施不断完善，发展基础更加夯实。实施“三标一体”管理，旅游接待服务水平明显提高。通过世界地质公园中期评估、国家5A级旅游景区复核检查和数字石林景区（试点）验收，被命名为全国文明风景旅游区。完成景区门票调价，将于2010年4月1日执行。与美国猛犸洞国家公园结成友好公园，与黄山结为友好景区，云南精品旅游战略联盟取得实质性进展，成功打造了“石林—恐龙谷—三塔—玉龙雪山”黄金线路，旅游客源市场进一步拓展。大小石林景区接待游客286万人次，完成计划的110%，同比增长20.7%；实现旅游直接收入3.65亿元，完成计划的101%，同比增长22.9%；旅游综合收入14亿元，完成计划的100%，同比增长16.7%；全县接待游客330万人次，完成计划的103%，同比增10%。

【工业经济】 完成“一园五片”规划修编，加快园区基础设施配套，完成第一条工业大道710米路面、2300米路基工程，启动第二条工业大道前期工作，开工实施土地平整、工业园区截污廊道、万城阿诗玛小镇24米大道等项目，完成投资1.3亿元。园区新增“五通一平”面积1500亩，完成协议收储土地2423亩。

推进昆明石林166兆瓦太阳能光伏并网发电试验示范项目、云南官房水泥有限公司技改、石林温氏饲料厂等一批重点工业项目建设，全县完成工业固定资产投资5亿元，同比增45.99%。工业总产值31亿元，同比增21%。新增规模以上工业企业12户，累计达到30户，规模以上工业增加值3.76亿元，同比增19.46%；规模以上工业主营业务收入9.9亿元，同比增14%。全县非公经济实现增加值11.8亿元，同比增24.7%，占地区生产总值比重的38%。全县单位地区生产总值能耗同比下降4.5%以上。

【招商引资】 2009年引进项目137个，实际到位国内市外资金17.62亿元，完成计划的135.5%，同比增25%；实际利用外资1399.73万美元，完成计划的186.6%，同比增118%；外贸进出口总额8万美元，完成计划的205%，同比增166.7%。

【固定资产投资】 固定资产投资进一步加大，有效拉动了县域经济的发展。一是抓住中央、省、市扶持政策，向上争取投资项目219个，争取中央和省级资金29693.88万元。二是贯彻落实中央扩大内需政策，争取扩大内需中央投资项目29个，计划总投资13624.68万元（其中中央和省级投资7209.37万元），完成投资12215.65万元。三是加强投资项目管理工作，实行重大项目按月推进制，对全县68个重点项目完成情况按月上报，其中政府投资项目38个、企业投资项目30个，计划总投资131.82亿元，完成投资21.45亿元。完成石林园博园、昌乐生态公园、巴江截污廊道、石林大道电缆入地工程、沙地片区市政道路、阿诗玛东路延长线大屯段、滨河路改造、矣木公路、狮山路绿化等政府投资重大项目建设；实施台创园基础设施、团结水库加固扩建工程、月湖水库除险加固工程、环城东路、石林县看守所搬迁新建、第二批廉租住房、农村公益性公墓等项目建设，城乡基础设施不断完善。全社会固定资产投资完成27.68亿元，完成计划的129%，同比增75.6%。

【财税金融】 实现地方一般预算收入2.59亿元，同比增29.2%。新增政府性项目银行贷款8.07亿元。年末全县各项存款余额43.4亿元，同比增30.36%；各项贷款余额37.7亿元，同比增44.52%；储蓄存款22.2亿元，同比增36.22%，年末人均储蓄存款8975元。城镇居民人均可支配收入15600元，完成计划的103%，同比增13%。

【商贸流通】 加快市场体系建设，推进石林财富中心、东城商贸中心、鹿阜旧城大兴商场建设。新建西街口集贸市场，改扩建北大村和圭山集贸市场。开展“万村千乡市场”工程，累计建成行政村农家店84个，构建城乡商贸网络配送、农村日用品消费流通网络工程。实施“放心食品”工程，强化商贸流通，重点抓好生猪定点屠宰、盐政、酒类流通、成品油行业管理、再生资源回收体系建设工作，做好家电、汽车、摩托车下乡及汽车以旧换新工作，补助8576台（件），补助金额904万元。社会消费品零售总额实现15.3亿元，同比增30.25%。

【生态环境建设】 继续加大城乡园林绿化及生态建设，2009年完成巴江三期带状公园及12条街道的行道树绿化，县城建成区公园13个、绿化广场及街旁绿地21处，县城新增绿地面积22.2万平方米，超过1000平方米的公共绿地达到11块。加强农村生态环境保护，完成珠江防护林工程人工造林2万亩，特色经济林核桃产业基地建设2万亩，巩固退耕还林工程封山育林1万亩。完成“五采区”植被恢复100亩，城镇面山绿化300亩，交通面山绿化300亩。人均公共绿化面积19.32平方米，县城建成区绿地率40.51%，绿化覆盖率45.3%，全县森林覆盖率40.94%。创建园林县城通过省级考评；创建国家生态县工作全面启动；4个全国环境优美乡镇和2个国家级生态示范村创建工作稳步推进，圭山镇创建为省级卫生镇。

【社会事业发展】 加大教育投入，完成县一中教学楼、民中教学楼、5所农村中小学标准化学校建设，改造D级危房2000平方米，新开工5所农村中小学标准化学校，搬迁新建石林民族高级职业中学，“两基”巩固率保持在98%以上，高中阶段适龄人口入学率达83%，幼儿学前教育入园入班率达87.4%。完成5个乡镇卫生院改扩建和石林中心卫生院、长湖中心卫生院建设，启动县人民医院搬迁新建，提高公共卫生服务水平，全县的医疗卫生状况进一步改善，新型农村合作医疗参合率达98.69%以上。完成3个乡镇综合文化站、17个文化室、8个乡镇基层服务点、15个农家书屋、3个农民健身工程建设。群众文化丰富多彩，全民健身活动蓬勃开展，体育竞技水平不断提高，在昆明市第九届民运会上取得较好成绩。完成112个自然村广播电视直播卫星覆盖工程，受益群众1.3万人。加快先进适用技术的推广应用，科技对经济增长的贡献率达46.3%。全县年末常住人口总数24.4万人，全年人口自然增长率4.83‰。就业和再就业工作进一步加强，城镇新增就业人数1016人，城镇登记失业率控制在2.1%以内，完成农村劳动力转移就业11587人。城镇居民基本医疗保险参保率96%，被征地人员养老保险参保率15.6%，失业保险参保率85%。完成30个行政村简易客运站（点）建设，行政村“村村通”公交车覆盖率达96.73%。

【石林县“十二五”规划】 2009年4月昆明市委、市人民政府启动全市“十二五”规划编制工作，石林县成立了“十二五”规划编制工作领导小组，并组织各相关部门编制29个“十二五”专项（行业）规划。2009年10月完成《石林县国民经济和社会发展第十二个五年规划纲要（初稿）》，并上报市“十二五”规划办。

【石林县产业发展规划】 2009年4月10日，县发改局委托海口市规划设计院昆明分院负责编制《石林县产业发展规划》。经过8个多月编写、修改完善，2009年12月21日通过了专家评审。石林产业发展规划成果由总报告、基础资料汇编、规划图集、四规合一整合图、多媒体汇报光碟构成。

（撰稿人：县发展和改革局　李雪妮）

质量技术监督

【县质量技术监督局】 1999年11月，按照质量技术监督机构改革工作的统一安排，上划原隶属于县计划经济贸易局管理的县技术监督所（股所级），成立正科级建制的县质量技术监督局，同时加挂“石林彝族自治县质量技术监督稽查队”牌子，为昆明市质量技术监督局下属机构，实行省以下垂直管理。2009年内设局办公室和综合管理科，有在职职工10人，其中：公务员9人，工人1人。办公地点在鹿阜镇石林南路转台处。年内资助了支农联系点西街口镇绿水塘村委会工作经费4000元。

2009年3月，县质量技术监督局办公楼动工建设；7月，办公楼全面竣工；9月17日，举行了办公楼落成典礼，昆明市质量技术监督局党组书记、局长彭琪莅临剪彩。办公楼占地2720平方米，建筑面积1021平方米。

党组书记、局长：王兆祥（彝族）
纪　检　组　长：陶余平
副　　局　　长：冯华忠

【特种设备安全监察】 紧紧围绕年初制定的特种设备安全监察工作计划，重点开展了以下工作：一是按照一岗双责的要求，认真开展特种设备日常和节假日期间安全检查，共检查107家特种设备使用单位的在用设备273台（件），发出《安全监察指令书》12份，整改隐患8条。发出《特种设备使用安全管理责任告知书》、《昆明质监特种设备安全监察提示》74份，确保设备使用安全。二是加强动态监管，更新完善特种设备安全台账。强化特种设备安全监察日常工作，全年无证生产查处率、重点监控设备作业人员持证率、重大隐患整改督查率、较大以上事故结案率、设备注册登记率均达100%。三是开展特种设备隐患排查治理专项行动和安全生产月活动，取缔非法改造锅炉1台。

【食品质量安全监管】　开展食品安全日常和节假日期间专项检查和整治。严格执行“三查三责”工作要求，加强食品生产加工单位的检查、巡查，全年共检查、巡查食品生产加工单位173家次，平均每家不低于1次。发出责令更正通知14份，整改问题40余项。开展打击食品生产加工环节违法添加非食用物质和滥用食品添加剂专项整治，共检查、登记全县各生产加工单位使用的食品添加剂90余种，查处滥用食品添加剂案件3起。推进食品质量安全市场准入。全年有新办、换证食品企业7家。至2009年底，全县共有32家食品生产企业、39个产品单元，较上年底增3家3个单元；对获证企业进行年度审查，年审率100%；强化食品获证企业证后监管，共检查、巡查食品企业53家次，查处各类食品案件23件。继续开展小作坊整治工作，至2009年底全县共有食品加工小作坊93家，较上年底增18家，新增18家小作坊全部签订了质量安全承诺书。制定《食品生产加工环节质量安全事件应急预案》，建立突发事件预警和应急机制。宣传贯彻《食品安全法》，组织近70家企业和小作坊学习新法。全年未发生食品安全事件。

【质量管理】　年内共有3家企业的3个产品荣获昆明名牌产品称号，全县实现了名牌产品零的突破，云南石林旅游集团有限公司注册商标为“石林”的石林风景区、石林绿汀甜柿产品开发有限公司注册商标为“绿汀”的甜柿、石林石材有限公司注册商标为“”的大理石板，荣获2009年昆明名牌产品荣誉称号，名牌创建工作实现了预期工作目标。强化工业产品生产许可证后监管。对获证企业进行年度审查的初审，应初审企业4家，完成初审4家，初审率100%；新建、更新质量档案29个。深入开展质量月活动，集中销毁罚没物资近10万元。

【标准化管理】　围绕年初制定的标准化工作计划，开展了以下工作：一是制定《石林甜柿种植标准化示范区项目2009年度实施计划》，完成石林绿汀甜柿种植标准化示范区项目《石林县无公害甜柿种植综合标准》的编制工作。二是对17家企业执行标准情况进行调查。三是审查食品标签143个，清理食品企业标准5个。

销毁假冒伪劣产品

【计量管理】　一是按要求对2家企业组织开展节能降耗工作。二是开展化肥定量包装、地中衡、混凝土搅拌器等强制检定计量器具检查。三是组织对医疗卫生系统、加油站在用计量器具的强制检定，共强制检定计量器具230台（件）。四是建立医疗卫生、安全防护、环境监测和贸易结算强制检定计量器具台账4个，在册计量器具600余台件。

【组织机构代码管理】　全年共年审组织机构代码证958套，办换证466套，清理废置代码达标，有效库电子档案上报完成率和数据合格率达标。未出现组织机构代码管理系统被关闭的现象。

【打假治劣与行政执法】　一是严格区域执法打假责任制，认真履行“打假办”工作职责。二是在执法办案水平和技巧等方面有新提高，全年运用说理式执法文书办理案件2件。三是受理消费者质量、计量等方面的投诉举报7件，办结7件，为消费者挽回经济损失约千元。四是围绕县委、县政府的中心工作，以食品和特种设备“两个安全”为重点，对各类食品、特种设备、农资、建材、低压成套开关设备、絮棉制品、珠宝玉石等产（商）品实施了监督检查，抽查82家企业生产销售的155个批次的产（商）品，立案查处各类质量、计量、安全等方面的违法案件66件。未发生行政复议和讼诉。

（撰稿人：县质量技术监督局　晏冰冰）

工商行政管理

【县工商行政管理局】　1974年9月30日，成立县工商行政管理局。1999年5

月18日，县工商行政管理局上划市局垂直管理。2009年县工商行政管理局内设局办公室、党务办公室、信息化办公室、纪检监察室、人事教育科、法制科、企业个体登记注册管理科、市场监督管理科、公平交易科；派出机构有城区工商分局、石林风景区工商分局、板桥工商所、北大村工商所、圭山工商所；代管石林县个体私营经济协会、石林县保护消费者权益委员会。年底全局有在职干部职工76人。单位办公地点在县行政中心。

2009年，县工商局被国家工商总局评为全国商标工作先进集体，成功创建为省级“文明单位”。

书记、局长：刘　林（女，白族）

副　局　长：洪　敏

副　局　长：李冬梅（女）

纪 检 组 长：彭海欧

【法制建设】　以机关、各工商所（分局）为单位采取“小班”式教学，年内集中培训了《企业年度检验办法》、《个体工商户验照办法》、《中华人民共和国食品安全法》等法律法规及“查处无照经营重点要取哪些证据”、“调查取证中哪些情况属证据不足”、“侵犯注册商标专用权的行为和种类”等专业知识，组织培训10期750人（次），进行了5次涉及相关法律法规知识的集中考试，参试人员361人（次）。严格按照“三步式”执法程序，做到首查不处罚，教育规范经营主体1040户、责令改正876户、处罚304户。年内无听证、复议、诉讼案件发生。完成换发新执法证人员资格审查、统计、数码影像采集等数据采录上报工作。

【企业注册登记管理】　2009年全县共有各类市场主体7734户，注册资金359159万元。其中：内资企业321户、注册资金126612万元，新登记12户、注册资金18429万元，注销11户、注册资金2146万元；私营企业905户（含231户分支机构）、注册资金208354万元、雇工数12362人，新登记265户、注册资金53043万元、雇工数1759人，注销13户、注册资金5127万元；农民专业合作社32户、出资总额2349万元、成员总数645人，新登记19户、出资总额1706万元、成员总数317人；个体工商户6476户、注册资金21844万元、从业人员数15272人，新登记1308户、注册资金8868万元、从业人数2217人，注销360户。与上年同期相比，各类市场主体都有较大变化。

开展安全生产专项检查，共清查105户各类市场主体前置审批手续，检查市场10个，个体工商户1047户，重点、热点行业企业139户；出动执法人员144人次，查处各类违法案件16件，对7户存在安全隐患的企业发出了限期整改通知书。

【商标广告监督管理】　围绕“三级名牌”创建工作，突出做好商标培育、管理工作，积极引导企业树立“品牌兴企、商标兴企”的意识，营造培育、管理商标的良好氛围。按照“四访、四知、四做到”的要求，在企业中广泛开展定点联系服务民营企业工作，建立商标联络员制企业49户，帮助商标注册申请企业查询商标35件次，发放商标服务卡53份、商标行政指导书108份，全程跟踪帮助、指导4户企业申报中国驰名、云南省著名、昆明市知名商标。年内云南石林旅游集团有限公司的“石林”被认定为云南省著名商标，云南石丰种业有限公司的“石丰”和石林永瑞太阳能有限公司的“永瑞”被认定为昆明市知名商标。截至12月31日，全县共有注册商标193件，比上年同期增长87%，数量是1992年的11倍，其中昆明市知名商标6件、云南省著名商标7件。召开“培育路南腐乳著名商标”听证会，积极调研、拟定整合腐乳市场，进一步促进产业发展。组织企业参加政府商标表彰大会，获得云南省著名、昆明市知名商标的企业分别得到了10万元和2万元的奖励（云南省著名商标：云南石林旅游集团有限公司的“石林”、保林芬的“石丰”；昆明市知名商标：张勇的“永瑞”、保林芬的“石丰”）。积极开展打击商标侵权专项行动，有效保护商标持有人的合法权益，全年共查处商标案件6件，纠正不规范使用商标行为21件次。制定和实施了“三项制度”（媒体联络员制度、广告经营单位备案制度、广告经营企业代理发布广告备案登记制度）和“三个体系”（广告监管目标体系、执行责任体系、考核监督体系）的工作方案，进一步严格广告审批流程，加大广告监测力度，采取定期或不定期的方式开展广告专项检查。年内共登记户外广告36件，查处虚假、违法广告案5件，审查县电视台发布的房地产、招生等广告48条，对5条问题广告提出了整改意见。

办理动产抵押登记33件（其中变更2件、注销10件），抵押物价值9380.5万元，主债权金额4021万元；与上年同期相比新登记数减少16%，抵押物价值增长87%，主债权金额增长48%。

【公平交易】　2009年组织执法人员开展移动电话机市场专项检查、饮水机市场专项检查、仿瓷餐具检查、清剿整治低俗音像制品等10余项专项检查，共出动执法人员476人次，查缴销毁淫秽音像制品202碟；查处销售不合格影碟机、电扇、灯具、钢材、细木工板、种子、农药等违法行为，立案查处制假售假案件60件，案值涉案金额达22.9万元。举办“打击传销、规范直销”宣传月活动启动仪式，在全县范围内开展为期1个月的系列宣传活动，重点宣传普及《刑法》修正案中增设的“组织领导传销罪”、《禁止传销条例》和《直销管理条例》等法律法规，启动仪式宣传活动共出动200余人次，发放《禁止传销条例》、《直销管理条例》知识手册、挂图及宣传材料1200余份，受教育群众800余人，制作、悬挂布标8条。根据群众举报传销线索，组织打击传销领导小组成员单位开展清理整治行动，出动执法人员63人次、车辆11车次，取缔了以中国永春堂科技有限公司名义从事电子商务传销活动组织窝点6个，收缴用于传销活动的业务简介、笔记本、宣传册等材料220本（册），服装4套、化妆品8套25瓶、皮包2个，教育遣返河南和四川籍传销人员21人，签订

《出租业主预防传销活动》责任书 8 份。组织开展创建无传销社区（村）活动，创建无传销社区 2 个。

全年共查处各类违法违规经济案件 261 件，涉案金额 142.13 万元，其中：一般程序案件 88 件，简易、简单方式案件 173 件。案件类型有制假售假、无照经营、商标侵权、登记违法、虚假广告、逾期年检等。

【市场监督管理】 以诚信体系建设为契机，开展诚信市场建设。年内主要开展了“守合同、重信用”企业、农资放心店评选和商品信用分类监管工作。18 户企业被评为县级“守合同，重信用”企业，65 户农资经营户被评为县级“农资放心店”（其中 14 户被推荐到市工商局作为市级“农资放心店”）。4 月初完成了对全县 7 个集贸市场内 863 户经营户的信息采录，并作了初步的信用等级评定，认定信用等级为 A 类的市场 6 个、B 类的 1 个。

深入开展“红盾护农”行动，在涉农企业中推广合同示范文本 6 种 5500 份，签订 357 份（其中牛奶产销合同 207 份、农作物种子购销合同 150 份）；培育发展农村经纪人 37 人，同比增长 80.2%。

以节庆假日市场整治为主线，开展学校周边环境整治、烟花爆竹检查、打击市场黑恶势力行动、集贸市场创卫、超薄塑料袋治理、重大动物疫病市场监测防控、农资市场检查、消防安全及安全生产检查等 10 余项专项督查检查和整规行动，共计出动执法人员 358 人次，检查各类市场 23 个次、市场主体 2432 户次，印发各种宣传材料 5168 份，发出各类整改通知书和建议书 100 余份，签订责任书 2919 份，收缴不合格塑料袋 13600 余个，收缴劣质烟花爆竹 67 件 9426 封（规格为 100 头 / 封）、29 件 2324 封（规格为 200 头 / 封），带雷火炮 57 封，盘炮 71 盘，特红礼炮 7 件，礼花 98 根，禁止销售的大火炮 10 个、擦炮 40.5 件、鱼雷 170 盒、摔炮 6 包；没收过期农药三唑酮 52 包、40% 乙酰甲胺磷 1 瓶、“精禾草克”5% 乳油 11 包、“巴草定”12% 烯草酮乳油 8 包，查扣假冒玉米种子 3600 千克、查获假冒企业名称和农药临时登记证号、标准证号、批准证号产品的除草剂 25 件 1000 瓶。

【消费者权益保护】 联合县质监局、县农牧局、县食品药品监督局等 7 家单位开展“消费与发展”主题宣传活动，现场进行“远离传销祸害，共建平安石林”万人签名活动，组织部分县级诚信企业和著名、知名商标持有企业参加名特优产品展示。活动当天发放宣传材料 32 类 65000 份，现场接受群众咨询 20 人次，推荐企业名优产品展示 30 种，销毁假冒伪劣商品数量 500 千克、价值 50 万元。

11 月 15 日，在全县未设工商分局、所的大可乡、长湖镇、西街口镇挂牌设立 3 个消费者协会分会，在双龙服装百货市场、金方购物广场、会议中心等 8 个经营性场所设立“12315”投诉站和联络站。认真受理调解消费者申、投诉工作，年内共受理消费者投诉 95 件，成功调解 89 件，调解成功率 94%，为消费者挽回经济损失 82000 元。

【食品流通管理】 完善食品购销台账监管制度，加大推进“两项制度”工作向自然村延伸，强化对食品经营者的规范引导，并在食品批发户中推行“食品批发销货凭证”，督促、纠正台账登记不规范食品经营户 1105 户。组织开展假冒伪劣茅台酒、不合格糖果、猪肉质量安全监管、奶制品、添加非食用物质和滥用食品添加剂、“育颀”牌固体饮料等食品专项检查整治工作，全局共出动执法人员 1799 人次，检查经营户 12996 户次，没收“三无”、过期食品 155.3 千克，查处制售假冒伪劣食品案件 17 件，查处无照经营食品案件 19 件。组织相关部门人员对 2008 年“食品安全示范店”及 2009 年新创建的食品经营户进行考核，20 户食品经营户被评为“食品安全示范店”，23 户通过了复评。围绕食用植物油、猪肉、牛肉、白菜、面粉、食盐、牛奶、鱼丸、米线等食品开展快速检测工作，共抽检经营户 267 户，检测 516 组，其中 14 组不合格，合格率为 96%。

【个私协会工作】 年内召开协会理事会 2 次，审议通过了《石林县个私协会 2008 年工作总结和 2009 年工作计划》和《石林县个私协会章程》。宣传、落实“贷免扶补”政策，帮助 6 户企业（创业人员）分别获得 5 万元的无息贷款；组织创业人员参加 SYB 创业培训，让创业者得到全面的商业训练，熟悉了商业运作过程；建立“创业导师库”，推荐和采集了 28 名优秀创业人员信息。认真落实创安、禁毒、防艾各项工作，年内共向相关部门报送材料 42 份、8 万余字。

（撰稿人：县工商局　李建波）

统计管理

【县统计局】 1997 年 7 月，县统计局由县计划与经济贸易局分出单独设立。2009 年县统计局内设办公室、农村经济统计调查科、企业统计调查科、社会统计调查科，下设地方统计调查队、农村社会经济调查队，年底局机关有在职职工 14 人。局机关办公地点在鹿阜镇双龙山 18 号县政府大院。县统计局派驻乡镇的统计机构有鹿阜镇统计站、石林镇统计站、西街口镇统计站、板桥镇统计站、长湖镇统计站、圭山镇统计站、大可乡统计站。

2009 年，县统计局被云南省第二次经济普查领导小组评为省级先进集体，被云南省人力资源和社会保障厅、云南省统计局评为云南省统计系统先进集体，被云南省统计局评为 2007 年云南省投入产出调查先进集体，被国家统计局昆明调查队评为调查业务综合考核评比三等奖、部分服务业调查二等奖、城镇居民住户调查三等奖。2009 年资助支农联系点鹿阜镇东门社区居委会 5000 元工作经费。

局　长：徐永平（女，12 月止）

副局长：王银丹（12 月起）

【统计信息服务】 2009 年，县统计局收集、整理、出版了《2008年石林统计年鉴》，为县人代会、政协会编印了《石林县2008年国民经济社会发展主要指标》小册子。发挥统计信息、咨询、监督作用，全年编发12期《石林县国民经济主要指标》月度卡片，编印3期《石林统计信息》专刊，为建国60周年编印《辉煌彝乡，腾飞石林——国民经济社会发展主要指标》。做好全县国民经济运行状况及城乡居民增收目标的监测、分析和评估工作，为县上的各种规划、创建活动和考评工作提供数据依据，完成了《石林彝族自治县2008年全面建设小康社会进程统计监测报告》的撰写和《石林县城乡一体化发展评价指标体系》的拟定。做好政府信息公开工作，在统计信息网站、政府信息公开门户网站上发布统计公报、统计信息，全年共接待社会各界来电来访人员400余人次，提供上报各种信息、分析共84篇，被昆明市统计系统内网采用1篇，市级刊物《昆明统计》采用2篇，县委《信息》和县政府《石林政务信息》采用28篇，获省级表彰的论文2篇。

【定期统计调查】 做好农业、工业、能源、建筑业、劳动工资、商贸、住宿餐饮业、固定资产投资、基本单位、服务业等定期统计报表，以会代训强化业务培训。加强县域国民经济核算和社会统计工作，做好200户农村住户调查、50户城镇居民住户调查工作，如实反映全县经济实力、社会发展状况和人民生活水平。

【专项统计调查】 根据县委、县政府关于深化文化体制改革、加快文化产业发展的实施意见，组织开展文化产业调查工作，撰写了《2008年石林彝族自治县文化及相关产业调查报告》，客观、全面地反映了石林县文化产业发展情况。精心拟定旅游调查方案，做好旅游产业统计工作，为制定产业发展规划提供依据。组织开展了2个乡镇22个村委会的乡村领导班子和领导干部群众公信度调查工作；完成了2个居委会60份流动人口计划生育管理工作满意度调查；协助县纪委完成了600份惩治和预防腐败体系建设调查；完成了200份民主评议机关和行业作风调查；协助昆明市调查队开展了群众安全感和警民关系调查。

【第二次全国经济普查、第六次全国人口普查】 按照《全国经济普查条例》和国务院《关于开展第二次全国经济普查的通知》，切实抓好抓实普查登记、基层表审核、数据处理、质量抽查、数据质量评估、资料开发运用等工作。综合利用经济普查数据、部门统计数据、科学推算等多种方式，搞好经济普查年度GDP核算，充分发挥经济普查资源成果的效用。按照国家统一部署，做好第六次全国人口普查的各项前期准备工作，及时成立各级普查机构，做好普查经费的筹措和人员选调工作。

【统计信息工程建设】 2009年2月7日，国家统计局配发了10台微型计算机、10台打印机和1台微机服务器，县局通过政府采购添置了1台笔记本电脑，基本满足了统计业务需要。统计系统所有定期报表、专项调查和普查全部采用计算机进行数据处理，规模以上工业、资质以上建筑业、限额以上批发零售贸易餐饮业及能源统计实行联网直报。经济普查通过组建局域网进行数据处理，发挥了设备的最大功效。统计信息网络延伸到乡镇统计站，乡镇统计数据实行网络报送。

【统计法制建设】 按照统计“五五”普法规划的要求，加强统计法律法规的宣传教育，因地制宜地开展形式多样的普法宣传活动，让企业、单位以及社会各界更多地了解统计法律法规知识，积极配合统计工作。全年组织普法宣传一次，发放宣传画200张、宣传资料3000份。做好统计数据质量检查工作，把统计法制建设渗透到整个统计工作之中，在定期统计报表、专项调查和普查工作中宣传贯彻统计法，增强全社会特别是统计调查人员、调查对象的法律意识，为依法统计创造良好的社会氛围和法制环境。

（撰稿人：县统计局　杨凤英）

物价管理

【重要价格管理】 依据《中华人民共和国价格法》和《云南省定价目录》，对石林县辖区内的重要商品和服务价格分别实行政府定价、政府指导价和市场调节价管理。按价格管理权限，对水库供水、自来水、电、成品油等重要商品价格实施监管，稳定价格环境，优化发展条件。顺利承接省、市经济社会管理权限下放石林县的相关事项，做好重要商品和服务价格审批工作。

组织开展“天然气价格审批”和“小水电上网电价调整”工作。2009年3月31日，向县人民政府上报《关于石林县天然气及其用户管网建设费试行价格的请示》；12月14日，向县人民政府上报《关于调整石林县水电站上网电价的请示》，将价格制定方案上报县人民政府审批。

3月13日，鉴于化肥、农膜销售价格大幅度上涨，为保证2009年全县烤烟生产正常进行，提高烤烟质量，根据昆明市烟用物资价格补贴的相关规定和市场价格情况，对石林县烟用物资价格作出调整，具体价格如下：专用复合肥3000元/吨，硫酸钾3400元/吨，硝酸钾3800元/吨，大田膜12000元/吨。以上价格为实行价差补贴后供应给农户的最终价格，不得再增加任何费用。价格主管部门同时加强对烤烟专用物资价格的监督检查，在烤烟收购环节严禁压级压价等坑农害农事件发生，促进石林县烤烟生产平稳发展。

全力做好石林县城市供水价格调整工作。县发展和改革局接到县水务局关于调整城市供水价格的申请后，在对石林县自来水厂执行现行水价的情况开展调研、了解周边县区城市供水价格的基础上，县发展和改革局将调价事项向县人民政府请示。县人民政府以办公会议决定事项作了批复，同意按程序开展石林县城市供水价格调整工作。10月13~20日，县发展和改革局成本监审队按程序对石林县城市供水成本进行了监审。

【收费管理】 严格遵循审批程序和权限，认真审核收费标准的合法性，办理《云南省收费许可证》合格率达100%。对变更和取消的收费项目，及时办理变更手续。全年核发新证3套。

做好《云南省收费许可证》的年审验证工作。年度审验工作政策性强、涉及面广、时间紧、任务重，为完成此项工作，物价科统一思想，严格把关，重点落实国家发改委公布取消和停止征收的100项行政事业性收费项目，逐一变更或注销收费许可证。截至4月30日年审结束，应年审收费单位56个，审验56个，年审率达100%。审验收费许可证133个，审验行政事业性收费项目63项，审验行政事业性收费金额1925.95万元、医疗服务收费3117.84万元、养路费1992.23万元、客货运附加费834.5万元。审验中注销许可证21个，经年审合格发放许可证112个。完成行政事业性收费统计报表和年审工作总结的上报任务。

9~11月，分别开展涉农收费政策落实情况、涉企收费情况清理整顿工作，规范行业协会和市场中介组织的服务和收费行为，优化发展环境。

【石林景区门票调整】 石林风景名胜区管理局提出调整石林风景名胜区大小石林景区门票价格的申请，按照《中华人民共和国价格法》和收费审批管理权限的规定，4月9日由县发展和改革局向昆明市发展和改革委员会上报《关于石林风景名胜区门票价格调整的请示》。调价事项经昆明市发展和改革委员会报请昆明市人民政府同意后，由昆明市发展和改革委员会委托石林县发展和改革局召开石林风景名胜区门票价格调整听证会。8月31日，县发展和改革局在石林会议中心组织召开门票价格调整听证会，论证石林风景名胜区大小石林景区门票价格调整的可行性、必要性。听证会设参加人20名、听证人3名、监察人3名、旁听人5名，应邀参加听证会的新闻单位有昆明电视台、昆明日报、春城晚报、石林电视台。为使听证会参加人具有一定的广泛性和代表性，听证会参加人由石林县发展和改革局委托县人大、县政协、县总工会、县妇联、县工商联、县消费者协会等相关部门推荐产生，其中县外代表11名、县内代表9名，他们普遍赞成上调石林风景名胜区大小石林景区门票价格，认为门票价格的调整是必要和可行的，同时对石林风景名胜区大小石林景区门票价格的调整方案发表了很好的意见和建议，听证会取得圆满成功。9月4日，县发展和改革局及时向昆明市发展和改革委员会上报了《关于石林风景区门票价格调整听证会的报告》。12月4日，接到昆明市发展和改革委员会《关于调整石林风景名胜区门票价格的批复》（昆发改收费〔2009〕1177号）。根据批复要求，12月7日县发展和改革局印发《关于调整石林风景名胜区门票价格的通知》（石发改〔2009〕129号），自2010年4月1日起将石林风景名胜区大小石林景区门票价格由每人次140元调整为175元。12月17日，接到《石林风景名胜区管理局关于乃古石林景区门票价格调整的请示》，经上报县委、县人民政府批准，12月31日县发展和改革局印发《关于乃古石林景区门票有关事项的批复》（石发改〔2009〕139号），将乃古石林景区门票作为大小石林景区赠票，与大小石林景区合并实行一票同一人当天有效制，试行一年。

【价格监督检查】 组织开展"价格服务进万家活动"。配合市价格监督检查局开展了涉农价格和收费专项检查，对涉及农民建房、土地审批、计划生育、农民用水用电、农用物资、婚姻登记、交通运输等9部门14个执收单位进行重点检查。组织开展药品价格和医疗服务收费、汽车客运收费、教育收费、成品油价格专项检查。受理出租车、清障车、医疗、饮食收费等7起投诉案件，按程序在规定时限内进行调查，并将落实情况及时反馈投诉人。在重大节日期间，组织人员对石林景区及县城主要街道开展明码标价检查。

【价格认证】 遵循独立、客观、公正的原则，认真做好司法、行政机关涉案物品价格认证工作。接受公安机关的委托，对涉案物品进行价格鉴定，全年共出具价格鉴定结论书126份。

（撰稿人：县发展和改革局　杨　艳）

食品药品监督管理

【县食品药品监督管理局】 2002年4月29日，组建昆明市药品监督管理局石林分局。2005年6月30日，成立石林县食品药品监督管理局，是省以下垂直管理的直属正科级机构。2009年内设办公室、食品安全协调与监察科、药品医疗器械监管科、稽查科、石林县药品医疗器械不良事件监测中心5个职能科室，年底有在职职工12人。单位办公地点在鹿阜镇环城西路38号。

局　　长：袁家林

副 局 长：罗金红

纪检组长：朱翠萍

【药品市场管理】 2009年全局共出动执法人员524人次、车辆227辆次，检查涉药企业267家次，办理处罚药品案件7件，罚没款35772.60元。认真做好药品市场监督管理，一是主动为药品经营企业实施GSP进行指导服务，召开了一次药品经营企业负责人会议，开展了GSP认证到期企业的指导、督促，为新一轮GSP认证提前做好准备；二是开展了计划生育药械市场专项检查，检查药械经营企业49家、医疗机构48家，在全县范围内停止使用悦康药业有限公司生产的注射用盐酸头孢吡肟；三是对药品经营企业22名新进从业人员进行岗前培训，全部取得了省局核发的岗位合格证；四是进一步推进诚信建设，建立辖区内药品批发、零售企业（零售连锁门店）安全信用档案，做到一户一档；五是完成药品抽验任务35个批次（其中监督抽验25个批次、专项抽验10个批次），至12月底收到检验报告4份，其中不合格的2份，靶向性不合格率为50%。

【药品安全和医疗器械管理】 全年对县内药品生产企业监督检查4次、医疗机构制剂室监督检查4次、特殊药品使用单位监督检查4次。建立了县内药品生产企业、医疗机构制剂室、特殊药品使用单位的监管档案，按时上报各种报表材料。召开药械不良反应监测协调领导小组工作会议1次，全年上报药械不良反应（不良事件）监测报表50份，报表质量明显提高。对全县医疗器械经营企业进行2次全面检查，建立了医疗器械经营企业诚信档案。全面推进医疗机构“两个规范”认证工作，认证通过率达100%（共有12家，已全部通过），对通过“两个规范”认证的医疗机构进行了2次追踪检查。加强特殊药品、兴奋剂、蛋白同化制剂、肽类激素和含麻黄碱复方制剂的监督，按要求开展专项检查，并按时上报监管信息和总结、报表等材料。加强对医疗器械广告的监测，未发现违法广告。

【农村药品“两网”建设】 2009年全县农村药品网建立配送点135个，覆盖率达100%。农村药品监督网聘用协管员10名、信息员92名，监督网覆盖率达100%。全年对配送网点检查1次，对协管员培训3次。

【食品安全综合监管】 县人民政府与8个乡镇及7个成员单位签订了2009年食品安全工作目标责任书，县食品安全委员会办公室根据县政府和市局的安排，研究制定了本年度食品安全监管工作重点和工作措施，进一步建立完善食品安全综合评定、信用管理、信息管理以及应急救援体系。

2009年县食品安全委员会办公室开展食品安全工作督查、收集食品安全信息60次，发布5个食品安全预警公告，制作食品安全简讯14期，市局网站采用食品安全信息8条，县纪委采用2条，在新闻媒体共播放食品安全信息20次。开展石林县杜绝病死猪肉流入市场专项整治百日行动，检查猪肉经营单位281家、生猪定点屠宰场1个、乡镇定点屠宰场所6个、运输监督点3个，发放《关于加强石林县杜绝病死猪肉上市交易流通的通知》281份，经查均没有发现运输、加工和经营病死猪肉的现象。开展国庆、中秋两节期间食品安全专项整治工作，检查食品生产经营单位1852家次，受理消费者投诉2件，立案查处1件。开展快速检测食品18组，合格率100%。开展食品安全信用体系建设，由食品安全委员会牵头，县食品药品监督管理局、县工商局共同组织在全县范围内开展“食品安全示范店”创建工作，评出20户食品经营企业为“食品安全示范店”。继续做好全县宗教场所、农村红白喜事集体用餐地点、建筑工地食堂的监管，做到制度上墙。对5个宗教场所进行2次监督检查，开展重大节假日食品安全专项联合执法7次，有效防止食品安全事故的发生。全年没有食品安全事故发生。

【行政审批】 全年办理药品经营许可证1家，变更9家；办理医疗器械许可证2家，变更2家。公开了审批流程，审批时限由原来的60个工作日压缩为38个工作日，提高了行政效率。

（撰稿人：县食品药品监督管理局 苏晓燕）

招商引资

【县招商促进局】 2005年3月15日，县对外经济贸易与经济技术协作办公室更名为县招商促进局。2009年县招商促进局下设项目处、推进处、考核处，县招商引资工作指挥部办公室、县招商引资工作实绩考核办公室与县招商促进局合署办公。2009年底有工作人员11人。在2009年度招商引资考核中，石林县人民政府荣获“昆明市2009年度招商引资工作先进集体”称号；王昆荣获“昆明市2009年度招商引资工作先进个人”称号，杨若平荣获“昆明市2009年度招商引资工作考核先进个人”称号。

2009年继续实施“一把手”招商工程、百人外出招商工程、产业招商工程“三大工程”，实施招商引资目标责任制、招商引资工作例会制、县级领导联系推进制、招商引资项目现场办公制“四项制度”，组织开展“32110”、百日竞赛、季度观摩、项目督查等有效工作措施，强势推进招商引资工作又好又快发展。

局　长：赵一民（12月止）
　　　　陈永宁（12月起）
副局长：杨若平（女）
　　　　段宏波（女）

【分解目标任务】 全县成立了21个招商分局，把内资15亿元、外资800万美元的招商引资目标任务分解到21个招商分局，签订目标责任书，形成一级抓一级、层层抓落实的工作格局。

【项目推介会】 始终把招商项目推介作为工作的重点，捕捉投资信息，加强合作交流，推进项目签约和开工建设。在2009年昆交会上签订了2个招商引资项目，协议总投资24亿元；2009年中国石林国际火把狂欢节招商引资项目推介会暨项目签字仪式上签约项目13个，协议总投资内资17.265亿元。

【百日竞赛】 2009年3月1日至6月30日，石林县组织开展了招商引资“百日竞赛”活动，竞赛活动围绕项目策划包装、召开一场项目推介会、参加各类招商项目洽谈会、签订招商引资项目、项目开工、资金到位等六个方面开展。竞赛活动实行一月一通报，6月底进行综合排名，对综合考核得分高的分局进行奖励，对考核分达不到要求的分局进行问责处理。活动期间，全县共策划包装63个项目，签约47个项目，开工项目37个，举办项目推介会23场。

【季度观摩】 2009年石林县组织全县招商引资工作人员开展了4次招商引资项目观摩活动，对中国彝族第一村斗牛城、“四中心两店”、昆明旺园农业科技发展有限公司、石林锦苑花卉产业园、太阳能光伏并网发电、中核旅游度假区等22个引资项目进行了观摩、评分。通过观摩，有效地推进了项目的建设进程。

【招商引资新突破】 2009年石林县共引进招商引资项目137个。其中外资项目有4个，实际利用外资1399.73万美元，完成市下达任务数的223.29%，同比增118%；内资项目有135个，实际引进国内市外资金17.62亿元，完成市下达任务数的176.2%，同比增24.96%。任务完成数与14个县（市）区相比，引进外资增幅排第二，引进内资增幅排第六；与昆明市第二板块县（市）区相比，引进外资增幅排第一，引进内资增幅排第二。

【昆明石林太阳能光伏发电项目】 昆明石林太阳能发电实验示范项目分为科普区和示范区，规划装机规模为166MWp。其中在石林镇北小村建设科普区，装机规模66MWp，由云南电投新能源开发有限公司控股建设；在石林镇老挖村建设示范区，装机规模100MWp，由华能澜沧江水电公司控股建设。两区建设计划总投资90亿元，被列为全省重点工程项目，取得了云南省发改委的核准批复。2009年项目建设情况：（1）66MWp项目情况：升压站工程完工，4千米上网路线建设完工，12月28日实现1兆瓦发电上网。（2）100MWp项目情况：升压站10千伏配电室完工；产区环绕道路完成土石路面，部分已混凝土浇灌；站前区综合楼主体完工；12月28日实现2兆瓦发电上网，暂时并入10千伏路线。

【招商引资重点项目简介】 （1）石林锦苑康乃馨花卉产业园项目。由天津锦苑花卉有限公司投资建设，计划总投资1.5亿元，主要经营花卉种植及销售，项目选址于石林镇月湖村，累计到位资金9291.18万元。

（2）石林县生态工业集中区综合服务中心建设项目。由广西桂林七彩房地产开发有限公司投资建设，计划总投资6.1亿元，项目选址于石林县生态工业集中区内，累计到位资金25326.61万元。

（3）北美红杉种植和苗木栽培项目。由石林红杉农林科技开发有限公司投资建设，计划总投资5000万元，项目选址于石林镇北大村，累计到位资金2989.5万元。

（4）中国彝族第一村斗牛城项目。由云南水利建筑机械化工程公司投资建设，计划总投资8000万元，项目选址于石林旅游度假区，累计到位资金1353万元。

（5）石林苏宁环球五星级度假酒店及商业街建设项目。由云南苏宁旅游投资股份有限公司投资建设，计划总投资20亿元，项目选址于石林旅游度假区，累计到位资金1亿元。

（6）石林喀斯特地质科研博物馆建设项目。由云南省玉溪市邬萌投资建设，项目计划总投资1亿元，项目选址于石林旅游度假区，累计到位资金1640万元。

（7）石林现代生态牧场建设项目。由昆明雪兰牛奶有限责任公司投资建设，项目计划总投资7000万元，项目选址于石林镇老挖村，累计到位资金2828.96万元。

（8）110千伏石林输变电站工程建设项目。由云南电力集团有限公司投资建设，项目计划总投资4700万元，项目选址于石林镇北大村，累计到位资金1473.51万元。

（9）石林巴江商贸城商业区项目建设。由云南渝商投资有限公司投资建设，项目计划总投资4亿元，项目选址于鹿阜镇巴江河边，累计到位资金1865.5万元。

（10）PVC生产建设项目。由石林九晟建材发展有限公司投资建设，项目计划总投资2600万元，项目选址于石林县生态工业集中区内，累计到位资金452.8万元。

（撰稿人：县招商促进局　倖金林、明继伟）

农　业

气 象

【县气象局】 1964年4月23日成立路南气候站。2009年县气象局内设综合办公室、业务科、人工影响天气办公室、雷电中心，年底有事业人员5名，单位地址在鹿阜镇阿诗玛南路212号。年内资助支农联系点鹿阜镇东海子村委会7000元生产经费。

副局长：何雁东

【降　水】 2009年石林县全年降雨量为569.7毫米，比2008年降雨量1134.4毫米少564.7毫米，比历年平均948.0毫米偏少378.3毫米，偏少幅度为40%，突破历史同期最少记录。在逐月变化上，1月至4月，除3月降雨量较常年偏多外，其余月份均偏少，2月偏少幅度最大，偏少达90%，出现冬春连旱。5月大部地区降雨偏少，雨季于5月2日开始，较常年偏早。主汛期（6月至8月）降水量为350.7毫米，比历史同期少178.3毫米，偏少33.7%。其中6月降水量181.6毫米，比历史同期多20毫米，月内发生全县性大雨1次，暴雨1次，但降水时空分布严重不均，从空间上讲县域东部降水较少，出现干旱，偏西的鹿阜镇、石林镇、板桥镇、大可乡局部又出现洪涝灾害；从时间上讲6月上旬全县普遍降水较少，出现插花性干旱，部分乡镇山地作物受旱影响较重。7月、8月降水均特少，均无全县性的大雨天气过程，7月降水量96.3毫米，比历史同期少81.6毫米，8月降水量72.8毫米，比历史同期少100毫米。后汛期（9月至10月）降水量为46.2毫米，比历史同期少146.4毫米，出现异常高温少雨天气，一些地区出现秋旱。雨季于8月30日结束，较常年提早了近40天。11月至12月降水量为29.5毫米，比历史同期少28.7毫米，冬旱较常年偏重。2009年全县共发生大雨2次，暴雨1次，洪涝、滑坡、泥石流等地质灾害较常年偏轻，干旱较常年偏重。

【气　温】 2009年石林县年平均气温为17.5℃，比2008年16.5℃高1.0℃，比历年平均15.8℃高1.7℃，创历史同期最高值。在逐月气温变化上，除1月和11月气温较历史同期稍高外，其余各月气温均为偏高至特高，冬春季2月和3月、夏季7月、秋季9月和10月及冬季12月气温偏高幅度最大，尤其是2月气温特高，比多年同期平均值高4.7℃，加之风速较大，地面蒸发大，空气湿度低，旱情持续发展，森林火险等级持续偏高。年内未发生全县性的“倒春寒”和抽扬期低温冷害天气过程。全年极端最高气温为4月17日和5月27日的32.0℃，极端最低气温为12月25日的0.6℃。

【日　照】 2009年石林气象观测站总日照时数2374.1小时，实照时数占可照时数的54%，比历年平均值多181小时，比2008年值多620.9小时。年内除1、3、4、6、7月日照时数比多年平均值偏少外，其余各月日照时数均比多年平均值偏多，尤其是9月、10月日照时数比多年平均值偏多75%、130%。

【蒸发量】 2009年石林县总蒸发量1845.4毫米，比历年平均值少65.1毫米，比2008年多348.5毫米。

【异常气候及影响】 霜冻：3月14日受高空冷平流辐射降温影响，石林县各地区不同程度地遭受霜冻灾害，农作物受灾面积73178亩，成灾面积39234亩，绝收面积3426亩。水果、干果、树苗、烤烟苗、药材严重受损，长湖镇、大可乡核桃、公鸡树苗12万株冻死，长湖镇963池烤烟苗受损程度100%，圭山镇800亩三七受灾。

汛期洪涝：6月14日晚22时至15日夜间3时，受辐合区影响，石林县普降大到暴雨，其中鹿阜镇、石林镇、板桥镇、大可乡均出现了暴雨。受本次暴雨影响，鹿阜镇、板桥镇、大可乡3个乡镇共有21568人受灾，6649亩农作物受灾，毁坏农田3亩。灾情严重的大可乡、板桥镇电力、水利设施毁坏8处，沟渠损坏约7.3千米，公路塌方约7.6千米，14间房子受到损坏，泥石流滑坡10余米，因灾死亡家禽1200只。7月24日晚受切变影响，石林县境内局部出现中到大雨，造成鹿阜镇、长湖镇共有烤烟2060亩、玉米3200亩受灾。

冰雹、大风、雷击：4月7日晚，受残余冷空气和小波动共同影响，石林县境内局部出现冰雹灾害，冰雹持续2～3分钟，最大冰雹直径约8毫米，造成小麦4060亩（受损程度40%～80%）、秧苗199亩、烤烟苗50亩（受损程度20%）、水果7085亩（受损程度50%～70%）、蔬菜1360亩（受损程度50%～80%）受灾。5月1日下午，受南支槽和冷空气共同影响，石林县境内局部出现了冰雹、大风、雷电灾害天气，造成长湖镇、圭山镇、西街口镇农作物5100亩受灾，因雷击死亡1人。8月22日下午，受辐合区影响，西街口镇、石林镇出现短时大风、冰雹天气，烤烟受灾40亩。8月23日下午，受辐合区影响，大哨村出现短时大风、冰雹天气，烤烟受灾400亩。

秋、冬连旱：2009年石林县降水特少，尤其是进入7月后均无全县性的大雨天气过程，气温特高，水分蒸发加剧，全县出现了较重的秋、冬连旱。截至12月30日全县7个乡镇有37个村委会68个自然村10120户、41153人、29303头大牲畜不同程度出现饮水困难；小春受旱面积达到14.68万亩，其中轻旱3.06万亩、重旱9.78万亩、干枯1.88万亩。

【气象基础业务】 全年测报工作基数为8315.0，错情率0.6‰，申报百班无错2个，及时上传报表和报文，报文上行传输及时率100%，未使用超检仪器，按规定做好气象探测环境保护工作。全年共制作发布年、月气候趋势预测12期，森林防火、春旱、烤烟、节假日、防汛等专题气象服务材料50期，制作发布气象情况反映、雨情信息17期，中短期预报74期，及时向县委、政府汇报和通知有关部门雨量资料、重大天气情况，电话汇报60余次、传真452份、手机短信服务15000余条。每天至少利用两次气象预警显示屏发布中、短期及重要性气象信息到各乡镇。3～5月、11～12月对坝区、半山区、山区不同海拔高度地区分析土壤含水量，监测干旱发展情况，及时收集上报辖区内出现的灾情。

【人工增雨防雹】 针对2009年异常的气候，成立石林县人工增雨防雹工作领导小组，在县委、政府的大力支持下，投入资金129万元在全县范围内开展增雨、防雹工作。人工增雨工作比历年提早，于3月1日打响2009年人工增雨第一炮，且开展增雨工作时间较长，3～4月、10～12月共开展增雨作业16次，发射火箭弹48枚，作业后均普降小到中雨，缓解旱情和降低森林火险等级。

5月20～23日，对全县参加防雹工作的80名防雹作业人员进行了气象知识、法规、无线电通信知识、人工防雹的技术要领、安全操作等方面的培训，通过考核，全部参训人员取得了上岗证。人工防雹工作从5月24日进点，9月30日撤点结束，历时130天。18个作业点共实施防雹作业59点次，发射火箭弹1293枚，有效防区内未遭受冰雹灾害，圆满地完成了人工防雹任务。

【防雷减灾】 2009年石林县防雷中心对县辖区内7家加油站、12家煤矿、1家油（气）库、1家炸药仓库及少部分企事业单位进行防雷安全技术检测专项服务，对石林县保安公司、石林县巨鹏天然气站、中国石油干坝塘加油站开展防雷装置改造工程。通过防雷装置年检和防雷技术改造工程对一些防雷装置不齐全或不合格存在严重安全隐患问题的单位，及时整改，消除隐患，保障人民生命财产安全。3月防雷行政审批、管理服务事项正式进入县政务服务中心，实行"一窗式受理、一站式办结、一条龙服务"。"3·23"气象日到石林双龙广场进行防雷减灾知识和相关气象知识的宣传，共发放宣传材料1000多份，咨询人数50余人次，以提高社会公众的防雷意识。10月按照昆明市政府办公厅《关于对全市中小学校舍安全工程进行检查的紧急通知》要求，石林县防雷中心联合昆明市中小学校舍安全检查组对石林县民族中学、紫玉中学等进行了防雷设施安全检查，同时进行防雷知识宣传。

【自动站建成投入使用】 随着气象现代化的发展，地面气象观测已逐步走向自动化，10月21日，石林自动气象观测站安装完成投入试运行，11月1日正式投入使用。自动站功能完善，采集信息快、传输及时、自动化程度高。它的建成使用，为气象服务和天气预报等工作带来了更加准确及时的气象资料，为石林地面气象观测业务质量的提高进一步奠定了基础。

（撰稿人：县气象局 彭 妮）

水 利

【县水务局】 1978年10月，撤销农水林业局，分设农业局、林业局、水利电力局。2001年县水利电力局改称县水务局。2009年，局机关设办公室、财务审计科、规划建设科、水政水资源管理科4个行政科室，县防汛抗旱指挥部办公室、县水土保持委员会办公室、水利工程质检站、灌溉水产管理站、水利物资供应站、水利水电建筑安装工程公司、勘测设计处、地质勘探队、抗旱服务中心9个事业单位。办公地点在石林县龙泉路13号。年底实有干部职工73名，其中：公务员16人，参公管理人员2人，工勤人员2人，管理人员1人，专业技术人员39人，工人9人，辅助用工4人。2009年，石林县水务局荣获昆明市五一劳动奖状，连续第十九年获得昆明市水利工作先进集体称号，石林县荣获云南省2007～2009年度全省水利建设先进单位称号。资助支农联系点圭山镇红路口村委会春耕生产资金4500元，投入50662元实施了村委会排洪沟修建工程。

党委书记、局长：余 春
副 书 记：李彦群（女）
副 局 长：保胜军
桂 明
岳劲松（彝族，3月起）

【湖北湖南招商分局】 县水务局为牵头单位、县审计局、县档案局为协助单位，组成了湖北湖南招商分局。2009年，分局招商任务为内资5000万元。通过与云南昆明石林台湾农民创业园联合开展网络招商、园区招商，深入挖掘有投资价值的项目，投入近10万元对项目进行包装宣传，先后5次召开招商推进会，拜访企业50余家，接待有投资意向企业300余家。全面掌握落地项目建设进展情况，加强对投资项目服务，定期回访。全力做好石林锦苑花卉产业园、圆通公司、万城阿诗玛旅游小镇、桃园水乡、狮山陵园等项目的供水服务工作，积极协助开工项目石林财富中心、石林万城百货大楼项目推进。年底招商到位资金9589.73万元，超额完成91.79%。

【水利建设】 截至2009年底，全县建有中型水库2座，小（一）型水库16座，小（二）型水库84座，小塘坝131件。年内全县共完成各类水利建设项目1118件，占计划1000件的112%；投入农田水利建设资金15536.02万元，投入劳动工日323.11万个，开挖土石方268.48万立方米。新增有效灌溉面积0.32万亩，改善灌溉面积2.3万亩，治理水土流失面积45平方千米，其中水利口完成17.4平方千米。完成水力发电700万千瓦小时，完成22.8千米沟渠河道绿化。

【农村饮水工程】 2009年石林县把解决1万人饮列为十件实事之一。项目分4类16件工程实施，共解决11404人饮水。2008年第一批中央国债项目解决2695人饮水问题，建在圭山镇雨美堵、石林镇路星村、鹿阜镇上峰、董家村、符家村；2008年四季度扩大中央内需项目解决1334人饮水问题建于石林镇螺蛳塘村；2009年市级融资贷款项目解决5694人饮水问题，建在鹿阜镇小昌乐村、大小山沟、板桥镇初为村、黑泥塘、大可乡四角田、西街口镇大雨布宜、芭茅。其他渠道资金解决1681人，建于圭山镇大糯黑、鹿阜镇唐家村、大黑塘村。所有工程于12月底全面完工，新建各型水池4座，水井350个，架设输电变压器2台，安装水泵2台，各型输配水管网101.26千米及附属设施，完成土方34839立方米，石方11552立方米，浇砼35.91立方米，钢筋砼90.17立方米，群众投劳4.76万个工日。完成投资618.22万元。新建工程总供水能力1657.11立方米/天。项目涉及村民小组成立了16个用水户协会，负责所建人饮工程维护、运行、管理。

【团结水库加固扩建工程】 2009年投资8000万元建设团结水库加固扩建工程。分五个标段实施主体工程：Ⅰ标主坝加高扩建，实施主坝清挖回填，开挖、支砌倒滤体，回填风化料，填筑反滤料，支砌坝顶挡墙，铺设护坡，接长溢洪道，钻孔灌浆，道路改道；Ⅱ标新建副坝一座，实施回填土石方，铺护坡，开挖、浇筑输水隧洞，明渠浇筑，钻孔灌浆，浇筑坝顶防浪墙工程；Ⅲ标支砌明渠，安装倒虹吸，浇筑渡槽；Ⅳ标支砌明渠，开挖、浇筑引水隧洞，翻拱，浇筑渡槽；Ⅴ标支砌引洪沟、灌溉沟。

【月湖水库除险加固工程】 月湖水库除险加固工程是2008年第四季度中央拉动内需资金建设项目，是省级重点工程，列为2009年市级财政投资评审项目，工程2008年12月30日启动，总投资2479.85万元。2009年省市县政府、人大、政协多次到施工现场指导督促。年内实施了天生关、月湖闸坝拆除重建，坝基帷幕灌浆防渗处理；改建大老挖闸，副坝坝基、坝肩帷幕灌浆防渗处理；对主要渗漏库岸及发育的溶洞、落水洞、漏斗进行封堵处理；修建防汛抢险道路，完善水库安全监测设施。中国水电顾问集团昆明勘测设计研究院负责工程勘察设计，四川腾越建设监理有限公司监理中标，昆明华之禹水利水电工程质量检测公司负责质量检测，工程分三个标实施，Ⅰ标云南玉溪水电集团有限公司施工、Ⅱ标晋宁县水利建筑工程公司施工、Ⅲ标云南省地质工程勘察总公司施工。主体工程年内已全部完成，帷幕灌浆后工程总体堵渗率达99.9%。

【项目规划】 2009年县水务局抽调业务骨干集中编制了《石林县水利发展“十二五”规划》、《石林县重点地区中小河流近期治理规划》、《石林县雨水集蓄利用规划》、《石林县节水灌溉规划》、《石林县小型农田水利规划》、《石林县2010~2013年农村饮水安全规划》、《石林县小型病险水库除险加固规划》。

扩建中的团结水库

【工程前期工作】 2009年完成了占屯老围、四家村水库、七角塘水库、小屯水库、大可新围、圭山水库、圆湖、北大村海子水库、石林镇犀牛塘水库的除险加固前期，黑龙潭水库中型灌区节水改造配套工程前期，全县中小河流规划初步设计，全县河闸安全鉴定。编报了中央财政资金建设小型农田水利重点县建设（3年）方案。地下水库建设2月份召开了建设必要性论证会，7月份开展了中期成果论证，年内完成项目可行性研究报告编制和初审、环评报告、矿产压覆、地质灾害评估、水资源论证。

【抗 旱】 2009年石林县春夏秋冬四季连旱，截至12月底，全县平均降雨555.23毫米，水库坝塘蓄水4565万立方米，占计划的56%。水库塘坝干涸14座，因旱5.09万人、4.5万头大牲畜饮水困难。全年借出抽水设备42台，输水管道2000余米。抢修抽水泵站设备36台（次），巡回检查、保养电排站50余次，先后12次调遣潜水员下水堵漏及拴钢绳。8月启动绿芳塘、大坑崖、红路口提水增加水库蓄水。11月实行每周三向市级上报旱情制度。全县3.89万人投入抗旱工作，累计投入197万元用于提水电费补助及工程设施维修。

【防 汛】 2009年5月2日石林县进入雨季，筹备防汛编织袋40000条，水泥桩3800棵。6月14日板桥、鹿阜、路美邑、石林镇受单点暴雨袭击发生洪涝灾害。6月18日召集防汛成员单位及小（一）型以上水库负责人共65人举办防汛知识培训，并于7月19日、24日、25日到各乡镇巡回宣传防汛知识。汛期对全县水利设施、库塘共组织5次大规模防汛安全检查。全县6条主要河流、18座小（一）型及以上水库实行河长库长责任制管理。启用了企业通短信平台，及时将雨水情传送给相关单位和领导。洪涝灾害统计采用专用软件，规范了统计报送工作。

【水利执法及水源保护】 2009年水利综合执法查处非法捕鱼案件2起，没收非法捕鱼网具94件，责令清除堆放巴江河道渣土850立方米。全年依法征收水资源费13.6万元，对县管水库集中式饮用水源地、农村集中式饮用水源点建立巡查制度，年内共巡查125次；对24个水源水每季度进行取水检测，确保城镇、农村饮用水的检测率达97%以上。实行全县主要河流、水库县领导负责制，起草报批了《石林县集中式饮用水源保护实施方案》，明确每年县城吃水河保护管理经费3万元列入切块资金中水利部分解决。

【水土保持】 2009年县水务局投入1.5万元开展水土保持宣传，依法审批（上报）水土保持方案11件，验收开发建设项目1件，征收水土保持设施补偿费9.2万元。年内“珠治”项目水土保持综合治理批复投资420万元，实际到位369.8266万元，累计治理小河、茂舍祖两个小流域17.22平方千米。其中：实施坡改梯670亩，种植经果林1455亩，安装配水管网12.88千米，建各型水池112座、沉沙池坝91座，修建机耕路9.7千米、沼气池81口、水保林381亩，宣传封禁标牌32块。绿芳塘、三角水库水源区水土流失治理，共投入资金29万元。

【城乡供水】 石林县城市现状供水总规模为4.2万立方米/天，依托黑龙潭、团结两大水库，三点一线（县城老水厂、新水厂、石林二水厂三个水源点，石林中路给水管网为一条供水联络干线）、高低分区、联合运行供水。县自来水厂承担全县党政机关企事业单位及城郊29个自然村、石林景区及周边村庄、石林中路沿线共9.5万人的生产生活供水。其余农村以村或村委会为单位，通过建设蓄、引、提水工程集中供水。年内全县农业灌溉供水4970万立方米，工业企业供水135万立方米，生态环境供用水390万立方米，城镇生活供水937万立方米，乡村生活供水473万立方米，其他行业供水3万立方米。

（撰稿人：县水务局 周艳萍）

农　牧

【县农牧局】 1978年10月，撤销农水林业局，分设农业局、林业局、水利电力局。1983年底，县农业局改称县农牧局。2009年，全局下设办公室、计划财务科、农政科3个行政科（室），动物卫生监督检验所、农机监理站2个行使行政职能的事业单位，农业技术推广总站、植保植检站、种子管理站、畜牧兽医总站、茶桑果站、蔬菜花卉站、农经站、农广校、农村能源环境保护工作站、农机管理服务总站10个事业单位，农业产业结构调整办公室、高稳农田建设规划办公室2个工作机构。年底共有职工139人，其中：公务员28人，专业技术人员101人，管理人员1人，工勤人员9人。

2009年，石林县中低产田地改造工作、粮食生产工作、农民增收工作分别获省人民政府表彰的先进单位三等奖。石林县的石林甜柿、圭山山羊获国家农业部地理标志保护认证。县农牧局茶桑果站甜柿优质高效栽培技术推广项目获云南省农业厅农业技术推广二等奖。县农牧局畜牧兽医总站站长徐红平因承担羊胚胎移植高效扩繁技术研究与规模化推广应用项目，获云南省人民政府表彰的科学技术进步二等奖。

局　　长：潘佳良
党委书记：徐朝光
党委副书记：杨明森（彝族）
纪委书记：蒋莉华（女，彝族）
副 局 长：蒋春平
　　　　　赵俞智（8月止）
　　　　　牛云祥（3月起）

【农业产业招商分局】 由县农牧局和县人民政府烤烟办公室组成，牵头单位县农牧局。2009年，围绕招商引资工作目标任务，成立了招商引资工作领导小组，制定了招商引资“百日竞赛”活动实施方案，对目标任务进行分解，明确具体责任单位和责任人，重点抓好石林锦苑花卉产业园、石林温氏畜牧有限公司种鸡孵化场等重点项目的服务工作。通过抓农业项目的招商引资工作，积极引进外来资本，使全县农业产业得到快速发展。全年共引进项目10个，考核确认完成引进内资6372.02万元，外资81.15万美元。分别完成内资任务数4000万元的159.3%和外资任务数50万美元的162.3%。

【粮食生产】 2009年石林县共争取省、市中低产田地改造项目10.89万亩，其中，农业系统项目3.11万亩，烟草部门项目4.33万亩，水利部门项目1.32万亩，国土资源部门项目0.9万亩，财政局农开项目1.23万亩。全年共种植粮食作物448101亩；完成粮食总产量12279.23万千克，占计划数的102.3%；实现产值2.9173亿元，比计划数超16.7%；农民人均占有粮食597千克。

夏粮播种面积171025亩，其中：小麦58796亩，蚕豆36416亩，大麦39936亩，其他作物35877亩。夏粮总产量2660.32万千克，其中：小麦1030.37万千克，蚕豆651.19万千克，大麦397.01万千克，其他作物581.75万千克。

秋粮播种面积277076亩，其中：水稻59961亩，玉米129089亩，大豆13890亩，其他秋粮作物74136亩。秋粮总产量9618.91万千克，其中：水稻3376.96万千克，玉米5334.43万千克，大豆124.41万千克，其他作物783.11万千克。

【畜牧业生产】 抓住滇池流域养殖业梯度转移的机遇，主动承接产业转移，推进畜禽养殖基地建设。在巩固生猪生产的同时，加快羊产业和禽类发展，扩大肉牛、奶牛生产，打造畜产品品牌。扎实抓好重点区域“四全”工作和重大动物疫病防治工作；以畜牧龙头企业、大户为重点，认真做好品种改良、饲料开发、科学饲养等科技措施的推广普及，不断提高广大农户的科学养殖水平，全面提升畜牧业综合生产能力和市场竞争力。2009年新发展温氏合作养鸡户488户，完成年计划数的110.9%；累计发展温氏合作养鸡户达872户，占任务数的72.7%。全年生猪存栏

175175头，完成计划数的100.1%；出栏肥猪231286头，完成计划数的100.6%。山羊存栏181613只，完成计划数的100.9%；出栏肉羊93087只，完成计划数的103.43%；鲜奶产量1111.95万千克，完成全年计划数的101.1%；大牲畜出栏12449头（匹），完成计划数的108.3%；禽出栏4205803只，禽蛋产量160.36万千克，分别完成计划数的105.15%、114.54%。实现畜牧业产值5.7679亿元，完成计划数的120.1%。

【水果生产】　切实抓好已建甜柿基地的标准化管理，在交通沿线、县城、集镇、村庄视野可及面山发展具有市场竞争力的特色优质水果，大力推进优质水果无害化、标准化、规模化生产，强化果树嫁接技术和葡萄、梨套袋等水果实用技术推广，使果品质量和数量得到较大幅度的提高，并成为农民增收新亮点。2009年水果总产量达2726.37万千克，完成计划数的101%；实现产值8367万元，完成计划数的121.3%。5月，石林县“甜柿优质高效栽培技术推广项目”获云南省农业厅农业技术推广二等获。

【蔬菜花卉生产】　2009年7月，县蔬菜花卉站在圭山镇额冲衣村完成200亩高海拔冷凉地区夏季青花、生菜种植，亩产量分别达1200千克和1500千克，亩产值达3600元和3750元，为在石林县高海拔冷凉地区发展夏季外销型蔬菜奠定了基础。2009年全县蔬菜总产量达10808.37万千克，实现产值18268万元；花卉产值达8777万元。

【农业机械化】　为促进农民持续增收，以服务农村、服务农民为根本出发点，结合石林县农机现状，突出重点、科学规划、合理布局、以点带面，增强机械化示范带动效应，积极争取国家农业部和省、市对农机的扶持，认真做好农机购置补贴服务工作，推进农机组织化、产业化、规模化进程，使农业机械在农业生产中的重要作用得到充分发挥。2009年农业机械总动力达22289.8万瓦特，完成机耕机耙268050亩。

【农村能源和环保】　云南神农育种有限公司大中型沼气工程建设于2009年9月30日完工。工程采用三段式红泥塑料沼气工程工艺，项目总投资176.9万元，其中：中央预算内资金75万元，省市配套资金15.2万元，企业自筹86.7万元。项目的实施，实现了畜禽粪便的减量化、无害化、资源化和环境治理目标。全年共完成“一池三改”建设3373户（其中2008年度国债项目2000户、新增第一批中央扩大内需项目1373户），占计划任务数的100%；完成农村沼气服务网点建设59个网点（其中2008年度国债项目11个、新增第一批中央扩大内需项目36个、新增第三批中央扩大内需项目8个、省级项目4个），占计划任务数的147.5%；建成云南神农育种有限公司大中型沼气工程建设1座；完成沼气生产工及网点服务人员培训140人次，完成农户安全管理使用人员培训9956人次。完成省柴节能灶推广2000眼，占计划任务数的100%。至2009年底，全县已累计建设农村户用沼气池17450户，占全县总农户数的30.7%。

【农村经济管理】　认真履行农村集体资产财务管理、农民负担监督管理、农村土地承包管理“三大管理”职责。通过加强农村土地承包管理，积极引导土地承包经营权合理流转；在全面推行村级会计委托代理服务，进一步规范村、组集体资产财务管理的同时，认真落实村民“一事一议”筹资筹劳管理制度，不断加强农民负担监督管理。认真抓好扶持农村专业合作经济组织发展工作，深入实施“数字乡村”工程，推进城乡信息化建设。截至2009年12月31日，全县农村土地承包经营权流转面积达25505亩，占家庭承包经营耕地面积的11%。全年新登记成立农民专业合作社15个，扶持发展农村专业合作经济组织5个；实施省级财政扶持项目6个（大可村委会养殖小区建设项目、石林金山甜柿标准化技能培训项目和上峰、维则、海邑新寨、小密枝4个自然村村容村貌整治工程项目）。

【农业教育事业】　4月30日，县农业广播电视学校通过了全国县级农业广播电视学校办学水平评估，评估等级为A级校。对每年初、高中毕业后不能继续升学的学生进行100%的劳动技能培训。全年共完成阳光工程培训3410人，其中技能技术培训2760人（完成技能鉴定2170人），引导性培训650人；完成绿色证书培训27期1706人；对全县60个新型农民科技培训班共进行集中培训240天，现场指导271次，培训人员11200人次。

【动物检疫防疫】　认真抓好动物的检疫防疫工作，确保畜牧业生产和人民群众生活的安全。2009年，全县累计完成活畜禽检疫860252头（匹、只），其中产地活畜检疫完成95452头（匹、只），禽类764800只，检出不合格活畜禽148头（匹、只），占检疫数的0.018%；市场活畜检疫320000头（只），检出不合格活畜56头（匹、只），占检疫数的0.018%。进行屠宰检疫41176头（匹、只），其中猪屠宰检疫31856头，检出不合格的11头，占被检数的0.035%；大牲畜屠宰检疫9320头（匹），检出不合格9头（匹），占被检数的0.1%。对检出的病害动物及其产品均按规定作无害化处理。完成奶牛“两病”检测1057头，奶山羊布氏杆菌病检测30095只；牲畜口蹄疫免疫917586头（只），高致病性禽流感免疫3292189只，高致病性猪蓝耳病免疫154418头，猪瘟免疫298950头，免疫密度达100%。

【植物检疫和农作物病虫害防治】　2009年开展种子、烟草、花卉、水果及苗木等植物的检疫，检疫数2879吨。圭山、路美邑、板桥设置3个测报点，开展小麦白粉病、锈病、蚜虫，蚕豆叶斑病、斑潜蝇，水稻稻瘟病、白叶枯病、稻曲病、螟虫、粘虫、稻水象甲、果树病虫害、农田鼠害等测报工作，全年共发病虫简报11期，使病虫害在发生前及时做出预报，指导农户适时进行防治病虫害。全年各类作物发生病虫草鼠害

142.5万亩（次），共组织有害生物防治队伍开展各类作物病虫草鼠害防治321.4万亩（次）。通过积极防治，使病虫草鼠害造成的损失控制到最低限度。

【兽药饲料管理】 4月17日，在中央财政的支持下，投资121.5万元实施动物防疫体系建设项目，启动石林县畜牧兽医总站化验室及路美邑镇、西街口镇、板桥镇、圭山镇、大可乡等乡镇畜牧兽医服务中心办公业务用房扩建项目。9月22日石林县圭山山羊成功申报为农业部农产品地理标志保护产品，并获得了登记证书。石林县畜牧业信息公共服务平台于11月20日建成，县、乡两级畜牧技术服务机构、7家畜牧专业合作社、16家养殖场通过网络实现信息共享。全年共举办兽药饲料培训班5期，累计培训执法人员和管理相对人608次，发放宣传材料3.3万份，组织开展监督检查9次，专项检查18次，累计出动执法人员518人次，检查兽药饲料生产加工和经营的企业（个人）903次，规模化养殖场督查114次。没收过期兽药649盒（袋、瓶），违禁药品58盒（袋、瓶），三无产品109盒（袋、瓶），过期饲料307千克。

【种子管理】 进一步加大对种子市场的监督管理和巡查力度，确保农户购买到合格优良的丰产种子。在做好全县各乡镇集贸市场农作物种子销售日常管理的同时，按照上级业务主管部门的安排，先后五次组织执法人员对种子市场进行了专项检查，通过检查，没有发现品种侵权的情况，也没有发现转基因品种的销售，进而从源头上控制了不合法、假劣种子进入市场，保证了老百姓的利益不受损失。同时，组织开展对种子经营户法律法规及农作物种子知识培训二期400余人，并利用“3·15”活动和科技“三下乡”活动，印发了4000份种子管理宣传材料。

【农药管理】 进一步加强对农药经营市场的管理。在抓好农药市场管理的同时，对各农药经营户进行了有关法律法规、安全用药相关知识的宣传培训，组织开展农药标签集中培训，使广大农资经营户的安全意识得到提高，使农药经营不断规范。同时，还定期或不定期地对我县90户农药经营户进行了检查和抽查，检查中，对过期农药和假冒农药当场给经营户开具扣押清单，进行没收。全年共组织检查4次，对7户违规销售农药的经营户进行了处理，收缴违规销售农药65千克。同时，还调解农药纠纷案3起，维护了农民的合法权益和我县的和谐稳定，保证了全县农业生产的顺利进行。

【农机监理】 2009年共发放宣传材料30906份，与农机手、农机户签订农机安全生产责任书11399份；出动173车次，782人次，检查拖拉机296台次，查处违法184台次，卸客转运1209人次；年度集中检验合格拖拉机1090台，新培训合格拖拉机驾驶人251名；粘贴拖拉机车身反光条1302条，有效地保证了农机生产安全。全县没有发生重特大农机生产安全事故，农机事故率、重伤率、死亡率均分别控制在4‰、3‰、2‰以下。2009年，石林县共完成中央财政农机购置补贴150万元，补贴农户308户，购置机具314台（套）。

（撰稿人：县农牧局　刘光雄）

现代农业

【农业技术推广】 强化农业科技创新，以新品种、新技术、新机具的引进、试验、示范为重点，加大示范作用，为农民提供最直接的科技示范服务，有效地促进了农牧业生产水平的提高。

粮食生产方面：完成优质水稻推广55000亩；水稻蜂巢式栽培50500亩，水稻免耕栽培技术1000亩；创建水稻高产核心区100亩，展示区1000亩，带动水稻高产示范10000亩。以实施农业部玉米高产创建项目为突破口，优化杂交玉米良种布局，大力推广抗旱节水节肥模式化栽培，有效提高玉米生产水平；完成百亩核心区2片256亩，千亩展示片2片3201亩，带动玉米高产示范21600亩；推广地膜玉米70000亩，玉米免耕栽培技术5000亩。水稻、玉米的良种覆盖率达到种植面积的100%；实施粮食作物间套种技术推广152000亩；推广优质马铃薯品种20000亩，示范马铃薯稻草覆盖免耕栽培200亩；推广测土配方施肥30万亩，举办中心示范样板10000亩，有效地提高了水稻、玉米的施肥水平。另外，还开展了水稻精准栽培、玉米抗病性、新农药药效以及路单系列优质玉米新品种选育、水稻新品种和小麦良种种植试验、示范等一系列基础试验工作。

畜牧业生产上：完成生猪改良19020窝。实施红骨羊胚胎移植116枚，推广人工种植牧草1.2万亩，建立国家现代肉羊产业示范户20户。积极发展温氏合作养鸡，全年新增养户488户，完成任务数的110.9%。

水果生产上：落实以甜柿为主的优质特色水果基地发展面积4272亩，嫁接甜柿150263株。完成葡萄、梨果实套袋650万个，葡萄避雨栽培和二次结果生产技术推广200亩。

蔬菜生产上：全年共引试新品种30个；推广无公害蔬菜综合技术33200亩；组织实施“五个一”工程，完成菜用甜玉米5000亩（其中示范样板1860亩）、冬早大蒜种植5000亩、西兰花种植2000亩、甘蓝1300亩等较大规模外销蔬菜品种的标准化生产，配套推广应用粘虫板6.7万张，应用生物多样性种植技术3600亩，应用物理杀虫灯技术7000亩次。发展高海拔冷凉反季节夏季西兰花种植200亩。

【农业产业化经营】 按照“调优粮食产业，调强畜牧产业，调精果菜产业，调宽农产品加工业”的思路，始终把农业结构调整作为增加农民收入、发展农村经济、建设社会主义新农村的一项主要途径措施来抓，不断推进农业产业化经营发展步伐。2009年全县推广优质水稻5.5万亩，推广路单系列优质杂交玉米12.2万亩；推广菜用甜玉米5000亩、甜豌豆11000亩、冬早大蒜种植5000亩、西兰花种植2000亩、甘蓝1300亩；新建以甜柿为主的优质特色水果基地4272亩；累计发展温氏合作养殖户

872户，鸡舍面积达333521平方米，全年累计出栏肉鸡513万只，年获利917万元，户均年获利2.5万元以上。

【农业龙头企业】 2009年12月，石林县的石林生龙生态农业有限公司和石林绿汀甜柿产品开发有限公司2家企业被云南省农业产业化经营与农产品加工领导小组认定为云南省农业龙头企业。12月，石林县的石林生龙生态农业有限公司、石林绿汀甜柿产品开发有限公司、石林万家欢农业科技有限公司、云南石丰种业有限公司、昆明石林兴农粮油经贸有限公司、石林赢鸿农产品有限公司、石林梦达尔农林牧开发有限公司、石林禾泽蔬菜速冻加工厂、石林鑫园艺绿化有限公司、石林青泽农庄、石林酱菜厂、石林映山奶牛养殖场、石林恒泰农产品有限公司、石林陈香酱菜有限公司、石林锦苑康乃馨有限公司、昆明大汉农业科技有限公司、石林温氏畜牧有限公司、石林云昊农产品有限公司、石林彝嘉醇酒厂等19家企业被昆明市农业产业化与农产品加工领导小组认定为昆明市重点农业龙头企业。2009年，25户县级以上农业龙头企业资产总额56841.28万元，固定资产40675万元；有企业员工1537人；企业自有基地7661亩，带动农户基地43094亩；年生产加工农产品104600吨，其中加工农产品46900吨；年销售农产品53166吨，销售收入72618.7万元，实现利润7989万元，直接出口创汇86.03万美元；年培训农户20138户，带动50811户；产业化从业人数11440人，安排农村富余劳动力2551人。

（撰稿人：县农牧局　刘光雄）

林　业

【县林业局】 1978年10月成立县林业局，2009年局机关内设办公室、营林绿化科、资源林政管理科、森林病虫害防治检疫科、政策法规科（林业综合行政执法大队）、林业技术推广站、林业调查规划队、森林防火指挥部办公室；下辖石林彝族自治县森林公安局（2009年8月由昆明市森林公安局石林分局更名）、圭山国家森林公园管理处、国营石林林场。全局实有职工74人，其中：局机关33人（公务员10人、技术员12人、工人8人、事业管理人员3人），石林县森林公安局6人，圭山国家森林公园管理处7人，国营石林林场28人。局机关位于鹿阜镇石林南路421号。年内被中共昆明市委、昆明市人民政府表彰为2008年度城乡园林绿化工作二等奖，职工毕琼仙被云南省第二次全国农业普查领导小组办公室授予“云南省第二次全国农业普查先进个人”称号。帮助支农联系点西街口镇威黑村委会解决春耕生产工作经费3000元、村庄绿化经费5490元。

党总支书记、局长：张鹏飞（4月止）

党总支书记、局长：吴剑平（4月起）

党总支副书记：张志才

副　局　长：张永祥（彝族）

虎　亮（彝族）

李映坤

石林县森林公安局局长：陈元杰

【西安招商分局】 2009年2月1日，由县林业局牵头与县工商联、县政府信息产业办公室共同组成西安招商分局，完成年度招商引资考核目标任务3000万元。分局围绕石林林业生态建设和发展规划，重点策划、包装林业产业招商引资项目30个，制定了4个项目建议书和4个项目概念性规划。分别到浙江、海南、重庆等省市及周边地区招商，组织召开招商引资项目推介会1次，重点推介招商项目15个，签订投资协议8个，引进项目并开工建设7个，续建项目2个，年内到位资金7068.25万元，实际考核到位资金7007.83万元，超额完成4007.83万元，完成年度目标任务数的233.59%。

【森林防火】 2009年1月，发布《森林防火戒严令》、《关于加强野外火源管理的通告》1000份，与相关单位签订森林防火目标管理责任状60000份。2月，组织开展林业法制宣传“三下乡”活动，发放户主责任书50000份、宣传单30000份、书写张贴标语35000条、广播宣传95000次、新建宣传警示牌170块、刷新宣传牌225块，出黑板报560期、出动宣传车100台次、文艺宣传20场次。3月，与县教育局联合组织开展全县中小学“五个一”宣传教育和第五届“预防森林火灾，保护美好家园”作文、绘画竞赛活动，参加学生36796人，评选优秀作文160篇。全年认真组织开展“两监管三检查”活动，派出检查组50支200人次，专项督查2次，发督查通知20份，工作检查51次、武装巡查370次、查处野外用火250起、制止野外用火110起；设立森林防火检查点20个，入山实名登记5000多人，没收打火机4000余个。全县发生一般森林火灾1起，过火面积19公顷，森林受害面积0.67公顷，损失幼树1500株，火案已查处，受害率为0.0012‰，当日扑灭率为100%，查处率为100%；协助邻县扑救火灾1次，出动扑火兵力60人次、车辆10台次，扑救中无人员伤亡。经市森林防火指挥部考核验收，防火工作名列全市县区第一。

【营林绿化】 2009年围绕“生态建设产业化，产业发展生态化”的总体思路，大力实施生态美县建设和城乡园林绿化“百日会战”，组织开展农村村庄绿化盲区普查，制定农村村庄绿化现状及绿化盲区普查实施方案；组织开展核桃产业基地及苗木基地冻害受灾情况调查；组织开展石林镇老挖村委会太阳能发电站和锦苑花卉公司征占用林地林木调查。完成珠江防护林工程人工造林20000亩、辖区绿化7364.8亩、退耕还林工程封山育林10000亩、巩固退耕还林成果后续产业发展种植业14600亩、巩固退耕还林成果原退耕地补植补造777亩、特色经济林果种植20010亩。

【资源林政管理】 2009年认真开展“司法下乡”活动，在全县重点地区进村入户宣传森林防火、集体林权制度改革、野生动物保护等法律法规；认真办理并经省厅批准12件县重点工程项目征占用林地及林木采伐手续，即：小密枝砖厂、并网光伏电站（科普区）、撒尼生态运动员公寓、民族生态俱乐部、撒尼生态住宅区、昆明石林并网光伏电站实验示范项目（示范区）、国道主干线（GZ40）二连浩特——河口公路云南省石林至锁龙寺高速公路（石林段）工程、民族生态风情园、起堵渣槽子铁矿临时矿道、团结水库加固扩建工程、五棵树村搬迁建设扩建、石林县10000头DLY优质仔猪扩繁场搬迁；配合完成石林生态民族运动场、太阳能光伏发电、狮子山公墓等县重点工程征占用林地及林木采伐工作；依法审核办理林业行政审批事项1439件，其中：林木采伐许可134件，木材运输证许可1230件，林权变更登记4件，木材加工、经营许可47件，野生动物驯养繁殖许可5件，林木种子生产、经营许可7件，征占用林地审核12件，依法收取上缴森林植被恢复费687.3478万元。

【森林病虫害防治检疫】　2009年开展林业有害生物防治4.81万亩，均为无公害防治，无公害防治率为100%，共出动劳力247人次、汽车24辆次、拖拉机16辆次，喷粉机103台班，历时11天；开展松材线虫病传播媒介——松褐天牛的监测调查工作，配合省林科院在瞭望台一带挂置松褐天牛诱捕器35个。完成苗木产地检疫305.5026万株（种苗产地检疫率98%），木材产地检疫7713.346立方米，烧柴产地检疫2861吨，共104批次。办理木材调运检疫8812.5立方米，苗木调运检疫3万株。办理森林植物检疫证书1034份；协助市林业局开展“科技三下乡”活动，向广大林农宣传林木、干果的栽培管理技术和病虫害防治技术，解答林农提出的疑难问题，发放各种宣传资料3000多份，免费发放防病农药300多千克。

【生态公益林建设】　2009年加强省、市、县级重点公益林的保护和管理，组织技术人员对区划的公益林进行现地校核，编制了《云南省省级公益林生态效益补偿石林县实施方案》和《昆明市市级公益林生态效益补偿石林县实施方案》，并通过省林业厅、市林业局专家组评审。年内完成32.89万亩国家重点公益林管护劳务费和村集体补偿费的兑现工作，制作164名管护人员上岗证；完成国家重点公益林资源本底校核及资料上报工作；完成石林县国家重点公益林生态建设专题片的拍摄制作工作；完成石林县地方公益林的区划界定工作，区划省级公益林29.96万亩，市级公益林14.07万亩，县级公益林8.14万亩。

【林业行政执法】　2009年开展“绿盾三号行动”、清理乱占林地、打击非法收购、移植野生大树案件为主的专项整治行动，重点打击乱砍滥伐、乱征滥占林地、私收滥购木材、无证运输木材、偷挖经营、贩卖陆生野生保护动植物资源等违法犯罪活动。严厉查处盗伐林木、滥伐林木、违法征占用林地、违法运输木材、非法收购（经营、加工）木材和非法移植野生树木等破坏森林资源、风景资源的违法行为，共出动警力1000余人次，出动车辆300多台次，依法查处82起林业行政案件，没收木材41.35立方米，处以罚款5.25万元，行政处罚人数82人次；依法立案侦查森林刑事案件8件，其中：滥伐林木案5件1人次，失火案1件1人次，破坏生产经营案1件2人次，非法占用农地案1件1人次。

【集体林权制度改革】　在2008年基本完成石林县集体林权制度主体改革的基础上，积极探索配套改革，开展林权登记抵押贷款、林权流转、商品材采伐指标分配制度改革等配套改革工作，研究并下发执行《石林彝族自治县林业局关于转发〈云南省集体林地林木流转管理办法（试行）〉的通知》、《石林彝族自治县林业局关于转发国家林业局〈林木和林地权属登记管理办法〉的通知》、《石林彝族自治县林业局关于转发国家林业局〈森林资源资产抵押登记办法（试行）〉的通知》等文件，进一步规范森林、林木、林地所有权和使用权登记、森林资源评估、抵押及集体林木、林地流转行为；启动建设石林县集体林权管理、森林资源资产抵押登记、森林资源收储、森林资源交易为一体的林权管理综合服务中心，投资25.57万元；启动林权抵押贷款，全年办理林权抵押贷款54户，贷款数额达3445万元。完成省集体林权制度改革检查验收组对石林县主体改革的检查验收工作。

【城乡园林绿化及生态建设】　2009年2月17日，与市林业局签订了林业绿化责任书，全面组织开展城乡园林绿化及生态建设工作。全年新建苗木基地5041.9亩，占市级目标任务数的126%，其中：鹿阜镇1142.9亩、石林镇3327亩、长湖镇51亩、西街口镇191亩、大可乡220亩、圭山镇110亩；完成“五采区”植被恢复156亩，植树4.0481万株；完成城市面山绿化300亩，植树5.01万株；完成交通沿线面山绿化500亩，植树8.35万株；完成农村义务植树948100株、机关义务植树1270亩135400株、义务植树样板林50亩5600株；完成黑龙潭水库第一面山可视范围水源涵养区竹子工程219.6亩19500株。

【核桃产业建设】　认真贯彻省委、省政府关于加大全省核桃产业发展、实现“农民人均一亩”核桃的战略部署，年初，组织各乡镇召开了核桃产业发展专题会议，聘请市资源总站对种植地块进行规划设计，编制了《石林县2009年度核桃产业基地建设作业设计说明书》，规划设计总面积20000亩，涉及全县各乡镇及国营石林林场34个村委会44个自然村，共66个林班。截至7月底，全县共完成核桃定植面积20010亩，其中：长湖镇2632.5亩，石林镇2883.5亩，路美邑镇1838亩，圭山镇986亩，鹿阜镇1346亩，西街口镇2953.5亩，板桥镇6416.5亩，大可乡251亩，石林林场703亩。

【台创园核心区园林绿化工程】　2009年5月16日，云南昆明石林台湾农民创业园建设推进第一次现场办公会确定实施园区绿化工程，分为核心区中心绿化带园林绿化（280亩）和园区道路绿化（95.96 千米）。9 月 24 日，核心区中心绿化带园林绿化工程公开招投标，10 月 1 日，中标单位云南云路景观装饰工程有限公司正式施工，工期 45 日历天，总投资 4969111.43 元。11 月 15 日竣工，栽植大叶樟、香油果、高山榕、清香木、天竺桂、云南木樨兰、雪松等 14 个树种计 70131 株，其中：乔木 35431 株、灌木 34700 株。

（撰稿人：县林业局　李　和）

新农村建设

【县新农村建设办公室】 2009 年有干部职工 4 名。年内下派第三批 8 个工作队 91 个新农村建设指导员，分别驻全县 91 个村（居）民委员会（除龙泉社区外），其中：省派 5 名、市派 13 名、县派 46 名、乡镇派 27 名，副处级 1 名、副科级以上 12 名。

主　任（兼）：毕春华（女，彝族）
副主任（专职）：蒋春平
　　　　　　　　唐纯武

【整村推进工作】 2009 年石林县在 2008 年建设基础上继续实施 11 个整村推进村，并围绕“九有”目标，重点实施“四大工程”（基础设施建设工程、产业发展工程、生态建设工程、社会事业发展工程）。建设项目于 2008 年 11 月正式启动实施，2009 年基本完成建设任务。11 个整村推进村（糯黑、堡子、小箐、站屯、小屯、西街口、松子园、结胜、宜政、海邑、东海子）建设项目于 2009 年 7 月 15 日由县新农办和县扶贫办牵头，邀请县委目督办、政府目督办、县纪工委、县财政局、县审计局等部门负责人参加，组成 4 个检查组对 11 个新农村建设整村推进村实施项目和“九有”目标完成情况进行了检查考核。经检查，11 个整村推进村完成建设项目 156 件，投入资金共 5055.59 万元，其中：基础设施建设项目完成 54 件，投入资金 1819.99 万元；产业发展项目完成 23 件，投入资金 1467.56 万元；生态建设项目完成 36 件，投入资金 976.18 万元；社会事业发展项目完成 43 件，投入资金 79.86 万元。新农村建设“九有”目标体系分为三种类型，其中：小康示范村 1 个、扶贫开发村 5 个、致富发展村 7 个。整村推进村以“村委会九有”、“自然村九有”、“农户九有”为目标，按照“缺什么、补什么”的原则，实施确定的 156 个建设项目，2009 年 8 月 6 日通过了市检查组的考评验收。

【省级新农村重点建设村】 2009 年昆明市安排石林县省级新农村重点建设村 11 个自然村（石林镇和摩站村、石板哨村、寺背后村、高石哨村、海子村、小老挖村、月湖村、大塘子村，西街口镇西街口村，圭山镇水补衣村，大可乡者衣冲村），云南省对每个重点建设村补助资金 15 万元，市、县两级按相关规定给予资金配套。建设项目包括以下内容：危房改造，每村不低于 15 户；产业发展；进村入户道路硬化；饮水安全设施；村内公共绿化、亮化工程；村容村貌整治；修建公厕、垃圾处理房、排水沟渠；文体和基层组织活动场所；技术技能培训。

【台创园核心区新农村建设】 完成石林台湾农民创业园核心区高石哨村、和摩站村、寺背后村、石板哨村村庄测绘工作；完成高石哨村庄修建性规划；村庄环境整治；村内主干道硬化 1007 平方米、投入建设资金 62 万元；村庄绿化 6174 株，投入建设资金 24.3 万元；村庄风貌改造 5000 多平方米，投入建设资金 42 万元。全部工程于 2009 年 2 月 28 日完工。

【石林滇东现代烟草农业综合示范区新农村建设】 2009 年启动了石林滇东现代烟草农业综合示范区天生关村和大、小林口铺村新农村建设项目，项目总投资 865 万元，其中：红云红河集团出资 300 万元、市级补助 300 万元、县级配套补助 265 万元。

（撰稿人：县新农村建设办公室　李凤琴）

烟草业

烟草管理

【县烤烟办公室】 1997年5月，挂牌成立县烤烟办公室。2009年底有干部职工3名。单位住址在县政府大楼。年内补助支农联系点西街口镇新木凹村委会生产经费和工作经费21000元，为部分乡镇、村、组解决生产发展资金37.3万余元。2009年石林县被云南省人民政府评为烟叶工作先进单位，被昆明市人民政府评为烤烟生产收购先进县。

主　任：单用侃

【扶持经费】 2009年烤烟扶持经费分生产物资补贴、专业化服务补贴和基础设施投入。生产物资补贴1670.76万元，其中：种子补贴52.2万元、化肥补贴1085万元、农膜补贴161.76万元、农药及统防统治补贴370万元、预检袋补贴1.8万元；专业化服务补贴2394万元，其中：测土配方补贴100万元、专业化气象服务补贴85万元、自然灾害保险84万元、自然灾害风险基金20万元、科技服务推广补贴2105万元（红大品种补贴700万元、育苗补贴665万元、机耕及机械理墒补贴740万元）；基础设施投入3840.8万元，其中：烟水工程3300万元、卧式密集型烤房540.8万元。

在收购环节方面：安排专项补助328万元，按50%、30%、20%的比例用于对乡镇、村委会、村民小组三级的考核。

【考核奖励】 2009年石林县从生产和收购环节上对各乡镇进行了考核兑现和奖励，全县共计兑现奖励3936900元。

兑现生产环节补助费596900元，其中：鹿阜镇122400元（原鹿阜镇37600元，原路美邑镇84800元）、板桥镇80300元、大可乡66000元、石林镇69300元、西街口镇72000元、长湖镇93200元、圭山镇93700元。

兑现担烟奖3280000元，其中：鹿阜镇671260元（原鹿阜镇206500元，原路美邑镇464760元）、板桥镇440000元、大可乡362000元、石林镇383258元、西街口镇398900元、长湖镇511042元、圭山镇513540元。

对市级烤烟生产收购先进乡镇圭山镇、市级烤烟生产收购表扬乡镇长湖镇和县级烤烟生产收购先进乡镇大可乡、县级烤烟生产收购表扬乡镇板桥镇进行表彰，分别奖励20000元、15000元、15000元、10000元，合计奖励60000元。

（撰稿人：县烤烟办公室　赵志光）

烤烟种植

【县烟草公司】 1985年1月16日县烟草公司成立，2009年底，公司下设综合办公室、财务会计科、烟叶管理科、管理信息科、人事劳资科、专卖监督管理办公室、安全保卫科、客户服务分中心8个科室和鹿阜烟站、板桥烟站、大可烟站、路美邑烟站、石林烟站、西街口烟站、长湖烟站、圭山烟站8个烟站，共有在岗在编职工124人，位于石林大道243号。1月19日，公司被云南省烟草专卖局（公司）表彰为2009年度创建"严格规范、富有效率、充满活力的云南烟草"活动先进单位；8月19日，被云南省烟草专卖局表彰为"现代烟草农业建设工作先进单位"；12月23日，被云南省烟草专卖局表彰为2009年烟叶工作先进单位。

书记、局长、经理：高福宏

副经理：张红生（彝族）

　　　　熊爱林（壮族）

副局长：曾凤德（彝族）

【育苗与栽培】 2009年石林县100%实行漂浮育苗，育苗459.4亩，育苗187片，出苗率98%以上，壮苗率达93.1%。县人民政府、县烟草部门共补助385969元进行机耕机耙，面积达77193.8亩，占种植面积的70.63%；投入机械理墒机31台，理墒面积9438.6亩，补助金额188772元。全县种植红大、K_{326}、云烟$_{87}$、NC_{102}四个品种，实行一乡一品区域化种植。自4月25日开始移栽，5月5日结束，共移栽烤烟10.93万亩，其中：K_{326} 21750亩、云烟$_{87}$59050亩、NC_{102}14600亩、红大13900亩，占种植计划的100%。全县集中连片229片，其中：1000亩以上连片16片、500～1000亩连片27片、300～500亩连片36片、100～300亩150片，共计81940.8亩，占计划种植面积的74.9%，轮作率达92.1%。

【烟用物资】 2009年全县共供应育苗物资：籽种96232袋、遮阳网12.375万㎡、基质11.26万袋、漂盘190274盘、压孔板300块；大田物资：复合化肥4197吨、硝酸钾1581吨、硫酸钾187吨、地膜303吨、农药45吨、绿肥籽200吨；收购用物资：缝包线7.54吨、扎把线62.4吨、捆包绳50.4

检查烤烟移栽情况

吨、布标签 42.5 万条、烟叶筐 240 只、收购过程中的单据 357 万张、收购麻片 34 万套。

【烟草基础设施建设】 2009 年烟草行业共投入 2770 万元加强基础设施建设。投资 1890 万元，建设烟水配套项目 728 件，其中：水池 688 个、管网 12 件、沟渠 15 件、提灌工程 13 件，受益面积 2.16 万亩，受益户 3764 户；投资 10.32 万元建设机耕路 2 条，总长度 733 米；投资 635 万元建设密集式烤房 208 座，可烘烤面积 4160 亩；投资 6175 元购置烟草农业机械 13 台；其他相关费用 233.97 万元。

【开展红大巨型变异烟株系大田生产示范】 在大可乡结胜村开展了红大巨型变异烟株系大田生产示范，示范面积为 30 亩，其中：红大巨型变异烟株系面积 27.6 亩、常规红大品种 1.3 亩、K_{326} 品种 1.1 亩，涉及烟农 22 户。收购数量 3176.7 千克，其中：红大巨型变异烟株系 2814.4 千克、常规红大品种 175.3 千克、K_{326} 品种 187 千克。对红大巨型变异烟株系认识分析：一是整个巨型红大变异株的生育期，主要受害因素为普通花叶病，导致其生理生长受阻，有花叶病的烟株很难表现出其特有的优异性状，但有叶数很多的特性；二是 2009 年试验涉及的全部烟株因为遭受花叶病，在封顶方面带有观察性和保留性，中上部叶片没有表现出特有性状；三是巨型红大变异株是具有红大内在品质的一个品系，是一种具有发展潜质和价值的优良品系。

【有机生产安全烟叶研究与开发】 在西街口镇芭茅村进行“有机生产安全烟叶研究与开发”，有机烟叶的生产遵循自然规律和生态学原理，采用可持续发展的农业技术，改善农业生态环境，促进人与自然的和谐发展。开发有机烟叶，旨在通过有机烟生产技术体系与管理体系的建立，以达到提升烟叶品质，减少有害物质对人类、生态环境的危害及影响，提升中式卷烟品牌质量信誉，增强烟草企业市场竞争力，适应世界烟草发展趋势。

通过种植 NC_{297}、NC_{102}、K_{326}、红花大金元四个品种，对“有机生产安全烟叶研究与开发”项目的实施，得出以下结论：一是育苗所取得的结果，整个育苗过程符合有机烟的生产，苗龄适中、苗壮和苗齐，制定了有机烟育苗技术规范。二是农家肥腐熟所取得的结果，制作出较高质量的腐熟农家肥和油枯，并对农家肥腐熟质量进行了评估，制定了农家肥及油枯腐熟技术规范。三是有机烟大田期培肥工作所取得的结果，制定了有机烟大田生产施肥的技术规范。四是有机烟大田期病虫害管理及工作所取得的结果，制定了有机烟大田期病虫害管理的技术规范，并得出其防效效果。五是大田生产农艺性状、病虫害指数调查结果，掌握 2009 年芭茅有机烟的长势及发病虫情况，NC_{102} 田间长势较好，发病较低。六是品种的有机栽培适应性评价，根据各品种的田间长势、病害发生情况、生育期长短和产值量等指标，分析出较适应有机烟种植的品种是 NC_{102}。通过对 NC_{297}、NC_{102}、K_{326}、红花大金元四个品种进行“有机生产安全烟叶研究与开发”试验，获得国内第一本“有机烟叶”的有机认证，取得由杭州万泰认证公司颁发的有机认证证书。

【绿色烟叶生产示范研究】 在板桥镇小屯村委会组织“绿色”烟叶生产示范研究，大田示范面积 1500 亩，种植品种 NC_{102}。从绿色烟叶生长状态来看，绿色烟叶长势较常规生产更为整齐均匀；从农药使用来看，绿色烟叶生产采用立体形式的病虫害防治方案，以保健栽培、农业综合防治措施、物理和生物防治为主，农药防治为辅，有效降低农残，绿色烟叶使用农药次数在三次以内，田间较为清秀，有更大的生态和社会效益；从收购均价来看，截至 9 月 28 日，小屯点绿色烟叶均价 15.19 元/kg，高于常规生产均价 15.05 元/kg，绿色烟叶有更好的经济效益。

【现代烟草农业示范村建设】 鹿阜镇整镇推进现代烟草农业建设，全镇建设育苗基地 3 个，面积 14955 平方米，实现 100%工场化育苗；配套建设水池 23 个、管网 2 条 53.46 千米，沟渠 9 条 6.8121 千米，提灌站 3 个，实现烟水工程 100%覆盖基本烟田面积；建设机耕路 22 条 21.268 千米，机耕路实现 100%覆盖基本烟田；实施土地整治 4610 亩；新建卧式密集烤房 164 座，密集式烤房工场化烘烤达到 80%以上。

全镇种植烤烟面积 6260 亩，发展种烟专业户 308 户，覆盖面积 5516 亩，占种植面积的 88%；家庭农场 1 个，覆盖面积 120 亩，占种植面积的 1.9%；2009 年 4 月 7 日，石林县上赵公庄成立昆明市第一个烤烟种植专业合作社，覆盖面积 624 亩，占整个示范区种植面积的 10%。实现三种组织形式 100%覆盖。组建 4 支育苗专业队、4 支机耕专业队、4 支起垄专业队、12 支施肥专业队、2 支移栽专业队、5 个植保专业队、5 个封顶打杈化学抑芽专业队、4 个烘烤专业服务队，加大专业化服务力度。100%实施测土配方平衡施肥，100%推广施用腐熟剂充分腐熟的有机农家肥，共施用 4382 吨，100%实现机械深耕，机械起垄 5510 亩，机械移栽 624 亩，100%病虫害综合防治，100%化学抑芽，100%成熟采收。

通过“金叶通”烟草信息到户工程，向烟农发布烤烟生产政策、技术措施等信息 17.2 万条，实现了烟草公司与烟农的信息互动、零距离沟通，把信息化管理延伸到了生产管理环节，实现了政策、措施的广泛性、时效性、透明性，提高了服务烟农的质量和水平。示范区实现烟叶生产管理扩展应用软件、“金叶通”烟草信息到户工程、烟叶收购款电子结算推广 3 个 100%。

【烤烟灾情勘查】 由于自然因素的影响，各个乡镇烤烟不同程度遭暴风、冰雹、洪水的袭击，烟叶管理科积极安排相关人员到一线协助保险公司查勘灾情，提供了准确的受灾面积。受灾面积为 10927.3 亩，其中：损失程度 30%以下的面积为 2772 亩、30%～80%的面积为 6040.7 亩、80%以上的面积为 2114.6 亩。

（撰稿人：县烟草公司 陈 刚）

烤烟收购

【烤烟收购站点】 2009年石林县共设28个烤烟收购点46条收购线，其中：鹿阜镇烟叶站下设阿乌、西北街2个收购点4条收购线；板桥镇烟叶站下设小屯、青山、碧落甸、叠水岔口4个收购点8条收购线；大可乡烟叶站下设大可、坝塘河、大密枝4个收购点5条收购线；路美邑镇烟叶站下设路美邑、麦地庄、萝卜所、堡子4个收购点7条收购线；石林镇烟叶站下设乃古、天生关、山头上、新仓4个收购点6条收购线；西街口镇烟叶站下设西街口、茂舍祖、宜奈、小板田4个收购点4条收购线；长湖镇烟叶站下设维则、塘上、海宜3个收购点6条收购线；圭山镇烟叶站下设海邑、尾乍黑、矣维哨、亩竹箐4个收购点6条收购线。

【收购情况】 从2009年8月10日开始，石林县烤烟收购点陆续开点，至10月15日全面关点，历时67天。收购烟叶1640万千克（出口备货烟110万千克），其中：上等烟866.65万千克、上中等烟1516.55万千克，全面完成了市委、市政府下达的年度烤烟生产收购任务。支付收购资金25611.2万元，烤烟均价达15.19元，烟农户均收入10613元，人均烤烟收入达1208元。完成烟叶税及附加税5482万元。

【电子结算】 2009年在阿乌烟叶收购点和西北街烟叶收购点开展电子结算工作。通过烟草公司与银行使用专用通讯线路实现在线连接，将烟农烟叶交售款通过银行转账的方式存到烟农存折或卡中。通过电子结算，进一步加强烟叶收购管理，将烟贩子拒之门外，杜绝合同买卖、规避烟草公司烟叶收购资金兑付风险，降低烟叶收购资金管理成本，确保烟叶收购资金支付安全，减少现金流动，提高工作效率，减轻配送人员工作强度，解决了零头找补的问题。

【试验示范样品选留】 2009年认真采集国家局、省局、中烟工业公司、省烟科所、红云集团、市烟草公司所需的各部位、各等级的烟样437个，收集烟样3986.2千克。

2009年烤烟收购价格表

单位：元/千克

项目 等级	等级	代码	价格
上等烟	中桔一	C_1F	21.40
	中桔二	C_2F	19.40
	中桔三	C_3F	17.60
	中柠一	C_1L	19.60
	中柠二	C_2L	17.80
	上桔一	B_1F	18.20
	上桔二	B_2F	16.00
	上柠一	B_1L	15.80
	上红一	B_1R	15.60
	完熟一	H_1F	17.00
	下桔一	X_1F	16.80
中等烟	中柠三	C_3L	16.00
	下桔二	X_2F	14.80
	中桔四	C_4F	15.40
	中柠四	C_4L	14.40
	下桔三	X_3F	12.40
	下柠一	X_1L	16.40
	下柠二	X_2L	14.00
	上桔三	B_3F	13.60

续 表

等级 \ 项目	等 级	代 码	价 格
中等烟	上桔四	B_4F	10.60
	上柠二	B_2L	13.00
	上柠三	B_3L	10.20
	上红二	B_2R	12.60
	上红三	B_3R	10.00
	完熟二	H_2F	13.80
	下微青二	X_2V	9.20
	中微青三	C_3V	14.40
	上微青二	B_2V	11.00
	上微青三	B_3V	9.20
	光滑一	S_1	8.60
下等烟	上柠四	B_4L	7.40
	下柠三	X_3L	11.80
	下柠四	X_4L	9.40
	下桔四	X_4F	10.20
	光滑二	S_2	5.80
	中下杂一	CX^1K	7.60
	中下杂二	CX_2K	5.80
	上杂一	B_1K	7.20
	上杂二	B_2K	5.60
	青黄一	GY_1	4.60
	上杂三	B_3K	4.00
	青黄二	GY_2	3.80

（撰稿人：县烟草公司 陈 刚）

烟叶复烤

【云南烟叶复烤有限责任公司石林复烤厂】 2009年12月，按照国家烟草专卖局及云南省烟草专卖局的要求进行打叶复烤合并重组，更名为云南烟叶复烤有限责任公司石林复烤厂。年底，复烤厂在册从业人员122人。2009年石林复烤厂先后荣获了“昆明工业企业纳税大户”、“云南省劳动关系和谐企业”、“昆明市园林单位”、“第八届全国设备管理优秀企业”等荣誉称号。

董 事 长：赵树昆
总 经 理：民晓宁
副 书 记：梁忠荣（12月止）
副总经理：吴孝林（11月止）
阮利昆（2月止）
李一鹏（2月止）
张仕民
工会主席：李德友

【烟叶接收】 2009年度共接收初烟101.56万担50779.31吨。1～7月（2008烤季）接收初烟2.89万担1442.95吨，全部为进出口公司烟叶；8月20日开始接收2009烤季初烟，截至2009年12月31日接收初烟98.67万担49336.36吨，完成了2009烤季计划接收量的96.53%，其中：接收昆明市烟草公司烟叶49.72万担24860吨，进出口公司26.07万担13036.05吨，河南中烟工业公司（临沧调入）烟叶5.94万担2968.68吨，江苏中烟工业公司（普洱调入）烟叶10万担5000吨，安徽中烟工业公司（普洱调入）烟叶4.96万担2479.67吨，湖南中烟工业公司（普洱调入）烟叶1.98万担991.96吨。

【加工情况】 2009年度共生产了187天，平均日产量4938.6担，共加工烟叶92.35万担46177.62吨，产出片烟60.76万担30379.62吨，综合出片率65.79%。

【利税完成情况】 2009年12月末实现利润总额1216万元，比上年同期减少487万元，主要原因是成本增加138万元，费用增加315万元。实现税费1565万元（不含所得税），比上年同期的1725万元减少160万元，其中：增值税1301万元，比上年同期减少107万元；城建税65万元，比上年同期减少5万元；教育费附加39万元，比上年同期减少3万元；四小税147万元，比上年同期减少43万元。

（撰稿人：云南烟叶复烤有限责任公司石林复烤厂　段云峰）

昆明市烟草公司总经理郑天一到公司调研

【综合质量指标情况】 外观合格率100%；重量合格率100%；水分合格率98.91%；人工解把合格率（1～4月）99.07%，机械解把合格率（9～12月）90.86%；上等烟大中片率88.48%，中等烟大中片率86.51%，叶含梗率1.66%；出片率65.79%。

【物耗指标情况】 复烤综合损耗率5.68%，同比下降了0.77个百分点；吨烟耗水1.27m³，同比下降了0.12m³；吨烟耗电195.87kwh，同比上升了1.29kwh；吨烟耗标煤72.24kg，同比下降了6.19kg；吨烟综合能耗97.94kg标煤，环比上升2.24kg；吨烟用工1.87人，同比减少0.1人。

烟草专卖

【县烟草专卖局】 1985年1月16日，成立县烟草专卖局。2009年下设专卖监督管理办公室、稽查大队、稽查服务分中心，共有7名干部职工。

【开展法制宣传活动】 2009年联合县司法局，在板桥、鹿阜、石林、圭山等乡镇的集贸市场，开展烟草法律法规宣传，发放宣传材料10000份。“3·15国际消费者权益日”，在鹿阜镇阿诗玛广场开展了“两烟”法律法规及真假烟识别咨询服务活动，发放宣传材料2000余份，特邀了红云集团技术中心的老师，为前来现场的数百名群众作真假烟识别的专业咨询服务。在各烟叶收购点、县内主要集贸市场等地张贴、发放了500余份通告，对“两烟”专卖法律、法规进行了广泛的宣传。在县垃圾处理场附近对2008年以来查获的4722.8条假冒伪劣卷烟进行了集中焚烧销毁。

【规范证件管理】 3月27日举行了“核发2009年度《烟草专卖零售许可证》方案”听证会，对辖区内的卷烟零售网点合理布局进行听证，辖区内卷烟零售户代表、消费者代表及相关部门代表对县烟草专卖局核发《2009年度〈烟草专卖零售许可证〉方案》（听证草案）提出了很好的意见。按照市局的要求，及时开展《烟草专卖零售许可证》延续和换发工作，严格办理流程，确保工作时效性，共完成了对全县1211户卷烟零售户许可证卷宗的归档工作，实现了许可证卷宗的规范管理。

【“两烟”执法力度】 7月20日，成立石林县烤烟收购专卖管理执法大队，队长、副大队长由县委、县政府领导担任，成员从公、检、法、司、人武部、工商、财政及烟草等部门抽调。各乡镇坚持从严治内、守土有则的原则，管好自己的人、看好自己的门、收好自己的烟，有效地控制烟贩子走村串寨扰乱收购秩序的行为。设立举报电话（7747859），对非法收购、囤积烟叶的实行举报有偿和对举报人保密的政策。全年共出动打假打私、市场稽查人员7540人次，受理各类举报11起，查获各类涉烟案件57起，查获涉案正品卷烟21485.4条，假冒伪劣卷烟2492.2条，烟叶75836千克，总案值为272万元。

【卷烟销售情况】 2009年全县完成卷烟销售10217.1714箱（占计划9950箱的102.69%），销售收入137979779.50元，毛利额29038224.42元，综合毛利率24.62%，单箱收入13504.69元，一、二类卷烟比例占4.75%，销售省外卷烟1547.5434箱。

（撰稿人：县烟草公司　陈　刚）

工商企业

国有企业改革

【国企改革全面完成】 根据昆明市2009年内必须全部完成国企改革任务的文件精神，石林县委、县政府高度重视，制定了《关于进一步做好全县国有企业改革工作的通知》，并将此项工作列入督办任务。5月23日召开了企业改革工作推进会，安排部署全县企改工作，列入改制的国有企业分别是县卤腐厂、县食品厂、县物资公司、县花木公司、石林旅游服务公司、县叠水发电厂等6户国有企业。2009年底，石林县国有企业改革工作全面完成。

【县卤腐厂改制】 卤腐厂成立于1984年7月，改制前企业负责人李绍屏，在职职工19人，退休职工4人，资产总额392.8万元，负债总额209.1万元，所有者权益183.7万元，资产负债率53%。企业资产为生产厂区19386.67平方米土地及厂房10余栋（建筑面积6404.73平方米）、老职工宿舍16套（建筑面积1102.40平方米，占地面积733.34平方米）及新职工宿舍空地（未实际测量）。2001年生产区整体租赁给昆明石林石材厂经营，租赁期10年。2006年4月，因卤腐厂建盖新职工宿舍，无力支付所欠工程款，其租赁给昆明石林石材厂的营业执照无法年检，导致企业停产两年，租赁经营合同也未能履行，直至2008年4月年检获准。后因停产期间的补偿未能解决，年检获准后，租赁经营合同也一直未能履行。

为完成县卤腐厂的改制工作，县发改局、县财政局共同努力，积极同县卤腐厂及其承租方进行协商，达成了“赔偿停产损失、终止租赁协议，进行协议兼并、妥善安置职工”的改制方案。后聘请有资质的中介机构对资产进行评估，评估资产总额为4936062.34元。根据评估，最后确定兼并总价为493.6万元，抵减因营业执照未年检导致昆明石林石材厂租赁的县卤腐厂停产两年（2006年4月至2008年4月）的经济损失244万元后（停产经济损失经云南玺正资产评估有限公司评估），昆明石林石材厂实际应交纳249.6万元进行兼并（此笔款项中，县卤腐厂职工安置费240万元，上缴县财政资金9.6万元）。经石政复〔2009〕46号文件批复，双方于2009年5月22日签订了兼并协议，办理了相关手续，改制工作全面完成。

【县食品厂改制】 县食品厂建于1956年2月，改制前企业负责人段炳年，在职职工32人，退休职工31人，企业账面资产总额125.99万元，负债总额154.03万元，所有者权益-28.04万元。企业资产包括土地4.85亩（含徐家庙公房），房屋建筑面积4857.5平方米（以房产证面积为准，含徐家庙公房352.18平方米）。企业自1997年停产以来，所有职工无收入，也未领取任何生活费，部分依靠民政低保金生活。

按照现行标准，经测算，到2009年7月底，涉及职工的改制成本为4445498.90元，其中包括在职职工安置费2175524.96元（测算至2009年6月30日），在职职工欠缴养老保险775625.6元，退休职工欠缴养老保险888346.5元，欠缴失业保险60023.00元等。

县企改办以石企改办字〔2009〕4号文件上报县人民政府，2009年9月县人民政府以石政复〔2009〕79号文件《石林彝族自治县人民政府对县工商企业改革工作领导小组办公室关于对县食品厂改制有关事项的批复》，同意由县财政垫资444.6万元安置企业职工，县食品厂资产由县财政收回，所欠债务由相关部门与债权人商谈认定，待资产处置后偿还。

县企改办积极与县财政和相关单位对接，做好县食品厂资产的清理、移交工作，县财政垫资444.6万元对县食品厂职工进行了安置。至2009年底，县食品厂的职工安置工作全部完成，资产于12月份移交了县财政，完成了企业改制工作。

【县物资公司的股份制改制】 县企改办于7月10日专门安排人员到昆明市体改办就县物资公司股份制改制进行汇报和咨询，并召集有关部门多次进行专题研究，形成了统一意见。但因鹿阜旧城改造实施办法尚未出台，虽多次与鹿阜旧城改造指挥部及粮食局片区领导商谈，都无法确定方案。直至10月9日，公司领导班子及职工才与鹿阜旧城改造指挥部领导达成一致意见，确定方案，即：为支持鹿阜旧城改造，将阿诗玛南路42~56号资产从改制总资产中剔除，不参与公司改制，资产交由县财政处置。最后核定县物资公司改制后净资产余额77.67万元上缴县财政。2009年11月，经石政复〔2009〕128号文件批复，同意县企改办改制意见。至2009年底，县物资公司改制工作全部完成。

【县花木公司改制】 县花木公司成立于1995年，是石林县旅游局直接注资成立的直属企业，改制前企业负责人毕胜春，在职职工65人，其中：达到距法定退休年龄1~5年实行退养政策的职工2人，其他职工63人（含在岗、借调、停薪留职人员）。截至2009年9月30日，资产总额为1939.47万元，其中固定资产净值47.78万元、流动资产1891.69万元。流动负债总额1279.99万元。企业未分配利润489.47万元。所有者权益（净资产）为539.47万元。

2009年12月，经石政复〔2009〕145号文件批准，县花木公司实施股份制改革。

【石林旅游服务公司改制】 石林旅游服务公司建于1984年10月，改制前企业负责人张翔，有职工113人，其中：在职职工87人，退休职工26人；在岗达到距法定退休年龄1~5年实行退养政策的职工17人，达到距法定退休年龄6~10年实行退养政策的职工9人。截至2009年9月30日，公司资产总额1849.64万元，负债总额581.42万元，企业所有者权益（净资产）731.59万元。2009年12月，经石政复〔2009〕148号文件批准，石林旅游服务公司实施拆迁关闭。

【县叠水发电厂改制】 县叠水发电厂始建于1978年2月，改制前企业负责人张埕东，有职工62人，其中：退休

14人，在职职工48人。截至2009年5月31日，企业固定资产净值2460387.79元，负债总额1018286.35元，未分配利润-1261144.36元。职工安置方案于2009年9月拟定，但因该厂无土地使用证，致使资产评估无法全部进行，改制工作受阻。后经县领导协调，完成资产评估工作。2009年12月，经石政复〔2009〕147号文件批复，县叠水发电厂实施股份制改革。

（撰稿人：县发展和改革局　伏小丽）

工业经济

【县经济局】　1983年12月，成立县乡镇企业管理局。2004年5月18日，县政府下发《关于在乡镇企业管理局加挂县经济局牌子的通知》，明确在县乡镇企业管理局加挂县经济局牌子，作为主管全县工业经济、非公有制经济的县人民政府直属工作机构，与县乡镇企业管理局实行两块牌子、一套人员，合署办公。2007年8月28日，经县长办公会议研究决定，将县乡镇企业管理局变更法人单位为县经济局，并对县经济局（乡企局）领导班子进行了重新任命和充实。2009年2月13日，根据县机构编制委员会《关于印发县工业经济管理机构整合方案》文件要求，对全县工业经济进行整合，县经济局（县乡镇企业管理局）与县工业集中区管理委员会实行三块牌子、一套人马，合署办公。机构合署后内设8个处室，即：党政办公室、投资促进局、财政分局、规划发展处、企业管理处、工程建设处、征地拆迁处、经济运行处，年底有在职职工22人，其中：公务员15人，专业技术人员5人，机关工勤人员2人。单位住址在鹿阜镇阿诗玛南路216号。2009年资助支农联系点圭山镇法块村委会3000元工作经费，并赠送价值6000元的办公桌椅。

书记、局长、工管会常务副主任：
念晓春
党总支副书记：史云华（女）
副　局　长：毕玉兴（彝族）
工管会副主任、副局长：
洪正富（3月起）
李江辉（彝族）
孔德卿（3月起）

【工业产业招商分局】　工业产业招商分局由县经济局、县工管会组成，2009年实际引进国内（市外）资金34109.94万元，完成目标任务2.2亿元的155.05%（其中房地产和BT项目到位资金13509.14万元）；国（境）外资金1294.2万美元，完成目标任务200万美元的647.1%，超额完成任务。

在招商引资工作中，一是加快重点项目建设进度，落实责任，专人负责，切实强化项目跟踪服务，抓紧抓好对签约项目、在谈项目的跟踪落实，全力推进云南官房水泥有限公司2500吨/天新型干法水泥熟料生产线技改工程、石林温氏养殖一体化等重点项目的开工建设工作；二是围绕七大产业、优势企业和工业园区招商引资，以及《投资石林》中20余个对外招商引资项目，把招商重点放在科技含量高、产品附加值高、市场前景好的大项目、高科技项目上，大中小、专精特、内外资项目一齐上，在较短时间内引进一批项目；三是主动出击，上门招商，创新招商手段，采取广告招商、网络招商、代理招商、新闻招商、展洽会招商等形式，积极开展项目推荐和洽谈。

【工业经济指标完成情况】　2009年全县工业总产值实现268550万元，同比增15.63%；工业增加值63004万元，同比增14.1%；规模以上工业增加值37635万元，同比增19.46%；主营业务收入实现101700万元，同比增23.02%，利税总额10500万元，同比增23.98%；全县工业固定资产投资达到51000万元。年内有规模以上工业企业30户。云电投新能源开发有限公司66兆瓦太阳能光伏并网发电试验示范项目、云南官房水泥有限公司扩建、石林温氏养殖一体化等一批重点工业项目落户开工，有力促进了全县工业的加速发展。

【节能减排】　按照全面落实科学发展观要求，围绕“节能减排、科学发展”主题，结合石林县节约能源和经济发展的实际情况，抓好节能减排工作，节能减排各项工作落实有力，达到了省、市要求。大力推进节能技术进步，抓好重点工业企业清洁生产和循环经济试点工作，2009年全县开展清洁生产企业17户，推广高效节能灯13万余只；万元GDP能耗同比下降4.508%，规模以上工业企业万元增加值能耗同比下降16%，工业园区万元增加值能耗下降6%，全面完成市下达目标任务。

【园区建设】　2009年，县委、县人民政府加大工业园区基础设施建设、招商引资和投融资工作力度，按照“科学规划、全面统筹”的方针，完成了工业集中区总体规划修编工作，修编后集中区分为“一园五片区”，规划面积28.65平方公里，功能定位以发展旅游商品加工、绿色农特产品加工、新能源产业为主，同时发展生物制药、先进制造、建材加工、煤焦产业等。

当年工业园区实现规模以上工业主营业务收入37673万元，同比增114.3%；规模以上工业增加值17814万元，同比增105.3%；实现利税总额4458万元，同比增71.5%；地方财政一般预算收入1136万元；工业固定资产投资18871万元。新修园区道路3.3公里，截污廊道7483米，完成“五通一平”面积3003亩，基础设施投资13091万元；协议收储土地2500亩，完成收储771.3亩；全年融资20670万元。

非公经济

【发展概况】　2009年全县非公经济（含乡镇企业）以项目发展和提质增效为重点，以园区建设为突破口，积极开展招商引资，不断提高现有企业，强化安全管理，扎实开展各项工作，克服金融危机的影响，继续保持快速健康发展，基本形成烟草、电力、建材、煤炭、制造、食品和旅游商品加工七大行业。云南众友集团、云南石金集团、云南兴隆交通旅游集团、云南梦达尔集

团、云南兴亚集团等一批企业集团迅速崛起，正向集约化经营、集团化运作、管理科学的现代化企业发展。

【经济指标完成情况】 全年实现非公经济增加值96689万元，同比增28.7%；税收总额7957万元，同比增30.3%；实交税金7983万元，同比增27%；规模以上工业企业利税总额12100万元，同比增24%。从业人员达到3.74万人，同比增10.5%。非公经济（含乡镇企业）指标占全县GDP的比重逐年增大，对促进全县农民增收、财政增收、经济发展后劲增强、维护社会稳定起到重要作用。

【企村结对】 结合新农村建设，认真开展“企村结对”工作。按照“农民乐意、企业愿意、政府满意”的原则，因地制宜，积极探索，大力实施工业反哺农业，继续加大“企村结对”工作力度，召开专题会议，确定了重点企业及结对对象，并专人负责组织实施。2009年大力推动农业和农村经济结构战略性调整，增加农产品市场竞争力，积极引导农村劳动力向非农业转移，累计完成企村结对12户，比上年新增4户。

【安全管理】 强化目标责任管理，按行政区域划分责任，与重点直属企业签订了《2009年安全生产及消防安全目标责任书》，实行区域化管理，责任到人，实行一级向一级负责，一级抓一级，层层抓落实，深入厂矿、车间有针对性地开展专项检查，对发现的隐患及时下达整改通知，并提出限期整改意见，安全监管人员还要为企业提供必要的安全技术咨询和服务，使各项隐患整改能够落实到位，全年共为50家企业制作了《安全生产管理台账》，发出《隐患整改通知书》50余份280余条。2009年，全县生产加工企业未发生安全事故，安全伤亡率为零。

【产品质量管理】 通过技术革新、技术改造、产业升级，企业产品科技含量进一步提高，市场竞争力不断增强。云南众友集团完成对石林机器厂的技改扩建，生产的隧道、桥梁大型台车已销售进入到多项重点工程中；易通电缆桥架有限公司进行玻璃钢系列产品开发，该产品技术含量高，轻质、环保、节能，是钢材桥架的换代产品，填补了西南地区的市场空白；南亚焦化有限公司、官房水泥有限公司等企业进行了降低能耗排放、提高产量和质量的技术改造。

【技术进步】 积极鼓励企业开展产品质量检验检测，推进质量体系认证，争创名品，提高市场竞争力。当年对全县石材企业进行了石材质量检验检测，并对其他工业产品通过相应的质量检验机构进行检验检测。通过实施中小企业（非公、乡镇企业）技术进步工程，中小企业产品科技含量进一步提高，市场竞争力不断增强。

【人才培养和转移】 广泛动员，积极组织，认真实施农村富余劳动力转移工程。为加快我县农业产业化经营，推动农业和农村经济结构战略性调整，增强农产品市场竞争力，积极引导农村剩余劳动力向非农业转移，一是加大技术培训力度，完成申报中级、初级职称人员28人；二是扩大农村劳动力转移就业空间，为切实做好2009年度的就业再就业及农村劳动力转移培训工作，不断提高企业职工的劳动技能和就业再就业能力，在县劳动就业局的大力支持下，在昆明计算机学校职业培训站的积极配合下，于3月24日至4月16日组织石林园通投资公司、石林万家欢集团两家企业部分在职员工和北小村再就业人员122人举办了为期24天96学时的园林园艺工技能培训学习，有效提高了农民的工资性收入和技能素质，极大地拓展了农村富余劳动力就业面。

【党组织建设】 2009年石林县经济局总支委员会下设6个支部，包括局机关党支部、石林县建筑装饰业联合党支部、石林县石材行业联合党支部、石林县易通电缆桥架有限公司党支部、云南众友集团党支部、云南石金集团党支部。当年总支共转入11名党员的组织关系，转出3名党员的组织关系，现有在册党员52名，其中女党员9名，预备党员4名，党员是私营企业主的有4名。

【上级扶持】 2009年由于受世界金融危机的影响，本地企业生产经营状况不佳，资金严重不足，我局（工管会）进一步加大了向上争取资金扶持本地企业发展工作的力度，积极向省市部门争取各类资金扶持本地企业发展，先后动员组织18家企业（单位）向市经委、省经委（乡镇企业局）申报各种项目资金扶持，全年争取到市级及以上各类企业扶持资金635余万元。

【重点工程】 面对国际金融危机影响，县经济局（工管会）认真贯彻落实“保增长、保民生、保稳定”的一系列政策措施，积极发挥投资对经济增长的“主引擎”作用，强力推进重点工程（项目）建设。各项重点工程（项目）当年到位资金达到44157.35万元，其中：天赐良园累计到位资金达7553.59万元；万城阿诗玛旅游小镇累计到位资金17133.83万元；温氏项目总部累计到位资金3185.37万元；60万吨焦化厂累计投资4827.1万元；官房水泥有限公司技改项目累计到位资金5605.46万元；石林大道电缆入地工程累计投资1852万元；110千伏输变电工程累计完成投资4000万元。

重点企业

【石林易通电缆桥架有限公司】 石林易通电缆桥架有限公司从事电缆桥架、高低压母线等产品的开发和生产经营，是目前省内电缆桥架产品最全的厂家，公司生产的玻璃钢电缆桥架通过了国家交通部交通产品监理检测中心的检验，在省内外的交通、冶金、化工、电力等重点工程广泛使用。2009年被评为中国西部名牌产品和石林县优秀非公企业，公司总资产达到2500多万元，实现销售收入6800万元，占地面积40余亩，员工总数180余人，其中管理和专业技术人员30人，在总人数中大专以上学历人员占35%，中技以上学历人员占42%，高层管理人员8人，全部具有大专以上学历和高级技术职称。2009年初，公司在昆明市高新区云南电力装备产业基地投资近1亿元新建了云南易通电气设备有限公司，以生产高低压母线、开关柜等产品为主，其中高压离相封闭母线的生产填补了西南地区的空白。

（撰稿人：县经济局　李　伟）

商　业

【主要经济指标完成情况】　2009年全县社会消费品市场运行良好，家电、汽车摩托车下乡及汽车以旧换新工作强劲拉动了消费品市场的快速增长。2009年全县社会消费品零售总额累计完成153145万元，同比增30.25%。其中：批发业完成8990万元，同比增4.94%；零售业完成95415万元，同比增35.22%；住宿业完成4117万元，同比增18.48%；餐饮业完成38147万元，同比增31.69%；其他行业完成6476万元，同比增7.82%。

【生猪定点屠宰管理】　以国务院《生猪屠宰管理条例》实施一周年宣传活动为契机，加大执法力度，从源头上杜绝病害猪肉流入市场，保障广大人民群众吃上放心肉。全年累计屠宰生猪32538头（县城30953头、乡镇1585头），为全县提供鲜猪肉350万千克；无害化处理病害猪135头，查处私屠乱宰违法案件4起，罚款1100元。

【成品油市场监管】　完成全县28户成品油零售经营企业年检工作，成品油市场供需两旺，市场秩序井然。加强对加油站的安全生产检查力度，全年共检查7次，没有发生任何安全事故。

【盐业市场整顿】　认真贯彻落实《食盐专营办法》、《食盐专营许可证管理办法》、《食盐加碘消除碘缺乏危害管理条例》等法律、法规，全年共出动执法人员16人次、车辆6台次，对全县15家食品加工用盐单位、4个大型超市、3个主要乡镇集市、1个农贸市场和县城范围内的47户食盐经营户进行检查，查获进货渠道不明食盐70千克，检查中没有发现假冒伪劣食盐，整个盐业市场秩序良好。全年共销售食盐1440吨，实现销售收入320万元。

【酒类流通管理】　根据《酒类流通管理办法》的相关规定，从开展酒类流通备案登记工作入手，从源头上控制假冒伪劣酒进入石林县市场，保证广大人民群众的身体健康，截至2009年底共完成网上备案273家。

【万村千乡市场工程】　石林县自2006年开展“万村千乡市场工程”以来，至2009年底已在全县8个乡镇建成74个“万村千乡”农家店。其中2009年新建农家店10个，已通过市级验收。

【民爆物品采购及供应】　2009年购进民用爆炸物品分别为：炸药683吨，雷管130.7万枚，导爆索30万米。销售民用爆炸物品分别为：炸药751吨，雷管132万枚，导爆索30万米。

【二手车及五小车辆交易】　县物资公司是石林县取得“云南省报废汽车回收网点认证书”和“再生资源综合利用证书”的唯一企业。2009年五小车辆交易量为73辆，报废汽车20辆，拆解68辆，回收非报废车辆110辆，拆解非报废车辆101辆。

【再生资源回收体系建设工作】　再生资源回收工作是一项利国利民的重要工作，按照市政府安排部署，石林县的回收站（点）建设任务为20个。为全面完成建设工作，石林县高度重视，成立了以分管副县长为组长，各相关部门为成员的石林县再生资源回收体系建设工作领导小组，下设办公室在县发改局，由发改局局长担任办公室主任，负责开展具体工作。

至2009年，全县有持证经营的废旧物资回收经营企业37户，从业人员127人；回收加工企业3户，从业人员27人（主要是利用废旧塑料加工颗粒）。这些企业主要分布在县城主城区，部分乡镇也有零星分布。由于管理尚不规范，全县大约有200余名流动回收人员，大部分为县城附近村委会的失地农民，也有一部分外来流动人员。按照“七统一、一规范”的要求开展回收站（点）建设，12月回收站（点）建设工作全部完成并通过市级验收。

【“创绿”工作】　做好创建“绿色饭店”、“绿色商场”工作，根据市“创绿”工作领导小组的要求，石林县成立了以分管副县长为组长的石林县“创绿”工作领导小组，负责开展此项工作。2009年申请创建“绿色饭店”的是石林会议中心，申请创建“绿色商场”的是石林金方购物广场，2009年9月“创绿”工作已通过市级验收。石林会议中心经云南饭店协会等部门验收，成功创建为国家级“四叶级”绿色饭店。

【家电下乡工作】　家电下乡是党中央、国务院加强和改善宏观决策部署、实施积极财政政策的重要举措，对于惠农强农、扩大内需、拉动生产、促进就业，保持经济平稳较快增长具有十分重要的意义，关乎广大农民的切身利益。石林县高度重视，制定了家电下乡工作实施方案，备案网点达30户。截至2009年12月31日，家电下乡推广工作进展顺利，家电下乡销售量4640台（件），财政部门已兑付补贴4640台（件），补贴金额95万元，补贴资金兑付率100%，名列全市前茅；兑付摩托车下乡补贴3264台（辆），补贴金额178万余元；兑付汽车下乡补贴964台（辆），补贴金额375万元。

实施家电、汽车摩托车下乡工作以来，对石林县农村消费起到了明显的拉动作用。截至12月31日，家电下乡产品销售额达721万元，汽车摩托车销售额达6100万元，共计补贴资金648万元。

（撰稿人：县发改局　伏小丽）

电力工业

【石林供电有限责任公司】 石林供电有限责任公司是云南电网公司县级基层企业，由昆明供电局指导、管理，承担石林县电网建设和供电服务任务。2009年，公司设有办公室、人事部、财务部、电力营销部、生产技术部、工程部、安全监察部、党群工作部，基层设有调度所、输变电管理所、营销稽查中心、客户服务中心、鹿阜供电所、板桥供电所、北大村供电所、圭山供电所。年底有合同制员工134人、劳务派遣员工95人。单位住址在鹿阜镇东山路。2009年资助支农联系点西街口镇糯衣村委会5000元生产经费，向台湾灾区、干旱地区捐款23261元。全年采集信息258篇，发布148条，制作视频新闻27个，政务信息采稿居市辖县公司前列；再创省级文明单位通过检查考核，荣获云南电网公司“2009年度农电基础管理工作先进单位”称号。

董 事 长：刘　勇
总 经 理：徐海东
副总经理：钟　云
　　　　　尹继明

2009年经济指标完成情况表

项　目	单位	2009年完成	2008年完成	同期相比%	备　注
供电量	亿千瓦时	1.97	1.89	4.23	
售电量	亿千瓦时	1.86	1.79	3.91	
售电收入	万元	9292.02	8865.22	4.81	不含税和基金
售电平均电价	元/千千瓦时	498.56	495.2	0.67	
售电单位成本	元/千千瓦时	193	178.86	7.9	
最高日供电量	万千瓦时	71.6	60.08	19.17	
平均日供电量	万千瓦时	53.98	51.64	4.53	
线损率	%	5.4	5.44	-0.04	
电压合格率	%	97.78	97.85	-0.07	
供电可靠率	%	99.49	99.61	-0.12	城镇99.91 农村99.47
电费回收率	%	100	100	持平	连续9年结零
设备完好率	%	100	100	持平	主设备
负荷率	%	62.79	67.6	-4.81	
全员劳动生产率	万元/人年	18.63	21.2	-12.21	

【供电能力】 石林县有昆明供电局所属110千伏路南变电站1座（容量1×31500+1×40000千伏安），云南官房水泥有限公司35千伏变电站1座（容量4000千伏安）。公司运行维护35千伏变电站6座12台主变（总容量59300千伏安，其中7台为有载调压），全部建成综合自动化系统，5座具备双回进线；有35千伏线路9条165.75千米；10千伏线路53条1200千米，配电变压器1630台（总容量181762千伏安）。

【电力安全工作】 修编完成《各级人员安全生产职责》和安全规章制度，开展了人员责任事故专项治理、“两票”专项检查、安全性评价、应急预案演练、加强基础管理促进安全生产、安全日教育等专项活动。累计排查隐患198项，整改率100%；监察施工现场108次，查处违章5起，对连续二次严重违章的1个外协施工队取消进网作业资格；组织营销“一防五查”，对29个重要客户进行用电专项检查，促成10个一级用户配置自备电源；增加2辆电费抄收车辆，保证了抄表交通和电费资金安全。年内投入“两措”资金210.59万元，1人通过注册安全工程师取证，2人受昆明供电局安全动态奖励。截至年底，累计实现安全生产1441天。

【电网建设和大修技改】 截至12月底，110千伏石林输变电工程累计投入近4000万元，完成土建（包括房屋）、户外装置、电气二次部分设备安装，启动110千伏线路架设。按昆明供电局变电站属地化管理要求，公司选派4名技术人员到站进行建设安装跟班培训。

2009年扩大内需中央预算投资石林县“一站六线”项目：（1）35千伏长湖输变电工程9月25日开工建设，12月25日竣工，架设35千伏线路1.75千米，安装5000千伏安有载调压变压器2台，建成10千伏出线5回和继电保护综合自动化装置，配有微机“五防”系统，工程投资1230万元；（2）9月10～15日，10千伏北大村线、北小村线、林口铺线、长夸线、石板哨线、普拉河复线6个项目相继开工，12月17日全部竣工，6条线路总长51.92千米，工程投资630万元。

10千伏石林大道电缆工程由石林

扩大内需中央预算投资项目——石林35千伏长湖站施工现场

县人民政府和石林供电有限责任公司共同投资建设。5月13日开工，8月25日完工，建成4条10千伏电缆线路25.5千米，安装环网柜2台、箱式变压器6台、电缆分支箱64个、铁塔13基、真空断路器13台、高压避雷器18组、故障显示器197套。工程投资1365.44万元，按昆明供电局与石林县人民政府共同投资约定，石林供电有限责任公司承担60%投资，石林县人民政府承担40%投资。此项工程是电力体制改革后昆明电网首例由地方政府与供电企业共同投资建设的电网项目，建成后设施产权归供电企业。

大修技改项目共完成新建（改造）10千伏线路7条25.09千米、调度大楼电缆复线1千米。配电变压器增容21台（容量3003千伏安），新装变压器9台（容量620千伏安），安装电压监测仪2台、真空开关13台、10千伏无功补偿器8台、升压变1台，投入资金1182.56万元。

【优质服务和增供扩销】 实施《增供扩销方案》，按“提前1分钟，多送一度电”原则，建立计划停电、延时停电分析考核机制，停电时间超过24小时的用户数同比减少58%。9月25日召开政府监督部门和50多家客户参加的大型座谈会，加强与客户沟通。实行客户工程代表制，提前介入重点工程用电业务，提高业扩报装效率。全年受理高压报装用电187户（容量3.43万千伏安），低压319户（容量1581.5千伏安），居民用户1028户（容量4026千伏安）；受理报修业务1450户，复电时间缩短0.77小时；回访客户1450户，客户满意率100%，增供电量231.86万千瓦时。

10月14日，昆明供电局将技改增容后的石林县唯一的35千伏直供大工业客户云南官房水泥有限公司供电管理划归石林供电有限责任公司，缩小了与昆明电网9家县公司供电量的差距，公司年供电量将有望突破2.5亿千瓦时。

【经营管理】 执行昆明供电局“三重一大”管理规定，全年上报重要事项30项。完成电监会昆明电网县级公司2009年供电检查8大项18小项问题自查整改。配合完成税务稽查，财务工作获云南电网公司“农电会计报表”二等奖。

完成营销一体化和营销管理标准对标，电费、95598、集抄三个子系统上线运行。对重要用户《供用电合同》进行重签，查处违章用电4件，处理表计故障550只，追补电量43.62万千瓦时。制定《电费抄核收管理标准》，启用PMS系统抄收，抄表到位率100%、正确率99.9%，全年电费9292.02万元全部收回。

启用电力设备巡检及设备管理系统，制定《线路设备巡视考核办法》和《配网基础资料变更管理办法》，加强线路、设备、电网接线图纸管理。制定《非计划停运管理办法》，将可靠性指标分级控制，统筹客户停电管理，严格非计划停运审批，全年执行计划停电479项，按时停、送电率86%。变电、线路发生紧急缺陷34项、重大缺陷12项、一般缺陷4项，消缺率100%，抢修故障82项。实施大修技改项目提高配变台区控制保护、监测能力和功率因数，加装调压器提高末端电压质量。首次在35千伏圭山变电站开展变电设备带电清洗和线路带电作业。

【节能降耗】 制定年度降损计划，启动线损“四分”管理，建立低压线损分析控制机制。配合县政府实施节能减排规划，执行差别电价，12月份对淘汰高耗能企业石林益华冶金有限公司、石林麒联冶金有限公司终止供电。

【人力资源管理】 石林供电有限责任公司制定并试行《县级公司员工持证上岗标准和实施方案》成功后，云南电网公司以此为蓝本下发全省各县公司推广，年内特种技能鉴定36人，全员持证上岗率90.48%。在云南电网县级供电企业中率先启动了岗位能力素质模型及行为评价标准应用工作，年末收集评价量表1206份。举办公司层面培训28次、参培851人次，外部培训68项、参培251人次，全员培训率和积分率均达96.83%；5名员工在云南电网公司调考中成绩合格，驾驶小组获昆明供电局驾驶技能比武二等奖，公司获得昆明供电局教育培训考核第一名。

【创先工作】 2009年石林公司被云南电网公司确定为全省四个创建标杆企业单位之一，以支持昆明供电局“创建国内先进水平供电局”工作。石林公司制定《创先工作方案》，开展“创先”宣传贯彻培训、优秀办公室创建、星级班组建设等活动，年底档案达标工作获

"云南省档案工作八项工程企业档案建设五星级"授牌，五项达标工作获"县级供电企业基础管理南方电网公司达标企业"称号。

（撰稿人：石林供电有限责任公司 董玉坤）

煤炭工业

【县煤炭行业管理办公室】 1990年4月，成立县煤炭工业局。2002年5月30日，撤销县煤炭工业局，成立县煤炭行业管理办公室，为县人民政府行使行政职能的直属事业单位（正科级）。2009年6月经云南省人力资源和社会保障厅批准成为参照公务员法管理单位。2009年内设综合科、安技科、煤炭经营管理科、财务科，年底有正式干部职工18名（参公管理人员5人，事业管理人员2人，专业技术人员4人，高、中级技术工人7人）。2009年，县煤管办动员全系统干部职工捐资济困2.5万元，资助支农联系点圭山镇普拉河村委会公益事业5000元。

党总支书记、主任：娄林华

党总支副书记：李金明（彝族）

副主任：念勤生

武成香（彝族，7月起）

【煤炭工业经济指标完成情况】 2009年全县有煤矿21个（县12个煤矿，东源石林煤业有限公司1～9号井9个煤矿）、洗煤厂7个、焦化厂7个，从业人员2000余人。全年生产原煤71.05万吨，完成年计划70万吨的101.5%；实现现价工业产值4.16亿元，完成年计划2.1亿元的198%；上缴税金（地税、国税）3313.36万元，完成年计划1500万元的220.9%。

【煤矿安全监管】 县煤管办强化煤矿安全监管，实施监管人员分片包干和煤管站人员驻矿专盯制度，认真落实地方政府的煤矿安全监管主体责任。年初县煤管办与各有证矿井分别签订了《2009年煤矿安全生产目标管理责任书》21份；各企业与班组、班组与矿工层层签订安全生产目标责任书，把安全生产目标层层分解，签订率达100%。

全年全县各煤矿杜绝重特大事故、一般事故的发生，实现了"零"伤亡目标，取得了历史以来的最好成绩。安全生产形势持续稳定好转。

【"三项行动"及隐患排查治理】 2009年是国家安监总局确定的安全生产年。石林县认真组织开展了安全生产执法、治理和宣传教育"三项行动"及"迎国庆、保安全"安全生产大检查活动。8月，县煤管办对少数证照不齐、安全管理混乱的企业，依法实施封停或施以经济处罚，督促煤矿企业主认真履行安全生产主体责任。开展宣传教育、隐患排查治理行动，全年共查处煤矿事故隐患1062条，整改1043条，整改率98%，下达行政执法文书153份。配合省、市、县主管部门开展煤矿安全生产联合执法行动，其中：红河监察分局现场检查查出隐患122条，下达执法文书15份，罚金12.5万元，隐患整改率达100%；昆明市乡企局现场检查查出隐患29条，下达执法文书4份，隐患整改率98%。

【安全培训教育工作】 2009年县煤管办对全县煤炭从业人员进行了2次全员培训，培训员工2300余人。送省、市煤矿安全培训中心培（复）训煤矿矿长、副矿长、特种作业人员286人，其中：矿长21人，安全技术副矿长10人，安全员52人，瓦检员29人，监控管理人员56人，现场管理人员38人，绞车司机、信号把钩工等特殊工种80人。县煤管办每月16日对矿长、安全员、瓦检员进行安全教育，各矿每月18日对职工进行全员培训教育，不断提高职工安全素质。

【执行下井带班作业规定】 认真落实煤矿企业负责人和生产经营管理人员下井带班作业制度，做到企业负责人每月下井带班作业20天以上，生产经营管理人员25天以上，县煤管办安全监管人员16天以上，切实加强现场管理。

【安全质量标准化建设】 围绕煤矿采、掘、机、运、通五大系统和瓦斯治理重点工作，督促煤矿企业加大安全投入，全面推进煤矿质量标准化建设。经省煤矿安全评价中心评价，全县12对矿井评价为B类（基本安全矿井）。盛丰煤业公司加大矿井瓦斯治理力度，投资60万元对原有的矿井瓦斯监测监控系统进行更新改造、升级换代，经市检查验收，达到了省煤矿安全质量标准化"三级"标准，为全县煤矿瓦斯治理工作和安全质量标准化建设起到了带头示范作用。

【"六月安全月"活动】 县煤管办以"六月安全月"和"安康杯"煤矿安全知识竞赛为平台，以各煤矿为单位开展知识竞赛21场次，参加竞赛及受教育人员达1600余人。6月，县煤管办组队参加了市级组织的安全生产知识竞赛。充分利用宣传栏、黑板报、广播等宣传媒体在矿山广大职工中宣传煤矿安全生产法律法规和安全生产知识，共制作安全标语280条、安全生产警示警语标牌220块，出黑板报26期。

【打击和取缔非法开采行为】 全年配合县国土资源局、县公安局、圭山镇人民政府打击和取缔私挖滥采煤炭资源行为10次，出动车辆30辆次、人员50人次，有力地打击和取缔了私挖滥采煤炭资源的行为，维护了煤炭资源的正常开采秩序。

【调处涉矿矛盾纠纷】 积极排查调处及解决煤矿工伤、工资纠纷、煤炭资源纠纷，以及煤矿企业与村委会、村民小组和村民各种矛盾纠纷，及时把矛盾纠纷处理在现场、处理在基层、处理在萌芽状态。全年调解处理各种矛盾纠纷共11起。煤炭系统无群体性上访、火灾、火警、打架斗殴等刑事案件的发生，维护了社会稳定。各煤矿企业投入资金，对本矿职工住宿、食堂、生活环境进行改造，对矿区环境进行绿化，绿化率达90%。

【煤炭资源整合工作】 按照云南省煤

炭资源整合工作领导小组的批复，除东源石林煤业有限公司1～9号井外，到2010年底，石林煤炭企业户数将整合为3户，矿井数量为8对，矿井技改后设计生产能力60万吨/年。2009年7月县人民政府成立了石林县煤炭资源整合领导小组及办公室，制定了《石林县煤炭资源整合工作方案》，明确了推进煤炭资源整合工作的方法步骤和时间进度。全年县人民政府资源整合领导小组先后召开12对矿井投资人、法定代表人会议12次，就矿井兼并、煤炭资源整合进行协商。为强力推进资源整合，实现整合目标，促使相邻重组的7对煤矿尽快达成重组协议，9月2日县人民政府组织县资源整合领导小组相关成员单位执法人员共126人，对整合进展缓慢的7个相邻重组型矿井依法实施了封停，督促相邻重组的7对矿井加快整合步伐。至12月，鑫旺、过水沟、胜利煤矿3对相邻重组矿井已兼并重组。

（撰稿人：县煤管办　段宏静）

县商业总公司

【县商业总公司】　1956年12月，成立县商业局。1992年10月，转体成立县商业总公司。1997年10月，改制为股份合作制企业。2009年公司下设办公室、财务部、发展部，年底有职工99人（其中离退休职工59人、在岗职工40人），有股东50人。公司住址在鹿阜镇石林中路104号。2009年，公司员工向昆明市春蕾少年儿童基金会、新建昆明工人文化宫、困难党员共捐款1630元；资助支农联系点长湖镇海宜村委会2000元生产经费。

党总支书记、董事长：马继闵

董事、总经理：张　霖

监事会主席：赵建兴

【主要指标完成情况】　云南石林石油有限公司：完成燃油总购进13.58万吨，完成燃油总销售13.60万吨，上缴税收9.11万元，实现利润-224.49万元。石林万家欢瑞邦达小额贷款有限公司：累计发放贷款总额3550.00万元，上缴税收69.98万元，实现利润179.00万元。商业总公司：总收入395.82万元，上缴税收18.00万元，实现利润3.70万元。

2009年底，公司账面总资产6674.18万元，负债5873.76万元，净资产800.42万元。

【完善管理体制】　公司从实际出发，不断建立和完善与改革发展相适应的内部管理体制和经营机制。在公司内部推行员工全员合同化管理，用劳动合同调整企业与职工的关系，用公司章程调整企业与股东的关系，用制度调整企业中决策、组织、领导、控制、创新的关系，有效理顺了企业的内部管理。同时结合开展“行政效能提升年”和“干部作风转变年”活动，在企业内部全面执行一月工作“两布置、两检查”与绩效考核、工作问责相结合的工作制度，实现了工作作风的良好转变，有效提高了工作效率，促进了企业的良性发展。

【成立小额贷款公司】　1月16日，由县商业总公司、云南万家欢食品集团有限公司、石林商联投资集团有限公司3家法人单位和6名自然人共9个股东共同出资2000万元注册成立了石林万家欢瑞邦达小额贷款有限公司。公司在省、市、县金融办、县银监办的指导和监督下，完善法人治理结构，规范运作，根据“只贷不存”的规定，依法在本县区域内开展小额贷款业务，贷款利率严格按照“中国人民银行同期基准利率0.9～4倍”由借贷双方自主协商，单笔贷款最高额度为注册资本的5%。在经营过程中，公司坚持“高效、快速、便捷”的服务宗旨，以农户、个体工商户和中小企业为服务对象，坚持立足农村，服务“三农”，以改善农村金融服务为目的，以提高公司经济效益、促进地方经济发展为目标，在做好小额贷款主营业务的同时，为石林县内中小企业发展、管理、财务等提供咨询服务。经过一年的精心运作，公司取得了良好的经济效益和社会效益。

【清收预付土地征用款】　1992年12月，公司预付了15万元在石林旅游度假开发区征用土地13.32亩，后因修建昆石高速公路被占用。征用土地被占用后，公司多次向县政府和有关部门反映情况，要求在石林旅游度假开发区重新安排同等面积的土地给公司。由于种种原因，土地一直没有安排，预付的征地款也没有退还给公司。2009年，公司在县国土资源局、县交通局、县财政局等几个部门之间协调多次后，向县国土资源局递交了要求退还款项的申请。12月，经昆明市人民政府审核批准，该笔款项由县交通局退还给了县商业总公司。

（撰稿人：县商业总公司　赵永平）

供销合作

【县供销社】　1954年8月，成立县供销合作社联合社。2009年县供销社有党委、理事会、纪委、工会、妇委会等领导机构和群团组织，下设办公室、财会审计科、经济发展科、基建安储科4个科室，年底有在职职工15人，其中：公务员8人，事业人员7人。有农业生产资料公司、贸易中心和对外经济贸易公司3个直属公司，城区、路美邑、北大村、西街口、海邑、维则、板桥、大可8个基层供销合作社。全系统在职干部职工144人，离退休职工171人。机关办公地在鹿阜镇双龙小街182号。2009年县供销社资助支农联系点圭山镇水补衣村委会生产经费3650元。

党委书记、理事主任：何志兴

纪委书记：袁　宏

理事副主任：吴自云

李孝明（彝族）

【主要经济指标完成情况】　2009年实现经营总额18629万元，完成目标任务16900万元的110.2%，同比增11.4%；社会消费品零售总额1568万元，完成目标任务1200万元的130.7%；商品购进总额13326万元，完成目标任务7300万元的182.5%，同比增6.3%；实缴税金26万元，完

成目标任务20万元的130%，同比降25.7%；实现利润281万元（含“两社一会”指标），完成目标任务221万元的127.1%，同比增16.2%。

【农资供应工作】 2009年的农资化肥工作由于受国际金融危机的影响，价格持续呈现出淡季储备高、旺季销售低及升降不定的态势。在经营风险不断加大的严峻形势下，县供销社从为“三农”服务的大局出发，坚持“五统一”农资连锁经营机制，积极发挥供销社在农资商品流通中的主渠道、平抑物价和调控市场作用。在供应中不断总结经验，积极主动应对市场变化，全力保证和满足全县农业生产用肥需求。全年组织供应各种化肥31502吨，完成目标任务31200吨的101%，同比降6.5%；供应化学农药335吨，完成目标任务150吨的223.3%，同比增42.6%；供应农用薄膜247吨，完成目标任务200吨的123.5%，同比增21.2%。全系统农资化肥经营年度（2008年9月至2009年8月）取得可分配效益153万元。

【“乡村流通工程”建设】 “乡村流通工程”是由政府引导、部门参与、供销社主导，按照统筹城乡经济发展的总体要求，运用现代流通方式建设的农村流通服务网络工程。主要由农业生产资料经营服务、日用消费品流通、农副产品购销、再生资源回收利用、农村流通信息、农产品市场、烟花爆竹等七大网络构成。加快建立乡村现代流通服务体系，对构建和谐石林，促进城乡经济全面协调发展，具有十分重要的意义。2009年在县内7个乡镇的15个村委会发展专业合作社15个，规范提升5个；创建综合服务社15个，规范提升10个；建设农资配送中心1个，集贸市场1个。至2009年底，供销社在全县范围内共创建专业合作社35个、专业协会6个、农村综合服务社150个，建立配送中心2个、农产品交易市场1个。

【“万村千乡市场工程”建设】 2009年完成“万村千乡市场工程”农家店年度建设任务10个。新创建的10个农家店涉及5个乡镇的10个村，于2009年12月8日通过了由市商务局、市财政局和市供销社组成的联合检查验收组的验收。自2006年以来的4年间，县供销社共完成“万村千乡市场工程”农家店建设任务84个，其中农资农家店27个、日用消费品农家店57个。“万村千乡市场工程”农家店的创建，改善了农村消费环境，让广大农民群众买得到货真价实的商品和享受实实在在的服务，促进了农村经济的健康发展。

【职业培训】 2009年培训各类人员1075人，其中：农产品经纪人209人，农民经纪人258人，农业科技人员101人，农资流通网络人员114人，日用品经营网络人员73人，农产品经营网络人员90人，会计统计人员20人，干部培训69人，烟花爆竹经营网络培训109人，计算机培训32人。至2009年底，石林县持证的农产品经纪人达514人。

【企业改革改制工作】 2009年对外贸公司和大可供销社进行了改制前的资产评估；完成了农资公司和城区、维则、北大村、西街口、海邑等企业的新一轮改革承包工作；城区供销社结合新一轮经营承包，大胆创新经营机制，创办便民超市并取得显著成效，在供销社经营机制转换方面起到了典型示范作用。通过不断深化改革，绝大多数企业实现了减负增效的目标，搞活了企业，促进了发展。

【引进合作项目】 采取招商引资的办法引进云南省西部开发投资有限公司共同开发利用北大村供销社化肥仓库场地25亩，从事旅游产品开发。该项目计划投资2500万元，合作期限为20年（2009年7月10日至2029年7月10日），2009年11月进行开工建设，年内到位资金1150万元。

【争取扶持资金】 2009年主动向上争取政策性专项资金68.02万元，其中：云南省著名商标扶持资金（石林彝嘉醇酒厂“阿黑”牌）10万元，昆明市知名商标扶持资金（石林彝嘉醇酒厂“阿黑”牌）2万元，人员培训经费8.32万元，“两社一会”补助资金2.7万元，年度省级农村现代流通网络体系建设专项资金40万元，市级农业产业化经营项目资金5万元（石林彝山玉米专业合作社）。项目资金和政策性资金的争取为推进供销合作社“二次创业”各项工作减轻了负担、增添了活力。

【基础设施建设】 北大村供销社老综合门市部片区因涉及集镇建设，按照县委、县人民政府要求，北大村供销社为此投资46000元对安置点进行装修改造，筹资149664元对5户拆迁经营户进行补偿安置，8月9日完成了拆除任务。

10月18日，占地8000平方米、总投资1160万元的再生资源分拣中心建设正式启动。11月1日，占地496平方米、总投资66.3万元的西街口供销社便民超市开工建设。11月25日，占地面积6000平方米、建筑面积2800平方米、总投资113.78万元（合同价款）的海邑供销社农产品交易市场开工建设。12月15日，占地784.7平方米、总投资112.8万元的维则供销社便民超市开工建设。

（撰稿人：县供销社　敖正林）

粮食购销

【县粮食局】 1952年2月，成立县人民政府粮食局。1956年改称县粮食局。1993年成立县粮油贸易总公司，与县粮食局合并实行“一套班子，两块牌子”的运行方式。1996年恢复县粮食局。2009年局机关设办公室、综合科、会统科，年底有职工17人，其中：公务员10人，机关工人1人，职工6人。办公地点在县城阿诗玛北路5号阿诗玛粮油大厦红砖房。2009年资助支农联系点长湖镇豆黑村委会生产经费2000元。

总支书记、局长：陈永洪（4月止）
　　　　　　　　李建民（4月起）
副　局　长：李永平
　　　　　　刘光伟

【粮油购销】 截至2009年12月底，县粮油收储公司共收购粮食774万千克，县粮油收储公司下属的5个承包经营库点收购粮食526万千克，两项合计收购粮食1300万千克，其中：玉米1016万千克，稻谷175万千克，其他109万千克。销售粮食1443万千克，其中：玉米1252万千克，稻谷177万千克，大米14万千克。实现销售收入2530万元（县粮油收储公司直接经营实现销售收入1563万元，下属的5个承包库点实现销售收入967万元），实现工业产值80万元。国有粮食企业全年实现利税34.7万元（利润15.7万元、税收19万元），圆满完成了县政府下达的各项经济指标。纳入全县粮食流通统计的非国有粮食企业共收购粮食3052万千克，销售粮食2445万千克，并通过粮食的加工转化和调入省外优质米、面、油经营，极大地丰富了市场，填补了国有粮食企业的不足。

【依法管粮工作】 年内配合省市粮食局科普活动和县科普活动，以“健康消费植物油”为主题，通过制作展板、发放宣传材料等形式，分两次在县城和全县主要乡镇广泛宣传《粮食流通管理条例》和相关配套法规及粮油科普知识。搞好执法检查，对石林县已办理收购许可证的31户粮食经营户进行了专项检查，对未办证的进行警示检查。落实专人进入县便民服务中心，进一步规范粮食经营许可证的办理，实行服务承诺和零收费年检。组织国有和非国有粮食企业参加第五届昆明国际农业博览会，展示粮食企业形象。健全粮情价格监测网点，在2008年已在全县4个主要农贸市场、2个超市、北大村、路美邑建立定点粮情监测点的基础上，年内又新增了板桥、海邑、维则3个定点粮情价格监测点，进一步完善联系制度，并针对全县干旱情况确定专人负责粮情监测和信息发布，粮食价格及粮食收购做到每周一报。按照《2009年粮食行政首长负责制》的要求，于上半年补充了具备粮食经营许可条件的12户粮食经营户作为统计对象，使社会粮食流通统计对象达30户，统计范围扩大到97%，落实专职统计人员1人，统计准确率达90%以上。

【粮食安全工作】 年初市政府与县政府，县政府与各乡镇和县属各涉粮部门层层签订了《粮食行政首长负责制责任书》，县政府年内召开了全县粮食流通工作会议，研究部署粮食工作，切实加强政府对粮食生产、流通、市场供应、供需平衡和粮食宏观调控等工作的领导。年内全县种植粮食48.15万亩，占市下达任务数的116%，粮食总产量1.23亿千克。县财政投入农业和粮食生产基金3705万元，县级预算安排粮食风险基金70万元，市级配套安排71万元，支付种粮农民农资综合补贴2097.08万元，拨付储备粮贷款利息、费用、包干价差等各项补贴101.57万元，县级储备粮的收储全部落实到位。粮食应急预案于年内由县政府批准实施，国有粮食企业购销情况稳定，主要经济指标全面完成。全国粮食清仓查库顺利通过省市两级检查验收。年内争取市级资金6万元，在县粮食局建成粮食质检中心室。粮食应急加工、销售网点初步建立，粮食价格监测体系健全并形成网络和联系制度。粮食行政执法人员到位，社会粮食统计工作进一步提高，全县粮食供求做到了总量平衡、品种调剂平衡，粮食市场基本稳定，确保了全县粮食安全。

【粮食仓储】 按照《储备粮管理办法》的要求，积极做好县级储备粮的收储、检查和定期轮换，年内共轮换到期储备稻谷100万千克、玉米90万千克。组织开展好“一符四无”粮食评比活动和现代粮食仓储规范化管理工作，坚持储粮安全检查和“一符、三专、四落实”制度，充实人员，完善机制，做到科学储粮，确保储粮安全。年内县粮食局按照国务院和省、市政府的统一部署，联合有关部门圆满完成了粮食清仓查库工作，整个清查过程做到了“有仓必到、有粮必查、有账必核、查必彻底”。结果显示，石林县县级储备粮、国有粮食企业的商品粮数量真实、质量达标、储存安全、账实相符，轮换符合管理要求，粮食专项收购贷款全部用于粮食收购，粮食库存值与贷款余额一致，储粮补贴资金按季拨补、按年结清，使用符合规定，粮仓“一符四无”率达到100%，储备粮宜存率达到100%，科学储粮率达到70%以上，顺利通过了市普查和省复查。

【粮改维稳工作】 年内解决了124名退休、内退和在职人员纳入医疗保险统筹145万元，化解了历史欠债272万元，维护了全系统内外部稳定。工作中局领导坚持职工身份置换人员回访、下访制度，不定期重点对身份置换后失业职工进行回访，突出做好老职工来信来访工作。针对鹿阜旧城改造粮食局片区涉及52户职工拆迁问题，成立3个工作领导小组进家入户，做好职工及家属思想工作，耐心细致地进行政策宣传和疑难解答，尽力解决职工提出的实际困难，尽量满足其合理要求，促使工作有序推进。同时筹集100余万元确保退休、内退及在职职工的工资福利按时发放。抓好“两节”、“两会”期间的不稳定隐患排查和“两节”期间的粮油食品质量安全检查，对排查或检查出来的问题采取相应的措施予以化解和预防。

【军粮供应管理工作】 按照县人民政府对县粮食局的职能设定，县粮食局负责对全县军粮供应的管理，县粮油收储公司承担县域内军队的粮食供应。管理人员和军供服务人员均选择政治思想好、业务能力强、有事业心的职工专人专岗负责，对军粮管理和供应人员实行岗前培训和在岗培训，坚持持证上岗。建立健全军粮购销管理制度和财务监督制约机制，实行专库储存，将军粮购销、卫生要求、服务质量纳入“放心粮油”和“放心粮店”规范管理，坚持进货渠道“一批一检一报”制度，设立军粮财务专户和军粮标准样品台，严格执行军粮供应保密制度，做到专人、专机、专盘处理军供数据，专车报送军供报表。同时，利用建军节、春节等节日，对部队官兵进行慰问，征求部队对军供工作的意见、建议和要求。在县粮油收储公司军供点设立价格表、公示栏、意见簿、服务公约，在县粮食局设立监督电话，自觉接受部队的监督，在局综合科设置专门的军供业务管理办公室，购置专门的办公设备，在县粮油收储公司“放心粮油”配送中心设立专门的军粮供应点，门面规格和环境卫生严格按照“放心粮店”和军粮供应点的规范要求布局和执行。军供人员在保障部队正常供应的前提下，增加商品种类，做好粮油品种调剂，尽量满足部队需要。

（撰稿人：县粮食局　李培志）

旅游业

旅游景点

【大小石林风景区】 大小石林风景区位于县城北面10千米处，是石林风景名胜区开发最早、久负盛名的剑峰形岩溶地貌观赏区。范围包括绿芳塘、石林湖、大石林、小石林、步哨山、李子园箐、万年灵芝、比目潭等。2009年3月31日，历时3年进行保护性开发建设的万年灵芝、李子园箐、步哨山3个新景点正式向中外游客开放。景区面积从原来的4.12平方千米扩大到12平方千米，主要游览区自然分布为大石林、小石林、外石林三个区域，林中石峰各不相同，像形像物，已命名的主要景点有80多处。

大石林的主要景点有：出水观音、狮子亭、青牛戏水、石屏巍峨、朱德题词、石林胜景、千钧一发、且住为佳、莲花峰、剑峰池、极狭通人、仰天俯地、双鸟渡食、犀牛望月、象踞石台、千年寿龟、凌空笔架、望峰亭、洞府仙韵、刀削峰、坐井观天、一线天、赵官扎营、石监狱、凤凰梳翅、神鞭石、南天门、幽岚深谷、出征将军、蝙蝠狂舞、二龙戏珠、金龟探海、老翁拜山、月宫桥、将军鞋、石林仙女、奇石连理。

小石林的主要景点有：玉鸟池、阿诗玛、唐僧西行、悟空石、幽池、幽池恋人、越王剑、三石门、书生作揖、刘备迎客。小石林安装了五彩斑斓的夜景灯光。

石林外景的主要景点有：猪八戒睡懒觉、五老赛跑、步哨远眺、喜相逢、猩猩戏狗、漫步从容、母子携游、骆驼骑象、苏武牧羊、石林古崖画、天鹅远瞩、望夫石、怒发冲冠、万年灵芝、比目潭。

【乃古石林风景区】 乃古石林风景区距离大小石林10千米，位于县城东北20千米处，先后被冠以“石门峰”、“和摩站石林”、“新石林”、“黑松岩”、“灵芝林”、“古石林”等名称，1985年被县人民政府正式命名为“乃古石林”，乃古即撒尼语“古老、黑色”之意。景区面积7.83平方千米，石峰颜色黝黑，有“峰上望、地上转、地下钻、古林逛、良缘林、桃花源”的特点，主要景点有：白云湖、鹦鹉岩、梁祝相会、玉象远眺、金猪斗、峰上望、沙弥背经、神龟听经、聚仙台、承露盆、独石成林、象救象、灰龙泉、通天洞、石破天惊、飞来石、双狮恋、孔雀开屏、八卦炉、千剑峰、祝员外寻女、猪八戒背媳妇、大天鹅、玉马金鞍、金鳖负山、鬼谷、松鼠回洞、壁上挂、飞仙幽谷、古林瑶池、孟母教子、龙腾虎跃、老君壶、犀牛触石、古塔洞天、幽谷仙瀑。景区地下溶洞众多，已探明9个，已开发的“白云洞”洞内钟乳石众多，像形像物，奇景连绵，洞中共命名景点18个：天神宝殿、慈母泪、蓬莱仙境、魔鬼峡谷、狮门关、智取蟒珠、仙羊欢歌、美的梦乡、仙女瀑布、仙羊魂、火把石、月宫等。这些景点连接起来便成为一个引人入胜的神话故事——“阿美诺的故事”。

【大叠水风景区】 大叠水瀑布又称飞龙瀑，位于县城西南23千米处，其水源系南盘江支流巴江与几弯河汇流的下游白鸽江，江水遇两条平行的断裂层而形成两处较大的落差，第一道称小叠水，第二道称大叠水。景区由珍珠泉、小叠水瀑布、大叠水瀑布、仙人洞、清水河等景点组成。

大叠水瀑布当地居民称“老喷水”，为古代路南八景之一的“叠水蒸云”，又称“飞龙瀑”。整个瀑布由两叠瀑布连接而成，第一叠落差约5米，第二叠落差87.8米，总高92米，宽30余米，雨季流量每秒150立方米，枯季流量每秒3.2立方米。观大叠水瀑布，最为奇特的当属间歇性喷水，哗啦一声，一股气流从瀑布半壁间喷出，将水珠喷洒出十多丈远，整个山谷水雾弥漫，喷水过后，仔细观察，飞流半壁上出现一个隐隐约约的岩洞，一两分钟后，瀑布流水又掩住洞口，飞流跌入深潭，这种奇景每隔数日才出现一次，每次喷水后水雾都会弥漫整个山谷，有时竟会升到瀑布顶端，在阳光下现出道道彩虹。瀑布底海拔1448米，是石林县海拔最低的地方。景区总面积为3.5238平方千米，一级保护区0.4772平方千米，二级保护区1.2847平方千米，三级保护区1.7619平方千米。景点主要分布在一、二级保护区内。

【长湖风景区】 长湖风景区位于县城东部19千米处，由长湖、独石山、圆湖等景点组成。长湖是地层断裂作用所形成的岩溶湖泊，因湖形狭长而得名，又因湖体掩藏于青山翠岗之中，以往游人足迹罕至，故又称“藏湖”。湖水清澈透明，长年不枯，像一位身材修长的窈窕少女，静卧在青山环抱中，森林覆盖率达到95%以上，在湖北侧的云南青松林中，石峰成林，30多处洼地积水常年成湖，与长湖一道组成奇特的高原湖泊群景观。景区以湖光山色、优美的生态环境和石林喀斯特地貌景观为主体特色，重点开展喀斯特地质环境科普风光游览、休闲娱乐、水上观光游览、民族文化等活动，是以昆明为主要客源地的远郊休闲度假景区。

【圭山国家森林公园】 圭山国家森林公园位于县城东南40千米处，是石林县境内最高山，海拔2601米，总面积3206公顷。山势巍巍雄壮，山顶可观日出、云海，可俯临师宗、泸西、弥勒、石林四县，森林覆盖率达60%以上，是镶嵌在石林县东南部的一颗“绿宝石”。2000年12月28日，国家林业局批准圭山森林公园为国家级森林公园。圭山属亚热带低纬高山气候，有保存完好的原始森林植被，具有丰富的动植物资源，查明的圭山森林公园中有植物137科，426属，641种，其中国家二级保护植物有扇蕨、篦子三尖杉、香樟、厚朴等，省级二级保护植物有小果南烛、裂果漆，有石林人民引以为自豪的茶花、美伊花（杜鹃花）、四照花、火把果、野生杨梅等。野生动物主要有蟒蛇、穿山甲、麂子、野兔、画眉、啄木鸟、白腹锦鸡、果子狸、蜥蜴等。多样性的森林植被融合人文、地理、气象，相互烘托形成了组合景观，构成了现代人寻求回归自然，到森林中去旅游、休憩、娱乐、疗养和科考、探索的场所。

景区建设

【重点旅游项目建设】 2009年2月9日，石林县委、县政府举办中国彝族第一村建设暨五棵树村搬迁培训会，中国彝族第一村建设项目年内完成8000万元年度投资计划，年底完成近300幢房屋建设；投资3200万元的乃古石林景前区建设工程全面完成；新游客接待中心交通组织建设项目2号、3号停车场完成土石方工程量的80%，A标段道路11月12日完成招投标，并开工建设；石林狂欢之都“四中心二店”一期工程建设主要进行餐饮、购物中心主体工程建设，同时启动会展中心、演艺中心一期工程建设，完成度假酒店样板房、商务酒店大堂（原南城门）外装修工程；石林生态民族体育运动场一期工程建设，完成场地清表、球道建设一期工程、练习场项目建设；云林五星级酒店完成酒店大堂主体工程；散客服务中心建设项目已开工建设。完成李子园箐、步哨山、万年灵芝景区数字监管工作，乃古石林景区数字建设工程施工。完成乃古石林游客接待中心弱电系统工程建设。

【景区改造稳步实施】 稳步实施大小石林景区改造提升，完成步哨山、李子园箐、万年灵芝新景区扩容；完成景区派出所的拆迁及旧址绿化美化；完成景区工商分局办公楼评估，达成拆迁协议；与云旅集团就石林宾馆搬迁工作在改制、资产、人员安置方案方面达成协议；石林管理局办公区搬迁已对使用房屋进行调查登记，石林管理局办公用房已委托两家设计公司进行规划设计，局机关已于10月28日搬迁至锦石酒店办公，可进行拆除及绿化美化。稳步实施大叠水景区景观改造，进行绿化面山土地遗留问题的解决和景区半瀑园经营户拆除的商谈，就景区内40亩水田租用与农户进行商谈。稳步实施长湖景区退耕还林地的生态环境建设，对景区内植被进行清杂，种植各种苗木14个品种91500余株。重视圭山国家森林公园保护性开发，聘请西南林学院进行规划设计。

旅游经济

【旅游经济快速发展】 2009年，石林风景名胜区积极开展旅游市场调研，深入了解旅游市场信息，抓住刺激国内消费的机遇，与大理、丽江、楚雄共同打造云南省精品旅游景区战略联盟，强势开展联合营销，吸引了大批的海内外游客，旅游经济实现快速发展。全年大小石林景区游客接待286万人次，大叠水风景区接待2.1万人次，长湖风景区接待26万人次，实现旅游直接收入3.65亿元，全县接待游客330万人次，旅游综合收入14亿元。接待旅游车辆16万辆，创收62万元。

【导 游】 2009年起草上报了景区专职讲解员实施方案；完成李子园箐、步哨山、万年灵芝景区和乃古石林景区游览线路的踏勘、景点命名和导游词的编撰工作；完成导游的规范用工，分别与133人签订了劳动用工合同，理顺了劳动关系。全年，共出导2.45万人次，创经济收入148万元，同比增长6%，派出各种接待和公务2100人次。

【石林旅游会员卡】 全年新增会员1200人，续费140人，使在册会员达到1340人。

旅游管理

【石林风景名胜区管理局、旅游局】 1992年6月，成立石林风景名胜区管理局、旅游局。2009年，设局办公室、人事处、宣传处、财务处、研究中心、接待处、园林绿化处、规划建设处、环保监察处、企业管理处、旅游监察中队、安全生产监督管理办公室、旅游服务处（分为门票组、停车场组、导游组和夜景组共四个管理组）、信息中心、乃古石林管理处、长湖管理处、大叠水管理处、艺术团、贯标办、综治办、督查办。全局有正式职工206人，其中：公务员18人，事业管理人员56人，专业技术人员63人，工人69人。各处室使用的在册的临时工作人员有677人。

党委书记、局长：李正平
党委副书记、纪委书记：
　　黄宗祥（彝族）
副局长：槐　伟（3月止）
　　王云龙（彝族，3月起）
　　刘明春（8月起）
　　李光亮（彝族）
　　张云蕾（女）
　　冯正清（3月止）
　　王永乔（12月起）
　　董绍学

【石林旅游招商分局】 2009年编制完成《投资石林》项目招商宣传册，完成长湖景区、大叠水景区保护性开发5个项目建议书和概念性规划，邀请70余位企业家来石林旅游度假区参观考察，举办招商引资项目推介会2次，组织4批人员外出招商，参加招商引资洽谈会5次。全年石林旅游招商分局引进了苏宁石林旅游、“四中心两店”、五星级云林酒店、散客中心、喀斯特博物馆、高盛交通网、民族生态体育运动场等7个项目，引进市外到位资金4.2107亿元（完成全年任务数的105%），引进外资370万美元（完成全年任务数的105%），圆满完成县委、政府下达的招商任务。

【荣膺全国文明风景旅游区称号】 3月24日，石林名胜风景区被中央文明办、住房与城乡建设部、国家旅游总局授予“全国文明风景旅游区”称号。3月31日，历时3年进行保护性开发建设的石林风景区万年灵芝、李子园箐、步哨山3个新景点正式向中外游客开放，石林举行荣膺“全国文明风景旅游区”称号授牌仪式。省旅游局局长喻顶成，省文明办创建处处长邓美瑛，昆明市委、市人民政府副秘书长王有祥，市人民政府副秘书长李肇圣等省市有关部门领导；周边友邻县区旅游局及省内友好景区领导；省内各旅行社及省、市新闻媒体记者；石林县四班子领导、县直各部门和

乡镇领导参加新景点旅游推介会和授牌仪式。石林县委常委、县委办主任、石林管理局局长李正平介绍新景点情况；省文明办创建处处长邓美瑛为石林风景名胜区授“全国文明风景旅游区”匾牌；省旅游局局长喻顶成，昆明市委、市人民政府副秘书长王有祥，市人民政府副秘书长李肇圣，石林县委书记罗朝峰为新景点开放揭幕；省旅游局局长喻顶成宣布新景点开放。

【加强景区资源保护】 宣传贯彻《石林风景名胜区保护条例》，加大资源保护宣传工作，开展全方位的宣传攻势，动用多种宣传手段，做到了家喻户晓、老少皆知，使全县各族人民，从领导干部到人民群众，资源保护意识得到了提高，资源保护的法律知识得到了普及。加强保护区四级网络建设，完成核心区资源调查建档工作，提供第一手保护资料。全年查处资源保护违法案件 85 件，其中：私挖铁矿案 35 件，处理陷塘村开荒案 34 件，火把广场开荒案 8 件，上蒲草村开荒案 7 件，大叠水景区修路破坏地形地貌、植被案 1 件，共罚款 19910.1 元。及时采取多种方式与保护区 33 个村民委员会 75 个自然村的干部进行沟通和交流，及时划拨 2009 年度的资源保护补助经费，争取村干部的理解和支持，最大限度确保景区资源安全。继续加大望城山—石箱子—倒石头—仙女湖—龙马槽核心特级保护区域的保护工作，对该区实行封闭保护。

【完善项目审批制度】 建立了保护区建设项目定点审批制度，完善规范审批程序，健全存档立案管理制度，严格景区新建设和改造、扩建的监督管理，全年无违章建筑事件发生，按规定时限办结审批事件 80 余件，依法保证了办理质量。

【旅游环卫整治】 确保环保、卫生设施完好率达 90% 以上，游客对景区卫生设施的满意率达 93% 以上。加强污染防治，提高景区水、气、声、渣指标的达标率：完成大小石林扩容区环境保洁设施（垃圾箱 50 只、洗手间 2 座等）配置，环境保洁按标准覆盖全扩容区；积极开展爱国卫生运动，成功组织景区各单位和经营户共开展了 3 次大规模的爱国卫生运动，共投放鼠药 450 千克、灭蝇药液体 256 瓶粉剂 10 千克、灭蟑螂药 2150 支；景区固废清运始终坚持库房每日 1 ~ 2 次消毒喷药，坚持日产日清，共清运垃圾 2140 余吨；及时打捞漂浮物，及时补充不足水量，采用化学方法累计投放硫酸铜 284 千克、草酸 1425 千克；采用物理方法清洗换水 3 次，保障水域的景观价值；严格控制噪声和空气质量，采取定期或不定期检查，严格监管景区噪声源和空气污染源，杜绝了景区燃煤锅炉的使用，对噪声源采取分贝限制和时间段控制；加强污水治理，确保排污管网通畅，清理窨井、排污管 4 次，投洒生石灰 10 吨，并用焦炭过滤，保证污水经处理后达标排放；加强对有毒有害固体废弃物的管理，防止二次污染，共回收废旧电池 34267 只、废胶卷壳 52 只、农药空瓶 13576 个、农药空袋 4905 个、医疗废弃物 36 千克，采用焚烧填埋的办法处理有毒有害固体废弃物 3 次；加强景区消毒杀菌工作，喷洒敌敌畏 159 瓶、灭害灵 155 瓶、优氯净 525 袋、空气清新剂 280 瓶。

【旅游安全管理】 2009 年 2 月 13 日组织召开了石林风景名胜区 2009 年度旅游安全生产工作会议，分别与驻景区 18 家单位、全县两星级以上宾馆、局属 20 个处室签订了《石林风景名胜区管理局 2009 年度旅游安全生产目标责任书》，签订率达到 100%。每月按时开展安全检查，全年排查出一般安全隐患 34 条，投入隐患整改资金 7 万多元；确保了“两节”、“两会”、五一假期和火把节的旅游安全；组织制定了 2009 年度森林防火工作实施方案，投入 25 万元实施林下割除和防火人员、物资的配备，全年未发生重大森林火灾；组织开展了旅游行业艾滋病宣传教育和防治措施工作检查，加强食品卫生检查，确保了全年无食品中毒事件；以责任承包的方式，签订《石林景区综治办工作责任承包保证书》、《石林景区综治办工作岗位责任保证书》，共发生治安案（事）13 件（主要是盗窃等侵财案件），未发生抢劫等侵犯游客及社区居民人身权利的案件；共排查化解社会矛盾纠纷 3 起（其中 2 起属于劳资纠纷、1 起属于其他纠纷），对发生的居民之间、游客之间的 21 起口角纠纷都及时给予了处置。

【旅游市场秩序监管】 石林旅游监察中队制定了整治和规范旅游市场秩序工作实施方案、整治非旅游客运车辆的实施方案。以法律为准绳，依法打击和取缔了非法从事导游活动的“黑导”、“野导”、私自组团和无正规旅行社接待计划等违法、违规行为，打击和查处了喊客、拉客、游动兜售等扰乱景区市场秩序的违法、违规行为，联合昆明市旅游监察支队、昆明市运政管理所、县交警大队对进入石林景区的旅游团队使用《团队运行接待计划表》、使用非旅游客运车辆等情况作了两次专项检查。至 11 月 25 止，共检查旅游团队 8000 多个，各类导游人员 8500 多人次，分别对 32 名未佩戴导游证上岗的导游给予扣分处罚，其中对一名拒绝检查的导游一次性给予扣除导游证分值 8 分、并处罚款 1000 元人民币的严重处罚，共扣除分值 128 分；没收过期失效的临时导游证 6 个，没收假导游证 12 个；查扣使用外地导游证 5 个；对 30 名违规导游作行政罚款处罚，共计罚款金额 12900 元人民币；责令游客或导游补买门票 10 余张；查获涉嫌违规使用非旅游客运车辆 4 台。全年共打击游动兜售等行为 100 余起，共收缴刺绣制品 1500 余件（个）、水果玉米 300 余千克。

【受理旅游投诉和纠纷】 2009 年共受理游客的来电、来人、来信投诉、举报、抱怨和其他旅游纠纷 105 起。旅游监察中队对每一起抱怨都作了认真细致的解释和说明，对每一起旅游纠纷都能做到公正、公平地及时调处，当事双方对调解结果均表示非常满意，各种旅游纠纷调处率达 100%，处置满意率达 100%。受理有效旅游投诉 8 件（涉及石林景区的 5 件），投诉处置率达 100%，处置满意率达 100%。涉及退赔款案件 23 件，涉及退赔款金额达

13706元人民币。

【旅游接待】 2009年1月16日，中央政治局委员、国务院副总理回良玉到石林景区考察。2月4日，国家发改委体改司司长连启华到石林参观考察。4月14日，江苏省南京大学教授、博士生导师杨休一行考察石林。4月19日，国家旅游局驻罗马办事处邀请意大利知名摄影家莫妮卡·席尔瓦在石林采风、创作。4月28日，人民网、新华网、央视新闻网、红网、荆楚网、四川新闻网、北方网、大河网、谷歌、百度、腾讯、新浪、凤凰网、搜狐、天涯社区、网易等16家全国主流网络媒体的30余名记者到石林采风采访。5月24日，广东省委常委、省纪委书记朱明国一行到石林参观考察。5月3日，原国家建设部王凤武司长一行考察石林。5月23日，美国国家地理杂志摄影编辑一行2人到石林采风、创作。5月22日，美国猛犸洞国家公园的专家一行5人到石林参观考察。5月26日，环球嘉年华（中国）有限公司高层领导一行5人到石林参观考察。6月3日，中国石油化工集团公司总经理苏树林一行11人到石林参观考察。6月7日，由印度、巴基斯坦、阿富汗、孟加拉国、尼泊尔、斯里兰卡、马尔代夫、不丹等南盟8国主流媒体的主编和资深记者一行12人组成的南亚区域合作联盟国家联合新闻团到石林考察。7月1日，西藏自治区原党委书记、中央候补委员、国家民委副主任、党组副书记杨传堂到石林考察。8月6日，中国进出口银行总行评审部陈贵平总经理、成都分行杨剑华副行长一行考察石林。11月14日，中组部"1112会议"参会人员考察团到石林考察。11月15日，江苏省宿迁市农业银行相关领导到石林考察。11月17日，中国种子集团有限公司张伟总经理一行到石林考察。11月19日，由甘肃省委常委、副省长刘永富带队的甘肃省旅游交易会代表团到石林考察。11月26日，中央纪委办公厅正局级纪律检查员、监察专员苏文正，中央纪委办公厅常委办主任李松阳，档案处副主任郭怀新一行到石林考察。12月17日，宿迁市党政代表团赴石林考察。

旅游宣传营销

【完善营销政策】 2009年初从全局各处室抽调8名工作人员组建营销工作组，通过调研昆明旅游市场、组织召开云南省旅行社营销座谈会，并邀请全国著名营销策划师郑泽国老师到石林考察、座谈，为石林旅游营销政策制定提供了决策依据。与昆明市旅游联合营销协会签订《石林旅游营销诚信合作协议》，核算了2008年昆明市旅行社奖励赠票，调整了与昆明市旅游联合营销协会合作关系。

【拓展媒体宣传】 2009年1月，围绕石林旅游目标和客源市场，联合大理旅游集团、侏罗纪世界投资公司制作云南精品旅游线旅游形象广告，2月23~28日、3月3~14日在央视CCTV—1、CCTV—新闻频道《朝闻天下》栏目播出，4月13~24日在CCTV—4《讲述》播出，7月7日至9月26日在CCTV—4《走遍中国》栏目播出。围绕石林地质奇观的美学价值、科普价值和浓厚的民俗文化，以探秘、趣味解说形式在央视少儿频道《芝麻开门》栏目制作一期节目于2009年7月中旬播出；在国家气象局气象频道《地球档案》栏目制作一期节目将于2010年播出；协助中央电视台中国农业电影电视中心（中央七套）在石林拍摄"盛世和谐赞"2009民族国庆大联欢升国旗仪式，并组织节目《大三弦舞》、《远方的客人请您留下来》进京参加节目录制，节目于2009年10月2~5日播出；9月4日，在CCTV—新闻频道《共同关注》栏目和CCTV—2《经济信息联播》栏目分别播出了中央电视台拍摄的石林旅游及门票调整相关信息；9月11日，配合云南电视台外联部拍摄石林旅游专题信息《旅游景区抢先体验》，节目在CCTV—2《第一时间》栏目播出；配合昆明市旅游局拍摄昆明旅游形象广告宣传片于8月底在央视中文国际频道CCTV—4《海峡两岸》和《中国新闻》播出；配合云南卫视《旅游新时空》栏目拍摄"云南大不同"短片于9月14日播出。接待了马来西亚《好玩》旅游月刊和电视台家娱304频道、意大利旅游专家科拉多波里迪博士、南亚区域合作联盟国家联合新闻团、台湾中天电视台、全国主流网络媒体到石林进行专题拍摄和采访报道。加强与北京红墙广告公司、云南中视广告有限公司、昆明片语广告公司等户外媒体公司合作，在北京西客站、北京站、上海站、大连站；昆明机场、昆明火车站、昆石高速路、昆大高速路、昆明国际会展中心等人流集中、人流量大和视觉较好的地方，以"世界自然遗产"为主题，做好石林旅游形象宣传。继续与中新网合作，开设"云南石林"窗口，设置网页，并通过《云南旅游小镇》与石林旅游网链接，加大石林网络宣传推广。在云南日报、云南信息报、昆明日报、春城晚报、都市时报等报刊上围绕石林全国文明风景旅游区、石林景区新景点开发、乃古石林景区规划建设、石林火把狂欢节、建国60周年庆典系列活动作石林旅游宣传报道。围绕石林景区"强势营销、经营品牌"宣传主题，在中国旅游协会旅游景区分会会刊《中国旅游景区》、国家旅游局中国旅游出版社出版的《中国旅游景区资讯通览》、《美景中国——中国最美旅游胜地排行榜》、《国土资源年鉴（2009）》、《中国旅游年鉴（2009）》、《中国生态旅游精品推荐与展示》，以图文并茂形式刊载石林宣传内容，充分展示了石林旅游的品牌营销成果。配合县委宣传部、县外宣办、县广播电视台、局信息办做好县内宣传，播出新闻80多条；省市播出30多条。

【主题活动宣传】 2009年3月，以"新石林、新景象、新线路、新旅游——万年灵芝、李子园箐、步哨山新景点对外开放"和石林荣膺"全国文明风景旅游区"为契机，成功举办了旅游推介会及授牌仪式，邀请了云南省、昆明市、曲靖市、玉溪市、红河州等省市县区旅游机构、旅行社和新闻媒体参加会议，取得了很好的宣传效果。3月，

组织参加由云南省旅游局、昆明市人民政府主办，昆明市旅游局、五华区人民政府承办的“全国百城旅游宣传周”活动和昆明市旅游局、红河州旅游局、文山州旅游局共同主办的越南沙巴旅游推介会，通过文艺汇演、资料发放、新产品推介、现场咨询等形式，吸引了昆明市民、越南游客对石林新产品的关注。4月，昆明市旅游局与中国电信股份有限公司云南百事通信息分公司联合在石林县糯黑村举办了“昆明乡村旅游咨询平台”启动仪式，促进了石林县乡村旅游宣传工作。4月，为加强“景校”合作交流，推进对石林景区地质资源的研究、保护，石林风景名胜区管理局与昆明理工大学地学系，举行了建立地学专业教学实习基地签字仪式暨揭牌仪式。围绕“五一”小黄金周暨2009中国昆明国际文化旅游狂欢节，设计、制作石林特色花车，与全省16个州市一道，参加了狂欢节为期3天的巡游展演宣传活动；联合县文体局组织民间文艺队，在景区举行“相约石林·狂欢彝乡”石林民族民间歌舞展演和隆重的迎宾仪式，把石林彝族民间特有的鼓号、狮舞、细乐、大三弦、小三弦及反映彝族生产生活原生态的舞蹈艺术充分展现给游客，与游客互动，为“五一”石林旅游增添了魅力，营造了节日氛围，扩大了石林民族文化的对外宣传。8月，配合县委、县人民政府完成了2009年中国石林国际火把狂欢节活动的现场环境布置、氛围营造和宣传报道工作。

【宣传品制作推广】 完成了石林风景区“万年灵芝、李子园箐、步哨山”新景点新线路导游词、导游图和宣传手册的编印工作，设计、制作了“万年灵芝、李子园箐、步哨山”新景点推介会纪念品。完成了乃古石林风景区线路导游词、导游图、宣传手册的编印工作和标识标牌的设计、安置工作。完成2010年石林怀历和石林挂历设计、制作工作；并为石林景区新景点对外推介活动制作纪念品——石林相框500套。完成《中国喀斯特石林地质地貌研究》编审工作。完成了《天下石林》旅游手册的设计工作。围绕石林重大接待、重要活动、重要节日庆典和日常宣传工作，制作展出《石林旅游》、《石林风貌》各4期，《局活动掠影》9期、展板60余块；制作悬挂各类宣传标语350余条；完成县公交车站宣传栏6期的设计、制作；拍摄、整理各类图片资料20000多张。

【与合作伙伴联合宣传】 2009年5月，石林风景名胜区管理局、侏罗纪世界投资有限公司、大理旅游集团、丽江玉龙雪山管委会在大理召开云南精品旅游线景区战略合作第二次会议。营销工作组签订了《云南精品旅游线景区战略联盟章程》，讨论完善了联盟组织机构，推选了联盟秘书长，明确了联盟下半年的营销工作任务。2009年7月，石林风景名胜区管理局、侏罗纪世界投资有限公司、大理旅游集团、丽江玉龙雪山管委会根据联盟秘书处工作需要，在石林新游客中心组织召开了联盟第三次会议。会议总结了云南精品旅游线川渝营销工作，并针对联盟机构的设置、联盟网站建立、全国百城万店营销等议题进行商议，明确了联盟秘书处下一步工作目标、工作步骤。石林风景名胜区管理局按照《云南精品旅游线景区战略联盟章程》和会议的要求，积极与世界恐龙谷、大理旅游集团、丽江玉龙雪山实施联合宣传营销，以“云南精品旅游线‘昆明石林—楚雄世界恐龙谷—大理崇圣寺三塔—丽江玉龙雪山’欢迎您”为宣传主题，统一参加2009年国内旅游交易会、首届中国云南国际旅游休闲产业博览会、首届中国西部旅游产业博览会及2009年中国国际旅游交易会，在大连、昆明、重庆等重点旅游城市加强了云南精品旅游线的宣传力度。2009年4月，拟定了《2009云南精品旅游景区川渝旅游市场宣传营销活动方案》，联合世界恐龙谷、大理旅游集团、丽江玉龙雪山，于6月19~23日分别在成都、重庆举行了“云南精品旅游线旅游产品推介会”，邀请了重庆、成都各40多家重点旅行社、20多家新闻媒体参加了推介会。重庆商报、重庆晨报、云南日报等作了专题报道，扩大了云南精品旅游景区的宣传效应，使云南精品景区串景成线取得成效。联合完成了《神游彩云南——云南精品旅游线》宣传折页，在2009年国内旅游交易会、首届中国云南国际旅游休闲产业博览会及首届中国西部旅游产业博览会展会活动现场发放。联合完成了《神游彩云南——云南精品旅游线》DM单、招贴画、旅游导图的设计、印制工作，在重庆、成都召开的云南精品旅游线旅游产品推介会上发放，并直接发送重点旅行社。

【建立友好景区】 2009年5月，为加强与世界地质公园在景区资源保护、管理等方面的合作交流，与美国猛犸洞世界自然遗产、国家公园召开座谈会，双方对建立友好景区达成意向性协议；8月13日，在石林成功举行了“中国南方喀斯特世界自然遗产地与美国猛犸洞世界自然遗产地建立姊妹公园签约仪式”，30多家主流媒体作了宣传报道。2009年6月，四川兴文世界地质公园赴石林考察学习，双方召开座谈会，就云南石林、四川兴文世界地质公园缔结姊妹公园举行了签字仪式，签订了友好协议。9月，与常熟市沙家浜景区缔结为友好景区。11月，与安徽黄山风景区缔结为友好景区，并签订了友好协议。与大连老虎滩海洋公园、贵州黄果树瀑布等国家5A级景区进行沟通交流，初步达成建立友好景区意向。

（撰稿人：石林风景名胜区管理局、旅游局　钟文佑）

会展业

会　议

【云南省民族传统文化保护区建设工作会】 3月11～13日，由云南省文化厅主办，云南省非物质文化遗产保护中心、石林彝族自治县人民政府承办的云南省民族民间传统文化保护区建设工作经验交流会在石林县举行。文化部非遗专家委员会副主任刘魁立、云南省文化厅副厅长熊正益、云南省人大常委会教科文卫委副主任邱瑜、云南省政协教科文卫体委副主任贺光曙、云南省非遗保护领导小组领导、27个保护区代表、16个州市文化局领导、石林县领导共200人参会。会议期间，与会人员实地考察了石林糯黑民族文化保护区建设工作和阿着底村的保护传承情况，糯黑保护区作了大会经验交流，讨论修改了《云南省民族传统文化保护区管理办法》。

【昆明市财政社会保障工作会】 4月9～10日，昆明市财政社会保障工作会在石林召开。会议由昆明市财政局社会保障处处长陈明辉主持。会议在传达了全国、云南省财政社会保障工作会议精神后，安排布置了今年全市的财政社会保障工作。石林县委常委、常务副县长段增华参加会议并在会上向各县（市）区参会领导介绍了石林的经济社会发展情况。昆明市财政局局长助理梁鸿建在会上作了《致力于保障和改善民生，不断促进开创就业和财政社会保障工作的开展》的报告。会议认为，2009年全市就业压力前所未有，完善城乡低保制度，推进医药卫生体制改革，加强资金监管等方面工作十分繁重。第一，要以健全社会保险基金的财务制度和监督制约机制为重点，进一步加强社会保险基金以及其他各类社会保障资金的监管。第二，要落实好各项就业再就业优惠政策，稳定就业形势。第三，要支持医疗卫生体制改革，逐步缓解群众“看病难、看病贵”问题。第四，要关注民生，进一步完善城乡低收入群体生活保障。第五，要提高素质，加强社保队伍建设。会议强调，2009年社会保障工作任重而道远，要坚持以人为本、统筹兼顾，沉着应对涉及民生的各类突发事件，及时根据经济形势变化调整政策，大力支持深化社会保障体制改革，切实加强社会保障资金管理，使财政社会保障事业在应对困难和挑战中取得新的进步。会议在组织与会人员参观了石林圭山彝族民居建设后，各县（市）区财政局社保部门分别作了财政社会保障工作经验交流。

（县史志办收集整理）

【昆明市烤烟整地理墒现场会】 4月10日，昆明市2009年烤烟整地理墒现场会在石林召开。当天上午，昆明市副市长李喜及市烟办、市烟草公司、红云红河集团、市有关部门领导；各县（市）区有关领导及烟草公司经理、副经理；石林县各乡镇领导等与会人员参观了全市第一个烟农合作社——鹿阜镇上赵公庄烤烟种植专业合作社和羊肝石（紫色砂页岩）育苗管理技术。随后驱车前往离石林县城近50千米的圭山镇百花槽子，实地参观了涉及该镇5个村委会、10个村民小组、808户烟农、连片面积达6728亩、堪称2009年全市连片面积最大的烤烟整地理墒现场。在下午的大会上，石林县委副书记裴演兵致辞；县委常委、副县长毕春华介绍了石林县的烤烟生产工作；红云红河集团副总裁李恒通报了相关情况；市烟草公司经理郑天一、副经理杨晓安就抓好当前的烤烟整地理墒和移栽工作进行安排并提出要求。副市长李喜作重要讲话。会议要求各县（市）区进一步统一思想、提高认识、加强领导，以落实烤烟种植面积为重点，狠抓烤烟整地理墒质量和水平，为全面完成2009年全市的烤烟栽种任务、实现提质增效打下坚实基础。

（县史志办收集整理）

【云南省“巧施肥促增产”春季行动】 4月11日，云南省“巧施肥促增产”春季培训行动在石林县长湖镇宜政村委会启动，省市农艺专家根据石林土壤特点，对210户农户进行了农作物施肥技巧培训。“巧施肥促增产”春季培训行动是农业部提出的以推进科学施肥技术进村入户，促进粮食增产、农民增收和农业增效为目标的强农惠农行动。

为组织实施好这一行动，云南省大力加强技术指导服务，组织全省范围内1500名技术人员，采取专题讲座、技术音像资料发放、进村入户、田间地头等多种形式，分片包干、结对挂钩，指导农户春耕备耕和科学施肥。测土配方技术覆盖全省200个粮、油高产创建示范区和500万亩规范化间套种高产示范区。在实施中，云南省加强展示示范，组织实施以测土配方施肥为重点的“百千万”示范工程，每个项目县建设百亩示范方10个、千亩示范片5个、万亩示范区1个。

围绕满足春季农业生产用肥需要和肥料资源合理配置，云南省扩大配方运用，积极引导企业生产适销对路的配方肥、商品有机肥和有机无机复合肥，协助肥料产销企业优选经销网点，建立售后服务体系，利用连锁、超市、配送等现代物流方式，实现产销直接对接。并严格肥料监管，积极联合工商、质监等部门加强对配方肥的质量监管，组织开展肥料质量专项检查，打假扶优，让农民用上质优价廉的放心肥。

当天，省市农艺专家针对石林土壤特点，对宜政村委会的农户讲解了测土配方施肥的重要意义和具体操作方法，以及玉米高产创建中应注意的问题。昆明市土肥站向群众发放施肥技术资料手册和测土配方挂图近500份。云南云天化国际化工有限公司、昆明大富肥料厂对新增产品作介绍，并向农户免费发放样品肥料和宣传资料。

（撰稿人：县外宣办　李俊英）

【昆明市农村卫生工作会议】 10月15日，昆明市2009年农村卫生工作会议在石林召开，市卫生局相关处室、市疾控中心、市妇幼保健中心、市健教所和十四县（市）区卫生局、三个开发（度假）区社会事业管理局50余人参加了会议。县人民政府潘华光副县长应邀出席会议并致辞。会上，石林、安宁、东川等7个县（市）区作了交流发言。石林县委、县政府关心重视农村卫生工作、加强领导、加大投入的做法，以及全县卫生工作取得的成绩受到与会人员一致肯定。

（撰稿人：县卫生局　赵玉红）

【昆明市县（市）区财政信息工作会】　10月29日，昆明市县（市）区财政系统信息技术培训会在石林县召开，市财政局信息处处长梁勇、副处长杨腾宇和各县（市）区财政局分管领导及信息工作人员一共37人参加了会议。会议主要培训了网络安全基础知识、网络设备管理维护、服务器日常维护及数据库日常维护等系统知识，并开展了讨论及经验交流。市财政局信息处处长梁勇全面回顾总结了2009年全市财政系统信息工作成绩，分析查找存在不足，对2010年财政系统信息工作进行安排布置，并介绍了昆明市财政局“预算执行管理信息系统”、“办公自动化系统”运行情况。本次会议加快了信息技术与财政业务融合步伐，依托于“金财工程”建设着力推动全市财政管理实行科学化、规范化和透明化，切实提高科学理财水平，确保财政资金安全有效。

（撰稿人：县财政局　钟　涛）

【云南省创建文明风景旅游区工作现场会】11月6日，由省文明办、省住房和城乡建设厅、省旅游局主办，中共石林县委、石林县人民政府承办的云南省文明风景旅游区工作现场会在石林隆重召开。省文明办、省住房和城乡建设厅、省旅游局领导，各州市文明办主任、建设局局长、旅游局局长，获得全国文明风景旅游区、全国文明风景旅游区示范点、全国创建文明风景旅游区工作先进单位荣誉称号的景区负责人，第二批省级文明风景旅游区景区负责人、省市新闻媒体记者以及石林县文明委成员单位分管精神文明建设的领导共计200余人参加了会议。会议由省文明办专职副主任陈德金主持。会上，中共石林县委罗朝峰书记介绍了石林经济社会发展情况，省委宣传部副部长、省文明办主任吴贵荣，省住房和城乡建设厅副厅长郭五代，省旅游局副巡视员谭崇访等领导就如何做好景区文明创建工作作了重要讲话。石林风景区、丽江古城、丽江玉龙雪山景区、大理崇圣寺三塔景区、昆明世界园艺博览园、中国科学院西双版纳热带植物园等国家级、省级文明风景旅游区作经验交流发言。会议期间，与会代表实地参观考察了石林风景名胜区创建全国文明风景旅游区情况。此次会议的召开，为全省风景旅游区在文明开发、文明经营、文明服务、文明管理等方面提供了相互学习、交流和借鉴的平台，为扩大石林的知名度和影响力、进一步推动石林创建文明县城工作起到了积极的作用。

（县史志办收集整理）

【乡镇团组织格局创新工作会】　2009年团县委以全面贯彻落实县委工青妇工作会议精神为契机，成功配合团省委在石林县召开了乡镇团组织格局创新工作会。11月10日，团省委青农部张晓憬部长及部分县市区团委负责人到石林专题召开了乡镇团组织格局创新工作会议。会议以贯彻团中央关于进一步加强基层组织建设会议精神为指导，就开展好乡镇团组织机构格局创新试点工作进行了讨论。会上团省委领导要求共青团石林县委要在石林县乡镇团组织的机构格局进行改革创新试点，以进一步加强乡镇团委班子建设为目的，打破机构设置格局，选用4～5人不同基层界别的优秀青年兼任乡镇团委副书记。并希望石林县在基层组织建设工作中要争做全省的标兵，率先探索出全省共青团基层组织建设的经验。

（撰稿人：团县委　曹安平）

【昆明市人大工作联系会第五十二次会议】　11月19～20日，昆明市人大工作联系会第五十二次会议在石林隆重召开，来自全市14个县（市）区的200余名人大工作者参加了会议。会上，昆明市人大常委会主任李培山要求各县（市）区人大常委会提高自觉性和责任感，落实好十七届四中全会精神和市委关于人大工作会议的精神；加强机关自身建设，按照“四新”要求抓好人大工作，为跨越式发展作出贡献；充分发挥代表的作用，努力提高依法履职水平，在维护人民群众根本利益上有新突破；扎扎实实做好2009年各项工作的督查检查，筹划好2010年的人民代表大会。会议号召各县（市）区人大坚持党对人大工作的领导，坚持科学发展观，紧紧围绕党委和政府的中心工作，围绕改革、发展、稳定大局，围绕党委关注、人民群众关心的热点难点问题，依法履职行权，加大法律监督和工作监督力度，广泛听取人民群众的意见，为建设现代新昆明，推进社会主义物质文明、精神文明、政治文明和生态文明建设作出新的贡献。会议由石林县人大常委会主任李绍增主持；石林县委副书记裴演兵致欢迎词；石林县委常委、常务副县长段增华介绍了石林经济社会发展情况。盘龙区、安宁市、寻甸县、石林县人大常委会在会上作经验交流。第五十三次会议承办单位五华区人大常委会作表态发言。19日晚，200余名参会人员欢聚一堂，14个县（市）区人大常委会的代表纷纷登台亮相，自编自导自演了一场精彩纷呈的音乐晚宴。20日上午，所有参会人员冒着严寒参观了石林县太阳能光伏发电站、锦苑花卉产业园等重点工程项目。

（县史志办收集整理）

赛事活动

【昆明市第二届全国城市青少年足球邀请赛】　2月7～13日，由昆明市体育局主办，昆明市足球管理中心、昆明市足球协会、石林县文体局共同承办的昆明市第二届全国城市青少年足球邀请赛在石林县举行。本次比赛共有来自重庆、云南曲靖、云南开远等西南地区的22支青少年足球队320人参加比赛。

（撰稿人：县文体局　何丽红、毕世光）

【昆明市中小学生摔跤比赛】　6月5～7日，由昆明市体育局、昆明市教育局主办，石林县文体局承办的2009年昆明市中小学生摔跤比赛在石林县举行。参赛的有昆明市7所传统项目学校组织的7支代表队共150人，其中石林县组织4支代表队60名运动员参加了比赛。经过3天激烈角逐，石林县荣获个人7金、14银、6铜、8个第4名、12个第5名、5个第6名和团体总分第一、第五、第六名，其中石林县民族小学荣获团体总分第一名、圭山中学代表队荣获团体总分第五名、长湖小学代表队荣获团体总分第六名。

（撰稿人：县文体局　何丽红、毕世光）

【自然水域游泳比赛】　6月13日，由昆明市体育局、石林县人民政府主办，昆明市体育总会、石林风景名胜区管理局、石林县文体局、昆明市游泳运动协会、昆明市冬泳协会承办的2009年昆明市职工“全民健身月”自然水域游泳比赛在长湖风景区举行。本次比赛按照年龄层次、性别的不同，分为12岁以下、13～19岁、20～39岁、40～49岁、50～59岁、60岁以上男子、女子共12个组别，来自山东德州、浙江温州、越南及昆明市各县区的10支代表队242人参加，其中年龄最大的72岁、最小的9岁。对取得前六名的各组选手进行了奖励，其中男子团体名次为：昆明市业余体育学校第一名，昆明市冬泳协会第二名，安宁市冬泳协会第三名；女子团体名次为：昆明市冬泳协会第一名，昆明市业余体育学校第二名，五华区代表队第三名。石林县的游泳爱好者也踊跃报名参赛，并在男子团体中荣获第五名。

（撰稿人：县文体局　何丽红、毕世光）

【承办2009年昆明市农民体育健身工程点农民篮球赛】　6月25～28日，由昆明市体育局主办、石林县文体局承办的2009年昆明市农民体育健身工程点农民篮球赛在石林县民族体育场举行。本次比赛共有来自全市14个县市区农民体育健身工程点的14支球队参赛，石林县大可乡南大村村委会代表石林县组队参赛，并获第一名和体育道德风尚奖。

（撰稿人：县文体局　何丽红、毕世光）

【“胜利煤业杯”足球邀请赛】　7月25日至8月9日，石林县举办2009年“胜利煤业杯”足球邀请赛，本次比赛共有来自红河州泸西掘金代表队、宜良佳星酒店代表队、石林中国大地保险绿星代表队、火龙代表队、胜利煤业代表队等8支球队参加。经过8天28场的紧张角逐，第一名、第二名、第三名分别由中国大地保险绿星代表队、泸西掘金代表队、火龙代表队获得。

（撰稿人：县文体局　何丽红、毕世光）

【云南红歌大赛决赛】　9月9日，云南“迎国庆唱经典颂和平红歌合唱大赛”在石林县石林颐养园景区举行决赛，参加决赛的9个合唱团是从50个合唱团中脱颖而出。最终云南吉鑫合唱团凭借歌曲《美丽的草原我的家》获一等奖，昆明一二一老同志合唱团、省委机关老同志合唱团、云南CDC合唱团获二等奖，云南省老年大学天音合唱团、云南省水利厅水之声合唱团、民歌中山合唱团、昆明市工人文化宫职工混声团、昆明老教师合唱团荣获三等奖。其他还有20个合唱团分获单项奖和优秀奖。本次大赛为响应中央宣传部、中央文明办、教育部、文化部、广电总局、解放军总政治部等10部委关于在全国组织开展“爱国歌曲大家唱”的号召，为弘扬云南经典文化，展现七彩云南魅力，歌颂云南人民为人类和平事业作出的杰出贡献而举行。合唱大赛于2009年8月16日正式启动，来自全省各级各界的50余家老年合唱团队报名参赛。老同志们作为辉煌云南60载的亲历者、见证者，面对60年沧桑巨变，以自己独特的方式抒发对祖国的深厚情意，唱响经典红歌，表达美好祝愿。大赛活动包括初赛、复赛、决赛等内容。大赛由云南省老龄工作委员会、昆明人民广播电台幸福频率联合主办，云南省老年学会、省音协合唱学会联合协办。

（县史志办收集整理）

节庆活动

【中国儿童艺术剧院到石林演出】　为认真贯彻落实党的十七大会议精神，深入开展文化、科技、卫生“三下乡”活动，受中宣部、文化部委派，中国儿童艺术剧院由文化部文化司司长李宏带队，于3月13～14日到石林县慰问演出。此次演出受到石林县委、县人民政府的高度重视，并安排制定了详细的接待方案。3月13～14日，中国儿童艺术剧院在县民族中学报告厅等进行了6场文艺慰问演出，近7000名中小学生观看了演出。

【第四届“文化遗产日”活动】　2009年6月13日是中国第四个“文化遗产日”，活动主题是“保护文化遗产，促进科学发展”。上午，县文化体育局召集石林县国家、省、市三级文化传承人19人，召开了石林县非物质文化遗产传承人座谈会。昆明市政协副主席、市文联主席汪叶菊，县委常委、宣传部部长李福军，县人大常委会副主任朱玉和及民宗、史志、广电、文体等单位的主要负责人到会与各级文化传承人汇聚一堂，交流座谈。下午，在双龙广场举行了丰富多彩的文艺演出活动以及文化遗产系列图片展览。在下午的活动中，与会领导为石林县的2名国家级文化传承人、8名省级文化传承人、9名市级文化传承人发放生活补助金，鼓励各级文化传承人再接再厉，为石林县的非物质文化遗产保护、传承工作作出更大贡献。

（撰稿人：县文体局　毕世光）

【中国石林国际火把节活动】　2009年8月13～15日，石林县举行2009年中国石林国际火把狂欢节。8月13日上午，在石林民族体育场前举办了石林房地产暨名特优产品展示会。8月14日上午，在石林会议中心举行了石林招商引资项目推介会暨项目签约仪式。

8月14日下午，石林县举办2009年中国石林国际火把狂欢节斗牛比赛。本次比赛按照民间传统的斗牛比赛方式，由牛主自愿报名参赛，比赛设本地黄牛甲组、本地黄牛乙组、杂交黄牛组、水牛甲组、水牛乙组、杂交水牛组共6个级别。本地水牛甲、乙组和本地黄牛甲、乙组每个级别取前五名给予奖励，杂交水牛和杂交黄牛分别取前四名给予奖励。本地水牛甲组牛王由路美邑镇路美邑村石有平的5号牛夺得，石林镇五棵树村普俊的10号牛获得第二名，丽江市和杰星的11号牛获得第三名，石林镇三家村毕伟的15号牛获得第四名，陆良县王学的3号牛获得第五名；本地水牛乙组牛王由石林镇五棵树村仕学的5号牛夺得，陆良县焦石宝的12号牛获得第二名，石林镇普豆村凡红明的23号牛获得第三名，石林镇小老挖村李光强的20号牛获得第四名，长湖镇维则村李俊峰的21号牛获得第五名；杂交水牛组牛王由路美邑镇路美邑村石有平的5号牛夺得，西街口镇雨布宜村李红的3号牛获得第二名，石林镇小密枝村毕全民的2号牛获得第三名，石林镇普豆村陈永生的1号牛获得第四名；本地黄牛甲组牛王由长湖镇阿着底村毕东林的2号牛夺得，长湖镇海宜村金光亮的12号牛获得第二名，圭山镇土瓜黑村李玉华的6号牛获得第三名，圭山镇大糯黑村何兴强的18号牛获得第四名，长湖镇乍龙村毕光林的15号牛获得第五名；本地黄牛乙组牛王由圭山镇野核桃树村黄海龙的19号牛夺得，“依诺磁砖”代表队毕海星的28号牛获得第二名，长湖镇乍龙村金志星的29号牛获得第三名，圭山镇小圭山村普兆恩的7号牛获得第四名，长湖镇豆黑村黄利学的34号牛获得第五名；杂交黄牛组牛王由石林镇水塘铺村王福华的5号牛夺得，石林镇阿玉林村李建华的21号牛获得第二名，西街口镇尾堵渣村毕凤生的1号牛获得第三名，西街口镇威黑村昂文和的9号牛获得第四名。

8月14日下午，在石林火把广场上演了大型原生态民族歌舞晚会。晚会在“毕摩歌”中拉开帷幕，依次上演了“古老的民族”、“勤劳的民族”、“多情的民族”和“快乐的民族”四个华章，充分展示了石林彝族各支系悠久的历史文化，凸显了民族特色，受到了中外来宾的一致好评。当天晚上，在县城也举行了群众性篝火狂欢活动。

8月15日，在长湖镇举行了全县性的大三弦舞比赛和传统的摔跤比赛。为加强团队精神，加大比赛的对抗性，提高观赏性，比赛按民族民间传统摔跤模式，以乡镇为单位组队参加女子团体赛，录取前三名进行奖励，石林镇代表队女队终获第一名。男子组采用现场报名的方式，举行40千克以下（含40千克）、60千克以下（含60千克）、60千克以上三个级别的个人赛，各个级别分别录取了前六名进行奖励。166名运动员参加了比赛，观众近20000人。

（撰稿人：县文体局　毕世光）

财税审计

财　政

【县财政局】 1973年2月，正式恢复成立县财政局。2009年局机关内设办公室、预算科、国库科、行财科、农财科、社保科、综合科、企业科、会计监督科、政府采购办10个科室，下设国库集中支付中心、农业综合开发办公室和票据监管中心3个事业单位，7个乡镇设立财政所。年底，县财政系统共有职工71人，其中：局机关39人、乡（镇）财政所32人，公务员65人、事业人员3人、工勤人员3人。单位地址在石林县鹿阜镇石林中路93号。

年内，向支农联系点鹿阜镇大乐台旧村委会资助春耕生产工作、村容村貌整治、贫困学生帮助经费21000元。县财政局被云南省委命名表彰为第十二批省级文明单位。

局　长：苏云波

副局长：毕文祥（彝族）

　　　　尹桂华（彝族）

副书记：钟涛

【年终收支决算】 2009年全县地方财政总收入38771万元，同比增21%，其中：上划中央和省级税收收入12818万元，同比增8%。全县地方一般预算收入25953万元，同比增29.2%。

全县地方一般预算总支出70943万元，同比增27%。其中：上级专项转移支付支出25065万元，同比增37%；全县地方一般预算支出45878万元，同比增23%。

全县地方一般预算收支平衡情况。各项收入合计72748万元，其中：全县地方一般预算收入25953万元、返还性收入2870万元、财力性转移支付收入17790万元、专项转移支付收入25730万元、上年结余103万元、调入资金302万元。各项支出合计72002万元，其中：专项转移支付支出25065万元、全县地方一般预算支出45878万元、转移性支出（专项上解上级支出）1059万元。收支相抵结余746万元（为专项转移支付结转下年支出）。

地方基金预算收支及平衡情况。各

2009年12月31日，县领导看望财政局干部职工

项收入合计20936万元，其中：地方基金预算收入19587万元、专项转移支付收入1123万元、上年结余226万元。地方基金预算总支出20711万元，其中：专项转移支付支出1118万元、地方基金预算支出19593万元。收支相抵结余225万元（其中：专项转移支付结转下年支出5万元、县级基金预算结余220万元）。

首次提前2个月超额完成全年预算收入任务，地方一般预算收支实现了2.59亿元和7亿元历史性突破。财政运行呈现出持续增长、保障有力、管理有方、监管有效等特点，有力促进了全县经济社会平稳较快发展。

【收入完成情况】 2009年全县地方一般预算收入完成25953万元，同比增收5683万元，增29.2%。其中：税收收入22209万元，同比增24%；非税收入3744万元，同比增68%。严格执行“收支两条线”规定，规范非税收入管理。加大行政事业性收费纳入预算管理力度，清算涉及土地征用的收费收入，提高行政执法案件办结率、清收罚没收入带动非税收入同比增收1514万元，占地方一般预算收入增量的27%，确保预算收入持续稳定较快增长。主体税种完成情况：烟叶税完成5488万元，同比增6%；增值税完成2276万元，同比减7%；营业税完成7694万元，同比增28%；企业所得税完成822万元，同比增22%；契税完成2419万元，同比增142%；城市维护建设税完成771万元，同比增20%；房产税完成503万元，同比增15%；耕地占用税完成566万元，同比增496%。上述8项税种收入占全县地方一般预算收入的79%，合计增收4090万元，占全县地方一般预算收入增量的72%。增收因素是：投资拉动建筑安装营业税同比增收1258万元，增62%；2007～2008年房地产开发项目逐步竣工，办理产权证同比增多拉动契税同比增收1419万元，增142%；旅游业恢复性增长拉动第三产业中的住宿餐饮业实现营业税528万元、租赁和商务服务实现营业税565万元，分别增68%和79%；烟叶税因烟叶收购单价提高完成5488万元，增6%；个人所得税、资源税、车船税等小税种同比增收271万元；各部门加大协税、护税力度，清缴近几年来基础设施建设和招商引资项目用地耕地占用税同比增收471万元，增496%。减收因素有：由于世界经济大环境和国家增值税转型改革、小规模纳税人增值税税率由2008年的6%下调到3%、节能减排政策中小企业关停并转等因素影响，多数行业增值税均出现负增长，导致全年增值税县级部分同比减少 167 万元，减 7%。

【主要支出结构】　在确保人员工资按时足额发放和机构正常运转的基础上，财政支出大力向农业、教育、科技、卫生、社会保障及社会稳定等民生方面倾斜，全力推进基本公共服务均等化。全县地方一般预算总支出 70943 万元，具体分项情况是：一般公共服务支出 5595 万元；国防支出 55 万元；公共安全支出 4228 万元，同比增 24%，继续按照政法部门公用经费保障标准安排政法经费，确保了社会稳定，促进了石林和谐小康社会建设；教育支出 19100 万元，同比增 37%，用于实施中小学教师绩效工资，完善农村义务教育经费保障机制，惠及全县 3.4 万名农村中小学生，大力支持巴江中学等 6 所农村中小学标准化项目建设，安排专项资金帮助残疾学生 31 人、残疾家庭 25 户子女圆了上学梦；科学技术支出 663 万元，同比增 176%，确保科技支出占全县一般预算支出的 1.5%；文化体育与传媒支出 740 万元；社会保障和就业支出 9578 万元，同比增 12%，主要用于离退休人员工资和实施特困居民最低生活保障，开展被征地人员基本养老保险工作，全年参保 4901 人，政府出资购买 62 个公益性岗位，用于安置下岗失业人员；医疗卫生支出 4772 万元，增 24%，主要用于建立完善城乡基本医疗保障体系；环境保护支出 2849 万元；城乡社区事务支出 3440 万元，同比增 281%，用于 300 套廉租房建设和着力解决城镇居民低收入家庭和无房家庭住房困难；农林水事务支出 12893 万元；交通运输支出 2293 万元；资源勘探电力信息等事务支出 777 万元；商业服务业等事务支出 1662 万元；国土资源气象等事务支出 717 万元；住房保障支出 1379 万元，用于农村民居地震安全工程；粮食安全物资储备事务支出 72 万元；其他支出 130 万元。

【支持经济发展】　按照县委、县人民政府制定的发展战略，切实找准财政支持经济发展的切入点，坚持以投资拉动、项目带动全县经济平稳较快发展。强势推进投融资工作。全县新增政府性项目银行贷款 8.07 亿元。改善贷款期限结构，将政府性项目融资中的短期贷款 12.35 亿元置换成中长期贷款，增强重点建设项目资金稳定性。进一步发挥资源优势，争取县级各商业银行对石林管理局新增综合授信 10 亿元。发挥财政资金引导带动作用，安排贷款贴息 680 万元，用于县级储备粮、团结水库加固扩建、生态工业园区建设等项目从银行融资 10453 万元。支持成立 2 家小额贷款公司，缓解中小企业融资困难。吸引银行资金和非公资本进入促进县域经济发展，实现经济社会发展投资多元化。多渠道争取资金支持县域经济发展。争取上级专项转移支付 26853 万元，落实安排扩大内需资金 8889 万元，多方筹集资金全力支持台创园、工业园区及全县计划投资的 68 个重点项目建设，确保了政府基础设施投资资金链不断，明显提高财政资金保障能力。科学编列预算保障各项工作有序开展。安排招商引资经费 743 万元、小集镇建设资金 968 万元、非公有制暨中小企业发展专项扶持资金 200 万元、建立项目前期包装资金 200 万元等多项专项资金，确保全县各项重点工作正常有序推进，统筹城乡经济协调发展。围绕旅游支持第三产业加快发展。不断优化产业结构，提高旅游综合效益，加快将资源优势转化为经济优势步伐，努力使旅游服务业发展成为全县经济增长和财税增收的主导产业。大力培植生财型企业，增强经济发展后劲，实现财税与经济的良性互动发展。

【财政支农投入】　2009 年全县各项资金投入“三农”支出 22666 万元，同比增 34%。投入农田水利基础设施建设 4417 万元，用于团结水库加固扩建、月湖水库除险加固等 2 件重点工程。投入农业产业化发展及科技措施推广资金 1626 万元，扶持各类农业龙头企业 29 家、村集体经济组织 1 个、农业专业合作社 4 家，辐射带动周边农户共同致富。安排林业生态美县建设与保护资金 2334 万元，主要用于生态美县建设和石漠化及林产业补助等项目，生态美县效果逐年显现。投入新农村建设资金 2814 万元，重点支持省、市列 16 个试点村建设；安排农村公益事业建设一事一议财政奖补资金 465 万元，补助 81 个项目建设；投入整村推进扶贫开发资金 380 万元，用于 19 个重点村扶贫开发。通过惠农补贴“一折通”专用存折直接将农资综合补贴、能繁母猪补贴、能繁母猪保险保费补贴、油菜种植补贴、奶牛保险保费补贴、退耕还林补助、家电（汽车、摩托车）下乡补贴等七项共计 4586 万元发放到农民手中，受益农户 54036 户 198337 人，受益农民人均直接增收 231 元。农业综合开发坚持以治水改土为重点，着力加强农业基础设施建设，推进农业产业化经营。完成团结水库灌区中低产田改造等石林县首个国家级及省、市级农业综合开发项目 3 个，共投入资金 949 万元。

【完善资金管理】　加快建章立制步伐，做好政策制度的“废、改、立”工作，研究制定《石林彝族自治县县级财政预算管理暂行办法》，认真编制 2010 年部门支出预算，提高项目成熟度，硬化预算约束力。修改完善石林县项目资金管理办法和财政专项资金报账制管理办法，继续推行完善财政专项资金报账制。全面推进乡镇财政预算管理方式改革，建立“预算县编、账户统设、集中收付、采购统办、票据统管”的乡镇财政管理新模式。不断规范和完善国库集中支付改革工作，扩大改革范围，把乡镇作为县级的一个预算部门纳入国库集中支付；加大业务培训、简化流程、规范管理、提高效率；扩大支付范围，把项目建设资金和政府采购资金纳入财政直接支付，减少环节，加速资金周转，确保财政资金及时到位。全年累计集中支付各类资金 7.5 亿元，保证了全县各项工作资金支付需要。进一步扩大财政投资项目评审范围，全年开展项目评审 24 个，审减资金 3173 万元。进一步严格项目资金审核，规范项目建设管理，有效节约政府性投资。扩大政府采购范围，全年实际采购资金 4025 万元，比计划节约资金456万元，节约率为10.2%。认真开展扩大内需资金安全检查及“小金库”专项治理回头看工作，确保资金安全。采取有力措施做好厉行节约各项工作，牢固树立“节支也是增收”的理念，提高科学理财水平，降低行政运行成本，构建节约型社会。逐步建立以提高政府管理效能和财政资金使用效益为核心，以结果为导向的项目资金管理模式，切实提高资金使用效益。2月，石林县认真开展2008年全县地方政府性债务清理统计工作。经清理统计，2008年全县举借金额116905万元，偿还债务109562万元，年底债务余额为131526万元，其中：县级债务本金余额128823万元、乡村债务本金余额2703万元。

【提高社保补助标准】 2009年1月1日起，石林县财政局预算安排专项经费200余万元，专项用于把新型农村合作医疗补助标准提高到100元，其中：中央财政人均补助40元/年、省财政人均补助10元/年、市财政人均补助20元/年、县财政人均补助10元/年、农民人均20元/年。提高标准后门诊补偿封顶线为每人每年累计200元。住院补偿封顶线为每人每年20000元。乡镇卫生院起付线50元，补偿比例65%；县级医院起付线150元，补偿比例55%；县级以上起付线400元，补偿比例30%。

2009年1月1日起，石林县提高城镇居民医疗保险补助标准。提高参保缴费补助标准：中央财政在原补助标准基础上每人每年提高20元，个人缴费不变。提高城镇居民基本医疗保险待遇，降低起付标准：一级及其以下定点医疗机构首次住院起付线标准统一为100元；二级定点医疗机构首次住院起付线标准统一为300元。提高统筹基金最高支付限额：基本医疗保险统筹基金最高限额由1.6万元提高到2.5万元，患“门诊大病”的人员，统筹基金最高支付限额由2万元提高到3万元。2009年1月1日起，对全县企业退休人员基本养老金进行调增。调整范围为2008年12月31日前已办理退休手续的企业退休人员、参加云南省企业职工基本养老保险社会统筹的事业单位的退休人员（科研等转制单位前退休人员按现行规定执行）和个体工商户、自谋职业等退休人员。

（撰稿人：县财政局　钟　涛）

国　税

【县国税局】 1994年7月成立县国税局。2009年内设办公室、政策法规科、税政科、收入核算科、征收管理科、人事教育科、监察室、办税服务厅；设直属机构稽查局；设事业单位信息中心；设派出机构鹿阜税务分局、石林税务分局。年底全局在职干部职工62人，其中：公务员60人，工人2人。单位住址在县城东山路。2009年1月县国税局被市政府授予“昆明市园林单位”，被云南省国家税务局命名为“文明单位”，办税服务厅被云南省国家税务局和云南省妇联命名为“巾帼文明岗”；12月县国税局再次被省委、省政府授予“文明单位”。年内向支农联系点西街口镇宜奈村委会资助生产资金7000元。

党组书记、局长：赵志忠（彝族）
党组成员、副局长：刘贵林
王永红
党组成员、纪检组长：
周　龙（回族）

【税收收入完成情况】 2009年县国税局共组织税收收入12865万元，完成市国税局下达确保目标任务的95.29%，同比下降0.06%，减收7万元。完成地方一般预算收入2833万元，完成市国税局下达确保目标任务的91.67%，完成县政府下达确保目标任务的93.16%，同比下降2.17%，减收63万元。其中：增值税完成9104万元，同比下降6.84%，减收668万元；消费税完成8万元，同比增长15.19%，增收1万元；企业所得税完成3479万元，同比增长23.01%，增收651万元；储蓄存款利息个人所得税完成87万元，同比下降53.21%，减收98万元；车辆购置税完成187万元，同比增长134.63%，增收107万元。由于受经济形势和结构性减税政策等因素的影响，全年税收收入出现了自税务机构分设以来的第一次负增长。

【税务登记】 截至12月31日，县国税局纳入征管软件系统的征管户2046户，其中：企业515户，个体户1531户；有增值税纳税户2007户，其中：一般纳税人163户，小规模纳税人1844户。

【税收政策变更】 按照2009年1月1日新修订实施的《中华人民共和国增值税暂行条例》、《中华人民共和国消费税暂行条例》，县国税局全面贯彻落实增值税转型改革等一系列税收政策，增

值税由生产型向消费型转变，允许抵扣购进固定资产的进项税额，消除重复征税；对小规模纳税人不再设置工业和商业两档征收率，将征收率统一降低为3%；废旧物资发票不再作为增值税的抵扣凭证；纳税申报期限从10日延长至15日。对在2009年1月20日至12月31日期间购买的1.6以下排量的乘用车减按5%征收车辆购置税。

【政策管理】 严格执行国家税收政策，严把增值税一般纳税人资格审核认定关，对符合认定标准条件的一律按程序给予认定。2009年163户一般纳税人税负率为7.25%，与2008年同期税负相比，提高0.63个百分点。严格增值税抵扣凭证“三小票”（货物运输发票、农副产品收购发票、海关完税凭证）的审核管理，确保抵扣合法性，“三小票”异常率为零，异常票检查率100%。企业所得税汇算清缴户124户（网络申报66户，介质申报58户）。汇算盈利企业29户，零申报29户，亏损66户。汇算清缴入库企业所得税65.76万元。全年办理各项减、免、抵、退税1023万元。

【发票管理】 落实“以票控税”措施，加强发票管理，严格执行增值税专用发票领购审批制度和专票代开管理办法，对普通发票实行验旧售新、限量发售。全年共鉴定发票1594户次（已扣除注销户），其中：增值税专用发票60户次，普通发票1534户次。全年无发票遗失、被盗现象和违规代开发票行为的发生。

【纳税评估】 2009年采取日常评估与专业评估、行业评估与重点评估相结合的方法，对运输发票企业进行纳税评估转出进项税额13.43万元；对上级下达评估任务的4户企业进行纳税评估补缴增值税22.72万元；对房地产企业纳税评估，补缴企业所得税119万元。

【依法治税】 配合县公安局、县工商局、县地税局等部门，开展打黑除恶专项斗争，严厉打击和整治制售假发票和非法代开发票等违法犯罪活动。全年共计查补入库税款216.42万元，完成市国税局下达确保查补收入任务的106.87%，完成奋斗目标任务的104.17%。平均处罚率达34.44%，专项检查面达100%，分级分类稽查查前告知面达100%，重点检查面达67%，滞纳金加收率达100%，执法零过错。

（撰稿人：县国税局　王文碧）

地　税

【县地税局】 1994年7月分设成立，2009年局机关内设办公室、人事教育科、监察室、税政科、征管科、计划统计科、规费科、法规科8个科室；派出机构有稽查局和1个征收分局、4个管理分局。年底有正式干部职工64人，临聘人员10人。县地税局获市级表彰5次，被中共云南省委办公厅、云南省人民政府办公厅命名表彰为第十二批省级文明单位。年内资助支农联系点石林镇螺蛳塘村委会4000元生产资金。

党组书记、局长：杨春华（1月起）

副　局　长：周家全

金志慧（女）

纪检组长：杨立学（1月止）

王永祥（4月起）

【税费收入目标完成情况】 2009年，县地税局共组织地方税收收入22983万元，同比增长30.7%，增收5395万元，占市局年初任务数19700万元的116.7%。地方税收分预算级次入库情况为：中央级税收入库2013万元，同比增长31.55%，增收483万元；省级税收入库1048万元，同比增长60.49%，增收395万元；县级税收入库19922万元，同比增长29.3%，增收4518万元，占年初下达县级收入任务数19562万元的101.8%。

社会保险费收入6458万元，同比增长16%，增收886万元；组织其他收入619万元，同比增长30.87%，增收146万元，其中：地方教育费附加182万元，文化事业建设费13万元，旅游宣传促销费214万元，工会经费129万元，残疾人保障金81万元。全年共计完成地方税费收入30060万元，创历年之最。

【地方各税完成情况】 2009年营业税入库7694万元，同比增长28.5%，增收1705万元；个人所得税入库1695万元，同比增长44.4%，增收521万元；契税入库2419万元，同比增长141.9%，增收1419万元；车船使用税入库184万元，同比增长24.3%，增收36万元；资源税入库311万元，同比增长95.6%，增收152万元；城建税入库771万元，同比增长20.3%，增收130万元；房产税入库503万元，同比增长15.4%，增收67万元；印花税入库227万元，同比增长74.6%，增收97万元；土地使用税入库407万元，

同比下降 12.8%，减收 60 万元；土地增值税入库 270 万元，同比下降 15.4%，减收 49 万元；企业所得税累计入库 1661 万元，同比增长 20.5%，增收 283 万元；耕地占用税入库 808 万元，同比增长 494.1%，增收 672 万元；烟叶税入库 5488 万元，同比增长 6.1%，增收 316 万元；教育费附加入库 543 万元，同比增长 23.7%，增收 104 万元；其他收入入库 2 万元。

【税收特点】 2009 年县域经济社会环境发展良好，地税税收收入大幅增长，各税种全面增收，各级次税收全面增长，中央级增长 31.55%，省级增长 60.49%，县级增长 29.3%。各产业税收增长稳定，地方税收增长与经济增长较为协调，第一产业税收收入 15 万元，所占比重较小，同比增收了 2 万元；第二产业税收收入 5003 万元，占全年税收收入比重 21.76%，同比增收 1061 万元，增长 27%，其中采掘业和建筑业增长亮点突出，分别增收 218 万元和 949 万元，制造业受增值税政策影响，烟草制品业税收同比减收了 330 万元；第三产业税收收入 14195 万元，占全年税收收入比重 61.76%，同比增收 2137 万元，增长 18%。产业税收结构优化，主体行业亮点纷呈，与经济的快速发展相适应，石林县第二产业增长点主要集中在采矿业、建筑业，第三产业整体增长，二、三产业在税收产业结构中继续保持主导地位，为圆满完成税收任务提供了有力的保障。城乡建设明显加快，招商引资取得重大进展，扩大基础设施建设，带动建筑业营业税、个人所得税大幅增长，成为总体税收增长的主要拉动力；2008 年开盘的房地产项目 2009 年进入全面的建设完工交付阶段，使建筑营业税及契税大幅增收，带动了房地产业成为地方税收增收的主力军。重点纳税户整体纳税情况强力支撑税收增长。房地产建筑企业税收入库数达到 10508 万元，占全年税收收入比重 45.72%，烟草企业税收入库 6456 万元，占税收收入比重 28%。

【税务登记】 2009 年底县地税局共有税务登记户 1782 户，其中：内资企业 662 户（国有企业 324 户、集体企业 50 户、有限责任公司 278 户、股份有限公司 31 户、私营企业 266 户、其他企业 13 户），港澳台商投资企业 3 户（合资经营企业 2 户、独资经营企业 1 户），外商投资企业 6 户（中外合资经营企业 3 户、外资企业 2 户、外商投资股份有限公司 1 户），个体经营户 1009 户，其他 102 户。

【依法治税】 2009 年，完成了 3 起重大税务案件的审理及相关文书的制作工作，共计查补税费 25.07 万元，加收滞纳金 5.48 万元，罚款 14.89 万元，合计 45.44 万元；进一步加强省局下放的四项非行政许可事项审批工作的管理，明确审批时限，严格审批程序。加强税收政策落实，高度重视营业税起征点提高和纳税期限调整后个体工商户的定额核定及调整等工作，认真贯彻执行税收管理和优惠政策的有关要求，开展新营业税实施条例培训；贯彻落实好各项税收优惠政策，办理符合条件的各种减免户 65 户，依法减免各项税收 67.48 万元。加强对重点税源费源的管理，扩大税源监控范围，对年纳税额 5 万元以上的 94 户纳税户进行建账管理，实施重点监控；同时对石林县的重点工程路石公路、旅游开发区，房地产开发企业等重点税源进行事前监控，定期调研，分析税源变化；强化重点费源监控，加大欠费的清欠力度，对 81 户欠费单位，建立监控台账，真实、准确地记录欠费及催缴情况，收回往年度和本年度欠费共 441 万元。稽查检查取得成效，共查补入库税费款、滞纳金、罚款（含企业自查补税）301.31 万元，圆满完成省、市局下达的查处率 1.5%以上，选案准确率 80%以上两个指标。

【信息化建设】 数据大集中是提升税收征管质量和管理水平，进一步堵塞税收漏洞，有效促进税收增长的有力措施，2009 年全局干部职工顺利完成数据采集、录入、审核工作，共采集录入税收征管户 1910 户。6 月 29 日，石林县局税费征收管理系统同步上线，19 个模块，1195 项功能高效平稳有序运行。

（撰稿人：县地税局　李　锟）

审　计

【县审计局】 1984 年 5 月 22 日，成立县审计局。2009 年内设办公室、行政事业审计科、经贸审计科、经济责任审计科 4 个科室，年底有职工 11 人，其中：公务员 10 人、工人 1 人。单位住址在鹿阜镇阿诗玛南路 216 号。年内筹资 6000 余元支持支农联系点圭山镇矣维哨村委会开展春耕生产及社会主义新农村建设。

书记、局长：赵良廷

副　局　长：金玉光（彝族）

【审计执法概况】 2009 年县审计局共完成审计项目 49 项，比上年增 60%，查出违规违纪金额 86 万元，其中：上缴县财政 6.8 万元、责令纠正金额 79.2 万元。

【本级预算执行审计】 3～8 月，县审计局对县财政 2008 年度预算执行情况及其他财政收支情况、2008 年度地方税收预算执行情况和省级财政转移支付资金进行了审计，并延伸审计了县公安局、县计划生育局、县教师进修学校等单位预算执行情况和财务收支情况。通过审计，揭示了财税管理体制和部门预算资金分配使用中存在的不足和问题，提出了规范预算管理的意见和建议 9 条。依照《审计法》的规定，向县人民政府提交了审计结果报告，在县人大常委会上作了工作报告。

【领导干部任期经济责任审计】 5～12 月，根据县经济责任审计工作领导小组的安排，对县经济局、县水务局、县广播电视局局长和鹿阜镇、西街口镇镇长的任中经济责任进行了审计；对县政府办原主任、县扶贫办原主任、县科协原主席和县司法局、县科技局、县粮食局、县环保局、县林业局、县建设局原局长，路美邑镇原镇长进行了离任审计。审计查出部分单位违反预算外资金“收支两条线”管理规定19.7万元等问题，其中上缴财政3.2万元。通过审计指出了部分单位资产管理工作薄弱、非税收入缴交不及时、票据使用不符合规定及财务核算不规范等问题，提出了规范财政财务管理的意见和建议32条。

【政府投资项目审计】 2009年县审计局对阿诗玛文化生态园、巴江排污廊道工程、大可坝塘河水库除险加固工程、石林县医院传染科楼工程、县地税局职工食堂工程、二期城市建筑风貌改造工程、石林双塘子水库防渗工程、石林景区星级卫生间工程、县民族体育场生态绿化工程、石林旅游目的地营销系统、农村饮水安全项目工程、石林大道绿化工程、神农公司沼气项目等共14项工程决算进行了审计，审计工程投资总额12402.1万元，核减工程投资23.7万元。通过审计，加强了对项目审批、建设工程招投标、经济合同签订和执行等建设程序和决算的审计监督，有效促进了建设单位加强项目管理、提高投资效益。

【专项资金审计】 2009年县审计局对县财政支农专项资金、2008年企业职工基本养老保险基金、2008年农村中小学危房改造资金、2007～2008年新型农村合作医疗基金、2008年度扶贫项目资金、2008年农业综合开发资金、2008年新型农民科技培训和阳光工程资金、农村民居地震安全工程资金、巴江项目区巴江源小流域水土保持综合治理项目资金、下打磨箐村易地搬迁扶贫项目资金进行了审计，审计资金总量18151万元。通过审计，有效监督了资金使用的合法性、效益性，维护了资金的安全完整。

【行政事业审计】 4～5月，县审计局对县地方税务局2007～2008年财务收支情况、县建设局职工经济适用住房项目资金进行了审计，开展了2008年招商引资工作经费使用情况审计调查。通过审计查出未按规定及时上缴非税收入49万元的问题。

【审计执法监督】 2009年5月，县政府组成审计执法检查组，对2008年下半年至2009年上半年完成的30个审计项目进行了审计执法检查和审计行风评议。通过执法检查，相关单位加强了审计整改，审计决定落实率达100%，管理不规范等问题90%以上得到纠正。审计执法检查组同时还在被审计单位中开展了问卷式审计行风评议，被审计单位对审计工作综合满意度达99.7%。

（撰稿人：县审计局　段云波）

金融

金融综述

【全年金融运行情况】 2009年石林县货币信贷运行态势趋好，货币信贷保持持续快速增长，各项存款平稳较快增长，各项贷款增长大幅提速，信贷投放强劲。银行业金融机构资产质量不断改善，效益明显提高，现金收支正常，货币呈净回笼。

2009年末，全县金融机构各项存款余额为43.36亿元，比年初增加10.1亿元，增长30.36%。各项贷款余额37.74亿元，比年初增加11.63亿元，增长44.52%。现金累计收入95.05亿元，支出90.62亿元，收支相抵净回笼现金4.43亿元。

【存　款】 2009年石林县金融机构各项存款保持平稳较快增长，存款运行呈现“四增”：储蓄存款快速增长，企业存款稳步增长，机关团体存款增长快速，农业存款持续增长。全县金融机构人民币各项存款在昆明市10个辖县区排第七位。

储蓄存款快速增长。年末石林县金融机构储蓄存款余额22.21亿元，比年初增加5.91亿元，增长36.22%。2009年以来储蓄存款一直保持稳步增长态势。新项目开工，征地面积扩大，征地款的兑付使储蓄存款不断增长。

企业存款稳步增长。年末全县金融机构企业存款余额12.22亿元，比年初增加2.54亿元，增长26.19%。企业存款增长主要是石林县招商引资力度加大，新企业不断增加，企业资金保持稳步快速增长态势和贷款集中发放，导致派生存款相应增加。

机关团体存款增长快速。年末全县金融机构机关团体存款余额3.6亿元，比年初增加0.95亿元，增长36.06%。

农业存款持续增长。年末全县金融机构农业存款余额4.4亿元，比年初增加1.14亿元，增长34.8%。

【贷　款】 2009年全县金融机构各项贷款投放保持高位运行态势，为全县经济增长提供有力的信贷资金支持。各项贷款余额在昆明辖区10个县（市）中排位第三位（较上年排名靠前一位），存贷比在昆明辖区10个县（市）中排位第一位。2009年末，石林县金融机构各项贷款余额37.74亿元，比年初增加11.63亿元，增长44.52%，新增贷款额和增长幅度均创历史新高。贷款投放结构有所改变，中长期贷款增长快于短期贷款增长。

中长期贷款超常规快速增长。2009年末，石林县金融机构中长期贷款余额为24.26亿元，比年初增加18.08亿元，增长292.18%。主要是在适度宽松货币政策条件下，全县中长期贷款投放明显加快，有力支撑石林县固定资产投资的高速增长。

短期贷款减少。年末石林县金融机构短期贷款余额13.48亿元，比年初减少6.45亿元，减32.36%，主要是县辖相关金融机构对贷款期限作了调整，使贷款期限趋于合理。

个人消费贷款持续增长。随着国家扩大消费有关政策的逐步落实，在经济数据回暖和预期房价调整已基本到位等因素影响下，居民对汽车及住房的消费开始升温，推动个人消费贷款快速增长。2009年末，全县个人消费贷款余额3.62亿元，比年初增加0.89亿元，增长32.24%。

贷款运行的主要特点：

一是金融机构存贷比提高，金融支持地方经济力度加大。2009年末石林县金融机构贷款投放强劲，各项贷款比各项存款多增1.53亿元，贷款增幅比存款高14.16个百分点，各项贷款增量及增幅明显高于存款，存贷比达87%，表明石林县金融机构信贷投入对地方经济的支持力度加大。

二是贷款总量增加，投资拉动需求明显。各金融机构改进信贷管理，提高信贷工作效率，增加项目储备，努力增加信贷投放，累计发放贷款36.07亿元，累计收回贷款24.44亿元，全县新增贷款达11.63亿元，增长44.52%，银行信贷大量投入为扩大投资提供了有力保障，信贷支持经济建设工作力度加大，投资拉动需求明显。

三是信贷支持重点项目建设成效突出。2009年各金融机构对石林县旅游、城建、电力、交通基础设施建设的支持力度不断加大，金融机构多渠道筹集资金，积极支持石林基础设施建设、园区开发、公路建设等大型重点项目，银行信贷为扩大投资提供了有力保障。2009年县辖金融机构积极满足县域重点项目融资需求，对旅游业的新增信贷投入超过4亿元，对县域园区建设等重点项目信贷投入保持在18亿元以上。全县最大10户贷款客户贷款余额21.88亿元，比年初增加7.28亿元，增长49.93%。

四是保持个人住房贷款持续增长。2009年各金融机构不断改善消费信贷服务，加大对住房消费的支持力度，个人购房贷款增速呈持续加快态势。2009年末全县个人住房贷款余额3.56亿元，比年初增加1亿元，增长38.84%。

五是改善金融支农服务，加大薄弱环节的贷款投放。金融机构加大对“三农”、民生工程、环保技改等薄弱环节的金融支持力度。2009年度石林县农行在全县发行“金穗惠农卡”38383张，发卡覆盖全县各村寨。“金穗惠农卡”授信农户1688户，授信金额2821万元，发放贷款1230户，贷款金额2348万元。

2009年石林县农村信用社不断进行信贷创新，积极推行信贷管理系统上线，信贷管理系统上线实现了农户信用档案电子化管理和农户信用信息资源共享。年末全县与农村信用社发生有信贷业务的约1.7万户存量农户已建立了电子化的信用信息档案，为信用社更好地服务“三农”，支持新农村建设提供了方便。2009年10月石林县农村信用社开始在全县发行“金碧惠农卡”。截至2009年末农村信用社农业贷款余额为9.16亿元，比年初增加1.93亿元，增长26.7%。

六是对政府投资项目的贷款投放加大。2009年末归属于由政府投资项目的贷款余额达18.34亿元，占贷款总额的48.6%；政府投融资平台贷款融资1.95亿元，占贷款总额的5.17%。

【小额贷款公司】 2009年石林小额贷

款公司累计发放贷款6579万元，累计收回1135万元，年末贷款余额5444万元。

人行石林县支行

【人行石林县支行】 中国人民银行石林县支行是总行的派出机构，最早成立于1950年3月。2009年支行内设办公室、基础业务科、综合业务科，全行在职干部职工16人。2009年全县银行类金融分支机构28个，其中：行使中央银行职能的中国人民银行1个，行使金融业监管职能的银行监管办事处1个，金融营业网点26个（工行1个支行2家分支机构，农行1个支行2家分支机构，建行1个支行，农村信用社1个联社15家分支机构，富滇银行1个支行，邮政储蓄2个分支机构）；保险机构6家；小额贷款公司2家，分别于2009年1月和10月成立。

2009年人行石林县支行被昆明中心支行评为A级先进单位，支行国库核算工作在昆明市考核评比中名列第三名，1名职工被考评为优秀党务工作者，1名考评为优秀党员。年内向支农联系点鹿阜镇鱼龙坝村委会提供5000元生产经费。

行　　长：张舒平
副 行 长：管水仙（女）
纪检组长：杨宏铭

【货币政策】 2009年是中国经济社会发展面临的形势极为复杂和严峻的一年，面对严峻复杂的经济形势，人民银行石林县支行积极贯彻落实适度宽松货币政策，加强货币政策传导，有力支持辖区经济平稳较快发展。加大宣传力度，营造良好政策实施环境，有效疏通货币政策传导渠道。有效增强“窗口指导”的针对性，引导金融机构加大对重点项目、“三农”、中小企业、生态环境保护、县域经济等国民经济重点领域和薄弱环节的信贷支持力度。充分利用货币政策工具，利用国家对A类农村信用社执行差别准备金率的时机，积极引导农村信用社加大对“三农”的信贷投放。适时对货币政策实施效果进行监测和信息反馈。

2009年石林县农村信用社作为县域唯一的法人金融机构继续享受A类信用社优惠政策，执行优惠的存款准备金率，全年存款准备金率执行10%。全年农村信用社的最高实际准备金率为7月份的21.41%，最低实际准备金率为3月份的13.03%。全年石林县农村信用社没有迟缴、漏缴存款准备金以及支付困难等问题。石林县各国有商业银行、城市商业银行存款准备金由上级行统一缴存。

2009年人民银行石林县支行按月对地方法人金融机构利率执行情况进行系统监测，并对监测信息作及时反馈。石林县辖各商业银行、农村信用社、邮政储蓄认真执行各档次的存款利率，没有发现擅自提高、降低存款利率的情况。

人民银行石林县支行认真执行国家对民贸企业的扶持政策，加大政策宣传和执行的力度，对民贸贷款利差补贴认真审核，做到补贴企业明确、补贴范围清楚、补贴金额准确，让符合条件的企业及时享受到国家贷款基准利率和返息优惠政策。2009年人行石林县支行累计向企业贴息38.09万元，有效促进了民族地区经济发展。

【农村信用社改革试点工作】 强化连续的动态监测和现场考核机制。2009年按月及时收集和分析监测信用社经营情况，结合非现场监测情况有针对性地组织现场检查，及时掌握农村信用社经营活动中的问题，并以书面形式提出整改要求。督促农村信用社建立信息披露制度、完善法人治理结构工作等方面取得实质性进展。2009年督促农村信用社完成了对2008年度的信息披露制度，对其完善法人治理结构工作情况进行了现场检查和调研。主动督促、指导和帮助农村信用社制定实施各项改革措施。树立信用社改革试点的资金支持工作主要是为实现花钱买机制的目的意识，提高其参与改革的主动性和自觉性。

金融机构的改革给农村信用社带来了发展机遇，储源范围扩大，资金实力进一步增强。2009年末全县农村信用社各项存款余额为157556万元，比年初增加37881万元，增31.65%。各项存款余额在全县金融机构中排位第一位；各项贷款余额113199万元，比年初增加25271万元，增长28.74%。各项贷款余额在全县金融机构中排位第二位。

截至2009年末，石林县农村信用社共收回用央行票据置换的不良贷款37户，占置换总户数的27.82%，收回金额457.67万元，占置换总金额的45.86%。

【金融稳定】 2009年对县辖小额贷款公司和担保公司进行了现场调查；按季开展对农业银行管理体制改革影响的监测工作；按月对地方中小金融机构的经营情况、风险情况迹象监测。2009年昆明中心支行选取石林县支行作为金融机构风险监测评估工作4个重点联系行之一，支行积极组织做好此项工作，做好统筹安排按季填报监测报表；跟踪监测分析县域金融经济运行情况，按季撰写和上报分析报告；完善突发事件快速反应机制，依法做好职责范围内的各项工作，确保辖内金融业的安全稳健运行。

2009年石林县归还金融稳定再贷款21万元，年末石林县金融稳定再贷款余额229万元。

【征信管理】 2009年共检审贷款卡152户，新办贷款卡53张，狠抓企业征信系统、个人征信系统的建设与运用，征信服务功能进一步增强。2009年共为个人查询信用报告16人次、企业5户，对查询资料按一户一档进行管理。

按照昆明中心支行的授权，备受人们关注的个人征信查询系统和异议处理系统将于2010年在县区支行开通，为规范操作、防范风险，石林支行及时制定并报备了《个人征信信用信息基础数据库内控制度》，包括《中国人民银行石林县支行征信岗位职责》、《中国人民银行石林县支行个人信用信息基础数据库信息保密制度》、《中国人民银行石林县支行个人信用信息基础数据库用户管理制度》等8个制度。

2009年9月和10月开展了两次集中宣传活动，大力宣传人民银行征信体系建设理念及征信体系在促进经济金融发展和改善社会信用环境方面的重要作用，使相关部门能够充分了解和认知人民银行征信工作，并以人民银行征信系统为依托，加快推进地方信用体系建设。共发放“信用报告”宣传册2500册、宣传单20000余份，悬挂宣传横幅27条，粘贴宣传海报30余张，宣传取得了良好的效果。

【金融统计】 2009年共编制上报金融统计报表12册，撰写金融统计报表分析12篇；配合昆明中支做好金融统计数据集中系统双轨运行工作，及时完成老统计系统升级和金融统计监测管理信息系统的上线及数据补录等工作，做好数据源和报表等内容的一致性核对。2009年开始人民银行将小额贷款公司相关经营指标纳入统计范畴，石林支行认真做好辖区小额贷款公司的信息采集、数据接收及上报工作。

全年共完成调研课题6个，上报各类信息文章97篇，被采用信息37篇。刊用调研报告1篇。

【现金管理】 加强现金管理，全年共批复提现请示26份，共批准专用存款账户提现41户、临时账户提现15户。为进一步加强人民币流通管理，提高流通中人民币的整洁度，维护人民币的信誉，切实保护公众利益，2009年支行对石林县辖内的金融机构人民币收付业务进行了2次检查，提出整改意见4条。

【人民币反假】 2009年配合地方政府“四下乡”活动，在辖区内开展了反假币知识宣传；与公安、工商、税务联合开展打击“假币、假发票、非法集资”宣传；举办了100多名金融从业人员反假货币上岗资格培训；在全县范围内开展反假币宣传3次，设立宣传点26个，投入人员100多人，发放《第五套人民币防伪指南》300余份、反假宣传单6万余份。2009年共收缴假币52486元。

【反洗钱】 2009年人行石林县支行组织了三次反洗钱宣传活动，发放宣传材料近3万份；举办反洗钱业务培训班一期，培训人员120余人；建立了对金融机构的反洗钱非现场监管机制；修订完善了《石林县反洗钱工作联席会议制度》、《人民银行石林县支行反洗钱信息工作报告制度》。

【支付结算、经理国库】 完善内部控制机制，采取健全规章制度、制定岗位职责、加强事后监督、加大考核力度等方法，把国库、会计工作向精细化方面延伸，既防范了国库、会计资金风险，又确保国库会计核算系统与支付系统的安全稳定运行。2009年国库核算工作在昆明市考核评比中名列第三。

全年共审批核准账户384户，变更账户213户，撤销账户403户，遗失补发6户，退回不合规账户资料316户。2009年共发出签发空头支票处理决定书8份，涉及金额341.31万元，处罚金额15.72万元。

2009年人行石林县支行国库部门办理中央预算收入累计入库11628万元，比上年同期增收514万元，增长4.62%；办理省级预算收入累计入库3284万元，比上年同期增加200万元，增长6.49%；办理地市级预算收入59.4万元；办理县级预算收入45540万元，比上年同期增5918万元，增长15.17%；预算拨款85854万元。认真执行国库资金汇划报解工作，严格按要求及时上划报解资金。2009年实现国库资金零在途，提高了国库资金运作效率。

（撰稿人：人行石林县支行　赵小平）

银行业监督管理

【县银监办】 2004年1月17日，中国银行业监督管理委员会云南监管局石林办事处挂牌成立。2009年内设主任岗、综合岗、非现场监管岗，年末在职职工3人。办公地点在石林县鹿阜镇阿诗玛南路130号。2009年，1名职工被云南银监局党委评为“优秀共产党员”，1名职工被云南银监局党委考核评定为2009年度“优秀”等次。

主　任：刘　俊（彝族）

【监管指导】 2009年石林县银监办引导金融机构把贯彻宏观调控政策同地方经济发展实际相结合，积极支持国家建设项目需要的信贷资金；对农村信用社地方法人机构要求在做好“三农”服务的基础上，加大对中小企业的信贷支持力度；密切关注政府项目贷款，严禁贷款“垒大户”，及时掌握大额贷款贷借款人的经营状况，一旦发现风险及时采取有效措施控制风险；督促金融机构要按照国家有关部门规定，在继续支持居民首次贷款购买普通自住房的同时，严格二套房购房贷款首付款比例不低于40%，贷款利率按照风险定价的管理要求，合理引导住房消费，抑制投机性购房需求；同时严格执行房地产项目资本金要求，严禁对不符合信贷政策规定的房地产开发企业或开发项目发放房地产开发贷款；督促各金融机构做好信贷风险识别、评估和防范，加大重点行业及大额贷款的风险监控；督促银行积极拓展负债业务，增强资金来源稳定，降低资金成本；督促银行加强安全防范，加大案件防控力度，有效防范各类案件的发生。2009年石林县银行业机构未发生案件，连续6年实现“零案件”目标。

【机构和高管人员监管】 2009年末石林县有6家银行业金融机构（不含银监办和人民银行），即：工商银行、农业银行、建设银行、富滇银行、邮政储蓄银行、农村信用合作联社；26个营业网点，即：工商银行3个，农业银行3个，建设银行1个，富滇银行1个，邮政储蓄银行2个，农村信用合作联社16个；银行在职人员288人，其中高级管理人员30人，即：工商银行3人、农业银行3人、建设银行2人、富滇银行2人、邮政储蓄银行1人、农村信用合作联社19人。

年内对石林农村信用联社理事长、监事长、主任等14人的任职资格进行初审，在权限范围内组织4名高管人员进行任职资格谈话，按规定程序上报初审意见。初审上报了石林县农村信用联社设立石林大道自助银行的意见，获得批准。根据金融业改革和发展的需要，石林县农村信用合作联社党支部书记从盘龙区农村信用合作联社调入，邮政储蓄银行石林县支行负责人从呈贡邮政储蓄银行支行调入。

【金融服务】 做好调整放宽农村地区银行业机构准入政策在实施前的相关准备工作，年内有2家小额贷款公司挂牌成立；完成石林县邮政储蓄银行的成功组建和挂牌成立，指导其制定和完善有关内控制度，引导其规范经营。

（撰稿人：石林县银监办 李静波）

工行石林支行

【工行石林支行】 2005年10月28日，中国工商银行股份有限公司石林支行成立。2009年石林支行内设办公室、信贷科、经营科、业务科，下辖石林营业室、宜良营业室、石林分理处、城区分理处、振兴街分理处、阳宗海分理处。年末有职工93人，其中柜员合同工7人。单位地址在鹿阜镇石林中路116号。资助支农联系点板桥镇矣马伴村委会春耕生产经费3000元。

行 长：杨兴华
副行长：祁 斌
保长见

【经营指标完成情况】 2009年末各项存款余额为154653万元，比年初增加24124万元，其中：储蓄存款106069万元，比上年增加9339万元；公司存款18967万元，比年初增加6045万元；机构存款29572万元，比年初增加8740万元。各项贷款42811万元，比年初减少2551万元；不良贷款685万元，比年初下降3076万元，不良占比1.6%，比年初下降6.692个百分点，贷款收息率达100.7%；中间业务收入725万元，实现税后利润2468万元，全年各项工作实现了安全经营目标。

【维护和营销账户工作】 在完善存量账户管理维护工作的同时，成功营销了华能石林光伏发电有限公司、石林同创置业有限公司、石林广健地产开发公司等招商引资项目中的重点企业的结算账户和鹿阜镇村级会计代理委托中心在支行开立专户；以代理国库支付和实施公务用卡等业务为平台，推进财政预算、行政事业单位账户的开立和维护工作，开展代发工资抢抓工程，通过改进服务、产品加载、理财推介等形式，完成信用卡分期付款业务1175万元，扩大和稳定了个金优质客户群体；通过推进第三方存管业务和基金业务的营销，提升电子银行业务的占有量和动用率，全年营销WAP手机银行6917户，完成任务的81.4%；个贷复牌后通过努力营销，取得个人住房按揭贷款3738万元，有力促进了个金业务的稳步发展。

【内控外防工作】 2009年工行石林支行进一步深化《违规积分处罚》的执行力度，健全适合基层行运行管理的考核机制，提升内控外防能力。取消总会计委派制，转换营业经理岗位角色，全面开通远程监控授权操作流程，使事前审核、事中控制、事后监督的业务运行管理模式完全实现由上级行分专业集中控制操作风险的管理机制，全年业务核算差错率控制在0.2%以内，在省分行营业部运行业务综合考评中进入前8名。2009年按最新《金融机构营业场所防护等级标准》对城区分理处进行重新改造装修，更新技防设施，提高了网点技防、物防的综合防范水平，在省分行营业部年度安全保卫工作综合考评中获得二等奖。

【提升服务水平】 全面开展"优质服务年"活动。继续以"三声服务"为主题，推行主动接待、主动引导、首问负责的客户服务制度，配备服务评价器，让客户全程监督柜面服务，全面提升工作行为规范；狠抓服务环境建设工作，通过网点更新改造，配备自助设备，提高了综合服务功能；强化服务工作纪律，切实做到"六个不让"；每月对辖属网点和科室的服务工作进行不少于一次的明察暗访或检查考评，每季开展一次服务工作满意度调查和"服务明星"评选活动，落实服务工作与绩效挂钩考核的奖罚制度。

（撰稿人：工行石林支行 鲁茸尼玛）

农行石林县支行

【县农业银行】 1956年3月，成立中国农业银行路南彝族自治县支行。2009年3月，按照中国农业银行股份有限公司经营管理的要求，对支行机关进行调整合并，设置了公司业务部、个人金融部、财会运营部、综合管理部等4个职能部室，下设营业室、鹿阜支行、石林风景旅游区支行3个营业机构，年末在岗员工66人、离退休职工29人。县支行机关办公地点在鹿阜镇阿诗玛东路106号。

2009年，员工李立民被评为省分行"综合改革先进个人"，陈发云荣获省分行"优秀客户经理"，张琼蓉荣获省分行"优秀会计主管"，昂惠仙荣获省分行"业务能手"等称号。

2009年，县支行向支农联系点圭山镇额冲衣村委会捐款6000元；对石林县新录取的7名贫困大学生捐资3.5万元（第3年捐赠，连续捐赠5年）；对1名在读博士研究生爱心捐赠2.1万元，向社会各界捐款2.46万元，充分展现了农行员工的爱心风采。

行 长：谭继荣
副行长：毕建锋（彝族）
苏 维（彝族）

【业务经营指标完成情况】 2009年各项存款余额114226万元，较上年增加26102万元，增长29.6%。其中：对公存款72653万元，较上年增加13860万元，增长23.6%，占比63.6%；储蓄存款余额41496万元，较上年增加12242万元，增长41.9%，占比36.4%。人均存款1705万元，存款市场份额在全省125家县级行中排第78位，在营业部县域支行中排第3位。

年末各项贷款余额127078万元，

较上年增加24785万元，增长24.2%，超额完成了贷款增量2亿元的工作目标。在12.7亿元的存量贷款中，短期贷款2.2亿元，中长期贷款10.5亿元。按五级分类：正常贷款17665万元，关注贷款107215万元，不良贷款2198万元，不良贷款占比1.73%。全年累计发放各项贷款14.1亿元，累计收回各项贷款11.6亿元。年内清收不良贷款4042万元，完成任务的2020%，代理委托清收不良贷款350万元，完成计划任务的127%。贷款市场份额全省排第29位，在营业部10家县域支行中排第1位，人均贷款1897万元。贷款市场份额、人均贷款两项指标在营业部排第1位。

年内中间业务收入完成747万元，完成计划任务的114.92%，超额完成97万元。在营业部21家支行中排第10位，县域支行中排第2位，全省125家县支行中排第10位。

全年完成财务收入9217万元，财务支出6964万元，实现经营利润2553万元。完成拨备前利润4349万元，完成计划任务的114.4%，人均创利65.88万元，人均创利在营业部县域支行中排第1位，全省125家县支行中排第36位。

【机构调整和四项制度建设】 按照上级行股份制经营管理的要求，年内对机关职能部门进行合并调整，公开竞聘了中层干部，对岗位员工进行了调整组合。对财务、信贷、主管会计、金库管库人员、票据等重要岗位人员进行岗位轮换，对部分岗位人员进行调整，将10位近亲属员工分别聘任聘用在不同的机构或网点进行岗位回避，利用节假日等时机对46人次重点岗位员工分期分批进行强制休假。

【“金穗惠农卡”发行试点工作】 石林县是中国农业银行全国153家整体推进发行“金穗惠农卡”的试点县之一。2009年县支行将惠农卡的发行列为全行工作重点，抽调24名员工成立“三农事业部”，为惠农卡发行的专设机构，制定了《金穗惠农卡发行实施方案》，得到县委、县政府的支持，多次召开惠农卡发行专题工作会议，安排布置惠农卡的发行，选择堡子村委会作为批量发卡试点，分乡镇在全县全面铺开“惠农卡”的发行工作。通过5个多月的努力，至年底在全县7个乡镇发行惠农卡38383户，发卡38267张，激活38263张，激活率99.99%，签约1816户、授信签约金额2816万元；累计发放惠农卡农户小额贷款1230户，贷款金额2348.3万元，收回45.3万元，余额2305万元，惠农卡存款689万元，全面完成了惠农卡的推进发行试点工作。

【总行集中审计工作】 9～11月，总行开展了为期3个月的集中审计工作。为迎接总行的集中审计，自年初开始，县支行就成立了领导小组，历时近半年的时间，围绕集中审计的要求进行自查自纠，对经营机构的负债业务、资产业务、票据业务、结算业务、代理业务、库款及单证管理等业务操作的真实性、合法性进行案件专项治理的排查，发现存在各类经营问题73个。县支行及时成立整改工作领导小组，明确工作职责进行专项整改，对每项工作作出详尽的时间安排，对相关责任人员进行处分、处罚，在规定时间内完成整改工作。

在总行集中审计期间，各部门及时提交相关资料、档案、会计凭证、账表等，接受总行审计组的审计。11月底，通过了总行审计组的审计。

【无纸化办公】 8月中旬，在上级行的支持下，县支行被选定为农总行新版“综合办公信息系统”的首家试点行。在总行、省分行、营业部信息技术人员的精心组织下，县支行完成了综合办公信息系统的上线运行工作。系统上线运行后，除系统外的纸质公文需通过扫描等方式录入系统外，系统内的公文收发、传递、签阅、交办、督办、传阅、查找、登记、归档、调阅等管理全部改为电脑网络的传递和处理，并实行网络流程跟踪，高效快捷，减轻了各环节公文处理的工作强度。

【安全保卫工作】 3月1日起，县支行的款箱接送、内外现金押运、11个加油站和2家医院护运上门收款款箱接送、护押运工作全面实行社会化运作，由县保安公司完成。4月初，投资48万余元对县支行中心金库进行装修改造，通过了省公安厅的验收，用全新运作管理模式加强安全保卫工作，降低了经营风险。

【完成网点调整规划申报】 按照上级行的要求，2009年完成县支行网点布局调整整体规划，形成了专题规划方案。县支行研究和制定了购置县支行营业办公用房的方案，完成材料收集、价格咨询、光盘制作、土地房屋价格评估、方案规划设计、报告撰写等工作，并上报总行审批。12 月 7 日，农总行批准购置。同时，根据县城拆迁改造规划，将鹿阜支行的搬迁方案上报营业部审批，列入了骨干搬迁改造网点计划。

11 月末，为县支行的 7 宗房屋产权、5 宗土地使用权证办理了所有权人的变更、换证，并变更为中国农业银行股份有限公司石林县支行的名下，省分行营业部给予 10 万元的绩效奖励。年内在费用十分有限的情况下，争取上级行的支持，购买配置了 20 台业务终端、12 台业务打印机、10 台点钞机和 10 台清分机、20 台扎把机、3 台传票装订机、9 台 PC 电脑、9 台笔记本电脑、2 台多媒体自动终端、4 台复印机及电子验印机、扫描仪、1 台 ATM 机等营业办公设备，改善了营业办公条件。

（撰稿人：县农业银行　段家福）

建行石林支行

【建行石林支行】　1980 年 9 月，中国建设银行路南彝族自治县支行在中国建设银行曲靖地区中心支行路南办事处的基础上建立。为适应总行股改上市的需要，2005 年 3 月改为中国建设银行股份有限公司石林支行。2009 年，建行石林支行内设行长室、副行长室、营业室（负责核算和对外服务）、综合科（信贷、保卫、办公室及后勤业务），年底有职工 17 人，其中：长期用工 13 人，短期用工 4 人。单位住址在鹿阜镇石林中路 40 号。2009 年，建行石林支行在昆明市城西支行创先争优活动中荣获先进集体称号。

行　长：刘兴荣

副行长：杨森宇

【经营指标完成情况】　2009 年建行支行各项存款余额为 48017 万元，比年初的 38713 万元增加 9304 万元，增长率为 24.03%，其中：企业存款余额为 32018 万元，比年初的 26198 万元增加 5820 万元，增长率为 22.22%；个人存款余额为 15999 万元，比年初的 12515 万元增加 3484 万元，增长率 27.84%。

贷款余额为 50082 万元，较年初的 21693 万元增加 28389 万元，增长率为 130.86%。其中：对公贷款余额 36217 万元，较年初的 10084 万元增加 26133 万元，增长率为 259.15%；个人贷款余额 13865 万元，较年初的 11609 万元，增加 2256 万元，增长率为 19.43%。

累计投放贷款 41012 万元，累计回收贷款 12623 万元。其中：个人类贷款 295 笔，金额 4812 万元；累计投放公司类贷款 36200 万元。由于支行加大贷款的管理力度，至 2009 年末，全行非应急贷款余额为零，是建行石林支行历年来资产质量最好的一年。

2009 年，全行实现各类理财产品销售 1846 万元，基金销售 6749 万元，实现中间业务收入 266 万元，全行实现税前利润 1201 万元，较好地完成了支行全年的各项经营指标和任务。

【公积金业务稳步增长】　2009 年建行石林支行继续保持辖区内独家经办公积金业务，市场占比 100%，经办全县公积金存款 13311 万元，较上年的 11957 万元增加 1354 万元，增长率为 11.32%。全年发放公积金贷款 436 笔，委托个人住房贷款余额 19664 万元，比上年的 12270 万元增加 7394 万元，增长率为 60.26%。

（撰稿人：县建设银行　杨　云）

县农村信用合作联社

【县农村信用合作联社】　1954 年 2 月，成立乡级农村信用社。1984 年 8 月，成立县农村信用合作社联合社。2006 年 3 月，统一县级法人，成立县农村信用合作联社。2009 年，县农村信用合作联社机关设综合部、信贷业务部、安全保卫部、会计信息部、审计监察部、资产风险管理部，下辖联社营业部、鹿阜信用社、路美邑信用社、板桥信用社、大可信用社、北大村信用社、西街口信用社、维则信用社、海邑信用社、城北信用社和鹿阜分社、大兴分社、城南分社、板桥分社、路美邑分社、石林分社 16 个营业网点，年末有在岗职工 138 人、离退休职工 46 人（含内部退养职工 11 人）。2009 年，县信用联社有省级文明单位 1 个、县级文明单位 4 个、市级巾帼文明岗 1 个、县级巾帼文明岗 1 个、市级青年文明号 1 个、“云岭先锋”工程“青春石林行动”青年优质服务示范岗 1 个。信用联社全体干部职工积极参与公益活动，“送温暖献爱心”捐款 5240 元，向联系点铺兵村委会资助 3000 元生产经费。

县信用联社新建综合业务用房 2006 年开工，2008 年 10 月竣工，2009 年 1 月 8 日正式启用，总投资 1800 万元。3 月 12 日，省级文明单位考评组对县联社届满再创省级文明单位进行考评。通过细致考评，县联社成为连续三届的省级文明单位。5 月 22 日，根据省联社的批复，经县联社的精心组织，召开石林县联社第二届社员代表大会第一次会议，对理事会、监事会进行换届选举，产生了新一届的理监事会成员及经营班子。

理事长：陈世能（12 月止）

　　　　张继明（12 月起）

主　任：朱绍明

副主任：唐志明

监事长、纪委书记：朱绍莲

（女，12 月止）

【经营指标】　2009 年末，县信用联社各项存款余额 157556 万元，比年初净增 37881 万元，增幅 31.65%，超额完成市联社计划指标 136175 万元的 15.70%；各项贷款余额 113199 万元，比年初净增 25271 万元，增幅 28.74%，存贷比 71.85%；不良贷款按五级分类余额为 12270 元，较年初下降 7437 万元，不良贷款占比 10.84%，较年初下降了 11.57 个百分点，不良贷款比例控制在市联社年末不良贷款占比 18.19% 以内。财务总收入比上年同期增幅 22.02%，实现中间业务收入 107 万元，比上年同期净增 52 万元，增幅 94.55%。2009 年发出金碧卡“一卡通” 11592 张、惠农卡 10721 张；金碧卡刷卡消费金额 8138 万元，安装 POS 机 13 台，拓展特约商户 11 户。

【信贷工作】　2009 年，累计发放各项贷款98016万元，其中农户及农业经济组织贷款75982万元，占贷款累计发放数的77.52%。至2009年底，共建立农户经济档案44950户，核发《贷款证》37356户，得到信用社贷款扶持的农户已达3.9万户，占全县农户总数的70%。在研究市场和细分客户的基础上，根据经济发展状况，推出针对农户小额信用贷款的惠农卡，惠农卡的信用额度为50000元以内，全年发行惠农卡10721张。同时积极推广“特色农业贷款”、“农村党员带头致富信用贷款”、“巾帼科技示范户信用贷款”、“农民工创业贷款”、“林权抵押贷款”等创新农户贷款品种，满足“三农”多元化的金融需求。全年发放扶贫贷款1160万元，发放“贷免扶补”小额创业贷款249户1105万元，发放下岗失业小额担保贷款80户400万元。

【风险资产管理】 2009年1月，成立县联社风险资产管理部，全面加强对不良资产的管理和清收；制定切实可行的考核办法，对2008年末的不良贷款收回、2009年新增贷款均作了明确要求；采取委托清收方式清收不良贷款，3月份与昆明振兴咨询有限公司签订了清收不良贷款的协议，不良贷款清收取得了突破性进展；积极配合县法院清收起诉贷款，在2009年全国开展清理法院积案中收回起诉贷款49.6万元。积极配合市联社对石林县3家融资担保有限公司进行评级，确定B级1家、C级2家，并签订了合作协议书。融资担保公司协议的签订，填补了本地融资担保有限公司不能为本地客户担保的空白。

【中间业务】 县联社积极做好全县家电下乡、汽车下乡、摩托车下乡补贴的兑付工作，切实将惠农政策落到实处。全年代理县财政局兑付家电下乡贴补4367户，兑付补贴金额89.07万元；兑付汽车下乡补贴863户，金额336.4万元；兑付摩托车下乡补贴2894户，金额158.65万元。为推动政府“惠民工程”的落实，根据省、市联社的安排，配合石林县移动公司，组织全县网点相关人员进行培训，并于4月初正式启动手机下乡工作。截至12月底，共发放手机7967部，获得手续费收入19.12万元，同时稳定存款239.01万元。加强银政合作，做好“惠农一折通”财政直补资金代理工作。2009年代理县财政兑付综合直补54083户，金额2096.18万元；兑付良种补贴48116户，金额3174.5万元；兑付退耕还林5274户，金额1317.33万元。

【服务创优工程】 年初成立“服务创优工程”领导小组，及时制定实施方案，并按步骤有序推进“服务创优工程”。4月份聘请云南德辰管理咨询有限公司的专业教师对全体员工进行服务规范培训。全年参加上级组织的信贷业务、财务管理系统、新企业会计准则、安防知识、综合文秘、稽核等各种培训300余人次，县联社各职能部门共计组织各种业务培训600余人次。按省联社统一标识要求在各营业网点制作了形象墙，统一制作了利率牌和收费项目公示牌，统一制作了服务窗口的指示牌，在营业网点的现金业务柜台前设置了“一米线”防护栏，配备了先进的点钞机及显示器，城区大厅内配备了保安。在各营业网点设立了客户休息区，为客户提供休息椅、沙发、茶几、饮水机，还进行大厅内的环境绿化。对外观破旧的路美邑分社、石林分社、西街口社3个营业网点进行了装修改造。

【切实维护职工权益】 完成177位职工医疗保险的参保工作，并于7月1日正式启用医保卡。完成138位在职职工工伤保险的参保工作和121位在职职工生育保险的参保工作，10月正式参保缴费。按要求申报了新招收6名大学生养老保险的参保工作和复转军人养老保险的参保工作。同时，为全体干部职工参保了意外伤害险。2009年6月，县联社组织信用社全体干部职工138人进行了全面体检。

【信贷系统和OA系统上线运行】 信贷系统上线，是继核心业务系统上线后的一项重大工程，是全省农村信用社改革发展的一项重要举措。5月，在市联社的帮助指导下，抽调29名建账人员，通过12天努力，全县16个营业网点采取统一在联社建账的方法，统一时间、统一步骤、统一处理问题，真正做到思想和各项操作的统一，共计录入17096笔贷款，顺利完成了信贷管理系统的上线工作。10月，石林联社OA办公系统顺利上线，实现了办公自动化，提高了办公效率，在一定程度上节约了人力、物力资源。

（撰稿人：县农村信用合作联社 冯 斌）

财产保险

【县人保财险公司】 1984年4月，中国人民财产保险公司路南支公司成立。2009年支公司内设经理室、业务部、综合部，辖石林镇营销服务部、板桥镇营销服务部、圭山镇营销服务部3个农村保险业务服务网点。年底有正式在职员工7人，扶助员工7人，保险业务营销代理人25人，兼业代理机构5个。公司位于石林县阿诗玛南路141号。年内3名员工受到云南省分公司的表彰。资助支农联系点圭山镇亩竹箐村委会5000元生产经费。

总 经 理：普周元

副总经理：陈跃庆（4月起）

【业务发展】 2009年支公司再次获得全县行政事业单位公务用机动车辆保险政府定点采购。全年为石林县的13683辆机动车，120余家企事业单位、个体和私营业主，7所学校的10000余名学生，经济林木种植大户等提供各类意外事故和自然灾害损失风险保障25.53亿元。全年实现业务收入1801.42万元，人均业务量257.35万元，完成年度计划任务的107.87%，同比增长20.17%。其中：机动车辆保险业务收入1513.85万元，同比增长保费253.09万元，增长20.07%；企业财产保险业务收入10.22万元，同比下降57.02%；家庭财产保险承保50751户，业务收入21.22万元，同比增长508.02%；人身意外伤害保险业务收入 65.34 万元，同比增长 3.61%；责任险业务收入 57.72 万元，同比增加 18.57 万元；政策性能繁母猪保险及能繁母牛奶牛保险业务收入 133.07 万元。

【职能作用】 全年办结各险种索赔案件 2984 件，为遭受意外事故或自然灾害损失的保户支付各项赔款 902.91 万元，其中：机动车辆保险赔款 727.58 万元，能繁母猪、奶牛保险赔款 95.20 万元，意外健康险赔款 55.59 万元，责任保险赔款 9.44 万元，产财类保险赔款 15.10 万元，为受灾保户及时解决生产生活困难提供了有力的支持。已出险报案未办结案件 189 件，涉案金额 88.86 万元。缴交各项税费 90.93 万元，人均创税近 13 万元。向广大客户积极宣传《道路交通安全法》、《机动车交通事故责任强制保险条例》、《消防安全法》和各项安全法律法规、制度措施，以及防灾防损、安全救助等知识、要求，增强生产经营者的安全防范意识和责任，防患于未然，减少社会财富的损失，充分发挥保险损失补偿和防灾防损的职能作用。

【公司建设】 结合石林社会经济发展战略规划，制定《人保财险石林支公司三年发展战略规划》。推进农村保险业务营销服务网点建设和增员计划工作，先后在石林镇、板桥镇、圭山镇设立了 3 个营销服务网点。

进一步树立“以市场为导向，以客户为中心”的经营理念和“客户至上，服务制胜”的服务思想，全面清理和完善原有的管理制度，规范标准和实务流程，建立符合实际、简洁明确的基本制度框架体系，形成用制度管人、以制度规范行为的工作格局。

【重大赔案】 2009 年机动车辆保险 5 万元以上重特大赔案共 13 件（其中 10 万元以上有 8 件），支付赔款金额 215.46 万元。赔付金额最大的为云 A**925，于 2009 年 2 月 25 日出险，7 月 29 日获赔款 49.33 万元。

（撰稿人：县人保财险公司　刘　颖）

人寿保险

【县人寿保险公司】 2003 年 8 月，中国人寿保险公司石林县营业部更名为中国人寿保险股份有限公司石林县支公司。2009 年支公司内设经理室、营业室、团险中介部、营销部和财产险互动部，下辖石林营业部和圭山镇、板桥镇、北大村 3 个农村营销服务部网点，年底有职工 11 人，保险代理从业人员 195 人，业务代理机构 3 家。4 月，公司地址搬迁到石林县东山路商会宾馆街心花园。2009 年支公司荣获省公司“特殊贡献奖”。年内支公司捐资助学和爱心捐助 5500 元，支持石林镇乐尔村村委会文化卫生建设资金 5000 元，资助支农联系点板桥镇小屯村委会生产经费 5000 元。

总 经 理：张建康（4 月止）
　　　　　黄　彬（5 月起）
副总经理：李　瑛（女）
　　　　　黄　彬（4 月止）

【业务经营情况】 2009 年面对复杂多变的市场形势和竞争对手，支公司利用产品说明会和客户答谢会进行销售，全年完成总保费 2886.66 万元。其中：个险期交业务保费收 530 万元，比上年减少 52.36 万元，同比下降 8.99%；团险短期险业务收 214 万元，增长 0.51%；中介业务 1～7 月划归市公司银保部专业经营，8 月份回归支公司，到年底收取保费 650.50 万元，收取续期保费 1298.26 万元；人寿机动车保险业务 193.9 万元，比上年度净增长 125.67 万元，增长 184.18%。支公司全年累计处理案件 5164 件，支付各项赔款 600.37 万元（其中：学平险和短期意外险赔付 384.04 万元；主险个险和附加险赔付 110.08 万元；支付机动车赔付 106.25 万元）；满期金支付 107.10 万元。缴交地方税款 33.49 万元。

【开拓营销市场】 加强与地方政府沟通协调，进一步加快保险先进村建设。2009 年 4 月 23 日，县政府办转发了市政府办公厅《“保险先进村”建设实施方案》。加强与政府深度合作，积极参与政策性补充业务。开展失地农民养老保险、新型农村合作医疗保险、大学生村官人身综合保险业务。与县计生协会联合开展计划生育保险试点工作，推出独生子女青少年两全保险、计划生育手术平安保险、母婴安康保险、新婚夫妇平安保险等，并与县安监局合作办理非煤矿山人身意外伤害保险险种。在银行代理机构网点开办投资理财（分红型）保险和小额贷款保险业务，推动公司业务快速增长，巩固了公司的品牌和市场地位。

【防范经营风险】 年初省公司制定并下发了《案件防范风险保证金奖罚办法》，创新了风险防范机制。支公司主要领导与市公司监察部门签订党风廉政建设和案件防范责任书，按规定缴纳案件防范风险保证金。全体员工与支公司签订依法合规经营承诺书。加大对离任领导内部审计力度，对重要单证专人负责，印章交由市公司统一管理，保险费严格执行银行转账制度，非现金收费，执行“收支两条线”财务制度。加大对短期险赔付管理力度，实施 24 小时报案制度，查勘理赔人员加大对案件调查力度，对定点私人诊所进行取缔，与县乡两级医疗机构签订中国人寿保险公司定点医院。对费用开支、物品采购，报请市公司审批，风险从源头得到有效控制。组织员工对《内控手册（2009 版）》进行学习考试，建立健全反洗钱规章制度，多形式开展反洗钱教育培训。

【公司建设】 结合业务发展需要，把教育培训纳入基层团队日常管理工作中，并对员工和营销员分别进行教育培训，大力提倡“爱岗敬业、诚信守信”的良好风尚。6 月，支公司组织营销员学习《诚信销售、远离误导》和《营销员销售行为规范宣导》。2009 年昆明市公司举办业务销售培训班 8 期、石林支公司参训人员 123 人次，主管提升班 4 期、参训人员 36 人次。新修订的《中华人民共和国保险法》于 10 月 1 日正式实施，为维护客户的利益，支公司开展了“诚信为先、新法进万家”宣传周活动，以便客户及时了解。

（撰稿人：县人寿保险公司　周宏富）

交通邮电

公路交通

【县交通局】 1994年10月，成立县交通局。2009年，县交通局下设局机关办公室、交通运输管理科、交通建设管理科、公路路政管理大队、公路建设管理所，加挂"国防动员委员会交通战备办公室"的牌子。2009年底有在职职工34人，其中：公务员10人，事业人员14人，工人10人。离退休人员15人。单位住址在鹿阜镇阿诗玛东路147号。2009年5月20日，石林县公路建设管理所更名为石林县地方公路管理段。2009年，县交通局补助支农联系点大可村委会工作经费3000元；帮助改造大可村委会至长麦地段道路5千米，补助资金70000元。

局　长：毕福祥（4月起）
书　记：槐　伟（4月起）
交战办副主任、副局长：王留云
副局长：杨国云（4月止）
　　　　吉光雄（7月起）

【江苏招商分局】 江苏招商分局由县交通局、县人事劳动和社会保障局、县公安局组成，牵头单位为县交通局，协助单位为县人事劳动和社会保障局、县公安局，县级责任领导戴平。2009年责任目标任务是引进内资3000万元，实际到位资金是3535.43万元。

【交通基础设施建设】 石林县阿诗玛东路大屯段道路改造工程，2008年12月开工，2009年7月完工，全长1.181千米，完成投资1900万元，由县建设局管理。

县城环城东路建设，征地363亩，征地补偿费3248万元，2009年10月开工。

石锁高速公路建设，石林县境内段28.5千米，完成征地2974亩，征地拆迁补偿1.6114亿元。

矣木公路路面改造工程，全长45千米，四级公路，沥青路面，投资3300万元，2008年10月开工，2009年6月竣工，评定为优良工程。

板塘公路路面改造工程，全长15.1千米，四级公路，沥青路面，2009年6月开工，12月竣工，完成投资1342万元。

台湾农民创业园区主干道，全长2.856千米，2009年5月25日开工，12月18日竣工，完成投资2097万元。

狮子山生态陵园富贵路，全长1.2千米，三级沙石路面，2009年6月15日开工，8月17日竣工，完成投资170万元。经昆明市公路工程质量检测站组织验收，评定为合格工程，已移交县民政局管理。

2009年行政村公路路面硬化83.4千米，等级为四级公路、水泥混凝土路面，完成投资4670.4万元；行政村路基改造75千米，完成投资1125万元。

2009年经昆明市交通运输局调整认定，石林县公路里程省道73.267千米，县道193.706千米，乡道499.096千米，村道174.258千米，专用公路26.745千米。

【公路绿化】 完成碧落甸至叠水公路、绿水塘至大塘子公路、板桥至塘上公路、豆黑村至西街口公路、豆黑村至宜政公路绿化工程项目12千米，植树53400株，完成投资72万元；义务植树15000株。

【公路养护管理】 全县农村公路养护里程934千米，养护投资820万元，其中：大修工程改造2个项目，投资578万元；小修养护投资242万元。

【路政管理】 加大对公路路政管理法律法规宣传力度，强化路政管理职能，全年共出动人员64人次、车辆12辆。在公路沿线设置统一的标志标牌，确保公路畅通。认真开展超限超载运输治理工作，进一步加大超限超载车辆治理力度，查处超限超载车辆25300辆，罚款410万元。

【客运站点建设】 2008年10月，开工建设石林城乡交通调度服务客运站，等级为二级客运站，至2009年12月，已完成第一层梁板混凝土浇筑工程，完成投资878万元。

2009年完成30个行政村简易客运站（点）建设，完成投资120万元；新开通了县城至豆黑村公交线路。

【公路运输】 2009年石林县班线车旅客运送量、公交车旅客运送量共计4399524人次。2009年，石林县有长途班线客运车251辆（国际班线车3辆、省际班线车108辆、市际班线车140辆）；旅游包车208辆（省际30辆、市际178辆）；公交车235辆（石林县境内187辆、石林风景区至昆明15辆、县城客运站至昆明33辆）；出租车116辆；营运微型面包车140辆。

（撰稿人：县交通局　陈卫佳）

铁路运输

【石林火车站】 1997年11月，南昆铁路正式开通运营。石林火车站是石林县境内的一个四等客运站，比邻的石林南火车站也是石林县境内的一个四等货运站，两个车站相距5.1千米，共设有11个单位，分别是石林站、石林南站、石林派出所、石林工务车间、石林工务工区、石林信号工区、石林通信工区、石林南工务工区、石林南接触网工区、石林南变电所、石林房建工区，2009年底有在职职工178人。2009年，石林火车站被昆明铁路局评为"先进标兵班组"、"先进中间站"等荣誉称号。

站　长：苏建伟
副站长：陈昊宇（4月止）
　　　　曾乙洋（4月起）

【客运业务完成情况】 2009年旅客发送75079人次，其中：管内旅客发送39277人，直通旅客发送35802人次。旅客到达148726人次。完成旅客周转量39458550人千米，客票收入587万元，运输总收入589万元。

【货运业务完成情况】 石林南站主要办理货运业务，业务完成情况为：2009年发送货物374366吨，装车5750车，卸车2763车，运输收入2568万元。

（撰稿人：石林火车站　苏建伟）

邮　政

【县邮政局】　1998年10月1日，邮政、电信分营，成立石林县邮政局。2009年，县邮政局内设市场部、综合部，下辖1个投发组、1个刺绣包裹组、3个邮政支局、8个邮政所，年底有在职职工30人、劳务工11人、委代办人员11人。单位住址在鹿阜镇阿诗玛东路127号。2009年3月成立了石林县速递物流经营部，主要经营物流配送、代收贷款、EMS等速递业务。2009年实现了资金、人身、通信质量全红。2009年资助支农联系点长湖镇祖莫村委会2000元生产经费。

党支部书记、局长：左春睿

邮储银行支行长：

杨　涛（3月止）

张妮娜（女，4月起）

石林县速递物流经营部负责人：

姜　展

【主要指标完成情况】　2009年深入贯彻落实省、市邮政工作会议精神，以效益为中心，创新发展思路，抓机遇、拓市场、求效益、提服务，积极稳妥地推进各项业务健康、快速发展。全年累计完成业务收入383.82万元，完成年计划的108.12%，同比增长30.18%。各分项业务完成情况为：函件完成57.65万元，同比增长127.06%；包件完成49.87万元，同比增长127.06%；报刊完成55.37万元，同比增长36.68%；集邮收入完成44.70万元，同比增长14.96%；代办业务收入完成14.83万元，同比增长102.77%；代理速递物流类业务收入完成41.08万元，同比增长48.85%；汇兑完成23.53万元，同比增长33.87%；储蓄完成96.13万元，同比增长46.67%（其中信贷收入完成14.24万元，占储蓄总收入的14.81%）；商品销售收入完成0.66万元。收差完成220.75万元，完成年计划的103.64%。

【投递体制改革】　为建设适应市场需求和发展要求的现代化投递网络，开展了投递体制改革工作。改革的核心包括三个方面：（1）投递标准化建设，包括：办公设施、办公场地的标准化配置；统一着装、统一佩戴工号牌；统一服务用语，统一服务质量；规范投递生产作业流程；投递现场的“6S”管理。（2）投递服务质量的达标建设，包括：段道重组，合理配置资源；统一规范服务用语；稳步提高投递服务质量。（3）以计量工资为核心的分配机制的建立和完善，包括：根据投递人员的工作量按量计酬；实行“下不保底，上不封顶”的政策，鼓励多劳多得；同工同酬，按劳分配。通过体制改革，合理组建投递段道，优化了作业流程，提高了作业效率；增加了员工收入，提高了员工的积极性；提高服务水平，增强了市场竞争力；有利于企业的长远发展。

【内控管理】　以服务质量和基础管理、风险防范为根本，加强内控制度建设，提高基础管理工作。开展“提高服务质量，强化服务软环境”和“落实制度、消除隐患”专项活动，开展金融业务“三个规定”的宣传和落实活动，在建章立制方面取得了显著成绩。针对窗口服务质量较差、职工服务意识不到位的现象，聘请市场监督员进行日常监督，同时加强职工与客户沟通交流，促进职工自觉改善服务。加大邮政普遍服务和特殊服务的检查力度，制定完善检查工作制度，形成长效机制，确保各部门、支局、所组检查覆盖面达到100%。以开展学习新修订的《邮政法》活动为契机，做好服务工作，优化作业流程，确保服务工作达到安全、无超时、无投诉的优质服务标准，有效促进各项业务收入的增长。

（撰稿人：县邮政局　张美丽）

电　信

【县电信分公司】　1998年10月1日，邮政、电信分营，成立县电信局。2004年6月，中国电信集团云南省电信有限公司在香港和美国纽约成功上市，石林县电信局遂更名为“云南省电信有限公司石林彝族自治县分公司”。2008年2月，因中国电信股份有限公司法人体制调整，云南省电信有限公司及其下属的各分支机构被中国电信股份有限公司整体吸收合并，原云南省电信有限公司石林彝族自治县分公司的名称变更为“中国电信股份有限公司石林分公司”。2009年，分公司内设综合办、市场部、维护安装部、政企客户分部、社区客户分部、农村统包分部、网络维护分部、设备维护分部、营业厅，年底有各类在职员工41人。机关主要办公地点在石林中路（小东山对面）。2009年，县电信分公司被昆明市人民政府命名为“文明单位”，邱自华被中国电信云南公司评选为“优秀经营管理者”。2009年出资7500元帮助支农联系点鹿阜镇上蒲草村委会开展春耕生产和植树造林工作。

经理、党支部书记：邱自华

副经理、工会主席：李海涛

副　　经　　理：宋　健

【主要指标完成情况】　2009年业务收入计划完成2333万元，实际完成2277.86万元，占年计划的97.64%，与上年同期相比增长29.83%。固定电话新增2422部，拆除4426部，年底在网用户18092部；小灵通新增80部，拆除1290部，年底在网用户1700部；ADSL业务（包含LAN）新增2261部，拆除500部，年底在网用户6011部；发展CDMA（包含189号段）手机4991部，在网累计达10770部；新增“3G无线上网卡”596张，在网累计达743张；新增“致富通”（无线座机）229户，拆除368户，年底用户3601户；新增第三期“平安石林视频监控”长湖镇10个，一、二、三期累计达111个点；新建“平安石林数字城管视频监控”51个点。2009年5月开通“3G无线上网卡”业务，年末在网用户达743户。

【营销发展】　坚持通过“E家全业务套餐”促进宽带、手机规模化发展，加快政企项目拓展，进一步提升政企客户项目增长量的拉动作用。对已建好的农村渠道进一步加强扶持，提升各个乡镇营业点的服务与营销能力。加强欠费及待列账的管控及回收，适应全业务经营形势，大力发展移动业务及宽带业务，加快项目转化速度。重视基本面业务的保存激增，积极开展各类客保及业务促销活动，挖掘项目收入，提高待列账的回收率。

【重点工作】 2009年完成数字城管、石林县信息中心视频会议、长湖镇平安乡镇、石林信用联社ICT、石林风景区管理局ICT、石蒙高速公路ICT、云电投资有限公司ICT和石林县人民医院C网集团、天奇医院C网集团、县疾控中心C网集团、民族小学C网集团、西街口乡政府C网集团项目等建设。投资4000多万元，新开通55个C网基站。以电信宽带模式，按时完成县委组织部安排的103个“农村党员远程教育项目”开通工作。

【管线建设和维护】 新建杆路58杆千米、光缆194皮长千米、H杆26个、铁塔12座，使CDMA网络得到提升和优化。新建圭山镇经亩竹箐至西街口镇36芯光缆、板桥镇经长湖镇至西街口镇36芯光缆、新局经板桥镇至大可乡48芯光缆，使石林县东线、南线、北线光缆相互贯穿并有足够的富余量。完成全县88个行政村中未通宽带的42个行政村所在地的宽带设备建设开通项目，用华为MA5605宽带设备解决的行政村30个，用中兴9806HEPON设备解决的行政村12个。配合城建局完成阿诗玛东路大屯段1.1千米的通信管道、行政中心周边2.2千米通信管道的建设任务。完成阿怒山村、和摩站村等18个铜缆被盗严重的“千村行动”一期改造项目。完成水岸星城、巴江俪岛二期、石金家园、天奇花园小区、万城阿诗玛旅游小镇5个小区及路美邑镇沿街的有线建设。完成数字城管项目县城至石林岔口51个监控点的建设。完成县公安局622兆传输设备组网及4个视频卡口监控系统的建设和8个乡镇烟站、7个中石油加油站的组网项目。

【管理工作】 继续按照效能提升计划的工作要求，通过组织结构微调、人员归并，把乡镇以下的维护和装、拆、移机工作实行业务外包，剩余人员充实到市场营销队伍。加强合同管理及内控流程指导，通过专题学习培训，规范对终端、设备、材料及对外业务合同的管控，规避了企业风险。全年服务质量、成本管控及安全生产达到了上级公司的要求。

（撰稿人：中国电信石林分公司 李卫平）

广播电视

【县广播电视局（台）】 1992年7月1日，成立县广播电视局。2009年局机关设办公室、财务科、新闻部、事业科、网络部，年底有职工24人，其中：管理人员5人，专业技术人员11人，工人8人。单位住址在石林县鹿阜镇双龙中巷22号。2009年县广播电视局被昆明市广播电视局评为“建国60周年昆明市安全播出先进集体”。2009年资助支农联系点路美邑镇路美邑村委会5000元春耕生产经费。

局（台）长：张树忠（彝族）
副局（台）长：韩梅颖（女，7月起）

【广播、电视新闻宣传】 充分发挥广播电视媒体宣传优势，加大对招商引资、“四创两争一巩固”、特别是深入做好创建国家园林县城的宣传报道，协助做好专题片拍摄、制作，为创建国家园林县城收集整理详实、全面的工作资料。设置“园林绿化”、“巾帼风采”、“身残志坚”、“深入学习实践科学发展观”等电视系列报道；制作了5部石林申报非物质文化遗产专题片、7部省市著名商标专题展播节目；为县发改局、县经济局、石林镇等招商引资项目包装制作专题片6部；为县民政局、县教师进修学校等单位制作《倡导移风易俗，推进殡葬改革》、《绿色致富路》等汇报片4部。结合石林招商引资、农业、旅游等重点特色工作做好深度报道、系列报道、专题报道策划，积极与相关部门沟通协作，播报与人民群众生活息息相关的电视宣传，如石林县天气预报、空气质量播报等，充分发挥广播电视的组织、宣传、动员作用。新开设了“以案说法”、“每周资讯”、“文明监督岗”三个栏目。全年共采集新闻1200条，选送上级电视台播放223条。

【广播电视村村通直播卫星工程建设】 2009年2月11日，县人民政府与市人民政府签订《昆明市2009年度农村广播电视村村通工程建设任务责任书》。为按期按质完成石林县112个20户以上已通电自然村广播电视村村通（直播卫星）工程建设任务，县广电局结合实际，制定实施方案，成立广播电视村村通直播卫星覆盖工程建设领导小组。3月10日，在长湖镇祖莫村委会小团山村举行石林县2009年广播电视直播卫星村村通工程开工仪式。在县委、县政府及各乡镇人民政府的大力支持、配合下，5月10日全面完成全县7个乡镇112个自然村3190户安装任务，所有受益农户均可接收到48套数字电视节目和48套立体声广播节目。9月13日，工程通过省广电局检查验收。

【广播电视无线覆盖】 切实抓好文笔山无线覆盖转播工作，转播好中央一台、中央七台、云南一台电视节目和云南一台广播节目。积极筹措资金，2009年10月完成石林广播自办节目搬迁到文笔山转播台。经测试，转播信号正常，进一步丰富了群众文化生活。

【有线电视网络升级改造】 按照县人民政府安排部署，完成了对县城阿诗玛东路延长线大屯段、学地山等路段改扩建有线电视光电缆入地工程的规划设计、工程建设。加强全县有线电视网络的维护和局部网络的改造，全年处理用户报修1000余次，新增入网用户508户，新增设俪岛小区、水岸星城、信用小区、滨江花园、三板桥村等光接点38个。

【有线数字电视整体转换工作】 2009年12月8日，县政府办转发了《石林彝族自治县人民政府办公室转发石林彝族自治县有线电视数字化整体转换实施方案的通知》。12月14日，举行了石林县有线数字电视整体转换启动仪式。结合实际，县广播电视局、县广电网络公司按计划分步实施，年内完成县烟草小区、石林南路片区有线电视数字化整体转换1117户。数字电视整转用户可收看到101套电视节目。

【广播电视安全播出】 启动安全播出应急预案，加强机房24小时值班制度，重要节目、重点时段机房确保24小时双岗值班，安全播出指挥部成员保持通讯工具24小时联络畅通，遇有突发事件，果断处置，做好网络线路巡查，确保电视信号安全传输，严格执行广播电视安全播出"零"报告制度，圆满完成春节、全国"两会"、"五一"节、特别是国庆60周年电视直播等重点时段及上级安排安全播出工作任务。

【社会管理】 认真贯彻市广播电视局、市综治办、市工商行政管理局、市公安局4部门联发的《关于开展对非法销售、安装和使用卫星地面接收设施专项整治的意见》精神，2009年8月20～21日，县广播电视局、县综合治理办公室、县工商行政管理局、县公安局4部门联合在全县范围开展广泛深入的整治非法销售、安装和使用卫星广播电视地面接收设施的专项行动。通过4部门联合整治非法销售、安装和使用卫星广播电视地面接收设施专项行动，对确保国家的政治安全、信息安全和社会稳定起到了积极作用。

【县广播电视网络有限责任公司成立】 根据县委主要领导2009年3月26日调研石林县宣传思想工作时提出"县广电局加大改革创新力度，尽快组建县广播电视网络有限公司"的要求，结合我县广播电视网络实际情况，县广电局借鉴昆明市各县（市）区先进经验，制定上报了公司组建方案和公司章程，经县委、县政府批准后开展组建工作。9月1日，网络公司人员到位。9月28日，举行县广播电视网络有限责任公司成立暨揭牌仪式。网络公司的成立，标志着石林广播电视网络建设的融资、规划、建设平台已经搭建，面临更多的发展机遇。

（撰稿人：县广播电视局〔台〕朱琼芬）

信息化建设

【县政府信息产业办公室】 2000年9月，成立石林县网络信息中心。2005年2月，更名为石林县人民政府信息产业办公室，为正科级事业单位，不设内设机构。2009年6月，批准为参照《公务员法》管理的事业单位。2009年底有在职人员4人。单位住址在鹿阜镇双龙山18号县政府办公大楼二楼。2009年县信息产业办资助了支农联系点长湖镇蓑衣山村委会2000元生产经费、5000元绿化苗木管护费。

副主任：段圳宗

【电子政务建设工作】 2009年县信息产业办负责的电子政务建设工作以县级党政机关办公楼区域内的弱电项目为重点有序开展。2009年1月，县信息产业办以公开招标方式确定云南邮电规划设计院有限公司为石林县党政机关电子政务系统设计方，3月又通过公开招标确定了云南省通信产业服务有限公司为承建方，由云南金质信息系统工程监理有限公司为监理方。石林县党政机关电子政务系统主要包括行政中心办公系统传输平台、安防系统、县乡党政机关协同办公系统（包括个人办公事务、内部公文流转、公文模版、公文归档、政府公文传递、文档管理、电子邮件、政策法规、政府公告、交流中心、车辆管理、人事管理、用户权限管理、重点项目重点工作通报、项目申报审批管理及资产〔财务〕管理等子系统）。3月，项目正式开工建设。为确保项目顺利进行，县信息产业办专门抽调了一名技术人员作为现场代表。按计划项目将于6月底完工，但由于党政机关办公用房的土建和内装未按期竣工，导致县信息办负责的党政机关电子政务系统建设项目无法按期完成。到2009年底，此项目完成了总工程量的95%以上。

为确保县乡两级信息安全传输，10月30日县信息产业办编制完成了石林县公文传输及用户终端安全设计方案并通过县政府审批。11月30日完成了招标工作并及时开工建设。12月30日此项目顺利竣工。

上述两个项目建设完成后，可以确保党政机关电子政务系统和办公楼同期投入使用运行，全面启用电子公文传输。

【"96128"政务信息查询系统建设】 2009年4月，按照省、市、县要求，根据《石林县人民政府推行重大决策听证重要事项公示重点工作通报政务信息查询四项制度实施方案》和《石林县人民政府印发重大决策听证等四项制度实施办法的通知》文件要求，县信息产业办作为全县政务信息查询工作的主管部门，牵头负责全县政务信息网络查询系统和96128政务专线平台建设的任务。5月底，完成全县64家相关单位的政务信息网络查询系统平台建设，上传信息1200多条，图片200余张。上半年，召开了县属各有关单位、各乡镇参与的政务信息发布培训会、政务信息安全培训会，为今后全县各有关单位政务信息网络查询系统的有效使用打下了基础。

至2009年12月31日止，通过"96128"电话查询石林县政务信息的次数达487次，成功414次，满意率98.30%。政务信息查询增加了政府工作的透明度，提高了政府公信力和执行力。

【网站建设及维护工作】 石林彝族自治县政务公众信息服务网（www.shilin.gov.cn）是全县对外宣传和政务信息公开的主要窗口，随着石林县经济社会的迅猛发展，原有网站已无法满足实际需要。2009年，根据省、市政府网站建设要求和石林经济社会发展现状，县信息产业办在政务公众信息服务网上增加了招商动态、政府规划计划、重点工程、法律法规等专题栏目，适应了发展的需要。

【信息化建设指导工作】 继2008年11月完成石林行政审批电子监察系统的设计方案后，2009年县信息产业办负责组织完成了石林行政审批电子监察系统的建设，有效提高了石林县行政审批及服务能力，提升了政府形象。完成了石林县便民服务中心行政审批系统及行政审批电子监察系统的扩建方案设计、石林县林权交易信息平台建设方案设计、石林县教师进修学校多媒体教学平台一期建设方案设计、石林县纪委谈话室信息系统建设方案设计；完成了石林县看守所安防及管理信息系统建设方案设计，该方案过了省公安厅、市公安局及省市有关专家的评审，并获得好评；完成了石林县城市公共管理系统平台的方案设计，方案从整合石林县的社会公共信息资源和政府投资的信息化建设基础设施出发，将石林县公安局的城市监控报警系统、交警的交通管理系统和建设局的数字城市管理系统可共用的项目内容整合构建，评审专家一致认为，方案设计思路清晰，技术架构合同，整合可减少政府投入，又能实现信息资源共享，是一个切实可行的建设方案。

【信息化“十二五”规划编制】 2009年9月，县信息产业办编制完成了《石林县国民经济社会信息化“十二五”规划》，提出了“力争通过5年全面、协调、可持续的发展，到‘十二五’期末，石林信息化整体水平走在西南地区先进行列，主要指标基本达到发达地区县城、乡镇先进水平，把石林建设成为信息技术创新与应用能力强、信息资源开发与利用程度高、信息安全保障体系健全的先进城市，为石林迈向信息社会奠定坚实基础”的总体目标。11月12日，《规划》通过了专家组的评审。

【电子政务视频会议保障工作】 2009年县信息产业办切实加强技术保障，确保视频会议高清专线运行。全年共成功保障各种视频会议30余次，参会人员6000余人次。会议内容包括云南省领导干部时代前沿知识讲座和教育、人事、司法、纪检监察、卫生、工程建设等行业的各种业务培训。

【无线电管理工作】 2009年9月，县信息产业办（县无线电管理领导小组办公室）对县境内的无线电通信台站、对讲机、无线广播电视塔站及相关设备进行全面核查，发放宣传资料170余份，清理检查对讲机使用单位110家，核查对讲机384台。

协调电信、移动、联通三家单位，全力做好石林县通信基础设施建设工作。成立领导小组，协调推进WCDMA移动通信网络建设、第三代移动通信CDMA2000网络建设、TD－SCDMA第三代移动通信网络建设。

（撰稿人：县信息产业办公室　殷琼华）

中国移动石林分公司

【中国移动石林分公司】 1999年8月，移动通信业务从石林县电信局分出，成立云南移动通信有限责任公司石林彝族自治县分公司。2006年10月1日，更名为中国移动通信集团云南有限公司石林分公司。2009年底，石林分公司有在职员工51人。

经　理：于忠清

【主要指标完成情况】 2009年石林分公司完成业务收入6500万元，实现年内净增用户34000户，截至12月31日石林在网客户数达130000户，较好地完成了昆明分公司下达的各项经营生产指标。

【网点建设】 2009年石林分公司共有销售渠道178家（自建他营厅11家、自租他营厅3家、指定专营店14家、村级服务站92家、普通代理商58家），核心渠道占比达到15%。在农村服务站的管理上，公司根据农村服务站销售情况现状，进行一对一的上门指导，并对部分业绩较差的服务站站长进行了更换，提升了服务站自身销售能力。

【营销活动】 2009年营销活动主要有一季度的“双节”营销活动，二季度的一元购机和手机下乡活动。分公司制定出详细的营销计划，对营销指标进行了分解，通过电视媒体、宣传布标、宣传海报、核心渠道等宣传手段，确保活动的顺利开展，稳定了客户群。

【基站建设及维护】 全年维护基站114个（含新建基站26个），其中：VIP基站8个，城乡基站18个，农村基站88个。全年巡检基站1252站次。截至2009年12月31日，光缆维护总量为148段，总皮长977.727千米（含2009年新建光缆202千米）。

【“金叶通”业务】 2008年7月，中国移动石林分公司与石林县烟草公司联手，以鹿阜镇阿乌村为试点积极推广“金叶通”业务，取得了不错的成绩，引起了省烟草公司的高度关注，并扩大规模开展了长湖、圭山等种烟乡镇“金叶通”业务的开展。至2009年底，石林分公司“金叶通”用户达4000余户，实现了烟草公司与烟农的零距离接触，在病害防治和天气预警方面发挥了积极的作用。

（撰稿人：中国移动石林分公司　霍园园）

中国联通石林分公司

【中国联通石林分公司】 中国联通石林分公司成立于2003年8月8日，为县级分支机构，内设财务部、市场营销部、营业厅3个部门。主要提供GSM移动通信、固定电话、宽带、IP电话、国际/因特网/固定数据通信、无线接入、语音信箱、系统集成等全业务通信产品和信息服务，能充分满足社会日益多样化的信息需求。2009年底实有在职职工15人，外聘保安2人。单位住址在石林县鹿阜镇石林中路133号。

经　理：严幼林

【主要指标完成情况】 2009年石林联通完成业务收入1202万元，净增用户1603户，年底在网用户累计达17603户，圆满完成了市公司下达的任务。

【网点建设】 年内石林联通GSM网络第18期工程圆满结束，新增基站11个，39个3G基站正在建设，使石林联通的G网基站达63个，实现县、乡（镇）、村网络覆盖率达97%以上，网络质量全面升级。

2009年石林分公司新建服务网点8个，自建他营营业厅4个（石林圭山煤矿营业厅、石林海邑营业厅、石林板桥营业厅、石林路美邑营业厅），网点累计达105个，销售服务点遍及全县各乡（镇）及部分村委会，方便了用户的购买和使用，降低了用户的购买成本。

（撰稿人：中国联通石林分公司　徐季红）

城乡建设

城乡规划

【县建设局】 1983年成立县城乡建设环境保护局。1998年11月9日，县城乡建设环保局分设为县城乡建设局、县环境保护局。2002年8月，更名为县建设局。2009年县建设局内设局办公室、规划管理科、建设科、工程建设招投标管理办公室、综合科5个行政科室，房地产管理所、测绘所、环境卫生管理站、监察中队、园林绿化管理站、城建档案室6个全额拨款事业单位和1个全额拨款的二级局防震减灾局，设计室、质监站、定额站3个自收自支事业单位，固体废弃物处置中心1个企业。2009年底全局有干部职工121人，其中：公务员24人，专业技术人员49人，工人41人，企业人员7人。单位地址在鹿阜镇石林南路238号。2009年资助支农联系点板桥镇板桥村委会3000元生产经费。2009年度，县建设局创建为省级文明单位，县防震减灾局被评为市级园林单位。

书　记：段正平（8月起）
局　长：吴剑平（4月止）
　　　　冯正清（4月起）
副局长：普立云（彝族）
　　　　何道敏
　　　　龙志彬（彝族，7月起）
　　　　李福金（7月起）
副书记：郭兆燕（女）

【浙江招商分局】 2009年浙江招商分局由县建设局、县城投公司、县史志办组成，县建设局为牵头单位，招商引资任务5000万元。全年完成策划包装项目4个，组织开展项目推介会1次，参加项目洽谈会4次，签订招商引资项目合同5份，项目开工2个。经县招商局审核，共认定引进资金7368.29万元，完成招商引资总任务数的147.37%。引进的项目有：石林桃园水乡基础设施建设、石林县天然气管网建设、石林花桩坡建筑材料厂建设、石林大道电缆入地工程、鹿阜旧城改造水石坊建设。

【工程测绘】 2009年完成了石林鹿阜中学学生宿舍楼、东门社区东门居民小组综合楼、圭山镇中心学校尾乍黑小学标准化建设项目、海邑村委会私人宅基地、石林海川投资有限公司水岸星城竣工、板桥小学标准化建设项目、西街口镇政府公墓、石林生态公司种羊场、圭山镇政府公益性公墓、乐尔村一组文化活动中心、石林林场紫云街林区管理用房、石林房地产开发有限公司竹雨雅苑、云南电网公司昆明供电局长湖变电站、北大村村委会业务用房等40余项共计1300006.5平方米的工程测量任务。完成了石林县残联服务中心、中国石油天然气股份公司云南销售分公司干坝塘加油站、石林邮政局业务用房、石林佳源房地产开发有限公司滨江花园二期、石林县委党校新建用地、石林县人民医院搬迁新建、石林同创置业有限公司石林财富中心等24个项目的拨地钉桩项目。完成东狮路竣工平面图测量约1300米，工程出图率达100%。

【城市规划】 2009年累计投入规划编制资金350多万元，组织完成了户外广告、环境卫生、路灯照明、燃气等专项规划，完成白龙湖生态湿地公园规划编制和“十二五”专项规划编制工作，西城区控制性详规通过专家评审，南城区控制性详规完成初步方案汇报，巴江综合治理及沿岸景观建筑形态设计完成中期成果汇报，西石路重点路段城市设计的编制如期实施。协调配合县国土局、县发改局、县环保局开展了“四规合一”各项工作。

【集镇规划】 2009年加大对村庄规划的编制力度，6个乡镇集镇总体规划通过县规划委员会最终审查，路美邑集镇及其他6个乡镇的控制性详细规划编制完成，西街口、圭山、大可3个乡镇的总体规划经县政府审批，交由乡镇人民政府实施。

城市建设

【城乡建设概况】 2009年全县完成房屋建设总面积26.85万平方米（其中住宅面积15.25万平方米），房屋总投资276815万元（房地产投资55391万元、农村自建房投资10767万元、城镇投资210657万元）。

全年在建项目68个，完成固定资产投资27.68亿元。5所农村中小学标准化学校、县一中、县民中新建教学楼、县职中搬迁新建工程完工。巴江截污廊道、石林园博园、昌乐生态公园、县级党政机关办公用房等建成投入使用。阿诗玛东路延长线大屯段、滨河路等市政道路，110千伏石林输变电、35千伏长湖变电站等电力工程和团结水库加固扩建、月湖水库除险加固主体工程等项目完成，建成农田水利工程1118件，新增和改善灌溉面积2.62万亩，治理水土流失面积45平方千米。

全县有自来水厂4个，日净化水量达1.5万立方米，年供水量为457.64万立方米，供水管道长669.6千米，供水普及率100%，饮用水源水质合格率达100%，出厂水水质合格率达100%。全县排水管道长64.5千米。

继续实施公有住房、房改房等二级住房交易市场上市，启动货币分房和廉租住房制度，开发巴江俪岛小区、电力小区、水岸星城等住宅区，推动住房市场向商品化发展。

【基础设施建设】 2009年完成了石林园博园、昌乐生态公园、行政中心市政道路、滨河路改造、狮山路绿化等政府投资重大项目建设；全面推进鹿阜旧城改造项目，完成了《鹿阜旧城改造暂行实施办法》征求稿、拟定稿编写工作，完成了县法院、县文化馆、县财政局、县商业公司的评估工作，并于10月10日启动了法院的拆迁工作；东城区大型商贸城、大兴商场主体工程已完成，正在进行装修工程；小古城片区、粮食局片区的改造相继启动，顺利推进；完成了石林大道以东沙地片区（1.08千米）、滨河路（1.12千米）、阿诗玛东路大屯段（1.18千米）、工业大道一期（3.2千米）、狮山路（1.4千米）、中国彝族第一村市政道路（2.3千米）等市政道路建设，新增市政道路10.28千米；启动了狮山路二期、巴江中学外围市政道路、西城区鹿阜小学片区、石林南路片区市政道路的建设，并相继开工；燃气站建设项目场站消防工艺、电气、仪表自控系统、工艺管道、避雷系统进行单项验收，11月1日进行通气试运行；巴江俪岛、天奇电力小区、滨江花园二期、春源天景相继完工；万城阿诗玛旅游小镇、桃园水乡等重点项目顺利推进，旅游服务区、工业园区、南城区、西城区等综合开发齐头并进，扩大了城市规模，完善了城市功能，加速了“一路三区、一河三片”现代化城市发展新格局和两个城市经济带的形成，2009年建成区人口5.43万人，城镇化率达30%。做好市政基础设施的维修，加强对现有城市排水系统的清淤清障、汛期防涝工作，全年完成766座窨井和669个地漏的清掏，确保现有排水系统的正常运转。

【县城建设】 2009年底，石林县城建成区面积达8.1平方千米，城市绿地总面积328.13万平方米，绿地率40.51%；绿化覆盖总面积366.93万平方米，绿化覆盖率45.3%；公园绿地面积104.26万平方米，人均公共绿地面积19.32平方米。2009年新增城市道路面积44万平方米，道路总面积达138.47万平方米，人均拥有道路面积25.5平方米；新增路灯200盏，城市道路路灯达1864组，城市道路亮灯率98%；日处理垃圾100吨，生活垃圾无害化处理率100%；公厕26座，万人拥有公厕5.7座；用水普及率100%，水质合格率100%。

2009年县城建设总投资达16560万元，新增建筑面积16.36万平方米，实有房屋建筑面积246.1万平方米，实有住宅面积82.66万平方米，住宅人均使用面积达28.21平方米，居住条件不断改善。

【建制镇建设】 石林镇、板桥镇、西街口镇、长湖镇、圭山镇5个建制镇的镇域面积达1404.46平方千米，建成区面积6.64平方千米。2009年内竣工住宅建筑面积1.17万平方米，年末实有住宅建筑面积72.94万平方米，人均住宅建筑面积42.82平方米；年内竣工公共建筑面积1.32万平方米，年末实有公共房屋建筑面积211.24万平方米；年内竣工生产性建筑面积1.21万平方米，年末实有生产性房屋建筑面积15.09万平方米；有公共供水设施6个，自建供水设施29个，日供水能力0.81万立方米，供水管道长度361千米，用水人口2.05万人，年供水总量324.29万立方米，用水普及率达100%；实有道路长度483.26千米（水泥、沥青路204.10千米，其他铺装道路279.16千米），道路面积324.64万平方米，桥梁数33座，防洪堤长度41.8千米，路灯盏数1448盏，排水管道长度14.93千米；绿化覆盖面积121.02万平方米，园林绿地面积85.99万平方米，公园绿地面积4.99万平方米，绿化覆盖率18.22%，绿地率12.95%，人均公园绿地面积2.98平方米；生活垃圾年清运量0.90万吨，有环卫专用车辆设备10辆、公共厕所80座。

【东城区建设】 2009年东城区在建项目有东城商贸中心和春源天景，东城商贸中心于2008年12月开工建设，计划投资5000万，2009年工程全面铺开，当年完成固定资产投资2607万元，主体工程全部完成，进入工程内外装修。春源天景计划投资1500万元，2009年完成固定资产投资1300万元。实验学校修建环校道路投资69.7万元，校内停车场33.5万元，园林绿化投资80.5万元。区内公共基础设施进一步完善，修建人行道1929.8平方米，投入资金25万元，检修路灯198盏，更换路灯62只，照明路线300米，道路清扫覆盖所有街道，园林绿化全部纳入县城日常管理范围。

【房地产开发建设】 2009年新发展房地产企业1家，至年底石林房地产企业共有16家，其中：三级资质的1家，四级资质的15家。开发实施的房地产项目有巴江俪岛、水岸星城、龙泉商住区、滨江花园、东城区商业务中心、东城区一号住宅别墅区、石金佳园、临江花园、万城阿诗玛旅游小镇、天奇花园等10个项目，开发建筑面积达606068平方米。

乡村建设

【集镇建设】 乡镇区划调整后，仅留大可乡一个乡建制，乡域面积114.50平方千米，建成区0.57平方千米，集镇总人口0.39万人。2009年，县委、县政府出台了《关于加快乡镇集镇建设的实施意见》，明确了今后四年的目标任务，并把各项目标任务和责任分解到各乡镇、县直有关单位，签订了工作目标责任书，在全县掀起了集镇建设热潮。县建设局加强对小集镇规划、建设工作的指导和支持，全县6个乡镇（板桥镇、西街口镇、石林镇、圭山镇、长湖镇、大可乡）实施了17个项目，涉及集镇道路、市场建设、绿化建设、休闲广场、环卫设施、市政设施等方面，各个项目进展顺利。2009年累计投入资金4584.33万元，拆临拆违5163.41平方米，修缮街道9.01万平方米，修建污水管网5002米，新建垃圾箱（池）83个，植树10.56万株，新增绿化面积5.79万平方米，新增集镇面积16.96万平方米，新增集镇人口1194人，取得了初步成效。

【村庄建设】 全县共有自然村387个，村（居）民委员会92个。2009年建设总投资11627万元，其中：住宅总投资7102万元，公共建筑投资422万元，生产性建筑投资873万元，公用设施投资3230万元。本年建房户1102户，新建住宅11.18万平方米，年末实有住宅面积783.38万平方米，人均居住面积43.81平方米；新建公共建筑3.08万平方米、生产性建筑4.64万平方米，年末实有公共建筑128.30万平方米、生产性建筑339.85万平方米；新增供水管道长度106.80千米、排水管道2.30千米，年末实有村庄内道路1033千米、排水管道沟渠17.5千米；实现村村通电，路灯盏数333盏；自来水受益村庄278个，有供水设施的村庄232个；新铺装道路104.85千米，实有道路长度

1336.23千米，桥梁53座；实现主要街道硬化的行政村92个，实现通公交车或客运班车的行政村92个，对生活污水进行处理的行政村21个，有生活垃圾收集点的行政村48个。

园林绿化

【公共绿地建设及管理】 在巩固省级园林县城创建成果的基础上，按照创建国家园林县城的标准和工作步骤，大力实施百米建绿和“55”建绿的措施，以公共绿地建设、街道绿化、小区绿化、单位庭院绿化等为重点，多层次、全方位，深入开展城乡园林绿化及生态建设。2009年，完成了石林园博园、昌乐生态公园、巴江三期带状公园绿化及12条街道的行道树绿化，县城新增绿地总面积达222135.76平方米（其中：公共绿地新增面积150611.33平方米，道路附属绿地新增面积14311.21平方米，单位小区新增附属绿地面积57213.22平方米），占市下达任务的127.64%；完成拆临拆违1.78万平方米，占总任务数的178%。县城建成区有各类公园13个、绿化广场及街旁绿地21处，超过1000平方米以上的公共绿地共有11块，市民出门500米就可以进入一块1000平方米以上的公共绿地，县城建成区绿地率达40.51%，绿化覆盖率达45.3%，人均公共绿地面积达19.32平方米，各项指标达到国家园林县城标准，2010年2月10日建设部正式命名石林县为国家园林县城。

【生产绿地建设与管理】 截至2009年12月，石林县城市规划区有规模的苗圃有9个，生产绿地总面积50.56万平方米。经普查统计，9个苗圃内培育有乡土植物62个科113个属156个种。各苗圃存圃的苗木以乡土树种为主，为县城的特色绿化提供了保障，苗木自给率达85%。2009年度完成牛筋条、水红木、山桐子、枫杨、池杉、黄连木、天竺桂、肉花卫茅等12000袋苗木的换袋工作；天竺桂等11种乡土树种子进行了沙藏等处理工作；播种野鸦椿、朱砂根、石楠、团花新木姜子、厚皮香等10种约30000袋；完成攀缘植物爬山虎播种15400袋，储备了8种24000袋攀缘植物；完成了新进圃的571株香樟、518株天竺桂的养护工作。

【专用绿地建设与管理】 2009年申报了2个省级园林单位、2个省级园林小区，新增了1个市级园林小区、5个县级星级园林单位、2个县级星级园林小区；完成了县城建成区和各乡镇政府所在地共331个单位庭院、小区绿化现状调查，全面指导督促各单位开展单位绿化建设工作。2009年新建居住小区及单位绿地率严格控制在30%以上，改造的旧居住区绿地率控制在25%以上，全县有39个市级园林式单位、7个市级园林式小区、4个市级城镇绿化先进单位，园林式单位占74%，园林式小区占70%。主干道沿街单位95%实施了拆墙透绿，植树成活率90%，植树保存率90%，尽责率85%。

2009年全县5个单位被评定为园林单位，其中：五星级园林单位有县污水处理厂、县质量技术监督局、县自来水公司大昌乐村水厂，四星级园林单位有大可乡卫生院，三星级园林单位有县人民法院。园林小区2家，其中：五星级园林小区有巴江俪岛小区一期，四星级园林小区有水岸星城小区。

【古树名木管理】 至2009年底，县城规划区共有古树名木1106株，分属19科29属30种。按树龄段分：300～499年11株，100～299年1002株，70～99年93株；按片区划分：可以分为3个片区，绿芳塘水库片区有古树139株、古树群3群，石林中路片区有古树89株、无古树群，鹿阜镇片区有古树201株、古树群11群。

城市管理

【规划实施管理和监督】 全年共组织规委会项目评审18次，评审项目38个，确保规划的权威性。同时对申请选址的建设项目，按照规划要求，进行实地踏堪。2009年申请选址的建设项目46项、踏堪46项，现场踏率达100%。全年办理《建设项目选址意见书》46件、《建设用地规划许可证》45件、《建设工程规划许可证》55件。做好建设工程施工许可证、工程验收合格证的核发工作，建设工程报批审查63个，核发施工许可证46份，核发竣工验收证15份，发证率达100%。

【建筑队伍管理】 2009年新成立1家建筑企业，使县内建筑企业达到16家。年内组织16家建筑施工企业进行资质年检（其中有11家房屋建筑工程企业、3家建筑装修装饰企业、1家水利水电企业和1家电力工程企业），对项目经理、施工人员等建筑队伍实施建造师企业资格证管理制；根据有关文件精神，组织培训班5期，对建筑行政主管部门相关管理人员、建筑设计、房地产开发、监理及工程质量监督检测单位的管理和技术人员、项目经理、从事工程造价活动的技术人员及其他持有《工程建设标准强制性条文培训合格证》的人员进行培训，培训人员1200人次，均取得了合格证，不断强化了建筑施工企业相关人员的理论知识，增强了综合素质。

【建筑设计】 全年共完成建筑设计单体38项，建筑面积6.23万平方米，设计产值150多万元。

【招投标管理】 全年共完成项目报建审批63项，办理建设项目招投标监督备案6项，邀请招标3项，依法组织公开招投标60项，经批准实行邀请招标3项。全部工程均按有关法律法规采用公开招标方式，达到了国家和省、市提出的应招标工程招标率为100%、应公开招标工程公共招标率100%的“双百”目标。

【定额造价管理】 全年完成49项工程项目共2.3亿元的预算、决算和拦标价编制工作。办理了全县工程建设概、预算专业人员的业务指导及资格证书的验证工作，验证23人，强化对定额造价的监督管理。

【工程质量监督】 全年质监部门共监督在建工程项目84个，监督建筑面积123.17万平方米。竣工验收项目26个，建筑面积25.23万平方米。实施工程验收备案的项目34个，建筑面积28.58万平方米，工程竣工验收备案率达33.3%，竣工验收工程全部达合格标准，工程质量稳步提高。对75个在建工程项目施行工程结构实体无损检测和结构砌体砂浆强度检测，出具检测报告199份，实现了工程质量监督工作由等级核验制向备案制的转变。同时按程序和技术标准对相关建筑工程的建筑材料、试件、试块等进行试验检测，检测砼试件10600组、砼浆试7500组、钢筋力学性能检测6800组、烧结砖及砼砌块240组、水泥质量复检365组、建筑用砂质量检验109组、建筑用石质量检验69组、普通砼配合比设计试验142个、砌筑砂浆配合比设计试验173个，开展了室内环境质量检测、土工试验、防水卷材检验75组。

【安全生产管理】 全年共办理建筑施工安全报监备案51件，建筑面积143万平方米，开展建筑施工安全检查120多次，下发整改通知书188份，定期对县城内及各乡镇液化气站（点）进行检查，共检查34次。发出检查情况通报4期，组织节假日安全大检查和旱季、雨季安全生产专项大检查7次，组织企业年终安全考核检查和施工企业安全质量达标评价各1次。为全面加强企业管理人员和农民工的安全生产意识和劳动技能，举办了1期企业法人、分管安全负责人、公司专职安全员、项目负责人及工地安全员参加的安全教育培训，培训600人次；组织液化气安全消防培训1期40人次。6月份组织开展"安全生产月"活动，发放材料10000份，营造安全生产氛围。

【防震减灾】 针对2009年的地震形势，县建设局在人员不固定、监测手段单一的情况下，积极做好防震减灾知识宣传，发放宣传知识2万余份，加强监测仪器的管护，确保仪器监测传输正常。同时，联合昆明理工大学对全县中小学校舍进行全面排查，共排查170个校点786个单体，建筑面积399392.2平方米，配合云南建筑技术发展中心、昆明理工大学西维尔技术服务有限公司对排查时已初步确定为B、C级的校舍建筑194幢125000平方米进行安全等级检测、鉴定。实施农村民居地震安全建设工程，与各乡镇签订目标责任书，对相关人员进行了培训，12月底共完成抗震加固1000户、拆除重建280户。

【房地产管理】 全年完成房屋所有权登记审批、发证930份，共有权证审批、发证1184份，换发新证150份，抵押鉴证1963份，房屋转移登记606份，危房鉴定6份，核发商品房预售许可证10本、预售面积47.06万平方米，完成低收入人群100多人的租赁补贴检审发放工作，廉租住房管理进一步规范。加大对直管公房的维修和管理，投入6万元资金进行修缮，做到防患于未然。

【市容市貌综合整治】 全年组织拆除外挑式防盗笼954个1747.7平方米，签订"门前三包"责任书1581份，规范占道经营、超铺面经营5597起，取缔违章占道经营1062起，查处损坏市政设施47起，查处乱堆乱放杂物、垃圾99起，清洗小广告32次、清除45000余条，拆除不符合要求和设置不规范的店招店牌226块、2579.43平方米，拆除布标27条。数字化城管系统信息平台建设完成。进一步加强路灯、地漏、窨井、人行道、街道路面、电缆、树池等市政设施管理力度，新装路灯30组，改造路灯32组，各项市政设施完好率始终保持在98%以上。

【拆临拆违】 一是按照市政府办公厅《关于铁路沿线拆临拆违和环境综合整治有关事宜的紧急通知》的要求和石林县的实施方案，经过前期的清查和入户宣传，2009年11月26日完成了统计上报，并拆除了部分临违建筑。截至2009年12月20日，全县铁路沿线应拆除临违建筑23宗2406.35平方米，已经全部拆除。同时，按照属地管理的原则，由鹿阜镇、西街口镇安排专人开展铁路沿线环境卫生管理工作。二是从2009年11月份开始，全面启动整治违法加层和无序建房工作，对重点违法加层和无序建房户集中力量进行强拆。截至2009年12月31日，石林县入户普查63047户，入户普查率达100%，一户一档登记造册63047户，签订责任书289份，公示213户，三级巡查督查1064次，核查举报10件，核查率100%。发现临违建筑213户，临违总面积19503.975平方米，其中：发现违法加层无序建房108户，发现违法加层无序建房面积13750.255平方米，拆除户数108户、面积13750.255平方米；发现其他临违建筑105户、面积5753.72平方米，拆除户数105户、面积5753.72平方米。完成建绿透绿面积13746.91平方米。

【环境卫生管理】 全年共巩固清扫道路51条，日清扫保洁面积63.5万平方米，管理公厕11座，安装果皮箱200只，设置垃圾箱8个、垃圾桶434只，清运垃圾21600吨、粪水3000余吨，处置垃圾21600吨，清扫率达100%；机械化清扫22.61万平方米，道路清扫机械化率达35%；道路机械喷雾降尘和洒水面积45.08万平方米，主要道路机械喷雾降尘率和洒水冲刷率达到71%；县城生活垃圾清运率达100%，无害化处理率达100%。同时，大力指导支持各乡镇积极开展城乡垃圾无害化收运处置、"六清六建"、"四全"等环境卫生管理工程，板桥镇、长湖镇、石林镇配备垃圾车3辆，乡镇环境卫生状况明显改善。

【城建档案管理】 全年收集工程竣工档案121卷，整理归档工程竣工档案155卷，办理工程竣工档案验收手续34个，收取率达98%以上。完成文书档案整理1300件，共查、借阅档案78卷101人次。

【清欠工作管理】　截至2009年12月底，按照属地管理原则，县属15家建筑企业中，还存在历史拖欠工程款的有5家。石林县23个拖欠项目，已偿金额为216万元，拖欠工程款金额为1148.72万元。

【物业管理】　至2009年12月底，全县进行业主物业管理的小区有23家（其中引进有资质的物业管理公司5家），物业管理工作正逐步走向规范化、制度化。

（撰稿人：县建设局　唐丽琼）

国土资源管理

【县国土资源局】　1988年2月，成立县土地管理局。1994年10月，县级机构改革，县土地管理局和县建设局合并成立县土地建设环保局。1997年9月，恢复县土地局建制。2002年7月，县人民政府撤销矿产资源管理委员会办公室和县土地管理局，组建县国土资源局，领导体制调整为市、县双重领导，以县政府的领导为主。2009年局机关设办公室、法规科、用地科、地质矿产资源科、地籍科、规划科、执法监察大队7个科室，下设土地收购储备中心、土地交易中心、土地规划勘察测绘研究院。2009年底全系统在职在编人员60人（局机关30人，其中：公务员13人，事业人员7人，工勤人员8人，专业技术人员2人；乡镇国土所30人，其中：事业人员27人，工勤人员3人）。局机关办公地点在石林中路。2009年，全系统干部职工为台湾灾区、久病职工治病、建工人文化宫、义务植树等送温暖献爱心捐款13755元。

局　长：鲁有福（4月止）
　　　　张　汶（7月起）
副局长：赵智红（女，彝族）
　　　　陈智宏（5~6月主持工作）
　　　　赵剑波

【江西招商分局】　2009年江西招商分局由县国土资源局、县妇联、县委接待处组成，牵头单位为县国土资源局。招商任务7000万元，实际完成11143.9万元，完成目标任务的159.20%。年内石林园博国际会都、热布巴拉休闲山庄、西城家具市场、西城房地产开发、大可长梁子苗木基地建设等8个招商引资项目的策划包装分别在三亚和海口举办了招商引资推介会，达成了良好投资意向。全年共签约投资4个项目，即：磊鑫碎石厂、大可丰源苗木基地、石林鑫钰苑旅游度假中心、西城房地产开发。

【国土资源状况】　至2009年10月底，全县耕地56278.29公顷，园地3775.55公顷，林地73549.73公顷，牧草地6680.85公顷，城镇村庄及独立工矿用地5202.69公顷，交通用地3235.86公顷，水务设施用地2648.46公顷，未利用土地9545.9公顷。

2009年全县开采的矿产资源有煤、铁、磷、铅锌、重晶石、饰面石料用灰岩（大理石）、黏土、沙等矿种。至2009年底，全县持有采矿许可证矿山共115个，其中：饰面石料用灰岩（大理石）矿山57个，水泥用灰岩矿山1个，水泥用沙矿山1个，黏土矿山15个，铅锌矿3个，磷矿2个，煤矿20个，砂矿13个，铁矿3个。

【整顿和规范矿产资源秩序】　规范矿业权秩序，促进依法、有序开展矿产资源开发利用，全面清理探矿权、采矿权，推进重点矿区矿产资源整合。对全县探矿权、采矿权进行全面的清理整顿，经清理有5个探矿权、23个采矿权过期失效，对持过期探矿权人、采矿权人下发了《探矿权（采矿权）过期告知书》。整顿后，过期的23个采矿权中的10个采矿权人申请继续延续采矿权有效期，并对其矿山重新作了储量核实认定。全年核定征收矿补费、采矿权使用费等393.5万元。注销了路美邑青龙矿泉水矿，保留了临江温泉地热水矿的正常开发利用。强行关闭涉及整合的6对矿山企业，将现存的11个煤矿企业12对生产矿井整合为3个煤矿企业8对生产矿井，生产规模提高到每年60万吨以上。在关停的强胜建筑材料厂雨胜石灰石矿点采空区栽竹子3600余簇，下打磨箐村等村栽种竹子56亩，完成了原计划三年内在泥石流滑坡点栽种竹子的工作任务。认真做好矿业权有偿使用工作，审查压覆矿产资源情况7宗，完成9个矿产资源开发利用方案备案和11个矿权储量认定。协助西街口镇4个大理石采矿权公开交易，成交金额2300余万元。石锁高速公路用玄武矿报市土地与矿产交易中心，成为昆明市土地与矿业权交易中心交易的第一个矿业权。上报了《石林县圭山镇下部龙村铝锌多金属矿普查探矿权挂牌出让方案》，由省矿业权交易中心公开挂牌出让该探矿权。

【国土资源规划】　按市级要求，将基本农田、耕地、建设用地三项指标落实在建设用地布局图、土地利用现状图、基本农田调整布局图上，已报省、市审查，待批准后转入乡级规划。成立了第二轮矿产资源规划编制工作领导小组，向县财政争取到规划编制资金，完成了规划编制招标工作，于11月全面投入工作，12月底初稿已报省厅审核。矿业权实地核查资料收集、测量、内业工作全面完成，107个矿业权核查工作通过验收。9月，矿产资源利用现状调查工作全面启动。

【土地征用收储】　全年完成81个项目用地、面积246.98公顷的初审、上报审批工作。完成桃园水乡、工业集中区、石锁公路等项目用地的征用、收储569.53公顷，应付征地补偿费42358.82万元，已支付29128.54万元。苏宁环球集团、狮山路二期等重点工程项目用土地征用、收储工作正在进行中。供应土地108.23公顷（其中出让供地79.57公顷、划拨供地28.66公顷），收取土地出让总价款13985.84万元。审核农村各类建设用地645宗4.68公顷，8项农村集体建设和4项标准化学校建设用地1.12公顷。

【土地开发整理】　完成石林镇跃宝山、大可大磨省级投资土地整理项目1299.09公顷的上报评审工作。完成板桥青山（省级投资）、西街口芭茅（市级投资）土地整理项目486.36公顷的验收工作，可补充耕地182.02公顷。完成大可长梁子市级土地开发整理项目135.5公顷，可补充耕地100.50公顷。开展了路美邑等4个村委会中低产田改造，建设规模613.33公顷，计划投资1443.13万元，已完成地形测量及规划设计，并报专家评审。积极申报土地开发整理，涉及4个乡镇10个地块，已完成项目建议书编制工作，报上级主管部门审批中。

【土地利用更新调查】 全面开展了石林县全国第二次土地调查工作，农村部分已通过省、市验收，城镇部分的建制镇调查确定了作业单位，年底完成了6个建制镇的调查工作。成立了县长任组长的基准地价更新工作领导小组，编制了工作方案，安排了工作经费。年内完成国有土地登记1905宗、集体土地登记761宗、变更登记72宗、设定抵押登记26宗。

【地质环境保护与地质灾害防治】 2009年争取到县财政地质灾害防治经费40万元，巩固完善了地质灾害群测群防网络体系。利用国土资源培训会议、“世界地球日”、“全国土地日”组织全体干部职工及隐患点村组干部、群众对地质灾害防治进行宣传培训。拉网式开展地质灾害隐患摸底排查工作，确定了大可乡平田村等5个重点防治隐患点，发放了27份工作明白卡、164份避险明白卡。组织编制了《2009年石林县地质灾害防灾减灾方案》、《2009年石林县突发性地质灾害应急预案》。

矿山地质环境灾害防治按“谁诱发、谁治理”的原则要求，与石林县鑫源煤矿等企业签订了限期治理地质灾害防治目标责任书。关停了鹏达石林松源口等石灰石矿，完成了地质环境恢复及生态绿化。全面启动地质环境恢复保证金制度，全年共收缴地质环境恢复治理保证金159万元。

【国土资源执法监察】 严格执行国土资源执法监察动态巡查分片包干责任制，全年动态巡查87天377人次，立案查处国土资源违法案件12件，查处率达100%，其中：查处违法用地5件0.97亩，查处非法采矿7件、收缴罚款7.5万元。在严厉打击私挖乱采矿产资源行动中，封停越界开采6处，取缔无证采矿点6处，扣压机动车5台，封停煤矿井84口，拆除厢木350余根，查堵非法运输车辆6辆，收缴非法开采用具100余件。

【土地清理整顿】 清理整顿土地市场秩序，清理出闲置2年以上的国有土地19宗21.14公顷，其中17宗20.01公顷已收储，还有2宗1.13公顷未签订收储协议。整治违法加层和无序建房，共拆除违法加层和无序建房31宗4874平方米。清理拆除铁路沿线两侧50米以内和村庄绿化山体100米以内的临时、违章建筑29件830平方米。依法强制拆除巴江中学用地范围内的违法建筑15宗2910.93平方米。

【法规宣传】 “地球日”、“土地日”期间到全县30多个村庄开展法律法规宣传，设立咨询服务站15个，发放宣传资料54000余份。2009年7月开通“12336”举报电话，至年底受理举报案件3件，办结率100%。

【金土工程】 2009年12月，建立了石林县农村土地利用现状数据库。同时将石林县土地利用总体规划（2006～2020年）基本农田调整分析图与石林县第二次土地调查数据库地类图斑进行叠加，完成全县基本农田数据提取和“金土工程”数据库建设。全年对本县行政区域内永久性测量标志检查维护2次，完成了GPS实时时差定位系统的第一次调试和差分定位系统基座的选址、施工工作。

（撰稿人：县国土资源局　刘慧英）

环境保护

【县环境保护局】 1998年12月，成立县环境保护局。2009年局机关内设办公室、环境监督管理科、法规宣教科、环境监察大队、环境监测站，年底有在职干部职工24人，其中：公务员7人，参公管理人员6人，工勤人员1人，事业管理人员1人，专业技术人员6人，工人3人。2009年共办理人大代表议案、建议7件（主办件4件、协办件3件），政协提案6件（主办件5件、协办件1件），满意率、答复率均为100%。2009年资助支农联系点石林镇北小村村委会生产经费6000元。

局　　长：杨炳学（4月止）
书记、局长：张鹏飞（4月起）
副 局 长：何建华（女）

【上海招商分局】 上海招商分局由县环保局牵头，县委统战部、县委党校协助。2009年负责的续建项目有石林印象大酒店、石林上海新天地、石林东城商贸中心、石林秦氏养殖场、石林森森园农庄。通过加强协调沟通，几个项目的建设有序推进。在认真做好续建项目的跟踪管理服务的同时，洽谈引进云南石林丰泽园、石林兴隆洗煤厂中寨分厂等新项目。2009年累计到位资金8169.56万元，完成任务数的163.39%。

【截污廊道建设】 石林县大山沟至巴江俪岛截污廊道工程全长8400米，总投资概算2247.27万元，于2009年2月5日正式动工建设，11月26日完工并通过初步验收。验收后正进行清淤、覆土、竣工验收资料整改完善等扫尾工作。

【“创模”及生态县创建工作】 一是按照市创建办工作要求，完成了创建国家环保模范城市及生态县创建任务分解工作。二是按市“创模”办的要求与市政府同步完成“创模”各项工作，按要求做好档案资料的收集整理。三是加大宣传力度，利用科技宣传活动周积极开展“创模”、生态县创建及环保法律法规宣传，同时以“6·5”世界环境日为契机，开展了以“生态美县、你我参与”为主题的大型宣传活动。宣传活动期间共发放宣传材料12000份，制作宣传展板12板，悬挂宣传横幅14条。四是积极开展城乡园林绿化及生态建设工作。板桥、西街口、圭山、鹿阜四镇的“环境优美乡镇”创建通过省级评审，已上报国家环保部命名。启动了板桥、西街口、圭山三个镇集镇污水处理系统建设工作。圭山镇糯黑村、石林镇小箐村两个生态示范村项目规划，12 月 17 日、18 日通过省环保厅组织的专家考评，已报国家环保部命名。五是按照石林县委、县政府关于进一步加强城乡园林绿化及生态建设工作要求，结合工作实际，积极开展绿色机关、绿色工厂、绿色学校、绿色社区、绿色家庭、绿色庭院等绿色创建工作。经 2009 年 11 月 16 ~ 17 日组织创模各成员单位对 2009 年列入绿色创建的单位进行检查，评选出一批创建达标单位和家庭由县人民政府命名。

【节能减排】 二氧化硫减排情况：石林县列入 2009 年二氧化硫减排目标为麒联冶金有限公司和益华冶金有限公司结构减排，两个公司高炉于 2009 年 12 月 25 日正式关停，对设备进行了拆除。全年完成二氧化硫减排任务 13.3 吨。

化学需氧量减排情况：石林县列入 2009 年化学需氧量减排项目为污水处理厂工程减排。全年完成 COD 削减 344.3 吨，完成全年减排量的 114.7%。

【建设项目环境管理】 一是严格落实“四进中心”。及时签订行政授权决定书，明确进驻县便民服务中心首席代表，对单位所承担的行政审批和管理服务事项全权履行相关行政审批职权；明确行政审批办公室分管领导、办公室主任及具体工作人员；明确授权的行政审批事项及权限范围；及时做到公章进中心，并制定窗口工作人员工作职责。实行一个窗口受理、一条龙服务，真正做到进入无条件、审批无阻力、程序无障碍。二是加强建设项目环境管理。2009 年共审批建设项目 778 件（其中：环境影响登记表 446 份，报告表 26 份，报告书 2 份，审批意见表 304 件），受理咨询件 171 件，完成建设项目竣工验收 18 件。新上建设项目环境影响评价申请执行率达 100%，“三同时”申请执行率达 100%。三是按照全面实施排污许可证相关要求，积极开展排污许可证的核发、换证工作，全年共核发排污许可证 33 户，年检换发排污许可证 109 户。四是严格按上级业务主管部门要求，建立审批新（改、扩）建项目、验收名录及排污总量增减台账。掌握辖区内主要污染物排放总量变化情况，每月按时向市局污控处及管理处报送有关台账和报表。

【环境执法】 坚持“12369”环保投诉热线 24 小时专人接听，并以最快时间赶赴现场进行调解和处理。中高考前一周，县环保局共出动 42 人次进行夜间噪声巡查，24 小时受理群众投诉。中高考期间，安排专人到考场周围进行监督检查，严禁考场周围企业、厂矿、作坊噪声污染，为考生营造安静的考试环境。全年共接到并办理了 69 件环境污染投诉举报，投诉受理率、办复率达到 100%。

环境监察大队对列入正常环境监管的 146 户企业加强日常现场检查力度，全年共检查企业 80 余户，制作现场检查记录 86 份，发出现场处理决定书 34 份。加强危险废物监督管理工作，确保医疗废物集中处置率达到 100%，辖区内无危险废物排放。全年共对 5 起环境违法案件进行查处，其中：非法洗选重晶石 1 件，未经环保审批投入建设 1 件，违法排污 3 件（石林瓦窑再生塑料加工厂治理设施不健全导致违法排污、石林兴隆石材有限公司违法向外排放石浆、石林县琦源养殖场养殖废水违法排放）。

认真开展 2009 年环保专项整治行动。一是巩固 2008 年环保专项行动成效，继续开展饮用水源保护区督查和污水处理厂、垃圾填埋场集中整治。二是着力打击“两高一资”行业重点污染企业的环境违法行为，结合污染减排工作，展开涉砷行业专项检查。会同西街口镇对不符合国家产业政策的小土法炼油厂进行强制关停；会同县水务局、县国土局、石林镇对路星村辖区的非法采矿点进行生态恢复；会同大可乡对非法开采重晶石的采矿点进行强制封停。

【环境监测】 一是按规范开展县城水、气、声等环境质量监测（例行监测、指令性监测、监督性监测），全年共获得有效监测数据 2339 个。及时向县政府及相关部门上报环境质量监测动态，提出改善环境质量的意见和建议。二是 2009 年 6 月 1 日起，启动石林县环境空气质量状况日报制度，每天根据监测结果，将主要污染物、污染指数、质量状况以短信的形式发到科级领导干部手机上。三是按照石林县河库长管理工作有关要求，2009 年 9 月石林县环境监测站对黑龙潭水库、团结水库等 20 个水库湖泊及巴江等 6 条河流水质进行全面监测。各水库监测项目为 35 项，共获得有效监测数据 726 个。对照相关标准，就水质达标情况作了分析，提出了对策建议。

【环境监察监测能力建设】 争取上级配套补助，加强环境保护能力建设。2009 年 9 ~ 10 月，共到位环境监察执法车辆 2 辆、环境监测车辆 2 辆，折合资金约 90 余万元，为完成全县环境监测、监察工作提供了保障。开展全国农村大气自动监测站建设项目，年内完成了选址定点、立项审批、规划设计等前期工作。

（撰稿人：县环境保护局　毕桂仙）

科教卫生

教　育

【县教育局】　1989年3月17日，经县人民政府批准，原县文化教育局分为县文化局和县教育局。2009年，县教育局局机关设办公室、教育科、人事科、计财科、教研室、招考办、督导室、安全办8个科室，年底有在职干部职工35人，其中：公务员16人，专业技术人员16人，工勤人员3人。单位地址在石林南路。

2009年，县教育局招考办被教育部考试中心、中英教育测量学术交流中心表彰为“2006～2008年剑桥少儿英语优秀培训机构”。按时办结人大建议15件，政协提案7件，办理满意率达100%。资助支农联系点石林镇松子园村委会10000元生产经费。

党委书记：普光强（彝族）
局　　长：普光强（彝族，12月止）
　　　　　徐永平（女，12月起）
党委副书记：徐永平（女，12月起）
党委副书记、纪委书记：张云涛
副局长：毕卫华（彝族，12月止）
　　　　陈贵云

【福建招商分局】　2009年福建招商分局由县教育局、县统计局、县供销社三个部门组成，县教育局为牵头单位。招商引资指标任务为3000万元，实际完成7198.53万元，占指标任务的239.95%。引入的项目有中国电信第三代移动通信石林无线网络基站建设、中国移动通信设备投资购置、石林金恒园艺绿化苗木基地建设、云南润程文化传播有限公司、石林花桩坡建筑建材厂、石林彝欣商贸有限公司、云南滇璞红木工艺品有限公司旅游产品开发。

【教职工基本情况】　2009年底全县有在职教职工2968人，其中：专业技术人员2793人（副高职务224人、中职职务1392人、初职职务1093人、未定职84人），职工175人；离退休教职工820人，其中：退休791人，离休29人。幼儿园教职工72人，其中专业技术人员68人；小学教职工1675人，其中专业技术人员1643人；初中教职工839人，其中专业技术人员632人；普高教职工281人，其中专业技术人员249人；职高教职工77人，其中专业技术人员70人；进修学校教职工14人，其中专业技术人员13人；教研室教研员16人。

【教育改革】　深化办学体制改革，鼓励社会力量办学，民办学前教育比重大幅提高，达81.2%。优化教育布局，整合县城区教育资源，挖掘县城学校扩容潜力，完成增容3000人的目标任务，县城校（园）学生逾18000人。深化普高教育改革，制定实施《普通高中均衡分配教师和学生资源方案》，整合优化教师和学生资源配置，为普高发展搭建公平竞争新平台。坚持“公开、公平、公正”的原则，严把入口关，面向全国公开招聘中小学教师29人、特设岗位教师57人。推进教育人事改革，城区、坝区学校变教职工正常聘任流动为通过笔试、面试依照综合成绩进行公开选聘流动，公开选聘流动人数达143人。

【幼儿教育】　2009年全县有幼儿园42所，学前班88个，在园在班幼儿9421人（含学前班2498人），幼儿入园入班率87.4%（其中入园率64.23%）。

【义务教育】　2009年全县有小学73所，初中9所。小学在校生22911人，初中在校生11029人。小学毛入学率114.22%，辍学率0.08%；初中毛入学率114.01%，辍学率0.28%。小学毕业3933人，毕业率100%；初中毕业3416人，毕业率100%。

【高中教育】　2009年全县有普高2所，在校生3260人。高中毛入学率83%，比上年提高3个百分点。有职高1所，在校生869人，就业率达98%。

【成人教育】　开展职业技术培训达2.1万人次，绿色证书培训2500人。扫盲200人，青壮年文盲率城镇控制在2%以内，农村控制在5%以内。

【招生工作】　2009年小学计划招生3517人，实际招生3578人；初中计划招生3893人，实际录取3912人，实际到校报到3912人；普通高中计划招生1220人，实际录取1136人（含择校生），实际到校报到1104人；职业高中计划招生400人，实际录取415人，实际到校报到（含学校直招生）415人。

高校招生：报名997人（文史类376人、文科艺术类31人、文科体育类16人、理工类546人、理科艺术类13人、理科体育类15人），实考994人，上线906人（一本52人、二本203人、三本169人、一专107人、二专375人），上线率91.15%，比2008年提高了3.64个百分点。

自学考试：组织第56次、第57次、第58次自学考试及高等师范自学考试867科次，办发自学考试本专科证书47个。

社会考试：积极推进全国剑桥少儿英语培训工作，剑桥少儿英语年培训规模达到746人。

【教师队伍建设】　认真开展教师继续教育培训，培训率达100%。中小学、幼儿园教师培训地方选修课30门，校本培训面达100%。组织81名新教师进行岗前培训。评定县级中小学、幼儿园学科带头人、骨干教师56名，市级中小学、幼儿园学科带头人、骨干教师5名。

【基础建设】　实施中小学标准化建设6所，板桥小学、鹿阜中学标准化建设于年内竣工，巴江中学、鹿阜小学、石林镇中学、石林镇中心完小标准化建设将于2010年7月前竣工。6个标准化建设项目新建校舍78963.5平方米，总投资17587万元，其中市级补助资金9276.2万元、县级配套资金8310.8万元。顺利实施县一中扩建、民中扩建、职中迁建3项校舍工程建设，总投资5760余万元。

【“两免一补”工作】　2009年义务教

育阶段学生共33940人，杂费和教科书费全免，教科书费免除资金为314.91万元。补助贫困家庭寄宿制学生生活费21159人，补助总金额为1328.06万元。

【禁毒防艾及环保宣传】 多形式、多渠道广泛深入开展禁毒防艾宣传教育活动，学生禁毒防艾知晓率达98%，教师禁毒防艾培训面达100%。在全县中小学广泛开展环境保护工作，环境教育普及率达95%以上。

（撰稿人：县教育局 邢聪明）

科　技

【县科技局】 1973年6月成立县科委，1995年改称县科技局。2009年县科技局内设办公室、业务科、法制综合科和知识产权局（二级局），年底有在职职工10名（其中借调2名）。单位住址在东城区科技服务中心。2009年由县科技局等单位实施的"日本甜柿规范化栽培及采后商品化处理技术示范"项目获云南省2008年度科技奖科技进步类三等奖。2009年扶持支农联系点西街口镇紫处村委会6500元。

局　长：李　韬（4月止）

杨炳学（4月起）

副局长：槐永强

【实施县级科技计划】 2009年在充分调研的基础上，紧紧围绕县域经济发展对科技的需求，按照"突出重点，先行示范，以点带面，整合资源，强化管理，全面推进"的原则，组织投入资金672万元，其中：县级科技资金投入60万元，承担单位自筹及其他资金612万元。实施县级科技计划项目13个，完成了万寿菊种植技术示范3000余亩、玫瑰种植技术示范60亩、大花蕙兰生产质量管理标准化操作流程研究与应用53000盆、食用菌制种技术研究与开发、桑蚕种养技术示范1146亩、优质枇杷种植技术示范1041亩、优质肉牛养殖标准化技术示范500余头、商品牛快速育肥技术示范147头、孔雀山鸡特禽养殖技术示范、乡土绿化苗木培育技术研究、卤腐软包装技术研究与开发、"石旅"牌系列面条新产品研发、科技培训等13个项目。通过强化专家立项评审、严格合同管理、加强检查落实、专家验收评审和报账制审查批拨科技经费，所实施的科技项目都从不同侧面提升了该领域的科技含量，并取得了较好的经济、社会和生态效益，实现新增产值3726.09万元，新增收入917.87万元。

万寿菊引种示范

【审列实施上级科技项目】 在充分调研的基础上，紧紧围绕县域经济发展对科技的需求，全年组织审列并组织实施的省、市级科技计划项目8项（省级1个、市级7个），组织投入资金6102.94万元（省级投入30万元，市级投入224万元，县级专项科技资金投入20万元，承担单位自筹及其他资金投入5828.94万元），当年省、市级到位194万元。具体实施项目为：云粳优13号制种关键技术研究及加工产业化、日产2500吨水泥熟料生产线低温余热发电技术研究及应用、石林县"绿色光亮工程"建设、生猪生产现代化饲养技术应用及基地建设、大花蕙兰新品种引进及产业化生产示范、石林金果枇杷产品开发有限公司技术中心平台建设、云南良种奶山羊保种选育技术示范、昆明市科技特派员试点建设。这批科技计划项目的顺利实施，有力地推进石林县的科技进步和技术创新，增加经济增长中的科技含量。

【科技富民强县示范工程】 按照石林县与市政府签订的《科技富民强县示范工程目标责任书》，2009年共组织投入项目资金1095.12万元，进行科技富民强县示范工程建设，其中：市级40万元，县级配套专项资金20万元，企业自筹1035.12万元。组织开展了以下工作：DLY原种猪场生活区、生产区6000多平方米的建设工作，PIC仔猪繁殖基地改扩建，商品猪养殖小区绿化苗木30000余株的配套建设等工作。至12月底养殖小区出栏商品猪13000头，每头1400元，实现销售收入1820万元；1～12月，共向全县养殖户提供人工授精改良7000余窝，培训农户1000多人次。该示范工程顺利通过了市科技局组织的2008年度和2009年度专家检查。

【科技进村入户示范工程】 承接上年科技进村入户示范工程，完成安装太阳能路灯13盏（乐尔村新增1盏30瓦、园博园10盏各60瓦、科技局办公区1盏60瓦、财政局生活区1盏30瓦），并通过市财政局委托中介机构的审计。2009年科技进村入户示范工程共组织

投入58.83万元（市级20万元，县级配套10万元，示范村自筹28.83万元），圆满完成“绿色光亮”示范工程。一是采用集镇配套推进方法，请云南师范大学太阳能研究所做好规划设计。二是按照市绿色光亮工作方案和技术规范，招标完成采购、安装太阳能路灯62套，其中：圭山镇海邑集镇21套（30瓦8小时亮）、长湖镇维则集镇33套（均为30瓦，其中15套为夜间全亮）、石林镇和摩村2套（60瓦8小时亮）、路美邑镇小滑坡村6套（30瓦8小时亮）；所安装的灯杆、灯具、太阳能组件、控制器、蓄电池等产品均符合国家及行业相关规定并与之匹配，并签订售后服务3年。三是在太阳能路灯的建设中，石林县遵循“三分建、七分管”的原则，探索制定适宜新农村建设的太阳能路灯管理防护措施，明确安装、调试结束后将项目所产生的固定资产移交当地，纳入当地集体经济管理范围；组织做好物理防盗工作，将蓄电池组件采用水泥浇灌于地下；确定当地联络员与安装公司，建立沟通解决机制，并在每棵灯杆上标注建设单位、联系电话等内容，便于当地管理员发现问题及时协商解决。通过项目的实施，进一步解决了农村街道、公共活动场所的照明。2008～2009年该进村入户示范工程顺利通过市审计局的审计。

【实施全民科学素质行动计划】 一是组织干部职工参加“四下乡”活动，发放各类科技资料、书刊10000份（册），现场科技咨询500余人次。二是组织14家科普联席会议成员单位，围绕“携手建设创新型石林，助推石林跨越式发展”这一主题，组织开展2009年“科技活动周”活动。全年开展集中宣传4次，开展了节能减排与新能源汽车宣传，环保型科普公园宣传，绿色光亮工程，医疗卫生进社区、进乡村，引导企业自主创新等一系列科普宣传活动，发放科技书籍2526册、科普宣传资料43800份、科普挂图1270份，展出各类科普展板220块次，接受咨询4473人次。三是适时在全县组织举办各类科技培训班培训412期，培训43358人次，占培训计划任务数的108.40%。四是组织参加县综治维稳及“创建平安县”宣传月集中下乡活动，发放各类科技资料1800余份，现场咨询200余人次。

【知识产权管理】 一是充分利用“科技下乡”、“4·26”世界知识产权宣传周和“科技活动周”等宣传活动，认真组织开展知识产权宣传工作，全县共开展知识产权宣传活动14次，悬挂横幅、标语5条，展出各类展板40余块，发放《知识产权普及手册》、《专利法》、《专利申请知识》、《著作权相关知识》等宣传资料9000余份，参加活动人员200余人次，接受咨询群众600余人次。二是在“4·26”知识产权宣传周和9月份专项执法检查期间开展知识产权执法专项行动，共出动执法人员136人次、车辆57台次，收缴非法盗版音像制品1336张（碟）、非法盗版书刊18册，对有侵权行为的3家KTV歌舞厅进行责令整改，摸底调查药品经营企业（个体户）55家（对其中2家违规企业进行了处罚），检查农资企业26家、建材企业7家、乳制品企业4家、特种设备企业41家、絮棉制品生产企业3家，对生产印制假标识、假包装、伪造、冒用名牌、免检、认证质量标识等违法行为进行严厉查处。三是认真开展市级知识产权强县培育工程，经申报，石林县被市知识产权局批准为昆明市2009年知识产权强县培育工程县区。四是积极开展中小学知识产权教育培训工作。按照市知识产权局的部署，结合石林县实际，遴选了县民族小学六年级、鹿阜中学初中二年级、县一中高中二年级、县民族中学高中二年级涉及55个班的3020名中小学生，开展中小学知识产权教育培训工作。教材已全部免费发放到每一名学生手中，做到了人手一册。4个学校都已按要求成立了兼职教师队伍负责试点培训，其中7名教师参加了市知识产权局、市教育局组织的骨干培训。五是组织开展专利资助日常工作，报批了6项专利资助。全年申报专利13项，授权6项。

【加强科技人才管理】 一是组织开展对昆明市第五批中青年学术和技术带头人后备人选刘世生、吉树全、朱玉高的2008年度目标任务完成情况考核工作，经评议：刘世生为“实现年度培养计划目标”，吉树全为“基本实现年度培养计划目标”，朱玉高为“未完成年度目标”。二是组织推荐2名专业技术人员申报第七批市级中青年学术和技术带头人及其后备人选，经市培养引进工作领导小组审核并报市政府批准，石林绿汀甜柿产品开发公司总经理梅为云为市级第七批中青年学术和技术带头人后备人选。至2009年底，石林县已有市级中青年学术和技术带头人后备人选4名。

【巩固科技创先成果】 1997年石林县获得“全国科技工作先进县”称号。根据国家、省、市科技部门《关于开展2009年全国县（市）科技进步考核工作的通知》精神，在县考核领导小组的统一领导下，按照《石林县2009年参加全国县（市）科技进步考核工作方案》，县科技局、县统计局、县财政局等相关部门密切配合，认真对照考核标准进行了自检自查，3项一票否决指标达到考核标准，其他考核指标基本达到考核要求，相关考核材料已按要求及时上报市考核领导小组办公室，并通过了市级和省级专家组的考评。12月27日，经国家科技部审定为“通过2007～2008年全国科技进步考核工作”。

（撰稿人：县科技局　杨　伟）

卫　生

【县卫生局】 1978年11月，成立县卫生局。2009年局机关内设办公室、人事规划与财务科、综合管理科、疾病控制科、爱卫办，年底有在职职工12人。2009年度市对县卫生工作责任目标考核中石林县被评为全面达标县，在14县（市）区中卫生工作位列第2名、防治艾滋病工作位列第4名。2009年资助支农联系点圭山镇小板田村委会2000元生产经费。

党委书记、局长：周保能
党委副书记、纪委书记：
　　　　赵江庆（女）
副局长：王松梅（女，7月止）
　　　　李林青（女，彝族，
　　　　　　7月起）
　　　　高炳元
　　　　黄文学（彝族）

【医疗卫生机构】 2009年底全县有各级各类医疗机构161个，其中：县级医疗卫生机构5个，乡镇卫生院7个，社区卫生服务中心2个，村级卫生室92个，民营医院2个，个体诊所53个。县、乡镇两级医疗机构开设病床761张，每千人拥有病床3.17张；有职工894人，其中卫技人员759人；县、乡公立医疗卫生机构有职工483人，其中卫生技术人员419人；每千人拥有卫生技术人员3.16人；有乡村医生185人。2009年全县公立医疗机构门诊人次310188人次，住院人次31361人次。

【南通招商分局】 2009年县卫生局和县爱卫办、团县委共同组成南通招商分局，县卫生局为牵头单位。县下达任务数为引进国内市外资金3000万元。全年共引进3个项目，经县招商引资考核办认定完成3609.58万元，完成任务数的120.32%。

【医疗卫生体制改革】 学习贯彻国家、省、市、县关于深化医药卫生体制改革文件精神，7个乡镇卫生院均成立了公共卫生部和医疗服务部，全面实施乡村卫生服务“一体化”管理，理顺了基层防保关系。积极探索符合本县实际的医疗卫生体制改革途径，编制了石林县《卫生事业发展“十二五”规划》、《医疗机构设置规划（2010～2015年）》，为民营医院发展预留空间，在做大做强股份制民营医院昆医附二院石林天奇医院的同时，新增个体诊所5个、民营医院1个（即石林九龙医院）。全县医疗资产总量不断扩大，2009年公立医疗机构总资产为12618万元，比2008年增1739

万元，占全县医疗总资产的46.39%；民营医疗机构总资产为14584万元，比2008年增612万元，占全县医疗总资产的53.61%。

【疾病预防控制】 完善突发公共卫生事件应急处置预案，积极开展甲型H1N1流感、鼠疫、霍乱、伤寒、手足口病等重大传染病防控，健全县、乡（镇）联动和多部门协作的医疗急救体系，组建了医疗急救专家库和多梯队应急队伍，开展了物资储备和应急演练，不断提高处突能力。规范重大紧急信息报送制度，加强监测预警。与县教育局联合印发了《学校和托幼机构传染病防控工作方案》，与教育、建设、工商等8个部门联合印发了《关于进一步做好夏季肠道传染病防控工作的通知》，建立起联防联控工作机制。由于措施有力、工作到位，杜绝了甲类传染病的传入和复燃，乙类传染病得到有效控制。未出现聚集性甲型H1N1流感突发公共卫生事件。

【健康教育】 作为“亿万农民健康促进行动”的省级试点县，石林县依托县、乡镇、村网络体系大力开展健康教育，组织开展防治艾滋病、手足口病、甲型H1N1流感、碘缺乏病、结核病及计划免疫、鼠疫、伤寒等传染病宣传活动，发放手册、宣传画、折页、宣传处方等宣传资料共计30余万份。通过深入广泛宣传，群众健康意识不断提高，居民健康知识知晓率达82.8%、行为形成率达66.4%，学生健康知识知晓率达84.2%、行为形成率达67.4%。

【妇幼卫生】 围绕“稳住住院分娩率，提高两个系统管理率，降低两个死亡率”目标，启动新一轮“降消”项目。全年孕产妇死亡1人，死亡率为35.89/10万；婴儿死亡27人，死亡率为9.69‰；新法接生率99.28%，住院分娩率98.82%；孕产妇保健覆盖率98.13%，系统管理率96.45%；高危孕产妇筛出率32.60%，目标人群HIV抗体检测率98.37%；儿童保健覆盖率85.00%，系统管理率90.02%；高危儿童筛出率17.82%，管理率100%；5岁以下儿童死亡率13.28‰，围产儿死亡率11.78‰。各项指标均控制在市下达指标范围内。

开展妇科病普查6344人，查出患者3533人，做到早防早治；实施贫困孕产妇救助127人，支付基金41284元。建立起县财政每年按全县总人口人均0.1元的比例核拨资金作为危重患儿救助资金制度，救助危重、贫困患儿6人，支付救助金15189.8元。

【行业监管】 规范卫生行政审批和管理服务事项，政务服务中心卫生局窗口全年共办理各种审批事项475件、注销22件，办理健康证3000余件，接受咨询300余人次；严把医疗市场、医疗机构和卫生技术人员准入关，完成53家个体诊所校验。对各级各类医疗单位开展执法监督检查，建立了传染病监督管理档案；严厉打击非法行医，责令停业40家，打击游医摊点16个，取缔“黑诊所”6家，没收药品、器械价值约15万元；开展餐饮量化分级管理359家；对53所中小学、幼儿园进行现场监督检查，组织4所学校申报食品卫生A级单位。实现火把节、国际人类学与民族学联合会世界大会糯黑考察点等重大节庆活动卫生保障“零差错”。

【中医药事业】 全面实施基层常见病、多发病中医药适宜技术推广应用项目和专科专病建设项目。5月28日由卫生部、国家中医药管理局举办的“中医中药中国行”大型科普宣传活动云南站启动仪式暨昆明站活动在昆明东风广场举行，石林县参加了昆明市的宣传活动。根据县委、县人民政府《石林彝族自治县政府驻地镇行政区划调整工作实施方案》，经县卫生局党委10月11日会议研究，将路美邑镇卫生院更名为鹿阜镇卫生院；鹿阜镇社区卫生服务中心从县中医医院剥离，归并鹿阜镇卫生院。由县中医医院承担的原鹿阜镇辖区的医疗卫生、疾病预防控制、妇幼保健、健康教育、卫生监督等农村卫生工作和由鹿阜镇社区卫生服务中心承担的社区卫生工作等职能划转鹿阜镇卫生院；县中医医院承担县级中医医院职能。县机构编制委员会《石林彝族自治县县政府驻地镇区划调整机构编制实施方案》明确，从县中医医院调剂出6名事业编制给鹿阜镇卫生院，调整后鹿阜镇卫生院共核定事业编制23名（含计划生育服务所2名编制），县中医医院核定事业编制30名。

【新型农村合作医疗】 2009年新型农村合作医疗参合率达98.69%；省、市、县、乡(镇)四级定点医疗机构住院起付线分别为400元、400元、150元、50元；补偿报销比例分别为省、市级30%、县级55%、乡（镇)级65%；住院补偿报销封顶线2009年1月1日至2009年8月31日为2万元，2009年9月1日至12月31日为2.5万元；参合农民全年人均门诊减免累计封顶线为200元。启动33个村级卫生室门诊补偿试点。2009年度（2008年11月21日至2009年11月20日）新农合门诊、住院总人次为132999人次，受益率为66.21%，较上年增33.9%。共支付统筹基金2347.41万元，占年度统筹基金总额的118.93%，较上年增35.18%。

【卫生基础设施建设】 列为第一、二、三批中央扩大内需投资建设项目的长湖、石林卫生院建成并投入使用，圭山卫生院正常施工，县人民医院搬迁新建项目于2009年11月30日开工建设。为全县92个村级卫生室和7个乡镇卫生院配置了价值196.5万元的基本医疗设备。

【卫生人才建设】 制定了石林县《卫生系统人才培养计划》和《卫生系统“十二五”人才培养规划》，与昆明医学院成教院联合开办的石林教学点成人医学教育本科班65名学员取得毕业证书。全年选派参加省外进修4人，省、市级培训133人次，县级培训1180人次。县卫生局获省卫生厅“云南省农村基层卫生人员中专学历教育行政管理二等奖”。公开招聘了24名国民教育医学院校大专以上学历毕业生到县、乡镇医疗卫生单位工作，其中1名为硕士研究生。

【医德医风】 层层签订并认真落实党风廉政建设和纠风工作责任制，深入开展“医院管理年”活动。卫生行业作风调查和群众满意度测评综合满意率达99.03%。全县卫生系统届期内有市级文明单位2个、县级文明单位3个。2010年1月，县人民医院顺利通过中国医院协会“百姓放心医院”第二周期动态管理工作考核，继续保持“全国百姓放心示范医院”荣誉称号，为云南省获此殊荣的7个医院之一。

（撰稿人：县卫生局　赵玉红）

爱国卫生

【县爱卫办】 2007年5月，根据县机构编制委员会批复文件，独立设置了县爱国卫生运动委员会办公室，明确为正科级全额拨款事业单位，内设综合科、业务科2个科室，2009年有在职职工5人。办公地点在鹿阜镇东城区9号地。

主　任：王松梅（女，7月止）
　　　　李林青（女，彝族，7月起）
副主任：马劲松

【爱卫成果】 10月30日经过昆明市爱卫会的考核验收，县检察院、圭山镇人民政府、圭山镇卫生院3家单位为市级爱卫先进单位，鹿阜小学、西街口镇中心学校为市级无吸烟先进单位。11月17日，经过省爱卫会验收，圭山镇成为石林县第一个省级卫生镇，圭山镇糯黑村成为石林县第六个省级卫生村。

【健康教育】 在第21个爱国卫生月活动及世界无烟日宣传活动期间，共发放宣传材料40000余份，张贴戒烟海报75张，出黑板报、墙报10余期，在公共活动场所制作固定禁烟宣传专栏1块，展出流动活动宣传展板12块。

【病媒生物防制】 全年共开展以灭鼠为重点的病媒生物防制活动3次，共发出溴敌隆灭鼠毒饵8780千克，灭蟑药物1219盒，灭蝇、蚊药248瓶。7月17～31日，在糯黑村开展消杀工作15天次，出动专业技术人员60人次、车辆15台次，累计室内消杀497户次，外环境消杀面积90000余平方米。

【农村改水改厕】 2009年县爱卫办争取中央补助地方公共卫生专项资金30万元，完成750户农村卫生户厕的改造；支持其他单位改厕资金4万元，完成1个村委会的公厕改造；支持改水资金3000元，完善1个村委会的水窖。

（撰稿人：县爱卫办　李彦芳）

文化体育

社会文化管理

【县文化体育局】 1989年3月，县文化教育局分为县文化局和县教育局。1995年2月，县体委与县文化局合并成立县文化体育局。2009年机关设办公室、文化科、体育科、文体市场科，下属单位有县文化市场稽查队、县文化馆、县图书馆、县文物管理所、县阿诗玛艺术团、县民族体育服务中心、新华书店石林分公司（代管党群工作）7个事业单位，全系统机关和事业单位共有在职干部职工93人（不含代管单位人员），其中局机关11人。局机关办公地点在鹿阜镇石林中路120号。

2009年1月3日，石林县被文化部公示为“中国民间文化艺术之乡——歌舞之乡”；年内，县文体局被国家体育总局授予“全国群众体育先进单位”，方跃章被文化部授予“非物质文化遗产保护工作先进个人”称号。资助支农联系点板桥镇冒水洞村委会3000元生产经费。

总支书记：万春林（彝族）
局　　长：张海斌（彝族，2月止）
　　　　　万春林（彝族，2月起）
总支副书记：黄　兴（彝族）
副 局 长：毕玉珍（女，彝族）
　　　　　方跃章（彝族，7月起）

【文化产业招商分局】 2009年县文化产业招商分局由县文化体育局牵头，县文产办、民宗局协助组成。县下达招商引资任务数为内资5000万元人民币，年内实际到位资金6378.19万元人民币，完成任务数的127%。按照产业招商的要求，分局包装策划了一批包括动漫影视、民族歌舞、节庆文化、文博场馆、康体休闲、赛事运作、阿诗玛特色旅游工艺品开发等方面的文化产业项目，建立了文化产业项目库，制作了石林文化产业投资指南进行项目推介和招商。新引进“中国石林彝族第一村斗牛城”、“阿诗玛书城”和旧城改造项目“石林老街·东门坊”文化旅游项目。年底，中国石林彝族第一村斗牛城完成一期工程，阿诗玛书城主体工程完工，石峰寺续建完成5100万元投资。举办了一场针对新加坡客商的招商引资推介会，外出无锡、杭州、上海、温州等城市招商4人次，保持联络客商20家。

【文化站室建设】 全年完成3个文化站、17个文化室建设工程。3个文化站总投资135.61万元（中央资金48万元、省资金12万元、市资金30万元、县资金15万元、其他资金30.61万元），建筑面积1138.52平方米；17个文化室总投资208.3万元（各级财政投资68万元、其他资金140.3万元），建筑面积18228.1平方米。总受益人口31979人。

【文化市场经营状况】 2009年石林县新发展文化体育市场经营户13户，年底全县共有文化、体育经营单位211户（歌舞娱乐场所〈歌舞厅、KTV、卡拉OK厅〉35户、电子游戏经营户13户、网吧经营户17户、音像制品经营零售出租74户、出版物〈报刊图书出售〉30户、打字复印店33户、演出经营户3户、体育经营户6户），从业人员1200余人。

【文化市场经营单位（户）法人及从业人员培训】 县文体局采取以会代训方式，集中全县文化市场经营单位（户）法人及从业人员，对文体市场管理法规、工商、公安消防、治安、网络安全、禁毒、防艾等法规知识进行宣传教育培训5次，发放相关各项法律法规知识材料1420份，并签订了责任书。执法人员下到经营户上门宣传教育培训4次。全年共计培训558人次。整个宣传教育培训工作得到经营户和广大群众的理解和支持，为依法管理和繁荣文化市场打下了良好基础。

【文化市场稽查】 以净化文化市场为重点，深入开展“扫黄打非”，严厉查缴政治性非法出版物、低俗非法出版物和印刷品，严厉打击文化市场违法行为。全年共出动执法人员933人次，查处接纳未成年人员案2件，停业整顿2家，取缔黑录像室1家。收缴非法音像制品5753盘、政治性违规书刊91册，收缴、销毁违规电子游戏机32台，拆除集成板5块。取缔无证游戏室2家。安装网吧网络文化市场计算机监管平台软件16家。通过教育惩处、人防技防并举，进一步净化了文化市场，维护了文化市场的健康有序发展。

创作表演

【县阿诗玛艺术团】 县阿诗玛艺术团是一支政府文化部门主管的专业文艺表演团体，自1971年8月建团以来，始终遵循党的“二为”方向和“双百”方针，深深扎根于阿诗玛故乡这块古老而丰厚的民族沃壤之中，创作上演了一大批具有地方民族特色和浓郁乡土气息的歌舞节目及彝族迎宾酒歌，深受各族人民的喜爱。县阿诗玛艺术团办公地点在鹿阜镇环城东路25号原老教育局内。2009年底有职工35人，其中：二级作曲1人，二级演员1人。

【小品创作】 县阿诗玛艺术团董建友创作的小品《特殊辅导》，参加县烟草系统文艺调演得到好评。小品通过烟站技术员小张和农户老张家妻子、女儿小张3人多方努力，几经曲折，把老张硬要种植非规定烤烟品种的老观念、老思想改变过来，并成为全村执行种植“一村一品”烤烟模范。

【音乐舞蹈作品创作】 新创作的《春去秋来》音乐舞蹈荣获昆明市第七届老干部文艺汇演二等奖。新整理改编的酒歌《大碗酒》荣获云南省首届酒歌大赛最佳歌曲奖；歌曲《阿诗玛叙歌》和《陪草迷》分别荣获云南省第六届歌舞乐展演铜奖和展演奖；新改编创作的《大三弦》、《远方的客人请您留下来》2个音乐舞蹈节目赴北京参加了中央电视台国庆60周年各民族大联欢“盛世和谐赞”晚会的演出；新整理改编的“2009年中国石林国际火把狂欢节”大型原生态民族歌舞晚会《阿诗玛秘地》音乐舞蹈节目，得到中外来宾的一致好评。新编幼儿舞蹈《小月亮》、《彝乡童趣》分别荣获"我爱祖国"建国60周年昆明市新农村少儿舞蹈比赛金奖和银奖；体育舞蹈《舞动彝乡》荣获昆明市第九届少数民族运动会体育舞蹈金奖，《撒尼健身操》、《舞动彝乡》荣获表演项目一等奖，《石林斗牛》、《金钱棒》荣获表演项目三等奖。新创意、策划和指导的"南米南地"原生态组合参加昆明市青年歌手电视大奖赛总决赛，荣获原生态组二等奖。

【美术、书法、摄影创作】 在昆明市第二届"群星荟萃"美术、书法、摄影作品大赛中，金牛创作的民间画《祭密枝》荣获一等奖，昂继忠的彝文书法获二等奖，毕文明创作的版画《丰收包谷》荣获三等奖，毕文贵创作的民间画《秋实》、毕敏创作的民间画《摘瓜》、赵光亮创作的民间画《海连嫁女》、姜青云创作的民间画《新家乡》和黄云峰创作的版画《四季》荣获优秀奖；赵一民创作的摄影作品《斗牛杂耍》荣获一等奖，苏云波创作的摄影作品《石林回韵》荣获三等奖，昂继忠创作的摄影作品《疯狂的斗牛》荣获优秀奖。昂继忠创作的书法作品《南天砥柱》、《疯狂的斗牛》和昂继忠的彝文书法荣获昆明市国庆60周年美术、书法、摄影展二等奖。赵春云书法作品荣获长沙市文联举办的"纪念毛泽东诞辰115周年——毛泽东诗词全国书画大奖赛"金奖。在世界人类学民族学大会期间，昂继忠为到糯黑考察的中外来宾现场进行了彝文书法展示，得到好评。组织美工人员参与并圆满完成了石林园博园两组壁画的创作设计与施工。

【节庆活动】 春节期间，阿诗玛艺术团组织表演队伍先后在县城双龙广场及全县各乡镇开展"三下乡"文化慰问演出5场；精心组织1台精彩的文艺节目，到县办煤矿为农民工进行慰问演出，丰富了广大农民工的业余文化生活。县文化馆组织鹿阜镇、长湖镇、圭山镇、石林镇等乡镇的14支演出队开展了广场文化优秀节目展演活动，并免费向群众发放《石林文化》刊物、《路南民间故事》、《路南民间歌谣》、《路南民间谚语》等书刊，美术辅导人员为群众免费书写春联近千副。

5月昆明国际旅游文化节期间，石林县组织300人的文艺队伍参加演出，其中迎宾队伍有鼓号队、大三弦队、细乐队、狮舞队、过山号队，文艺展演队伍有大老挖原生态阿诗玛表演队、威黑中寨民间文艺队、海邑中寨民间文艺队等。活动充分展示了石林历史文化和民族风情，塑造了石林旅游文化品牌。

火把节期间，阿诗玛艺术团、县文化馆、石林艺术团等单位共同策划、创作并组织了"2009年中国石林国际火把狂欢节"大型原生态民族歌舞晚会《阿诗玛秘地》的演出。晚会以原生态为主题充分展示了彝族撒尼人的悠久历史文化，凸显了民族文化特色，受到了中外来宾的一致好评。

【"文化活县"广场演出】 根据石林县委、县政府提出的"文化活县"战略目标，县文体局从2009年开始，由县阿诗玛艺术团对全县8个乡镇和县城民族民间业余文艺队伍进行辅导培训，在县城双龙广场推出广场文化系列活动。5月2日，在石林风景区日月广场组织了一台由阿诗玛艺术团、圭山镇、板桥镇及阿咪文艺队参加的演出，当天演出2场，吸引了4000余名游客前来观看。5月16日，按照县委宣传部的统一安排，阿诗玛艺术团在县城双龙广场进行了1场科技活动周广场文艺演出，为科技宣传周活动营造宣传氛围，让广大人民群众享受文化体育事业繁荣发展的成果。

全年共计进行广场宣传演出12场，演出队伍11支，参演人数达800人次，观众2万余人。

电影放映

【电影放映培训】 2009年9月20日，县文化馆组织各乡镇文广中心人员参加昆明市组织的数字电影放映培训。同时结合石林县实际，于9月24～26日举办了1期"新昆明农村数字院线公司石林县放映员培训班"，全县7个乡（镇）文广中心主任和8名放映员及3名广场电影放映员参加培训，为石林县农村数字电影"2131"工程的放映工作打下了坚实的基础。

【农村电影"2131"工程】 全年完成"2131"农村电影放映1049场，全面完成放映任务。其中在县城开展"红云红河"广场公益电影放映38场，极大地丰富了城区广大人民群众的业余文化生活。

【校园电影放映】 在完成"2131"农村电影放映任务的同时，县文化馆组织电影放映队进入校园，为全县中小学生放映爱国主义电影《建国大业》20场，促进了学校爱国主义教育工作。

（撰稿人：县文体局　毕世光）

群众文化

【县文化馆】 县文化馆坐落于南门街168号，总占地面积4952.06平方米。1889年始建，为供祀关羽的庙宇，俗称"武庙"，有大门、前殿、后殿、息养亭等建筑物。1934年改"武庙"为"民众教育馆"。建国后改为县文化馆。1986年6月2日，武庙被县人民政府列为县级重点文物保护单位。2009年，县文化馆有办公楼一幢，下设办公室、财务室、音乐舞蹈辅导室、美术书法辅导室、摄影工作室、编辑室、非物质文化遗产保护部、农村电影放映管理站8个业务部门，年底有职工11人。

【群文辅导培训】 1月14～24日，县图书馆举办了寒假少儿书法美术培训班，30多名书画爱好者参加培训。培训结束后，图书馆为学员颁发了荣誉证书。培训期间，从众多优秀作品中精选出20幅绘画作品参加第二届中国国际动漫节项目之一的第四届"天眼杯"中国国际少年儿童漫画大赛，小学员毕镕源创作的《两个地球》荣获优秀奖。

2月起，县文化馆文艺辅导组分别

对彝家乐艺术团、县老年大学等民间艺术团队进行培训辅导授课。

5 月，对少儿舞蹈《小月亮》、《彝乡童趣》进行辅导。参加 5 月 28 日举办的建国 60 周年昆明市新农村少儿舞蹈暨第三届新创少儿舞蹈比赛，《小月亮》荣获金奖，《彝乡童趣》荣获银奖。

6 月 13 日，组织培训 6 支民间艺术演出队，在双龙广场举行第四届“文化遗产日”宣传活动文艺演出；16～17 日，县文体局文化科辅导的老年大学文艺队参加昆明市举办的第七届老干部文艺汇演，撒尼服饰展演、《春去秋来》获二等奖，充分展示了石林县老年人的风采。

7 月，组织培训 60 人的大三弦队到昆明参加全国老年人健身操运动会开幕式；组织培训文艺演出队参加“石林斗牛城”、“石林财富中心”等重大项目工程的开工典礼；组织培训云南省民族民间传统文化保护区建设工作经验交流会迎宾文艺演出活动；组织培训 4 支民间艺术演出队及阿黑、黑石头组合参加创建国家园林县城启动仪式文艺演出活动；国际人类学与民族学联合会第十六届世界大会期间，组织培训县内最具代表性的 6 支农村业余文艺队在糯黑进行迎宾欢迎仪式；组织培训文艺队伍参加昆明市农博会石林展区迎宾活动。

8 月火把节期间，完成上级部门安排的火把节开幕式大型文艺方块队伍展演节目的组织、创编、排练、演出任务，受到观众和领导的一致好评；8 月，县文化馆举办少儿书画培训班 1 期，为期 15 天，学员 36 人，创作作品 137 件，受到家长和社会的一致好评。

9 月，组织、创作、排练《陪草迷》、《阿诗玛序歌》两个节目参加在玉溪举办的云南省第六届歌舞乐展演，《阿诗玛序歌》荣获铜奖、《陪草迷》获展演奖。

10 月，组织、创作、排练节目赴寻甸参加昆明市第九届民族体育运动会体育艺术展演，石林县参加的项目规定类《撒尼健身操》荣获金奖，自编类《舞动彝乡》荣金奖，竞技类《石林斗牛》荣获铜奖，综合类《金钱棒》荣获铜奖，并荣获表演团体类第三名。

【群文赛事】 春节期间，组织开展了迎新春“石林县首届酒歌大赛”，鹿阜镇、圭山镇、长湖镇、石林镇 4 个乡镇 14 支队伍共 31 名歌手参赛。阿着底酒歌队荣获一等奖，普非酒歌队和喀斯特酒歌队荣获二等奖，高玉芳酒歌队、毕文明酒歌队和民间艺术团酒歌队荣获三等奖。

5 月 1～3 日，石林“老首家具杯”青年民族歌舞大赛在县城举行，共有 30 个文艺队参赛，评选出 1 个一等奖（长湖民间文艺表演队）、2 个二等奖（分别为圭山镇前哨文艺队、阿咪文艺队）、3 个三等奖（分别为清水塘仙女湖文艺队、大可乡团委、老海邑村彩虹文艺队），其余 24 个队获鼓励奖。本次大赛为石林县今后发展优秀民族民间文化选拔、挖掘出一批优秀人才。

5 月 19～21 日，县文物管理所毕学英代表昆明市参加由省教育厅、省文化厅、省残疾人联合会主办的第六届残疾人文艺汇演，参赛的声乐节目《竹叶常青》获三等奖，展示了残疾人自强、自立、自信的精神，为石林县及昆明市争得了荣誉。

6 月 26～27 日晚，在县城双龙广场举行了石林青歌赛。来自全县各行业的 53 名选手一展歌喉，为 1000 多名群众带来了一场精彩纷呈的演出。此次预赛共选拔出 20 名歌手参加云南省第三届青年歌手电视大奖赛昆明市选拔赛。

6 月 16～17 日，组织老年大学文艺队参加昆明市举办的第七届老干部文艺汇演。本次汇演共有来自 14 个县（市）区及市级相关单位的文艺队参加比赛。石林县参赛节目撒尼服饰展演、舞蹈《春去秋来》获二等奖，充分展示了石林县老年人的风采。

9 月 11～13 日，石林县组织 20 位农村业余演员组成的演出队，代表昆明市参加了由省文化厅、省民族事务委员会、玉溪市人民政府主办的“舞动云南，歌唱祖国”云南省第六届民族民间歌舞乐展演，声乐节目《阿诗玛叙歌》、《陪草迷》分获铜奖和展演奖。

12 月 1～4 日，石林县从乡镇抽调 40 人组成文艺代表队，代表昆明市参加在昆明市农业科技展览馆内举行的云南省首届“大家乐”群众文化广场舞蹈大赛，舞蹈《大三弦》获得银奖。

【非物质文化遗产保护工作】 稳步推进第三次全国文物普查工作，新发现文物 150 项。建成喀斯特地质博物馆、石林民间美术陈列馆，糯黑彝族文化博物馆挂牌成立。

积极开展非物质文化遗产保护工作。3 月，成功承办了云南省民族民间传统文化保护区建设工作经验交流会；10 月，“月湖传统文化保护区”、“石林彝族摔跤”被省人民政府公布为省级非物质文化遗产保护名录；10 月 16 日，“石林彝族摔跤”被省非遗中心推荐申报国家级项目名录；落实了在非物质文化遗产保护传承工作方面作出突出贡献的 19 名市级以上传承人的生活补助费，并正常发放。

（撰稿人：县文体局　毕世光
县文化馆　许　华）

图 书 工 作

【县民族图书馆】 1983 年 3 月，设立县民族图书馆。1991 年 12 月，县民族图书馆新馆落成。新馆地址在鹿阜镇环城东路 83～93 号，馆舍面积 1680 平方米。2009 年，馆内设服务窗口 7 个、读者座席 255 个（其中少儿借阅室读者座席 70 个），馆外服务网点 15 个。年底有职工 14 人。

【藏书建设】 2009 年县财政拨购书专款 10 万元。全年采购新书 1520 种 3040 册；征集地方文献 64 种 96 册；征订 2010 年报纸 61 种 69 份，杂志 185 种 185 份；装订报刊合订本 668 册。全年共计入藏图书、期刊合订本 1834 种 3804 册。年末馆藏各类文献 143426 册（其中视听文献 45300 册、纸质图书 98126 册），图书、报刊目录 10 套，资料专柜目录 3 套。修补破损图书、期刊 3374 册。

严格按照《中国图书馆分类法》第

四版分类标准，完成3136册图书的分类、著录、书目数据录入等工作，制作新书目录卡片9408张、导卡410张。

【读者服务】 2009年共办理借书证432本、换证127本，年末持证读者6608人。全年共接待读者128267人次，其中：馆内接待读者72537人次（含内阅36263人次、外借36274人次），馆外接待读者55730人次（图书流通点、“三下乡”、图书馆服务宣传周等活动31230人次，阅报栏读者24500人次）；流通图书133590册次，其中：馆内流通130090册次（内阅82412册次、外借47678册次），馆外流通3500册次（图书流通点）。为读者代借代还、预约借书、推荐优秀图书1320册；为社会各界人士提供查阅资料280册（件）182人次；开展读者活动及读书活动12次，定题跟踪服务12件，解答各类咨询1220条。

【宣传辅导】 根据《石林彝族自治县“知识工程”实施方案》的总体要求，加强对乡镇文化广播电视服务中心、学校、部队、村委会等基层图书馆（室）的业务辅导，全年共下乡34天102人次，分别到8个乡镇文广中心图书馆（室）、石林县教师进修学校、15个“农家书屋”、共享工程乡镇基层服务点进行业务辅导。

开展以送书、送知识、送信息下乡等为主要内容的“三下乡”活动，服务基层、服务农村。先后在石林镇、县城、南大村、板桥镇等地开展“文化下乡”活动5天25人次。展出《伟大的历史进程——改革开放30年成就展》宣传展板8块60张，《文化信息共享工程专题宣传》图片30张；展览科普图书150种300册；发放农村科技、生活小常识等宣传材料3000余份，免费书写、赠送春联500余副（对）、宣传画500张；发放《艾滋病预防须知》小册子3000余份；向石林镇文广中心、南大村文化室、冒水洞文化室赠送价值7448.80元的图书607册。

开展“图书馆服务宣传周”、“世界读书日”、“科技宣传周”等读者活动，大力宣传图书馆的社会职能和作用，在全社会倡导多读书、读好书的文明风尚，进一步营造全民读书的良好氛围，促进全民族素质的提高。

全年编印《信息参考》12期、文字专栏12期、新书介绍4期820册，制作布标13条。撰写的11篇论文入选昆明市图书馆学会第十三届学术研讨会。县民族图书馆被市图书馆学会评为先进集体。2篇论文刊登在《春城图书馆》期刊。

【文化信息资源共享工程】 按照2009年1月16日在楚雄召开的云南省文化信息资源共享工程建设工作会议精神，石林县及时成立领导小组，制定实施方案，稳步推进工程建设。6月23日，石林县文化信息资源共享工程通过了省文化厅检查验收；7月8日举行石林县文化信息资源共享工程服务网点开通暨数字电影设备发放仪式，县级支中心、8个乡镇基层服务点正式对外开展服务，共接待读者5265人次（县级支中心2065人次、乡镇基层服务点3200人次）。

【农家书屋建设】 按要求做好出版物配送、图书分编上架、制定农家书屋管理制度、业务指导等工作。组织15家农家书屋管理员到昆明参加业务培训，提高管理员服务能力。根据昆明市农家书屋工程实施计划的通知要求，上报40家具备农家书屋建设条件的村委会文化室，争取农家书屋建设项目新指标。

【公共图书馆评估定级工作】 按照文化部制定颁布的县级公共图书馆评估标准和必备条件为依据，2009年9月28日县民族图书馆顺利通过市级评估组的评估验收，评估结果逐级上报，文化部将根据评估结果进行最终的定级命名。

【政府信息网站查询】 做好石林县政府信息公开网站查询点服务工作，满足广大读者对政府信息的查询需求，全年共接待政府信息公开网点查询读者630人次。

【送书下乡工程】 2009年省文化厅安排文化部、财政部配送的“送书下乡工程”图书1872册，配送给石林县鹿阜镇、路美邑镇、圭山镇、大可乡4个乡镇文化广播电视服务中心图书馆（室）。县图书馆按要求完成了图书分类编目、造册登记、排列上架等工作。“送书下乡工程”的实施，充实和完善了基层文化站的藏书建设和藏书结构。

（撰稿人：县图书馆　李红芳）

文物管理

【县文物管理所】 1991年5月1日，成立县文物管理所。2009年内设办公室、文物保护室，年底有职工6人。办公地点在鹿阜镇环城东路25号第1栋。

【文物安全工作】 2009年坚持“预防为主、确保重点、打击犯罪、保障安全”的文物安全工作方针，对全县重点文物保护单位、文物库房开展文物安全检查6次，制作发出《责令限期改正通知书》1份，督促文物使用单位按要求限期完成整改，确保石林县各级各类文物的安全。

【文物宣传工作】 利用“三下乡”、“中国文化遗产日”等活动，在县城和各乡镇深入开展《中华人民共和国文物保护法》、《昆明市文物保护条例》等文物保护法规和第三次全国文物普查宣传展览活动。全年制作发放《文物保护法规摘录》、《第三次全国文物普查宣传资料》等各种宣传资料6000份，制作展出石林县文物保护成果展板12块、黑板报3期。

【第三次全国文物普查野外普查工作】 根据国务院及省、市、县文物普查工作领导小组的统一部署和安排，石林县文物普查工作小组在大力开展第三次全国文物普查宣传活动的基础上，在县委党史研究室、县史志办、各乡镇文广中心等相关成员单位的大力支持和配合下，以乡镇为单位，到各自然村开展地毯式的野外普查，野外普查实地调查自然村覆盖率、到达率达到100%。经过一年时间的普查，新发现各类不可移动文物151项，突破了昆明市第三次全国文物普查领导小组办公室下达石林县新发现文物不少于150项的普查目标，按时完成了文物普查第二阶段的普查任务。

【文物调查保护】　按照《云南省建设工程文物保护规定》，做好石林县中小型基本建设工程地上、地下文物的调查保护工作。对拟建的石林县环城道路、石林县人民医院拟新建区域、云桂铁路沿线石林段、小古城改造项目片区等进行实地勘察。通过勘察，基本摸清了建设工程区域地上、地下文物的分布和埋藏情况，编制完成了石林县建设工程文物考古调查评价报告，向工程项目管理部门和建设部门下达了建设工程文物保护意见书，有效保护了建设工程区域地上、地下历史文化遗产。

【博物馆建设工作】　根据《中共昆明市委、昆明市人民政府关于充分利用文物资源大力发展博物馆业的实施意见》和昆明市文化局的部署安排，2009年3月经省文物局批准挂牌设立糯黑彝族文化博物馆并对外免费开放，同年12月挂牌设立石林民间美术博物馆并对外免费开放。其中糯黑彝族文化博物馆在3月和7月召开的云南省民族传统文化保护区建设交流会和国际人类学与民族学联合会第十六届世界大年会期间，分别完成了以“彝族撒尼语口传叙事长诗《阿诗玛》”、“彝族三弦舞（撒尼大三弦）”、“彝族（撒尼）刺绣”三项国家级非物质文化遗产为主的石林县非物质文化宣传展览和糯黑村彝族文化展。

【贪官许良安遗臭碑申报全国重点文物保护单位】　11月，根据国家文物局、昆明市文化局关于开展第七批全国重点文物保护单位申报工作的通知，石林县文物管理所严格按照《第七批全国重点文物保护单位申报指导意见》、《第七批全国重点文物保护单位申报信息采集标准》等相关标准和规范，撰写了贪官许良安遗臭碑文本材料申报第七批全国重点文物保护单位，并结合县委党史研究室、县史志办等相关单位的意见和建议，经反复修改后报县人民政府批准，上报了昆明市文化局。

【古建筑拣选挂牌保护工作】　9～12月，切实开展好石林县古建筑的保护工作，组织人员对石林县范围具有保护价值的优秀民居建筑进行认真调查，并联合县建设局对18座解放前的优秀民居建筑进行拣选、登记、挂牌，使石林县解放前的优秀民居建筑都纳入到了《文物保护法》等相关法规的保护中。

【举办糯黑彝族文化展】　3月11～14日，在县文体局、县民宗局的支持和帮助下，县文物管理所在糯黑村彝族文化博物馆成功举办了为期3天的彝族文化展览活动。展览活动期间，参观人员络绎不绝，使广大群众在了解石林丰富的彝族传统文化的同时，进一步提高了保护传统文化的重要性和必要性的意识，展览活动取得了良好效果。

7月28～31日，在国际人类学与民族学联合会第十六届世界大会召开期间，县文物管理所在糯黑村彝族文化博物馆举办了为期4天的糯黑村彝族文化展。展览活动紧紧围绕大会“人类发展与文化多样性”主题，对糯黑村彝族文化博物馆原来的陈列展示内容和形式结构重新进行了改版和布展，通过图片展览、实物展览、民间艺人工艺制作现场展演等动静结合的形式，全面展示糯黑村民风民俗、生产生活、文物古迹等丰富多彩的彝族撒尼文化，丰富了大糯黑村学术考察点的考察内容。在展览活动中，国际人类学与民族学联合会主席瓦格斯及国内外人类学与民族学专家学者、与会中外代表、广大群众共2000余人参观了展览。

（撰稿人：县文物管理所　杨冶刚）

群众体育

【组队参加昆明市趣味健身运动会】　4月27日，2009年昆明市趣味健身运动会在昆明市体育中心举行，石林县组队参加了本届运动会。比赛共设袋鼠跳接力、斗鸡、押加、家庭趣味、10人50米同步走、滚铁环、磁性飞标、穿脚蹼跑、踢毽子、转呼拉圈10个群众喜闻乐见的健身项目，共有来自石林、官渡、五华、禄劝等14个县（市）区的23支代表队参加。根据项目的设置，石林县选派11名运动员参加所有项目的比赛，荣获了押加60千克级一等奖、转呼拉圈一等奖、袋鼠跳二等奖、家庭趣味二等奖、磁性飞标三等奖、押加80千克级三等奖、10人50米同步走三等奖，充分展示了石林县健身爱好者的精神风貌。

【参加昆明市第七届老年人体育健身运动会】　5月12日至7月10日，组织老体协31名会员参加由市体育局、市老干部局、市总工会、市妇联、市老龄委、市老体协联合举办的第七届老年人体育健身运动会，参与了柔力球、健身球、健身气功、双抠、门球5个项目的比赛。

【参加全国老年人体育健身大会柔力球交流活动开幕式】　7月21日，第一届全国老年人体育健身大会柔力球交流活动开幕式在昆明市体育馆举行，石林县文体局组织60人的大三弦队伍参加开幕式“红霞彩绘云之南”大型文体表演，石林撒尼人热情、欢快的大三弦把“红霞彩绘云之南”大型文体表演活动推向了高潮，受到省、市各级领导的高度赞扬和观众的好评。

【参加昆明市首届下岗、待岗人员健身运动会】　7月24日，昆明市首届下岗、待岗人员健身运动会在昆明市体育中心举行，比赛共设中国象棋、二人插花接力跑、二人三足50米跑、争当模特赛、躲避球、穿脚蹼跑摸奖、袋鼠跳接力、推车温暖送万家、“斗地主”比赛9个群众喜闻乐见的健身项目，共有来自石林、官渡、五华、禄劝等14个县（市）区的22支代表队参加。石林县选派了12名下岗、待岗人员参加所有项目的比赛，荣获中国象棋第一名、第四名，“斗地主”比赛第二名，穿脚蹼跑第三名，躲避球第三名，推车温暖送万家第三名，二人插花接力跑、袋鼠跳接力赛第五名。

【暑期摔跤培训】 7月7～27日，石林县少体校举办摔跤培训班，此次培训共有来自各乡镇小学的58名学员参加，其中年龄最大的13岁、最小的8岁。为培养石林县摔跤人才，向省市输送优秀运动员，县少体校在58名队员中选拔出5名参加少体校摔跤训练，进行积极培养。

【“全民健身日”活动】 8月8日，石林县举行中国第一个“全民健身日”活动，活动主题为“万众欢乐迎国庆，全民健身展风采”，口号为“天天健身，天天快乐”、“全民健身，你我同行”。当天举行了石林县全民健身日活动启动仪式暨广场体育游园活动。参与此次活动的有县直各部委办局、人民团体、企事业单位以及省、市驻石单位60多个单位共计2000余人。体育游园活动设有二人三足、滚铁环、齐心协力、袋鼠跳、跳绳、转呼拉圈等趣味性浓、参与面广的项目。同时在双龙广场进行了科学健身宣传咨询活动，活动中发放科学健身、健身科普知识等宣传资料3000余份，接受咨询20余次。在活动期间，还通过短信、网络、电视等宣传途径倡议全县各族人民形成自觉锻炼、主动健身、追求健康的生活风尚。

【健身气功展示】 9月21日，石林县文体局组织70名健身气功爱好者参加昆明市第三届健身气功展示交流通讯赛，展示了健身气功八段锦、易筋经、五禽戏、六字诀4套功法，并将展示内容录制成光盘上报昆明市健身气功管理办公室参加评审，荣获二等奖。

【社会体育指导员培训】 11月20日，县文体局举办基层群众体育干部和三级社会体育指导员培训，委托昆明市体育局安排教师授课，培训了体育法律法规、群众体育活动技能及传授方法、体育活动管理知识等社会体育指导员必备的相关知识。来自各乡镇文广中心、20个农民健身工程点的农村体育指导员及县内的体育产业经营者、体育协会负责人、热衷于社会体育指导的社会各界人士51人参加了培训学习，经考核全部结业，并获得了三级社会体育指导员证书。

【云南省模型爱好者联谊会】 11月28日，由云南省体育局、云南省模型运动协会主办，石林县文体局、石林县万家欢农业生态发展有限公司承办的2009年云南省模型爱好者联谊会在石林县万家欢农业生态园举行，共有来自昆明、红河、玉溪、楚雄、曲靖等州市的300余名运动员参加。

【参加昆明市第二届外来务工人员健身运动会】 11月29日，昆明市第二届外来务工人员健身运动会在昆明市体育中心举行，石林县文体局组队参加了本届运动会40米提重物穿脚蹼比赛、集体跳大绳、20米双人“袋鼠跳”、2.5米大灌篮、50米迎面推沙灰车绕杆过独木桥、“斗地主”、砌花墙、健康路径（双杠曲臂支撑、单杠引体向上）、斗鸡、押加、穿衣跑拼图、掰手腕12个项目的比赛，并在12个项目中荣获1个第一名、5个第三名、1个第四名、1个第五名、1个第六名、4个第七名、1个第八名的好成绩。

【体育协会活动】 年内县体育总会指导石林县钓鱼协会、地狗垂钓俱乐部、棋类、信鸽、门球等协会积极开展各类活动，全年共计举办31次，参与人数2000人。

竞技体育

【昆明市中学生拳击比赛】 8月20～23日，石林县组织代表队参加2009年度昆明市中学生拳击比赛，夺得5金、1银、3铜和团体第一的好成绩，蝉联昆明市中学生拳击比赛团体冠军。

【昆明市第九届少数民族传统体育运动会】 10月14～21日，石林县组织96名运动员参加昆明市第九届少数民族传统体育运动会的抢花炮、武术、摔跤、双拐、射弩、蹴球、陀螺、吹枪、秋千、板鞋和表演项目的比赛，获得本届运动会摔跤项目金牌数第一、团体总分第一，同时夺取了民运会竞技项目含金量最高的抢花炮金牌，蝉联了市民运会抢花炮项目“五连冠”，又一次取得了代表昆明市参加云南省少数民族传统体育运动会抢花炮项目比赛的入场券。在本届运动会上，石林县代表团取得了10金11银13铜、团体总分第五名的好成绩。

（撰稿人：县文体局　何丽红、毕世光）

文化产业发展

【县文化体制改革和文化产业发展领导小组办公室】 2004年12月2日，石林县成立县文化体制改革和文化产业发展领导小组，负责全县文化产业发展领导和协调工作，下设办公室在县委宣传部并作为常设机构处理日常事务。2009年，按照市委、市政府关于建设“文化昆明”的部署，石林县委、县政府把培育文化产业，实施文化活县作为壮大县域经济的五大支柱产业来抓。依托石林旅游品牌优势，挖掘以阿诗玛为龙头的民族文化资源，以文化品牌建设为重点，以招商引资为抓手，推进以文化旅游、民族工艺、歌舞演艺、娱乐休闲、节庆会展、影视拍摄、康体健身为主导的文化产业发展，取得明显成效。截至2009年底，全县共有文化及相关产业户数540户（文化产业单位131户、文化个体户409户）；文化及相关产业从业人员达6937人，比上年增加169人，增长2.5%；创造文化产业增加值2.666亿元，比上年增长14.76%，文化产业增加值占GDP的比重为8.6%，比上年提高0.09个百分点。

【着力提升阿诗玛文化品牌】 不断加大非物质文化遗产保护力度，口传叙事长诗《阿诗玛》正积极创造条件申报世界非物质文化遗产。申报石林彝族密枝节、摔跤、斗牛、彝族撒尼古乐、路南卤腐为云南省第二批非物质文化遗产，申报月湖村、维则村、海宜村为云南省第二批非物质文化遗产保护区。着力提升“中国石林国际火把狂欢节”品牌影响力，石林彝族火把节继2005年被国际节庆协会评为“中国最具发展潜力十大节庆活动”之后，2008年又获中华节庆“最佳狂欢气氛奖”，2009年再获“2008～2009年度中国十大创新节庆活动金海豚大奖”和“2009年中国节庆产业金手指奖·十大民俗类节庆”。

【完善文化产业政策】 石林县文化产业发展“十二五”规划编制工作由县委宣传部牵头，县文体局、县文产办配合，委托云南大学文化产业研究院，共同成立课题研究小组编制。在规划编制过程中，主要经历了实地调研、初稿写作、修改完善、评审等4个阶段，并于9月27日通过省、市、县专家评审。规划分为7个部分，分别是：（1）发展现状；（2）指导思想、基本原则和目标；（3）发展战略；（4）建设重点；（5）产业布局；（6）保障措施；（7）实施步骤。规划提出“十二五”期间，石林县大力培育文化产业，将以全面贯彻落实党的十七大精神，以邓小平理论和“三个代表”重要思想为指导，以科学发展观为统领，紧密围绕实现全面建设小康社会宏伟目标和构建社会主义和谐社会的要求，依托石林旅游产业，充分利用石林国际品牌和阿诗玛文化品牌，创新三大体系（“决策—组织”保障体系、“体制—资金”保障体系、“管理—人才”保障体系），实施五大战略（项目带动战略、产业集聚战略、品牌培育战略、人才创意战略、外引内培战略），建设六个重点（积极推进充实、提升石林文化形象的基础平台项目建设；以项目建设为基础，着力推进与旅游业联动发展的产业带动型重点项目建设；着力推动石林融入滇中经济圈统筹发展、适应现代文化产业发展的创意延伸项目；突破区域和行业壁垒，加强文化产业与现代农业、生态工业、现代工业的联动发展，重点推进新型产业园区的建设；继续推动以民族文化、地方文化资源为基础的内容创新、产品研发项目；培育和扶持一批适应本地文化消费需求，具有活力、自主创业和以民营资本为支撑的中小文化产业项目，形成多样化的文化产品与不同层次的生产主体，完善文化产业结构）、重点打造三大文化产业特色带（石林大道都市文化旅游休闲产业带、九石阿民族文化旅游带、巴江休闲文化产业带）和四大文化产业集聚区（文化旅游产业集聚区、文化体验产业集聚区、文化特色产业集聚区、文化创意产业集聚区），积极扶持一批中小文化企业，做大做强10个重点文化产业集团，提升石林文化产业的核心竞争力和国际服务能力；文化产业以及相关产业新增就业岗位明显增加；实现文化产业增加值年均增26%，到2015年，文化产业增加值达11.22亿元，占GDP的15%以上，文化及相关产业总收入较“十一五”期间翻两番，文化产业及相关产业新增就业人口超过传统服务业。

2009年10月15日，按照市委提出的建设文化昆明、打造品质春城的战略目标，根据《中共昆明市委、昆明市人民政府关于深化文化体制改革加快文化产业发展的意见》，出台《中共石林彝族自治县委、石林彝族自治县人民政府关于深化文化体制改革加快文化产业发展的意见》。《意见》结合实际，提出了石林县进一步深化文化体制改革加快文化产业发展的意见。

【推进文化体制改革】 积极推进经营性文化体育事业单位转企改制。对全县文化体育事业单位进行全面清理，完成了石林县电影公司的改革工作，9月28日成立了石林县广播电视网络公司。10月24日，召开石林县文联第五次代表大会，101人名代表参加会议。会议选举产生了县文联第五届委员会主席、副主席、秘书长、委员等人选，健全和完善了文联组织。县文联第四届代表会是1995年8月召开的，迄今已有14年未换届。

（撰稿人：县委宣传部文产办　薛春华）

社会生活

人口结构

【性别结构】 按户籍统计，2009年末石林县总户数80144户，总人口241625人，其中：农业人口213619人，非农业人口28006人，农业人口占全县总人口的88.41%；男性人口121551人，女性人口120074人，男女性别比为101.23∶100。

【民族结构】 2009年末石林县各民族人口分别为：汉族156971人，彝族82249人，苗族705人，壮族649人，回族273人，白族188人，哈尼族186人，傣族132人，其他民族272人。彝族人口占全县总人口的34.04%。

【出生、死亡人口】 按公安局落户、销户情况统计，2009年出生人口2162人，其中：男性1057人，女性1105人；死亡人口585人，其中：男性365人，女性220人。

【年龄结构】 2009年末，全县人口按年龄划分，0～14岁人口有44858人，其中：男性23105人，女性21753人。15～64岁人口有173402人，其中：男性87161人，女性86241人。65岁及65岁以上人口23365人，占全县总人口的9.67%，其中：男性11285人，女性12080人。

2009年末石林彝族自治县人口年龄统计表

年龄	合计	男	女	年龄	合计	男	女
0	739	362	377	24	2875	1417	1458
1	1434	752	682	25	2931	1446	1485
2	1844	985	859	26	2910	1420	1490
3	2531	1297	1234	27	3507	1694	1813
4	2772	1443	1329	28	3450	1715	1735
5	3294	1707	1587	29	3379	1660	1719
6	3092	1630	1462	30	4229	2096	2133
7	3273	1660	1613	31	4772	2355	2417
8	3421	1745	1676	32	4340	2198	2142
9	3597	1908	1689	33	4361	2231	2130
10	3472	1792	1680	34	4588	2297	2291
11	3569	1860	1709	35	4893	2472	2421
12	3855	1950	1905	36	5339	2747	2592
13	3873	1959	1914	37	4891	2454	2437
14	4092	2055	2037	38	5948	3027	2921
15	3676	1870	1806	39	5495	2746	2749
16	3175	1588	1587	40	4937	2515	2422
17	3021	1537	1484	41	5359	2631	2728
18	3521	1836	1685	42	4285	2174	2111
19	3907	2051	1856	43	4897	2417	2480
20	4189	2122	2067	44	4743	2464	2279
21	3659	1839	1820	45	4679	2299	2380
22	3674	1852	1822	46	4632	2367	2265
23	3439	1743	1696	47	3827	1952	1875

续表

年龄	合计	男	女
48	1978	1002	976
49	2301	1188	1113
50	1856	931	925
51	1699	826	873
52	2278	1109	1169
53	2490	1253	1237
54	3038	1527	1511
55	2717	1336	1381
56	2565	1269	1296
57	2472	1201	1271
58	1957	976	981
59	1728	832	896
60	1943	1006	937
61	1764	877	887
62	1826	917	909
63	1682	885	797
64	1580	794	786
65	1527	792	735
66	1426	735	691
67	1509	752	757
68	1376	731	645
69	1259	637	622
70	1146	583	563
71	1231	598	633
72	1187	606	581
73	1260	600	660
74	1127	544	583
75	973	481	492
76	1084	540	544
77	1108	535	573
78	881	411	470
79	846	431	415

年龄	合计	男	女
80	789	393	396
81	781	351	430
82	673	300	373
83	510	228	282
84	430	184	246
85	364	155	209
86	342	145	197
87	295	109	186
88	262	100	162
89	227	87	140
90	148	62	86
91	129	49	80
92	109	46	63
93	96	24	72
94	84	27	57
95	71	22	49
96	32	12	20
97	27	8	19
98	16	1	15
99	14	3	11
100	6	0	6
101	9	2	7
102	4	0	4
103	3	1	2
104			
105	3		3
106	1		1
107			
108			
109			
110			
合计	241625	121551	120074

（撰稿人：县统计局　杨凤英）

民族结构

【各民族人口分布情况】 2009年底，全县有汉、彝、白、哈尼、壮、傣、苗、回等26个民族，户籍人口241625人。汉族156971人，占全县总人口的64.96%，分布于全县7镇1乡223个自然村；彝族82249人，占全县总人口的34.04%，占全县少数民族总人口的97.16%，主要分布于石林、西街口、北大村、圭山等山区半山区乡镇，少数在鹿阜、板桥、大可等乡镇与汉族杂居；苗族705人，占全县总人口的0.29%，主要分布于圭山镇糯斗村、下部龙村，大可乡树密寨，石林镇大塘子村等山区；壮族649人，占全县总人口的0.27%，主要分布于鹿阜镇及圭山镇；回族273人，占全县总人口的0.11%，主要分布于鹿阜、板桥等乡镇；白族、哈尼族、傣族分别为188人、186人、132人，散居于全县各乡镇。

【彝　族】 2009年底石林县境内彝族人口82249人，是全县人口最多的少数民族。彝族是石林最早的土著居民，有着悠久的历史和文化。早在旧石器时代，其先民就在巴江河两岸生息繁衍。隋唐时期曾建立实力强大的落蒙部，其首领世代担任朝廷命官。明代以后，随着土司制度的崩溃和外来移民的增多，彝族与外来民族的同化和融合日益加强，内部分化比较突出。至清代已形成撒尼、黑彝、白彝、彝亲、阿细、阿彝子等众多彝族支系，在分布上最终形成大部分移居山区、少数在坝区与汉族杂居的格局。在石林众多彝族支系中，撒尼人数占多数，特征也较为明显，至今仍保留着独特的民族风俗。撒尼自称“尼”，他称“撒尼”、“撒尼泼”，多是落蒙部后裔。撒尼彝语属汉藏语系藏缅语族彝语支东南部方言撒尼土语，至今仍保留并使用着自己的文字，目前收集到的撒尼古彝文共有1200个字，主要由毕摩世代相传。火把节和密枝节是撒尼传统节日中较为隆重的节日。撒尼除少数信仰天主教外，其余都以原始宗教为主，祖先神灵高居于各种神灵之首。婚姻自由是撒尼人的传统美德，青年男女通过跳舞、对歌和平时的生产劳动互相了解，只要双方情投意合，便可请媒人订下终身。

【汉　族】 2009年底石林县境内汉族有156971人，主要居住于坝区和交通沿线，少数在山区与彝族或其他民族杂居或聚族而居。元代以前，石林以彝族居多。明洪武至永乐年间，朝廷大量从内地征调军队、组织民力到云南各地屯田，汉族人口骤增。此外由于战争、饥荒等原因，历代都有不少汉族移入石林，逐渐形成今天的分布格局。解放前汉族多为包办婚姻，结婚须经过瞧房、许口、换柬、过礼和结婚等仪式。传统节日主要有春节、清明节、端午节、中秋节、重阳节、冬至节。汉族信仰佛教、基督教，崇拜祖先、山神。

【苗　族】 2009年底石林县境内有苗族705人，主要分布在圭山镇糯斗、下部龙村，大可乡树密寨等山区。石林境内苗族一部分于清代咸丰年间从贵州迁入，另一部分于清代光绪年间从昭通迁入。苗语属汉藏语系南瑶语族苗语支苗族东北部方言。历史上苗族曾有过文字，但没有保留下来。苗族至今还保留有自己的民族服饰。青年男女婚恋自由，但同宗同姓不能通婚。苗族传统节日有花山节、爬山节、吃新节。花山节也叫采花节，是苗族传统盛大的节日，每年农历正月初二到初五举行，花山节有对歌、跳舞、赛马、斗牛等活动。石林苗族信仰原始宗教，他们认为巨石、大树有神灵，都会祭拜。苗族还供猎神，出门狩猎前敬拜猎神，求猎神赐予更多的猎物。

【壮　族】 2009年底石林境内壮族有649人，分布于圭山镇普拉河上寨、海邑下海子，鹿阜镇小滑坡村，少数在大麦地庄、堡子与汉族杂居。壮族分“黑沙人”和“白沙人”，石林县的壮族为“黑沙人”。明末清初，石林壮族从文山迁入罗平，后又迁到石林定居。壮族语言属汉藏语系壮侗语族壮傣语支壮语北部方言，历史上曾创造过一种拼音文字，仅用于书写经文、编山歌、记事等，不广泛使用。1955年创造过一种拼音文字，但石林境内壮族没有使用。壮族婚姻是“父母之命、媒妁之言”的包办婚姻。壮族传统节日有祭老人房、三月三、四月八。壮族信仰原始宗教，崇拜祖先与自然，祭祀内容较多，有祭山神、祭井泉神、祭灶神、祭禾神、祭花婆神、祭火神等。

宗教信仰

【佛　教】 佛教于明朝传入石林县。据2009年底的统计，石林县有4所正式批准开放的寺院，即圭山寺、狮子山妙光寺、仙花寺、石峰寺。神职人员7名（比丘2名、比丘尼5人），居士500人，信教群众约1600人。佛教有多种教派，节日也多种多样，各地各教派也不统一，石林佛教不强调何宗何派。主要佛事活动有三月三及佛像开光仪式。

【天主教】 天主教是1887年由法国神父保禄·维亚尔（汉名邓明德）为首传入而发展起来的。至2009年，石林县共批准开放路美邑天主教堂和海邑天主教堂两处，批准开放维则村天主教固定处所一处。全县有教职人员1名，教堂管理人员13名，教徒1000余人。最主要的节日有复活节和圣诞节。

【基督教】 基督教于1925年传入石林县。至2009年，经县人民政府批准开放的活动场所有石林基督教堂，年底有教职人员3人、教徒1000余人。最主要的节日有复活节和圣诞节。

【原始宗教】 石林县原始宗教具有浓厚的民族特色和地方特色，石林彝族90%以上都信仰原始宗教，其宗教的内容主要由自然崇拜和祖先崇拜组成。彝族认为天、地、日、月、山、石、火、林都有神灵，因而对天、地、山、石等自然物进行祭拜。在自然崇拜中以每年举行的密枝节较有特色，祭祀活动以村寨为单位，整个活动历时7天，包括诵经祭祀、游街、打猎等诸多内容。毕摩是彝族原始宗教的神职人员，每个彝族村寨都有1~2名毕摩，在彝族社会中担任着祭司和传承民族文化的重任。毕摩有法器和经书，经书从各方面反映了彝族古代社会状况，具有较高的学术研究价值。

（撰稿人：县民宗局　王向方）

人口与计划生育

【县人口和计划生育局】　2004年11月26日，县计划生育局更名为县人口和计划生育局。2009年机关内设办公室、计划生育科、人口管理科，年底有在职职工12人；下辖计划生育服务站，属事业单位，有在职职工9人。局机关单位住址在鹿阜镇龙泉路128号。2009年8月，石林县对乡镇人口和计划生育机构设置进行了规范和加强，单独设立了乡镇人口和计划生育办公室，全县共核定乡镇人口和计划生育办公室行政编制18名（每个乡镇2~3名编制），进一步强化了乡镇人口和计划生育办公室的管理职能。2009年12月，石林县被中共昆明市委、昆明市人民政府表彰为"昆明市人口和计划生育优质服务先进集体（2005~2009年）"。

2009年"96128"政务专线接听电话14个，满意率达100%。2009年共接待来信来访1173件，其中：求决类473件，举报类5件，咨询类695件。按时完成2件政协提案的答复工作。2009年资助支农联系点大可乡岩子脚村委会3000元生产经费。

局　长：张睿高（彝族，12月止）
毕金兰（女，彝族，12月起）

副局长：戴宏平
黄丽英（女）

【指标完成情况】　2009年石林县人口与计划生育工作完成了市政府、市人口和计划生育委员会下达的指标任务。年末全县总人口241799人，出生人数2424人，出生率为10.08‰；死亡1263人，死亡率为5.25‰；自然增长人数1161人，自然增长率为4.83‰。常住人口符合政策生育率为99.88%。

【加大投入力度】　2009年县财政预算安排计划生育专项经费55.84万元，超过市考核县本级年度投入35万元的任务。2009年符合条件的3534户农业人口独生子女和260户非农业人口的独生子女保健费共42.1145万元已兑现到户。

【计生宣传教育】　把计划生育的宣传教育与社会主义精神文明建设和文化建设结合起来，积极探索新型生育文化建设的新形式、新途径。2009年把石林镇小箐村、圭山镇额冲衣村和立马村等彝族村寨作为试点，启动了"生育文化示范村"试点工作，以试点引路，推进新型人口文化、生育文化的建设。"生育文化示范村"要求实现"五个一"建设，即一个生育文化展室、一个人口文化长廊、一个生育文化小广场、一个生育文化雕塑、一支计划生育文艺宣传队。石林县"生育文化示范村"建设以群众喜闻乐见的形式弘扬优秀的人口文化，倡导婚育新风尚，树立婚育新观念，体现了民族特色和地方特色，促进了家庭和谐与社会文明进步。

为使广大群众掌握计划生育法律法规、优生优育、避孕节育等知识，充分利用多种形式向广大群众进行宣传。全年举办人口与计划生育基础知识培训班9期，参训人数为1435人；放映电影75场，观众85636人次；录像69场，观众37159人次；文艺演出54场，观众137307人次；固定标语2439条，出黑板报843期、橱窗48期，广播宣传1164次，印制宣传品62683份，制作宣传广告牌23块，固定宣传栏146块、刊登1150期，宣传品发行数23种59610份，开展宣传活动46场次、94415人。宣传经费共计投入106225元。

【巩固提升全国计生优质服务先进单位】　针对县计生服务站原业务用房面积小，结构不合理，达不到标准化、规范化要求的实际，在国家、省、市的支持下，对县计生服务站进行异地搬迁新建。2009年8月，符合国家标准、建筑面积1960平方米、总投资400万元的县计生服务站业务用房竣工并投入使用。石林镇计生服务所新建项目于7月开工，年内已竣工。大可乡、圭山镇计生服务所建设项目年内顺利开工。

2009年计划生育服务站所医务人员为方便群众，深入村寨为育龄群众开展计划生育优质服务工作。全年施行宫内节育器放置术2682例，皮下埋植避孕剂放置术5例，宫内节育器取出术

1368 例；上门咨询服务 12709 人次，门诊咨询 6602 人次，门诊 13923 人次，查环查孕 65971 人次，随访 22734 人次，发放避孕药具 17471 人次，优生检测 3746 人次，妇女病检查 16232 人次，确诊 6275 人次，技术人员培训 121 人次；开展常规孕前检查和孕期检查服务共 2230 人次。

【“奖优免补”工作】 截至 2009 年 12 月底，全县共有农业人口一孩家庭 11721 户，已经领取《独生子女父母光荣证》5875 户，占 50.12%，是 2004 年 5 月 31 日前累计领证 395 户的 14.87 倍。2009 年对 100 户农业人口独生子女家庭申请领取一次性奖励金进行了资格确认，应发放资金 9.15 万元；确认 308 人享受奖励扶助金，应发放资金 20.13 万元；确认 44 人享受特别扶助金，应发放资金 5.016 万元；确认小学 1927 人、初中 531 人、高中 97 人、专科 3 人、本科 14 人享受奖学金，应发资金 57.498 万元；确认 15 名高考生、85 名中考生享受了升学加分的优惠政策。2009 年免除了农村独生子女父母及 18 周岁以内的独生子女、双女绝育户夫妇 13323 人新农合个人缴纳部分。

【流动人口计划生育管理和服务】 2008 年 12 月，县委办、县政府办联合出台《石林彝族自治县关于强化流动人口计划生育现居住地管理工作意见》，把流动人口纳入现居住地管理，明确了各乡镇、各部门对流动人口管理的职责，建立健全了流动人口管理综合治理、投入保障、责任追究、考核奖惩等机制，把流动人口计划生育工作纳入现居住地与常住人口同宣传、同管理、同服务。据统计全县参加流动人口清理的人员达 170 多人次，清理出流入人员 5262 人，育龄妇女 1499 人，已婚育龄妇女 1242 人；与房屋出租户、厂矿、用人单位签订协议 922 份，发出责令限期补办通知 557 份；流出人员 2943 人，育龄妇女 1014 人，已婚育龄妇女 619 人；督查抽查 12 次，发出督办通知书 2 份；处理违法怀孕人员 9 例；网络录入 183 条；信息反馈 409 人次。

【计划生育协会工作】 1 月 16～21 日，县人大常委会主任李绍增，县委常委、县委宣传部部长李福军，县人大常委会副主任朱玉和，副县长潘华光，县政协副主席周兴荣及县人口计生局领导，深入路美邑镇堡子村、板桥镇碧落甸村、大可乡大可村、石林镇老挖村、圭山镇糯黑村等，对农业人口独生子女和双女户贫困家庭代表进行了慰问，共慰问 200 户。

在开展计划生育“三结合”帮扶和农村集资建设中，体现对实行计划生育家庭的优先、优惠和优待。充分用好筹集到的 60 万元“三结合”帮扶资金，扶持独生子女户发展生产，增加收入。至年底全县有各级计生协会组织 100 个、会员 15000 人。

（撰稿人：县人口和计划生育局　张煜瑰）

劳动就业

【县劳动就业服务局】 1980 年 9 月 16 日，成立县劳动服务公司。1990 年 1 月 10 日，更名为县劳动就业服务局，为县人事劳动和社会保障局下属的股所级单位。2007 年 12 月 21 日，根据县机构编制委员会文件精神，单位级别确定为副科级。2009 年内设办公室、就业科、培训再就业科、失业保险科，年底有职工 12 人，其中：参照公务员管理人员 11 人，工勤人员 1 人。办公地址在鹿阜镇石林中路 122 号民族体育场一楼。

局　长：何茂龙（白族）

【就业再就业优惠政策落实】 2009 年全县享受优惠政策 4403 人，其中：享受职业培训和技能鉴定补贴 2540 人，职业介绍补贴 605 人，社会保险补贴 75 人，创业贷款 376 人，税费减负 807 人。全年办理《再就业优惠证》72 本，累计发放 1477 本，其中：累计持证人数 1315 人，自然减员 162 人。各相关部门再就业绿色通道减免税费 29.34 万元。

筹集就业资金 160.03 万元，加上上年结余的 94.13 万元，共计 254.16 万元。共支付 230.89 万元，其中：支付职业培训补贴 107 万元，社会保险补贴 30.11 万元，技能鉴定补贴 28.45 万元，公益性岗位补贴 48.67 万元，扶持公共就业服务支出 0.44 万元，小额担保贷款贴息 8.51 万元，社区平台建设业务费 1.02 万元，职业介绍补贴 6.69 万元。年末结余 23.27 万元。

重点援助就业困难群体、公益性岗位安置特困人员 65 人，其中：安置城镇零就业家庭、农村特困家庭和身体残疾的困难高校毕业生 7 人（援助率为 100%），帮助新增零就业家庭实现 1 人以上就业 4 户。

【就业再就业培训】 一是继续与县委组织部、县妇联、县扶贫办、县经济局、县农牧局、县民政局、县教育局等相关单位联合互动，形成资源信息共享，资金统一使用。二是继续将“两后双百”与“农村创业带头人·云岭先锋党员致富工程培训”相结合培训。全年完成各类培训任务总计 13847 人，其中技能培训完成 4560 人（农村劳动力技能培训 3316 人，城镇登记失业人员技能培训 257 人，创业培训 349 人，初、高中毕业后未能继续升学且有就业愿望“两后”人员百分之百技能培训和百分之百外输内转就业 638 人）。

【公共就业服务】 本着以人为本、方便群众的服务原则，在全县 7 个乡镇批准设立职业介绍所，开展职业供求信息发布、《失业证》办理、求职和招用工登记、招聘洽谈会等业务，此举标志着石林县职业介绍服务覆盖到全县各乡镇。全年组织开展了以“就业援助你我他，真情相助渡难关”为主题的“再就业援助月”活动；以“进城务工，帮您解难”为主题的“春风行动”；以“为民营企业招聘员工搭桥，为高校毕业生、农民工就业和创业铺路”为主题的“民营企业招聘周”活动；以“援助进家，政策到人，帮您就业”为主题的“迎国庆就业援助进家入户”专项活动。免费发放《春风卡》、《务工人员手册》等宣传资料 3150 册（份），组织专场交流会 16 场，全年到县人才劳动力市场和各乡镇职介所进行求职登记 14790

人，介绍成功12603人，介绍成功率为85.21%。

【城镇失业人员就业再就业】 2009年开发收集提供有效就业岗位1289个。城镇新增就业1016人，其中：城镇下岗失业人员再就业275人，就业困难人员实现就业219人，其他失业人员就业522人。创建南门社区、板桥镇、西街口镇和大可乡为充分就业社区，加上2007年创建的龙泉社区、2008年创建的西北社区和石林镇，石林县已累计创建充分就业社区7个。城镇登记失业人员321人，失业率控制在2.10%以内。

【农村劳动力转移输出】 为营造“外出务工光荣、返乡创业有功”的浓厚氛围，对2008年评选出的“十佳外出务工人员”和“十佳创业之星”在2009年的全县四级干部会议上进行了表彰奖励。2009年1月14日，为进一步维护进城务工人员合法权益，8个乡镇成立了进城务工人员工会联合委员会分会。为外出转移就业的农民工办理《云南省农民工服务手册》4591人，比上年增2108人。全年农村劳动力转移就业11587人，比上年增2387人，其中：省外输出618人，比上年增49人；省内县外1826人，比上年增322人；县内转移9135人，比上年增2014人；国外输出8人，比上年增2人。2009年3月31日，石林县被省人力资源和社会保障厅评定为省级劳务输出示范县，和摩站和北山两个村被昆明市劳动和社会保障局评定为市级劳务输出示范村。

【台湾农民创业园培训转移就业】 为给云南昆明石林台湾农民创业园的总体发展提供一个良好和谐的社会环境，2009年完成台创园核心区技能培训1003人，转移就业667人。主要做法：一是组建台湾农民创业园规划区农村劳动力培训转移就业工作领导小组，对入驻企业和核心区失地农民进行人力资源“四全”普查（全员普查、全员分类、全员培训、全员转化），制定出台《云南昆明台湾农民创业园规划区农村劳动力培训转移就业实施方案》。二是积极向台创园、市就业局、市转移办协调和争取培训转移就业资金，其中：台创园配套投入18万元，市就业局和市转移办为石林县解决培训指标各500人，石林镇党委、政府投入30万元，省扶贫办、县扶贫办、县科技局等专项资金也投入到此项任务中，台创园规划区各村委会免费提供培训场地、免费提供车辆接送学员。在培训和转移就业过程中，对培训费用较高的挖掘机操作员培训，实行“政府帮助、就业补贴、个人自筹”的办法，即：石林镇政府帮助1000元、县就业局补助500元、学员自筹2000元的办法，其他工种均给予全免费培训和转移就业。三是将培训创新延伸，将彝家十字绣与苏绣结合，提升彝绣水平，开创石林彝绣新品牌。大胆引进祖玉刺绣艺术中心苏绣技术，与旺园生态农业科技园联合订单式举办石林台创园失地农民刺绣工技能培训班，185名核心区失地农民妇女和喜爱刺绣的2名男青年参加了苏绣技能培训。

【高校毕业生就业】 2009年石林县应届高校毕业生实有595人，以各种形式就业或见习542人，就业率为91.09%。主要做法为：一是成立高校毕业生就业工作领导小组，制定《石林彝族自治县2009年高校毕业生就业工作方案》。二是广泛宣传高校毕业生就业政策，免费发放就业政策宣传小册子1000余册。三是大力开展高校毕业生更新就业观念的思想教育培训、市场急需的专业技能培训和创业意识教育以及创业能力培训，鼓励高校毕业生自主创业。四是认真落实“贷免扶补”政策，切实解除毕业生创业资金短缺的后顾之忧。全县有50名大中专毕业生报名申请享受鼓励创业“贷免扶补”，每人获得5万元资金支持，共计250万元。五是建立和完善高校毕业生就业见习制度，将条件合格并积极吸纳高校生就业的14家企事业单位，向省、市申报确定为见习单位，并予以挂牌。收集见习岗位789个，有计划地组织未就业高校毕业生55名参加就业见习，提升未就业高校毕业生就业能力。六是及时做好“双困生”的认定登记和“一对一”跟踪就业援助工作，落实“三支一扶”政策，组织动员高校毕业生积极参加全县78个村（社区）任职的选聘；开发公益性岗位安置高校毕业“双困生”7名（援助率为100%）。七是县劳动力市场利用移动短信平台对进行求职登记的560名高校毕业生发布用工信息。

【鼓励创业小额贷款发放工作】 2009年6月石林县成立了“鼓励创业贷免扶补”工作领导小组，并制定了实施方

案，由县劳动就业服务局牵头，与团县委、县妇联、县总工会、县工商联和个私协会5家承办单位，相互配合联动，通过政策宣传、个人报名、乡镇和村推荐、入户调查、银行征信、领导小组审核等程序，为下岗失业人员、高校毕业生、复员退伍军人、农村劳动力等共提供创业贷款376人1740万元（其中县就业局提供创业贷款174人785万元），其中：小额担保127人635万元，带动381人就业；鼓励创业“贷免扶补”发放小额贷款249人1105万元，带动747人就业。

【失业保险工作】 全年核定参保单位229户，参保人数12284人，覆盖率85%，其中办理灵活就业人员参保1300人，比上年增479人。征缴失业保险金267.84万元，由于受金融危机影响，失业保险费率由3%下调至1.5%。规范执行《昆明市失业保险待遇支出管理规定》，按时足额发放失业保险待遇，全县共有405名失业人员享受失业保险待遇，其中上年结转93人，累计新增312人。

失业保险基金支出合计99.54万元，其中：失业保险金支出79.15万元，门诊医疗补助支出7.3万元，医疗保险缴费补助1万元，就业补助3.15万元，职业培训和职业介绍补助支出0.6万元，农民工生活补助支出8.34万元。

落实《昆明市劳动和社会保障局、昆明市财政局关于印发实施减轻企业负担稳定就业岗位的意见的通知》文件精神，降低失业保险费率减少基金收入175.66万元，享受企业193家。为石林县受当前金融危机影响面临暂时性生产经营困难但恢复有望的16家企业向市申报认定为困难企业，应用失业保险基金稳定困难企业就业岗位447个，减轻企业负担60万元。

【技校招生】 认真组织2009年度技校招生工作，召开技校招生工作会，制定招生工作方案，进行广泛的宣传工作，帮助各招生单位做好协调和组织生源工作。全年共招生114名，比上年增10名，主要专业有汽车维修、电子信息、机械加工、花卉园艺、冷作铆焊等数十个工种。

【劳动保障事务代理】 为大中专毕业生和下岗失业人员免费提供劳动合同签订、档案代理、社会保险接续、退休申报等服务。全年接收代管城镇失业人员档案104份，转出8人，累计代管1747人；代办申报退休33人，累计代办260人；全年接收代管未就业高校毕业生档案191人，转出30人，累计代管1934人。

（撰稿人：县劳动就业服务局　李　桦）

社会保险

【县社会保险局】 1987年3月24日，成立县社会保险事业管理局，为县人事劳动和社会保障局下属的副科级单位。2007年12月20日，更名为县社会保险局。2009年底有在职职工7名。单位住址在鹿阜镇阿诗玛北路46号。

局　长：刘文华

【养老金社会化发放】 2009年石林县参加企业职工基本养老保险统筹的离退休人员983人，月支付养老金108.07万元，月人均支付养老金1099.39元，累计发放养老金1289.78万元、11679人次。差额拨款及自收自支事业单位离退休人员136人，月支付养老金27.59万元，月人均支付养老金2028.37元，累计发放养老金334.25万元、1628人次。全额拨款机关事业单位离退休人员1769人，月代收代发离退休人员养老金479.97万元，月人均支付养老金2713.24元，累计发放养老金5606.57万元、21083人次。

【离退休人员待遇落实】 贯彻执行云南省劳动和社会保障厅《关于2009年调整企业退休人员基本养老金的通知》精神，完成参统企业退休人员2009年基本养老金增资兑现工作，享受人数939人，月增资109589.00元，月人均增加116.70元。年内企业离退休人员死亡21名，支付丧葬补助费、一次性抚恤费37.43万元。完成义务教育学校749名退休人员生活补贴调整工作。春节前期，对74名特殊困难退休人员、1623名机关事业单位退休职工进行慰问，支付慰问金95950元。

【基本养老保险征缴】 核定企业在职参保职工3541人，年缴费工资基数6783万元，人均月缴费工资1596元。全年企业职工基本养老保险费核定应征1910万元，实际征收1780万元，收缴率为93.19%。核定参保灵活就业人员1127人，年缴费工资基数1681万元，月人均缴费工资1243元。全年灵活就业人员基本养老保险费核定应征336万元，实际征收336万元，收缴率为100%。核定差额拨款和自收自支事业单位在职参保职工619人，年缴费工资基数1350万元，月人均缴费工资1819元。全年差额拨款和自收自支事业单位职工基本养老保险费核定应征缴500万元，实际征缴454万元，月均征缴率为90%。

【企业职工工伤保险】 参加工伤保险统筹的企业职工7529人，月人均缴费基数1486.48元。全年应征缴工伤保险费103万元，实际征缴95万元，收缴率92%。全年有30人享受工伤保险待遇，共支付工伤保险金12.94万元。

【企业职工生育保险】 参加生育保险统筹的企业职工2805人，月人均缴费基数1856.61元。全年应征缴生育保险费51万元，实际征缴50万元，收缴率98%。全年有43名女职工享受生育保险待遇，共支付生育保险金30.48万元。

【信息系统建设】 设专管人员对信息数据库进行安全维护及日常管理。云南省社会保险应用软件系统“银海社会保险管理系统”正常运行使用。参统在职职工、离退休人员基础数据计算机入库率达100%，企业基本养老保险数据上传率达100%。

【清欠稽核】 2009年累计收回企业单位养老保险历年欠费114.53万元，完成年考核目标的128.97%。累计收回事业单位养老保险历年欠费52.44万元。定期对参保单位缴费基数、参保人数、离退休人员养老待遇支付、工伤、生育保险待遇支付情况进行核查，进一步规范、完善社会保险基金运作。开展企业退休人员生存状况认证，认证本社保机构管理的县内居住人员978人次，协助外县社保机构认证县内居住人员142人次。

【社会保险扩面】 与劳动监察、安全监督、地税等部门密切配合，发挥部门联动作用，切实做好社会保险扩面工作。充分利用劳动执法年检、换证、实地检查等有利时机，大力宣传社会保险政策，督促用人单位办理参保手续，进一步扩大社会保险覆盖面。2009年扩面新增养老保险参保单位16户754人、工伤保险23户656人、生育保险12户303人，提前完成年度考核目标。

（撰搞人：县社会保险局 吴 涛）

城镇职工居民基本医疗保险

【县医保分中心】 2001年5月1日，石林县医疗保险分中心正式挂牌成立，为县人事劳动和社会保障局下属行使行政职能实职副科级事业单位。2009年内设办公室、综合科、审核监督科、财务科4个职能部门，年底有职工10人。单位住址在鹿阜镇石林中路40号。2009年，资助支农联系点鹿阜镇大哨村委会2000元生产经费。

主 任：阮星文

【医疗保险参保情况】 按照医保参保扩面任务的要求，加强医保参保扩面宣传和动员，超额完成市下达全县参加医疗保险扩面任务数。截至2009年12月31日止，全县共有参保单位245家12844人，其中：机关、事业单位137家8177人，企业单位108家4373人，自谋职业、灵活就业人员参保294人。比上年新增38家1062人。

【医疗保险基金收支情况】 通过医保信息系统划账处理后统计：全年基本医疗保险基金收入13692318.26元，个人账户基金收入14225703.25元，重特病保险基金收入1782028.03元，公务员补助统筹基金收入1501832.58元。由县医保分中心拨付的基金支出情况：基本医疗保险基金支出8108281.43元，个人账户基金支出12871129.65元，重特病保险基金支出321370.32元。

【服务体系及业务办理】 2009年11家医疗机构、8家零售药店与石林县医保分中心签订了《昆明地区城镇基本医疗保险定点服务协议》，其中：二级医疗机构3家，分别是石林县人民医院、昆明医学院第二附属医院石林天奇医院、石林县中医医院；一级及以下医疗机构8家，包括石林县妇幼保健院及路美邑镇、石林镇、长湖镇、圭山镇、板桥镇、西街口镇、大可乡7个乡镇卫生院；定点医疗机构中3家二级医院及县妇幼保健院、路美邑镇卫生院、圭山镇卫生院共6家与市医保系统联网。8家定点零售药店分别是石林县医药有限公司第一门市部、云南鸿翔药业有限公司一心堂石林连锁店、一心堂石林连锁三店、云南白药大药房有限公司石林连锁店、云南健之佳连锁健康药房有限公司石林店、健之佳石林巴江商业中心分店、石林县惠民大药房、石林县医药有限公司第二经营部，8家定点零售药店全部联网。

全年参保职工到石林县定点医疗机构就诊总人次为49443人，其中：门诊46948人次，住院2495人次。门诊人次中，二级医疗机构有38384人次，一级医疗机构有8564人次，分别占门诊总人次的81.76%、18.24%。住院人次中，二级医疗机构有2281人次，一级医疗机构有188人次，分中心报销26人次，分别占住院总人次的91.42%、7.54%、1.04%。

全年参保人在8家定点零售药店刷卡购药163260人次，其中：在职人员129713人次，退休人员33547人次。个人账户基金药店支付总额8608366.53元，其中：在职人员6774350.16元，退休人员1834016.37元。全年审核批准特殊疾病19人，特殊慢性病111人。

【医疗保险基金监督管理】 严格对"两定"机构的协议管理和检查稽核，全年组织工作人员20余次到定点医疗机构开展医疗服务稽核工作；通过定期周报制度、病历审核等方式认真审核各定点医疗机构的费用情况，避免了医保基金的流失。严格内部控制制度和财务制度，定期向社会公布定点医疗机构平均住院费用、不合理费用查处率及医疗服务质量等情况，接受社会监督。通过了审计部门对基金管理使用情况的审计，并获得了良好的评价。每半年向县

纪检监察部门报送基金管理使用情况，采取召开医保座谈会等方式，主动接受相关监管部门和社会各界对基金管理和医保服务工作的监督。

【机关事业单位工伤、生育医疗费报销】 全县财政全额拨款机关、事业单位参加工伤、生育医疗保险人数5645人，参统率达100%。报销工伤医疗费17人次60944.11元，生育费81人147940.00元，计划生育手术36人次10133.50元。

【离休干部医疗费管理】 截至12月底，全县共有离休干部135人，二等乙级以上伤残军人14人。县医保中心与县财政局积极协调配合，全年离休干部医疗费支出3359334.55元，其中：门诊134901.00元，住院300人次6099天3024202.67元，奖励费用支出200230.88元。年内针对离休干部医疗费用增长幅度较大的问题开展调研并报领导小组召开会议，对现行管理办法及相关文件等进行了修改和完善。

【宣传培训】 结合“行政效能提升年”、“干部作风改进年”活动和深入贯彻落实科学发展观活动发放征求意见表50余份，向社会各界公开服务事项和服务承诺，并广泛听取意见和建议；2月20日石林县医保服务系统举行“石林春来早，健康伴我行”百人自行车健身活动，倡导健康文明的生活方式；6月底组织全县科级领导干部412人进行了身体健康检查并进行体检结果分析；全年制作“石医保”红头文件22件，《医疗保险简报》24期，及时上报反映医保工作亮点信息；6次召集定点医疗机构、定点零售药店负责人通过以会代训的方式，及时传达医保政策；组织定点医疗机构和定点零售药店业务人员培训3次。

【城镇居民基本医疗保险】 2009年召开了全县城镇居民基本医疗保险相关会议及培训5次，下到乡镇督查2次，开展专题调研2次。县便民服务中心开设医保窗口方便办理参保，全年发放各种宣传材料10000多份，组织定点医疗机构培训2次。在各方面的努力下，超额完成市下达扩面任务，参保人数达到23732人。加强对参保居民的管理服务工作，2009年参保居民到石林县定点医疗机构住院总人次2031人，城镇居民基本医疗保险基金支出1944441.23元，全年审核批准门诊大病3人。

2009年石林彝族自治县定点医疗机构参保人住院情况表（职工）

定点医疗机构	医疗机构等级	住院人次	住院天数	总住院费（元）	平均住院天数	人均住院费（元）	人均每天住院费（元）
县人民医院	二级	1163	14518	4710765.59	12.48	4050.53	324.48
县中医院	二级	143	1986	551881.63	13.89	3859.31	277.89
天奇医院	二级	975	11203	5142259.49	11.49	5274.11	459.01
县妇幼保健院	一级	40	339	54982.19	8.48	1374.55	162.19
圭山镇卫生院	一级	105	786	121819.41	7.49	1160.18	154.99
路美邑镇卫生院	一级	30	265	37550.79	8.83	1251.69	141.70
板桥镇卫生院	一级	2	19	935.2	9.50	467.60	49.22
长湖镇卫生院	一级	11	130	12473.98	11.82	1134.00	95.95
大可乡卫生院	一级	0	0	0.00			
石林镇卫生院	一级	0	0	0.00			
西街口镇卫生院	一级	0	0	0.00			
分中心报销		26	332	174188.57	12.77	6699.56	524.66
合　计		2495	29578	10806856.85	11.85	4331.41	365.37

2009 年石林彝族自治县定点医疗机构参保人住院情况表（居民）

定点医疗机构	医疗机构等 级	住院人次	住院天数	总住院费（元）	平均住院天数	人均住院费（元）	人均每天住院费(元)
县人民医院	二级	935	7396	2019211.77	7.91	2159.58	273.01
县中医院	二级	49	405	99975.54	8.27	2040.32	246.85
天奇医院	二级	751	5040	1716085.22	6.71	2285.07	340.49
县妇幼保健院	一级	182	989	137790.06	5.43	757.09	139.32
圭山镇卫生院	一级	36	350	44888.50	9.72	1246.90	128.25
路美邑镇卫生院	一级	22	170	21837.56	7.73	992.62	1128.46
板桥镇卫生院	一级	0	0	0	0	0	0
长湖镇卫生院	一级	11	130	12473.98	11.82	1134.00	95.95
大可乡卫生院	一级	0	0	0	0	0	0
石林镇卫生院	一级	0	0	0	0	0	0
西街口镇卫生院	一级	0	0	0	0	0	0
分中心报销		45	488	232481.48	10.84	5166.26	476.40
合 计		2031	14968	4284744.11	7.37	2109.67	286.26

注：分中心报销主要指参保人因病情需要转昆明地区以外定点医疗机构就医所发生的住院基本医疗费到县医保分中心报销情况。

（撰稿人：县医保分中心　李艳芳）

新型农村合作医疗

【县合管中心】 2005 年 9 月，设立石林县新型农村合作医疗管理办公室作为临时经办机构，办公地点在石林县鹿阜镇阿诗玛南路 239 号（鹿阜信用社二楼）。2005 年 11 月 1 日，石林县正式启动新型农村合作医疗制度；2008 年 10 月 30 日，县机构编制委员会批复同意成立石林县新型农村合作医疗管理中心，为副科级全额拨款事业单位，核定事业编制 22 名，其中：县级经办机构 6 名，派驻乡镇 16 名。2009 年底有职工 6 名（抽调）。

【基金筹集】 2009 年全县参加新型农村合作医疗的农村居民 200882 人，参合率达 98.69%。人均筹资标准为 100 元，其中：中央财政给予年人均 40 元补助，省级财政给予 10 元补助，市级财政给予 20 元补助，县级财政给予 10 元补助，参合农民个人缴纳 20 元。应筹集资金 2008.82 万元，实际到位 2077.5904 万元，资金到位率为 103.42%（主要原因是：含结算 2008 年度的中央财政补助 30.49 万元和利息收入 32.7129 万元），其中：参合农民个人缴纳 407.3455 万元（其中：民政资助 25.8735 万元、残联资助 0.664 万元），县级财政补助 200.882 万元，市财政补助 401.76 万元，省级财政补助 200.88 万元，中央财政补助 834.01 万元，利息收入 32.7129 万元。

【基金分配】 2009 年新农合基金由门诊统筹基金、住院统筹基金、风险储备基金 3 个类别组成，其中：按基金总额的 75% 提取住院统筹基金 1558.19 万元，用于参合住院患者封顶线以内住院医疗费用的补偿报销；按基金总额的 20% 提取门诊统筹基金 415.52 万元，用于参合农民门诊减免；按基金总额的 5% 提取风险基金 103.88 万元，统一上缴市财政新型农村合作医疗基金专户。

【补偿方案】 2009 年省、市、县、乡（镇）四级定点医疗机构住院起付线分别为 400 元、400 元、150 元、50 元；补偿报销比例分别为：省、市级 30%、县级 55%、乡（镇）级 65%；住院补偿报销封顶线：2009 年 1 月 1 日至 2009 年 8 月 31 日为 2 万元，2009 年 9 月 1 日至 12 月 31 日为 2.5 万元；参合农民全年人均门诊减免累计封顶线为 200 元。

【宣传工作】 充分利用广播、电视、宣传栏、黑板报、标语、宣传单等形式，营造浓厚的社会氛围。全年共发放实施方案宣传材料8万份，发放定点医疗机构宣传材料5万份，制作宣传栏和黑板报80期，刷写标语30条，悬挂宣传图片200张次。通过广泛宣传，使广大农民群众感受到新型农村合作医疗是党和政府减轻农民医疗费用负担，提高农民生活质量的德政工程和民心工程。由于领导到位、宣传到位、措施到位、方法得当，农民对新型农村合作医疗知晓率达95%以上，极大地促进了农民群众的参合积极性，2010年参合人数204318人，参合率达99.97%。

【业务培训】 2009年专题培训10期，参训人员达300人次；以会代训16期，受训人员达400人次；组织6名相关人员参加省、市新型农村合作医疗管理办公室举办的各种业务和理论培训。通过培训，经办人员及工作人员进一步掌握、提高了新型农村合作医疗的操作技能和工作能力，为石林县新型农村合作医疗持续、健康、有序发展打下了坚实的基础。

【基金监管】 严格按照减免补偿程序和按规定比例进行现场减免补偿，实行医院结算、县合管中心审核、财政拨付、银行兑付、封闭运行，规范合作医疗基金管理。县财政设立合作医疗基金专户，实行专户管理，定期向社会各界公布基金使用情况，接受监督。县合管中心定期对参合人员住院资料进行审核，审核率为100%，对定点医疗机构的医疗服务项目、内容进行多次督导，并向合作医疗管理委员会办公室和监督委员会汇报资金的收支、使用情况。加强对定点医疗机构的监督检查，2009年对县内12家定点医疗机构进行规范化服务和用药行为专项检查6次，覆盖率达到100%；经审计部门对2009年度新型农村合作医疗基金运行管理情况进行专门审计，认为石林县在执行新型农村合作医疗政策中，做到了专款专用、规范操作、封闭运行，不存在套用或骗取新型农村合作医疗基金的现象，符合各项规定。

【补偿报销】 2009年度（2008年11月21日至2009年11月20日）新农合门诊、住院总人次为132999人次，受益率为66.21%，较上年增33.9%。共支付统筹基金2347.41万元，占年度统筹基金总额的118.93%，较上年增35.18%。其中：参合农民享受住院医疗费用补偿报销21183人，较上年增37.34%，占参合总人数的10.54%，较上年增2.8%，共支付住院统筹基金2216.76万元，占住院统筹基金总额的142.27%，较上年增70.48%；人均补偿报销999.31元，较上年增18.54%；住院医疗费用补偿报销率为42.12%，较上年增6.34%。参合农民享受门诊医疗费用减免111816人次，占参合总人数的55.66%，共支付门诊统筹基金130.65万元，较上年增2.61%，门诊医疗费用减免总金额占门诊统筹基金的31.44%。全县住院补偿报销累计金额达封顶线2万元的有35人，达2.5万元封顶线的有20人，累计报销120万元。

通过开展新型农村合作医疗制度，极大地方便了广大农民群众看病就医，基本实现了小病不出村，大病不出县、乡镇的就医格局，同时，有效地减轻了农民群众的医疗费用负担，尤其是重病大病，作用十分明显。

（撰稿人：县合管中心　李志兴）

2009年度石林彝族自治县新型农村合作医疗各医疗机构补偿报销汇总表

制表单位：石林彝族自治县新型农村合作医疗管理中心　　　　起止时间：2008年11月21日至2009年11月20日 单位：人次、元

医疗机构名称	各医疗机构门诊补偿金额			乡镇卫生院(含县外乡镇卫生院住院补偿金额			县级(含县外县级)住院补偿金额			省市级(含省外省市级)住院补偿金额			费用补偿核销						补偿总金额
	门诊人次	医疗费用	补偿金额	住院人次	医疗费用	补偿金额	住院人次	医疗费用	补偿金额	住院人次	医疗费用	补偿金额	门诊人次	医疗费用	补偿金额	住院人次	医疗费用	补偿金额	
县中医院(鹿阜镇卫生院)	8109	233829.12	79415.94	407	754248.52	507246.38	396	998365.41	350308.96	333	3147991.6	751926.7	8109	4900605.53	79415.94	1136	2915990.39	1609482.04	1688897.98
石林镇卫生院	11979	326282.96	126657.48	130	52083.99	32635.49	27	192115.89	33400.56	215	1764423.64	441194.03	11979	326282.96	126657.48	372	2008623.52	507230.08	633887.56
路美邑镇卫生院	30880	789313.50	208233.78	447	326622.36	198425.70	34	304662.31	41278.24	215	1947966.48	463583.60	30880	789313.50	208233.78	696	2579251.15	703287.54	911521.32
板桥镇卫生院	11121	318888.06	93009.75	261	158969.95	94071.75	30	179319.21	27037.45	197	1550452.57	376313.15	11121	318888.06	93009.75	488	1888741.73	497422.43	590432.18
大可乡卫生院	2676	83141.54	25320.60	48	26514.48	15524.06	23	58471.87	27327.10	87	585198.45	140698.38	2676	83141.54	25320.60	158	726811.86	183549.54	208870.14
西街口镇卫生院	2727	75981.10	40463.28	21	11701.01	7281.21	18	67413.41	27089.82	75	500747.14	121130.65	2727	75981.10	40463.28	114	579861.56	155501.69	195964.87
长湖镇卫生院	7753	206518.10	52432.55	948	729975.29	442796.97	8	12410.78	7262.89	42	321189.36	78350.91	7753	206518.10	52432.55	998	1063575.43	528410.77	580843.32
圭山镇卫生院	5204	148625.24	56739.46	1067	547270.59	321723.94	94	429008.45	138876.43	127	869825.12	213264.33	5204	148625.24	56739.46	1288	1846104.16	673864.7	730604.16
县人民医院	12895	1354800.90	270484.65				9622	21108193.38	10071985.75				12895	1354800.90	270484.65	9622	21108193.38	10071985.75	10342470.50
县妇幼保健院	11404	617200.70	123440.14				2203	2413126.93	999437.30				11404	617200.70	123440.14	2203	2413126.93	999437.30	1122877.44
石林天奇医院	7068	1159777.65	230320.03				4108	13534858.02	6237393.44				7068	1159777.65	230320.03	4108	13534858.02	6237393.44	6467713.47
合　计	111816	5314358.87	1306517.66	3329	2607386.19	1619705.50	16563	39297945.66	17961397.94	1291	1068779436	2586461.75	111816	9981135.28	1306517.66	21183	50665138.13	22167565.28	23474082.94

注：乡镇卫生院的补偿报销金额中已含所辖乡镇参合农民在县外住院的补偿报销金额。

农村社会保险

【县农村社会保险中心】 1993年10月，成立县农村社会养老保险管理处，隶属于县民政局。2003年1月1日，成建制划入县人事劳动和社会保障局管理，名称更改为县农村社会养老保险管理所，级别为股所级。2008年5月14日，根据县机构编制委员会文件精神，更名为“石林彝族自治县农村社会保险中心”，规格调整为副科级。2009年底有职工5人。单位住址在阿诗玛北路50号。

【老农保缴费】 全年新增参保人员3人，收取保费39920元，并及时将收取的保费上划到省、市农保基金专户运营。2009年底，全县参保人数达13998人（含领保人员、退保人员），占应参保人数的10.77%，基金累计达1227.19万元。

【老农保给付】 2009年完成新增领保人员172人的资格审查和认定，继续巩固养老金社会化发放成果，确保养老金100%按时足额发放。新增领保人员首次领取养老金时，由经办机构工作人员亲自上门发放领取证和存折。2009年共有1364人领取养老金（含新增领保人员172人），发放养老金225233.20元，全部按时足额发放到领保人手中。

【被征地人员基本养老保险缴费】 截至12月31日，当年审核登记参保人员1516人、实际缴费1353人，全县累计审核登记参保人数5321人、实际缴费4901人，缴费金额共计48433067.10元（不含市、县两级财政补助），超额完成了市、县下达的目标任务。

【被征地人员基本养老生活费发放】 加强社会化发放工作的管理组织实施，严格执行发放标准，确保已享受被征地人员基本养老生活费100%按时足额发放。2009年累计发放基本养老生活费7777776.61元。

被征地人员缴费和补贴比例

被征地时间	1998年12月31日前			1999年1月1日至2008年4月30日			2008年5月1日后		
人均占有耕地	完全失地的	不足0.3亩	0.3亩以上	完全失地的	不足0.3亩	0.3亩以上	完全失地的	不足0.3亩	0.3亩以上
个人集体应缴比例%	60	70	80	70	80	90	80	85	90
市、县财政补助比例%	40	30	20	30	20	10	20	15	10
缴费档次	1档			2档			3档		
	210元/人·月			170元/人·月			140元/人·月		

最低缴费年限界定

参保年龄（周岁）	男	60及以下	61	62	63	64	65	66	67	68	69	70及以上的
	女	55及以下	56	57	58	59	60	61	62	63	64	65及以上的
最低缴费年限（年）		15	14	13	12	11	10	9	8	7	6	5
领取养老金时间	缴纳养老保险后次月起即可按月领取基本养老生活费至终年											
缴费金额	个人集体缴费部分加上政府补贴（所选缴费档次数额）											
领取金额	所选缴费档次数额											

【被征地人员基本养老保险政策宣传】 县农保中心首先组织县农保经办机构人员、乡镇保障所工作人员和村组干部进行政策宣传和业务培训，让干部先吃透有关政策，懂得业务操作流程和参保待遇等方面情况，再召开群众会，积极做好政策引导，把相关保险政策、办理程序及参保待遇讲清、讲透，使党和政府的惠民政策、利民制度家喻户晓，深入人心，提高被征地人员参保意识，充分调动他们参保的积极性。

【探索新型农村社会养老保险工作】 按照中央、省、市的安排部署，石林县于2009年11月请示上级人民政府，积极争取将石林县列为2011年新型农村社会养老保险试点县。县农保中心及时开展了新型农村社会养老保险摸底调查和相关数据的采集分析工作，为建立新型农村养老保险制度做好思想上和行动上的准备。

（撰稿人：县农村社会保险中心 杨金春）

城乡最低生活保障

【农村低保】 坚持公开、公平、公正和动态管理的原则，按照村小组、村委会评议、张榜公示，乡镇人民政府审核，县民政局审批的工作程序，严把人口关。2009年全县共有4731户9744人享受农村最低生活保障待遇，低保对象占农业人口的4.6%，其中：新增243户874人，停发423户1049人。农村低保金按季度发放，全年发放农村低保金10057670元。

【城市低保】 实行专户管理，专款专用，不经手现金，做到账和现金分离，现金由金融部门代发。实行动态管理，有进有出，按月向社会公布，接受群众监督。2009年全县有1345户1868人享受城市低保待遇，保障对象占全县非农业户口人数的5.8%。其中：新纳入344户385人，调整补助金额6户7人，停发386户653人。全年累计发放最低生活保障金4878060元。

【医疗救助】 2009年资助农村低保对象、农村五保对象参加新农合10185人203700元，发放住院病人大病医疗救助55人206407.68元。

赈灾救济

【救灾救济】 2009年全县先后发生低温冷冻、风雹、洪涝、干旱等自然灾害，累计大小春农作物受灾面积9068公顷，成灾面积4823公顷，绝收面积374公顷；受灾人口12.8万人次，因灾死亡1人；倒塌房屋42间，损坏房屋105间；因雷击灾害死亡大牲畜7头。因灾造成直接经济损失1972.98万元，农业经济损失1079.28万元，救济缺粮人口9045人次，缺衣被人口4213户10891人。全年安排灾民修建住房款106200元，恢复因灾倒损民房90间；下拨灾民临时救济款50000元；春节走访慰问灾民50户，慰问19500元；安排使用救灾款758700元。

【接收捐赠】 12月5～15日，县委、县人民政府在全县范围内开展“送温暖·献爱心”社会捐赠活动，54个单位2966人参加捐款，共得款项91794元。

（撰稿人：县民政局 赵红文）

住房公积金管理

【昆明市住房公积金管理中心石林管理部】 1994年4月，县住房公积金管理中心成立，与当时的县房改办两块牌子一套人马，管理全县的住房资金。2002年12月机构改革，撤销县住房公积金管理中心和县房改办，原县房改办的相关职能转入县建设局，县住房公积金管理中心的职能转入县财政局住房资金管理科管理。2005年10月12日，住房公积金管理职能从县财政局上划市住房公积金管理中心管理，在石林县设立昆明市住房公积金管理中心石林县管理部，为隶属于昆明市住房公积金管理中心垂直管理的正科级事业单位。2009年管理部内设业务科、主任室，年底有职工5人。单位住址在石林中路40号县建行办公楼五楼。

主　任：杞永祥（彝族）

【住房公积金缴存情况】 截至2009年12月31日，石林县已建立住房公积金缴存制度的单位有160个，缴存人数8223人，其中：行政单位46个，缴存人数2031人；事业单位61个，缴存人数3945人；国有企业10个，缴存人数369人；集体企业43个，缴存人数1878人。公积金缴存制度覆盖了全县及各乡镇财政全额拨款单位、事业单位、国有企业和部分集体企业、股份制企业。2009年归集住房公积金4950万元，占计划4300万元的115%，年末累计归集住房公积金总额25206万元，归集余额13312万元。

【住房公积金贷款情况】 2009年石林管理部发放住房公积金贷款8651万元，占计划1450万元的597%，贷款逾期率为零，收息率100%，存贷款比例为148%。贷款主要投向县上的重点项目巴江俪岛二期、阿诗玛旅游小镇和石林春园天景小区等房地产项目。期末累计发放公积金贷款24090万元，贷款余额16450万元，累计发放贷款1645户，解决全县职工住房面积273622平方米。

【住房公积金提取情况】 2009年办理提取住房公积金2603件共3753万元，其中：购房支取952件2032万元，偿还购房贷款支取1418件1359万元，离退休支取99件237万元，工作调动转移支取39件56万元，解除劳动合同支取82件38万元，死亡职工支取13件31万。期末累计为职工购房、建房等支取住房公积金10171万元，为石林县各单位职工改善住房条件提供了购房方面的全方位服务。

【住房公积金增值收益完成情况】 2009年完成增值收益386万元，完成计划200万元的193%。

（撰稿人：昆明市住房公积金管理中心石林管理部 张起岳）

扶贫开发

【县人民政府扶贫开发办公室】 1986年3月，成立县扶贫开发办公室。1995年4月，县扶贫开发办公室合并到县发展计划经济贸易局，设立县贫困地区经济开发领导小组办公室。2002年5月，县编委批复成立县人民政府扶贫开发办公室，为正科级单位，归口县发展计划经济贸易局。2005年3月，县人民政府扶贫开发办公室由县发展计划经济贸易局管理的正科级单位调整为县人民政府管理的议事协调机构。2010年3月，内设综合科、项目科两个科室，有职工5人，其中：公务员4名，工人1名。单位住址在鹿阜镇阿诗玛东路80号。2009年办理了5件人大代表建议和1件政协提案，6件答复均为满意。

主　任：赵家林（彝族，4月止）

马海荣（彝族，4月起）

【贫困人口数】 通过实施整村推进、劳务输出，小额信贷、挂钩帮带等扶贫开发措施，使贫困地区基础设施得到了加强，人民群众生产生活条件得到改善，贫困人口逐年减少。通过2008年度省市19个村整村推进项目和1个易地扶贫搬迁项目的实施、小额信贷扶贫、劳务输出、挂钩帮带扶贫等扶贫措施和国家惠农政策扶持，2009年年底贫困人口减少7500人。年末，全县贫困人口还有17371人，其中：958元以下收入人口2315人，收入在958～1196元的低收入人口15056人。

【扶贫重点村项目建设实施情况】 2009年，实施完成了2008年度省、市19个扶贫重点村（省级13个、市级6个）、1个省级易地扶贫开发村项目建设，总投资547.7万元，其中：省级财政扶贫资金195万元，市级财政扶贫资金185万元，农户自筹（含投工投劳折价）130.5万元，其他资金37.2万元。重点从基础建设、产业开发、能源、社会事业等四个方面的34个项目进行建设。实施完成2009年度省市19个扶贫重点村的项目建设，其中：省级15个（小河村委会董家庄村、小河村、张家庄村、干龙潭村，水塘铺村委会一组、二组，祖莫村委会祖莫村、松园口村、山脚村、窝子山村，当甸村委会当甸上寨村、当甸下寨村、革腻村、所西达村，糯衣村委会糯衣上寨村）；市级4个扶贫重点村（大可村委会者衣冲村，螺蛳塘村委会大塘子村，水补衣村委会水补衣村，糯衣村委会舍波村）。涉及农户2042户、7621人，其中：少数民族人口4975人、占64.9%，贫困人口2238人、占29.1%。重点从基础建设、产业开发、生态建设、社会发展、其他等五个方面的44个项目列项建设。总投资814万元，其中：省级财政扶贫资金225万元，市级财政扶贫资金155万元，农户自筹（含投工投劳折价）223.6万元，其他资金210.7万元。通过实施整村推进扶贫项目，改善了群众的生产生活条件，提高劳动者素质，预计农民人均纯收入递增10%以上达1360元，贫困人口可递减1000人、递减45%。

【小额信贷扶贫资金】 2009年，县扶贫办向省、市扶贫办争取小额信贷扶贫资金1160万元，分别在7个乡镇放贷。实施党员干部“一对一”结对培养工程，安排小额信贷资金60万元，帮扶农村贫困党员100名；实施“五户联保”小额信贷扶贫，用于贫困地区农村妇女发展种养业及发展特色企业72户，走“公司+协会（基地）+农户”的形式，发展种、养、加工业，引导农民和带动贫困户走产业化经营的路子。其中：种植业放贷734万元，养殖业放贷945万元，加工业放贷315万元，其他行业放贷106万元，涉及农户2502户、人口7503人。通过信贷扶贫，贷款户可实现净收益390万元，平均每户增加纯收入1558元。2010年3月，收回到期小额信贷资金1160万元，收缴率达100%。按照与各乡镇签订的小额信贷目标责任书，兑现了小额信贷奖补经费。

【定点挂钩扶贫】 2009年5月，县扶贫办安排小额信贷无息资金60万元，县委组织部组织全县副科以上的党员干部100名与农村贫困党员中挑出的100户“一对一”结对帮扶，每户贫困党员安排6000元生产发展资金，用于发展农户种、养、加工业，促进农村党员带头脱贫致富。

【劳动力的培训和转移工作】 2009年，在省市列扶贫重点村中，邀请昆明市机械技工学校、昆明市民族中专、祖玉兰艺术中心等培训机构到石林来培训，共举办培训55期、4260人次。经统计，12月底，在省、市列扶贫重点村以及相对贫困村中的19个村委会、转移输出贫困人口380人（县外省内50人、县内330人），完成计划数300人的127%。全县减少贫困人口7500人（绝对贫困人口2650人、相对贫困人口4850人），占计划数7500人的100%。

（撰稿人：县扶贫办　黄永萍）

消费水平

【城镇居民人均可支配收入、消费】 2009年石林县城镇居民人均可支配收入为15600元。城镇居民人均消费支出11231.07元，其中：食品消费支出3724.82元，衣着消费支出1215.69元，居住消费支出1205.99元，家庭设备用品及服务支出472.10元，医疗保健消费支出683.83元，交通和通讯消费支出2094.05元，教育文化娱乐服务消费支出1642.30元，其他商品和服务支出192.29元。人均社会保障支出1991.86元。

【城镇居民主要消费品拥有量】 2009年末每百户城镇居民家庭拥有：摩托车38辆，助力车32辆，家用汽车18辆，洗衣机98台，电冰箱88台，彩色电视机128台，家用电脑60台，组合音响34套，照相机42架，其他中高档乐器6件，微波炉52台，淋浴热水器92台，消毒碗柜12台，洗碗机4台，健身器材4套，固定电话机58部，移动电话250部。

【城镇居民住房和生活条件】 2009年城镇居民人均年末住房面积38.45平方米。在炊用燃料使用方面，有98%的使用液化石油气，有2%的使用煤。在饮水方面，2%的饮用自来水，98%的饮用纯净水和矿泉水。98%的城镇居民有卫生设备。

【职工平均工资】 2009年在岗职工年平均工资25721元，其中：国有经济单位在岗职工年平均工资26821元，城镇集体经济单位在岗职工年平均工资24486元，其他经济单位在岗职工年平均工资为22825元。

【农民人均纯收入和生活消费支出】 2009年农民人均纯收入达4789.54元。农民人均生活消费4353元，其中：食品消费支出1704元，衣着消费支出254元，居住消费支出795元，家庭设备、用品消费支出237元，交通和通讯消费支出615元，文化教育、娱乐消费支出338元，医疗保健消费支出381元，其他商品和服务消费支出29元。

【农民住房和生活条件】 2009年农民人均年末住房面积42平方米，其中：钢筋混泥土结构面积人均16平方米，砖木结构面积人均9平方米，其他结构面积人均17平方米。炊事使用的主要能源，农户中有11%的使用煤炭，有45%的使用柴草，有14%的使用电，有26%的使用沼气，有4%的使用其他燃料。饮用自来水的农户达89.5%。

【农民主要耐用消费品拥有情况】 2009年末每百户农村家庭拥有：洗衣机53台，电冰箱15台，微波炉6台，热水器30台，自行车32辆（其中电动自行车6辆），摩托车46辆，固定电话机34部，移动电话151部，彩色电视机94台，黑白电视机5台，影碟机79台，照相机3架。

【农民食品消费情况】 2009年农村住户人均食品消费情况：粮食229.12千克，油脂类5.19千克，烟叶0.5千克，豆制品2.27千克，蔬菜及菜制品130.02千克，瓜类12.7千克，水果类15.97千克，茶叶0.08千克，坚果1.62千克，肉禽及其制品29.56千克，消费蛋类及蛋制品2.94千克，奶和奶制品0.88千克，消费水产品1.01千克，消费食糖1.23千克，消费酒类7.61千克。

【农民年末粮食结存和主要生产性固定资产拥有量】 2009年农民人均年末粮食结存1252千克。2009年末每百户农村农民家庭拥有：汽车2辆，大中型拖拉机3台，小型和手扶拖拉机23台，动力三轮车5辆，机动脱粒机15台，农用动力机械17台，胶轮大车38架，水泵14台，役畜99头，产品畜143头。

（撰稿人：县统计局　杨凤英）

群众性精神文明创建活动

【文明县城创建工作】 2009年以人民群众是否满意作为衡量工作成效的标准，在继承、发扬过去有效做法和成功经验的基础上，坚持以人为本，与时俱进，把创建昆明市文明县城工作融入到全县经济社会发展的全过程，抢抓发展机遇，挖掘发展潜力，放大发展优势，创建工作成效显著。开展了市民文明宣誓、志愿者服务队出征仪式、保护巴江母亲河活动、“四下乡”等系列主题活动，抓好宣传发动工作。在县电视台开设“文明监督岗”专栏，加大对乱停乱放、乱丢垃圾、闯红灯等不文明行为的曝光力度，使创建文明县城工作深入人心，家喻户晓。积极开展“人人是形象”礼仪普及、“文明在细节”行为养成、“微笑在石林”优质服务、“文明出行”专项整治等四大行动；深入推进交通安全宣传教育“六进”活动；广泛开展“十星级文明户”和“石林县道德模范”评比表彰等活动。开展社会公德、职业道德和家庭美德宣传教育，大力倡导“爱国守法、明礼诚信、团结友善、勤俭自强、敬业奉献”的公民基本道德规范。制定出台《石林彝族自治县〈关于深入开展志愿服务活动的意见〉工作方案》，在全县范围内深入开展形式多样的志愿服务活动，进一步完善志愿者队伍建设体系，推进了志愿者服务活动向纵深发展。深入开展“迎国庆、讲文明、树新风、创品牌”活动。2009年12月29日，顺利通过了市文明委的考评验收，获得了“昆明市文明县城”殊荣。

【创建云南省文明风景旅游区工作现场会在石林召开】 11月5~7日，来自全省16个州市文明办、建设局、旅游局及20个风景区的负责人齐聚石林，展示、交流文明风景旅游区创建工作取得的成果及经验。会上，云南省文明办、省住房和城乡建设厅、省旅游局分别从不同角度，对推动全省创建文明风景区旅游区工作提出具体要求。

【文明单位创建工作】 广泛开展以“一系列细胞创建宣传教育活动、一系列环境整治和环境优化活动、一系列细胞创建评比表彰活动、一系列社会公益活动和建立完善一套文明服务制度、营造一个良好的细胞创建氛围”为主要内容的“六个一”文明细胞创建主题实践活动，极大地丰富和拓展了文明细胞创建活动的内涵和外延，扎实推进细胞创建工程。2006年1月石林风景旅游区被评为“全国文明风景旅游区创建先进单位”，2008年10月9~11日顺利通过由中央文明办、国家建设部、国家旅游局组成的全国文明风景旅游区考评组的考评，取得了“全国文明风景旅游区”殊荣。2008年7月12日，石林镇小箐村顺利通过创建全国文明村镇考评组的考评，评为“创建全国文明村镇先进村”。2009年底，全县共有届期内国家级文明风景旅游区1个，创建全国文明村镇先进村1个；省级文明单位12个，省级文明村5个，省级文明小城镇1个；市级文明单位53个，市级文明小城镇2个，市级文明社区1个，市级文明村21个；县级文明单位137个，县级文明小城镇2个，县级文明社区2个，县级文明村58个。通过在机制上抓健全、在方法上求创新、在工作上重落实，细胞创建工作呈现出开拓创新、整体推进、蓬勃发展的良好态势。

【乡风文明建设工作】 围绕群众看电影难、看戏剧难、看图书难的“三难”

问题，在全县7个乡镇建立综合文化站，配置图书室、游艺室、多功能活动室、宣传栏、篮球场等文化体育设施。所有村委会和社区均设立了文化活动室，满足群众精神文化需求。组织实施“我健身、我参与、我奉献、我快乐”等群众喜闻乐见的文体活动，专业技术人员到农村进行美术、音乐、舞蹈等培训辅导28次，共计培训648人次；到农村放映电影1108场次；开展各种文体活动151次；农村有线电视用户总入户率68.29%，丰富了群众文化生活。深入开展“十星级文明户”评选等创建活动，提升农民文明素质。结合城乡环境综合整治工作，开展“家园保洁”活动，提升乡村环境质量。继续开展“四进农户”活动，依托文明市民学校，提高农民科技文化素质和致富能力。利用端午节、重阳节、中秋节等传统文化节日，开展群众喜闻乐见、寓教于乐、丰富多彩的文化活动，培养农民爱国主义和集体主义思想。破除封建迷信，摒弃生活陋习，推进殡葬改革，用先进的思想文化占领农村阵地，进一步促进了乡风文明。

（撰稿人：县文明办　昂文强）

政策法规

石林彝族自治县“行政效能提升年”和“干部作风改进年”活动实施方案

（2009年3月5日中共石林彝族自治县委
石林彝族自治县人民政府石通〔2009〕2号）

为进一步改进干部作风，提升行政效能，优化发展环境，促进石林经济社会跨越发展，根据《中共昆明市委、昆明市人民政府关于在全市开展“行政效能提升年”和“干部作风改进年”活动的实施意见》（昆通〔2009〕6号）精神，现提出如下实施方案。

一、指导思想

以邓小平理论和“三个代表”重要思想为指导，认真贯彻落实党的十七大和十七届三中全会、省委八届六次全会、市委九届五次全会和县委十届五次全会精神，把行政效能的提升和干部作风的改进作为学习实践科学发展观的重要内容，以思想教育为基础，以制度建设为根本，以改革创新为动力，以项目落实为主要目的，强化监督检查，加大问责力度，切实解决行政效能和干部作风方面存在的突出问题，为全县经济社会科学发展、跨越发展、和谐发展提供有力保证。

二、工作目标

通过深入开展“行政效能提升年”和“干部作风改进年”活动，力求使我县干部作风进一步改进、服务质量进一步提升、工作效率进一步提高、干部能力进一步增强、行政行为进一步规范，保证县委、县人民政府全年各项目标任务的全面完成。努力形成“行为规范、运转协调、公正透明、便捷高效”的行政管理体制和运行机制，着力建设“政治坚定、作风优良、纪律严明、恪尽职守、勤政为民、清正廉洁”的干部队伍。

三、组织领导

“行政效能提升年”和“干部作风改进年”活动在石林彝族自治县经济社会发展软环境建设工作领导小组领导下，由该领导小组办公室具体组织实施。

四、方法步骤

结合我县深入学习实践科学发展观活动，把“行政效能提升年”和“干部作风改进年”活动贯穿全年始终，具体分4个阶段进行。

（一）学习教育阶段（2009年3月1日～3月15日）

1．动员部署。2月24日昆明市“行政效能提升年”和“干部作风改进年”活动动员大会后，我县已全面展开学习教育。3月6日，县委、县人民政府召开动员大会，对我县“行政效能提升年”和“干部作风改进年”活动进行再动员再部署。各乡镇、各单位要采取有力措施，迅速启动“行政效能提升年”和“干部作风改进年”活动。

2．学习有关会议和文件精神。全县各级各部门采取中心组学习、举办学习交流研讨会、专题讲座、个人自学等方式，组织干部职工认真学习党的十七大和十七届三中全会、省委八届六次全会、省委省人民政府现代新昆明专题调研座谈会、市委九届五次全会和县委十届五次全会精神，以及中央和省、市关于加强行政效能和干部作风建设的文件精神及《党章》、《公务员法》、《劳动法》，使全县广大干部职工树立“立党为公意识、‘公’字当头意识、不能让老百姓白养活意识”，同时要教育引导广大干部职工进一步明确我县实施“543”倍增计划、推进跨越式发展的形势、目标、任务，切实增强责任意识、大局意识、服务意识、创新意识、法纪意识，把思想统一到县委、县人民政府关于开展“行政效能提升年”和“干部作风改进年”活动的决策与部署上来，以只争朝夕、奋力拼搏的精神投入到我县的大改革、大开放、大建设、大发展之中。

3．撰写学习体会材料。学习教育活动结束后，副科级以上领导干部要联系实际，围绕如何提升我县或各自部门（单位）行政效能、进一步转变作风，撰写一篇有针对性、有见解、有措施的学习体会材料报送县软建办（设在县纪委监察局，联系电话：7796277）。县软建办和县制度创新办将从中挑选出高质量的意见和建议作为我县制度创新的内容，同时将质量较差的学习体会退回重写。

（二）查找问题阶段（2009年3月16日～3月31日）。

1．广泛征求群众意见。各乡镇、各单位要采取设置意见箱、公开举报电话、走访服务对象、发征求意见表等方式，深入查找行政效能和干部作风方面存在的突出问题。由县软建办在全县组织开展“驻地企业季度评议部门活动”，通过问卷测评调查、召开座谈会、登门走访等方式，征集投资客商的意见和建议，并将征求到的意见和建议进行梳理后反馈给相关部门。

2. 结合工作分析查找问题。各乡镇、各单位要围绕落实县委、县人民政府关于招商引资、工业突破及园区建设、台湾农民创业园、城乡基础设施建设、城乡园林绿化及生态文明建设、巴江水环境综合治理、“四创两争一巩固”、教育卫生改革、发展用地保障、深化集体林权制度改革、建设工程队伍及建设工程质量管理“八个百分之百”等重大决策和部署，对照县委全会和县“两会”确定并已分解立项督办的221项主要工作目标任务，以及“三最三严”等加强软环境建设的相关制度规定，通过县委目督办、县人民政府目督办、县纪委监察局对重点工作的督办查办，县人大的法律监督和县政协的民主监督，软环境监督电话以及信访部门和领导干部接听群众电话等渠道发现的问题，查找行政效能和干部作风方面存在的突出问题。

3. 召开专题民主生活会。各乡镇和县属各部门各单位领导班子要针对查找出来的问题召开专题民主生活会，重点围绕以下方面进行深入剖析：一是县委、县人民政府出台的政策、决定的事项是否无条件地执行和办理，是否存在政令不畅、“中梗阻”以及不能完成任务等问题；二是有时限要求的事项是否按时限高质量办结，是否存在效率低下、办事拖拉、只求过得去不求过得硬等问题；三是党员是否立党为公，公务员是否“公”字当头，事业人员和工勤人员是否不让百姓白养，是否存在假公济私、自私自利、混世度日等问题；四是在为投资客商和群众服务时，是否严格执行首问负责制、践行“五办”作风，是否存在推诿扯皮、敷衍塞责等问题；五是在服务态度方面，是否有“门难进、脸难看、话难听、事难办”等衙门习气。要在查清找准并深入剖析行政效能和干部作风方面存在问题的基础上，研究制定切实可行的整改方案。整改措施要具体，各项整改任务要细化分解，明确整改部门、整改责任人和整改时限。

各乡镇和县属各部门各单位要将征求群众意见、结合工作分析查找问题、召开专题民主生活会情况于3月底前报送县软建办。

（三）整改落实阶段（2009年4月～11月）

各乡镇和县属各部门各单位要重点围绕以下几个方面落实整改措施和方案：

1. 深化制度创新工作。在继续深入开展城乡经济、非公经济、社会事业、民生改善、干部人事等方面制度创新的同时，把提升行政效能、改进干部作风作为重点，制定和完善“治庸计划”、“干部能力提升计划”、审批管理“零收费”制度、重点项目审批快速通道实施细则、行政审批日常督查抽查制度、招商引资和重点项目落地保障措施、重大项目推进办法、政府政绩考核办法等15项规章制度。继续深化“两集中、两到位”改革，所有行政审批项目、公章、人员必须进中心，否则视情况问责。同时，严禁将已取消的审批项目转为内部审批，充分发挥行政审批电子监察系统实时监控、预警纠错、绩效评估等功能，将行政审批事项办理时限再缩短30%以上，使我县行政审批事项进一步精简，着力打造效能型、服务型的“阳光政府”。

2. 着力提升行政效能。通过全面推行阳光政务，促进行政效能的提升。推行重大决策听证制度，每次重大决策听证会听证代表人数不少于10人，其中重大决策事项涉及到的利益相关者代表和社会普通公众代表人数不少于听证代表人数的三分之一，加快决策科学化、民主化、法治化进程。推行重要事项公示制度，对法律法规规定公开的事项，涉及公共利益、群众切身利益以及社会公众普遍关注的重大决策事项，关系地区、行业改革和发展的重大事项，行政机关制定的规范性文件，涉及城乡建设及环境保护各类规划调整的重大事项，政府重大工程建设项目及招标投标事项，重要人事任免和评优评先、表彰奖励事项，需要公示的其他事项等上述8类信息，必须进行公示，以更有利于人民群众对政府工作进行监督。推行重点工作通报制度，各级行政机关在推行重大工作和工作完成后，要向社会进行通报，县级行政机关主要负责人或新闻发言人每年要在政府网站上进行不少于2次在线访谈活动；对于不便在网站上直接答复的问题，可以在县长接待日、局长接待日以及县、乡两级领导班子信访接待日当面答复，让群众了解并监督其工作情况。推行政务信息查询制度，建立政务信息库，开设政务信息热线，完善政务信息查询网络，及时、高效满足社会公众对政务信息的多样化需求。严格落实岗位责任、首问首办、一次性告知、服务承诺、限时办结、行政审批超时默许、滞办反馈告知、绩效考核、责任追究等制度，以优质服务吸引项目落地、扶持企业发展、方便群众办事。

3. 加强干部作风建设。建立健全加强干部作风建设的教育、预警、监督、考评、奖惩等机制，促使领导干部大力弘扬为民服务之风、求真务实之风、艰苦奋斗之风和清正廉洁之风。为适应石林跨越式发展的要求，要继续深入实施“五办”作风、“一线工作法”、“工作成果倒逼法”。各级领导干部要把工作重点放在深入实际、深入一线调研督查、集中精力研究解决实际问题和推动工作落实上，严格执行县级党政领导每月下基层调研指导工作不少于6天及每年5月、8月“无会月”和每月下旬“无会旬”等规定。进一步健全抓工作落实机制，完善任务分解、工作报告、督促检查、绩效考核、责任追究、奖优树模等制度，形成任务具体、责任明确、考评有据、奖惩分明的有效机制，促使广大党员、干部牢固树立求实、务实、落实的作风，始终保持紧张快干、雷厉风行干事业的精神状态，确保决策条条算数、任务件件落实、承诺项项兑现。

4. 严格督查严厉问责。进一步完善督查督办工作机制，深入开展行政效能监察，加大机关行业作风明察暗访力度，着力治拖、严肃查推，失责必问、有错必纠，以最严厉的问责制督促各级各部门进一步转变作风，提升行政效能，依法、高效、廉洁行政，确保县委、县人民政府各项刚性目标、铁的任务落到实处，以项目落实来检验“行政效能提升年”和“干部作风改进年”活动的成效。

各乡镇和县属各部门各单位整改落实情况于11月底前报送县软建办。

（四）总结考评阶段（2009 年 12 月）。

整改落实阶段结束后，各单位要对开展“行政效能提升年”和“干部作风改进年”活动的情况进行全面总结，包括制定建立健全长效机制的措施，形成书面材料一并报送县软建办。县软建办将根据各单位开展活动的情况，以年度目标管理考核、招商引资工作实绩考核、民主评议机关作风等结果作为重点，对各单位行政效能和干部作风建设成效进行评定。评定结果将作为评先推优、奖励惩处和干部选拔任用的重要依据，由县委、县人民政府对先进单位给予表彰奖励；对行政效能和干部作风方面问题突出的单位进行通报批评，并对责任人进行问责。

五、有关要求

（一）提高思想认识。开展“行政效能提升年”和“干部作风改进年”活动，是实践“三个代表”重要思想，加强党的执政能力建设和先进性建设的必然要求；是建设法治型、服务型、廉洁型政府，构建社会主义和谐社会的重要举措；是深入学习实践科学发展观，奋力开创石林跨越式发展新局面的迫切需要。各乡镇、各单位要进一步增强政治意识、大局意识和责任意识，按照县委、县人民政府的部署和要求，结合实际，认真负责地抓好此项工作，为实现县委十届五次全体（扩大）会议和县“两会”确定的各项目标任务提供有力保证。

（二）加强组织领导。全县各级党政领导班子要把此项工作摆上重要议事日程，制定工作方案，认真进行安排，精心组织实施。县软建办要充分发挥职能作用，加大日常组织协调、督促检查和工作指导力度，确保活动取得实效。

（三）扎实有效推进。要把开展“行政效能提升年”和“干部作风改进年”活动与深入学习实践科学发展观活动结合起来，与推进各项重点工作结合起来，在解决突出问题上下功夫，以开展“行政效能提升年”和“干部作风改进年”活动的实际成效推进“543”倍增计划的落实。

（四）营造良好氛围。要通过报刊、电视、广播、网络等多种形式，开展高密度、强有力的宣传，营造人人讲效能、处处抓作风的浓厚氛围。要坚持典型引路，注意发现、培养和推广一批在“行政效能提升年”和“干部作风改进年”活动中涌现出来的先进典型，使机关单位和广大党员、干部、群众学有榜样、赶有方向。

中共石林彝族自治县委　石林彝族自治县人民政府印发进一步做好促进就业和城乡劳动力就地就近转移就业工作两个意见的通知

（2009 年 3 月 5 日中共石林彝族自治县委
石林彝族自治县人民政府石通〔2009〕3 号）

各乡镇党委、政府，县直各部委办局、人民团体、企事业单位：

现将《中共石林彝族自治县委、石林彝族自治县人民政府关于进一步做好促进就业工作的实施意见》、《中共石林彝族自治县委、石林彝族自治县人民政府关于促进城乡劳动力就地就近转移就业的意见》印发给你们，请广泛深入宣传，结合实际认真贯彻实施。

关于进一步做好促进就业工作的实施意见

为深入贯彻《中华人民共和国就业促进法》，认真落实《中共昆明市委、昆明市人民政府关于进一步做好促进就业工作的实施意见》（昆通〔2009〕1 号）要求，结合实际，现就进一步做好促进我县就业工作的有关事项提出以下实施意见。

一、加强组织领导，统筹推动就业工作

（一）把扩大就业放在促进石林经济社会跨越式发展更加突出的位置。就业是最重要的民生、最重要的内需、最重要的市场动力，是富民强县、跨越发展的结合点。各乡镇和有关单位要以党的十七大提出的“实施扩大就业的发展战略，促进以创业带动就业”精神为指导，坚持“劳动者自主择业、市场调节就业、政府促进就业”和“内转外输”的方针，实施更加积极的就业政策，完善公共就业服务体系，健全面向全体劳动者的就业援助制度，努力创造公平就业环境；大力实施“两后双百”、“四全”工程，鼓励和支持全民创业，全方位促进就业增长；把扩大就业作为经济和社会发展的重要目标，纳入国民经济和社会发展规划；列为招商引资的硬指标，将经济结构调整与就业结构调整相结合，采取有效措施，鼓励、支持和引导个体、私营等非公有制经济发展，鼓励发展劳动密集型产业，大力发展现代服务业，实现经济增长与扩大就业的良性互动。

（二）健全完善就业工作目标责任考核制度。县、乡镇人民政府要制定本行政区域促进就业的中长期规划和年度工作计划，将失业调控、统筹城乡就业、建立社会保障与促进就业联动机制以及建立与经济社会发展相适应的就业资金投入机制纳入政府就业工作目标责任。县人民政府把城镇新增就业、控制失业率、失业人员就业、就业困难人员就业、农民工就业、农村富余劳动力转移就业、“零就业家庭”人员就业等作为考核各乡镇人民政府政绩的重要指标。县人民政府按照目标责任要求，依法加强对相关部门和各乡镇人民政府的考核监督，工作调度。力争全县每年新增城镇就业 800 人以上，城镇登记失业率控制在 3.5%以内；农村富余劳动力转移就业 8000 人以上。

（三）加快农村富余劳动力转移，发展农村劳务经济，推动农业产业化经营，增强对农村富余劳动力转移就业的吸纳能力。以鹿阜镇、石林镇等为重点，继续加强农村富余劳动力转移工作，大力发展农村劳务经济产业，坚持农业内部与农业外部结合、农村内部与农村外部相结合，坚持数量与质量、就地与异地、省内与省外、国内与国外、多形式多渠道并重的农村劳动力内转外输就业整体推进方针。围绕云南昆明石林台湾农民创业园开发建设，深化农业结构调整，大力推进产业化经营，加强农业基础设施建设，加快农业资源开发，增强农业内部吸纳就业的能力；围绕大力发展密集型产业，加快二、三产业和乡镇企业、中小企业的发展，推进城镇化进程，培育大容量的农村富余劳动力就业载体，拓展农业内部就业领域，促使农村富余劳动力向人力资本转变、向社会财富转变。

（四）创造公平就业环境，消除就业歧视，统筹做好各类人员就业工作。各类用人单位和职业中介机构应当向劳动者提供平等的就业机会和公平的就业条件，不得实施就业歧视。要稳步推进统筹城乡就业工作，建立健全城乡统一的就业培训制度、城乡一体化的人力资源市场和就业信息网络服务体系，实现全县人力资源信息共享。建立覆盖城乡劳动者的权益保护机制。把高校毕业生纳入就业工作总体部署，落实目标责任，健全工作机制，进一步加强对高校毕业生的公共就业服务，广泛开展技能培训和就业见习，提高高校毕业生的实践能力和就业能力，引导高校毕业生面向基层就业和创业。

（五）加强失业调控。县、乡镇两级人民政府在安排政府投资和确定重大建设项目时，要更加注重处理好宏观调控与增加就业岗位的关系，妥善做好淘汰落后产能、企业改革改制、企业规模裁员等涉及职工分流安置的工作，做到多分流、少失业。国有企业在克服国际金融危机影响的特殊困难时期，要切实承担社会责任，原则上不要裁员。建立完善失业预警制度，对参加失业保险已履行缴费义务的困难企业，可按规定从失业保险基金中给予一定数额的岗位补贴，保持就业局势稳定。

（六）切实加强组织领导。各乡镇党委、政府和县直各部门要高度重视就业工作，将之纳入重要议事日程，不断强化统一领导、部门合作、社会广泛参与的工作机制。县人民政府要进一步巩固和强化就业工作联席会议制度，定期召开联席会议研究解决重大问题，协调推动就业工作。县、乡镇两级劳动就业机构要具体组织实施就业促进工作。县直各有关部门要切实履行职能，密切配合，形成工作合力。要进一步发挥工会、共青团、妇联、残联以及其他社会组织的作用，共同做好就业促进工作。对在促进就业工作中作出突出贡献的单位和个人按有关规定给予表彰和奖励。要充分利用各种新闻媒介，深入做好就业宣传工作，促使劳动者转变就业观念，增强创业意识，为就业工作营造良好的舆论氛围。

二、完善政策体系，加大就业扶持力度

（一）认真落实持《再就业优惠证》人员相关政策。继续执行《昆明市人民政府关于进一步加强就业工作的通知》（昆政发〔2006〕32 号）对持《再就业优惠证》人员规定的有关政策。对持《再就业优惠证》人员的各项社会保险补贴、岗位补贴政策，享受期限最长为 3 年。

（二）鼓励失业人员自谋职业，自主创业。凡是国家法律、法规未明令禁止进入的领域，失业人员均可平等进入。允许失业人员将家庭住所、租借房、临时商业用房等作为创业经营场所。其经营活动应符合国家法律、法规和政策规定。申请从事个体工商业、创办合伙企业或独资企业的，一律不受出资额的限制，只要适应其从事生产、经营活动即可。符合相关条件的，可按国家规定享受税收优惠政策，并免收属于管理类、登记类和证照类的各项行政事业性收费。申办营业执照，工商行政部门应在 1 个工作日内办结。

从 2009 年起，从事个体经营的工商户，营业税起征点从 1200 元 / 月提高到 3000 元 / 月。大学毕业生、农民工创业从事个体经营，2 年内免征营业税、城市维护建设税、教育费附加和个人所得税。

首次创业从事个体经营人员，可按上年度统筹地区职工月平均工资的 60%为基数，缴纳城镇职工基本医疗保险费；参加工伤保险的，可按用工人数、经营面积或工程总造价等情况实行实名制定额缴费。

（三）扶持就业困难人员就业。享受城市居民最低生活保障的就业困难人员自主创业的，前 2 年继续保留享受城市居民最低生活保障待遇。

鼓励各类用人单位招用就业困难人员。对与就业困难人员签订劳动合同并缴纳社会保险费的各类企业，在劳动合同期限内给予基本养老保险、基本医疗保险、失业保险补贴。县、乡镇人民政府要加大公益性岗位开发力度，并优先安排符合岗位要求的就业困难人员，对与就业困难人员签订劳动合同并缴纳社会保险费的，在劳动合同期限内给予基本养老保险、基本医疗保险、失业保险、工伤保险、生育保险补贴，并按当地最低工资给予岗位补贴。用人单位发给公益性岗位人员的工资，扣除社会保险费个人承担部分后，不得低于当地最低工资标准。对就业困难人员灵活就业后申报就业并缴纳社会保险费的，给予实缴额三分之二的社会保险补贴。社会保险补贴和岗位补贴期限，除对距法定退休年龄不足5年的人员可延长至退休外，其余人员最长不超过3年。

（四）完善小额担保贷款政策。凡我县登记失业人员（含未就业的各类院校毕业生、被征地人员、残疾人、“两后”人员）、军队退役（含自主择业）人员和自主创业（从事二、三产业）的农村居民，申请从事个体经营或合伙创办企业自筹资金不足的，可申请小额担保贷款，贷款额度最高不超过5万元；对从事个体经营或合伙经营的创业人员，可按每人不超过5万元申请小额担保贷款，贷款总额度最高不超过30万元；劳动密集型小企业招用登记失业人员达到企业现有在职职工总数30%（超过100人的企业达15%）以上，并与其签订1年以上期限劳动合同，符合有关规定条件的，根据实际吸纳人数，可申请最高不超过200万元的小额担保贷款。贷款期限一般不超过2年，到期确需延长的可展期一次，期限不超过1年。小额担保贷款利率按国家规定的贷款基准利率上浮3个百分点，由财政资金给予全额贴息。

（五）加大就业资金投入力度。县、乡镇人民政府要根据就业状况和就业工作目标，在同级财政预算中安排就业专项资金用于促进就业工作。县财政要根据就业状况和就业工作目标，在市财政通过专项转移支付的方式给予相应补助的基础上，应在预算中安排就业专项资金用于促进就业工作。严格按照规定的范围、标准和程序管理使用就业资金。加快建立就业资金绩效考核评价制度，将就业资金补助与各乡镇实际投入和就业工作实绩挂钩，大力推进政府购买服务成果的模式，切实提高就业资金使用效率。

为加快推进我县农村劳动力培训转移就业和“两后双百”工程，由县财政在预算中每年安排农村劳动力培训转移就业专项经费和“两后双百”工程专项经费。

三、实施动态管理，健全就业援助制度

（一）做好就业困难人员的认定。就业困难人员一般指城乡登记失业人员中的“零就业家庭”成员、享受居民最低生活保障人员、连续失业1年以上的失业人员、男年满50周岁和女年满40周岁的失业人员、持有《残疾人证》的残疾人、被征地未就业的生活困难人员。

符合条件的就业困难人员持居民身份证、户口簿及相关证明材料，向户口所在地的乡镇劳动保障事务所提出申请，经县、乡镇劳动就业服务机构审核后，认定为就业困难人员。要突出做好“零就业家庭”就业援助工作，实现“零就业家庭”出现一户、认定一户、帮扶一户、稳定一户的动态“消零”长效机制。

（二）做好返乡农民工的生活安置和就业工作。县人事劳动和社会保障、农牧、扶贫等部门要认真帮助返乡农民工搞好生活安置，维护农民工土地承包权益，对返乡农民工统一登记造册，并全部免费组织培训和推荐就业。

（三）建立就业、失业、低保工作联动机制。对认定的“零就业家庭”援助对象1年内3次以上明确自愿放弃就业援助服务的，不再列为“零就业家庭”。享受低保人员中属就业年龄内有劳动能力，经就业服务机构1年内2次介绍就业而无正当理由拒绝就业的，不再享受城市低保待遇，不再列为就业困难人员进行帮扶。

（四）建立失业保险、社会救助与促进就业工作联动机制。县人事劳动和社会保障、民政、财政等部门要密切配合，促进失业保险、社会救助与促进就业工作的有机结合。完善失业保险和社会救助制度，充分发挥失业保险促进就业的重要作用，形成促进就业的激励约束机制。

四、提高劳动者素质，以促进创业带动就业

（一）健全面向全体劳动者的职业技能培训制度。以政府推进为主导，以实现就业为目标，建立由政府、用人单位、职业技能培训机构等各方面共担责任、共促发展的职业技能培训联动机制。针对不同年龄、不同性别、不同就业能力、不同就业需求劳动者的实际情况，实行分类指导，分层次开展多种类型、多种方式的职业技能培训，引导劳动者主动参加职业技能培训，不断提高劳动者的就业能力。整合培训资源，建立培训考核评价机制，增强培训的针对性和实效性。

对城乡劳动力的培训采用政府购买培训成果的方式进行就业再就业培训。对按规定进行职业技能培训并取得《职业资格证书》的石林籍失业人员，给予不超过800元标准的职业培训补贴和职业技能鉴定补贴。具体补贴标准根据市场价格和各专业的耗材情况，按市劳动保障部门和财政部门确定的标准执行。

（二）强化创业服务。县、乡镇两级劳动就业服务机构要统筹做好促进创业工作，完善创业指导服务，积极开展创业培训，提高创业能力，为创业者提供创业信息、创业策划、项目推介、开业指导、企业管理、政策咨询、小额贷款、税费减免、法律维权、跟踪指导等服务，使更多的劳动者成为创业者。

（三）加强创业政策扶持。创业人员参加劳动保障行政部门批准的创业培训，通过考试取得国家认可的创业合格证书的，可申请1300元的创业培训补贴。

从事个体经营的首次创业人员，给予一次性创业补贴，即带动我县3人至5人就业的，给予1000元的一次性创业补贴；带动我县6人以上就业的，给予2000元的一次性创业补贴。其中：对首次创业的大学生，再增加一次性创业补贴1000元。

（四）搭建创业孵化平台。县、乡镇人民政府要充分利用城乡各类园区、闲置厂房、场地、专业化市场等适合小企业聚集创业的场所，建设小企业创业孵化基地或创业园，帮助其顺利实现创业。

五、加强就业管理，完善公共就业服务

（一）加强劳动就业服务体系及能力建设。要进一步加强人力资源市场建设，明确人员编制和经费保障，并将公共就业服务专项工作经费纳入财政预算，加强劳动就业服务机构能力建设，突出以人为本服务意识，规范服务流程和标准，保障其向劳动者提供良好的免费就业服务。各乡镇要建立综合性服务场所，为劳动者和用人单位提供“一站式”就业服

务；要按照“机构、人员、经费、场地、工作、制度”六到位要求，健全完善乡镇社会保障事务所和社区劳动保障服务站；要完善创建充分就业社区制度，采取“以奖代补”的方式调动各方面的积极性，为推动充分就业发挥基础作用。

（二）维护人力资源市场的良好秩序。要按照建立统一开放、竞争有序人力资源市场的要求建立人力资源市场，完善管理制度和市场信息发布制度，健全人力资源市场信息服务体系。鼓励社会依法开展就业服务活动，加强对职业中介机构的管理，提高其服务质量。对为登记失业人员和本县农村富余劳动力提供免费就业服务并签订劳动合同实现就业的各类职业中介机构，按介绍成功人数给予职业中介机构每人不超过100元的职业介绍补贴。

六、其他

本实施意见自发布之日起执行，由县人事劳动和社会保障局负责解释。此前本县相关文件与本实施意见不一致的，以本实施意见为准。

关于促进城乡劳动力就地就近转移就业的意见

建立城乡一体的就业体系，促进城乡广大人民群众比较充分的就业，是全面深入推进城乡一体化、构建和谐石林的重要举措。根据《中华人民共和国就业促进法》的规定和《中共昆明市委、昆明市人民政府关于促进昆明市城乡劳动力就地就近转移就业的意见》（昆通〔2009〕1号）精神，结合实际，现就促进我县城乡劳动力就地就近转移和充分就业提出如下意见。

一、指导思想和总体目标

（一）指导思想

以邓小平理论、“三个代表”重要思想和党的十七大精神为指导，全面贯彻落实科学发展观，坚持“劳动者自主择业、市场调节就业、政府促进就业”的方针，以“跨越发展、富民强县”为总体要求，深入实施“33553”发展战略，加快推进“543”倍增计划，强力推进旅游产业提升、工业发展突破、城镇建设加速、现代农业发展、文化产业培育，从改革城乡分割的就业管理体制入手，在继续做好城镇失业人员就业工作的同时，打破城乡就业二元化格局，实现我县城乡就业协调发展，逐步取消地域、身份、户籍、行业等对农村劳动力进入城镇就业的限制，统筹做好城乡就业工作，鼓励我县城乡劳动力实现就地就近转移就业，实现我县城乡就业协调发展。

（二）总体目标

将城市规划、经济结构调整与就业结构调整相结合，坚持统筹城乡、以城带乡，按照县城、重点镇、次级镇、重点村四级体系对就业群体分级吸纳的要求，深化“三个经济带”吸纳就业的重要作用，加强培训，建立劳动力储备供应基地，突出重点，分步实施，梯度推进，形成经济领跑、就业充分、辐射周边、吸纳全县城乡劳动力就业的三个就业带。力争到2010年末基本建立起城乡劳动力适应工业化、城镇化、农业产业化进程的政策框架，健全城乡统一的就业政策，建立覆盖城乡的所有劳动者就业的普惠制度、城乡劳动力资源动态管理制度、帮助困难人员实现就业的援助制度和统筹城乡的社会保障制度；每年新增城镇就业800人以上，城镇登记失业率控制在3.5%以内；农村富余劳动力转移就业8000人以上。

二、完善城乡统筹就业政策，充分扩大就业

（三）鼓励各类企业吸纳城乡劳动力就地就近就业

1. 鼓励各类企业吸纳我县城乡劳动力就业，形成经济发展与扩大就业的良性互动。对吸纳符合国定规定条件的失业人员的企业，依法给予税收优惠。

2. 劳动密集型小企业招用本县城乡登记失业人员达到现有在职职工总数30%（超过100人的企业达15%）以上，并与其签订1年以上期限劳动合同，符合有关规定条件的，按有关规定享受各项补贴和贷款贴息支持。

3. 对吸纳本县劳动力就业的企业，组织新增劳动力进行职业技能培训的，按相关政策给予企业职业培训补贴和职业技能鉴定补贴。

4. 对吸纳本地就业困难人员就业并签订劳动合同、缴纳社会保险费的企业，在劳动合同期限内给予企业基本养老保险、基本医疗保险、失业保险企业承担部分的补贴。

5. 鼓励工业集中区、旅游度假区、台湾农民创业园区和招商引资落地企业优先吸纳当地城乡劳动力转移就业。对当年新招用石林籍的劳动者并与其签订1年以上期限劳动合同的，按每招用1人给予用人单位100元的一次性补贴；对招用男45周岁、女35周岁以上的城乡失业人员，与其签订2年以上期限劳动合同的，2年期满后按每招用1人给予用人单位1000元的一次性补贴。

6. 对服务型、商贸型企业招用石林籍劳动者就业的，除按国家有关规定给予税费减免外，对其招用员工可给予一次免费岗位技能培训。

7. 对职业中介机构免费成功介绍本县城乡求职人员就业并与用人单位签订劳动合同的，按每人不超过100元的标准给予职业中介机构一次性补贴。

（四）鼓励自谋职业和自主创业

1. 鼓励失业人员自谋职业和自主创业。凡是国家法律、法规未明令禁止进入的领域，失业人员均可平等进入。失业人员从事个体经营的，允许自行申报，一律不受出资额的限制。符合相关条件的，可按国家规定享受税收优惠政策，并免收属于管理类、登记类和证照类的各项行政事业性收费。

2. 将创业培训向高校毕业生、农村劳动者、复员转业退伍军人、残疾人等各类城乡创业者延伸和拓展。对创业培训合格的失业人员及就业困难人员首次从事个体经营或创业的，给予一次性创业补贴，即：带动本县3至5人就业的，给予1000元的一次性创业补贴；带动本县6人以上就业的，给予2000元的一次性创业补贴；对有创业资金需求的，给予额度不超过5万元、贷款期限不超过2年的小额担保贷款扶持。各商业银行要简化手续，降低小额贷款反担保门槛；有关部门要密切配合，提高发放小额贷款工作效率。

3. 县、乡镇两级人民政府要从实际出发，积极为失业人员安排生产经营场所，支持他们自谋职业和自主创业。在城市规划建设、新办集贸市场经营摊位时，要按一定比例安排给失业人员。在整顿市容市貌时，要帮助再就业者解决好经营场所场地问题。

（五）发展现代农业和农村劳务经济，推动农业产业化经营，吸纳农村富余劳动力就地就近转移就业

1. 县、乡镇两级人民政府要根据当地经济发展对劳动力的需求，引导城乡劳动力在县城、小集镇和各类园区转移就业，鼓励我县经过职业技能培训的城乡劳动力就地就近向当地企业转移就业以及外出务工人员返乡创业。

2. 加速推进农村土地流转，促进农业产业化经营，吸纳农村富余劳动力就地就近转移就业。围绕优势农产品的规模化生产，深化农业产业结构调整，大力推进产业化经营，延长农业产业链和加工链，开发新的就业岗位；加强农业基础设施建设，加快农业资源开发，通过发展特色农业、生态农业、现代观光农业，培育大容量的农村劳动力就地就近就业载体，开辟农业内部新的就业领域；通过发展各类农村合作组织，培育各类农村经纪人队伍，引导农村劳动力就地就近就业。

3. 全方位拓展农村富余劳动力就地就近转移就业渠道。一是大力发展民营企业、个私经济，培植农业龙头企业，重点发展农特产品加工业、服务业和劳动密集型企业，通过龙头企业带动，拓宽农村劳动力就业渠道；二是通过大力发展农村以服务业、物流、交通运输、旅游、社区服务为主的第三产业，扩大农村劳动力就业规模；三是围绕各级各类重点工程项目建设，以大项目带动大转移，扩宽农村劳动力就业领域；四是围绕城镇化建设，充分发挥城镇的集聚效应，引导农村劳动力向城镇转移就业；五是围绕招商引资项目，加大落地企业对周边劳动力的辐射和吸纳力度，促进劳动力就地就近转移就业，由近及远，逐步放大就业圈。

4. 积极引导城镇失业人员到农村经营规模农业、发展第三产业，开发新的就业岗位、帮助农村富余劳动力就业的，按自主创业人员给予政策扶持。

5. 鼓励农村富余劳动力到工业集中区、旅游度假区、台湾农民创业园等园区就业。妥善解决农村劳动力进城就业后子女入托、入学、就业等问题。对在城镇无居住条件的进城就业、"亦工亦农"实现灵活就业的农村劳动力，可按规定程序申请廉租住房。

三、健全公共就业服务体系

（六）完善失业登记

实行城乡一体化的公共就业服务制度，在法定劳动年龄内、有劳动能力且有就业愿望的本县常住户籍城镇劳动者和需要转移到非农产业就业的农村劳动者，可凭身份证到户籍所在地就业服务机构办理失业登记，享受公共职业介绍机构提供的免费职业培训、就业指导、职业介绍、政策咨询等公共就业服务。

（七）健全就业困难人员就业援助

将因城市规划建设、重点项目建设、园区开发建设等完全失地的未就业生活困难人员纳入就业困难人员范围，按照相关规定，与城镇就业困难人员（就业援助对象）同等享受职业介绍、职业培训、社会保险补贴、小额担保贷款等待遇。

（八）完善就业培训体系

1. 完善就业培训机制。动员社会力量开展城乡劳动力就业培训，大力加强职业培训机构建设，鼓励用人单位、具有资质的各类职业教育和职业培训机构积极参与职业技能培训。推行政府购买培训成果的办法，根据培训后的就业率，给予培训经费补贴。

2. 提高转移就业培训资金的使用效益。要重点支持与工业集中区、旅游度假区、台湾农民创业园等重点园区签订用工合同的先招工后培训的员工，重点支持创业培训和岗位技能提升培训，使培训资金向与工业集中区、旅游度假区、台湾农民创业园等重点园区签订了劳动合同的农村富余劳动力倾斜，向农村创业者倾斜。

3. 对参加培训周期在200课时以上（含理论、实习课时）、且市场用工需求较大的就业准入技术工种培训，经考核合格，取得相应《职业资格证书》的就业困难人员比照"两后"人员标准给予生活费补贴。

（九）消除城乡就业服务差别，加快就业服务向农村延伸步伐

2009年，重点加强县人力资源市场建设，作为直接面向求职者和用人单位服务的综合性服务窗口；县、乡镇人民政府要按照统一人员、统一经费、统一管理"三统一"和场地、机构、编制、人员、经费、工作"六到位"的标准，建立县、乡镇、村（社区）三级公共就业服务体系。2009年上半年，全县所有乡镇的劳动保障事务所均实行乡镇人民政府与县人事劳动和社会保障局双重管理，以县人事劳动和社会保障局管理为主，所需经费纳入县级财政预算。2009年底，全县所有村（社区）都要有相应的劳动和社会保障平台，为城乡失业人员提供服务；服务站聘用从事劳动保障服务工作的就业困难人员，可按照公益性岗位对待，给予岗位补贴和社会保险补贴。

（十）建立城乡统筹的就业信息网络

以"数据集中、职能下延、全县联网、信息共享"为目标，完善乡镇、村（社区）劳动保障平台信息系统建设，构

建县、乡镇、村（社区）广覆盖、全畅通、高效率的城乡一体的信息服务网络，实现全县人力资源信息共享。

（十一）完善城乡社会保险制度

1. 加快建立和完善覆盖城乡的社会保险网，逐步实现城乡之间社会保险的政策衔接，降低农民工参加社会保险缴费门槛。用人单位应当为与其建立劳动关系的农民工办理各种社会保险，可以先行办理工伤、医疗保险，逐步参加养老、失业、生育保险，并按规定缴纳社会保险费。

2. 用人单位不得与农民工订立免除或减轻其对农民工因工伤亡、患职业病所应承担责任的协议。

四、完善目标责任考核体系

（十二）完善目标考核

把促进我县城乡劳动力就地就近转移就业工作纳入县对有关部门、县对乡镇年度工作综合考核范畴，形成促进城乡劳动力就地就近转移就业工作的领导责任制。县、乡镇两级人民政府要多渠道筹集、足额安排、按时拨付促进城乡劳动力就地就近转移就业资金，并将所需资金列入县、乡镇财政预算予以确保。

（十三）强化协调配合

各级各部门要高度重视城乡劳动力就地就近转移就业工作，列入重要议事日程，强化统一领导、部门合作、社会广泛参与的工作机制。县人民政府要进一步巩固和加强就业工作联席会议制度，定期研究解决相关重大问题，协调推动就业工作。县旅游、人事劳动和社会保障、发改、建设、财政、工商、税务、民政、广电、教育、卫生、公安、统计、农牧、金融等部门，要切实履行职责，加强协调配合。充分发挥工商联和工会、共青团、妇联等人民团体的重要作用，群策群力，确保促进我县城乡劳动力就地就近转移就业各项工作的落实。县、乡镇人民政府每年对在促进城乡劳动力就地就近转移就业工作中作出突出贡献的单位和个人予以表彰奖励。

五、其他

本《意见》自公布之日起施行，由县人事劳动和社会保障局负责解释；此前本县相关文件与本意见不一致的，以本意见为准。

中共石林彝族自治县委
关于建立解放思想长效机制的意见

（2009 年 3 月 26 日石通〔2009〕7 号）

为深入学习宣传贯彻党的十七大精神，强势推进“33553”发展战略和“543”倍增计划，促进全县上下坚持在改革中解放思想，在发展中统一思想，在实践中深化认识，在探索中更新观念，在创新中转换思维，根据市委的《意见》，现就建立我县解放思想长效机制提出如下意见。

一、深刻认识建立解放思想长效机制的重要性和紧迫性

解放思想是发展中国特色社会主义的一大法宝。实践一再证明，思想解放的程度，直接决定着改革开放的力度，进而影响着经济社会发展的速度。当前，我县正处于旅游产业提升、工业发展突破、城市建设加速、农业产业化推进、文化产业培育和社会事业加强的关键时期，要实现经济社会跨越式发展，最重要的就是要进一步解放思想，抢抓机遇，奋力拼搏，以项目突破推进目标任务落实。

（一）建立解放思想长效机制，是党的思想路线赋予新时期解放思想、实事求是、与时俱进的时代内涵。在纪念改革开放 30 周年之际重提解放思想，不是简单的重复，而是全社会成员的信念、理念、观念和思想、思维、思路不断与时俱进的具体体现。

（二）建立解放思想长效机制，是深入贯彻落实科学发展观的必然要求。深入学习实践科学发展观，必须以党的十七大精神为指导，全面把握其科学内涵、精神实质和根本要求。加快推进石林跨越式发展，推动工作创新，关键在于解放思想、出路在于解放思想、动力在于解放思想。必须时刻牢牢把握解放思想、科学发展这一理念，进一步转变观念，拓宽视野，着力转变不符合科学发展的思想观念，着力解决不符合科学发展的突出问题，冲破一切阻碍科学发展的思想和体制束缚，努力用新方法新举措破解改革发展中遇到的各种复杂问题和矛盾，努力实现全面协调可持续发展。

（三）建立解放思想长效机制，是促进经济社会又好又快发展的强大动力。当前，经济体制深刻变革、社会结构深刻变动、利益格局深刻调整、思想观念深刻变化，我们面临许多新情况、新问题，必须准确地判断形势，清醒地面对挑战，敏锐地抓住机遇，及时地推动发展。建立解放思想长效机制，有利于全县上下进一步树立政治意识、大局意识、责任意识、创新意识、忧患意识，用新的视角和思路创新发展理念、发展思路、发展举措和领导方法，着力解决影响改革发展中的各种困难和问题，不断增强经济社会发展的实力、活力和竞争力。

实施“33553”发展战略，推进“543”倍增计划，要求我们必须以科学发展观为指导，探索建立解放思想长效机制，真正把思想认识从不适应科学发展的思维定势中解放出来，从不符合科学发展的体制机制中解放出来，努力在改革开放上实现新突破，在科学发展上取得新进展，在社会和谐上见到新成效，在新的历史起点上夺取新胜利。

二、建立解放思想长效机制的指导思想、基本原则、工作目标

（一）指导思想

以邓小平理论和“三个代表”重要思想为指导，全面贯彻党的十七大、十七届三中全会精神，以科学发展观统揽全局，紧密结合石林实际，通过建立解放思想长效机制，更加注重推进改革开放和自主创新，更加注重调整经济结构和提高发展质量，更加注重节约资源和保护环境，更加注重改善民生和促进社会和谐，努力实现经济增长逐步由依靠物质资源消耗向依靠科技进步、劳动者素质提高和管理创新转变，实现速度和结构质量效益相统一、经济发展与人口资源环境相协调，提升实力、增强活力、打造竞争力，推动经济社会又好又快发展。

（二）基本原则

1. 坚持实事求是的原则。紧密联系实际，努力把解放思想的成果转化为促进科学发展的自觉行动，使全县广大干部群众的思想和实践更加符合石林发展的实际。

2. 坚持理论与实践相结合的原则。用科学理论指导实践，在创新实践中发展理论。对在探索建立解放思想长效机制中获得的行之有效的经验和做法，要及时进行总结，用制度的形式固定下来、坚持下去，使之长期指导实践。

3. 坚持以领导干部为重点的原则。以全县党政机关和各级领导干部特别是副科级以上领导干部为重点，带动和引导广大党员干部群众进一步加强学习，更新观念，把解放思想贯穿于解决改革发展问题的各个环节。

（三）工作目标

通过建立解放思想长效机制，进一步增强广大党员、干部和群众贯彻落实科学发展观的自觉性和坚定性，更加注重把解放思想变成解放行动，把思想解放的过程变成思想实践、理论实践、政策实践、制度实践、法治实践的过程，使广大党员、干部和群众努力形成符合科学发展观要求的思想观念、思维方式和价值取向，不断拓展实现经济社会科学发展的路径和模式，积极探索推动科学发展的新载体和新措施，努力完善提高决策水平和执行力的工作手段和体制机制。

三、建立解放思想长效机制的主要任务

解放思想的根本目的是科学发展，关键在真抓实干。实践永无止境，创新永无止境。我们必须始终坚持解放思想、实事求是、与时俱进，勇于变革、勇于创新，不为任何风险所惧，不被任何干扰所惑，探索建立解放思想长效机制，真正实现解放思想向思想实践、理论实践、政策实践、制度实践和法治实践的根本转变。

（一）以构建学习型社会为目标，推进解放思想向思想实践的根本转变

1. 进一步加强学习。各级领导干部要用学习型领导干部的标准要求自己，学会“在工作中学习，在学习中工作”。要以抢抓机遇，奋力拼搏，以项目突破推进目标任务落实作为实践载体，自觉用解放思想、科学发展的理念来提升思想高度、改造主观世界、化为内在动力，及时从教条主义、主观主义和形而上学的桎梏中解放出来，从固步自封、墨守成规、因循守旧的束缚中解脱出来，不唯书、不唯上、只唯实，牢固树立敢闯、敢试的创新精神，勇于在发展中破解难题，在传承中创新方法，以一往无前的精神和勇气，以科学发展的思维和方法，促进思想观念的大解放，努力形成抢抓机遇、立新破旧、迎难而上、克难奋进的新局面。要突出抓学习、抓调研、抓借鉴等环节，努力形成集思广益、群策群力、破解难题的局面。

2. 进一步改进各级党委（党组）中心组学习方式。中心组学习的相关计划，须紧扣工作实践和思想认识中碰到的重大问题、焦点问题和难点问题来制定。学习活动可以在新闻媒体上公开，各级党委（党组）中心组的集体学习活动进入群众视野，接受社会监督。县委中心组成员要起好表率作用，做到每年至少在全县领导干部培训日活动中讲一堂课，到基层作一场专题辅导。结合分管工作，以工作谈学习力，以效能谈执行力，以机制谈创新力，努力使广大干部群众的思想和行动与党委、政府的重大决策部署保持高度一致。

（二）开阔视野，洞察际遇，加强调查研究，推进解放思想向理论实践的根本转变

1. 加强调查研究，创新发展理念。全县各级领导干部要围绕经济社会发展中存在的突出问题，加强调查研究，创新思维，大胆探索。认真研究解决制约和影响本地区本单位科学发展、社会和谐的体制机制问题，协调推进重要领域和关键环节的改革创新，主动在客观实际中发现规律，在竞相发展中寻找差距，在科学发展中确立目标，并积极围绕拟定的工作目标任务找方法、想点子、谋出路。

2. 进一步明确领导干部专题调研和下基层讲课的相关规定。思想是行动的先导，全县各级领导干部要勤于思考，善于总结，在学习、工作、勤思中不断增强自己的理论功底和理论联系实际的能力，增强洞察力和敏锐性。各级党委（党组）中心组成员每年至少到基层作两次理论学习专题辅导报告，回答解决基层干部群众对社会热点、难点、焦点问题的思想认识问题，并努力将调研成果转化为促进经济社会科学发展的政策措施。

（三）统筹谋划，群策群力，探索建立和健全有利于科学发展的体制机制，推进解放思想向政策实践的根本转变

1. 学习借鉴先进经验。各级领导干部在工作实践中要善于学习借鉴先进经验，并结合工作实际，勇于创新，敢于摆脱思维定势、突破经验传统、超越习惯和常规，以头脑中思维瓶颈的率先突破带动发展中现实瓶颈的全面突破。求真务实，尊重客观规律，按客观规律办事，使我们的思想和行动更加合乎规律，提高决策的科学性，做到抓项目千方百计、

增投入咬定目标、扩内需套牢重点、保增长科学谋划，抓当务之急有措施，抓长远之计有思路，努力将解放思想贯穿于积极谋求科学发展的始终。

2. 加大政策实践力度，从体制、机制上保证科学发展观的落实。当前，在政府转型过程中，要总结完善科学发展决策的体制、机制，总结完善科学发展执行的体制、机制，总结完善科学发展监督的体制、机制，用这“三制”使科学发展走上制度化、规范化、科学化的运行轨道。要继续加大软环境建设力度，进一步放宽政策，探索政府有形之手与市场无形之手对握的最佳途径和最佳方式，在政策上真正放开市场，形成鼓励民间投资、接受市场选择、让效益决定市场定位、让竞争提升产业活力，真正形成宽松而公平的政策环境。要继续减少政府行政审批事项，更加积极地探求政府在经济社会发展中“有所为、有所不为”的新思路、新举措，按照“三最四低”的要求，着力打造经济社会发展软环境。

（四）加快建设服务型政府，构建服务至上、效能优先、公开透明的行政体系，推进解放思想向制度实践的根本转变

1. 深化行政管理体制改革。加快建设公共服务型政府，实现政府行政的高效、优质、亲民，是改善发展环境的根本举措，也是在解放思想中转变政府职能最重要的制度实践。要进一步深化改革，转变政府职能；深化经济管理制度改革，进一步激发全社会创业致富潜能；深化教育卫生制度改革，进一步增强社会事业发展活力；深化社会保障制度改革，进一步改善民生促进和谐；深化干部人事制度改革，进一步激发干部和人才队伍的积极性、创造性，为石林跨越式发展提供机制和制度保障。

2. 进一步提高干部的执政能力。各级领导干部要进一步解放思想，创新思维，坚定信心，科学实践，敢啃“硬骨头”、敢趟“深水区”，敢打“攻坚战”。结合本地区本单位实际，制定有利于改革发展的新政策新举措，妥善解决好各种突出问题，在解放思想向制度实践转化过程中真正转变工作作风，真正抢得发展先机，真正做到让人民群众满意。

（五）依法治县，不断提高各级党政机关以法治精神驾驭复杂局面的能力，推进解放思想向法治实践的根本转变

1. 高度重视依法治县工作。大力推进依法治县，深入实施“五五”普法，全面提高全民法律素质和法律意识。健全“县委书记、县长大接访”、领导干部大下访和信访联席会议制度，畅通社情民意反映渠道，及时化解社会热点难点问题，有效预防和妥善处理突出问题和群体事件。深入开展平安创建活动，完善社会治安防控体系、严打整治体系、矛盾纠纷排查调处体系，依法严厉打击各类刑事犯罪和经济犯罪，增强人民群众的安全感，确保社会和谐稳定。

2. 加快建设法治政府步伐。全面提高各级政府依法行政的自觉意识和工作水平，提高突发性公共事件的预警和应急处置能力，严格行政执法，有效防止滥用公共权力；稳步推进司法改革，建立健全保证司法公正的良性机制，力争使生活在石林的每个公民都能够公平、公正、及时得到法律的保护和帮助；不断提高各级党委政府以法治精神驾驭复杂局面的能力，要求各级领导干部都能以法律手段控制、疏导、调整和解决实际工作中碰到的各种社会矛盾，为依法治县奠定良好基础。

四、建立和完善相关工作机制，为解放思想提供制度保证

（一）组织领导机制

1. 进一步加强领导。建立解放思想长效机制，关键在领导，重点在实践，核心是发展。各级各部门要把建立和完善解放思想长效机制作为重要工作摆在突出位置，列入重要议事日程，建立健全组织领导机制，制定工作措施，抓好督促落实。各级各部门的主要负责同志作为落实解放思想长效机制的第一责任人，要切实担负起领导责任，经常了解所属部门和单位各项工作机制的建立、完善和落实情况，针对本地区本单位的实际情况，搞好分类指导。要以坚强有力的领导、良好的精神状态、有效的措施，切实抓好解放思想长效机制的建立和落实工作。

2. 进一步突出重点。全县各级领导机关、领导班子、领导干部是建立和落实解放思想长效机制的主体，要做到领导带头，主动把自己摆进去，把本地区本单位的工作摆进去，不仅要当好具体工作的组织者，更要做解放思想的先行者，带头更新观念，带头落实措施，带头促进发展。各级各部门要把理论武装贯穿始终，把解决问题贯穿始终，把推进工作贯穿始终，以发展的成效检验思想解放的成效。

（二）舆论引导机制

1. 及时公开重大党务政务信息。要充分发挥新闻媒体的舆论引导和监督作用，通过新闻媒体及时公开发布重大政策法规、工作部署、公告公示等党务政务信息，广泛听取意见，主动接受舆论监督，主动接受群众监督，保障人民群众的知情权、表达权、参与权和监督权很好地落到实处，促进党政机关科学决策、民主决策、依法决策、为民决策。

2. 及时进行新闻发布。切实完善新闻发言人制度，着力培训新闻发言人，着力提高新闻发言人的能力素质，主动加强与新闻媒体的联系，做到在第一时间发布重大公共信息，正确引导舆论。

3. 及时掌握处理重大舆情信息。建立有效渠道，广泛听取民意，及时对各种媒体尤其是网络所反映的人民群众的意见和建议加以整理，迅速上报，并及时提出对策和措施，正面引导群众。

4. 及时宣传先进典型和经验。充分发挥县级新闻媒体的作用，开设专栏、专版、专题，设立访谈、论坛，精选推介先进单位改革创新的成功经验，全面展示探索建立解放思想长效机制带来的新思路、新举措、新进展、新成效，营造浓厚舆论氛围。

（三）督查工作机制

1. 加强督查指导。各级党组织要加强对建立解放思想长效机制工作的指导和检查，及时掌握进展情况，督促各项工作落实。建立解放思想长效机制要从实处着手，有较强的针对性、可操作性。解放思想、推动发展要实，为群众谋利益要实，建立解放思想长效机制也要实，以实实在在的机制推动科学发展，为人民群众带来福祉。必须高度重视各项措施、

制度的针对性、务实性和可操作性，做到所制定的制度能够管事、管人，所建立的机制能够长久管用。

2. 健全监督网络。推进解放思想长效机制建设，必须健全监督网络，充分发挥人大、政协和广大人民群众等各个方面在监督中的作用，努力形成党内监督、法律监督、行政监督、民主监督、司法监督、群众监督和舆论监督多方并举的格局。特别是要积极探索建立民意调查制度，形成党员监督的群众参与机制。要强化问责追究机制，落实民主评议机制，进一步完善岗位责任制、服务承诺制、限时办结制、首问责任制、效能考评制和失职追究制等，逐步形成行为规范、运转协调、公正透明、廉洁高效的工作体系，推动各项机制建设步入规范化、科学化轨道，促使其发挥应有的积极作用。

（四）考核评价机制

1. 建立科学的考核评价办法。建立完善与科学发展观相适应的经济社会发展考核评价指标体系和干部综合考核评价办法，按管理权限，在半年或者年终时，逐级对领导班子及其成员的工作业绩进行综合考核考查，作出客观评价。树立科学的政绩观，实行科学的奖励制度和严格的问责制度，表彰先进，鞭策后进。

2. 建立多渠道的考核评价体系。各级领导干部要主动向所在部门的干部职工定期通报建立落实解放思想长效机制的工作情况，定期对自己的工作进行总结，用事实、量化和对比等形式写出述职报告。有关部门要在一定范围内组织群众对所开展的工作进行测评，充分听取群众对其工作的意见，认真接受群众的监督评议。

3. 建立健全正确的用人导向和科学的用人机制。坚持实践是检验真理的唯一标准，对各级各单位落实解放思想长效机制取得的实效，要放在一定的时间和空间里进行考量，结合开展工作的客观条件、经济社会基础、群众基础来考查，看思想解放的程度、主观努力的程度、经济发展社会进步的程度、环境保护的程度、人民群众满意的程度和社会稳定的程度，把落实科学发展观取得的实效作为组织提拔使用干部的重要标准，形成正确的用人导向和科学的用人机制。

全县各级各单位要充分认识建立解放思想长效机制的重要性和紧迫性，不断增强继续解放思想、推动科学发展的自觉性和坚定性。要根据本意见精神，结合实际，研究制定具体的实施方案，认真抓好落实。各单位贯彻落实情况要适时向县委报告。

中共石林彝族自治县委　石林彝族自治县人民政府
关于深入推进经济社会制度创新工作的实施意见

（2009 年 3 月 27 日石通〔2009〕4 号）

为认真贯彻落实党的十七大和十七届三中全会、市委九届五次全体（扩大）会议、县委十届五次全体（扩大）会议精神，进一步解放思想、深化改革、扩大开放，在全县再掀改革创新高潮，推动石林经济社会跨越发展，结合实际，现提出如下实施意见。

一、充分认识深入推进经济社会制度创新工作的重要性和紧迫性

创新是一个民族进步的灵魂，是一个国家兴旺发达的不竭动力。通过经济社会制度创新，有利于解放和激活社会生产力，调动全社会积极性，最大限度地提高经济发展的竞争力、发展环境的吸引力以及各方面的创造力。2008 年，我县深入开展经济社会制度创新工作，全县共清理制度 2055 项，保留 1213 项，废止 274 项，修改完善 568 项，完成 4 个市级和 23 个县级重点创新课题，制度创新工作不断深入并取得一定成效。面对新形势、新任务，深入推进经济社会制度创新，是挑战危机，抢抓机遇，实现率先发展、科学发展、和谐发展的必然选择；是进位争先、提速增量，实现跨越发展的核心手段。全县各级各部门一定要充分认识深入推进经济社会制度创新工作的重要性和紧迫性，以坚决的态度、有力的措施、周密的部署，抓紧抓好制度创新工作的落实。

深入推进经济社会制度创新工作，要以科学发展观为指导，以发展生产力、激活生产力、创造生产力，促进经济社会跨越发展为目的，勇于用新的信念、理念、观念指导实践，善于用新的思想、思维、思路破解难题，敢于用改革、开放、创新的举措谋求突破，推进解放思想向解放行动，思想解放向思想实践、理论实践、政策实践、制度实践的根本转变。按照政策法规具体化、工作经验系统化、外地经验本地化、本地工作特色化的要求，想他人所不曾想，谋他人所不曾谋，为他人所不曾为，坚持不懈地推进经济社会制度创新工作。

二、2009 年经济社会制度创新工作的重点

在总结 2008 年制度创新成效和经验的基础上，继续深化经济社会制度创新，推动全县经济社会跨越发展。重点抓好以下四个方面的制度创新。

（一）2009 年是市委确定的“行政效能提升年”和“干部

作风改进年”，要创新开展效能建设，制定和实施“治庸计划”、“干部能力提升计划”、重点项目审批快速通道实施细则，强力提升行政效能。探索实行审批管理“零收费”制度。

（二）制定和完善招商引资和重点项目落地保障措施、重大项目推进办法和政府绩效考核办法，确保各项任务落到实处。

（三）继续深化“两集中、两到位”改革，所有行政审批项目、公章、人员和值班领导必须进中心。严禁将已取消的审批项目转为内部审批，充分发挥行政审批电子监察系统适时监控、预警纠错、绩效评估等功能，将行政审批事项办理时限再缩短30%以上，制定和完善行政审批日常督查抽查制度，着力打造效能型、服务型政府。

（四）高度关注民生，深入开展城乡经济、非公经济、社会事业、民生改善等方面制度的创新，加快社会事业发展和社会保障体系建设。

三、加强对深入推进经济社会制度创新工作的领导

（一）加强组织领导。县经济社会制度创新工作领导小组要切实担负起推进我县制度创新的责任，在保持政策文件的严肃性、延续性的同时，进一步深化对创新工作的研究、指导，协调和督促各部门各单位抓好制度创新工作。各级各部门党政主要领导要亲自抓，相应的组织机构要具体抓落实，明确责任人，构建和完善创新工作强有力的组织体系。

（二）加强督促检查。各级各部门要将创新工作列入总体工作规划和年度工作计划，确定创新目标和内容。县委目督办、县政府目督办要将其列入年度工作目标管理进行考核，定期督促检查。对制度创新工作安排拖着不办、顶着不干、阳奉阴违、敷衍塞责、目标任务组织落实不力的，要坚决予以问责。

（三）激发创新热情。尊重人民群众的首创精神，宽容创新中的失误，允许创新中的曲折，善待创新中的失败。对基层的探索性实践，要大力支持而不允许横加干涉；对基层在实践中采取的新举措，要热忱鼓励而不允许评头论足；对基层探索中出现的问题，要热情帮助而不允许简单批评指责。凡是有利于石林经济社会发展、凡是有利于提高石林综合竞争力、凡是有利于提高石林人民群众生活水平的制度创新，都要积极鼓励，大胆地试、大胆地改、大胆地闯、大胆地干。

（四）加强总结上报。各乡镇各部门要调动一切积极因素，深入开展经济社会制度创新方面的调查研究，认真总结推广在制度创新方面的有益探索和成功经验，及时将开展制度创新的工作计划、具体措施、进度安排、实际成效和存在问题、对策建议等内容报送县经济社会制度创新工作领导小组办公室。

（五）设立创新成果奖。县委、县政府每年组织一次经济社会制度创新成果评定，由各乡镇各单位向县经济社会制度创新工作领导小组办公室统一申报创新项目。通过组织评审、群众评议，对取得实际效果、促进地方经济社会发展、大多数群众拥护、得到上级认可的经济社会制度创新项目给予奖励，对其中取得显著经济社会效益的予以重奖。

经济社会制度创新是一项涉及面广、内涵丰富、需长期坚持的社会系统工程。各级各部门要共同努力，克服工作中的困难和阻力，树立大局意识，解放思想，改革当先，开放抢先，创新争先，发展率先，充分发挥广大干部群众的聪明才智，推动我县经济社会制度创新工作上新台阶。

附件：石林彝族自治县2009年经济社会制度创新重点工作任务表（略）

石林彝族自治县
开展第二批深入学习实践科学发展观活动实施方案

（2009年3月30日中共石林彝族自治县委石发〔2009〕10号）

在全党开展深入学习实践科学发展观活动（以下简称“学习实践活动”），是党的十七大作出的战略决策。按照中央和省、市委的统一部署，我县属于第二、第三批开展学习实践活动单位。根据中共昆明市委《关于印发〈昆明市开展第二批深入学习实践科学发展观活动实施方案〉的通知》（昆发〔2009〕8号）要求，结合石林实际，提出如下实施方案。

一、充分认识搞好第二批学习实践活动的重大意义

科学发展观是中国特色社会主义理论体系的重要组成部分，是我国经济社会发展的重要指导方针，是发展中国特色社会主义必须坚持和贯彻的重大战略思想，是用中国特色社会主义理论体系武装全党的重大举措，是深入推进改革开放、推动经济社会又好又快发展、促进社会和谐稳定的迫切需要，是提高党的执政能力、保持和发展党的先进性的必然要求。对石林而言，科学发展是执政为民的第一要务，是富民强县的第一要事，也是解决一切矛盾和问题的第一要求。面对国际金融危机所造成的不利影响，在党中央、国务院和省委、省政府及时调整宏观调控政策，出台一系列“保增长、扩内需、调结构”重大措施的同时，县委十届五次全体（扩大）

会议提出要紧扣跨越发展、富民强县这一主题，以领导班子和党员领导干部为重点，着力转变不适应、不符合科学发展要求的思想观念，着力解决影响和制约科学发展的突出问题以及党员干部党性党风党纪方面群众反映强烈的突出问题，着力构建有利于科学发展的体制机制，不断提高领导科学发展、促进社会和谐的能力，为强势推进“543”倍增计划提供坚强的思想、政治和组织保证。在当前新形势下，扎实开展学习实践活动更为必要、更为迫切。

第二批学习实践活动是整个学习实践活动的重要组成部分，参加的广大党员干部，肩负着把党的路线方针政策贯彻落实到基层，转化为人民群众自觉行动的重要职责，是学习宣传、贯彻落实科学发展观，推动石林实现跨越式发展的重要力量。全县各级党组织和广大党员干部，要深刻认识在当前新形势下开展学习实践活动的重大意义和现实紧迫性，切实增强责任感和使命感。要通过开展学习实践活动，把科学发展观的要求转化为推进科学发展的坚强意志、谋划科学发展的正确思路、领导科学发展的实际能力、促进科学发展的政策措施、增强党性修养提高思想觉悟的工作机制；通过开展学习实践活动，进一步把思想统一到中央和省、市、县委对当前形势的科学判断和一系列正确决策部署上来，努力把各方面的积极性、创造性引导到科学发展轨道上来，把全县工作的组织程度提升到最大化，把各级干部特别是领导干部的主观能动性发挥到最大化，把全社会抓落实的积极性调动到最大化，切实增强战胜困难的信心和勇气，为奋力开创石林跨越式发展新局面奠定更加坚实的基础。

二、准确把握开展学习实践活动的指导思想、目标要求和主要原则

（一）指导思想。高举中国特色社会主义伟大旗帜，以邓小平理论和“三个代表”重要思想为指导，全面贯彻落实党的十七大、十七届三中全会以及中央和省、市、县委有关精神，按照“党员干部受教育、科学发展上水平、人民群众得实惠”的总体要求和“提高思想认识、解决突出问题、创新体制机制、促进科学发展”的总体目标，紧扣跨越发展、富民强县这一主题，以领导班子和党员领导干部为重点，着力转变不适应、不符合科学发展要求的思想观念，着力解决影响和制约科学发展的突出问题以及党员干部党性党风党纪方面群众反映强烈的突出问题，着力构建有利于科学发展的体制机制，不断提高领导科学发展、促进社会和谐的能力，为强势推进“543”倍增计划提供坚强的思想、政治和组织保证。

（二）目标要求。开展学习实践活动要努力实现中央提出的“党员干部受教育、科学发展上水平、人民群众得实惠”的总体要求，结合市委提出的目标要求和石林实际，努力达到以下具体目标要求：

1. 提高思想认识，形成发展共识。通过学习实践活动，使全县广大党员干部特别是领导干部对科学发展观的认识显著提高，大局意识、长远意识、协作意识、开放意识和民本意识明显增强，不适应不符合科学发展要求的思想观念和工作方式切实转变。在事关科学发展观重大问题上进一步形成共识，增强深入贯彻落实科学发展观的坚定性和自觉性，真正在全县形成聚精会神搞建设、一心一意谋发展的思想和实践氛围。

2. 解决突出问题，增强发展活力。紧紧围绕群众反映强烈的突出问题、影响和制约科学发展的突出问题、党员干部党性党风党纪方面违背科学发展观要求的突出问题，联系实际，抓住重点，什么问题突出就解决什么问题，哪些问题紧迫就先解决哪些问题，问题解决得越多越彻底越好。通过解决问题，让人民群众感受到实实在在的变化。

3. 创新体制机制，营造良好环境。贯彻落实科学发展观，推动科学发展，必须有科学的体制机制作保障。要把开展学习实践活动与深化改革紧密结合起来，把解决现实问题与建立长效机制紧密结合起来，加大重点领域和关键环节的改革力度，进一步推进体制机制创新，努力构建充满活力、富有效率、更加开放、有利于科学发展的体制机制和政策制度环境。

4. 转变工作作风，树立良好形象。推动广大党员特别是党员领导干部讲党性、重品行、作表率。始终牢记立党为公、执政为民的根本要求，始终恪守依法行政、廉洁奉公的各项规定，始终坚持以身作则、率先垂范的模范行为，在人民群众中进一步树立起良好的形象，把广大人民群众团结起来，汇聚成推进石林跨越式发展的强大力量。

5. 增强发展能力，加快推进跨越发展、富民强县。努力把科学发展观的要求转化为推进科学发展的实际能力、促进科学发展的政策措施、增强党性修养和提高思想觉悟的自觉行动，不断提高驾驭全局的能力、科学谋划的能力、处理复杂问题的能力，加快推进石林跨越发展、富民强县的进程。

（三）主要原则。开展学习实践活动，要着重把握以下主要原则：

1. 坚持解放思想。以解放思想为先导，以改革创新为动力，进一步提高认识，进一步更新发展观念、转变发展思路、破解发展难题、完善体制机制，使思想和行动更加符合实事求是的思想路线，更加符合经济社会发展规律，更加符合自然生态规律，更加符合党的执政规律，使党的各项工作更加符合科学发展观的要求。

2. 突出实践特色。紧紧围绕科学发展主题，紧密结合实际，创新实践载体，开展主题实践活动，确保活动取得实效。把开展学习实践活动与贯彻落实中央和省、市、县委的一系列重大部署结合起来，与“行政效能提升年”、“干部作风改进年”和“项目落实年”要求结合起来，与县委、县人民政府的中心工作结合起来，与总结科学发展的典型经验结合起来，与加强领导班子思想政治建设结合起来，以学习推动科学发展，以发展彰显学习成效。

3. 贯彻群众路线。充分发扬民主，吸收群众全程参与，认真听取群众意见建议，虚心向群众学习，真诚接受群众监督，努力解决影响和制约科学发展的突出问题以及党员干部党性党风党纪方面群众反映强烈的突出问题，把群众满意作为评价活动成效的重要依据。

4. 正面教育为主。坚持高标准、严要求，组织广大党员干部深入学习科学发展观，实事求是查找存在的问题，深刻分析产生问题的原因，全面总结经验教训，认真开展批评和自我批评，进一步明确努力方向。坚持典型引路，充分发挥先进典型的示范引领作用。

三、第二批学习实践活动的方法步骤

学习实践活动从2009年3月开始，到2009年8月基本完成，共涉及全县200个单位（其中：含4个试点单位）、各级党组织191个、党员2604名。参加范围包括：县委、县人大、县政府、县政协领导班子；县直党政机关，县委、县人大、县政府、县政协机关，县人民法院、县人民检察院和人民团体机关；县属企业（包括党组织关系在石林的省、市属企业），县直属企事业单位（中、小学校除外）。参加学习实践活动的各单位派出机构和分支机构原则上比照内设机构同步开展活动。离退休干部、职工中的党员，可在坚持基本要求的前提下，采取切合实际、灵活多样的方式组织开展活动。

在开展第二批活动的同时，选择石林镇、石林镇和摩站村、鹿阜中学、易通电缆桥架有限公司进行试点。

学习实践活动分为学习调研、分析检查、整改落实三个阶段，每个阶段的每个环节完成后，须在5天内将小结等相关材料报县委学习实践办综合组。

第一阶段：学习调研（3月中旬至4月底）。

这一阶段是整个学习实践活动的前提和基础，主要任务是围绕“科学发展是什么，践行科学发展观，实现跨越发展、富民强县应该做什么”来学好理论，提高认识，统一思想，转变观念。具体做好六项工作。

1. 搞好思想发动。3月24日，召开全县学习实践活动动员大会进行全面动员部署。3月28日以前，各单位召开动员大会，由党委（党组）和县直单位党支部（总支）主要负责同志作动员讲话，向党员干部讲清楚开展学习实践活动的重大意义、指导思想、基本原则、目标要求、方法步骤，讲清楚中央和省、市、县委决策部署和相关要求，讲清楚学习实践活动与去年开展的解放思想大讨论活动的联系和区别，讲清楚此次学习实践活动与以往开展的党内集中教育活动的共性和特点，讲清楚本地区本单位要着力解决的突出问题，使广大党员进一步提高认识、统一思想、端正态度，确保学习实践活动开好局、起好步。

2. 组织学习培训。采取多种学习形式，组织广大党员干部系统深入地学习党的十七大精神、《毛泽东邓小平江泽民论科学发展》、《科学发展观重要论述摘编》以及中央、省、市、县委有关学习实践活动的重要文件和领导讲话精神，县级党员领导干部还要认真学习《深入学习实践科学发展观活动领导干部学习文件选编》，全面把握科学发展观的科学内涵、精神实质和根本要求。各单位集中学习时间不少于5个工作日。领导干部要带头作学习报告。

3. 开展专题调研。紧紧围绕科学发展这个主题，把坚定信心、积极应对当前经济形势、保持经济平稳较快发展、招商引资、项目落实、做好新形势下群众工作、促进民族团结、维护社会和谐稳定作为重要内容，研究确定一批调研专题，深入基层、深入群众调研。县级机关要着重从贯彻落实中央和省、市、县委一系列决策部署，保发展、保民生、保稳定和改进作风等方面开展调研。企业要着重从明确发展思路、完善发展战略、转变发展方式，调整优化结构、推进技术创新、提高核心竞争力，增强企业的活力、影响力和控制力等方面开展调研。

4. 进行案例分析。各单位要紧密结合实际，对照科学发展观要求，认真总结近年来贯彻落实科学发展观的经验和教训。要按照“依理说事、就事明理”的方式，精心选择发展中正反两方面的案例，组织开展正反案例分析，努力提高党员干部分析和解决实际问题的能力。认真开展征集和宣传10个科学发展先进典型案例活动，积极配合省、市委做好征集和宣传100个科学发展先进典型案例活动。

5. 开展主题实践活动。紧扣跨越发展、富民强县这一主题，认真组织广大党员干部开展“三走进、三破解”主题实践活动，即：党员干部要带头走进基层，破解乡村道路、农田水利、人畜饮水、农村电网改造等基础设施薄弱的难题；破解农村富余劳动力转移、社保、医保、上学等社会事业滞后制约科学发展的瓶颈问题；走进企业，破解发展环境不够宽松、发展质量不高等现实困难和问题；走进群众，问政于民，问需于民，问计于民，问策于民，破解人民群众关心关注的热点难点问题。在学习实践活动中，要从推动工作、促进发展出发，做好九个方面的结合：一是与经济工作相结合。抓住发展第一要务，紧密联系石林实际，加快旅游产业提升、工业发展突破、城市建设加速、农业产业化推进和文化产业培育，做大做强县域经济。二是与招商引资相结合。把“招商引资百日竞赛活动”、“招商引资项目季度观摩”作为学习实践活动的重要载体，把招商引资成果作为检验学习实践活动成效的重要标准之一，通过学习实践活动促进招商引资任务的完成。三是与项目落实相结合。紧紧围绕今年是县委、县人民政府确定的“项目落实年”，实行重大项目跟踪推进制度，实施结果倒逼机制，抓开工，促进度，全力以赴推进昆明石林大型太阳能并网光伏试验示范电站、“四中心两店”等一批重点项目，以项目落实来检验活动成效。四是与园区建设相结合。紧紧抓住中央扩大投资、拉动内需、促进增长一系列政策机遇和省、市下放权限的机遇，用活用足用好各项政策，强势推进旅游度假区、生态工业集中区、云南昆明石林台湾农民创业园建设。五是与效能建设相结合。开展好“行政效能提升年”和“干部作风改进年”活动，进一步改进我县干部作风、提升服务质量、提高工作效率、增强干部能力、规范行政行为，保证县委、县人民政府全年各项目标任务的全面完成。六是与生态建设相结合。围绕创建国家园林县城、国家生态县目标，配合全市争创环保模范城市，扎实推进生态美县建设，促进可持续发展。七是与改善民生相结合。重点抓好县人民政府十件实事的落实，着力解决人民群众关心的就业、就学、就医、吃水、行路、社会保障等方面的问题，实现好、维护好、发展好人民群众的根本利益。八

是与平安创建相结合。全面落实维护社会稳定责任制，切实加强社会治安综合治理；加强矛盾纠纷排查调处，及时发现和处理各类矛盾和问题；以“破解新形势下群众工作难题”为重要载体，积极探索做好群众工作的方式方法。九是与强化组织保障相结合。以“整顿后进薄弱村级组织”为重要载体，切实加强基层组织建设。

6. 举办“科学发展观引领下的信心石林”论坛。以“跨越发展、富民强县”为主题，围绕“旅游产业提升、工业发展突破、城镇建设加速、农业产业化推进、文化产业培育和社会事业加强”等事关全县经济社会发展的重大问题、本单位存在的突出问题和群众最关心、最直接、最现实的利益问题，举办“科学发展观引领下的信心石林”论坛，结合领导干部培训日，以发展为主题，充分调研，精心准备，认真组织有关专家和领导干部进行集中宣讲，学习借鉴先进地区经验，切实提高各级干部特别是领导干部促进跨越式发展的能力和素质。同时，创新副科级以上党员领导干部到基层上党课制度，在报刊、广播、电视、网络等新闻媒体上开辟专栏，开展讨论交流活动，进一步统一思想、形成共识，引导广大党员立足本职岗位努力实践科学发展观。

第二阶段：分析检查（5月上旬至6月下旬）。

这一阶段是学习实践活动从思想层面进入实践层面的重要阶段。主要任务是围绕“践行科学发展观、实现跨越发展、富民强县，我们做了什么，还缺什么”，按照“重在总结经验教训、重在完善发展思路”的要求，在学习调研的基础上征求意见、找准问题、分析原因、明确方向。具体做好四项工作。

1. 进一步找准存在问题。各单位要在解放思想大讨论活动征求意见的基础上，采取座谈交流“当面问”、问卷调查“多方求”、拓宽渠道“群众提”、督促指导“上级点”、交心谈心“互相帮”、总结正反经验“对比找”等方法，切实把存在的突出问题找准、找实。对照“543”倍增计划的奋斗目标及目前全县存在的经济总量小，缺乏大项目带动，增长速度慢；产业结构单一，产业化水平低；工业基础薄弱，支撑力不强；县城带动作用不大，城镇化水平不高；财政收支矛盾突出，投资压力较大；经济社会发展软环境不够优，项目推进不够理想；一些干部的思想不够解放，抓落实的能力不强；少数部门作风不实，部分基层党组织软弱涣散等方面的突出问题，查找本单位在建立健全配套制度、破解发展难题、创新发展模式等方面存在的突出问题。对照人民群众的新期待新愿望，查找在党性党风党纪、服务基层群众等方面存在的突出问题。征求到的意见和建议，要如实向领导班子和领导干部本人反馈。

2. 撰写领导班子分析检查报告。在专题调研、广泛征求意见的基础上，领导班子要重点围绕深入贯彻落实科学发展观，增强凝聚力、创新力、执行力等方面进行深入分析，形成领导班子贯彻落实科学发展观情况的分析检查报告。分析检查报告要充分运用解放思想大讨论和深入学习调研的成果，紧密联系本地区本单位实际，回顾党的十六大以来贯彻落实科学发展观的情况，查摆存在的突出问题，分析主客观原因特别是主观原因，列出解决问题的具体举措，提炼出深入贯彻落实科学发展观的主要思路、工作要求和加强领导班子自身建设的具体措施等。主要负责同志要切实负起责任，全程主持分析检查报告的撰写。分析检查报告要突出分析检查问题、理清科学发展思路这两个重点，避免写成工作总结或工作报告。分析检查报告初稿形成后，要以适当方式广泛听取各方面意见，经党委（党组）和县直单位党支部（总支）扩大会议充分讨论后，反复修改完善。

3. 召开专题民主生活会和组织生活会。领导班子要召开分析检查科学发展观贯彻落实情况的专题民主生活会，按照加强领导班子思想政治建设的要求，紧扣党的十六大以来本地区本单位的发展实践，深入查找个人和班子在全面贯彻落实科学发展观方面存在的突出问题；针对国际金融危机不利影响反映出来的突出问题，对照省委提出的“一面旗、一团火、一盘棋”的要求，着力查找在思想、工作、作风等方面存在的差距和不足。特别要注意紧扣思想和工作实际，从宗旨意识、政绩观、责任心、艰苦奋斗作风、组织纪律观念等党性修养和作风建设方面查找问题，并深刻分析原因，开展批评与自我批评。会前，领导班子成员要认真撰写发言材料，做好充分准备；要相互谈心、交换看法，做到“四谈”，即主要领导与领导班子成员谈、党员领导干部与分管部门负责人谈、党支部书记与党员谈、党员与单位群众谈。会上，要做到“三检查、三分析”，即检查是否准确理解科学发展观的深刻内涵，分析学习实践科学发展观的自觉性；检查工作中存在的突出问题，分析结合实际贯彻落实科学发展观的坚定性；检查现行不适应不符合科学发展要求的体制机制障碍，分析制约科学发展的局限性，以统一领导班子的思想认识，明确今后的整改方向。各党支部要组织全体党员召开专题组织生活会，按照科学发展观的要求，分析查找自身差距和不足，明确努力方向，提出整改办法。党员领导干部要主动参加所在党支部的组织生活会。对民主生活会和组织生活会，既要严格要求，提高质量，又不搞人人过关，不纠缠历史旧账和细枝末节，要注意保护党员干部致力于科学发展的积极性。要运用民主生活会的成果，进一步修改完善分析检查报告。

4. 组织群众评议。要组织本地区本单位的干部职工、归口管理和下属单位负责同志、业务联系比较紧密的单位及服务对象代表，对领导班子分析检查报告进行评议。评议可根据实际情况，召开座谈会、评议大会或书面评议等形式进行。评议的主要内容，着重从领导班子对科学发展观的认识深不深、查找问题准不准、原因分析透不透、发展思路清不清、工作措施可行不可行，以及领导班子加强自身建设的具体措施有没有针对性和操作性等方面进行。领导班子分析检查报告要征求上级主管部门、同级相关部门和本系统下级单位的意见，并根据征求意见和评议意见进一步修改完善。修改完善后的分析检查报告和评议情况，要在参加测评人员范围内以书面形式公开。

第三阶段：整改落实（7月上旬至8月下旬）。

这一阶段是学习实践活动取得成效的重要阶段，主要任务是围绕“践行科学发展观、实现跨越发展、富民强县，当前要做什么，以后将做什么”，按照“重在创新体制机制、重在人民群众满意”的要求，明确目标、落实责任，集中力量解决一批影响和制约科学发展的突出问题、党员干部党性党风党纪方面群众反映强烈的突出问题，健全完善推动科学发展的体制机制。具体做好四项工作。

1. 制定整改方案。各单位在深入研究分析检查报告的基础上，针对需要解决的突出问题和需要完善的制度，领导班子要制定整改落实方案。整改落实方案要区别解决问题的轻重缓急和难易程度，做到“四明确、一承诺”，即：明确整改项目、明确整改目标和时限要求、明确整改措施、明确整改责任；整改方案制定后，采取适当方式公布，作出公开承诺，接受党员、群众监督。各单位要组织党员干部围绕制定实施整改落实方案，积极建言献策，广泛开展“我为石林发展献一策”活动，使整改方案充分体现民意。

2. 集中解决突出问题。要把解决突出问题作为学习实践活动的着力点。按照整改落实方案的要求，集中力量解决在学习实践活动中能够解决的问题，特别是贯彻中央、省、市、县委一系列方针政策和决策部署，保增长、保民生、保稳定等方面的突出问题，领导机关和领导干部党性党风党纪方面的突出问题。解决突出问题要坚持实事求是，尽力而为，量力而行，什么问题突出就解决什么问题，切忌搞形式主义。对涉及多个地区、部门和单位的问题，要做好沟通协调，积极探索上下互动、左右联动、通力协作、形成合力的解决方式。各单位要把推进跨越发展作为学习实践活动最大的实践、最重要的实际、最需要取得的成效，组织党员干部理清发展思路，找准发展目标，鼓发展之劲、聚发展之力，紧扣实施“543”倍增计划要求，强力推进旅游产业提升、工业发展突破、城镇建设加速、农业产业化推进、文化产业培育和社会事业加强，以超常规举措谋求跨越发展。

3. 健全完善体制机制。从学习实践活动一开始，就要紧紧围绕科学发展观的要求，把健全完善保障和促进科学发展的体制机制作为关键环节来抓。要紧紧抓住市级经济社会管理权限下放及实施“扩权强县”试点的契机，不等、不靠、不拖，积极主动加强与市级对口部门的工作联系与沟通交流，实施面对面的对接，接完接实接到位。认真总结成功经验，及时找准存在差距，积极用好用活用足下放权限。加大重点领域和关键环节的改革攻坚力度，集中一段时间，组织专门力量，认真做好政策制度的“废、改、立”工作，清理过去制定的一些政策措施，健全完善一批与时代发展相适应的规章制度，尽快形成有利于石林跨越发展的体制机制。县直机关要着重健全完善转变政府职能、改进干部作风、推动科学发展的政策规定；企业要进一步健全现代企业制度，完善规章制度，提高管理水平，增强风险控制能力。

4. 认真做好总结、测评和考核工作。学习实践活动基本完成时，各单位要对开展学习实践活动的基本情况、主要做法和特点、取得的经验和成效、存在的不足和努力方向等作出实事求是的总结，形成总结报告，并对巩固和扩大整改成果工作作出安排。总结报告要在一定范围内向党员、群众通报。在此基础上，科学设计学习实践活动满意度测评的量化指标、人员范围，对解决影响和制约科学发展突出问题和开展学习实践活动的实际效果进行满意度测评。测评工作要简便易行、测评结果要真实可靠。满意度测评的结果要在一定范围内公布，坚决防止盲目攀比，片面追求得高分的倾向。测评满意度达不到半数的单位，要责令补课，限期整改。

四、切实加强对第二批学习实践活动的组织领导

开展学习实践活动，是全党政治生活中的一件大事。全县各级党组织要高度重视、精心组织、加强领导、统筹安排，确保学习实践活动各项要求落到实处、取得实效。

（一）加强领导，落实责任。县委成立学习实践活动领导小组，领导小组下设办公室，负责对学习实践活动的具体指导和日常工作。各单位也要成立相应的领导机构和工作机构。党委（党组）和县直单位党支部（总支）主要负责同志要认真履行第一责任人的职责，担任学习实践活动领导小组组长，其他班子成员要结合分工抓好具体工作落实。各有关部门要相互支持，密切配合，形成工作合力。党员领导干部要结合各自分工，建立联系点，努力把联系点建成示范点。

（二）加强督导，确保质量。在开展学习实践活动中，县委学习实践活动领导小组向各单位派出指导检查组，了解情况、发现问题，提出建议、当好参谋，反馈信息、总结经验，确保学习实践活动取得实效。

（三）鼓励探索，求实创新。要在坚持学习实践活动基本要求的前提下，大胆创新、主动实践，既抓好“规定动作”，又敢于创造“自选动作”，精心设计活动载体，在创新中求实效，形成自身特色。要以求真务实的作风推动学习实践活动顺利开展，讲成本、重实效，防止文山会海，杜绝形式主义。

（四）区别情况，分类指导。在坚持总体要求的同时，针对领导机关、企事业单位的不同特点，党员领导干部、普通党员等不同层面，紧密结合部门和行业实际，分别提出具体要求，设计特色鲜明、切实可行的活动载体，增强针对性和实效性。

（五）统筹兼顾，搞好结合。要统筹安排各阶段和各环节工作，做到有机衔接、前后呼应。统筹协调机关、企事业单位的活动安排，加强上下互动、左右联动。统筹各方资源和力量，形成工作合力，促进突出问题解决。统筹学习实践活动与搞好当前各项工作的关系，做到两手抓、两不误、两促进。

（六）注重宣传，营造氛围。各单位要认真做好学习实践活动的舆论宣传工作，加强工作联系和信息沟通，及时将开展学习实践活动的成功做法、先进典型和主要成效向县委学习实践活动领导小组办公室报告，及时发现、培育、宣传活动中涌现的先进典型，及时总结推广学习实践活动的好经验好做法，不断提高学习实践活动的整体水平。

各单位在学习实践活动开展前，要结合实际制定实施方案，并报送县委学习实践活动领导小组办公室备案。学习实践活动结束后，要进行认真总结，并及时报送总结报告。

关于进一步做好社会稳定工作的通知

（2009年5月25日中共石林彝族自治县委办公室
石林彝族自治县人民政府办公室石办通〔2009〕46号）

各乡镇党委、政府，县直各部委办局、人民团体、企事业单位：

为进一步做好社会稳定工作，为推进“543”倍增计划营造稳定和谐的社会环境，按照县委领导关于“确保社会稳定，促进项目建设”的要求，结合我县实际，现将有关事项通知如下：

一、从讲政治和全局的高度，充分认识做好社会稳定工作的重大意义

正确处理改革发展稳定的关系，是我们党领导中国特色社会主义事业不断取得胜利的一条重要经验。胡锦涛总书记深刻指出：“发展是第一要务，稳定是第一责任。改革发展稳定是全党全国工作的大局，改革是动力，发展是目的，稳定是前提。”全县各级各部门要切实增强政治意识、全局意识和忧患意识，牢固树立“发展是第一要务，稳定是第一责任”的理念，主动适应新形势新任务的要求，扎实做好维护社会稳定各项工作，在改革发展中实现社会和谐稳定，在社会和谐稳定中推进改革发展。

二、强化对敌斗争意识，努力确保政治安全

要把维护国家安全特别是政治安全摆在各级各部门更加突出的位置，加强国家安全工作和人民防线建设，深入开展对敌斗争，牢牢把握对敌斗争的主动权，不断提高发现、控制和处置的能力。广大领导干部要充分认识当前对敌斗争的新情况、新问题和斗争的长期性、复杂性，时刻保持政治上的高度敏锐性，全面落实各项管控措施，确保政治稳定。

三、认真开展重大事项社会稳定风险评估化解工作，努力从源头上预防矛盾纠纷的发生

对重大事项实施前进行社会稳定风险评估化解工作，是正确处理改革、发展、稳定关系，从源头上预防和减少影响稳定的社会矛盾的有效措施。全县各级各部门要严格执行省、市关于开展重大事项社会稳定风险评估化解工作的相关规定，按照石办通〔2007〕59号文件精神，认真开展好重大事项社会稳定风险评估化解工作。全县各级各部门在实施经济社会发展中涉及人民群众利益的决策、政策、建设项目和改革措施前，要严格按照省、市的规定，认真开展社会稳定风险评估化解工作，对是否可能出现不稳定、不和谐问题作出认真评估，对预测和评估到的稳定风险提出化解措施，认真组织开展事前疏导和实施中的同步化解矛盾工作，从源头上预防和减少社会矛盾纠纷的发生，确保决策、政策实施和项目建设顺利推进。

四、切实做好领导干部下访工作，及时疏导化解各类重特大和集体上访事件

领导干部下访是密切党群、干群关系，着力化解基层社会矛盾，及时处理人民群众反映的困难和问题的有效措施，也是发扬勤政、务实、高效的工作作风，认真践行“一线工作法”的具体体现。各级领导干部要认真按照《中共石林彝族自治县委办公室、石林彝族自治县人民政府办公室关于认真做好领导干部下访工作的通知》（石办发〔2008〕17号）要求，深入基层、深入群众，了解社会热点、难点问题，帮助基层和群众解决“急、难、怨、盼”问题，及时疏导、化解各类群众上访问题，把问题解决在基层、解决在萌芽状态，减少信访总量。不能解决的及时汇报并做好群众的思想稳控工作，严防重大节庆活动期间发生进京上访和集体上访。

五、加强重大紧急情报信息报送工作，妥善处理重大紧急事件

全县各级各部门要发挥各自优势，密切配合，调动各方面资源和力量，搜集各种可能引发社会不稳定问题的苗头性、倾向性信息和深层次、内幕性、预警性信息，掌握动态，提前预警。按照《石林彝族自治县重大紧急情报信息报送工作规定》（石综治〔2008〕9号）要求，加强维稳工作情报信息网络建设，及时排查、发现和收集掌握全县社会稳定工作情况信息，科学研判和及时准确地报送信息，为党委、政府和主管部门解决问题提供信息支持。

六、完备预案，强化演练，积极稳妥地处置突发公共事件

全县各级各部门要按照《石林彝族自治县突发公共事件总体应急预案》（石政发〔2009〕21号）的要求，制定和完善全方位、多层次的各类应急预案，不断增强预案的针对性、操作性和时效性，积极预防和妥善处置各类突发事件，提高保障公共安全的能力。要按照预防与应急并重、常态与非常态结合的原则，建立统一高效的应急信息平台，建设精干实用的专业应急救援队伍，完善应急管理机制，加强队伍专项和综合救援演练，实现社会预警、社会动员、快速反应、应急处置的整体联动，确保一旦发生突发公共安全事件，能够迅速反应、果断处置，把损失和影响减少到最低程度。

七、按照属地管理和谁主管谁负责的原则，认真开展矛盾纠纷排查化解工作

各乡镇、各单位主要领导是本辖区、本单位、本系统维护社会稳定工作的第一责任人，分管领导是直接责任人。各级各部门在开展重大工作、部署重大活动中，要将化解矛盾、维护社会稳定作为重要工作内容，做到同部署、同检查、同考评、同奖惩。要进一步健全县、乡（镇）、村（社）、组四级排查调处网络，坚持普遍排查与重点排查相结合，实行县一月一排查，乡镇半月一排查，村每周一排查。对排查出的矛盾纠纷要严格按照“六个一”（一起矛盾纠纷一个责任领导、一个调处班子、一个调处方案、一个调处期限和一个调处结果）的要求开展化解工作，做到“矛盾不上交、问题不出辖区（单位）”。

石林彝族自治县公务用车管理办法（试行）

（2009年6月25日中共石林彝族自治县委办公室
石林彝族自治县人民政府办公室石办通〔2009〕60号）

第一章 公务用车管理范围及主体

第一条 为进一步加强全县公务用车管理工作，规范用车行为，加强廉政建设，为领导和机关公务用车提供安全、高效、优质服务，特制定本办法。

第二条 本办法适用于全县各级党的机关、人大机关、行政机关、政协机关、审判机关、检察机关及其所属机构，工青妇等人民团体，财政拨款的事业单位（以下统称单位）。

第三条 全县各单位的公务用车，包括轿车、越野车、旅行车、商务车、特种车、卡车、工具车等所有机动车辆。

第四条 公务用车日常管理由车辆使用单位负责，包括使用、加油、维修和驾驶人员管理等。县纪委监察局、县财政局、县政府采购办、县审计局负责对公务用车管理使用情况进行监督检查。

第二章 公务用车日常使用管理

第五条 各单位要加强公务用车管理，健全完善公务用车管理制度，明确管理机构和管理人员。

第六条 领导干部和国家公职人员在单位无专职驾驶员的情况下，因工作需要驾驶公务用车的，必须持有《机动车驾驶证》，并经单位主要领导或分管领导同意。

第七条 公务用车出差离开县域范围的，必须经单位主要领导批准。

第八条 严禁公务用车乱停乱放。凡有条件可以集中停车的单位，原则上实行集中停放，确因工作需要无法停放在规定停车地点的，由单位选择相对固定的安全场所停放。公务活动中不得将车辆停放在宾馆、酒店、茶室、娱乐场所门口的街面上。未按规定地点停放，导致车辆损伤或遗失的由驾驶人员赔偿。

节假日期间，除值班车辆外，其他公务用车一律封存；确因工作需要使用公务用车的，须经单位主要领导同意，并向值班人员登记报告后使用。

第九条 各单位每季度向县纪委监察局上报一次公务用车使用管理有关情况。县财政局、县审计局要加强对各单位车辆经费支出情况的检查，对未按规定列支的费用，实行等额处罚。

第三章 公务用车加油管理

第十条 各单位实行公务用车定点加油制度。加油统一使用单位提供的加油卡到指定油站加油。

第十一条 公务用车到县外出差使用加油卡加油，原则上不得用现金支付；特殊情况或未使用加油卡地区，应由随行负责人证明并报车辆管理人员登记后方可履行报销手续。

第四章 公务用车维修管理

第十二条 公务用车实行定点维修。定点维修厂家由县政府采购办招标确定。严禁超原配置标准装修以及增添与车辆行驶性能无关的设备。

第十三条 车辆维修实行申报制。由单位填写《石林彝族自治县行政事业单位车辆维修申报表》，经单位负责人签字并加盖单位印章后方可维修。

第十四条 维修过程中更换下来的零配件必须由驾驶员带回交单位车辆管理人员验收。

第十五条 车辆维修后，经办人员应将维修发票、《石林彝族自治县汽车定点维修结算明细单》、《石林彝族自治县行政事业单位车辆维修申报表》等及时报县政府采购办审核、

登记后，方可办理费用支出手续。

第十六条 单位在本县汽车定点维修企业产生的车辆维修费用必须按月结算，按季结清。

第十七条 公务用车出差途中发生故障，须向单位负责人和县政府采购办报告后方可进行维修。维修费用应由随行负责人证明并报县政府采购办审核、登记后方可报销。

第五章 公务用车保险

第十八条 公务用车实行定点保险制度，定点单位由县政府采购办招标确定。车辆保险范围在交强险、车辆损失险、第三者责任险、车上人员责任险、不计免赔特约险五个险种内，由单位投保，有特殊要求除外。

第十九条 新购公务用车保险或原有公务用车续保，由车辆使用单位直接到定点保险公司投保，单位凭《机动车保险单》及车辆保险发票列支相关费用。

第二十条 凡不在定点保险公司投保的“保险发票”，单位不得列支。

第六章 公务用车驾驶人员管理

第二十一条 单位根据车辆定编数、专职驾驶员人数和工作职能，明确车辆管护及维修责任人员。

第二十二条 各单位负责对驾驶人员定期组织学习培训，加强驾驶人员的职业道德教育和日常管理。

第七章 相关规定

第二十三条 严禁公车私用。禁止将公车用于婚丧喜庆、探亲访友、度假休闲、旅游、钓鱼、扫墓、接送子女亲属、个人迎来送往等私人活动。

第二十四条 严禁领导干部公车私驾和公车私用。领导干部违反本办法第六条、第二十三条规定公车私驾和公车私用的，一经发现，一律先免职，再按《石林彝族自治县领导干部问责办法实施细则》的相关规定进行问责处理；导致交通事故的，一律按违反领导干部廉洁自律规定进行党政纪立案查处，并视情节轻重给予党政纪处分。

第二十五条 严禁驾驶员和非专职驾驶员违反本办法第六条、第二十三条规定公车私驾和公车私用或未经许可将公车交给他人驾驶，一经发现，一律停职检查；导致交通事故的，调离驾驶员岗位。并对非工勤责任人员视情节轻重给予警告、记过、降级或撤职等处分。

第二十六条 严禁酒后驾车。驾驶人员在工作时间及公务接待活动中饮酒的，一经发现，一律停职或免职；导致交通事故的，按党政纪和廉洁自律相关规定严肃处理。

第二十七条 严禁领导干部用公务用车学习车辆驾驶技术；严禁领导干部因工作调动，带走原单位的公务用车。一经发现，严肃问责。

第二十八条 严禁私车公养、私费公报。任何单位一律不准以任何理由承担私家车保险、用油、维修等应由个人负责的任何费用。不准办理公务用车私户、私车公户或异地公务用车注册登记手续。一律不准用公款报销或变相报销领导干部个人学习驾驶技术和驾驶证照年检等费用。一律不准利用职权向企业、下属单位和他人借用车辆并擅自驾驶。任何人驾驶公务用车时，违反道路交通管理法规所受到的罚款处罚或依法应由个人承担的经济赔偿损失，一律由肇事者个人负责，不准用公款报销或变相报销，坚决杜绝公、私混淆不清的问题。

第二十九条 严禁违反道路交通管理法规。领导干部使用公务用车时，应注意形象，自觉遵守道路交通管理法规，自觉接受监督与检查，不得妨碍公安交警、交通、城管执法等部门依法执行公务，不得为违规驾驶人员开脱说情、拒绝处罚。

第三十条 严禁超编制、超标准配备公务用车。严格执行公务用车编制管理规定。公务用车更新管理工作按省、市、县有关规定执行。

第三十一条 严肃法纪。因监管不力，发生公车私驾和公车私用并导致交通事故的，除对驾车者严肃处理外，还要按照党风廉政建设责任制有关规定，视情况对分管领导和责任领导进行责任追究。因公车私驾和公车私用，造成人员伤亡、车辆损毁或丢失等情况的，一切经济损失、法律责任及后果由驾车者自负。

第八章 附　则

第三十二条 加强领导和监督检查。各单位要切实加强对公务用车管理工作的领导，作为行政效能提升和干部作风改进工作的重要内容，做到“一把手”负总责，结合实际进一步完善公务用车管理办法，建立长效机制，并认真抓好落实，做到用制度管住人管住车。领导干部不仅要以身作则、率先垂范，还要管好亲属、身边工作人员和车辆。各级纪检监察机关要加强监督检查，严肃查处违反公务用车管理规定、顶风违纪违规的问题。

第三十三条 公安交警、交通、城管执法等职能部门要加大执法力度，对单位公务用车存在的违规违法行为要依法查处。

第三十四条 全县纪检监察机关要加强对本办法执行情况的监督检查，积极支持各职能部门依法履行职责，严肃查处群众反映强烈的典型案件，对造成不良后果、严重损害单位形象的，要追究直接责任人员和相关领导的责任。

第三十五条 其他事业单位和国有及国有控股企业应参照本办法，结合实际制定和完善相关制度，切实加强公务用车管理。

第三十六条 本办法在执行过程中，若上级有关部门对相关条款有新的规定，从其规定。原县级有关部门出台的关于车辆管理使用的制度若与本办法相抵触，一律以本办法为准。

第三十七条 本办法由县纪委监察局负责解释。

第三十八条 本办法自发文之日起施行。

中共石林彝族自治县委　石林彝族自治县人民政府关于加快乡镇集镇建设的实施意见

（2009 年 6 月 28 日石发〔2009〕12 号）

为加快乡镇集镇建设，强势推进石林城镇化进程，促进县域经济跨越发展，实现富民强县目标，按照中共昆明市委、昆明市人民政府《关于加快城乡建设的决定》（昆发〔2008〕12 号）和县委十届五次全体（扩大）会议精神，结合实际，提出以下实施意见。

一、目的意义

党的十七大对城乡统筹发展提出了新的更高的要求。进一步加快集镇建设，推进城乡一体化，是社会主义新农村建设的客观要求，是提升城乡发展质量、全面建设小康社会的重要途径。各乡镇各部门一定要站在全局和战略的高度，充分认识加强小集镇规划建设管理工作的重大意义，以科学发展观为指导，进一步解放思想，开拓创新，围绕建设“两型”社会和“又好又快、优势优先、特色鲜明”发展要求，以全新的思路和对策，科学规划，加速建设，强化管理，全面提升集镇规划建设管理水平，加快推进石林城乡一体化建设，确保我县“543”倍增计划和全面建设小康社会目标顺利实现，促进全县经济社会全面协调可持续发展。

二、基本原则

统筹城乡、规划先行、完善功能、分步实施；因地制宜、突出特色、量力而行、统筹发展；以地生财、以财建镇、以镇招商、以商活镇、强镇富民；建设与经济发展并举，经济效益、社会效益、生态效益相结合；立足当地资源，发展壮大支柱产业，推动小集镇产业协调发展；切实保护生态资源，改善人居环境，实现可持续发展。

三、发展目标

坚持以人为本，城乡统筹，按照“重点镇——次级镇”的城镇发展体系，精心做好集镇规划，做到集镇规划、设计、建设、开发、经营、管理一体化，实现规划设计高起点、高标准、高品位；做到建设施工标准化、规范化、工艺化；按照“精心、精细、精品”的要求加强集镇管理。从 2009 年起，通过 4 年左右的努力，实现集镇建设发展“1+4 工程”目标（即：一张规划图纸加一个新型市场、一个商业街区、一个新型住宅小区、一个产业集中区），使集镇基础设施建设完善，生态环境更加优美，社会风气更加文明，集镇公共服务和社会管理能力进一步提高，加快城乡统筹协调发展。将集镇建成乡镇区域内工业化、城镇化、市场化各类生产要素的集聚区，成为县域经济的有力补充，辐射和带动村庄经济全面发展，促进城乡互动、优势互补、协调发展。

（一）2009 年 7 月底前完成石林、圭山、长湖、板桥、西街口、大可等 6 个乡镇总体规划；2009 年底前，完成石林、圭山、长湖、板桥、西街口、大可等 6 个乡镇集镇控制性详细规划。

（二）到 2012 年，各乡镇集镇“一个新型市场、一个商业街区、一个新型住宅小区、一个产业集中区”必须达到以下标准：

1. 一个新型市场：石林、圭山、板桥集镇各建有占地面积不少于 20 亩的新型市场；长湖、西街口、大可集镇各建有占地面积不少于 10 亩的新型市场。

2. 一个商业街区：石林、圭山、板桥集镇各新增不少于 1000 米长的商业街区；长湖、西街口、大可集镇各新增不少于 500 米长的商业街区。

3. 一个新型住宅小区：石林、圭山、板桥集镇各建有一个不少于 200 户的居住小区，占地面积不少于 100 亩；长湖、西街口、大可集镇各建有一个不少于 100 户的居住小区，占地面积不少于 50 亩。

4. 一个产业集中区：石林、圭山、板桥集镇各建设不少于 400 亩的标准化特色产业集中区；长湖、西街口、大可集镇各建设不少于 200 亩的标准化特色产业集中区。

（三）到 2012 年，集镇建成区面积分别达：石林集镇 1.22 平方公里、圭山集镇 1.02 平方公里、板桥集镇 0.76 平方公里、长湖集镇 0.49 平方公里、西街口集镇 0.49 平方公里、大可集镇 0.38 平方公里。

（四）按照“543”倍增计划的要求，每个乡镇每年组织 50 户、150 人以上进入县城就业、居住、生活。到 2012 年，集镇人口分别达：板桥集镇 8400 人，圭山集镇 5400 人，石林集镇 5400 人，西街口集镇 2700 人，长湖集镇 2600 人，大可集镇 2100 人。

（五）按照创建国家环境优美乡镇的标准，全面推进城乡园林绿化及生态建设，集镇绿地率达 25%以上、绿化覆盖率达 33%以上、人均绿地面积达 4 平方米以上，人均拥有集镇道路面积 5 平方米以上，亮灯率 80%以上，日清扫保洁不低于 12 个小时，垃圾清运率 100%，垃圾无害化处理率100%。

四、工作任务

(一) 坚持“三高”编制规划

规划是城乡建设的蓝图，是城乡建设的依据和城乡发展的纲要。规划编制必须坚持高起点、高标准、高品位。

1. 科学编制规划。着眼集镇长远发展，明确区域发展思路和空间布局；在实施总规的同时，抓紧编制控制性详细规划，有建设任务的区域控规覆盖率达到100%，实现各乡镇集镇建设按规划有序实施的目标。

2. 精心组织实施。各乡镇要健全、完善小集镇规划管理机构，严格按规划组织实施，建立重要规划的评审报告、备案制度。鼓励引导集镇规划区内农民建房按规划集中建设在住宅小区内；鼓励规划区外农户进集镇购房。

3. 强化执行监督。认真贯彻落实城乡规划法，全面推行“一书两证”规划许可制度。加强建设、国土执法工作协调，建立信息沟通、行动组织、案件查处等系列规划监察工作机制，加强规划实施情况的监督检查，建立小集镇规划稽查制度和责任追究制度，促进规划管理规范化。

(二) 坚持“三化”组织建设

“标准化、规范化、工艺化”是城乡建设的基本要求。各乡镇要坚持“统一规划、合理布局、因地制宜、节约用地、综合开发、配套建设”的原则，加强公共设施建设，完善和优化集镇道路系统，加快集镇园林绿化建设，提高集镇服务功能和生态环境。

1. 实行分类指导。根据区域位置、经济社会发展状况、集镇建设现状和发展潜力，全县集镇建设以重点集镇、次级集镇进行分类指导。

重点集镇：石林、板桥、圭山、长湖集镇。

次级集镇：西街口、大可集镇。

六个集镇发展定位分别为：

板桥集镇：以发展粮、烟、果、蔬等绿色产品加工以及旅游业为支柱的南部中心小集镇。

圭山集镇：县域东南部的门户和物资集散地，以发展集贸市场、现代农业、旅游业为重点，具有田园生态风光的中心集镇。

长湖集镇：以阿诗玛及撒尼文化为渊源，景观层次丰富、接待设施完善、文化内涵深厚，以旅游、服务为主要功能的旅游集镇。

石林集镇：区域商贸物流基地，县域北部产业发展基地，农副产品集散及现代服务业为主的外向型旅游集镇。

西街口集镇：县域东北部商贸服务和物资中转中心，以工业发展为重点，环境优美、配套完善的外向型工业集镇。

大可集镇：农副产品集散和加工中心，以烤烟、枇杷、草莓种植，肉鸡养殖为主，生态环境良好的特色农业集镇。

2. 完善设施建设。加快集镇路网、给排水管网、强弱电管线建设，抓好垃圾收集间 (池)、公共厕所、公共活动场所、休闲绿化公园、路灯等设施建设，完善客运站点、农贸市场、学校 (幼儿园)、医疗卫生点等配套建设，逐步完善污水处理、天然气管网建设。2012年前具体建设任务为：

板桥集镇：完成集镇新大街百货公司至规划区最南端的修建并完善配套工程，打造商业街区；完成集镇南端综合农贸市场建设；完成集镇中部居住区的控制性详细规划并实施建设和旧村风貌改造工程；完成集镇北面产业园区控制性详细规划并实施建设。

圭山集镇：完成圭山民族大街全段的修建，打造民族旅游商业街区；完成集镇中心综合农贸市场的建设；完成集镇东南片居住区的控制性详细规划并实施建设；完成集镇西北边产业园区控制性详细规划编制并实施建设 (不在集镇规划区范围内)。

长湖集镇：完成集镇至长湖景区主干道的修建并完善配套工程，打造民族旅游商业街区；完成集镇南端综合农贸市场的建设；完成集镇西面居住区的控制性详细规划并实施建设和旧村风貌改造工程；完成镇域内豆黑村西产业园区控制性详细规划并实施建设 (不在集镇规划区范围内)。

石林集镇：完成西侧贯穿324国道、西石公路、九石阿旅游专线公路、连接北大村大、小寨两个居住区的集镇主干道建设，打造商业大街；完成西石公路以西原农贸市场对面新规划大型农贸市场建设；完成海子水库坝脚西边片区住宅区的控制性详细规划并实施建设；完成集镇产业园区的控制性详细规划并实施建设。

西街口集镇：完成集镇规划区中区集贸市场建设项目，面积约1.5公顷；完成南北向24米主干道商业街区的建设；完成西街口产业园区的控制性详细规划并实施建设；完成位于集镇规划区中北部居住小区的控制性详细规划并实施建设。

大可集镇：完成乡政府至大可老村子联系干道的修建并完善配套工程，启动大可河综合治理及保护工程，打造乡政府至大可中学段商业街区；完成集镇规划区中部综合农贸市场的控制性详细规划，并完成建设；完成大可河东岸老村南端居住区的控制性详细规划并实施建设和旧村改造工程；完成大兴桥产业园区控制性详细规划并实施建设 (不在集镇规划区范围内)。

3. 加强工程管理。乡镇村镇规划建设服务中心要主动提供服务，配合协调各建设工程项目的报批、报建工作。各乡镇、有关单位要从工程选址、立项、工程勘探、工程设计、初步设计审查、施工图设计、施工图审查、招投标、质监、安监、监理、工程验收备案等实施全方位管理，确保工程质量。

(三) 坚持“三精”管理集镇

“精心、精细、精品”是集镇管理的核心内容。必须强化“三精”，提高集镇管理水平。

1. 完善管理机构。各乡镇要理顺管理体制，建立健全有效的管理机制和便于操作的管理制度。一要建立素质高、纪律严、执法公、服务优的集镇管理行政执法队伍；二要建立乡镇环卫机构，加强环境卫生管理队伍建设，确保乡镇、村庄环卫管理实现全面覆盖、不留死角、长效管理、永久保洁。

2. 加强集镇管理。一是积极实施乡镇集镇数字城管建设，建立和完善乡镇数字化管理系统，争取并入县城数字城管，提升集镇综合管理水平。二是突出抓好小集镇净化、绿化、美化、亮化，采取宣传教育、门前三包、专人负责、奖罚等办法，改善城镇容貌。三是按照“六清六建”要求，完善交通设施，规范交通秩序，制止车辆乱停、乱靠、违章行驶等行为；加强市场秩序管理，取缔乱摆摊点、以路为市等行为；加强对居民的教育和管理，杜绝乱搭乱建、乱堆乱放、私拉乱接等行为，做好镇辖区内村庄建设和村容整治的管理。四是实施污水排放总量控制，加强点源污染治理，严格控制面源污染。按照生活垃圾减量化、无害化、资源化的原则，编制乡镇、村庄环境卫生专业规划，实施城乡垃圾清运处置一体化工程。五是大力推广利用太阳能、秸秆气化、沼气，节约能源，减少污染，保护环境。

五、保障措施

（一）加强组织领导，形成建设合力

成立县集镇规划建设管理工作协调领导小组，由县委书记任政委，县长任组长，县人民政府分管领导任常务副组长，有关副县长任副组长，各乡镇党委书记、乡镇长和县直有关单位主要领导为成员，强力推进乡镇集镇建设，建立“主要领导协调、分管领导主抓、职能部门履责、乡镇组织落实”的工作协调推进机制。各级各部门密切配合，通力协作，做到上下结合、条块结合，形成合力，共同推进集镇建设发展。各乡镇成立相应机构，将小集镇规划建设管理摆上重要议事日程，在人力、物力、财力方面优先保证，形成主要领导亲自抓、分管领导具体抓、其他领导合力抓和职能站所、村组全力抓的机制。

（二）建立多渠道投入机制，充分撬动社会资本

1. 多渠道筹集资金。各乡镇要充分发挥各方优势，动用各种资源，多条腿走路，千方百计筹措资金。一是积极向中央、省、市争取一点，二是县级补助一点，三是各行业部门资金整合一点，四是乡镇自己配套一点，五是银行贷款融资一点，六是企业、社会筹集一点，七是 BT 等方式增加一点等，多渠道筹集乡镇集镇建设资金。

2. 加大县级投入力度。从 2009 年起，连续四年县财政每年安排 1000 万元以奖代补专项资金用于集镇基础设施建设项目。按照资金随项目原则，以奖代补资金与各乡镇集镇基础设施建设项目相配套，分别补助具体项目，补助金额不超过项目建设总投资的 30%；为确保集镇建设项目顺利推进，根据乡镇报经县建设局确定的项目，年初县财政先预拨补助资金的 50%，年底统一结算。县级以上安排的集镇项目建设补助资金必须专款专用。

3. 土地收益扶持。严格执行有关政策，放开搞活土地二级市场，实施土地有偿使用制度，实行“以地生财，以财建镇”，逐步使土地收益成为集镇建设的主要资金来源。集镇建设土地收购储备、土地一级开发资金主要由乡镇人民政府负责筹集。县城城市总体规划区以外允许实施小宗地出让。县城城市总体规划区以外属于乡镇人民政府独立筹资收储开发的土地，支出费用由乡镇负责筹集，土地出让后土地出让的总收益扣除上缴省、市、县的相关规费后全部由县财政预算安排给乡镇人民政府，专款用于集镇基础设施建设。

4. 规费扶持。县城城市规划区外的乡镇建设项目按政策收取的基础设施配套费、电力费附加等费用，除上缴省、市以外的全额由县财政预算安排给乡镇用于集镇基础设施建设。

5. 创新经营机制。深化集镇建设投融资体制改革，积极采取 BOT、BT、BO、TOT 等项目融资方式，广泛吸引民间资本、社会资本参与集镇基础设施建设，建立由多元化投入主体、多种经营模式构成的新型集镇建设经营机制。按照“公开、公平、公正和公共利益优先”的原则，打破集镇市政公用行业垄断，加快完善特许经营权的市场化经营机制。采取 BOT、BT、BO、TOT 等项目融资方式建设的，由各乡镇人民政府报经县人民政府批准后组织实施。积极探索集镇资产集中经营新途径，进一步提升集镇有形资产和无形资产的经营效益。开放集镇市政设施维护、集镇绿化养护、道路清扫、垃圾清运、公厕保洁等作业市场，制定完善作业定额和养护标准，变“以费养人”为“以费养事”，通过招标选择作业企业或作业人，实现社会化作业。

（三）简化程序，严格实施

1. 建设项目实施：发改部门立项→土地部门提出土地初审意见→环保部门办理环境影响评价→建设部门审批核发建设项目选址意见书→土地部门项目用地报批→建设部门审批核发建设用地规划许可证→办理建设工程施工许可证→开工建设。

2. 土地开发利用：各集镇建设发展用地由各乡镇人民政府科学合理地制定集镇发展年度土地利用计划，一次规划，分期、分批实施，对规划发展用地进行统一征收、统一开发、统一供应。用地征地补偿工作由乡镇人民政府组织实施；农用地征转用审批由县国土资源局牵头，乡镇人民政府配合完成；已经收储土地的水、电、路、场地平整等一级开发由县建设局负责指导乡镇人民政府实施；达到供应条件的土地，由乡镇人民政府和县国土资源局共同制定土地供应方案，经有权机关批准后，由县国土资源局组织实施招标、拍卖或挂牌出让。依法取得的集体建设用地使用权的，可以采取转让、转租、入股抵押等形式流转。

（四）建立健全长效工作机制

县直有关部门要出台相应的政策，确保进入集镇居住人口在户籍、教育、就医等方面享受本地居民同等待遇。理顺工作体制，明确工作职责，健全工作机构，坚持把抓落实尤其是抓项目作为推动集镇建设的中心环节，以项目的实施推动集镇建设不断发展。建立健全抓落实的工作机制，推行“一线工作法”，实施工作成果倒逼，实行重点工作项目化、项目推进责任化，切实把集镇建设的目标任务具体到项目，落实到人头，量化到时间进度。研究制定抓工作落实、抓项目推进的激励机制，引导和推动各方面围绕集镇建设出实招、办实事、求实效。建立考核激励机制，将集镇建设纳入县对乡镇工作目标考核，实行小集镇基础设施建设“以奖代补”办法，加强对集镇建设的考核和奖励。

推进依法治县建设法治石林工作规划（2009～2014年）

（2009年7月28日中共石林彝族自治县委办公室
石林彝族自治县人民政府办公室石办发〔2009〕31号）

为深入贯彻落实科学发展观，推进依法治县，建设法治石林，促进我县政治、经济、文化、社会协调发展，不断满足人民群众日益增长的法治需求，结合实际，制定本规划。

一、指导思想、发展目标和总体进程

（一）指导思想。以邓小平理论和“三个代表”重要思想为指导，以科学发展观统揽全局，深入贯彻落实党的十七大精神，坚持党的领导、人民当家作主、依法治县有机统一，紧扣石林跨越式发展这一中心，围绕富民强县目标，大力解决好关系民生的迫切问题，以制度创新促进法治建设，把依法行政、公正司法和法制宣传教育作为推动法治石林建设的“三驾马车”，强势发动，强力推进，为促进全县经济社会又好又快发展，让全县人民共享跨越式发展成果提供有力保障。

（二）发展目标。通过六年的努力，全县社会法治水平显著提高，民主法制更加完善，区域法治创建活动扎实有效，人民的政治、经济、文化、社会权益得到切实尊重和保障，基本实现政治生活、经济生活、文化生活、社会生活的法治化，法治建设工作步入全市先进行列。

1．党的执政能力进一步加强，依法执政的能力和水平进一步提高，党委以科学发展观总揽法治建设全局，领导立法、带头守法、保障执法的制度措施得到落实；政治、经济、文化、社会生活的规范化程度进一步提升。

2．人民代表大会制度、中国共产党领导的多党合作和政治协商制度、民族区域自治制度、基层群众自治制度进一步巩固和完善；党委执政、人大督政、政府行政、政协参政、群众评政的局面进一步巩固发展，方式方法不断创新。

3．制度创新更加适应石林经济社会跨越发展要求，各项工作的创新和法治保障能力全面提高；推动富有石林特点的制度机制进一步完善，社会信用保护体系建立健全。

4．行为规范、运转协调的行政决策、执行和监督体制比较健全，建立起较为完善的社会主义市场经济运行机制和更具效率、更加开放的行政管理体系；领导干部、公务人员的法律意识和法律素质明显提升，依法行政能力和依法服务水平再上新台阶。

5．法治化管理手段更加适应构建和谐社会的要求，社会和谐度全面提高。社会综合管理体系比较完善，矛盾处理和纠纷解决机制比较健全、高效，平等表达、平衡利益诉求的方式与途径多样、有效；群众最关心、最直接、最现实的利益问题解决得到法律充分保障，法律监督机制比较健全并有效发挥作用。

6．司法机关依法独立行使职权，做到严格、公正、文明执法，公正司法、法治建设体制机制更加适应执法为民要求，群众满意度全面提高；人权得到切实尊重和保障，社会弱势群体的合法权益得到更加有效保护。

（三）总体进程。2009年，完成规划的制定、宣传、部署和实施配套工作；2010～2013年，各乡镇、各单位结合自身实际，制定工作计划，研究工作措施，全面落实本规划确定的各项工作目标任务；2014年，对落实本规划情况进行全面总结评估、考核验收。

二、主要任务

（一）加强民主政治建设，推进经济社会协调发展

1．强化法治建设宏观决策，提高各级党组织依法执政水平。按照建设社会主义法治国家要求，进一步完善党的执政方式，加强对建设法治石林重大事务的综合协调，把握方向，制定政策，整合力量，营造环境，充分发挥领导法治石林建设的政治核心作用；支持和保证人大及其常委会依法履行职权；加强和改进对政府工作的领导，支持政府履行法定职能、依法行政；加强和改进对政协工作的领导，支持政协依照章程履行政治协商、民主监督、参政议政职能；加强和改进对政法工作的领导，支持审判、检察机关公正司法；加强和改进对工会、共青团、妇联等人民团体工作的领导，支持其依照法律和各自章程创造性地开展工作。党员干部特别是领导干部要牢固树立法治观念，带头学习法律、遵守法律，维护宪法和法律的权威，切实提高依法执政的执行力，自觉成为建设法治石林的宣传者、实践者、推动者。

2．强化地方国家权力机关的职能作用，密切人大代表同人民群众的联系。支持人大及其常委会按照宪法和法律的要求，围绕经济社会发展全局和人民群众普遍关心的热点、难点问题，依法履行职权。加强对规范性文件的备案审查，防止和克服部门利益倾向。建立健全人大代表联系原选举单位和选民、人大常委会组成人员联系代表等制度和机制。保障代表知情知政，依法履职。加强人大代表议案以及建议、批评和意见的办理工作，落实办理责任制，提高办理质量和实

效。加强和规范人大代表在人代会闭会期间的活动，完善代表小组活动以及代表视察、代表走访选民、代表向选民述职并接受选民评议等制度，探索建立代表约见制度，更好地发挥人大代表在体察民情、反映民意、集中民智等方面的作用。

3. 充分行使好民族自治地方立法权，突出地方立法特色。坚持“上级政策具体化、外地经验本地化、本地工作规范化、治理措施特色化”方针，按照“不抵触、有特色、可操作”原则，用好用足用活民族自治地方立法权，以营造良好经济社会发展软环境和关系民生等重大问题为立法重点，实行科学立法、民主立法，进一步完善立法程序，使地方立法更好地服务于石林经济社会跨越发展。

4. 加强政府法制建设，夯实法治政府基础。坚持从实际出发，增强政府规范性文件制定的科学性、民主性和可操作性，通过试点，初步建立规范性文件质量评估制度，防止本县规范性文件与上位法律、行政法规和地方性法规相抵触，防止本县规范性文件之间自相矛盾，防止和克服部门利益倾向。研究制定促进机制创新、劳动就业、社会保障、城市管理、失地农民生产生活保障等方面的规范性文件，保障石林经济社会建设有序推进。

5. 全面落实多党合作和政治协商制度。认真贯彻落实《中共中央关于加强人民政协工作的意见》，把政治协商纳入决策程序、列入议事规则，积极开展立法协商工作；切实发挥政协建议案、提案在政治协商、民主监督、参政议政方面的作用；县委、县人民政府的监督机构以及新闻媒体要密切与人民政协的联系，加强工作协调和配合，提高民主监督的质量；县委、县人民政府要建立与县政协和有关人民团体、无党派人士的重大决策和重要情况通报制度，县委和县政府有关部门要建立与政协各专门委员会、民主党派机关、有关人民团体对口联系制度，为人民政协参政议政创造条件。推进民主党派成员和无党派人士担任政府及司法机关领导职务工作的制度化、规范化。

6. 切实维护人民群众各项民主权利。以在全县基层创建“民主法治村（社区）”为突破口，以保障人民群众依法享有知情权、参与权、表达权、监督权、选举权为重点，培育民主意识，丰富民主形式，拓展民主渠道，不断规范并完善民主制度机制，满足群众参与城乡经济、政治、文化和社会事业管理的民主愿望，到2014年，争取全县70%以上村（社区）达到市级“民主法治村（社区）”创建标准，95%以上村（社区）达到县级“民主法治村（社区）”创建标准。扩大党内民主，改革和完善基层党组织选举制度，推进党务公开。进一步深化干部人事制度改革，创新机制，建立健全干部选拔任用和管理监督机制，推进干部人事工作的民主化、规范化。

（二）以法治石林建设保障全县经济社会发展软环境建设，充分激发经济发展活力

1. 进一步转变政府职能，建设公共服务型政府。围绕建设服务型政府、效能型政府、节约型政府，着力解决工作作风、行政效率、服务质量等方面存在的突出问题。深化行政管理体制改革，依法界定和规范政府经济调节、市场监管、社会管理和公共服务职能，努力实现政府职能配置和机构、编制管理的科学化、法定化。建立和完善重大事项科学、民主、依法决策机制。继续深化行政审批制度改革，精简行政审批事项和收费项目，积极探索实现两级联动审批和网上审批新途径。完善政府医疗卫生、安全生产、社会治安、环境保护、公共交通、文化教育、劳动就业、社会保障等公共服务职能，建立以公共服务为取向、接受人民群众严格监督的政府业绩考核制度和评价体系。创新和优化政府管理方式，营造国有、民营、外资经济平等竞争的市场环境以及自主创业、公平竞争的法治环境。到2010年，国务院提出的建设法治政府的基本要求在全县得到全面落实。

2. 强化市场监管，维护公平发展环境。完善政府监管、行业自律、舆论监督、群众参与的市场监管体系，加大市场监管力度，严格行政执法秩序，依法严厉打击生产、销售假冒伪劣商品的违法犯罪行为，查处不正当竞争和限制性竞争行为。探索建立完善市政公用行业的市场准入和特许经营制度，加强和规范资本、产权交易、房地产、建设、技术、人力资源等各类要素市场监管。依法规范用工、交易、纳税等各类市场主体的行为。依照《反垄断法》强化对垄断行业的有效监管。

3. 健全社会信用，建设诚信石林。以市场开放、公平竞争为目标，以市场准则为基石，构建制度健全、手段完备、调控有力、治理有序、全面覆盖的社会信用体系。建立健全信用制度体系，形成政府监管、社会监督、行业自律的信用制度框架。加强政府部门监控信息的互通互联，健全以数据收集、使用、披露为主要内容的企业、中介机构和个人信用综合系统，努力建成既符合国际惯例又与国情相适应、体现石林特点、满足市场需求的统一完整的社会信用体系。开展信用等级评估、报告、咨询服务，采取综合手段，褒奖守信行为，惩戒失信行为。

4. 依法从事经营管理，提升规范化水平。不断完善企事业单位内部管理和对外经营的制度规范，严格按照相关法律法规和政策规定从事经营和管理。贯彻落实工会工作法律制度，充分发挥工会、职代会在民主管理中的作用；推进厂务公开，积极创新和发挥工会、职代会作用的方式和途径。认真落实《劳动合同法》、《环境保护法》等劳动法律和环保法律，提高企业市场经营的社会效益，规范中介组织行业发展。

（三）以制度创新为突破口，形成本地化、规范化、特色化的法治环境

1. 推进县域经济发展方面制度创新的法治化。以法治化为手段，保障进一步优化县域经济发展载体，加快石林城乡交通建设，加大基础设施建设力度。深化投融资体制改革，鼓励和引导社会资本参与城乡基础设施建设。加强城乡规划建设管理，积极稳妥地推进“工业向园区、商铺向市场、居住向小区、先富农民向城镇”四个集中的法治化、规范化，突出城乡特色，提高城乡文明程度。

2. 推进非公经济方面制度创新的法治化。按照市委、市人民政府《关于加快非公有制经济发展的实施意见》，在法律

框架下，努力消除一切阻碍非公经济发展的体制弊端、政策限制，大力支持、鼓励、引导非公经济快速发展。鼓励民间资本投向开放竞争性投资领域，引导民资进入垄断行业、公共事业、现代服务业和基础设施领域，以法治化为保障，创造各类市场主体平等使用生产要素的环境。

3．推进社会事业方面制度创新的法治化。以市委、市人民政府《关于加快教育改革与发展建设教育强市的决定》等文件为指导，加快对民办教育、义务教育、中小学、幼儿园场地校舍规划建设保护等方面的制度创新。积极鼓励社会资本进入教科文卫等社会事业；同时，依法规范社会事业的市场化运营、产业化发展、社会化投资，建立健全社会事业利益分配制度、资金管理制度、社会保险制度和人才管理制度，切实规范、完善和深化医疗卫生体制改革等各项社会事业改革。

4．推进改善民生方面制度创新的法治化。建立健全与我县经济发展水平相适应的就业、分配和社会保障体系；建立健全扩大就业、社会保障等民生问题的法治化、长效化协调机制。积极推进殡葬改革立法等群众关心的民生问题。加快推进和不断完善新型农村养老保险制度，扩大城镇居民医疗保险覆盖面。继续做好被征地人员基本养老保险工作，实行“先保后征，征后有保”。到2012年，基本建立较为完善的城乡社会保障制度。

5．推进干部队伍建设方面制度创新的法治化。深化干部人事制度改革，积极推行和完善任前公示、公开选拔、竞争上岗、公推直选等制度，广泛推行领导班子实绩公开、述职公开、评议公开和评议结果反馈的“三公开一反馈”制度，建立健全领导干部述职述廉述学制度、勤廉公示制度、经济责任审计制度。建立健全科级干部任前法律知识考试制度和党政机关工作人员法律知识学习培训制度，全面提高干部法律素质。

（四）加强法治石林建设，全面保障社会和谐安定

1．加大定纷止争、利益协调力度。进一步完善社会管理体系和政策法规，整合社会管理资源，发挥城乡基层党组织、自治组织和人民调解委员会等各类组织作用，在协调利益、化解矛盾上形成合力。健全社会利益协调机制，正确处理人民内部矛盾，引导群众以理性合法的方式表达利益诉求。综合运用政策、法律、经济、行政等手段和教育、协商、调解等方法，化解矛盾，息止纠纷。从重实体轻程序、重形式轻效果向实体与程序并重、形式与效果统一的执法观念转变，从片面强调公民责任向同时强化执法机关责任的执法观念转变，构建“大服务”格局；整合社会矛盾纠纷调解资源，建立健全社会矛盾纠纷调处联动机制，构建人民调解、行政调解与司法调解“三位一体”的“大调解”网络；以信访接待中心为平台，以信访工作管理、监督两大网络为抓手，对涉权涉利、涉企涉农、涉法涉诉等重大矛盾纠纷隐患，做到早发现、早控制、早化解，从源头上预防和化解矛盾，争取信访事项复查复核受理办结率达到98%以上，进一步畅通利益诉求表达渠道，构建“大信访”机制；建立和完善重大事项社会稳定风险评估机制和社会公平体系，重视社会矛盾纠纷的源头治理与末端处理，夯实“大稳定”基础。

2．全力提升公众安全感。深化平安石林建设，依法严厉打击严重暴力犯罪、有组织犯罪、黑恶势力犯罪和多发性犯罪。推进社会治安防控体系建设，健全群防群治网络，构筑“大防控”格局。积极预防青少年违法犯罪，推进轻微刑事案件和解、社区矫正、社区戒毒、刑释解教人员安置帮教和治安调解工作。加强政法队伍建设，健全维稳工作机制和政法工作运行机制。大力加强执法规范化建设，全面提升执法能力和执法公信力，健全社会预警体系和政府应急机制，提高保障公共安全和处置突发事件的能力。

3．积极推进司法体制机制改革，不断促进司法公正。按照《中共中央关于深化司法体制和工作机制改革若干问题的意见》要求，进一步深化司法体制和工作机制改革，优化司法职权配置，落实宽严相济刑事政策，加强司法队伍建设，加强司法经费保障，不断提高司法效率，提升司法公信力，树立司法权威，维护公平正义。整合司法资源，形成权责明确、相互配合、相互制约、高效运行的司法体制，完善人民陪审员、人民监督员制度，提高执法透明度，强化执法制衡，完善执法监督，保证法律效果和社会效果的有机统一。

三、工作措施

（一）落实“五五”普法规划，营造法治氛围

1．健全法制宣传教育机制。贯彻落实《云南省法制宣传教育条例》，广泛深入地开展以宪法为核心的全民法制宣传教育，不断提高全县公民的法律素质，努力实现由教育型宣传向服务型宣传转变、由单向式宣传向互动式宣传转变、由单一功能向复合功能转变。完善并落实领导干部、公务员、青少年、企业经营管理人员、农民等重点普法对象学法制度，健全法制宣传教育工作目标管理、评估考核和经费保障制度。完善党委领导、人大政协监督、政府实施的法制宣传教育领导体制以及分工负责、协调配合的法制宣传教育工作机制。充分利用各级党政机关、社会团体、企事业单位和其他组织的职能优势、岗位优势、设施设备优势开展法制宣传教育，鼓励和引导广大公民积极参与、支持法制宣传教育活动。

2．创新法制宣传教育工作载体。整合各类宣传力量和宣传阵地，充分发挥电视、广播、报刊、网络等媒介作用，广泛开展普法教育主题活动。推进法律进机关、进学校、进乡村、进社区、进企业、进单位“六进”活动。组织开展“12·4”法制宣传日、宣传周、宣传月活动。建立由法律专业工作者组成的普法志愿者宣讲团，以村社为平台，开设面向广大干部群众的“法治讲坛”，开展互动式法制宣传教育。拓展法制宣传教育与群众文化生活相结合的深度和广度，探索法制教育与道德教育、法律宣传与城乡文化有机结合的新途径。注重教育阵地建设、创新教育方式、抓好骨干培训。进一步提高电视、报刊、广播、网络法制节目、法制栏目的质量，建立“法治石林”网站，为基层提供法制宣传阵地和信息交流平台。探索以市场运作方式开展法制宣传教育的新途径，广泛动员和组织社会力量参与法制宣传教育活动。

（二）深化依法行政，建设法治政府

1．建立健全科学民主依法决策机制。规范决策程序，推

进决策的科学化、民主化、法治化。建立完善重大事项科学、民主、依法决策机制，特别是涉及经济社会发展的重大问题、与人民群众利益密切相关的事项，决策前应严格按照《昆明市人民政府重大事项决策程序规定》，遵循法律论证、专家咨询、社会公示、公开听证和集体决策程序。探索建立健全决策跟踪反馈、决策监督和重大决策失误责任追究制度。

2．推进行政执法体制改革。建立权责明确、行为规范、监督有效、保障有力的行政执法机制。继续开展和完善相对集中行政处罚权工作，深入推行行政执法责任制，依法界定执法职责，科学设定执法岗位，建立公开、公平、公正的评议考核制度。强化行政处罚、行政许可、行政检查、行政强制、行政收费等主要行政执法行为的程序规范，严格履行告知程序和回避制度，建立健全行政处罚告知、执法听证、取证、案卷评查制度和自由裁量权标准化等制度规则。加强行政复议和行政应诉工作，逐步建立行政机关负责人出庭应诉和参加行政复议听证制度。建立健全政府规范性文件的修订、废止和定期清理制度，以法定形式公布政府规范性文件，落实规范性文件备案审查制度。健全行政岗位责任制和行政问责制，有效防止滥用公共权力。

（三）加强司法体制和工作机制建设，维护社会公平正义

1．加强审判能力和机制建设。继续深化审判机制和审判组织改革，以2015年前构建法院案件质量评估体系为切入点，努力建立起符合形势任务需要、确保司法公正与高效的审判运行机制。积极推进执行体制、干部人事制度、司法政务工作改革，提升创新发展水平。强化刑事、民事、行政审判工作，大力运用调解方式解决纠纷、化解矛盾。加强和改进执行工作，积极推动联动机制建设，最大限度实现生效裁判所确认的权益，维护司法权威。注重民生司法，建立和完善判后答疑制度，针对当事人提出的疑问和焦点问题，围绕裁判文书，说明裁判程序的合法性和裁判结果的公正性，促进案结事了。坚持和不断完善裁判文书网上公开工作，强化审判的辐射功能。

2．切实履行检察职能，提高法律监督能力。加强批捕、起诉工作，依法严厉打击各类严重刑事犯罪，加大查办和预防职务犯罪工作的力度和深度，强化对刑事诉讼、民事审判和行政诉讼的监督。从机制上保障宽严相济刑事政策的落实，坚持“该严则严、当宽则宽、区别对待、注重效果”。从执法办案实际出发，建立快速处理轻微刑事案件工作机制，依法扩大简易程序和简化审理程序的适用范围，完善未成年人犯罪案件办案方式，探索当事人达成和解的刑事案件办理机制，改善执法效果。

3．规范法律服务行为，提升法律服务水平。完善行政管理与行业自律管理相结合的管理体制，拓展法律服务领域，充分发挥律师、公证、法律援助等法律服务机构作用，尤其是在招商引资、环境保护、城乡建设、行政执法、消费投诉等关系民生的重点、热点、难点问题中的功能和作用，提出法律建议，提供决策参考。按照昆明市《关于加强律师行业发展的意见》和《关于加快律师事务所发展的实施意见》要求，开拓和开放法律服务市场，实施律师事务所和律师品牌战略，严格法律服务行业准入制度，规范法律服务执业行为，健全长效管理机制。落实市委、市人民政府《关于全面推行法律顾问制度和加强法律学习培训的意见》精神，健全政府部门法律顾问制度，坚持律师行业为政府依法行政提供法律智力支持。围绕经济发展和广大群众最关心、最直接、最现实的利益问题，发挥公证在调节经济关系、化解矛盾纠纷、减少司法诉讼方面的积极作用，降低市场交易成本和风险。健全法律援助三级网络，在全县各乡镇为民服务中心设立法律援助窗口，做到应援尽援，最大限度为社会弱势群体提供法律援助。

（四）构建权力阳光运行机制，强化对公共权力的有效监督和制约

1．全面落实《政府信息公开条例》。加快电子政务建设，依法向社会公开行政机关的政务活动，逐步建立统一的政务信息公开考核制度。在建立健全政府信息公开制度、程序的基础上，严格梳理行政权力，规范权力运行流程，以电子政务为载体，以网上政务大厅为平台，使权力运行通过信息技术得到固化和整合，以建立健全全县各部门执法信息共享和信息交换平台项目，推动行政权力网上规范、公开、透明、高效运行，全面实行公共权力运行的电子化、网络化，使权力运行得到有效监督。

2．构建惩治和预防腐败体系。全面落实《昆明市关于贯彻落实〈建立健全惩治和预防腐败体系2008～2012年工作规划〉实施办法》。各级领导班子、领导干部要贯彻落实科学发展观，严格执行民主集中制，加强上级党委和纪委对下级单位尤其是领导班子成员的监督；继续落实领导干部廉洁自律各项规定，抓好领导干部勤政廉政公示制度的完善和落实；依法加强对干部人事权、司法权、行政审批权和行政执法权行使等重要领域和关键环节权力运行的监督，依法加强对财政资金、国有资产的监管；加强和改进党内监督，全面贯彻落实《中国共产党党内监督条例（试行）》、《中国共产党党员权利保障条例》。坚持领导干部述职述廉、诫勉谈话和函询制度，做好党委委员、候补委员和纪委委员党内询问和质询工作，严格执行领导干部报告个人有关重大事项的规定。支持和接受人大法律监督、政府专门机构监督、政协民主监督、群众监督，加强和改进舆论监督，努力构建覆盖权力运行全过程的监督制约机制。

（五）创新法治建设工作机制和载体，确保取得实效

1．开展专项整治行动。在与人民群众生产生活密切相关的领域，如食品药品市场、农资市场、医疗服务市场、文化市场、建筑市场、运输市场、劳务市场、娱乐场所等，开展形式多样的专项整治行动，依法打击生产、销售假冒伪劣商品，建筑企业劳务分包、非法挂靠和违法分包等扰乱市场经济秩序的各种行为。坚持以制度建设为根本，健全监管工作机制，实施长效化管理。

2．深化法治石林建设工作。按照条块结合、以块为主的原则，构建党委统一领导，人大、政府、政协、纪委各司其

职，各部门整体联动，人民群众广泛参与的工作格局，充分动员全社会力量参与建设法治石林活动。加大县级部门对各乡镇业务指导力度，推进上下联动、条块联动。积极推进企业和政府部门法律顾问制度建设，规范设置企业和政府部门法律事务机构，加快构建企业和政府部门法律风险防范机制。

四、加强领导，确保法治石林建设各项目标任务落到实处

1．切实加强组织领导。坚持把党的领导贯穿于法治石林建设的全过程，使法治石林建设工作水平与我县经济社会发展水平相适应。县委、县人民政府对法治石林建设工作实施集中统一领导，乡镇党委、政府要把依法治理工作摆到重要位置，提上重要议事日程，建立健全“一把手”负责制，定期听取汇报，分析形势，研究解决问题。县委法治石林建设领导小组要履行法治石林建设工作的组织、协调、指导、督促、检查职能。各乡镇、各单位要围绕县委、县人民政府关于法治石林建设的决策和部署，加强对法治石林建设的领导，深入调查研究，结合各自实际，制定具体贯彻意见和配套文件，一并认真实施。负责法治石林建设日常工作的领导小组办公室要加强自身建设，当好法治石林建设的参谋和助手。健全法治石林建设工作经费投入、支出制度。以构建“法治石林量化评价体系”为突破口，探索把法治石林建设工作实绩纳入党政领导干部政绩考核体系，逐步建立健全符合石林实际、科学有效的法治建设评价体系和考核办法。

2．建立健全工作机制。建立健全法治石林工作责任制，明确各级各部门及群团组织、企事业单位的职责和任务。财政部门要将依法治县工作经费纳入年度财政预算，及时核拨到位；各部门党组织要有专人负责推进依法治理工作；各乡镇、各部门和人民团体要结合各自职能，加强自身法治建设，同时积极承担法治石林建设工作任务，配备与工作任务相适应的人员，并安排年度专项经费，保证工作正常开展。落实工作责任制和监督考核制，形成统一领导、分工负责、相互配合、协调一致的工作格局。

3．营造全民参与氛围。各级领导干部要牢固树立社会主义法治理念，带头学法、守法，提高自身法治意识和法律素养，在法治石林建设工作中发挥表率作用。党委宣传部门要切实加强对法治石林建设宣传报道工作的领导，将其列入年度宣传计划，精心筹划、周密部署、确保落实，形成持久、浓厚的舆论氛围。充分发挥舆论的正面导向作用，通过各种宣传渠道，加大对法治石林建设重大意义、指导思想、目标任务和工作重点等内容的宣传力度，营造人人关心、人人支持、人人参与的良好舆论氛围，最大限度组织动员广大群众积极投身于依法治县工作的实践之中。结合依法治县实践，不断探索法治石林发展规律和路径，开展法治理论与实践相结合的研究，为法治石林建设工作的长期、持续发展提供理论指导和有力支持。

关于进一步完善招商引资项目落地协调推进机制的通知

（2009年8月7日中共石林彝族自治县委办公室
石林彝族自治县人民政府办公室石办发〔2009〕35号）

各乡镇党委、政府，县直各部委办局、人民团体、企事业单位：

为切实加强重大招商引资项目的协调推进工作，加快推进项目落地、开工建设、投产达效，根据昆明市工业突破园区建设招商引资工作指挥部《关于加强重大项目协调推进工作的通知》（昆工园指〔2009〕8号）精神，县委、县人民政府决定建立招商引资暨重大项目协调推进工作机制，现将有关事项通知如下：

一、实行招商引资项目申报制

（一）申报项目。县招商引资工作指挥部办公室（以下简称县指挥部办公室）制作统一的招商引资项目申报表。各招商分局按表格内容填写拟投资项目的名称、投资企业、建设内容、投资规模、初步选址或选址要求、用地规模或用地要求及其他对自然、基础条件方面的特殊要求等内容报县招商引资指挥部办公室。进入台湾农民创业园、旅游服务区、生态工业集中区的项目，填写统一的招商引资项目申报表报“三区”管委会。

（二）征求意见。县指挥部办公室在5个工作日内将拟申报项目分发至相关乡镇和县直有关部门就项目前置条件征求意见；相关乡镇和部门在5个工作日内完成相关调查并形成本单位意见建议（包括：是否同意申报项目所列事项；如不同意或不同意其中某项的原因；明确提出具有可操作性的建议等内容）经主要领导签字并加盖公章后报县指挥部办公室、县考核办；县指挥部办公室、县考核办在5个工作日内整理汇总意见批复相应招商分局。进入“三区”的项目，自接到申报材料之日起5个工作日内，“三区”管委会批复相应招商分局。“三区”管委会把项目申报申请和批复文件报县招商引资指挥部办公室、县考核办备案。

（三）项目落实。各招商分局根据批复推进项目落实。如申报项目获准批复则应尽快与投资方签订投资协议；否则按批复建议指导投资方修改项目实施方案，以符合我县产业导向、规划及其他方面的要求，促成项目落实。

二、建立部门跟踪服务机制

（四）科学确定投资企业。凡出现一个地块多家企业洽谈、签约情况的，由投资企业做出项目概念性规划，报县规委会办公室组织专家评审，根据规划确定投资方。进入“三区”的项目分别由“三区”管委会科学确定投资方。

（五）合作协议备案。各招商分局应将签订的投资合同（协议）文本复印件自签订后5个工作日内送县指挥部办公室进行登记备案，列入考核，并按需要由县指挥部办公室在网上发布和推介招商引资项目，进行网上招商。

（六）项目规划评审。县规委会对招商引资项目概念性规划（总规）和控制性详细规划进行评审，帮助企业完善规划思路。

（七）代办审批手续。落户我县的投资项目，由引资单位明确专人为投资方在最短时限内代办项目涉及的立项、土地、环评、水保、林勘、矿产压覆、地质灾害等各项审批手续。免收代办手续费。县级行政审批权限内，相关部门在规定办结时限内以最短时限办结；需上报市、省级审批事项，在规定时限内由相关部门以最短时限转报、上报，并及时安排专人跟踪、协调、跟办，确保在规定办结时限内以较短时限办结。

三、建立项目分级分口落实机制

按照“属地管理和谁招商谁负责”的原则，实施招商引资项目分级分口负责推进机制，切实抓好项目跟踪推进工作。

（八）实行项目县级领导干部挂钩推进机制。所有招商引资项目实行县级领导负责推进机制，对上年结转和今年新签订的招商引资项目，每一个项目均指定一名县级领导干部负责全程跟踪服务。

（九）实行项目“五级协调”推进机制。招商分局局长主动协调→招商分局政委牵头协调→县政府分管领导组织协调→县指挥部组织协调→书记、县长集中会议协调。第一层级协调无果，应及时向第二层级汇报，及时研究解决相关问题，每一层级从接到需协调请示报告事项至完成该层级协调推进工作时限不超过5个工作日。

（十）实行重大项目周会办制。需提请县招商引资指挥部研究确定的重大项目，由项目推进单位分口报请县人民政府分管领导同意后，提交县指挥部会办研究解决。周会办制度由县指挥部办公室组织安排，县指挥部领导、项目的分管县领导、项目推进中涉及的部门领导、县纪委、县考核办、县委目督办、县政府目督办、县招商促进局、县便民服务中心领导参加。会办制度具体由县招商引资工作指挥部办公室负责组织安排。会办结果由县委目督办、县政府目督办负责督办落实，县纪委根据项目推进情况适时进行跟踪问效。

做好招商引资项目全过程跟踪服务，建立“一个项目、一位责任领导、一个责任单位、一个责任人”的责任机制，从项目策划包装、推介、洽谈、签约、审批、落地、开工建设、竣工投产、生产经营全过程进行跟踪服务，协调解决项目推进中存在的困难和问题。

四、完善基础条件，扫除项目推进障碍

（十一）完善规划。完善全县产业发展规划、土地利用总体规划、城镇建设总体规划、环保与生态建设等规划，做到“多规”合一，无缝对接，确保项目一符即符，减少弯路、减少成本。

（十二）加大土地收储力度。根据产业发展规划，有计划地推进土地收储，实行先收储土地，后配套市政基础设施，为项目落地提供用地保障。

（十三）加快基础设施配套。做到招商引资项目落地，水、电、路、通讯、排污等基础设施配套。

（十四）明确片区基准地价。根据产业发展规划，对台创园、旅游度假区、工业集中区、西城区等四个园区，石林大道城市经济带、九石阿旅游专线阿诗玛旅游文化经济带、巴江生态休闲经济带等三个经济带及其他优势地块，按区位优势、配套条件、产业布局，由县国土资源局科学测算、合理确定基准地价。同时，采取重大项目“一事一议”的办法给予地价优惠。

五、建立项目督促检查机制

（十五）建立招商引资项目报送和信息共享机制。县指挥部办公室统一制作项目进展情况表，各招商分局于每月25日前将招商引资相关信息报县指挥部办公室、县考核办。县指挥部办公室、县考核办汇总统计，于每月30日前分别报县招商引资工作指挥部领导及项目相关县领导、县委目督办、县政府目督办，由相关县领导安排相关责任单位跟踪落实、协调推进。

（十六）建立完善县人大常委会、县政协领导对项目开工建设的“一对一”督查制度。由县人大办、县政协办根据项目性质和业务对口关系，拟定县人大常委会领导和县政协领导对2008年县考核办认定的重大招商引资项目开展“一对一”定期检查，并通报督促检查情况。

（十七）强化督促检查。按照五个层级对招商引资项目落地协调推进各个环节进行督促检查和推进，即：部门主要领导督查落实→县级分管领导督查落实→县委目督办、政府目督办督查落实→县五个纪工委督查落实→县纪委督查落实并进行问责。

石林彝族自治县公务员“三普”教育培训工作实施方案

（2009 年 8 月 19 日中共石林彝族自治县委办公室
石林彝族自治县人民政府办公室石办通〔2009〕79 号

为进一步提高全县干部职工整体素质和综合能力，树立良好的对外开放形象，进一步加强对外合作交流，根据《昆明市委办公厅、昆明市人民政府办公厅关于在全市进行“三普”教育培训的实施意见》（昆办通〔2009〕38 号）要求，结合我县实际，制定本实施方案。

一、指导思想

以科学发展观为指导，紧紧围绕市委九届五次全会和县委十届五次全会精神，牢牢把握“跨越发展、富民强县”主题，全力推进我县旅游产业提升、工业发展突破、城镇建设加速、农业产业化发展、文化产业培育和社会事业加强“5+1”工程，建设富强石林、活力石林、文化石林、生态石林、和谐石林，按照“统一部署、分级管理，分类培训、统一考试”的原则进行“三普”教育培训，进一步提高全县公职人员的语言规范化表达能力、信息资源处理能力和外语沟通能力，提升软实力，展示新形象，推动经济社会更好更快发展。

二、组织领导

成立石林彝族自治县公务员“三普”教育培训工作领导小组。

组　长：李福军（县委常委、县委宣传部部长）
副组长：黄　杰（县人民政府副县长）
　　　　毕富兴（县委党校常务副校长）
成　员：彭天寿（县纪委常务副书记）
　　　　李　韬（县委组织部副部长）
　　　　毕卫东（县委宣传部常务副部长）
　　　　杨春宝（县委组织部副部长、县人事劳动和社会保障局局长）
　　　　普光强（县教育局局长）
　　　　时月慧（县委党校副校长）
　　　　赵俞智（县政府办副主任）
　　　　段圳宗（县信息产业办副主任）
　　　　毕文祥（县财政局副局长）

领导小组下设办公室在县委党校，由时月慧同志兼任办公室主任，工作人员从各成员单位抽调，负责具体工作的组织实施。

三、目标任务

从 2009 年 8 月开始，用一年时间，对全县 50 周岁以下、未取得相关资质证书的在职公职人员进行“三普”教育培训，到 2010 年 8 月实现以下目标：全县公职人员通过普通话水平等级测试，在上班时间、各类会议、公务活动中必须使用普通话，在公共场合自觉使用普通话；掌握信息化和电子政务基础知识和计算机应用技能，能熟练操作计算机；掌握英语日常用语 300 句，老挝、缅甸、泰国、越南四国日常用语各 100 句。

四、任务分工

1. 普通话。使用《普通话培训测试指南》等教材，重点培训普通话语音、词汇和语法知识，训练朗读和语言表达，辨别方言与普通话等；倡导全县公职人员带头普及、推广和使用普通话。

牵头单位：县委宣传部
责任单位及责任人：县委党校时月慧
县人事劳动和社会保障局杨春宝
县教育局普光强
完成时限：2010 年 3 月

2. 计算机。通过理论知识培训和实际操作应用，重点培训计算机基础知识、操作系统的功能和分类，WORD、EXCEL、POWERPOINT、ACCESS 文字处理软件的应用，互联网基础知识与应用，计算机病毒及预防等。

牵头单位：县委宣传部
责任单位及责任人：县委党校时月慧
县人事劳动和社会保障局杨春宝
县信息产业办段圳宗
完成时限：2010 年 4 月

3. 外语。通过视频、音频资料和文字教材，重点培训英语、越语、老语、缅语、泰语日常用语，要求掌握英语 300 句和其他四种外语日常用语各 100 句，并能进行简单的对话交流。

牵头单位：县委宣传部
责任单位及责任人：县委党校时月慧
县人事劳动和社会保障局杨春宝
县教育局普光强
完成时限：2010 年 5 月

五、工作步骤

“三普”教育培训采取分散自学与集中辅导相结合、骨干培训与分批轮训相结合、分类测评与统一考试相结合的方式进行。

1. 2009年8月，宣传动员和筛选分类阶段。在全县范围内进行广泛宣传和社会动员，并对当前全县公职人员掌握普通话、计算机和外语的情况进行摸底、筛选、分类和统计。此项工作由县人事劳动和社会保障局负责实施，于8月25日前把全县年龄在50岁以下的公务员人数及“三普”知识掌握情况统计表报县委宣传部。

2. 2009年9月，培训骨干阶段（骨干分为三类：一为普通话骨干，二为计算机骨干，三为外语骨干）。各单位选派骨干到县委党校进行集中培训后回单位担任教学辅导员，由辅导员负责本单位的教学培训工作。其中：单位人数10人以下的各安排1名骨干参加培训；单位人数10～30人的各安排2名骨干参加培训；单位人数30人以上的各安排3名骨干参加培训。各单位于8月30日前分类报县委党校。

3. 2009年10月至2010年5月，全面实施培训和考试阶段。各单位结合实际，进行有针对性的教育培训学习，然后参加全县统一测试和考试（考试时间另行通知）。其中普通话要进行水平等级测试，计算机进行操作考核，外语要进行口语对话测试。对考试考核合格者由市“三普”办颁发合格证书，未通过的要进行补训补考（时间另行通知）。

4. 2010年6月至7月，查缺补漏和考核总结阶段。由县领导小组牵头，对全县“三普”教育培训工作进行全面考核总结，建立长效工作机制。

六、工作要求

1. 各级各部门要高度重视，加强领导，精心组织，周密安排，确保“三普”教育培训工作取得实效。

2. 各牵头单位、责任单位要统筹兼顾，加强协作，明确责任，抓好落实，细化工作方案，落实工作措施，全面开展工作。

3. 各级领导要以身作则，起好模范带头作用，带头参加学习培训，带头使用普通话、计算机和外语，带领全体公职人员积极参与“三普”教育培训。

4. 县委组织部、县委宣传部、县委党校、县人事劳动和社会保障局要根据市“三普”办要求组织好考试考核工作，把培训考试的结果作为公务员年终考核和评优评先的条件之一，逐步建立完善“三普”教育培训工作长效机制。

5. 县委宣传部要做好宣传推广和舆论引导工作，统筹协调媒体，有计划、有步骤地宣传报道“三普”教育培训活动，发动公民支持并参与“三普”学习推广活动，营造良好的学习氛围，提高全民素质，进一步树立石林良好的对外开放形象。

6. 全县各级各部门要将学习计划于2009年9月30日前报县委宣传部。县委宣传部将对各单位、各部门的学习培训情况进行抽查，对实效明显、成绩突出的单位和个人给予通报表扬；对于考核不合格的单位和个人按有关程序进行通报批评。

参与组织此项工作的成员单位要协调、安排、落实好相关工作。全县各级各部门要高度重视此项工作，加大宣传动员力度，迅速掀起深入学习普通话、计算机和外语的热潮，不断将学习活动引向深入，取得实实在在的学习效果，推动各项工作实现新突破、新跨越。

石林彝族自治县重点项目推进办法（试行）

（2009年8月31日中共石林彝族自治县委办公室
石林彝族自治县人民政府办公室石办发〔2009〕36号）

第一条 为进一步完善重点项目推进机制，加快重点项目落实，强力推进工业突破、园区建设、招商引资、城乡建设，促进石林经济社会跨越发展，制定本办法。

第二条 本办法适用于石林彝族自治县行政区域内重点项目的建设和管理。本办法所称重点项目，是指县委、县人民政府确定的政府性投资重点项目、企业投资重点项目和招商引资重点项目。

第三条 政府性投资的县重点项目按照国家、省、市有关规定，严格执行项目法人责任制、工程招标投标制、工程合同管理制、工程监理制、工程质量终身负责制，全面推行建设工程管理“八个百分之百”。

第四条 各职能部门要加强对重点项目的协调服务，实行服务承诺制、限时办结制、首问负责制和责任追究制，减少审批环节和审批项目，提高服务水平和工作效率。

第五条 县重点项目工作领导小组负责全县重点建设项目建设中的协调、指导、督查、考核，办公室设在县发改局（以下称重点项目办），负责领导小组的日常事务。主要职责：

（一）贯彻执行国家、省、市、县有关重点项目的法律、法规、规章、政策及县委、县人民政府的相关决定。

（二）调度、汇总分析县重点项目的信息和运行态势，及时通报联系领导、主管单位和建设单位的主要负责人。

（三）每月召开一次调度会议，每季度召开一次现场观摩会议，及时解决项目建设过程中存在的问题和总结交流项目建设工作经验，安排部署下步项目建设任务。

（四）指导有关部门、乡镇（园区）论证和落实县重点项目。

（五）对县重点项目建设工作进行考核表彰和宣传报道。

（六）按市、县要求，收集整理并审核报送重点项目开、竣工时间。

第六条 实行县级领导联系工作制，联系领导主要职责：

（一）高度重视重点项目建设，把联系项目作为职责内的一项重要工作来抓，认真负责地为项目建设做好协调工作。

（二）主动联系重点项目建设单位，指导、协调、解决项目建设过程中遇到的问题，确保项目建设顺利推进，促使项目早开工、早竣工、早投产。

（三）经常深入项目现场督促指导，每月不少于一次。做好联系项目涉及相关职能部门的协调沟通工作。

（四）指导督促项目建设单位按期完成建设任务。

第七条 实行主管单位全权负责制，主管单位主要职责：

（一）按照联系领导及项目建设单位的要求，抓好项目建设各个环节的服务落实，确保为项目创造良好的环境。

（二）保持与联系领导的经常性沟通汇报，保证联系领导与重点建设项目信息畅通。

（三）协助项目建设责任单位办理规划、立项、土地、环评、林业、水保、矿产压覆、安全及节能等相关手续。围绕竣工时间倒排工期，实行目标倒逼，以日保周，以周保旬，以旬保月，以月保季，以季保年，确保项目按期开工、按时完工。

（四）完成县重点项目工作领导小组交办的其他工作。

第八条 实行建设单位直接责任制，建设单位主要职责：

（一）积极主动办理项目规划、立项、土地、环评、林业、水保、矿产压覆、安全及节能等各种必要手续，确保项目建设手续完备、运作规范、程序合法。

（二）切实组织好项目的建设实施，合理安排工期，注重工程质量，保证施工安全，确保项目早日建成、早日发挥效益。

（三）及时向联系的领导和主管单位汇报项目进展情况及项目建设过程中遇到的困难和问题，主动配合有关部门解决好影响项目建设进度的问题，确保项目顺利实施。

（四）确保项目按期竣工投产，坚决杜绝取得土地使用权不开工，开工不建设，建设无进度的现象。

第九条 实行现场办公会议制度。解决重点项目建设中急需协调、落实的有关问题。

重点项目建设过程中遇到需两个以上部门解决的重大问题和困难，由重点项目责任领导及时组织召开现场办公会议研究解决。两次协调仍无法解决的，及时向县委、县人民政府主要领导报告。

现场办公会议提出的解决办法要形成会议纪要，分别报送重点项目办和县委目督办、县政府目督办，由重点项目办负责对承办部门的办理情况及时进行调度。

第十条 实行进展月分析制度。对重点项目实行一月一调度，及时、准确把握重点项目建设形势，并针对项目建设过程中反映出来的问题，进行认真分析和研究，找准症结，提出应对措施，促进重点项目建设顺利推进。

重点项目法人应当确定信息联络员，每月25日前将重点建设项目进度情况、存在困难和问题报送重点项目办。重点项目办对项目手续办理、是否开工、资金到位、完成投资额、形象进度等情况，以及项目建设过程中存在的困难和问题进行分析汇总后，报送县委目督办、县政府目督办，形成督查专报于每月30日前报送县重点项目工作领导小组组长、副组长和项目联系领导、主管单位、建设单位及县直有关部门。

第十一条 实行现场季度观摩制度。每季度召开一次重点项目建设现场观摩会议，检验重点项目建设的新成果，总结交流重点项目建设工作经验，安排部署下步重点项目建设任务。

会议采取现场观摩、集中交流发言、表态发言相结合的形式召开，对各重点项目推进情况进行现场评议，评议结果计入各乡镇、部门年度综合考核。会议筹备由县委办公室、县政府办公室、重点项目办及有关部门分工负责。

第十二条 实行项目建设联席会议制度。根据重点项目建设进展情况适时召开推进重点项目建设联席会议，及时协调解决重点项目建设中立项、规划、土地、资金等存在的问题。

会议由县人民政府主要领导或分管领导主持召开，县政府办公室、重点项目办牵头召集，各有关部门和乡镇参加。

第十三条 实行跟踪宣传报道制度。充分发挥新闻宣传服务经济建设的职能和作用，加强对重点项目建设情况的宣传，组织策划一批有分量、有深度的系列报道、专题报道、专栏报道，及时报道项目进展情况，宣传先进典型，曝光环境不优、服务不到位的问题，形成良好的舆论氛围。

宣传报道工作由县委宣传部、重点项目办牵头，各新闻媒体分工负责。宣传报道要统筹安排，突出重点，对长期性重点工作，要把握好节奏和力度，确保报道的连续性；对阶段性的现场办公会议、分析会议、现场观摩会议的宣传，要全程跟踪，加强衔接，确保效果。

第十四条 实行全程督促检查制度。充分发挥分管领导、目标督查和纪检监察部门的督查作用，把督促检查贯穿于项目建设的始终，实行全过程督促检查、全过程管理监控、全过程跟踪问效。

分管领导进行落实式督查，协调解决项目推进中的问题和不足，推进项目落实；县委目督办、县政府目督办按照目标管理要求对推进缓慢的项目进行推进式督查，结果报县委、县人民政府主要领导和分管领导；仍然推进不快、行动迟缓的项目由县纪委进行问责式督查，对相关责任部门、责任人进行查办、问责。

第十五条 实行考核奖惩制度。重点项目办根据重点项目建设进度及开工、竣工情况进行考核。对重点项目中手续完备、投资额大、建设进度快、质量高、效益好的项目主管单位、建设单位和项目建设优质服务部门给予表彰奖励；对重点项目推进不力、落实不到位的责任领导及责任人按《昆明市领导干部问责办法》、《石林彝族自治县领导干部问责办法实施细则》、《昆明市被问责领导干部相应组织处理意见（试行）》进行问责和处理。

第十六条 本办法由县重点项目工作领导小组办公室负责解释。

第十七条 本办法自发布之日起执行。

石林彝族自治县工程建设领域突出问题专项治理工作实施方案

（2009年9月25日中共石林彝族自治县委办公室
石林彝族自治县人民政府办公室石办发〔2009〕38号）

为加强我县建设工程管理，进一步规范工程建设领域市场交易行为和领导干部廉洁从政行为，维护社会主义市场经济秩序，促进反腐倡廉建设，根据《中共中央办公厅、国务院办公厅印发〈关于开展工程建设领域突出问题专项治理工作的意见〉的通知》（中办发〔2009〕27号）和《中共昆明市委办公厅、昆明市人民政府办公厅关于印发〈昆明市工程建设领域突出问题专项治理工作实施方案〉的通知》（昆办发〔2009〕13号）精神，结合我县实际，制定以下实施方案。

一、总体要求、主要任务和阶段性目标

（一）总体要求

开展工程建设领域突出问题专项治理工作，既是深入学习实践科学发展观、构建社会主义和谐社会、全面推进石林跨越式发展的必然要求，又是认真贯彻落实中央关于反腐倡廉建设各项部署的重要举措。当前，我县正抢抓中央扩大内需、促进经济增长政策措施的机遇，狠抓项目落实，推进城乡基础设施建设。在这一关键时期开展此项专项治理工作，对于落实市委、市政府有关建设工程管理“八个百分之百”的各项要求，促进监管制度体系更加完善，遏制权钱交易和商业贿赂，纠正违规审批、规避招标、虚假招标、中介机构违规操作，着力解决因国有资产分散、财政资源分散、土地资源分散和被动规划、被动城市化、被动土地供给以及多头工程预决算、多头搞工程建设、多头筹资融资而导致的部分工程造价高、拆迁成本高、征地补偿高的“三高”等问题，确保工程建设项目优质、高效、安全、廉洁运行，具有十分重要的意义。

专项治理工作必须以邓小平理论和“三个代表”重要思想为指导，深入贯彻落实科学发展观，紧紧围绕中央、省、市的有关要求，坚持围绕中心、服务大局，突出重点、全面治理，依法监管、统筹协调，深化改革、完善制度；坚持集中治理与加强日常监管相结合，严肃查处违规违纪违法案件，大力推进体制机制制度创新，建立健全规范的工程建设市场体系，最大限度维护最广大人民的根本利益和公共利益，为促进我县经济社会又好又快发展提供坚实保证。

（二）主要任务

认真贯彻执行国家有关法律法规，以政府投资和使用国有资金项目特别是扩大内需项目为重点，以规范项目决策行为，规范招标投标活动为抓手，紧扣建设工程“八个百分之百”要求，把加强城乡规划管理，规范土地使用权、矿业权审批和出让行为，加强工程建设实施和工程质量安全管理，加强政府采购和资金安排使用管理，推进建设项目信息公开和诚信体系建设，加大查办案件力度，完善惩防体系建设等八个方面56项工作作为专项治理的主要任务（详见附件2）。

（三）阶段性目标

通过两年左右的专项治理，达到以下目标要求：建设工程监督管理工作更加规范，工程建设领域市场交易活动依法透明运行，统一规范的工程建设有形市场基本健全；诚信体系初步建立，制度政策更加完善，长效管理机制基本形成；“三高”问题得到基本解决，领导干部违法违规插手干预工程建设的行为受到严肃查处，工程建设领域腐败现象易发多发的势头得到进一步遏制。

二、方法步骤和时间安排

根据八个方面的工作任务分解，紧紧围绕贯彻落实中央、省扩大内需及其他重大建设项目监督检查工作和“八个百分之百”相关要求，由县领导小组办公室牵头，县发改局、县国土资源局、县建设局、县监察局、县财政局、县审计局、县交通局、县水务局等部门依据职能职责分工，分类分块同步推进专项治理工作。计划用两年左右的时间，对我县2008年以来规模以上投资项目进行全面排查，认真查找存在的突出问题，及时进行整改和纠正；同时，进一步完善制度政策，规范建设工程领域的各项工作。具体时间从2009年9月开始，至2011年8月结束，分四个阶段进行：

（一）动员部署阶段（2009年9月）

1. 成立领导小组和办事机构。县委、县政府成立由县委副书记、县长李忠德同志任组长，县委常委、县纪委书记周美英和副县长张忠贵同志任副组长，县纪委监察局等有关部门为成员单位的“石林彝族自治县工程建设领域突出问题专项治理工作领导小组”。领导小组办公室设在县纪委监察局，负责日常工作；领导小组成员单位各确定一名同志作为联络员（领导小组人员名单见附件1），切实加强对专项治理工作

的领导。纪检监察机关要加强组织协调，会同有关部门作出总体安排，搞好任务分解，推动工作落实。各有关部门要结合实际，成立相应的组织领导机构，负责各自专项治理工作。

2．制定工作方案。县领导小组制定《石林彝族自治县工程建设领域突出问题专项治理工作实施方案》，明确目标要求，分解工作任务，划分工作阶段。各牵头部门要按照本实施方案的要求及任务分解，制定各自工作方案，并会同各有关部门进一步细化工作任务，明确工作职责，提出完成工作任务时限和要求；县领导小组要将工作方案和领导小组及其办事机构与联络员名单、联系电话，于2009年9月30日前报送市领导小组办公室。

3．召开动员大会。召开全县专项治理工作动员大会，传达学习贯彻中央、省、市有关专项治理工作会议精神，全面部署我县专项治理工作任务。

（二）排查问题阶段（2009年10月～2010年3月）

1．认真自查自纠（2009年10月～2010年1月）。各单位要严格按照统一部署，对照有关法律法规、政策和《工作任务分解表》，对2008年1月1日以来所有竣工和在建、拟建规模以上政府投资项目和使用国有资金项目逐一进行自查清理，建立规范的项目台账。要紧扣项目决策、城乡规划审批、项目核准、土地审批和出让、探矿权和采矿权的审批管理、环境评价、勘察设计和工程招标投标、征地拆迁、物资采购、资金拨付和使用、招标代理、施工监理、工程质量、安全管理、工程建设实施等重点部位和关键环节进行自查：一是自查项目决策、审批程序是否依法合规，是否全面履行法定基本建设程序。二是自查招标投标活动是否依法公正。是否存在项目不公开招标、转包及违法分包工程等违反“八个百分之百”规定的行为，是否存在以肢解工程、化整为零等方式规避招标，是否存在投标人以挂靠、借资质、相互串通等手段进行围标，招标代理机构、评标专家是否存在违规操作等行为。三是自查项目实施是否按章办事。是否按照项目法人制、工程监理制、合同管理制进行管理，项目负责人、质量安全人员、监理人员是否持证上岗、现场监管；是否建立和落实工程质量、安全生产责任制，有无擅自扩大建设规模、提高建设标准、增加建设内容等超概算问题，有无擅自改变建设内容、建设实体规模“缩水”等问题。四是自查土地使用权、矿业权审批和出让是否规范。经营性用地、工业用地、探矿权、采矿权是否执行招拍挂出让制度，是否存在违法审批、非法供地、低价出让、未批先用等问题，是否存在拖欠征地拆迁补偿费问题。五是自查规划变更、容积率调整是否依法公开，对违反规划条件违规建设、擅自调整变更容积率的行为是否依法进行查处。六是自查行政主管部门监管是否到位。各主管部门是否认真履行职责，部门之间沟通协调是否顺畅，行政执法是否到位，行政效能是否提高。自查中要注意找准突出问题，提出解决对策及相关建议，以便在下一步工作中整改纠正。

各有关部门自检自查形成的书面报告（附电子版），于2010年1月10日前报送县领导小组办公室，由县领导小组办公室汇总后上报市领导小组办公室。

2．清理制度政策。在自查的同时，各单位要依据职能职责，对照国家和省、市有关法律法规政策，全面清理县政府和部门制定出台的涉及建设工程领域的各项制度政策，根据有关规定和具体情况进行处理，该完善的修改完善，该废止的予以废止。

3．组织监督检查（2010年2月～2010年3月）。在自查期间，由各职能部门派出督查组开展行业监督检查，对发现的问题及时督促整改。领导小组办公室同时组成督查组进行重点监督检查，对重点监督检查中发现的问题，由督查组责成当场整改；问题较突出的，由县领导小组办公室发出督办建议书、督办通知书或由县监察局发出监察建议书督促限期整改；对掩盖问题或弄虚作假的，一经发现，按照有关规定进行严肃查处。

（三）整改规范阶段（2010年4月～2011年5月）

1．整改纠正问题（2010年4月～2010年6月）。针对排查中发现的问题，由各单位制定整改措施，上级部门和领导小组办公室监督进行整改纠正。整改遵循条块结合、分级负责的原则，该由政府整改的问题统一由政府负责整改纠正；该由上级主管部门整改纠正的问题及时交由上级主管部门负责整改纠正；该由下级政府部门整改纠正的问题及时交由下级政府部门负责整改纠正；该由项目建设单位整改纠正的问题及时交由项目建设单位负责整改纠正。

2．落实监管责任。在整个专项治理工作中，要按照“八个百分之百”相关要求，对照各部门职能职责和所承担的工作任务，加强对建设工程项目的监管，自觉落实监管责任，确保“八个百分之百”要求在项目实施的每一个环节都落实到位。因监管不力、行政不作为、慢作为和乱作为造成不良影响、重大损失或严重后果的，按照有关规定追究相关责任人的责任。

3．完善规章制度（2010年7月～2011年5月）。要在全面清理工程建设领域制度政策的基础上，认真对照我县现有政策，加快改革步伐。按照职责分工，坚持实体性制度与程序性制度并重，进一步完善相关配套制度，研究建立土地交易、建设工程招投标、财政审计预决算、房屋产权交易等方面中介机构的监管制度，制定相应办法，健全诚信制度体系，严格市场准入。要探索引入施工图审查企业竞争机制制度，打破施工图审查垄断行为。要重视研究制定符合我县实际的专家评议和论证制度，完善招标投标管理办法，研究整合我市招标投标平台，探索建立和完善适应石林跨越式发展需要的筹资融资平台和项目代建制平台，构建统一规范的工程建设有形市场体系，努力营造公开、公平、公正的市场环境，最大限度地减少滋生腐败的土壤和机会。

4．严肃查办案件。按照“三个一”的要求，对举报投诉反映出或排查出的违纪违法线索进行认真分析，集中查处。要把查办案件工作贯穿于专项治理工作的全过程，对腐败案件发现一起、查处一起，决不手软。既要坚决惩处受贿行为，又要严厉惩处行贿行为。县公安局和县人民检察院要以查办案件为突破口，集中力量侦破、起诉一批案件。县纪委监察局要对有关部门履行职责情况加强监督检查，严肃查办机关工作人员特别是领导干部利用职权违规插手干预城乡规划审批、招标投标、土地审批和探矿权、采矿权出让以谋取私利等权钱交易、商业贿赂的案件；严肃查办违法违规审批立项，规避和虚假招标，非法批地，低价出让土地，擅自变更规划和设计，擅自改变土地用途和提高容积率，严重侵害群众利益等违规违纪违法案件；严肃查办工程建设项目规划、立项审批中因违反决策程序或决策失误而造成重大损失或恶劣影响的案件；严肃查处机关工作人员失职渎职等案件，对因监管不力、行政不作为、慢作为和乱作为造成重大损失的，要严肃追究责任单位领导和有关人员的责任。在查处中，要重视发挥信访举报系统的作用，在县纪委监察局专门设立举报电话（7796654），积极拓宽案源渠道。同时，要充分发挥查办案件的治本功能，严肃开展警示教育，做到“查处一起案件，教育一批干部，完善一套制度”，达到专项治理工作的阶段性目标要求。

（四）巩固提高阶段（2011年6月~2011年8月）

1．组织“回头看”（2011年6月~2011年7月）。要有重点地组织对自查自纠和监督检查中发现的问题的整改落实情况进行“回头看”，对搞形式、走过场，达不到目标要求的单位，坚决责令“补课”，并限期完成工作，以巩固专项治理工作效果，确保专项治理工作各项要求的落实。

2．认真总结（2011年8月）。总结专项治理工作的成效和经验，查找不足。及时向市领导小组报送专项治理工作报告，做好迎接国家、省、市检查的各项准备工作。

三、保障措施

（一）提高思想认识，加强组织领导。

各有关部门要从深入推进反腐倡廉工作、保障社会主义市场经济健康发展、构建社会主义和谐社会、促进石林跨越式发展的战略高度，将思想统一到中央、省、市的决策部署上来，提高对专项治理工作重要性、必要性和紧迫性的认识。各有关部门主要领导要亲自抓，分管领导要具体抓，特别是牵头部门要切实负责，层层落实，抓好职责范围内的专项治理工作。纪检监察机关要搞好任务分解、组织协调和监督检查，推动工作落实。要组建好专项治理工作领导和办事机构，配齐配强办公室力量。县财政局要给予一定专项资金支持，提供必要工作条件，保证工作顺利开展。

（二）加强统筹协调，形成工作合力。

各有关部门要严格按照党委统一领导、党政齐抓共管、部门各司其职的要求，落实工作责任制，加强统筹协调，形成工作合力。要结合实际，将专项治理工作与深入学习实践科学发展观活动、与党风廉政建设责任制考核、与“行政效能提升年”、“干部作风改进年”活动、与落实“八个百分之百”及12项配套制度、与中央扩大内需和其他重大建设项目监督检查、与清理整顿土地市场秩序和矿产资源专项工作、与正在开展的房地产领域违规变更规划调整容积率专项治理工作有机地结合起来，统筹兼顾，明确分工，切实增强治理工作的综合效果。

（三）强化监督检查，严格责任追究。

领导小组及其办公室要把监督检查贯穿于整个专项治理工作的始终，适时对工作落实情况组织督查。对组织领导不到位、方法措施不得力、治理效果不明显的单位，要提出整改要求，限期整改到位；对不按要求整改、延误工作或因领导不力、消极应付甚至失职渎职造成不良影响或严重后果的领导干部，要依规依纪依法追究责任；对机关工作人员有令不行、有禁不止，监管不力、敷衍推诿，有法不依、执法不严，甚至包庇、纵容违规违纪违法行为的，要依据有关规定严肃追究相关领导和人员的责任。

（四）加强宣传引导，营造良好氛围。

针对专项治理工作中出现的各种热点、难点问题，要充分利用各种宣传媒介，加大宣传报道力度，大力宣传专项治理工作的意义、实效、经验和做法，及时化解工作中的矛盾和热点、难点问题，营造良好的社会舆论氛围，确保专项治理工作顺利推进，实现目标。

附件：

1．石林彝族自治县工程建设领域突出问题专项治理工作领导小组人员名单（略）

2．石林彝族自治县工程建设领域突出问题专项治理工作任务分解表（略）

中共石林彝族自治县委　石林彝族自治县人民政府关于深化文化体制改革加快文化产业发展的意见

（2009年10月15日石通〔2009〕13号）

为全面贯彻落实党的十七大精神，深入学习实践科学发展观，按照市委提出的建设文化昆明、打造品质春城的战略目标，根据《中共昆明市委、昆明市人民政府关于深化文化体制改革加快文化产业发展的意见》（昆通〔2009〕22号）精神，结合我县实际，提出如下实施意见：

一、总体要求

（一）指导思想

以邓小平理论和“三个代表”重要思想为指导，深入学习实践科学发展观，以满足人民群众日益增长的精神文化需求为目的，以深化文化体制改革为动力，以科技进步与创新为支撑，以实施重大项目带动为途径，统筹文化事业和文化产业，统筹体制改革和结构调整，统筹城乡文化繁荣，培育文化产业，打造“文化石林”，为石林经济社会跨越式发展提供强大的精神动力和智力支持。

（二）主要原则

——坚持中国特色社会主义先进文化前进方向。巩固马克思主义在意识形态领域的指导地位，坚持“二为”方向和“双百”方针，弘扬主旋律、提倡多样化，贴近实际、贴近生活、贴近群众，大力发展先进文化，支持健康有益文化，努力改造落后文化，坚决抵制腐朽文化。

——坚持社会效益与经济效益相统一。根据社会主义精神文明建设的特点和规律，适应社会主义市场经济发展要求，正确处理社会效益与经济效益的关系，始终把社会效益放在首位，最大限度地发挥先进文化引导社会、教育人民、推动经济发展的功能。

——坚持以文化改革促进文化发展。以改革为动力，以发展为主题，按照区别对待、分类指导，全面改、改全面，彻底改、改彻底的原则，抓住关键环节和重点领域，加大力度、加快进度，着力解决影响和制约发展的深层次矛盾，进一步解放和发展文化生产力。

——坚持文化事业与文化产业协调发展。根据文化事业、文化产业的不同特点，制定不同政策，促进共同发展。繁荣文化事业，政府投入到位，完善公共文化服务体系，保障人民群众基本文化权益；发展文化产业，国有经营性文化事业单位转企改制到位，面向市场，壮大实力，提高文化产业产值在全县经济中的比重。

——坚持政府推动与市场运作相结合。履行政府规划、指导、监管、服务职能，发挥市场配置资源的基础性作用，以资本为纽带，整合资源，加快培育文化产业龙头企业、跨地区跨行业跨所有制大型文化企业和主业突出、成长性好、带动性强的文化产业集聚区。

（三）主要目标

到2009年底，全县国有经营性文化事业单位转企改制到位，公益性文化事业单位内部机制改革到位，政事政企分开、管办分离到位。

到2012年，全县文化产业增加值占地区生产总值的比重达到10%以上；到2015年，全县文化产业增加值占地区生产总值的比重达15%以上，文化及相关产业总收入较“十一五”期间翻两番，文化产业及相关产业新增就业人口超过传统服务业，成为我县新的支柱产业。

二、深化文化体制改革

坚持以文化体制改革促进文化发展，按照分类指导、区别对待、全面推进的原则，在培育市场主体、完善市场体系、改善宏观管理、转变政府职能等关键环节上实现突破，不断激发文化事业和文化产业发展活力。

（一）加快国有经营性文化事业单位转企改制

整合县文体局下属“阿诗玛艺术团”和石林管理局下属“石林艺术团”，组建“云南石林阿诗玛演艺公司”，性质为公司制文化企业，由石林风景名胜区管理局管理。对现有在职在编人员按照“保留一批、调整一批、退休一批”的原则进行分流，对适合继续从事演艺工作的应尽量保留，对不能适应演艺工作的按照“身份对应、经费供给形式一致”的原则，可分流到其他事业单位，对达到退休条件的可以办理退休手续。

（二）深化公益性文化事业单位内部改革

2009年底前，县文化馆、县图书馆、县文管所和各乡镇文化广播中心等公益性文化事业单位实行全员聘用制，单位领导采取公推公选、公推直选等办法产生，建立岗位管理制度、绩效工资制度，按照“老人老办法，新人新办法”，妥善做好落聘人员（富余人员）分流安置工作。创新服务方式，拓宽服务领域，提高服务水平，建立健全公共文化服务公示制度和评价制度，坚持定点服务与流动服务相结合，推动服务向农村和社区延伸。

（三）推进新闻媒体企业化发展

划分宣传与经营，抓好制播分离改革，严禁采、编、播人员和经营人员混岗；宣传部分实行事业体制，加大财政投入，深化劳动、人事、分配三项制度改革。组建石林县广播电视网络有限责任公司，完善法人治理结构，不断拓展新业务，稳步提高广告经营能力，扩大市场占有率，逐步培育成我县文化产业龙头企业。

（四）转变政府管理职能

为适应市场经济体制和文化发展要求，整合县文化体育局、县广播电视局（台），实行“二局合一”，组建“石林县文化广电体育局”，成立直属文化市场综合执法机构。

（五）推行投资主体多元化

加快国有文化企业公司制、股份制改造。鼓励民营企业在政策、法律许可范围内，通过产权交易、共同投资、联合开发等途径参与国有文化单位改革。简化程序、减少审批，放开市场、放宽准入，引导和鼓励社会资金、民间资本进入文化产业领域，培育一批大中型民营文化企业，形成多元化发展的文化产业新格局。

（六）加快推进文学创作机构改革

注重民族文化的保护与开发，切实鼓励文艺创作。建立文艺创作出版奖励制度，以奖代补、以补代投，大力推动文艺繁荣发展和文艺人才队伍建设。恢复组建县文联。

三、大力发展文化产业

根据我县实际情况，巩固提升传统优势产业，培育骨干文化企业，形成以重点文化产业为主导、相关产业联动发展的格局，推动形成产业集群，以大企业支撑大产业，以大市场催生大品牌，以大项目带动大发展。

——文化旅游业。促进文化和旅游的结合，以弘扬和展示阿诗玛优秀民族文化为主线，以世界自然遗产地——石林风景名胜区为重点，依托石林狂欢之都、民族生态体育运动场、石文化博览园、台湾农民创业园、彝族第一村、长湖旅游小镇、鹿阜旧城改造等重点项目，策划重大文化节庆活动，打造实景演出，丰富景区文化内涵，开发旅游衍生产品，推动旅游与文化深度结合，互动发展。

——民族工艺业。发挥石林历史文化悠久、民族民间文化积淀丰厚的优势，提高民族民间工艺水平；以民族民间刺绣为重点，打造品牌，扶持培育龙头企业，建设专业市场，推进连锁经营，提高我县民族民间工艺产品在国内外市场的占有率。

——歌舞演艺业。深化艺术表演团体的体制改革，进一步开放演出市场，整合县内艺术表演团体资源，鼓励社会资本投资节目创作策划和举办演出活动。鼓励演艺单位与企业集团多种形式联合，探索演艺市场经营新机制。努力打造原创产品、着力创作文艺精品，推进演艺与旅游融合。

——娱乐休闲业。做好对经营性娱乐场所的布局调整，支持社会资本兴建新型健康的娱乐场所，倡导特色经营，加强引导，规范管理，进一步提高娱乐业的整体层次，满足人民群众多层次、多样化的休闲娱乐需求。培育一批上档次、上规模的娱乐文化企业和连锁网点，引进和开发现代时尚娱乐休闲项目，着力培育娱乐消费市场。

——节庆会展业。以中国石林国际火把狂欢节、中国石林牛王争霸赛、中国石林国际民间民俗摔跤节、彝族密枝节等节庆活动为载体，以市场化运作为手段，打造石林知名节庆品牌；建设完善一批布局合理、层次高、功能全的综合性会展场馆，策划一批重大会展活动，使我县成为重要的会展中心和广告发布地。

——影视拍摄业。发挥石林独特的资源优势和品牌优势，大力吸引社会资本，打造集民族风情、外景拍摄、培训交流及影视新媒体创作、制作、发行、交易为一体的具有国际水准的新型文化产业基地。重点抓好石林、长湖、圭山等影视拍摄点建设。

——康体健身业。结合石林环境优美、空气质量好、旅游资源丰富、交通条件良好等特点，利用既有的硬件设施和条件，根据各个区域自然条件的不同优势，通过招商引资，开发形式多样、适合于不同年龄、不同消费需要的体育旅游休闲项目，提升服务质量和专业水准，发展体育旅游休闲特色经济，满足各类消费人群的需求。

四、完善落实产业政策

适应文化产业培育和发展需要，完善和落实配套政策，加大扶持力度，引导、激励和保障文化产业加快发展。

（一）落实现有政策

按照国务院办公厅《关于印发文化体制改革中经营性文化事业单位转制为企业和支持文化企业发展两个规定的通知》（国办发〔2008〕114号），云南省人民政府办公厅《关于转发云南省加快文化产业发展的若干政策的通知》（云政办发〔2004〕103号），财政部、国家税务总局《关于支持文化企业发展若干税收政策问题的通知》（财税〔2009〕31号）和《关于文化体制改革中经营性文化事业单位转制为企业的若干税收优惠政策的通知》（财税〔2009〕34号）等文件要求，认真落实对宣传文化单位实行的增值税、营业税、资产和土地处置、工商登记、文化产品和服务出口退税等方面的优惠政策，以及文化体制改革单位应享受的财税优惠政策，将重大文化项目用地纳入绿色通道、实施重点保障。发改、财政、税务、国土、工商等部门要抓紧对现有政策进行系统梳理，加强督促检查，确保落实到位。

（二）转变财政投入方式

建立激励机制、奖励办法和政府采购公共文化产品与服务制度，实现由“养人”向“养事”转变，由政府包揽向鼓励、支持、奖励文化人才、文化精品、购买文化产品和文化服务转变。从2010～2015年，每年由县财政安排1000万元，作为文化产业发展专项资金，用于文化企业的培育、项目策划包装、产品研发、产业园区规划、技术创新、产业升级、品牌创建、人才培训、文化产业推介、文化品牌的营销、优秀文化企业和文化创意人才奖励等，并随着经济发展和财力增加，逐步扩大文化产业发展专项资金规模。制定文化产业发展扶持政策，以资助、贴息、奖励等方式，扶持文化企业特别是中小文化企业发展。

（三）完善人才政策

把引进文化产业发展急需人才纳入全县人才引进计划，培养造就一批复合型高层次文化人才。以签约、兼职、聘任等方式，不拘一格引进高层次文化艺术人才和文化经营管理人才。建立健全人才激励机制，设立优秀文化人才奖励专项资金，对有突出贡献的文化人才实行重奖，吸引和引进高层次文化人才，鼓励优秀文化人才脱颖而出。

五、强化组织保障

文化产业是朝阳产业、是兴盛不衰的产业，当前和今后一个时期，是发展文化产业的最佳时期。各级各部门要充分认识深化文化体制改革、加快文化产业发展的重要性和紧迫性，切实加强领导，摆上重要位置，采取有力措施，推动文化体制改革和文化产业发展取得新突破。

（一）加强统筹规划

科学制定深化文化体制改革方案及配套政策，把深化改革与加快发展结合起来，把加强宏观管理与增强微观活力结合起来，把加强思想政治工作与解决实际问题结合起来，充分调动广大文化工作者和各方面的积极性、主动性、创造性，确保改革顺利推进。把文化产业纳入经济社会发展总体规划、经济结构调整总体布局和科学发展考评体系。抓紧制定符合我县实际的文化产业发展“十二五”规划，确定发展目标、工作重点和扶持办法，制定目标责任制和考核办法，把目标任务分解落实到具体部门和单位。

（二）完善统计考核制度

把文化产业统计纳入全县地方统计调查范畴，由财政安排专项经费，实现文化产业统计的制度化、规范化。统计部门、文产部门与相关部门要密切合作，进一步完善文化产业统计指标体系。制定文化及相关产业发展绩效考核评价办法。

（三）完善领导体制

文化体制改革、文化产业发展政策性强、涉及面广，各级领导要亲自抓亲自管。要加强对文化产业发展战略、规划和政策的研究，着力解决好深化文化体制改革、加快文化产业发展中的重大问题。加强组织领导，调整充实石林彝族自治县文化产业发展领导小组，领导小组办公室设在县委宣传部。

关于进一步加强殡葬管理工作的通知

（2009年12月18日中共石林彝族自治县委办公室
石林彝族自治县人民政府办公室石办发〔2009〕48号）

各乡镇党委和人民政府，县委和县级国家机关各部委办局，各人民团体、县属各企事业单位：

近两年来，我县把殡葬改革工作作为一项重要工作来抓，在推行火葬、遏制丧事大操大办、制止乱埋乱葬、清理整治“三沿五区”坟山墓地、加快殡仪设施建设等方面做了大量工作，取得一定的成效。但对照市人民政府殡葬管理目标考核的要求，我县目前殡葬管理差距还比较大，火化率远远低于市下达目标任务数，且排名在全市后位；乱埋乱葬和丧事大操大办的现象仍时有发生，殡葬改革与管理工作形势非常严峻。为及时扭转我县殡改工作被动状况和落后局面，确保火化率等殡葬管理各方面工作均达到上级考核要求，现就进一步加强殡葬管理工作通知如下：

一、进一步明确职责

（一）各乡镇党委、政府职责

1. 积极宣传贯彻国务院、省、市关于实施殡葬改革的有关法律法规和政策。

2. 按照县人民政府殡葬管理目标责任书要求，做好辖区殡葬管理工作。乡镇长负总责，分管领导亲自抓，成立殡葬管理领导机构，配备工作人员，按分级负责的原则，采取有力措施，把殡葬改革任务落实到村（居）委会、村民小组，并把殡葬改革和管理工作纳入对乡镇领导干部和所属村（居）委会的年度考核，考核结果与绩效挂钩，并列为评优评先的重要条件。

3. 建立健全辖区内人员死亡（含辖区内临时居住、流动人员及非正常死亡）信息报送系统，及时掌握、核实、汇总辖区内人员死亡、遗体火化、骨灰去向等情况并按时上报县殡葬管理部门；建立并受理有关殡葬管理的群众举报办理制度，加强职能监督和社会监督；听取和反馈群众对殡葬改革工作的意见和建议。

4. 对辖区内违反殡葬管理法规的行为依法予以查处，确保辖区内死亡人员遗体或骨灰按要求百分之百进入公墓（经营性或公益性公墓）安葬。

5. 负责本辖区内公益性公墓的规划、申报、建设工作；做好辖区内农村公益性公墓的日常管理维护工作。

6. 指导村（居）委会群众自治组织开展文明的殡仪服务活动。

7．按规定管理和使用殡葬工作经费。

8．积极配合相关部门做好本辖区内丧葬用品市场的管理工作。

（二）县民政局职责

1．负责县殡葬改革领导小组办公室日常工作，综合协调全县殡葬管理工作，督促检查各级各部门落实县委、县人民政府殡葬管理相关部署，起草殡葬管理有关文件材料，做好殡葬管理有关政策法规的宣传解释工作，及时通报殡葬改革工作情况，向县委、县人民政府和县殡葬改革领导小组汇报殡葬改革工作中的重大问题，提出解决的措施和建议；针对殡葬改革中出现的新情况、新问题，认真调查研究，提出解决的措施和办法。

2．宣传贯彻执行国家殡葬管理的法律法规和政策，引导群众丧事简办，破除丧葬陋俗。

3．加强对殡仪馆、公墓等殡葬服务单位的管理，切实提高殡葬服务水平和质量。

4．检查监督殡葬法规执行情况，会同有关部门处理违法丧葬案件和受理群众举报投诉。

5．处理殡葬管理工作中的其他事项。

（三）县建设局职责

1．加强对市容市貌的管理，对在城镇街道、居民楼院等公共场所停放遗体、灵柩、搭设灵棚等违规行为进行查处。

2．对在城区抬棺游丧、燃放鞭炮、抛撒冥币影响市容市貌和环境卫生的当事人进行查处。

（四）县公安局职责

1．维护殡葬改革执法秩序，对阻碍殡葬管理执法人员依法执行公务、聚众闹事及从事封建迷信活动严重扰乱社会秩序以及谩骂、殴打执法人员、破坏殡仪设施等行为予以处罚。

2．配合城管部门对城区抬棺游丧等行为进行整治。

3．配合民政部门对将应火葬的遗体土葬或骨灰装棺土葬的强制起棺处理。

4．对非正常死亡的尸体和无名无主尸体及时作出死亡鉴定，按有关规定办理手续后通知殡仪馆接送火化。

5．对参与偷运尸体土葬的交通工具、驾驶员及车主进行查处。

（五）县工商局职责

1．组织对丧葬用品市场进行清理整顿。依法取缔全县范围内生产销售墓碑、棺木、纸火等封建迷信丧葬用品的经营活动，净化殡葬用品市场。

2．加强对经营丧葬用品厂、店的监管，征求民政部门意见严格审批，对违反工商行政管理规定的厂、店进行处罚，情节严重的，吊销其营业执照。

3．对炒买炒卖、传销或变相传销墓穴和骨灰存放格位的依法予以严厉打击。

（六）县委组织部职责

1．把殡葬管理工作纳入对党员、干部教育的内容，增强党员、干部带头执行殡葬政策法规，自觉实行移风易俗、丧事简办的新风尚。

2．把干部在殡葬管理工作中的表现和工作实绩列为对干部考核提拔的重要条件。

3．把殡葬管理工作列入基层党组织建设的重要内容和评比条件。

4．在年终考评中，对违反殡葬法规、政策或没有完成火化率指标的单位及主要负责人、相关责任人不得评优，并实行“一票否决”。

（七）县监察局职责

1．对在殡葬管理工作中违法违规、玩忽职守的责任单位和相关责任人，依法追究其责任。

2．受理群众举报国家机关工作人员违反殡葬改革政策案件，并配合民政部门对举报内容进行调查和处理。依照有关规定对违反殡葬改革法律、法规和规章的国家机关公职人员进行查处。

（八）县委宣传部职责

1．大力宣传殡葬改革法规、政策，引导广大市民树立文明殡葬观念。

2．及时报道殡葬改革中涌现出的先进典型，正确引导丧俗改革；对殡葬改革中的违纪违规事件及相关单位和个人进行公开曝光，抨击不良丧葬习俗，形成正确的舆论导向。

3．把殡葬改革工作列入精神文明建设的重要内容，提高殡葬管理工作在文明创建考评中的比重，对火化区火化率未达到100%，出现骨灰二次装棺土葬、乱建坟墓等丧葬违法行为的，当年内不能评为文明单位。

（九）县卫生局职责

1．加强对各医疗机构（太平间）的管理，对在医院死亡者严禁遗体外运，并及时告知殡仪馆接运火化。

2．对患传染病死亡的遗体严格消毒进行防疫处理后通知殡仪馆接运火化，并及时报告县殡葬管理委员会办公室。

3．禁止丧属在太平间办理治丧活动，对因医疗纠纷引起的丧属闹事行为要积极协调处理，配合公安部门对阻碍殡葬执法的行为予以制止。

4．指导殡葬服务单位搞好殡仪车辆和设备以及服务场所的消毒防疫工作。

（十）县文体局职责

1．负责做好民间鼓号、文艺、舞狮、器乐队等文艺组织的宣传教育与管理，严禁其参与沿街游丧、为丧户提供丧事服务。对违反殡葬管理的要坚决依法制止，对不听劝阻的要依法予以严厉查处。

2．对参与殡仪活动的演出团体进行登记、发证，禁止非法演出活动。

（十一）县人事劳动和社会保障局职责

1．完善丧属领取丧葬费、抚恤费等制度。

2．按照《石林彝族自治县殡葬管理暂行办法》的规定做好公职人员死亡后丧葬费、抚恤费、遗属补助等相关费用的审核发放工作。

3．对无“三证”前来领取丧葬费用的，及时告知民政部门；对违规土葬的丧属领取的相关补助予以追回。

4. 对全年因殡葬违规通报不合格的单位，单位主要负责人和相关责任人年度考核不得定为“优秀”等次，也不得参与各种评优评先。

（十二）县国土资源局职责

1. 加强对丧葬用地的管理。

2. 对违反《土地管理法》规定乱埋乱葬、修建“活人墓”的依法予以制止和取缔，督促其整改恢复原状，构成犯罪的，依法追究其刑事责任。

3. 对未经批准擅自兴建的经营性、公益性公墓的以及向强制火化区非法提供墓穴的单位和个人，依法严肃查处。

4. 依法对符合土地利用总体规划的公益性公墓建设用地申请予以审批。

5. 配合民政部门对经营性公墓、公益性公墓进行年检。

（十三）县发改局职责

1. 将殡葬管理工作纳入全县国民经济和社会发展规划同步安排、同步推进。

2. 对殡葬服务单位的收费项目和标准进行审核批复或备案；监督殡葬服务单位严格执行殡葬服务收费标准；对违反殡葬服务收费标准和乱收费的行为进行查处。

（十四）县林业局职责

1. 对非法占用林地乱埋乱葬和破坏森林资源的殡葬行为予以查处。

2. 配合有关部门对棺木加工点、销售点进行查处。

3. 指导各乡镇做好“三沿五区”范围内坟山墓地绿化美化工作。

（十五）县民宗局职责

1. 严格执行国家对少数民族的殡葬管理政策。

2. 尊重宗教信仰，支持配合民政部门做好殡葬管理工作。

（十六）县信访局职责

1. 认真做好因殡葬管理工作来访者政策、法规宣传教育工作和思想疏导工作。

2. 将群众反映的殡葬违规违纪问题及时转相关部门查办，并跟踪办理情况。

（十七）县司法局职责

1. 把殡葬管理法规列入法制教育和宣传内容进行广泛宣传。

2. 指导村（居）委会把殡葬管理工作纳入“村规民约”。

（十八）县政府法制办职责

1. 审核县人民政府制定的殡葬改革有关规范性文件，为殡葬改革提供政策咨询和法律支持。

2. 指导、监督殡葬管理部门依法行政。

3. 及时受理殡葬执法行政复议案件。

（十九）县财政局职责

1. 将殡葬经费列入年度财政预算，确保对殡葬改革经费的投入。

2. 建立殡葬管理奖补机制，对各行政事业单位丧葬补助及死者家属抚恤费发放情况进行监督检查，配合有关单位对无“三证”而发放的费用责令收回。

3. 建立社会弱势群体丧葬补助专项资金，按一定比例列入财政预算。

（二十）县交通局职责

1. 对非法进行殡仪活动的营运车辆进行劝阻，按有关规定处理。

2. 对进出收费站的运尸车（殡葬单位车辆除外）和运输棺木、石碑及其他丧葬用品车辆，登记车牌并及时告知民政部门。

（二十一）县水务局职责

对违反规定在距水库、湖泊、河流、引水渠道堤坝3000米以内乱埋乱葬的依法予以制止，对不听劝阻的依法予以查处。

（二十二）县教育局职责

负责在教育系统干部职工和中小学生中广泛开展殡葬改革宣传教育活动，积极推进殡葬改革工作。

（二十三）县委老干部局职责

充分发挥老干部的作用，以开会、发倡议书等形式，号召老干部带头贯彻执行殡葬管理法规和政策，倡导移风易俗，厚养薄葬，文明节俭办丧事的新风尚。

（二十四）工青妇群团组织职责

充分发挥工青妇群团组织的优势，号召和动员群众推行移风易俗，促进文明殡葬。

其他各部门、各单位要通力协作，共同推进我县殡葬改革工作。

二、进一步强化管理

（一）抓领导，营造良好的殡葬改革氛围。各级党政领导要充分认识做好殡葬改革工作的重要性和紧迫性，真正把殡葬改革工作摆上重要议事日程，纳入当地精神文明建设和经济社会发展总体规划，形成“主要领导亲自抓，分管领导直接抓，其他领导挂钩抓”的殡葬管理工作机制，扭转落后被动局面。充分利用新闻媒体开设一个殡改宣传专栏，大力开展“倡导文明新风，推行殡葬改革”的宣传活动，广泛地宣传党和国家的殡葬改革政策、法规，推动广大人民群众改革旧丧俗，树立新风尚，在全县上下营造浓烈的殡改工作氛围。

（二）抓责任，严格执行殡葬管理目标责任制。殡葬改革工作关键在基层，把殡葬改革工作关口前置、重心下移，是推进殡改工作的有效措施之一。要严格执行殡葬管理目标责任制，把殡葬管理目标列入乡镇党政主要领导工作实绩考核重要内容之一，实行一票否决制。各乡镇进一步完善殡葬管理目标责任制和责任追究制，采取乡镇领导班子成员包干村（居）委会，村（居）委会干部包干组、户的办法，把任务落实到村组，责任落实到人。各乡镇要制定相应的实施细则，明确奖惩措施，完善激励机制，定期考核，兑现奖罚，真正做到一级抓一级，层层抓落实。

（三）抓党员干部，落实殡葬管理各项纪律规定。各级各部门、各单位要认真贯彻落实《中共云南省委办公厅、云南省人民政府办公厅转发〈省委组织部等十二部门关于要求全省共产党员、共青团员带头实行火葬、简办丧事的请示〉的通知》（云厅字〔2003〕38号）和《云南省监察厅、云南省委组织部、云南省人事厅、云南省民政厅关于印发云南省国家公职人员违反殡葬管理法律法规行为行政处分暂行规定的通知》

（云监〔2005〕34号）精神，充分发挥共产党员、共青团员的模范带头作用，立下“军令状”，保证本人及亲属去世后实行火化，带动群众自觉遵守殡葬管理各项规定，积极引导广大群众革除丧葬陋俗，文明节俭办丧事，辖区内基本杜绝丧事大操大办和封建迷信活动。对共产党员、干部、国家公务员违反殡葬管理政策的要依法依规进行严肃处理。

（四）抓综治，建立健全殡葬管理长效机制。在县人民政府的统一领导下，各级各部门要密切配合、齐抓共管、综合治理，建立健全殡葬管理长效机制。要切实推行火葬，严肃查处违法违规行为，维护殡葬改革工作秩序，对群众反映的乱收费、乱罚款及收费默许土葬的违法违规行为予以严肃查处。县人民政府将组织有关部门组成督查组，对全县各乡镇、各相关部门落实殡葬管理职责情况进行督查，对违反殡改政策规定或未能落实好殡葬管理职责的单位及个人，按有关规定给予党政纪处分，触犯法律的，依法追究法律责任。

（五）抓素质，加强殡葬管理执法队伍建设。各职能部门要加强殡葬管理执法队伍建设，进一步提高依法行政水平和服务质量。各乡镇要配齐配强殡葬管理执法队伍，切实解决人员、经费等问题，各乡镇执法队由乡镇长担任，副队长由乡镇分管政法、民政工作的领导担任，对不符合殡葬管理要求的执法队员，要坚决予以调离或辞退；同时，大力开展行业自律和行风建设活动，继续完善各项规章制度，加强殡仪职工纪律教育，坚决查处殡葬改革工作中的不正之风。

（六）抓投入，统筹殡葬设施建设规划。县、乡镇两级财政要加大对殡仪设施建设经费的投入，将其纳入财政年度预算，切实加快殡仪设施及配套建设步伐。各乡镇要制定好本地区殡葬设施建设总体规划，加强殡仪设施及配套建设步伐，满足人民群众的办丧需求；同时，要积极筹集资金抓好乡镇级公益性公墓的规划建设，切实解决好“三沿五区”迁坟的骨骸和火化后骨灰的存放问题。

中共石林彝族自治县委　石林彝族自治县人民政府
关于突破性发展民办教育的实施意见

（2009年12月29日石发〔2009〕21号）

为全面贯彻落实科学发展观，进一步深化教育体制改革，调动社会力量办学的积极性，加快民办教育发展，满足人民群众日益增长和多样化的教育需求，根据《中华人民共和国民办教育促进法》、《中华人民共和国民办教育促进法实施条例》和《中共昆明市委昆明市人民政府关于加快民办教育发展的实施意见》（昆发〔2008〕4号）和全市民办教育工作会议精神，结合石林实际，现提出如下实施意见。

一、充分认识加快民办教育发展的重要性

（一）加快发展民办教育的重要性。民办教育事业是教育事业的重要组成部分，是我县教育事业新的增长点。加快发展民办教育，是经济社会体制改革和所有制调整的必然要求；是深化办学体制改革，拓宽教育投入渠道，推动教育加快发展的重大举措；是促进教育资源合理配置，发展教育事业，构建学习型社会，满足人民群众日益增长的多样化教育需求的有效途径；是创新教育竞争机制，增强教育发展活力的有力手段；是建设教育强县，加快富民强县步伐的现实需要。全县各级各部门要进一步解放思想，转变观念，提高认识，引入市场机制，大力鼓励社会各界组织和公民个人投资兴办民办教育，扩大民办教育资源总量，提高民办教育办学质量和效益，构建与教育改革发展整体水平相适应的民办教育体系，以适应经济发展和社会进步对教育发展的需求。

二、加快民办教育发展的指导思想、总体要求和发展目标

（二）指导思想。以邓小平理论和“三个代表”重要思想为指导，深入贯彻落实科学发展观，全面贯彻党的十七大精神，深化办学体制改革，完善政策保障机制，充分发挥社会力量参与办学的积极性，规范政府管理行为，保护民办教育举办者的合法权益，营造有利于各类办学主体公平、有序竞争的市场环境。

（三）总体要求。认真贯彻落实《中华人民共和国民办教育促进法》、《中华人民共和国民办教育促进法实施条例》、中共昆明市委、市人民政府《关于加快民办教育发展的实施意见》（昆发〔2008〕4号）和《昆明市突破性发展民办教育整体推进工作意见》（昆办发〔2009〕12号）精神，凡不违背现有法律法规、有利于增加教育投入、有利于扩大教育规模、有利于提高办学质量和效益的各种办学模式，都可以大胆尝试和积极探索。在政府增加投入的基础上，积极探索吸引民资、利用外资和家庭出资等方式投入举办民办教育，大力促进民办教育发展，像办公办教育那样大办民办教育，像抓公办教育那样抓民办教育，促进民间资金向民间资本转变、

人才资源向人才资本转变，实现民办教育优先发展、快速发展、健康发展。积极发展民办学前教育和高中阶段教育，学前教育以民办教育为主，高中阶段教育增量部分主要通过发展民办教育来实现；大力发展中、高等职业教育，支持社会各界举办职业教育、社区教育和各类文化技能培训，积极发展各种类型的民办非学历教育；发挥石林旅游品牌优势和阿诗玛文化的影响力，积极创造条件，吸纳外来资金发展职业教育、高等教育。在确保义务教育以政府办学为主的前提下，鼓励举办民办义务教育学校。

（四）发展目标。到2010年，民办幼儿教育占全县幼儿教育总量的90%以上；民办高中阶段学校在校生所占比重达到40%以上。通过积极扶持和引导，形成一批规模适度、质量优良、特色鲜明、社会反响良好的优秀民办学校，形成社会各界广泛参与，公办学校与民办学校共同发展的格局，满足社会对优质教育资源的多元化需求。

三、加快民办教育发展的基本原则

（五）坚持统筹规划原则。各级政府要将民办教育发展纳入国民经济和社会发展规划、城乡建设总体规划、土地利用总体规划及环境保护总体规划，统筹安排，合理布局。规划部门在编制城乡建设总体规划时应同步编制全县公办、民办学校布局布点专业规划，并征得教育部门同意，将经批准的专业规划纳入控制性详细规划，并依据批准的城乡建设总体规划、控制性详细规划及专项规划，办理各类教育项目所涉及的规划行政审批手续。教育设施布点规划一经批准，必须严肃规划刚性约束，教育规划用地不得用于其他用途；已规划作为教育预留用地的，必须确保用于发展教育事业。

（六）坚持公平发展原则。民办学校取得办学许可证并依照有关法律、行政法规进行登记，登记机关应按有关规定及时予以办理。民办教育办学许可认定在接件之日起20个工作日内办结。切实维护民办教育的法律地位，支持民办教育与公办教育平等竞争，在落实招生、办学、待遇等方面的政策时一视同仁。

（七）坚持协调发展原则。进一步完善有利于民办教育发展的相关政策，切实落实“奖、贷、助、补、减、免”等一系列措施。更加关注和帮助起步有困难的民办学校，努力缩小公办学校与民办学校、民办学校与民办学校之间的差距。

（八）坚持在非义务教育阶段优先发展的原则。以有较大选择性和办学多样性的非义务教育领域为重点，突破体制和机制束缚，使民办学校得到优先发展和快速发展。

四、推进体制改革和机制创新，鼓励社会各界组织和公民个人以多种形式发展民办教育

（九）积极推进股份制合作形式办学。非义务教育公办学校可吸纳社会资金进行股份制改造，将学校资产作为公有股份，与国家机构以外的社会组织或个人合作组建股份制学校，按民营机制运行。公有股份可保值不变，也可逐步退出，建立国有资本对非义务教育阶段投资有进有退、合理流动的新机制。

（十）非义务教育公办学校可试行“国有民办”。非义务教育公办学校在不改变学校和人员性质的前提下，引入民办学校运行机制，学校所有权与办学管理权分离，资产归国家所有，办学权交给承办者，学校收费和人事管理参照民办学校有关政策执行。

（十一）非义务教育阶段公办学校举办或参与举办民办学校。非义务教育阶段公办学校可以利用非国家财政性经费、土地使用权、知识产权等无形资产以及其他财产，单独举办或与社会力量联合举办独立法人、独立校园校舍、独立经费核算和人事管理、独立教育教学、独立颁发学业证书的民办学校。

（十二）非义务教育阶段公办学校整体转制为民办学校。允许非义务教育阶段公办学校，经有相关审批权的机关批准后转让给国家机构以外的社会组织或者个人办学，学校转为民办性质。转制后学校的资产归属受让单位或个人。受让单位或个人对转让后的学校必须追加投入，以满足规定的办学条件和要求。拟转制学校应当实行公正转让，不得强行要求教职员工集资受让。地方政府对转让公办学校回收的资金，必须全部用于其他公办学校的建设，不得挪作他用。

（十三）实施集团化和规模化办学。按照“强强联合、强弱联合、城乡联合”的集团化办学模式，充分发挥优质学校的品牌效应、辐射功能和城区学校的资源优势，鼓励同层次的公办学校之间或同层次的民办学校之间在建制不变、产权不变的前提下实行集团化运作，放大优质教育资源效益。支持和鼓励高等院校及科研院所多形式、多体制举办基础教育。吸纳国内外资本，以合资、合作形式发展民办高等教育。

（十四）完善公办学校改制审批和国有资产评估转让制度。公办学校改制须报当地有建立或撤销同类学校审批权的机关审批。公办学校参与举办民办学校或公办学校改制涉及产权转换的，必须按国家有关资产监督管理规定依法对学校资产进行评估，并报对该国有资产负有监管职责的机构审批，以保证国有资产不流失。学校资产转让要采取公开竞标的方式进行。

五、政策保障措施

（十五）用地优惠。国土资源部门要研究制定教育用地政策，在执行土地利用总体规划时，根据规划对教育预留用地进行清理和收储，最大限度缩短批转土地供地期，在用地指标上给予优先保障，确保教育建设用地需求。新建、改扩建的民办学校，各级政府应当按照公益事业用地及建设的有关规定给予优惠，优先安排、优先办理。民办学校的用地应符合土地利用总体规划，可根据投资者意愿采取政府划拨或出租方式优先供地。对出让供地的，实行政府零收益协议出让，按照“收支两条线”管理办法先交纳土地出让金，再申请免缴；对划拨供地的，只要用途不变，土地可以无限期使用。教育部门要进一步整合资源，在所有权不变的前提下，有效整合可办学的闲置校舍，优惠、优先提供给民办学校使用，解决土地资源供给不足的问题。

（十六）鼓励多种渠道引资兴办民办教育。对引进市外资金并形成教育实物量的引资者，按其实际引资额度享受县招

商引资相关奖励政策，奖励资金由县级财政列支；投资者享受县招商引资相关优惠政策。

（十七）依法给予税收优惠。税务部门要进一步完善和落实对民办学校的税收优惠政策，在国家现行政策规定范围内给予税收优惠。对实施学历教育的民办学校，按规定收取的学历教育劳务取得的收入免征营业税；符合国家有关规定的民办学校用于教学及科研业务的自用房产和土地免征房产税和城镇土地使用税；企业、公民个人和社会组织通过公益性社会团体进行的公益性捐赠，且捐赠符合《中华人民共和国公益事业捐赠法》所规定的范围，缴纳企业所得税的其捐赠支出在年度利润总额12%以内的部分，准予在企业所得税前扣除；个人所得税符合规定的捐赠支出，纳税人应纳税所得额的30%的部分，允许在税前扣除。

（十八）建立对民办学校奖励机制。

从2009年起，凡国家机构以外的社会组织或个人，投资新建民办普通高中或民办中、高等职业学校、总投资在1000万元以上，或者投资新建民办幼儿园、总投资在300万元以上的，均按10%的比例给予一次性奖励。

民办学前幼儿教育、高中阶段教育学校享受市财政设立的民办教育发展专项资金奖励：幼儿园办学规模达300～500人的奖励10万元，500人以上的奖励15万元；普通高中办学规模达900～1200人的奖励20万元，1200人以上的奖励30万元；职业学校规模达1000～1500人的奖励40万元，1500人以上的奖励50万元。对办学水平上等级的民办幼儿园和高中阶段学校给予一次性奖励：市级示范幼儿园以上奖励20万元，创建成省二级完中的普高学校奖励50万元、创建成省一级完中的普高学校奖励60万元，创建成省级合格职业学校的奖励60万元，创建成国家级合格职业学校的奖励100万元。

设立县民办教育发展专项资金，对办学条件达标，办学质量经年审达到优秀的学校给予年度奖励：幼儿园规模达50～100人的奖励1万元，达101～200人的奖励2万元，达201～300人的奖励3万元，达301～500人的奖励5万元，500人以上的奖励7.5万元；普通高中规模达200～400人的奖励3万元，401～900人的奖励8万元，901～1200人的奖励10万元，1200人以上的奖励15万元；职业学校规模达500～1000人的奖励10万元，1001～1500人的奖励20万元，1500人以上的奖励25万元。

对义务教育阶段民办学校经年审考评优秀的给予相应奖励。

此前给予公办教师支持的民办学校按办学协议和有关规定进行扶助，不再享受以上奖励。民办学校同时符合市、县两级奖励条件的，按就高不就低原则，只享受一级奖励。

（十九）对委托招收公费学位生的民办学校给予补助。民办普通高中招收公费学位生，享受市财政年生均1500元的标准补助。对委托招收公费学位生的义务教育学校，由县财政按年生均小学800元、初中1000元给予补助。对就读民办职业学校的学生，按国家规定每年每人给予1500元的生活补助。给予公办教师支持的民办学校（园）县财政不再给予补助。

（二十）鼓励教师在公、民办学校之间合理流动。鼓励公办教师和具有相应教师资格的大学毕业生、其他专业技术人员到民办学校任教。对规模较大、生源较多的民办学校，根据学校要求，可以选派部分优秀公办教师和管理人员支教，人事关系按原渠道不变。公办学校教师经批准应聘到民办学校任教、并一直从事教育教学工作、年度考核均为合格的，其原有教职工身份保持不变，在民办学校工作期间，工资由聘用学校解决，原档案工资作为调资、晋级、计算退休费的依据，退休后按公办学校退休教职工相关政策执行。民办学校教师也可参加公办学校的公开招聘，一经录用，工龄、教龄可连续计算。民办学校招聘教师的人事档案由县教育人才服务中心托管，代办落户手续。

（二十一）建立社会保障制度。县劳动和社会保障部门要按照“规范到位、政策倾斜、扶持民办”的原则，建立健全我县民办学校教师包括基本养老保险、失业保险、基本医疗保险、工伤保险和生育保险五大社会保险险种在内的社会保险机制。凡领取《民办教育办学许可证》的民办学历教育机构的教师，按属地管理原则及相关规定，经批准参加事业单位基本养老保险，缴纳社会保险费，并按公办学校教师工资管理的规定建立个人档案工资，作为调资、晋级、计算退休费的依据；符合退休条件的，经人事劳动部门审核后，享受事业单位基本养老保险待遇。其他非学历教育机构的教职工和学历教育机构的教辅人员参加城镇职工社会保险。参加城镇职工社会保险民办学校教师的基本养老保险、失业保险、基本医疗保险中单位缴纳部分由政府和民办学校各承担50%，工伤保险、生育保险由政府全额承担，所需经费由同级财政承担。个人缴纳部分按各险种规定由个人依法缴纳。

（二十二）建立人员聘用、职称评聘管理新机制。民办学校教师职称评审聘任不受结构比例的限制，由学校自主设岗，确定结构比例，按有关程序申报评审聘任。实行办学体制改革的学校，采取“老人老办法，新人新办法”：改制前在编在册教职工在改制后人员身份性质不变，改制后新增人员按新机制运行。民办学校自主招聘的教师职称评审聘任不受结构比例的限制，由学校自主设岗，确定结构比例，按有关程序申报评审聘任。

（二十三）切实维护民办学校的合法权益。支持民办学校跨地区自主招生。解决和制止对民办学校的“乱收费、乱摊派、乱罚款”及“搭车收费”。对符合规定的收费，必须优先凭收费许可证亮证收费。对违反规定或超出范围标准的收费，民办学校有权拒绝。

六、加强领导，明确责任，狠抓落实

（二十四）加强领导。成立石林彝族自治县民办教育发展协调领导小组。

组　　长：毕春华（县委副书记、县人民政府代理县长）
常务副组长：潘华光（县人民政府副县长）
副 组 长：朱玉和（县人大常委会常务副主任）
周兴荣（县政协副主席）
苏云波（县政协副主席、县财政局局长）
成　　员：彭天寿（县纪委常务副书记）

李　韬（县委组织部副部长）
毕卫东（县委宣传部常务副部长）
周林春（县委办副主任、县委目督办主任）
苏健康（县政府办副主任、县政府目督办主任）
徐永平（县教育局局长）
陈永宁（县发改局局长）
杨春宝（县人事劳动和社会保障局局长）
张鹏飞（县环保局局长）
段顺波（县政府法制办主任）
冯正清（县建设局局长）
段维亚（县民政局局长）
周保能（县卫生局局长）
刘　林（县工商局局长）
赵志忠（县国税局局长）
杨春华（县地税局局长）
张　汶（县国土资源局局长）
陈春云（县公安局副局长）
尹桂华（县财政局副局长）
陈贵云（县教育局副局长）
赵永宇（县编办副主任）
段宏波（县招商促进局副局长）

领导小组下设工作办公室和督导办公室，工作办公室设在县教育局，负责领导小组安排的日常工作，由徐永平兼任办公室主任；督导办公室设在县纪委，负责领导小组安排的督导工作，办公室主任由彭天寿兼任。

（二十五）强化落实。各级各部门要认真贯彻落实《中华人民共和国民办教育促进法》及《中华人民共和国民办教育促进法实施条例》，全面落实市、县加快民办教育发展的有关部署和规定，把加快发展民办教育摆上重要议事日程，纳入经济社会发展和教育发展规划，搞好发展预测，加强对民办教育的统计、动态监测，加强对民办教育发展中重大问题的研究。各部门要通力协作，大力支持民办教育工作。教育、财政、人事劳动和社会保障、民政等有关部门要做好职责内的服务工作，切实落实促进民办教育发展的各项政策，确保民办学校与公办学校平等的法律地位和待遇。发改、国土资源、建设、水利、交通、电力等有关部门要为民办学校建设提供充分方便。工商、税务部门要把社会力量办学作为公益事业对待，有关政策与公办学校相同。公安、建设、工商、卫生部门要加强对民办学校周边环境的治理，帮助学校维护好教学和生活秩序，保证学校师生生命和财产安全。任何单位和个人不得以任何理由给民办教育设置障碍。

（二十六）依法管理。县民办教育协调领导小组要统筹研究、协调解决民办教育发展中的重大问题，督促、检查、考核各项政策和工作的落实。做到民办学校与公办学校“五个一视同仁”，即：干部教师学习培训、评优评先一视同仁；教学管理指导、教育科研一视同仁；对学生一视同仁；在招生中一视同仁；在学校建设规范上一视同仁。要设立民办教育服务机构，为民办学校提供政策依据、信息咨询、评估督导、风险预警等相关服务工作。全面落实发展民办教育的优惠扶持政策，为民办教育发展提供良好的政策环境，促进民办教育实现资源增量、质量提高、结构优化、效益提升、内涵扩展，形成公、民办学校互促共进，良性竞争的良好局面。依法加强对民办学校的规范管理，建立激励和约束机制，对违规办学的要限期整改，促进民办教育健康持续发展。实行年检制度，对不合格的民办学校要限期整改，整改不达标的，取消办学资格。

（二十七）规范办学。民办教育机构要按照《中华人民共和国民办教育促进法》及《中华人民共和国民办教育促进法实施条例》和国家相关规定规范办学，建立健全校董事会、理事会或其他决策机构和议事规则，规范决策程序。要在民办学校内建立党团和工会组织，发挥领导核心和监督、保证等作用，要保证学校发展规划、章程和各项管理制度、对外签订的民事合同等符合法律、政策的规定；完善学校内部财务、会计和资产管理制度，严格执行国家有关收费的规定，健全监督机制，依法管理好学校法人财产。进一步推进民办学校的民主建设，建立职工代表大会，完善民主监督。要发展和培养一批服务民办教育的社会中介机构和行业协会，开展民办学校咨询、评估等业务，加强行业自律。中介机构对民办学校的评估、审计结果，可以向社会公布。

（二十八）规范收费。价格主管部门要在调查民办教育办学成本的基础上，按照补偿教育成本原则并考虑投资者合理回报等因素，对民办学校学历教育受教育者的学费、住宿费收费标准制定政府指导价，民办学校在政府指导价范围内，可根据招生规模、专业设置、社会需求及社会承受能力等情况，自主确定学费收取标准，报价格主管部门备案并向社会公示。对非学历教育受教育者的学费、住宿费收费标准，由民办学校自行确定，报价格主管部门备案并向社会公示。要制定从事学历教育的民办学校收费管理办法，明晰投资者合理回报的额度比例、获得方式等，使民办教育投资者获得合理回报，保障民办学校有效运转。要解决和制止对民办学校的“乱收费、乱摊派、乱罚款”及“搭车收费”现象；对违反规定或超出范围标准的收费，民办学校有权拒绝。

（二十九）营造氛围。县宣传部门要充分发挥舆论导向作用，大力宣传国家、省、市关于鼓励支持民办教育发展的方针、政策、举措，宣传民办教育的重要地位和作用，宣传我县加快民办教育发展的有关政策和规定，宣传民办教育工作中涌现的先进典型，为民办教育发展营造良好的舆论氛围，促进民办教育快速健康发展。

本实施意见自发布之日起执行。此前本县发布的有关文件及规定如与本实施意见不一致的，以本实施意见为准。

中共石林彝族自治县委　石林彝族自治县人民政府关于进一步加快民营医院发展的实施意见

（2009 年 12 月 29 日石发〔2009〕22 号）

为全面贯彻落实党的十七大精神和市委、市人民政府加快民营医院发展相关文件和会议精神，扩大优质医疗卫生资源，引入竞争机制，加快民营医院发展，形成多元办医格局，破解群众看病难、看病贵问题，结合本县实际，制定本实施意见。

一、指导思想

以邓小平理论和“三个代表”重要思想为指导，深入贯彻落实科学发展观，致力于构建社会主义和谐社会，以医疗服务需求为导向，全面放开医疗市场，鼓励和引导社会资本进入医疗卫生领域，形成投资主体多元化、投资方式多样化的办医体制，满足人民群众多层次的医疗服务需求。

二、基本原则

——积极引导、鼓励、支持社会资本兴办民营医院，形成民办与政府举办并存的医疗服务体系。

——通过法律、行政、经济等手段加强宏观管理，引导社会资本到医疗资源相对薄弱的农村投资兴办民营医院，参与公立医疗机构的资源重组。在县城新建成区主要发展具有较大规模、较高水平的民营综合医院（多种所有制形式）或规模型民营特色专科医院。

——民营医院面向社会提供各种医疗服务，依法纳入卫生行业管理范围，享受相应的政策待遇，履行相应的社会义务。

三、总体目标

按照城乡一体化、政策平等化、类别多元化、管理规范化的原则，通过扶持鼓励、规范引导、优化配置、公平竞争，发展一批有规模、有质量、有技术、有品牌的民营医院。到 2012 年，民营医院资产占全县医疗总资产的比例达到 70%以上。

四、鼓励社会力量举办民营医院

（一）鼓励社会力量规模办医。根据新修订的医院设置规划及布局设点要求，分地区、分类别确定设置标准，支持社会资本兴办各类医院。在设点布局中，对民营医院的数量和资源量留有一定比例，为民营医院发展预留充分的空间。原则上政府不再投资新办常规医疗机构。

（二）鼓励各类资本以多种方式参与公立医院产权多元化改造、重组。鼓励公立医院卫生技术人员和管理人员、具备执业资质的卫生专业人才，领办、创办各级各类民营医院；鼓励现有民营医院靠大、靠外、靠强，与省内外合作举办高水平的医院，引入先进管理模式，提高自身管理水平和医疗服务能力。

五、加大发展民营医院的政策扶持力度

（三）明确支持民营医院发展的税费政策。民营医院可以自主选择营利性或非营利性医院性质，并按照有关规定享受相应的税费优惠。事业单位、社会团体、个人依法申办医院，可以自主选择营利性或非营利性质，并按照有关规定享受相应的税费优惠。非营利性医院的用地，对固定资产投资 200 万元以上在乡镇新建民营医院、固定资产投资 1000 万元以上在县城新建成区新建民营医院的，可申请划拨或政府土地零收益以协议方式出让；其建设过程中免收建设规费的地方留存部分，服务性收费按最低标准减半收取。非营利性医院按照国家规定的收费项目和价格标准取得的医疗服务收入，免征各项税收。营利性医院的医疗服务收入直接用于改善本院医疗卫生条件的，自取得执业登记之日起 3 年内免征医疗服务收入营业税；对其自用的房产、土地、车船，3 年内免征房产税、城镇土地使用税、车船使用税；3 年免税期满后恢复征税，恢复征税起 5 年内，地方留存部分先征后返还，6～10 年减半返还。

（四）医疗服务市场向民营医院平等开放。所有依法准入的民营医院，均可依照程序申请作为城镇职工基本医疗保险、城镇居民基本医疗保险、新型农村合作医疗的定点医院。各级医疗保险经办机构要按规定及时拨付医疗费用，不得随意扣减或拖欠。

（五）建立公共财政激励办医机制。实行民营医院考评奖励制度。从 2009 年起，县级财政每年安排 100 万元专项经费作为奖励基金，对投资新建上规模的民营医院和年度考评成绩突出的民营医院予以奖励。

在县城城市规划区 89 平方公里范围内新建民营医院，固定资产投资（不含土地）在 1000 万元以上至 3000 万元以下（含 3000 万元）、且设置床位在 30 张以上（含 30 张）的，一次性奖励 30 万元；固定资产投资（不含土地）在 3000 万元以上至 5000 万元以下（含 5000 万元）、且设置床位在 80 张以上（含 80 张）的，一次性奖励 50 万元；固定资产投资（不含土地）在 5000 万元以上、且设置床位在 150 张以上（含 150 张）的，一次性奖励 80 万元。在县城城市规划区 89 平方公里范围以外新建民营医院，固定资产投资（不含土地）

在200万元以上至300万元以下（含300万元）、且设置床位在20张以上（含20张）的，一次性奖励10万元；固定资产投资（不含土地）在300万元以上至500万元以下（含500万元）、且设置床位在40张以上（含40张）的，一次性奖励30万元；固定资产投资（不含土地）在500万元以上、且设置床位在50张以上（含50张）的，一次性奖励50万元。

按照《昆明地区民营医院评价标准》和有关要求，由县级卫生行政部门组织成立民营医院综合评价工作组，对民营医院的综合管理、医疗质量、护理质量、传染病防控和医院感染控制、群众满意度等工作情况进行年度考评，考评满分为1000分，对考评结果在600分以上的予以一次性奖励。得分在600分至700分的奖励2万元，700分至800分的奖励5万元，800分至900分的奖励10万元，900分以上的奖励20万元。

民营医院同时符合市、县两级奖励条件的，按就高不就低原则，只享受一级奖励。

（六）鼓励和支持民营医院开展科技创新。具备条件的民营医院，可以依照程序申报市级医学重点学科建设项目、医疗特色专科项目和卫生科研立项。经评审确定为医学重点学科建设项目及科研立项的，政府给予相应的经费支持，并对取得突出成果的予以奖励。

（七）落实民营医院从业人员平等待遇。民营医院及其从业人员在资格认定、职称评定、业务培训、学术活动、技术准入、推荐评优、政策知情等方面，与公立医院同等对待。鼓励民营医院医疗卫生专业人才申报学术技术带头人及后备人选。

（八）对民营医院承担社会职能给予补偿。当发生重大灾害、事故、疫情等突发公共事件时，民营医院必须执行政府指令性任务；县财政根据其完成任务的数量、质量，以购买服务的方式予以相应的补助。民营医院对医疗救助对象给予救治的，经审核由政府给予相应补助。

（九）对民营医院办医给予自主权。根据《中华人民共和国执业医师法》和《医疗机构管理条例》，可以根据市场需求自主选择医疗服务项目，并报卫生行政部门批准。除国家专项审批配置许可的大型医用设备的购置外，民营医院可自主确定其他医用设备的购置。

六、加强和改善对民营医院的服务

（十）加强卫生行业人才服务。民营医院可自主确定其人员编制，自主确定工资标准和收入分配方式。卫生技术和管理人员的人事档案可由卫生人才分中心代理。卫生人才分中心为民营医院开展全方位人事代理服务，提供卫生技术人员选聘平台，代理劳动合同鉴证，组织从业人员履职考核，代办执业医师、执业护士注册及变更手续，提供卫生技术人员招录、培训等服务。

（十一）鼓励和支持卫生技术人才合理流动。民营医院可以面向社会自主招聘医务人员，所聘任的卫技人员应当具有相应的任职资格，符合执业准入条件，鼓励卫生类大中专毕业生到民营医院就业。公办、民办医院的卫技人员可以相互流动，任何部门和单位不得对人才流动设置障碍。对自愿走出公立医疗机构到民营医院工作的卫技人员或从民营医院职工流动到公立医疗机构的，其人事关系挂靠县卫生人才分中心，在原单位工作期间的工龄、社会保障等可连续计算，卫生、人事、劳动等部门应为其办理相关手续，聘用期满或被民营医院解聘的一律实行人事代理。

（十二）落实民营医院从业人员社会保障。民营医院聘用具有相应技术职称的卫生专业技术人员，按照事业单位标准代办医疗、养老、工伤、生育、失业等社会保险和住房公积金，并随人员流动及时转接。

（十三）改进民营医院行政许可审批管理。卫生行政部门要公开准入标准和审批程序，简化审批环节，严格执行审批时限。对符合准入标准的民营医院，要及时为其办理医院设置审批及执业登记手续。

七、强化对民营医院的指导和监督

（十四）依法加强民营医院执业管理。根据《中华人民共和国执业医师法》、《医疗机构管理条例》、《医疗机构基本标准》等有关法律、法规、规章、技术规范与标准，民营医院实行分级、属地管理，县卫生行政部门依法行使对民营医院的监督管理职能。

（十五）建立民营医院医疗质量考评体系。建立医院服务质量评价体系、考核评审制度、信息公示制度、医德医风和诚信服务考核制度。各类医院使用昆明市统一的门诊通用病历。实行全行业统一的医疗服务质量与医院管理评价标准。

（十六）指导民营医院坚持正确办医方向。民营医院应坚持为人民健康服务的办医方向和宗旨，努力提高医疗服务质量。理顺医院财务及资产管理，维护患者、投资者、医护人员、员工的合法权益。按照卫生部门核定的执业科目开展诊疗活动，遵守诊疗技术规范和各项规章制度，规范医疗服务行为。加强医德医风教育，树立依法诚信服务观念。

（十七）加强医疗卫生市场监管，建立公平的医疗服务环境。卫生行政部门要整顿和规范医疗市场秩序，依法查处、取缔无证行医和不规范的医疗行为，营造依法执业、公平竞争、诚信办医的医疗执业环境。药监、物价、财政、工商、税务、人事、劳动保障、民政、公安等相关部门要从各自职能出发，加强对民营医院的监督管理。成立民营医院行业组织，在维护民营医院自身合法权益的同时，强化行业自律，倡导廉洁行医、诚信服务，树立民营医院良好的行业形象。

八、加强发展民营医院的组织领导

发展民营医院政策性强、涉及面广、情况复杂，不仅关系到全县卫生事业健康快速发展，还关系到人民群众生产、生活和全县经济社会发展大局。各级各部门及有关单位务必加强领导，精心组织，党政主要负责人要亲自抓此项工作。县委、县人民政府成立县加快民营医院发展工作领导小组，负责对全县民营医院发展的组织领导、综合协调和组织实施工作。

组　　长：毕春华（县委副书记、县人民政府代理县长）

常务副组长：潘华光（县人民政府副县长）

副　组　长：朱玉和（县人大常委会常务副主任）
周兴荣（县政协副主席）
苏云波（县政协副主席、县财政局局长）
成　　　员：周林春（县委办副主任、县委目督办主任）
苏健康（县政府办副主任、县政府目督办主任）
毕东红（县纪委副书记、县监察局局长）
周保能（县卫生局局长）
陈永宁（县发改局局长）
杨春宝（县人事劳动和社会保障局局长）
冯正清（县建设局局长）
刘　林（县工商局局长）
张　汶（县国土资源局局长）
杨春华（县地税局局长）
赵志忠（县国税局局长）
张鹏飞（县环保局局长）
段维亚（县民政局局长）
赵良庭（县审计局局长）
段顺波（县政府法制办主任）
陈春云（县公安局副局长）
赵永宇（县编办副主任）
段宏波（县招商促进局副局长）

领导小组下设办公室在县卫生局，由周保能同志兼任办公室主任。

本实施意见自发布之日起执行。此前本县下发的相关文件内容如与本意见不一致的，以本意见为准。

文选

创卫文献

石林彝族自治县创建国家卫生县城达标评估自评报告

在县委、县人民政府的领导下，在省、市爱卫会的指导和帮助下，全县广大干部职工和人民群众齐心协力，团结拼搏，积极开展创建国家卫生县城活动。根据《国家卫生镇（县城）考核命名办法》的规定，我们按照《国家卫生镇（县城）标准》（全爱卫发〔2007〕7号）中的爱国卫生运动组织管理、健康教育、环境卫生、环境保护、病媒生物防制、卫生监督、疾病预防控制、社区卫生、镇辖村卫生、群众满意度等各项指标进行了逐项评估，现将我县达标评估自评情况汇报如下：

一、主要指标完成情况

（一）工作成绩

多年来，我县历届领导十分重视爱国卫生运动工作，举全县之力，聚全民智慧，积极开展各种创建活动，深化爱卫工作内涵。分别于2000年、2002年、2004年、2006年连续四次通过云南省甲级卫生县城考核验收；1988年至今保持云南省灭鼠先进县城光荣称号；2006年通过云南省灭鼠、灭蟑螂先进县城复审考核验收；2006年县城所在地鹿阜镇四个村通过云南省省级卫生村考核验收。2001年、2006年通过昆明市灭蟑螂先进县城考核验收；2006年通过昆明市灭蚊先进县城考核验收；2002年被国家、省、市爱卫会命名为农村卫生水普及率先进县；2002年至今有19个单位被评为昆明市爱国卫生先进单位；有一个单位被评为昆明市无吸烟单位。以上工作的开展，为创建国家卫生县城奠定了坚实的基础。

（二）环境卫生

为提高市容环境卫生，改善市民生活质量，我县制定了石林城市发展规划，做到科学规划、分步实施、功能齐全、布局合理。

1. 县城规划及市政设施。2005年以来，新建、改造道路面积10.99万平方米，道路硬化率达95.5%，街道路面平整，无积水坑洼；各项市政设施管理到位，设施完好率≥98%；县城安装路灯888组，亮灯率达98%；城市道路下水管道网覆盖率达95%，并经常开展窨井、雨水口清淤作业，保持通畅；同时，实行县城特色化改造，建筑风貌具有特色、美观，阿诗玛东路、石林南路、龙泉路、东山路、石林中路实现空中管网全部入地。

2. 环卫设施。县城建成区设有果皮箱200个，沿街摆放袋装垃圾收集桶1000只，设有垃圾箱（桶）点137个（有封闭式垃圾箱9个，垃圾桶484只）；城区现有公厕26座（星级厕所3座），水冲式公厕26座，水冲率达100%；有专人管理，每天进行清洁、消杀工作，确保环卫设施容器密封、管理规范、布局合理、数量足够、卫生整洁。

3. 清扫保洁。我县环卫站有专业清扫保洁工作人员120人，实行定岗、定人和定路段，对县城主要街道实行全日制清扫保洁；对其他街道每天定时进行6次清扫；对城郊接合部每天定时进行2次清扫；城市道路总面积63.5万平方米，日清扫道路面积63.5万平方米（机械化清扫22.61万平方米），清扫率达100%。

2005年底，县城建成区全面推行城区垃圾分类收集。目前城区所有的单位基本建立了袋装、分类、密闭收集容器，袋装垃圾收集率达100%；县城区垃圾日产量80吨，垃圾日清运量80吨，清运率达100%，做到垃圾日产日清。

4. 2003年，利用世行贷款投资2000多万元建成一座库容为41.7万立方米垃圾填埋场投入使用，垃圾填埋工作制度健全、卫生良好、管理规范、符合卫生防护规范要求，垃圾无害化处理率达100%。

城区粪便主要通过三格化粪池无害化处理后排放下水道，沉积物定期清掏，集中清运，粪便无害化处理采用运输城外，用于农业生产用肥进行处理，年产粪便总量5400吨，年粪便无害化处理量5400吨，粪便无害化处理率达100%。

5. 市容市貌。强化市容市貌综合整治，实行沿街单位门前三包责任制和全天候24小时有效监察执法管理，整治户外广告、占道经营情况，县城建成区做到无乱搭乱建、乱设摊点等现象；同时加大市场环境综合治理，完善划行归市、卫生设施等建设工作，做到管理制度化、规范化、整洁化。

6. 建筑卫生。严格按照《建筑工地现场环境与卫生标准》进行管理，建筑工地隔离栏高度达1.8米，管理组织健全，环保、卫生制度健全，及时清除建筑垃圾，做到工地清洁，物料堆放整齐，车辆运输无遗撒、滴漏，工地内及其周围卫生整洁。

7. 水体卫生。开展清理巴江滨河带状公园河面漂浮物行动，实行每天专人打捞，保持了水体的水面清洁，无漂浮垃圾。岸坡整洁、无垃圾杂物。

8. 绿化养护。目前我县城市绿地总面积达233.32万平方米，绿化覆盖率达37.57%；公园绿地总面积77.62万平方米，人均公园绿地面积15.74平方米。

9. 畜禽管理。县城建成区实施畜禽禁止放养整治工作，特别是开展流浪犬专项整治活动，禁止畜力车进城，防止牲畜对城市的污染，做到城区主干道无牲畜和畜力车进城，城区无违章饲养畜禽，无违章放养宠物，饲养符合规范要求，没有影响市容环境卫生和周围居民正常的生活。

（三）环境保护

多年来，在我县经济保持较快增长的情况下，全面实施环境保护规划和政策，全县环境质量继续保持稳定并逐步改善。

1. 管理规划及制度。县人民政府先后实施了《石林彝族自治县环境保护规划》和《石林彝族自治县生态县建设规划》，县人民政府办公室印发了《石林彝族自治县放射性污染事故应急预案》和《石林彝族自治县环境污染与生态破坏事故应急预案》并组织实施。使我县环境保护工作取得实效，在2002年至2006年的市政府环保目标责任考核中，我县连续五年考核为一等奖，没有发生重大污染事故或重大生态破坏事故。

2. 环境质量。县城建成区大气可吸入颗粒物浓度（PM10）年日平均值连续三年低于0.10毫克／立方米，大气二氧化硫浓度年平均值连续三年低于0.06毫克／立方米；环境空气质量优于国家二级标准；集中式饮用水源地水质连续三年100%达标，境内河流水质保持在II至III类水体间；城市区域环境噪声和道路交通噪声保持稳定，区域环境噪声为52.8分贝（昼间）、43.5分贝（夜间），优于城市区域环境噪声2类标准；交通主干线两侧噪声为66.9分贝（昼间）、54.1分贝（夜间），优于国家城市环境噪声4类标准。

3. 工业污染。我县属于旅游县、农业县，历届县委、县人民政府本着环境保护为首的原则，对工业发展和污染源的控制有着明确的规定。因此，我县根据2005年、2006年环境统计数据，重点工业污染源废水排放达标率达到100%，其他一般工业废水排放达标率≥90%；工业固体废物综合利用率2005年、2006年分别为85%、90.71%；均达到考核要求。

我县污水处理厂于2007年6月18日开工建设，总投资为3350万元，日处理量前5年为1万立方米，后5年为2万立方米，预计于2007年底完工投入试运行，城市污水处理率将达70%以上。

4. 医疗废弃物处理。落实了医疗废物转移联单制度，并建立了医疗废物处置记录台账，县人民医院、县中医院、县妇幼保健院、天奇医院与昆明正晓环保公司签订了合同，全部进行了集中处置，医源性废弃物焚烧处理率达100%；天奇医院污水处理站运转正常；县人民医院、县妇幼保健院和县中医院污水处理站于9月10日进入试运行阶段。

（四）卫生监督

石林彝族自治县于1999年成立了卫生监督机构，2006年提升为石林彝族自治县卫生局卫生监督执法局。多年来，认真落实我县卫生监督工作。

1. 严格执法。认真贯彻落实《中华人民共和国食品卫生法》、《公共场所卫生条例》、《中华人民共和国职业病防治法》和国务院《关于进一步加强食品安全工作的决定》，严格执法，加强对饮食业、公共场所卫生和学校卫生的监督监测，强化重大节日卫生保障工作；近三年来，我县杜绝了重大食物中毒事故、饮水污染事故和职业危害事故的发生。

2. 食品、公共场所卫生。积极开展各类饮食店、食堂、食品生产、加工、经营单位及公共场所经营的监督管理，全面推行食品卫生、公共场所卫生量化分级管理，确保饮食店、食堂、食品生产、加工、经营单位培训到位、证件合格、制度健全、环境整洁、操作规范、设施齐全、流程合理、防护完善、生熟分开，各种食品卫生达到要求。卫生许可证和健康证办证率达100%；食品、公共用品采样监测合格率达98.1%；从业人员培训率和五病调离率达100%。

3. 加强自来水厂监督管理及监测工作。自来水厂企业资格证、卫生许可证齐全，出厂水、管网末梢水水质全分析、日常水质监测等报告记录全面，水质全面达到生活饮用水要求，县城建成区和鹿阜镇自来水普及率达100%。

4. 集中式供水和二次供水单位管理。制定了《石林县自来水公司二次供水安全制度》，加强对二次供水单位的管理和规范，组建了清洗队伍，保证持证上岗，每年对二次供水水箱至少清洗一次，并由县疾病预防控制中心进行清洗前后技术监测，确保了二次供水水质达标。

5. 职业卫生。加强企业职业卫生监督管理工作，对建设项目进行卫生可行性分析，强化企业开展职业健康监护工作和劳动保护工作。

6. 学校卫生管理。设立县城普通中小学卫生室，按学生人数600：1的比例配备专职卫生技术人员，积极开展学校公共卫生监督、监测工作，保证学校公共卫生及饮用水水质全面达到国家标准。

（五）疾病预防与控制

按照“预防为主”的工作方针，我县努力开展疾病预防控制工作，取得了卓有成效的工作成绩。

1. 落实防治工作。认真贯彻落实《中华人民共和国传染病防治法》，制定《石林彝族自治县“十一五”传染病防治规划》，认真开展防治工作，完善各种疾病防治工作预案，加大防治力度，加强疫情监测和控制，强化医院消毒隔离管理制度，防控管理规范、合理，制度严谨、措施有力，重大疾病控制按期完成国家规划要求，三年来未发生甲、乙类传染病暴发流行和院内感染事件。

2. 疫情报告。医疗机构依法做好疫情报告工作，全县实施网络疫情直报系统，对鼠疫、脊髓灰质炎等实行零报告制度，县疾病预防控制中心定期、不定期对疫情预防与控制工作进行督查和指导，基本消除了漏报和迟报现象，传染病报告率为100%。

县级医疗机构设有传染病科、肠道门诊及发热门诊，并有专用厕所；乡镇卫生院设置传染病房和留观室；各级医疗机构均做到门诊制度落实，门诊日志健全，各项指标均符合要求。

3. 学校预防。认真指导督促托幼机构，学校按照《疫苗流通和预防接种管理条例规定》开展入托、入学儿童预防接种证查验工作，入学儿童验证率为100%；同时学校按照《学校和托幼机构传染病疫情报告工作规范》的要求做好疫情报告，没有出现瞒报、漏报现象。

4. 计划免疫。严格落实免疫规划，加强计划免疫门诊规范化建设，根据监测情况，适时开展易感人群预防接种工作，严把生物制品归口管理关，严格冷链与质量控制关。儿童计划免疫规苗四苗全程接种率2005年达95.71%，乙肝疫苗全程接种率达94.76%；2006年达94．29%，乙肝疫苗全程接种率达97.14%；2007年上半年卡介苗全程接种率达96.48%、脊灰疫苗全程接种率96.34%；百白破全程接种率95.62%，麻疹疫苗全程接种率97.47%，乙肝疫苗全程接种率达97.22%。安全注射率均达100%。

（六）健康教育

1. 网络健全。我县在县疾病预防控制中心设立了县健康教育领导小组，在各乡镇、机关单位建立了健康教育领导小组，配备了能适应工作需要的工作地点和设备，健康教育网络共覆盖96个单位，覆盖率达97.21%。

2. 健康教育促进活动。积极推进石林彝族自治县“全国亿万农民健康教育促进行动规划”活动，开展了以各种活动为中心、节假日为主题的健康教育宣传工作，设置公共场所、单位、社区、村镇及行业健康教育宣传栏，深入广泛开展健康教育，各行各业健康教育培训和复训稳步持续开展，有效促进市民健康教育知识知晓率和行为形成率。

3. 学校健康教育。按照《学校健康教育评价方案》，我县认真完成中小学健康教育课，开课率达100%，中学生健康知识知晓率达96.67%，健康行为养成率达96.51%；小学生健康知识知晓率达99.2%，健康行为养成率达96.48%。

4. 医院健康教育。以倡导健康生活方式为主题，积极组织开展患者及其家属的健康教育知识宣传，设置固定宣传栏，开展健康教育讲座和床旁健康教育培训工作。医院住院病人及其陪护家属相关卫生知识知晓率达83.3%。

5. 居民健康教育。县广播电视局、各社区（村民委员会）认真抓好健康教育知识宣传工作，宣传栏做到每月更换，并结合实际开展健康知识讲座，居民卫生知识知晓率达96.5%，健康行为形成率达91%。

6. 行业健康教育。各行政部门结合部门特点，认真开展各行业健康教育工作，按照先培训考核合格，后发证的原则，努力做好从业人员健康知识培训。食品、饮食服务等重点行业职工相关卫生知识知晓率达92%以上。

7. 控烟工作。以无烟宣传日为工作中心，开展无烟单位创建活动，在公共场所设禁烟标志，定期清理烟草广告，公共场所禁烟标志设置率达90%以上，县城建成区无烟草广告。

二、主要做法

历届县委、县人民政府高度重视创卫工作，团结和带领广大各族干部群众，齐心协力、奋力拼搏，正朝着创建国家卫生县城这一理想目标迈进。其主要做法是：

（一）坚持科学创卫

创卫工作作为全县重点工作的重中之重，县委、县人民政府先后召开了动员会、誓师会、攻坚会，全面动员全县各级各部门进一步增强创卫工作的紧迫感和责任感，采取超常规措施，齐心协力、齐抓共管、全民参与、整体推进创卫工作，按照科学的工作方案和机制，各级各部门协同作战，稳妥推进，常抓不懈，确保各项指标任务的完成。

（二）坚持和谐创卫

按照“以人为本，创建为民”的创卫工作原则，始终坚持创建重在过程，重在细节，重在解决关系群众切身利益的现实问题，在创卫过程中，体现亲民利民，进一步调动广大人民群众在创卫工作中的积极性。

（三）坚持全民创卫

为如期实现创卫这一宏伟目标，县委、县人民政府集全县之智，举全县之力，建立“全民动员，全民参与”引导机制，进行定进度、定责任、定人员、定职责、定时限“五定”责任制，落实责任，严格考核，做到人人肩上有担子，个个身上有压力，形成“人民城市人民建，人民城市人民管，人人都是创卫主人翁”的浓厚氛围，使创卫工作取得了阶段性的成果。

综上所述，石林彝族自治县各级各部门和广大各族群众对创建国家卫生县城的文明卫生素质和思想意识明显提高，各项指标达到新的《国家卫生镇（县城）标准》，通过全民的不懈努力，一定能营造出石林山青、林绿、水碧、气清、景美的特色，追求人与自然和谐，让石林这一中国南方喀斯特地貌的精华，世界自然遗产之胜地更加神奇而美丽。

石林彝族自治县创建国家卫生县城工作指挥部

石林彝族自治县爱国卫生运动委员会

二〇〇七年七月二十日

云南省爱卫会关于对石林彝族自治县申报国家卫生县城卫生检查情况的通报

根据昆明市爱卫会和石林彝族自治县爱卫会的申报，经省爱卫会批准，云南省爱卫会组成以省爱卫会副主任、省卫生厅副厅长段鸿同志为团长，云南省爱卫会办公室主任李玉勤为副团长，省级各有关部门专家为团员的云南省县城卫生检查团，共分九个专业组，于2007年7月29日至31日，对申报国家卫生县城的石林彝族自治县的爱卫组织管理、健康教育等十项内容，按新的《国家卫生县城标准》，采取查资料、随机抽查等方法对石林县县城卫生进行了实地综合检查。现将检查情况通报如下：

一、领导重视，机构健全

石林彝族自治县县委、县人大、县政府、县政协四套班子领导十分重视爱国卫生和创建卫生县城工作，坚持以“三个代表”重要思想为指导，牢固树立科学的发展观和正确的政绩观。坚持“以人为本”，以发展为主题，紧紧抓住国家西部大开发、新昆明建设和石林成功申报世界自然遗产的发展战略机遇，按照“旅游立城、科学建城、生态美城、文化兴城、法治管城”的工作思路，集全民之智，举全县之力，全面打造“云南旅游大门”，把一个传统、落后的农业县城建设成为人文旅游、商贸一体、城乡兼容等多元化发展的现代新城，一个生态优良、环境优美、社会和谐、独具特色的旅游城市正在逐步形成。为加快石林县建设步伐，县委、县政府以创建省甲级卫生县城为契机，以整治市容市貌和环境卫生为突破口，不断完善县城管理体制，大力实施生态旅游城市建设和绿化、美化、亮化工程，积极开展创建“平安社区”、“文明小区”、“卫生先进单位（社区）”等活动，极大地改善了城区环境，有效地推进县城城市化发展进程。

多年来，县委、县政府始终把爱国卫生工作和创建卫生县城工作作为完善城市功能，提升城市品位，落实“民心工程”，构建和谐社会，创建平安石林，全面建设小康社会，促进石林经济社会可持续发展的大事来抓。在把爱国卫生工作和创建卫生县城工作纳入石林县经济社会发展总体规划和党委、政府重要议事日程的同时，党政一把手亲自抓、负总责，真正地保证爱国卫生工作和创建卫生县城工作做到了领导到位、认识到位、措施到位、责任到位、落实到位。县委、政府多次召开常委会和政府常务会议，专题研究创卫工作。县政府制定了《石林县创建国家卫生县城实施方案》，并先后出台了《石林县爱国卫生工作管理办法》、《石林县除“四害”工作管理办法》、《石林县公共场所禁止吸烟管理办法》、《石林县烟尘控制区管理暂行规定》等法规，使爱国卫生工作走上了制度化、规范化、法制化轨道。并把县爱卫办单列为县政府的办事机构，做到了编制、机构、人员、任务、经费五落实。县、镇（乡）两级爱卫会主任分别由县、镇（乡）长担任，还抽调了县委、县人大、县政府、县政协的领导和县教育局、县建设局等单位领导成立了创卫指挥部，县长任指挥长，并及时调整充实县爱卫会委员，从领导、组织、制度、措施、人员、经费等方面为创建工作提供了保障。并做到了年初有计划，日常有检查，年终有总结。为使爱卫和创卫工作落到实处，县政府与乡（镇），乡（镇）与村委会（社区）层层签订目标责任书，把创卫和爱卫工作纳入党政领导政绩考核重要内容和任用干部的重点条件。各职能部门按照职责分工，各司其职，齐抓共管，坚持经常性工作与突击性工作相结合，坚持宣传教育与督促检查相结合，在充分发挥报刊、广播、电视的新闻传媒作用同时，印发了《石林县创建国家卫生县城宣传知识读本》60000册，《创建国家卫生县城倡议书》8000余份，“五小”行业从业人员应知应会宣传资料5100余份等，在全县开展了“全民动员、全民参与、共创国家卫生县城”、“以人为本，创建为民”、“创卫生县城，树行业形象”和“发扬志愿精神，争创国家卫生县城”为主题的青年志愿和爱国卫生宣传教育活动，万名志愿者在“石林是我家，创建国家卫生县城靠大家”的横幅上签名。全社会关心、支持、参与爱国卫生运动的意识不断增强，人民群众健康水平不断提高，文明的生活方式逐步形成。

二、健康教育长足发展

石林县各级党委、政府和专业机构对健康教育工作极为重视，以创建国家卫生县城为契机，以镇（乡）、社区为依托，以普及健康知识为载体，建立健全县、镇（乡）、村委会（社区）三级健康教育网络。注重发挥健康教育先导作用，在全社会开展了针对传染病防治、居民健康、老年保健、青少年青春期卫生、妇幼保健等内容的多形式、多层次、多渠道健康教育活动。中小学校健康教育课做到了课本、课时、教案、考核等制度落实；各大媒体均设有健康教育栏目；各级医院设有健康教育宣传栏，定期更换内容，在推行整体护理的同时，全面开展医院健康教育；并坚持对社区开展形式多样的健康教育工作；主要公共场所设有科普宣传栏；县城各社区健康教育基本做到有计划、有人员、有落实。同时还利用各种节假日、卫生活动日，开展卫生知识培训、健康知识咨询服务。今年以来，召开健康教育专题会议3次，发放各种宣传单60000余份，《健康教育知识读本》

20000余册，县电视台设有健康教育固定栏目，尤其是通过亿万农民健康教育行动活动的开展，使广大城乡群众卫生知识得到了进一步普及，收到良好社会效果，有力地推动了全县健康教育工作的开展。

在本次检查中，中小学校健康教育开课率为100%，卫生知识晓率在95%以上；住院病人及其陪护家属的相关卫生知识知晓率在80%以上；居民卫生知识知晓率在88%以上；食品、饮食服务行业从业人员的卫生知识知晓率在92%以上；公共场所设有禁烟标志，无烟草广告。

三、环境保护和环境质量明显提高

县委、县政府将环境保护目标计划纳入本地国民经济和社会发展总体规划。并始终把环境保护作为本县改善人居环境，提高居民生活质量，建设资源节约型、环境友好型社会的重大举措来抓。环保部门协调有力，制度健全，措施落实，认真贯彻执行国家和云南省有关环境保护的法律法规，并结合本县工作实际，制定了《突发环境污染事件应急预案》，加大环境监测和防治污染力度。近年来，县委、县政府为加强城市垃圾和污水治理工作，投入了2000多万元完成了日处理达100吨垃圾处理场建设，投入3300万元新建日处理达2万立方米的污水处理厂正在抓紧施工建设，预计在今年底投入使用；在全面加大治理污水和垃圾基础设施建设的同时，为加快生态城市的建设步伐，投入了3000多万元，完成了临江街、屯西路、龙泉路、石林中路等11条新建、改建、扩建道路绿美化工程，新增绿地面积131万平方米，使县城区绿地总面积达到226.2万平方米，建成区绿化覆盖率达37.57%，人均公共绿地面积达15.74平方米，形成了城在花中，花在绿中的自然景观。

城区环境质量保持良好。通过检查，石林县的空气、声、水环境质量均达到环境规划要求。可吸入颗粒物、二氧化硫年均值、水环境功能区水质达标率、饮用水源地水质达标率、区域环境噪声均达到国家考核标准，重点和一般性工业污染源废水排放达标率、医疗和危险废弃物处理率、建成区噪声达标区覆盖率、建成区烟尘控制区覆盖率、医源性污水集中处理排放实现达标和基本达标。全县未发生重大环境污染或生态破坏事故。

四、卫生监督不断加强，各种危害人民群众健康的传染病得到有效预防与控制

石林县委、县政府高度重视食品卫生、公共场所卫生、生活饮用水卫生和疾病预防控制工作，利用创建国家卫生县城的良好机遇，认真贯彻《中华人民共和国食品卫生法》、《中华人民共和国传染病防治法》、《中华人民共和国职业病防治法》、《公共场所卫生管理条例》、《疫苗流通和预防接种管理条例》，制定了执行以上“三法两例”的各种具体方案、规划、制度和措施，进一步规范石林县疾病预防控制和卫生监督管理制度，县人大定期或不定期对执法情况进行监督检查，收集卫生执法情况，纠正执法过程中存在的问题。

县各监督部门，积极配合，协调一致，执法监督有力，档案资料齐全完整，食品卫生质量符合要求；卫生许可证和健康证办证率达100%，食品生产、经营、加工摊点防尘、防蝇、防鼠和上下水设施基本齐全，消毒餐具、保洁设施运行良好，生熟食品分开存放，卫生监督基本做到量化分级管理，从业人员培训率和五病调离率达100%；2001年至今未发生过群体性食物中毒事件。

公共场所卫生和饮用水卫生管理规范，自身检测和卫生监督机构的监督、监测资料齐全；各种用具卫生指标达到要求，成立二次供水专业清洗消毒队伍，定期对二次供水设施进行清洗消毒，卫生监督管理到位，出厂水、末梢水各项监测指标符合要求。

严重危害人民群众身体健康的传染病得到有效控制。2005年以来，县委、县政府加大了疾病预防控制中心和医疗机构建设，建立健全了疫情监测报告网络，坚持疫情报告制度，无瞒报、漏报现象，做到了重点人群重点保护、重点疾病重点防制。五苗单苗接种率和全程接种率、安全接种率达到规定标准。各托幼机构、学校认真按照《疫苗流通和预防接种管理条例》规定开展入托、入学儿童的预防接种证查验工作；按照《学校和托幼机构传染病疫情报告工作规范》的要求报告疫情。城区医疗单位肠道门诊制度落实，门诊日志健全，各项指标符合要求，近两年无甲、乙类传染病暴发流行发生。

五、病媒生物防制工作成效明显

县委、县政府领导十分重视病媒生物防制工作，成立了以分管县长为组长的“病媒生物防制领导小组”，制定了《灭鼠防病防疫预案》、《灭鼠防疫行动方案》，下发了《关于认真开展灭鼠、灭蟑活动的通知》，建立了病媒防制人员网络，加强了病媒生物防制的管理工作。利用各种宣传媒体，大力宣传除害防病知识，组织开展了机关、厂矿、学校、驻石等单位200余名领导、2万余群众参与的以清除“四害”孳生场所为主的爱国卫生活动；在防制中，坚持环境治理与化学防制相结合的综合防制措施，采取经常性与突击性相结合的防制方法，有效地降低了城区病媒生物密度，减少了病媒生物孳生地，大大地增强了全民除害防病意识。两年来，全县共培训病媒生物防制专兼职人员281人次，投放灭鼠毒饵33000公斤，投放灭蟑毒饵16000支，喷洒杀虫剂4600公斤，每年开展两次全县性的病媒生物防制统一行动，有效控制了鼠传疾病和虫媒传染病的暴发流行。

六、市容市貌焕然一新，大街小巷整洁干净

随着县城建设步伐的加快和人民群众对生存环境质量的需求，县委、县政府把城市建设和城市管理工作始终摆在重要议事日程。从健全城市功能，提升城市品位，增强城市综合竞争力，改善人居环境，扩大对外招商引资，密切党群关系的高度来抓好市容市貌建设。以建设“生态旅游城市”为目标，以城区改造为重点，以优化环境为出发点，以整合和合理利用资源，提高人居环境质量为落脚点，本着高档次、高质量、出精品的原则，投入了大量人力、物力、财力，对县境内实施了道路新修、改造等重要基础设施建设工程。近年来，石林县投入了4.4亿元完成了九石阿（九乡、石林至阿

庐古洞）旅游专线石林县境内76公里工程建设；投入了5.8亿元对城区至石林、鹿阜至平田等8条公路的新建、改造、扩建工程；投入了170多万元设置城市、地名、街道和交通标志牌；投入了7000多万元新建了双龙、阿诗玛等11个文化广场和生态园。昆石（昆明至石林）、昆河（昆明至河口）、西石（陆良西桥至石林）、九石阿（九乡、石林至阿庐古洞）高等级公路和旅游专线穿城而过，三纵三横的现代交通网络基本形成。同时，对城区内违法设置、不规范、陈旧破损，对影响市容和存在安全隐患的户外广告、违章建筑、占道经营等乱搭乱建的行为进行全面综合整治。重新布局和修建9个大型厢式垃圾站和1000多只垃圾桶，新换200只果皮箱，新建9座公厕，改建、改造公厕4座，城区内51条主次街道120名环卫工人坚持经常性监控巡回清扫，做到主要街道每天不低于12小时保洁，每天生产的80吨垃圾做到日产日清。尤其今年以来，为大力整治城市卫生，石林县将每周周五定为全县爱国卫生清扫日，县委、县人大、县政府、县政协四套班子领导带头，机关干部、党团员青年、部队、学校和广大人民群众自觉参与全县性环境卫生清扫整治活动。到7月底，全县参加环境卫生整治共出动人员60000余人次，车辆200辆（次），清扫道路51条，清理卫生死角400余处，清洗小广告15100余张，取缔占道施工经营4400余起，清运垃圾1000余吨，大大地改变了城区环境卫生状况。

通过检查，被检大街小巷清洁整齐，无垃圾、污物，绿化绿地面积达到规定标准。被检农贸市场基本达到划行归市，分摊经营，秩序良好，设施完善，公厕清洁，市场内基本做到全天保洁。门前三包，门内达标责任制签约率达80%以上。主城区内26座公厕，布局合理，数量达到要求，被检的9座公厕无臭、无蝇蛆，有专人清扫保洁，管理制度落实。

七、社区卫生良好，村容村貌明显改观

石林县委、县政府十分重视社区卫生和农村村容村貌建设，在做好创卫和爱卫工作的同时，注重从细胞工程抓起，把环境卫生向社区和居民楼院延伸，向乡村拓展，使爱国卫生和创建国家卫生县城工作由“政府推动型”向“社会主动型”、由“要我做”向“我要做”的方向转变。县组织开展的“平安社区”、“卫生先进单位（社区）”、“绿色小区”、“五好家庭”等评比活动，有力地促进了社区居民爱国卫生工作的开展。被检的南门、烟草、农行等社（小）区卫生管理制度落实，环境整洁，车辆摆放有序，垃圾收集和厕所管理符合卫生要求，“六位一体”的社区卫生服务成效明显。

在狠抓社区建设的同时，在农村，以大力推进社会主义新农村建设为契机，以农村改水改厕为切入点，以保护广大人民群众身体健康为落脚点，全面提高新型农村合作医疗水平，加强村卫生室建设，对公路沿线、村间公路、巷道，大力整治“五堆”现象，切实改善了人居环境，使创卫工作更加贴近实际、贴近生活、贴近群众，让群众从创卫中受到了教育、得到了实惠，使广大人民群众真正享受到创卫成果，得到了广大人民群众的拥护和好评。近几年来，石林县累计投入4000多万元，对黑古塘至结胜、三家村至中龙等184条431公里乡村公路进行改造、扩建工程，全面推进农村公路和村容村貌建设，农村面貌得到了改观。同时，分别投入了123万元和215.4万元实施农村改水改厕工程。新建垃圾集中堆放池20个，公共厕所10座，被检村的道路平整、环境整洁、庭院清洁，物品堆放整齐，家禽牲畜实行圈养，新型农村合作医疗参合率达96.5%，高于全省平均水平10个百分点；农村自来水普及率和卫生厕所普及率均在80%以上，无害化卫生厕所普及率在60%以上，村民良好的卫生习惯逐步形成，卫生村数量达到标准要求。

本次检查中随机访问当地居民和外来人员60余人，对石林县卫生状况、综合服务等满意率达90%以上。

经过本次检查，检查团认为，在县委、县政府和县爱卫会的正确领导下，石林县的爱卫和创卫工作，取得了很大的成就，城乡卫生面貌显著改观，各族人民健康水平不断提高。尤其值得一提的是县委、人大、政府、政协四套班子的主要领导关心、重视全县爱卫和创卫工作，亲自动员，亲自部署，亲自检查指导，给全县爱卫战线做出表率。

综上所述，云南省爱卫会检查团一致认为：三年来，在县委、县政府、县爱卫会的高度重视和领导下，通过全县各级党委、政府、爱卫会和各有关部门的齐抓共管及广大群众的积极参与，石林县的市容市貌和环境质量有较大改善，人民群众文明卫生素质明显提高，整体卫生水平达到了新的《国家卫生县城标准》，检查团建议：云南省爱卫会向全国爱卫会申报石林县为“国家卫生县城”。

云南省县城卫生检查团
团　长：段　鸿
副团长：李玉勤
二〇〇七年七月三十一日

全国爱卫会关于命名天津市西青区杨柳青镇等36个镇为“国家卫生镇（县城）”的决定

全爱卫发〔2007〕13号

各省、自治区、直辖市和新疆生产建设兵团爱卫会：

根据天津市等15个省、自治区、直辖市爱卫会推荐，按照《国家卫生镇（县城）考核命名和监督管理办法（试行）》要求，在省级爱卫会通过考核基础上，全国爱卫办经严格资料审核认定，决定命名天津市西青区杨柳青镇等36个镇为“国家卫生镇（县城）”（名单见附件）。

希望被命名的镇（县城）珍惜荣誉，再接再厉，紧密结合社会主义新农村建设，健全长效管理机制，全面开展农村爱国卫生工作，促进城乡统筹发展，努力迈向新台阶。

二〇〇七年九月四日

附件：

命名国家卫生镇（县城）名单

天津市：西青区杨柳青镇

上海市：南汇区航头镇、宝山区淞南镇、长宁区新泾镇、杨浦区五角场镇

江苏省：无锡市新桥镇、东亭镇、硕放镇、羊尖镇、东北塘镇、前洲镇、和桥镇、扬州市杭集镇、菱塘回族乡、苏州市璜泾镇、常州市横林镇

浙江省：杭州市临浦镇、宁波市宁海县城、嘉兴市姚庄镇、义乌市大陈镇

山东省：东营市胜坨镇、黄河路街道

河南省：洛阳市宜阳县城、焦作市修武县城

湖南省：张家界市索溪峪镇

广东省：东莞市高埗镇、石碣镇、佛山市北滘镇、陈村镇、龙江镇、中山市东升镇

重庆市：奉节县城、铜梁县城

云南省：昆明市石林县城

陕西省：宝鸡市凤翔县城、凤县县城

创园文献

石林彝族自治县创建国家园林县城工作情况汇报

石林彝族自治县位于云贵高原中部，昆明市东南部，是昆明市的远郊县。2007年，石林成功申报为世界自然遗产，石林风景名胜区先后被评为首批世界地质公园、首批国家重点风景名胜区、首批国家5A级景区、首批国家地质公园、全国文明风景旅游区。石林山清水秀，四季如春，年平均气温15.6℃。全县县域面积1719平方千米，森林覆盖率38.8%，辖7镇1乡，总人口24万，少数民族人口占34.8%。县城规划区面积89平方千米，建成区面积7.46平方千米，常住人口4.93万人。是一个民族文化底蕴深厚、风景名胜与旅游资源著名的少数民族自治县。

石林县先后获得国家卫生县城、云南省园林县城、市级文明县城、省级平安县城等一系列荣誉。作为一个旅游资源丰富、民族文化底蕴深厚的民族自治县，全县各族人民始终认为:创建国家园林县城是我县城市化发展的重要内容，是保护和科学开发世界自然遗产地的重要手段，是提升石林旅游形象的具体行动，是成就美好县城、创造幸福生活的惠民措施，是优化投资环境、促进对外开放、进一步改善生态环境，建设宜居县城、促进社会经济可持续发展的迫切需要。

"创园"是彝乡各族人民的共同梦想，也是石林县委、县政府潜心奋斗的目标。2007年获得云南省园林县城称号以来，经过两年来的不懈努力，园林绿化的各项指标均已达到国家园林县城标准。

一、加强领导，精心组织

石林彝族自治县历来重视园林绿化工作，1988年，成立了石林彝族自治县园林绿化管理站，负责全县园林绿化行政管理工作。2003年4月，经过反复论证，石林县委、政府决定分四期工程对流经县城的巴江母亲河进行全面综合治理，持续6年建设巴江带状公园，拉开了创建园林县城的序幕。

在"创园"过程中，石林县成立了三级工作领导机构。一是成立了创建国家园林县城领导小组,由县委书记任政委，县长任组长，县委、人大、政府、政协有关领导任副组长，负责创建工作的宏观决策、组织协调和资金落实。二是成立了创建国家园林县城指挥部，由分管副县长任总指挥，县园林绿化局（建设局）局长任副总指挥，林业、环保等相关部门主要领导为成员，负责全面指挥和监督检查。三是成立了创建国家园林县城办公室（在县园林绿化局），由县园林绿化局（建设局）局长任办公室主任，分管副局长任办公室副主任，工作人员从指挥部成员单位抽调，负责园林绿化建设管理及"创园"日常工作。

2006、2007年，县委、县人民政府先后制定了《石林彝族自治县创建省级园林县城实施方案》、《石林彝族自治县创建国家园林县城实施方案》。进一步完善规章制度，强化管理职能，并签订目标责任书，分解落实任务，形成了领导重视、全民参与、整体推进的"创园"工作格局。

全县各系统、各单位和广大市民积极参与"创建国家园林县城"知识竞赛、科普宣传、盆花展摆等系列活动，"创园"活动家喻户晓、深入人心。

二、依法治绿，爱绿护绿

我县严格执行国务院《城市绿化条例》、建设部《城市绿线管理办法》和《石林县城市园林绿化建设管理条例》，认真落实《国务院关于加强城市绿化建设的通知》精神。先后出台了《石林彝族自治县城市管理办法》、《石林彝族自治县城市园林绿化管理暂行办法》、《石林彝族自治县绿地及树木认建认养管理暂行规定》、《石林彝族自治县"绿色图章"管理规定》、《石林彝族自治县城市古树名木和古树后续资源保护管理暂行规定》、《石林彝族自治县城市公园管理规定》、《石林彝族自治县城市绿线管理暂行规定》等一系列规范性的文件与规定，确保创建工作有法可依、有章可循。

为保障相关法律法规能贯彻落实，我县还建立了一支体制健全、专业可靠、素质过硬的城乡园林绿化执法队伍，大力开展多种形式的法规宣传活动，提高广大市民绿化美化、爱护花草树木的意识和法制观念。规范审批程序，凡涉及到占用绿地、砍伐树木的，必须统一审批。对于违法侵占、毁坏绿地、乱砍滥伐县城树木的行为，坚决依法查处。对房地产开发、基本建设等项目，按照规定绿化指标，统一组织验收。加强园林绿化企业资质管理，确保绿化工程质量，保证我县园林绿化工作健康稳步发展。

通过严格执法、严肃惩处毁绿行为，使违章侵占和破坏城市绿化的现象大为减少，进一步巩固了园林绿化成果。目前，我县无非法侵占绿地、破坏绿化成果的严重事件发生。

三、科学规划，全面建设

本着"绿化城市，造福于民"的宗旨，2006年，为适应石林县城城市园林绿化快速发展的需求，进一步推进创建省级园林县城、国家园林县城工作，石林彝族自治县借鉴国内外先进理念，精心组织编制了科学合理、具有前瞻性的《石林县城城市绿地系统规划（2006～2020）》。其中包括古树名木保护规划、生物多样性保护规划、树种规划、绿线管理规划，形成了“一轴一带织峦秀，三镇一区展绿卷”的园林县城格局。根据绿地系统规划，在城市建设中严格执行《城市绿线管理规定》、“绿色图章”制度，对项目审批实施绿化控制“一票否决制”，确保绿地系统全面建设。

做好规划、严格按规划建绿是快速增加绿地面积、健全完善城市绿地系统、逐年稳步提高各项绿化指标的重要手段。三年来，我县严格实施绿地系统规划，规定城市绿线，大规模建设公园、游园、沿河沿路绿地，创造了石林史无前例的绿化发展速度。通过几年的努力，石林县城公共绿地布局合理，城市绿地率40.51%，绿化覆盖率45.3%，人均公共绿地19.32平方米。超过1000平方米的公共绿地共有20块,市民出门500米就可以进入一块1000平方米以上的公共绿地。大批公共绿地的建成，不仅仅增加了绿地面积，改善了人民群众的生活环境，拉近了政府与老百姓的距离，更重要的是提高了广大市民建绿爱绿护绿的意识，调动了全民参与创建国家园林县城的积极性。

四、景观保护，传承文脉

石林彝族自治县自然风貌神奇独特，境内有享誉天下的喀斯特地貌——石林景观。除石林风景名胜区外，还有堪称珠江第一瀑的大叠水瀑布、自然风光旖旎的长湖、自然生态保存完好的圭山国家森林公园、穿城而过的秀丽巴江河等一大批特色景点，与石林景区连成一体，遥相辉映，形成了具有石林本土特色的自然生态景观体系。

石林彝族自治县历史悠久，民族文化特色浓郁，内涵丰富，阿诗玛已成为云南旅游的标志。我县素有“歌舞之乡”、“民间绘画之乡”、“民族民间艺术之乡”的美誉。其中，最有影响的是：“一诗”——叙事长诗《阿诗玛》；“一影”——中国第一部彩色音乐电影《阿诗玛》；“一歌”——云南旅游代表歌曲《远方的客人请您留下来》；“一舞”——彝族撒尼大三弦舞；“一节”——一年一度的彝族火把节被评为“中国最具发展潜力的十大节庆活动”；“一绣”——彝族挑花刺绣荣获“中国国际技术产品展览会金奖”。其中，口传《阿诗玛》叙事长诗、彝族撒尼大三弦、彝族挑花刺绣相继被列入国家级非物质文化遗产，口传《阿诗玛》叙事长诗正在申报世界非物质文化遗产。灿烂多彩的石林彝族撒尼文化与县境内神奇独特的自然风光相互映衬,在国内外产生着广泛而深远的影响。2006年，石林县充分挖掘民族文化和民居特色，开展了县城风貌特色研究，制定了县城风貌改造规划，进行了石林岔口、巴江沿岸等建筑风貌改造，通过壁画、建筑样式、店面招牌等形式把阿诗玛文化元素融入城市建设中，充分展现了石林浓郁的民族文化风情，取得了非常明显的效果。

石林彝族自治县文物古迹较多，全县共有19个县级重点文物保护单位和1个市级重点文物保护单位。位于县城建成区的有革命烈士纪念塔、元朝普鲁海牙将军墓、武庙、文庙、万仙阁、解放军烈士墓等6个县级重点文物保护单位，有贪官许良安遗臭碑市级重点文物保护单位。有关部门制定了文物古迹保护与管理办法，对文物古迹及其所处环境进行有效保护，文庙、武庙等历史遗存得到保护性修缮。

石林彝族自治县古树名木数量大、种类多、分布广。县城城市规划区现有古树名木1106株，分属19科、29属、30种。主要古树树种有黄连木、清香木、棠梨、马缨花等。按照古树名木保护与管理办法，所有古树都已建档立卡、编号挂牌，签订了养护目标责任书，古树名木均得到有效保护。

五、绿化建设，整体推进

通过实施规划建绿、拆房建绿、拆违拆临透绿、租地建绿、见缝插绿等手段，千方百计增加绿地面积，提高绿地率。

1. 道路建设，一街一景。石林县根据景观生态学斑块、廊道、基质理论开展了县城的路网改造规划与建设，并在规划指导下，按照《城市道路绿化规划与设计规范》开展道路附属绿地的建设，发挥了道路绿化在改善城市生态环境和丰富城市景观中的作用，避免了绿化影响交通安全，保证绿化植物的生存环境。石林县城的道路绿化本着“一路一树，一街一景，城在林中，林在城中”的原则，通过精心规划，合理布局，均衡分布，点线面结合来进行建设和改造，道路绿化普及率100%，绿化达标率90%，县城干道绿化面积占道路总用地面积的27%。道路绿化、美化体现了本地特色，栾树、滇润楠、拟单性木兰等乡土树种引入到了新城区道路绿化中，老城区行道树种以天竺桂、香樟、法桐为主。形成了以石林大道为代表的特色道路附属绿地和以阿诗玛东路为代表的林荫道路系统。

2. 公园建设，特色鲜明。县城已建成各类公园13个，其中综合公园4个，社区公园2个，专类公园3个，带状公园4个，另有绿化广场及街旁绿地11处。公园规划设计科学合理，有大于3公顷、符合《公园设计规范》的公园9个，公园绿地率达82%。在公园绿地建设及管理过程中，遵循植物多样性原则，坚持生态建设理念，建设具有石林民族特色的精品园林。一是根据人的生态行为规律和心理审美要求，营造完善了生态型、观赏型、游憩型等多种类型的公园绿地。二是在人流较多的地方，不是简单地搞大广场、大草坪，而是采取以植物造景为主，乔、灌、花、草相结合的原则，通过合理、有效配置各种植物，尽可能增加城市绿量，提高绿视率。三是对建成区各公园进行高标准规划设计和改造，全部消灭黄土裸露地面，全面实施增绿补绿，对园内非园林建筑、游乐设施、服务摊点进行综合整治，实施了亮化工程。严格实行禁止车辆入园制度、优质服务制度。四是在公园建设中精巧构思，体现石林特色，大量应用乡土植物，突出石林历史文化风貌。县城各公园的建设采用将自然石置于绿地中、自然石置于水景边、自然石用于花池边等造园手法，以小见大，将喀斯特景观融入园林建设中；把具有民族文化艺术特点的建筑风貌及壁画作为公园景观的背景，把民族特色的图案应用于植物造景，把民族图腾应用于园林设施及小品中，使人工园林与自然生态的喀斯特景观完美结合，呈现出民族风情与园林景观相交融的个性特色。一年四季，各公园内百花斗艳、木石争奇、山水掩映。在石林岔口阿诗玛文化生态园景观建设中，因地制宜地在道路交叉口等空地中补充完善人工园林景观，收到了“虽由人造，宛自天开”的艺术效果。通过精心建设和管理，逐步营造了一批精品公园、精品游园和精品绿地，免费供广大市民和中外游客游憩。

3. 广场建设，凸显风情。石林县城现已建成石林中路会议中心前绿化广场2个、石林大道入城前左边绿化广场1个、石林大道入城前右边绿化广场1个、龙泉路街旁绿地4个、石林岔口绿化广场3个，共11个绿化广场（含街旁绿地），以植物造景为主，绿地率均达到了67%以上；植物配置常绿与落叶相结合，并大量应用地石榴等乡土地被植物。广场上点缀了凸显石林民族特色的建筑小品、城市雕塑，造型新颖美观，构思精巧独特，富有石林地方民族文化内涵，与公园、广场等绿地景观及周围环境协调相融，展示了浓郁的民族文化风貌。

4. 单位小区，布局合理。居住小区绿化和单位庭院绿化是城市园林绿化的重要组成部分。石林县十分重视居住小区和单位庭院的绿化工作，早在1998年，县政府先后行文下发了《路南彝族自治县人民政府批转城建局关于全县“花园式单位”评审工作实施意见的通知》(路政发〔1998〕53号)、《路南彝族自治县人民政府办公室关于在全县开展城镇绿化工作的通知》(路政办发〔1998〕48号)(同年12月，路南彝族自治县更名为石林彝族自治县)，为石林县居住小区和单位庭院实施高质量的绿化打下了坚实的基础。2006年初，县人民政府出台了《石林彝族自治县星级园林式单位（小区）评选办法》，成立了石林彝族自治县园林式单位（小区）创建工作领导小组，每年均组织开展“园林式单位”、“园林式小区”等创评活动。目前，单位庭院小区绿化艺术性较高，布局合理，立体绿化效果明显。全县已有39个市级园林式单位、7个市级园林式小区、4个市级城镇绿化先进单位，园林式单位占74%，园林式小区占70%。

近年来，石林县一方面深入开展“星级园林式单位（小区）”创评活动，另一方面对项目审批实行绿化控制“一票否决制”，新建居住小区及单位绿地率严格控制在35%以上，改造的旧居住区的绿地率控制在30%以上。居住区绿化和单位绿化做到了建设前有绿化规划，建设和管护有专项资金，有专人负责，平面绿化和立体绿化相结合，植物造景、园林小品、叠石理水技术体现了石林特色。经过几年的建设和管理，涌现出了一批绿化艺术性较高，绿地率超过40%的环境优美的单位和小区，如：石林烟草小区、阿诗玛天奇大酒店、天奇医院、石林县一中、石林县民中、石林县农行小区、东城区昆明中元堂民族制药厂等。

5. 立体绿化，景观凸现。石林彝族自治县非常重视立体绿化工作，立体绿化主要形式有：垂直绿化、屋顶绿化、道路护坡绿化等，主要绿化品种有地锦、常春藤、紫藤、光叶子花、毛叶子花、昆明鸡血藤、昆明山海棠、珍珠莲、贵州络石、老虎刺、铁线莲、多花素馨、炮仗花、木香花、十姊妹、地石榴等，丰富了绿化景观，提高了绿视率。2008年8月，石林彝族自治县创建国家园林县城工作指挥部办公室针对各临街单位下发了《关于石林县城建成区鹿阜镇片区单位庭院小区围墙绿化工作的通知》，县委办、县政府办定期督办，促进了主干道沿街单位拆墙透绿，增加了城市绿量。目前，建成区主干道沿街设有围墙（围栏）的单位23家，95%的单位实施了拆墙透绿，使单位绿化与街道绿化融为一体，构筑了优美的街景，城市绿化品位进一步提升。真正实现了拆墙透绿、还绿于民，塑造了石林“绿城”形象。

我县大力倡导各单位小区实施垂直绿化与屋顶绿化，目前已有72个单位小区实施了垂直绿化及屋顶绿化。石林县自来水公司、县妇幼保健院等单位垂直绿化效果明显。

6. 生产绿地，苗木丰富。随着石林县城市园林绿化的迅猛发展，服务城市绿化的生产绿地从无到有，由少到多，截至2009年3月，石林彝族自治县城市规划区较有规模的苗圃有9个，生产绿地总面积50.56万平方米。经2009年3月普查统计,石林县城周边9个苗圃内培育有乡土植物62个科113个属156个种。各苗圃存圃的苗木以乡土树种为主，品种丰富，规格齐全，为县城的特色绿化提供了保障，苗木自给率达85%。石林县的乡土植物培育工作及存圃情况远近闻名，培育的苗木除了满足本县各类绿化建设外，还有部分销往外地，如陆良、曲靖、文山、玉溪、昆明等地，支持了省内其他兄弟城市的绿化建设。

7. 义务植树，蔚然成风。一是领导重视，率先垂范。为支持石林创园工作，2006年5月，云南省委书记白恩培亲率省党政军领导到石林义务植树。石林县委、县人民政府非常重视植树造林工作，近年来，在路美邑镇的官山水库、半截河和长湖镇的石黄牛等地组织开展义务植树活动，成效显著。二是实行分级负责，落实绿化目标责任制。每年把市绿化办下达的义务植树任务分解下达到各单位和乡镇，实行部门绿化分工负责制：林业部门负责全县城市面山造林和荒山造林；公路交通部门负责全县公路沿线绿化；铁路部门负责全县铁路沿线绿化；水务部门负责全县江、河、湖、库区、沟渠边的绿化；农牧部门负责农田道路的绿化；乡镇负责房前屋后、村庄面山、村级道路等绿化。这些责任制的落实，使我县每年都超额完成了市下达的义务植树任务，在城乡之间营造了一条条生态优美的绿色风景线。三是加强宣传，使植树活动深入民心。各级各部门充分利用会议、广播、电视、网络、墙报和标语等形式，广泛深入开展全民义务植树活动的法规政策宣传，增强广大人民群众对国土绿化的重要性和紧迫性以及义务植树的公益性和法定性的认识，提高全民参与义务植树的主动性和积极性；广播电视台、外宣办等宣传部门进行全方位、深层次的宣传报道。义务植树活动已成为全县人民的自觉行动。目前，我县实施了义务植树登记卡制度，义务植树成活率为94.1%，保存率为91%，尽责率为99.2%，绿地认建、认养、认管活动蔚然成风。

六、生态建设，成效显著

早在2004年，石林县委、县人民政府就把“生态美县”提到了与“旅游立县、粮烟稳县、工业富县、文化活县”同等的战略高度予以重视，以超前的科学发展眼光充分体现了党的十七大报告提出的“生态文明”建设要求。

为早日实现“自然石林、生态石林、特色石林”的“生态美县”战略目标，石林县每年拨出财政资金1000万元，实施绿化美化，坚持保护与利用并重、开发与节约并举，强化山体、水系及周边自然环境保护，加强环境治理，促进人与自然和谐发展。

一是进行了“一路”“一区”“二山”的建设管护。即昆石高速公路景观林的建设，石林世界自然遗产环境整治区的保护，杨梅山水系、圭山国家森林公园的保护。

二是进行了县城面山绿化。在鹿阜镇西边山、东边山造林985亩，在紫玉山、狮子山、上下蒲草村等地退耕还林974亩。

三是全面改善生态环境。以石林风景区、巴江流域和九石阿旅游专线为重点，加强城乡生态环境建设和保护，加快发展生态农业、生态旅游和环保产业，调整农村产业结构，在县城附近大力发展以梨、板栗、桃等为主的绿色产业，进一步改善全县生态环境；采用点、线、面结合的方法，以旅游景点、景区、湖泊、库塘为中心，结合生态村建设，进行区域生态环境建设；以“两个经济带”和“昆河绿色通道”为纽带，保护建设好沿线生态环境；抓住国家建设珠江防护林体系的有利时机，充分利用石林县是珠江源头的区位优势，全面建设全县生态环境。

四是按照城市卫生、安全、防灾、环保等要求，在建成区外围大力保护和建设防护绿地。目前，县城建成区外围建成了101公顷生态林和风景林，构成了县城的天然绿色屏障，形成了城郊一体的优良环境。

我县是农业县，无工业污染，空气质量较好，优于国家Ⅱ类区域标准，大气污染指数小于100的天数为365天，地表水环境质量达到三类以上，无城市热岛效应。

七、市政建设，日臻完善

近年来，石林县不断完善县城市政基础设施建设，硬件设施不断改善：2000年3月，利用世界银行贷款的资金，总投资2000多万元，在全省率先建设垃圾填埋场，于2003年2月17日建成并投入使用，日处理垃圾80吨，垃圾无害化处理率达100%；2007年，在县鹿阜镇大昌乐村村口建成一个新自来水厂（新建的石林风景区供水工程），使石林县的自来水厂达到三个，共拥有三个原水泵站，三个制水车间，供水半径约12公里，涉及三个乡镇，日供水规模可达4.4万立方米，日供水量为2.2万立方米；2008年10月1日污水处理厂建成并投入使用，建设总规模为日处理污水2万立方米，项目建设采用BOT运作模式，按一级A标准的出水水质要求建设，污水处理以自加压力运行，处理工艺采用投资省、运费低的CASS工艺（循环式活性污泥法，SBR的改良型工艺），污水处理产生的污泥全部用于园林绿化，处于全省先进行列，在全省起到了示范带头作用。东城路、天合路、石林大道、狮山路等道路拓展延伸。目前，全县污水处理率85%，出水水质达一级B标准；用水普及率达90%以上，水质综合合格率100%；生活垃圾无害化处理率100%。人均拥有道路面积25.57平方米；道路亮灯率98.5%，照明科学合理；县城建成区有公厕28座，每万人拥有公厕5.7座；按照廉租房建设规划，2008年建成了第一批廉租房148套，已经分配入住。今年在建廉租房240套，年内可以全部分配入住,市民生活有了明显提高，为建设和谐社会打下了坚实基础。

八、科技兴绿，节约资源

按节水、节地、节资、节材的原则，全面推行节约型园林绿化。一是组织开展节约型园林绿化建设管理系列科学研究，积极开展技术示范、人员培训等工作，培养和锻炼了一支创新意识强、善于钻研的科技人才队伍。其中《乡土地被植物地石榴在城市绿化中的应用研究》获2006年昆明市科学技术进步三等奖；二是坚持以科技为先导，加快新成果、新技术等绿化科研成果的推广应用，大量应用抗旱节水、节资的乡土植物进行绿化，乡土植物在县城绿化应用的比例达70%，地石榴在县城的应用面积已达12万平方米，力求绿地养护投入最少化，生态、环境效益最大化；三是依山就势、因地制宜进行绿地建设，避免大挖大填、大兴土木；四是充分挖掘县城建成区的绿化潜能，大力推进增绿补绿及立体绿化等工作，最大限度地提高土地的利用效率；五是严格园林规划设计方案的审批及园林绿化工程质量的监管，杜绝高价建绿、重复投资、重复施工。

九、目标无终点，创园无止境

通过开展创建国家园林县城活动，石林县园林绿化建设的步伐进一步加快，县城绿化事业得到全面发展，生态环境明显改善。深厚的彝族文化与神奇的自然风光辉映，浓郁的民族风情与园林胜景交融，山石展神秀，绿水绕青城，四季皆画卷，风情醉国人。

然而，我们也清醒地认识到，与国内先进的园林县城相比，我县还有一定的差距。今后我们将继续以可持续发展为主题，以提高县城综合竞争力为主线，以改善城市生态环境、人居环境为出发点，树立“绿化优先、生态优先、环境优先、持续发展”的理念，通过高起点规划、高标准建设、高水平管理，依托建设管理机制、体制改革和政策创新，大规模推进石林大道沿线绿化建设，完成桃园水乡、白龙湖湿地公园等精品公园的建设，进一步构建城市绿地分级服务系统，加快石林“生态旅游城市”、“最佳人居环境”建设进程。

创园无止境，我们坚信，在科学发展观的指导下，在国家建设部领导、专家的指导下，在云南省委、省政府，昆明市委、市政府的正确领导下，在云南省建设厅、昆明市建设局及昆明市园林绿化局的关心、帮助下，石林县24万各族人民必将与时俱进、开拓创新、统筹发展，把石林1719平方公里的彝乡红土地建设成为天更蓝、水更清、山更秀的宜居家园！

石林彝族自治县人民政府关于申报国家园林县城的请示

石政请〔2009〕45号

住房和城乡建设部：

根据《中华人民共和国住房和城乡建设部关于做好2009年国家园林城市申报有关工作的通知》及《国家园林县城评选办法》精神，为加快石林彝族自治县县城园林绿化建设步伐，优化城市人居环境，改善城市生态功能，推动生态旅游城市建设，我县于2006年初成立了创建园林县城工作机构，制定了创建实施方案，出台了城市园林绿化管理办法、城市古树名木及后续资源保护管理规定、城市绿地及树木认建认养管理规定等一系列规章制度，依法规范了园林绿化各项工作，扎实推进园林绿化建设和管理。通过努力，2007年获得国家卫生县城、省级园林县城称号。

获得省级园林县城称号两年来，我县持续加大创建工作力度，进一步强化领导，精心组织，全民动员，狠抓落实，强力推进创建国家园林县城工作，县城园林绿化品位和质量明显提升，创建工作取得了重大突破。截至2009年3月，我县建成区面积7.46平方千米，超过1000平方米的公共绿地20个，每500米服务半径内均建设有公共绿地，公共绿地面积952320.23平方米，人均公共绿地面积19．32平方米，附属绿地面积1057019.3平方米，防护林面积1009712平方米，建成区绿地率40.51%，绿化覆盖率45.3%；县城大于3公顷、符合《公园设计规范》的公园共9个，公园绿地率82%；建成了以石林大道为标志的特色附属绿地，县城道路绿化普及率100%，绿化达标率90%，县城干道绿化面积占道路总用地面积的27%，人均道路面积25.57平方米；园林式单位占单位庭院总数的74%，园林式小区占小区总数的70%；县城主干道沿街单位95%实施了拆墙透绿；义务植树成活率94.1%，植树保存率达91%，尽责率达99.2%；县污水处理厂建成投入使用，污水处理率85%；生活垃圾无害化处理率达100%；大气污染指数小于100的天数达365天；地表水环境质量达到三类以上，水质综合合格率达100%，用水普及率达90%以上；每万人拥有公厕5.7座；建成廉租住房148套，市民生活质量明显提高。对照国家园林县城标准，各项指标均已达到国家园林县城标准，特恳请住房和城乡建设部将我县列为国家园林县城，现将有关申报材料一并上报，请予审查。

当否，请批示。

二〇〇九年五月十六日

关于命名2009年国家园林城市、县城和城镇的通报

建城〔2010〕16号

各省、自治区住房和城乡建设厅，北京市园林绿化局，上海市绿化和市容管理局，重庆市园林事业管理局，天津市市容和园林管理委员会，新疆生产建设兵团建设局，总后营房部工程局：

根据《关于做好2009年国家园林城市申报有关工作的通知》、《国家园林城市申报与评审办法》和《国家园林县城评选办法》等要求，我部对2009年所有申报城市、县城和城镇组织了评审。综合现场考查和评审结果，决定命名重庆市等41个城市为国家园林城市，重庆市荣昌县等31个县城为国家园林县城，江苏省江阴市新桥镇等5个镇为国家园林城镇。

希望被命名的国家园林城市、县城和城镇，认真贯彻党的十七大精神，坚持以科学发展观为指导，全面推动城乡人居生态环境建设，努力构建资源节约、环境友好的社会主义和谐社会，为全面建设小康社会作出新的贡献。

附件：2009年国家园林城市、县城和城镇命名名单

中华人民共和国住房和城乡建设部

二〇一〇年二月四日

附件：

2009年国家园林城市、县城和城镇命名名单

一、国家园林城市（共41个）

重庆市、河北省承德市、河北省武安市、山西省太原市、山西省潞城市、山西省侯马市、辽宁省铁岭市、辽宁省开原市、江苏省宿迁市、江苏省泰州市、江苏省金坛市、浙江省台州市、浙江省平湖市、浙江省海宁市、安徽省池州市、江西省萍乡市、江西省吉安市、山东省潍坊市、山东省临沂市、山东省泰安市、山东省章丘市、山东省肥城市、河南省三门峡市、河南省安阳市、河南省商丘市、河南省平顶山市、河南省巩义市、湖北省鄂州市、湖南省湘潭市、广东省韶关市、广东省梅州市、广东省汕头市、广西壮族自治区柳州市、四川省遂宁市、云南省昆明市、云南省玉溪市、云南省景洪市、陕西省西安市、宁夏回族自治区青铜峡市、新疆维吾尔自治区哈密市、新疆维吾尔自治区伊宁市

二、国家园林县城（共31个）

重庆市荣昌县、重庆市云阳县、河北省乐亭县、山西省怀仁县、山西省武乡县、辽宁省桓仁满族自治县、吉林省抚松县、江苏省溧水县、江苏省高淳县、江苏省金湖县、浙江省海盐县、安徽省歙县、福建省沙县、江西省吉安县、山东省广饶县、山东省沂源县、山东省平邑县、河南省修武县、河南省夏邑县、河南省桐柏县、四川省金堂县、云南省石林彝族自治县、云南省弥勒县、甘肃省华亭县、陕西省凤翔县、陕西省千阳县、陕西省麟游县、宁夏回族自治区彭阳县、新疆维吾尔自治区新源县、新疆维吾尔自治区沙湾县、新疆维吾尔自治区哈巴河县

三、国家园林城镇（共5个）

江苏省江阴市新桥镇、山东省肥城市石横镇、广东省东莞市塘厦镇、四川省成都市大邑县安仁镇、云南省安宁市青龙镇

台创园文献

关于同意设立云南昆明石林台湾农民创业园的批复

农明字〔2008〕151号

云南省农业厅、云南省人民政府台湾事务办公室，并抄送国家工商总局办公厅、云南省人民政府办公厅、云南省昆明市人民政府：

《云南省农业厅 云南省人民政府台湾事务办公室关于设立昆明·石林台湾农民创业园的请示》（云农〔办〕字〔2008〕106号）收悉，现批复如下：

一、同意在你省昆明市石林县设立台湾农民创业园，创业园设在石林县石林镇，合作内容以无公害、绿色、有机农产品生产、农业高新技术研发、农产品加工配送和生态农业休闲观光为重点。创业园建设“三心”、“三带”、“七分区”：“三心”即创业服务中心、创业孵化中心、现代农业观光旅游服务中心；“三带”即精品农业展示区、农业生产示范区、现代农业观光旅游示范区；“七分区”即优质特色水果产业区、蔬菜产业区、花卉产业区、畜禽产业区、园林绿化区、农产品加工区、仓储物

流区。

二、台湾农民创业园要坚持以市场导向为原则，以科技创新为依托，充分发挥本地资源优势和政策优势，不断改善投资环境，通过岛内农民组织引导台湾农业企业、研究机构和高素质农民到大陆创业发展，提升大陆的农业科技水平，促进两岸农业交流与合作。

三、台湾农民创业园项目建设要相对集中，要以台湾农业作为主导产业，充分发挥创业园集聚发展、优化产业、典型示范的功能和作用。要按照国家“十一五”农业发展规划，对园内农业发展项目予以优先重点安排。

四、农业部和国务院台湾事务办公室负责对创业园的发展进行政策指导。省级农业行政主管部门和省级台湾事务办公室在省级人民政府的领导下，协调有关部门，负责制定促进创业园发展的有关政策，落实创业园发展规划，并定期向农业部和国务院台湾事务办公室反映创业园的发展情况。创业园所在地农业行政主管部门在当地人民政府的领导下，具体负责协调、落实促进创业园发展的有关政策，组织实施创业园发展规划。

五、各级政府尤其是台湾农民创业园所在地人民政府及主管部门，要切实加强对耕地资源和生态环境保护工作的管理，防止乱占耕地、破坏环境，依法保护创业园合作双方农民的合法权益。

特此批复

农业部　国务院台湾事务办公室

二〇〇八的十二月十七日

云南昆明石林台湾农民创业园总体规划

1. 规划背景

1.1 党的十七届三中全会提出：发展现代农业，必须按照高产、优质、高效、生态、安全的要求，加快转变农业发展方式，推进农业科技进步和创新。加强农业物质技术装备，健全农业产业化体系，提高土地产出率、资源利用率、劳动生产率，增强农业抗风险能力、国际竞争力和可持续发展能力。要明确目标，制定规划，加大投入，集中力量办好关系全局，影响长远的大事。

1.2 云南省委关于制定《云南省国民经济和社会发展第十一个五年规划》建议提出：建设优势特色农产品生产基地，构建优质粮烟产业带、蔬菜花卉园林园艺产业带和畜禽养殖及农产品加工产业带。推进农业产业化经营，重点建设特色农产品商品基地，尽快形成一批优质农产品产业群、产业带作为“着力建设社会主义新农村”的主要任务。

1.3 依照我国“十一五”农业发展规划的战略重点，为了进一步转变农业的生产方式，加快农业现代化进程，强化良种体系建设，提高农业良种化水平和提高资源利用和保护水平，推进农业循环经济发展，构筑农产品质量标准体系，保障人民生命健康安全，加强农业科技创新和推广应用，实现农业技术集约型增长和产业转型，从而推进昆明市的农业产业化经营。

1.4 台湾农民创业园位于石林彝族自治县，距石林县城15公里。石林县是滇东南及广东、广西等沿海地区进入昆明的门户，也是越南等东南亚国家入境我国的重要通道，交通发达，运输便利。规划面积3575.91公顷。园区发展空间大，相对低廉的用地价格，降低了台湾农民创业园的投资成本。园区作为昆明市重要安全农产品生产基地，将担负着向昆明市以及云南省等提供优质安全农产品的任务。

1.5 项目符合石林县产业发展总体规划和第十一个五年发展计划要求，项目选址位于“九—石—阿”（九乡—石林—阿庐古洞）旅游专线、阿诗玛文化经济带上，符合石林县两个经济带的发展思路。

1.6 创建台湾农民创业园，为两岸农业交流与合作提供新的平台，为来大陆寻找投资机会和创业的岛内企业和农民提供一个良好的发展空间和条件，是大陆在海峡两岸农业交流与合作方面所作的一种更深层次的新的积极探索。为鼓励台湾农民和农业企业来大陆投资创业，2006～2007年，农业部、国务院台湾事务办公室（简称国台办，下同）已先后批准在福建漳浦、四川新津、山东栖霞、重庆北碚设立四个台湾农民创业园。经一年多建设，各地创业园投入2.6亿元人民币用于基础设施建设；越来越多的台资企业和台湾农民到创业园投资发展，形成了以水果、花卉种苗的繁育、水产、畜牧养殖、农产品加工、农业技术交流推广、人才培训等为重点的产业基地。目前，仅在福建漳浦县台湾农民创业园六个产业功能区投资兴业的台资农业企业就有64家，总投资达9950万美元，年产值达15亿元人民币。为进一步推动两岸农业交流与合作，2008年2月，农业部、国台办决定在福建漳平永福、广东珠海金湾、湖北武汉黄陂、江苏无锡锡山新设立4

个台湾农民创业园。

1.7 为加强滇台之间在农业方面的交流与合作，引进台湾先进农业经营理念、先进设备技术、资金和人才，发展云南的现代农业，市委、市政府高度重视，确定申请在昆明市设立台湾农民创业园的任务。

1.8 2008年5月4日，以台湾省农会总干事张永成为团长的台湾省农会一行在农业部台湾事务办公室李永华副主任的陪同下，到昆明考察农业投资项目，昆明市有关方面就在昆明设立台湾农民创业园和海峡两岸农业合作实验区的想法进行了交流，双方在认识上达成一致。

1.9 根据昆明市委市政府有关领导2008年7月的有关批示精神和在年内完成昆明台湾农民创业园申报的要求，市政府专门成立了由市政府分管领导任组长，市台办、市农业局主要领导任副组长，相关职能部门为成员的昆明市申报设立台湾农民创业园工作领导小组，以明确职责，分工协作，开展申报工作。2008年8月，昆明市组成考察组赴广东珠海金湾、福建漳浦和山东栖霞三地学习考察。市台办、市农业局经过对比分析，聘请专家组实地考察，经专家组评审最后确定在石林县以石林镇为核心建设云南昆明石林台湾农民创业园。

2. 现状概括与分析

2.1 规划范围

项目位于云南省昆明市石林县西（桥）石（林）公路、北（大村）召（夸）公路、“九（乡）—石（林）—阿（庐古洞）”旅游专线、南（宁）昆（明）铁路的交汇点上，园区涉及北大村、北小村、和摩站、高石哨、石板哨、寺背后六个村民委员会，具体界线东边至石板哨、南边至九石阿旅游专线、西以普豆村为界、北边至和摩村为界，总规划面积3575.91公顷。

2.2 自然环境

项目区属中亚热带气候区，具有低纬高原山地季风气候特点，五月至十月为雨季，十一月至次年四月为旱季，年降雨量900～1000毫米，年均温度14.7℃，近三年来月最低气温为－1.3℃（2008年2月），最高气温为30.8℃（2007年6月），月平均气温最低为5.9℃（2008年2月），最高为21.5℃（2007年6月）；无霜期252天，最长有霜期为135天，最短82天，平均为113天。全年有霜日期平均为31.4天，最多为47天，最少为15天；年日照时数为2318.8小时，日照百分率为53%。项目区为缓丘地形，海拔分布1800～1887米，成土母岩为石灰岩，土壤为红壤土，山原红壤是石林县的的主要土壤资源，也是中亚热带分布广泛的土壤组合。我县地处低纬高原，是云南古红土高原面的一部分。这种红土是气候的产物。正如《中国土壤》一书中指出的：“我国有相当多的红壤，具有深厚的红色土层。这类深厚的红土层，是古气候条件下的产物。但在红壤地区这类深厚的红色风化壳上，当前除具生物积累过程外，还在进行脱硅富铝化过程，所以它既有古风化壳的残留特征，又承受近代富铝化过程的影响。”由于晚近地壳运动和近代植被破坏，古红土遭到剧烈的侵蚀剥蚀，大多经再次运移，而堆积在盆缘浅丘及山前低洼地带。从本县的近代生物气候特征看：坝区（以气象站所在地记载数据分析资料）年平均气温15.544℃（14.7℃～16.1℃）雨量945.13毫米（708.9～1247毫米）即：1964～1981年平均值。这样的水热条件相当于中亚热带气候。夏热，冬凉，干湿分明，湿热同季。冬季温凉干旱，夏季炎热潮湿的特点，有利于红壤中物质的强烈风化和生物物质的迅速循环。红壤的形成主要就是富铝化过程和生物富集过程两种互相矛盾长期作用的结果。富铝化过程是红壤形成的基础;生物富集过程是土壤肥力不断发展的前提。原生自然植被被破坏殆尽，次生植被以云南松、华山松为主，间有青冈栎、白栎、黄栎、栓皮栎、旱（水）冬瓜等耐旱针阔叶混交林树种及灌丛，禾本科草地。在这样的自然环境下，有利于土壤中的矿物质的风化和淋失。生物的迅速积累，有机质的矿化，生物小循环十分活跃，这就为土壤的发育和自然肥力的提高创造了良好的物质基础。近村寨以及坡度平缓、土层稍厚的红壤，绝大部分已开垦为耕地或园地。多数的旱地和园地，特别是离村寨远的坡地，由于耕作粗放，农肥不足，长期暴晒和植被稀疏，有机质的积累与消耗成相反关系，加速了矿物质养分的分解和淋失，加之冲刷比较严重，所以肥力普遍下降。靠近水源地势平缓的红壤，多数辟为稻田，人工培育为各种红壤性水稻土，肥力又普遍得到提高。

所处地理位置与红壤基带一致，由各类杂色砂砾岩、泥页岩在近期生物气候条件下风化发育的土壤亦并入红壤土类。按其风化成土过程区分对待，风化较深成土的相对年限稍长，剖面已显示层次分化者归入砂页岩（酸性母岩）红壤土属；风化度浅相对年限短，剖面基本无层次分化，土体中砾质石块成分高，保留了较多母质属性或者冲刷严重，表土剥蚀殆尽，则归侵蚀性红壤土属或粗骨红壤土属。

石林全县红壤面积较大，共2071507亩，占总土地面积的80.058%，也可以说，占能利用耕地面积数543411亩的3.8倍以上。除水田外，广泛分布于坝子周围丘陵及中低山地带，是石林县分布最广、面积最大的土壤类型。主要植被为云南松、华山松、栎木等针阔叶混交林，灌丛如火把果、杨梅、鸡嗉子、

非耕作红壤自然土。包括石灰岩红壤、酸性母岩红壤、老冲积红壤、玄武岩红壤、侵蚀红壤等五个土属。面积1729255亩，占红壤总面积的83.48%。

已开垦的耕作红壤土。旱地有红鸡粪土、红胶泥土、油红土、红土、黄红土、黄砂土、黄泥土、瘦红土、红泡砂土、红石渣子土、黄石渣子土等共24个土种，面积约342252亩，占红壤总面积的16.52%；占全县旱地耕作土壤面积396229亩的86.37%。分述如下：

石灰岩地区红壤：面积1205267亩，占红壤面积的58.18%，广泛分布于除西部和坝区外，海拔1800～2600米的低中山丘陵山地，包括石林、西街口、维则、圭山、亩竹箐和路美邑、城周区（公社）的部分地方。成土母质为碳酸盐岩类，即石灰岩、白云岩等富钙岩类，经富铝化而形成的红

色黏土，风化堆积、坡积物。这些地区石芽出露，石灰岩石块大片裸露，漏斗状窝塘、溶洞较多，质地偏黏重，干旱缺水，土层厚薄不均，植被主要有次生云南松、华南松、栎类灌木、蕨类、禾本科杂草等。但覆盖率不高，水土流失严重。由于多数地区岩石裸露，荒草地、石山较多，给土地利用造成一定困难。

项目区现有电排站一座，大部分土地需提水灌溉，少部分为自流灌溉（水田部分），灌溉用水主要为团结水库和海子水库，两水库可供水量970万方，辅助用水为犀牛塘，可用水量230万方，水源充足水质清澈，适宜农田灌溉和人畜饮用。

2.3 社会经济环境

石林风景名胜区是我国首批国家级重点风景名胜区，首批国家地质公园和首批世界地质公园。世界自然遗产、世界地质公园、国家5A级景区三项桂冠，使石林名扬海内外。2007年全县接待游客突破300万人次，其中大小石林接待游客260万人次。居住在石林这块土地上的撒尼人能歌善舞，《阿诗玛》叙事长诗、电影《阿诗玛》使撒尼文化扬名天下，摔跤之乡、歌舞之乡、绘画之乡、东方狂欢节使石林民俗文化和旅游逐渐成为热点。台湾农民创业园依托石林旅游品牌优势和撒尼民俗文化优势，并与之相结合，使农业科技展示与旅游观光、民俗观光、休闲度假相结合，既可增加台湾农民创业园的内容、丰富创业园的内涵，解决了客源问题，又可为石林旅游增添新的景观。

石林县无重工业企业和污染性企业，全县森林覆盖率达33.6%，县境内山清水秀，项目区天高气爽、天蓝水清、空气清新，优美无污染的环境，适宜的气候条件，为台湾农民创业园建设提供了良好的环境条件。

项目区土地资源丰富，发展空间大，相对低廉的用地价格，降低了台湾农民创业园的投资成本。随着招商引资项目的落户及城镇建设的扩大，石林镇失地农民逐年增多，为台湾农民创业园建设提供了劳动资源的保障。

2.4 产业发展分析

园区建设以市场需求为导向，项目科技含量高，技术成熟实用，风格特色突出，市场前景广阔，对周边地区的农业现代化具有引领示范和推广带动作用。近期看，园区作为示范园区，带动石林县各个乡镇产业的发展。周边各乡镇的主导产业分别为：石林镇，花卉、水果、养殖、茶叶；路美邑镇，蔬菜、物流；鹿阜镇，蔬菜、果树（葡萄）；板桥镇，蔬菜；大可乡，热带水果（甜柿、枇杷）、养殖；长湖镇，干果；圭山镇，花卉、干果；西街口镇，水果。远期看，园区不仅作为石林县的示范园区，而且将影响昆明市乃至云南省及其他省市的农业发展。

园区建设，可推动滇台农业交流与合作，发挥其产业带动和技术示范推广作用。通过引进台湾农业科技、台资企业，孵化和培育龙头企业，吸收先进的营销管理经验和农业技术，将昆明的农业资源、劳动力、科研成果与台湾的资金、应用技术、农产品运销等优势有机结合起来，发展特色农业，推动昆明农业科技创新和产业化经营；通过园区的示范和辐射作用，将台湾农业高新技术、经营理念应用到农业的产前、产中和产后，带动昆明市、云南省农业的调整转型，提高休闲观光农业的发展水平，促进滇台农业的广泛交流合作，形成互补双赢的局面。有效提高农业的后续效益、带动效应。

3. 规划总体思路

3.1 规划研究方法

园区的规划问题从以下两个层面来研究：

第一个层面是总体层面，主要考虑从昆明区域整体环境的分析出发，明确该片区的发展方向，确定功能定位，从而提出规划区的开发思路、原则、用地布局的基本构思以及原则确定本区的开发规模。

第二层次是在用地功能规划的基础上，依据片区土地资源环境容量、配套基础设施容量和周边地区的具体情况，以及路网的交通能力等方面因素提出片区发展的总体规模，根据用地布局提出各地块的控制要求，并制定园区开发建设实施与保障措施。

3.2 规划指导思想

以科学发展观和中央对台政策为指导，按照海峡两岸农业科技合作和昆明市现代农业及花卉苗木产业示范园区建设的要求，以市场为导向，以项目为载体，以发展高效生态休闲农业，提高农产品市场竞争力和推动两岸农业科技合作交流为目的，以引进台湾先进农业经营理念、先进设备技术、资金和人才为核心，把现代农业与旅游有机结合，充分发挥昆明都市农业的比较优势，坚持科学规划、准确定位、综合开发、滚动发展，经过3～5年的努力，力争把昆明石林台湾农民创业园建设成为综合效益高的科技先导型两岸农业科技合作试验区、休闲观光农业示范区，成为云南乃至西部地区领先水平的现代设施农业生产试验基地、特色鲜明时尚的休闲观光农业基地。创建现代休闲农业特色产业园区，提高农业生产档次，开拓农产品服务市场，带动昆明都市现代农业的转型升级、农业资源的循环利用、农业优势产业的发展壮大、农民收入的稳定增长，力争在较短时期内明显增强石林县、昆明市现代农业的市场竞争力，提高农民的收入水平，加快实现农业现代化步伐。

3.3 规划原则、目标和依据

3.3.1 规划原则

（1）总体设计坚持科技创新、持续发展、立足昆明、开拓市场的原则

一是整个园区从实际出发，发挥石林县农业资源优势，以科技创新为动力，在发展中创新，在创新中发展，使园区具有高效的生态农业基地的特征。

二是创新思维方式，以经营工业的理念来谋划现代农业的发展，以现代工业的专业化、标准化、规模化的理念来经营农业，提升农业科技和经营管理水平，形成全新的昆明台湾农民创业园的发展思路。

三是发挥台湾农民创业园的技术优势和示范功能，通过引进、吸收、消化台湾的先进农业技术，加快对石林县传统农业的改造，拓宽农业功能，既为台湾农民谋福利，又为促

进昆明农业结构调整，带动昆明市农民增收提供技术、产业支撑。

（2）产业布局坚持因地制宜、综合利用、整体开发、统筹兼顾的原则。

一是立足于充分发挥石林县的区位优势，合理布局，形成区域性高效农业、休闲农业、整体效益突出的新型农业产业结构。

二是坚持农、技、贸、服一体化发展、产业化经营的思路，通过科技创新、体制创新和机制创新，建立健全农业产业化经营的利益协调机制和运行机制，实现农业的深度开发与二、三产业协调发展。

三是园区农业的空间布局和结构安排，适应城市需要并为之服务，按照资源层次性、农产品种类进行立体开发，循环发展，并开发旅游观光等新型农业形态，拓展农业功能，满足市场多元化需求，提高农业的复合效益。

（3）产品开发坚持市场导向、效益中心、规模发展、突出特色的原则。

按照“市场—技术—资源”的发展思路来选择和配置项目。

一是重点开发高端、有竞争优势的绿色有机农产品，包括中高档花卉、水果、蔬菜、名优鱼、奶牛，以此为载体提升休闲观光农业的档次。

二是在维护生态平衡，不断优化自然环境的前提下，立足于开拓市场，选择一批高起点、高附加值、有特色的项目，增加参与的乐趣，注重品牌与项目的号召力。

三是注重项目与项目间的关联度，规划组装所选项目，促进项目的配套发展并扩大其关联效应，以形成既有市场优势，又有较大综合效能的产业体系。

四是量力而行，有所为，有所不为，分层次、分阶段进行综合开发，突出重点，滚动发展。

（4）园区建设坚持自然资源的开发、利用和保护，经济效益、社会效益和生态效益统一的原则。

一要搞好创业园区总体规划，做到布局合理、科学可行。既要坚持高起点、高标准、高效益，注重超前性、示范性和导向性，又要因地制宜，体现自然风光、绿色生态。

二要根据园区的资源、生态类型和区位优势，以优质水果、特色蔬菜、园林花卉和昆明名、特、优、新的农产品为载体，重点发展休闲观光产业。

3.3.2 规划目标

通过引进台湾先进农业经营理念、先进设备技术、资金和人才，发挥石林旅游景点优势，到 2012 年，力争建成一批规模适度、标准化程度高、经济效益好、产业关联度强的现代农业产业化项目，把园区建设成在西部地区有影响力的现代休闲观光农业基地。发挥台湾农民创业园的示范带动作用，促进农业发展方式由数量扩张型向质量效益型转变，带动二、三产业的发展，增强区域经济发展活力。

重点抓好种子种苗繁育、高效农业、休闲观光农业和管理服务的体系建设。

通过引进台湾先进农业经营理念、先进设备技术、资金和人才，以发展科技先导型的农业产业作为龙头，形成以休闲观光为主体的种植园艺产业、良种繁育产业和休闲观光农业三大支柱产业。

建成优质农产品生产基地和休闲观光农业区，农业设施与物质装备基本实现现代化，农业生产条件明显改善，农业现代化水平明显提高。农地产出率、农业科技进步贡献率、劳动生产率、农民人均年纯收入等主要指标有显著提高。

综合利用各种资源，提高资源利用率，实现园区生态环境良性化，农业自然资源和生态环境得到有效保护，农业生态系统良性循环，生态经济效益显著改善，农业具有较强的可持续发展能力。

3.3.3 规划依据

《中华人民共和国城乡规划法》；

《城市用地分类与规划建设用地标准》GBJJ137-903；

《城市规划编制办法实施细则》；

昆明石林台湾农民创业园可行性研究报告；

关于同意设立云南昆明石林台湾农民创业园的批复（农明字〔2008〕第 151 号）；

云南昆明石林台湾农民创业园选址图，石林县人民政府提供的 1∶2000 地形图；

云南省农业发展“十一五”规划；

昆明市农业产业化发展规划（2008 ~ 2015）。

4. 功能定位与规模

4.1 功能定位

根据昆明石林台湾农民创业园建设的指导思想和原则、园区土地利用特点及未来发展需要，确定园区发展方向为融无公害、绿色、有机农产品、加工配送、示范推广、休闲观光等为一体的国家级高新生态绿色农业生产示范基地。园区全面挖掘生产、生态、科技、观光四个方面的元素，将生态农业、加工配送、旅游观光有机结合，提高农业和农产品附加值，创新旅游休闲文化产品卖点，促进多种产品共融发展，形成中心独特的开放性综合性农业生态科技园，突出园区研发孵化、休闲旅游、示范带动及集聚扩散的四大功能。

4.1.1 研发和孵化功能

包括农业科技的研发和农业企业的孵化。农业科技的研发主要是引进台湾农业试验所、农会专家和技术人员，推动与在昆的国家及省级涉农科研单位和大专院校专家学者的交流合作，在园区进行农业新品种、新技术的研发，同时，针对设施农业技术，种子种苗繁育技术进行攻关、中试，通过中试把农业科技成果转化为新产品。

台湾农民创业园重点孵化农业科技型企业，以农业科教单位与专家学者的有关成果、专利为基础，引进风险投资机制，使企业成为技术创新的主体，培养创新人才。通过实验和研究，开发农业高新技术，研制高新技术农产品，创造有自主知识产权的科技成果和品牌。

4.1.2 休闲和旅游功能

昆明台湾农民创业园的建设实行开发与保护并举，突出石林地区独特的喀斯特地貌和阿适玛文化特色，在建设生态农业基础上，将农业与旅游两种产业相结合，以农业增加旅游卖点，以旅游促进农业发展，开辟一条高效的农业旅游生态途径，较好地协调人与自然的和谐关系。

园区建设完成后，以农业产业化发展、加工配送、农业科技创新研发为核心，利用园区优美的生态环境，使园区的每个生产要素都是参观点，形成融科学性、艺术性、文化性、参与性为一体的人地合一的现代农业观光景点，以现代生态农业优美的自然景观和生态环境、浓郁的田园风光、现代生产设施与科学技术及安全优质的生态产品吸引城乡居民观光、休闲、旅游、颐养。

4.1.3 示范和带动功能

主要是引进示范台湾农业新技术、新品种、新成果并加以综合开发，示范台湾农村社区建设、休闲农业的经营管理及成功经验并加以推广应用。园区通过引进消化，吸收台湾现代农业新技术、先进设施和科学管理模式，形成不同农产品种类的现代农业技术组装模式与经营管理模式，建设农业专家服务设施，通过管理服务区的教育培训和休闲观光农业区的示范带动，进行现代农业管理及农业科技人才的培训，带动农家乐更新营销理念，提升经营档次，提高石林县发展现代休闲农业的能力。

4.1.4 集聚和扩散功能

台湾农民创业园作为昆明市农业生产力新的制高点、现代农业与农村经济新的生长点，具有明显的技术、区位、政策等方面的优势，将加速技术、人才、资金、信息向园区的集聚，在推动和促进园区建设和发展的同时，通过技术、产业、产品向外辐射扩散，带动周边地区农业与农村经济发展。

同时，园区可以利用自身的技术、政策和信息优势，吸引、孵化一大批农业科技企业和休闲农业企业，形成现代农业产业集群，进一步提升现代休闲农业发展的量能，使园区成为带动石林县及昆明市经济发展的增长点和新型农业产业孵化、成长、扩散的源头。

4.2 用地规模

本规划区范围位于云南省昆明市区郊县的石林彝族自治县，毗邻国家5A级景区——石林风景名胜区的石林镇核心区，距石林风景区5公里。园区总规划面积3575.91公顷。其中建设用地规模547.6公顷，农业用地规模2863.71公顷，水域面积164.6公顷。

5. 用地布局规划

5.1 功能分区——“三心三带七分区”

按照园区建设的功能定位及发展目标，结合土地情况、水资源、交通等条件以及现有村落进行合理区划布局。

“三心”——创业服务中心、创业孵化中心、现代农业观光旅游服务中心；

“三带”——精品农业展示区、农业生产示范区、现代农业观光旅游示范区；

“七分区”——优质特色水果产业区、蔬菜产业区、花卉产业区、禽畜产业区、园林绿化区、农产品加工区、仓储物流区。

5.2 规划结构——“一个中心”、“三足鼎立”

“一个中心”——根据区位条件与地形条件，选择核心区为中心功能区，创业园的创业服务中心、创业孵化中心、现代农业观光旅游服务中心都设置在该区，同时，精品农业展示区和民俗文化村也将设置在该区。

“三足鼎立”——“优质特色水果产业区、园林绿化区”为一足，“蔬菜产业区、花卉产业区”为一足，“畜禽产业区、仓储物流区、农产品加工区”为一足，使三个生态农业功能区对整个创业园区农业发展呈“夹击”之势，有利于体现功能区的辐射、示范、带动作用，有利于区域间平衡发展。

5.3 用地布局

5.3.1 “三心”

（1）创业服务中心

创业服务中心位于创业园核心区内，总规划面积22.67公顷。科技服务管理中心旨在为台湾农民入园创业服务，为引进台湾先进技术、优良品种和管理经验，并进行研究、开发、创新提供一个良好的服务平台。中心以花果茶蔬等园艺作物为重点，兼顾其他行业，使创业园真正成为农业技术组装集成的载体，市场与农户联结的纽带。

（2）创业孵化中心

创业孵化中心位于创业园核心区内，总规划面积30.26公顷。中心依托石林县农牧局和园区重点企业以及科研院校(所)，并通过引进台湾农业新品种、新技术在组培中心和引种繁育区开发应用，探索并形成一套种植技术和管理经验后才大面积推广；孵化基地以项目单位为主，通过开发、配套、招商引资，吸引海内外客商投资，建成花卉、果树、蔬菜等农副产品进出口集散基地。

创业孵化中心是创业园引进、研究、开发、创新的核心，也是园区新技术、新品种、新工艺的孵化器和成果产业化的摇篮。引进台湾优良品种及先进配套技术，开发适合大陆、并与国际接轨的农业生产、保鲜、商品化处理和加工系列技术，通过在创业孵化中心内试验、示范、开发、培训专业技术人员，使创业园真正成为现代农业科技的辐射源。建设三个基地，即：组培基地、引种繁育基地、孵化基地；组建三个部，即：物业部、研发部、市场部。

（3）现代农业观光旅游服务中心

占地面积51.85公顷，位于园区水库周边及乃古石林风景区旁，结合石林彝族撒尼文化，打造生态风景林景观，配合建设一些园林小品，形成农业科技展示与旅游观光、民俗观光、休闲度假相结合的休闲旅游观光点。主要包括综合管理楼、生态餐厅、休闲农庄、学耕园等。它是整个园区的管理核心机构。包括：园区管理办公室、会议室、员工宿舍楼、电话总机、医疗室、总值班室、保安值班室、电房、机房、动力、供水等。面向整个园区为游客及其周边居民提供特色餐饮，以纯正彝族风味为主。其原料主要来自各功能区生产的无公害安全食品。同时，开发野菜宴、特色宴等，营造绿色、健康主题。考虑到游客观光旅游的需要，开辟生态停车场。该区是园区的主要接待住宿场所。为营造优雅、清新的餐饮、住宿环境氛围，为位于园区中部的团结水库进行连片整治，种植一些水生植物，如睡莲、莲藕等，营造出一种“采莲荷塘中”的良好意境。在学耕园景区，游客通过租赁菜园，认养果树，体验和享受农耕之乐；也可以在休闲农庄吃农家饭，体验农趣，回归自然。

5.3.2 “三带”

(1) 精品农业展示区

占地面积 44.8 公顷。包括反季节无公害蔬菜基地、设施蔬菜基地、有机蔬菜种植示范基地、珍稀食用菌生产基地、名贵花卉种植基地、优质水果种植示范基地、农业产学研生产示范基地、优质种苗繁育基地（马铃薯、玉米、桑树、食用菌）。

(2) 农业生产示范区

重点打造蔬菜自动喷灌区和滴灌区。该区除具有生产功能外，还可为游客进行温室大棚蔬菜栽培技术、先进的农业机械及节水灌溉技术的介绍和展示。选择可种植有机蔬菜的地块。该基地的整个生产过程中都实现按照有机农业的生产加工标准进行，严格遵循有机食品的生产技术标准，即生产过程完全不施用农药、生长调节剂等化学物质，不施用基因工程技术，保证它的无污染、富营养和高质量的特点。

(3) 现代农业观光旅游示范区

在生态风景林建设工程规划中，根据地形的变化，在深入细致的调查现有林木的基础上，采用自然式分散斑块混交方法设计生态风景林，即以现有优势树种绿色为本底，保持其常绿的基本色调，同时斑块状种植四季色花树种和春红、秋红、秋紫的色叶树种，以及冠形呈球形、开展形和圆锥形的树种，组成具有较高观赏价值的色相林常绿、落叶混交林、桃林、梅林、竹林等，使整个生态风景区在平面、立体空间及颜色搭配上，高低错落，富有变化，既体现春暖、夏荫、秋香、冬青的季相变化，有较高的园林艺术效果，又保留有自然的生态景观，注重保护性的开发建设。

5.3.3 “七分区”

(1) 优质特色水果产业区

利用园区独特的气候条件，选择阳光充足、土层深厚、肥沃、排水良好的山坡地，并按照整形修剪、土肥水管理、花果管理、病虫害防治和果实采收这一整套标准化要求进行生产，从而形成整套无公害优质水果生产技术操作规程，为创造园区优质水果品牌奠定基础。同时，围绕示范基地生产建设内容，在该基地内设置安装固定式滴灌系统等一系列设施。

(2) 蔬菜产业区

引进先进的温室设备及蔬菜种植技术和利用云南独特的反季节差，夏秋季种植冬春蔬菜。在园区洼地采用保护地（温室塑料大、小棚）冬季提早种植经济价值高的蔬菜。实现优质蔬菜四季的丰产、高产并向广大蔬菜种植户展示反季节优质蔬菜种植，示范推广无公害优质蔬菜种植技术。基地采用无机胶玻璃钢连体大棚覆盖，并在大棚内建设高位喷灌设施。

(3) 花卉产业区

重点发展高档的兰花、盆花、鲜切花等需求量大、市场空间广阔的品种。同时，结合农业休闲观光旅游，大力发展农业的二、三产业功能，延伸了农业的产业链。

(4) 畜禽产业区

大力推行无公害、集约化养殖。将发展生产与环境保护协调起来，积极运用循环经济理论建设“生态山羊养殖场”、“生态奶牛养殖场”。以高科技、高品质、高效益为切入点，以实现畜牧业产业化、标准化为目标，形成集养殖、技术试验、推广示范等为一体的畜牧生态养殖小区。为了尽量减少异味的影响，项目在建设中采用高新养殖技术，基本能够实现粪便排泄物无异味；同时做好植被保护，并有规划地在生产区周围种植林竹及绿化草地，既是减少异味、降低噪音的屏障，又可美化环境。

(5) 园林绿化区

根据园区实际植被资源和地形的变化，在深入细致的调查现有林木的基础上，采用自然式分散斑块混交方法设计生态风景林，即以现有优势树种绿色为本底，保持其常绿的基本色调，同时斑块状种植四季色花树种和春红、秋红、秋紫的色叶树种，以及冠形呈球形、开展形和圆锥形的树种，组成具有较高观赏价值的色相林常绿、落叶混交林、桃林、梅林、竹林等，使整个生态风景区在平面、立体空间及颜色搭配上，高低错落，富有变化，既体现春暖、夏荫、秋香、冬青的季相变化，有较高的园林艺术效果，又保留有自然的生态景观，同时也为整个园区形成一个完整的防护绿带。

(6) 农产品加工区

农产品加工区紧靠仓储物流产业区，规划面积 135.55 公顷。重点发展农副（畜禽）产品加工业，突出果蔬保鲜、脱水、罐头和畜牧产品的加工等技术配套功能。主要建设道路、供水供电等基础设施，建设标准化厂房，引进先进的粮、油、果、蔬等技术和设备，发展农产品加工业。

(7) 仓储物流区

仓储物流产业区位于规划区南部靠近石林火车货运站和 324 国道的区域，规划面积 97.78 公顷。重点发展现代物流和高新技术产业，突出引进台湾营销成功模式和高新技术。重点建设物流仓储设施及其配套道路、供水供电、住宿、餐饮、通讯、娱乐等附属服务设施。

6. 公共配套设施规划

配套设施是本次规划研究需要解决的重要问题之一，针对本次园区定位为休闲观光旅游高科技农业园，配套有创业服务中心、创业孵化中心、现代农业观光旅游服务中心，各功能中心具体设置内容详见上面用地布局规划。此外规划区内村庄基础设施配套要求结合下层次社会主义新农村建设规划进行设置。

7. 道路交通规划

7.1 交通现状

园区内现有交通主要是通往各个乡的公路以及一些机耕道。另外，西石公路从规划区东南侧穿过，宽度 24 米；基地中部现有一 6 米宽的水泥路，东西向穿越，连接到西石公路；西侧有一 12 米宽的九—石—阿旅游专线，这三条主要干道是现状基地对外联系的主要通道。

7.2 道路规划原则

7.2.1 在合理的园区功能布局的基础上，组织完整的道路系统。

7.2.2 按交通性质区分不同功能的道路。

7.2.3 充分利用地形，减少工程量。

7.2.4 考虑园区环境和园区面貌的要求。

7.2.5 满足敷设各种管线及人防工程结合的要求。

7.3 外部交通

7.3.1 西石公路从规划区东南部穿过，道路宽 24 米，两侧各控制 50 米宽的防护绿地。

7.3.2 南昆铁路从规划区南侧穿过，两侧各控制 30 米宽的防护绿地。

7.3.3 九—石—阿旅游专线从规划区西侧穿过，道路宽 12 米。

7.4 内部交通

7.4.1 规划区内部道路采用 “方格网 + 环形放射式” 路网结构。规划道路分三个等级：主干路、次干路、支路(机耕路)

主干路：红线宽度 12 米，设计车速 40 千米 / 小时。

次干路：红线宽度 7 米，设计车速 35 千米 / 小时。

支路（机耕路）：宽度 3.5 ~ 5 米，设计车速 10 千米 / 小时。

7.4.2 规划区内凡涉及高切坡、深挖方的建设项目，必须按有关规定严格执行。

7.4.3 现有道路用地处于道路规划红线之外时，规划道路未实施前，建设用地不得超越该规划道路红线，同时其建筑物应按相关规定退让现有道路用地。

7.4.5 道路红线之内的用地为交通设施用地（包括上空），任何单位和个人不得以任何理由侵占道路交通设施用地。

7.5 静态交通设施

由于园区内以观光农业为主，公共设施规模不大，所以不再单独划分地块出来作为社会停车场。但各地块应严格按照当地控规编制技术规范严格要求配套相应的停车场，部分停车场向社会开放。

8. 农村居民点改造规划

8.1 现状村庄分布

园区规划范围内分布有高石哨、石板哨、和摩站、寺背后、和摩村及占屯一部分。其中高石哨位于在建水库西侧，有 183 户，577 人，村庄建设用地面积为 22.4 公顷;石板哨位于绿塘子水库旁，有 164 户，640 人，建设用地面积 28.66 公顷；和摩站和寺背后分布于巴江河两侧，户数分别为 260、119，人口总数分别为 1081、471；和摩村位于园区北侧，人口规模为 912 人，用地规模 5.2 公顷。具体村庄人口、用地规模统计表见下图。

现状村庄统计表：

名称	户数	人口规模	建设用地面积（ha)
高石哨	183	577	22.4
石板哨	164	640	28.66
和摩站	260	1081	12.8
寺背后	119	471	7
和摩村	239	912	5.2
站屯（三分之一）	143	559	7.69

8.2 村庄改造规划原则

结合园区的功能布局，对规划范围内的村庄提出规划改造原则：

8.2.1 拆迁村庄以原地安置或就近安置为主，安置地结合总体规划统筹安排；

8.2.2 保证政府财政收支的基本平衡；

8.2.3 专款专用，建立改造基金；

8.2.4 经济、社会、环境效益相统一。

控制合理的改造开发强度，保证改造的顺利实施。开发的同时保证当地村民的利益，改善该片区的村庄面貌和公共空间环境，确保社会公共利益得到满足。

8.3 村庄改造开发模式选择

农村改造模式从国内外的经验基本可以分为大规模改造和小规模改造两种思路。应当说两者各有利弊。在环境改善方面，规模化的统一改造有利于推行综合性重建计划，实现改善居住和社区环境的基本目标，社会和环境效益好，但投资较大；小规模改造投资少，易实施，利于保留城市原有生活结构，但解决问题难以彻底，容易导致“头痛医头，脚痛医脚”的补救式行为，效果不显著，环境提升速度较慢。

综合考虑，我们认为在本园区改造主要方略中以大规模集合地盘、成片规划、综合建设为主，如高石哨，成片改造成为民俗文化村，以便村庄更具有活力、环境更加美好。

8.4 村庄改造规划

针对园区的规划建设，我们对规划范围内分布的村庄进行改造安置引导。乘本次创业园的规划建设带来的机遇，加快社会主义新农村建设的步伐，整体改造各个村庄的面貌，提高基础设施和公共设施的配套标准，提高村民的生活水平，同时解决失地农民的就业问题。

高石哨村结合园区的功能定位，整体改造成为具有石林彝族特色的民俗文化村，以提高整个园区的旅游文化品质；石板哨村由于远期园区产业用地的占用，对村庄拆迁改造提出局部就近安置的原则，同时结合远期的规划发展，建设成为社会主义新农村的示范村。和摩村、和摩站、寺背后及占屯，借此机会，加快新农村建设步伐，提高基础设施配套标准，改善村庄的面貌和公共空间环境，适度发展农家旅馆。

9. 风貌规划

规划区的风貌应与其所处的气候、地形等自然和人文条件相适应，充分体现“以人为本”，经济、社会、文化和环境效益兼顾的原则，并与石林县风景旅游城市的总体风貌相一致。规划核心区建筑和建筑群的形式、色彩、尺度应与风景旅游城市风貌相协调。核心区公共绿地应在风貌设计指导下进行控制，其余地区应结合土地出让或批租和生态环境效益进行控制。

9.1 规划区风貌规划

9.1.1 严格保护核心区公共绿地的自然景观资源。体现本规划区特有的山水生态创业园风貌的重要自然要素。

9.1.2 对主干道、次干道的交叉点形成的空间节点，规划设计应注重人本化的景观和功能。

9.1.3 必须对核心区公共绿地进行景观设计。特别加强对功能、与建筑的尺度比例及其绿化形式，景观道路铺砌、路灯、广告等设施形式的要求。

9.1.4 建筑高度

本区域村民住宅和公共建筑主要以多层为主，主要体现民居建筑特色，三个中心的建筑要整体协调统一，体现石林彝族建筑特色，公用工程设施等建筑应根据其具体工艺要求确定。农产品加工区建筑要简洁大方，整体协调统一，尽量采用标准厂房来设计，以节约用地，提高土地利用效率，增加土地产出率。

9.1.5 建筑色彩

居住建筑色彩以乡为单位统一，具有可识别性，公用工程设施的建筑色彩不受限制。农产品加工区建筑色彩要统一，以暖色调为主。

9.1.6 灯饰工程

强化企业基地主次干道路灯光景观设计，核心区绿地应单独作夜间光彩工程景观设计，营造创业园特色夜景景观。建议下一步开展灯饰工程专项规划，要求科学合理，符合有关规范。

10. 公用工程设施规划

10.1 规划原则

10.1.1 统筹兼顾原则：创业园都要设计给排水设施，一则满足创业园内管理和服务人员的用水需求，二则还要满足园区其他的用水需求，另外还要为防火留有必要的水源供给。

10.1.2 因地制宜原则：创业园已有供水和排水设施的地区，供水和排水系统应尽可能纳入到城乡、集镇建设中的水、电供应系统，采取就近原则完成各园区的水、电供应设施。

10.1.3 水、电供应设施要与景观相协调原则：水供应设施的设计要与创业园区的建设和自然环境相和谐。水、电供应设施的建设尽量采取地埋式，以免造成景观视觉污染。

10.2 给水工程规划

10.2.1 供水现状

规划区主要的水源工程有：团结水库、北大村海子水库、绿塘子水库等。本规划区现有用水部分由石林镇第二水厂提供。

10.2.2 水源选择以及供水方式

根据《石林风景区区域水资源开发利用规划》，第二水厂改供石林火车站以北农村、北大村集镇和石林高尔夫球场，年供水 255 万立方米。本创业园由石林县第二水厂供水，供水方式采用压力供水，水源取自团结水库。

10.2.3 供水量估算

根据规范要求与规划专业提供的各项指标，本规划区内最大日用水量计算如下表：

序 号	用水单位	用水指标	规划指标	规划用水量（m^3/d）
1	居民综合用水	120L/ 人·d	8345 人	10014
2	创业服务用地	60m³/ 公顷·d	22.7 公顷	1362
3	创业孵化用地	60m³/ 公顷·d	30.3 公顷	1818
4	仓储用地	20m³/ 公顷·d	166.6 公顷	3332
5	道路交通	20m³/ 公顷·d	12.2 公顷	244
6	市政设施用地	30m³/ 公顷·d	2.6 公顷	78
7	不可预见	按以上之和 10%计		1684
8	总 计			18532

10.2.4 管网布置

供水管网采用环枝结合。设计流量时变化系数为1.8，并加消防流量予以修正。消防流量按15升/秒，火灾持续时间为2小时。输水管网沿创业园主要道路铺设，管材选用铸铁管，并于每处重要的独立建筑物设置消防栓。

加强水源的保护，在汲水点周围半径不小于100米水域内，不得从事一切可能污染水源的活动。团结水库取水点上游1000米至下游100米水域内，不得排入工业废水和生活污水；其沿岸防护范围内，不得堆放废渣、设置有害化学物品的仓库或堆栈。

10.3 排水工程规划

规划排水系统采取雨污分流制。

10.3.1 污水工程规划

污水按供水量的80%计算，规划区每天要排出污水为14852立方米/日。污水总变化系数取1.5，则最大时污水量928立方米/小时。

要根据创业园区景点与居民点分布特点，对生活污水的处理和排放，可采取污水分区、分点就近集中。对于地形高差较大，污水不能直接排入市政管网的，设立污水泵提升，通过压力进入污水管道，最终汇入污水处理厂，达标排放。

10.3.2 雨水工程规划

采用云南省工程建设地方标准中的昆明市暴雨强度公式：q=(12.1＋14.4×lgP)/（t+14.4）0.80(L/s·公顷)

其中P：设计重现期（年）（一般取1~3年）；t：降雨历时（分钟）（一般取10~15分钟）。

雨量公式：Q=φ·q·F

其中：F为各雨水系统汇水面积(公顷)，φ为径流系数，根据不同的用地计算平均径流系数取0.6~0.8。根据以上公式计算，考虑地势坡度，雨水明渠按满流设计，计算出各明渠断面大小。地势平坦，人工建筑较密的地区，采取明渠排水；地形坡度较陡的，以植被为主的地区，采用地面排水。创业园区服务区主干道设置雨水明渠，按照地形情况，就近排入天然水沟，最终排入水库。

10.4 电力工程规划

10.4.1 电力规划的原则

(1) 供求平衡原则：规划要有充足的综合供电能力，在满足生产和生活用电的同时，能够满足不断增加的游客用电需求。

(2) 布局原则：电网布局要有合理的网架结构，使送、变、配电之间比例协调。

(3) 综合改造原则：要立足当前，兼顾长远，从目前入手，逐步对现有的电网进行技术改造，消除电网薄弱环节，提高供电的可靠性和电能质量。

10.4.2 用电负荷预测

用电标准按常年常住人口人均综合用电500千瓦时/人·年，预测规划区内总用电量约418万千瓦时/年。

10.4.3 用电规划

规划区内现有一座110千伏石林变电站，位于海子水库东部，九—石—阿旅游专线西侧，为在建项目，2009年底竣工，设计主变3台，容量3×50兆安，一期规划建成35千伏出线3回，10千伏出线6回。

创业园区内供电主要由石林110千伏变电站供应至各用户。为了改善景观，创业园内中、低压电力线路通过电缆规划入地。

10.5 电信工程规划

10.5.1 容量预测

结合创业园区内常住人口0.83万人，约有近2500居民家庭，若电话普及率按70%算，则需要电话1750门。

10.5.2 电信规划

(1) 完善移动通信系统，尽快实现移动通信有效覆盖整个创业园区；

(2) 在重点景区普遍开设各类邮电通信服务项目；

(3) 除了标准客房设有直拨电话外，各景区景点要根据旅游业发展和接待规模的大小，按每百人设置两部公用电话(磁卡电话、IC卡、IP卡电话)，保证游客国际国内通讯的畅通；

(4) 在创业园的核心区内设立邮政代办点，为园区居民及游客提供方便的电报、传真、电子、信件等服务，保证邮路畅通；

(5) 结合正在修建的园区道路，铺设电信管网，将架空通讯线改为地埋线，并留足电信走廊，为今后增容做准备。

11. 防灾规划

11.1 防洪

规划区中部的巴江河是泄洪通道，应严格保护其水系和周边防护绿化带，严禁非法占用、改道和填埋，按五十年一遇的防洪要求进行设防。

11.2 防震

建筑工程抗震设防标准，一般建筑按基本烈度8度设防，生命线工程（如给排水、供电、通讯、堤坝、桥梁等）提高一度设防。

11.3 消防

规划区离镇区近，本规划区内的消防由石林镇消防站负责。广场、绿地及其他开放空间的建设规模和分布状况，除满足该项目自身的功能、使用要求外，还应按照村镇综合防灾的要求，兼作防灾疏散场所。规划区内建设工程必须严格执行国家颁布的防火规范，加强消防基础设施建设。消防给水原则上由城市管网供水。消防给水沿道路间距不大于120米设市政消火栓。

11.4 防地质灾害

规划区地质属喀斯特地貌，地表水沿灰岩内的节理面或裂隙面等发生溶蚀，形成溶沟（或溶槽），原先成层分布的石灰岩被溶沟分开成石柱或石笋。无断层、滑坡、泥石流等不良地质现象。

地质灾害不易发区用地规划建设不受限制；地质灾害中易发区一般不宜规划可能导致高切坡、高填方、深开挖的建设项目；地质灾害高易发区用地规划应慎重，不宜规划人群集中的较重要建设项目。

本次工作不能替代规划区内建设用地地质灾害危险性评估工作，不能替代规划区内各阶段工程地质勘察工作。

12. 绿化及生态环境保护规划

12.1 生态环境保护的主要内容

环境污染的防治，特别是加工业污染的防治，绿化系统建设，水资源的合理利用等。

12.2 绿地规划指导思想

坚持可持续发展战略，以建设生态园为目标，将本区建成显山露水，具有优美生态环境的创业园。

12.3 规划目标

12.3.1 满足生态创业园的绿化指标体系要求。

12.3.2 形成点、线、面相结合的绿地系统。

12.3.3 尽量利用不可建用地，自然地形中的山头、冲沟或水域四周一定范围作为绿化用地，维护自然地形风貌，建设有石林特色的绿化景观，优化生态环境。

12.4 规划布局

12.4.1 规划区绿地系统主要由公园绿地、防护绿地、附属绿地组成。

12.4.2 公园绿地

(1) 公园绿地：主要结合位于规划区中部山脊、团结水库、海子水库、在建水库以及石林地布置。

(2) 其他公园绿地：在适当位置规划街头小游园、小广场等公共活动绿地。沿巴江河退让 100 米，形成一带状型公园绿地。

12.4.3 防护绿地

南昆高速路两侧 50 米宽防护绿化带；西石公路两侧 50 米宽防护绿化带。

12.4.4 附属绿地

本区附属绿地主要由公共设施内部绿地、企业内部绿地、公用工程设施绿地、道路绿地等组成，公共设施内部绿地不小于其用地的 30%，企业不小于企业用地的 25%，公用工程设施绿地按其相关防护距离确定。

12.4.5 绿地指标

规划区内绿地总面积 635.62 公顷，其中公园绿地面积 548.12 公顷；防护绿地总面积 87.50 公顷。

12.4.6 培植多样性树种，优化村镇的生态环境。

12.4.7 规划区内确定的公园绿地必须严格保护，严禁置换。道路及沿河绿化严格按规划执行，严禁侵占。

12.4.8 大气污染防治以清洁燃料和清洁燃烧技术相结合，以节能和改善能源结构为重点，提高民用气普及率。

12.4.9 固体废物控制以妥善处理有毒有害废渣为重点，推行垃圾无害化处理，按照生活垃圾无害化、减量化、资源化的原则，对生活垃圾采取分类收集，集中处理。完善公厕、垃圾站等环卫设施，并对生产、生活垃圾集中运往区外垃圾场作无害化处理。

12.4.10 噪声环境治理

规划声环境达到国家标准，局部地区采用隔离带工程措施（隔声屏障）处理。

12.4.11 按国家有关大气环境保护规定，该地区执行空气环境质量二级保护标准。大气环境质量二级以上浓度天数达到全年天数 80%以上。

12.4.12 按区域水环境保护要求，达到类地表水 II 类水质保护标准。

13. 近期建设计划——五年计划

建设园区良好的基础设施是园区发展的前提，台湾农民创业园应该强化城乡一体理念，按照“规划先行、政府引导、市场运作、建管并重”的思路，政府加以引导，鼓励社会投资，通过市场运作采取多元化投资的方法，拓宽融资渠道，不断完善相关的配套设施。近期 5 年将首先启动核心区基础设施建设。

13.1 第一阶段（2009 年）——基础设施起步阶段

主要任务是：消除制约发展的“瓶颈”，夯实基础；完善规划、理顺体制；制定优惠政策，搞好宣传与形象塑造；突出招商引资，加快项目建设；逐步扩大规模效应，提高管理服务水平。

13.2 第二阶段（2010～2011 年）——基础建设加速建设阶段

这是园区建设的关键时期。主要任务是：基本完成规划中的基础设施建设任务；制定合理的投融资政策，构建多种投融资渠道；加大招商引资力度，各入园企业基本建设布局基本完成。经过三年的开发建设，园区逐步成为西南地区具有现代、地方、效益三大特色的、能够吸引台湾同胞投资兴业的基地。

13.3 第三阶段（2012—2013 年）——基础设施建设提高和完善阶段

主要任务是：为保持区域经济持续稳定发展，进一步提高经济效益、社会效益及生态效益，园区大力发展文化、教育和科技事业，建设配套齐全的公共设施服务体系。

14. 规划实施与保障措施

14.1 规划实施

14.1.1 规划区内的土地利用和各项建设必须符合本规划，服从规划管理。

14.1.2 规划区内的建设工程选址和布局必须符合本规划。

14.1.3 任何单位和个人不得占用道路、广场、绿地、高压供电走廊和压占地下管线进行建设。

14.1.4 建设要着眼长远，立足当前，量力而行，突出重点，逐步分期实施。

14.1.5 在本规划指导下，加强防灾部署，沿河沿山地区严禁高挖深切，对各种地质不良地段要加强治理并防止产生新的不良地质现象。

14.2 保障措施

14.2.1 组织制度保障

(1) 切实加强对园区建设现代农业的组织领导。

(2) 建立发展园区现代农业的工作目标考核制度和主要领导联系制度。

(3) 制定优惠政策，扶持农民专业协会和合作经济组织发展。

(4) 奖励政策。

14.2.2 技术保障

鼓励农业科研院校投入园区的建设，为园区提供技术保障。组织园区企业与农业科研院校尤其是省农业科学院进行联合，实行多种形式的合作，以保证得到技术上强有力的支持。制定优惠政策，组建研发服务中心，设立风险投资基金，吸引农业科研院校的高新技术项目进驻园区。鼓励科研院校以技术成果入股，建立吸引农业科技成果流向园区的机制。

14.2.3 人才保障

(1) 建立科技人员人才培养机制。

(2) 启动农民科技“绿色证书”培训计划。

(3) 鼓励农业科技人员投入园区建设。

14.2.4 可持续发展与环境保障

(1) 制定和实施一系列可持续发展与环境保护的措施。加强生态农业生产技术规程的研究和推广；合理开发和利用土地资源，切实保护耕地；推广节水灌溉技术，控制水环境污染，保护水资源；开展生物多样性保护，增施有机肥，开展植物病虫害综合防治，推行秸秆还田，加强废弃物的资源化利用等。

(2) 加大农业生态环境监测体系建设力度，建立高效、快速的农业生态环境监测和预警体系。

(3) 建立园区完善的生态农业技术服务体系，逐步做到产业化发展、市场化经营、物业化管理和社会化服务。

(4) 加快农村金融体系建设。

【注】 云南昆明石林台湾农民创业园总体规划，2009 年 3 月 10 日由台湾大昱建筑咨询有限公司完成规划，2009 年 9 月 10 日由昆明市人民政府批复同意实施（昆政复【2009】65 号）。

附表一

现状用地构成表

用地名称	用地面积（ha）	比例（%）
居住用地	113.24	3.16
农业生产设施用地	1.93	0.05
教育机构用地	1.08	0.03
其他交通设施用地	1.82	0.05
建设用地	11.97	0.33
耕 地	3070.01	85.87
果 园	138.39	3.87
林 地	219.24	6.13
苗 圃	18.23	0.51
总面积	3575.91	100

附表二

土地利用规划汇总表

用地名称	用地面积(ha)	比例(%)
创业服务用地	22.67	0.63
创业孵化用地	30.26	0.85
现代观光旅游服务用地	51.85	1.45

续 表

用地名称	用地面积(ha)	比例(%)
精品农业展示用地	44.80	1.25
农业生产示范用地	129.59	3.62
现代农业观光旅游示范用地	253.73	7.10
优质特色水果用地	883.81	24.72
蔬菜用地	110.83	3.10
花卉用地	90.21	2.52
畜禽用地	66.59	1.86
园林绿化用地	648.55	18.14
农产品加工用地	135.55	3.79
仓储物流用地	97.78	2.73
民俗文化村用地	192.46	5.38
公园绿地	548.12	15.33
防护绿地	87.50	2.45
市政用地	2.58	0.07
道路用地	14.45	0.40
水域	164.60	4.61
规划总用地	3575.91	100

名人笔下的石林

撒尼大爹

□□李　纳

最近，我回到家乡去，一天夜里，忽然听到一阵热情奔放的笛声。这笛声好熟!这明明是照亮我童年生活的笛声，是我亲爱的高大爹的笛声啊!(我打听他的消息已经好几年了。)我狂喜地披上衣裳，跟着声音追赶，原来吹笛的却是一位年轻的撒尼人。我失望地走回来。这时候，另一个地方也扬起同样的笛声，我站在月光下，静静地听着，好像高大爹又站在我的面前……

有一年，我大表哥娶新媳妇，那阵子，舅舅正好发了财，典田买地，又和团防大队长姓王的拉上交情，所以喜事办得很排场。娶亲这天，县长和大队长都上门来祝贺。舅舅为此很得意，一下就像身价高了十倍，出进连衣裳角都打得死人。

舅舅生怕捧得这些贵客还不够高，所有的客人都走了，还特意把这批人招待在倒厅里抽大烟。这一来，就忙坏了我们这些人，送点心，送糖果，装烟倒茶，差点跑断了脚杆。这还不算，舅舅又想出新花样，叫我站在倒厅里，听候使唤。

我很小就死了父亲，妈妈生活没有着落，只好带着我找上舅舅的门。我们娘儿两个每天就在簸箕大的天井里，像毛驴子一样忙死忙活。可是舅舅还常常背后讲，我们到了他家，就像从糠箩里跳进米箩里一样，所以从不给我们好脸看。

我站在倒厅里，听着老爷们粗鄙的谈话，看着县长的手指在大烟灯前搓来搓去，看着大队长的嘴勤快地嚼云片糕，看着舅舅转来转去像纺车上的锭子……感到阵阵的恶心。

闹新房的人已渐渐走散，天井里还晃着几个人影，那是等着“听新房”的年轻人。这时，我的两眼干涩，上下眼皮直打架。舅舅走到我身边，恶狠狠地说：“我拿顶门闩来撑你的眼睛!”

我知道，一下脱不了身啦，唉，我觉得气都喘不出来，我要闷死了!

这时候，忽然飘来一阵清亮的笛声，哪里来的笛声呢?我从来没有听过这样美的声音。春喜鹊的叫声最好听了，它比春喜鹊的叫声还好听；妈妈的呼唤最温柔了，它比妈妈的呼唤还要温柔；戏台上穆桂英上阵的锣鼓最热烈了，它比那种锣鼓还热烈。

小小的倒厅哪里盛得下这嘹亮的笛声。顷刻间，我感到屋顶没有了，晴空中露出一轮皎洁的明月，清悠悠的泉水，叮叮咚咚地淌着，我浑身多么清爽啊!

不知为什么，笛声却惹恼了老爷们，县长的猴子脸陡然变色，马上浑身不自在，就像有人打了他一样地哼着。大队长一骨碌爬起来，舞动他棒槌似的拳头，瓮声瓮气地喊：“大胆!大胆!这是谁在撒野?”舅舅更是慌了手脚，向我挥着手，一迭连声地叫：“还不快去!快去叫那些死猡猡不要吹了!哼，我家里又不是公房，准他死猡猡胡闹?”

我走出来，月光如水，随着那奔放跳跃的笛声，走上了堆糠的小楼。

舅舅有地在松山，租给撒尼人盘着，我看见他们每年都送荞麦来上租。逢年过节，还送大公鸡来。今年，舅舅娶儿媳妇，早几天使人送信去，他们又照例牵着一对羊，羊角上挂块红布，送来给舅舅当礼物。舅舅不使一文钱，抬桌子的人有了，挑水的人有了，烧火的人也有了。在迎娶的时候，又将他们编成临时的乐队，拿起三弦、唢呐、笛子、二胡在花轿前吹吹打打，给舅舅撑面子。就是这样，舅舅还不知足，一提起撒尼人就骂：“死猡猡些，越来越奸了，先前，他拿张羊皮来，随便给他点盐巴就打发走了；这阵，他也和你称斤驳两……”还讲：“先前，他猡猡吃个鸡蛋，也有田主一份，这阵，他也躲起宰猪……”小表哥更是欺负人，一见撒尼小孩，就悄悄解开黑狗的铁链，“阿是、阿是”地怂恿着，引得黑狗扑向撒尼小孩，汪汪地叫，他们就高兴得拍手打掌地大笑。

我推开糠楼的门，笛声骤然停止。只见几个人霍地站起来，有的抱着月琴；有的拿着大三弦；有个高大的汉子，手中却捏着一支笛子，笛上系着长缨络。他们都低着头。那神态，就像做错事的小学生，忽然看见先生一样。

借着搁在地上的清油灯，我细瞧那个拿笛子的人，我见到一张见惯的撒尼人的脸。那微微翘起的下巴，使人感到它时时想要笑出来。我走上去，拿起他的手，扳着每个指头细瞧：原来也是一双做活的手，很硬，手板心都是老茧；和别人不同的，就是手指上多了个大戒指。我高兴地看定他说：“你吹得扎实好听，我要能天天听你吹就好了。”

他一点也不掩饰他的快乐，用手左右擦嘴，笑得和孩子一样纯真：“你当真爱听，就和我上山去吧。”

我说：“你们是不是都会吹会唱?”

他点点头：“我们爱唱歌，就跟青草爱露水一样。”又爽

朗地看我一眼说，“在我们山上，有你这样大的小姑娘，背柴也唱，放羊也唱，喂牛也唱……”

“在我舅舅家，笑大声点也要挨骂。”我黯然地说，又问，“你们那里的小姑娘，可跟汉人姑娘一起玩?”

“我们的小姑娘，不管见了什么客人，比蝴蝶见到花还喜欢。”他说。

我挨着他坐下来。这屋子窄得连伸脚的地方都没有。米糠占了屋子三分之二，四面散乱地放着筛子、簸箕、箩箩、大斗、小斗，剩下一小块空地，铺着几张草席，就算是撒尼人的床铺。

我和撒尼人坐得这么近，这还是头一回。我好奇地摸着他的麻布背心、羊皮披肩，还有他那个盖住手指一半的戒指。他一点也不见怪，还好意地笑着，脱下戒指，套在我的食指上。“当啷”一声，戒指滑在地下，他也跟在我后面捡。我捡到戒指，问他：“你们也有姓吗?”

他嘿嘿地笑着说：“路旁的草棵，也还有名有姓呢。”

“你姓哪样?”我问。

“我姓高。”他说。

我惊讶地从下到上打量他：“姓高?哎哟，难怪你长得这样高嘛。”

“我猜你定规姓矮，”他装得很认真的样子说，“瞧你才打齐我的肋巴骨。”

我赶快分辩：“人家还小嘛，等我有你这样大，比你还高，比房子还高，比……”

“哦，你是想找太阳打平伙啰。”他嘿嘿地笑个不住，笑得这样开朗，这样无忧无虑，引得蹲在旁边的几个人也陪着笑起来。

我生气地站起来说：“不挨你玩啦。”

“莫走，我还有好东西给你看呢。”他温和地偏起头，从裤带上解下一样东西，花花绿绿的，在我眼前一晃。

“给我，给我。”我伸手去抢。

他假意高高地举起，被我跳起来一把就抢到手。原来是个小烟盒，扁平形，黄杨木做的，烟盒下面吊着叮叮当当的一串小玩意，盒身刻着一位撒尼青年，粗犷的刀法把这个人刻得非常生动。这个人背起弓箭，面对着我，就像有很多很多话要对我讲。我入迷地看着那个人，越看他感到他就要跳出来。我问高大爹：“这人是哪个?”

“是我们撒尼的英雄。”高大爹说着，脸上闪过一道光亮。

“他这阵在哪里?”我追着问。

“就在我们寨子外头。”

“他在那里做哪样?”

“他舍不得和我们分开。”

“天天都站在那里吗?”我越发惊奇地望着他。

“白天晚上，刮风下雨，他都不走开一步。”

“为哪样不拉人家进家里歇歇?”我心里挺怨高大爹他们太狠心。

“就是开几十万人去也拉不动他，他的身子方圆有几十里。”

“他为哪样长得那样大?你和我讲，讲嘛，讲嘛。”我央求他，扳住他的大拇指。

高大爹被我缠不过，漆黑的眼睛看定我，样子变得很严肃：“好多好多年以前，我们寨子里有个小伙子，从灵山找来一棵松树。他听一个白胡子老倌讲，这棵松要能长大，全寨子的人就有好日子过。小伙子天天浇水，那树还是黄蔫蔫的，小伙子天天守着那棵松。有一天，小伙子的脚被岩石划破，血滴到地上，树叶忽然扬起头来，小伙子喜欢得眼泪都淌下来，心里一下子全亮了，他一点也不迟疑，顺手拿起砍柴刀，戳进自己的心窝……”

“哎哟!”我一把抓紧高大爹的手。

“一小会功夫，枝枝叶叶一齐向天空伸展，棵棵松针变得比鸡冠子还红，老远望去，就像一丛点着的火把，太阳都没有它亮。‘火把’照到的地方，荞麦粒结得比山林果还大，玉米棵长得像树林……”

“有一天，有个汉官到我们寨子来做客，我们是真心喜欢啦，为他杀猪宰羊，为他摆酒席，用一寸厚的肥肉敬他。我们又用竹竿做笛子，用戈木树做大三弦，烧起篝火，为他唱歌，为他吹笛子，为他跳舞。哪知道，客人忽然不见了，那棵红松也被人连根撬走……”高大爹脸上蒙上一层阴云，叹息说，“从此，我们撒尼人就被推到地狱里……”

高大爹停了一下，继续说：“石头可以让人踩，人的心可不能让人踩!红松出了寨子，坏人用斧子劈，用锯子解，都莫想动它分毫，坏人的心比夜还黑，他放火烧那棵树，一阵火焰冲天，登时变成一座黑森森的石林……”高大爹说得激动起来，“在我老爹那一代，我们就在这石林里扎营盘，和那个坏人的子孙打仗!”

高大爹再不讲话了，他抽出笛子，用手指轻轻按着笛孔，几次举到唇边，又无可奈何地放下来。我噙住眼泪，想再看看那个背弓箭的撒尼人。我举起烟盒，才发现不知哪阵揭开烟盒盖，撒了一地黄烟。盒盖下面的线也被挣断，上面穿着的那些小狗小鸡满地乱滚，一只木雕的小狗碰着锄头把，头和身子分了家。我吓得站起来，我闯了多大的祸!今天少不了要挨一顿棍子。想不到高大爹不但没责怪我，反倒拍着我的胸膛：“阿囡，莫怕，莫怕……”忙不迭地拾起盒盖，盖上烟盒：“你要爱这个，就送给你。”他把烟盒放在我手上，又蹲在地下，把小玩意一样一样拾起来交给我：“拿回去，叫你妈妈给你用根线穿起……”他说着，一面捧起烟，放在手心里，一点一点把掺进去的米糠挑出去。

楼梯响起来，不一会，小表哥站在我们的面前，两眼向我们一扫。这眼光，就像审案的老爷看犯人一般：“熬油费火的，还不睡!”

“还早，我们睡不着。”高大爹说。

“睡不着，吹了灯!”小表哥命令着。

哼，他现在一举一动净学他爹的样!

“你还站着干哪样?”小表哥鄙夷地扫我一眼，“喊你上来讲句话，你就死在这里!”

我恋恋不舍地走下楼梯。一到堂屋，小表哥骂得更凶了：

"我告诉爹，送你上猡猡山，当猡猡婆，让猡猡把你塞进大石洞!"临分手时，又狠狠地朝我啐了一口唾沫。

堂屋里一个人也没有了，喜烛燃尽了，屋檐下的红灯也灭了。我走进和妈妈同住的那间可怜的小房，只见妈妈也才回来，正在解围腰，打鞋子上的土。她忙了好些天，她太累了。我喊了一声"妈妈"，她也没抬头，从髻上拔下一枚针，挑亮了灯心，然后转过身，从篚篓里拿出两封沙糕糖，撕开红纸，对我说："这是你新表嫂给的，来，今天吃一封，另一封留着明天吃。"

我接过沙糕糖，放在鼻子上闻了闻。啊，真香啊!我多少时候就想尝尝这样的东西了。可是我没有把它打开，拿起两封沙糕糖，飞快地朝外面跑，上了糠楼，借着月光，看见高大爹还蹲着抽烟。我喊了声"高大爹"，把两封沙糕糖往他怀里一塞，一溜烟跑了回来。

我找了根线，把小鸡小狗穿好，烟盒子压在枕头下，才放心地睡去。

高大爹、红松树、石林、松山伴着我，在我黯淡的生活里，投下了无限光彩。

一个赶街的日子，妈妈把刚做好的帽子、鞋子交给我，叫我送去请人卖。我把它们收在一堆，用个小筛子装着，顶在头上送到街上去。街子已经齐了。只见两排大油纸伞下，卖饵块的扇子扇得风响。卖米线的一手端七八个碗，穿梭般地递给客人。街这边是西洋景，街那边是猴子耍把戏……鼓声、锣声、马嘶声，撒尼、阿细姑娘头饰的碰击声，叮叮当当响成一片。卖柴草的地方挤了一大蓬人，我也钻过去看热闹。看见场子上有个年轻小伙子，拿着把尖刀，在粗大的甘蔗上比划两下"咔嚓"一刀，从梢直劈到根，孩子们都在一边喝彩。我看得正入迷，听见有个声音喊"小囡，小囡"。声音很熟，我回过头，看见高大爹站在一驮烧柴后面。我赶快挤过去，高兴地拉起他的手说："高大爹，你为哪样不来瞧瞧我?"

他看我一眼，微笑着说："我等你好几个街子，想去找你，又怕你舅舅遇见挨骂。瞧，我给你带来哪样东西!"

啊，是一棵火把，多挺拔的火把，只有松山的树才能做成这样漂亮的火把!记得每年火把节，舅舅都要给小表哥买棵火把。六月二十四这天，你瞧着吧，小孩都喜欢地从四面八方赶到空场上，点起火把，把心上的快乐都化成火焰，让它飞向天空。小表哥更是兴高采烈，举起火把，要着各式各样的花样。这时候，我多么想自己也有一棵火把，也和小孩们来个"蝴蝶穿花"的游戏。可是，每年我都只能空着手，前前后后地跟着小表哥的火把转，在他们后头干喊。有一回，我实在忍不住，便要求小表哥，也让我耍几下，小表哥答应了，我当真用手去接，哪知道他突然把火把往我头上一送，烧掉了我一大绺头发。

嗬，这下我也有一棵火把，而且比小表哥的还大。我今天一定得抬给他瞧瞧。我抑制不住心头的喜悦，扬起头，正好碰到高大爹慈爱的眼睛，他呆呆地注视着我，用手掌心左右擦嘴，目光像湖水一样温柔："小囡，可喜欢?"

"喜欢，喜欢!"我跺着脚。

我赶快送完活计，把这棵从松山来的火把掮上肩，在人群中挤着，故意神气地喊："走，撞着，火把撞着!"我觉得所有的人都用羡慕的眼光看着我。我有生以来第一次被人们这样看重。

我一回到家，从舅舅房中喷出的鸦片烟臭和咒骂声就把我美好的想象冲得无影无踪了。我坐在天井里，望着那筛子大的天，抱着松山的火把，忍不住伤心地哭泣起来。

那一天，我去晒谷子，正在翻谷子时，妈妈走来对我说："把这包糯米粑粑给你高大爹送去，人家今天给你舅舅送木板来，你舅舅连晚饭也不让我给人家煮。"一边说着一边叹气："唉，自己盖房子，整死一大班人!"

我抓起东西就跑，妈妈又将我拉回来，拿根棉线给我，交代说："难得高大爹真心实意疼你，我心里着实感激人家。可怜我们娘儿太穷，没哪样报答人家的，我就有戳手指头的本事，我想给他做双鞋子。你拿这根线去量量他的脚，一根量宽，一根量长。"

临走，妈妈又小声叮嘱我："莫给你舅舅瞧见。"

我把东西夹在腋下，看看四下无人，便朝空场上跑。场上集了舅舅的许多佃户，有的卸木板，有的喂牛，人喊马叫，乱成一片。舅舅正拿支笔登记木板。高大爹也站在人群当中，抬着头，焦急地四处张望。

我悄悄溜到他身边，扯了他一把，他看见是我，焦急的眼光一下就变温和了。我拉紧他的手，到了僻静处，在一棵石榴树下坐着，把糯米粑粑拿出来给他说："妈妈叫我送给你的。"

他嘿嘿地笑着，又用手心去擦嘴，一时不知怎样才好，好半天才说："多谢你妈妈。"我说："你快点吃吧，一定饿啰。"他拿起粑粑，连着咬了几大口，一口气把它吃完，又用他粗大的手指把衣襟上的糖屑拈到嘴里去。然后喘口气，转过头来望着我："这几天，你舅舅派好几起人上山，逼着给他送木板。昨天烧晚饭火的时候，又来一起人，垫着脚就叫走。牛又走得慢，紧赶慢追，走不到十几里，天就黑透了，只好在牛车底下过了一夜。今早一起身就赶，到这阵还没摊着口水喝。"他眨眨眼睛，看看天，天很蓝，几片石榴叶飘到地下。他抬起手来指指远处说："你瞧场上像蚂蚁子赶街，你舅舅每块板子都要细量，哪阵才喊得着我!唉，人吃累倒是小事，庄稼等不得人啊，将来要是交不上租……"

一层阴翳遮去了高大爹的笑容，他默默地低下头来。我从来没见他这样忧愁过。他顺手摘了一根草，把它截成几段。

沉默了好半天，我忽然想起妈妈交代的事，赶忙掏出线，没头没脑地对高大爹说："把脚伸出来!"高大爹茫然地看着我。我蹲在地上，扳住他的右腿，拉着线的两头，比他的脚。我说："妈妈要给你做鞋子。"

想不到他竟大笑起来，而且笑得那样响："喊你妈妈还是给我打双铁掌。"

"不准你笑啦，瞧你笑得晃来晃去。"我完全大人气地命令他，"喊你莫动，老老实实站着!"

他勉强忍住笑说："我一天走遍深山老箐，鞋子，哪能陪得起我这双脚。"

我正经地说："憨包，逢年过节就可以穿嘛。"

我量完，仔细把线绕好，小心地塞进口袋。像妈妈做完一件事时那样吁了口气，拍拍身上的灰。高大爹又爆发一阵大笑，连连用掌心擦眼泪。我说："莫笑啦，我要问你正经话。你这几天可看到石林？"

他忍住笑，故意板起脸来说："一拉开我家大门，它就伸起头看我。有一天，我起得很早，树上的雀鸟都还没叫，我看见一个人背着弓箭，从石林里转出来，蹲在水滩旁边磨刀。"

"你哄人，你哄人！"我不相信，打着他的手掌心。

"当真的，他还回过头来看我一眼。"他更加做出严肃的样子。

"你为哪样不拉住他？"我说。

"等我去拉他，他不见了。"他惋惜地说。

"那你领我去你家。我们夜里躲着，等他一下来，我就一把抱住他的脖子。"我一边说着，就抱住高大爹的脖子央求他，"你领我去嘛。"

"我不敢领你去。"他故意睁大眼睛表示拒绝。

"为哪样？"

"我家养着老虎豹子。"

"是关起养还是放起养？"

"放起养的。"他一本正经地说。

"等我去，你把它们关起来。"我说。

"我家没有给你吃的。"他又笑起来。

"没有吃的，你为哪样还活着？"我还是不信他的话。

"我吃的东西，你吃不得。我啊，土疙瘩当饭，石头当枕头，棕巴掌当被盖……"他还要说下去，我就使力扳他的大拇指。他又说："你妈妈不准你去。你怎么办？"

"我妈妈准，我是我妈妈的独囡。我要去，她舍不得拦我。"最后我小声说，"你领我去嘛，我给你当囡。"

"我怕你舅舅。"他半真半假地说。

一提舅舅，就如晴空飞来一堵黑云，我转过背嘟囔着："舅舅也不能杀了我，我又不是他养的！"我赌气要走，"不领我就算啰……"我急得要哭。

"领你去，领你去，大爹给你说着玩的。"高大爹慌忙搂住我说，"大爹来接你，大爹在寨子里借匹小花马给你骑着。"

"我不骑，它会踢人！"我还生着气。

"大爹借匹乖马，上头放两只花箩，铺上蓑衣，平央央的，坐着绣花都掉不下来。"

我还是不说话。

"大爹领你进石林，那石林又高又大，摸不熟的就像进了孔明摆的八阵图，三天三夜也转不出来。可是大爹找得着路。大爹领你去看扎营盘的地方，那里还留下石碗、石钟、石磨……大爹找个石碗给你。大爹还找得着鸡㙡菌，我们拾一提兜回来。"高大爹摸了摸我的头发，"啊，对了，大爹还领你爬上顶高的那座石头，站在上头，一伸手就够得着云彩。大爹指给你瞧黑龙潭、双龙坝……你只要不嚷，还能听到大叠水的瀑布响……"

"我还要你拿着笛子，在顶高的石头上吹，让我妈妈都听得见。"我听得兴奋起来。

"大爹给你吹，只要你不瞌睡，大爹给你从天黑吹到天亮。"

"我们还等那个人……"我高兴地说。

"等，等，我们夜里就去，用朝阳杆点起火照亮……"

这天晚上，我和妈妈睡在床上，便要求她让我去松山玩几天，她起初不肯，经不住我厮缠，才答应等舅舅出去收租，就让我走。

想不到好机会竟来得这样快！

这两天，舅舅常不在家，只听说他和大队长商议事情。有天晚上，夜已很深了，妈妈正给高大爹赶做鞋子，我也不想睡，坐着看妈妈剪笋叶和棕。这时候，外面响起舅舅的脚步声，妈妈赶紧吹熄了灯。谁知舅舅不但没有骂，声音反比平常温和些："大姐，睡啦？"

妈妈装做睡着的声音"嗯"了一声。舅舅叫妈妈明早鸡叫头遍就做饭，说他要出远门。

第二天，只见舅舅和大队长坐着滑竿出城，后面跟着箱子、铺盖和十来个团兵。听舅母讲，这一去，总得个十天半月才回来。

舅舅走这天，恰巧是赶街的日子，街子还没齐，我便去找高大爹。我一见高大爹，便上气不接下气地喊："高大爹，你来接我吧。"我靠近他的耳朵说，"我舅舅出了远门。"

"哦，开笼放雀啦！"他呵呵地笑个不住，"明天我就来接你。"

这一天，他很早就把烧柴卖出去，割了肉，称了盐，买了米，还买了豆腐。临回去的时候遇见我又嘱咐："春喜鹊一叫你就起来收拾，懒姑娘就拾不到鸡㙡啦。"

我像热锅上的蚂蚁，恨不得把太阳拉下山去。好容易挨到天黑，妈妈又去捶草。高大爹的鞋子还没有上好。我催了几次，她才解了包头布，走进房来。见我收拾好一大包东西，笑着解开来，只见手巾、棉衣、鞋子，还有过年时她给我的压岁钱，滚得一床都是。妈妈笑起来："看样子要在松山落户啦。"

妈妈又重新给我整理一下，把用不着的东西拣出来。但是那只小烟盒我坚持要带。还有端阳节的香包，我要拿去送给山上的小伴。

妈妈坐在灯下上鞋。我一句话也不说，心早已飞到松山去了。不知道什么时候，我忽然觉得自己进了石林，只见每座石头都发出五颜六色的光彩，上头长着鸡㙡菌，比荷叶还大，可以当伞打。一会儿，忽然有只鸟叫，我抬头找那只鸟，原来是个背弓箭的人坐在那里吹笛子。我叫了一声，那人又变成了高大爹。我喊高大爹拉我上去，他又不理我，我一急，忽然醒了，睁开眼睛，满屋子亮堂堂的。我一骨碌爬起来，忙忙乱乱地吃了点面，换上花衣裳，嚷着要走。

因为怕舅母讲闲话，只告诉她我去亲戚家玩几天。妈妈把我送到大桥上。一到大桥，我才怪自己来得太早，卖短工的人还有许多站在那里没被喊走，高大爹就是插上翅膀，这阵也还飞不到。妈妈不能多耽搁，把包袱放到我肩上，再三嘱咐我："要听高大爹的话。""莫一个人山丘野马地跑，小心遇着豺狗，玩两天就回来。"我也没听清她还唠叨些什么，只随口答应着，眼睛却望着桥那边的路。

我站在桥头，伸长脖子，只要大路那头有个黑点，就等着他过来。看见老远有个拉马的，心便快乐得嘣嘣跳。不知过了多少个拉马的，却没有一个是高大爹。

卖短工的人不知什么时候散完了，又换上些卖豆腐青菜的。一会儿，卖"米线晌午"的也摆开摊子，还是没见高大爹的影子。

难道高大爹生病？不会。是不是他记错地方？也不会，这是昨天他自己决定的地方。我看看天，明晃晃的太阳没有了，那又白又亮的云也不见了。桥那头刮过来一阵风，跟着下起小雨，我的心恐慌极了。

这时，我看到大路那头涌过来一蓬人，有的丢掉了扁担，有的帽子掀落在一边。紧接着过来一队团兵，押着一批撒尼人，有老有少。看见撒尼人，我也顾不得害怕，往人缝中直挤。我的眼睛慌乱地追随着走过的人，一个一个地盯着他们瞧，等到被押的人都走完，并没有看见高大爹在里边，我被吊在半空的心才算放下来。

桥头上一下聚起许多人，大家七嘴八舌地议论。据说，有一天，松山的撒尼人走到一个山箐里砍柴，看见箐沟里有一堆飞机的残骸，旁边有些砖头，有的埋在土里，有的上了很厚的锈。撒尼人看见这些砖很整齐，便把它们拾回家去。有的人家拿来垫猪槽，有的就用它支罗锅，这些砖被火一烤，露出了黄澄澄的颜色。撒尼人以为是铜，便拿上街找铜匠打罗锅。哪晓得那是金砖!听见金子，团防大队长红了眼，勾结县长和乡绅，带着团兵进山。一进松山，扎起寨子两头搜，墙缝都掏遍，地挖进几尺深，搜出来的金砖压死驮马，还不心足。又将撒尼人的家具什物掷的掷，抢的抢。最惨的莫过于严刑拷打，比水桶高不多点的娃娃也被赶到场上，要从他们身上敲出金子!可怜有个老大嫫，吊起手脚还不算，又在她身上加一扇石磨，登时就断了气。撒尼人忍到不能再忍的地步，老老少少才从家中赶出来，镰刀斧子一齐上，劈了这些丧良心的。舅舅和大队长要不是跑得快，也和那十几个烂团兵一齐进了石洞。昨天晚上，县长得着信息，连夜派出团防大队去剿。听说又杀死好些撒尼人……

听完这些叙述，众人好像经受过一场苦打，人人垂下头，慢慢走散。有些老年妇女也揩着眼泪回去了。桥上只剩下我。我不想走，还是望着桥那头。这阵，雀鸟不叫，风也不吹，雨也停住了，四周像墓地一样荒凉。我感到无依无靠，很害怕。不知是哪家的马，猛然长嘶一声，仿佛撕裂了这阴惨惨的天空。

大路那边又卷来一队人，枪上插着刺刀，里三层外三层地押着一批撒尼人。这些撒尼人个个五花大绑。中间有个人，个头比别人高，他歪着头，麻布背心被撕成条条碎片，身旁有两个人架着他，他一拐一拐地向前走，他的每一步都显得沉重艰难。他脸上糊满了血污，分不清眉目，但一双眼睛却像闪电似的炯炯发光，从里面喷射出仇恨的火焰。那人走近了，更走近了……我全身颤抖，心收缩着，喉咙像被人掐着，我的眼睛什么都看不见了!我冲到团兵的刺刀前，有个老人的声音在我耳边说："姑娘，你莫找死……"我还是不顾一切地猛扑，一直冲到高大爹的面前，嘶哑地喊了一声："高大爹!"他好像听见我的声音，站定了脚，死死地盯着我。啊，他认出我来了，一瞬间，他的眼光变得这样慈爱，这样柔和，这样温厚啊……他想要伸手来抱我，嘴里唤着："小囡，小囡!"可是他的手反绑着，伸不出来。这时，一支枪柄朝我身上打来，高大爹踉踉跄跄地用身子挡住了，枪柄打在他的胸膛上，他摇晃了一下，又站定脚。接着，又是几个枪柄向我们打过来，高大爹全身扑到我身上，枪柄就像雨点似的在他的肩上、背上、腰上、腿上捶击着，我们两人终于被打倒在地上。一个团兵头目跑过来，他手上还沾着血迹，一把抓住我的头发，把我从高大爹的腋下拉出来，顺着地面向人群外面拖。高大爹吃力地挺起身来，喊了一声："放开她吧……"在他的眼里，我第一次看到求人的表情。团兵头目狞笑着，把我掐得更紧了。高大爹吃力地挺起身来，愤怒地逼视那个人，一脚，踢倒了那个团兵头目，他夹在腋下的枪飞出好几丈远……那些被绑着的撒尼人个个都忍不下去了，有一个挣脱了绳子，就和团兵格斗起来，整个团兵队伍一阵大乱，街上人声沸腾，枪声、马蹄声混成一片……

高大爹他们终于被几百个团兵押走了。

我被摔到大路旁边，背在身上的小包袱，不知什么时候被刺刀挑破，那双给高大爹的鞋子，早已踩成了泥团。小香包也不见了。我看见高大爹给我的烟盒掉在尘土里，一只大脚正踩着那个背弓箭的人走过去，另一只脚又踩过来!我力竭声嘶地喊着"高大爹，高大爹"，手里捧着烟盒。高大爹折回头来，声音悲怆地说："小囡，大爹还要来接你的……"想不到，这硬汉的眼睛里竟闪着泪光……

我最爱的高大爹被押走了，被亮晃晃的刺刀押走了!我捧着他送给我的烟盒，对着那个背弓箭的人呆呆地看着，我觉得，从他的眼睛里也滴下了两颗泪水。

风又吹起来，用它疯狂的翅膀卷断了那棵松树的枝丫，松树挣扎着，终于峻拔地挺立在大地上，傲视着它对面那座阴森森的铁塔……

一九六二年二月于广东新会圭峰山

（原载《人民文学》1962年第7期）

李　纳（1920～）　女，彝族，云南路南人，中共党员，中国著名作家。1943年毕业于延安鲁迅艺术文学院文学系，历任延安中学语文教员兼年级主任，《东北日报》副刊编辑，作家协会作家支部驻会作家，安徽文联专业作家，人民文学出版社编审，作家出版社编审，中国作协第四届理事，第五、六、七届全委会名誉委员，少数民族作家协会常务理事。1945年开始发表作品。1949年加入中国作家协会。著有短篇小说集《煤》、《明净的水》，中短篇小说集《李纳小说选》，散文集《弱光下的留影》等。长篇小说《刺绣者的花》获首届人民文学长篇小说奖。

圭山散歌

□□公　刘

给撒尼民族

哎，你这个爱吹军号的民族，
你这个爱打羊皮小鼓的民族，[1]
每个女子都像阿诗玛那样坚强，
每个男子都像阿黑那样英武！
我看见，在斗牛[2]的日子，
你牵起那长着驼峰的大黄牯；
你笑着，它却吼着，用蹄子蹬起尘土，
催促你带它去角逐……

而在抬跤[3]的盛会上，我看见
那个战胜的英雄正是你，迈着阔步；
火热的炮仗和深情的眼光都落上你的胸脯，
全不怕烧破那整匹的崭新的红布……

当然，我也见过你的狂热的夜晚，
月琴、笛子和口弦彼此应和，
我仿佛置身在一群自由的茨冈中间，
哦，爱情竟能这样的勇敢和赤裸……

但是，当我咀嚼着你亲手捏成的麦疙瘩饭，
就不能不想起那支忧郁的歌：
"我们是云南人，云南圭山人，
没有棱的荞麦啊[4]，老实苦……"

冬天来了，北风钻进了你的茅屋，
可是，为何你的衣衫还这样单薄？
难道能永远把希望寄托给明早的日出？
难道一块羊皮一堆火，你就真已满足？

于是，我看见你的最早的一批共产党员，
反叛了这种简陋而又贫困的生活，
他们带领着你们全体，奔上了新的道路，
建立了第一个和第五百个互助组……

坚强而英武的民族，让我们一同来想像吧，
想象你明天的创造和财富，
咦，旱地哪儿去了？原来变成了水田；
咦，荒山哪儿去了？原来栽满了果树……

是的，你的善于操劳的双手，
将要得到千百部机器的帮助，
就是耕地再多三倍也不会疲倦呀，
回家来还可以读两小时用撒尼文写的新书[5]……

不是节日的夜晚，阿诗玛也穿着绸缎衣服，
而阿黑自然打扮得就更加英武，
公房[6]，早已改造成了共产主义青年团的
学习知识与锻炼身体的俱乐部……

哎，你这个爱吹军号的民族，
你这个爱打羊皮小鼓的民族，
快排好威风凛凛的队伍，像童话中的神马一般，
去完成超越历史的飞渡！

石林[7]，撒尼的灵魂

我从远山上眺望石林，
石林像一队森严的士兵，
披着铁灰色的梆硬的盔甲，
无数尖利的刀斧直指天空；
它们警卫着圭山的旷野，
多少次啊，保护了撒尼人不受欺凌！

我的向导，一位六十岁的老人，
他带领我在崖石的海洋中游弋，把历史的奥秘探寻；
我们吸紧小腹，蛇似的侧身在壁缝中穿行，
我们像猿猴一般把高耸的哨石[8]攀登，
我们又踩着乱石下到洞穴深处，
那里的风尖得像刀子，冷得像冰……

老人对每一座石壁都这样熟悉，
每一块石头都刻得有斑斑血痕；
他告诉我：哪个岩洞住过哪个寨子的义民，
在哪里是他们舂米的窠臼，
在哪里是他们饮水的泉井，
当年赵官[9]又在哪里竖起了蓝色的长旌……

仅仅是在七年以前，有一支小小的
神勇的红色游击队又在这儿藏身，
石林用慈母般的心肠庇护着各族的儿女，
但对爬进来的白匪则一律割断头颈。
什么皇朝，什么“民国”，暴政来了又去了，
不朽的石林却永远属于不朽的人民！

我不知道曾有多少勇士在石林献出了生命，
我也不知道他们临死前是怎样嘱告着后人，
我只能怀着虔敬的心情默默地挖掘，
我从地下掘起一些铜钱、弹壳和瓦钵的碎片，
也从地下听见了一个响亮而清晰的声音：
看啊，倔强的有着磨不钝的棱角的石林，
它仿佛是撒尼人的勇敢的灵魂！

红色的圭山⑩

在许多赤裸裸的石灰岩中间，
圭山，绿得像一块翡翠，
我走着，轻轻地轻轻地走着，
生怕磨损了它光洁的表皮。

圭山的冬天是寒冷的。
雪花紧偎着大地，希望快点融化了自己；
冰凌子却傲慢地挂在松树和杉树上，
像双刃刀片那样锋利……

过去我没有来过圭山，然而
我有无数的同志在这儿打过游击，
既然我走着他们走过的路，
就不能不把他们的故事一一回忆，
觉得眼前这一切仿佛都曾经历。

难道在我的血管中奔流的
不正是和他们同样忠诚的血液？
那么，我为什么不可以幻想曾在这里倒下，
而我的血滴向圭山，像一朵朵鲜红的玫瑰？
我认为此刻我正是那些同志的代表，
无论他们是仍然活着或者已经死去，
也无论有没有在圭山吞过冰凌喝过雪水；
所有为祖国战斗过的，都有自豪的权利。

看，在我眼前突然发生了奇迹！
（圭山，现出了它的本色！）
一块翡翠忽而变成了一块红宝石，
它闪着光辉，像活的火焰，像党的旗帜，
也像你、我、他，每一个革命战士的血液……

一九五五年元月十四至十七日，圭山尾则

（原载《人民文学》1955年第六期）

公　刘（1920～2003）　原名刘耿直，江西南昌人，中共党员，中国著名诗人。1942年毕业于中正大学。1948年参加全国学联，历任学联《中国学生报》编辑，香港《文汇报》校对、编辑，香港中国新文学学会宣传干事。1949年参加解放军，历任昆明军区政治部文化部助理员，总政文化部创作室创作员，《火花》文艺编辑，安徽省作协专业作家，安徽文学院院长，编审。中国作协第三、四届理事。1940年开始发表作品，1954年加入中国作家协会。著有诗集《边地短歌》、《在北方》、《白花·红花》、《离离原上草》、《母亲——长江》、《骆驼》、《大上海》、《公刘诗选》，长诗《阿诗玛》(合作)、《神圣的岗位》、《黎明的城》、《望夫云》、《尹灵芝》，短篇小说集《国境一条街》，电影文学剧本《阿诗玛》，评论集《乱弹诗弦》、《诗路跋涉》等。《仙人掌》获全国第一届新诗一等奖，作品还获1953年西南军区文艺检阅一等奖、1983年中国作协优秀新诗一等奖。

注释：

① 撒尼：即彝族的一个支系。撒尼人村村寨寨都备有军号、小鼓，每逢集会、送粮、贺功等，就吹打起来，十分威武。

② 撒尼风俗之一。

③ 即角力，撒尼风俗之一，胜者“挂红”（红布）。

④ 荞麦有两种：有三个棱的叫甜荞，没有棱的叫苦荞。

⑤ 撒尼人仅有一百多个象形文字（此处有误，实有一千多个单字——编者注），而且识者极少；他们希望创造新的拼音文字，以解决学习中的语文不一致的困难。

⑥公房，撒尼人少男少女的谈情游乐场所。

⑦石林，在云南省路南县城东北九公里处，岩柱林立，头角峥嵘。

⑧撒尼人历代反抗封建反动统治者的斗争，都与石林有密切关系，义民以石林作为根据地，神出鬼没，使“官军”望之生畏。在石林外缘的最高峰上，设有哨兵，方圆十里内了若指掌。我把这些石岩叫作“哨石”。

⑨赵官，百余年前的一个撒尼领袖人物，曾统帅数万人起义反抗满清暴政。旗号为蓝底下镶白边两条。但赵官本人后来叛卖了农民阶级，接受招安，封官晋爵，并变为大地主，随即又遭当时统治者的屠戮。这一场农民暴动便以失败而告终。

⑩1947～1949年间，圭山是云南各族人民开展革命游击战争的主要根据地之一。

石林之歌

马加

到了云南的石林，不会唱歌的人也唱起赞美歌来。

这里真是天造奇观。平地起骨朵，无边无际的青石林，密密簇簇，重重叠叠，成为一片秀丽的大龙竹林子。千形万状，姿势翻新，大气磅礴，最伟大的艺术家也难塑造出这样雄伟的形象。

这里真是异境天开。石窟琳琅，千窗万户，一齐开放，打开了大自然的神秘，使人眼花缭乱。它比宫殿还要堂皇，比宝石花还要美丽，比迷宫还要神奇；说不尽的曲折奥妙，前后通连，左右逢源，一处处净是别有洞天。如果没有向导带路，一定会迷失路途。

我很感激石林招待所，他们给我找了一位好向导。向导叫老韩，是一个勤劳朴实的中年人。披着一件毛蓝制服，穿着一双麻绳草鞋，拎着一根棍子，领我看遍了石林的景致。每到一处，他总是殷勤地给我介绍它的名称、特点和来历。我们在石林丛中发现一处绿油油的水池，池水映着石峰的倒影，衬着茸茸的青草，碧色一片，一尘不染。他告诉我：这里是剑峰池。过去，是撒尼人的饮水池塘。我们在石屏环绕中找到一块草坪，当中坦平宽敞，四围长着圆叶子的苦梨树，一年开到顶的老来红，还有海棠花和芙蓉花，形成一座天然的花坛。他告诉我说，这里是跳舞场。每年旧历六月二十日(应为旧历六月二十四日——编者注)，是撒尼人的火把节。撒尼人举着松枝火把，到这里来摔跤跳舞。我们又走进一条蜿蜒的石窟。上面是石棚，左右都是石壁，前有春火药碓，后有古石水井，布局非常严密，成为一个隐蔽的部落。他对我说：这里是赵倌扎营。赵倌是撒尼人过去一个领袖，在清朝咸丰年间，带着群众抗拒清廷的苛税杂捐，依靠石林的天险，在这里扎下了营盘。接着，我们又走过无数条曲折的石径，无数条的石缝和石壁，爬过石梁的脊背，上了石林的顶峰。那里又高又遥，又窄又陡，一步一紧，一步一险，简直像上刀山一样。三尖两刃，六棱八角，比锥子都尖，比刀子都快，比悬崖都险。石林顶上的化石分裂成两截，简直要掉下来砸脑袋。

“这里是石峰顶，你看多好啊！”老韩说。

我站在石峰顶上，向前一望，无数的石峰像是海涛掀起的水柱，千条波，万条浪，汹涌而来，简直使人头昏目眩。远远的剑峰池又是多么碧绿呵！一波不起，宁静得像一面镜子。

老韩告诉我，石林有悠久的历史。能够参观这个又惊险又美丽的剑峰顶，才算没有白来。他又说：

“你要想了解撒尼人风俗，就得逛一逛跳舞场。”

晚饭后，我和老韩到招待所的院子里来。院心长着几棵青松，松树下设着石桌石凳，还摆着茶碗茶壶。右边是石林公社的村落，左面是像画一样的石林，迎着淡淡的月光，显出层出不穷的各种姿势。

夜里非常寂静，天空晴朗，月色溶溶，石林披上了朦胧的光辉。夜风徐徐吹来，飞檐下的铁马不时发出叮当的声音，非常醒人。老韩坐在石凳子上，敞着衣裳，一边喝着茶水，一边给我介绍说：

“这是剑峰池里的水，味道不错吧？”

“不错，我觉得有股清香。”

“你很喜欢剑峰池和剑峰顶吗？”

“我很喜欢，还有赵倌扎营和跳舞场。”

我坐在石凳子上，回想着白天游历赵倌扎营和跳舞场的情景，印象是那么深刻。我从那些遗迹上，联想起撒尼人的生活历史来，引起一种钦佩和好奇的心情。

谈起撒尼人的生活来，老韩有声有色地说：

“撒尼人是一个勇敢勤劳的民族，又是一个能歌善舞的民族。每年六月火把节，青年男女都到跳舞场跳舞，唱着山歌，相中了就找对象，婚姻是非常自主的。”

“他们找对象，一定要等火把节吗？”

老韩喝了一口茶水，望着前边苍青色的石林，神秘地对我笑一笑。

“我听说在今天晚上，石林公社有一对撒尼人青年男女，带着毡子，要到石林那里去谈一夜。”

老韩介绍了关于撒尼人的一些风俗习惯，激发起我的好奇心。我钦佩他们过去的勇敢传统；我也羡慕他们现在的幸福生活，我多想到石林公社去，看看他们今天的幸福的生活啊！

月亮升起来了，泻着银色的光辉，远近一片幽静。大约过了十一点钟，我回到寝室，默默地躺在床上，脑子里翻腾着石林的景致，一会儿想到剑峰顶，一会儿想到赵倌扎营，一会儿又想到撒尼人的生活……很久不能人睡。我侧着耳朵听，夜风还在吹拂，飞檐下的铁马不时叮当地响着，还有一阵清脆的歌声，仿佛从石林那里传出来。我悄悄地披上了衣裳，下了台阶，走到院心的石桌旁边。老韩看见我来了，问我说：

“你没有睡吗？”

“没有睡。你净坐在外头了？”

"可不是呢！"

"你听到石林那里有什么动静吗？"

"听说撒尼人两个青年男女，今晚上不到石林来了。"

"为什么？"

"大概石林公社有事情吧！"

第二天，老韩领我到石林公社去。在石林公社的村口，竖立两根天然的石柱，标标溜直，带着青色的光泽。路两旁长着茂盛的橄榄树和黄连树，还有两棵海棠。仙人掌开着一朵朵的黄花，还有红石榴花和白羊胡子花。在花枝招展的村庄后面，有一条长长的石林水渠，渠里的清水在潺潺地流动，穿过半山坡，一直淌到畦田里。撒尼人的男女社员正在畦田里插秧，娇绿的秧苗浮在水上，绿茸茸的一片青。

这工夫，石林公社生产队的柴队长刚从畦田里回来。挟着棕树皮制成的雨衣，穿着撒尼人的麻布上身，戴着长舌便帽，裤脚上沾着泥点子，黑胡茬浸着汗珠。他一边擦汗，一边对我们讲起石林公社突击插秧的情形。

老韩称赞说："你们石林公社可争了上游。"

柴队长谦虚地笑了笑："为了力争上游，青年小伙子都摞上了劲，昨天晚上开了半夜会，互相挑战，不把插秧任务完成，什么也不干。"

老韩望了望柴队长，忽然领会地说："昨天晚上，我听说你们公社有一对青年男女要到石林去。原来他们开了会，怪不得没有出来。"

柴队长推着头上的长舌帽，神秘地笑笑。

"我不是说过吗，小伙子都摞上劲啦，趁着石林水渠里有水，赶紧插上秧。"

我问道："你们过去没有开过水渠吗？"

柴队长抖一下棕树皮制的雨衣，对我苦笑了一下："同志，你提到过去吗？过去撒尼人是靠天吃饭的，不知道修水库。渴了就到剑峰池去挑水。有雨就种地，没雨就到山上去打柴。种一年地，半年吃糠咽菜。自从成立了公社，不但丰衣足食，去年还向国家缴售了十万斤公粮余粮。今年修好石林水库，增产更没问题。"

老韩插了一句："这都是共产党领导得好。"

柴队长点点头，又接着说："多亏共产党领导得好，撒尼人和汉族团结得好。我们修水库和石林水渠，附近几个汉族公社给我们来帮工，人多力量大，工程很快就完成了。"午间，撒尼人的男女社员从地里插秧回来，到食堂来吃饭，吵吵嚷嚷的，非常热闹。柴队长抽着云南的大竹筒水烟袋，望着青年男女社员，兴奋地提议说：

"客人来到我们社里，大家欢迎欢迎，给跳一场舞吧！"

参加跳舞的是撒尼人三对青年男女。三个小伙子：一个吹笛子，一个拉胡琴，一个弹三弦鼓。他们全是穿着一色的白麻布衬衣，披着蓝道白布坎肩，蹬着黄帮球鞋。他们又是乐队，又是伴舞。三个姑娘全戴着包头，青天红地，中间镶着亮晶晶的琉璃；胳膊上戴着银手镯，腰里扎着布带子，敞着宽裤脚，穿着绣花绒鞋。她们的步子又轻盈又准确，随着三弦鼓的旋律转动。左边跳三步，右边跳三步，一边跳，一边拍着手，从食堂门口一直跳到院当心，踏着零乱的椿树影子，快活地微笑着。

弹三弦鼓的是一个俊俏的撒尼人小伙子。高高的身材，圆圆的脸蛋，眼睛里闪动着跳动的火焰，望着撒尼人的姑娘，溶化成幸福的微笑。他一边弹三弦鼓，一边随着撒尼姑娘跳起舞来。

三对撒尼人青年列成两行，保持一定距离，一边拉胡琴弹三弦鼓，一边唱起石林之歌：

> 石林是个好地方，
> 全世界也是稀罕。
> 剑峰池哟，跳舞场，
> 怎能叫人不留恋。
> 石林像大龙竹钻天，
> 公社更上一层天。
> 跳起舞来，唱起山歌，
> 山歌唱着共产党。

在这六个撒尼人的青年里面，顶数弹三弦鼓的小伙子唱得最好，最有感情，也最活跃。

柴队长放下了大竹筒水烟袋，走到老韩的跟前，指着那个弹三弦鼓的小伙子，悄悄地说对他说：

"你提到昨天晚上要去石林的小伙子，就是他，他现在跳舞啦。"

我听着撒尼人青年唱的石林之歌，感觉到一种艺术的感染力量，给我极深刻的印象。我心里想：石林真是一个好地方，有着仙境一样美妙的境界；但是，生活在社会主义时代的撒尼人青年人，却过着比仙境更有诗意的幸福生活。

（原载《人民文学》1960 年第 8 期）

马　加（1910～2004）男，满族，辽宁新民人，中共党员，中国作协会员。1928 年开始发表作品，1949 年后历任东北作协主席，辽宁省作协、文联主席、省作协名誉主席，中国作协名誉委员，中国文联荣誉委员，辽宁省政协常委，中共辽宁省委委员，中共十二大代表。著有长篇小说《江山村十日》、《红色的果实》、《北国风云录》、《血映关山》、《在祖国的东方》、《滹沱河流域》、《登基前后》，中篇小说《开不败的花朵》等，另有《马加散文选》、《马加文集》。作品分获辽宁省优秀文学作品一等奖、首届满族文学奖、首届东北文学奖荣誉奖。

廉政文萃

【编者按】 自2006年6月起，石林县纪委、县监察局每季度向全县科级领导干部发一封公开信，至今已经发出16封，有的公开信融廉政教育与文学熏陶为一体，在干部群众中产生了良好的反响，为石林的廉政文化增添了新内容。现从中选取数篇，稍作删节，供读者研究和欣赏。

说说“知止”

我们都知道，动物长到一定的重量，就会停止体重的增加，例如猛虎，例如大象，例如猪，一味地长高长胖，就有可能失去行动能力；植物长到一定的高度，就会停止向上生长的欲望，例如包谷，例如水稻，例如花草和乔木，一味地伸展蔓延，就有可能站立不稳，甚至被风折断。汽车是要有刹车的，不知止，就会险象环生，甚至车毁人亡；人也一样，需要经常地停下来，静一静，想一想。李嘉诚先生在谈到企业管理心得时曾当众坦言：“过犹不及，知止不败”，这或许算得上他成功的经验之谈吧。

当然，“知止”不是什么新鲜话题。2000多年前，老子《道德经》言：知足不辱，知止不殆，可以长久。孔子说得更干脆：过犹不及——为什么“过”？当然是不知止了。曾子则在《大学》开篇即说：大学之道，在明明德，在止于至善。知止而后有定，定而后能静，静而后能安，安而后能虑，虑而后能得——曾子对“知止”是情有独钟的，“吾日三省吾身”，《论语》就特别记载了曾子的这句话。

其实，所谓知止，就是“知其所止”，就是志有定向，妄念不萌，外念不摇，事事适可而止，以泰然的心境，一步一步地去做事，不急于求成，不躁而偾事；在纷杂的外物、妖娆的尘世之中，求一颗安定从容之心，求一颗“止于至善”之心——“树欲静而风不止”，人的欲望和外界诱惑是何其的多，故知止而后有定。

无可否认，知止是一种境界、一种素质、一种修养。只有知止常止，做当行之事，戒非分之想，才能守住底线、管好自己，才不会在进退得失之间摇摆不定。知止，就做人而言，就是始终保持一颗平常心，不以物喜，不以己悲，不被名利所羁绊，做到胜不骄、败不馁，淡泊以明志，宁静以致远。知止，就做官而言，就是要一心一意谋发展，牢记宗旨用好权，心系群众不忘本，防微杜渐保清廉。

“从公仆到贪官只是一念之差，从功臣到罪犯只是一步之遥。”在现实生活中，诱惑就在眼前，教训就在身边，唯有“知止”，方能做好人，方能做好官。党员领导干部应该行止得当，常修从政之德，常怀律己之心，常思贪欲之害，常弃非分之想，从点点滴滴的小事做起，当行则行、当止则止，有所为有所不为，做一个善于“知止”的人。

知止的关键是“知”，因此需要加强学习，“格物致知”；需要坚定理想信念，不断提高理论修养和思想境界，明白该做什么、不该做什么；需要诚其意，正其心，慎其独。

知止不是不思进取，慎独不是压制个性。“人生而有欲”，这是自然规律，但贵在“知止”。唯有以“知止”为始，才能以“得”为终。也只有这样，才能避免不必要的烦恼，才能避免滑向人生的沼泽地。

“干部迈什么步，群众走什么路。”在当前开展的机关作风建设中，领导干部更应该知止常止，行止得当，端正作风，带头执行好“八条禁令”、“三条禁令”及县委关于作风建设“十不准”的规定和“六项制度”，切实转变工作作风，提高工作效率，为实现石林的跨越式发展作出更大贡献。

（2007年6月20日）

你的“心上人”是谁

谁是你的心上人？在你心中，你把谁放在最重要的位置？是你的亲人、朋友，还是你个人的“功名利禄、进退得失”？作为领导干部，除此以外，最重要的，还应该把谁放在心上？不要急于回答，也不需要你回答——当把一个属于个人隐私的问题升华为一个具有公共性质的话题时，让我们静下心来，扪心自问，好好地想一想，一起寻找一个共同的答案。

事实上，思考这个问题的人不只我们自己。

2008年2月21日，在市政协十一届三次会议闭幕会上，省委常委、市委书记仇和同志发表情真意切、震撼心灵的“八当”诤言。他说：当我们作决策、抓落实的时候，要想到这事关全市人民的生产生活，所以我们必须尽心、尽智、尽力、尽责，不能敷衍塞责；当我们住在宽敞的住房、使用便捷的车辆时，要想到还有相当数量的老百姓住茅屋草舍、以步当车，所以我们必须艰苦朴素，不能多占住房、滥用公车；当我们用纳税人的钱，改善办公和接待条件，甚至享用着夏无酷暑、冬无严寒的办公和接待设施时，要想到农村还有部分老百姓的住房夏天是“火炉”、冬天是“冰箱”，绳子是“衣柜”、吃的是“杂烩”，所以我们必须牢记“两个务必”，禁奢止侈；当我们接待客人举杯畅饮时，要想到还有一些老百姓少衣寡食、生活困难，有的甚至一辈子未吃过一桌完整的宴席，所以我们必须勤俭节约，不能铺张浪费；当我们外出开会想以会代游的时候，要想到农村还有部分老人一辈子连县城甚至小城镇都没到过，所以我们必须洁身自好，不能公款旅游；当我们下基层为老百姓排忧解难时，要想到自己也是来自老百姓，所以我们必须和老百姓打成一片，不能“演戏作秀”；当我们的亲属想借助我们的权力和影响谋取私利的时候，要想到还有一些老百姓可能呼天不应、叫地不灵，办事无助、孤立无援，所以我们必须严格管好家属、亲属、下属，不能怂恿放纵；当我们坐在主席台上作报告作部署的时候，要想到台下有许多人威望更高、能力更强，所以我们必须谦虚谨慎，不能居高临下，颐指气使。

仇和同志的“八个当”紧接着“八个要想到”最后是“八个必须”，感人肺腑，催人警醒，令人振奋。他还说：人民群众是我们的衣食父母，是加快发展的最大力量和永恒动力。这里我郑重地呼吁，昆明全市公职人员必须始终保持一心为民的公仆情怀，时刻牢记全心全意为人民服务的根本宗旨，永不停息实践“三个代表”重要思想，心中装着老百姓、脑中想着老百姓、一切为了老百姓，带着良心和感情干工作，怀着道德和伦理创事业。

你的心上人是谁，应该把谁装在心中，想必你已经明白了。

2008年3月18日，十一届全国人大一次会议胜利闭幕。会后，国务院总理温家宝在会见中外记者时说：我和我在座的同事们都懂得一个道理，只有把人民放在心上，人民才能让你坐在台上。“民之所忧，我之所思；民之所思，我之所行”，总理心中，人民最重。他说的道理，令人钦佩，也令人深思。

你的心上人是谁，应该把谁装在心中，想必你更加明白了。

群众在我们心里的分量有多重，我们在群众心里的分量就有多重。你的“心上人”是谁？原来这个问题并不复杂。一个领导干部只有把人民群众真正放在心上，才能坚持把群众满意作为最高工作标准、把服务群众作为第一职责，想群众之所想、急群众之所急、办群众之所需；才能坚持把便民、利民、惠民作为首要工作目标，不与民争利、不与民抢功，踏踏实实为群众办实事，真正做到高效率、快节奏，召之即来，来之能办，办之能成，无条件、无阻力、无障碍地为基层服务、为百姓服务；才能以为群众诚心诚意办实事、尽心竭力解难事、坚持不懈做好事的良好风气扎实推进全县经济社会发展软环境建设。

把人民群众放在心上，让人民群众成为你最亲密最重要的“心上人”，带着良心和感情干工作，怀着道德和伦理创事业，坚定不移地践行全心全意为人民服务的宗旨，你必将获得无比的崇高和快乐。

（2008年3月25日）

听鲁迅先生讲故事

1925年4月29日，时年44岁的鲁迅先生在北京写就了《灯下漫笔》这篇对国民性进行剖析的文章。在文章的开头，他讲述了一个自己和“钱”有关的故事。

鲁迅先生说，民国二三年，银行忽然停止兑现货币，当时他怀中还有三四十元的中交票（中国银行和交通银行发行的钞票），“可是忽而变了一个穷人，几乎要绝食，很有些恐慌”，后来黑市中终于有钞票兑换为现银且比例为“六折几”时，“我非常高兴，赶紧去卖了一半；后来又涨到七折了，我更非常高兴，全去换了现银”。鲁迅先生坦言：倘在平时，钱铺子如果少给我一个铜元，我是决不答应的。“但我当一包现银塞在怀中，沉垫垫地觉得安心，喜欢的时候”，鲁迅先生却“突然起了另一思想”，得出了一个可悲且可怕的结论：“我们极容易变成奴隶，而且变了之后，还万分喜欢。”随后，他把笔锋从现实延伸向历史的纵深处，对国民的奴性（包括自己的）进行深刻的剖析和严厉的批判。

作为新文化运动的先驱和勇士，鲁迅先生以硬骨头而为人赞誉。但他并不耻于谈钱，甚至也像平常人一样惧怕贫困。金钱是无辜的，鲁迅先生在文中批判的是人性，而不是金钱。中国古代在制作钱币的细节上注意到了对人性的规范，其外圆内方的形状已然昭示了什么叫“钱道”：用钱之道外要圆融（便于流通），内要方正（平等交换），人的内心要方正，不可以歪着、斜着，这就是钱道。

“梦是好的；否则，钱是要紧的……”（鲁迅《娜拉走后怎样》）然而对于金钱，不同的人却有不同的态度：鄙视者，斥其为“阿堵物”，亲近者，尊其为“孔方兄”；视金钱如粪土者有之，舍金钱而取义者有之，见钱眼开者有之，利令智昏者有之，拜倒在金钱脚下，以身试法、身陷囹圄者亦有之。

需要特别指出的是，除了对国民性的批判，鲁迅先生已经毫不留情地点明了一个事实，那就是：我们极容易变成——金钱的奴隶，而且变了之后，还万分喜欢。鲁迅先生由钱而引发的最为惊心动魄的结论至今看来仍然具有深刻的现实意义——无可否认，这是一句真话——只是有的人欢喜得太早。

贪者常忧不足，廉者常乐无求。对于那些由人民的公仆蜕变为金钱的奴隶的腐败分子来说，他们贪得无厌心花怒放大把捞钱的时候——确实是欢喜得太早了。远的不说，就看看最近的事例吧。

岁末年初，人民网、新华网等媒体披露了2008年中国十大反腐典型案件，其中名列第四位的是重庆市巫山县交通局原局长晏大彬受贿案。巫山县是“国家级扶贫县”，晏大彬于2001年10月起担任该县交通局局长，至2008年初案发时，晏大彬利用职务之便，在该县公路、桥梁等工程的发包、修建过程中，为他人谋取利益，先后收受他人送给的人民币计2218.4万元以及1万美元，折合人民币共计2226万元，平均每天受贿近一万元，相当于该县年财政收入的20%。

2008年8月1日，晏大彬被重庆市第二中级法院以受贿罪一审判处死刑，剥夺政治权利终身，并处没收个人全部财产，受贿所得赃款予以追缴国库。同庭受审的还有其妻付尚芳，付尚芳因洗钱罪被判处有期徒刑三年，缓刑五年。一审宣判后，晏大彬提出上诉，2008年11月28日，重庆市高级人民法院作出了维持原判的判决。

当代学者黄卧云在《政治的道德法则》一文中说：“一个廉洁的官员，他所承担的道德义务，就是不要不属于自己的财物，这也是每个公民都必须履行的道德责任……当一个在会议报告中致力于以爱民、清廉的形象打造自己的领导者，却突然以另一种身份——罪犯或犯罪嫌疑人出现时，公众并不会感到惊讶，因为他在像随地吐痰一样谈论美德时，他说的是不履行道德义务的伪道德。”（《南风窗》2008年第1期）据说，晏大彬在案发前很长一段时间还是伪装得很廉洁的，随着案情的水落石出，他的“辉煌业绩”仍然让公众感到了“惊讶”，并一举成为“重庆第一贪”，其妻也成为因亲属受贿被以洗钱罪指控的全国第一人。

不得不承认，鲁迅先生的批判并没有随着时间的流逝而失去警示意义：“我们极容易变成奴隶，而且变了之后，还万分喜欢。”只是对于晏大彬这样的铁杆“钱奴”来说，面对处以极刑的判决，他真的还能够“万分喜欢”吗？

君子爱财，取之有道。已经有足够的案例警示我们，作为党员领导干部，一定要树立正确的世界观、人生观、价值观、权力观和金钱观。以权谋私，腐化堕落，沦为金钱或美色的奴隶，就其灾难性的后果而言，“放在昆虫学领域，可谓作茧自缚；放在人类学领域，就是典型的自掘坟墓”。

（2009年1月12日）

忽然想起南郭先生

《韩非子·内储说上》有个“滥竽充数”的故事，原文是这样的：“齐宣王使人吹竽，必三百人。南郭处士请为王吹竽，宣王说之，廪食以数百人。宣王死，湣王立，好一一听之，处士逃。”

南郭先生是否真有其人，无法考证，但齐宣王爱听音乐却确有其事——《孟子·梁惠王下·庄暴见孟子》就记载了齐宣王与孟子关于“王好乐”的一段对话，并成为“与民同乐”这一成语的典故。齐宣王爱听人吹竽，而且喜欢300人一起吹。不会吹竽但善于且敢于“吹牛”的南郭先生乘机混进300人的“皇家乐队”，每逢乐队演奏的时候，就捧着竽装装样子，靠着蒙骗混日子且不劳而获地白拿薪水。后来齐湣王继位，嫌300人一齐吹竽太吵太烦，故而要乐师们一个一个地吹竽给他欣赏。“滥竽充数”的南郭先生终于混不下去了，只好收拾行李逃之夭夭。

韩非子是战国时期法家的代表人物，史书记载，他说话结巴、不善言辞却善著书。韩非子煞费苦心地写出“滥竽充数”这个广为人知的寓言故事，肯定是有其用意和“现实”针对性的，至少可以这样推断：一方面是为法家的理论做宣传、为推行变法维新造势；另一方面也生动形象地说明了用制度管人管事即“法治”的重要性和必要性——南郭先生为什么会主动“下课”？当然不是因为良心发现，可以设想，如果不是因为吹竽的方式由合奏“变革”为独奏，没有真本事又怎样，“不作为”、“伪作为”又怎样，只要能混，他肯定还要混下去的。

一直以来，人们习惯于把南郭先生当做无才无能而占据其位、碌碌无为混饭吃的典型。然而这样说似乎又太委屈他了，“谁说我无才，无才我还能混进‘皇家乐队’、当上宫廷乐师吃上皇粮……”要是换在今天，也许他还会这样申诉：“谁说我无才，无才我还能进入公务员队伍、当上领导干部……”的确，这样评论一个人，似乎太伤自尊了，也不利于搞好团结——显然，从制度方面查找产生“南郭先生”的原因是更为合理的，因为“制度好可以使坏人无法任意横行，制度不好却可以使好人无法充分做好事，甚至会走向反面”。并且相对于善变的人性来说，制度更带有全局性、根本性、长期性和稳定性。

回顾自去年开展的经济社会发展软环境建设活动，就是以一系列制度创新为依托并强力推进的。2008年2月，昆明市拉开了打造“三最四低”经济社会发展软环境的大幕，制定出台了《昆明市领导干部问责办法》等规章制度，实施“工作成果倒逼法”，建立最严厉的问责制、最严格的限时办结制、最严肃的服务承诺制，精简行政审批事项、再造审批流程，推行“阳光政务”、“一线工作法”和“五办”作风，向社会公布全市领导干部电话，“一把手”通过媒体向社会公开服务承诺……在短短一年时间里，曾因办事拖拉、效率低下、执行力差，被外地客商斥为“像昆明的天气一样温吞”的干部形象得以“改头换面”，各级政府行政效能显著提高，各项事业取得非凡实绩。

“如果说2008年昆明是从宏观的角度打造软环境，那么2009年则是从微观的角度来建设软环境，将更具有针对性、更实在。”有媒体称：2008年被“赶着”一路小跑的昆明领导干部，今年必须主动快跑才不会“出局”。因为2009年昆明新政的关键词是“能者上，庸者下”。2月24日，昆明市委、市政府召开“行政效能提升年”和“干部作风改进年”活动电视电话会，此前昆明市已对外宣布，将围绕该项活动再出台“治庸计划”、“干部能力提升计划”、重大项目推进办法、政府政绩考核办法等十余项规章制度，继续改善昆明软环境。

制度仍是治本之策，治腐如此，治庸亦如此，而且制度的效果也是立竿见影。“2009要让南郭先生难立足”，有媒体评论说：这次的政策似乎更具有针对性，那些“混混官”、“太平官”的日子到头了……

山雨欲来风满楼，面对即将出台的“治庸计划”和众多媒体的评论，忽然间就想起了传说中的“南郭先生”。南郭先生是弄虚作假的“先驱”，平庸无能的“形象代言人”。一个人要想平庸，可以断言，几乎没有人或者说没有多少人能阻拦你。相信每一位领导干部都是自尊、自重、自信、自爱的，没有人愿意成为贻笑大方的“南郭先生”或“南郭女士”，更没有人愿意成为跨越发展道路上的“绊脚石”。

“平凡的人把平凡的工作做成伟大，平庸的人使崇高的工作变得卑下。”你别无选择——只有认真践行“拒绝理由、雷厉风行、狠抓落实”的工作作风，埋头苦干、真抓实干、拼命快干，干出实绩、干出特色、干出成效，才是拒绝平庸的唯一出路。

好风借力上青天，鹏飞万里畅寥廓。可以平凡，但决不要沦于平庸！

（2009年3月10日）

采菊东篱下

说起陶渊明，不少人都读过他的千古名篇《桃花源记》，知道他“不为五斗米折腰”的故事，欣赏他“采菊东篱下，悠然见南山”的潇洒与闲适。然而，抛开后世文人学者安放在他身上的“隐逸诗人之宗”、“中国头号乡村诗人”等荣誉和光环，仅仅用一种世俗的眼光来打量，与权力和金钱都搭不上边的陶渊明却更像一个失败者。

史书记载，陶渊明也算名臣之后，曾祖陶侃官居大司马、封长沙郡公，祖父、父亲也都做过太守一类的官。但渊明八岁丧父，自此家道中落，迫于生计，二十九岁时他“投耒去学仕”——放下农具奔官场，先后担任“江州祭酒”、“江州主簿”、“镇军参军”、“建威参军”等一系列不起眼的小官。不幸的是他“学仕”学得很别扭，或“不堪吏职”，或“因心不悦”，“学习成绩”始终上不去，每次都干不了多久便解职归田。四十一岁时，“因余家贫，遂见用于小邑”，经朝中做官的堂叔陶夔推荐，为了养家糊口，渊明再次出仕，做了彭泽县令。县令的宝座还未坐热（才八十多天），郡里的督邮到县视察，下属劝其“束带迎之”，渊明却愤然曰：“吾不能为五斗米折腰向乡里小儿。”遂挂印去职，并作《归去来兮辞》：归去来兮，田园将芜胡不归？既自心为形役，奚惆怅而独悲？悟以往之不谏，知来者之可追。实迷途其未远，觉今是而昨非……发了一翻感叹，自认为醒悟了、看透了，又回老家种田去了。

遥想渊明少年时，“少怀高尚，博学，脱颖不羁，任真自得，为乡邻之所贵”，“少时壮且厉，抚剑独行游”、“猛志逸四海，骞翮思远翥”等诗句更把他意气风发、大济苍生的理想和志向表露无遗。然而，阅尽史册，没有哪一章说渊明为官是成功的，他也在《归园田居》一诗中坦言：“误落尘网中，一去三十年。”渊明说自己为官是“误入歧途”，其实也等于承认了自己不会“当官”。

种田就种田吧，但渊明种田也很失败。他“守拙归园田”后，也曾有过几年“方宅十余亩，草屋八九间”、“欢会酌春酒，摘我园中蔬”的小康日子，然而好景不长，四十四岁时，一场大火将他的“八九间草屋”烧了个精光，全家只好寄住在小船上。后来举家迁至南村，重建草屋安家，虽然他“晨兴理荒秽，戴月荷锄归”，但生活每况愈下，如遇灾年和战乱，则“夏日抱长饥，寒夜列被眠”，甚至沦落到乞食的境地，如其诗所云：“饥来驱我去，不知竟何之！行行至斯里，叩门拙言词。”六十三岁那年，渊明贫病交加，于寒冬凄惨死去。种田不足以养家，到老不得安歇，渊明一败涂地至此，岂不令人心酸。

从权力和金钱的角度打量渊明，他当然是一个失败者。然而渊明在小传中总结自己时说：“不戚戚于贫贱，不汲汲于富贵。”他在《饮酒》诗中也说了：结庐在人境，而无车马喧。问君何能尔，心远地自偏。采菊东篱下，悠然见南山……此中有真意，欲辨已忘言。渊明淡泊超脱至此，显然已经懒得再作任何辩解了。

渊明活着的时候，与权利名位绝交，与荣华富贵无缘，贫穷一生，孤寂一生。他为生计而屡次出仕，却又不愿卑躬屈膝、苟且钻营、同流合污而屡次辞官；他躬耕田园自食其力，虽饥寒相逼屡陷窘困，仍以“但愿长如此，躬耕非所叹”的淡泊心态毫无抱怨地生活于农村——在那个相互追逐名利、崇尚权势地位的年代，许多人奔走于权贵之门，而他却和农民打成一片，现在来看，仍显得另类和可贵。

渊明的人品和诗篇，对中国传统文化的影响是深远的。鲁迅先生评价渊明说：“他的态度是不容易学的，他非常之穷，而心里很平静。”鲁迅先生似乎已在暗示，像渊明那样辞官归隐是不必效仿的，也是不易学到家的。

然而也有人急切地表示要像渊明那样辞官回家种田。比如今年8月被湖南省高级人民法院以受贿罪和巨额财产来源不明罪判处死刑、缓期二年执行的郴州市委原书记李大伦，在被“双规”期间曾表示：“希望党组织能够保留我的党籍，让我回常德桃源老家种田悔过。”无独有偶，广西壮族自治区政府原副主席徐炳松，也曾在悔过书中表白：“官是不能当了，希望能给我几十亩试验田，我用高科技来种田，为国家作点贡献。”平顶山市新华区原区委书记杜欣，因涉嫌受贿、贪污被查处时，也希望政府“能让他回家种田，只保留一个副地级待遇就行了”。

以上三位的弦外之音不外是：既然官当不成了，那就让我归隐田园，做个农民种田过日子吧！案发前很狂很无耻，案发后很傻很天真，如果渊明泉下有知，定会对贪官们的幽默表演报之一笑吧。

李大伦等贪官是应该鄙视的，但鄙视，并不证明你就高尚，如果鄙视并效仿着。1600多年前的“失败者”陶渊明是值得仰望的，但仰望，并不证明你就卑微——“我们是仰望大师的人，而能够仰望，已值得欣慰。持续的仰望，让我们略去生活中的鸡毛蒜皮，藐视生活中的低级趣味。”（刘小川《品中国文人》）

淡如秋菊何妨瘦，廉似梅花不畏寒。有感于此，故回眸遥望当年寂寞“采菊东篱下”的乡村诗人陶渊明。

（2009年10月9日）

遗臭碑为谁而立

1944年1月10日，对于石林人来说，是一个值得纪念的日子——66年前的这一天，全县各机关和全县民众为已经狼狈逃走的县长许良安立下遗臭碑。负责撰写碑文的，是当时已年届73岁高龄的李权之先生。

李权之先生名秉钧，生于1871年，家住县城南正街，曾设私塾授课，民国初年任县劝学所所长，参与过县志的编撰，是石林现代史上名声卓著的张炽、杨一波、杨立德和施祐等人的启蒙老师。

速朽的文章很多，但由李权之先生撰写的遗臭碑碑文却值得一再品读。李先生是熟知历史的，因此在碑文的开篇即指出：“古无有为贪官立碑者，有之，自路南始。”从这个角度来说，李权之也成了为贪官撰写碑文的第一人。

树碑立传，是中国古已有之的传统。“夫流芳遗臭，皆自人为，分道扬镳，亦各有别，其人而为流芳也，则碑从而芳之，其人而为遗臭也，则碑从而臭之。”李先生笔锋一转，对碑与人的关系作了一番阐述。

李先生写下这段文字的时候，也许会不由自主地想起光绪年间的一位路南州官——1887年，李权之16岁时，四川人陈先溶出任路南知州，在位11年间，他勤政爱民，廉洁自守，政绩卓著，离任后，路南百姓在州城北门墙脚树立了“路南知州陈公先溶去思碑”，以彰其功德，旌表思念之情。

同样为官一任，有的人造福一方，有的人却祸害一方。“其碑同，其所以利民害民则原各异。路南县长许良安者，实我邑空前绝后之贪官，去不有迹，何以惩前，臭既永遗，允堪毖后。”李先生写下这无限感慨的一笔，转而以纪实的手法，历数许良安在任路南县长时的种种恶行：

“该反动贪官，自到任后，巧取豪夺，恣意挟持，窒息民生，借端敲磕，到县甫及半载，搜刮已达数百万金，下乡流连二月，受害尽遍十三乡镇……种种贪赃枉法事实，指不胜屈。复于去岁十一月二十三日亲率武装政警，蹂躏县中，诬捕教师，学生以士可杀不可辱，情深师长，向至县府请愿，竟被杀伤至十余人之多。其摧残教育，杀害青年，实属丧心病狂，不复知世间有羞耻事。”

李先生寥寥数笔，已将许良安贪婪无耻、凶残暴虐的丑态刻画得“入石三分”。然而，诸多恶行，凭许良安一己之力岂能实施？许良安是首恶，那些仗势欺人、为虎作伥的部属又怎能轻易放过？满腔的怒火让李先生用更为严厉的词语写道：“其虎狼爪牙李国均、许恒安，驱膻鹰犬万云程、魏光祖，逐臭蚊蝇潘小巫等，复为之推波助澜，聚敛苛罚……”

一个贪赃枉法的县长，伙同那些推波助澜的“爪牙”、

"鹰犬"、"蚊蝇"，这是何等惊心动魄的共同犯罪啊。李先生沉痛地总结说："殊知，物极必反，不平则鸣。吾乡民风古朴，夙安耕作，从未有控官之恶习。兹迫于反动贪官淫威之下，忍无可忍，不得已而激成全县一致之控告，其赃证查有实据者已达四十八件之多。兹蒙上峰洞悉民隐，委员到县详查，该贪官所刮赃款，确实无虚，特予以撤换。然其在县一切卑污阴险劣迹实有足以遗臭万年者，若不为之刊碑勒石，使垂永久，何以抒众愤而戒后人也。爰为之记。"

需要特别指出的是，许良安于1943年冬畏罪潜逃，"上峰"详查后轻描淡写地给出一个"撤职"的结论——民众的愤怒和失望可想而知。李先生以世事洞明的无奈，意味深长地写明了立遗臭碑的原因："抒众愤而戒后人也"——法律已被滥用，公正已无所依靠，那就刊碑勒石、永记其丑，以民众的良知作一次正义的判决并以此唤醒后来者的良知吧！因此，在碑文的最后，李先生毫不客气地列举了许良安的五项贪污事实及金额，并注明："其他硬敲恶诈者尚未列入其数尤多焉。"

有滥用权力硬敲恶诈的贪官，就有被污侮与被损害的民众——"物极必反，不平则鸣"，李先生撰写碑文，是代民众而"鸣"；石林人民也从此一鸣惊人，立下了中国有史以来第一块遗臭碑，以大义凛然的壮举书写了反腐倡廉史上值得铭记的光辉一笔。

遗臭碑是恶的见证、是判决书、是反腐的檄文。"有的人活着，他已经死了。"然而，遗臭碑仅只为许良安，仅只为他的同伙李国均、许恒安、万云程、魏光祖、潘小巫而立吗？

海明威的反战小说《丧钟为谁而鸣》，书名引用了约翰·堂恩的诗句："……所以绝对不必去打听丧钟为谁而鸣，丧钟为你而鸣。"同样的道理，遗臭碑为谁而立？2003年11月23日，参加过"倒许运动"的路中学生李山故地重游，在遗臭碑前写下这样的诗句："去思遗臭两块碑，石骨威严鉴是非。既表先人明爱憎，更教后人要学谁。"惩前毖后、警示后人，意思再明白不过了，遗臭碑不只为许良安而立，更是为所有人而立。

"权力是腐蚀人的"，许良安大权在握时的贪婪无耻，李国均等跳梁小丑依附权势时的蝇营狗苟，仍然有可能以另外一种形式延续。雨果在《悲惨世界》一书中说："当一个人心中充满黑暗，罪恶便在那里滋长起来……"我们不能只揭示别人心中的恶，别人犯过的错，我们也有可能再犯。从这个角度来说，遗臭碑也是教人向善的——看过如此丑陋的一块碑，当我们转身离开的时候，也许就是走向真走向善走向美的开始……

(2010年1月18日)

敬畏制度

《明史》记载：明太祖朱元璋曾问众大臣这样一个问题："天下何人最快活？"对此，大臣们众说纷纭：有的说功成名就的人最快活，有的说富甲天下的人最快活，有的说金榜题名者最快活，有的说妻妾成群者最快活。听了这些回答，朱元璋都面露不悦之色。这时，有个叫万钢的大臣答道："畏法度者最快活！"朱元璋听后大为赞赏，连声道："讲得好！讲得好！"

欲深入理解这个故事，首先要知道一个历史背景：放牛娃出身、当过和尚、以一介平民而至开国帝王的朱元璋非常重视法律的制定，历史上有名的《大明律》就是经他的手字斟句酌、反复修改而成的，被其视为维护朱明皇朝长治久安的法宝。朱元璋修订、颁布的《大明律》对官员贪腐的惩处极为严厉和残忍，官员贪污数额在六十两白银（折合人民币约三万元）以上的，就要处以死刑，杀头后还要枭首示众，并且剥下他的皮，皮里填上草，把这"人皮草袋"置于衙门里官座旁边，让后任官员触目惊心，起警戒作用。因此，万钢还算有自知之明，说出了"畏法度者最快活"这样的大实话，并马上得到朱元璋的高度赞同。在《大明律》的规范约束之下，任你富可敌国，任你功劳有多高、名气有多大，触犯法律，都是要被严惩的。当然，朱元璋提倡"畏法度"，其目的是为了维护封建社会的统治，可惜他所制定的《大明律》是用来约束别人的，不是用来约束自己及其子孙后代的，因此他所创建的大明王朝和用以维护长治久安的《大明律》最终在276年后被另一个带领农民起义的人推翻了。

话又说回来，现在来看，"畏法度者最快活"，这句话仍然具有现实意义。古人说：没有规矩，不成方圆。人是生活在社会中的，社会活动是人的活动，每个人都有不同的性格和行为方式，如果没有一定的"法度"来规范、限制人们的行为，那么社会将陷入混乱。正如马克思所言："法典是人民自由的圣经。"孟德斯鸠也说："自由是做法律许可的一切事情的权利。""畏法度者"时刻用法律制度规范自己的行为，不做与法律规定相违背的事，就会拥有自由，就会感到"快活"；相反，不畏惧法度的人，我行我素，为所欲为，置国家法律于不顾，最终必将受到法律的制裁。因此欲寻自由，欲感"快活"，就应做个"畏法度者"。

不可否认，在现实生活中，还有少数领导干部在制度面前变成了"特权者"，动辄凌驾于制度之上，在制度的制定中，掺杂太多的个人意志；在制度的执行中，随心所欲，甚至把随意突破制度框架、不按制度办事看作是有开拓精神、创新意识；更有甚者，把制度变成自己谋私的工具，利用手中的权力践踏制度。我们说，制度有没有威力，能不能让人产生敬畏感，关键在于制度能不能对每一个人具有相等的效力、相同的威力。如果领导干部游离于制度之外，只用制度来规范别人，不用制度来约束自己，制度的效力就会大打折扣，制度的作用也就难以充分发挥。

有专家指出，腐败现象的社会心理基础就在于人们对不守规则的行为的认可，并助长了“潜规则”的盛行。加强党风廉政建设，建立健全相关制度，非常重要。但仅有制度还不够。实践表明，与健全制度同样重要的是，党员领导干部要牢固树立“制度面前没有特权、制度约束没有例外”的意识，从内心深处敬畏制度，把制度转化为自身的行为准则和自觉行动，“带头学习制度、严格执行制度、自觉维护制度”。

前不久，有媒体通报了被判死刑的文强在“双规”期间写下的检讨书，曾经不可一世的文强在检讨书中说：“我到现在才深刻明白薄熙来书记说‘当干部，一要干活，二要干净’一席话的含义，但是现在一切都晚了……”也可以这样说，与其忏悔“没听领导的话”，倒不如忏悔没有真心敬畏制度、遵守法律。法律和制度，是用来规范和约束人的，也是用来保护人的，公职人员只要遵纪守法，绝不会因为“没听领导的话”而受到法律追究；反之，只要触犯了法律制度，即使对领导惟命是从，最终也难逃法律的制裁。

前任美国总统布什在一次演讲时说：“人类千万年的历史，最为珍贵的不是令人眩目的科技，也不是浩瀚的大师们的著作，而是实现了对统治者的驯服，实现了把他们关在笼子里的梦想。我现在就站在笼子里与你们说话！”所谓笼子，就是法律、法规、制度的统称。“把领导关进笼子”，说白了就是把权力关进笼子，对权力有所约束；“把领导关进笼子”，不是要捆住领导的手脚、不让干事，而是要让领导在宪法、法律、制度允许的范围内多干事、干好事、干成事而不出事。

在制度面前，每个人都要懂得敬畏。领导干部只有心中敬畏制度，才能有所为，有所不为，做到上行下效，营造风清气正的良好氛围和环境，使各项制度发挥应有的威力和作用，让反腐倡廉建设收到事半功倍的效果；才能使自己始终做到清清白白为官，堂堂正正做人，成为让群众拥护和爱戴的好干部，树立在人民群众中的威信。“畏法度者最快活”，还可以这样说：守法度者最自由——甘愿接受规则约束的心灵才是真正自由的心灵，相反，无视制度、对抗规则的心灵是被魔鬼钳制着的不自由的心灵。在制度面前低头，是人类崇高精神的最佳体现。

（2010年7月15日）

文　　学

石林美魂（外一首）

□□邓耀泽

背篓里背着民间传说
头帕上系着家乡的彩云
颀长的身姿亭亭玉立
微仰的脸庞秀美而刚毅
满含深情和期待的目光
永远眺望着远方远方
啊！“阿诗玛”
你这撒尼人的女神
你这石林的美魂！
石林有一千道风景
你就是最迷人的一道
石林有一万块奇石
你就是最奇异的一块
你像魔力无边的巨大磁铁
把千万人的目光和脚步深深吸引
每天都有川流不息的人群
不约而同来到你身边
踯躅徘徊 赞叹不已
争先恐后与你拍照合影
一些未曾到过石林的人
也知道石林景区有你的天然雕像
维妙维肖 栩栩如生
你的故事早已家喻户晓
你是忠贞和美与善的化身
是一个民族伟大人格的象征
你千秋万代站在这里
阐扬着一种高尚的品德与精神
以美妙的形象和不朽的灵魂
征服万千游客的心
启迪和感召世人

珍爱石林

像长城像黄河像泰山
像桂林山水像乐山大佛像莫高石窟
石林属于中国!
是中华民族聚宝盆里
一块五彩斑斓的奇石
是神州大地红土高原
一片景观独异的旅游热土
“天下奇观”正走向天下
大自然的伟力令世人折服

石林的守护神——
“阿诗玛”的手足同胞
“阿诗玛”英雄不屈的民族
他们如同这亘古的石林
深深扎根于脚下红土
与青色的石头林子世代结缘
息脉相通　和谐相处
他们感谢天公赐福
创造了这稀有资源财富
他们懂得奇峰异石的宝贵价值
像爱护自己的家园
像保护国家的文物
对它倍加珍惜呵护
迎着新世纪冉冉升起的红霞
面对地球村越来越小的今天
他们在做一篇大文章:
如何使“世界名园”名实更相符
进一步提升石林的“品牌”形象
他们要让林区水更清草更绿花更鲜
鸟常鸣鱼常欢舞更美歌更甜
让“喀斯特地貌奇观全景图”
天然自成原汁原味的风格永远不变
要让这天下奇观永葆青春
再过百年千年依然瞩目魅人
每天都有天南地北络绎游客
在这里流连忘返　惊呼叫绝
那时我们的后代子孙
便会不无自豪和深怀敬意地说:
感谢老祖宗
留给我们的石头森林
是这般完好无缺
而且比他们从前人手中接管时
更美好　更出色……

（原载《边疆文学》2000年第6期）

石林的随想

□□ 山 夫

洪荒中
那该是怎样的一刻

平静的海水被煮得沸腾
凉爽的海空突然变得灼热
隆隆的雷声从地心滚过天际
腾腾的烟雾把万事万物吞没

时间惊愕得忘记行走
空间晕眩了唯有沉默

在一片死亡的寂静中
生命的你诞生了

一寸寸生成
一寸寸拔起
一寸寸突破

突破塌陷的地表
突破残存的海泽
突破漫卷的云烟
突破迷茫的天色

劫后再生的世界
终于又一次被重新定格

（原载《诗刊》2001年第2期）

听　歌

——听唱《阿诗玛》

□□周良沛

口弦声像扯不断的线在摇，
绩麻的线团在蒲团转滚；
——麻团愈绩愈大了，
——阿诗玛越长越俊。

突然，天翻身，地打滚，
你丢下弦，干叫干挣，
“热布拜来抢阿诗玛，
阿黑啊，快来救人！”

是炸牢？是炸嗓？
是利刃劈断你的声音？
寂静，寂静，
无声，无声。
只有你长长叹了口气，
如悠远悠远的回音。

是她歌唱在彩虹之顶？
是她走近我们的足音？
寂静似有声，
有声又寂静，
只有难忍的等待，
只有渴求的烦闷……

歌里，有英雄的一生
圭山，又有多少诗人！

于1955年7月圭山尾则

（原载《边疆文学》2002年第6期）

路南石林

□□怀 金

石峰追赶着石峰　石峰裸露
追赶阳光和流水

这庞大的乐队　石的方阵
谁能译出内心的韵律

让流水停下来　越洗越瘦
这坚贞的骨质泊着阴影

和谁立约　守护着
越来越深的隐秘

醒着　倾听着　细小的耳朵
需要搬动一个旷野来沉默

碎裂　流逝　多么固执
爱护着足尖下孕育的暴动

也许是飞走　赶山啊　石随令走
金芬若嘎①重新抬起了头颅

心中的道路　石的方向
我已解不开这凝固的结扣

（原载《诗刊》2001年第2期）

① 金芬若嘎：彝族传说中的人物。

石林深处的歌唱

□□驿路牧歌

通往石林的红色之路

在昆明办完公差，我便与同事商定下了云南之旅的计划，先购到了下午7点从昆明飞往西双版纳的机票，剩下这一白天的时间，昆明朋友就在热情地为我们筹划着这一天的游程。他首先推荐去民族村和世博园，但这些今人建造的景点对我们来说远没有那自然的景点具有诱惑力，加之时间的仓促，我们便选择了去石林。

早就听说，从昆明到石林的公路被誉为“红色之路”，这里的“红”是指公路的颜色。只是今天真正踏上这条红色之路时，才彻底领略到了其真正的含义所在。

云南是片红土地，地质学家是如此解释的：因为云南大部分地区属于亚热带和热带区，热量和降水都很丰富，干季和湿季界限分明，得天独厚的湿热条件和茂密的植被，加之海洋沉积的喀斯特地貌，使得土壤里含有丰富的有机质。又因为丰沛的降水天长日久地浸洗着富含铝、铁等金属离子的石灰岩原始母质，导致那些易溶矿物质大量分解和流失，气候的温热又加速了土壤中铁的氧化，化学反应中产生的铁铝氧化物残留在土壤中，染红了这片土地，而眼下这条昆石公路便是来源于这些被染红的红土。

这样来解释这条红色之路，当然是地质学家的观点了，我当然不满足于此。昆明朋友讲，每逢雨季，雨后路旁的积水都像鲜血一样的红。虽然我这次没有机会看到这些了，但我相信。就像云南名称的得来像传说中所说的是因为汉武帝元狩年间奇遇“彩云见于南中”、瑞气腾腾而得名一样，我相信这条彩云之下的红色之路流淌着的是中华民族的鲜血。

眼下这条昆石公路是滇缅公路的延长线，而上千公里的滇缅公路，是抗日战争时期我国唯一的一条畅通于陆地的国际通道。它是滇西18个县10个民族20万民众，在中华民族生死存亡的关头，仅花了8个月时间，用自己的生命和鲜血筑就的一项抗日救亡的民族工程。它被世人称为“中国继万里长城和京杭大运河之后的又一伟大工程，是世界史上的又一奇迹”。

车子在平坦的路面上急速行驶着，车窗外的阳光和煦地照射着大地，远处有苍翠的青山和绿水，天上湛蓝的背景下有悠闲的白云，车内是同事们谈论石林的激动的欢声笑语，似乎这脚下的路虽然有过沧桑的一页，但已都成了一个遥远的过去。诚然，如今的游人，在尽情地徜徉于忘情的山水之间时，还能有多少人能用心地读读隐匿在自然山水之间那些厚重的历史帷幕呢？

再往前追溯数千年，脚下这条滇缅公路，几乎是与传说中云南名称的得来在同一段历史时刻，它还有着其更加深厚的历史渊源。

历史上，在我国的北方，曾有一条誉满中外的丝绸之路，而在我国的南方，同样也有着这样一条“丝绸之路”，这就是横亘在云贵高原上的“茶马古道”。而这条路便是当年其中的一支，被称为“蜀身毒道”。它建于2000多年前的西汉，北接四川，南入缅甸、泰国，再到印度、阿拉伯半岛，也被今人称为“西南丝绸之路”，比起那条西北的丝绸之路要早出几百年。

想到这里，我再也无法去相信地质学家那苍白无力的解释了。这红土地，这红土地上的红色之路，连接着的，应该是中华民族的血脉。这又使我想起了“云南十八怪”中的一怪：铁路不通国内通国外。适逢此时，昆明朋友正指着路边半山腰上正在蠕动着驶出山洞的云南小火车讲述着云南的这种“怪”事。

我知道，那是以窄轨著称的滇越铁路。与滇缅公路相反，这条滇越铁路是当年法国帝国主义为掠夺云南这块红土地上的宝藏而强迫30万华工用自己的血泪和白骨修筑的一条掠夺之路。那是“一根铁轨一条人命”、“一颗道钉一滴血”铺出来的。从上个世纪初开始，到1910年完工之时，竟有7万多华工惨死在这崇山峻岭之间。当年，法国每年从这条铁路鲸吞暴利达1000万法郎之多。就在这车轮趟过之处，浸透的是中华民族的血和泪。

没有想到，在去到石林的路上，竟律动出这样厚重的民族重负。看着车上同事们谈笑风生的神色，我没有理由去责怪他们。是因为，在今天，这里当年曾发生过的那一幕幕血泪史实，早已成为了不会再来的历史。茶马古道成了今人凭吊的风景，滇越铁路也早已回到了祖国的怀抱，滇缅公路也焕发出了其勃勃的生机。我只是想说，记住这片红土地，记住这条红色之路，便不枉于这次云南之旅。

石林的天问

被誉为“天下第一奇观”的石林是在云南的路南彝族自治县，人称“路南石林”。“路南”是撒尼语，意思是“长满黑色石头的地方”。车子进入路南境内不久，透过车窗，就可以看到附近的坡地上处处呈现着许多状如破土而出的春笋般的石芽。当第一次看到这样的景色时，同事们就在惊叫着“石林”的名字。

我们这些人，以前从未来过这里，所以第一次看到这样奇特的地貌就难免不为之而惊喜了。谁知，昆明朋友却讲，石林主要的景区不是在这里，而是在李子箐石林游览区，那里就是我们常在电视镜头上看到有“石林”石刻二字的地方。

还是在刚准备来云南时，有朋友就告诉过我一定要去石林看看。也从一些资料上看到过，说到云南不到石林等于没有来过云南。我记得郭沫若说过：“看了石林，别的等于零。”而戎马一生的贺老总，从未被征服过，但却被石林“征服”了。他到石林壮游之后，坐在石林的草地上风趣地说：“我再也不走了！”石林，应该说是大自然赐予祖国南疆最璀璨的一颗明珠，是中外游人最最心驰神往的天界梦境。

据地质学家考证，路南地区在6亿年前的元古生代到约3亿5千万年前的晚古生代，是一片汪洋大海。后来经历地质史上较大的海浸和强烈的大地张裂作用，堆积起了厚达2000多米的石灰岩层，又由于距今约3亿2千万年的石炭纪晚期的海西—印支运动，海水慢慢退去，岩石隆出水面，开始了石林漫长的发育过程。如今，石林这奇异的地貌被地质学上称为“喀斯特地貌”，它是源于南斯拉夫伊斯的利亚半岛北部与意大利交界的喀斯特高原。而现今世界上喀斯特地貌最具有代表性的唯有这路南石林，难怪人们称它为“天下第一奇观”。

到石林，不由地使我想起那彝族长篇叙事诗《阿诗玛》。是的，石林是阿诗玛的故乡。聪明、善良、美丽的阿诗玛是彝族人民的骄傲，是撒尼人的精灵。在我们的车子去到李子箐石林游览区大门前时，远远就看见售票处站立着一长队身着艳丽彝族服饰的彝族少女导游在等待游人的点选。

昆明朋友一再告诉我们，来到云南对云南少女的称呼千万不要称“小姐”，一定要按当地少数民族习俗来称呼，因为称“小姐”在她们的眼中含有贬义的色彩。到了石林，你就必须称呼少女为“阿诗玛”，而称呼小伙子为“阿黑”。

由昆明朋友安排，我们便叫了一位姓李的彝族少女做我们的导游，牢记朋友的嘱托，我们便用“阿诗玛”代替了“导游小姐”的称呼。

小导游看上去年龄不到二十，长得小巧玲珑、清清纯纯，与电影里的阿诗玛一样聪颖可爱。她自我介绍要我们称呼她为“阿诗玛”，她称呼我们为“阿黑哥”。好奇的同事们便善意地叫着“李阿诗玛”、“导游阿诗玛”，引来一阵阵悦心的笑声。热情好客的小导游也在不时地称呼着我们“阿黑哥”。她向我们讲述了这样一则笑话，说以前她接了一个浙江来的旅游团，当她称呼客人为“阿黑哥”时，谁知客人满脸的不高兴，并一再问及自己是不是长得黑。原来彝族人把小伙子的“黑”视为健壮和勇敢，并不是真正意义上的黑，这个浙江的游客是错解其意了。

由于我们今天来得尚早，这里的游人不算很多。随着小导游的引领，我们便进入了这个令人神往的人间仙境。这里的石林有大小石林之分，大石林呈现的是撒尼人阿黑哥的雄健刚勇，而小石林呈现的则是阿诗玛的清纯娟秀。不游石林不知道，游完了石林才清楚，置身于这雄浑奇秀的石林景中，雄健刚勇也好，清纯娟秀也罢，只是感觉，万端的感慨无法言状。

登临狮子亭俯视，石海怒涛奔来眼底，褐石青岩壮观无比，景色如梦如幻，一片苍茫。而溶入其间行走，又见眼前身后奇石拔地而起，参差峥嵘，千姿百态，阴阳和美，巧夺天工。我不知道当年的屈原来过这里没有，但我知道，他曾对这天下第一的奇观发出过意味深长的《天问》。他问的是，这亘古的梦幻，是怎样在这亿万年的时空里凝聚起天地之灵气、日月之精华？循着这《天问》的诗章，在这里，我们可以看到女娲补天的雄浑，看到盘古出世的悲壮。行走于其中，是真是幻，据说，有人在这里听到了那撼人心魄的黄河大合唱，也有人在这里听到了有神仙在谈笑八卦迷宫。不知道来这里的游人想过没有，如今漫游在这石林丛中，着实是在做着一次亿万年前海底的壮行呀。只是这大自然沧海桑田的造化，亿万年一闪而过，如今，不知是什么力量竟把这汪洋海底熙熙攘攘倾轧挤压的世界一瞬间定格在了这无遮无掩的人间凡尘之中，使得我们的先人为之柔肠百转、百思而不得其解，难怪当年的屈原对此发出了“焉有石林”的惊叹呢。

从来没有见到过这样的景致，多年来的人生之旅，似乎从来没有在心头留下过如此强烈的震撼。只是大美者不能言，至言者没有声，只好藏于怀、咽于喉，让心去领悟。

精美的石头不仅仅只会唱歌

带着无言的感慨，抑或是发聩的天籁，我离开了大石林。走过一泓碧水，一方茵茵的草地，还有那红的樱花和黄的迎春花，我来到了小石林。微风轻拂这玉鸟池面，那倒映在池水中的阿诗玛石像仿佛活了起来。听着小导游的讲解，池畔这尊精美的石头，酷似一个美丽的撒尼姑娘，头戴包头，肩背竹篓，身着长裙，深情的目光眺望着远方。这就是那尊令人向往的阿诗玛石像，它是石林的精灵。

前面有人在唱："阿着底哟是个好地方，高高的青松树长满了山冈，长湖的水哟又清又凉，青青的翠竹秀又长……"这是电影《阿诗玛》中的歌曲，小导游也情不自禁地跟唱了起来。我们中间的人有的会唱有的不会唱，但也都跟着这极富魅力的弦律在吟唱着。听到这动人的歌声，不知怎的，我眼前仿佛幻化出了阿诗玛那淳朴善良的俏丽倩影。首先是池中的倩影在摇，俄顷前面的石像在舞，继而这神奇的石林也全部活了起来。只是，我觉着，这样的歌声，这样的舞动中，仿佛隐隐约约之间有一股巨大的力量在震撼着心。看，小导游霎时没有了一路来时那谈笑风生的神色，她是那样的专情，那样的虔诚，像一个朝拜者，面对这尊她心中的石像，她深情地唱出了："从今后我们不能在一起，我们还是同住在一乡，日灭我不灭，云散我不散，我的影子永不散，我的歌声永不灭……"

我知道，这是彝族长篇叙事诗《阿诗玛》里的的诗句。一首长诗《阿诗玛》写尽了一个勤劳的民族，一个民族产生了一个美丽的传说，一个传说塑就了一尊精美的石头，而这精美的石头不仅仅只会唱歌。

我是昨晚在昆明的住所里才看完那部电影老片《阿诗玛》的，如今震撼在心头的仍旧是片头片尾阿黑寻找阿诗玛时那撕心裂肺的呼唤。这声声泣血句句含泪的呼唤，是阳光与阴霾的抗争，是正义与邪恶的搏斗，它是怒火欲燃如山呼海啸，它是春水秋江似急流飞瀑，它从这石林的深处，从这玉鸟池畔，从撒尼人的心底呼之而出，它呼唤的不仅仅是一部民族的爱情诗篇，它是一部关于这红土地，关于撒尼人，关于真与善、恶与丑、罚与罪的千古绝唱。它呼唤着生命的抗争，同时也在呼唤着那被遗忘的历史。

还是在来昆明之前，我就特意看完了有关阿诗玛的全部传说，所以今天来到这里，与其说是初来，不如说是重逢。

传说在很久以前，云南的阿着底，勤劳善良的撒尼人格路日明家生了一个聪颖美丽的女儿，取名阿诗玛，彝族语言意为"美丽如金子般的姑娘"，她美丽善良，与青年阿黑相爱。头人热布巴拉之子阿支，贪婪阿诗玛的姿色，心存歹念。一次，阿支在传统舞会上戏弄阿诗玛，遭到严厉斥责。阿支贼心不死，央媒人海热带着厚礼前去逼婚，又被断然拒绝。于是，阿支趁阿黑去远方牧羊之机，派人将阿诗玛劫走。阿诗玛乘隙将与阿黑定情的山茶花掷入溪中，溪水立即倒流，阿黑获讯赶回救援。途中被大山所阻，他用神箭射穿大山，开出通道，纵马驰骋，快速前进。阿支用尽种种威胁和利诱手段，都不能使阿诗玛屈服。阿支恼羞成怒，正要举鞭毒打阿诗玛，阿黑及时赶到。阿支提出要和阿黑赛歌，一决胜负。阿支赛输，但仍不甘心，又企图用暗箭杀害阿黑。阿黑愤怒地用神箭射穿寨门和大厅的柱子，箭射在神主牌位上，阿支命令众家丁用力拔箭，箭却纹丝不动。阿支慑服，只得将阿诗玛释放。阿诗玛和阿黑喜悦地同乘一骑回家。他俩来到溪边，下马小憩。阿支带人偷走了阿黑的神箭，放洪水将阿诗玛淹死。阿黑悲愤地呼唤着她的名字，但阿诗玛已化为一座巍峨的石像，千年万载，永驻在了这石林。

这石像铮铮不屈又亭亭玉立，它象征着撒尼人追求自由、自强不息的民族精神，又体现了撒尼人追求真、善、美的民族性格。因此，这耸立在玉鸟池畔的阿诗玛也就成了石林文化的中心，它千万年来塑造的是撒尼人心中引以自豪和骄傲的女神。

像许多民族的抗争史一样，穷人家女儿的美丽竟是一种罪过。我不知道这头戴沐滋达玛包头在蓝天白云下脉脉含情眺望着远方的精灵，在这玉鸟池畔看过了多少个日升和日落，于年复一年的时光轮回之中它是在沉思还是在呼唤，是在期待还是在追求，我只好再走进那个古老的传说之中。传说里，每年火把节之夜，星星为之点灯，月亮为之引路，踏着茫茫云海，带着五彩光环，阿诗玛又回到阿黑哥身旁……

传说是劳动人民心中的期盼，但它又是长夜如磐下发出的呻吟。而今天，来到这里，看到这如诗如画的石林，如歌如酒的阳光，在这有花有绿的日子里，我只是想说，阿诗玛，当仇恨已经逝去，阳光照耀着大地的时候，你就降临吧，你是云南的天，你是云南的地，带着千姿百态的民族形象，和着五光十色的民族风情，这生长美丽和歌舞的红土地已经抛弃掉了邪恶，正在敞开双臂迎接你的到来。因为你会使亘古与未来连接，你会让远山与家园腾飞。

是的，阿诗玛来了，今天这玉鸟池畔那一个个身着各色民族服饰的彝族少女不就是她吗？还有眼前这聪颖美丽的小导游，你看她此时笑得是那样的粲然、那样的清纯，在阳光照耀下，在绿荫花海中……

不知同事是谁在故意逗小导游，问她的阿黑哥是谁？只见她脸颊上顿时飞过一片红晕，腮旁两个甜甜的小酒窝轻轻一现，莞尔而笑。笑得是那么的甜蜜，那么的动人，又是那么的欲说还羞。旋即又见她巧妙地避开这善意的玩笑，右臂轻轻一舒，指着池边说："到这里照个像吧，让阿诗玛给你带去美好的祝福。"

是的，来到石林，应该在这里留个影，接受阿诗玛美好的祝愿，祝愿我们的明天更幸福，祝愿我们的生活更甜美！

是谁让阿诗玛永远鲜活

在石林旅游，你若稍不注意声音大了点喊声“阿诗玛”，只要你留心，你就会注意到，在你身前身后的彝族少女，无论她们来自何方，也不论她们是游人还是导游，更不论她们姓甚名谁，她们都会不约而同地为之侧目，因为，这“阿诗玛”是她们共同拥有的名字。

我们就遇到了这样的情况。穿行于石林的谷涧壑旁，同事中有人喊了声“阿诗玛”，谁知走在我们前面不远处的一个身着彝族服饰的彝族少女便驻足回眸，并把一朵粲然的笑容绽放在了前面岩石跟前。她见我们是与小导游在说话，才款款地离去。把这种我们感觉有趣的情况问及小导游，她却巧妙地回答道：“因为这里是阿诗玛的故乡。”回答得真绝。石林，是阿诗玛的故乡，石林的美，不仅在于它的山水，还在于一个美的民族，在于那部动人的史诗《阿诗玛》。

《阿诗玛》就是石林这组天籁之中的根蕴，是穿行在石林这隐隐青山、悠悠绿水以及这青翠的草、烂漫的花中的精灵。它是石林深埋着的最深最古的文化之根，是石林绽开着的最鲜最美的文化之花。一代又一代的人们不远万里争先恐后地来到这里，看山观水、游景赏情，说到底，最后的东西还是文化。

美的山水背后必定有一个美的民族，与石林相依为命的撒尼人不但有悠久的历史，而且还有灿烂的文化。据说，撒尼文字是彝族猎人鲁突之那尔用鹰的嘴蘸着鹰的胆汁写在鹰的翅膀上记下来的。撒尼人的祖先就是用他创造的文字写下了那部动人心弦的民族史诗《阿诗玛》的。听，长诗的一开头：“破竹成四块，划竹成八块，多好的竹子呀，拿来做口弦。口弦轻轻地响，弹出心里的话，多好的声音呀，爱它和宝贝一样……”这动人的诗句里飘出的那优美的弦律，于精于深于美于善之中，一开始就造就了撒尼人能歌善舞的天性。

有歌有舞的民族是热情善良的民族，而撒尼人同时又是勤劳勇敢、豪迈无畏的民族。撒尼人是彝族的一支，他们把老虎作为自己的图腾，自称虎族，直到今天，彝历还以虎为首。他们膜拜太阳，发明了杰出的十月太阳历，在今天彝族山寨门前刻有太阳历的巨大圆盘中间还刻有一只巨大的虎头。他们崇拜火，创造了世界上唯一火的节日——火把节。这虎、这太阳、这火，无处不在体现着撒尼人勇敢豪迈的气概。传说中，撒尼汉子努斯玛还敢与天神摔跤比武，并以胜者居。

但是，撒尼人并不是“蛮族”，他们在尚武的同时，更注重崇文。在撒尼人中，有知识的人是享有特权的。彝族在古代曾把酋长称为“兹”，把大将军称为“莫”，把大学者称为“毕”。在公开场合，兹、莫的到来，毕可以不起来让座。他们认为“兹、莫的知识上千，毕（摩）的知识无数”。这便有了彝文的记载：“宁住远离君长的地方，不住远离毕摩的地方。”撒尼人就是这样用智慧和勇敢征服着大自然，他们伴着欢乐和歌舞从蛮古洪荒的年代一路走来，而当那个危机四伏、充满着怪诞、荒谬的异己力量的生存环境已变为遥远甚至陌生之时，今天，撒尼人祖祖辈辈在《阿诗玛》里祈求的那美好的愿望却早已成为现实。而撒尼人习武以求生存的方式，现已变为了一种浓郁的民风民俗融入到了这极具喜庆欢娱色彩的歌舞之中了。歌里、舞里走出了阿诗玛，走出了这如金子般美丽的彝族少女。难怪今天在这里呼唤阿诗玛时，彝族少女都会为你报以灿若云霞般的笑容呢。这着实是因为，“阿诗玛”的呼唤，是对今天美好生活的呼唤，是对这片红土地上金灿灿的阳光的呼唤。我看到，小导游笑了，她笑得如花一样的美、如花一样的鲜活。

游完小石林，这次的路南石林之游也就告一段落了，谁知，小导游却突然问道，问我们知不知道杨丽坤？

杨丽坤？能不知道吗？她不就是电影《阿诗玛》中阿诗玛的扮演者吗？是啊，在今天撒尼人的心中，杨丽坤，这位彝族人民的艺术家，把她那清纯、温柔、美丽、善良和爱憎分明的美好形象永远定格成了阿诗玛。是她让撒尼人从史诗《阿诗玛》里真真切切地看到了心中美神的容颜，是她让阿诗玛永远鲜活了起来，是她让阿诗玛的形象永远长驻于人们的心中。

那是在上个世纪的50年代，历史庄严地把《阿诗玛》托付给了当年年轻美丽的彝族少女杨丽坤。在电影《阿诗玛》展示云南美丽、富饶、神奇风光的同时，杨丽坤把勤劳智慧、追求幸福、不畏强暴、能歌善舞、聪颖美丽、热爱生活的阿诗玛演活了，她让全世界看到了这片红土地上那种人与自然和谐统一的美韵。

据说，在杨丽坤逝世之际，22万石林人如丧亲生女儿，痛彻肺腑。因为，石林人知道，是杨丽坤俏丽的丰姿，使阿诗玛名扬中外；是杨丽坤纯真的善良，使石林美名永存。还有，杨丽坤以一个真正人民艺术家的磊磊胸襟，一生心地光明，拒绝同流合污，过去没有政治污点，今天没有偷税漏税，她用洁白的人生使阿诗玛永远地鲜活着。

小导游说完之后，动情地从背包里把一张照片展示给我们，那是杨丽坤扮演阿诗玛那张秀眉顾盼、美唇微启、双手轻抚耳坠的经典剧照。她说，是这方红土地上的山水哺育了杨丽坤那内慧外美的美韵，杨丽坤已经成了七彩云南的“面孔”。是的，这神奇而美丽的红土地，曾养育了一代又一代美丽聪慧的彝族少女，而杨丽坤是把青春鲜活的阿诗玛永远留在了人们的心里。

远方的客人请您留下来

“路旁的花儿正在开，树上的果儿等人摘，等人摘。塞洛塞洛里哎洛哎！远方的客人请您留下来，请您留下来……”一曲清纯的歌声从小导游的嘴里唱出来，她首先是用彝族语言唱一遍，继而又用汉语唱了一遍。这一曲《远方的客人请您留下来》的美妙歌声，是小导游将要与我们分别的语言，这清纯而又动听的歌声是今天在阿诗玛的家乡听到的，给人的感觉是那样的真实和亲切。一曲深情的歌曲唱罢，不知小导游怎么发现了我们的“秘密”，只见她说：“看你们都是戴眼镜的，想必你们都是做学问的啦?”我们这时才相互对视着，还真是都戴着眼镜呢。竟不知这被我们习以为常而忽视了的现象被这小导游给发觉了，又听她在继续说：“我们彝族最崇尚知识，能告诉我你们是从哪里来，做什么工作的吗?”待她得到答案后，我看出，从她那明亮清纯的眸子里呈现出的是崇拜与羡慕的神色。

小导游向我们讲述了她的情况，她来自于路南偏僻的山村，今年读高三，夏天就要高考了。今天是周日，周日里出来兼做这里的导游，挣些学费，也能接济一下自己家里并不富裕的生活。她的愿望是上大学，多学些知识，毕业后还想从事这导游职业，因为她热爱这份职业。

小导游的话真实，小导游的愿望善良。我发现，她是那样的美，美得平凡、美得朴实。虽然来自路南的穷乡僻壤，但看上去全然没有山妹子的那种憨谨与俗气，也许一方水土养一方人，这富有灵性的石林山水也给这从大山深处走出的彝族少女泼洒了无穷的灵气，再加上那像彩虹似的包头和身着多彩而又素雅的彝族服饰，落落大方而又纯情无邪，平凡朴实而又秀美聪慧，就象这石林满目绿荫中盛开着的那一簇簇火红的樱花，美得朴素、美得素雅、美得不显山、美得不露水。尽管她单纯得不知深浅，幼稚得不谙世故，但也许正因为如此，这美才是那样的真实，那样的令人为之倾倒。此时，昆明朋友不知是用一种什么曲调在唱，但听上去是那样的极富魅力：“阿诗玛像美伊花，明亮如朝霞，灿烂如太阳、星星和月亮。”同事中有一个来过石林的也和着这歌声一起唱起，剩下的我们几个也情不自禁地和着这美妙的韵律有节奏地拍着手掌：“白云追逐她的歌声，春风羡慕她的舞姿，大海和高山热爱她的深情，更爱她的，是勇敢善良的猎人，摔跤英雄阿黑哥……”一片欢乐和融的气氛霎时弥漫在我们之中。

不知是谁提议，要送小导游一支《歌声与微笑》，这主意来得是那样的及时又恰到好处，大家一起应和：“请把我的歌，带回你的家；请把你的微笑留下……明天明天这歌声，飞遍天涯海角；明天明天这微笑，将是遍野春花……”一片欢声笑语、一片和乐融融，着实是因为这美丽的彝族姑娘在这里为我们绽开了一片晴朗的天空呀。小导游也与我们一起唱了起来，恍惚间，这石林、这红土地也都唱了起来，唱这美的山、美的水、美的土地，还有这美的人。而这歌声，这微笑，这遍野的春花，就在这天之涯、地之角、云之南……

就要离开这石林，就要走了，就要回到昆明，然后再离开昆明飞往这红土地上那下一个美丽的地方——西双版纳。小导游清丽的眸子里是一片的深情，她说，她真想要我们去她的家里做客，虽然她的家乡现今并不富裕，但她的家乡是一个美丽的彝族山寨，彝族人会拿出最好的米酒和腊肉招待来自远方的客人。

我们知道，彝族是一个热情好客的民族，是一个善良淳朴的民族，同时又是一个爱憎分明的民族。是一个“朋友来了有好酒，豺狼来了对付它的是猎枪”的民族。小导游讲的都是她的真心实意，无一丝虚假和故作姿态。无奈时间不允许，我们便招手要来一辆公园里的游览车，驶离这石林，告别这次令人难忘的石林之游。

谁知，就在我们上车的时候，同事中有人在抓扶车上的扶手时，不经意间用手触动了小导游包头上的彩角，小导游满脸的羞涩。刚才还是能歌善舞而又落落大方的小导游现在戛然无语了，脸颊上幸福的红晕灿若云霞……

原来，彝族女性结婚与否，是以头饰上的两个彩角为标志的。没有彩角的女性表示已结婚，留有彩角的女性还在闺中待嫁，等待着自己心中的阿黑哥。这样说来，她们头上的彩角是不能随意动的，若动了，就说明“阿黑”在向“阿诗玛”求婚。虽然今天随着各民族的广泛交流，这样的习俗已不像以往那样被看重，特别是在城市化很浓的今天，但是，这淳朴的民俗民风依旧还有着它一定的意义。

弄清楚了这一些，小伙子的尴尬与小导游的羞涩，使我们再也不敢去肆意地开玩笑了。只是，在今天，我看到，于尴尬于羞涩之中，更多的是让人体悟着美与善、真与诚的蕴意呀。

记下这个情节，它对我们的生活每时每刻都是一个过滤，它会让我们这些都市中人走出贪欲和浮躁，走出狭隘和浅薄。这淳朴的民俗民风，着实会让我们重新荡涤自己浮躁的心灵，去更好地把握生活的深邃庄重和雅隽诗意，去体悟人生的真挚清新和灵性聪慧。

（注：本文转自作者的博客，题目为编者所加。）

图 书

《彝族撒尼人民间文学作品采集实录（1963～1964）》 该书为中央民族大学“985工程”中国少数民族语言文化教育边疆史地研究创新基地文库中国少数民族非物质文化遗产研究系列丛书，中央民族大学研究员李德君采录、编著，中央民族大学出版社2009年3月出版，图书出版号ISBN 978-7-81108-612-6，1/16开，1000千字，定价120元。李德君研究员是民间文学的专家，他对石林民族文化做过深入的研究，1963～1964年在圭山撒尼聚居地区进行民族民间文化调查，共采集撒尼民间诗歌282部（首）、13312行（其中100行以上长诗32部），民间故事139个。2004年回石林参加《阿诗玛》国际学术研讨会后，重新梳理取舍，历经几年，编辑成《彝族撒尼人民间文学作品采集实录（1963～1964）》。采集实录真实地记录了石林彝族的民间文化，很多资料来源于由李德君教授亲自访问的当时六七十岁的彝族老艺人的笔录，是研究彝族文化十分珍贵的资料。中央民族大学教授黄建明为该书作了序，对该书给予了很高的评价：“这两本书（注：另一本为《彝族阿细人民间文学作品采集实录（1963～1964）》对于我们彝族，特别是对撒尼人和阿细人来说，实在是太宝贵了。”又云：“（李德君）凭借语言学和民间文学的深厚功力，采用科学版本的形式，给我们提供了一份撒尼人、阿细人民间文学作品的真实记录，比起单纯的民间文学汉译整理本来，这两本书多了几分综合研究价值，对民间文学作品的保存也更有分量。”

《云南石林旧志集成》 石林县史志办公室编，云南民族出版社2009年5月出版发行，图书出版号ISBN 978-7-5367-3984-0/K·1040,1／16开，1200千字，印数1500册，定价380元。该书收录了康熙《路南州志》、乾隆《路南州志》、光绪《路南乡土志》、民国《路南县志》、民国《路南县乡土志草本》、民国《路南县地志》，由石林县史志办公室与云南大学西南古籍研究所联合开发整理，首次标点注释、简体横排，并选择前四部全文影印对照。云南大学原副校长、云南省历史学会会长、国家有突出贡献专家林超民教授为本书作序，指出：“石林县地方志办公室不失时机地推出《云南石林旧志集成》，对于增加世界自然遗产的文化含量、提高自然遗产的文化品位、推动石林的科学研究与文化繁荣将起到不可估量的促进作用。”

《彝族撒尼丧葬经译疏——丧家经、舅家经》 石林彝文古籍丛书之一，石林县民族宗教事务局编，云南民族出版社2009年3月出版，分“丧家经”和“舅家经”两册，共用出版号ISBN 978-7-5367-3566-8/G·805，1/16开，总字数840千字，印数2000册，定价80元。丧葬经是彝族撒尼人最重要的彝文典籍之一，它连着生者死者两头、阴间阳间两界。它让生者直面人生，浸透出视死如归的生命观；让死者无怨无悔，追随祖先而去。它记述了人之一生的活动，作出了对人生的肯定；它幻构了一个美好的彼岸世界，以此去抚平丧亲的恐惧与悲怨心情。所以，丧葬经是生者的需要，也是死者的需要。同时，人们相信阴间的祖灵安适是阳间子孙安适的前提，从这一角度出发，丧葬经是活人给死人的一种交代，也是生者获取功利的一种手段。由此可见，丧葬经在彝族撒尼人看来是相当的重要。《彝族撒尼丧葬经译疏》编委会主编昂自明作《身亡化土、魂归祖地——撒尼人死亡文化透视》的序言，阐述了“撒尼人死亡心态文化”、“撒尼人死亡行为文化”、“撒尼人死亡制度文化”、“撒尼人死亡物态文化”等内容，最后归结出：“丧礼是一个社区或一个族群的制度，是一个价值系统，当事人要接受人们的审视和评价。从这个意义上说，虽然死亡文化中的观念形态属于社区和族群的集体无意思，但殡葬活动的环节却要受制于社会。移风易俗不易，‘隆丧厚葬’之风越演越烈，正是传统死亡文化的核心因素在起作用。”

《枕石撒尼——石林县圭山乡大糯黑村彝族撒尼支系村民日记》 新民族志实验丛书之一，王玲主编，中国社会科学出版社2009年4月出版，图书出版号ISBN 978-7-5004-7741-9,1/16开，1030千字，定价96元。该书收录了大糯黑村两位村民李琳、王光珍2004年1月至2005年12月31日间的日记，以每日数百字至上千字的记事方式从各自的角度真实记录了大糯黑村两年间发生的事。本书作为新民族志实验丛书之一，与其他图书相比，有以下鲜明的特点：首先，由于村民日志是严格意义上的“主位”观察与描述的结果，使文化的持有者真正成为了文化书写的主人。其次，村民日志的记录者连续性地归属于他（她）所叙述的社会，因而他（她）的视阈与其叙述对象所包括的视阈是高度重叠与融合的。再次，村民日志的叙述场域是自然和常态的，记录者的心态与通常田野工作的“报道人”大相径庭，在一定程度上避免了人类学家的“话语霸权”。

《撒尼彝族地名歌译疏》 石林彝文古籍丛书之一，石林县民族宗教事务局编，云南民族出版社2005年9月出版，图书出版号ISBN 7-5367-3271-6/K·833，1/32开，字数400千字，印数1000册，定价20元。撒尼地名歌是彝族撒尼人一种古老而别致的歌谣，多在中青年中演唱，它既是一种消遣娱乐的形式，也是一种考察对方的智力活动。撒尼地名歌基本句式为五字句，一首三句，少数为多字句和多句章。头两句大多为谐音式起兴句，后一句点出地名。

音　　像

《男儿情之三——男人四十》　毕有和第三部音乐作品专辑，云南音像出版社出版，音像出版号 ISRC CN-G10-09-473-00/V.J6，图书出版号 ISBN 978-7-88579-906-9。收录有“男人四十”、“喜气洋洋”、“勤劳的撒尼”、“新时代农民”、“父母心”、“老人的心思”、“老表”、“儿女都是福”、“跳乐”、“好客朋友多”、“彝乡庆”、“久逢千杯少”、“他乡莫忘彝家友”13 首歌曲。

《阿着底迷地》　国家三级演奏师黄文舒音乐作品集，云南音像出版社出版，音像出版号 ISRC CN-G10-09-450-00/V.J6，图书出版号 ISBN 978-7-88579-883-3。收录有“欢腾的石林”、“阿诗玛的故乡”、“牧羊情歌”、“美丽的阿诗玛”、“四季歌”、“阿着底好地方”、“人老树常青”、“三碗酒”、“美酒敬亲人”、“美伊花是阿诗玛”、“倒酒敬朋友”、“万事如意酒”、“阿诗玛敬酒歌”、“欢乐的彝族”14 首歌曲，是黄文舒 60 年创作作品精选集。

《彝乡放歌》　金仕祥个人音乐作品专辑，云南音像出版社出版，音像出版号 ISRC CN-G10-09-472-00/V.J6，图书出版号 ISBN 978-7-88579-905-2。收录有“现代化新农村”、“我的父辈们”、“歌唱党的政策好”、“兄弟朋友常相聚”、“人比人，气死人”、“致富草”、“孩子，听爸爸说”、“乡村公路村村通”、“婆媳”、“酒下肚，充英雄”、“石林狂欢”11 首歌曲。

《乡韵乡情》　毕学明民族民间音乐专辑，云南音像出版社出版，音像出版号 ISRC CN-G10-09-455-00/V.J6，图书出版号 ISBN 978-7-88579-888-8。收录有“请到阿诗玛的故乡来做客”、“庄稼人”、“乡韵乡情”、“时光、老年人、小三弦”、“妈妈的一首歌”、“欢聚”、“妈妈的女儿”、“彝家美酒敬亲友”、“想家了吗”、“欢乐的大三弦”10 首。

人物

新任县级领导简介

县委常委

洪绍伟 男，彝族，1964年7月出生，云南省宣威市人，1989年7月参加工作，1993年加入中国共产党，硕士研究生学历。现任中共石林县委常委、副书记，石林县新农村建设工作总队总队长。

1982年9月至1986年7月，在中央民族大学历史系读本科；1986年9月至1989年7月，在云南大学历史系攻读民族史硕士研究生；1989年7月至1998年2月，在云南省社会科学院社会学所从事科研工作；1998年3月至2004年4月，任云南省社会科学院科研组织处副处长、支部书记；2004年4月至2008年11月，任中共云南省社会科学院机关委员会专职副书记；2009年被确定为厅级后备干部；2009年11月至2010年3月，任云南省社会科学院院长助理兼机关党委专职副书记；2010年3月至今，任中共石林县委常委、副书记，石林县新农村建设工作总队总队长。

李 凌 男，汉族，1973年1月出生，江苏省无锡市人，1991年8月入伍，1992年7月加入中国共产党，昆明陆军学院军事指挥专业毕业，大学本科学历。现任中共石林县委常委、县武装部党委书记、政治委员。

1991年8月至1995年8月，在昆明陆军学院学习；1995年8月至2001年3月，先后在35207部队一营一连任排长、副连长，司令部作训股任参谋，二营五连任连长；2001年3月至2002年7月，在77283部队司令部作训科任参谋；2002年7月至2003年3月，在77289部队司令部作训股任股长；2003年3～6月，在77283部队装备部任政治协理员；2003年6月至2006年3月，在成都军区司令部作战部任参谋；2006年3月至2008年3月，在77283部队司令部作训科任科长；2008年3月至2009年3月，在77293部队任副部队长；2009年3月至2010年4月，在普洱市镇沅县人民武装部任部长；2010年4月至今，任中共石林县委常委，县武装部党委书记、政治委员。

县人民政府领导

邢 晋 男，汉族，1968年9月15日出生，云南省昆明市人，1990年8月参加工作，1997年10月加入中国共产党，全日制本科学历，现任石林县人民政府副县长。

1986年9月至1990年7月，在西南政法大学法律系法学专业学习；1990年8月至1991年8月，在云南省民办科技机构管委会工作；1991年8月至1994年12月，在昆明市税务局五华分局税务检察室工作（其间，1993年经全国统一考试取得律师资格证书）；1994年12月至1997年10月，在昆明市税务局盘龙分局管查四处工作；1997年10月参加盘龙区公开选拔副科级领导干部考试，经“一推双考”后，选拔任命为昆明市盘龙区财政局副局长；1999年10月至2004年12月，组建全省第一家县区级国有资产经营公司——盘龙区国有资产经营投资公司，并担任公司总经理职务（正科级），2002年1月起兼任盘龙区市场服务中心主任职务，2003年组建由区国资公司控股的盘龙区融资担保有限公司，并兼任董事长职务；2004年12月至2010年1月，任昆明市盘龙区财政局党组书记、局长，并兼任昆明市盘龙区国有资产管理局局长、盘龙区金融办公室主任、盘龙区建设投资有限公司董事长；2010年1月至今，任石林县人民政府副县长。

吴子云 女，汉族，1979年11月出生，海南省澄迈县人，2000年6月加入中国共产党，2003年8月参加工作，硕士研究生学历。现任石林县人民政府副县长。

1997年9月至2001年8月，在清华大学经济管理学院会计系学习，获管理学学士学位和英语辅修学位；2001年9月至2003年7月，在清华大学经济管理学院学习，同时担任政治辅导员，获管理学硕士学位；2003年8月至2010年4月，在财政部企业司制度处工作（其间，2009年1月任副处长）；2010年4月至今，任石林县人民政府副县长(挂职一年)。

其他县级领导

王凯石 男，汉族，1974年2月出生，湖南省洞口县人，1992年7月参加工作，1998年12月加入中国共产党，法学博士学历。现任石林县人民检察院党组书记、检察长。

1997年9月至2000年7月，在云南大学法学院学习，获法学硕士学位；2000年7月至2009年12月，在昆明市人民检察院工作（其间，2000年7月任副主任科员；2002年6月任助理检察员；2003年9月任检察员；2003年9月至2006年12月，在西南政法大学刑法学专业学习，获法学博士学位；2003年11月任主任科员；2005年2月任公诉二处副处长；2008年7月任反贪局侦查三处处长；2009年1月任公诉三处处长，并被聘为云南大学法学院、昆明理工大学兼职教授，硕士研究生导师）；2009年12月至今，任石林县人民检察院党组书记、检察长。

陈小军 男，汉族，1973年3月出生，四川省成都市新都区人，1990年12月入伍，1995年1月加入中国共产党，昆明陆军学院毕业，本科学历。现任石林县人民武装部副部长兼军事科科长。

1990年12月至1993年8月，在35105部队50分队当战士；1993年9月至1996年7月，在昆明陆军学院学习；1996年8月至1999年3月，在35105部队50分队任排长；1999年3月至2005年11月，先后在77273部队51分队任副连长、连长，司令部管理股任股长；2005年11月至2010年4月，在保山市隆阳区人民武装部任正营职参谋；2010年5月至今，任石林县人民武装部副部长兼军事科科长。

乡土艺人

金　显 男，彝族撒尼人，彝名“奇石”，石林县长湖镇老海宜村人，1924年出生，全国政协委员金国库（全国政协第二至第四届委员，著名民族歌手，撒尼民间音乐家，《远方的客人请您留下来》原曲作者）之子，2005年7月去世。

金显在其父亲的影响下，自幼爱好音乐，特别对撒尼民间歌曲很感兴趣。后来又在其弟金云（原石林县文化馆馆长）的影响下，创作出一批民间音乐作品。在父亲和弟弟的言传身教下，金显全身心投入到民族歌曲的创作和演唱之中。20世纪40年代中期，身为圭山游击队队员的他，创作了《圭山游击队队歌》，宣传革命、鼓舞士气，此歌为金显创作生涯的成名作，也是他的代表作。

革命胜利后，他返乡务农。劳动之余，他一直坚持创作，至今创作了近百首歌曲，比较满意的作品有《圭山游击队之歌》、《穷山变富山》、《打铁哥》、《墙头戏》、《月亮啊，请你不要落》等，其中《歌唱新圭山》、《穷山变富山》、《圭山游击队之歌》、《月亮啊，请你不要落》等被收入《胜利之声》。金显创作了大量的民族歌曲，在石林县域广为传唱。其不仅能创作歌曲，还能演奏二胡、三胡、月琴等民间乐器。生前徒弟有黄文昌、金明祥、金艳、金鹰、金培明、黄光明、方学名、张天宇等。金显在石林颇有声誉，德高望重。

2002年，金显经云南省文化厅批准，被命名为云南省第二批民族民间音乐艺人。

李炳贵 男，彝族撒尼人，1927年出生，石林县石林镇月湖村人。李家每代人都有能吹唢呐的，他受祖辈的影响，学艺较早，20岁就能吹奏大小唢呐。大唢呐能吹奏32支家传自编曲目，小唢呐能吹奏16支曲子。他吹奏唢呐能换气不断音，可见他吹奏唢呐技艺之一斑。他躺着也能吹奏，翻身打滚也能吹奏，曲目不重复能够边走边吹3公里多远，还能够两人同吹奏一支唢呐，一人按眼一人吹奏。除此绝活外，李炳贵还能演奏二胡、三胡、三弦、月琴等民间乐器。因其多才多艺，曾经多次参加在昆明市举办的大型文化活动。

为了后继有人，李炳贵自行招纳本村的普正兴、姜桌元、高玉升、毕王亮、高志民、高玉光、张凤安等人为徒弟，毫不保留地把自己的创作技艺传授给他们。李炳贵为活跃农村群众文化生活和弘扬民族传统文化默默无闻奉献着一生。

2002年，李炳贵经云南省文化厅批准，被命名为云南省第二批民族民间音乐艺人。

金玉明 男，彝族撒尼人，1944年12月生于石林县长湖镇海宜老寨一个毕摩世家，自幼受家庭及亲属的影响，15岁小学毕业后，就跟随父亲、舅舅在圭山一带参与民俗礼仪祭祀和节日庆典活动，耳濡目染，学习了各种本地举行的民俗礼仪等活动。1988年以来，成为当地的毕摩，能独立组织主持当地的各种民俗礼仪祭祀等活动。他能用彝汉两种语言演说，并且能书写彝文和汉文的经书，同时也收集整理了一些民间传说故事，抄写了《滇鹰撒尼经书》书籍等。

他保存的原始文献有：《你样古》、《昂氏家谱》、《盖房瞧日子》、《你都米塞的》、《差古》等。作品《祭密枝仪式歌》已由石林县民宗局整理出版。

金玉明掌握了大量的当地彝族撒尼人的资料古籍，如《送魂经》、《密枝经》、《山石经》等书籍。他在现实生活中收集了大量的名言、警句、谚语等资料，他熟知彝族撒尼的民族习俗、礼仪和传统文化。在当地有较高的知名度，为当地政府、文物等部门提供了资料，是政府和文物、非遗部门的咨询对象。他收集、整理、记录的资料有一定的影响力和知名度，曾接待过国内专家、学者来访。

2007年，金玉明经云南省文化厅批准，被命名为云南省非物质文化遗产传承人。

杨凤英 女，彝族白彝人，1949年生于石林县大可乡岩子脚村。她从小就爱听山歌、爱唱山歌，她是在歌声中长大的。姑娘时代就很爱对山歌，只要听到哪个会唱新的调子，她就想方设法地找去拜访学唱，学会了才走人。她会唱的山歌调有

四平调、板板腔、白彝腔、石屏腔、江川调、陆良调等。

她多次参加石林县组织的山歌比赛活动并连续获奖，1992 年获二等奖，1997 年获二等奖，1998 年获三等奖。每年春节期间白彝人的民间山歌节——采花山，她更是年年都参加，唱得口干舌燥时才休息，而观众还在后面大喊：“杨大姐！喝口水，再给大伙来一段。”目前她带有徒弟数人，并把自己所掌握的民歌演唱技艺无私地传承给了徒弟们。她是一位深受老百姓喜爱的民间山歌手。

2002 年，杨凤英经云南省文化厅批准，被命名为云南省第二批民族民间音乐艺人。

黄兰芳 女，彝族撒尼人，1937 年出生于石林县鹿阜镇蒲草村，后嫁至石林镇小箐村。黄兰芳由于生长在民间艺术世家，自幼便受到父辈们的艺术熏陶影响，10 岁左右师从黄李氏逐步学会了演奏几种乐器。因为父亲能弹奏大三弦，母亲能弹奏月琴、口弦，加上黄兰芳的勤学苦练，她学会了二胡、三胡、口弦、月琴、三弦等民族乐器的演奏。她还能自编自唱民间民歌，能用乐器弹奏演唱“库吼调”、“地名调”等曲目，她算得上是一个吹、拉、弹、唱样样都会的老艺人。

黄兰芳家居住在石林风景区内，区位优势较好。农闲之日，她在景区内兜售民族民间刺绣品，夜晚为活跃本村老年人的文化生活，她将自家宽敞的楼房腾出几间召集村中男女老年人来排练文艺节目，传授自己的技艺，他们互相学习，共同提高。每天晚上，村中的老年人在她家自娱自乐，活动搞得有声有色，成了景区内一道亮丽的文化风景线，引得中外游客大批前来观看，热闹非凡，使他们领略了民族民间的文化和风情。其徒弟有普树英、王贵学、王秀英、毕丽英、徐美兰、普凤兰、普文华、王起等人。

黄兰芳曾几次到外地演出比赛，均获名次。1992 年在昆明市老年人文艺汇演中获一等奖，1994 年参加昆明市老年人文艺汇演获二等奖，1994 年在弥勒县参加文艺汇演比赛时获鼓励奖。

2002 年，黄兰芳经云南省文化厅批准，被命名为云南省第二批民族民间音乐艺人。

毕光辉 男，彝族撒尼人，1925 年出生于石林县长湖镇维则村。他自小就深受民族文化的影响，特别对撒尼民间狮舞情有独钟，只要一听到跳狮舞的锣鼓敲打声，脚板就发痒。在彝族山寨，每逢喜庆佳节或丧葬礼仪，撒尼人都要跳狮舞，他 14 岁就开始学跳狮舞，慢慢地学会掌握了狮子舞的三个套路（狮子洗脸、狮子洗脚、狮子搔痒），使自己的狮舞表演技艺一天比一天有了提高。他除能熟练地表演狮舞外，还向村中毕氏老前辈请教学会跳叉舞、空手舞，在民间盛行的大三弦舞、小三弦舞更是不在话下。

解放初期，毕光辉在撒尼民间舞剧《阿诗玛》中曾扮演阿诗玛的母亲这一角色，到昆明、曲靖等地演出获得好评，回来后又在县内彝家山寨巡回演出了一次，在县内有一定影响。毕光辉因扮演角色成功而被群众冠以绰号“阿诗玛她妈”，具有一定知名度。

毕光辉现因年岁已高，跳狮舞、叉舞、空手舞等已经力不从心。为了使传统文化后继有人，他特招毕金文、李仕明、毕自荣、毕华明、李玉生为徒，言传身教，发扬民族文化传统。

2002 年，毕光辉经云南省文化厅批准，被命名为云南省第二批民族民间舞蹈师。

人物表

石林彝族自治县非物质文化遗产传承人名录(更新修订版)

国家级非物质文化遗产传承人

序号	姓 名	性别	民族	出生时间	专 长	命名时间	地 址
1	毕华玉	男	彝	1953 年	口传文学《阿诗玛》传承人	2008 年	县民宗局
2	王玉芳	女	彝	1941 年	口传文学《阿诗玛》传承人	2008 年	长湖镇宜政大海子

云南省非物质文化遗产传承人

序号	姓 名	性别	民族	出生时间	专 长	命名时间	地 址
1	毕志光	男	彝	1949 年	制作狮虎面具	1999 年	圭山镇小圭山村
2	毕凤林	男	彝	1921 年	毕摩画	1999 年	石林镇大老挖村
3	毕光明	男	彝	1948 年	木雕 / 乐器制作	1999 年	西街口镇芭茅村
4	毕跃英	女	彝	1954 年	工艺美术(刺绣)	2007 年	石林镇大老挖村
5	金 显	男	彝	1924 年	民歌演唱	2002 年	长湖镇老海宜村
6	杨凤英	女	彝	1949 年	山歌、四平调、板板腔演唱	2002 年	大可乡岩子脚村
7	李炳贵	男	彝	1927 年	唢呐演奏	2002 年	石林镇月湖村
8	黄兰芳	女	彝	1937 年	口弦、民乐演奏	2002 年	石林镇小箐村
9	毕光辉	男	彝	1925 年	民间狮虎舞	2002 年	长湖镇维则村
10	金玉明	男	彝	1944 年	资料保存者	2007 年	长湖镇海宜村

昆明市非物质文化遗产传承人

序号	姓 名	性别	民族	出生时间	专 长	命名时间	地 址
1	何云峰	男	彝	1951 年	民间舞蹈	2006 年	圭山镇小糯黑
2	曾毕开	男	彝	1931 年	民间舞蹈(毕摩)	2006 年	圭山镇小糯黑
3	张凤兴	男	彝	1938 年	传统礼仪与节日	2006 年	石林镇月湖村
4	张志斌	男	彝	1964 年	木雕 / 乐器制作	2006 年	县地方税务局
5	毕开明	男	彝	1943 年	传统音乐	2006 年	西街口镇寨黑村
6	昂文英	女	彝	1947 年	传统音乐	2006 年	西街口镇寨黑村
7	普华昌	男	彝	1932 年	传统舞蹈	2006 年	长湖镇阿着底
8	李黄文	男	彝	1928 年	传统音乐	2006 年	长湖镇维则村
9	普照光	男	彝	1947 年	传统乐器制作	2006 年	石林镇月湖村
10	李保才	男	彝	1946 年	传统礼仪与节日	2010 年	西街口镇小雨布宜村

续 表

序号	姓 名	性别	民族	出生时间	专 长	命名时间	地 址
11	昂仕和	男	彝	1927 年	传统音乐(唢呐)	2010 年	石林镇大老挖村
12	黄文映	男	彝	1932 年	传统礼仪与节日	2010 年	长湖镇维则村
13	钟 敬	男	汉	1960 年	传统手工技艺	2010 年	鹿阜镇南门街

石林县非物质文化遗产传承人

序号	姓 名	性别	民族	出生时间	专 长	命名时间	地 址
1	毕跃光	男	彝	1950 年	民间美术	2005 年	石林镇大老挖村
2	金 牛	男	彝	1969 年	民间美术	2005 年	圭山镇老海宜村
3	姜青云	男	彝	1963 年	民间美术	2005 年	大可乡雨落甸村
4	普光辉	男	彝	1974 年	民间美术	2005 年	石林镇大老挖村
5	昂崇兴	男	彝	1936 年	民间工艺(篾编)	2005 年	圭山镇蝴蝶村
6	杨兆纯	男	汉	1947 年	民间工艺(石刻)	2005 年	鹿阜镇大昌乐村
7	李 彪	男	汉	1936 年	民间工艺(木雕)	2005 年	大可乡岩子脚新村
8	毕建华	男	彝	1957 年	民间舞蹈(霸王鞭)	2005 年	圭山镇立马村
9	毕 珍	女	彝	1951 年	民间舞蹈(霸王鞭)	2005 年	大可乡岩子脚村
10	毕文明	男	彝	1960 年	民间舞蹈(霸王鞭)	2005 年	长湖镇维则村
11	张仕贤	男	彝	1935 年	民间舞蹈(叉舞)	2005 年	长湖镇干塘子村
12	詹 德	男	彝	1960 年	民间舞蹈(架子乐)	2005 年	大可乡岩子脚村
13	金明祥	男	彝	1940 年	民间舞蹈(鼓舞)	2005 年	圭山镇小糯黑村
14	张培荣	男	彝	1929 年	民间舞蹈(鼓舞)	2005 年	大可乡岩子脚村
15	詹汉林	男	彝	1925 年	民间舞蹈(架子乐)	2005 年	大可乡岩子脚村
16	杞绍成	男	彝	1936 年	民间音乐(月琴演奏)	2005 年	鹿阜镇路美邑村
17	姜国兴	男	彝	1936 年	民间音乐(三胡演奏)	2005 年	石林镇月湖村
18	方华兴	男	彝	1926 年	民间音乐(三胡演奏)	2005 年	鹿阜镇上蒲草村
19	高秀才	男	彝	1926 年	民间音乐(三胡演奏)	2005 年	长湖镇豆黑村
20	毕自荣	男	彝	1933 年	民间音乐(竹笛演奏)	2005 年	长湖镇维则村
21	张福兴	男	彝	1939 年	民间音乐(竹笛演奏)	2005 年	石林镇大老挖村
22	毕成光	男	彝	1927 年	民间音乐(唢呐)	2005 年	长湖镇维则村
23	毕凤英	女	彝	1944 年	民歌演唱	2005 年	鹿阜镇路美邑村
24	张凤进	男	彝	1938 年	民歌演唱	2005 年	石林镇月湖村
25	李玉光	男	彝	1942 年	民间风俗礼仪	2005 年	长湖镇老宜政村
26	李洪章	男	彝	1935 年	民间风俗礼仪	2005 年	长湖镇维则村

2009年石林彝族自治县取得高级职称专业技术人员名录

序号	单位	姓名	职务	评审通过时间
1	石林县妇幼保健院	彭建华	副主任医师	2009-8-21
2	石林县第一中学	赵忠华	中学高级教师	2009-10-23
3	石林县第一中学	毕琼湄	中学高级教师	2009-10-23
4	石林县圭山镇中心学校	汪小祥	中学高级教师	2009-10-23
5	石林县大可乡中学	陈国云	中学高级教师	2009-10-23
6	石林县民族职业高级中学	李锦生	中学高级教师	2009-10-23
7	石林县民族职业高级中学	高国雄	中学高级教师	2009-10-23
8	石林县民族职业高级中学	杨挎明	中学高级教师	2009-10-23
9	石林县西街口镇中心学校	冯吉祥	中学高级教师	2009-10-23
10	石林县西街口镇中心学校	车荣华	中学高级教师	2009-10-23
11	石林县鹿阜中学	黄　静	中学高级教师	2009-10-23
12	石林县鹿阜中学	张　群	中学高级教师	2009-10-23
13	石林县鹿阜中学	王丽琼	中学高级教师	2009-10-23
14	石林县鹿阜中学	王素梅	中学高级教师	2009-10-23
15	石林县鹿阜中学	杨菊兰	中学高级教师	2009-10-23
16	石林县鹿阜中学	伏文英	中学高级教师	2009-10-23
17	石林县鹿阜中学	张文武	中学高级教师	2009-10-23
18	石林县鹿阜中学	张　宏	中学高级教师	2009-10-23
19	石林县路美邑中学	高石梅	中学高级教师	2009-10-23
20	石林县路美邑中学	李学兰	中学高级教师	2009-10-23
21	石林县路美邑中学	杨凤华	中学高级教师	2009-10-23
22	石林县石林镇中学	杨若兰	中学高级教师	2009-10-23
23	石林县石林镇中学	李　坤	中学高级教师	2009-10-23
24	石林县石林镇中学	王俊科	中学高级教师	2009-10-23
25	石林县石林镇中学	韩福生	中学高级教师	2009-10-23
26	石林县石林镇中学	张桂英	中学高级教师	2009-10-23
27	石林县石林镇中学	段洪林	中学高级教师	2009-10-23
28	石林县长湖镇中学	赵永武	中学高级教师	2009-10-23

续表：

序号	单位	姓名	职务	评审通过时间
29	石林县板桥镇中学	李学选	中学高级教师	2009-10-23
30	石林县板桥镇中学	冯宝明	中学高级教师	2009-10-23
31	石林县板桥镇中学	杨惠芬	中学高级教师	2009-10-23
32	石林县教育局教研室	高云霞	中学高级教师	2009-10-23
33	石林县石林镇农林水综合服务中心	毕宝宏	高级农艺师	2009-11-13
34	石林风景名胜区管理局	高尚明	主任舞台技师	2009-12-6
35	石林县阿诗玛艺术团	金渝松	二级编导	2009-12-6

2009年度石林彝族自治县先进个人和优秀非公企业名单

☆☆根据《中共石林彝族自治县委、石林彝族自治县人民政府关于命名表彰2009年度先进个人和优秀非公企业的决定》（石发〔2010〕5号）编制

一、优秀科级干部（10名）

周林春　县委办公室副主任（正科级）、县委目督办主任
毕福祥　县交通局党总支副书记、局长
毕玉昌　县民宗局党支部书记
潘佳良　县农牧局党委书记、局长
徐永平　县教育局党委副书记、局长
段茂芳　县公安局石林风景区派出所所长、石林管理局党委委员
芈永宁　县法院副院长
张　奕　鹿阜镇党委副书记、镇长
黄玉林　长湖镇党委书记
念晓春　县乡企局党总支书记、局长，县经济局党总支书记、局长，县工管会党工委副书记、常务副主任

二、优秀公务员（10名）

陈　云　县纪律检查委员会
赵俊超　县委政法委
赵红波　县公安局
李　伟　县经济局
赵建平　县委办公室
毕志华　长湖镇人民政府
赵晓娟　鹿阜镇人民政府
刘炳华　石林风景名胜区管理局
金兰英　县人大常委会办公室
李　娟　县人事劳动和社会保障局

三、优秀村干部（10名）

杨金富　鹿阜镇阿乌村党总支书记、主任
王云春　鹿阜镇东海子村委会副主任
李自红　鹿阜镇东门社区党支部书记、主任
刘志生　石林镇和摩站村党总支书记、主任
李明红　石林镇乐尔村党总支书记、主任
张雄雁　西街口镇西街口村党支部书记、主任
毕永光　圭山镇额冲衣村党支部书记、主任
杨　红　长湖镇维则村党支部书记
吴荣慧　板桥镇叠水村党支部书记、主任
赵燕芳　大可乡大可村党总支副书记

四、优秀村民小组长（10名）

张彦平　鹿阜镇鱼龙坝村委会西纳村第二村民小组长
赵家正　鹿阜镇山冲村委会董家村村民小组长
李品忠　鹿阜镇芈卜所村委会大芈卜所村民小组长
毕建刚　石林镇林口铺村委会大林口铺村民小组长
余建军　石林镇松子园村委会下打磨箐村民小组长
马国平　西街口镇紫处村委会小紫处村民小组长
毕春云　圭山镇小圭山村委会小圭山村民小组长
金国辉　长湖镇乍龙村委会大乍龙村民小组长
刘光明　板桥镇小屯村委会小屯村第二村民小组长

许永陆　大可乡岩子脚村委会习克丈村民小组长

五、优秀专业技术人员（10名）

李立平　县农牧局茶桑果站支部书记
王继宏　县建设局规划科科长
张劲涛　石林风景名胜区管理局规划建设处处长
李国柱　县林业局林业调查规划队队长
赵永亮　县水务局办公室主任
李冬超　县阿诗玛艺术团（副团长）
徐选林　县教育局板桥镇中学校长
李永兴　县人民医院外二科副主任（主持外二科工作）
杨继华　县广播电视局新闻部主任
槐兰仙　县统计局

六、优秀非公企业（10家）

石林温氏畜牧有限公司
石林锦苑康乃馨有限公司
石林易通电缆桥架有限公司
云南官房水泥有限公司
昆明石林兴隆交通旅游集团有限公司
石林兴亚风情园有限公司
石林万城阿诗玛旅游文化开发有限公司
石林商联投资集团担保有限公司
石林盛丰煤业有限公司
昆明医学院第二附属医院石林天奇医院

石林彝族自治县
副科级以上（县管）领导干部名录

（截至2009年底，全县有科级干部359人，其中：正科149人，副科210人；妇女干部72人，少数民族干部124人，非党干部32人）

单　位	姓　名	岗位职务	性 别	民 族	入党时间	职级
县委办	文春燕	县委书记助理	女	彝	2001年5月	正科级
县委办	李宏伟	副主任	男	汉	2000年6月	正科级
县委办	周林春	副主任、县委目督办主任	男	汉	1997年12月	正科级
县委办	黄　丽	副主任（副科级）	女	彝	1996年12月	副科级
县委办	李海涛	综合科科长	男	彝	2004年3月	副科级
县委办	毕贵荣	信息政研室主任	男	彝	2005年1月	副科级
县委办	孙春晖	县委办行政科科长	女	汉	非党	副科级
县委办	李永福	秘书科科长	男	彝	1996年5月	副科级
县委办	李　学	县机要保密局局长（正科级）	男	汉	1997年12月	正科级
县委办	黄平兴	县机要保密局副局长	男	彝	2001年10月	副科级
县人大	赵存仙	办公室副主任	女	汉	1984年3月	正科级
县人大	王宗祥	副主任（副科级）	男	汉	1998年1月	副科级
县人大	杨礼有	财经工委主任	男	彝	1988年7月	正科级
县人大	李世雁	财经工委副主任	女	汉	1997年12月	副科级
县人大	赵磊明	民工委主任	男	汉	非党	正科级
县人大	张明华	人事代表工委主任	男	汉	1985年7月	正科级
县人大	昂自华	教科文卫工委主任	男	彝	1979年1月	正科级
县人大	赵景文	法工委主任	男	彝	1988年3月	正科级
县人大	窦兴亮	城乡建设环境保护委主任	男	彝	1997年4月	正科级
县政府办	蒋开彦	县政府办公室主任	男	彝	1995年3月	正科级
县政府办	李玉华	副主任	男	彝	1993年2月	正科级
县政府办	苏健康	副主任、县政府目督办主任	男	汉	2003年11月	正科级
县政府办	李劲松	副主任	男	汉	1997年12月	正科级

续表

单 位	姓 名	岗位职务	性 别	民 族	入党时间	职级
县政府办	黄继斌	副主任	男	彝	2000 年 12 月	副科级
县政府办	赵俞智	副主任	男	汉	2000 年 6 月	副科级
县政府办	雷振涛	副主任	男	汉	1996 年 7 月	副科级
县政府办	李云梅	副主任（副科级）	女	汉	2001 年 3 月	副科级
县政府办	段顺波	县政府法制办主任	男	汉	2001 年 5 月	正科级
县政府办	殷 勤	行政后勤科长	女	汉	1997 年 8 月	副科级
县政府办	罗燕林	县政府目督办副主任	男	汉	1997 年 8 月	副科级
县政府办	李贵平	秘书信息科科长	男	汉	非党	副科级
县政协	李绍玉	办公室主任	男	汉	1995 年 11 月	正科级
县政协	陈永能	办公室副主任	男	彝	2001 年 12 月	副科级
县政协	槐丽琼	教文卫史委主任	女	汉	1984 年 11 月	正科级
县政协	王松梅	提案联络委主任	女	汉	1985 年 6 月	正科级
县政协	张云涛	经济城乡建设和环境保护委副主任	女	彝	2002 年 4 月	副科级
县纪委	彭天寿	常务副书记	男	汉	1979 年 3 月	正科级
县纪委	毕东红	副书记、监察局局长	男	彝	1986 年 7 月	正科级
县纪委	马雪娟	副书记	女	汉	1995 年 4 月	正科级
县监察局	李立宏	副局长	男	彝	非党	副科级
县纪委	张永刚	第一纪工委书记	男	汉	1987 年 5 月	正科级
县纪委	李昆华	第二纪工委书记	女	汉	2004 年 9 月	正科级
县纪委	马院华	第三纪工委书记	男	汉	1993 年 4 月	正科级
县纪委	赵文平	第五纪工委书记	男	汉	1994 年 10 月	正科级
县纪委	毕连兴	第五纪工委副书记	男	彝	1984 年 12 月	副科级
县纪委	张 彪	第四纪工委副书记	男	汉	2003 年 3 月	副科级
县纪委	段鹏光	第四纪工委副书记	男	汉	2000 年 3 月	副科级
县纪委	王家智	办公室主任（副科级）	男	汉	1998 年 6 月	副科级
县纪委	王丽红	党风廉政建设室主任	女	汉	1997 年 7 月	副科级
县纪委	李海林	纪检监察室主任	男	汉	1998 年 9 月	副科级
县纪委	者云珍	干部人事室主任	女	彝	2001 年 4 月	副科级
县纪委	艾世武	信访室主任	男	汉	1999 年 12 月	副科级
县纪委	罗建云	执法监察室主任	男	汉	1998 年 8 月	副科级

续表

单　位	姓　名	岗位职务	性 别	民 族	入党时间	职级
县纪委	李金明	案审室主任	男	彝	1985 年 3 月	副科级
组织部	毕丽英	常务副部长	女	彝	1987 年 6 月	正科级
组织部	李　韬	副部长	男	汉	1991 年 12 月	正科级
组织部	赵　蓉	副部长、老干局局长	女	汉	1986 年 6 月	正科级
组织部	王　勇	部务委员、办公室主任	男	汉	1997 年 10 月	副科级
组织部	陈晓娟	部务委员、人才科科长	女	汉	2000 年 10 月	副科级
组织部	秦　思	副科级组织员、组织科科长	男	汉	1998 年 9 月	副科级
统战部	李光正	副部长	男	彝	1988 年 1 月	正科级
统战部	黄宏星	副部长	男	彝	1998 年 12 月	正科级
统战部	杨丽华	部务委员、台侨办主任	女	彝	2000 年 6 月	副科级
政法委	龙贵生	副书记	男	彝	1987 年 3 月	正科级
政法委	李何红	副书记	男	汉	1994 年 12 月	正科级
610 办	陈咏冰	主任	女	彝	2000 年 9 月	正科级
政法委	毕欧阳	县综治办主任	男	彝	1998 年 3 月	正科级
政法委	周向琨	委务委员、办公室主任	男	汉	2000 年 6 月	副科级
宣传部	毕卫东	常务副部长	男	彝	1997 年 12 月	正科级
宣传部	张鹏翔	副部长	男	汉	1986 年 4 月	正科级
宣传部	赵振虹	部务委员、办公室主任	女	汉	2004 年 4 月	副科级
文明办	昂文强	副主任	男	彝	1994 年 10 月	副科级
县接待处	李焰熊	处长	男	汉	1999 年 10 月	正科级
县接待处	杨小林	副处长	女	汉	1999 年 7 月	副科级
信访局	陈德富	县委办副主任、信访局局长	男	汉	1979 年 7 月	正科级
信访局	毕文书	副局长	男	彝	1993 年 4 月	副科级
县信产办	段圳宗	县信息产业办副主任	男	汉	1995 年 8 月	副科级
老干部局	杨　梅	副局长	女	彝	1996 年 11 月	副科级
县直机关党委	高云曦	书记	女	汉	1995 年 9 月	正科级
县总工会	李静江	常务副主席（正科级）	男	汉	1990 年 10 月	正科级
县总工会	张海斌	副主席（正科级）	男	彝	1997 年 6 月	正科级
县总工会	段云梅	副主席、女工委员会主任	女	彝	1998 年 7 月	副科级
团县委	普建勇	书记	男	彝	2004 年 9 月	正科级

续表

单　位	姓　名	岗位职务	性 别	民 族	入党时间	职级
团县委	陈雪梅	副书记	女	彝	1997 年 11 月	副科级
团县委	朱加智	副书记	男	汉	2004 年 4 月	副科级
县妇联	普向梅	主席	女	彝	1998 年 7 月	正科级
县妇联	符锐冰	副主席	女	彝	2000 年 6 月	副科级
县科协	陈永洪	主席	男	汉	1985 年 8 月	正科级
县科协	高俊春	副主席	女	汉	2001 年 12 月	副科级
党史研究室	董建平	主任	男	汉	1987 年 7 月	正科级
党史研究室	李卫萍	副主任	女	彝	1991 年 3 月	副科级
县工商联	李琼仙	副会长	女	白	1998 年 8 月	副科级
县烤烟办	单用侃	主任	男	汉	1981 年 10 月	正科级
县人事局	杨春宝	组织部副部长、县编办主任、县人事局局长、县人事局党总支书记	男	汉	1996 年 10 月	正科级
县人事局	秦　梅	副局长	女	汉	2000 年 5 月	副科级
县人事局	周震波	副局长	男	汉	2000 年 12 月	副科级
县人事局	赵永宇	县编办专职副主任	男	汉	1995 年 6 月	副科级
县人事局	刘文华	社保局局长	男	汉	1990 年 4 月	副科级
县人事局	阮星文	医保分中心主任	男	汉	1998 年 12 月	副科级
县人事局	何茂龙	就业局局长	男	白	1996 年 4 月	副科级
县民政局	段维亚	党总支副书记、局长	男	汉	1994 年 7 月	正科级
县民政局	毕金星	副局长	男	彝	1990 年 2 月	副科级
县民政局	施丽红	副局长	女	汉	2001 年 4 月	副科级
县发改局	赵一民	党委书记	男	汉	1986 年 10 月	正科级
县发改局	陈永宁	党委副书记、局长、县招商局局长	男	汉	1995 年 5 月	正科级
县发改局	李贵祥	党委副书记、纪委书记	男	彝	1978 年 7 月	副科级
县发改局	高云华	副局长、石管会副主任（正科级）	男	彝	1997 年 11 月	正科级
县发改局	杨若平	副局长、县招商局副局长	女	汉	1991 年 4 月	副科级
县发改局	段宏波	县招商局副局长（副科级）	女	汉	2002 年 3 月	副科级
县建设局	冯正清	党总支副书记、局长	男	汉	1999 年 3 月	正科级
县建设局	段正平	党总支书记	男	汉	1997 年 12 月	正科级
县建设局	郭兆燕	党总支副书记	女	汉	1994 年 3 月	副科级
县建设局	普立云	东管会副主任兼县建设局副局长	男	彝	1998 年 6 月	正科级

续表

单　位	姓　名	岗位职务	性 别	民 族	非 党	职级
县建设局	何道敏	东管会副主任兼县建设局副局长	男	汉	2001 年 11 月	正科级
县建设局	李福金	副局长	男	汉	2008 年 11 月	副科级
县建设局	龙志彬	副局长兼防震减灾局局长	男	彝	非党	副科级
县财政局	钟　涛	党支部副书记	男	汉	2001 年 6 月	副科级
县财政局	毕文祥	副局长	男	彝	1995 年 7 月	副科级
县财政局	尹桂华	副局长	男	彝	2003 年 3 月	副科级
县财政局	冯晓琨	国库支付中心主任	男	汉	1994 年 6 月	副科级
县财政局	王月群	国库支付中心副主任	女	汉	2005 年 6 月	副科级
县财政局	娄继坤	农开办主任	男	汉	非党	副科级
县安监局	李金宝	局长	男	汉	1992 年 7 月	正科级
县司法局	李永华	局长	男	汉	1987 年 9 月	正科级
县司法局	苏晓松	副局长	男	汉	非党	副科级
县计生局	张睿高	党支部书记	男	彝	1980 年 9 月	正科级
县计生局	毕金兰	局长	女	彝	1993 年 10 月	正科级
县计生局	戴宏平	副局长（正科级）	男	汉	1986 年 7 月	正科级
县计生局	黄丽英	副局长	女	汉	1992 年 12 月	副科级
县科技局	杨炳学	局长	男	彝	1991 年 3 月	正科级
县科技局	槐永强	副局长	男	汉	2004 年 4 月	副科级
县审计局	赵良廷	局长	男	汉	1983 年 12 月	正科级
县审计局	金玉光	副局长	男	彝	1993 年 7 月	副科级
县交通局	毕福祥	党总支副书记、局长	男	汉	1994 年 4 月	正科级
县交通局	槐　伟	党总支书记、县公路路政管理大队大队长	男	汉	1994 年 11 月	正科级
县交通局	王留云	副局长、县交通战备办副主任	男	汉	1996 年 6 月	副科级
县交通局	吉光雄	副局长	男	汉	2003 年 7 月	副科级
县环保局	张鹏飞	党支部书记、局长	男	汉	1981 年 12 月	正科级
县环保局	何建华	副局长	女	汉	2002 年 12 月	副科级
县环保局	李建春	环境监察大队队长	男	汉	2002 年 11 月	副科级
县民宗局	毕玉昌	党支部书记	男	彝	1978 年 7 月	正科级
县民宗局	毕卫华	副局长（主持工作）	男	彝	1996 年 2 月	正科级
县民宗局	李毅飞	副局长	男	汉	1989 年 1 月	副科级

续表

单　位	姓　名	岗位职务	性 别	民 族	入党时间	职级
县农牧局	潘佳良	局长、党委书记	男	汉	1991 年 11 月	正科级
县农牧局	杨明森	党委副书记	男	彝	1984 年 3 月	副科级
县农牧局	蒋莉华	纪委书记	女	彝	1984 年 2 月	副科级
县农牧局	蒋春平	副局长	男	汉	1995 年 4 月	副科级
县农牧局	牛云祥	台创园副主任、县农牧局副局长（兼）	男	汉	1984 年 2 月	副科级
县林业局	吴剑平	党总支书记、局长	男	汉	1993 年 3 月	正科级
县林业局	张志才	党总支副书记	男	汉	1988 年 2 月	副科级
县林业局	李映坤	副局长、圭山森管处副处长	男	汉	1985 年 3 月	副科级
县林业局	虎　亮	副局长	男	彝	1986 年 6 月	副科级
县林业局	张永祥	副局长、石林林场场长	男	彝	1995 年 2 月	副科级
县林业局	陈元杰	石林县森林公安局局长	男	汉	1997 年 4 月	正科级
县水务局	李彦群	党委副书记	女	汉	2000 年 8 月	副科级
县水务局	保胜军	副局长	男	汉	非党	副科级
县水务局	桂　明	台创园副主任、副局长（兼）	男	汉	非党	副科级
县水务局	岳劲松	副局长	男	彝	2003 年 4 月	副科级
县水务局	黄云仙	黑龙潭水库管理处处长	女	彝	1993 年 6 月	副科级
县文体局	万春林	党总支书记、局长	男	彝	1996 年 4 月	正科级
县文体局	黄　兴	党总支副书记	男	彝	1995 年 9 月	副科级
县文体局	毕玉珍	副局长	女	彝	非党	副科级
县文体局	方跃章	副局长	男	彝	非党	副科级
县教育局	普光强	党委书记	男	彝	1987 年 1 月	正科级
县教育局	徐永平	党委副书记、局长	女	汉	1996 年 12 月	正科级
县教育局	张云涛	党委副书记、纪委书记	男	汉	1996 年 6 月	副科级
县教育局	陈贵云	副局长	男	汉	2001 年 6 月	副科级
县卫生局	周保能	党委书记、局长	男	汉	1990 年 6 月	正科级
县卫生局	赵江庆	党委副书记、纪委书记	女	汉	1991 年 5 月	副科级
县卫生局	高炳元	副局长	男	汉	1986 年 6 月	副科级
县卫生局	黄文学	副局长	男	彝	1995 年 3 月	副科级
县卫生局	李林青	副局长、县爱卫办主任	女	彝	1996 年 11 月	正科级
县卫生局	马劲松	县爱卫办副主任	男	汉	1997 年 4 月	副科级

续表

单　位	姓　名	岗位职务	性 别	民 族	入党时间	职级
县统计局	王银丹	副局长	男	汉	2002 年 7 月	副科级
县公安局	张永清	党委副书记、副局长	男	汉	1998 年 3 月	正科级
县公安局	李红星	副局长	男	汉	1995 年 11 月	正科级
县公安局	陈春云	副局长	男	彝	1992 年 12 月	正科级
县公安局	娄张祥	副局长	男	汉	1991 年 7 月	正科级
县公安局	刘子宏	副政委	男	汉	2000 年 6 月	正科级
县公安局	王　云	纪委书记	男	汉	1996 年 9 月	正科级
县公安局	杨宏轩	政工监督室主任	女	彝	1993 年 12 月	正科级
县公安局	赵荣民	政工监督室副主任	男	汉	1993 年 12 月	副科级
县公安局	赵琼珍	政工监督室副主任	女	汉	1991 年 12 月	副科级
县公安局	赵志明	指挥中心主任	男	汉	2000 年 6 月	正科级
县公安局	王惠珍	指挥中心副主任	女	汉	2000 年 5 月	副科级
县公安局	李永振	指挥中心副主任	男	汉	2003 年 5 月	副科级
县公安局	范　劲	警务保障室副主任	男	汉	非党	副科级
县公安局	陈福存	法制室主任	男	汉	1995 年 10 月	正科级
县公安局	何　勇	法制室副主任	男	汉	1992 年 12 月	副科级
县公安局	秦　元	刑事侦查大队教导员	男	彝	1996 年 4 月	正科级
县公安局	李润桥	刑事侦查大队副大队长	男	汉	2003 年 5 月	副科级
县公安局	赵玲丽	刑事侦查大队情报资料中队中队长	女	汉	2003 年 5 月	副科级
县公安局	沈继坤	刑事侦查大队重案中队中队长	男	汉	非党	副科级
县公安局	董李坤	刑事侦查大队副大队长	男	汉	2007 年 4 月	副科级
县公安局	谭宏斌	刑事侦查大队石林岔口中队中队长	男	汉	1999 年 7 月	副科级
县公安局	汪保云	经侦大队大队长	男	汉	1990 年 10 月	正科级
县公安局	金学亮	国内安全大队大队长	男	彝	1992 年 12 月	正科级
县公安局	王家云	交通警察大队大队长	男	彝	1999 年 4 月	正科级
县公安局	文　雄	交通警察大队教导员	男	汉	1990 年 10 月	正科级
县公安局	普文和	交通警察大队副大队长	男	彝	1985 年 11 月	副科级
县公安局	张红光	交通警察大队副大队长	男	彝	1996 年 5 月	副科级
县公安局	窦玉英	交通警察大队内勤中队中队长	女	彝	1988 年 8 月	副科级
县公安局	蒋永安	交通警察大队石林中队中队长	男	彝	2001 年 7 月	副科级

续表

单　位	姓　名	岗位职务	性 别	民 族	入党时间	职级
县公安局	王浏祥	交通警察大队公路巡逻民警中队中队长	男	汉	2000 年 6 月	副科级
县公安局	杞佳平	交通警察大队事故处理中队中队长	男	汉	1988 年 1 月	副科级
县公安局	沈菊兰	交通警察大队车辆管理中队中队长	女	汉	1994 年 12 月	副科级
县公安局	尹庆钢	交通警察大队西石中队中队长	男	汉	1989 年 3 月	副科级
县公安局	陈云森	交通警察大队城区中队中队长	男	汉	1999 年 4 月	副科级
县公安局	陈立勇	禁毒大队大队长	男	汉	1994 年 5 月	正科级
县公安局	李永纯	禁毒大队教导员	男	汉	1996 年 5 月	正科级
县公安局	张家友	公共信息网络安全监察大队副大队长	男	彝	非党	副科级
县公安局	娄长生	石林县看守所所长	男	汉	1992 年 12 月	正科级
县公安局	王继华	石林县看守所教导员	男	汉	1992 年 1 月	正科级
县公安局	高树春	石林县看守所副所长	男	汉	2001 年 10 月	副科级
县公安局	董荣华	石林县拘留所所长	男	汉	1992 年 12 月	正科级
县公安局	施晓楠	治安管理大队大队长	男	汉	1990 年 5 月	正科级
县公安局	昂锦祥	治安管理大队教导员	男	彝	1998 年 12 月	正科级
县公安局	李　宝	治安管理大队副大队长	男	汉	1999 年 6 月	副科级
县公安局	段茂方	石林风景区派出所所长、石林管理局党委委员	男	汉	1992 年 12 月	正科级
县公安局	杨继锋	石林风景区派出所教导员	男	汉	1992 年 12 月	正科级
县公安局	彭　能	石林风景区派出所副所长	男	汉	1994 年 12 月	副科级
县公安局	徐　翔	鹿阜派出所副所长	男	汉	1999 年 7 月	副科级
县公安局	陈晓明	鹿阜派出所副教导员	男	汉	2000 年 6 月	副科级
县公安局	杨　斌	鹿阜派出所巡警中队中队长	男	汉	2006 年 3 月	副科级
县公安局	娄学林	路美邑派出所所长	男	汉	2001 年 11 月	副科级
县公安局	杨家学	北大村派出所所长	男	汉	2000 年 1 月	副科级
县公安局	杨永兵	西街口派出所所长	男	彝	2004 年 8 月	副科级
县公安局	赵紫波	亩竹箐派出所所长	男	汉	2007 年 7 月	副科级
县公安局	李自平	长湖派出所所长	男	汉	1998 年 10 月	副科级
县公安局	李树经	板桥派出所所长	男	汉	2003 年 12 月	副科级
县公安局	雷树云	大可派出所所长	男	汉	1997 年 4 月	副科级
县法院	张国忠	副院长	男	彝	1992 年 12 月	正科级
县法院	储　平	副院长	男	汉	非党	正科级

续表

单 位	姓 名	岗位职务	性 别	民 族	入党时间	职级
县法院	岁永宁	副院长	男	汉	2003 年 5 月	正科级
县法院	段惠仙	纪检组长	女	彝	1984 年 12 月	正科级
县法院	徐吉昆	民事审判一庭庭长	男	汉	1993 年 9 月	副科级
县法院	李发文	民事审判二庭庭长	男	苗	2002 年 4 月	副科级
县法院	陈金平	立案庭庭长	男	汉	非党	副科级
县法院	李家议	行政审判庭庭长	男	汉	非党	副科级
县法院	李子文	刑事审判庭庭长	男	汉	1996 年 7 月	副科级
县法院	赵泳全	办公室主任	男	汉	非党	副科级
县法院	李树林	法警大队队长	男	汉	2003 年 4 月	副科级
县法院	高菊玲	专职审判委员会委员	女	汉	1996 年 7 月	副科级
县法院	曹 勇	专职审判委员会委员	男	汉	非党	副科级
县法院	毕天星	审判监督庭庭长、正科级审判员	男	彝	1983 年 7 月	正科级
县法院	昂志忠	板桥人民法庭庭长	男	彝	1987 年 5 月	副科级
县法院	唐云龙	圭山人民法庭庭长	男	彝	非党	副科级
县法院	袁敏生	石林人民法庭庭长	男	汉	非党	副科级
县检察院	李劲松	副检察长	男	彝	1992 年 10 月	正科级
县检察院	毕秀明	副检察长	男	汉	1992 年 10 月	正科级
县检察院	王 虹	副检察长	女	彝	非党	正科级
县检察院	钱琼珍	纪检组长	女	汉	1988 年 6 月	正科级
县检察院	杨俊杰	政治处主任、办公室主任	男	汉	1996 年 10 月	正科级
县检察院	周洪涛	反贪局局长	男	汉	1994 年 5 月	正科级
县检察院	昂志学	监所检察科科长	男	彝	1983 年 12 月	副科级
县检察院	丁 立	专职检察委员会委员	男	汉	非党	副科级
县检察院	槐丽华	专职检察委员会委员	女	汉	1996 年 10 月	副科级
县检察院	胡天明	反渎职侵权局局长	男	彝	1984 年 4 月	副科级
县检察院	王智学	民事行政检察科科长	男	汉	1987 年 12 月	副科级
鹿阜镇	张 奕	党委副书记、镇长	男	汉	1997 年 6 月	正科级
鹿阜镇	张春学	人大主席	男	彝	1995 年 8 月	正科级
鹿阜镇	赵子华	党委副书记	男	汉	1995 年 12 月	副科级
鹿阜镇	李红珍	纪委书记	女	彝	1999 年 12 月	副科级

续表

单 位	姓 名	岗位职务	性 别	民 族	入党时间	职级
鹿阜镇	赵晓梅	副镇长	女	汉	2001 年 2 月	副科级
鹿阜镇	李国兵	副镇长	男	汉	非党	副科级
鹿阜镇	毕绍军	副镇长	男	汉	2003 年 7 月	副科级
鹿阜镇	秦绍林	人武部长	男	汉	1981 年 8 月	副科级
石林镇	李 湖	党委书记	男	汉	1984 年 8 月	正科级
石林镇	刘琴龙	党委副书记、镇长	男	汉	1986 年 11 月	正科级
石林镇	赵恒谦	人大主席	男	彝	1988 年 7 月	正科级
石林镇	王斌宁	党委副书记	男	汉	2003 年 12 月	副科级
石林镇	虎志兰	纪委书记	女	彝	2003 年 8 月	副科级
石林镇	毕志锋	副镇长	男	彝	非党	副科级
石林镇	槐树波	副镇长	男	汉	2000 年 9 月	副科级
石林镇	岭红芝	副镇长	女	彝	2000 年 10 月	副科级
石林镇	张志强	人武部长	男	彝	1994 年 11 月	副科级
西街口镇	喻永生	党委书记	男	汉	1993 年 10 月	正科级
西街口镇	王光学	党委副书记、副镇长、代理镇长、镇长候选人	男	汉	2001 年 2 月	正科级
西街口镇	吴智强	党委委员、人大主席候选人	男	汉	1984 年 2 月	正科级
西街口镇	灶兴明	党委副书记、纪委书记	男	彝	2003 年 5 月	副科级
西街口镇	毕德辉	副镇长	男	彝	1998 年 5 月	副科级
西街口镇	劳汉霖	副镇长	男	汉	1997 年 7 月	副科级
西街口镇	赵 丹	副镇长	女	彝	1998 年 6 月	副科级
西街口镇	董贵林	人武部长	男	彝	1993 年 8 月	副科级
圭山镇	李雄彬	党委书记	男	彝	1999 年 3 月	正科级
圭山镇	姬卫国	党委副书记、副镇长、代理镇长、镇长候选人	男	汉	1993 年 7 月	正科级
圭山镇	王谷明	人大主席候选人	男	汉	1991 年 8 月	正科级
圭山镇	赵保祥	党委副书记、纪委书记	男	汉	2002 年 1 月	副科级
圭山镇	槐以东	副镇长	男	汉	2003 年 12 月	副科级
圭山镇	毕晓红	副镇长	女	彝	非党	副科级
圭山镇	杨兴有	人武部长	男	汉	1986 年 4 月	副科级
长湖镇	黄玉林	党委书记	男	彝	1994 年 9 月	正科级
长湖镇	宗家富	党委副书记、镇长	男	汉	1995 年 6 月	正科级

续 表

单 位	姓 名	岗位职务	性 别	民 族	入党时间	职级
长湖镇	刘春泉	人大主席候选人	男	汉	1993 年 11 月	正科级
长湖镇	赵相平	党委副书记、纪委书记	男	汉	2000 年 11 月	副科级
长湖镇	张 灿	副镇长	男	彝	2001 年 7 月	副科级
长湖镇	杨志华	副镇长	男	彝	1993 年 8 月	副科级
长湖镇	刘云芬	副镇长	女	汉	1999 年 7 月	副科级
板桥镇	毕少学	党委书记	男	彝	1996 年 1 月	正科级
板桥镇	殷 瑕	党委副书记、镇长	女	汉	1999 年 12 月	正科级
板桥镇	陈宇杰	人大主席	男	汉	1996 年 6 月	正科级
板桥镇	李 勇	党委副书记、纪委书记	男	汉	1998 年 8 月	副科级
板桥镇	秦卫强	副镇长	男	汉	1996 年 5 月	副科级
板桥镇	毕学林	副镇长	男	彝	2002 年 1 月	副科级
板桥镇	余平波	副镇长	男	汉	2004 年 4 月	副科级
板桥镇	李春华	人武部长	男	汉	1982 年 9 月	副科级
大可乡	李忠华	党委副书记、副乡长、代理乡长、乡长候选人	男	彝	2005 年 3 月	正科级
大可乡	王余秋	人大主席	男	汉	1994 年 12 月	正科级
大可乡	李雪梅	党委副书记、纪委书记	女	汉	2002 年 7 月	副科级
大可乡	曾跃祥	副乡长	男	汉	1996 年 2 月	副科级
大可乡	李云湖	副乡长	男	汉	2001 年 7 月	副科级
大可乡	赵志萍	副乡长	女	彝	2000 年 6 月	副科级
大可乡	朱树霖	人武部长	男	汉	1985 年 9 月	副科级
石林管理局	黄宗祥	党委副书记、纪委书记	男	彝	1988 年 1 月	正科级
石林管理局	王云龙	副局长	男	彝	1990 年 4 月	正科级
石林管理局	李光亮	副局长	男	彝	1995 年 3 月	正科级
石林管理局	张云蕾	副局长、石管会常务副主任	女	汉	1991 年 2 月	正科级
石林管理局	刘明春	副局长	男	汉	1986 年 3 月	正科级
石林管理局	王永乔	副局长	男	汉	1986 年 5 月	正科级
石林管理局	董绍学	副局长	男	汉	2002 年 4 月	正科级
石林管理局	毕清林	纪委副书记	男	彝	1982 年 6 月	副科级
石林管理局	李 忠	办公室主任	男	汉	1997 年 6 月	副科级
石林管理局	徐建平	乃古石林管理处副处长	男	汉	1999 年 3 月	副科级

续表

单　位	姓　名	岗位职务	性 别	民 族	入党时间	职级
石林管理局	毕德华	长湖管理处副处长	男	彝	1988 年 6 月	副科级
县扶贫办	马海荣	主任	男	彝	1987 年 11 月	正科级
县乡企局 县经济局 县工管会	念晓春	县乡企局党总支书记、局长 县经济局党总支书记、局长 县工管会党工委副书记、常务副主任	男	汉	1986 年 12 月	正科级
县乡企局 县经济局	史云华	党总支副书记	女	汉	2000 年 12 月	副科级
县乡企局 县经济局	毕玉新	副局长	男	彝	1986 年 7 月	副科级
县乡企局 县经济局 县工管会	李江辉	副局长、县工管会副主任（兼）	男	彝	2005 年 1 月	副科级
县经济局 县工管会	洪正富	县工管会副主任、县经济局副局长（兼）	男	汉	1996 年 12 月	正科级
县经济局 县工管会	孔德卿	县工管会副主任、县经济局副局长（兼）	男	汉	2001 年 4 月	副科级
县粮食局	李建民	党总支书记、局长	男	汉	1987 年 7 月	正科级
县粮食局	李永平	副局长	男	汉	1993 年 10 月	副科级
县粮食局	刘光伟	副局长	男	汉	1986 年 1 月	副科级
县档案局	高凤玉	局长	男	彝	1996 年 10 月	副科级
县煤炭办	娄林华	党总支书记、主任	男	汉	1997 年 8 月	正科级
县煤炭办	念勤生	副主任	男	汉	1986 年 4 月	副科级
县煤炭办	武成香	副主任	男	彝	非党	副科级
广电局（台）	张树忠	局（台）长	男	彝	1995 年 2 月	正科级
广电局（台）	韩梅颖	副局（台）长	女	汉	非党	副科级
县外宣办	张雪刚	副主任	男	汉	非党	副科级
县委党校	李光亮	副校长	男	汉	1998 年 2 月	正科级
县委党校	时月慧	副校长	女	汉	2003 年 1 月	正科级
县委党校	金仕明	总务处主任	男	彝	1992 年 5 月	副科级
县委党校	张云喜	教务处主任	男	苗	1996 年 4 月	副科级
进修学校	李国昌	党支部书记、校长	男	汉	1993 年 12 月	正科级
进修学校	段增平	党支部副书记	男	汉	1985 年 6 月	副科级
进修学校	赵荣红	副校长	男	汉	1994 年 1 月	副科级
县人民医院	杜　鹏	副院长	男	白	2001 年 4 月	副科级
县人民医院	黄兴和	副院长	男	汉	非党	副科级

续表

单位	姓名	岗位职务	性别	民族	入党时间	职级
县人民医院	刘辉	副院长	男	汉	非党	副科级
县志办	刘世生	主任	男	彝	1995年2月	正科级
县残联	徐丽琼	副主席、理事长	女	汉	1994年10月	正科级
县残联	李宏鸣	副理事长	男	汉	非党	副科级
县供销社	何志兴	党委书记、理事会主任	男	汉	1994年7月	正科级
县供销社	袁宏	纪委书记	男	汉	2001年7月	副科级
县供销社	吴自云	副主任	男	汉	1985年8月	副科级
县供销社	李孝明	副主任	男	彝	1990年6月	副科级
商业总公司	马继闵	党总支书记、董事长	男	汉	1984年12月	正科级

2009年石林县第一批录取到高等院校学生名单

科类	姓名	性别	民族	文化分	升学分	层次	录取院校	专业
文科	保小超	男	汉族	576	576	本科	西南财经大学	国际经济与贸易（双语实验班）
文科	赵春学	男	彝族	542	552	本科	西南民族大学	法学
文科	杨冬钰	女	汉族	552	552	本科	云南大学	行政管理
文科	赵凤娇	女	汉族	544	544	本科	陕西师范大学	历史学
文科	张小梅	女	彝族	534	544	本科	云南财经大学	金融学（证券投资）
文科	焦冬琼	女	汉族	539	539	本科	云南民族大学	经济学类
文科	代艳昀	女	汉族	539	539	本科	云南师范大学	汉语言文学
文科	陈宏祥	男	汉族	538	538	本科	云南财经大学	国际经济与贸易
文科	周蓉萍	女	汉族	538	538	本科	云南师范大学	越南语
文科	赵志飞	男	汉族	538	538	本科	云南师范大学	法学
文科	孟玉斌	男	汉族	525	525	本科	云南师范大学	英语
文科	薛建林	男	汉族	520	520	本科	云南师范大学	法学
文科	李奇龙	男	彝族	505	515	本科	云南师范大学	教育学
文科	李丽娜	女	彝族	508	508	本科	云南民族大学	法学（司法系统）
文科	毕恒愿	女	彝族	486	506	本科	云南民族大学	法学（法院系统）
文科	陈阳	女	彝族	495	505	本科	云南民族大学	法学（司法系统）

续表

科类	姓名	性别	民族	文化分	升学分	层次	录取院校	专业
文科	武训冰	男	汉族	495	495	本科	云南民族大学	国防教育与管理
理科	姜　星	女	汉族	560	560	本科	华中师范大学	数学与应用数学（师范）
理科	虎江峰	男	彝族	540	560	本科	中国地质大学（北京）	石油工程
理科	仕瑞林	男	彝族	546	556	本科	华南理工大学	轻化工程
理科	董燕波	男	汉族	554	554	本科	中南大学	电气信息类
理科	杨　杰	女	汉族	553	553	本科	西南政法大学	思想政治教育（法制教育）
理科	张娇娇	女	汉族	525	525	本科	云南师范大学	化学类
理科	马　敏	男	汉族	521	521	本科	海南大学	土木工程
理科	袁　媛	女	汉族	520	520	本科	华侨大学	材料科学与工程
理科	董仲如	男	汉族	520	520	本科	湘潭大学	测控技术与仪器
理科	董志勇	男	汉族	518	518	本科	河南大学	材料化学
理科	武　洋	男	汉族	509	509	本科	西北农林科技大学	木材科学与工程
理科	赵　敏	男	汉族	509	509	本科	昆明理工大学	环境科学
理科	李　黎	男	汉族	488	508	本科	云南师范大学	应用心理学
理科	陈珊杉	女	汉族	505	505	本科	云南师范大学	数学类
理科	官志玉	男	汉族	503	503	本科	东北林业大学	定向林学
理科	余　菲	女	汉族	503	503	本科	大庆石油学院	化学
理科	赵玲艳	女	汉族	502	502	本科	云南师范大学	生物科学
理科	李高权	男	汉族	478	498	本科	云南师范大学	计算机科学与技术（多媒体技术方向）
理科	杨　越	男	彝族	488	498	本预	电子科技大学	少数民族预科（本科）
理科	金　梅	女	彝族	474	494	本科	云南师范大学	旅游管理（中国与东盟合作方向）
理科	沈端萍	女	汉族	484	484	本科	云南师范大学	应用生物教育
理科	鲍永红	女	汉族	481	481	本科	云南师范大学	应用生物教育
理科	尚毕花	女	汉族	475	475	本科	云南师范大学	教育技术学

附　录

石林彝族自治县2009年国民经济和社会发展计划执行情况与2010年国民经济和社会发展计划草案的报告

——在石林彝族自治县第十五届人民代表大会第三次会议上

（2010年1月9日）

县发展和改革局局长　陈永宁

各位代表：

受县人民政府的委托，现将石林彝族自治县2009年国民经济和社会发展计划执行情况与2010年国民经济和社会发展计划草案提请县第十五届人大第三次会议审查，并请县政协委员和列席人员提出意见。

一、2009年国民经济和社会发展计划执行情况

2009年是实施“十一五”规划的攻坚之年，也是实施“543”倍增计划和全面建设小康社会的重要一年，在县委的正确领导下，在县人大、县政协的监督支持下，县人民政府认真贯彻落实党的十七届三中、四中全会、中央经济工作会和市委九届五次全会精神，坚持科学发展观，攻坚克难、奋力拼搏，全面实施“33553”发展战略，抓项目、强投资、调结构、促发展，不断培育新的经济增长点，全面完成了县第十五届人大二次会议确定的国民经济和社会发展计划目标。全县经济保持较快发展势头，国民经济持续快速健康发展，社会事业全面进步，人民生活水平进一步提高。预计全县地区生产总值完成31亿元，完成计划的100%，同比增14.1%，其中：一产业完成9.3亿元，同比增11.9%；二产业完成8.3亿元，同比增13.2%；三产业完成13.4亿元，同比增16.1%。三次产业结构比为30：26.9：43.1。

（一）旅游持续健康发展，文化产业不断突破

2009年完成步哨山、李子园箐、万年灵芝景区改造扩容并对外开放，完成乃古石林景前区项目建设，启动石林管理局办公楼、石林工商分局、石林宾馆、云林宾馆等项目搬迁工作。旅游度假区重点项目顺利推进，旅游服务配套设施不断完善，发展基础更加夯实。实施“三标一体”管理，旅游接待服务水平明显提高。通过世界地质公园中期评估、国家5A级旅游景区复核检查和数字石林景区（试点）验收，被命名为全国文明风景旅游区。完成景区门票调价，将于2010年4月1日执行。与美国猛犸洞国家公园结成友好公园，与黄山结为友好景区，云南精品旅游战略联盟取得实质性进展，成功打造了“石林—恐龙谷—三塔—玉龙雪山”黄金线路，旅游客源市场进一步拓展。大小石林景区接待游客286万人次，完成计划的110%，同比增长20.7%；实现旅游直接收入3.65亿元，完成计划的101%，同比增长22.9%；旅游综合收入14亿元，完成计划的100%，同比增长16.7%；全县接待游客330万人次，完成计划的103%，同比增长10%。

实施文化活县战略，彝族第一村斗牛城、石林阿诗玛书城、石峰寺、石林财富中心演艺项目开工建设，文化产业发展加快。实现文化产业增加值2.8亿元，占地区生产总值的9%。

（二）工业园区建设加快，产业规模不断扩大

完成一园五片规划修编，加快园区基础设施配套，完成第一条工业大道710米路面、2300米路基工程，启动第二条工业大道前期工作，开工实施土地平整、工业园区截污廊道、万城阿诗玛小镇24米大道等项目，完成投资1.3亿元。园区新增“五通一平”面积1500亩，完成协议收储土地2423亩。

推进昆明石林166兆瓦太阳能光伏并网发电试验示范项目、云南官房水泥有限公司技改、石林温氏饲料厂等一批重点工业项目建设，全县完成工业固定资产投资5亿元，同比增45.99%。工业总产值31亿元，同比增21%。新增规模以上工业企业12户，达到30户，规模以上工业增加值3.76亿元，同比增19.46%；规模以上工业主营业务收入9.9亿元，同比增14%。全县非公经济实现增加值11.8亿元，同比增

24.7%，占地区生产总值比重的38%。全县单位地区生产总值能耗同比下降4.5%以上。

（三）“三农”工作得到加强，农民收入持续增长

农业基础设施进一步改善，完成水利建设工程1118件，总投资1.44亿元，新增和改善灌溉面积2.62万亩，治理水土流失面积45平方千米，解决11400人的生活用水问题。全面启动昆明石林台湾农民创业园开发建设，土地流转1.2万亩，加快园区交通、绿化、给水、中低产田改造等重点建设工程，完成投资1.55亿元。

粮烟生产实现丰产丰收。粮食总产1.23亿千克，人均有粮500千克。种植优质烟10.93万亩，收购烟叶1640万千克，收购总值2.56亿元，均价15.19元，烟农户均收入10613元。山羊存栏18.05万只，同比增3.62%，出栏9.8万只，同比增27.27%。生猪存栏17.8万头，同比增4.09%，出栏23.2万头，同比增9.95%。大牲畜出栏1.17万头（匹），同比增13.59%。实现畜牧业产值5.7亿元，同比增1.6%。水果产量2720万千克，产值8500万元。蔬菜总产量10800万千克，实现产值1.82亿元，同比增54%。花卉园艺实现产值8777万元。发展省级农业龙头企业2户，市级农业龙头企业19户。

新农村建设实施11个整村推进，完成建设项目156件，投入资金5055.59万元。改造和硬化乡村公路220千米，完成“一池三改”3373户、农村沼气服务网点59个。扶贫村整村推进完成35个省、市扶贫重点村和1个易地扶贫村，减少贫困人口7500人；实现农民人均纯收入4789.54元，完成计划的103%，同比增13.6%。

（四）招商引资全面推进，引资规模不断扩大

实施招商引资“一把手”工程、百人外出招商工程、产业招商工程。以目标责任制、工作例会制、县级领导联系推进制、项目现场办公制，“四制”推进项目落实。创新引资方式，扩大引资规模，提高引资质量，形成以招商引资工作指挥部为统筹，以招商分局为主体，多方联动，多渠道引资的大招商格局。开展招商引资“百日竞赛”、“季度观摩”活动。做好落地项目的协调服务工作，加强对“四中心二店”、石林锦苑花卉产业园、石林现代生态牧场等大项目的跟踪服务，加快项目的建设进度。2009年引进项目137个，实际到位国内市外资金17.62亿元，完成计划的135.5%，同比增长25%；实际利用外资1399.73万美元，完成计划的186.6%，同比增118%；外贸进出口总额8万美元，完成计划的205%，同比增166.7%。

（五）区域投资快速增长，基础设施不断完善

一是抓住中央、省、市扶持政策，向上争取投资项目219个，争取中央和省级资金29693.88万元，同比增长170%，其中，争取扩大内需项目29个，中央和省级投资7209.37万元，完成投资1.2亿元。二是以石林旅游度假区、生态工业集中区、石林台湾农民创业园为载体，加快园区基础设施建设，为招商引资项目落地搭建平台。三是完成石林园博园、昌乐生态公园、巴江截污廊道、石林大道电缆入地工程、沙地片区市政道路、阿诗玛东路延长线大屯段、滨河路改造、矣木公路、狮山路绿化等政府投资重大项目建设；实施台创园基础设施、团结水库加固扩建工程、月湖水库除险加固工程、环城东路、石林县看守所搬迁新建、第二批廉租住房、农村公益性公墓等项目建设，城乡基础设施不断完善。预计全社会固定资产投资完成27.68亿元，完成计划的129%，同比增75.6%。

（六）财税金融平稳运行，居民消费快速增长

预计全县实现地方一般预算收入2.59亿元，同比增29.2%。新增政府性项目银行贷款8.07亿元。年末全县各项存款余额43.4亿元，同比增30.36%；各项贷款余额37.7亿元，同比增44.52%；储蓄存款22.2亿元，同比增36.22%，年末人均储蓄存款8975元。城镇居民人均可支配收入15600元，完成计划的103%，同比增13%。

加快市场体系建设，推进石林财富中心、东城商贸中心、鹿阜旧城大兴商场建设。新建西街口集贸市场，改扩建北大村和圭山集贸市场。积极开展“万村千乡市场工程”，累计建成行政村农家店84个，构建城乡商贸网络配送、农村日用品消费流通网络工程。实施“放心食品”工程，强化商贸流通，重点抓好生猪定点屠宰、盐政、酒类流通、成品油行业管理、再生资源回收体系建设工作，做好家电、汽车、摩托车下乡及汽车以旧换新工作，补助8576台（件），补助金额904万元。预计社会消费品零售总额实现15.3亿元，同比增30.25%。

（七）生态环境不断改善，人居环境更加优美

继续加大城乡园林绿化及生态建设，完成巴江三期带状公园及12条街道的行道树绿化，县城建成区公园13个、绿化广场及街旁绿地21处，县城新增绿地面积22.2万平方米，超过1000平方米的公共绿地11块。加强农村生态环境保护，完成珠江防护林工程人工造林2万亩，特色经济林核桃产业基地建设2万亩，巩固退耕还林工程封山育林1万亩。完成“五采区”植被恢复100亩、城镇面山绿化300亩、交通面山绿化300亩。人均公共绿化面积达19.32平方米，县城建成区绿地率达40.51%，绿化覆盖率达45.3%，全县森林覆盖率达40.94%。

创建园林县城通过省级考评；创建国家生态县工作全面启动；4个全国环境优美乡镇和2个国家级生态示范村创建工作稳步推进，圭山镇创建为省级卫生镇。

（八）社会事业全面进步，民生工程得到加强

加大教育投入，完成县一中教学楼、民中教学楼、5所农村中小学标准化学校建设，改造D级危房2000平方米，新开工5所农村中小学标准化学校，搬迁新建石林民族高级职业中学，共投资2.4亿元，“两基”巩固率保持在98%以上，高中阶段适龄人口入学率达83%，幼儿学前教育入园入班率达87.4%。完成5个乡镇卫生院改扩建和石林中心卫生院、长湖中心卫生院建设，启动县人民医院搬迁新建，提高公共卫生服务水平，全县的医疗卫生状况进一步改善，新型农村合作医疗参合率达98.69%以上。完成圭山镇、石林镇、长湖镇3个乡镇综合文化站、17个文化室、8个乡镇基层服务点、15个农家书屋、3个农民健身工程建设。群众文化丰富多彩，全民健身活动蓬勃开展，体育竞技水平不断提高，在昆明市第九届民运会上取得较好成绩。完成112个自然村广播电视直播卫星覆盖工程，受益群众1.3万人。加快先进适用技术的推广应用，科技对经济增长的贡献率达46.3%。全县年末常住人口总数24.4万人，全年人口自然增长率4.83‰。

就业和再就业工作进一步加强，城镇新增就业人数1016人，城镇登记失业率控制在2.1%以内，完成农村劳动力转移就业11587人。城镇居民基本医疗保险参保率96%，被征地人员养老保险参保率15.6%，失业保险参保率85%。完成30个行政村简易客运站（点）建设，行政村“村村通”公交车覆盖率达96.73%。

统计、气象、史志、档案、信息、民族宗教等各项工作取得新成绩。

在充分肯定成绩的同时，我们也清醒地看到经济运行中存在的困难和问题，主要表现在：经济总量小，产业结构不优；旅游配套设施有待提高，综合效益和带动性不强；工业大项目引进少，园区基础设施需进一步完善；农业产业化程度不高，农民增收渠道不宽；文化产业支撑项目少，对经济增长的贡献率有待提高；财政收支矛盾突出，财政资金增投入促发展的压力不断加大；社会事业发展不均衡，社会保障能力需进一步提高。这些困难和问题，我们务必高度重视，在发展和改革中，采取切实有效措施认真加以解决。

二、2010年国民经济和社会发展计划目标建议

2010年是实施“十一五”规划的最后一年，也是攻坚“543”倍增计划的重要之年，做好今年的经济社会发展工作，任务艰巨，意义重大。我们要进一步抓住中央扩大内需政策，把经济发展放在更加突出位置，加快项目建设，努力推动县域经济跨越发展。

2010年国民经济和社会发展的总体要求是：以邓小平理论和“三个代表”重要思想为指导，全面贯彻党的十七届三中、四中全会、中央经济工作会和市委九届六次、县委十届六次全会精神，以科学发展观统领全局，落实扩大内需政策，转变发展方式，强化大项目支撑，实施大投资方略，优化经济结构，做大经济总量，推进旅游产业提升、工业发展突破、城镇建设加速、现代农业发展、文化产业培育、社会事业加强，努力在园区建设、产业发展、招商引资、社会事业发展方面实现新突破，更加重视生态环境建设，更加关注民生，努力构建和谐石林，全面完成“十一五”奋斗目标，夯实“十二五”发展基础。

2010年国民经济和社会发展计划目标建议：

(1) 地区生产总值增长16%；

(2) 地方一般预算收入增长12%以上；

(3) 全社会固定资产投资增长40%以上；

(4) 社会消费品零售总额增长20%以上；

(5) 城镇居民人均可支配收入增长8%以上；

(6) 农民人均纯收入增长8%以上；

(7) 旅游直接收入增长26%以上，旅游综合收入增长29%以上；

(8) 人口自然增长率控制在6.5‰以内；

(9) 城镇登记失业率控制在3.5%以下；

(10) 单位生产总值能耗降低4.5%以上；

要实现上述目标，重点做好八个方面的工作：

（一）推进旅游二次创业，加快旅游转型升级

改造提升景区，做强观光旅游。完善大小石林景区步哨山、李子园箐、万年灵芝、乃古石林景区管理服务设施建设；完成五棵树村整体搬迁、管理局办公楼、老职工宿舍、景区工商分局、云林宾馆、精舍宾馆搬迁和生态恢复，启动景区综合商场、停车场、石林宾馆、避暑园酒店搬迁，提升景区观光质量。强化“三标一体”贯标工作，推进景区管理标准化，提高景区管理水平。以上海世博会为契机，加强与国内外世界遗产地、世界地质公园合作，强化云南精品旅游景区营销合作，拓展国内外旅游市场。2010年大小石林景区接待游客290万人次，实现旅游直接收入4.6亿元；全县接待游客350万人次，旅游综合收入18亿元。

加快旅游度假区建设，完善旅游配套设施。重点实施餐饮中心、购物中心、散客中心、石林游客中心交通网络及停车场、彝族第一村、喀斯特地质博物馆项目建设，加快石林民族生态体育运动场、云林五星级度假酒店，石林狂欢之都SPA区域工程、酒吧街区工程、风情客栈工程、度假酒店、商务酒店建设，启动苏宁环球石林综合旅游项目建设。完成投资8亿元。积极引进民营资本对长湖、大叠水风景区实施保护性开发建设。

加大文化产业培育，推进文化与旅游融合。县级安排1000万元培育扶持文化产业项目。彝族第一村斗牛城开业经营，石林财富中心演艺项目建成并投入使用。围绕民族、民间文化活动，策划包装一批精品文化产业项目，积极推向市场。加快文化体制改革，鼓励、吸引更多民营资本、外来资本进入文化产业领域。积极发展乡村文化旅游，完善阿着底村、小叠水村、糯黑村、万家欢生态园等乡村旅游服务设施，提升乡村旅游接待功能和服务水平，延伸产业链。2010年文化产业增加值占地区生产总值的10%以上。

（二）加快园区开发建设，全力实现工业突破

加强工业园区建设。按照“建设园区、培植产业、扶优企业，强化服务、扩张总量、提升水平”的总体要求，园区收储土地500亩，完成“五通一平”面积1000亩；重点实施第一条工业大道二期、第二条工业大道路基、核心区排污管网，适时启动西街口园区基础设施、巴江商贸城路网、110千伏电力线路改迁建设，完成投资1.2亿元；加快推进昆明石林166兆瓦太阳能光伏并网发电、中国种子集团云南种业加工中心、石林温氏饲料厂、电缆桥架生产等项目建设；新入园项目6个以上，其中亿元以上项目1个，园区开工项目3个以上；园区实现规模以上工业增加值1.33亿元，同比增25%；主营业务收入2.74亿元，同比增25%；工业固定资产投资

1.96亿元，同比增30%。

加快工业经济发展。加快整合提升石材、煤炭、食品加工、民族刺绣等传统工业，巩固工业存量。做好工业指标监测、统计及经济运行分析。全县工业总产值36亿元，同比增15%；实现工业增加值8.16亿元，同比增20%。新增规模以上工业企业6户，达32户以上；规模以上工业增加值4.5亿元，同比增22%；规模以上工业主营业务收入11.9亿元，同比增20%。非公经济增加值13.2亿元，同比增20%；从业人员3.9万人，新增0.26万人。完成工业固定资产投资6.1亿元，同比增20%。做好节能减排工作，淘汰落后产能。单位地区生产总值能耗同比下降4.5%以上，规模以上工业企业万元增加值能耗同比下降7%以上。

（三）加快台创园建设，推动农业产业化

加快台创园基础设施建设。围绕台创园总体规划，加快核心区基础设施建设。全面完成核心区13千米环路、36千米生产道路、绿化工程、生活给水工程、3万亩中低产田地改造、团结水库加固扩建；启动石林地下水库建设；完成园区土地流转8000亩，培训规划区农村劳动力1200人，转移农村劳动力700人。新入园企业10户以上。

加大农业基础设施建设。以现代烟草农业示范区建设为契机，实施螺蛳塘农业综合开发项目，三角水库维则供水复线工程，格渣塘坝、天生关海子水库加固扩容，团结水库、月湖水库等加固扩容及管网改造，示范区内道路硬化、防风林建设，芭茅片区土地整治、项目区烟水工程，示范区配套育苗工场和现代烟草农业阵地、防雹点建设。全县完成水利工程54件，新增和改善灌溉面积3.9万亩，解决1万人、4300头大牲畜的饮水困难；完成建制村公路路面硬化66.6千米，路基改造85千米。

推进农业产业化进程。调整种植结构，提高复种指数，促进农业整体效益提高。完成粮食播种48.3万亩，粮食总产1.2亿千克；烤烟种植面积10.93万亩，收购烟叶1640万千克，均价15.19元以上，实现全县烟叶生产稳定发展、烟叶质量稳步提升、烟农持续增收的目标。推进高床养羊、标准化生猪生产基地建设，生猪存栏17.6万头，出栏23.3万头；山羊存栏18.08万只，出栏肉羊9.15万只；发展石林温氏养鸡户达1200户，畜牧业实现产值6.5亿元。发展以甜柿、西瓜、红梨为主的优质水果基地4000亩，实现产值8600万元。实施无公害蔬菜标准化技术推广4.2万亩，菜用玉米6000亩，甜豌豆1.1万亩，实现产值1.9亿元；以石林锦苑花卉产业园为龙头发展花卉播种7000亩，实现产值7800万元；积极实施农业标准化生产，鼓励农业企业创品牌，扶持发展省级农业龙头企业2户，市级农业龙头企业15户以上；发展农村专业合作经济组织5个。

推进社会主义新农村建设。按照新农村建设“九有”目标，多渠道整合资金，县级继续投入1000万元专项资金，重点实施和摩站、北大村、老挖村、月湖村、北小村、螺蛳塘、天生关新农村整村推进建设。完成农村民居地震安全工程1100户，“一池三改”2000户。

（四）强势推进招商引资，大投资促进大发展

加强招商引资工作。把招商引资作为经济工作的生命线抓好抓实，继续实施招商引资“一把手”工程、百人外出招商工程、产业招商工程；健全完善招商引资目标责任制，层层签订责任书；简化招商引资工作流程，提供便捷、优质服务；调整优化招商分局，突出产业招商、园区招商；重视招商引资项目前期工作，围绕优势产业、重点项目，丰富项目库内容，形成策划一批、储备一批、推介一批、实施一批的良性运行机制，促使洽谈项目早签约、签约项目早开工、开工项目早投产。强化项目用地储备，保证招商引资项目顺利落地；加快推进石林桃园水乡、石林巴江商贸城、鹿阜旧城改造等重点项目开工建设。优化招商引资结构，促进招商引资向招商选资转变。重视大项目引进，对环境污染小、产业带动强、财税贡献大、吸纳就业多的项目在扶持政策上“一事一议”，在供地上优先保障。2010年引进国内市外资金20亿元，实际利用外资750万美元。

加大政府投资力度。抓住中央扩大内需政策机遇，紧紧围绕保障性住房、农村民生工程和基础设施、社会事业等投资方向，加强项目前期工作，积极向上争取项目和资金支持，新开工建设一批中央扩大内需项目。围绕农田水利、生态环保、道路交通、社会事业等方面，完成政府已批复6项重点工作，完成投资6500万元；推进政府投资续建项目24个，完成投资7.45亿元；新开工项目17个，完成投资2.16亿元；加强项目前期工作，积极向上争取资金，适时启动一批备选项目建设。不断完善城乡基础设施，着力推进城乡一体化。2010年全社会固定资产投资增长40%，推动县域经济快速增长。

（五）加强市场体系建设，稳步推进商贸流通

加快乡镇集贸市场建设，改造传统农贸市场，启动农资交易市场、再生资源交易市场建设，推进建材安装、花卉苗木、汽车配件等专业市场建设，继续实施“万村千乡市场工程”。抓好家电、汽车、摩托车下乡工作；实施“放心食品工程”，规范生猪定点屠宰、盐政、酒类流通市场秩序，加强对成品油市场、报废汽车拆解市场、旧机动车交易市场等市场和民爆物资的监管；重视餐饮业软硬件设施建设，实现传统餐饮业结构优化和升级，注重引进外来餐饮企业，丰富餐饮业的特色文化内涵，提升餐饮行业档次和水平；引导消费者购买绿色健康产品，倡导绿色消费；开展“诚信兴商”活动，保持良好的流通秩序。2010年社会消费品零售总额增长20%。

（六）加强财税金融工作，推进县域经济发展

保持财税持续稳定增收。按照建立公共财政的总体要求，提高财政对产业发展的扶持力度，优化产业结构，培植新的经济增长点。加强财税征管，重点税源监控，完善财税增收目标考核机制，做到应收尽收，保持财税持续稳定增长。进一步优化支出结构，严格执行项目资金管理办法和财政专项资金报账制，规范财政国库集中支付，充分发挥财政资金的导向作用，提高财政资金使用效益。认真落实上级财政政策，加大财政对“三农”的投入。实现地方一般预算收入增长11%。

加强政府融资能力。整合政府融资资源，选好、选准项目，做好项目融资工作，不断强化金融对县域经济发展的促进作用，放大政府投资效应。进一步增强与金融部门沟通协调，加强银政合作，鼓励各投资公司加快融资步伐，通过资本金注入、参股、财政资金贴息、担保等方式，加大政府融资力度，保障重点项目建设。

（七）加快城乡生态建设，争创国家园林县城

围绕“四创二争一巩固”创建目标，加强生态环境建设，强化旅游资源保护，实现旅游和经济社会可持续发展。继续投入资金1000万元，重点抓好石林风景区、水源涵养区、县城周边、县城入口范围的面山绿化工程，新增公园绿地18万平方米，苗木基地2000亩，城镇面山绿化300亩，交通沿线面山绿化500亩，建成区绿地率40%以上。加强农村生态环境保护，做好农村面源污染治理，城镇和行政村垃圾收集覆盖率24%，城镇污水收集处理率70%以上，实施2500座农村无害化卫生户厕，城乡安全饮用水覆盖率80%以上。完成“五采区”植被恢复100亩，加快污染治理和生态环境恢复。全县森林覆盖率达42%以上，县城建成区规模达9.41平方千米。

合理开发利用资源，提高资源利用率；做好土地开发整理工作，做到耕地占补有余。大力推行节水、节能、节电，降低单位能耗，建设节约型社会，推广新型能源综合利用。

（八）加快社会事业发展，着力改善民计民生

加强科教工作。积极推进社会发展领域的科技进步，提高科技对经济增长的贡献率。认真落实农村义务教育“两免一补”政策，完善贫困学生资助制度，解决好困难家庭子女上学问题，促进教育事业和谐发展；深化教育改革，民办幼儿教育占幼儿教育总量的90%以上，民办高中在校生占高中教育总量的40%以上。完成鹿阜中学、巴江中学、石林镇中学、鹿阜小学搬迁新建、石林中心完小标准化建设，开工实施长湖镇中心小学、大可乡中心小学、圭山镇中心小学、宜耐小学、堡子小学标准化建设；推进县城区学校校舍安全工程建设，改造校舍2.2万平方米。继续推进民族高级职业中学建设。

加强卫生计生工作。加快城乡医疗卫生服务、公共卫生服务和医疗保障体系建设，促进基本公共卫生服务逐步均等化；实施县人民医院搬迁新建和板桥镇中心卫生院建设，提高基层公共卫生服务能力，使全县的医疗卫生状况进一步改善；扩大新型农村合作医疗，参合率达98%以上。稳定低生育水平，提高人口素质，继续推行“奖、优、免、补”政策，全年人口自然增长率控制在6.5‰以内。

发展文化事业。加强农村文化体育基础设施建设，完成1个专题博物馆、2个乡镇文化站、14个农村文化室建设，投入使用石林书城。完成10个行政村和110个自然村有线电视村村通工程。加强文化遗产保护，开展民族民间传统文化调查，做好非物质文化遗产保护名录数据库建设，积极申报彝族撒尼叙事长诗《阿诗玛》世界非物质文化遗产。举办好节庆活动和城乡文体活动。

加强社会保障。加快县级劳动保障服务体系建设，抓好就业再就业工作，拓宽就业渠道；加大农村富余劳动力培训转移输出力度，完成农村劳动力转移培训1.1万人，转移就业9000人，增加岗位1010个，城镇新增就业人员700人，城镇登记失业率控制在3.5%以内。继续抓好养老、医疗、失业、工伤、生育等工作，积极推行城镇居民养老保险制度、新型农村养老保险制度，扩大社会保险覆盖面，增强社会保障能力，城镇基本医疗参保率99%以上，城镇基本养老保险参保率56%，农村养老保险参保率17.3%，失业保险参保率85%，被征地农民养老保险参保率20.87%。加强扶贫工作，减少贫困人口5000人；完成100套廉租住房建设；推进殡葬改革，年度火化率达60%。

继续深化重点行业和领域安全生产专项整治，加大安全设施投入，采取超常规措施，杜绝重特大事故发生，有效遏制一般性事故。

各位代表，各位委员，2010年是全面完成“十一五”规划的冲刺之年，做好今年的各项工作十分重要。让我们在县委的坚强领导下，在人民代表和政协委员的监督支持下，振奋精神、开拓创新、同心协力，真抓实干，全面完成各项目标任务，为推进县域经济跨越发展作出新的贡献。

石林彝族自治县2009年地方财政预算执行情况和2010年地方财政预算草案报告

——在石林彝族自治县第十五届人民代表大会第三次会议上

(2010年1月9日)

县财政局局长　苏云波

各位代表：

受县人民政府委托，现将石林彝族自治县2009年地方财政预算执行情况和2010年地方财政预算草案提请县第十五届人大三次会议审查，并请县政协委员和列席人员提出意见。

一、2009年地方财政预算执行情况

2009年，是实施“543”倍增计划的关键之年。一年来，在县委的正确领导下，在省、市财政部门的大力帮助和支持下，财税部门深入学习实践科学发展观，认真贯彻落实党的十七届四中全会精神，严格执行“保增长、保民生、保稳定”各项政策措施，全力实施“33553”发展战略，加快实施地方一般预算收入三年倍增计划，积极应对国际金融危机和国家增值税转型等多种不利因素影响，克难求进、抢抓机遇、狠抓融资、力保增收、保障民生、强化监管，不断提高财政服务于全县改革与发展大局的能力和水平。首次提前2个月超额完成全年预算收入任务，地方一般预算收支实现了2.59亿元和7亿元历史性突破。财政运行呈现出持续增长、保障有力、管理有方、监管有效等特点，有力促进了全县经济社会平稳较快发展。

(一) 全县财政收支预算执行情况

1. 地方一般预算收支及平衡情况。全县地方财政总收入38771万元，同比增21%，其中：上划中央和省级税收收入12818万元，同比增8%。全县地方一般预算收入25953万元，同比增29.2%。

全县地方一般预算总支出70943万元，同比增27%。其中上级专项转移支付支出25065万元，同比增37%；全县地方一般预算支出45878万元，同比增23%。

全县地方一般预算收支平衡情况：各项收入合计72748万元，其中：全县地方一般预算收入25953万元、返还性收入2870万元、财力性转移支付收入17790万元、专项转移支付收入25730万元，上年结余103万元，调入资金302万元。各项支出合计72002万元，其中：专项转移支付支出25065万元、全县地方一般预算支出45878万元、转移性支出（专项上解上级支出）1059万元。收支相抵结余746万元（为专项转移支付结转下年支出）。

2. 地方基金预算收支及平衡情况。各项收入合计20936万元，其中：地方基金预算收入19587万元，专项转移支付收入1123万元，上年结余226万元。地方基金预算总支出20711万元，其中：专项转移支付支出1118万元，地方基金预算支出19593万元。收支相抵结余225万元（其中：专项转移支付结转下年支出5万元、县级基金预算结余220万元）。

以上收支和平衡情况均为初步决算数，待与市财政局结算后会有所变化，到时再将变化情况向县人大常委会作专题报告。具体收支明细情况详见附表一至附表三。

(二) 主要工作措施

一年来，全县财税部门紧紧抓住国家实施积极的财政政策和适度宽松的货币政策、加大基础设施建设和民生投入的大好时机，抢抓机遇、奋力拼搏、积极应对，继续坚持生财抓发展、聚财抓征管、理财抓效益、用财抓节俭，认真履行财政职能，着力推动全县经济社会发展实现新跨越。

1. 保增收，提前超额完成全年预算收入任务。认真履行财政职能，服务全县经济跨越发展。继续实行财税增收目标考核责任制，不断完善考核机制，落实增收责任。运用科学发展观加强对经济运行形势的分析和预测，及时反映、研究和解决财税工作中出现的新情况、新问题，密切关注全球金融危机和国家增值税转型等影响因素，加大协税、护税工作力度，大力支持税务部门强征管、抓清缴、细管理，努力做到应收尽收，确保收入“颗粒归仓”。多方筹集资金全力支持全县经济平稳较快发展，投资拉动财税增收成效明显。严格执行“收支两条线”规定，规范非税收入管理。加大行政事业性收费纳入预算管理力度，清算涉及土地征用的收费收入，提高行政执法案件办结率。清收罚没收入带动非税收入同比增收1514万元，占

地方一般预算收入增量的26%，确保预算收入持续稳定较快增长，为2010年顺利实现“543”财政倍增计划打下坚实基础。

2. 抓融资，全力支持经济社会跨越发展。按照县委、县人民政府制定的发展战略，切实找准财政支持经济发展的切入点，坚持以投资拉动、项目带动全县经济平稳较快发展。一是强势推进投融资工作。全县新增政府性项目银行贷款8.07亿元。改善贷款期限结构，将政府性项目融资中的短期贷款12.35亿元置换成中长期贷款，增强重点建设项目资金稳定性。进一步发挥资源优势，争取县级各商业银行对石林管理局新增综合授信10亿元。发挥财政资金引导带动作用，安排贷款贴息680万元，用于县级储备粮、团结水库加固扩建、生态工业园区建设等项目从银行融资10453万元。支持成立2家小额贷款公司，缓解中小企业融资困难。吸引银行资金和非公资本进入促进县域经济发展，实现经济社会发展投资多元化。二是多渠道争取资金支持县域经济发展。争取上级专项转移支付26853万元，落实安排扩大内需资金8889万元，多方筹集资金全力支持台创园、工业园区及全县计划投资的重点项目建设，确保了政府基础设施投资资金链不断，明显提高财政资金保障能力。三是科学编列预算保障各项工作有序开展。安排招商引资经费743万元、小集镇建设资金968万元、非公有制暨中小企业发展专项扶持资金200万元，建立项目前期专项资金200万元等多项专项资金，确保全县各项重点工作正常有序推进，统筹城乡经济协调发展。四是围绕旅游支持第三产业加快发展。不断优化产业结构，提高旅游综合效益，加快将资源优势转化为经济优势步伐，努力使旅游服务业发展成为全县经济增长和财税增收的主导产业。大力培植生财型企业，增强经济发展后劲，实现财税与经济的良性互动发展。

3. 重民生，多措并举促进社会和谐。始终坚持“为国理财、为民服务”的工作宗旨，把积极改善民生作为财政理财管钱的核心理念，把解决人民群众最关心、最直接、最现实的利益问题作为财政工作的出发点和落脚点。不断调整优化支出结构，确保财政对民生投入的增长不低于经常性财政收入增长水平。多方筹集调度好资金，抓好支出预算执行，切实加快支出进度，做好以支促收工作。在确保人员工资按时足额发放和机构正常运转的基础上，财政支出大力向农业、教育、科技、卫生、社会保障及社会稳定等民生方面倾斜，全力推进基本公共服务均等化。一是努力做到学有所教：全年教育事业支出19100万元，同比增37%，其中投入农村义务教育保障专项经费2845万元，为农村义务教育阶段学生免除了学杂费、补助生活费、免费提供教科书，惠及全县3.4万名农村中小学生。将农村义务教育全面纳入公共财政保障范围。拨付农村中小学标准化建设资金5667万元，大力支持巴江中学等6所农村中小学标准化建设。安排9万元专项资金帮助残疾学生31人、残疾家庭25户子女圆了上学梦。二是努力做到病有所医：全县医疗卫生支出4772万元，增24%，主要用于建立完善城乡基本医疗保障体系。继续采取下调住院起付线、上调住院补偿比例、提高封顶线等有力措施来切实缓解农民“看病贵、看病难”问题，全县新型农村合作医疗基金共补偿参合农民报销医疗补助2347万元，其中住院人员平均每次补偿1047元。三是努力做到老有所养：社会保障和就业支出9578万元，增12%，主要用于离退休人员工资和实施特困居民最低生活保障。全年发放城镇和农村居民最低生活保障金1343万元；开展被征地人员基本养老保险工作，全年参保4901人。四是努力做到劳有所得：政府出资79万元购买62个公益性岗位，用于安置下岗失业人员；安排“两后双百”培训经费10万元；投资137万元开展农村劳动力技能培训13847人、转移就业11587人，以培训带动就业和创业。五是努力做到住有所居：全年拨付300套廉租房建设资金2100万元，着力解决城镇居民低收入家庭及无房家庭住房困难。安排农村民居地震安全工程资金926万元。此外，兑付石油价格改革财政补贴149万元。使全县人民共享经济改革发展成果，把党和政府的阳光工程及惠民政策落到了实处。继续按照政法部门公用经费保障标准安排政法经费4228万元，确保了社会稳定，促进了石林和谐小康社会建设。

4. 助“三农”，力保强农惠农政策落实到位。继续贯彻落实党的十七届三中全会确定的各项强农惠农政策，按照“三个明显高于”的财政支农要求，在不断增加县级财政支农资金投入的同时，积极争取上级财政支持，确保了财政支农投入持续稳定增长。全县各项资金投入“三农”支出达22666万元，增34%。主要用于：一是投入农田水利基础设施建设4417万元，用于团结水库加固扩建、月湖水库除险加固等2件重点工程，有力改善我县水利基础设施建设，增强抵御自然灾害能力。二是投入农业产业化发展及科技措施推广资金1626万元，扶持各类农业龙头企业29家、村集体经济组织1个、农业专业合作社4家，辐射带动周边农户共同致富。三是安排林业生态美县建设与保护资金2334万元，主要用于生态美县建设和石漠化及林产业补助等项目，生态美县效果逐年显现。四是投入新农村建设资金2814万元，重点支持省、市列16个试点村建设；安排农村公益事业建设一事一议财政奖补资金465万元，补助81个项目建设；投入整村推进扶贫开发资金380万元，用于19个重点村扶贫开发。五是通过惠农补贴“一折通”专用存折直接将农资综合补贴、能繁母猪补贴、能繁母猪保险保费补贴、油菜种植补贴、奶牛保险保费补贴、退耕还林补助、家电（汽车、摩托车）下乡补贴等七项共计4586万元发放到农民手中，受益农户54036户计198337人，受益农民人均直接增收231元。六是农业综合开发坚持以治水改土为重点，着力加强农业基础设施建设，推进农业产业化经营。完成团结水库灌区中低产田改造等我县首个国家级及省、市级农业综合开发项目3个，共投入资金949万元。有力改善农村生产生活条件，加强社会主义新农村建设，逐步扩大公共财政覆盖农村范围，加快农村公共事业发展，促进农村全面进步。

5. 建机制，规范财政监管提升资金效益。加快建章立制步伐，做好政策制度的“废、改、立”工作，研究制定《石林彝族自治县县级财政预算管理暂行办法》，认真编制2010年部门支出预算，提高项目成熟度，硬化预算约束力。修改完善我县项目资金管理办法和财政专项资金报账制管理办法，继续推行完善财政专项资金报账制。全面推进乡镇财政预算管理方式改革，建立“预算县编、账户统设、集中收付、采购统办、票据统管”的乡镇财政管理新模式。不断规范和完善国库集中支付改革工作，扩大改革范围，把乡镇作为县级的一个预算部门纳入国库集中支付；加大业务培训、简化流程、规范管理、提高效率；扩大支付范围，把项目建设资金和政府采购资金纳入财政直接支付，减少环节，加速资金周转，确保财政资金及时到位。全年累计集中支付各类资金7.5亿元，保证了全县各项工作资金支付需要。进一步扩大财政投资项目评审范围，全年开展项目评审24个，审减资金3173万元。进一步严格项目资金审核，规范项目建设管理，有效节约政府性投资。扩大政府采购范围，全年实际采购资金4025万元，比计划节约资金456万元，节约率为10.2%。认真开展扩大内需资金安全检查及“小金库”专项治理回头看工作，确保资金安全。采取有力措施做好厉行节约各项工作，牢固树立“节支也是增收”的理念，提高科学理财水平，降低行政运行成本，构建节约型社会。逐步建立以提高政府管理效能和财政资金使用效益为核心，以结果为导向的项目资金管理模式，切实提高资金使用效益。

6．强管理，推动财政事业持续稳固发展。坚持用科学发展观武装头脑、指导实践、推动工作。针对全县财政管理改革工作中存在的薄弱环节，以开展深入学习实践科学发展观和“行政效能提升年”、“干部作风改进年”活动为契机，大力实施推动财政改革发展、强化预算管理的各项措施。全面落实党风廉政建设责任制，坚持以改革创新来有效强化财政源头治腐机制。严格执行勤政廉政规定，坚持民主集中制，着力提高领导干部党性修养，加强财政干部队伍建设。修改完善各项内部管理制度，汇编制定《石林县财政局工作守则》，进一步加强内部控制。强化业务技能培训，全年培训财务人员648人，占培训计划的108%。深入开展各类创先争优活动，坚持示范带动、行政推动、考核促动。改进人事管理制度，尝试建立双向选择聘用及待岗学习交流机制，进一步激发干部职工争创一流、奋力拼搏的活力和热情。不断提高财政干部职工依法行政、为民理财、科学发展的能力和水平，着力打造财政优质软环境，推动财政工作不断取得新成绩。

各位代表，2009年财政工作各项目标任务已圆满完成，财政运行质量显著提高、保障能力明显增强、工作成效日益显著。同时，我们也清醒地认识到，在做大县域经济规模，增强财政实力，提高资金效益，提升保障能力等方面仍然存在一些不容忽视的问题。主要是：一是全县经济总量小。缺乏大企业、大项目支撑，工业基础薄弱，经济规模小，财源结构单一，经济发展和财政增收主要依靠政府投资拉动，财政持续稳定增收的经济基础还不牢固。二是地方财政收支矛盾突出。一方面受国际金融危机和国家增值税转型等因素影响，财政增收压力较大。但另一方面实施中小学教师绩效工资和预发事业单位人员津补贴、公共基础设施建设等刚性支出增长较快，加快发展、全面建设小康社会又需加大政府投入，全县收支矛盾不断加剧，财政总体收支平衡较为困难。三是投融资渠道不宽。县域经济发展尚未形成社会多元化投融资格局，基础设施建设主要依靠政府大量举债投入，基础设施建设方面投入多，生产性投入少，对经济发展和财税增收一次性特点较为明显。建设资金缺口较大，融资任务艰巨，存在国家信贷政策“去年松今年紧”的问题。四是项目超预算和追加预算较为突出。预算约束力不强。项目前期可研深度不够、成熟度不高，项目推进与时间不同步，已筹措到位资金支付进度慢，加大了融资成本。五是国家用地审批控制日渐趋严。已征用土地办证困难，影响了地方基金预算收入执行进度。六是旱情严重。抗旱救灾将是今年财政支出的一个重要方面。面对这些前进中的问题、发展中的困难，我们将以党的十七大精神为指引，坚持科学发展，进一步解放思想、更新观念、改进作风、提高效率、提升服务质量，切实增强做好财政工作的紧迫感和责任感，通过加快全县经济社会发展、狠抓增收节支、深化财税改革、强化资金监管来逐步解决。

二、2010年地方财政预算草案

2010年，面对世界经济复苏缓慢曲折，外需不振；国内经济回升基础不牢，内需不足。国家决定继续实施积极的财政政策和适度宽松的货币政策，并根据新形势、新情况着力提高政策的针对性和灵活性。县域经济再次面临着大好发展时机，我们必须统筹谋划、及早准备、抢抓机遇，争项目、加投入、扩内需、保增长、促转变，拉动县域经济继续保持平稳较快发展。2010年全县预算安排和财政工作的总体思路是：以科学发展观为统领，全面贯彻落实县委十届六次全会精神，紧紧围绕“543”倍增计划和全面建设小康社会目标，立足石林资源优势，充分发挥财政职能，转变经济发展方式，改善财源结构；加大招商引资力度，推进项目建设进度，扩大经济总量；着力培植生财型企业，夯实财税增长基础；完善增收激励机制，依法治税；优化支出结构，保障民生；深化财政改革，规范资金管理，提高资金使用效益。逐步建立规范、安全、高效的公共财政管理体制。

根据上述思路，2010年地方财政预算的主要指标建议安排如下：

1．地方一般预算收支及平衡情况。全县地方财政总收入43622万元，同比增12%。其中：上划中央和省级税收收入14554万元，同比增14%；全县地方一般预算收入29068万元，同比增12%。

全县地方一般预算总支出47560万元。其中：结转上年专项转移支付支出746万元；全县地方一般预算支出46814万元，同比增2%。全县预算内新增财力主要用于人员经费、社会保障和服务“三农”等支出。重点项目建设等全县经济社会发展所需资金主要通过引资、争资、融资等渠道来筹集。

全县地方一般预算收支平衡情况：各项收入合计48631万元（不含当年专项转移支付收入），其中：全县地方一般预算收入29068万元、返还性收入2891万元、财力性转移支付收入15926万元，结转上年专项转移支付收入746万元。各项支出合计48631万元（不含当年专项转移支付支出），其中：结转上年专项转移支付支出 746 万元、全县地方一般预算支出 46814 万元、转移性支出（专项上解上级支出）1071 万元。收支相抵平衡。

2．地方基金预算收支及平衡情况。各项收入合计 39930 万元，其中：地方基金预算收入 39705 万元、上年结余 225 万元。地方基金预算支出 39930 万元。收支相抵平衡。

具体预算收支指标详见附表。

2010 年的预算安排，体现了“统筹兼顾、积极稳妥、量入为出、收支平衡”的预算编制方针；体现了实施“543”倍增计划、全面建设小康社会的基本要求；体现了有保有压、集中资金保重点的原则；更体现了保持全县经济平稳较快发展的各项要求。

三、明确目标，奋力攻坚，圆满完成“543”财政倍增计划

2010 年，是实施“十一五”规划及“543”财政倍增计划的盘点之年。我们一定要紧紧抓住国家继续实施积极的财政政策和适度宽松的货币政策的有利时机，坚定信心、及早谋划、明确目标、抢抓机遇，在解放思想中统一思想，在研究政策中把握时机，狠抓落实，努力保持去年持续快速增长态势，合力攻坚，圆满完成今年财政各项工作任务。

一是抓发展，争项目，增强经济发展后劲。认真履行财政职能，充分发挥投融资公司平台效应，继续巩固和扩大银政、银企合作，积极加强与金融部门的协调沟通，抓紧抓实项目融资工作，全力争取融资 9 亿元支持全县经济社会发展。科学编列预算，及时拨付资金，保障全县重点项目建设和重点工作顺利推进。适时分析掌握上级财政政策导向，大力支持配合好各部门精心筛选和包装项目，做深做细重大项目前期准备，认真组织申报，加强跟踪落实，依托优质项目努力争取上级项目和资金支持。兑现 2009 年争取上级专项资金考核奖励，充分调动和激发各级各部门向上争取资金的积极性和主动性。落实烤烟生产“提质增效”各项措施，确保烟产业税收持续稳定增长。按时拨付招商引资经费，提高项目的落地率、开工率，提升招商引资成效。认真落实支持园区发展各项政策措施，为园区的快速发展打牢基础，不断培植新的经济增长点，夯实财税持续稳定增收的经济基础，促进全县经济平稳较快发展，带动财税同步增收。

二是抓征管，强举措，确保完成“543”财政倍增计划。继续加强对国际金融“后危机”时代和国内经济发展形势的分析预测，密切关注预算收支进度，及时调研财税工作中出现的新情况、新问题。继续加大协税、护税工作力度，积极支持税务部门严格依法征管，督促各项目实施部门加强对建设领域的税源监控，凡涉及建筑安装营业税、耕地占用税和契税等应税项目要坚持先完税后拨款、先完税后办证，确保税源不流失。进一步加强行政事业性收费和专项收入等非税收入征管，严禁随意减免收费，提高非税收入对财政增收的贡献率。加大财税增收目标考核力度，全面完成“543”财政倍增计划。

三是抓落实，重民生，促进社会和谐发展。牢固树立公共财政“取之于民、用之于民”的宗旨，强化民本意识，以全面建设小康和谐社会为出发点，始终把民生问题摆在财政保障的首位。进一步关注民生，提倡民享，在确保人员经费和机构正常运转的前提下，高度重视抗旱防火工作，积极争取上级抗旱专项资金，及早安排下拨抗旱、防火应急经费，全力保障抗旱防火工作有序开展。认真安排落实新农村建设、生态美县建设、小集镇建设、文化产业发展、遗产地村民扶持建设等五个 1000 万元资金，持续加大对“三农”、教育、科技、医疗卫生、社会保障等公共领域投入。做到千方百计筹钱、精打细算花钱，不断优化支出结构，提高资金使用效益。切实落实党和国家的各项强农惠民政策，及时兑现各类涉农补贴，扩大社会保障覆盖面，提高基本医疗保障水平，建立健全财政各类法定支出增长机制。加快以人为本的公共财政支出体系建设，切实做到发展为了人民，发展依靠人民，发展成果由人民共享。

四是抓机制，细管理，力保资金安全有效。紧紧抓住我县被列为全省扩权强县试点县的大好时机，主动加强与省、市财政部门的联系协调，做好对接，用活用足下放权限。针对财政改革创新工作中的不足，继续认真执行好我县出台的县级财政预算管理、项目资金管理和财政专项资金报账制管理等制度办法，不断健全完善与时代发展相适应的规章制度，进一步细化措施、完善流程、强化监管。全面推行乡镇财政预算管理方式改革，不断规范财政国库集中支付，稳步推进财政投资项目评审，加大政府采购管理，做好项目建设资金和政府采购资金全部实行国库集中支付工作，确保资金及时到位。坚持依靠改革创新来解决财政发展过程中遇到的困难和问题，尽快形成有利于石林科学发展的财政体制机制，切实提高科学理财水平。

五是抓队伍，提能力，圆满完成各项任务。认真抓好干部职工思想政治教育，牢固树立科学发展理念，狠抓落实提效能，理财为民创新绩。全面落实党风廉政建设责任制，进一步转变机关作风，建立健全财政源头治腐机制，提高财政干部拒腐防变能力。加大对重点工作和督办事项落实力度，开展责任追究，确保政令畅通、令行禁止。加强业务培训，加大交流学习力度，继续鼓励干部职工参加学历考试和专业技术职称考试，提高干部职工整体素质。充分发挥党政工青妇组织作用，关心、重视基层财政建设，开展形式多样、健康有益的文体活动，大力营造“勤学、善思、践行”的工作氛围，不断增强队伍的凝聚力、向心力和战斗力，树立团队意识和集体观念，着力打造一支思想好、作风硬、业务强、素质高的财政干部队伍，为谋取财政事业新跨越提供坚强的人才支撑。

总之，我们坚信，在县委的坚强领导下，在县人大、县政协的大力监督支持下，各有关部门通力协作，财税部门紧密配合，深入学习实践科学发展观，进一步解放思想、更新观念，转变作风、提高效能，开拓创新、奋力拼搏，就一定能圆满完成“543”财政倍增计划，为实现“富民强县、跨越发展”的要求，全面建设石林小康和谐社会打下坚实的经济基础。

石林彝族自治县人民法院工作报告

——在石林彝族自治县第十五届人民代表大会第三次会议上

(2010年1月9日)

县人民法院院长　刘珉语

各位代表：

我代表石林彝族自治县人民法院向大会报告工作，请予审议，并请县政协委员和列席人员提出意见。

一、2009年工作回顾

2009年，我院以邓小平理论和“三个代表”重要思想为指导，认真贯彻执行党的十七届三中、四中全会精神，深入学习实践科学发展观，在县委的领导、上级法院的指导下，在县人大、政协的监督和县政府及社会各界的关心支持下，与政法各部门密切配合，积极回应全县经济社会发展对审判执行工作的新要求、新期待，正确处理好法律效果、政治效果和社会效果之间的关系，紧紧围绕全县经济社会发展大局开展审判、执行工作，践行“人民法官为人民”的具体要求，努力为全县强势推进“543”倍增计划提供优质法律服务和良好法制保障。

(一）迎难而上，审判执行促进跨越发展

2009年，我院共收各类案件2295件，比上年同期收案1683件上升36.36%，结案2130件，结案率92.81%。昆明市除四区外，我院收案数已位居第一，呈现出案件数量增幅大、涉案标的大、群体性诉讼增多，案件审理难度大、社会影响大的特点。

1. 突出刑事打击重点，维护全县发展大局。全年共受理刑事案件265件，同比上升27.4%，结案254件，结案率95.85%。其中判处10年以上有期徒刑36人，3年以上10年以下有期徒刑209人，3年以下有期徒刑及拘役148人，缓刑82人，免予刑事处罚25人，宣告无罪9人。

严格贯彻执行“该宽则宽，当严则严，宽严相济，罚当其罪”的刑事司法政策，对杀人、爆炸、抢劫、伤害等严重暴力性犯罪、黑恶势力犯罪和抢夺、盗窃、诈骗等多发性犯罪，坚持露头就打，从严惩处，并召开严打宣判大会；对妨害项目推进、影响发展大局的犯罪，职务犯罪，保持打击力度不减。例如，资永飞犯罪团伙是多年来我院审理的一起涉案金额最大、盗窃次数最多的犯罪。被告人资永飞等十五人在两年多的时间内，在石林县、师宗县和泸西县流窜盗窃64起，盗窃金额高达69万余元，同案被告人李平、马存荣等还实施了抢劫、强奸的犯罪行为，我院对十五名被告人分别判处三至二十年不等的刑罚，打击了犯罪分子的嚣张气焰。

通过惩治松子园前村民小组长王志才等滥伐林木犯罪，向全县村组干部传达出依法行使职权，“好事要办好，还要办合法”的法制理念。

通过审理原交通局局长王宏、副局长杨国云职务犯罪案，警醒干部要珍惜为人民服务的机会，算好人生“七笔账”，即自毁前程的政治账、倾家荡产的经济账、支离破碎的家庭账、身败名裂的名誉账、众叛亲离的友情账、身陷牢笼的自由账、身心交瘁的健康账，切实筑牢拒腐防变的思想道德防线。

对因婚姻家庭纠纷、相邻纠纷引发的刑事自诉案件，只要被告人积极赔偿受害人的经济损失，取得受害人谅解，我院按照当宽则宽的原则，尽量予以从轻、减轻或免除处罚，避免了当事人双方及其家属矛盾纠纷的进一步激化。

为提高办案质量，保障司法公正，邀请检察长列席审判委员会，对重大复杂案件的讨论决定过程进行法律监督。

2. 促进民商纠纷化解，营造良好投资环境。共受理各类民商事案件1507件，同比上升48.18%，占各类案件数的65.66%，结案1432件，结案率95.02%。

坚持“调解优先，调判结合”的原则，促进民商事矛盾纠纷化解，追求案结事了。例如，国庆、中秋节前，张某某在帮严某某家收割谷子过程中，因故驾驶拖拉机返回，途中发生翻车致死。经派出所、村委会、村小组调解未果，死者棺木停放多日未安葬，死者家属诉至我院。在庭审过程中，被告以死者死亡与其无关为由不愿调解。承办法官本着切实化解矛盾的原则，闭庭后分别找双方做工作，努力促成双方达成了调解协议，死者家属也及时安葬了死者，纠纷得以平息。全年调解、撤诉结案800件，占结案数的55.87%。

妥善处理房屋拆迁、征地补偿等重大敏感性案件，注重法、理、情的有机结合，支持、配合全县重点项目工程

建设的推进。

慎重对待劳动争议案件，积极与用人单位沟通协调，为用人单位规范用工管理提供法律咨询，对用人单位存在的问题及时提出合理化建议，预防和减少因劳动争议引发的集体上访事件发生。如张某、尚某诉中国农业银行石林县支行劳动争议纠纷案。该案经仲裁、一审、二审、重审四次走上公堂。由于存在历史、政策等诸方面原因，虽然原告在石林农行已工作16年之久，却无法按规定办理相关“五险”手续，如果判决处理可能造成长期信访。鉴于此，在重审过程中，承办法官与双方当事人进行了认真沟通，找准当事人利益平衡点，最终促成双方庭前调解达成协议，且已全部履行完毕，实现了定纷止争、案结事了的办案目标，达到了法律效果和社会效果的有机统一。

3. 妥善处理行政争议，支持促进依法行政。共受理行政诉讼案件3件，非诉行政申请执行案件60件，结案62件。审理行政案件时，始终紧紧围绕党委政府的中心工作，从促进依法行政和维护社会稳定的大局出发，推动行政首长出庭应诉。例如，通过行政审判支持县交警部门为减少西石高速公路石林段的交通事故而依法采取的限速整治措施，得到了社会各界的广泛认同。

4. 全力突破“执行难”，集中清理执行积案。在县委的统一领导下，举全社会之力开展声势浩大的清积工作，截至9月底，1624件积案全部清理完毕。其中，执结609件，执行标的2233.68万元，终结执行1015件。与此同时，加大力度执行新收案件。全年新收520件，同比上升17.91%，执结265件，执行标的1239.98万元，并对暂不具备执行条件的171件予以终结执行，实现债权率50.96%，结案率83.85%。全年对59案72人共给予了20.55万元的执行救助。

通过一年的艰苦努力，清积工作得到了社会各界的理解和支持，执行申请人的权利得到了最大限度的实现，执行信访大幅下降，人民群众的满意度不断上升。

（二）五个走进，深化学习实践成果

在开展深入学习实践科学发展观活动中，突出科学发展主题，及时制定出台了《关于服务全县经济社会发展大局、保障“543”倍增计划加速推进的指导意见》等一系列服务全县大局、规范司法行为的制度措施。开展“五走进”主题实践活动：

走进执行，分类处理解难题。主要领导带头参与清理执行积案，根据案件的具体情况，分门别类，采取针对性措施，确保清积工作顺利开展。

走进信访，释怀息诉保稳定。针对近年信访逐年上升的趋势，我院通过审判质量评查狠抓源头治理，通过解释疏导，引导当事人依法维权、理性表达诉求。2009年我院共收来信来函8件，已办8件，来访27人次。与去年相比，今年没有中央、省交办的信访件，信访量下降66%，显现出案件大幅上升，但信访大幅下降的特点。

走进基层，助推项目促发展。全力维护全县招商引资工作大局，针对锦苑花卉、石林太阳能光伏并网发电、台创园、石锁公路等项目的征地、拆迁工作，县法院主动走进基层，通过送法下乡、提供法律咨询意见，积极参与做村民的思想工作，推动招商引资项目落地。

走进农村，巡回审判为便民。着眼于转变审判作风，深入农村、社区、企业开展巡回审判，全年共巡回审判83次。

走进群众，帮民解困保民生。针对月湖村部分党员、群众的实际困难情况，县法院深入开展“一对一”结对扶贫，29名机关党员与月湖村29名困难党员、群众结成“亲家”，主动提供物资支援，其中2名党员干部为困难党员、群众提供了6000元的担保贷款。同时，积极进行司法救助，全年共对困难当事人予以缓、减、免交诉讼费17.05万元。

（三）法院精神，助推队伍建设上台阶

经过反复酝酿讨论，全院干警一致认为，“以院为荣，忠诚尚法，团结友善，清正廉洁”应当成为我们的共同价值追求。通过这一法院精神的确立，推进执法理念的转变。六月底进行中层干部轮岗交流和干警岗位双向选择工作，共提拔了两名副科级中层干部，除政治处、纪检组、执行局、法警队外，其他9个部门中层负责人均进行了轮岗交流。并在全院范围内进行岗位干警双向选择工作，合理配置有限的人力资源，增强全院干警的危机感和责任意识，缓解人少案多压力。深入开展“行政效能提升年、干部作风改进年”活动，增强服务意识、责任意识和群众意识，改进工作作风，提高服务水平。认真贯彻干部“一岗双责”，落实党风廉政责任制，层层签订责任书。重视对干警的法纪教育，主要领导带头讲授廉政课，党风廉政工作做到逢会必讲。重视源头治理，通过开展观看警示教育片等专题教育活动，对可能出现的问题，多打招呼、多提醒，防微杜渐，警钟长鸣。严格执行最高法院“五个严禁”规定，做到党风廉政工作与审判执行业务同布置、同检查，全年共收投诉举报25件，同比下降59%。共开展督查56次，督查车辆28次，通报37次，对2人进行了诫勉谈话。全院法官干警纪律作风和服务态度进一步改进，全年未发现违法违纪现象。

（四）延伸职能，法制宣传取得新突破

我院十年前的一件案例（亲牛鉴定案）被中央电视台英语频道（CCTV9）选中作为新中国成立六十周年法治建设成就对外宣传的专题，将于春节前播出。与县电视台合办的《以案说法》法制宣传栏目播出后在全县引起热烈反响，目前已播出5期。新设立《法院要情通报》内刊，向县委政府报送进入司法领域的重要信息、建议3件。在国家级刊物发表文章1篇，省级4篇，市级1篇；云南法制报、云南经济日报、云南信息报及昆明法院网等媒体也对我院工作作了宣传报道；共编发各类信息108期，昆明中院采用46期。

（五）公正司法，自觉接受监督

贯彻执行好监督法，自觉接受监督。向人大常委会报告工作1次、专项工作报告2次，接受县人大常委会对清理执行积案工作的视察1次，共办理代表建议1件、人大常委会审议上半年工作报告意见2项，邀请人大代表、政协委员参与案件执行、旁听案件庭审40余人次。人民陪审员参与案件庭审 28 人次。

（六）积极参与，促进社会和谐

积极参与综治维稳，加大对缓刑人员的跟踪回访考察力度，加强对平安建设联系点的监督指导，坚持科级干部到村委会讲党课，支持普法宣传员和法制副校长的工作；积极争创市级文明单位，以文明创建推动法官形象文明、司法活动文明、执法场所文明。

各位代表，过去的一年，我院工作取得了一定的成绩，这是县委正确领导的结果，是县人大、县政协有力监督的结果，是县人民政府和各位代表关心支持的结果。在此，我代表县人民法院对关心、支持法院工作的各位领导、各位代表和社会各界人士表示衷心的感谢并致以诚挚的敬意！

在看到成绩的同时，我们也清醒认识到，人民法院在为石林跨越发展的服务上，在公正司法上还存在一些问题和困难，主要表现在：个别干警为大局服务的自觉性和主动性还不够；司法能力和司法作风尚待改进，案件质量尚需进一步提高；干部“一岗双责”急需强化；少数群众法律意识淡薄，对审判执行工作不理解、不支持的现象仍然存在。对于这些问题和困难，我们将高度重视，认真分析研究，采取有力措施，切实加以解决。

二、2010 年工作意见

2010 年县人民法院工作的指导思想是：以邓小平理论和“三个代表”重要思想为指导，深入贯彻落实科学发展观，全面贯彻落实党的十七大、十七届四中全会、县委十届六次全体（扩大）会议精神，围绕“社会矛盾化解、社会管理创新、公正廉洁执法”三项重点工作，坚持党的事业至上，人民利益至上，宪法法律至上，以党建促队建，以队建促审判，以审判促发展，提高服务大局的能力和水平，围绕服判息诉率和案结事了率两个关键指标，着力在司法能力和司法作风建设上取得新突破，不断实现广大人民群众日益增长的司法需求。

（一）坚定不移做石林跨越发展、富民强县的促进者和保障者

当前，石林的发展进入了关键时期，我院将站在讲政治、讲大局、讲服务的高度来依法行使审判权。一切为了石林的发展，保稳定、促和谐。我院将把“以院为荣，忠诚尚法，团结友善，清正廉洁”的法院精神作为法院队伍建设的切入点，使每名干警都成为“个人形象一面旗、工作热情一团火、谋事布局一盘棋”的实践者，通过具体的司法活动来促进和保障石林的跨越发展和富民强县。

（二）持之以恒抓司法能力建设，不断提高案件质量

在审判实践中体现正确的政治信念，把抽象的政治理念体现在具体的司法实践中。正确把握法律的具体规定与立法目的，在审判实践中正确处理政治与法律，大局与个案的关系。坚持法律效果、政治效果和社会效果的统一，在个案上体现大局，体现发展。

在刑事审判中坚持宽严相济的刑事政策，把握好宽严的重点和宽严的幅度。对杀人、爆炸、抢劫、伤害等严重暴力性犯罪及其他危害公共安全的犯罪、团伙犯罪、黑恶势力犯罪，保持高压态势，从重从快，快审快结。对矿山、林业、环保等专项整治的刑事案件，坚持教育与惩治相结合，最大限度化解发展过程中的消极因素。

在行政审判中，深刻领会坚决贯彻县委的决策部署，既遵循法律的具体规定，又善于运用法律的原则和精神解决个案的法律适用问题。对于没有明确法律依据但并不与上位法和法律原则相抵触的行政措施，将理直气壮积极支持。对于个案审理中发现的行政执法方面存在的问题，及时向有关行政机关提出改进意见和建议。

在民商审判中，坚持“调解优先，调判结合”，在案结事了上下功夫，将调解工作贯穿于立案、审判、执行、申诉、信访等各个环节，努力从根本上化解矛盾。把调解结案率作为衡量法官司法能力的一个重要指标。在立案阶段就向当事人阐明“诉讼有风险，起诉要慎重”的观念，用老百姓听得懂的话进行诉讼风险告知，多做息诉工作，最大限度过滤那些明显“打气官司”、滥用诉权、无胜诉可能的民事案件。通过提高司法公信力，最大限度地让当事人服判不上诉，最大限度地让当事人自觉履行而无需强制执行，不但“案结”，而且“事了”。将调解案件的自动履行率、申诉信访率纳入法官考评体系。加强院内、院外的信息互通，走出法庭做工作，走出法院做工作。积极推动诉讼与非诉讼相衔接的矛盾纠纷解决机制建设，形成人民调解、行政调解、司法调解“三位一体”的大调解工作格局，把矛盾化解在基层、解决在萌芽状态。

进一步完善民商案件审理的繁简分流机制，实行地域管辖和专业化审判相结合的审判机制。进一步加大人民法庭建设力度，增加巡回审判数量，探索就地立案、就地审理、及时调解、当庭结案、当即执行的速裁速执机制。

巩固清积成果，对终结案件继续跟踪执行。围绕“两个强化”，完善执行工作长效机制。即对外强化联动威慑机制建设，对执行难实行社会综合治理；对内强化执行监督制约机制建设，克服执行中的不作为或乱作为，提高执行工作公信力。加大执行案件标的到位率、执行申诉率在执行考评中的权重。着力在领导协调、联动威慑、流程管理、协作配合、监督制约、绩效考核和工作保障等七项制度建设上取得实效，切实保护当事人合法权益。

结合审判执行信息化建设，加快数字法庭建设，实现执法信息网上录入、执法流程网上管理、执法活动网上监督、执法质量网上考核的执法办案新机制。切实控制案件发回重审率，降低上诉改判率。

（三）加强民意沟通，提高法制宣传实效

坚持以人为本，强化司法为民意识，提高为民服务的自觉性、主动性，把人民群众的满意度作为检验司法成效的标准。建立健全案件反馈和回访制度。及时对收集到的意见和建议进行汇总、筛选、分类、分析，把合理的意见和建议转化为工作整改的内容。制定更多的便民利民惠民措施。建立《以案说法》法制栏目的长效运作机制，通过电视媒体将身边人、身边事以典型案例的形式向人民群众传达出依法理性表达诉求，文明有序维权的法制观念，让法制栏目更加贴近群众、贴近基层。

（四）强化一岗双责，加大司法作风和党风廉政工作力度

狠抓“一岗双责”，坚持不懈落实党风廉政责任制。深化干警的学习培训教育，提高队伍整体素质。加大“阳光执法”力度，对审判执行全流程进行监督，加大委托评估、拍卖、鉴定等活动的督查力度。落实案件质量责任终身追究制度和公车管理等一系列廉政规定，巩固行政效能和工作作风建设、软环境建设取得的成效。强化法官社交圈、生活圈等八小时外的监督。严禁接受当事人及相关人员的请客送礼；严禁违反规定与律师进行不正当交往；严禁插手过问他人办理的案件；严禁在委托评估、拍卖等活动中徇私舞弊；严禁泄露审判工作秘密。凡是违反最高人民法院“五个严禁”规定的，决不姑息迁就，依纪依法追究纪律责任直至刑事责任，从事审判、执行工作的，一律调离审判、执行岗位，确保法官明明白白审案、干干净净司法、堂堂正正做人。

各位代表，面对经济社会发展的新要求，面对全县社会各界的新期待，人民法院使命光荣、责任重大。在新的一年里，我们将在县委的坚强领导下，以迎难而上的精神和勇气，以求真务实的作风和措施，公正司法树形象，团结攻坚促跨越，为实现富民强县目标作出新的贡献！

石林彝族自治县人民检察院工作报告

——在石林彝族自治县第十五届人民代表大会第三次会议上

（2010年1月9日）

县人民检察院代理检察长　王凯石

各位代表：

我代表石林彝族自治县人民检察院，向大会报告工作，请予审议，并请县政协委员和列席人员提出意见。

一、2009年工作回顾

2009年，县人民检察院以邓小平理论和“三个代表”重要思想为指导，全面贯彻落实科学发展观，紧紧围绕县委、政府的工作重心，深入实践“强化法律监督，维护公平正义”的检察工作主题，以政治建设为根本，以“执法规范化、队伍专业化、管理科学化、保障现代化”为目标，在严厉打击各类刑事犯罪的同时，不断加强和改进法律监督工作，为全县经济社会稳定大局作出了积极贡献。

（一）依法打击刑事犯罪，全力维护社会和谐稳定

截至2009年11月30日，共受理公安机关及本院自侦部门移送审查批捕的各类刑事案件156件328人，与去年同期的192件385人相比，案件数和人数分别下降了18.2%和14.5%。经审查，批准（决定）逮捕152件303人，不捕4件25人，结案率为100%。

共受理公安机关及本院自侦部门移送审查起诉的各类刑事案件240件509人，与去年同期的229件493人相比，案件数和人数分别上升了4.8%和3.2%。经审查，向县法院提起公诉192件373人，报送昆明市检察院审查起诉41件105人，不诉1件4人，公安机关撤案1件17人，正在审查办理5件10人，收到法院判决的案件均为有罪判决。

在依法履行批准逮捕、提起公诉职能中，一是从严从快打击严重暴力犯罪、团伙犯罪、毒品犯罪、多发性侵财犯罪，切实增强人民群众的安全感。共批捕故意伤害、故意杀人犯罪案件17件24人，批捕团伙犯罪案件34件181人，批捕毒品犯罪案件33件57人，批捕盗窃、抢劫、诈骗等侵财犯罪案件69件143人。二是突出打击“涉黑涉恶”势力犯罪，对“涉黑涉恶”案件做到百分之百提前介入侦查，一年来共批捕“涉恶”势力犯罪案件5件53人。三是加大对破坏环境资源犯罪的打击力度，对省、县森林公安机关侦查办理的盗窃林木、滥伐林木及非法收购、运输、出售珍贵濒危野生动物等犯罪提起公诉17件46人。

（二）加大查办职务犯罪力度，增强职务犯罪预防实效

共受理贪污、贿赂案件线索7件8人，开展初查7件8人，初查终结立案侦查5件6人。受理渎职侵权案件线索3件3人，开展初查3件3人，初查终结立案侦查2件2人。通过对职务犯罪案件的办理，不仅依法打击了犯罪，维护了国家工作人员职务行为的廉洁性，为国家和集体挽回经济损失50余万元，而且还通过调查，发现部分被举报的国家工作人员没有违法犯罪行为，不予立案3件3人，从而澄清了事实真相。

工作中依法查办职务犯罪大案和有影响的案件，查办的7件职务犯罪案件中大案为5件，占立案总数的71.4%；重点查办发生在工程建设领域的案件，先后立案查办了发生在“九石阿”旅游专线建设和石林大道改扩建工程中县交通局原副局长杨某某受贿案、被拆迁户毕某某行贿案；积极查办征地拆迁、侵害集体和群众利益的涉农案件，立案查办了在征地拆迁中农村基层干部侵吞征地拆迁补偿款案件2件。上述案件的查办，为营建良好的投资环境，规范拆迁补偿工作，遏制职务犯罪，维护国家、集体、群众的合法利益作出了积极的贡献。

加强与县纪委的联系协调，形成党委统一领导下的预防职务犯罪新格局。把执法办案与预防职务犯罪有机结合起来，针对典型案件开展预防调查，对办案中发现的问题发出《检察建议书》5份，要求发案单位对管理、规章制度上存在的漏洞进行完善和整改，突出职务犯罪预防的实效。通过深刻剖析职务犯罪的共性和规律，积极探索职务犯罪预防预警长效机制。结合办案开展法制宣传，把职务犯罪预防宣传延伸到发案单位和基层，扩大预防宣传教育的覆盖面，做到“办理一案，教育一片，预防一方”。

（三）以维护公平正义为核心，全面强化法律监督

——加强侦查监督工作。坚决纠正有案不立、有罪不究、不该立案而立案等问题。共监督公安机关立案5件5人，其中3件3人被县法院作出有罪判决，其余2件2人公安机关正在办理中；监督公安机关撤案1件1人；对应当移送审查起诉而没有移送的，依法追诉漏犯2人。

适时介入侦查引导公安机关取证39次，向公安机关发出《提供刑事诉讼证据材料意见书》60份、书面纠正意见3份、口头纠正意见及口头建议17次。针对追逃率低，对涉案物品进行扣押、保管手续不规范的问题，建议公安机关加大对批捕在逃犯罪嫌疑人的追逃力度、规范对扣押款物及暂扣物品的登记保管手续，充分发挥《检察建议》的积极作用，促进公安机关进一步规范执法，在依法打击犯罪的同时，有效维护犯罪嫌疑人的合法权益。

——加大刑事审判监督力度。结合全国检察机关开展的刑事审判法律监督专项检查活动，认真排查2008年以来刑事判决、裁定是否存在适用法律不当、审判活动是否合法、刑事审判监督机制是否健全等问题。通过自检自查，开门检查的方式，强化监督意识，提高监督能力，改进监督方式，消除监督盲区。依法向昆明市中级人民法院提起抗诉案件2件，市中院已经改判1件。

——积极开展民事行政诉讼监督工作。对人民法院作出的确有错误的民事、行政判决，依法行使监督权。成功建议市检察院提请抗诉3件，办理非抗诉案件7件。在对错误判决依法提请抗诉的同时，对人民法院的正确判决，做好申诉人的息诉服判工作，以维护判决的稳定和权威。

——认真履行监所检察和驻所检察职能。深入开展打击“牢头狱霸”专项活动，进行安全防范检查13次。针对看守所酿酒房、食堂管理存在的问题提出整改意见，切实消除隐患，确保监管场所安全；坚持“超期羁押预警催办”制度，对有超期羁押危险的案件，向办案单位电话催办和提前告知280余人次，确保诉讼活动合法有效；坚持“检察官约见”制度，与在押人员谈话200余人次，发现犯罪线索5条；积极开展罪犯监外执行的监督检查，对我县辖区内的监外执行罪犯的监管情况及社区矫正工作进行检查2次，对发现的监外执行罪犯脱管2名、漏管20名的问题及时向公安机关提出纠正意见，维护刑罚执行的严肃性。

（四）以机制创新为手段，促进检察效能提升和机关作风改进

我院以学习实践科学发展观、检察效能提升和机关作风改进等教育活动为契机，进行了一系列的机制创新，以此推动检察工作的科学发展，检察效能的极大提升和机关作风的明显改进，多项创新机制被上级检察院“领导参阅”等刊物采用并在全市检察系统推广。

一是建立“月工作进展情况分析推进”工作机制。通过深入分析，全面掌握各科室的工作进度、工作效果和全县刑事案件的发案态势，督促和推进各科室按时、按质、按量完成月工作目标任务。

二是建立“互动式交流培训”工作机制。针对工作中存在的薄弱环节、难题、执法办案中遇到的困惑开展互动式交流培训，通过“传、帮、带”推动检察队伍整体素质的提高。一年来共开展“互动式培训”12次，取得了很好的培训效果。

三是建立“检察长列席审判委员会”工作机制。通过检察长应邀列席县法院审判委员会，就案件事实认定、法律适用等问题发表意见，阐述检察机关的立场和提起公诉的理由，并就存在争议的问题与审判委员会委员进行沟通交流。一年来共列席审判委员会5次，讨论疑难复杂案件6件。

四是创新“检察环节听证”工作机制。今年我院对拟不起诉的案件，在作出不起诉决定之前，邀请人大代表、政协委员、人民监督员、侦查机关办案人员、被害人及其家属进行公开听证，增加决定作出的透明度，自觉接受社会各界的监督，从而增强了不起诉决定的公信力。

五是推行监所检察“每月一主题”工作机制。根据看守所监管活动及驻所检察中存在的问题和隐患，每月确定一个工作主题，有针对性地开展专题监所检察工作，确保监管场所安全和规范执法。

（五）以提高干警素质为目标，大力加强队伍建设

把政治理论教育贯穿于检察工作的始终，组织开展了社会主义法治理念教育、深入学习和实践科学发展观、大力加强机关作风改进和检察效能提升、深入学习十七届四中全会精神等教育学习活动，使全体干警在执法思想、执法实践、执法作风上保持检察工作忠于党、忠于祖国、忠于人民、忠于法律的政治本色。

加大业务培训力度，组织公诉、批捕、反贪等部门干警参加省、市检察院组织的业务培训。邀请市检察院业务专家到我院开展司法语言、文秘写作、文书处理等通用技能培训。加大司法考试培训力度，今年参加考试的5人中有4人通过，司法考试通过率为80%，远远高于全省、全国的过关率。目前我院已有15人通过国家司法考试，为解决检察官断档问题奠定了坚实基础。大力开展“岗位练兵”活动，通过邀请人大代表、政协委员、人民监督员及组织我院干警参加庭审观摩、庭后点评和总结，加强公诉技能交流，提高出庭公诉水平。

全面落实党风廉政建设责任制，与干警签订了党风廉政责任书，与干警家属签订了“廉内助”责任书，积极落实勤政廉政谈话制度和勤廉公示制度。进一步加强对重点执法岗位的监督，建立检察干警执法档案和廉政档案，以强化内部监督确保检察队伍纯洁，一年来全院干警无违纪违法情况发生。

（六）立足检察职能，服务全县工作大局

全面落实社会治安综合治理工作，副科以上干部坚持每月到联系村委会开展“创安”指导工作，及时排查和化解当地的矛盾纠纷和影响社会稳定的安全隐患。积极开展大下访、大接访和民情恳谈工作，院班子成员多次到联系点板桥镇、路美邑镇进行实地调研，对春耕生产、烤烟收购、林权改革、社会稳定等工作提出指导性意见和建议，并帮助支农联系点解决春耕生产、抗旱经费10000元。

全力支持全县重点工程项目推进，抽调熟悉法律、协调能力强、懂彝族语言的骨干力量参加五棵树村搬迁工作，抽调3

名干警参加工业园区建设过程中的“维稳”工作，做好我院联系的村委会无序建房、违法加层等问题的清理和调查工作。

以化解社会矛盾为主线，认真开展控告申诉检察工作，共接待群众来信来访、申诉、举报线索42件60人，所受理的来信来访均在首办环节作出处理，做到“案结事了，息诉罢访”，未出现重复信访的情况，信访办结率为100%。

积极落实县委、政府“四创两争一巩固”的工作目标，再创省级文明单位和创建市级爱国卫生先进单位获得成功，城乡园林绿化及生态建设工作获得二等奖。

各位代表，一年来，县人民检察院以争先进位和争先创优为目标，各项业务工作在全市检察机关考评中获得了好成绩，这是县委的正确领导和县人大及其常委会依法监督、帮助的结果，是县政府、县政协及社会各界关心、支持的结果！在此，我谨代表县人民检察院向关心、支持检察工作的各位领导、各位代表、各位委员表示衷心的感谢！

在看到成绩的同时，我们也清醒地认识到，检察工作还存在一些不足：一是法律监督能力还有待进一步加强；二是检察队伍专业化建设还需进一步加快，各科室工作发展不平衡的情况还需进一步改进；三是服务于全县经济社会发展工作大局的意识还需不断增强。对这些问题，我院将认真研究，采取有效措施，切实加以解决。

二、2010年工作重点

2010年，县人民检察院的工作思路是：在党的十七大及十七届四中全会精神的指引下，以邓小平理论和“三个代表”重要思想为指导，用科学发展观统领检察工作，始终坚持“党的事业至上、人民利益至上、宪法法律至上”，深入推进社会矛盾化解，积极参与社会管理创新，大力加强公正廉洁执法，认真贯彻县委十届六次全会精神，以维护社会公平正义和社会和谐稳定为目标，以保障人民合法权益和服务全县经济社会发展为重点，以规范执法行为和提高队伍素质为抓手，加强法律监督，深化检察机制改革，全面推进各项检察工作。

（一）贯彻宽严相济刑事政策，全力维护社会和谐稳定

积极应对影响社会和谐稳定的各种问题和挑战，进一步加大对涉黑涉恶犯罪的打击力度，严厉打击严重暴力犯罪、多发性侵财犯罪，切实增强人民群众的安全感；依法打击盗伐、滥伐林木、非法占用农用地等严重破坏环境资源犯罪，以保障石林的可持续发展；依法打击非法经营、合同诈骗等破坏社会主义市场经济秩序犯罪，维护市场公平竞争；严厉打击生产、销售假农药、假种子等坑农、害农犯罪，切实保障农民合法权益；严厉打击暴力抗法犯罪，有力维护国家机关正常工作秩序。

贯彻宽严相济的刑事政策，建立和完善轻微刑事案件快速办理机制，积极推行“人民调解进检察”工作机制，对当事人达成刑事和解的，依法作出不起诉处理或者建议人民法院从轻处罚，最大限度减少社会对抗。在打击犯罪的同时深入推进社会矛盾化解，结合办案加强源头治理，健全社会矛盾排查化解机制，建立完善各类群体性事件和突发性事件处置预案，努力从源头上加强检察环节的社会治安综合治理，为我县招商引资、经济发展、社会稳定提供强有力的司法保障。

（二）依法查办和预防职务犯罪，促进反腐倡廉建设

要注重研究职务犯罪的新动向和新趋势，进一步健全和完善侦查工作机制，强化侦查技能，整合侦查资源，保持办案规模、提高办案质量、注重办案效果、重视办案效率、确保办案安全。要根据我县经济快速发展、城镇化建设加快的实际情况，在县委领导下，积极开展工程建设领域突出问题专项整治工作，注重查办国家工作人员在重大工程建设中贪污贿赂、滥用职权、玩忽职守等职务犯罪，突出查办重点部门、重点领域、重点岗位的职务犯罪，集中力量查办影响民生、群众反映强烈的案件。

加强职务犯罪预防，积极开展预防对策研究，运用检察建议推动有关单位、行业建立、健全内控机制；筹建警示教育文化长廊，运用典型案例开展警示教育，加大预防宣传力度；继续抓好重点建设领域的预防工作，确保工程优质和干部廉洁；把法律宣传和法制教育工作延伸到农村基层，确保农村社会稳定。

（三）强化法律监督，维护公平正义

要进一步强化监督意识和监督措施，重点监督有案不立、有罪不究和量刑畸轻畸重、量刑不均衡等问题。依法监督漏罪漏犯及各种违反诉讼程序、侵犯人权的违法行为。积极拓展民事行政监督的渠道和范围，加大对执行监督、公益诉讼、支持起诉、督促起诉的工作力度。坚持加强监督和惩治司法腐败相结合，积极查办执法不严、司法不公背后的职务犯罪案件，使司法的结果能够得到人民群众的认同，促进司法公信力的大幅提升。

（四）积极参与社会管理，服务全县工作大局

结合2010年我县村基层组织换届的实际，积极配合县纪委做好农村基层党风廉政建设、农村集体“三资”管理工作。在村基层组织换届前加强法律法规宣传，提高群众和基层干部学法、知法、守法、护法意识；在换届中加大对恶势力破坏选举及其他违法犯罪的打击力度，确保村基层组织换届工作的顺利进行；在换届后加强对任职人员的廉政教育和法律教育，提前打好“预防针”，对利用职务便利侵吞、挪用、私分公款的，依照相关法律坚决予以查处。

围绕城市建设、集镇发展、招商引资等重点工作，进一步完善《检察机关服务经济建设平稳较快发展的实施意见》、《发挥检察职能作用服务工业园区建设的意见》，定期召开联系会议，听取企业对检察工作的意见，努力为园区建设提供良好的法制保障。妥善处理涉及企业的案件，依法保护企业的合法权益，在查办职务犯罪案件中，慎用冻结企业账户、扣押企业财物等强制措施。完善与企业的联系制度，通过走访投资企业、开展法律咨询、举办法制讲座、赠送法律宣传册等形式，积极为企业发展提供法律服务。

积极落实县委、政府的各项争先创优目标，立足检察职

能，积极开展文明单位、平安单位、园林单位等工作的建设，充分发挥检察机关在争先创优工作中的积极作用。

（五）加强队伍建设，夯实检察工作基础

深入贯彻党的十七大及十七届四中全会精神，坚持从严治检，以领导干部和执法一线检察人员为监督重点，开展社会主义法治理念、检察职业道德、提高执法公信力为主题的教育活动，弘扬以忠诚、公正、清廉、文明为核心的检察职业道德，进一步深化检务公开、强化检务督察、完善内部监督制约机制，落实个人重大事项报告、领导干部问责和党风廉政建设责任制等规章制度，切实提高拒腐防变能力，努力做到自身硬、自身正、自身净。

从源头把好人员入口关，严格执行检察职业准入制度，按照凡进必考、公开招考的要求和《检察官法》规定的任职条件，切实保证新进人员和初任检察官具有较高素质。深化业务培训及岗位培训体系建设，实现岗位培训的全员覆盖，完善和巩固以领导素质培训、检察官任职资格培训、专项业务培训和岗位技能培训相结合的机制，引导树立终身学习观，大兴学习调研之风，切实强化法律监督能力建设。

各位代表，检察工作的使命光荣，责任重大，面对新的形势和任务，我们将坚定信心，开拓创新，积极进取，全面履行检察职能，开创检察工作新局面，为实现石林经济又好又快发展和社会和谐稳定提供坚强有力的司法保障。

注释：

1. 提前介入侦查（见报告第 2 页第 14 行）：是指人民检察院在办理批捕、起诉案件之前参与侦查机关（部门）的侦查活动，围绕追诉犯罪、保障人权的目标，对侦查机关（部门）发现、搜集、固定、保全、完善证据等工作提出意见和建议，并对侦查活动进行法律监督的一种机制。

2. 大案（见报告第 3 页第 4 行）：指贪污贿赂数额在 5 万元以上、挪用公款数额在 10 万元以上、巨额财产来源不明数额在 30 万元以上的案件；滥用职权致人死亡 2 人以上，或者重伤 5 人以上，或者轻伤 10 人以上的或者造成直接经济损失 50 万元以上的案件。

3. 侦查监督（见报告第 3 页第 24 行）：是指人民检察院依法对侦查机关的侦查活动是否合法进行的法律监督。

4. 立案监督（见报告第 4 页第 1 行）：是指人民检察院依法对侦查机关的刑事立案活动是否合法进行的法律监督。主要包括对应当立案而不立案的监督和对不应当立案而立案的监督。

5. 刑事审判监督（见报告第 4 页第 13 行）：是指人民检察院依法对人民法院的刑事审判活动是否合法及所作的刑事裁判是否正确进行的法律监督。

6. 民事行政诉讼监督（见报告第 4 页第 20 行）：是指人民检察院依法对人民法院的民事审判和行政诉讼活动进行的法律监督。监督手段主要包括办理抗诉案件和非抗诉案件。抗诉案件即对已经发生法律效力的民事、行政判决、裁定，按照审判监督程序提出抗诉的案件；非抗诉案件即执行监督、支持起诉、督促起诉、调解监督、刑事附带民事诉讼的案件。

7. 监所检察和驻所检察职能（见报告第 5 页第 1 行）：指人民检察院依法对执行刑事判决、裁定的活动是否合法，对看守所、监狱收押、监管、释放犯罪嫌疑人和被告人的活动是否合法进行的法律监督。

8. 检察环节听证机制（见报告第 6 页第 8 行）：指人民检察院对刑事案件作出不起诉决定之前举行听证会，邀请与案件无利害关系的社会人士担任听证员，听取案件承办人汇报拟作不起诉决定的事实和理由、法律依据和被害人及其家属的意见，根据已查明的案件事实和参与听证人员的意见，提交检察委员会依法作出处理决定的机制。

9. 轻微刑事案件快速办理机制（见报告第 9 页第 21 行）：指对于案情简单、事实清楚、证据确实充分、犯罪嫌疑人认罪的轻微刑事案件，在遵循法定程序和期限、确保案件质量的前提下，简化工作流程，缩短办案期限的工作制度。

10. 刑事和解（见报告第 9 页第 23 行）：指犯罪行为发生后，在刑事诉讼活动中，以司法机关职能为依托，在中立调解人的主持下，被害人和加害人进行协商，加害人以认罪、赔偿、道歉等方式求得被害人的宽恕，达成协议，协商结果影响刑事处分措施的机制。

2009年石林彝族自治县国民经济和社会发展统计公报

石林彝族自治县统计局

2010年5月10日

2009年，全县各族人民在县委、县政府的领导下，认真贯彻党中央、国务院的“保增长、保稳定、保民生”经济调控方针，坚定信心，团结一致，齐心协力，克服重重困难，有效应对全球金融危机的影响，遏制了经济下滑态势，全县国民经济实现了平稳较快增长，各项社会事业取得新的进步，人民生活水平继续提高。

一、综　合

初步核算，全年实现生产总值（GDP）310047万元，比上年增长14.1%。分产业看，第一产业实现增加值93040万元，比上年增长11.9%；第二产业实现增加值83304万元，比上年增长13.2%；第三产业实现增加值133703万元，比上年增长16.0%。三次产业结构为30.0∶26.9∶43.1。全县人均GDP达到12743元。

二、农　业

全县实现农林牧渔业总产值167647万元，比上年增长15.23%，其中：农业产值95820万元，增长15.86%；林业产值5036万元，增长23.42%；畜牧业产值57679万元，增长14.00%；渔业产值4083万元，增长8.28%，农林牧渔业服务业产值5029万元，增长17.83%。

全年粮食总产量122792吨，比上年下降0.73%。烤烟收购数量1530万千克，烤烟收购总值2.41亿元，均价15.75元。

全年肉类总产量32792.5吨，增长13.19%；禽蛋产量1603.6吨，增长17.58%；奶类产量11119.5吨，增长6.6%。

蔬菜产量108083.7吨，比上年增长8.12%；水果产量27263.7吨，增长14.84%；鲜切花产量为901.2万枝，增长35.15%。

2009年主要农林牧渔业产品产量及其增长速度

产品名称	单位	产量	比上年增长±%
粮食总产量	吨	122792	–0.73
# 稻谷	吨	33770	0.41
玉米	吨	53344	–7.01
小麦	吨	10304	23.08
蚕豆	吨	6512	7.20
油料	吨	1124	–5.75
烤烟	吨	16707	1.71
蔬菜	吨	108083.7	8.12
水果	吨	27263.7	14.84

续表

产品名称	单位	产量	比上年增长±%
肉类总产量	吨	32792.5	13.19
# 猪肉	吨	20519.8	3.02
牛肉	吨	1464.8	-0.35
羊肉	吨	2499.6	-6.60
禽肉	吨	8052.1	69.65
牛奶产量	吨	1555.9	-23.51
羊奶产量	吨	9563.6	13.90
水产品产量	吨	2510.73	10.12
猪出栏数	头	231286	3.53
牛出栏数	头	10327	1.73
羊出栏数	只	93087	-3.33
家禽出栏数	只	4205803	73.17
禽蛋产量	吨	1603.6	17.58
猪年末存栏数	头	175175	-2.51
牛年末存栏数	头	50952	2.59
羊年末存栏数	只	183528	-1.48

三、工业和建筑业

全县实现工业总产值268550万元，比上年增长15.6%，其中规模以上工业实现产值107820万元，增长21.5%。工业增加值63004万元，其中规模以上工业增加值37635万元，增长19.5%。

2009年石林县主要工业产品产量

产品名称	单位	产量	比上年增长±%
原煤	万吨	71.1	-11.7
焦炭	万吨	18.6	-33.3
发电量	万千瓦小时	717	-53.6
自来水生产量	万吨	521	18.4
水泥	万吨	21.5	10.8
大理石板材	万平方米	193	8.4
砖	万块	11590	-13.76

续表

产品名称	单位	产量	比上年增长±%
生铁	万吨	5.7	126.2
铁矿石原矿量（实物量）	万吨	15	25.0
耐火材料制品	吨	614	-14.2
卤腐	吨	2175	29.3
饮料酒	吨	2330	47.75
糕点	吨	456	4.1
复烤烟叶	万吨	3	3.4

建筑企业完成总产值 54549 万元，比上年增长 20.55%。建筑业实现增加值 20300 万元，比上年增长 10.2%。建筑业完成房屋建筑施工面积 544620 平方米，比上年下降 28.11%。

四、固定资产投资与房地产开发

全社会固定资产投资 276815 万元，比上年增长 75.61%。其中：城镇固定资产投资 210657 万元，增长 99.86%；农村及农村私人投资 10767 万元，增长 70.66%；房地产开发投资 55391 万元，增长 20.61%。

在全社会固定资产投资中，第一产业完成投资 15953 万元，增长 13.86%；第二产业完成投资 50235 万元，增长 45.99%；第三产业完成投资 210627 万元，增长 92.86%。

五、交通运输、邮政和电信

营运汽车总数 4042 辆，增长 23.2%。其中：营运载客汽车 970 辆，下降 3.96%；营运载货汽车 3072 辆，增长 35.27%。

全年完成邮政业务收入 384 万元，增长 32.0%。年末本地电话用户 21787 户，移动电话用户 158373 户。

六、国内贸易

社会消费品零售总额 153145 万元，比上年增长 30.25%，其中非公有制经济实现零售额 123662 万元，占全县零售总额的 80.75%。按行业分，批发零售业零售额 104405 万元，增长 31.94%；住宿餐饮业零售额 42264 万元，增长 30.28%；其他行业零售额 6476 万元，增长 7.82%。按地域分，县级实现消费品零售额 94794 万元，增长 38.45%；县以下实现消费品零售额 58351 万元，增长 18.83%。

七、旅　游

石林景区接待游客 269.45 万人次，比上年增长 27.93%，其中：境内游客 255.23 万人，增长 31.6%；境外游客 14.22 万人，下降 14.78%。实现旅游直接收入 3.69 亿元，比上年增长 24.05%。

八、财政、金融

全县财政总收入 60485 万元，比上年增长 12.25%。县级财政收入 45540 万元，比上年增长 15.17%，其中：地方一般预算收入 25953 万元，增长 29.18%；基金预算收入 19587 万元，增长 0.69%。财政支出总计 91526 万元，比上年增长 19.99%，其中：一般预算支出 71161 万元，增长 27.70%；基金预算支出 20711 万元，增长 0.76%。

年末金融机构人民币各项存款余额 433589 万元，比年初增长 30.36%，其中：企业存款余额 122181 万元，比年初增长 26.19%；储蓄存款余额 222131 万元，比年初增长 36.22%。金融机构人民币各项贷款余额 377430 万元，比年初增长 44.52%，其中：短期贷款 134805 万元，比年初下降 32.36%；中长期贷款 242625 万元，比年初增长 292.18%。全年金融机构现金收入 950486 万元，比上年同期增长 26.39%；现金支出 906182 万元，比上年同期增长 31.69%；现金净回笼 44304 万元，比上年同期少回笼 19571 万元。

九、社会事业

职业中学招生 1164 人，在校生 1484 人，毕业生 162 人。普通高中招生 1044 人，在校生 3260 人，毕业生 1089 人。初中招生 3886 人，在校生 11029 人，毕业生 3416 人。普通小学招生 3577 人，在校生 22911 人，毕业生 3933 人。

幼儿园在园幼儿9421人。小学学龄儿童入学率达99.79%，小学毕业生升学率达98.8%，初中毕业生升学率43.65%。

获昆明市第九届民运会金牌10枚。电视综合覆盖人口24万人。

全县共有各类卫生机构68个，卫生床位761张，卫生技术人员759人，其中执业医师和执业助理医师326人。城镇职工基本医疗保险参保人数12710人，新型农村合作医疗参合率98.69%。

年末全县参加基本养老保险人数6860人，其中参保职工5741人。年末被征地人员基本养老保险参保人数4901人。年末农村低保实际保障人数9744人，城镇低保实际保障人数1868人。年末城镇登记失业率2%。

十、人口、人民生活

年末全县常住人口24.4万人，人口自然增长率4.83‰，城镇人口比重为30%。年末户籍人口241625人，其中：农业人口213619人，非农业人口28006人，农业人口占全县总人口的88.41%。男性人口121551人，女性人口120074人，男女性别比为101.23∶100。彝族82249人，占全县总人口的34.04%。

全县在岗职工年平均工资25721元，比上年增长26.4%，其中：国有经济单位在岗职工年平均工资26821元，增长26.49%；城镇集体经济单位在岗职工年平均工资24486元，增长48.74%；其他经济单位在岗职工年平均工资为22825元，增长17.58%。城镇居民人均可支配收入15600元，比上年增长13.0%。农村居民人均纯收入4789.54元，比上年增长13.6%。

注释：

1. 生产总值、三次产业增加值的绝对值按现价计算，增长速度按可比价计算。
2. 人均GDP按常住人口计算。
3. 规模以上工业企业是指年主营业务收入500万元及以上独立核算工业企业。

索　引

本索引按重要词语与所指内容所在页码的顺序编制。方法步骤为：（1）按照行文规范确定选择索引词语，同时兼顾日常口语和思维习惯；（2）按所列词语第一个汉字汉语拼音的第一个字母分类；（3）同类的词语按照页码顺序排列；（4）类与类之间按照英文字母的顺序排列。

A

B

C

B

E

F

G

图书在版编目（CIP）数据

石林年鉴. 2010 / 石林彝族自治县史志办公室编.
——昆明：云南民族出版社，2010.10
ISBN 978-7-5367-4765-4

Ⅰ. ①石… Ⅱ. ①石… Ⅲ. ①石林彝族自治县—2010—年鉴 Ⅳ. ①Z527.44

中国版本图书馆 CIP 数据核字（2010）第 194282 号

责任编辑	张海英
特邀校对	李 明
装帧设计	刘世生 沈 慧
出版发行	云南民族出版社 （昆明市环城西路 170 号云南民族大厦五楼 邮编：650032） ynbook@vip.163.com
印 制	昆明鹰达印刷有限公司
开 本	889mm×1194mm 1/16
印 张	30.75
字 数	880 千字
版 次	2010 年 10 月第 1 版
印 次	2010 年 10 月第 1 次
印 数	1 ~ 1000 册
定 价	260.00 元
书 号	ISBN 978-7-5367-4765-4/K·1292